W0059060

Max-Otto Hermann

Handbuch
der Tempel-, Kult- und Ruinenstätten
der Welt

Max-Otto Hermann

Handbuch
der
Tempel-, Kult- und Ruinenstätten
der Welt

Archäologische Stätten, Heiligtümer, Antike Ortsnamen, Nekropolen

VMA-VERLAG WIESBADEN

Titelbild:
Angkor, Kamputschea, Angkor Wat (oben links)
Delphi, Griechenland, Heiligtum der Athena Pronaia (oben rechts)
Palenque, Mexiko, Tempel der Inschriften (unten links)
Kairo, Ägypten, Sphinx des Königs Chefren (unten rechts)

VMA-Verlag 1997
Wiesbaden

Lizenzausgabe mit freundlicher Genehmigung des
Gebr. Mann Verlag Berlin

Alle Rechte vorbehalten
Druck und Bindung: PDC – Paderborner Druckzentrum, Paderborn
ISBN 3-928127-49-7

Inhalt

Vorwort 7

Hinweise 8

Abkürzungen 10

Lexikonteil 11

Begriffserklärungen 406

Archäologische Führer 412

Übersicht zum Bildteil 413

Bildteil 414

Bildernachweis 477

Vorwort

Dieses Buch soll kein Reiseführer sein. Seit Jahrzehnten wartet die Fachwelt auf ein Gesamtverzeichnis aller Orte mit erhaltenen Resten aus antiker, vor- und frühgeschichtlicher Zeit. Dieses Buch soll und darf ein Anfang sein.

Zur Auffindung bzw. eingehenden Besichtigung von Örtlichkeiten außerhalb Deutschlands benötigen Sie auf jeden Fall einen guten Kunst- oder Kulturreiseführer, zumal das Kartenangebot für Länder außerhalb Europas nach wie vor meist ungenügend ist.

Im Rahmen dieses Werkes ist es nicht möglich, z.b. sämtliche Plätze römischer Villen (in Deutschland allein mehrere Tausend) oder jeden vorgeschichtlichen Friedhof oder jeden sardischen Nuraghen (noch ca. 3000) aufzunehmen. Es soll vielmehr ein Gefühl für die Menge der aus Vorgeschichte und Altertum überkommenen Reste vermittelt werden. Außerdem fehlt immer noch ein Nachschlagewerk zur schnellen Information.

Nur um noch einige Zahlen zu nennen: Die Zahl der bekannten Ruinenstätten in Mexiko wird verschiedentlich mit 11000 angegeben. Die Zahl der Siedlungshügel (Telis, Tepes, Magulas usw.) geht in die Hunderttausende. An Ringwällen aller Art bzw. Resten hiervon sind in Deutschland noch zwischen 5000 und 10000 zu finden. In Großbritannien und Irland ist die Zahl womöglich um ein vielfaches höher.

Eine Ausgrabung im Heimatgebiet eines Volkes kann für dieses vorerst bedeutsamer sein als eine spektakuläre Ruinenstätte in einem exotischen Land. In den meisten europäischen Ländern und auch außerhalb, besonders wenn es sich um stark besuchte Orte handelt, genießen ausgegrabene bzw. bestehende Reste im allgemeinen jeden erdenklichen, zumindest auf dem Papier bestehenden Schutz. Im Wüstengürtel zwischen Syrien und Sinkiang und auch in Südamerika können die Reste, soweit sie aus luftgetrockneten Ziegeln bestehen, vor weiterem Verfall kaum bewahrt werden. Zerstörungen der letzten Kriege (Libanon, Iran, Afghanistan, Irak, Sudan, Äthiopien) können noch nicht überblickt werden.

In Bezug auf die Länderangaben kann ein Buch wie dieses nicht auf dem laufenden gehalten werden. Zur Zeit wird z.B. über eine Grenzverschiebung auf den Golanhöhen spekuliert; die Zugehörigkeit von ehemaligen Ländern der UdSSR zur heutigen GUS im weiteren Bereich des Kaukasus ist hin und wieder fraglich. Grundsätzlich sagt eine Länderangabe in diesem Buch nichts über die politische Meinung des Verfassers aus.

Im Januar 1995   Der Verfasser

Hinweise

Eine einfache Textgestaltung wurde bevorzugt. Beispiele 1 - 3. "Ausgrabungen 3. Jh.", "Ruinen 3. Jh.", "römische Grabsteinsammlung 3. Jh." bedeutet: die Errichtung bzw. Besiedlung der entsprechenden Gebäude bzw. Ortschaften liegt im 3. Jh., nicht der Zeitpunkt der Ausgrabung.

Im allgemeinen wurde die am häufigsten benützte Schreibweise der Ortsnamen verwendet.

Ein anderer Name oder eine andere Schreibweise nach dem ersten Satz-Punkt bezieht sich auf das Stichwort; ein in Klammern gesetzter Ortsname bezieht sich auf die zuletzt gemachte Ortsangabe.
Beispiel 4: **Paliri** Griechenland, Naxos, bei Apirados (Apyranthos). Apaliri.
Apyranthos ist eine andere bzw. hier eine ehemalige Bezeichnung für Apirados; Apaliri ist eine andere Bezeichnung für Paliri.

Ein Pfeil (→) weist auf eine in der Nähe liegende Örtlichkeit hin, wobei nicht immer ein inhaltlicher Zusammenhang gegeben sein muß. Bei bestehenden Zusammenhängen ist der Pfeil stets gegeben.
Im Lexikonteils verweist der Pfeil auf einen Namen innerhalb des Lexikonteils (Ausnahme: Istanbul), im Abschnitt Begriffserklärungen (Seiten 406-411) kann er sich auch auf einige Begriffserklärungen selbst beziehen.

Antike Ortsnamen:
Beispiel 5: **Aalen**, Deutschland. Römisch Ala.
Der römische Name ist Ala.
Beispiel 6: **Acruvium**, Montenegro. Römisch; → Kotor.
Der römische Name ist Acruvium.

Himmelsrichtungen:
Beispiel 7: 32 km sö von Bagdad. Der vorher aufgeführte Ort ist 32 km südöstlich von Bagdad zu finden.
Beispiel 8: 1½ km nö Wallanlage Heidenschanze. Die Heidenschanze befindet sich 1½ km nordöstlich des vorher aufgeführten Ortes.

Zeitangaben:
Beispiel 9: Reste von Rundhäusern der Kupferzeit von ca. 2000 vor Chr. Die Zeitangabe bezieht sich auf die Reste, nicht primär auf die Kupferzeit.
Beispiel 10: Reste der Villanova-Zeit (9.-6. Jh. vor Chr). Die Zeitangaben beziehen sich auf den zuletzt genannten Begriff, hier die Villanova-Zeit; die Herkunftszeit der Reste muß nicht den gesamten Zeitraum (9.-6. Jh.) umfassen.

Bei Angaben wie ergraben, erforscht, festgestellt, ehemals Standort von usw. kann nicht mit dem Vorhandensein sichtbarer Reste gerechnet werden.

Kilometerangaben beziehen sich im allgemeinen auf Straßenkilometer. Bei Luftlinienangaben ist dies vermerkt (LL).

Ortsnamen mit vorangehenden Namensteilen Tell und Tepe (für Siedlungshügel), Khirbet, Qala, Qalaat, Qasr, sind unter dem Hauptstichwort zu finden. Beispiel 11: →
(Khirbet el-)Mekhayat ist unter "Mekhayat, Khirbet el" zu finden. Ausnahme: Tel Aviv.

C. (für Colonia), Zwischenräume, Bindestriche, hinter dem Komma stehende Namensteile, arabische und romanische Artikel sind nicht mitsortiert. Akzente wurden bei der Sortierung unberücksichtigt gelassen.
Die Umlaute Ä, Ö, Ü, sind unter Ae, Oe und Ue, Å ist unter A zu finden, ß unter ss.

Zu suchen ist auch: Š und Ş unter Sch; Dj, Dsch und G unter J; Ch unter Kh;
Ç unter Tsch; K unter Q; Beit unter Bet und umgekehrt.

Ländernamen:
Bei einigen größeren Mittelmeerinseln ist die Nationalität abgekürzt wiedergegeben (F-, Gr-, I-). Beispiele 12: Gr-Kreta, I-Sardinien.
Ehemaliges Jugoslawien: hier wurden die Namen der ehemaligen Teilstaaten mit den Grenzen zu Beginn der Auseinandersetzungen von 1991 angegeben.
Ehemalige UdSSR: der Name UdSSR wurde grundsätzlich (Ausnahme: baltische Staaten) in GUS (SNG) umgewandelt. Im südlichen Gebiet der ehemaligen UdSSR ist die Mitgliedschaft zur GUS nicht immer gegeben.

** Sehr sehenswerte Reste.   * Sehenswerte Reste.

Abkürzungen

A. - Z.	Großbuchstabe mit Punkt: Wiederholung des Stichwortes bzw. einer daraufhin folgenden Ortsangabe.
Abb.	Abbildung
C.	Colonia, Ciudad
ca.	circa, zirka
Chr.	Christus
ev.	eventuell
F-	Frankreich
GB	Großbritannien (UK)
Gmde.	Gemeinde
Gr-	Griechenland
H	Hauptstadt, Hauptort
HI	Halbinsel
I-	Italien
Jh.	Jahrhundert
Jtsd.	Jahrtausend
km	Kilometer
LL	Luftlinie
m	Meter
MA	Mittelalter
ma	mittelalterlich
ND	Irisches Nationaldenkinal Nummer ...
N	Norden, nördlich
n	nördlich
nnö	nordnordöstlich
nnw	nordnordwestlich
nö	nordöstlich
nw	norwestlich
Ö,ö	östlich
O	Osten
onö	ostnordöstlich
osö	ostsüdöstlich
Reg.	Regierungszeit, Regent von bis
S.	San, Sankt, Santa usw.
S	Süden, südlich
s	südlich
sö	südöstlich
ssö	südsüdöstlich
SSR	Sozialistische Sowjetrepublik
ssw	südsüdwestlich
sw	südwestlich
W	Westen, westlich
w	westlich
wnw	westnordwestlich
wsw	westsüdwestlich
∅	Durchmesser
†	Todesjahr

Aachen Deutschland. Römisch Aquae Granni. Säulen vom Tempelbezirk des Heilgottes Apollo-Grannus; Arkaden in Bonn, Abguß in Aachen. Kornelimünster: Reste von gallo-römischen Umgangstempeln eines ehemals bedeutenden Tempelbezirks.

Aalen* Deutschland. Römisch Ala. Kastellgelände mit NW-Tor, Stabsgebäude und Limesmuseum. Römisches Parkmuseum mit Denkmalskopien. Kocherburg: Spuren von 2 Wällen seit der Bronzezeit, später erneuert, die das Schloßbaufeld zu einer rundum abfallenden Höhensiedlung machten. Rest von keltischer Viereckschanze in Aalen-Wasseralfingen.

Aanjar Libanon, ca. 60 km s von Zahlé. Ruine eines arabischen Palastes. Spuren antiker Bauten bei der Aanjar-Quelle.

Abadeh Iran, 214 km s von Isfahan. Ruinen von Karawansereien und Festungswällen.

Abaj Takalik Guatemala, 44 km sö von Coatepeque, in der Finca Santa Margarita. Besiedelt 1500 vor Chr. - 1100 nach Chr. Ausgrabungen, Skulpturen.

Aballava GB. → Burgh by Sands.

Abaneri Indien, Rajasthan, s von Jaipur. Harsatmata-Tempel ab 9./10. Jh.; später neuerrichtet.

Aban Tenouar Algerien, Tassili n'Ajjer, Wadi Djerat, 200 km LL nnw von Djanet. Felsgravierungen.

Abarqu Iran, 274 km sö von Isfahan. Ehemals (10.-14. Jh.) blühende Stadt. Masdjid-i Djomeh (Freitagsmoschee) 14. Jh. Mausoleum Gunbad-i Ali (1056-1057) auf einem Hügel an der Stelle der alten Stadt Abarqu.

Abashiri Japan, Hokkaido. Hügel Moyoro-Kaizuka, Fundstelle zahlreicher Überreste der Moyoro.

Abaton Ägypten. → Bigge.

Abbasanta I-Sardinien. Nö von Oristano Nuraghe Losa mit Dorf und Befestigung, 1500-500 vor Chr. W Nuraghe Lugherras, nö Nuraghe Orgone.

Abd, Qasr el- Jordanien. → Wadi es-Sir.

Abda Israel. → Avdat.

Abdera Griechenland. → Abdira.

Abdera Spanien. → Adra.

Abdira Griechenland, Thrakien, 23 km s von Xanthi. 7 km s das antike Abdera. Spuren hellenistischer Mauern. Reste von meist römischen Bauwerken.

Abd Mar, Tell Syrien, bei Salkhad.

Abdschu Ägypten. → Abydos.

Abdullachan-Kala GUS, Turkmenistan. → Merw.

Abedju Ägypten. → Abydos.

Abeior Algerien, Tassili n'Ajjer, Wadi Djerat, 140 km LL nnw von Djanet. Felsgravierungen.

Abel Beth-Maacha Israel, bei Metulla in der Nähe der libanesischen Grenze. Avel Beit Maacha. Erdhügel des biblischen Ortes.

Abellinum Italien, ö von Neapel. Heute Avellino.

Museo Irpino.

Abel Metolah Jordanien. → (Tell) Maqlub.

Abel Schittim Jordanien. → (Tell) Kefrein.

Abenden Deutschland, s von Nideggen, s von Düren. Abschnittswall Hundslay.

Abercastle GB. → Pen Caer.

Aberffraw GB, Wales, Insel Anglesey. Mesolithische Siedlung. Grabhügel von Barclodiad-y-gawres mit Grabkammer.

Abetone Italien. → Cerveteri.

Abgig Ägypten, Fayum. 3 km sw ehemaliger Standort des Obelisken in → Medinet el Fayum.

Abhinavakolhapura Indien. → Dodda Gaddavalli.

Abiad, Tell el Irak. → Aqarquf.

Abil, Tell Jordanien, 15 km n von Irbid, ö von Harta. Das antike Abila (auch Abila Seleukia). Nekropole ö des Wadi el-Queilbeh; Gräber. → (Tell) Umm el-Amad.

Abila Jordanien. → (Tell) Abil und → (Tell) Umm el-Amad.

Abila Jordanien. → (Tell) Kefrein.

Abila Syrien. → Suq Wadi Barada.

Abini I-Sardinien, 11 km n von Teti, letzteres 48 km LL nö von Oristano. Nuraghendorf (Fluchtburg).

Abiodh, El Algerien, in den → Monts des Ksour. Felsbilder.

Abka Sudan, 2. Nilkatarakt, Ostufer. Neolithische Kultur 4000-3200 vor Chr.

Abobeleira Portugal, nw von Chaves, nähe Nordgrenze. Prähistorischer Platz mit 300 jungsteinzeitlichen Felsritzungen.

Abobriga Spanien. Antik; Ribadavia, w von Orense, Galizien.

Abodiacum Deutschland. → Epfach.

Abonuteichos Türkei, Schwarzmeerküste. Antik; heute Inebolu.

Abrigo de los Toros Spanien, bei Tormón, sw von Teruel. Mit Felsmalereien.

Abrittus Bulgarien. → Rasgrad.

Abrud Rumänien. Spuren eines Römerlagers 2.-3. Jh.

Absaros GUS, Georgien. → Gonio.

Absorus Kroatien. → Osor.

Abu Indien. → Mount Abu.

Abu'l-Auaf Ägypten, Oase Siwa. Römerzeitliche Felsgräber.

Abud Israel, 44 km nw von Jerusalem, w von Bir Zeit. In der Umgebung mehrere byzantinische Kapellen, darunter St. Barbara-Kapelle 6. Jh. und St. Abadius-Kapelle 7.-8. Jh.

Abu Djrein Syrien, ö von Sfire. Tell.

Abu Driqa Syrien, ö von Sfire. Tell.

Abu Gosh Israel, 10 km LL w von Jerusalem. Antike Zisterne unter der Kreuzfahrerkirche.

Abu Gurob Ägypten, nw von → Memphis. Reste der 5. Dynastie: Sonnenheiligtum des Ne-User-Re mit Taltempel, Aufgang und oberem Tempel. Heiligtum mit Alabasterbecken.

Abu Habba Irak, 54 km s von Bagdad. Reste der sumerischen Stadt Sippar, ab mindestens 2400 vor Chr. Mauergeviert. Mehrere Tempelreste 6. Jh. vor Chr. Ziqqurat und Tempel für Schanesch.

Abu Hareira Syrien, 124 km ö von Haleb. Unbedeutende Ruinen im Süden des Dorfes. In der Nähe ein Grabmal. Drei Turmruinen aus vorislamischer Zeit. Minarett an der Stelle der alten Araberstadt Siffin (im Altertum Alalis oder Hararis).

Abu Hommos Ägypten, 47 km sö von Alexandria. Ruinenfeld des antiken Demedu.

Abu Hut Ägypten. → Karnak.

Abu Kemal Syrien, 127 km sö von Deir ez-Zor (Dayr az-Zawr). 3 km ö am linken Euphratufer die Nekropole von Baghuz, 1. Hälfte 2. Jtsd. vor Chr. Reste von Grabtürmen 2. und 3. Jh. nach Chr. In der Nähe das antike Nagiate, das spätere Corsote.

Abu Khabbe Syrien, 26 km sö von Maarat en Noman. Ruinen einer kleinen byzantinischen Basaltfestung.

Abukir Ägypten, 24 km nö von Alexandria. Ehemals Kanopus. Geringe Reste beim Fort Taufikiya. Auf dem Kap Zephyrion ehemals Standort eines Aphroditetempels. Ruinen von Menuthis. Thermen.

Abu Matar, Tell Israel. → Beerscheva.

Abu Mena Ägypten, sö von Abusir (Küste). Auch Karm Abu Mena. Ruinen von Stadt und Kloster des Hl. Menas: Nordbasilika mit Friedhof, 7.-9. Jh., Ostkirche, Thermen, Gruftkirche, Baptisterium, Basilika, Gebäudereste.

Abu Nasr Iran, bei Schiras. Ruinen Qasr-i Abu Nasr oder Madar-i Suleiman: Ausgrabungen; hauptsächlich sassanidische und frühchristliche Reste.

Abu Oda Ägypten, s von Abu Simbel. Auch Abu Hoda, Abahuda. Felsentempel des Haremhab für die Götter Amun-Re und Toth, in die Nähe von → Abu Simbel versetzt.

Abu Qaschakh Israel, 24 km n von Jerusalem. Antike Felsgräber.

Abu Qobeis, Qalaat Syrien, 25 km n von Masyaf, w von Hama. Bokebeis der Kreuzfahrer. Mauerring mit Türmen. Gebäude- und Kirchenreste.

Abu Roasch Ägypten, nördlichste Nekropole von → Memphis. Reste von Ziegelpyramide des Radjedef (Djedefre). Reste von weiterer Pyramide. Friedhöfe 1.-4. Dynastie und aus griechisch-römischer Epoche. Nekropole des antiken Letopolis (→ Ausin).

Abu Salabieh Irak, nw von Nippur. Siedlungshügel 2. Hälfte 4. Jtsd. vor Chr. Ehemalige sumerische Stadt. Palastreste.

Abu Samra, Qasr Syrien, 30 km nö von Suran. Verfallener byzantinischer Turm und Ruine einer aus Basaltquadern errichteten dreischiffigen Kirche.

Abu Schaar el-Kibli Ägypten, 385 km s von Suez. Ruinen und Reste von antikem Hafen. Ausgrabung von römisch-byzantinischer Befestigung. Die antike Hafenstadt Myos Hormos wird hier oder n hiervon vermutet.

Abu el-Schafia, Tell Ägypten, n von Qantir. Basis einer Ramsesstatue.

Abu Schahrein, Tell Irak, s von Nasiriya, 11 km ssw von Ur. Abū Šahrēn. Das sumerische Eridu. Tempel 1. Hälfte 4. Jtsd. vor Chr., darüber Reste einer Ziqqurat 21. Jh. vor Chr. Paläste aus frühdynastischer Zeit (3. Jtsd. vor Chr.). Nekropole.

Abu Sefa, Tell Ägypten, ö des Suezkanals, ö von El Qantara. Die altägyptische Grenzfestung Sile.

Abu Shunna, Tell Ägypten, an der Küste sw von Gaza.

Abu Simbel** Ägypten, Nubien. Großer Felsentempel Ramses II., 13. Jh. vor Chr., und kleiner Felsentempel für Hathor und die Königin Nefertari; beide Tempel wegen des Staudammbaus höhergesetzt. Tempel für Amun-Re und Toth aus → Abu Oda hierher versetzt. Stele aus Djebel Schams.

Abusina Deutschland. → Eining.

Abusir Ägypten, w von Alexandria. Antik Taposiris Magna. Unvollendeter ptolemäischer Tempel mit Umfassungsmauer. Ausgrabung eines Stadtteils und eines Gouverneurspalastes mit Bad 6. Jh. Römischer Turm. Tiernekropole. W die Ruinen von → Plinthineia: Stadion, Haus. Nekropole 3. Jh. vor Chr. in Kom el-Nugus.

Abusir Ägypten, nö von Tanta. Altägyptisch Busiris.

Abusir* Ägypten. Nekropole nw von → Memphis. Pyramiden der 5. Dynastie: des Sahure, noch ca. 35 m hoch, mit Verehrungstempel; des Niuserre (Ne-user-Re), mit Taltempel; des Neferarkare, noch ca. 50 m hoch; des Raneferef (Neferefre), kaum begonnen. Privatgräber verschiedener Epochen. Mastaba des Ptah-Schepses. Nw anschließend → Abu Gurob.

Abu Sofian, Qalaat Syrien. → (El) Kfer.

Abu Zanima Ägypten, Sinai-Westküste. Abu Zuneinah, Abu Senîma. Ruinen eines ägyptischen Tempels, Altes Reich.

Ab-yaneh Iran, ca. 65 km nw von Natenz. Ruinen eines Feuertempels.

Abydos* Ägypten, 140 km s von Assiut. Nekropolen von Umm el-Kaab und Betzhallaf der Stadt This. Reste des alten Abydos bei El-Arabat el-Madfuna: Osiris-Tempel* des Sethos I. mit Osireion um 1300 vor Chr. Rest von Ramses- und Osiris-Tempel. Friedhöfe fast aller Epochen; Königsgräber, Grab des Königs Qa, 1. Dynastie. Sö → (Al) Amrah, 8 km s → Sinki.

Abydos Türkei, an den Dardanellen, asiatische Seite, in der Nähe von Canakkale.

Acacus-Gebirge Libyen, ö des Tassili-Massivs. Hunderte von Graffiti und Tausende von Malerein. Fundorte: → Uan Amil, → Tin-Lalan, → Tin-Aguish.

Acagelin GUS, Turkmenistan. → Aktscha-Gelin.

Açana, Tell Türkei, bei Cesricedit, ö von Antakya. Heute Asɪ Nehri. Reste des antiken Alalach, Hauptstadt des Fürstentums Mukis. Älteste Schicht um 3400 vor Chr., Ende 1200 vor Chr. Reste mehrerer Paläste, auch derer der Könige von Jamschad, ältester gegen 1785 vor Chr. Basreliefs in Antakya und London. Ruinen von Tempeln, älteste aus dem 15. Jh. vor Chr. 1½ km ö Tell Tabara el Akrad.

Acanceh Mexiko, Yucatan, 22 km sö von → Mérida. Reste von Maya-Pyramide und vom Palacio de los Estucos.

Acapulco Mexiko, Guerrero. Pyramide. Kalenderstein. Festung 17./18. Jh.

Acasaguastlan Guatemala. Maya-Siedlung.

Acatepec Mexiko, w von Puebla. Ausgrabungen.

Acatlán Mexiko, 70 km ö von Chilpancingo. Oxtotitlán-Grotten mit Felsmalereien, olmekisch.

Acaunum Schweiz. → Saint-Maurice.

Acaxochitlán Mexiko, Hidalgo, nö von Tulancingo. Nahua-Pueblo.

Acci Spanien. Julia Gemella Acci. Römisch; heute Guadix, nö von Granada.

Accipitrium Insula I-Sardinien. Römisch; heute Carloforte auf der Insel di S. Pietro im SW von Sardinien.

Accusium Frankreich. Gallo-römisch; heute Montélimar.

Açemhüyük Türkei, 18 km wnw von Aksaray. Standort eines Palastes 2. Viertel 2. Jtsd. vor Chr. Hethitische Funde.

Acequia Peru. → Ascope.

Achalgarh Indien, Rajasthan, ca. 230 km n von Ahmedabad; 11 km vom → Mount Abu. Shiva-Tempel*.

Achalkalaki GUS, Georgien. Stadt seit mindestens 1. Hälfte 1. Jtsd. vor Chr.

Acharaka Türkei, ca. 30 km ö von Aydın, 5 km nw von Sultanhısar, an der Stelle des jetzigen Dorfes Savalatlı. Antike Siedlungsstätte. → Nysa.

Acharnai Griechenland, 10 km n von Athen. Neu Aharnes. Geringe Reste der Akropolis. 3 km s des Ortes mykenisches Dromosgrab.

Acheruntia Italien. Ev. das heutige → Acri, nö von Cosenza.

Achetaton Ägypten. → (Tell el-)Amarna.

Achilleum Türkei, nw von Troja.

Achiotepec Mexiko, Hidalgo, s von Ixhuatlán, sw von Alamo. Pueblo.

Achladia Gr-Kreta, 6 km sw von Sitia. Reste von mittelminoischen Häusern 17.-15. Jh. vor Chr. 3 km sö mykenisches Kuppelgrab, spätminoische Epoche III.

Achladiai Gr-Kreta, w von Kritsà. Auch Rouchoumi. Ruine einer spätminoischen Befestigungsanlage.

Achladokampos Griechenland, 24 km sw von Argos. Ahladokambos. Ruinen der argivischen Akropolis von Hysiai.

Achmim Ägypten. Ägyptisch Ipu oder Chent Min. Antik Chemmis Panopolis. Koptisch Schmin. Felsenkapelle für Min → (el-)Salamoni. Reste von Königen n von → Tutmosis III. und anderen Tempeln aus griechisch-römischer Zeit für Min und Repit. Ö → (El-)Hawawisch. W → Sohag.

Acholla Tunesien. → Ras Botria.

Achradina I-Sizilien. → Syrakus.

Achyraous Türkei. → Bigadiç.

Achz GUS, Armenien. Gruft der Arsakiden-Dynastie.

Achzib Israel, n von Nahariya. Tel Akhziv. Ausgrabungen, Ruinen.

Acıgöl Türkei, 22 km w von → Nevşehir. Siedlungshügel, ev. des hethitischen Topada. Unterirdische Siedlung.

Açık Sarayı Türkei, n von → Nevşehir. Ehemals frühchristliche Siedlung. Unterirdische byzantinische Klöster und Wohnungen im Tuffstein. 2 Tumuli.

Acinipo Spanien. → Ronda la Vieja.

Acinipo Beturiense Spanien. → Nertobriga.

Acınköy Türkei, ca. 50 km s von Aydın, ca. 10 km s von Alabanda. Antike Nekropole mit quadratischen Kammergräbern von griechisch-karischer Siedlung.

Acitoriciacum Türkei. → Kalecik.

Acoma USA, New Mexico, 840 km von Los Angeles Richtung Albuquerque, 19 km s von Acomita. Pueblo auf einem Tafelberg.

Aconbury GB, sö von Hereford. Eisenzeitliches Fort.

Aconquija Argentinien, Catamarca, am Südhang der Sierra del Aconquija. Ehemals befestigte Inka-Siedlung.

Acozac Mexiko. → Ixtapaluca Viejo.

Acquarossa Italien, 6 km n von Viterbo. Etruskische Stadt 600-500 vor Chr. Ausgrabungen von Wohnhäusern. Ehemals mit Akropolis mit Tempelbezirk. Römische Brücken. Nekropolen 9.-7. Jh. vor Chr. 2 km nö → Férento.

Acquasanta Terme Italien, sw von Ascoli Piceno. Römische Brücke.

Acqui Terme Italien, 45 km LL nw von Genua. Römisch Aquae Statiellae. Reste eines römischen Aquädukts.

Acrae I-Sizilien. → Palazzolo Acreide.

Acri Italien, nö von Cosenza. Ev. das antike Acheruntia. Kirche S. Maria Maggiore.

Acrita Syrien. → Ahire.

Acrumen Kroatien. Lateinisch; Lokrum.

Acruvium Montenegro. Römisch; → Kotor.

Acula Italien. Acquapendente, w von Orvieto.

Acumincum Vojvodina. → Slankamen.

Acunum Vojvodina. → Slankamen.

Adab Irak. → Bismaia.

Adadi-Mariam Äthiopien, 40 km Lalibela-Wolisso. Felsenkirche.

Adala Türkei, 123 km ö von Izmir. Das antike

Satala. Zitadellentürme. Aquäduktreste.

Adamclisi Rumänien, 55 km w von Constanza. Denkmal "Tropaeum Trajani", errichtet zwischen 106-109 zu Ehren der im Krieg gegen die Daker siegreichen römischen Legionen. In der Nähe Reste des nach diesem Denkmal benannten römischen Ortes. Säulenbasen der Basilika Forensis 4. Jh.

Adamkayalar Türkei, nw von Korigos/Kizkalesi. In Felsschluchten - sich teilweise bis Korigos hinziehend - Felsengräber, Reliefs und antike Siedlungsspuren.

Adana Türkei. Hethitisch Adaniya. Assyrisch Que. Antiochia ad Sarum. Taş Köprü, Brücke ab 2. Jh., oft repariert. Archäologisches Museum.

Adaouda Algerien, nö von Tamanrasset. Nördlich Felsmalereien und Adebui (neolithische kreisförmige Steingräber).

Adapazarı Türkei, ö von Izmit. Brücke des Justinian über den Sakarya, antik Sangaria, ca. 500 m lang.

Ada Tepe Türkei, 7 km n von Turan, n von → Izmir. Reste von hellenistischer Festung, "Sancaklı Kalesi".

Adbudji Indien, Rajasthan, bei Eklingi n von Udaipur. Ruine von Jaina-Tempel. Weitere Tempel mit Skulpturen.

Addaura-Grotte I-Sizilien. → Palermo.

Ad Decinum Deutschland. Römisch; Detzem, nö von Trier.

Addi Galamo Äthiopien. Ehemals antike Siedlung.

Addschul, Tell Israel. → (Tell) Ajjul.

Ade, Tell Syrien, wenige km n von Homs.

Ade, Tell Syrien, w von Haleb (Aleppo) bei Dana. Ruinen. → Deir Tell Ade 1 km entfernt.

Aden Jemen-Süd. Im Stadtgebiet Standorte ehemaliger antiker Siedlungen: Arabia Emporion (Ptolemäus), Arabia Eudaimon (Periplus). Nationalmuseum.

Adena Mound Group USA. → Ross-County.

Ader Jordanien. Bronzezeitliche Siedlung.

Ad Fauces Alpium Juliarum Deutschland. Römisch; Füssen.

Ad Fines Bosnien-Herzegowina. Römischer Posten, heute Mahovljani, n von Banja Luka.

Ad Fines Schweiz. → Pfyn.

Ad Fines Serbien. Römisch; heute Kuršumlija, 60 km sw von Niš.

Ad Flexum Ungarn, ö des Neusiedler Sees. → Mosonmagyaróvár.

Ad Frontes Alpinum Deutschland. Römisch; Pfronten.

Ad Gefrin GB. → Akeld.

Adharguschnap Iran. → Takht-i Suleiman.

Adilabad Indien, s von Tuqluqabad (→ Delhi 8)).

Adılcevaz Türkei, Vansee-Nordufer. Mittelalterliche Festung mit wiederverwendetem urartäischen Material. Urartäische Nekropole.

Adipte Türkei, ö von Diyarbakir.

Adis Abeba Äthiopien. Addis Ababa. National-

museum.

Ad Isuram Deutschland. → Altheim.

Adiuvense Österreich, nw von Amstetten. Römisches Kastell, ev. auf dem Gebiet Wallsee-Sindelberg.

Adıyaman Türkei, nö von Gaziantep. Im 7. Jh. Hisn Mansur. Reste der von den Seldschuken veränderten Araberburg und der Stadtmauer mit drei Toren. 3 km nö: → Perre.

Adjacium F-Korsika. → Ajaccio.

Adjefou Algerien, Tassili n'Ajjer, sö von Djanet. Neolithische Felsmalereien.

Adjeilat Syrien, 48 km n von Suweida. Das antike Egla. Reste römischer Bauten. Grabstätten.

Adjiri Algerien, Tassili n'Ajjer, 80 km LL sö von Djanet. Felsmalereien.

Ad Ladies Bosnien-Herzegowina. Römisch; heute Trn, 10 km n von Banja Luka.

Ad Latus Ungarn. Ehemaliges römisches Kastell bei Öcsény, sö von Szekszárd.

Adlerberg Deutschland, bei Reinlingen, s von Nördlingen. Ehemals Standort von spätneolithischer Höhensiedlung. Hallstattzeitliche Spuren.

Adlerhorst Deutschland. → Aßlar-Oberlemp.

Adloun Libanon, 23 km n von Sour (Tyrus). Nekropole mit zahlreichen Grotten.

Ad Lunam Deutschland. Ev. → Lonsee.

Ad Mauros Österreich. Ev. Eferding.

Ad Mediam Rumänien. Ehemaliges römisches Heilbad.

Ad Mercuri Marokko, s von Tanger. Spuren von Mauerwall; römische Häuserruinen.

Ad Militare Kroatien. Römisch; Batina, nö von Osijek.

Ad Mures Ungarn. Römisches Kastell nw von Ács-Bumbumkút, w von Komarom.

Ad Musculum Kroatien. Römisch; → Omišalj auf Krk. Mittelalterlich Castrum Musculum.

Ad Novas Kroatien. Zmajevac, n von Osijek. Römische Gebäudereste.

Ad Novas Serbien. Auch Cuppae. Römischer Stützpunkt in der Nähe von Golubac, 130 km ö von Belgrad, rechtes Donauufer.

Adony Ungarn, s von Budapest. Ehemaliges Kastell Vetus Salina.

Ad Pirum Slowenien. → Hrušica.

Ad Piscinam Algerien. Hammam Salahine, 7 km nw von Biskra. Türkisches Fort.

Adra Spanien, w von Almeria. Phönizisch Abdera. Auf dem Cerro de Monte Cristo phönizische, römische und arabische Reste.

Adraa Syrien. Adraha. → Deraa.

Adramittum Türkei. → Adramyttion.

Adramyttion Türkei, anatolische Westküste, 4 km w von Burhaniye. Antike Ortsbezeichnung, danach Edremit. Antike Reste.

Adrano I-Sizilien, nw von Catania. Das antike Adranon. Reste einer sikulischen Stadt 5./4. Jh. vor Chr. Stadtbefestigung. Reste griechischer

Mauern 4. Jh. vor Chr. Reste eines Demetertempels. Archäologisches Museum im Kastell.

Adranon I-Sizilien. → Adrano.

Adria Italien, nw des Po-Deltas. Die griechisch-etruskische Hafenstadt Atria. Archäologisches Museum.

Adrianopel Türkei. → Edirne.

Ad Salsulas Frankreich. → Salses.

Adschina Tepe GUS, Tadschikistan, 17 km ö von Kurgan-Tjube, Wakhsh-Tal. Adzhina-Tepe. Ausgrabung eines buddhistischen Klosters 7./8. Jh.; Tempel, Reste von Malereien. Stupa. Liegende Buddha-Statue 7. Jh.

Ad Speculum Tunesien. Heute Chebika, s von Tamarza, w von Gafsa. Ehemals römische Befestigung.

Ad Statuas Ungarn. Römisches Kastell bei Ács-Vaspuszta, ca. 6 km ö von Gönyü.

Ad Statuas Ungarn. Ehemaliges römisches Kastell in Várdomb, s von Szekszárd.

Ad Turres Kroatien. Römisch; heute Selce, 37 km s von Rijeka.

Ad Turres Tunesien. Das heutige Tamerza, 100 km w von Gafsa. Ehemals römischer Ort und frühchristlicher Bischofssitz.

Aduatuca Belgien. Tongeren (Tongres).

Adulis Äthiopien, Eritrea, am Meer. Aksumitische Hafenstadt. Ausgrabungen.

Adullam Israel, n von Beit Guvrin. Reste der biblischen Stadt.

Adura Frankreich. Römisch; Aire-sur-l'Adour.

Ad Vicensum Frankreich, s von Narbonne. Römische Straßenstation.

Adzhina Tepe GUS, Tadschikistan. → Adschina Tepe.

Aeclanum Italien. → Mirabella Eclano.

Aegae Türkei. Römisch, heute Ayas, sö von Adana, bei Yumurtalik.

Ägä Türkei. Äolische Siedlung, jetzt die Nemrut Kalesi genannte Stätte, 80 km n von Izmir. Mauer, Rest von Markthalle, Reste von Theater und zwei Tempeln.

Aegimures Tunesien. Die Inseln Zembra und Zembretta, nähe Kap Bon. Ehemals mit antikem Hafen.

Ägina Griechenland. → Aigina.

Aegusa I-Sizilien. Die Insel Favignana der Ägaden, w von Trapani.

Aegyessus Rumänien. Ev. → Tulcea.

Aegyssius Rumänien. Ev. → Tulcea.

Aelana Jordanien. → Aqaba.

Aelia Spanien. → Morella.

C. Aelia Capitolina Israel. → Jerusalem.

C. Aelia Hadriana Türkei. → Konya.

C. Aelia Mursa Kroatien. Ehemaliges römisches Legionslager Osijek/Donau (Esseg).

Aelium Serbien. → Kostolac.

Aelium Cetium Österreich. → Sankt Pölten.

Aelium Ovilava Österreich. → Wels.

Aemate Bosnien-Herzegowina, bei Banja Luka. Lamatis. Römisch; heute Šljivno.

Aeminium Portugal. → Coimbra.

Aemona Slowenien. → Ljubljana.

Aemonia Kroatien. Emona. Römisch; heute Novigrad, n von Porec.

Aenaria Italien. → Ischia.

Aenona Kroatien. → Nin.

Aequinoctium Österreich. Römisches Kastell Fischamend.

Aequum Bosnien-Herzegowina. → Čitluk.

Aere Syrien. → (Es) Sanamein.

Aeropolis Jordanien. → Rabba.

Äsani Türkei. → Çavdarhisar.

Aesch Schweiz, s von Basel. Im Gmeiniwald jungsteinzeitliches Dolmengrab.

Aesernia Italien. → Isernia.

Aesica GB. Das römische Fort Great Chesters am → Hadrianswall.

Aëtos Griechenland, 29 km sö von Vontza, am Ambrakischen Golf. Auf dem Aëtosberg Reste einer Zyklopenmauer mit Turm 3.-2. Jh. vor Chr.

Afar, Tell Irak, 80 km w von Mosul. Tellafar. Arabische Festungsruine.

Afar el-Nabî Sudan, s von Dongola. Christliche Ruinen.

Afek Israel, ö von Tel Aviv. An der Stelle des biblischen Aphek, hellenistisch Antipatris. Auch Tell Ras el-Ain. Besiedelt seit 3000 vor Chr. Bronzezeitliche Stadtmauerreste, israelitische Häuserreste, türkische Ruinen.

Affad Sudan, sw von Meroë (1). Christliche Ruinen.

Afqa-Grotte Libanon, 45 km ssö von Jbail. Quelle des "Adonisflusses". Spuren eines römischen Tempels. Altertümliche Bildstöcke.

Afrasiab GUS, Usbekistan. → Samarkand.

Afrazeh Ruz Iran. → Meragheh.

Afşin Türkei, 151 km wsw von Malatya. Beim antiken Arabissos. Ruinen von seldschukischen Karawansereien. Seldschukische Moschee.

Afyon Türkei. Afyon Karahisar. Das antike Akroenus. Die Hethiterfestung Chapanuwa. Ruine der Zitadelle, gegr. ev. Mitte 2. Jtsd. vor Chr. Archäologisches Provinzmuseum.

Agade Irak. → Akkad.

Agamium Italien. Heute Ghemme, 28 km nw von Novara.

Agara GUS, Georgien. Ausgrabung eines Mondgöttintempels 1. oder 2. Jh. vor Chr.

Agate House USA, Arizona, im Petrified Forest Nationalpark. "Achathaus", teilweise restauriertes Indianerpueblo.

Agatha Frankreich. → Agde.

Agaunum Schweiz. → Saint-Maurice.

Agbatana Iran. → Hamadan.

Agbia Tunesien, s von Teboursouk. Byzantinerburg, römischer Bau.

Agde Frankreich, ö von Béziers. Antik Agatha.

Antike Ruinen.
Agedabia Libyen, 160 km s von Bengasi. Römische Festungsreste.
Ageltus-Dolmen Spanien. → Oleiros.
Agen Frankreich, 150 km sö von Bordeaux. N auf einem Hügel Spuren des keltischen Oppidums der Nitiobriges.
Ager salonitanus Kroatien. → Solin.
Aggasel Nepte Tunesien. Ehemals römische Siedlung; heute Nefta.
Aggul, Tell Israel. → (Tell) Ajjul.
Aghaderrard Irland, Leitrim, ö von Kinlough. ND477. Reste eines Galeriegrabes, Jungsteinzeit bis Bronzezeit.
Aghnas Keagh Cairns Irland, Louth, 9 km n von Dundalk. ND326. Megalithgrab mit Portaldolmenrest und Steinkistengräbern, weiteres Megalithgrab; Jungsteinzeit bis Bronzezeit.
Aghurmi Ägypten, Oase Siwa. Tempelrest der 26. Dynastie (6. Jh. vor Chr.) und der ptolemäischen Zeit.
Agia Euthymia Griechenland, s von Amfissa. Das klassische Myania. Mauerabschnitte der antiken Siedlung.
Agia Evfimia Griechenland, Insel Kefallinia, n von → Sami. Römische Thermen 3. Jh.
Agia Fotia Gr-Kreta, 5 km ö von → Sitia. Große frühminoische Nekropole. Spätminoische Siedlung an der Küste (Analuka).
Agia Irini Griechenland, Insel Kea. → Vurkari.
Agia Irini Zypern, Westen, n von Morphou. Palaeokastro. Reste einer antiken Stadt. Bronzezeitliche Felsengräber.
Agia Kyriaki Griechenland. → Christianoupolis.
Agia Marina Griechenland, NO-Ecke des Kopais-Sees, 4 km nw von Akrefnio. 1 km n Umfassungsmauer von mykenischer Burg.
Agia Marina** Griechenland, Insel Egina (Aigina). Aphaia-Tempel, um 480 vor Chr., an der Stelle eines ursprünglichen Tempels 6. Jh. vor Chr. Reste der Umfassungsmauer, Unterbau eines Hauses 5. Jh.
Agia Marina Griechenland, Kalymnos. → Chorio.
Agia Marina Griechenland, Kea. → Hypanakra.
Agia Marina Griechenland, Leros. → Platanos.
Agia Mavra Griechenland, Laguneninsel in der Meerenge zwischen Levkas und dem Festland. Venezianisch Santa Maura. 1½ km ö kleine türkische Festung.
Agia Moni Griechenland, Peloponnes, 3 km von Nauplia. Kloster, gegründet 1144. Reste von antiken Mauern, Brunnen und Wasserleitungen bei der Kanathosquelle.
Agia Paraskevi Griechenland, Lesbos. → Arisba.
Agia Paraskevi Griechenland, s des Kopais-Sees, s von Alalkomeni. Siedlungshügel. Reste von Ringmauer.
Agia Pelagia Gr-Kreta, 24 km nw von Iraklion. Ruinen von hellenistisch-römischer Stadt. Nekro-

pole, ev. vom antiken Kytaion.
Agia Sofia Griechenland, Ätolien, ö von Agrinion. An den Hängen des Panätolischen Gebirges Reste hellenistischer Wachttürme.
Agia Sofia Griechenland, nw von Larissa. Ö Wohnhügel der → Diminizeit mit Grabkammern. → Argoura.
Agia Triada* Gr-Kreta, ca. 60 km sw von Iraklion, w von Phaistos. Ruinen eines mittelminoischen Palastes. Ruinen von spätminoischen Häusern 1. Hälfte 16. Jh. vor Chr. Nekropole, Kuppelgräber.
Agia Triada Griechenland, Peloponnes. → Koroni.
Agios Griechenland, Euböa, 144 km nw von Chalkis. Ruinen der byzantinischen Demetriuskirche.
Agios Adrianos Griechenland, nö von → Navplion, nö von Tiryns. Erddamm.
Agios Andreas Griechenland, Arkadien, 45 km s von Argos. Reste von pelasgischer Mauer.
Agios Andreas Griechenland, Insel Kefallinia, 10 km sö von Argostolion. Alte Hauptstadt von Kefallinia. Mittelalterlich Kastro. Mittelalterliche Kirchen- und Häuserruinen.
Agios Christophoros Griechenland, Peloponnes, ö von Filiatra. Spuren von mykenischer Siedlung.
Agios Epiktitos Zypern, ö von Kyrenia. Reste von frühneolithischer Siedlung.
Agios Floros Griechenland, Peloponnes, 23 km n von Kalamata. Westlich die Spuren eines kleinen dorischen Tempels des Flußgottes Pamisos.
Agios Georgios Griechenland, Kefallinia. → Kastro.
Agios Georgios Griechenland, am Louros. N Reste eines Aquädukts.
Agios Georgios Gr-Kreta, s von Tzermiado. Ehemals mit byzantinischer Siedlung.
Agios Georgios Gr-Kreta, 14 km s von Sitia. Minoische Villa. Prähistorische und frühminoische Gräber.
Agios Ioannis Griechenland, Peloponnes, ö von Olympia, nw von Megalopolis, rechtes Alpheiosufer. Die antike Stadt Heraia: Reste von Stadtmauer, Tempel, römischem Bad.
Agios Ioannis Griechenland, ö von Orchomenos, 5 km vom Meer. Umfassungsmauer von mykenischer Burg.
Agios Ioannis Griechenland, ca. 10 km sö von Livadia. Antike Fundamente. Auf dem Hügel Lyoma Siedlungsspuren von neolithischer bis mykenischer Zeit.
Agios Irakleidhios Zypern, sw von Nicosia. Reste einer Basilika 5. Jh.
Agios Kirykos Griechenland, Südliche Sporadeninsel Ikaria. Nö bei Therma Reste von antiken Thermen. Kleines archäologisches Museum.
Agios Kosmas Griechenland, ö von Piräus. Ehemals Standort von frühhelladisch-mykenischer Siedlung.
Agios Kyrikos Gr-Kreta. → Lissos.

Agios Mamas Griechenland, Chalkidike, bei Mudania. Spuren einer Siedlung der Kupfersteinzeit.
Agios Mironas Gr-Kreta, ssw von Iraklion. Antike Siedlung Raukos (Rafkos usw.). Frühminoische Nekropole.
Agios Nikolaos Gr-Kreta. Der antike Hafen Kamara von → Lato. Spuren von Häusern, Läden und kleinem Tempel. Museum.
Agios Petros Griechenland, Kykladeninsel Andros. Beim Ort Batsi hellenistischer Rundturm.
Agios Sergios Zypern, nw von Salamis. Yenibogaziçi. Reste des Aquädukts von → Kythrea nach → Salamis.
Agios Sostis Griechenland, Peloponnes, 5 km sö von Tripolis. Phylaktis oder Akra (die Akropolis von → Tegea) mit Resten von Athenaheiligtum und Demeter-Koretempel.
Agios Sozomenos Zypern, nw von Larnaca. Ehemalige bronzezeitliche Befestigung.
Agios Stefanos Griechenland, Peloponnes, ö von Githio. Ruinen der antiken Stadt Helos (Elos).
Agios Yoannis Griechenland, Naxos. → Marmaria.
Agiria Spanien, Aragonien. Römisch; Daroca.
Aglasun* Türkei, 28 km s von Isparta. Ruinen des antiken Sagalassos. Ruinen von Theater 2. Jh. nach Chr., Apollontempel, Thermen, Nymphäum, Agoren. Nekropolen, Felsgräber.
Agnano Italien, w von Neapel (Stadtrand). Ruinen von römischen Thermen und weiteren Gebäuden.
Agnion Gr-Kreta, NW, Halbinsel Gramvusa. Ruinen eines Apollontempels.
Agoncillo Spanien, 10 km ö von Logroño. Römisch Egon. Römische Reste.
Agop Athas Malaysia, Sabah. Neolithische Siedlung.
Agrab, Tell Irak, ca. 75 km ö von Bagdad. (Ajrab, Ograb usw.). Ausgrabungen vorwiegend Djemdet-Nasr- und frühdynastische Epoche. Großer Ruinenhügel, Freilegung eines Sara-Tempels (frühdynastisch II).
Agrab Tepe Iran, n von Nagadeh, nähe Südufer des Orumiyeh-Sees. Urartäische Gebäudereste.
Agrai Griechenland. Teil des heutigen Athen.
Agrelo Argentinien, NW, 20 km s von Mendoza. Type Site, 1. Jtsd. nach Chr.
Agri Bucak Türkei, 72 km n von Antakya. Reste einer byzantinischen Kirche.
Agrigent** I-Sizilien. Griechisch Akragas, römisch Agrigentum, arabisch Kerkent oder Gergent, normannisch Girgenti.
Reste von griechischen Befestigungsanlagen und Stadtmauern. S. Maria dei Greci mit Spuren des dorischen Minervatempels 5. Jh. vor Chr. S. Biagio mit Resten eines Demeterheiligtums. Reste eines hellenistisch-römischen Stadtviertels. Römisches Grabmal Oratorium von Phalaris, 1. Jh. vor Chr. Heraklestempel Ende 6. Jh. vor Chr. (→ Abb. 85), 8 Säulen. Dorischer Concordiatempel** 5. Jh. vor Chr., durch zwischenzeitliche Umwandlung in eine Kirche besonders gut erhalten. Tempel der Juno Lacinia (Heratempel), 5. Jh. vor Chr. mit 13 Säulen. Fläche des Tempels des Olympischen Zeus 113 x 56 m mit am Boden liegendem Telamon. Ruine von Kastor- und Polluxtempel mit vier Säulen, 5. Jh. vor Chr. (Abb. Umschlagvorderseite). Ruine eines Vulkantempels 5. Jh. vor Chr. Ruine von Aeskulaptempel 5. Jh. vor Chr. Porta Aurea. Grabmal des Theron. Reste der Wasserleitung mit Ipogeo Giacatello. Römische Nekropole von Giambertoni ab 3. Jh. vor Chr. Byzantinische Nekropole. Grotta di Fragapane (Katakomben) 2.-5. Jh. Vorgeschichtliche Gräber an der Rocca Busune, n der Stadt. Archäologisches Nationalmuseum.
Agrigentum I-Sizilien. → Agrigent.
Agrileza Griechenland, sö von Athen, ssw von Lavrio. Bergwerksreste.
Agrilium Türkei. → Bilecik.
Agrinion Griechenland. 3 km nw die antike Siedlung. Stadtmauerreste.
Agropoli Italien, s von Paestum. Grab 2. Hälfte 4. Jh. vor Chr.
Agruvium Montenegro. Illyrisch-römisch; an der Bucht von → Kotor.
Aguada Grande Mexiko, Quintana Roo, Insel Cozumel, Nordteil. Mayaruinen.
Agua Nueva Mexiko, San Luis Potosi, nähe Ciudad Valles. Kleiner Zeremonialplatz.
Aguas Celanas Portugal. → Barcelos.
Aguas-Höhle Spanien. → Novales.
Aguateca Guatemala, Provinz Petén, 15 km w von → Seibal. Mayaruinenstätte, Stelen.
Aguiladuente Spanien, Altkastilien, bei Turegano. Römisches Mosaik.
Aguilar de Anguita Spanien, nö von Guadalajara, 3 km ö von Alcolea. Keltiberische Nekropole und Römerlager.
Aguilas Spanien, sw von Cartagena. Antik Urci. Ruinen von römischen Thermen.
Agullu Türkei, nö von Kas. Reste eines griechisch-römischen Tempels, auf lykischem und älterem Heiligtum errichtet.
Aguntum* Österreich, ö von Lienz, Gemeinde Dölsach. Name illyrisch. Die ursprüngliche Siedlung lag 2 km westlich (Nußdorf), Gebäudereste. Auch → Lavant erhielt später den Namen A. Nach 41 nach Chr. Gründung des Municipium Claudium Aguntum durch Kaiser Claudius im Zuge der Aufteilung des Königreiches Noricum. Reste von Stadtmauer mit Toren, Häusern mit Heizungsanlagen. Gräber, Friedhof mit frühchristlicher Begräbnisstätte. Kleines Museum. Funde im Stadtmuseum Lienz und im Landesmuseum Ferdinandeum Innsbruck.
Agyrion I-Sizilien. Sikulische Siedlung; heute Agira, nö von Enna.
Ağzikara Hani Türkei, nö von Aksaray. Karawanserei von 1238.

Ahar Indien, Rajasthan. → Udaipur.

Aheggmühle Deutschland. → Buchenberg.

Ahire Syrien, s von Damaskus, ö von Sheikh Meskene, 15 km nö von Sidjin. Antik Acrita. Moschee
an der Stelle eines antiken Bauwerks. Römerstraße
El Mismiye-Suweid mit Meilensteinen.

Ahitschatra Indien, Uttar Pradesch, w von
Bareilly. Ahicchatra, Ahichchhatra usw.   Stadt
5. Jh. vor bis 1100 nach Chr., Hauptstadt von Pan-
cala bis 12. Jh.   Nachfolgerin: Vodamayuta, das
heutige Budaun. Ausgrabungen: Tempel aus Ku-
shan- und Guptazeit. W Rest eines Stupas des
Ashoka.

Ahlat Türkei, Vansee-Nordufer. Römisch Hilyat,
armenisch Khelath, arabisch Achlat. Westlich des
Ortes Ruinengebiet der alten Stadt (Eski Ahlat).
Friedhof, Mausoleen 13.-15. Jh.   Ruine einer Festung von 1568 auf urartäischer Vorgängerin. Museum.

Ahlberg Deutschland, Reinhardswald, nw von
Hannoversch-Münden, ö von Mariendorf. Eisenzeitlich-frühmittelalterlicher Ringwall.

Ahlum Deutschland, sw von Salzwedel. Nw
Stöckheim: Großsteingrab.

Ahlum Iran, nö von Teherean. Ev. das heutige
Sorkh Rud. Der ma Hafen der Stadt Amol.

Ahmar, Tell Syrien, ca. 106 km onö von Haleb.
Achmar. Til Barsip des 3. Jtsd. vor Chr.   Später
Kar Salmanassar. Hauptstadt des Aramäerstaates
Bit-Adini. Befestigungsspuren. Auf dem Gipfel
Ausgrabung eines assyrischen Palastes 8./9. Jh.
vor Chr. Fresken in Haleb.

Ahmedabad** Indien. Ehemals hinduistische
Siedlung; ab 15. Jh. islamische Bauten. Stadtmauer. Baroda-Museum mit archäologischer Abteilung.

Ahorntal Deutschland, sö von Waischenfeld.
Kirchahorn: 2 km wsw im Hofmannsholz Wälle
von Befestigung seit früher Latènezeit.

Ahrbergen Deutschland, Gemeinde Giesen, nw
von Hildesheim. Wallanlage Alter Burgplatz.

Ahrensburg Deutschland, im Stellenmoor nö von
Hamburg. Mittelsteinzeitliche Kultur Mitte 9. Jtsd.
vor Chr. Sw Burgwall.

Ahrweiler Deutschland, zwischen Remagen und
Adenau. Ehemals Standort von großer römischer
Villa. Verfallene römische Badestube. Ummauerter
Bezirk mit Schmelzöfen.

Ahtamar* Türkei. Insel nähe Vansee-Südküste.
Ehemals Stadt und Hauptstadt des Königreiches
Vaspurakan. Armenische Kirche** 915-921.
Chatschkars (Kreuzsteine).

Ahuriri Neuseeland, Südinsel. Felsbilder.

Ahvaz Iran, n von Abadan. Sassanidisch Hormuzd
Schahr, auch Hormuzd Ardeschir. Arabisch Suq el
Ahvaz. Spuren einer ehemals großen sassanidi-
schen Stromsperre am rechten Karunufer.

Ai Israel. → (Khirbet er-)Tell.

Aichbühl Deutschland, bei Bad Schussenried.

Jungsteinzeitliches Pfahlbaudorf der Donauzivilisa-
tion (von ca. 2000 vor Chr.) erforscht.

Aichholzbühel I-Südtirol. → Klausen.

Aidipsos Griechenland, Euböa, 150 km nw von
Chalkis, n von Loutra Edipsou. Reste römischer
Badeanlagen.

Aido, Qalaat Syrien, ca. 10 km n von Akko, nö
von Lattakia. Reste von Kreuzfahrerburg.

Aidomaggiore I-Sardinien, sö von Macomer. N
Nuraghe Sanilo. Sö Nuraghe Uras, Gräber. Nö
Nuraghe Erighighine.

Aigai Griechenland. → Vergina.

Aigai Griechenland, Euböa. Antike Stadt; ev. bei
Psachna.

Aigeira Griechenland, 59 km wnw von Korinth.
Akropolisreste. Spur von Theater. Spuren eines
Tempels 10. Jh. vor Chr.

Aigen Österreich, im Ennstal, sw von Liezen.
Wälle einer befestigten Höhensiedlung auf dem
Kulm, Hallstattzeit.

Aigialeia Griechenland. → Sikyon.

Aigiali Griechenland. Antiker Ort im NO der Kykladeninsel Amorgos. Geringe Spuren, Reste von
römischen Thermen.

Aigida Slowenien. → Koper.

Aigila Griechenland. → Antikythera.

Aigina Griechenland. Insel. → Agia Marina.
→ Aigina (Stadt). → Palaiochora. → Phaneromeni.

Aigina Griechenland, Stadt auf gleichnamiger Insel. Neugriechisch Ägina. Rest von Apollontempel,
520-510 vor Chr.   Fundamente von Propyläen und
von zwei Tempeln. Fundamentreste von Phokos-
grab und Aiakosgrab. Spuren eines Attaleion. Spuren von Theater und Stadion. Spuren des antiken
Kriegshafens (Kryptos Limin). Auf dem Orosgipfel
Fundamentreste eines Zeusheiligtums festgestellt.
Museum. Der Aphaiatempel → Agia Marina.

Aiginion Griechenland. Antik; heute Kalampaka,
Zentralort der Meteoraklöster**.

Aigion Griechenland, 39 km ö von Patras. Egio.
Byzantinisch Vestitsa. Mauerreste am Hafen und
Felsengang der antiken Siedlung.

Aigis Griechenland. Aigys. → Longanikos.

Aigosthena Griechenland, 70 km nw von Athen.
Ruinen der megarischen Festung, 4./3. Jh.   vor
Chr., Mauern und Tortürme. Grundmauern von
frühchristlicher Basilika 6. Jh. Reste von byzantinischem Kloster, 12. Jh.

Aihole** Indien, Karnataka, 20 km nö von
Badami. Ehemals Hauptstadt des frühen Calukya-
Reiches, 6.-8. Jh.   Ursprünglich Ayyavola oder
Aryapur. Ehemals ca. 70 Tempel. Lad-Khan-Tem-
pel, 5./6. Jh., alle weiteren Tempel ca. 7. Jh.;
Chikki-Tempel, Gaudar-Tempel, Huchchappayya-
Tempel, Huchimalli Gudi, Konta-Tempel, Kunli
Gudi, Meguti-Tempel, Rawalpadi Gudi, Jaina-
Höhle 8. Jh., Steinplattengräber, Dolmen.

Aija Peru, Cordillera Negra, sö von Chimbote.
Stadt und Bezeichnung eines Stils von Steinskulp-

turen, im Bereich des Recuaystils, 0-600, im Cal-
lejón de Huaylas, Tal des Rio Santa.
Ai Khanum Afghanistan, Südufer des Pandschab.
Alexandria am Oxus. Griechisch-baktrische Stadt
3.-2. Jh. vor Chr. Ausgrabungen: Oberstadt mit
Zitadelle, Stadion, Theater, Palast, Heroon, Gym-
nasium. Untere Stadt und Gebäudereste. Kanalan-
lage, Grabmal des Kineas.
Aila Jordanien. → Aqaba.
Aime Frankreich, 92 km ö von Chambéry. Axima.
Basilika Saint-Martin mit gallo-römischem Tempel
als Krypta.
Ain, El Libanon, 32 km n von → Baalbek. Ruinen.
Ain Abu Nekheleyh Jordanien, im Wadi Rum.
Kleine Siedlung der Jungsteinzeit.
Ain Amon Ägypten. → Ain Amur.
Ain Amur Ägypten, Oase el-Charga. Tempel und
Siedlung mit Umfassungsmauer aus römischer Zeit.
Ain Asil Ägypten, Oase Dachla. Ausgrabung einer
Siedlung des Alten Reiches. Die zugehörige Ne-
kropole → Qila ed-Dabba.
Ain Baal Libanon, 7 km sö von Sour. Brunnen.
Moschee mit antiken Säulen. In der Nähe das Dorf
Beit Houlé mit antiken Spuren.
Ain Barka Tunesien, 45 km w von Kairouan.
8 km sw am Fuße des Djebel Ousselat Berberrui-
nen.
Ain Bou Dries Tunesien, nnw von Thelepte, an
der algerischen Grenze. An der Stelle Ain Meter-
chem Bodenerhebung mit vorgeschichtlichen Abla-
gerungen.
Ain Chkour Marokko. Befestigtes Lager in Li-
mesnähe bei → Volubilis.
Ain Dakar Syrien, 39 km sö von Quneitra. Dol-
men.
Ain Dārā Syrien, nw von Haleb. Ruinen einer
Stadt; besiedelt ab 6. Jh.
Ain Dor Israel, sö von Nazareth, s des Berges Ta-
bor. Ruinen des alten Ortes neben der neuen Ort-
schaft.
Ain Faouara Tunesien, bei Hammamet. Spuren ei-
nes antiken Stauwerks.
Ain Fidje Syrien, 25 km nw von Damaskus. Spu-
ren eines antiken Tempels. Ain Fidje-Quelle.
Aquäduktreste.
Ain Gannim Israel. Ev. das heutige Jenin. 1 km s
→ (Khirbet) Belame.
Ain Ghazzal Jordanien. → Amman.
Ain Golea Tunesien, 10 km nö von Teboursek.
Ruinen.
Ain el Hammam Marokko, s von Tanger. Ruinen
von römischen Thermen.
Ain Hammam Tunesien. Reste eines Aquädukts
nach Dougga.
Ain el Hammam-Schlucht Marokko, in der Nähe
von Moulay Idriss. Reste der römischen Quellfas-
sung.
Ain Hircha Libanon, ca. 100 km sö von Beirut, s
von Rachaya. Römischer Tempel mit skulptiertem

Tor, Gräber, Felsinschrift.
Ain Hisb Israel. → Hatzeva.
Ain Hudra Ägypten, Sinai. En Hudra. Felszeich-
nungen.
Aini Türkei, n von Belkis, w des Euphrat zwischen
den Flüssen Karasu und Marsyas. Felsrelief und
-inschrift.
Ain Magata ez Zebs Tunesien, 160 km s von Ben
Gardane. 4 km n römische Ruinen.
Ain Mallahah Israel. → Eynan.
Ain Maqsur Israel, 22 km s von Jerusalem. Ver-
fallenes jüdisches Dorf Peor.
Ain Mdeker Tunesien, 13 km nw von Enfidaville.
Ruinen des antiken Mediccera: Quelle mit Leitung
und Zisterne. Brücke. Mausoleum. Byzantinische
Stadtmauer.
Ain el-Minya Jordanien, sw von Madaba, w von
Main. Auf dem Rafa-Hügel Spuren von ghassanidi-
schem Palast.
Ain Mustafa Kaschif, Qasr Ägypten, Oase el-
Charga. Lehmziegelruinen eines Klosters, 6. Jh.
Ain es-Sajan, Qasr Ägypten. → Saijan.
Ain Sefra Algerien, südliches Atlasgebirge. Neo-
lithische Felsgravierungen in den → Monts des
Ksour, im → Djebel Amour, am → Djebel Mahis-
sar, in → Thiout*.
Ain es-Sol Jordanien, 2 km ö von → (Qasr el-)
Azraq. Römisch-byzantinische Befestigung.
Ain Suchma Ägypten, ssw von Suez, am Roten
Meer. Quellfassung ev. antik.
Ain es-Sunt, Qasr Ägypten, Oase Charga. 4 km w
römische Reste.
Ain Tayibe Syrien, 105 km n von Palmyra. Alte
Bezeichnung Urd Oriza. Antike Torruine.
Ain Tebournok Tunesien, 8 km sw von Gromba-
lia. Reste der Römersiedlung Tubernuc. Tor eines
Forums. Mausoleum. Spur von Zitadelle 6. Jh.,
Brunnen und Zisternen.
Ain Tounga Tunesien, sw von Testour. Stelle des
antiken Thignica. Byzantinische Festung. Tri-
umphbogen. Häuser mit Mosaiken. Tempel. Zi-
sterne. Thermen. Tempelreste.
Ain Trab Tunesien, w von Teboursouk. Zweistök-
kiges antikes Grab.
Ain ez-Zara Jordanien, ca. 30 km s der Jordanmündung. Antiker Badeort Kallirhoë. Ruine von
kleiner Befestigungsanlage. Gebäudereste.
Ain Zarba Türkei. → Anavarza.
Ain es-Zerqa Jordanien. Steinsetzungen, Menhire,
2. Hälfte 4. Jtsd. vor Chr.
Aiodda I-Sardinien, ca. 3 km s von Nurallao, nö
von Barumini. Gigantengrab.
Aipion Griechenland. Epion. Die antike Stätte ev.
an der Stelle des Dorfes Mazi, 8 km von Makrysia,
letzteres 35 km sö von Pyrgos.
Aipoloi Türkei. Byzantinische Stadt, ca. 40 km nö
von Kayseri, in der Nähe des Tuz Gölü.
Airtam GUS, Usbekistan, 18 km ö von Termes.
Ausgrabungen aus der Kuschanzeit: buddhistisches

Kloster Sangacharama. Reste eines Stupas. Zitadelle.

Aisanoi Türkei. → Çavdarhisar.

Aislingen Deutschland, s von Dillingen. Sebastiansberg: Befestigung seit dem frühen Mittelalter. Mittelalterlicher Turmhügel.

Aisyme Griechenland. → Oisyme.

Ait Oua-Belli Marokko, sö von Tafraoute. Vorgeschichtliche Reste.

Aix-les-Bains Frankreich. Römischer Bau, jetzt Steinmuseum. Campanusbogen 3. oder 4. Jh. Reste von römischen Bädern.

Aixome Griechenland. → Glyfada.

Aix-en-Provence Frankreich. Am Nordrand der Stadt das keltische Oppidum von Entremont, Hauptstadt der keltisch-ligurischen Saluvier (Salyer), von den Römern zerstört. Stadtbefestigung und Grundmauern. Römisch Aquae Sextiae seit 122 vor Chr., Thermenreste. C. Julia Augusta Aquis Sextiis seit Augustus. Musée Granet.

Aiyai Griechenland. Bei Kapsochora, 140 km sö von Thessaloniki, HI Kassandra.

Aizani Türkei. → Çavdarhisar.

Aizu-Wakamatsu Japan, Präf. Fukushima. Historisches Museum Aizu.

Aj Israel. → (Khirbet et-)Tell.

Ajaccio F-Korsika. Römisch Adjacium. Im W Nekropole.

Ajanta** Indien, 105 km nö von Aurangabad. 29 buddhistische Höhlenklöster. Erste Bauphase 200 vor bis 200 nach Chr., Hinayana-Stil. Übrige bis Mitte 7. Jh. nach Chr. (Mahayana-Richtung). Malereien.

Ajas-Kala GUS, Usbekistan, s des Aralsees. Siedlung in Choresm, ab 1. Jh. vor Chr. (Kuschanzeit). Festungs- und Siedlungsreste.

Ajdovščina Slowenien, wsw von Ljubljana. Reste vom Castrum ad Fluvium frigidum, 452 zerstört. Zwei Türme und geringe Mauerreste. In der Nähe: → Branik, → Hrušika.

Ajijic Mexiko, s von Guadalajara, am Nordufer des Chapala-Sees. Kleines archäologisches Museum.

Ajjul, Tell el- Israel, bei Gaza, an der Küste. Befestigte Siedlung der mittleren Bronzezeit. Ausgrabungen von Gebäuden und Gräbern.

Ajlun, Qalaat Jordanien. → (Qalaat er) Rabad.

Ajmer Indien, Rajasthan, sw von Jaipur. Grabmal Dargah Khwaja Sahib, † 1236. Adhai-Din-Ka-Jhopra, 1192 in Moschee umgewandelt. Stausee Anasagar 12. Jh. Akbars Fort 1570.

Ajriwank GUS, Armenien. → Gegard.

Aju-Dağ GUS, Krimgebiet. Befestigung der Taurer.

Ajun Saudi-Arabien, ca. 500 km nw von Riad. Steinkreise.

Ajvazovskoje GUS, Krimgebiet. Taurische Siedlung, 5. Jh. vor Chr.

Akalan Türkei. → Samsun.

Akalanda Türkei. → Arykanda.

Akalissos Türkei, n von Finike. Lykische Siedlung.

Akanthos Griechenland, am Isthmos von Athos. Reste der alten Stadt, Akropolisreste. Nekropole 4. Jh. vor Chr.

Akapana Bolivien. → Tiahuanaco.

Akasha Sudan, heute im See. Serra West. Ehemalige Stadt ca. 1300 vor Chr. Tempel jetzt in → Khartum.

Akbaş Türkei, 40 km nö von Konya. Verfallene Karawanserei 13. Jh.

Ak-Beschim GUS, Kirgisistan, 18 km w von Frunse. Stadt 7.-8. Jh., 35 ha. Ruinen: von Burg, von zwei buddhistischen Klöstern 6./8. Jh., von nestorianischer Kirche 7./8. Jh., ab 11. Jh. Moschee.

Akbou Algerien, 70 km sw von Bejeija (Bougie). Einräumiger Kultbau, ev. ein numidischer Grabbau.

Ak-Burun GUS, Krim, s von Kertsch. Skythische Kurgane.

Akçaabat Türkei, 13 km w von Trabzon. In der Nähe das antike Hermonassa. W der Stadt Reste eines Kastells. St.-Michaelskirche 13./14. Jh. Kirchenruine.

Akçakoca Türkei, am Schwarzen Meer. Antik Dia. W des Ortes genuesische Festungsruine.

Aké* Mexiko, Yucatan, 200 km ö von Mérida, n von Valladolid. Ruine »El Palacio« mit Verzierungen, Säulenreste.

Akeld GB, Northumberland, ca. 25 km s von Berwick-upon-Tweed. Eisenzeitliches Hügelfort Yeavering Bell mit Ringmauer und 130 Hüttengrundmauern. Ad Gefrin war im 7. Jh. Sitz der Könige von Northumberland. Versammlungsplatz und Siedlung eingeebnet.

Akhisar Türkei, ö von Aksaray. Reste einer byzantinischen Festung. 7 km ö von Akhisar die Ruinen von alten Höhlenklöstern und der Çanlı Kilise, einer byzantinischen Kirche 10. oder frühes 11. Jh.

Akhisar Türkei, 100 km ö von Izmir. Antike Thyatira, römisch Pelopia. Ausgrabungen.

Akhziv, Tel Israel. → Achzib.

Akıncılar Türkei. → Ephesos.

Akita Japan, NO-Honshu. Grenzposten um 733. Geringe Burgreste.

Akka Marokko, sö von Tafraoute. Vorgeschichtliche Reste.

Akkad Irak. Lage noch unbekannt, ev. n von Babylon. Gegründet 2. Hälfte 3. Jtsd. vor Chr.

Akkad Libanon, ca. 45 km onö von Tripoli. Aakhar el Aatiqa. Burgruine; vor, während und nach der Kreuzfahrerzeit.

Ak-Kala GUS, s des Aralsees. Festung ca. 13./14. Jh.

Akko Israel. C. Claudia Caesar Ptolemais. Städtisches Museum. 1½ km nö bronzezeitlicher Tel al-

Fukhar.

Akkur-i Rustem Iran, 8 km s von Persepolis. Achämenidische Felsgräber.

Ak-Mecet GUS, westliche Krim. Skythischer Kurgan.

Akoris Ägypten. → Techna.

Akovitika Griechenland. → Kalamata.

Akpınar Türkei, 5 km ö von Manisa, nö von Izmir. Hethitisches Basrelief in einer 5 m hohen Nische.

Akra Griechenland. → Agios Sostis.

Akragas I-Sizilien. → Agrigent.

Akrai I-Sizilien. → Palazzolo Acreide.

Akraiphia Griechenland. → Akrefnio.

Akraleuka Spanien. → Alicante.

Akrefnio Griechenland, 105 km nw von Athen. Antik Akraiphia. Ruinen der antiken Siedlung. Stadtmauerreste 4. Jh. vor Chr. Dammreste 6.-4. Jh. vor Chr.

Akreijit Mauretanien, 160 km ö von Tijiqja. Reste des Ortes, Minarett. Neolithische Siedlungsreste.

Akroenus Türkei. → Afyon.

Akropotamos Griechenland, 48 km sw von Kavala. Spuren einer neolithischen Siedlung auf einem Hügel. Am Hügelabhang mykenische und hellenistische Spuren.

Akrotiri* Griechenland, auf Thira (Santorin), Akrotirion-Kap im SW. Ausgrabungen einer um ca. 1500 vor Chr. durch einen Vulkanausbruch zerstörten kykladisch-minoischen Siedlung. Die Siedlung ehemals mit Häusern mit mehreren Stockwerken; ev. Teile eines Palastes. Fresken in Athen.

Akrotiri Türkei. → Eğridir.

Akrotiriou tou Leontos Griechenland. → Lendas.

Aksaray Türkei, 224 km sö von Ankara, w von → Nevşehir. Ev. das antike Kursaura. Römisch Garsaura. Byzantinisch Archelais.

Akschapar Afghanistan, Oase → Daschly, nähe Schibergan. Siedlungen 1. Hälfte 1. Jtsd. vor Chr.

Akşehir Türkei, nw von Konya. Byzantinisch Philomenion. Türben. Ruinen der Taş Medrese von 1216 aus antikem Baumaterial.

Aksha Sudan. → Akasha.

Aksu China, Xinjiang, Oase im NW des Tarimbeckens. Ausgrabungen. Neolithische Funde.

Aksu Türkei, 25 km sö von → Eğridir. Ehemals Anamas. Römische Brücke. Kulthöhle mit antiken Spuren.

Aksum* Äthiopien, Gebiet Tigre. Chaxuma; 1.-5. Jh. Hauptstadt des altäthiopischen aksumitischen Reiches. Spuren von Palästen 3.-5. Jh. Ehemals ca. 130 Stelen**, 1.-4. Jh., bis 33 m Höhe. Die höchste heute aufrechtstehende Stele 23 m hoch. Archäologischer Park. Reste von Thronen und Inschriften. In der Umgebung Zisterne Mai Shun, Königsgräber 6. Jh. Sonnentempel. Eine Stele* ist in Rom am Zirkus Maximus aufgestellt (→Abb.13).

Ak Tepe Iran, n von Schiraz, Richtung Staudamm Daryäche-Kebir. Besiedelt 5. Jtsd. vor Chr. bis islamische Zeit. In der Umgebung nachachämenidisches Grab und zwei kleine Feueraltäre am Berg Kuh-i Ayyub. Zwei sassanidische Beinhäuser am Berg Kuh-i Zakeh.

Ak Tepe GUS, bei Taschkent. Vorarabische Burg ("Kuschk") Mitte 1. Jtsd. nach Chr.

Aktion Griechenland, s von Preveza. Reste von Apollon-Tempel 7. Jh. vor Chr., Hafen, türkische Festungsreste.

Aktscha-Gelin GUS, Turkmenistan. Siedlung ab ca. 2. Jh. vor Chr., ca. 3 ha. Ruinen, ehemals mit Lehmmauer.

Akumal Mexiko, Quintana Roo, Ostküste. Mayastätte Yalku, toltekischer Einfluß.

Akurion Montenegro. → Kotor.

Akyab Birma/Union Myanmar. → Sittwe.

Akyr-Tasch GUS, s des Baikalsees. Ruine 200x180 m.

Ak Yum Kamputschea. → Angkor.

Al, El Israel, 43 km s von Quneitra, ö vom See Genezareth. Ausgedehnte Nekropole im SW, Skulpturfragmente im Ort.

Ala Deutschland. → Aalen.

Alabanda* Türkei, 40 km sö von Aydın, 4 km w von Çime; bei Arap Hisar. Gründung der Karer. Ruinen der antiken Stadt: Umfassungsmauern mit Basteien. Zitadellenhügel mit Theaterrest. Agora und Rest von Buleuterion. Spuren von dorischem Artemistempel und Apollontempel. Bäder, Wasserbehälter. Aquädukte, Wasserleitungsreste bis → Gerga. Nekropole.

Alacahisar Türkei, 20 km nw von Kale, 5 km sw von Karabel. Kloster mit großer Felskirche.

Alaca Hüyük* Türkei, ca. 220 km onö von Ankara. Ev. das hethitische Kussara oder aber Arinna. Ursprung im 4. Jtsd. vor Chr. Erd- und Steinwall. Sphinxtor*. Palastreste*, Neues Hethitisches Reich. Geringe Spuren der frühen Hethiterzeit. Gräber 3. und 2. Jtsd. vor Chr. Kleines Archäologisches Museum.

Alacón Spanien, s von Zaragoza. Höhle mit Malereien.

Aladsha Manastir Bulgarien, nö von Varna. Höhlenkloster ab 5. Jh. In der Nähe Katakomben.

Alagonia Griechenland. → Kambos.

Alahan* Türkei, ca. 60 km s von Karaman. Ruine einer Klosteranlage, Anfänge Ende 5. Jh. Zwei Kirchen, Reliefs, Baptisterium. Ostkirche frühes 6. Jh., Skulpturen.

Alai Griechenland, Ptiotis, bei Atalanti. Ruinen der antiken Hafenstadt Halai. Wallanlagen (Stadtmauerreste) 6. Jh. und 4. Jh. vor Chr., Spuren von Athene-Heiligtum 6. Jh. vor Chr. Spuren von römischen Thermen.

Al-Ain Oman, in der ehemaligen Oase Buraimi. Grabhügelfelder, ca. 1300 vor Chr. Verfallenes Fort der "Trucial Oman Scouts", Anfang 19. Jh.

Ala Kilise Türkei, 15 km n von Kale. Klosterkirche 6. Jh., dreischiffig, Mittelschiff im 9. Jh. neu errichtet.

Alalakh Türkei. → (Tell) Açana.

Alalia F-Korsika. → Aleria.

Alalis Syrien. → Abu Hareira.

Alalkomenai Griechenland, Insel Ithaka, 7 km w von Vathy auf dem Aetos-Berg. Ruinen der antiken Stadt: Spuren von Mauerwall 7. Jh. vor Chr. und der Unterstadt. Ruine eines Heiligtums. Turmrest 5. Jh. vor Chr.

Alambra Zypern, s von Nicosia. In der Nähe Ausgrabung einer bronzezeitlichen Siedlung.

Alampur** Indien, Andhra Pradesh, s von Hyderabad. Mehrere Shiva-Tempel, östliche Calukya-Dynastie, 8. Jh. nach Chr. Museum.

Alamut Iran, 60 km nnö von Qazvin, nw von Teheran. Arabische Burg, 860 gegründet. In der Umgebung die Assassinenfestungen Maymoun Diz und Lammassar.

Alandrus Türkei, an der Küste w von Balikesir.

Alange Spanien, 18 km sö von Mérida. Römische Thermen.

Ala Nova Österreich. Das ehemalige römische Kastell in Schwechat.

Alanya Türkei, 130 km ö von Antalya. Stelle des antiken Coracesium; Kalonores. Zitadelle mit Teilen der antiken Akropolis, kleiner byzantinischer Kirche, seldschukischen Ruinen. W → Sinekkalesi.

Alara Han Türkei, w von Alanya. Karawanserei von 1231/32.

Alarife Spanien, n von Algeciras. Reste einer iberischen Siedlung.

Alaşehir Türkei, 150 km ö von Izmir. Ev. die Stelle der Lydersiedlung Kallatebos. Das antike Philadelphia. Vorübergehend Neocäsarea. Byzantinische Stadtmauer mit Resten von Toren. Ruine von Basilika 1. Jh. Stelle der antiken Thermen. Brunnen mit antikem Basrelief.

Al Asha Saudi-Arabien. → Hofuf.

Alasia Zypern. → Enkomi.

Alatri Italien, 10 km n von Frosinone. Klassisch Aletrium. Reste der Akropolis; zyklopische Stadtmauern* 4. Jh. vor Chr. Tempelfundamente. Tempel heute in Rom.

Alayat, Khirbet el Israel, ca. 12 km n von Jerusalem. Stelle der Einsiedelei St. Firmin 5. Jh. und einer Basilika 6. Jh.

Alay Han Türkei, 30 km nö von Aksaray. Ruine von Karawanserei 13. Jh.

Alâzeytin Kalesi Türkei, 10 km ö von Bodrum. Befestigte Stadt der Leleger; Zitadelle.

Alba Frankreich, w von Montélimar. Reste vom antiken Alba Augusta.

Alba Italien, ca. 55 km sö von Turin. Alba Pompeia. Stadtmauerreste. Denkmalsrest. Städtisches Archäologisches Museum.

Alba Augusta Frankreich. → Alba.

Albacete Spanien. Archäologisches Museum.

Alba Civitas Kroatien. → Biograd.

Albae, Vicus Italien. → Vicalvi.

Alba Fucensis Italien. → Albe.

Alba Longa Italien. → Albano Laziale und → Castel Gandolfo.

Albano Laziale Italien, am Albaner See. Castra Albana (von Alba Longa). Reste der Porta Pretoria. Cisternone. Ruinen des Amphitheaters 3. Jh. Nymphäum. Reste von Thermen. Grabmal der Horatier. Archäologisches Museum.

Albanopolis Albanien. Die Lage wird zwischen Dürres und Dibër vermutet.

Albanorum oppidum Albanien. → Berat.

Alba Pompeia Italien. → Alba.

Alba Regia Ungarn. Römisch; heute Székesfehérvár (Stuhlweißenburg). "Ruinengarten" aus dem Mittelalter.

Albarracin Spanien, w von Teruel. Höhle mit vorgeschichtlichen Malereien.

Al Baydâ Jemen-Nord, nö von Sana. Antike Ruinen, Stadtmauer, Tempelpfeiler.

Albayrak Türkei, sö von Van, nähe iran. Grenze. Ruine von Bartholomäuskloster und -kirche.

Albe Italien, 12 km n von Avezzano. Ruinen von Alba Fucense: Reste von Zyklopenmauer, Basilika, Markt, Forum, Thermen, Theater, Amphitheater. Kirche S. Pietro aus römischen Bruchstücken.

Albenga Italien, Riviera. Römisch Album Ingaunum (Albingaunum). Baptisterium 5. Jh. mit Mosaik 6. Jh. Archäologische Zone "Monte" im SW: Ausgrabungen von Bauten, Amphitheater. Gräber und Römerstraße. Römisches Schiffahrtsmuseum.

Alberca, La Spanien, sö von Murcia. Römische Ruinen.

Albergaria Portugal, nö von Braga. Römische Reste: Brücken, Straße, Meilensteine (Straße Braga-Astorga).

Albersdorf Deutschland, sö von Heide. Im Ort und s Dolmen und Hünenbetten.

Albersweiler Deutschland, w von Landau/Pfalz. Orensburg: vorgeschichtlicher bzw. frühmittelalterlicher Ringwall. Steinreste.

Albing Österreich, 8 km nö von Enns. Ehemals mit Legionslager, welches alsbald nach Lorch (→ Enns) verlegt.

Albisola Marina Italien, 5 km nö von Savona. Reste von römischer Villa, ab 1. Jh. nach Chr.

Albium Ingaunum Italien. → Albenga.

Albium Intemelium Italien. → Ventimiglia.

Alblimes Deutschland. Die Römerstraße Burladingen - Weißenburg - Kösching - Eining. → Limes.

Albocácer Spanien, w von Peñiscola. In der Umgebung Höhlen bzw. Felsüberhänge mit Malereien. Nö die Vinromá-Höhlen mit Malereien: Los Civiles, Los Caballos de la Valltorta, La Saltadora de la Valltorta. Zahlreiche Capitelles.

Albona Kroatien. Albonesium. Römisch; heute Labin, Istrien.

Ålborg Dänemark, NO-Jütland. Ehemaliges Wikingerzentrum. Wikinger-Begräbnisstätte auf Lindholm Høje, Steinsetzungen in Schiffsform.

Albstadt an der Eyach Deutschland. Ebingen: eisenzeitliche Befestigung auf dem Katzenbuckel. Laufen: keltische Befestigung auf dem Gräbelesberg mit eisenzeitlichen Wällen. Lautlingen: römisches Kastell und Zivilsiedlung festgestellt.

Albuccia I-Sardinien. → Arzachena.

Albufereta Spanien. Lucentum. → Alicante.

Albuquerque Spanien, sw von Cáceres. 5 km ö Höhle Los Santiagos mit Malereien.

Alburnus Maior Rumänien. Römische Siedlung, heute Roşia Montana.

Alcácer do Sal Portugal, sö von Setubal. Iberische Nekropole, Archäologisches Museum.

Alcala Portugal, n von Lagos, Südküste. Tholosgräber mit Trockenmauerwerk und Gewölbe (iberische Kuppel) der → (Los-)Millares-Kultur. Dolmen, Hügelgräber.

Alcala de Guadaira Spanien, Andalusien, sö von Sevilla. Römische und arabische Mühlen. Ö → Gandul.

Alcala del Rio Spanien, bei Sevilla. Reste einer römischen Siedlung: Badeanlagen, Nekropole.

Alcanadre Spanien, 37 km ö von Logroño. Reste eines Aquädukts.

Alcántara Spanien, nw von → Cáceres. Römisch Norba Caesarea. Römische Reste und römische Brücke* ab 106 nach Chr., restauriert, mit kleinem Tempel.

Alcantarilla Spanien, s von Toledo. Reste von Erddamm und Stauwand für Toletum, 2. Jh. nach Chr.

Alcázares, Los Spanien, 20 km nö von Cartagena. Ruinen römischer und arabischer Bäder.

Alcazar de San Juan Spanien, Neukastilien. Pfarrkirche aus römischen Resten. In der Nähe Ausgrabungen einer römischen Villa. Archäologisches Museum Fray Juan Cobo mit Mosaiken.

Alces Spanien. Keltiberisch; Alcázar de San Juan, s von Madrid.

Alchi Indien, Kaschmir, Ladakh. Frühlamaistisches Kloster, seit 11. Jh. Wenig n zwei kleine Tempel, 12. Jh. Neuer Tempel 12. oder 13. Jh. Tschörten.

Alcolea del Rio Spanien, 43 km nö von Sevilla. Römisch Arra. Ruinen von Thermen. Mosaike. Nekropole.

Alcoy Spanien, n von Alicante. 3 km ö Poblado de la Serreta mit Ruinen einer Ibererstadt 4. Jh. vor Chr.; Gipfelheiligtum. 4 km s Iberersiedlung El Puig. Cova Forada mit prähistorischen Malereien.

Alcudia Spanien. → Elche.

Alcudia Spanien, Mallorca. Reste des römischen Theaters. → Puerto de Alcudia an der Stelle des römischen Pollentia.

Aldborough GB, North Yorkshire, 12 km sö von Ripon. Römisch Isurium Brigantum. Mauerreste, Mosaikfußboden. Aldborough Roman Site Museum.

Aldeburg Deutschland. → Walberberg.

Aldingen Deutschland, s von Rottweil. 3 km s zwei keltische Viereckschanzen. 2 km w von Aixheim keltische Viereckschanze.

Alea Griechenland, Peloponnes, n von Tripoli. Reste* von hellenistischer Stadtmauer. Tempelfundamente.

Alecinus Italien, Toscana, w des Trasimenischen Sees. Römisch; heute San Quirico d'Orca.

Aleksandropol GUS, Ukraine, sw von Dnjepropetrowsk. Skythischer Kurgan.

Alem Türkei, nö von → Diǧor, sö von Kars. Reste von Kirche.

Alenquer Portugal, n der Tejo-Mündung. Museo de Hipolito Cabaço.

Aleppo Syrien. → Haleb.

Aleria F-Korsika. Gründung von Alalia durch Phokaier 565 vor Chr. Römisch Aleria ab 259 vor Chr., C. Julia A. Zerstört 450 nach Chr. Ehemalige Hauptstadt des römischen Korsika. Stark verfallene Ruinen von Thermen, Prätorium, Amphitheater. Nekropole. Musée Jerôme Carcopino im Fort Matra.

Alesia Frankreich. → Alise-Sainte-Reine.

Alethum Frankreich. Gallisch-romanische Siedlung auf der Landzunge der Cité von Saint-Servan bei St.-Malo.

Aletrium Italien. → Alatri.

Alexanderdamm Iran, z.B. 28 km n von Gurgan. Alexandermauer, Sadd-i Sikander. Über 150 km lange Ziegelmauer zwischen den Ausläufern des Khorassangebirges und dem Kaspischen Meer zum Schutz der Perser gegen zentralasiatische Nomaden. Errichtet ev. von den Sassaniden 3.-5. Jh. nach Chr. Zu sehen ist heute meist nur noch eine Böschung von ca. 1 m Höhe und 5-6 m Breite.

Alexandreia Kapisa Afghanistan. → Bagram.

Alexandreia Oxiana Afghanistan. → Ai Khanum.

Alexandrette Türkei. → Iskenderum.

Alexandria Ägypten. Al Iskandariyah. Ägyptische Siedlung Rhakotis. Antik Pharos. Deutsch Alexandrien. Stelle des antiken Leuchtturms, Reste unter Wasser. Anfuschi-Nekropole, ptolemäisch. Kom El-Diqqa (Kom ed-Dik): römische Thermen und Theater. Stelle des Serapeums, Pompejussäule und Sphingen. Römerzeitliche Katakomben Kom esch-Schugafa*. Museum griechisch-römischer Altertümer**. Ö Stelle des alten Nikopolis in Mustafa Pascha, Nekropole 3.-2. Jh. vor Chr. Ptolemäische Nekropole in Le Mex.

Alexandria Iran. → Khorramschahr.

Alexandria von Arachosien Afghanistan. → Kandahar.

Alexandria Areion Afghanistan. → Herat.

Alexandria Eschata GUS, Tadschikistan. Alexandreia-Es-chata. → Chudžand.

Alexandria Troas Türkei, 18 km w von Ezine, s von Canakkale. Reste von Theater, Tempel, Thermen.

Alexandrien am Latmos Türkei. → Karpuzlu.

Alexandrium Israel. → Qarn Sartabeh.
Alexandroskena Libanon. → Iskandarouna, 110 km s von Beirut.
Alfedena Italien, nö von Cassino. 2 km n Ausgrabungen des antiken Aufidena: Reste von megalithischen Mauern. Italische Nekropole. Siedlung der Südsamnitischen Kultur.
Al-Fir GUS, Usbekistan. → Schabbaz.
Alfred's Castle GB, Berkshire, sö von Swindon. Eisenzeitliche Befestigung.
Alfriston GB, Sussex, osö von Brighton. Langhügelgrab.
Alfter Deutschland, w von Bonn. Ringwall Alteburg.
Algerischer Limes Algerien. Gestaffeltes Verteidigungssystem der Provinz Numidien nördlich der großen Schotts, ca. 800 km lang. Mehr oder weniger mit dem Tiefen Limes oder Fossatum gleichgesetzt. → Vescara.
Algidum Italien. → Maschio di Lariano.
Algier Algerien. Römisch Icosium. Nw römische Bäder. Frühchistliche Basilikaspuren in der Djama el-Kebir. Bardo-Museum. Klassisches Museum.
Algoz Portugal, nö von Alcantarilha. In der Nähe Menhir 3 m h.
Algund I-Südtirol, nw von Meran. Italienisch Lagundo. Steinkammergrab, Ende 3. Jtsd. vor Chr. Kopfpfeiler von römischer Brücke. Wallburg Burgstallknott w an der Straße Plars-Vellau. Trockenmauerreste, späte Eisenzeit.
Alhama de Granada Spanien, 55 km sw von Granada. Römische Reste von Brücke und Bad. Prähistorische Höhle Cueva de la Mujer.
Alhân Jemen-Nord. Ehemalige Himyaritenfestung; heute Zûrân.
Al-Haqfar Jemen-Süd, 120 km n von Aden, 12 km von Dhalla. Alte Zisterne bei einer Grabmoschee.
Al Hasa Saudi-Arabien. → Hofuf-Oasen.
Al-Hazm Jemen-Nord, nö von Sana. Sö Ruinen von → Main, der Hauptstadt Karnawu der Minäer.
Al-Higr Saudi-Arabien. → Madain Saleh (Hegra**).
Ali Bahrein, am Rande von Manama. Grabhügelfelder der → Dilmunkultur, 2800-1800 vor Chr., und der frühen Bronzezeit bis zum 1. Jtsd. vor Chr.
Alia, El Tunesien, 22 km s von Mahdia. Punische Nekropole. Römische Ruinen.
Aliartos Griechenland, Böotien, 20 km n von Thiva. Stadtmauerreste 5./4. Jh. vor Chr.
Ali Bey Köy Türkei, n von Istanbul, wenig n des Goldenen Horns. Ca. 12 km n des Ortes Justinianos-Aquädukt, auch Maglova Kemer genannt, 1564 wahrscheinlich an der Stelle eines byzantinischen Aquädukts des 12. Jh. errichtet. Westlich (bis 8 km) und nördlich (bis 10 km) etliche Aquädukte, besonders aus osmanischer Zeit.
Alicante Spanien. Griechisch Akraleuka. Die Ruinen von Lucentum in Albufereta. Iberische Nekropole. Archäologisches Museum.
Alicudi Italien, Liparische (Äolische) Insel. Gräber 4. Jh. vor Chr.
Alife Italien, n von Caserta. Das antike Allifae. Römische Mauern, Mausoleum, Grabanlagen.
Aligudarz Iran, 107 km s von Arak. In der Nähe Ruine eines Bauwerkes mit Säulengang aus vorarabischer Zeit.
Alika Griechenland, Peloponnes, HI Mani. Das alte Kainipolis. Ruinen von drei Basiliken aus dem 5. Jh.
Aliki Griechenland, Insel Thasos. Antik Alyki. Reste eines Heiligtums 7. oder 6. Jh. vor Chr. Ruinen zweier christlicher Basiliken 5. Jh.
Ali Kosch Tepe Iran, sw von Dehluran, w von Dizful. Auch Tepe Mohammed Djaffar. Besiedelt 7. und 6. Jtsd. vor Chr.
Alinda Türkei. → Karpuzlu.
Alipheira Griechenland, Peloponnes, bei Fanari-Alifira, 90 km w von Tripolis. Akropolis, Fundamente eines archaischen Athenatempels 509-470 vor Chr. und eines Asklepios-Heiligtums. Ruinen von Altar und Grabstätte.
Alişar Hüyük Türkei, ca. 68 km sö von Yozgat. Siedlungshügel mit Resten ab 4. Jtsd. vor Chr., ev. der Stadt Ankuwa des Alten und Neuen Hethiterreiches. Spuren aus dem Chalkolithikum. Schichten I und II ähnlich Troja I und II. Schicht III 1. Hälfte 2. Jtsd. vor Chr. Zerstört ca. 1700 vor Chr. Geringe phrygische Siedlungsspuren.
Alisca Ungarn. Das ehemalige römische Kastell von Szekszárd.
Alisensium Deutschland. → Bad Wimpfen.
Alise-Sainte-Reine Frankreich, 70 km nw von Dijon. Auf dem Mont Auxois auf dem Plateau d'Alesia gallisches Oppidum, Hauptstadt der Mandubier; später keltisch-römische Stadt. Ausgrabungen von gallischer Mauer, Basilika, Theater. Denkmal mit Krypta. Häuser, christliche Basilika 5.-8. Jh. Museum.
Aliso Deutschland. 11 vor Chr. angelegtes römisches Kastell, Lippegegend.
Alis-Ubbo Portugal. → Lissabon.
Aljudovo Serbien, bei Požarevac, osö von Belgrad. Hallstattzeitliche Siedlung.
Al Kaf Tunesien. → (Le) Kef.
Alkimoennis Deutschland. → Kelheim.
Alkinoos Griechenland. → Kerkira-Ort.
Alkosh Israel, nw von Zefat. Elqosh. Erdhügel.
Allahabad Indien, Uttar Pradesh, am Ganges. Akbars Fort mit Patalpuri-Tempel. Khusrau's Tomb. Ashoka-Säule von 232 vor Chr. im Fort. Städtisches Museum.
Allaki Sudan, ca. 400 km sö von Wadi Halfa, w von Bur Sudan. Ev. das antike Berenike Panchrysos. Arabisch Madin ad-Dahab. Antikes Goldbergbauzentrum. Reste der ma Stadt: Straße, Befestigungsreste, Reste von Bewässerungsanlagen und Gräbern.

Allariz Spanien, s von Oronse. Römische Brücke.

Allaruz Syrien, nö von Lattakia, ca. 20 km sö von Djisr esch Schoghur, 5 km ö von Qastun. Im Djebel Zawiye Stelle der ehemaligen Kreuzfahrerburg Rusa (Roussa).

Allauca Huanuco Peru. → Huanuco.

Allenbach Deutschland, nw von Idar-Oberstein. 3 km sö Wälle von frühlatènezeitlicher Befestigung auf dem Ringkopf.

Allensbach-Kaltbrunn Deutschland, Kreis Konstanz. 500 m n des Gemeinmerkerhofes hallstattzeitlicher Grabhügel.

Allhartsberg Österreich, sw von Amstetten. Frühbronzezeitliche Wallanlage Türkenschanze.

Allifae Italien. → Alife.

Allumiere Italien, 17 km nö von Civitavecchia. Siedlung 3. bis 2. Jtsd. vor Chr. Städtisches Museum. Nekropole.

Alma GUS, Krim. Taurische Siedlungen (z.B. Alma I und Alma II 9.-7. Jh.).

Alma Ata GUS, Kasachstan. Zentrales Staatsmuseum der Republik Kasachstan. Archäologisches Museum.

Almacelles Spanien, n von Lérida. Römische Mauern.

L'Almanarre Frankreich, 5 km s von Hyères. Stadtmauerreste der griechischen Kolonie Olbia.

Almazan Spanien, Altkastilien. Römische Mauer- und Torreste.

Almedinilla Spanien, Provinz Cordoba, w von Alcala la Real. Iberische Nekropole.

Almenara de Adaja Spanien, bei Olmedo, s von Valladolid. Ausgrabung von römischer Villa; Mosaike.

Almería Spanien. Phönizisch Bártulos, römisch Portus Magnus oder Virgitanus. Nö → (El-)Argar, bronzezeitliche Hügelsiedlung 1800 bis 1000 vor Chr. Nö jungsteinzeitliches Dorf El Garcel, Type-Site der Frühphase der Almería-Kultur (4500-3500 vor Chr.). Tholosgräber mit iberischer Kuppel. N → (Los) Millares.

Almerskopf Deutschland. → Merenberg.

Almisium Kroatien. → Omiš.

Almourol Spanien, auf einer Insel im Tajo. Burg, von den Römern gegründet und 1160 von den Templern wiederaufgebaut.

Almuchil Mexiko, 70 km nö von Campeche. Ehemalige Mayasiedlung. Bauten im Puuc-Stil.

Almuñécar Spanien, s von Granada, am Meer. Phönizisch Sexi, griechisch Sixos. N römischer Aquädukt* mit mehreren Aquäduktbrücken. Torre de Monje mit unterirdischer römischer Grabkammer. Phönizische und römische Ruinen auf dem Alcazabahügel. Phönizische Nekropole.

Almus Bulgarien. Römische Festung, heute Lom.

Alo-Bisucce F-Korsika, 10 km w von Sartène. Torreanisches befestigtes Kultmonument, 2. Hälfte 2. Jtsd. vor Chr.

Aloda Türkei, ca. 55 km s von Karaman, 2 km n von Alahan, nähe Straße nach Mut. Christliches Kloster mit Höhlenkirche mit Wandmalereien 10. Jh. und Mosaiken 8./9. Jh.

Almondbury GB, Yorkshire, bei Huddersfield. Eisenzeitliche Befestigung.

Alonnisos Griechenland, Sporadeninsel. Reste der antiken Siedlung Ikos; Stadtmauer, Agora.

Alopai Griechenland. → Rahes.

Alor Setar Malaysia. Tempelrest.

Alos Griechenland. → Amaliapolis.

Aloshiya Zypern. → Enkomi.

Alouet El Gounna Tunesien, ö von Ben Gardane. In der Nähe römische Zisternen.

Alpedrinha Portugal. Römisch Petrata. Römerstraße.

Alpen Deutschland, s von → Xanten. ½ km w Alte Burg, Wall und Graben, ca. 10.-12. Jh. Kleiner Abschnittswall (spätfränkisch). Landwehr am Bergfuß.

Alpenoi Griechenland, 22 km sö von Lamia. Ehemalige antike Festung ö der Thermopylen.

Alpera Spanien, ö von Albacete. Cuevas de la Vieja, Cuevas del Queso mit steinzeitlichen Malereien. Ö Casa de Meca: Ruinen einer iberischen Siedlung.

Alpis Summa Frankreich. → (La) Turbie.

Alpium Tropaea Frankreich. → (La) Turbie.

Alquezár Spanien, ö von Huesca. Nö Felsmalereien.

Alsabamba Peru, bei → Ollantaytambo.

Alsbach-Hähnlein Deutschland. W Menhir.

Alsium Italien. → Cervéteri.

Alsum Deutschland, n von Bremerhaven, n von → Dorum. Vorgeschichtliche Wurtensiedlung.

Alta Norwegen, zwischen Narvik und Kirkenes. Steinzeitliche Gravuren bei Hjemeluft, ca. 4000 vor Chr.

Altamira* Spanien, w von Santander. Höhle mit den bedeutendsten steinzeitlichen Malereien in Europa. S die Cueva de la Clotilde. W die Cueva de las Aguas bei → Novales.

Altamura Italien. Stadtmauer 5. Jh. vor Chr., 4 km lang.

Alta Ripa Deutschland. → Altrip.

Alta Ripa Ungarn. Das ehemalige römische Kastell in Tolna, nö von Szekszárd.

Altar de Sacrificios Guatemala, Petén, Westgrenze, am Rio de la Pasión, nähe Mündung in den Usumacinta. Siedlung ab Mitte 1. Jtsd. nach Chr. bis 1000 nach Chr. Zeremonialzentrum; Siedlungs- und Pyramidenhügel. Stelen.

Altava Algerien. → Ouled Mimoum.

Alta villa Deutschland. Römisch; Eltville.

Altburg Deutschland. → Bundenbach.

Altburg Deutschland. → Weiersbach.

Alt-Dongola Sudan, ca. 100 km s von Dongola-Kawa. Hauptstadt des christlichen Reiches Makurra. Spuren eines Baptisteriums. Säulenkirche*, Palastruine, Ruinenfelder. Pyramidenfelder.

Alte Bürg Deutschland, bei Spalt. Ehemals vorgeschichtliche Anlage.
Alte Burg Deutschland. → Alfter.
Alte Burg Deutschland. → Alpen.
Alte Burg Deutschland. → Altendorf.
Alteburg Deutschland. → Arnstadt.
Alteburg Deutschland. → Biebergemünd-Kassel.
Alte Burg Deutschland. → Essen-Werden.
Alteburg Deutschland. → Hofheim.
Alteburg Deutschland. → Mettmann.
Alte Burg Deutschland. → Rottenburg.
Alte Burg Schweiz. → Bülach.
Alteium Deutschland. → Alzey.
Altenbamberg Deutschland, s von Bad Kreuznach. Vorgeschichtliche Bergbefestigung Altenbaumburg.
Altenbaumburg Deutschland. → Altenbamberg.
Altenberg Deutschland. → Heiligenstadt.
Altenbürg Deutschland. → Holheim.
Altenburg Deutschland. → Jestetten-Altenburg.
Altenburg Deutschland. → Niedenstein.
Altenburg Deutschland. → Sodenburg.
Altenburg Deutschland. → Zwesten.
Altenburg I-Südtirol. → Kaltern.
Altendorf Deutschland, sö von Bamberg. Ehemals spätlatènezeitliche Siedlung (2. Jh. vor - 2. Hälfte 1. Jh. vor Chr.). Germanenfriedhof.
Altendorf Deutschland, n von Fritzlar. Steinkammergrab. Alte Burg: frühma Wallburg.
Altenhöfe Deutschland. → Oberursel.
Altenkunstadt-Pfaffendorf Deutschland, s von Burgkunstadt. Sw Wall der frühen Latènezeit auf dem Großen Kordigast. W mittelalterliche Abschnittsbefestigung auf dem Kühnitzberg.
Altenmedingen Deutschland, sö von Lüneburg. Ca. 2 km sö Reste von Großsteingräbern.
Altenrath Deutschland, nö von Troisdorf, sö von Köln. Güldenberg: latènezeitlicher Ringwall.
Altensien Deutschland, Rügen, sö von Bergen. 1 km sö Rest von Großsteingrab.
Altenwalde Deutschland, s von Cuxhaven. Weitgehend zerstörter frühmittelalterlicher Ringwall.
Alt Epidauros Griechenland. → Palaia Epidauros.
Alter Burgberg Deutschland. → Kreuzweingarten.
Althayingen Deutschland. → Hayingen-Indelhausen.
Altheim Deutschland, bei Landshut. Ad Isuram. Neolithische Wohnstätten.
Altheim-Heiligkreuztal Deutschland, Kreis Biberach, sw von Riedlingen. W von H. keltische Viereckschanze im Ban. S keltische Viereckschanze im Ruchenholz. 3 km sw Keltenschanze Spöckhau.
Althiburos Tunesien. → Medeina.
Altiaia Deutschland. → Alzey.
Altınapa Hanı Türkei, 23 km w von Konya. Ruine der Karawanserei frühes 13. Jh.
Altino Italien, nö von Venedig-Mestre. Nach Zerstörung im 6. Jh. nach Chr. Besiedlung von Torcello. Grabanlagen.
Altıntaş Türkei, bei Gaziantep. Festung.

Altıntepe Türkei, 20 km ö von Erzincan. Reste eines urartäischen Festungspalastes 7. Jh. vor Chr. und eines Tempels freigelegt. Gräber.
Altinum Ungarn. Ehemaliges römisches Kastell n von Kölked, s von Mohács.
Altipiani di Arcinazzo Italien, n von Fiuggi. Ö Ruinen römischer Thermen.
Altis Griechenland. Heiliger Hain, Teil von → Olympia.
Altitona Frankreich. → Sainte-Odile.
Altjoch Deutschland, bei Kochel. "Birg": befestigte Siedlung der Urnenfelderbronzezeit, ca. 1200 vor Chr. Wälle; ev. auch von illyrischem Herrschersitz. (→ Abb. 50).
Alt-Kahlen Deutschland, n von Malchin. Ca. 2 km sw Rest von Großsteingrab.
Altkalkar Deutschland. Römisch Burginatium. Ehemals Standort von römischem Kastell am → Niedergermanischen Limes.
Altkamp Deutschland, Rügen, sw von Putbus. Ö und 1 km ö Reste von Großsteingräbern.
Altkönig Deutschland. → Kronberg.
Altkorinth Griechenland. → Archaia Korinthos.
Alt-Lübeck Deutschland. → Bad Schwartau.
Alt-Reddevitz Deutschland, Rügen, H-I Mönchgut. 2 km nö im Forst M. Rest von Großsteingrab.
Altrip Deutschland. Römisch Alta Ripa. Am südlichen Stadtrand von Ludwigshafen. Grabungen am ehemals großen valentinianischen Kastell; keine sichtbaren Reste.
Alt Ruppin Deutschland, nö von Neuruppin. Slawischer Burgwall.
Alt Stassow Deutschland, osö von Rostock, ö von Tessin. 2 km ö Reste von Großsteingräbern.
Altun Ha* Belize, ca. 55 km n von Belize, 10 km von der Küste. Maya-Kultstätte seit ca. 600 vor Chr. - ca. 900 nach Chr. Siedlungsgebiet 9 km². Umbaute Plätze, Tempelpyramiden, Stelen, Wohnhäuser, Paläste, Gräber.
Altxerri-Höhle Spanien. → Zarautz.
Altyn Afghanistan, in der Oase → Daschly. Achämenidische Baureste. Altyn-1: kleine befestigte Siedlung. 2 km n Altyn 10: Reste von Palästen Mitte 1. Jtsd. vor Chr. → Dil-jar.
Altyn-Asar GUS, Kasachstan, ö des Aral-Sees. Siedlung der Saken, 1. Jtsd. vor Chr. Ausgrabungen. Hauptruine als Rest einer frühstaatlichen Gemeinschaft der Tocharer bis 2. Jh. vor Chr.
Altyn-Tepe GUS, Turkmenistan, sö von Aschchabad, bei Mian. Siedlungshügel ab 5. Jtsd. vor Chr., Ende der Besiedlung 18./17. Jh. vor Chr. Ausgrabungen, besonders der späteren und der bronzezeitlichen Stadt. Festungsmauer und Stufentempel 3. Jtsd. vor Chr. festgestellt.
Aluna GB. → Maryport.
Alu Vihara Sri Lanka, 25 km n von Kandy. Buddhistische Höhlentempel.
Alveria Kroatien. → Dobropoljci.
Alzati, Los Mexiko, Michoacan, 13 km nw von

Zitácuaro, bei San Felipe de los Alzati. Zeremonialzentrum der Otomi. Plattformen, große Pyramide, 7 kleinere Pyramiden, ca. 800 nach Chr.

Alzeia Griechenland, w von Agrino in Küstennähe, 3 km n von Mitikas. Spuren von antiker Stadtmauer und von christlicher Kirche. Hafenreste in Mitikas.

Alzey Deutschland. Altiaia, Alteium. Ausgrabungen an der Festung, Kasernenreste. Museum in der Antonitergasse.

Amada* Ägypten, Nubien, ca. 200 km ssw von Assuan. Tempel für Amun-Re und Re-Harachte von Tuthmosis III. und Amenophis II. (15. Jh. vor Chr.), versetzt. Tempel Ramses' II. aus → (Ed) Derr hierher versetzt. Grab des Remiut aus → Aniba (altägyptisch Miam) hierher verlegt.

Amaliapolis Griechenland, Thessalien. Reste der archaischen Siedlung Alos (Halos); Mauern, Türme, Akropolis.

Amantia Albanien, sö von Vlorë. Illyrische Gründung. Akropolis mit Mauerresten, Stadion, Basilika.

Amara Sudan. Westliche Nilseite: Stadtanlage der 19. Dynastie, mit Ramsestempel. Versandet. Östliche Nilseite: Stadt und Tempel aus meroïtischer Zeit. Verfallen; Wallspuren.

Amarapura Birma/Union Myanmar, 12 km s von Mandalay. Besiedelt während der Jungsteinzeit. Stadtgründung 1782. Ehemaliger Palast; Mauer abgetragen. Zwei Pagoden 12. Jh. Weitere Pagoden 19. Jh.

Amaravati Indien, Andhra Pradesh, 32 km n von Guntur. Ruinen von Dhanyakataka, im 2. und 3. Jh. Hauptstadt des Satavahanareiches. Geringe Reste. Stupa, Shivatempel, Museum. Funde 2. Jh. vor Chr. bis 2. Jh. nach Chr. in Madras und London. A.-Stil, 2.-5. Jh.

Amarendrapura Kamputschea. Hauptstadt Jayavarmans II. in der 1. Hälfte des 9. Jh. auf dem Gelände des Akyum, Gebiet von → Angkor.

Amarna, Tell el- Ägypten. Achetaton des Echnaton, 14. Jh. vor Chr. Ruinen bzw. Grundrisse von Palästen, Tempeln, Häusern. 14 Stelen des ehemaligen Stadtgebietes. Nekropolen: Et Till, Hagg Qandil.

Amarna, Qussair el- Ägypten, s von → (Tell el-) Amarna. Felsengräber, Altes Reich, 12. Dynastie.

Amarusion Griechenland, Attika, n von Athen. Marusi, Amarousi. Ehemals Standort eines Heiligtums der Artemis Amarysia.

Amarynthos Griechenland, Euböa, 30 km ö von Chalkis. Antike Siedlung; geringe Spuren.

Amaseia Türkei. → Amasya.

Amasra Türkei, Schwarzmeerküste, n von Bartin. Das antike Sesamos, Persisch Amastris. Akropolishügel, von den Genuesen ausgebaute byzantinische Zitadelle. Geringe Spuren von Thermen, Theater, Tempel. Römische Brücke. Römische Nekropolen. Museum.

Amastris Türkei. → Amasra.

Amasya Türkei, s von Samsun. Antik Amaseia. Ehemals Hauptstadt der Könige von Pontos. Ruine der Zitadelle, seit dem Altertum in jeder Epoche ergänzt. Sultan Beyazıt Camii teilweise mit antiken Säulen. Teile der Fethiye Camii, bis 1117 byzantinische Kirche. Hellenistische und pontische Gräber. 2 km n Felsgrab Aynılı Mağara.

Amathous Zypern, ö von Limassol. Ausgrabungen; geringe Reste von Stadtmauern, Akropolis, Aphrodite-Tempel, Heiligtum, frühchristlicher Basilika, Hafen, Aquädukt.

Amathus Israel. Hammath. → Tiberias.

Amatitlán Guatemala, s von Ciudad de Guatemala. Maya-Ruinenstätte.

Ambar Irak, ca. 110 km w von Bagdad. Sassanidisch Firuz Schahpur, Peroz Shapur. Arabisch El Ambar.

Ambarnath Indien, Maharashtra, nö von Bombay. Shivaitischer Ambaranatha-Tempel, um 860, Skulpturen.

Ambaschi, Khirbet el Syrien, 36 km nw von Zelaf, letzteres 84 km ö von Suweida. Ruinen aus vorrömischer Zeit. Grabmal.

Ambelikou Zypern, NW-Küste, s von Soli. Ampelikou. Chalkolithisch-frühbronzezeitliche Siedlung.

Amber Indien, Rajasthan, 11 km n von → Jaipur. Auch Ajmer. Hauptort der Kachwaha-Rajputen 1037-1728. Fort Jaigarh* ab 1592, hauptsächlich 17. Jh. Stadt- und Tempelreste.

Amberd GUS, Armenien, 40 km nw von Jerevan. Festungsreste* 10.-13. Jh., mit Häuser-, Bäder- und Kirchenresten.

Amberg Deutschland. Vorgeschichtsmuseum der Oberpfalz.

Ambert Frankreich, zwischen Clermont-Ferrand und St-Etienne. 4 km w keltischer Dolmen de Boisseyre.

Amboise Frankreich, ö von Tours. Ehemaliges keltisches Oppidum.

Ambrakia Griechenland. → Arta.

Ambrakos Griechenland, Nordküste des Ambrakischen Golfes. Antike Befestigung, 5.-4. Jh. vor Chr.

Ambre Deutschland. Ambray. Straßenübergang über die Amper bei Schöngeising w von Fürstenfeldbruck. Grabungen.

Ambrifi Italien, n von Lénola, nö von Terracina. Ruinen.

Ambroix Frankreich, sw von Nîmes. Antik Ambrussum. Stadtmauer. Römische Straße und Brückenbogen.

Ambrosos Griechenland, Böotien, w von Levadia. Auch Ambryssos. Heute Distomon. Ausgrabung von mittelhelladischer Siedlung. Mauerreste.

Ambrussum Frankreich. → Ambroix.

Amchit Libanon, 40 km n von Beirut. Klosterruine, Kirche, Grabhöhlen. Kapelle Mar Jirjis mit

Tempelrest. Kapelle Mar Sofia in Grabkammer.
Amden Schweiz, St. Gallen. Römischer Wachtturm Strahlegg.
Amdit, Tell Ägypten. → (Tell er-)Roba.
Ameca Mexiko, 72 km w von Guadalajara. Ausgrabungen in der Umgebung.
Améglia Italien, 18 km sö von La Spezia. Nekropole 4./3. Jh. vor Chr. 6 km sö Reste von römischer Villa.
Amélia Italien, 24 km w von Terni. Zyklopischer Mauerwall 6.-4. Jh. vor Chr. Gebäudereste, Zisternen.
Amelia, La Guatemala, Provinz Petén, w von Seibal. Ruinenstätte.
Amélie-les-Bains Frankreich, sw von Perpignan. Reste von gallisch-römischen Thermen.
Amelungsburg Deutschland, nw von Hameln, n von Hess. Oldendorf. Eisenzeitliche Wälle. W Wälle von ma Burg.
Amerdingen Deutschland, s von Nördlingen. 2 km ssö keltische Viereckschanze.
Amerinum Italien. Römische Straßenstation, ev. das heutige Bassano oder das heutige Vasanello (Antiquarium), ö von Viterbo.
Amesbury GB, Wiltshire, 18 km n von Salisbury. Prähistorische Erdschanze.
Amfiklia Griechenland, Ftiotis, nw von Livadia. Amphikaia, Amphikleia ab 346 vor Chr., ma Dadi. Reste der antiken Stadtmauer. Gräber.
Amfipolis Griechenland, Makedonien, 100 km ö von Thessaloniki. Reste der gleichnamigen antiken Siedlung. Mauerruinen vorwiegend römisch. Ruinen von fünf Basiliken; Mosaike. Reste eines kleinen Kliotempels. Nekropolen, makedonisches Grab.
Amfissa Griechenland, Fokis. Lokris, Hauptstadt der Lokrer. Im MA auch Salone. Mittelalterliche Burg auf Resten der antiken Akropolis. Frühchristliches Baptisterium ausgegraben; Mosaik.
Amgah Irak, 13 km ö von Abu Kemal, syrische Grenze. Ruine von Umfassungsmauer, 730x800 m. Arabische Gräber; Wali des Scheikh Djaber. Spuren von Tor und Bad. Ev. die arabische Karawanserei Furdah.
Amhada Ägypten, Oase Dachle. Gräber der Ersten Zwischenzeit.
Amida Türkei. → Diyarbakır.
Aminabad Iran, 129 km s von Isfahan. Lehmziegelmauer mit halbrunden Basteien.
Amiok Algerien, 47 km LL sö von Djanet, Tassili n'Ajjer. Felsmalereien.
Amioun Libanon, 17 km s von Tripoli. Reste von antikem Tempel. St. Georgskirche mit antiken Mauern. St. Fokaskirche*, 12. Jh. Phönizisch-römische Grabkammern.
Amiranis-gora GUS, Georgien. Siedlungsspuren 3. Jtsd. vor Chr., → Kura-Araxes-Kultur.
Amisos Türkei. → Samsun.
Amitermum Italien. → San Vittorino.

Amlasch Iran, ö von Rasht, nähe Kaspisches Meer. Ausgrabungen, Funde 1200 - 8. Jh. vor Chr.
Ammaedara Tunesien. → Haidra.
Amman Jordanien. Ammoniterhauptstadt Rabba, Rabbath Ammon, hellenistisch Philadelphia, aramäisch Birtha. Die antiken Ruinen im 19. Jh. von den Tscherkessen größtenteils abgetragen. Am Wadi Amman Nymphäum von ca. 200 nach Chr. Forum, römisches Theater 2. Jh. mit zwei kleinen Museen mit Mosaiken. Odeon. Zitadellenhügel Jebel al Qala: eisenzeitliche Befestigungsspuren, römische Befestigungsmauern. Reste von römischem Tempel, byzantinischer Kirche, arabischem Bau El Qasr, ev. omayyadisch. Beim Marka-Flughafen spätbronzezeitlicher Quadratbau freigelegt. Archäologisches Museum. In der Umgebung: Reste von Nekropole. Eisenzeitliche Wohnstätten und Befestigungsanlagen untersucht. Im NO Spuren der neolithischen Siedlung Ain Ghazal von ca. 7250-5000 vor Chr., Ausgrabungen.
Nördlich → (Qasr el-)Nuweijis. Südlich → (El) Quweisme. Südlich → (El) Kahf. Südlich → (Khirbet es-)Suk. Westlich → Swafiyeh.
Ammata, Tell Jordanien, 44 km n von Es Salt, ö des Jordan. Amathus der Griechen und Byzantiner.
Ammedara Tunesien. → Haidra.
Ammochostos Zypern. → Famagusta.
Ammotopos Griechenland, ca. 15 km n von Arta. Reste von Stadtmauer und Häusern 4.-3. Jh. vor Chr.
Amnat Charoen Thailand, 76 km nw von Ubon Ratchathani. 2 km n Wat Phra Mongkol.
Amnatos Gr-Kreta, 14 km sö von Rethymnon. Hausfundamente und Gräber antiker Ortschaft.
Amnissos Gr-Kreta, 7 km ö von → Iraklion. An der Stelle Karteros der minoische Hafen von Knossos mit der kretischen Siedlung Thenai. Hausspuren aus der spätminoischen Epoche. Reste der "Freskenvilla", mittelminoische Epoche. Reste von kleinem Heiligtum.
Amodis Syrien, Nordgrenze. Antike Siedlung; heute Amuda, 298 km ö von Djerablus.
Amoea Portugal. Römisch; Portalegre, an der Straße nach Cáceres. Nördlich → Medobriga.
Amöneburg Deutschland, ö von Marburg. Ehemals keltisches Oppidum und fränkisches Kastell. Spuren von Wällen.
Amol Iran, ca. 140 km nö von Teheran. Mausoleum Meschhed Mir Bozorg, frühes 17. Jh., an der Stelle eines von Timur zerstörten, im 10.-11. Jh. errichteten Heiligtums. Mehrere Mausoleen.
Amolochos Griechenland, Kykladeninsel Andros. Alte Turmhäuser.
Amonia Ägypten. → Marsa Matruh.
Amorgos Griechenland, Insel. → Aigiali. → Arkesine. → Katapola. Minoa → Katapola.
Amorion Türkei, bei Emirdağ, 110 km sö von Eskişehir. Hethitisch-antike Stadt. Reste von turmverstärkter Stadtmauer und andere Bauwerke erkennt-

lich. Noch nicht ausgegraben.
Amos Türkei, sö von Hisarönü, HI Bozburun, s von Muğla. Antike Stätte.
Ampelia Griechenland, onö von Farsala. Heute Ambelia. Reste von Umfassungsmauer.
Ampelos Gr-Kreta. → Xerokampos.
Ampelum Rumänien. Römisches Municipium in der Provinz Dakien. Heute Zlatna.
Amphanai Griechenland. Antiker Ort s von Volos.
Ampheia Griechenland, 50 km sw von Tripolis, 4 km w von Paradisia. Stelle der antiken Siedlung mit Ruinen der mittelalterlichen Festung Kokkala.
Amphiareion Griechenland, Attika, 48 km n von Athen, 6 km sö von Oropos (→ Skala Oropu). Heiligtum des Amphiaraos. Baureste, hauptsächlich 4. Jh. vor Chr.: Theater, Tempelruinen, Altarfundamente, Portikus ca. 387 vor Chr. Spuren von Thermen. Ruinen von antiker Siedlung. Museum an der Stelle des Stadions.
Amphigeneia Griechenland. → Muriatada.
Amphikleia Griechenland. → Amfiklia.
Amphilochoi Griechenland. → Loutro.
Amphipolis Griechenland. → Amfipolis.
Amphipolis Syrien. → Thapsaka.
Amphissa Griechenland. → Amfissa.
Ampurias** Spanien, bei La Escala, n der Costa Brava. Katalanisch Empúries. Zerstört 256 nach Chr.
1) Das iberische Indica auf dem Hügelplateau.
2) Das griechische Paläopolis (= Ampurias), im N, ab 6. Jh. vor Chr.
3) Das griechische Neapolis, am Meer, ab 6. Jh. vor Chr. Reste hauptsächlich 2. Jh. vor Chr.: zyklopische Stadtmauerreste* 4. Jh. vor Chr. (→ Abb. 95), Gebäudereste, Zisternen, Mole, Museum.
4) Das römische Emporiae (auf dem Gelände von Indica). Stadtmauerreste*, Villen 1 und 2 mit Mosaiken*, Forum mit Tempelresten; rekonstruierter Augustustempel, Insula, Stelle von Palästra, Reste von Amphitheater, Gräber vom 6. Jh. vor Chr. bis in christliche Zeit.
Amra, Qusair* Jordanien, 80 km (60 km LL) sö von Amman. Guterhaltenes Omayyadenschlößchen mit Malereien*, Audienzhalle, Bad. → Abb. 117.
Amrah, Al- Ägypten, 9 km sö von Abydos. Friedhöfe und Gräberfelder aus vor- und frühgeschichtlicher Zeit, hauptsächlich aus der 1. Hälfte des 4. Jtsds. vor Chr. Namensgebend für das Amratien.
Amri Pakistan, am südlichen Indus, s von → Mohenjo-Daro. Siedlung ab frühem 3. Jtsd. vor Chr. Ausgrabungen der frühen Indus-Kultur. Vorgeschichtliche und islamische Schichten.
Amrit* Syrien, 48 km n von Tripoli. Römisch Marathus. Die heutigen Ruinengebiete (hauptsächlich Nekropolen):
1) Bordj el Bezzaq. Mausoleum, Grabdenkmal,

umgestürzter Obelisk.
2) Maghazil 2 km weiter nördlich. Zwei Grabmäler, phönizische Grabbauten, aus dem Fels gehauenes Monolithhaus 5./4. Jh.
3) El Maadeb (Marathos), weitere 2 km nördlich. Tempelanlage (Quellheiligtum) mit Bassin. Tell mit weiteren Ruinen, darunter persische Anlage 1. Hälfte 4. Jhd. vor Chr. Silogräber. Reste von Stadion 3. Jh. vor Chr., unter den Römern verändert.
Amrum Deutschland, Nordfriesische Insel. Bronzezeitliche Grabhügel bei Norddorf und Steenodde.
Amsterdam Niederlande. Völkerkundemuseum. Archäologisches Museum der Universität.
Amtorgis Spanien. Iberisch; Alcañiz, Provinz Teruel.
Amudei Shelomo Israel, 3 km von → Timna.
Amul GUS, Turkmenistan. Heute Čardžou (Tschardschou).
Amwas Israel, 30 km w von Jerusalem. Nikopolis seit Titus. Griechisch-römische Spuren. Mosaik 5. Jh. Reste von Kirche und Baptisterium 6. Jh. 1 km w → (El) Latrun.
Amygdalea Griechenland, Peloponnes, 66 km nw von Tripolis. Antike Siedlung Glanitsa. Mauern. ·
Amyklai Griechenland, Peloponnes, 7 km s von Sparta. Stelle einer mykenischen Siedlung. Reste von Apollonheiligtum. 1 km s befand sich ein Zeusheiligtum. Südlich die mykenische Siedlung → Vaphio.
Amynklai Italien. → Sperlonga.
Amynsos Türkei. → Samsun.
Amyzon Türkei, s von Koçarlı, sw von Aydın. Antike Stätte. Auf einer von Stützmauern begrenzten Terrasse erhob sich der Artemistempel, 4. Jh. vor Chr. Reste eines kleinen Theaters 4. Jh. vor Chr.
Ana Irak, am Euphrat, 120 km ö von Abu Kemal. Antik Bethuana oder Anatho.
Anab as-Safina Syrien, im Assad-Stausee. Römische Grabkammer. Skulpturen in Qalaat Djabar.
Anacapri Italien, Insel Capri. Griechisch Anapolis. Ruinen einer römischen Villa neben dem Damecuta-Turm. Tiberius-Bad. Phönizische Treppe.
Anagni Italien, 65 km ö von Rom. Antik Anagnia. Stadtmauerreste. Antike Reste. Dom an der Stelle der Akropolis.
Anagnia Italien. → Anagni.
Anagundi Indien. → Hampi.
Anagustum Montenegro. → Nikšić.
Anagyrus Griechenland. → Vari.
Anakopia GUS, Georgien. → Novy Afon.
Anaktorion Griechenland, Akarnania, sö von Preveza, von Vonitsa. Geringe Reste der antiken Stadtmauer. Später Teilgebiet von → Aktion.
Anamalai Indien, Tamil Nadu, 13 km von Madurai. Narasimba-Höhlentempel 770 nach Chr. Ladamuni-Höhlentempel 770 nach Chr.
Anamas Türkei. → Aksu.

Anamur Türkei, 267 km ö von Antalya. Östlich die Burg Anamur* (auch Mamure Kalaesi), ca. 1230 an der Stelle einer Festung aus dem 3. Jh. nach Chr. errichtet. 5 km w von Anamur das antike → Anemurium.

Ananino GUS. Nekropole.

Anaphe Griechenland. Antike Stadt auf der Kykladeninsel Anafi. Ruinen von Stadtmauern, Zisternen, Tempel, Hafen (Katalimatia). Grabkammern. 7 km sö des Hauptortes Reste eines Apollon-Heiligtums 5./4. Jh. beim Kloster Zoodochos Pigi.

Anaphlystos Griechenland. → Anavissos.

Anapolis Italien. → Anacapri.

Anastasiopolis Syrien. → Resafa.

Anastasiopolis Türkei. → Fethiye.

Anastasiopolis Türkei. → Istilil.

Anastasioswall Türkei, n von → Istanbul.

Anata Israel, 7 km n von Jerusalem. Arabisch Ras Kharrub. Das heutige Anata auf den Ruinen des römischen und byzantinischen Anatot.

Anatepesı Türkei. Hügel s von Aksaray, 10 km ö von Taşpınar. Byzantinische Kirche 5. Jh.

Anatho Irak. → Ana.

Anatolischer Limes Türkei. Vom Euphrat zum Schwarzen Meer, mindestens ab 1. Jh. nach Chr.

Anatot Israel. → Anata.

Anau GUS, Turkmenistan, 10 km sö von Aschchabad. Neolithischer Tell, besiedelt ab 4. Jtsd. vor Chr. Parthische Siedlung; Ruinen einer Festung 2.-1. Jh. vor Chr. Moschee 15. Jh.

Anavarza* Türkei, 86 km nö von Adana. 19 nach Chr. Caesarea ad Anazarbus. Im 5. Jh. Justinopolis bzw. Justinianopolis. Arabisch Ain Zarba. Antike Ruinen. Stadtmauerreste. Abschnitt der antiken Straße von Mopsuhestia nach Anazarbus. Brückenruine. Spuren des Amphitheaters. Reste des römischen Stadions. Stelle des Theaters. Triumphpforte frühes 3. Jh. Reste von Stadttoren. Reste von römischem und von byzantinischem Aquädukt. Reste von Thermen. Ruine von Südwestkirche. Reste von Apostelkirche 6. Jh. Felsreliefs. Felsgrab mit Relief 1. Jh. Byzantinische, arabische und armenische Zitadellenmauern. Byzantinische Kapelle. Grabkirche der Könige des armenisch-kilikischen Reiches mit Resten von Malereien.

Anavissos Griechenland, sö von Athen, bei Nea Phokaia. Reste der antiken Hafenfestung Anaphlystos. Reste einer Basilika 5. Jh.

Añay Peru, ca. 50 km ö von Huacho. Ruinen.

Anazarbus Türkei. → Anavarza.

An Carra GB, Schottland, Hebrideninsel South Uist. Menhir.

Ancaster GB, Lincolnshire, 10 km nö von Grantham. Römisch Causennae. Reste der Stadtbefestigung ausgegraben.

Anchialos Bulgarien. → Pomorie.

Anchorage USA, Alaska. Anchorage Museum of History and Art.

Ancient Burial Grounds USA, 13 km n von Ar-kansas. Frühgeschichtliche Begräbnisstätte.

Ancón Peru, ca. 38 km n von Lima. Altperuanischer Ort. Zahlreiche Grabstätten aus Inka- und Präinkazeit, auch in Maranga.

Ancona Italien. Hauptstadt von Marken. Antik Dorica Ancon. Stadtmauerreste. Trajansbogen* von 115 nach Chr. im Hafengebiet. Tempelsäulen im Dom. Amphitheater. Reste von Thermen. Nekropolen. Auf dem Monte Conero ehemals eine Hauptsiedlung der Picener. Nationalmuseum der Marken.

Andautonium Kroatien. → Ščitarjevo.

Andematunum Frankreich. → Langres.

Anderida GB. → Pevensey.

Anderine, El Syrien, 25 km n von Qasr Ibn Wardan. Byzantinisch Androna. Ruinenstadt. Reste von Stadtmauer, Kaserne, Kirche, Südkirche mit Umwallung, Zisterne, Thermen.

Andernach Deutschland. Römisch Antunnacum. Reste römischer Kastellmauern. Stadtmuseum.

Andernos-les-Bains Frankreich, 40 km n von Arcachon, w von Bordeaux. Reste von römischer Basilika, 4. Jh.

Andetrium Bosnien-Herzegowina. Antik; Mostar.

Andheri Indien, Madhya Pradesh, bei Bhopal. Buddhistische Ruinen; 3 kleine Stupas.

Andırın Türkei, w von Maraş, an der alten Straße nach Göksun. Reste und Spuren von antiken und mittelalterlichen Siedlungen.

Andorra la Vella Andorra. Steinmalereien von Ordino. Dolmen von Encamp.

Andriake Türkei. Der Hafen des antiken Myra (→ Kale). Mauern, Türme, Zisterne, Speicher, Mühle, Kirchen, Wasserleitung. Nekropole.

Andriu Priu I-Sardinien. → Sant'Andriu Priu.

Androna Syrien. Byzantinisch; → (El) Anderine.

Andronowo GUS, an der Jenisej. Osteuropäischzentralasiatische Ur-Kultur 2. Jtsd. vor Chr. (Bronzezeit), jeweils in den Gebieten um Don und Jenisej (Enisej). Steppensiedlungen, Gräber.

Andros Griechenland, Kykladen-Insel. → Agios Petros. → Amolochos. Andros → Palaiopolis. → Gavrio. → Korthion. → Palaiopolis. → Zagora.

Andros Griechenland. Ort auf der Kykladeninsel A. → Palaiopolis.

Andújar Spanien, ö von Cordoba. Antik Illiturgi, Isturgis. Römisch Andura. Maurisch Alturja. Umgebaute römische Festung. Römische Brücke.

Andura Spanien. → Andújar.

Anemoreia Griechenland, Fokis. Antike Siedlung.

Anemurion* Türkei, 5 km w von Anamur. Eski Anamur, römisch Anemurium. Kleine Festung. Mauern: Akropolismauer, Seemauer, Mauer parallel zur Akropolismauer. Thermen, Odeon 3./4. Jh., Theater, Aquädukte. Nekropole.

Aney Niger, Kaouar. Ruinen von Fluchtburg. Ruinen des Dorfes. Südlich bis Arrigui Fliehburgen.

Anfa Marokko. Urdorf von Casablanca.

Angelecome Türkei. → Inegöl.
Angel Mounds State Memorial USA, Indiana, 10 km s von Evansville. Zahlreiche frühindianische Kulthügel.
Angera Italien, am Lago Maggiore. Spuren von römischen Tempeln und Nekropolen.
Angers Frankreich. Römisch Juliomagus. Ehemals mit Thermen, Zirkus, Amphitheater.
Anghelu Ruju I-Sardinien, 12 km n von Alghero. Jung- und kupfersteinzeitliche Nekropole. Grab- und Kultbauten (Felsgräber) ca. 2. Viertel 2. Jtsd. vor Chr. Portal mit den Stierköpfen. Funde vornehmlich der → Ozieri-Kultur. → Abb. 33.
Angízia Italien, n von Luco dei Marsi, sö von Avezzano. Reste.
Angka GUS, Usbekistan, s des Aralsees, ö des Amu Darja. Siedlung der Bronzezeit. Angka-Kala, Festung der Kuschanas, 3.-4. Jh.
Angkor** Kamputschea. Gegründet 802. 1. Hauptstadt → Amarendrapura, 1. Hälfte 9. Jh., Gebiet um Ak Yum. Yasodharapura Anfang 10. Jh., 1393 verwüstet. 1431 von den Thai erobert. 1858 wiederentdeckt. Ein Gebiet von 9,5x8 km. Eine der größten und eindrucksvollsten Ruinenstätten der Erde. Shivaitisch, letzte Bauphase ab 1200 buddhistisch. Die wichtigsten Gebäude:
Ak Yum, ehemals mit Tempel 2. Hälfte 7. Jh., Stätte der 1. Hauptstadt Amarendrapura, Stil Prei Kmeng.
Angkor Tom, Gebiet der letzten Hauptstadt, 1200, mit dem Haupttempel Bayon (s.u.).
Angkor Vat 1113-1150, mit dem bedeutendsten Tempel.
Bakhang, Tempel ab 893, im Zentrum der damaligen Hauptstadt Yasodharapura.
Baksei Cham Krong, 1. Viertel 10. Jh.
Banteay Kdei (buddhistisches Kloster), 1181.
Banteay Prei.
Banteay Samré, 11./12. Jh.
Banteay Thom.
Baphuon, 1060.
Bat Chum, Mitte 10. Jh.
Bayon, Haupttempel von Angkor Tom (s.o.), 12. Jh., mit den nach der Groberrichtung aus dem Stein herausgehauenen Monumentalgesichtern (→ Abb. 130). Eine große Anzahl ähnlicher kleinerer Tempel in ganz Kamputschea.
Chausei Tevoda, 12. Jh.
Nördlicher Kleang, Anfang 11. Jh.
Südlicher Kleang, Anfang 11. Jh.
Königsterrasse, auch Elefantenterrasse, 12./13. Jh.
Krol Ko, Tempel, 1200.
Krol Romeas.
Kutisvara, nach 800.
Mangalartha, kleiner Tempel, 1295.
Neak Pean, kleiner Tempel, 12./13. Jh.
Östlicher Baray.
Ost-Mebon, 952.
Phimeanakas, um 1000, mit den Ruinen des Palastes Jayavarmanns VII.
Phnom Bakheng, 900.
Phnom Bek, um 900.
Phnom Krom, um 900.
Prasat Kravan, 921.
Prasat Kroj Ko.
Prasat Prei.
Prasaat Prei Prasat.
Prasat Tonle Shguot.
Prasat Top.
Preah Khan, Tempel, 1191.
Preah Palilay, 11./12. Jh.
Preah Pithu T, 1. H. 12. Jh.
Preah Pithu U, 1. H. 12. Jh.
Prè Rup, gegr. 921.
Srae Srang, Becken, 1200.
Takeo, 10. Jh.
Ta Nei, kleiner Tempel, 1000, 1200.
Ta Prohm(Kel), Tempel, 1186-1220.
Ta Som, Tempel, 12./13. Jh.
Terrasse des aussätzigen Königs, 12./13. Jh.
Thommanon, 1. Hälfte 12. Jh.
Tor des Sieges.
Tor des Todes.
Westlicher Baray.
Westlicher Mebon, um 1200.
Angkor Borei Kamputschea, s von Phnom Penh. In der Nähe der Hügel Phnom Da: Höhlenheiligtümer 6./7. Jh., letzte Periode Fu-nan.
Angle GB, Wales/Dyfed, 15 km w von Pembroke. Neolithische Grabkammer Devil's Quoit.
L'Anglée Frankreich, n von La Rochelle. Ehemals jungsteinzeitliche befestigte Siedlung.
Anglés Spanien, 18 km w von Gerona. Bronzezeitliches Gräberfeld.
Angles-sur-l'Anglin Frankreich, ö von Poitiers. Flußabwärts Höhlen mit prähistorischen Skulpturen.
Anglesey GB, Wales, Insel. Von ehemals über 50 Megalithgräbern der → Boyne-Kultur noch ca. 20 erhalten. → Aberffraw. → Bryn-Celli-ddu. → Bryn-Siencyn. → Holyhead. Lligwy.
Angora Türkei. → Ankara.
Angoulême Frankreich. In der Nähe megalithische Ganggräber. Musée de la Societé Archéologique de la Charente.
Angrivarier-Wall Deutschland, rechtes Weser-Ufer auf der Höhe von Leese. Rest von Heerlager oder Schanze.
Ang Thong Thailand, ca. 100 km n von Bangkok. In der Umgebung: Wat Kien. Wat Kun Inta Phra Mun. Wat Luang Suntararam. Wat Pinit Tamasan. Wat Po Mok. Wat Tha Talat. W → Wiset Chai Chan. N → Chaiyo.
Anguillara Italien, Südufer des Bracciano-Sees. Römisch Angularia. Reste von römischer Villa, 1. Jh. vor Chr.
Ani** Türkei, ca. 50 km ö von Kars, nähe armeni-

scher Grenze. Ehemals armenisch-bagratidische Hauptstadt. Von der ehemaligen Stadt sind die Wohngebäude verschwunden, so daß die Reste der Stadtmauer und die Kirchenruinen umso auffälliger erscheinen.
Reste der Stadtmauer 10. Jh.
Reste von Georgischer Kirche, 1218.
Gregorkirche von Qaguik, Anfang 11. Jh.
Nordpalast, 12./13. Jh.
Apostelkirche 1013.
Gregorkirche Abugamrentz, 10. Jh.
Kathedrale 989-1001.
Erlöserkirche 1036.
Gregorkirche von Tigrane Honentz, 1215.
Kloster 13. Jh.
Moschee 1072.
Kirche Aschots III.
Zitadelle, Palastkirche.
Kirche Kız Kale 13. Jh.
Im Umkreis von ca. 20 km zahlreiche armenische Kirchenruinen.

Ania Türkei. → Kuşadası.

Aniba Ägypten, Nubien, w von Amada. Altägyptische Miam. Festung des Mittleren Reiches, Reste von Horustempel; Friedhöfe im Stausee. Grab des Penniut nach → Amada verlegt.

Anitorgis Spanien. Iberisch; Alcañiz, 145 km w von Tarragona.

Anji-Brücke China, Provinz Hebei. → Zhaoxian.

Ankara Türkei. Ankyra der Achämenidenzeit. Galatia der Tektosagen (ca. 2. Jh. vor Chr.). Römisch Sebaste Tectosagum. Engüriye 11.-13. Jh. Ma und deutsch Angora.
Julians-Säule von 362. Rest von Augustus- und Romatempel* mit Testament des Augustus. Stadtmauer ab 7. Jh. Unterbau der Festung aus 3. Jh. vor Chr. Archäologisches Museum** ("Hethiter-Museum").

Ankaran Slowenien, n von Koper. Römisches Mosaik im Stadtmuseum.

Ankola Indien, Karnataka, nördliche Küste. Fortruinen, Tempel Shri Venkatramen.

Ankum Deutschland, sw von Quakenbrück. S Westerholte: Reste von Großsteingräbern. Sö Rüssel: Wälle der Wittekindsburg sw des Schulterhofes, spätes 10. Jh.

Ankuwa Türkei. → Alişar Hüyük.

Ankyra Türkei. → Ankara.

Ankyron Türkei. → Hereke.

Ankyronpolis Ägypten. → (el-)Hibe.

Anlo Niederlande. Siedlung Trichterbecher- bis Urnenfelderzeit.

Annaba* Algerien. Im S die Ruinen von Hippo Regius. Numidisch Hippone. Theater 1. Jh. Forum. Thermen. Mauer- und Säulenreste. Augustinus-Basilika. Museum.

Annamatia Ungarn. Römisches Kastell, Baracspuszta, s von Dunaújváros, s von Budapest. Grabungen.

Annobis Spanien. Römisch; Agramunt, nö von Lérida.

Announa Algerien, bei Guelma. Thermalbad Hammam Meskhoutine mit römischen Ruinen.

Ano Kleinai Griechenland. → Florina.

Ano Liosia Griechenland, n von Athen. Reste eines Landhauses letztes Viertel 5. Jh. vor Chr.

Ano Palaiokastro Gr-Kreta. → Polyrrhenia.

Anopolis Gr-Kreta, nähe Südküste, w von Chora Sfakion. Spuren der antiken Siedlung.

Ano Viannos Gr-Kreta, 66 km sö von Iraklion. Ruinen des genuesischen Castel Belveder, 13. Jh. Minoisches Heiligtum.

Ano Zakros Gr-Kreta, sö von Sitia. Spätminoisches Haus und Weinpresse an der Straße nach → Kato Zakros.

Anpet Ägypten. → (Tell er-)Roba.

Anreppen Deutschland, Stadt Delbrück. Römisches Lager aus der Zeitenwende entdeckt.

Anschan Iran. → (Tell-i) Malyan.

Ansedonia Italien, ö von Orbetello. Antik Cosa; Cusi, Cosa Volcientium. Frührömische Kolonie auf italischem Gebiet. Reste von: Akropolis, Mauern, Toren, Forum, Kapitol, zwei Tempeln, Basilika, Bädern, Tagliata Etrusca, von den Etruskern in die Steilküste gehauener Abflußkanal des Burano-Sees. In der Umgebung Reste römischer Villen.

L'Anse au Meadow Kanada, Neufundland, Nordspitze. Siedlung der Wikinger, ca. 1000 nach Chr.

Anstiebury GB, Surry, sw von London, sw von Dorking. Eisenzeitliche Befestigung.

Anta Peru, nw von Cuzco. Festungsmauern.

Antaeopolis Ägypten. → Qau el-Qebir.

Antakya Türkei, w von Haleb. Auch Hatay. 307 vor Chr. stromaufwärts Gründung einer Siedlung namens Antigoneia. Einweihung von Antiocheia am 22. Mai 300 vor Chr. Weitere Gründungen durch Seleukos II. Kallinikos und durch Antiochus IV. (Epiphania). Antiochia am Orontes, auch Antiochia Epidaphne. Infolge dieser verschiedenen Stadtgründugen auch Tetrapolis. Theoupolis des Justinian.
Mauern. Spuren von Säulenstraßen unter dem heutigen Straßenniveau. Zitadelle, letzter Zustand aus 10. und 11. Jh. Grottenkirche St. Peter 5. Jh. Kirche mit byzantinischer Krypta. Rest von römischer Brücke 3. Jh. Moschee, eine ehemalige byzantinische Kirche. Aquädukt. Museum mit Mosaiken.

Antalya Türkei. Ataleia im 2. Jh. vor Chr. Satalia der Kreuzfahrer. Später Adalia. Kirche Kesik Minare ab 5. Jh. Hadrians-Tor* 130 nach Chr. Reste von antiker Stadtmauer und Türmen. Römerturm Hıdırlık Kulesi. Archäologisches Museum.

Antar, Qasr Libanon, Hermongipfel. Mauern eines Heiligtums.

Antarados Syrien. → Tartus.

Antas I-Sardinien, n von Iglesias. Rekonstruierter römischer Tempel des 3. Jh. nach Chr. an der

Stelle eines phönizischen Tempels des 6. Jh. vor Chr., dem Sid bzw. Sardus Pater gewidmet. In der Nähe Spuren von spätnuraghischem Dorf.

Antea Frankreich. Römisch; Ampus, nw von Draguignan.

Antequera Spanien, 100 km w von Granada. Römisch Anti Caria. Drei megalithische Ganggräber: 1) Dolmen Cueva de Menga*, übermannshoch aus riesigen Steinplatten, von ca. 2. Hälfte 3. Jtsd. vor Chr.
2) Nebenan Dolmen de Viera mit Gang.
3) 2 km nö Dolmen de Romeral in einem Hügel, mit Gang und zwei Kragkuppeln mit Decksteinen.

Anthedon Griechenland, 13 km w von Chalkis. Reste von Stadtmauer. Spuren von Hafen.

Antheia Griechenland. → Patras.

Anthela Griechenland. Antike Festung, heute Anthili, w der Thermopylen. Ehemals Standort von Stadion, Stoa, Heiligtümern.

Antiana Kroatien. Römisch; Branjin Vrh n von Osijek.

Antibarium Montenegro. Römische Bezeichnung für Bar. Mauern, Kirchenruine. → Stari Bar.

Antibes Frankreich, ö von Cannes. Antik Antipolis. Römische Reste am Cours Massena. Archäologisches Museum in der Bastion Saint-André.

Anticaria Spanien. → Antequera.

Antigoneia Albanien, im Süden, bei Gjirokastar. Befestigte Illyrische Höhensiedlung, gegr. vor 2300 vor Chr. Stadtmauer* mit 4 km Länge. Gebäude- und Kirchenreste. Mosaike.

Antigoneia Türkei. → Antakya.

Antigoneia Türkei. → Iznik.

Antigonia Makedonien, sö von Skopje. Griechisch; heute Negotino.

Antigua Guatemala Guatemala, Sacatepequez, 40 km w von Guatemala-City. Ruinen der 1773 durch Vulkanausbruch zerstörten Hauptstadt.

Antikythera Griechenland. Insel n von Kreta. Mauern und Wälle 5. Jh. vor Chr. vom antiken Aigila.

Antilopenhaus USA, Canyon de → Chelly National Monument. Cliffdwelling im Muerto Canyon. Malereien 19. Jh.

Antimachia Griechenland, Insel Kos. Festung der Rhodeserritter.

Antinoë Ägypten. → (El-)Schech Abade.

Antinoopolis Ägypten. → (El-)Schech Abade.

Antiochea epi Kallirhoe Türkei. → Şanlıurfa.

Antiocheia Türkei. → Antakya.

Antiocheia Türkei. → Tarsus.

Antiochia am Chrysoroas Jordanien. → Jerash.

Antiochia ad Cragum* Türkei, 65 km sö von Alanya, nähe Güney. Römische Ruinen. Nekropolen.

Antiochia Epidaphne Türkei. → Antakya.

Antiochia Margiana GUS, Turkmenistan. → Merw.

Antiochia in Mydonien Türkei. → Nusaybin.

Antiochia am Orontes Türkei. → Antakya.

Antiochia in Pisidien Türkei, 240 km nnö von Antalya, 5 km nö von Yalvaç. Als Antiocheia kurz vor 280 vor Chr. ev. an der Stelle eines phrygischen Heiligtums gegründet. Römisch C. Caesarea Antiochia. Reste von Akropolispropyläen. Standort eines Augustus-Tempels. Reste von Theater. Reste von zwei byzantinischen Kirchen. Aquäduktreste.

Antiochia ad Sarum Türkei. → Adana.

Antipatrea Albanien. Antike Stätte.

Antipatris Israel. → Afek.

Antiphellos Türkei. → Kaş.

Antipolis Frankreich. → Antibes.

Antisara Griechenland. → Kalamitsa.

Antissa Griechenland. Artissa. Antike Siedlung 7 km nö vom heutigen Antissa, Insel Lesbos. Akropolis mit Spuren von Mauern und Gebäuden. Reste von Hafenmole 5. Jh. vor Chr.

Antium Italien. → Anzio.

Antium Italien. Ligurisch; Genua.

Antoniuskloster Ägypten. → Deir el-Qaddis Antwan.

Antoniuswall GB, n von Glasgow (bei Old Kilpatrick) bis zum Firth of Forth bei Bridgeness. Römischer Grenzwall von 142 nach Chr. Ehemals 3 m hoch und 4,30 m breit. Länge 60 km. Ehemals mit 19 Forts, wovon 6 ausgegraben wurden: darunter die Kastelle bei Kirkintilloch, Rough Castle bei Falkirk. Reste bei Beardsen.

Antron Griechenland, Ftiotis, ca. 55 km ö von Lamia. Ruinen der alten Stadt.

Antunnacum Deutschland. → Andernach.

Anuradhapura** Sri Lanka. 205 km nö von Colombo. Gegründet im 4. Jh. vor Chr. Von Singhalesen und Yakkha erbaut. Anfänglich Anuradhagama. Hauptstadt und Residenz bis ca. 1000 nach Chr.
1) Isurumuniya Vihara. 2) Dakkhina Dagoba, 2. Jh. 3) Lohapasada (bronzener Palast), gegr. 2. Jh. vor Chr. 4) Steinerne Säulen, 12. Jh. 5) Mirisavati-Dagoba. 6) Maha Vihara. 7) Ruwanweli-Seya-Dagoba, 1./2. Jh., 110 m hoch. 8) Jetavana-Dagoba mit Klosterruinen, 3. Jh., 107 m hoch. 9) Thuparama-Dagoba, ab 2. Hälfte 3. Jh. vor Chr. 10) Zitadelle, Mauer. 11) Reste von Königspalast, 11. Jh. 12) Mahapali, Almosenhaus, 5. Jh. 13) Zahntempel. 14) Reste von Schreinen. 15) Kuttam Pokuna, Doppelbad. 16) Abhayagiri (Uttara Vihara), Nordkloster, 1. Jh. vor Chr. 17) Samadhi Buddha. 18) Abhayagiri-Dagoba, ab 1. Jh. vor Chr. 19) Reste von Mahasena-Palast. 20) Standort des Ratna Prasada, Edelsteinpalast, 8. Jh. 21) Bodhigara (Bodhibaum-Tempel). 22) Lankarama-Dagoba, 1. Jh. 23) Reste der Westlichen Waldklöster. 24) Museum. 25) Tanks: Tissa Wewa, Basawakkulam, Nuwara Wewa, Puliyankulam, Bulankulam. 26) Nördlich: Ashokarama-Kloster mit Dagoba und

Hindutempeln. Kiribad Vihara. Vijiayarama.
27) Östlich Klosterreste: Pabatta Vihara. Pub-
berama. Toluvila.
Anxanum Italien. → Lanciano.
Anxur Italien. → Terracina.
Anyang China, Henan-Norden. Beim Dorf Xiaotun
Hauptstadt Yin der Shang-Dynastie ab ca. 1300 vor
Chr. Blütezeit 12.-11. Jh. vor Chr. Grabungen
bei Xiaotun, Wuguangcun und Houjiazhuang
(1350-1100 vor Chr.). Reste von Königspalast.
Wenfeng Ta-Pagode 952. Grabstätten (Schacht-
bzw. Kammergräber) der Shang-Könige, auch in
Wuguangcun (Wu-Kuan-ts'un usw.). Weitere
Fundorte (Wohnhäuserreste 1350-1100 vor Chr.):
Hougang, Xibeigang, Yinxu.
Anz Syrien, 13 km sw von Salkad, nähe Süd-
grenze. Antike Ruinen.
Anza Äthiopien, s von Adigrat. Archäologische
Stätte.
Anza Makedonien. Erforschte Siedlung der Jung-
und Kupfersteinzeit.
Anzaf Türkei, 16 km nö von Van. Zwei urartäi-
sche Festungen. Ev. das von Sargon II. genannte
Hundur, mit Zyklopenmauer und zweiter Mauer.
Kleine Zitadelle mit Zyklopenmauer.
Anzayurtepe Türkei, bei Patnos, n des Van-Sees.
Anziliya Türkei. → Zile.
Anzio Italien, s von Rom. Antik Antium. Reste
von antikem Hafen: Mole und Gebäude. Ruinen
von "Neros Villa". Grotten mit Mosaiken. Römi-
sche Reste in der Villa Spigarelli. Reste von Theater und Volskermauer.
Ao China. → Zhengzhou.
Aosta* Italien. Römisch Augusta Praetoria Salas-
sorum. Reste von römischer Stadtmauer mit Tür-
men, Porta Praetoria. Brückenrest. Augustus-Bo-
gen* 1. Jh. Römisches Theater. Restauriertes Am-
phitheater. Grabungen am Forum. Thermenreste.
Archäologisches Museum.
Aoste Frankreich, bei Les Abrets, w von Cham-
bery. Kleines Museum mit gallo-römischen Fun-
den.
Aoudaghost Mauretanien, ö von Tamsnikit, im
Aoukar. Ruinen einer Handelsstadt des Ghanarei-
ches, ab 9./10. Jh. Ausgrabungen, Moschee-
Ruine. Nekropole. Felszeichnungen. 10 km s →
Togba.
Apaliri Griechenland. → Paliri.
Apameia Syrien. → (Qalaat el) Mudiq.
Apameia Türkei, 60 km n von Burdur. Antike
Siedlung, heute Dinar.
Apameia Türkei, am Euphrat bei Keskinee, nw
von Birecik, ö von Gaziantep. Reste von Stadt-
mauer und Akropolis. In der Nähe Tell Musa.
Apameia Türkei. → Mudanya.
Apano Kastro Griechenland, auf Naxos, bei
Chalki. Ruinen der Festung; Mitte 13. Jh.
Apano Oreos Griechenland. → Orei.
Aparan GUS, Armenien, n von → Jerevan.

Sphinxähnliche Grabmonumente des Jesidenvolkes
(iran. Herkunft). Ruine einer dreischiffigen Basi-
lika 4.-5. Jhd.
Aparank Türkei, ca. 150 km sw von Van, bei
Bahçesaray. Fünf armenische Kirchen ab 10. Jh.
Kloster 17. Jh.
Apaschach Türkei. → Kaş.
Aperlai* Türkei, Südküste, ö von → Kaş. Byzanti-
nisch Aprillai. Stadtmauer, Türme, Tore. Hafen-
bauten unter Wasser.
Aperusia Italien. → Perugia.
Apesokari Gr-Kreta, 6 km s von Gortyn. Minoi-
sche Siedlung. Frühminoisches Kuppelgrab.
Aphaca Israel. Heute Afiq, ö des Tiberias-Sees.
Wenig Spuren.
Aphek Israel. → Afek.
Aphidnai Griechenland, n von Athen. Afidnä,
Afidnes. Geringe antike Reste.
Aphrati Gr-Kreta, ca. 20 km s von Kasteli. Afrati.
Auf dem Berg Ailia Siedlungsspuren, ältere minoi-
sche Palastzeit (2000-1700 vor Chr.). Ehemals
Standort eines Artemisheiligtums.
Aphrodisias Türkei. → Geyre.
Aphrodisium Tunesien, 90 km sö von Tunis. Die
antike Stelle 5 km w von A Rahma (Ain Errahma),
bei der Koubba Sidi Khalifa. Triumphpforte, Tem-
pelgrundriß, Brunnen, Gebäude, Kirche, Festung.
Aphroditopolis Ägypten. Heute Kom Ischqau, ca.
45 km nw von Sohag.
Aphroditopolis Ägypten. Antik; heute Atfih el-
Hilf. Ruinenhügel.
Aphroditopolis Ägypten. → Gebelin.
Aphytos Griechenland, 114 km sö von Saloniki,
HI Kassandra. Afitos. Tempel- und Kirchenspuren.
Apisa Majus Tunesien. 20 km w von Pont-du-
Fahs. Ruinen von zwei Toren, Mausoleum, byzan-
tinischer Festung.
Apodulu Gr-Kreta, ca. 25 km nw von Phaistos.
Spur von mittelminoischem Herrenhaus 16. Jh. vor
Chr. Spur von Kuppelgrab.
Apollinopolis Magna Ägypten. → Edfu.
Apollinopolis Parva Ägypten. → Qus.
Apollona Griechenland, auf Naxos. Auch Apollon,
Apollonas; heute Apollo. Ehemals antike Siedlung
mit Apollontempel. Steinbruch mit Kolossalstatue.
Apollonia Albanien. → Pojani.
Apollonia Bulgarien. → Sosopol.
Apollonia Griechenland, auf Sifnos, bei der Ka-
pelle Agios Andreas. S frühkykladische Höhen-
siedlung 3. Jtsd. vor Chr.
Apollonia Israel. → Rishpon.
Apollonia Libyen. → Marsa Susa.
Apollonia Türkei. → Apolyont.
Apollonia Türkei. → Kılınçlı.
Apollonis Türkei. → Palamut Kalesi.
Apollonos Polis Ägypten, ca. 35 km sö von As-
siut. Heute Kom Isfaht.
Apolyont Türkei, 43 km w von Bursa. Auch
Abulyont, an der Stelle des antiken Apollonia,

ehedem auf einer Insel im Apolyont Gölü gelegen. Reste von byzantinischer Stadtmauer, Theater und Stadion.

Apostoli Gr-Kreta, 105 km sw von Iraklion. Römische Spuren der antiken Siedlung Sybritos.

Appeln Deutschland, osö von Bremerhaven. Wälle von eisenzeitlichen Ackerfluren.

Apremont Frankreich, nw von Besançon. Fürstengrabhügel.

Apt Frankreich, ö von Avignon. Antik C. Apta Julia. Sainte Anne mit gallo-römischen Resten. Museum. Ca. 8 km w römische Brücke (→ Pont Julien). 5 km LL nw auf dem Perréal ehemals Standort eines Oppidums der Vulgienter.

C. Apta Julia Frankreich. → Apt.

Aptera Gr-Kreta. → Megalo Choraphia.

Apulum Rumänien. Römisch; rumänisch Alba Julia, slawisch Balgrad, ungarisch Gyulaféhérvar. Weißenburg der Siebenbürger Sachsen. Im 18. Jh. Karlsburg, Alba-Karolina.

Aqaba Jordanien. Biblisch Elat, Elot, antik Eala. Zur Kreuzfahrerzeit Aila, Helim. Stadt 10.-5. Jh. vor Chr. und ev. römisches Lager. Nw Ausgrabungen am Tell el-Khailifa. Stadtmauer- und Turmreste des islamischen Aila, 7.-12. Jh.

Aqar-i Babil Irak. → Aqarquf.

Aqarquf* Irak, ca. 35 km w von Bagdad. Arabisch Qasr Nimrud oder Aqar-i Babil. Im Altertum Dur Kurigalzu, Hauptstadt der Kassiten, 3. Viertel 2. Jtsd. vor Chr.
Ausgrabungsgebiet; große Ziqqurat. Ehemaliger Tempelbezirk mit Heiligtum Eu Gel. Treppe zu weiterem Ziegelturm. Reste von Terrasse und Umfassungsmauer. 1 km sw Tell el Abiad, Rest des Königspalastes der Kassiten, mit Schichten 15.-12. Jh. vor Chr.

Aqibrin, Tell Syrien, 39 km w von Haleb. Ruinen von zwei Palästen 6. Jh. Reste von Kreuzfahrerburg. Griechische und altsyrische Inschrift.

Aqili Iran. → Schuschter.

Aqoura Libanon, 45 km ö von Jbail. Aaqoura. Grotte als römische Nekropole.

Aqr, Tell Irak. → Badra.

Aqrabus Syrien, ö von Sfire. Tell.

Aquae Deutschland. → Baden-Baden.

Aquae GB. → Buxton.

Aquae Aureliae Deutschland. → Baden-Baden.

Aquae Ballissae Kroatien, bei Virovitica. Heute Daruvar, ca. 100 km osö von Zagreb.

Aquae Bilbilitanae Spanien. Römisch; Alhama de Aragón, 208 km nö von Guadalajara.

Aquae Calidae Carpitanae Tunesien. → Korbous.

Aquae Celenae Spanien. Römisch; heute Caldas de Reis, s von Santiago de Compostela.

Aquae Dacicae Marokko, bei → Sidi Kacem. Ehemaliges römisches Heilbad.

Aquae Flaviae Portugal. → Chaves.

Aquae Granni Deutschland. Aquisgrannum. → Aachen.

Aquae Helveticae Schweiz. → Baden.

Aquae Hysitanae I-Sardinien. → Fordongianus.

Aquae Isae Kroatien. → Varaždinske Toplice.

Aquae Mattiacae Deutschland. → Wiesbaden.

Aquae Mattiacorum Deutschland. → Wiesbaden.

Aquae Neapolitanae I-Sardinien. → Sardara.

Aquae Pannonicae Österreich. → Baden bei Wien.

Aquae Passaris Italien. → Viterbo.

Aquae Patavinae Italien. Römisch; heute Abano Terme, sw von Padua.

Aquae Persianae Tunesien. Antiker Name für Hammam Lif, 17 km sö von Tunis.

Aquae Sextiae Frankreich. → Aix-en-Provence.

Aquae Statiellae Italien. → Acqui Terme.

Aquae Sulis GB. → Bath.

Aquae Tarbellicae Frankreich. → Dax.

Aquae Urentes Spanien. Römisch; Bande, s von → Orense.

Aquae Vivae Kroatien. Römisches Bad, heute Krapinske Toplice (Krapina-Töplitz), n von Zagreb.

Aquae Tauri Italien. Antike Ortschaft in der Nähe von Civitavecchia.

Aquesium Italien. Acquapendente, w von Orvieto.

L'Aquila Italien, w von Pescara. Museo Nazionale d'Abruzzo.

Aquileia Deutschland. Ev. das ehemalige Kastell in → Heidenheim an der Brenz.

Aquileia* Italien, Provinz Udine. Ehemals große antike Stadt. Gegründet 181 vor Chr., zerstört 452 nach Chr. Reste von drei Kirchen mit Mosaiken. Reste des Amphitheaters. Forum Romanum. Reste außerhalb der ehemaligen Stadt und von antikem Flußhafen. Nekropole (→ Abb. 39). Archäologisches Museum. Frühchristliches Museum.

Aquileia Nova Italien. → Grado.

Aquileria Frankreich. Römisch, Eygalières, sö von St.-Rémy-de-Provence. Ehemals Standort eines Aquädukts für Arles.

Aquilonia Italien, 15 km sw von Campobasso. Reste von Stadtmauern und -toren.

Aquilonia vecchia Italien, bei Aquilonia, nw von Rionero in Vulture. Ruinen.

Aquincum Ungarn. → Budapest.

Aquino Italien, w von Cassino. Volskerstadt Aquinum. Reste von Stadtmauern und Porta di S. Lorenzo. S. Maria della Libera auf Resten eines Römertempels. Bogen des Marcus Antonius. Römische Straße, Reste von Aquädukt, Tempel, Amphitheater.

Aquinum Italien. → Aquino.

Aquis Querquenis Spanien. Römisch; Baños de Bande, s von → Orense.

Aquis Vocontis Spanien. → Caldas de Malavella.

Aquula Italien. Acquapendente, w von Orvieto.

Arabatha Jordanien. → Rabba.

Arabia Emporion Jemen-Süd. Ehemalige antike Siedlung im Ostteil von Aden.

Arabia Eudaimon Jemen-Süd. Ehemalige antike

Siedlung im Ostteil von Aden.

Arabischer Limes hauptsächlich Jordanien. Von Bosra (Bostra) bis östlich des Golfs von Aqaba (weiter ins Land Midian). Existierte bis in byzantinische Zeit; wurde unterstützt durch zwei Legionslager, 23 Kastelle und einige hundert Wachttürme. Einige Stationen: → (Qasr el) Hallabat, → Kithara, → (Qasr el) Uweinid.

Arabissos Türkei. Antike Siedlung bei → Afşin, 150 km wsw von Malatya.

Arab el Mulk Syrien, 46 km s von Lattakia. Assyrisch Usnu. Antik Paltos. Spuren von Gräbern und Säulen. Die Kreuzfahrer errichteten hier ein kleines Fort (Toron de Boldo) aus antikem Baumaterial. Verfallene Brücke. Der antike Hafen ev. 6 km n an der Mündung des Nahr Sukas. Tell.

Arad* Israel, ca. 30 km nö von Beerscheba. Tell nw der Stadt A. 1) Späte chalcolithische Periode, ca. 3400-3150 vor Chr. 2) Frühbronzezeitliche Mauer- und Turmreste 2900-2700 vor Chr. 3) Kleine unbefestigte Ansiedlung an SO-Rand der früheren Stadt. 4) Ab 10. Jh. vor Chr. Festung auf dem Hügel; kanaanitische, persische, hellenistische Festungsspuren. Römische und arabische Siedlungsspuren. Israelitisches Heiligtum 9. Jh. vor Chr., läßt Rückschlüsse auf den Aufbau des ersten Tempels von Jerusalem zu.

Arad Tunesien. → Bou Arada.

Arados Syrien. → Ruad.

Arae Flaviae Deutschland. → Rottweil.

Aragol GUS. Skythische Nekropole (Kurgane geringer Größe).

Araguina-Sennola F-Korsika, bei Bonifacio. Ehemals eisenzeitliche Siedlung.

Arahurahu Frz.-Polynesien, Insel Tahiti. Marae, restauriert.

Arair, Khirbet Jordanien, 36 km s von Madaba, 5 km sö von Dhiban. Das antike Aroër. Auf dem Tell A. befestigter Bau aus Anfang des 1. Jtsds. vor Chr. ausgegraben.

Arak Vank Türkei. Kloster 5 km sö von Muş, ehemals Khorene.

Aramusch GUS, Armenien. Kreuzkuppelkirche, 6./7. Jh.

Arani Syrien, 22 km sö von Haleb. Tell.

Aran Islands Irland. → Inisheer. → Inishmaan. → Inishmore.

Arapaj Albanien, 5 km sö von Durresi. Rest von byzantinischer Kirche, Mosaik.

Araphen Griechenland, Attika. Heute Rafina, ö von Athen. Spuren von frühen Befestigungen.

Arapi Griechenland, bei Dendra, nw von Larissa. Jungsteinzeitlicher Siedlungshügel.

Araq el-Emir Jordanien. → Wadi es-Sir.

Araqiß, Qasr al- Jemen-Süd, 50 km nw von Aden. Islamischer Palast auf Resten qatabanischer und himyaritischer Vorgänger.

Aratu Äthiopien. Ausgrabungen.

Ara Ubiorum Deutschland. → Köln.

Arausio Frankreich. → Orange.

Aravissos Griechenland, nw von Gianitsa. Auf dem Palaio Kastro Reste der antiken Stadt Kyrrhos.

Araxa Türkei, nö von Fethiye. Lykische Siedlung.

Araxos Griechenland. → Kastro tis Kalurias.

Arayagi Plateau Japan, nw von → Shimonoseki. Vorgeschichtliches Grabungsfeld. Funde im Museum von Shimonoseki.

Arba Kroatien. Antik; Rab.

Arbalo Deutschland. → Oberaden.

Arbanasi Kroatien. → Zadar.

Arbatu-Entzessa Äthiopien. N von Lalibela. Felsenkirche "Vier Tiere".

Arbe Kroatien. Antiker Name des Ortes Rab.

Arbeia GB. → South Shields.

Arbela Irak. → Erbil.

Arbela Jordanien. → Irbid.

Arboldswil Schweiz, Basel-Land, s von Liestal. Prähistorische Wehranlage auf der Kastelenfluh.

Arbon Schweiz, Thurgau. Römisch Arbor Felix. Kastellreste. Historisches Museum.

Arbor Felix Schweiz. → Arbon.

Arbor Low GB, Derbyshire, 14 km sö von Buxton. Steinkreis, ca. 1700 vor Chr. Bronzezeitlicher Grabhügel.

Arbucala Spanien. Arbocala. Römisch; heute Toro, ö von Zamora.

Arbum Kroatien. Antik für Rab.

Arca Caesarea Libanon. → Arqa.

Arcadiopolis Türkei. → Lüleburgaz.

Arčar Bulgarien, bei Widin/Donau. Antike Stadt Ratiaria, Hauptstadt der Provinz Dacia Ripensis. C. Ulpia Traiana Ratiaria. Ausgrabungen an Kastell, Siedlung, Hafen, Gebäuden.

Arce Italien, osö von Frosinone. Auf der Rocca d'Arce ehemals das antike Arx Volscorum. Reste von megalithischer Stadtmauer.

Archaia Korinthos** Griechenland, ca. 6 km sw von Korinth. Alt-Korinth, Paläa Korinthos. Besiedelt ab 5. Jtsd. vor Chr. Neubesiedlung durch Dorier um ca. 1000 vor Chr. Römisch Colonia Laus Julia Corinthiensis. Reste der Stadtmauer, die sich ehemals ans Meer hinzog; stellenweise auch noch in → Korinth sichtbar. Stelle von Amphitheater 3. Jh. vor Chr. In Eingangsnähe zum umschlossenen Ausgrabungsbezirk Reste von Theater (griechisch 5. Jh. vor Chr. und römisch) und Odeion 1. Jh. nach Chr. Museum*. Tempel der Oktavia. Tempel der Hera Akraia. Portiken, Anzahl kleinerer Tempel und Ladenreihen an der Agora. Unterbau* und sieben Säulen des Apollo-Tempels*, 550-525 vor Chr. an der Stelle eines Heiligtums der 7. Jh. vor Chr. Basilika und Griechischer Markt. Römischer Markt. Nördlicher Markt. Leachäon-Straße und Propyläen-Rest. Peribolos, Peirene-Brunnen, Julians-Basilika, Südbasilika.

Asklepieion, Lerna-Brunnen, römische Villa.

Akrokorinth: Festungsmauern hauptsächlich 4. Jh.

vor Chr. bis Spätmittelalter. Ruine von Demeter- und Kore-Heiligtum. Reste von Theater. Spuren von Aphrodite-Heiligtum. Nordhafen → Lechaion.

Archaia Thira* Griechenland, im SO der Insel Thira (Santorin), 350 m über → Kamari. Gegründet im 13. Jh. vor Chr. Die antike dorische Inselhauptstadt Thera. Felsgräber. Byzantinische Stadtmauer. Reste von: Kirche Agios Stephanos, Statthalterpalast, Gymnasium, Dionysostempel, Agora, Theater, Tempel für Isis, Anubis und Serapis, Byzantinische Kirche, Thermen, Ptolemäusheiligtum, Apollontempel, römischem Bad, Gymnasium der Epheben, Evangelismos-Kapelle, Temenos des Artemidoros. Der zugehörige Hafen → Kamari.

Archanes Gr-Kreta, 15 km sö von → Iraklion. S an der Stelle Vathypetro auf dem Youktas-(Jouchtas-) Berg Reste eines minoischen Herrenhauses 16. Jh. vor Chr. Kuppelgräber 16.-14. Jh. vor Chr.

Archangelos Griechenland, Insel Rhodos. Johanniterburg.

Archangelskaja Sloboda GUS, Ukraine, n der Krim. Skythische Kurgane.

Archelais Israel. Antike Siedlung 11 km n von Jericho.

Archelais Türkei. → Aksaray.

Archeopolis GUS, Georgien. → Nakalakewi.

Archidona Spanien, 78 km w von Granada. Dolmen Cueva de las Granjas.

Archsum Deutschland, Sylt. Reste eisenzeitlicher Besiedlung (Archsumburg), ca. Zeitenwende. W Ganggrab.

Arch Zara Tunesien, 9 km sö von Ksour Es Saf, s von Mahdia. Katakomben.

Arco, El Mexiko, Mitte der kalifornischen HI. Im Norden der Sierra de San Borja Fels- und Höhlenmalerien.

Arco, El Spanien. Höhle. → Benalup.

Arcóbriga Spanien. → Ariza.

Arcos, Los Spanien, ca. 25 km nö von Logroño. Drei Menhire.

Arcos de Valdevez Portugal, 5 km n von Ponte de Barca. 3 km nö bei Azere Reste von luso-römischem Kastell.

Arcs-sur-Argnes, Les- Frankreich, w von Fréjus. Römisches Castrum de Arcubus. Rest von Aquädukt. W Oppidum von → Taradeau.

Arcy Frankreich, 35 km s von Auxerre. Vorgeschichtliche Grotten. S gallo-römische Ruinen und Grotten n → Saint Moré.

Ardahan Türkei. ca. 115 km ö von Artvin. Das alte Artan. Hügelfestung, im 16. Jh. neu errichtet.

Ardanuç Türkei, ca. 200 km nnö von Erzurum, 30 km ö von Artvin. Reste von Zitadelle und armenischer Kirche.

Ard Artousi Libanon, 14 km n von Tripoli. An der Stelle des antiken Orthosia. Grabstätten, Ruine von Karawanserei.

Ardasa Türkei. → Torul.

Ardaschir Khurra Iran. → Firuzabad.

Ardcarn Irland, Roscommon, ö von Boyle. ND488. Ringwall* aus 3 Steinwällen, 1. Jtsd. nach Chr. Bronzezeitlicher Grabhügel.

Ardebil Iran, 270 km ö von Täbris. Ursprünglich Firuzgerd oder Bazanfiruz. Moschee und Mausoleum* des Scheich Safi, 14.-17. Jh. An der Stelle der Zitadelle Basteiruinen der Truppen Napoleons I. → Solochograd.

Ardeschir, Qalaeh-i Iran. → Kerman.

Ardez Schweiz, Graubünden, Unterengadin. Prähistorische Höhensiedlung Craista Bischof.

Ardgroom Irland, Cork, Kenmare River Bay. ND426. Bronzezeitlicher Menhir von Faunkill mit Oghaminschrift.

Arditurri Spanien. → Irún.

Ardobirum Coronium Spanien. → (La) Coruña.

Ardobriga Curonium Spanien. → (La) Coruña.

Ardoch GB, bei Braco, nö von Glasgow. Wälle und Fundamente von römischem Lager.

Ardon Schweiz, VS. Kirchenspuren 5./6. Jh. Prähistorische Siedlungsstelle Crest.

Arduba Kroatien. Ev. antiker Name der Siedlung von Knin.

Areg, el Ägypten, ö von Siwa. Antike Felsgräber.

Areime, Qalaat Syrien, ö von Hamidiye, 37 km n von Tripoli. Arima der Kreuzfahrerzeit. Reste von Umfassungsmauern und Turm einer Burganlage aus Kreuzfahrer- und arabischer Zeit am Standort einer ehemaligen byzantinischen Befestigung.

Arelape Österreich. Römisch; Pöchlarn, 10 km w von Melk.

Arelate Frankreich. → Arles.

Arenacum Niederlande. Römisch, Arnheim.

Arenai Griechenland. → Samikon.

Arene Candide Italien, bei Finale Ligure. Höhlen, besiedelt seit 5. Jtsd. vor Chr.

Areopolis Jordanien. → Rabba.

Arethusa Israel. Ev. Artas, s von Bethlehem.

Arethusa Syrien, 21 km n von Homs. Antike Bezeichnung für Restan.

Aretias Türkei. → Giresun.

Arezzo Italien, sö von Florenz. Antik Arretium. Reste von etruskischer Stadtmauer. Römisches Amphitheater 1. Jh. vor Chr. mit Museum. Rest von römischem Theater. Spuren von Thermen. Archäologisches Museum*. Etruskische Nekropole. 5 km sö auf dem Colle di S. Cornelio Stadtmauerreste.

Argar, El- Spanien, Provinz Almería, oberhalb des Rio Antas. Siedlung der frühen Bronzezeit, 2. Jtsd. vor Chr. → Almería.

Argentomagus Frankreich. → Argenton-sur-Creuse.

Argenton-sur-Creuse Frankreich, sw von Chateauroux, ö von Poitiers. Gallo-römisch Argentomagus. Vorgeschichtliche Höhlen. Römische Reste.

Argentorate Frankreich. Argentoratum. Das römische Kastell Straßburgs. In späterer Zeit

Strateburgum.

Argentovaria Frankreich. Das römische Kastell Horburgs im Elsaß, ö von Colmar.

Argentum Clambeta Kroatien. → Kruševo.

Argischtihinili GUS, Armenien, bei Oktemberjan, w von Jerevan. Siedlung 1. Hälfte 3. Jtsd. vor Chr. Befestigungsreste. Paläste und Tempel entdeckt.

Argiza Türkei. Pazarköy, nw von Balıkesir.

Argo Sudan, Nil-Insel, n von Dongola. Ruinen einer kuschitischen Stadt. Tempel der 25. Dynastie in Tabo, mit wiederverwendeten Blöcken des Neuen Reiches und der meroïtischen Zeit. Tumuli-Gräber.

Argos Griechenland, Peloponnes, Argolis. Ausgrabungen: Agora seit 5. Jh. vor Chr. mit Gebäudespuren, 395 nach Chr. zerstört. Römische Thermen 2. Jh. nach Chr., um 400 erneuert. Griechisches Theater, ca. 300 vor Chr. Römischer Aquädukt, 3. Jh. Odeon, 1. Jh. mit Resten eines älteren Baues. Kastro* aus byzantinischer, fränkischer und türkischer Zeit mit antiken Resten seit 6. Jh. vor Chr. Fundamente zweier Tempel. Terrasse mit Stützmauer. Mykenische Akropolis mit Felsgräbern. Stelle eines Heiligtums von Apollo und Athena. Reste einer mittelhelladischen Akropolis auf dem Aspis-Hügel an der Stelle einer vorgeschichtlichen Siedlung von ca. 2000 vor Chr. Nymphäum. Zisterne. Museum. Mosaike. Nö → Iraion von Argos.

Argos Amphilochikon Griechenland. → Loutro.

Argostolion Griechenland, Insel Kefallinia. Archäologisches Museum.

Argoura Griechenland, 11 km nw von Larissa. Das homerische Argyssa beim Hügel von Gremmos. Ehemalige Akropolis; Mauer- und Turmreste. → Agia Sofia mit eigenem Wohnhügel.

Arguedas Spanien, 80 km s von Pamplona. Ehemalige Fels- und Höhlenwohnungen.

Arguineguin Spanien, Gran Canaria SW-Küste. Alte Gräber der Guanchen.

Argyria Türkei, am Tirebolu Suyu. → Tirebolu.

Argyruntum Kroatien. → Starigrad-Paklenica.

Argyssa Griechenland. → Argoura.

Aria Afghanistan. → Herat.

Aria Italien. Antike Siedlung; ev. an der Stelle des heutigen Monte Romana, 16 km ö von Tarquinia.

Arialbinnum Schweiz. → Basel.

Ariandos Türkei, s von Demirci.

Ariassos Türkei, n von Antalya. Pisidische Stadt.

Aribert GUS, Armenien. Arin-Berd usw. → Jerevan.

Aribna Syrien. Antiker Ort; ev. das heutige Rahbo, sw von Hama.

Arica Chile, 1650 km n von Santiago. Siedlungsplätze 1200-1450 nach Chr. Archäologisches Museum 17 km landeinwärts im Azapa-Tal.

Aricia Italien. Heute Ariccia, s des Albaner Sees.

Aridela Jordanien, an der Straße im Aravatal, ca. 75 km n von Aqaba. Heute Gharandal. Römisches

Militärlager.

Arikamedu-Virampatnam Indien, Koromandelküste, 3 km s von Pondicherry. Ev. das antike Podouké. Römischer Handelsplatz 1. Jh. vor Chr. bis 200 nach Chr. Ausgrabungen: Mauerreste ev. 1. Jh., Gandhara-Kultur, römische Funde.

Arima Syrien. → (Qalaat) Areime.

Ariminum Italien. → Rimini.

Arin-Berd GUS, Armenien. → Jerevan.

Arinna Türkei. → Alaca Hüyük.

Arisba Griechenland, Arisvi auf Lesbos. Spuren von zwei archaischen Tempeln und von Kirchen. In der Umgebung prähistorische Siedlungen.

Arisbe Türkei, ö von Canakkale.

Aristonautai Griechenland. Heute Xylokastron, der antike Hafen von Pellene. Festung Oluros (→ Olouros).

Ariuşd Rumänien. Fundstätte der → Cucuteni-Kultur, spätes 4. Jtsd. vor Chr.

Ariyadu Malediven, Insel im Ari-Atoll (Alif-Atoll). Spuren von Tempelpyramide (Hawita) und von Kultbad.

Ariza Spanien, 128 km sw von Zaragoza. Römische Reste. Archäologische Sammlung im Palacio. Auf den Höhen von El Villar Reste einer Ibererstadt, ev von Arcóbriga. Zyklopische Mauer.

Arjuna Indonesien. → Dieng.

Arkalochori Gr-Kreta, 33 km s von Iraklion. Minoische Kultgrotte, ev. die Lyktos-Höhle.

Arkania Limnae Türkei. → Burdur.

Arkasa Griechenland, Dodekanes-Insel Karpathos. Antik Arkaseia. Reste von antiker Akropolis. Ruinen von zwei frühchristlichen Kirchen, Mosaike.

Arkesine Griechenland. Ort auf der Kykladeninsel Amorgos. N Reste vom antiken A. in Kastri: von Stadtmauer, Toren, Thermen, Häusern.

Arlanzón Spanien, 20 km ö von Burgos. Römische Tempelreste.

Arlape Österreich. Pöchlarn, ehemals Standort eines Auxiliarkastells am → Norischen Limes.

Arles** Frankreich. Keltisch-ligurisch Theline, römisch Gallula Roma, lateinisch Arelate. Römisch seit 121 vor Chr. Teile der römischen Umwallung mit Wasserleitungsrest. Ruinen des antiken Theaters. Amphitheater** (→ Abb. 107). Spur des Forums. Ägyptischer Obelisk. Musée Lapidaire d'Art Païen. Musée Lapidaire d'Art Chretien mit Zugang zum Kryptoportikus*, dem Unterbau des antiken Forums. Reste der römischen Stadtbäder. Alyscamps*, gallo-römische Begräbnisstätte. Die "Grotten von Arles" bei Butte du Castellet.

Arleuf Frankreich, Nievre, 27 km wnw von Autun. Spuren eines Theaters 1. Jh.

Armaçao de Péra Portugal, Südküste, s von Alcantarilha. Reste eines römischen Castrums.

Armageddon Israel. → (Tel) Megiddo.

Armagh GB-Nordirland. ND138. 2 km w Keltenfestung Emania (Eamhain Macha; irischer Königs sitz) auf dem Hügel Navan Fort, Ringwallreste, auch ma, und Hügelgrab.

Armant Ägypten, sw von Theben, linkes Ufer. Erment. Ägyptisch Iuni, antik Hermonthis. Geringe Reste vom Tempel des Month, 11. Dynastie und später. Bucheum (Stiernekropole).

Armavir GUS, am Kuban. Fürstengräber der ostsarmatischen Siraken.

Armavir GUS, Armenien, w von Jerevan, bei Oktemberjan. Ausgegrabene Stadtfestung der Urartuzeit.

Armeni Gr-Kreta, 10 km s von Rethymna. Minoische Nekropole.

Armenistis Griechenland, Sporaden-Insel Ikaria. Reste eines Artemis-Heiligtums. Fundamente, Gräber.

Armento Italien, im Agri-Tal. Italische Gräber.

Arminghall GB, Norfolk. Spuren einer bronzezeitlichen Hengeanlage.

Ar Moab Jordanien. → Rabba.

Armolia Griechenland, Insel Chios, 24 km sw von Chios. In der Nähe Festung Mitte 15. Jh.

Armungia I-Sardinien, 40 km nö von Cagliari. Nuraghe im Dorf. 8 km ö Nuraghe Corrulia.

Arnager Dänemark, Bornholm, sö von Rønne. Prähistorisches Ganggrab.

Arnas Türkei, 15 km nö von Midyat, Tur Abdin-Klostergebiet. Mar Kyriakos-Kloster, im 19. Jh. restauriert.

Arne Griechenland. → Pirgos/Thessalien.

Arne Syrien, 60 km sw von Damaskus, 14 km von Qatana. Das antike Ornea. Zwei Tempelruinen.

Arneai Türkei, nö von Kaş. Lykische Siedlung.

Arnecliffe GB, North Yorkshire, Eisenzeitliche Siedlung.

Arnissa Griechenland, Florina, am Petro-See. Antiker Ort. Stadtmauerreste.

Arnissa Griechenland, 109 km w von Thessaloniki, am Vegoritis-See. Das alte Ostrovo. Im See Spuren von zwei prähistorischen Siedlungen und römischen Mauern.

Arnitha Griechenland, Rhodos. Spuren zweier frühchristlicher Kirchen.

Arnoldstein-Maglern Österreich, sw von Villach. Spätantike Befestigung am Hoischhügel. Reste von Römerstraße und von frühchristlicher Kirche.

Arnsberg Deutschland. → Questenberg.

Arnstadt Deutschland, s von Erfurt. S Alteburg: latènezeitliche Wälle.

Aroche Spanien, n von Huelva. Das antike Aruci Vetus. Dolmen und Menhire (Piedras del Diablo).

Aroe Griechenland. → Patras.

Aroer Israel, sö von Beersheva. Ehemalige israelitische Festung. Ruinen der alten Stadt.

Aroer Jordanien. → (Khirbet) Arair.

Arpachiya, Tell Irak, 6 km n von Ninive. Arpačījeh, Arpatschije usw. Besiedelt ab Mitte 6. Jtsd. bis 4. Jtsd. vor Chr. Gebäudegrundmauern 4. Jtsd. und Tholoi 1. Hälfte 4. Jtsd. vor Chr. freigelegt.

Arpad Syrien. → (Tell) Refat.

Arpalı Türkei, 32 km n von Manisa, nö von Izmir. Ruinen des persischen Hierocäsarea; Anaitis-Tempel.

Arpi Italien, bei Foggia. Ausgrabungen, Nekropole.

Arpino Italien, Latium, ö von Frosinone, nw von Cassino. Ehemalige Volskerstadt Arpinum. Zyklopische Mauern; ehemalige Akropolis. Reste von Ciceros Geburtshaus.

Arpinum Italien. → Arpino.

Arqa Libanon, 22 km nö von Tripoli, bei Halba. Ehemals phönizische Siedlung. Römisch Arca Caesarea. Reste der Stadt, Aquädukt bei Qantara.

Arra Spanien. → Alcolea del Rio.

Arra Syrien. → Maarat an Numan.

Arra Syrien. Das heutige Drusendorf Er Raha, 5 km s von Suweida.

Arrabona Ungarn. → Györ.

Arradjan Iran, 380 km nw von Schiraz, 8 km nö von Behbehan, am Marun. Reste der sassanidischen Stadt; Spuren einer Brücke. Kleiner Imam Zadeh.

Arraggio F-Korsika, 9 km n von Port-Vecchio. Torreanische Wehrburg und Kultstätte, 2. Jtsd. vor Chr., mit späterer Ummauerung.

Arran GB, Schottland, Insel im Firth of Forth. Tumuli und Monolithe: neolithisches Ganggrab Cairn Baan bei Kilmory. Neolithisches Kammergrab Torrylin Cairn. Standing Stones of Machrie Moor als Reste von bronzezeitlichen Steinkreisen. Bronzezeitlicher Steinkreis von Auchagallon mit 15 Menhiren.

Arrapkha Irak. → Kirkuk.

Arras GB, Yorkshire, nw von Hull. Eisenzeitliche Gräber.

Arrecife Spanien, Lanzarote. Archäologisches Museum im Castillo de San Gabriel.

Arretium Italien. → Arezzo.

Arriaco Spanien. → Guadalajara.

Arrizala Spanien, ö von Vitoria (Gasteiz). Dolmen.

Arrubiu I-Sardinien. → Orroli.

Arsada Türkei, am Ak Dağ, ca. 50 km sö von Fethiye, bei Arsa. Reste der lykischen Siedlung: Festung mit Ringmauer aus polygonalem Werk. Felsrelief. In der Nähe Ruinen mehrerer lykischer Siedlungen.

Arsakoy Türkei. → Arsada.

Arsameia am Euphrat Türkei. → Gerger.

Arsameia am Nymphaios Türkei. → Eski Kahta.

Arsathi Türkei, 40 km n von Erzurum, bei Güzelyayla. Kirchenruine.

Arse Spanien. → Sagunto.

Arshaf, Tel Israel. → Rishpon.

Arsikere Indien, Karnataka, nnö von Hassan. Hoysala-Tempel, ca. 13. Jh., mit Ergänzungen.

Arsinoe Ägypten, Fayum. → Medinet el-Fayum.

Arsinoë Griechenland. → Methana.

Arsinoe Libyen. → Tokra.

Arsinoë Türkei. → Patara.

Arsinoe Türkei. → Softa Kalesi.

Arsinoe Zypern. → Famagusta.

Arslankaya Türkei, 50 km n von Afyon, n von Işhaniye bei Liğen. Phrygisches Felsendenkmal, 1. Hälfte 1. Jtsd. vor Chr.

Arslan Tasch Syrien, 41 km ö von Djerablus, Nordgrenze. Assyrisch Haddatu, Chadâtu. Reste des einstigen assyrischen Mauerrings, von Palästen und Kultbau, 9./8. Jh. vor Chr. Hellenistischer Tempel.

Arslantaş Türkei, ca. 35 km n von Afyon. Großes Felsengrab. Daneben: Yirlantaş, Felsengrab. 1 km entfernt: Mal Taş, Felsengrab mit skulptierter Fassade, 8. Jh. vor Chr.

Arslantaş Tepesi Türkei. → Karatepe n von Iskenderum.

Arslantepe Türkei, 7 km n von Malatya. Das hethitische Milidia, Milid, Meliddu usw. Besiedlung 4. Jtsd. vor Chr. bis 1. Hälfte 7. Jh. vor Chr. Reste von Mauerwall und Toren der Hethiterzeit. Ausgegrabener Palast verschwunden. N: → Eski Malatya (Melitene).

Arsos Zypern. Ehemals Standort eines Aphrodite-Tempels.

Arsuf Israel. → Rishpon.

Arsuz Türkei, 33 km sw von Iskenderum, bei Ulucınar. Das von den Seleukiden um 300 vor Chr. gegründete Rhosos oder Rhosopolis. Reste von Umwallung und Gebäuden.

Arta Griechenland, Epirus. Antik Ambrakia. Unter Augustus Umsiedlung der Bevölkerung nach → Nikopolis. Zitadelle 13. Jh. auf Unterbau der Akropolis. Kirche Hagia Theodora mit frühchristlichen Kapitellen. Theater 4. Jh. vor Chr. aufgedeckt. 14 km w die Ruine einer türkischen Festung.

Artá Spanien, Mallorca. Talayots von → Sa Canaba. Talayots von → Ses Païsses. Vorgeschichtliche Funde im Museum.

Artake Türkei. → Erdek.

Artan Türkei. → Ardahan.

Artane Türkei, in der Nähe von → Şile, nö von Istanbul. Antike Siedlung.

Artaschat GUS, Armenien, 30 km s von Jerevan. Hellenistisches Kulturzentrum, 59 nach Chr. zerstört, unter Nero wiederaufgebaut.

Artaxata GUS, Armenien. → Artaschat.

Artemisia Italien, w von San Sosti, Kalabrien.

Artemision Griechenland, Euböa, Ort 115 km nw von Chalkis. Reste des Tempels der Artemis Proseoa.

Artemisium Spanien. → Denia.

Artesa de Segre Spanien, nö von Lérida. In der Nähe iberische Siedlung.

Arthous Frankreich. Kloster 4 km ö von Hastingues, ö von Bayonne. Archäologisches Museum.

Arthur's Stone GB, Wales. → Reynoldston.

Arthur's Stone GB, ca. 20 km w von Hereford. Langhügelgrab.

Artiminio Italien w von Florenz. In der Nähe Spuren von etruskischer Siedlung. Sö und nö Nekropolen. Nö → Comeana.

Artissa Griechenland. → Antissa.

Artobriga Deutschland. In der Gegend Traunstein-Teisendorf vermutet.

Artobriga Major Deutschland. → Weltenburg.

Artobriga Minor Deutschland. → Eining.

Artschar Bulgarien. → Arčar.

Artvin Türkei, 150 km n von Erzurum. Auch Lazin, auch Çoruh. Ruine einer Burg, letzter Zustand 16. Jh. Zahlreiche Kirchen- und Klosterreste in der Umgebung, z.B. → Hamamliköy.

Artyk GUS, Turkmenistan, nähe Aschchabad. Alte parthische Siedlung.

Aruchlo GUS, Georgien. Nachiduri. Siedlung aus dem 5. oder 4. Jtsd. vor Chr. entdeckt.

Aruci Vetus Spanien. → Aroche.

Arudj Iran. → Susan.

Aruh Iran. → Susan.

Arulis Türkei. Auch Aroulis. Ehneş, 12 km von Belkis, westliches Euphratufer. Antike Steinbrüche.

Arunda Spanien. Römisch; Ronda, w von Malaga.

Arupium Kroatien. → Prozor bei Senj.

Arvier Italien, w von Aosta. Römische Brücke.

Arwad Syrien. → Ruad.

Arx Volscorum Italien. → Arce.

Aryapur Indien. → Aihole.

Arykanda* Türkei, bei Arif, ca. 30 km n von Finike. Byzantinisch Akalanda. Zwei Agoren, Buleuterion, Bad*, Gymnasium, Odeon, Theater*, Stadion. Nekropolen.

Arymasa Türkei, w von Fethiye.

Arzachena I-Sardinien, Norden, 12 km s von Palau.
1) 2 km sö Nuraghe Albucciu.
2) 4 km nö (2 km n von 1)) nuraghischer Tempel Malchittu, Mitte 2. Jtsd. vor Chr. → Abb. 60.
3) 5 km sw Gigantengrab Coddu Vecchiu. → Abb. 27.
4) 6 km sw (½ km sö von 3)) Nuraghe Prisciona.
5) 8 km sw Friedhof Li Muri, ca. sechs von Steinkreisen umgebene Steinkistengräber, Arzachena-Zweig der → Ozierikultur. → Abb. 29.
6) 6 km sw Gigantengrab Li Lolghi.

Arzan GUS, nö des Altai, ehemalige SSR Tuva. Skythischer Königskurgan, ca. 7. Jh. vor Chr.

Arzashkun Türkei. Vorgängerin von Van-Kale als Hauptstadt. → Erciş.

Arzaskani Türkei. → Erciş.

Arzbach Deutschland, n von Bad Ems. Rekonstruierter Limeswachtturm 1/84.

Arzen Türkei. → Erzurum.

Arzl Österreich, s von Imst, im Pitztal. Burgstall: frühbronzezeitliche Höhensiedlung, Befestigungsanlagen aus Hallstattzeit und Spätantike.

Arz er Rum Türkei. → Erzurum.

As, Tell Syrien, bei → Khan Scheikhun. Tell el

Aass usw. 1 km w vom Tell Nekropole 3. Jtsd. vor Chr.

Asahikawa Japan, Hokkaido. Prähistorische Höhlenwohnungen in der Nähe der Kamuikotan-Schlucht.

Åsalunden Schweden, nähe Vänarsee. Vorgeschichtliches Gräberfeld.

Asartepe Türkei, ca. 35 km nw von Alanya, bei Killiköy. Spuren von antiken Mauern.

Asar Tepe Türkei. → Marmaris.

Asar Tepesi Türkei. → Cyaneae.

Asasif Ägypten. Eine Nekropole von → Theben.

Asbi Äthiopien. Grottenbasilika Zyriakus Enda Cerqos Agawa, ca. 1020 für den Hl. Zyriakus errichtet.

Aschaffenburg Deutschland. Kastellbadreste von Stockstadt im Park von Nilkheim. Stiftsmuseum. Stadtmuseum.

Aschchabad GUS, Hauptstadt von Turkmenistan. Historisches Museum.

Aschhausen Deutschland, n von Öhringen. Ca. 2 km s Abschnittswall auf dem Zargen. Besiedlung mindestens ab Urnenfelderzeit. Ma Burgstelle Urhausen.

Aschkala GUS, Georgien, Territorium Kweno-Kartli. Ehemalige befestigte Siedlung seit mindestens 1. Hälfte 1. Jahrtausend vor Chr.

Aschkani Syrien. → Khan Scheikhun.

Aschmunein, El* Ägypten, 280 km s von Kairo. Eschmunein. Altägyptisch Chmun, Schmunu. Griechisch Hermopolis. Tempelreste aus der 12. Dynastie und der Ramessidenzeit. Stadtreste, Agora. Frühchristliche Basilika auf Tempel Ptolemaios' III. Stadtmauerreste 30. Dynastie. Pavian-Statuen. Nekropole Tuna el-Gebel*, Grab des Petosiris.

Aschtarak GUS, Armenien, 22 km n von Jerevan. Ruine der Ziranawor-Kirche, gegr. 5. Jh. Karmrawor-Kirche 7. Jh.

Aschtata Syrien. → (Tell) Faqus.

Asciano Italien, sö von Siena. Kleines Museum.

Asciburgium Deutschland. → Moers-Asberg.

Ascó Spanien, s von Lérida. Iberische Siedlung.

Ascoli Piceno Italien. Römisch Asculum Picenum. Reste römischer Mauern. Römische Brücke, Zeit des Augustus. Römisches Tor 1. Jh. Kirche S. Gregorio mit antiken Säulen. Reste des römischen Theaters.

Ascona Schweiz, Tessin. W des Ortes: eisenzeitliche Höhensiedlung Balladrum. Bronzezeitliche Höhensiedlung Castelli.

Ascope Peru, → Chicamatal, n von Trujillo. Große Bewässerungsanlage (Kanal auf mächtigem Damm) aus vorinkaischer Zeit.

Ascrivium Montenegro. Antik für Kotor.

Asculum Picenum Italien. → Ascoli Piceno.

Asfar, Tell Syrien. Mit römischem Kastellrest. → Rudayma.

Asfendiou Griechenland, Insel Kos. Ma Festung.

Ashapuri Indien, Madhya Pradesh, 6 km n von Bhopal. Tempelruinen, Jain-Paläste.

Ashdod Israel. Byzantinisch Azotus Paralius. Arabisch Isdud. Ausgrabungen: Reste von Tor der Philister, Stadtburg, tiefergelegenem Handwerkerviertel, Heiligtum. Spuren von Hafen der Philister.

Ashdown Park GB, Wiltshire, zwischen Swindon und Lambourn. Eisenzeitliches Hügelfort.

Ashqelon* Israel. Askalon. Die Ruinen der ehemaligen ausgedehnten Stadt heute in einem Nationalpark am Meer, größtenteils noch nicht ausgegraben. Besiedelt seit mindestens 20. Jh. vor Chr. Reste ab 12. Jh. vor Chr. Verlauf der Stadtmauer aus byzantinischer und Kreuzfahrerzeit. Römische Grabkammer 3. Jh. Reste von kanaanäischem Tempel. Hafenreste 2 km n der alten Stadt. Im Stadtteil Barnea Ruine einer byzantinischen Kirche 5. und 6. Jh. mit Mosaik. Ruinen von Buleuterion.

Asî Jemen-Nord, ca. 100 km s von Sana. Vulkan mit Mauerruinen einer antiken und mittelalterlichen Burg (Urr Asî).

Asiab-Tepe Iran, s von Kermanschah. Siedlung 10000-7000 vor Chr.

Asido Spanien, ö von San Fernando, Andalusien. Assido. Antike Siedlung Medina Sidonia.

Asinae Serbien. → Ras bei Pazar.

Asine Griechenland. → Asini bei → Navplion.

Ası Nehri Türkei. Heutiger Name; → (Tell) Açana.

Asini Griechenland. → Koroni.

Asini Griechenland, bei Tolon, sö von → Navplion. Siedlungsspuren um frühen 2. Jtsd. vor Chr. bis zur hellenistischen Epoche. Reste des hellenistischen Mauerrings der Akropolis. Bauwerksruinen. Römische Fundamente. Mykenische Nekropole mit Dromosgräbern.

Asiopolis Irak. → Hit.

Asisium Italien. → Assisi.

Aşkale Türkei, 55 km w von Erzurum. Ruine einer ma Festung.

Askalon Israel. → Ashqelon.

Asklipio Griechenland, Insel Rhodos, w von Lindos. Trümmer einer ma Burg.

Askra Griechenland. → Askri.

Askri Griechenland, 26 km w von Theben, auf dem Pyrgaki-Hügel. Askraia. Wallreste der Akropolis. Spuren von Heiligtümern und Theater. Ruinen dreier Kapellen. In der Nähe die antike Festung Keressos.

Askut Sudan, sw von Wadi Halfa, Nil-Insel. Festung des Mittleren Reiches.

Ašlama-Depe GUS, Krim. Siedlung der Tauren, 9.-7. Jh. vor Chr.

Asmer, Tell Irak, nö von Bagdad, im Diyala-Bekken. Das antike Eschnunna. Tells ab 4. Jtsd. Chr. Ehemaliger Tempelstandort. Paläste vom 24. Jh. vor Chr. wiederaufgebaut. Ausgegrabener Tempel 20. Jh. vor Chr. mittlerweile verfallen.

Asnois Frankreich, sö von Civray. In der Nähe römische Brücke.

Ásolo Italien, 30 km nw von Treviso. Ruine einer Festung seit römischer Zeit. Reste von Theater und Aquädukt.

Asopos Griechenland, Peloponnes-Lakonien, ca. 4 km sw von Assopos. Ehemalige Akropolis, Heiligtümer.

Aspalathos Kroatien. Antike (illyrische) Bezeichnung für → Split.

Asparn Österreich, a. d. Zaya, Niederösterreich, nw von Mistelbach. Museum für Urgeschichte des Landes Niederösterreich. Michelstetten: 3 km s Wallanlage auf dem Halterberg. 1 km w Befestigung auf dem Steinmandl.

Aspendos** Türkei, 42 km ö von Antalya. Gegenwärtig Belkis. Gegr. ca. 1000 vor Chr. Vor dem 4. Jh. Estwedia, ev. auch das hethitische Azitawaddia bis 8. Jh. vor Chr. Ruinen von Thermen und Gymnasion. Gut erhaltenes Theater**, 2. Jh. nach Chr. (→ Abb. 108). Stelle des Stadions. Felsgrab. Akropolis mit einigen Ruinen. Ruine eines kleinen Tempels. Reste der Agora. Ruine des Nymphäums. Spuren eines Buleuterions. Aquädukte und Wassertürme. Die Brücke auf römischen Fundamenten. Basilika. Nekropole im Süden.

Asperden Deutschland, s von Kleve. N ehemals Standort von römischem Burgus.

Aspero Peru, Supé-Tal, n von Lima. Plattformen, ab 2600 vor Chr.

Aspet Frankreich, 15 km sö von Saint-Gaudens. Gallische Begräbnishöhle Grotte de Girosp auf dem Gipfel der Montagne de Cèles.

Asphahan Iran. → Isfahan.

Aspis Griechenland. → Argos.

Aspis Tunesien. → Kelibia.

Asprangeli Griechenland, Epirus, 30 km nw von Ioannina. Zyklopische Mauern.

Aspres-sur-Buech Frankreich, 95 km s von Grenoble. Reste einer befestigten gallischen Siedlung. Rest eines römischen Wachtturms.

Asprochaliko Griechenland. → Kastritsa.

Asram Maha Rosei Kamputschea. Sandsteingebäude, früheste Khmer-Zeit, Stil Sambor, 8. Jh.

Assahor Algerien, Tassili n'Ajjer, Wadi Djerat, 195 km LL nnw von Djanet. Felsgravierungen.

Assea Griechenland, ca. 15 km sw von Tripolis. Die Akropolis war vor der Jungsteinzeit bis zur mittelhelladischen Epoche ununterbrochen bewohnt. Reste von neolithischen Behausungen. Reste des hellenistischen Walles.

Assekren Algerien, Paßhöhe n von Tamanrasset. Sö neolithisches Steingrab (Adebni). W am Platz Tikemtine Felszeichnungen.

Assen Niederlande. Provinzialmuseum mit archäologischer Sammlung.

Assenaria Algerien. Auf dem ehemaligen Gebiet Mauretania Caesariensis.

Asseria Kroatien. → Podgrade.

Assessos Türkei, nw von Milas.

Assisi Italien, Umbrien. Antik Asisium. Stadtmauerreste. Reste von römischem Forum mit Unterbau eines Minervatempels. Römisches Theater. Römisches Amphitheater.

Assiut Ägypten. Altägyptisch Zawty (Sauti), antik Lykopolis. Nekropole 22.-19. Jh. vor Chr.

Aßlar-Oberlemp Deutschland, n von Wetzlar. Sö eisenzeitliche Wallanlage Adlerhorst.

Assodé Niger, 56 km n von Timia. Ruinen der ma Stadt.

Asson Frankreich, sö von Pau. Nö auf einem Hügel ehemaliges keltisches Oppidum, Burg im 12./14. Jh., Einsiedelei im 17. Jh. Ringwall, Gebäudereste, spätere Einbauten.

Assos Griechenland, Kephallenia, Westküste. Venezianische Festung.

Assos Türkei. → Behram Kale.

Assuan Ägypten. Antik Syene. Steinbrüche mit unvollendetem Obelisk und unvollendeter Kolossalstatue. Reste römischer Kaimauer. Thutmosis-Tempel. Unvollendeter kleiner ptolemäischer Isis-Tempel. Auf dem linken Nilufer Gharbi Assuan: Friedhof* mit ca. 40 Felsgräbern seit dem Ende des Alten Reiches (6. Dyn.). Simeonsklosterruine* 7. Jh. Steinbrüche. Insel Sehel mit Tempelrest von Amenophis II. und Tempelrest aus ptolemäischer Zeit. Sgrafitti an den Felsen. Nubien-Museum. Zu Assuan gehörend: → Elephantine. In der Nähe → Philae** und → Neu-Kalabscha**.

Assur Irak. → (Qalaat) Schergat.

Assuras Tunesien. → Zanfour.

Aššuwa Türkei. → Behram Kale.

Astaba Spanien. → Estepa.

Astakos Griechenland, Ionische Küste, wsw von Agrinio. Reste von antikem Mauerring. Reste von altchristlicher Basilika.

Astana China. → Gaochang.

Astanino GUS, Krim. Skythischer Kurgan.

Astapa Spanien. → Estepa.

Asterabad Iran. → Gurgan.

Asterik Iran. → Gurgan.

Asterion Griechenland. → Vlochos.

Asti Italien, ö von Turin. Römischer Turm. Museum für Archäologie und Paläontologie.

Astibo Makedonien. Heute Štip, osö von Skopje.

Astigi Spanien. Römisch, Ecija, sw von Córdoba.

Astorga Spanien. Römisch Asturica Augusta. Römische Mauerreste.

Astoris Österreich. → Zeiselmauer.

Astrabad Iran. → Khorramschahr.

Astromela Frankreich. → Istres.

Astros Griechenland, Arkadien, s von Argos. Antike Mauern.

Astura Italien. → Torre Astura.

Astura Österreich. → Zeiselmauer.

Asturica Augusta Spanien. → Astorga.

Astypalaia Griechenland, Insel Kos. → Kefalos.

Astypalaia Griechenland, auf Dodekanes-Insel gleichen Namens. Auch Chora. Fundamente von

Agora, Tempeln und Akropolis der antiken Stadt. → Maltesana.

Astyra Türkei, s von Chanakkale.

Asuka Japan, s von Nara. Ausgrabungen von Kaiserpalästen 7. Jh. Takamatsuka-Grab.

Asuncion Mita Guatemala, Bezirk Jutiapa. Ruinenstätte.

Aşvan Türkei, im Keban-Stausee. Besiedelt ab früher Bronzezeit.

Aswil Jordanien. Burg auf dem Fels El Habis in → Petra Abschnitt 2).

Asy Zypern. → Enkomi.

Asych-Höhle GUS, Aserbeidschan, in den Ausläufern des Kleinen Kaukasus. Siedlungsspuren, teils vorneolithisch.

Atabey Türkei, 21 km n von Isparta. Ruine einer Medresse von 1230.

Atalanti Griechenland, Phthiotis, nö von Livadia. Reste von Stadtbefestigung 4.-3. Jh. vor Chr. Römische Fundamente, Mosaike.

Atalanti Griechenland, Insel ö von Atalanti. Antik Atalante, neu Talantousi. Befestigungsreste.

Atalaya Spanien, Gran Canaria, ssw von Las Palmas. Höhlendorf der Guanchen.

Ataman Syrien, 100 km s von Damaskus. Alte Brücke. Antikes Mausoleum.

Atanneus Türkei, w von Bergama.

Atapuerca-Höhle Spanien, bei Ibeas de Juarros, 12 km ö von Burgos. Prähistorisch.

Atarot Israel, 12 km n von Jerusalem. Biblischer Ort. Arabisch Khirbet Attara. Alte Wasserbecken an der Straße.

Atbaşı Türkei, 26 km sö von Van. Çavuştepe. Die urartäische Festung Sardurihurda mit Resten, Felsgraben, Treppe zur Akropolis, zwei Zisternen. Fundamente von Tempelbezirk.

Atenica Serbien, 5 km sö von Čačak. Illyrische Nekropole der Hallstattzeit.

Atérien Algerien. → Bir el-Ater.

Aternum Italien. Ehemals antiker Hafen; heute Pescara.

Ateste Italien. → Este.

Atetelco Mexiko. Teil von → Teotihuacán.

Athanagia Spanien. Antik; Berga n von Manresa.

Athanarichwall Rumänien. Vom Westende des Unteren → Trajanswalles in der Nähe von Stoicani in Richtung NW bis in die Gegend von Ploşcuţeni bei Adjud. Anfangs gegen die Römer, nach Wegwendung des größten Teils der Bevölkerung von Athanarich gegen die Hunnen gerichtet.

Athboy Irland, Meath, 40 km wsw von Drogheda. Keltischer Wall Hill of Ward.

Athen** Griechenland. Besiedelt ab mindestens 4. Jt. vor Chr. Errang ab 13. Jh. vor Chr. verschiedentlich die Vorherrschaft in Griechenland. Ab 7. Jh. vor Chr. kultureller Mittelpunkt und meist machtpolitisches Zentrum der sich in ihrer Zusammensetzung ständig verändernden und sich bekriegenden griechischen Städte- und Kleinstaatenbündnisse.

Die Museen sind unten teilweise nochmals aufgeführt:

Archäologisches Nationalmuseum.**

Agora-Museum.

Akropolis-Museum; unter Neuplanung.

Benaki-Museum.

Byzantinisches Museum.

Kerameikos-Museum.

Akropolishügel: Nike-Tempel* 2. Hälfte 5. Jh. vor Chr., verschiedentlich wiedererrichtet. Propyläen** ab 437 vor Chr. Parthenon** 447-431 vor Chr., 1687 stark beschädigt, im 19. und 20. Jh. wiederaufgebaut. Erechtheion** 421-406, mit Nordportikus und Koren-Portikus (Karyatidenhalle). → Abb. 77. Odeion des Herodes Atticus* 2. Jh. nach Chr., wiedererrichtet. Altes und neues Asklepieion. Dionysos-Theater ab 6. Jh. vor Chr. Areopag-Hügel: Gräber ab Mitte 2. Jtsd. vor Chr., Ausgrabungen.

Pnyx, zu Versammlungsplatz ausgebaut.

Musenhügel mit Philipposdenkmal 114-116 nach Chr. und Turmrest.

Nymphenhügel mit Wohnhöhlen.

Griechische Agora als großes Ausgrabungsgelände mit Hephaistostempel** ("Theseion") 450-440 vor Chr., Süd-Stoa, Zeus-Altar, Odeion des Agrippa, Attalos-Stoa, ehemals 2. Jh. vor Chr., neu errichtet, mit Ausstellungen.

Römische Agora und Umgebung: Turm der Winde* 1. Jh. vor Chr., Agoranomion, Latrinen 1. Jh. nach Chr., Osttor 2. Jh. nach Chr., Westtor 1. Jh. vor Chr., Fassadenrest der Hadriansbibliothek, Lysikrates-Denkmal 2. Hälfte 4. Jh. vor Chr.

Kerameikosgebiet im NW: Dipylon-Tor 2. Hälfte 4. Jh. vor Chr., Heiliges Tor, Gräber, Ausgrabungsgelände, Museum.

Ausgrabungsbereich der Akademie, ehemaliges Gymnasion, Palästren.

Hadriansbogen* 2. Jh. nach Chr. Olympieion** 131/132 nach Chr. Römische Thermen. Stadion von 1870 an der Stelle und mit den Größenmaßen des antiken Stadions. Im NO Gegend der Hadriansmauer, Tor und Mosaik. Reste von Hadrians- und Themistoklesmauer. Reste von Peisistratos-Aquädukt. → Palaio Faliron.

Athenai Diades Griechenland, Euböa, bei Gialtra. Reste von hellenistische Stadtmauer.

Athenopolis Frankreich. → Grimaud.

Athgreany Irland, Wicklow, s von Naas. ND416. Steinkreis.

Athienou Zypern, sö von Nicosia. Antik Golgoi. Befestigungsreste 4. Jh. vor Chr. Ausgrabung eines Heiligtums.

Athies Frankreich, ca. 25 km w von Saint Quentin. Reste von römischer Villa.

Athila Syrien. → Atil.

Athos-Kanal Griechenland. 2½ km langer Kanal,

480 vor Chr. von Xerxes durch die Halbinsel Athos gegraben.

Athribis Ägypten. → Kom el-Atrib.

Athribis Ägypten. → Wannina (s von Assiut, bei Sohag).

Atil Syrien, 7 km nö von Suweida. Das antike Athila. Ruinen von zwei Tempeln* 2. Jh. und von Kirche.

Atina Italien, n von Cassino. Reste von antiker Stadtmauer und Stadttor. Antiquarium.

Atlachino Mexiko, bei Cacaxtla, 20 km w von Tlaxcala. Festungsbauten.

Atlit Israel, 20 km s von Haifa. Spuren einer Siedlung Mitte 1. Jtsd. vor Chr. der Tyrier oder Sidonier. Ruinen. Kreuzfahrerfestung Château des Pèlerins (Castrum Peregrinorum). Byzantinische Eremitenhöhlen.

Atranjikhera Indien, Uttar Pradesh, Distrikt Etah, sö von Delhi. Ausgrabungen des 6. Jh. vor Chr. (Eisenzeit).

Atrax Griechenland, Stätte Palaiokastro w von Kastro, 22 km wsw von Larissa. Mauerreste von Akropolis und antiker Stadt.

Atri Italien, nw von Pescara. Antik Hadria Picena.

Atria Italien. Etruskische Siedlung und Seehafen. → Adria.

Atrib, Tell Ägypten. → Kom el-Atrib.

Atripalda Italien, 4 km ö von Avellino. Stadtmauerreste. Ausgrabungsgelände. Reste von Thermen.

Attaleia Türkei. → Antalya.

Attara, Khirbet Israel. → Atarot.

Attene Saudi-Arabien. → Hofuf.

Atziquinahay Guatemala, zwischen den Vulkanen Toliman-Atitlán und San Pedro. Befestigte Hauptstadt der Tzutuhil.

Au Deutschland, s von Mainburg. N Ringwall.

Au am Kraking Österreich, Gemeinde Preßbaum, Bz. Wien-Umgebung. Hügelgräber.

Auara Jordanien. → Humayma.

Auaris Ägypten. → Qantir.

Aubazines Frankreich, ö von Brive-la-Gaillarde. Cromlech du P. de Pauliac.

Aubignosc Frankreich, 10 km s von Sisteron. Dorfruine.

Aubonne Schweiz. Römische Baureste.

Aubstadt Deutschland, 5 km nw von Bad Königshofen. Hallstattzeitliches Grabhügelfeld.

Auchagallon GB. → Arran.

Audattha Syrien. → Meyadin.

Auderia Deutschland. → Dieburg.

Auerberg Deutschland, sö von Markt Oberdorf. Antik → Damasia. Ehemaliger römischer Militärposten mit Handwerkersiedlung an der Stelle einer vorgeschichtlichen Befestigung (Ringwall 1700 m Umfang).

Aufham Deutschland, w von Salzburg. Reste von römischen Gebäuden.

Aufidena Italien. → Alfedena.

Aufkirchen Deutschland, w von Wassertrüdingen.

2½ km sö (2 km ö von Irsingen) »Römerschanze«.

Aufseß-Sachsendorf Deutschland, 30 km LL w von Bayreuth. Im Mühlholz vorgeschichtlicher Ringwall.

Auf Soels Deutschland. → Ehrang.

Auggen Deutschland, sö von Müllheim. 1 km sö Keltenschanze.

Augsburg Deutschland. Ehemaliges keltisches Oppidum; römisches Municipium Aelium Augustum; Augusta Vindelicum, Hauptstadt der Provinz Rätien; Zivilsiedlung zu Anfang des 1. Jh. nach Chr. Die römische Stadtanlage lag um den heutigen Dom und nördlich davon. Verlauf von Stadtmauer und Straßen und Gebäudereste (Thermen) festgestellt. Johanneskirche südlich des Domes: Taufkirchenreste 5. Jh. in Kirchenresten des 10. Jh. auf dem Gelände einer römischen Peristylvilla. Lapidarium. Frühkaiserzeitliches Legionslager in Oberhausen (Damasia) angegraben. Grundriß römischer Villa in Stadtbergen. Bronzezeitliche Siedlungsspuren 1250-750 vor Chr. am westlichen Lechufer. Römermuseum Dominikanerkirche.

Augst** Schweiz, Kanton Basel. Römisch Augusta Raurica. Reste von Stadtmauern im Osten und Süden. Römerhaus mit Museum und Lapidarium. Backofen. Töpferei. Curia mit Mosaiken, Hypokaustanlage. Forum. Kellerraum und Abwasserkanal. Töpferofen. Theater*. Stützmauer mit Darstellungen. Tempelpodium (Schönbühl). Heiligtum (Griematt). Amphitheater. Wasserleitungsreste. 1 km n Castrum Rauracense (→ Kaiseraugst*).

Augusta Frankreich. Antik; Aouste, 33 km sö von Valence.

Augusta I-Sizilien, n von Syrakus. Griechisch Xiphonia. N Höhle, während der Stein- und Bronzezeit bewohnt.

Augusta Antonia Türkei. → Istanbul.

C.Augusta Aroë Patrensis Griechenland. → Patras.

Augusta Bagiennorum Italien, 2 km nö von Bene Vagienna, ca. 50 km s von Turin. Römische Stadt 1. Jh. vor - 4. Jh. nach Chr.

C.Augusta Civica Italien. → Brescia.

Augusta Claudia Flavia Zypern. → Paphos.

Augustae Bulgarien. → Hissar.

Augusta Emerita Spanien. → Mérida.

C.Augusta Gemella Spanien. → Martos.

Augusta Iconiensium Türkei. → Konya.

C.Augusta Nemausus Frankreich. → Nîmes.

Augusta Perusia Italien. → Perúgia.

Augusta Praetoria Italien. → Aosta.

Augusta Rauracorum Schweiz. → Augst.

Augusta Raurica Schweiz. → Augst.

Augusta Traiana Bulgarien. → Stara Sagora.

Augusta Treverorum Deutschland. → Trier.

Augusta Vindelicum Deutschland. → Augsburg.

Augustia Rumänien. Römische Festung in der Provinz Dacia Apulensis, heute Breţcu.

Augustianis Österreich. → Traismauer.

Augustobriga Spanien. → Ciudad Rodrigo.
Augustobriga Spanien. → Muro de Agreda.
Augustobriga Spanien. → Talavera la Vieja.
Augustodunum Frankreich. → Autun.
Augustonemetum Frankreich. → Clermont-Ferrand.
Auja el-Hafir Israel, sw von Beersheva. Das antike Nessana. → Nizzana.
Aukana Sri Lanka. Aukana Buddha. Buddhafigur, ca. 15 m, Granit. Kleines Kloster, Mitte 1. Jtsd. nach Chr. 4 km entfernt Stausee Kala Wewa, 5. Jh., mit ehemals 80 km langem Kanal von Aukana nach Anuradhapura.
Aulesburg Deutschland, w von Löhlbach und n von Haina. Wälle und Halsgräben einer Festung seit vorgeschichtlicher Zeit.
Aulis Griechenland, Böotien. Artemistempel ausgegraben, 5. Jh. vor Chr. Mykenische Reste. Beim Hafen Mikrovathy mykenische Gräber.
Aulisburg Deutschland. → Aulesburg.
Aulnay-aux-Planches Frankreich, bei Reims. Ehemalige bronzezeitliche Siedlung.
Aulodes Tunesien. Römische Siedlung bei Sidi Rais, 40 km ö von Tunis.
Aulona Albanien. Griechische Kolonie, heute Vlora.
Aumühle Deutschland, osö von Hamburg. Im Sachsenwald zahlreiche Megalithgräber ohne Kammer.
Aunham Deutschland, s von Griesbach. 140 Grabhügel.
Aunjetitz Tschechien. → Unětice.
Aunobari Tunesien, s von Teboursouk. Ruinen: byzantinische Festung und Kirche. Megalithgräber.
Aurangabad Indien, Maharashtra, 400 km nö von Bombay. N der Stadt verstreut buddhistische Höhlentempel, 2.-7. Jh. nach Chr., mit Skulpturen. Reste der Moghulen-Zeit.
Aurariola Spanien. Römisch; Orihuela.
C.Aurelia Antoniniana Ovilava Österreich. → Wels.
Aurelia Aquensis Deutschland. → Baden-Baden.
C.Aurelia Cibalae Kroatien. → Vinkovci.
Aureliane Türkei. Havran, w von Balikesir.
Aurelianis Frankreich. → Orléans.
Aurelianus, Vicus Deutschland. → Öhringen.
M.Aurelium Augustum Serbien. → Dubravica.
Auringis Spanien. Iberisch und römisch; Jaén, n von Granada.
Ausa Spanien. Römisch; → Vic.
Ausava Deutschland. Römisch; Oos bei Gerolstein.
Ausentum Italien, s von Lecce. Auch Usentum. → Marina San Giovanni.
Ausin Ägypten, nw von Kairo. Auch Kom Ausin. Altägyptisch Chem, antik Letopolis. Reste der ägyptischen Spätzeit. Die zugehörige Nekropole bei → Abu Roasch.
Austrheim Norwegen, Gegend Nordfjord. Felsbil-

der.
Autlan Mexiko, 186 km sw von Guadalajara. Vorkolumbianische Siedlungen freigelegt.
Autricum Frankreich. Antik; Chartres.
Autun Frankreich, sw von Dijon. Römisch Augustodunum. Nach Bibracte (→ Mont Beuvray) Hauptort der Umgebung. Reste der römischen Stadtmauer. Porte Saint André und Porte d'Arroux. Ruine des römischen Theaters. Janus-Tempel 2. Jh. nach Chr. Römische Pyramide Pierre de Couhard. Musée Rolin. Lapidarium Saint Nicolas.
Auxerre Frankreich. Reste der römischen Mauer. Eglise Saint-Germain mit antiken Kapitellen. Zwei Sammlungen, geplantes neues Museum.
Auxinum Italien. → Osimo.
Auzara Syrien. Antik; → Deir ez Zor.
Ava Birma/Union Myanmar, sw von Mandalay. Ehemals auch Ratnapura. Shan-burmesische Hauptstadt 1364 bis Mitte 16. Jh. Hauptstadt bis 1760, 1764-1782. 1782 abgetragen. 1823 wiederaufgebaut. Residenz bis 1841. Reste der Stadtmauer. Maha Aungmye Benzam Kloster, 1818. Htilainshin Pagode. Leitutgyi Pagode. Lawkatharaphu Pagode. Tupayon Pagode.
Avala Serbien, 15 km s von Belgrad. Römische und türkische Reste von Befestigungen.
Avallon Frankreich, 50 km sö von Auxerre. Museum*.
Avalon GB. → Glastonbury.
Avantika Indien. → Ujjain.
Avantipur Indien, Jammu und Kaschmir, 31 km sö von Srinagar. Reste von Avantisvami- und Avantisvara-Tempel, beide 9. Jh.
Avaricum Frankreich. → Bourges.
Avarino Griechenland. → Pylos.
Avcilar Türkei, ca. 12 km ö von → Nevşehir. Felskegel- und Höhlenkirchen. Höhlenwohnungen.
Avdat* Israel, 60 km s von Beersheva. Eboda, Oboda, arabisch Abda. Gegründet ca. 300 vor Chr. Nabatäische, römische, byzantinische Ruinen 1.-7. Jh: Tempel, Tore, Bad. Spätrömisch-byzantinische Wohnhöhlen. Reste von großem Militärlager. Theoduskirche und -kloster, 5. Jh. Südkirche und -kloster 6. Jh. Byzantinische Akropolis*. Antike Kanäle und Reste von antiken Staudämmen 88 und 98 nach Chr. Felsritzungen im Wadi Avdat und Wadi Ramilije. Nabatäische Nekropole. Spätrömische Bestattungshöhle. N mittel-altsteinzeitliche Siedlungsstelle En Avdat.
Avdou Gr-Kreta, s von Malia. Siedlungsreste aus spätminoischer bis archaischer Zeit.
Avebury* GB, Wiltshire, w von Marlborough.
1) Große Steinkreisanlage Avebury Circle. Kennet Avenue mit ca. 200 Monolithen zum Heiligtum Overton Hill (Bechervolk).
2) 5 km n Windmill Hill. Lager der ältesten neolithischen Zivilisation Englands, ab ca. 3100 vor Chr.
3) Silbury Hill, größter Erdhügel Europas.

Jungsteinzeit, ca. 3000 vor Chr. Wall.
4) West Kennet Long Barrow, eine neolithische Grabanlage vom Typ → Severn-Cotswold, Ganggrab mit zwei Querschiffen und abschließender Kammer, Mitte 3. Jtsd. vor Chr.
5) East Kennet-Hügel.
6) Dolmen Devils's Pen.
7) Alexander Keiller Museum.
Avela Spanien. Römisch; Ávila.
Avella Italien, ca. 35 km nö von Neapel. Amphitheater.
Avenches** Schweiz, Waadt. Römisch Aventicum, Hauptstadt der Helvetier. Amphitheater*, Museum. Rest von Schauspieltheater. Rest von gallo-römischem Tempel. Cigognier-Tempel. Bad. Kapitol. Stadtmauerreste mit Westtor und restauriertem Osttor*. S auf dem Schloßwaldhügel Mauerreste von spätrömischem Kastell. N Spuren des römischen Hafens; Friedhöfe.
Avenio Frankreich. Römisch; Avignon.
Aventicum Schweiz. → Avenches.
Avezzano Italien, 150 km ö von Rom. Römischer Tunnel unter dem Monte Salviano. Im 19. Jh. zur Entwässerung des Fuciner Sees ausgebaut.
Avgusti Gr-Kreta. → Agios Georgios s von Tzermiado.
Aviemore GB, Schottland, sö von Inverness. Steinkreise in der Nähe des Loch an Eilean.
Avola I-Sizilien, s von Syrakus. Dolmen.
Avrillé Frankreich, nw von La Rochelle. Menhir.
Awan GUS, Armenien, bei Jerevan. Ruine* von Kreuzkuppelkirche.
Awarta Israel, ca. 60 km n von Jerusalem. Wali el Azeir: Grabstätte des Hohenpriesters Eleasar, Sohn des Aaron, und seines Sohnes Pinchas.
Awash-Tal Äthiopien, nö von Addis Ababa. → Melka-Kunturé.
Awatin, El Libanon. → Sour.
Awdjan Iran, in der Ebene ö von Bostanabad, sö von Täbris. Auch Udjan. Bedeutender Ort in seldschukischer Zeit. Nach der Zerstörung durch die Mongolen Schahr-i Islam.
Awwâm Jemen-Nord, s von Mârib. Rundtempel.
Axia Italien. → Castel d'Asso.
Axima Frankreich. → Aime.
Axos Gr-Kreta, ca. 35 km w von Iraklion. Antik Oaxos. Siedlungsreste seit spätminoischer Zeit. Reste von Akropolismauer. Ausgrabungen von byzantinischen und mittelalterlichen Resten.
Axpea Spanien, w von Vitoria. Nekropole aus dem Tardenoisien (Mittlere Steinzeit ab 6. Jtsd. vor Chr.; → Fère-en-Tardenois).
Ayabaca Peru, nähe Ecuador-SW-Grenze. Ruinen.
Ayas Türkei, 120 km sw von Adana. Ev. das hethitische Vilusa. Antik Elaiussa, oströmisch Sebaste. Reste von Stadtmauer. Reste von korinthischem Römertempel, im 5. Jh. Standort einer Kirche. Auf ehemaliger Insel Reste von Thermen und Theater. Nekropole mit Resten kleiner Tempelgrä-

ber. An der Çatı Ören genannten Stelle Reste eines Hermestempels und einer Kirche des 5. oder 6. Jhs.
Ayasuluk Türkei. → Ephesos.
Ayat, Tell Libanon, 22 km n von Trablous (Tripoli). Kleiner Burgrest.
Ayazini Türkei, 30 km n von Afyon. Höhlenkirche mit Apsis. Höhlen.
Aydamoun Libanon, 5 km n von Qoubaiyat nahe der Nordgrenze, nw von Biré. Aaidmoun. Reste von römischem Tempel.
Aydın Türkei. In der Nähe die antike Stätte Tralles, griechisch Tralleis. 260 vor Chr. Seleukeia am Mäander. 27 vor Chr. Caesarea (Kaisareia). Aydin in byzantinischer Zeit. Moscheen und Medressen mit wiederverwendetem Baumaterial aus Tralles. Reste eines römischen Gymnasiums. Säulenhalle der Agora. Stellen von Theater und Stadion. Reste mehrerer Tempel. Kleines Museum.
Ayers Rock Australien. Felszeichnungen.
Ayetthema Birma/Union Myanmar, n von Thaton. Reste der alten Stadtmauer. Kyaik Talan Pagode. Tizaung Pagode.
Ayi-Bounar Bulgarien. Stein- und bronzezeitliche Kupferminen.
Aylesford GB, Kent, s von Rochester. Eisenzeitlicher Friedhof. Großsteingräber, darunter "Countless Stones", "Kit's Coty House".
Aymavilles Italien, sw von Aosta. Römische Brücke d'El.
Ayodhya Indien, Uttar Pradesh, ö von Faizabad. Wirkungsstätte Ramas und heilige Stätte der Hindu. Hanumangarhi-Tempel mit Mauer. Janam Sthan-Tempel, heute Moschee; Plattform. Ruinenhügel Mani Parbat, ev. ein Stupa. Sugriv Parbat.
Ayuthaya** Thailand, 50 km n von Bangkok. Gegründet um 1350. 14.-18. Jh. größte Hauptstadt des Orients. 1767 durch Birma zerstört. Palast und neue Stadt innerhalb des ehemaligen Geländes. Eigenständigster Baustil Thailands 14.-18. Jh. Bedeutende Ruinen, ca. 50 Tempel, darunter:
1) Wat Boroma Buddha Ram, 1683.
2) Wat Buddhaisawan* 1. Viertel 13. Jh. (Svarya usw.).
3) Wat Chai Watthanaram, 1630; Reste (Jai Vadhanaram usw.).
4) Chandra-Kasem-Palast als Museum.
5) Wat Chang, Reste.
6) Wat Hasadawat.
7) Wat Khudi Thong.
8) Wat Kok Phaya.
9) Wat Krasatraram.
10) Wat Kuti Dao, Reste.
11) Wat Lokaya Sutha.
12) Wat Maheyong, Reste.
13) Wat Mai Bang Kacha.
14) Wat Nang Kui.
15) Wat Na Phra Men.
16) Festung Phom Phet; weitere Festungen.

17) Wat Phra Chao Phanam Choeng, gegr. 1324.
18) Wat Phra Mahathat, 1374.
19) Vihara Phra Mongkol Bopit.
20) Wat Phra Ram*, 1369, hauptsächlich 15. Jh.
21) Wat Phra Si Sanphet*, 1448.
22) Wat Phrom Niwat.
23) Wat Pratu Songtham, Reste.
24) Phu Khao Thong, Tempelreste, 1387, auf einem Hügel im NW.
25) Wat Rajaburana*, 1424 (Rat Burana usw.).
26) Wat Raja Pli.
27) Wat Rang, Reste.
28) Wat Rong Khong.
29) Wat Sala Pun.
30) Wat Somana Kotharam, Reste.
31) Chedi Suriythai.
32) Wat Thammaram, Reste.
33) Wat Thammi Karat.
34) Wat Tin Tha.
35) Palast Wang Luang.
36) Wat Yai Chai Mongkol.
37) Wat Yana Sen.
38) Nationalmuseum Chao Sam Phaya.
Ayyalet Ha Shahar Israel, nö von Zefat. Hazor-Museum. → (Tel al) Qedah.
Ayyavola Indien. → Aihole.
Azaila Spanien, 60 km sö von Saragossa. Iberische Siedlung bis 2. Jh. vor Chr. (Cabezo de Alcala). Ehemalige iberische Akropolis. Iberische und römische Ruinen. Keltische Nekropole.
Azarie, El Israel, 2 km ö von Jerusalem. Eizariya; Bethanien. Mosaikbodenreste zweier byzantinischer und einer Kreuzfahrerkirche. Ruine eines Benediktinerinnenklosters 12. Jh. und sogenanntes Lazarusgrab.
Azaura Syrien. Antik; → Deir ez Zor.
Azay-le-Rideau Frankreich, sw von Tours. 2 km sö im Park des Manoir de la Rémonnière Unterbau einer gallo-römischen Villa.
Azaz Syrien, 52 km nw von Haleb. Hazart der Kreuzfahrer. Tell mit Festungsruine.
Azé Frankreich, ca. 25 km nnw von Mâcon. Höhlen, besiedelt hauptsächlich in der Altsteinzeit. Museum.
Azekah Israel, s von Bet Shemesh. Biblischer Ort. Ausgrabungen am Hügel: Festungs- und Gebäudereste.
Azelouaz Algerien, Tassili n'Ajjer, wenig n von Djanet. Felsmalereien und -gravierungen.
Azere Portugal. → Arcos de Valdevez.
Azitawaddia Türkei. → Aspendos.
Azizabad Iran, 74 km sw von Teheran. Unterirdische Zisterne.
Azmaska Mogila Bulgarien. Tell der Siedlung 4./3. Jtsd. vor Chr.
Azmavet Israel. Antik; heute Hismeh, 10 km n von Jerusalem.
Aznalcazar Spanien, 30 km w von Sevilla. Nekropole außerhalb des Ortes.

Azor Israel, bei Tel Aviv. Chalkolithische Spuren.
Azoros Griechenland. → Vouvala.
Azotus Israel. → Ashdod.
Azougi Mauretanien, 15 km von Atar. Mauerreste der alten Stadt. Geringe Reste der Almoravidenfestung (Anfang 2. Jtsd. nach Chr.).
Azraq, Qasr el-* Jordanien, ca. 120 km ö von Amman. Omayyadenpalast, 8. Jh., ehemals eine römische Festung. 2 km ö → Ain es-Sol.
Aztec-Pueblo* USA, New-Mexico, am Animas, Aztec Ruins National Monument. Ruinen von Pueblo der Anasazi, erbaut 12. und 13. Jh., mit 29 Kiwas, davon 1 wiederhergestellt.
Aztlán Mexiko, Nayarit, nw von Tepic. Aztekenstadt.
Azuaga Spanien, n von Sevilla. Römische Gräber.
Azuara Spanien, s von Zaragoza. Römisches Mosaik*, 4. Jh.
Azza Israel. → Gaza.
Azzefoun Algerien, 60 km w von Bejaïa (Bougie). Ruinen von römischen Thermen*. Ritzzeichnungen.
Baag Jordanien, nö von Mafraq. Qasr el-Baik. Spuren eines römischen Kastells Anfang 5. Jh.
Baalbek** Libanon. Griechisch Heliopolis. Gewaltige römische Tempelanlage** 1.-3. Jh. Tempelbezirk bzw. Akropolis mit Propyläen, sechseckigem Hof, Altarhof mit Wasserbecken und Fundamenten eines Altarbaues und breiter Treppe zum Jupitertempel mit den sechs 20 m hohen Säulen (→ Abb. 103). Bacchustempel mit ehemaligem Vorhof. Untergeschoß der Anlage. Moschee und arabische Festungsbauten. Venustempel außerhalb. Steinbruch. Zahlreiche Gräber in der Umgebung. Treppe des ehemaligen Merkurtempels auf dem Cheikh Abdallah-Hügel. Stelle des Theaters.
Baalberge Deutschland, sö von Bernburg, n von Halle. Grabhügel, Mitte 3. Jtsd. vor Chr.
Baal Gad Libanon. Ev. → Hasbaiya.
Baal-Meon Jordanien. → Main.
Baalshebbel Polen. → Starosiedle.
Baar Deutschland, n von Augsburg. Unterbaar: Villa rustica aus dem 2. Jh. festgestellt.
Baar Jordanien. → Hammamet Main.
Baar Schweiz, Zug. Ehemals prähistorische und frühgeschichtliche Höhensiedlung auf der Baarburg. Keine sichtbaren Reste.
Baaras Jordanien. → Hammamet Main.
Baba Jan Tepe Iran, nähe Nurabad, n von Khorremabad. Besiedelt seit mindestens 3. Jtsd. vor Chr. Mehrere ausgegrabene Siedlungshügel. Keine sichtbaren Ruinen. In der Umgebung mehrere prähistorische Siedlungen.
Babba Campestris Marokko. → Rirha.
Bab edh-Dhra Jordanien, s von Mazra, an der Hl El Lisan am Toten Meer. Befestigte Siedlung der frühen Bronzezeit, ca. 23. Jh. vor Chr. zerstört. Nekropole.
Bab el Hawa Syrien, 44 km w von Haleb, Grenz-

ort. Tor, Ruine einer christlichen Kirche 6. Jh. Ruine einer Herberge, Zisterne.

Babil, Tell Irak. → Babylon.

Babila Syrien, 77 km sw von Haleb, n von Maarat en Noman. Ruinen.

Babilonie Deutschland, sw von Lübbecke, s von Obermehnen. Frühe Wallburg.

Babine Kuće Kroatien, Insel Mljet. In der Nähe Siedlungsspuren und Gräber aus illyrischer Zeit. Auf der Höhe Mali gradac Reste einer illyrischen Wallburg.

Babisch-Mulla GUS, Kasachstan, ö des Aralsees. Zentrum der Saken. Ehemals befestigte Residenz 4.-2. Jh. vor Chr. Nekropole, Grab (Mausoleum) 4.-3. Jh. vor Chr.

Babisqa Syrien, bei Bordj Mudakhkar, 46 km w von Haleb. Sö über dem Ort große Thermen, 5./6. Jh. Kirche von 401. Verfallene St. Sergius-Kirche von 610.

Babol Iran, ca. 200 km nö von Teheran. Das alte Barforusch, im 13. Jh. auch Mamatir genannt. Grabturm Imam Zadeh Qacem, 1485.

Baby GUS, Ukraine, s von Kriwoj Rog. Skythischer Kurgan 5. Jh. vor Chr.

Babylon Ägypten. → Kairo.

Babylon* Irak, 108 km s von Bagdad. Stadtstaat seit 3. Jtsd. vor Chr. mit Tempelerrichtung spätestens im 24. Jh. vor Chr. Blütezeit unter Hammurapi 18. Jh. vor Chr. und unter den Assyrern 7. Jh. vor Chr.
Ruinengebiet ca. 10 km². Die meisten Ruinen von der neubabylonischen Stadt, 7. und 6. Jh. vor Chr. 16,5 km lange Mauer. Festungsrest El Qasr (Nordfestung). Museum. 12 m hohe Reste des Ischtar-Tores mit erhaltenen Tierreliefs. Von hier nach Süden führende Prozessionsstraße. Ruinen des großen Stadtpalastes von Nebukadnezar II. An der Nordostecke des Palastes großer Bau mit überwölbten Räumen; als Stelle der Hängenden Gärten vermutet. Westlich des Palastes die Zitadelle Nabopolassars (Südfestung). Tempel der Nin Mah. Ischtar-Tempel. Ziqqurat E Temenanki, der Turm zu Babel, 689 und 479 vor Chr. zerstört. Die Basis bildete ein Quadrat von 91,5 m Seitenlänge; sichtbar ein versumpfender Ausgrabungsschacht. Tempel E Sagil (Tempel des Marduk), gegründet im 3. Jtsd. Tell Amran mit E Patulina, Tempel von Ninurta, auch als Nekropole verwendet. Ruine eines Guta-Tempels. Griechisches Theater* und Palästra. Reste einer antiken Euphratbrücke. Im Norden Festungswall um Sommerpalast Nebukadnezars II., heute Tell Babil, 22 m hoch; trug im MA eine arabische Festung.

Bacalar-See Mexiko, Yucatán. Drei Grabhügelgruppen; Pyramiden und Tempel bis ca. 36 m Höhe bekannt.

Bacchias Ägypten, Fayum. → Kom el-Atl.

Bacharnsdorf Österreich. → Rossatz.

Bachiqa Irak, ca. 35 km nö von Mosul. Großer Tell.

Bach-wen GB, Wales, Gwynedd, bei Clynnogfawr. Großsteingrab.

Bačka Palanka Vojvodina, w von Novi Sad. Eisenzeitlicher Wall Turski Šanac.

Backofenhöhle Tschechien. → Pekarna.

Bac-ninh Vietnam. Pagode, Stil Dai-la-Pattich, 9. Jh.

Bacoli Italien, am Golf von Pozzuoli, w von Neapel. Römisch Bauli. Villa Agrippina, Odeon, Cento Camerelle* (Wasserbehälter). Piscina Mirabile (Zisterne für → Misenum).

Bac-son Vietnam, Tongking. Hauptfundstätte. Höhlen mit Totenstätten, bis ca. 3000 vor Chr. Bacsonien auf der ganzen Malayischen Halbinsel; z.B. in → Dong-thuoc, → Lang-cuom, → Pho-binhgia, → Keo-phay, → Gua Madau, → Bukit Chintamani.

Badajoz Spanien. Batallium, Civitas Pacis, Colonia Pacensis. Römische Brückenfundamente. Archäologisches Provinzmuseum in der Alcazaba.

Badaling China, 85 km n von Beijing (Zugverbindung). Besichtigenswertes Stück der → Großen Mauer. → Abb. 138.

Badalona Spanien, Vorort von Barcelona. Baetulo. Museum an der Stelle der römischen Thermen.

Badami* Indien, Karnataka, 165 km s von Bijapur. Ehemals Vatapi, bis 642 Hauptstadt der westlichen Calukya. Drei Hindu- und ein Jaina-Höhlentempel, 6. Jh. Nördliche Festung mit Malegitti Shivalaya-Tempel 7. Jh. Oberer Shivalaya-Tempel. Megalithisches Gräberfeld. Felsmalereien. Archäologisches Museum. 5 km → Mahakut. 16 km → Pattadakal. 20 km nö → Aihole.

Badari Ägypten, sö von Assiut. Fundort vordynastischer Kultur, 2. Hälfte 5. Jtsd. vor Chr. N → Deir Tasa.

Bada-Tal Indonesien, Sulawesi (Celebes), in der Nähe von Gintu. Monolithe.

Bad Bertrich Deutschland, sw von Cochem. Ehemaliges römisches Bad. Spuren von Badebecken und Heizungsanlagen.

Bad Buchau Deutschland, Federseemoor. Ö Wasserburg "Buchau", ausgegrabene Siedlung der späten Urnenfelder-Bronzezeit.

Badbury Rings GB, Dorset. Eisenzeitliche Befestigung, römerzeitliche Hügelgräber, römischer Straßenrest.

Bad Deutsch-Altenburg Österreich. Grabhügel Hütelberg (Türkenkogel). Museum Carnuntinum. Die auf dem Gebiet von Bad D. liegenden Reste von Carnuntum sind unter → Petronell aufgeführt.

Bad Driburg Deutschland, ö von Paderborn. W frühe Wallburg Iburg.

Bad Dürkheim Deutschland. Nw auf dem Peterskopf hallstattzeitlicher Ringwall Heidenmauer, 5. Jh. vor Chr. Römischer Steinbruch Krimhildenstuhl mit einigen Ritzungen. Limburg (heute Klosterruine*) gegenüber ein Fürstensitz der Frühlatènezeit. Auf dem Drachenfels ehemalige Befestigungsanlage mit Doppelwall. Auf dem Ebersberg Gräberfeld der frühen Latènezeit. Heimatmuseum.

Bad Ems Deutschland, ö von Koblenz. Ehemals Standort eines römischen Kastells. Fundamente eines römischen Wachtturms. Limesverlauf. Rekonstruierter Limeswachtturm 2/1. Museum der Stadt.

Baden Schweiz, Aargau. Römisch Aquae Helveticae. Reste von Thermalbad. Historisches Museum.

Baden-Baden Deutschland. Römisch Aquae. Ab ca. 3. Jh. Aurelia. Reste des Soldatenbades 1.-3. Jh. Kaiserthermen, nicht zugänglich. Stadtgeschichtsmuseum.

Baden bei Wien Österreich. Im Kurpark Reste von Hypokausten entdeckt. Baden-Péceler-Kultur zwischen Jungsteinzeit und Bronzezeit.

Badenweiler Deutschland. Römische Badruine*, Gebäudespuren. Wälle und Gräben einer Ringwallanlage "Altschloß" bzw. "Altsteinwald".

Bad Fischau Österreich, nw von Wiener Neustadt. 2 km nw auf dem Malleitenberg hallstattzeitliche Höhensiedlung und Hügelgräber.

Bad Frankenhausen Deutschland, w von Artern. N auf dem Kyffhäuser Befestigungsspuren der älteren Eisenzeit; Burgen.

Bad Godesberg Deutschland. Römische Grundmauern 2.-4. Jh. an der Burg.

Bad Gögging Deutschland, sw von Kelheim. Römische Badreste und latènezeitliche Reste unter der Kirche St. Andreas.

Bad Harzburg Deutschland. Sö Wälle bei den Burgen Kleine Harzburg, Große Harzburg auf dem Sachsenberg.

Bad Herculane Rumänien. → Thermae Herculi.

Badia Ägypten, ö von Quft. Ruinen von Straßenstation (Hydreuma).

Badia Morronese Italien, n von Sulmona, Abruzzen. "Villa des Ovid", Heiligtum des Hercules Quirinus, ab 2. Jh. vor Chr., erweitert 1. Jh. vor Chr.

Bad Iburg Deutschland, s von Osnabrück. 750 m s des Hofes Herringhaus die "Teufelssteine".

Bad Karlshafen Deutschland. → Sieburg.

Bad Königshofen Deutschland. Vorgeschichtsmuseum im Grabfeldgau (Zweigmuseum der Prähistorischen Staatssammlung).

Bad Kreuznach Deutschland. Keltisch und römisch Crucinianum. Das römische Kastell im Gebiet der Kirche St. Martin/St. Kilian. Karl-Geib-Museum; Mosaik*.

Bad Krozingen Deutschland, sw von Freiburg. Auf dem Schlatter Berg befand sich eine befestigte Siedlung der Hallstattzeit. Grabhügelgruppe Eichwäldele. Römischer Brunnen. Ehemals Standort einer römischen Villa.

Bad Münstereifel Deutschland. Ö Ringwall, ca. 9./11. Jh. Alteburg im Quecken.

Bad Nauheim Deutschland. Römische Turmruine. W auf dem Johannisberg Wallanlage, Latènezeit und frühes Mittelalter.

Bad Neuenahr Deutschland. Ahrweiler: Römische Villa. Ummauerter Bezirk mit Schmelzofen ausgegraben.

Badoli Indien. → Baroli.

Badra Irak, ö von Bagdad. Dêr; Tell Aqr. Siedlung 3500-2000 vor Chr.; assyrische Provinzhauptstadt 950-600 vor Chr. Nö assyrisches Felsrelief → Schkaft-i Gulgul.

Bad Rappenau Deutschland, nw von Heilbronn. 1 km nö Mauerreste* von römischem Gutshof.

Bad Reichenhall Deutschland. W bei Langacker ehemals römische Siedlung. Städtisches Museum.

Bad Säckingen Deutschland. Hochrheinmuseum.

Bad Salzschlirf Deutschland, nw von Fulda. Nö auf dem Sängersberg Ringwall, ev. eisenzeitlich.

Bad Schwartau Deutschland. Ausgrabungen der Wendensiedlung "Alt-Lübeck" in der Nähe des Ortes an der Trave.

Badud Indonesien, Ost-Java. Tempelanlage ca. 12. Jh.

Badung Indonesien, Bali. Tempel.

Bad Urach Deutschland. Sö Schanze "Schanz". W Runder Berg: besiedelt mindestens ab Bronzezeit mit Unterbrechungen bis ins Mittelalter. Alemannische Bergfestung 4./5. Jh., im 6. Jh. zerstört.

Bad Wimpfen Deutschland. Civitas Alisensium. Ehemals Standort eines römischen Kastells. Spuren von römischem Mauerwerk in der Kirche St. Peter. Teile der Zivilsiedlung erforscht.

Bad Wimsbach-Neydharting Österreich, sw von Wels. Ehemalige hallstattzeitliche Siedlung auf dem Waschenberg. Reste von römischer Villa im Totenhölzl. Hallstattzeitliche Hügelgräber Freitholzhof.

Bad Windsheim Deutschland, nö von Rothenburg/Tauber. Vorgeschichtsmuseum.

Bække Dänemark, Jütland. Hügelgräber.

Baelo Spanien. → Bolonia.

Baena Spanien, Provinz Córdoba. Antik Iponuba. Iberische Nekropole.

Baetocecea Syrien. → Hosn es Soleiman.

Baetulo Spanien. → Badalona.

Bafa Gölü Türkei, 160 km s von Izmir. Mehrere Klostergründungen an den Ufern und auf den Inseln des jetzigen Bafa-Sees. U.a. Reste eines byzantinischen Wehrklosters 45 km von Söke und Ruinen einer kleinen byzantinischen Festung 52 km von Söke.

Bagacum Nerviorum Frankreich. → Bavay.

Bagaran Türkei. → Tuzluka.

Bagastana Iran. → Bisutún.

Bagavan Türkei. → Diyadin.

Bagawat Ägypten, in der Oase → Charga. El Beghawat usw. Lehmziegelreste ab 2. Jh. Christliche Grabbauten* 3./4. Jh. Basilika 9. Jh.

Bagdad Irak. Tepe Hermal. Antik Seleukeia, Opis. Ruinen der ehemaligen Stadt im Osten. Spuren einer Stützmauer von 1035. Minarett der Moschee

Suq el Ghazal 10. Jh. Assyrisches Tor beim neuen Irakischen Archäologischen Museum.

Baghan Iran, 50 km s von Schiraz. Tells mit vorislamischen Spuren.

Bagh Gai Afghanistan. → Hadda.

Bagh-Höhlen Indien, Madhya Pradesh, 158 km wsw von Indore. Fünf buddhistische Höhlenklöster, 5.-7. Jh. Skulpturen und Fresken. Tempel 12. Jh.

Baghras Türkei. → Bağras.

Baghuz Syrien. → Abu Kemal.

Bagineti GUS, Georgien, Kartli. Reste von → Mzcheta.

Baginton GB, bei Coventry. Römisches Kastell 1. Jh.

Baglica Türkei, w von Nevşehir. Unterirdische Siedlung.

Bagneux Frankreich, sw von → Saumur. Großes Megalithgrab, Menhir.

Bagni Contursi Italien, 60 km ö von Salerno. Ruinen einer Römersiedlung.

Bagni Oddini I-Sardinien, 10 km n von Ottana. Altes Bad. 2 km s Nuraghe Athethu.

Bagni Vecchi di Bormio Italien, 2 km n von Bormio. Römische Felsenbäder.

Bagolango Afghanistan. → Surkh Kotal.

Bagram Afghanistan, n von Kabul am Beginn des Charikar-Tals. Auch Begram. Kapisa, Kapisi. Bis 200 Hauptstadt und Sommerresidenz der Kushan-Dynastie (Schichten 2. Jh. vor bis Mitte 2. Jh. nach Chr.). Ab 3. Jh. sassanidisch. Ruinen; Ruinen eines Palastes.

Bağras Türkei, 30 km n von Antakya. Auch Baghras, Bakras. Reste einer Burg. Gaston oder Gastin der Kreuzfahrer. Aquädukt.

Bah Ägypten, Delta. → Baqlija.

Bahawalpur Pakistan, s von Lahore. In der näheren und weiteren Umgebung zahlreiche Ausgrabungsstätten. Reste ab ca. 3000 vor Chr. Teilweise älter als → Harappa-Kultur.

Bahia-Kultur Ecuador, Manta, Stadtteil Los Esteros. Benannt nach der Bahia de Caraquez. 500 vor bis 500 nach Chr.

Bahla Oman, sw von Maskat. Burgruine*.

Bahnasa, El Ägypten, ca. 190 km s von Kairo. Auch El-Behnesa. Altägyptisch Per-Medjed, antik Oxyrhynchos. Spuren von römischem Theater. Gräber. Papyri-Fundort.

Bahni, Tell Syrien, 106 km sö von Deir ez Zor.

Bahrein, El- Ägypten, Oase sö von Siwa. Alte Reste.

Bahrein Inselstaat. Griechisch Tylos. Standort der Dilmunkultur, akkadisch Niduk-ki, assyrisch Tilwun oder Tilmun, als spätestens 3000 vor Chr. bis 6. Jh. vor Chr. Große Grabhügelfelder 2000 vor Chr. bis 1. Jtsd. nach Chr. auf der ganzen Insel. → Ali. → (Qalaat al-)Bahrein. → Barbar.

Bahrein, Qalaat al- Bahrein, Nordküste. Tell mit der bedeutendsten Ausgrabungsstätte und wahrscheinlich dem Hauptort der Dilmunkultur (→ Bahrein-Staat). 1) Siedlung ab ca. 3000 vor Chr. 2) Siedlung ab ca. 2300 vor Chr. 3) Kassitische Periode, ca. 1750-1250 vor Chr. 4) Neubabylonisch ab Mitte 1. Jtsd. vor Chr. 5) Griechische Siedlung, 3. Jh. vor Chr. 6) Islamischer Palast, 11. oder 12. Jh. 7) Ruine eines portugiesischen Forts.

Bahrija Malta, Westen. N Spuren des Kuncizzjonitempels. Nw Standort der bronzezeitlichen Siedlung Il Qlejgha. Sw Standort von bronzezeitlicher Siedlung. S Gräber und Gleitkarrenspuren. Funde 1000-800 vor Chr.

Bahriya, El- Ägypten, Oase 200 km sw von Fayum. Altägyptisch Djesdjes, auch Mechtet, römisch Oasis Parva. → (el-)Bawiti. → (el-)Hais. El-Qasr → (el-)Bawiti. → (el-)Harrah. → (Et) Tibbaniya.

Bahşiş Türkei, 50 km n von Afyon, s von Gökbahçe. Phrygisches Denkmal.

Baia Italien, am Golf von Pozzuoli, w von Neapel. Das versunkene Baiae. Ruinen von: Thermen des Sosandra mit Nymphäum, Thermen der Venus, Thermen des Merkur, Tempel der Venus, Tempel der Diana. Standort einer Schiffsbrücke des Caligula über den Golf von B.

Baiae Italien. → Baia.

Baiberdon Türkei. → Bayburt.

Baierbrunn Deutschland, s von München. Auf der Birg bei Hohenschäftlarn Wälle*, letzter Ausbau 8.-10. Jh. nach Chr. (karolingisch und ottonisch).

Baihān al-Qasāb Jemen-Süd. Ruinen auf einem Hügel.

Baildon Moor GB, Yorkshire, n von Bradford. Felsritzungen.

Bainbridge GB, Yorkshire, bei Wensleydale, nw von Ripon. Ehemaliges römisches Kastell.

Baindt Deutschland, n von Ravensburg-Weingarten. N zwei keltische Viereckschanzen.

Bairat Indien, Rajasthan, nö von Jaipur. Spur eines Stupa, Maurya-Zeit.

Baiyun Dong China, Provinz Guangdong, Tal im Gebirge Xiqiao Shan, 50 km sw von Foshan. Halle Yunquan mit Museum.

Bajalangu Indonesien, Ost-Java. Tempelanlage ca. 12. Jh.

Bajaura Indien, Himachal Pradesh, im Kulutal. Kleiner Shivatempel von ca. 1200.

Bakar Kroatien, sw von Rijeka. Ehemals griechische Kolonie. Ehemaliger Standort der römischen Stadt Volcera. Nekropole bei der Stelle Trg.

Bakarac Kroatien, sö von Rijeka. Auf der Höhe Gradac die Ruinen einer römischen Festung. In der Umgebung mittelalterliche Ruinen.

Baki Ägypten, Nubien. → Quban.

Bakırdağı Türkei, 35 km sö von Develi. Hethitisches Felsrelief, 13. Jh. vor Chr.

Bakırköy Türkei, sw von Istanbul. Die Stelle des antiken Proasteia ad Hebdomon. Einst wichtiger byzantinischer Militärstützpunkt. Säule Theodosius' II. Fildami-Zisterne 8. Jh. Stelle des einstigen Jucundianae-Palastes.

Bakraina Griechenland, 15 km n von Larissa. Reste der Stadt.

Baksei Chamkrong Kamputschea. → Angkor.

Baktra Afghanistan. → Balch.

Baku GUS, Aserbaidschan. Muhamed-Moschee 1079, Minarett. "Mädchenturm" 12. Jh. Festungsmauern 12.-15. Jh. Festungsspuren 1. Hälfte 13. Jh. auf einer Insel. Palast* 13.-16. Jh. Karawansereien, Bäder, Moscheen 14.-19. Jh.

Bakun, Tell-i Iran, 2 km s von Persepolis. Ausgedehnte Grabung einer Siedlung aus der Kupfersteinzeit.

Balad Irak, 108 km nw von Bagdad. Reste der 1232 über einem seit dem 10. Jh. bestehenden Kanal errichteten Abbasidenbrücke Djisr el Harbi.

Balagamve Indien, Karnataka, nnw von Shimoga. Belagawi. Kedareshvara-Tempel. Tripurantaka-Tempel. Ruinen 12.-13. Jh. (Hoysala-Zeit).

Balahissar Afghanistan. → Balch.

Balakot Pakistan, 80 km nw von Karatschi. Siedlung ab 3000 vor Chr.

Balalyk Tepe GUS, Usbekistan, 15 km n von Termes (bei Airtam), im ehemaligen Baktrien. Ausgrabung einer Festung 5.-7. Jh. Malereien.

Balamutowka GUS, westliche Ukraine, über dem Dnjestr. Dorf und Höhle mit Felsmalereien, Mesolithikum.

Balancán Mexiko, Tabasco, 180 km ö von Villahermosa. Fundort von Stelen.

Balancanché Mexiko. → Chichen Itzá.

Balandy GUS, ö des Aralsees, 40 km sw von Tschirik Rabat. Ausgrabungen 1. Jtsd. vor Chr. Balandy I = befestigtes Dorf; Balandy II = rundes Mausoleum 4.-3. Jh. vor Chr.

Balanea Syrien. → Baniyas.

Balasaghun GUS, Kirgistan, s von Frunse. Hauptstadt des Karahan-Reiches, 10. Jh.

Balat Ägypten, Oase Dachle. Stadt, Mastabas der 6. Dynastie und der Ersten Zwischenzeit. Muttempel aus dem Neuen Reich. Gräber aus der Dritten Zwischenzeit und der römischen Epoche.

Balat Türkei. → Milet.

Balata, Tel Israel, 2 km s von Nablus (Schechem). Tell als antikes Sichem. Ausgrabungen von Zyklopenmauer des 17. Jhs. vor Chr. Rest eines Tores der Mauer des 16. Jh. vor Chr. Spuren eines Tempels 9. und 8. Jh. vor Chr. Reste eines Palastes der Hyksos 18./17. Jh. vor Chr. Spuren eines römischen Mausoleums 2. Jh.

Balatonboglár Ungarn, Plattensee-Südufer. Auf dem Burghügel Reste einer keltischen Festung.

Balatonfüzfó Ungarn, Plattensee-NO-Ecke. Fundamente einer römischen Villa.

Balatonos Syrien. → (Qalaat) Mehelbe.

Balatonszemes Ungarn, Plattensee-Südufer. Fundamente von vorgeschichtlicher Erdburg.

Balāwāt Irak, 40 km ö von Mosul. Assyrischer Landsitz Imgur-Bēl (Enlil): kleiner Tell, Palast- und Tempelreste 1. Hälfte 9. Jh. vor Chr.

Balboura Türkei, ca. 130 km w von Antalya.

Balch Afghanistan, Norden, 18 km w von Mesari-i Sherif. Hauptstadt Baktra des gräko-baktrischen Reiches ab 3. Jh. vor Chr. Große Lehmziegelstadt mit Akropolis, von den Mongolen zerstört. Hügel Bala Hissar mit Spuren der Kushanzeit und Festungsrest ev. aus islamischer Zeit. Reste von Stupa Tep-i Rustam und von zoroastrischen Feueraltären der Sassanidenzeit.

Balche Mexiko, Yucatan, ca. 50 km sw von Ticul. Maya-Ruinen, Puuc-Stil.

Balcony House USA, Colorado, im → Mesa-Verde-Gebiet.

Bale Kroatien, sö von Rovinj. An der Stelle einer vorgeschichtlichen Wallburg und eines römischen Kastrums.

Balestra F-Korsika, Gemeinde Moca Croze, n von Petreto-Bicchisano. Turmrest der Torreaner, 2. Jtsd. vor Chr.

Balfarg GB, n von Edinburgh. Steinkreis.

Balhisar Türkei, 150 km sw von Ankara, 14 km s von Sivrihisar. Stelle des antiken Pessinus. Reste von Theater und Akropolis. Am Fuße der Akropolis Ruinen von Kybeletempel. Odeon. Kleines Museum.

Balis Syrien. → Meskene.

Balkh Afghanistan. → Balch.

Balla Griechenland. Makedonische Stadt. Auf dem Gebiet von → Vergina-Palatitsa vermutet.

Ballana Ägypten, sw von Abu Simbel, im See. Gräber des nubischen Königreiches von 300 vor Chr. bis 350 nach Chr. Ehemaliges 12 m hohes Lehmziegelgrab, 77 m ø.

Ballao I-Sardinien, 40 km LL nö von Cagliari. 4 km n Mineralquelle Funtana Coberta, Nuraghenzeit; ein Heiligtum mit Kuppel und rechteckigem Vorraum.

Ballenstedt Deutschland, sö von Quedlinburg. Nw auf dem Großen und dem Kleinen Gegenstein verflachte Wälle von spätbronzezeitlichen Höhensiedlungen.

Ballina Irland, Mayo. Frühgeschichtlicher Portaldolmen. ND145.

Ballineetig Irland, Kerry, ö von Dingle. Menhir "Gallaunmore". ND355.

Ballochroy GB, Schottland, Strathclyde Region, bei Argyll. Alignment uind Kammergrab.

Ballsh Albanien, Bezirk Fieri, nö von Vlora. Ausgrabung einer Kirche.

Ballyallaban Irland, s von Ballyvaghan. Steinfort.

Ballyedmonduff Irland, s von Dublin. Frühbronzezeitliches Megalithgrab. ND437.

Ballyhickey Irland, Clare, onö von Clarecastle. Kleines bronzezeitliches Kistengrab. ND484.

Ballykinvarga Irland, wenig nö von Kilfenora.

Steinfort.

Ballylesson GB, Nordirland, Down. Dolmen im Wall "Giant's Ring". ND141.

Ballymacgibbon Irland, Mayo, ö von Cong. Großer Hügel mit megalithischem Ganggrab, Reste von steinerner Einfassung. In der Nähe "Cathair Phaeter", Einfriedung mit Untergeschossen; ND251.

Ballymore Irland. → (Hill of) Ushnagh.

Ballynagall Irland, Kerry, HI Dingle. Auch Ballynana. Gallarus-Bethaus im Stil eines prähistorischen Clochans, 7. Jh. Weitere restaurierte Clochans. Reste von Ringfort.

Ballynageeragh Irland, sw von Waterford. Großer Portaldolmen. ND384.

Ballynahown Irland, nw von Ennis, bei Ballinalackan. Dolmen.

Ballynoe GB-Nordirland, 2 km s von Downpatrick. Prähistorischer Steinkreis, φ ca. 30 m.

Ballyvaghan Irland, an der Galway-Bay. 4 km s Earthern Ringfort. ½ km s davon Steinfort.

Balsthal Schweiz, Solothurn. Römische Mauerreste unter der Kirche. Nö Römerstraße Stalden.

Balta Tunesien, sw von Béja. Römische Ruinen. Nö Dolmen und in den Fels gehauene Kammergräber.

Baltinglass Irland, 50 km sw von Dublin. Auf dem Baltinglass-Gipfel eisenzeitliche Hügelfestung und Ganggrab.

Balua Jordanien, 9 km n von → (El) Qasr, n von Kerak. Eisenzeitliche Siedlung. Reste.

Balve Deutschland, sö von Iserlohn. Prähistorisches Museum. B.-Höhle, altsteinzeitliche Fundstätte.

Balzi Rossi Italien, nahe der französischen Grenze am Meer, w von Ventimiglia. Altsteinzeitliche Wohnhöhlen; Museum.

Bam Iran, 30 km n von Ahvaz. Festung.

Bam Iran, 209 km sö von Kerman. Erste Stadtgründung in der Sassanidenzeit 2 km nördlich des jetzigen Ortes. Ehemals mit Festung 10. Jh; heutige Festungsreste meist aus der Safavidenzeit. Stadtteil mit Mauer.

Bamako Mali, Hauptstadt. Nationalmuseum. Grotte mit Felszeichnungen n des Sportzentrums.

Bamiyan ** Afghanistan, wnw von Kabul. Buddhistisches Kloster 3.-7. Jh. Felsenzellen mit Malereien, Ghandarastil, 3./4. Jh., Laternendeckenimitationen. Zwei Kolossalstatuen Buddhas, 53 und 36 m hoch, 1. Hälfte 1. Jtsd. nach Chr. Mauern Shar-i Golghola der Festung Shar-i Bamiyan ab 11. Jh.

Bampur Iran, ca. 25 km nw von Iranschahr, s von Zahidan. Siedlungshügel (Tells) 3000-1900 vor Chr. und ma Zitadelle.

Bamuqqa Syrien, w von Haleb, bei Bashmishli. Villa 1. Jh. Grabkammer 1. Jh. Wohnhäuser 5. Jh. nach Chr.

Ban Libanon, 39 km sö von Tripoli, w von Bécharré. Altes Kloster St. Antonius von Qosaya.

Bana Türkei. → Penek.

Banakath GUS, Usbekistan, ö des Syr Darja, nw von Leninabad. Ruinen der vormongolischen Stadt. Nachfolgerin: → Schahruchija.

Banaros Ägypten. → Sollum.

Banas Indien. Fluß und Kultur in Rajasthan. → Udaipur (Ahar). → Gilund.

Banasa Marokko, 10 km sö von Souk-Tleta-du-Rharb, 108 km nö von Rabat. Colonia Julia Valentia Banasa. Spuren von Umfassungsmauer. Ausgrabungen von Resten von: Forum, Tempel, Tor von Basilika, Thermen, Thermen mit Fresken, Wohnvierteln. Kleine Westthermen, Nordthermen.

Banat, Qasr el- Ägypten, Fayum. Antik Euhemeria. Geringe Reste, römisches Bad.

Banat, Qasr el- Ägypten, Wadi Hammamat, ö von Quft. Römische Raststelle.

Banat, Qasr el- Syrien. → Raqqa.

Banat, Qasr el- Syrien, n von Maarat en Noman. Kloster ½ km n von → Dana (bei Djerade).

Banavasi Indien, Karnataka. Stadt ca. 1./2. Jh.

Banbhore Pakistan, ö von Karatschi. Ev. das alte Debal. Ausgrabungen. Moscheeruinen Anfang 8. Jh. mit vorislamischen Spuren.

Ban Chiang Thailand, 50 km onö von Udon Thani. Siedlung mindestens ab ca. 3600 vor Chr. bis 250 vor Chr. Ausgrabungen; Tempel festgestellt. Gräberfeld; Keramik. Früheste Bronzeverarbeitung.

Bandelier National Monument USA, New Mexico. Wohngebiet der Pueblo-Indianer ca. 1200-1550. Pueblo → Tyuony. Pueblo → Long House. → Painted Cave. Zwei steinerne Löwenköpfe. Weitere Indianerstätten. Visitor Center mit Museum.

Ban Di Lang Thailand, n von Saraburi. Ausgrabungen.

Banditaccia Italien. → Cerveteri.

Ban Don Thailand, Süden. Heute Surat Thani.

Bangalore Indien, Karnataka. Museum mit Funden der Induskultur.

Bangkok Thailand, einschließlich der Stadt Thonburi w des Menam. Krung Theb. Buddhistische Klöster, Grabmäler und Tempel, in der Hauptsache frühestens ab 18. Jh. Nationalmuseum** im Wang Na-Palast. Wat Mahathat. Großer Palast mit Wat Buddhaisawan 1795-97 und Wat Phra Keo** ab 1782. Wat Po** oder Wat Phra Jetupon bzw. Wat Bodharam ab 16. Jh. Wat Rajapradit. Wat Rajabopitr* 1863. Wat Suthat Anfang 19. Jh. Wat Saket. Suan Pakkad-Palast-Museum. Wat Benchamabopit.

Thonburi: Wat Dusitaram, wiedererrichtet 18./19. Jh. Wat Suvannaram, Anfang 19. Jh., Malereien*. Wat Arun**, ab Ende 18. Jh. bis 20. Jh.

Sö von B.: Ancient City; Nachbildungen von Tempeln und Baudenkmälern.

Bangli Indonesien, Bali. Residenz eines Nebenzweiges der Gelgel-Dynastie. Tempel Pura-desa, ab ca. 1200 nach Chr.

Bang Pa In Thailand, ca. 50 km n von Bangkok. Palastanlage 2. Hälfte 19. Jh.

Bani Surmah Iran. → Tscharar.

Baniyas Syrien, 56 km s von Lattakia. Griechisch und byzantinisch Leucas, römisch Balanea. Valenia der Kreuzfahrer. Geringe antike Reste. Über den Ain Quz-Quellen ein Felsplateau mit Steinhaufen, ev. von Wall aus dem frühen Altertum. Reste des Hafens der Kreuzfahrer. Ruine der Kreuzritterburg Markab.

Banja Luka Bosnien-Herzegowina. Antik Castra. Kastell an der Stelle eines römischen Castrums 1.-3. Jh. Spuren von slawischer Befestigungsanlage 9.-12. Jh.

Banjica Kosovo, 10 km nö von Peć. Römische Gräber und Denkmäler. Funde im Museum in Priština.

Ban Kao Thailand, sw von Kanchanaburi. Spuren von prähistorischen Siedlungen. In der Nähe die → Tham-Rup-Grotte.

Ban Laem Thailand, ca. 100 km sw von Bangkok. Luang Po Ban Laem.

Ban Mae Aow Thailand, s von Chiang Mai. Phra Buddhabat Takpa.

Banolas Spanien, Gerona. Archäologisches Museum.

Banoštor Vojvodina, w von Novi Sad. Römisch Malata, spätrömisch Bononia. Antike Ruinen, auch in der Umgebung. Nekropole.

Baños de Valdeganga Spanien, 35 km s von Cenca. 4 km s römische Brücke.

Banovallum GB. → Horncastle.

Banpo China. → Xian.

Banquza Syrien, 13 km s von Harim, 67 km w von Haleb. Gut erhaltene Häuser und Kirchenruine 6. Jh.

Ban Renu Thailand, ca. 220 km n von Ubon Ratchathani. Wat Prathat Renu.

Ban Sema Thailand, s von Khon Kaen. Das alte Muan Fa Daed, 9.-11. Jh. Hauptstadt des Dvaravati-Reiches. Stadtmauerreste. Wat Po Chai Semaran.

Banteay Chmar Kamputschea, ca. 100 km nw von Angkor. Ehemals riesiger Gebäudekomplex 1165-1180. Wasserbecken.

Banteay Prei Nokor Kamputschea, ö von Kompong Cham. Ev. die alte Hauptstadt → Indrapura. Gebäudereste 1. Hälfte 9. Jh.

Banteay Srei** Kamputschea, ca. 25 km nö von Angkor. Tempelanlage von Jayavarman V., letztes Drittel 10. Jh.

Ban Yang Thailand. → Nakhon Thai.

Banyas Israel, Nordgolan. Griechisch Paneas. Caesarea Philippi. Neronias. Jüdisch Qisarijon. Reste eines Panheiligtums. Reste von hellenistisch-römischen Bauten. Große Kreuzfahrerburgruine Qalaat es Subeibe (→ Nimrud, Qalaat).

Baoding Shan China. → Dazu.

Baotou China, Innere Mongolei. Tempel Kunduhun Si der Qin-Zeit, ca. Ende 3. Jh. vor Chr.

Baqirha Syrien, bei Bordj Mudakhkar, 46 km w von Haleb. Alte Villen, Säulengänge, Tempelreste. Im Osten Kirche von 546, Fassade*.

Baqlija, El Ägypten, s von El-Mansura, Delta. Altägyptisch Bah, antik Hermopolis Parva. Tell el-Naqus, Stadt und Tempel für Toth. Tell el-Sereiki, Nekropole mit Ibisfriedhof.

Bara Indonesien, Ostjava. Tempelanlage ab ca. 12. Jh.

Bará Spanien, 25 km ö von Tarragona. Katalanisch Berà. Triumphbogen* ("Arco de Bará") auf der antiken Via Augusta von Lucius Sergius Sura, Anfang 2. Jh.

Bara-Bahau Frankreich. → (Le) Bugue.

Barabar-Höhlen, Indien, Bihar, 25 km n von Gaya. Ca. 30 Höhlen 3. Jh. vor Chr. mit Inschriften Ashokas, darunter Gopika-Höhle, Lomas-Rishi-Höhle, Sitamarhi-Felsen, Sudama-Höhle, Supiya-Höhle, Vadathika-Höhle, Vahiyaka-Höhle.

Barad Syrien. → Brad.

Baragtud Tepe Afghanistan.

Barah, El Syrien. → (El) Kfer.

Baram Israel. → Kefar-Biram.

Baraqish* Jemen-Nord, ca. 70 km nw von Marib. 3 km nw das ehemalige Jathill (Yathul usw.), Hauptstadt der Minäer (400-120 vor Chr.). Stadtmauer und Türme, Ruinen der Stadt. Sonnen- und Mondtempel.

Barbalissos Syrien. → Meskene.

Barbar Bahrein, sw von → (Qalaat al) Bahrein. Tempelkomplex 2. Hälfte 3. Jtsd. vor Chr. freigelegt.

Barbarano Romano Italien, s von Viterbo. 2 km nö Reste der etruskischen Marturanum. Etruskische Tempelanlage. Antiquarium. Nekropolen 7.-3. Jh. vor Chr.: Nekropole Chiusa Cima; 6 km n Nekropole Valle Cappeleana.

Barbat Kroatien, Insel Rab, sö von Rab. Reste einer vorgeschichtlichen Wallburg und einer mittelalterlichen Festung.

Barbegal Frankreich, ö von Arles. Zwei römische Aquädukte. Mauerreste gallisch-römischer Mühle*.

Barbury GB, Wiltshire, bei Marlborough. Eisenzeitliche Befestigung.

Bårbyborg Schweden, Öland, sö von Mörbylånga. Wälle einer Fluchtburg.

Barca Slowakei, Osten, bei Košice. Siedlung im 16. Jh. vor Chr.

Barcelona Spanien. Iberisch Laie. Karthagisch Barcino. Römisch Julia Faventia Augusta Pia Barcino. Reste der römischen Stadtmauer in Dom-Nähe. Verkehrsamt für Katalonien Calle de Paradis Nr. 10 auf dem Boden eines Augustustempels, mit einigen Säulenresten und kleinem archäologischen Museum. Archäologisches Museum*.

Barcelos Portugal, w von Braga. Römisch Aguas Celanas. Archäologisches Freilichtmuseum im Palast des Grafen von Braganza.

Barcino Spanien. → Barcelona.

Barcinona Spanien. Römisch. → Barcelona.

Barclodiad y Gawres GB, Wales. → Aberffraw.

Barda (GUS) Aserbaidschan, s von Mingečaur. Mausoleum* 1322. Grabmoschee Imam-Zadeh 17.-19. Jh.

Bardan Indien, Zanskar, 12 km s von Padam. Heiligtum der Ur- oder Bönreligion, in buddhistisches Kloster umgewandelt. Heutiger Bau 16. Jh.

Bardenburg Deutschland. → Georgsmarienhütte.

Bard-i Nischandeh Iran, ca. 160 km nö von Ahvaz. 2 km vom linken Karunufer entfernt Reste einer Terrasse der Achämeniden oder Parther. Zisterne und Spuren einer kleinen Siedlung aus dem späten 7. oder frühen 6. Jh. vor Chr. Reste von Säulen. Weitere Terrassen, Basrelief.

Barenburg Deutschland, bei Wülfinghausen, Stadt Springe, s von Hannover. W von Wülfinghausen Wallanlage, vorrömische Eisenzeit.

Bares Spanien, Galizien, nö von Ortigueira. Vorrömischer Wellenbrecher.

Barforusch Iran. → Babol.

Barghuthiat Irak, sö von Bagdad, nö von Hilla. Ruinen aus der Parther- und Sassanidenzeit, darunter ein Palast. 800 m n → Djemdet Nasr.

Bargylia Türkei, 30 km sw von Milâs. Antike Stadt.

Bari Italien. Antik Barium. Archäologisches Museum.

Bari I-Sardinien, s von Tortoli-Arbatax, Ostküste. Nuraghe Nurta. Nuraghe Sa Iba Manna. Nuraghe Moru. Nuraghe Su Crastu. Nuraghe Sa Puliga. Nuraghe Cardedu. Nuraghe Trunconi.

Baria Jordanien. → Bariha.

Baria Spanien. → Villaricos.

Bariha Jordanien, w von Irbid. Das alte Baria. Zahlreiche Dolmen.

Baris Türkei. → Isparta.

Barium Italien. → Bari.

Barkaer Dänemark, Djursland, auf einer Sandbank auf einer Insel am Ufer eines jetzt ausgetrockneten Sees. Spuren von zwei jungsteinzeitlichen Häusern mit Straßenpflasterung, Trichterbecherkultur.

Barkuwara Irak, ca. 130 km n von Bagdad, östliche Tigrisseite, abseits des Stromes. Spuren eines an der Stelle eines Römerlagers errichteten Abbasidenpalastes mit Triumphbogen und Palast.

Barkvieren Deutschland, ö von Rostock, n von Tessin. 2 km onö Reste von Großsteingräbern.

Barlovento Kolumbien, nähe Nordküste. Fundstätte 1500-1000 vor Chr.

Barm-i Dalak Iran, bei Schiraz. Sassanidisches Basrelief.

Barnacis Spanien. Römisch; Torrelaguna, n von Madrid.

Baroli Indien, Rajasthan, 40 km sw von Kota, s von Jaipur. Mehrere Tempel 9. Jh., Skulpturen.

Baroña Spanien, Galizien, sw von Noya, 12 km von Puerto do Son. Ausgrabungen.

Baronceli Spanien. Castro de Baronceli (keltische Siedlung), heute Monterrei bei Verín.

Baronissi Italien, n von Salerno. Cava di Baronissi: Reste von römischer Villa unter der Kirche S. Agnese.

Bar le Petit Bois Marokko, sw von Tanger. Ruine einer Ölmühle, bis frühes 4. Jh. in Betrieb. Bei einem Megalithgrab ehemals Standort eines befestigten Gutshofes.

Barqa Libyen. Griechische Stadt 5. Jh. vor Chr. Heute El Merj, Al Mari usw., im Landesinneren, 32 km von Tolmeitha.

Barranco de Gasulla Spanien. → Montalvana.

Barranquete, El Spanien, ö von Almería. Megalithgrab.

Barrettali F-Korsika, Westküste Cap Corse. Stue menhir de Pinzu à Verhine.

Barrio del Pou Spanien, n von → Lérida. Römische Brücke.

Barsama Türkei, 25 km nö von Kayseri. Moscheeruine.

Barsian Iran, ca. 55 km sö von Teheran. Moscheeruine von 1098.

Barsip Irak. → Birs Nimrud.

Barskamp Deutschland, ö von Lüneburg. 1 km sw und sö Reste von Großsteingräbern.

Bartenshagen-Parkentin Deutschland, sw von Rostock. 2 km w Großsteingrab.

Bartin Türkei, n von Ankara, nähe Schwarzmeerküste. Das antike Parthenium. Spuren der Römerstraße Bartin-Amasra.

Bártulos Spanien. Phönizisch; → Almería.

Barúmini* I-Sardinien, 60 km n von Cagliari. Gut erhaltene Nuraghe Su Nuraxi, ab 2. Hälfte 2. Jtsd. vor Chr. mit spätnuraghischen Dorfresten 1. Hälfte 1. Jtsd. vor Chr.

Barward Deutschland, n von Bremerhaven, 7 km sw von → Sievern. Hügel einer vorgeschichtlichen Wurtensiedlung.

Barygaza Indien. → Bharuch.

Barzu Iran, bei Rahgerd, n von Qum. Antike Reste Tschehar Taq, vier Bogen eines alten sassanidischen Feueraltars. Antike Reste im ganzen Gebiet. An der Straße zwischen Arak und Qum Säulenschäfte eines Seleukidentempels 2. Jh. vor Chr.

Basa Sudan, sö von Meroë II. Meroïtischer Tempel für den einheimischen Löwengott Apedemak. Denkmäler z.T. in Khartum. Museum.

Bašadar GUS, Altai-Gebiet, Terekta-Gebirge. Skythische Nekropole; Kurgane, 6. Jh. vor Chr.

Basar Indien. → Vaisali.

Basara Türkei, w von Emirdağ.

Bascha, Tell Syrien, bei → Mishrife.

Baschadar GUS. → Bašadar.

Bascht Iran, 130 km nw von Kazerun. An der Poli Brin genannten Stelle die Ruinen zweier Brücken: mehrere Zugangsbogen einer Brücke aus der Sassanidenzeit; Rest einer islamischen Brücke.

Baschuc Guatemala, ca. 100 km ö von Huehuetenango, w von Nebaj. Ruinen (700 nach Chr.), Ballspielplatz.

Basedow Deutschland, sw von Malchin. Im NO Rest von Großsteingrab. 3 km sw Rest von Großsteingrab.

Basel Schweiz. Arialbinnum; Raurikersiedlung und spätere römische Straßenstation. Römisch Basilia. Römisches Kastell Robur auf dem Kleinbasler Ufer als Nachfolger des Drususkastells. Zwei römische Keller im Antikenmuseum. Römische Reste am Münster. Kastellmauerreste. Spätrömische Festungsreste in Kleinbasel. Historisches Museum.

Basgo Indien, Ladakh. Alte Königsburg, letzte Entwicklung 16./17. Jh. Einige km ö Tempelruinen, 11. Jh. Tempel der Prinzessin Kalzaang Dölma. Gold- oder Kupfertempel. Maitreyatempel 16. Jh. Malereien*.

Bashakuh Syrien, sw von Dar Qita, w von Haleb. Ruinen.

Bashmichli Syrien, w von Haleb, sw von Dar Qita. Rest von Kirche 6. Jh. Häuser mit antiken Teilen.

Basilia Schweiz. → Basel.

Baška Kroatien, Insel Krk. Römische Spuren: Mosaike, Gräber. Bronze- oder eisenzeitliche Hügel.

Başköy Türkei, sö von Iğdir, am Ararat. Fünf in den Fels gehauene Kreuze und zahlreiche, einst von christlichen Anachoreten bewohnte Höhlen.

Basondo-Höhle Spanien. → Cortézubi.

Basra Marokko, nö von Souk-el-Arba-du-Gharb. Errichtet im frühen 9. Jh.; letzte Erwähnung im 16. Jh. Bruchsteinmauer mit halbrunden Türmen und zehn Toren.

Basrah, Al Irak. Gegründet 638. Stelle der mittelalterlichen Stadt. Az Zubair, 12 km sw, Stelle des ersten Basra.

Bassa-Höhle Jordanien. → Wadi es-Sir.

Bassai** Griechenland, 97 km w von Tripolis. Vasses. Tempel des Apollon-Epikur, errichtet ca. 420 vor Chr. Zur Zeit durch Zelthalle geschützt, Besichtigung möglich. Fundamente von Bauwerken aus archaischen und klassischen Epochen. Reste von Aphrodite- und Artemis-Tempel.

Bassano Italien, bei → Orte, ö von Viterbo. Reste von Thermen. Etruskische und römische Gräber in Piana di Bassano. Rest von römischer Brücke.

Bassein Birma/Union Myanmar, im Irrawaddydelta. Shwemokhtaw Pagode. Tagaung Pagode. Thayaunggyaung Pagode.

Bassiana Vojvodina. → Putinci.

Bassuet Syrien. → Basut.

Bast Ägypten. → (Tell) Basta.

Basta, Tell Ägypten, Delta, sö von Zagaziq. Altägyptisch Bast, antik Bubastis. Ausgrabung eines Tempel für Bastet von Osorkon II. und anderen Bauherren. Ka-Tempel, Sed-Fest-Kapellen von Amenemhet III. und Amenophis III. Atuntempel von Osorkon II., Tempel für Mahes von Osorkon

III. und ein Tempel aus römischer Zeit. Palast- und Lehmziegelbaureste. Gräber, Tiernekropolen.

Basta Jordanien, Süden. Siedlung von ca. 6000 vor Chr. entdeckt. Spuren von Mauern aus Haustein.

Bastak Iran, ca. 60 km nö von Teheran. Ruine einer Karawanserei.

Bastam Iran, 75 km sö von Maku. Urartäische Stätte Ruza-Urutur (ausgedehnteste im Iran), Befestigungen, armenische Reste.

Bastardi Italien, sw von Foligno, sö von Perugia. Römische Brücke.

Basti Spanien. → Baza.

Bastida, La Spanien, w von Alcoy, s von Mogente. Iberische Stadt 5. Jh. vor Chr. Türme, Häuser.

Basufan Syrien, nw von Haleb. Kirchenreste 491-492.

Basut Syrien, s von Afrin, 65 km n von Haleb. Bassuet der Kreuzfahrer. Guterhaltene Festungsreste.

Batallium Spanien. → Badajoz, portug. Grenze.

Batán Grande Peru. Lehmziegelpyramiden.

Batavis Deutschland. Batava. → Passau.

Bat Gallim Israel. → Haifa.

Bath GB, Avon. Römisch Aquae Sulis. Römische Bäder* 2. Jh. mit Minervatempel als Roman Bath Museum.

Bathan, El Tunesien, 30 km w von Tunis. Ruine einer Römerbrücke.

Batiai Griechenland. → Kastri nw von Arta.

Batn Ezzamour Tunesien, ca. 60 km ö von Gafsa. Kleine römische Siedlung; Thermen, Mosaik 4. Jh. in Gafsa.

Batn Ihrit Ägypten, Fayum, w des Hauptortes. Antik Theadelphia. Reste ptolemäischer Tempel für Pnepheros in Alexandria.

Batouliyé Libanon, 8 km sö von → Sour (Tyrus). Beit Houlé. Antike Spuren.

Batroun Libanon, 56 km n von Beirut. Das antike Botrys. Ruine von römischem Amphitheater.

Bats Castle GB, Somerset, bei Dunster. Eisenzeitliche Befestigung.

Battlesbury GB, Wiltshire, ca. 3 km ö von Warminster. Eisenzeitliche Befestigung. 2 km sö → Scratchbury.

Batuecas, Las Spanien, 65 km onö von Ciudad Rodrigo. Prähistorische Felsen.

Batur Indonesien, Bali. Am Gunung Batur Heiligtum Pura Ulun Danu (nur noch Schrein der Dewi Danu). Tempel Pura Tanahlot. Ulu Watu auf dem Bukit Pejatu.

Batuta Syrien, sw von Fafertin, nw von Haleb. Byzantinische Häuserreste, Kirche 4. Jh., Kirche 6. Jh.

Batz-sur-Mer Frankreich, w von Saint Nazaire. Menhir de Pierre-Longue.

Baubigny Frankreich, ca. 20 km sw von Beaume. An der Stelle Dracy Reste eines ma Dorfes.

Bauda Syrien, 26 km sw von Maarat en Noman.

Ruinen.

Baude* Syrien, 45 km w von Haleb. Säulenhallen längs der Straße. Im Westen Bau mit Türsturz, "Taverne". Kirchen 4. Jh.

Baugé Frankreich, onö von Angers. 4 km nö Dolmen Pierre Couverte.

Baúl, El Guatemala, Escuintla. Mayasiedlung im 8. und 10. Jh., Ausgrabungsstätte, Fundort von Monolithskulpturen.

Bauli Italien. → Bacoli.

Baulkesbury GB, Hampshire, ö von Andover. Eisenzeitliche Befestigung.

Baulmes Schweiz, Waadt. Westl. Eremitage: Wälle und Graben von neolithischer Befestigung.

Baum USA, Ohio, s von Chillicothe. Indian. Tempelhügel.

Baumburg Deutschland. → Herbertingen.

Baunatal Deutschland, sw von Kassel. Altenritte: Auf dem Baunsberg Spuren von Abschnittswall, Südgipfel mit Ringwall, jüngere Bronze-, ältere Eisenzeit. Großenritte: W auf dem Burgberg Ringwall 1. Jtsd. vor Chr.; Besiedlungsspuren seit dem Neolithikum (Michelsberger). Menhir. B.-Guntershausen: Menhir.

Baunsberg Deutschland. → Baunatal.

Baux-de-Provence, Les Frankreich, ö von Arles. Siedlungsspuren 4. und 2. Jh. vor Chr. Musée d'Archéologie Régionale. Musée Lapidaire et d'Archéologie. In der Umgebung: Plateau des Bringasses mit ehemaligem kelto-ligurischem Oppidum mit Doppelmauer. Quartier de la Vayède: Reste einer kelto-ligurischen Mauer; zwei Friedhöfe.

Bauzanium Italien. → Bozen.

Bavay Frankreich, sö von Valenciennes. Bagacum Nerviorum. Reste von gallisch-römischer Stadtmauer. Ausgrabungen, Kryptoportiken, Thermen. Archäologisches Museum.

Bavian-Schlucht Irak, ca. 60 km n von Mosul. In der Schlucht des Nahr Gomel assyrische Stelen und Basreliefs des Sanherib (elf Tafeln mit Inschriften bzw. riesigen Skulpturen).

Bawit Ägypten, 3 km nw von Dairut, sw von Mallawi. Ruine des weitläufigen Apa-Apollon-Klosters, ev. ab 4. Jh., Malereien 6. und 7. Jh.

Bawiti, El- Ägypten, Oase Bahriya, 200 km w von Minia. Einschließlich El-Qasr. Grab des Amenophis-Huy 13. Jh. vor Chr. Kapellen und Gräber aus dem 6. Jh. vor Chr. und der griechisch-römischen Epoche. Tiernekropolen. Tempel Alexanders des Großen. Zerstörter römischer Triumphbogen und römische Reste. Koptische Kirche.

Bayadha, El Algerien, nö der → Monts des Ksour. Felsbilder, hauptsächlich südlich bei Petit Mecheria.

Bayburt Türkei, 130 km nw von Erzurum. Antik Gymnias, byzantinisch Baiberdon, armenisch Paipert. Von den Türken umgebaute armenische Festung.

Bayindir Liman Türkei, s von Kaş. Lykisch Se-

bada. Grabungen.

Bayir Jordanien, 185 km ssö von Amman. Bajr. Spuren eines Omayyadenpalastes. 4 km s Zisterne, mehrere Brunnen.

Baynun Jemen-Nord, n von Radāc. Zeitweise Hauptstadt des Himyaritenreiches. Ruinenfelder, Mauerreste, antiker Tunnel.

Bayon Kamputschea. → Angkor.

Bayonne Frankreich. Antik Lapurdum. Reste römischer Ringmauer.

Bayraklı Türkei. → Izmir.

Bayramli Türkei. → Eskipazar.

Baza Spanien, nö von Granada. Antik Basti. Iberische Nekropole.

Bazanfiruz Iran. → Ardebil.

Baz-i Har Iran, ca. 100 km s von Meschhed. Sassanidischer Feuertempel 3. Jh.

Bazzano Italien, ö von L'Aquila. Reste einer frühchristlichen Kirche.

Bdama Syrien, 60 km nö von Lattakia. Ruinengebiet im NO: bearbeitete Felsen; 100 m n Stelen. Felsgräber, Graffiti.

Beacon Hill GB, Hampshire, nw von Basingstoke. Eisenzeitliche Befestigung.

Beaghmore GB, Nordirland, 10 km nw von Cookstown, w des Lough Neagh. Steinkreis, ca. 1800 vor Chr., mit Grabhügeln.

Beal Boru Irland. → Killaloe.

Beaucourt Frankreich, ö von Montbeliard-Sochaux. Auf dem "Grandmont" prähistorische Stätte.

Beaune Frankreich, ca. 8 km s von Dijon. Archäodrom, Rekonstruktionen von Gebäuden und Grabanlagen. 7 km w Dolmen. Museum in der Stadt.

Bécan Mexiko, Campeche, 128 km w von Chetumal, w von Xpuhil. Reste einer ehemals großen Kultstätte der Maya. Tempel, Pyramide. Spätestens ab Mitte 3. Jh., Blüte 7. und 8. Jh. Umgebender Graben.

Becanum Italien. → Toscolano-Maderno.

Beccarini Italien, Apulien, nö von Foggia. Siedlung 6. und 5. Jh. vor Chr. Römische Siedlungsreste. Daunische Gräber 6. Jh. vor Chr.

Bechateur Tunesien, 14 km w von Biserta. Römische Reste, Zisternen, Quellfassung.

Bech Limon Syrien, ca. 90 km nö von Lattakia, nähe Straße nach Haleb. Ruine der Kreuzfahrerburg Besselemon.

Becilla de Valeraduey Spanien, 65 km s von León. Römische Brücke.

Beçin Kalesi Türkei, 206 km s von Izmir, 8 km sö von Milâs. Pecin. Byzantinische Festung auf antikem Unterbau.

Beckbury GB, Gloucestershire, bei Hailes Abbey. Eisenzeitliche Befestigung.

Beda Deutschland. → Bitburg.

Bedaium Deutschland. → Seebruck.

Bedawi, Tell Ägypten. Bei → (Tell) Nabasha.

Bédeilhac-et-Aynet Frankreich, Dep. Ariège, nw von Tarascon. Höhle mit Funden aus dem Jungpaläolithikum.

Bedford GB, Bedfordshire. County Museum.

Bedsa Indien, Maharashtra, sö von Lonavla, zwischen Bombay und Pune, 6 km sö der Station Kamshet. Buddhistisches Höhlenkloster.

Bedugul Indonesien, Bali. Heiligtum Pura Ulu Danu.

Bedulu Indonesien, Bali. W shivaitisches Kloster Goa Gaja, 11. Jh. Badeanlagen*.

Beech Bottom Dyke GB, Hertfordshire, bei → Saint Albans. Eisenzeitliches Erdwerk.

Beelmeon Jordanien. → Main.

Beer Matar Israel. → Beersheva.

Beer Safad Israel, bei Beersheva. Kupferzeitliche Siedlung, 2. Hälfte 4. Jtsd. vor Chr.

Beersheva Israel. Kastell Berosaba. Besiedelt seit der Kupferzeit, 2. Hälfte 4. Jtsd. vor Chr. Die eisenzeitliche Stadt auf dem Tell es Seba, 5 km ö von B., Befestigungen 10. Jh. vor Chr., frühere und hellenistische Spuren 4. Jh. vor Chr. bis 1. Jh. nach Chr.; Ausgrabungen*. Kupferzeitliche Siedlung bei Bir Abu Matar. Negev-Museum.

Begovača Kroatien, sw von Novigrad, ö von Zadar. Grundmauern einer römischen Villa Rustica.

Begram Afghanistan. → Bagram.

Begrawija Sudan. → Meroë II.

Beh-i Ardehir Iran. → Kerman.

Behbehan Iran, 200 km sö von Ahvaz. Gegründet ca. 12. Jh. In der Umgebung Tells mit prähistorischen Spuren. → Sohz Tepe.

Behbet Ägypten, 50 km s von Kairo. Reste eines Isistempels.

Behbet el-Hagar Ägypten, Delta, w von Mansura. Altägyptisch Hebit, Hebet. Antik Iseum. Römisch Isidis. Isistempel, Spätes Reich und Ptolemäerzeit; stark zerstört.

Behdesir Iran. → Kerman.

Behistun Iran. → Bisutun.

Behramabad Iran, 117 km w von Kerman. Das alte Rafsendjan, in der Nähe des einstigen Onas; ehemals Standort einer mächtigen Festung.

Behram Kale* Türkei, Westküste, n von Mytilene (Lesbos). An der Stelle des äolischen Assos. Ev. Nachfolgerin von Aššuwa, erwähnt im 13. Jh. vor Chr. Abschnitt der hellenistischen Stadtmauer mit Türmen. Byzantinische Mauer mit Rundtürmen. Reste des Athenetempels auf dem Akropolishügel ausgegraben. Agora. Gymnasium. Buleuterion. Theater. Nekropole.

Behren-Lübchin Deutschland, 27 km LL n von Teterow, n von Waren. 1 km nw slawischer Burgwall, Reste.

Behringen Deutschland, nö von Soltau. 1 km nö Grabhügelgruppe.

Behschahr Iran, am Kaspischen Meer. In der Nähe mehrere steinzeitliche Höhlen (→ Hotu-Höhle; →

Ghar-i Kamarband bei Ali Tappeh). Prähistorische Siedlungshügel.

Behyo Syrien, bei Harim, 67 km w von Haleb, 2 km s von Qalb Loze. Zwei Kirchen, 5. und 6. Jh.

Beichlingen Deutschland, nnö von Sömmerda, n von Erfurt. Nö Wälle ab der Bronzezeit.

Beida Jemen-Nord. → Al Bayda.

Beida, Khirbet el- Syrien, 10 km von Zelaf, letzteres 84 km ö von Suweida. Reste von römischem Feldlager, 3. Jh.

Beida, Qalaat el- Syrien, → Safita.

Beidha, El- Jordanien, n von Petra. Ausgrabungen aus dem Neolithikum: 6 Dörfer, Werkstätten, Reste von Rundhäusern. 1. Hälfte 7. Jtsd. vor Chr.

Beihan Jemen-Süd. → Baihän al-Qasäb.

Beijing China. Peking. Kanbaligh (Kambalu) des Kublai Khan, ca. 1270. Chinesisch Dadu (Ausgrabungen). Hauptstadt Beijing ab 1403. Ninjie-Moschee, ab 996. Tempel des Schlafenden Buddha, 7. Jh. in den Duftenden Bergen. Museum der Chinesischen Geschichte.

Beikhthano Birma/Union Myanmar. → Peikthano.

Beimbach Deutschland, ö von Langenburg/Jagst. 2 km n Abschnittswall.

Beino Israel, 17 km nw von Jerusalem. Antike Spuren.

Beirut Libanon. Beyrouth, Bayrut usw. Römisch C.Julia Augusta Berytus. Archäologisches Nationalmuseum mit Teil eines römischen Säulenganges. 9 km außerhalb Zébeidé-Brücke. Ruine einer römischen Wasserleitung.

Beishan China. → Dazu.

Beit siehe auch → Bet.

Beitar Israel. → Bittir.

Beit Chalaf Ägypten. Spuren von Ziegel-Mastabas der 3. Dynastie.

Beit Djin Syrien, ca. 40 km sw von Damaskus. Bedegenne der Kreuzfahrer. Felsnekropole.

Beitin Israel, 21 km n von Jerusalem. Das alte Lus, später Bethel genannt. Spuren einer bedeutenden Kanaanäerstadt, mittlere Bronzezeit, frühes 2. Jtsd. vor Chr.

Beit Rabbi, Qalaat Syrien. → (Qalaat) Burzey.

Beit Ras Jordanien, 6 km n von Irbid. Ausgedehntes Ruinenfeld des römischen Capitolias. Hypogäum (Mausoleum). Zisternen. Felsgräber, Ölmühle. Arabische Ruinen.

Beit Ur el Foqa Israel. → Bet Horon.

Beit el-Wali Ägypten. Tempel Ramses' II. für Amun-Re, jetzt nahe des Hochdammes in → Neu-Kalabscha.

Beja Portugal, s von Evora. Römisch Pax Julia. Schloß auf römischen Grundmauern. Römische Porta de Evora. Museum im ehemaligen Klarissenkloster mit römischen Mosaiken.

Béja Tunesien, 105 km w von Tunis. An der Stelle des phönizischen Vaga. Spuren eines antiken Tores. Byzantinische Stadtmauer. 12 km s "Brücke des Trajan", ca. 29 nach Chr.

Bejaïa Algerien. Antik Saldae. In der Nähe Standort eines Aquädukts. Antiker Wassertunnel, 428 m Länge, im 19. Jh. wieder in Betrieb.

Bejuk-Emili GUS. Auf dem Kilisadag Reste von Rundkirche.

Bektaşlı Türkei, w von Iskenderum, 61 km n von Antakya. Ruinen einer byzantinischen Kirche und einer Burg. 10 km w die Festung → Sultan Kale.

Belahan Indonesien, Ost-Java. Tempelanlage ca. 12. Jh.

Belame, Khirbet Israel, 36 km n von Nablus, 1 km s von Jenin. Hebräisch Jiblean, Belmain. Hügel mit Wachtturm und Wali.

Bela Palanka Serbien, 42 km sö von Niš. Byzantinisch Remesiana. Reste der türkischen Befestigung auf römischen und byzantinischen Kastellfundamenten. Reste einer kleinen frühchristlichen Basilika 4. Jh.

Belas Knap GB, Gloucestershire, bei Winchcombe nö von Cheltenham. Megalithisches Langgrab.

Belavaste China, Xinjiang, Umgebung von Hotan. Buddhistische Klosterreste, Wandmalereien.

Belbina Griechenland. → Velvina.

Belcher USA, Texas, ö von Dallas. Indian. Tempelhügel.

Beled Irak. → Eski Mosul.

Belemunin Jordanien. → Main.

Belen Türkei, s von Iskenderum. Aquäduktreste. Karawanserei 16. Jh.

Beleuli GUS, w des Aralsees. Choresmische Karawanserei.

Belevi Türkei, 60 km s von Izmir, 13 km nö von Selçuk. 3 km ö Tumulus: Reste eines unvollendeten Mausoleums ca. 3. Jh. vor Chr. mit Umfassungsmauer.

Belgaum Indien, Karnataka, nö von Goa. Zwei späte Jainatempel.

Belgica Deutschland, wnw von Remagen. Römisch; Billig.

Belginum Deutschland, sö von Bernkastel-Kues. S von Wederath und nw von Hinzerath römische Siedlungsstelle (Vicus); besiedelt ab 1. Hälfte 1. Jh. Nö hiervon großer Friedhof. Verlauf von römischen Straßen ("Ausoniusstraße") ö bis zum Stumpfen Turm.

Belgischer Wall GB. → Saint Albans.

Belgrad Serbien. Keltische und römische Festung Singidunum, ab 4. Jh. vor Chr. Neolithische und keltische Spuren. Römische Fundamente in der Burg. Nationalmuseum.

Belgrat Türkei, n von Istanbul. In der Antike Petra. Reste des 1894 durch Stauseebau evakuierten Dorfes.

Beli Kroatien, Cres, NO-Küste. In der Antike Inselhauptstadt. Standort einer vorgeschichtlichen Wallburg. Römische Funde.

Beligio Spanien. Iberisch; Belchite, s von Zaragoza.

Belikoma Türkei. → Bileçik.

Belisirama* Türkei, sö von Aksaray, im → Peristrematal. Antik Peristrema. Wohnungen in einer ehemaligen Klosterkirche "Ala Kilise". Stark beschädigte Malereien. In der Nähe drei Kirchen mit Fresken: dreischiffige Direkli Kilise ("Säulenkirche"), 10./11. Jh.; einschiffige Bahattin Samanlıgı Kilisesi, Fresken; Kırk Dan Altı Kilise (Georgskirche), ev. 13. Jh., Malereien. 2 km weiter: Karagedik Kilisesi, 11. Jh.; Eski Baca Kilisesi; sehenswerte Yılanlı Kilisesi, Fresken; Höhlenkloster mit der Sümbüllü Kilisesi (Lilienkirche), Fresken; Ağaç Altı Kilise, Malereien.

Belize Hauptstadt von Belize (ehemals Britisch Honduras). Archäologisches Museum.

Belkis Türkei, 68 km ö von Gaziantep, am Euphrat. Spärliche Reste der antiken Siedlung Seleukeia am Euphrat, römisch Zeugma. Akropolishügel (Belkis Tepe), Zitadellenmauerbruchstücke. Drei Nekropolen, Mosaike, Reliefs. Römischer Straßentunnel. Gegenüber: → Apameia (am Euphrat).

Bella Ventura Spanien, Menorca, bei Ciudadela. Taula.

Belli Tunesien, 7 km sö von Grombalia. Antike Säulen und Kapitele in der Moschee.

Bellie GB, ö von Inverness. Ehemals römisches Lager.

Bellinzona Schweiz, Tessin. Bilitio, Bellitiona. Museo civico.

Bellovaques Frankreich. Beauvais; ehemals gallische Hauptstadt.

Bellum podium Spanien. Römisch; Bellpuig d'Urgell.

Belluram Syrien, 37 km n von Lattakia. In der Nähe des Dorfes Brücke über den Wadi Qandil auf den Ruinen einer Römerbrücke.

Belm Deutschland, nö von → Osnabrück. 1) Vehrte: 1 km n vom Bahnhof Reste von Großsteingräbern. 2) Ö Haltern: onö Großsteingrab Schlopsteine.

Belmaco Spanien, La Palma, 12 km s von Mazo, s von El Pueblo. Höhle der Guanchen mit Felszeichnungen.

Belmonte Portugal. Centum Cella, Mauern* eines römischen Wachtturms.

Belo Spanien. → Bolonia.

Belonia Claudia Spanien. → Bolonia.

Beloserska GUS, Ukraine, rechtes unteres Dnjeprufer. Skythische Kultur; Kurgane.

Belsh Albanien, wsw von Elbasani. Ehemals befestigte Siedlung 1. Jtsd. vor Chr. (Eisenzeit).

Bel'sk GUS, Ukraine, n von Poltava. Ehem. Gorodišče (Wallburg), 33 km Umfang, ab 7./6. Jh. vor Chr. bis 3. Jh. vor Chr.

Beltany-Steinkreis. Irland. → Raphoe.

Belt-Höhle Iran, bei Beshar am Kaspischen Meer. Ausgrabungen.

Belur* Indien, Karnataka, onö von Mangalore. Ehemals Velapura. Tempel Anfang 12. Jh.

Belvoir Israel, s des Sees Genezareth. Kokhav Ha Yarden. Kreuzfahrerburg.

Belz Frankreich, sö von Lorient. Dolmen von Kerlutu.

Belzig Deutschland, s von Brandenburg. W jungbronzezeitliche Befestigungsreste am Bricciusberg; Burg Eisenhardt.

Bemmaris Türkei, bei Suruc, sw von Sanliurfa.

Benabel Syrien, bei Harim, 67 km w von Haleb. Ruinen, Villen, Grabsäule.

Benalup Spanien, sö von Medina Sidonia, nw von Algeciras, an der Tajo de las Figuras. Höhlen mit prähistorischen Zeichnungen: El Tajo, El Arco, La Cimera, El Tesoro, und weitere.

Benaocaz Spanien, w von Ronda. Reste von römischer Straße.

Benares Indien. Heute und früher → Varanasi.

Benat, Qasr el- Libanon, 11 km nw von Baalbek. Ruinen eines römischen Tempels.

Benat, Qasr el- Syrien, 50 km w von Haleb, an der türkischen Grenze. Durbaniti der Keilschrifttexte, Castrum Puellarum der Kreuzfahrer. Reste des Klostergebäudes. Turm, Herbergen, Spuren der Kirche, Nekropole. Römischer Felseinschnitt, Felsinschrift.

Bencarrón Spanien. → Alcala de Guadaira.

Bend-i Emir Iran, 55 km nö von Schiraz. Stauwerk der Bujiden (10. Jh. nach Chr.). Spuren einer offenen Wasserleitung. Mittelalterlicher Ort unter den Erdhügeln neben der Staubrücke begraben.

Bender, Tell el Irak. → Kisch.

Bender Abbas Iran, an der Straße von Hormuz. An der Stelle des Dorfes Gomrum. Unbedeutende Festungsruinen. Reste der von Franzosen, Engländern, Holländern und Portugiesen an der Küste gegründeten Manufakturen.

Bendorf-Sayn Deutschland, ö von Neuwied. Spuren von Limeswachttürmen 1/55,58. Rekonstruierter Limeswachtturm 1/54.

Benetuttli I-Sardinien, nw von Nuori. W Nuraghe S'Aspru. W Nuraghe Nurchidda. Nö von Nule Nuraghe Boes, Nuraghe Istelai.

Bene Vagienna Italien, ca. 50 km s von Turin. 2 km nö die ehemalige römische Stadt Augusta Bagiennorum, 1. Jh. vor Chr. bis 4. Jh. nach Chr. Theater 1. Hälfte 1. Jh. nach Chr.

Benevento* Italien, 60 km nö von Neapel. Antik Maleventum, römisch Beneventum. Trajansbogen** 117 nach Chr. Römisches Theater 2. Jh. Arco del Sacramento. Kryptoportikus bei der Kirche Madonna delle Grazie. Ponte Leproso. Ruinen von Thermen. Ägyptischer Obelisk. Portal von S. Sofia mit römischen Säulen. Museo del Sannio. Römische Straßenreste.

Beneventum Italien. → Benevento.

Beneventum Tunesien. Ev. Metline, ö von Biserta.

Benga Iran, 8 km nw von Do Gunbadan, ca. 300 km nw von Schiraz. In der Safavidenzeit gegründete, jetzt menschenleere Stadt.

Benghazi Libyen, Kyrenaika. Banghāzī. Euhesperides ab 5. Jh. vor Chr. Ägyptisch Berenike oder Berenice.

Beng Mealea Kamputschea, 40 km ö von Angkor. Tempelanlage 1. Hälfte 12. Jh.

Benha el-Asal Ägypten. Ruinenhügel → Kom el-Atrib.

Bénian, El Marokko, 17 km sö von Tanger. Stelle eines römischen Feldlagers. Umfassungsmauer mit 9 Türmen.

Benidorm Spanien, nö von Alicante. In der Sierra Helada gegenüber der Peñas de Arabi prähistorische Reste.

Beni Hassan* Ägypten, 250 km s von Kairo. Nekropole; Felsengräber von Gaufürsten der 11. und 12. Dynastie. S Felsentempel für die Göttin Pachet. 3 km s → Istabl Antar (Speos Artemidos).

Beni Israel, Qalaat Syrien, 46 km sö von Lattakia. Auch Bikisrail. Ev. das Castellum Vetulae der Kreuzfahrerzeit. Stark verfallene Burg.

Beni Said Koudiat Gharbia Marokko, ca. 20 km sw von Tanger. Standort eines befestigten römischen Feldlagers 1. Jh. nach Chr.

Beni Salameh Ägypten. → Merimde.

Beni Suef Ägypten, 115 km s von Kairo. Archäologisches Provinzmuseum.

Benken Schweiz, St. Gallen. Hallstattzeitliche Befestigung Kastlet. Drei Erdwälle.

Benkey Hill GB. → Whorlton Moor.

Bennaui Syrien, sö von Haleb, n von Khanazir. Kirchenruine.

Bennigsen Deutschland, Stadt Springe, sw von Hannover. 2 km wsw Wallanlage von fränkischer Burg, ca. 10. Jh.

Benningen Deutschland, n von Ludwigsburg. Gelände des römischen Kastells. Spuren der Zivilsiedlung. Heimatmuseum im Rathaus.

Benque Viejo del Carmen Belize. → Xunantunich.

Bensberg Deutschland, ö von Köln. Wälle; Funde spätlatènezeitlich. Refrath: Motte in Kippehausen.

Bensheim Deutschland. Menhir "Hinkelstein". Heimatmuseum mit Ur- und Frühgeschichte.

Bent El Bey Tunesien, 13 km ö von Tunis. Ruinen.

Benten Japan, Hokkaido, Nordzipfel. Bergfestung der Ainu.

Benzingerode Deutschland, ö von Wernigerode. Früheisenzeitliche Schlichtenburg. N Menhir Menhir "Hünenstein". Menhir in Börnecke. → Abb. 19.

Beram Kroatien, 25 km ö von Poreč. Stelle einer illyrischen Wallburg.

Berat Albanien. Illyrisch ab 4. Jh. vor Chr. Festungsmauern. Römisch Albanorum oppidum. Im 5. Jh. Pulcheriopolis. Im 14. Jh. Belgrad. Burg, byzantinische Kirche, Spuren der hellenistischen Akropolis.

Berbati Griechenland. → Prosimna.

Berbiya Ägypten, Oase → Dachle. Tempel, ev. römerzeitlich.
Berchha Indien, Madhya Pradesh, bei Panna, sw von Allahabad. Felsmalereien.
Berdesir Iran. → Kerman.
Berel GUS, Altai-Gebiet, ö von Zyranowsk. Skythische Nekropole. Šibe-Kurgan.
Berenike Ägypten, am Roten Meer, 835 km s von Suez. Berenike Troglodytikes. Gegründet 275 vor Chr. Sandbedecktes Ruinenfeld. Tempelruinen. 120-150 km nw Smaragdminen.
Berenike Libyen. → Benghazi.
Berenike epi Dires Äthiopien, Eritrea.
Berenike Panchrysos Sudan. → Allaki.
Berenike Troglodytikes Ägypten. → Berenike.
Berenikia Griechenland. → Preveza.
Berg Schweden, Süden, bei Uddevalla. Vorgeschichtliche Grabstätten.
Bergalinger Landhag Deutschland, ö und s von Wehr. Noch im Mittelalter benützte Wehrmauer an den Abhängen des Rheins zwischen Bergalingen und Berau. Sichtbar w und s von Bergalingen.
Bergama** Türkei, 105 km n von Izmir. Unter- und Oberstadt des antiken Pergamon. Akropolis hauptsächlich 3. und 2. Jh. vor Chr. Römisch ab 133 vor Chr.
Asklepieion, kultische Heilstätte: Spuren ab 4. Jh. vor Chr. Ruinen eines Monumentaltores. Stelle der Bibliothek mit Mosaikfußboden. Theater*. Säulengang. Heiliger Tunnel. Telesphoros-Tempel. Runder Äskulap-Tempel.
Torrest Vıran Kapı. Römisches Theater. Amphitheater. Stelle des Stadions. Ulu Cami aus antikem Baumaterial. Reste von römischer Brücke. Kızıl Avlu (Rote Halle oder Basilika), mit anschließendem auf Tonnengewölben ruhendem Hof. Museum von Bergama. S des Ortes Tumuli: Mal Tepe mit Dromos und drei Grabkammern. Yiğma Tepe mit Hypogäum und Ringmauer. Weitere hellenistische Hügel.
Ruinen auf der Akropolis von: Akropolistor, Akropolismauern, Unterer Agora, Gymnasien, Thermen, Demeter-Tempel, Oberer Agora, Zeus-Altar, Theater, Theater-Terrasse, Dionysos-Tempel, Athena-Tempel, Bibliothek, Königspalast. Trajans-Tempel im Wiederaufbau. Grabnischen.
Berg am Irchel Schweiz, nw von Winterthur. Auf dem Ebersberg bronzezeitliche Höhensiedlung. Ehemals Standort einer römischen Warte.
Bergamo Italien, nö von Mailand. Ehemals keltisches Oppidum. Bergonum. Reste des römischen Kapitols an der Zitadelle. Archäologisches Museum im ehemaligen Hospitium Magnum.
Berge Deutschland, sw von Quakenbrück. Nw Börstel: sw Rest von Großsteingrab. S Hekese: 1 km s Reste von Großsteingräbern.
Bergen Deutschland, Rügen. Rugard: Befestigungswälle ab 8. Jh.
Bergidum Spanien. Antik; heute Pieros bei

Villafranca del Bierzo.
Bergondo Spanien, nö von La Coruña, n von Betanzos. Prähistorische Siedlung.
Bergonum Italien. → Bergamo.
Bergstein Deutschland, w von Nideggen. Auf dem Burgberg ma Ringwall.
Berg vor Nideggen Deutschland, s von Düren. Ausgrabung eines römischen Landgutes.
Berkut-Kala GUS, Usbekistan, Oase s des Aralsees, Choresmien. Ehemals befestigte bäuerliche Landsitze. Ausgrabungen. Heute verlassen.
Berlin Deutschland. Ehemalige Siedlungen: frühbronzezeitlich in Mahrzahn; der jüngeren Bronzezeit in Buch; bronzezeitlich in Steglitz-Lichterfelde; der Trichterbecherleute in Alt-Lankwitz. Burgwall Blankenburg, ab 7.-8. Jh. Slawische Burg Köpenick, besiedelt bis mindestens 11. Jh. Burgwall Spandau: Standort von Burgen und Siedlungen ca. 700 bis ca. 1200; Nachfolgerin ist die Zitadelle. Ausgrabung eines befestigten ma Dorfes (Anfang 13. Jh.) in Zehlendorf-Süd, heute Museumsdorf Düppel, Clauertstraße 11.
Museen:
Charlottenburg**: 1) Ägyptisches Museum mit Tor aus → Kalabscha, Schloßstraße 70. 2) Antikenmuseum Schloßstraße. 3) Museum für Vor- und Frühgeschichte im Schloß.
Dahlem**: Dahlem-Museum mit völkerkundlichen Sammlungen (Indische Kunst, Islamische Kunst, Ostasiatische Kunst, Museum für Völkerkunde).
Museumsinsel**: 1) Bodemuseum: Ägyptisches Museum, Papyrussammlung. Museum für Spätantike und Byzantinische Kunst, Skulpturensammlung. Gemäldesammlungen. 2) Pergamonmuseum: Antikensammlung, Vorderasiatisches Museum (→ Abb. 146-148), Islamisches Museum. 3) Neues Museum wird Ägyptisches Museum und Museum für Ur- und Frühgeschichte aufnehmen.
Deutsches Historisches Museum; Abteilung Ur- und Frühgeschichte im ehemaligen Zeughaus.
Bern Schweiz. Bernisches Historisches Museum. Engehalbinsel: → Bremgarten.
Bernstein Österreich, Burgenland. Ca. 40 norischpannonische Hügelgräber, 1.-2. Jh.
Beroë Bulgarien. → Stara Sagora.
Beroia Griechenland. → Veria.
Beroia Syrien. → Haleb.
Beromünster Schweiz, nw von Luzern. Heimatmuseum.
Berosaba Israel. → Beersheva.
Berrena Spanien, s von Vitoria. Römische Ruinen*.
Berrhöa Griechenland. → Veria.
Berroka Syrien. → Buaraq.
Berry-au-Bac Frankreich, ca. 19 km nw von Reims. Ehemalige eisenzeitliche Siedlung mit Befestigung.
Berscheh Deir el-, Ägypten, ö von Mallawi. Nekropole, Felsgräber, 12. Dynastie.

Bersobis Rumänien.

Berzetho Israel. Ev. das heutige Bir Zeit, 26 km n von Jerusalem.

Besa Griechenland, sö von Athen, w von Lavrio. Ehemals mit Agora und Akropolis. Gruben.

Besakih Indonesien, Bali. Heiligtum am südlichen Abhang des Gunung Agung seit mindestens 11. Jh.

Besançon Frankreich. Ehemals keltisches Oppidum. Das antike Vesontio. Square Castan mit Resten eines römischen Theaters. Wasserbecken. Porte Noire 2. Jh. Porte Taillée.

Besara Israel. → Bet Shearim.

Beschindlaye Syrien, bei Harim, 67 km w von Haleb, 5 km sw von Qalb Loze. Felsgrab von Tiberius Claudius Sosandros, 134 nach Chr.

Beschtaschewi GUS, Georgien, Territorium Kweno-Kartli. Befestigte Siedlung seit mindestens 1. Hälfte 1. Jtsd. vor Chr.

Besigheim Deutschland. Reste einer Villa rustica.

Beşiktaş Türkei, europäisches Bosporus-Ufer, Nordrand von Istanbul. An der Stelle des byzantinischen Dorfes Diplokionion. Im einstigen Dorfteil Hagios Mamasehemal byzantinische Kirche.

Beşir, Tell Türkei, 29 km sö von Gaziantep, 5 km osö von Til Bahram. Reste der Festung Turbessel: Wallmauer, Tor.

Beşkılıse Türkei, 35 km sö von Kars. Armenisch Chtskonk. Kirche 11. Jh.

Besnagar Indien, Madhya Pradesh, nö von Bhopal, Station Bhilsa. In der Nähe der alte Ort Vidisha, im 2. und 1. Jh. vor Chr. Hauptstadt des Sungareiches, wirtschaftliche Stütze von → Sanchi. Ruinen. Kolossalstatuen aus der Gupta-Zeit.

Besni Türkei. Octacuscum. Römische Straßenreste.

Besri, Khirbet Libanon, n von Jezzin, ö von Saida. An der Stelle der antiken Siedlung Borri. Säulen, Gräber.

Beşşatyr GUS, 180 km ö von Alma-Ata. Kurgane.

Besselemon Syrien. → Bech Limon.

Besseriane Algerien, nw vom Schott el-Dscherid. Katakomben.

Bestam Iran, 410 km ö von Teheran. Umfassungsmauer mit halbrunden Basteien.

Bet siehe auch → Beit.

Bet Alfa Israel, sw des Sees Genezareth, w von → Bet Shean. Ausgrabungen einer Synagoge 6. Jh. nach Chr. Mosaik*.

Betatakin-House* USA, Arizona-Norden, w von Kayenta, im → Navajo National Monument, Tsegi Canyon. Cliff-Dwelling der Anasazi, ca. 1300 nach Chr. errichtet. → Abb. 132.

Bet Bessei Israel, 1 km sö von Bethlehem. Heute Khirbet Beit Bassa.

Bet Enun Israel, 40 km s von Jerusalem, 3 km sö von Halhul. Bet Anot des Stammes Juda. Ruine einer Kirche. Antike Quelle und Wasserbecken.

Bet Guvrin Israel, ö von Qiryat Gat. Antik Betogabra, Hauptstadt von Idumäa. Seit Septimius Severus Eleutheropolis. Ma Gibelin (Johanniterka-

stell). Arabisch Beit Jibrin. Kirche 5./6. Jh. Mosaike in Jerusalem. Felsgräber. 2 km s → (Tel) Maresha.

Bet Habania Israel, n von Hadera. In der Nähe Erdhügel mit römischem Mausoleum 2.-3. Jh. Wasserleitungsreste.

Bethanien Israel. → (El) Azarie.

Bet Haram Jordanien. → Shaghur.

Beth-Arbel Jordanien. → Irbid.

Bethel Israel. → Beitin.

Betheln Deutschland, w von Hildesheim. N Wallanlage Beusterburg, ab Jungsteinzeit.

Bethennabris Jordanien. → (Tell) Bileibil.

Bethlehem Israel, 17 km s von Jerusalem. Geburtskirche ab 4. Jh., im 12. Jh. neu über der Geburtsgrotte errichtet. Mosaikreste. Milchgrotte. Zisternen. Rest von römischer Wasserleitung. 2 km n Rachels Grab. Kenotaph. Ca. 2 km ö Kirche Kenisat er-Ruwat, 5. Jh. → Bet Sahur.

Bet Horon Israel, 14 km w von Ramallah, auch Bet Choron. Beit Ur el Foqa, das alte Obere Bet Horon. → Bet Ur el Tahta.

Beth-Ramtha Jordanien. → Shaghur.

Beth Rehob Jordanien. → Rihab.

Bethuana Irak. → Ana.

Betina Kroatien, Insel Murter. Standort der illyrisch-römischen Stadt Collentum.

Bet Jimal Israel, bei → Bet Shemesh. Kefar-Gamla. In der Kirche byzantinische Reste 5. Jh.

Bet Mirsim, Tel Israel, sw von Hebron. Ruinenhügel, frühe Bronzezeit (22. Jh. vor Chr.) bis 6. Jh. vor Chr. Ausgrabungen.

Bet Nimra Jordanien. → (Tell) Bileibil.

Betogabra Israel. → Bet Guvrin.

Betropolis Syrien, 40 km ö von Homs. Antik; Forqlos.

Bet Sahur Israel, 3 km sö von Bethlehem. Ruinen von hellenistischer Festung. Siyar el-Ghanem (Djanem), ehemaliges Kloster 4.-7. Jh.

Betsaida Israel, NO-Ufer des Sees Genezareth. Ausgrabungen.

Bet Shean Israel, 25 km s des Sees Genezareth. Beth-Shan usw. Griechisch Skythopolis. Seleukidisch Nysa. Tell el Hösn, bronze- und eisenzeitliche Spuren, Spur von kanaanäischem Tempel. Römisches Theater*. Byzantinisches Kloster 6. Jh., Mosaik. Synagoge 6. Jh. Villa. Kleines Museum.

Bet Shearim Israel, 20 km sö von Haifa. Besara; Tel Sheikh Abreiq. Reste von Synagoge 2. Jh., von Basilika, von Häusern, von Ölpresse 4. Jh. Jüdische Nekropole mit zahlreichen Katakomben, ab 3. Jh.

Bet Shemesh Israel, w von Jerusalem. Beth Semes usw. Ruinen des alten Ortes. Ausgrabungen am Tell er-Rumele. Bronze- und eisenzeitliche Siedlungsreste.

Bet Sur Israel, ca. 36 km s von Jerusalem. Reste der ma Burg Bet Sur. Ausgrabung von hellenistischer Stadt. Das kanaanäische Bet Sur ev. an der

Stelle Khirbet et Tabeiga.
Bet Taffuah Israel. → Taffuh.
Bettir Syrien, w von Haleb, 2 km n von Qalb Lhose. Kirche von 469.
Bettmaringen Deutschland, w von Stühlingen. Ev. vorgeschichtliche Befestigungsanlage im Buggenhölzle.
Bettona Italien, 22 km sö von Perugia. Reste von etruskischer Stadtmauer 4. Jh. vor Chr. Lapidarium. Nekropole, Grabkammer*.
Bet Ur el Tahta Israel, 18 km w von Ramallah. Das alte Untere Bet Horon, ehemals von Salomo befestigt. → Bet Horon.
Betxi Spanien, sw von Castellón de la Plana. Iberische Reste.
Bet Yerah Israel, Südufer des Sees Genezareth. Khirbet Kerak. Griechisch Philotereia. Byzantinisch Sennabris. Sinnabra. Erste Besiedlung 3. Jtsd. vor Chr., Ausgrabungen. Ruinenhügel, frühbronzezeitliche Mauer, 19./18. Jh. vor Chr. Römische Festung 3. Jh., Reste einer Synagoge. Römisches Bad 4. Jh. Byzantinische Kirchenreste 6. Jh.
Betylua Israel, 22 km n von Nablus. Antik, heute Sanur.
Bet Zeita Israel, 31 km s von Jerusalem. Das alte Bet Zet. Ruinen.
Betzenbergle Deutschland. → Kleinsorheim.
Bet Zur Israel. → Bet-Sahur.
Beusterburg Deutschland. → Betheln.
Bevagna Italien, 8 km w von Foligno, sö von Perugia. Römische Reste von Stadtmauer, Tempel, Amphitheater. Mosaike von Thermen.
Beverstedt Deutschland, sö von Bremerhaven. Ca. 3 km sö Wälle der frühmittelalterlichen Befestigung Monsilienberg*, ca. 10. Jh.
Beyed, El Mauretanien, 120 km von Ouadane. Steinsetzungen, Gräber.
Beyhaq Iran. Ma Name für Sebzevar, 649 km ö von Teheran. Nahm die Stelle des von den Mongolen zerstörten → Khosrowgerd ein.
Beyşehir Türkei, w von Konya. Antik ev. Parlais. Byzantinisch Karallia. Moschee von 1296*. In der Umgebung hethitische Denkmäler: 20 km n → Eflatun Pinar. 10 km osö → Fasıllar (Mistia).
Beyşesultan Türkei, s von Uşak, 5 km sw von Çivril. Besiedlung von der Kupfersteinzeit bis zur byzantinischen Zeit, mit Unterbrechung der jüngeren Bronzezeit (13. Jh. vor Chr.). Heiligtum der älteren Bronzezeit festgestellt. Palast um 1900 vor Chr. Heiligtum. Weitere Kultstätte mit zwei Altären. Zisterne. Weitere Paläste.
Bezeklik China. → Qianfodong.
Béziers Frankreich. Römisch Biterrae Septimanorum, C. Julia Septimia Biterrae. Römische Brücke.
Bhadgaon Nepal, sw von Kathmandu. Durbar Square; Löwentor 1696. Palast der 55 Fenster, 1427. Goldenes Tor 17. Jh. Nyatpola-Tempel.

Bhairah-Tempel 17. Jh. Dattatraya-Tempel 14. Jh. Kloster 15. Jh. Museum.
Bhagatrav Indien, Gujarat, s von Bharuch. Ehemals Hafen der Industalkultur (→ Harappa). Ausgrabungen.
Bhairavakonda Indien, Andhrapradesh, Distrikt Nellur, bei Kottapalla. 8 Höhlen, 6.-8. Jh., Pallava- und Calukya-Kunst.
Bhaja Indien, Maharashtra, sö von Lonavla, zwischen Bombay und Pune. 18 buddhistische Höhlenklöster, um 200 vor Chr. Stupas.
Bhaktapur Nepal. → Bhadgaon.
Bhamo Birma/Union Myanmar. → Sampanago.
Bhanpura Indien, Madhya Pradesh. In der Umgebung Felsmalereien: Billi-Khoh, → Chaturbhujnath, Geb Sahib, Gwal-Amba, Indragarh, Ramkund-Nala, Zinta-Khoh.
Bharhut Indien, Madhya Pradesh, 175 km sw von Allahabad. Ehemals buddhistisches Zentrum. Ehemals (mindestens ab 2. Hälfte 2. Jh. vor Chr.) mit Stupa. Der Zaun befindet sich in Kalkutta.
Bharuch Indien, Golf von Cambay. Antik Barygaza.
Bharukaccha Indien. → Bharuch.
Bhattiprolu Indien, Andhrapradesh, sö von Guntur. Stupa, Satavahana-Dynastie, 1. Jh. vor bis 2. Jh. nach Chr.
Bheragat Indien, Madhya Pradesh, 20 km s von Jabalpur, nähe Narmada-Fluß. Tempel von 1155.
Bhilsa Indien. → Besnagar.
Bhima Indonesien, Java. → Dieng.
Bhimbetka Indien, Madhya Pradesh, 40 km s von Bhopal. Zahlreiche Höhlen und Grotten. Steinzeitliche Felsmalereien; vom Ende der Altsteinzeit bis in historische Zeit.
Bhir Mound Pakistan. → Taxila.
Bhita Indien, Uttar Pradesh, 18 km sw von Allahabad. Besiedelt seit ca. 8. Jh. vor Chr. Blütezeit 3. Jh. vor Chr. bis 6. Jh. nach Chr., (Maurya-, Kushan- und Guptazeit). Ausgrabungen der Mauryazeit 321-184 vor Chr. Ausgrabungen der Guptazeit 320-455 nach Chr. Ehemals befestigte Stadt. Museum.
Bhitargaon Indien, Uttar Pradesh, 30 km von Kanpur. Ziegeltempel, Guptazeit, 5. Jh. Tempel, 10. Jh.
Bhoipur Indien, Madhya Pradesh, 28 km ö von Bhopal. Ruinen. Tempel 11. Jh.
Bhopal Indien, Madhya Pradesh. Moscheen, 19. Jh. Archäologisches Museum.
Bhumara Indien, Madhya Pradesh, ca. 200 km sw von Allahabad, 20 km w von Unchahra. Shiva-Tempel, 6. Jh., Guptazeit, verfallend.
Bhuvaneshwar** Indien, Orissa. Besiedelt seit ca. 500 vor Chr., Hindu-Tempelstadt 8.-12. Jh. Mehrere hundert Tempelruinen. Ananta-Vasudeva-Tempel. Brahmeswar-Tempel, ca. 1000 nach Chr. Bhukareswar-Tempel. Gauri-Tempel. Kedareswar-Tempel, 10. Jh. Lingaraja-Tempel, 11. Jh.

Megheswar-Tempel. Mukteswar-Tempel, 9./10. Jh. Parasurameswar-Tempel, 7./8. Jh. Rajarani-Tempel, 11.-13. Jh. Siddeswar-Tempel, 10. Jh. Svarnagaleswar-Tempel. Vaital-Deul-Tempel, 8. Jh. Reste der Stadt Sisupalgarh; Wälle, Ashoka-Zeit. Museum. 8 km n → Dhauli-Felsen. N → Udayagiri-Höhlen. N → Khandagiri-Höhlen.
Bia, Tell Syrien. → Raqqa.
Biahmu Ägypten, Fayum, n des Hauptortes. Sockel für zwei Kolossalstatuen Amenemhets III.
Bibanum Kroatien. → Bibinje.
Bibbinello I-Sizilien. Nekropole bei → Palazzolo Acreide.
Biberlichopf Schweiz. → Schänis.
Bibi Dost Iran, ö von Zabol. Nekropolen. → Deh Burzak.
Bibinje Kroatien, 6 km sö von Zadar. Römisch Vibiani, ma Bibanum. Römische Mauern mit Mosaikboden, Teile von römischer Wasserleitung. Römische Gräber. N des Ortes ma Ruinen mit römischen Bauresten.
Bibi Schahr i Banu Iran. → Rey.
Bibracte Frankreich. → Mont Beuvray.
Biburg Deutschland. → Pförring.
Biccavolu Indien, Andhra Pradesh, zwischen Rajahmundry und Samalkot. Verlassene Tempel, 9./10. Jh. Nakkalagudi-Tempel. Kansaragudi-Tempel, Skulpturen. Großer Tempel. Candrashekara-Tempel. Golingeshwar-Tempel. Rajarajeshwar-Tempel. Shiva-Tempel, 10./11. Jh.
Biche-Höhle Spanien. → Castellar de Santisteban.
Bicorp Spanien, ca. 100 km sw von Valencia. 12 km vom Ort: Cueva de la Aranja mit altsteinzeitlichen Höhlenmalereien. In der näheren und weiteren Umgebung zahlreiche Höhlen.
Bidakhabit Iran, 356 km sö von Isfahan, zwischen Surmegh und Sar-i Yezd. Kleiner befestigter Ort.
Bidar Indien, 135 km nw von Hyderabad. Ehemals Hauptstadt des Bahmani-Königreiches ab 1428. Festung mit Palastresten 15. Jh. Islamische Mausoleen, 15. und 16. Jh.
Biebergemünd Deutschland, sw von Bad Orb. Kassel: 4 km sö Ringwall Alteburg, ev. spätlatènezeitlich.
Biebertal Deutschland, nw von Gießen. Fellinghausen: Auf dem Dünsberg Wälle* von spätkeltischem Oppidum. Im S Befestigungsreste der Siebenjährigen Krieges. Archäologischer Wanderpfad.
Bielefeld Deutschland. Eisenzeitlich-frühgeschichtliche Wallburg auf der Hünenburg.
Bielle Italien, nö von Turin. Römische Nekropole aus dem 2. Jh. nach Chr. aufgedeckt.
Bielogorsk GUS, Krim. Kemi-Oba-Kultur 2. Hälfte 3. Jtsd. vor Chr. bis 1. Hälfte 2. Jtsd. vor Chr. Skythischer Kurgan.
Bierburg Deutschland, bei Echte, n von Northeim, n von Göttingen. Ma Wallanlage.
Bierlingen-Starzach Deutschland, nw von Hechin-

gen. Reste eines römischen Gutshofes.
Biesheim Frankreich, n von Neuf-Brisach. Gallorömisches Museum.
Bigadiç Türkei, 38 km sö von Balıkesir. Ma Kastell, ev. die byzantinische Festung Achyraous.
Bigbury GB, Kent, w von Canterbury. Eisenzeitliche Siedlung.
Bigge Ägypten, Insel s von Assuan, in der Nähe der Insel Philae. Antik Abaton. Reste von ptolemäischem Tempel und von Stele.
Bignor GB, West Sussex, 11 km n von Arundel, bei Chichester. Römische Villa* 4. Jh., Mosaike, Museum.
Bihać Bosnien-Herzegowina, an der Una. In den Dörfern der Umgebung eisenzeitliche Ausgrabungen 5. Jh. vor Chr. bis 1./2. Jh. nach Chr. → Jezerina. → Malo Zaološje. → Ribić.
Bihar Indien, Stadt in Bihar. Sw → Barabar-Höhlen, 3./2. Jh. vor Chr. In der Nähe → Nalanda, 5. Jh. vor Chr. Nw → Patna (Pataliputra), ab 5. Jh. vor Chr. S → Rajgir, ab 6. Jh. vor Chr.
Bijači Kroatien, 2 km n von Trogir. Ehemals antike Siedlung. Ma Reste.
Bijapur Indien, Karnataka. Die heutige Stadt auf dem Gelände der Zitadelle der alten Stadt. Ab 16. Jh.: Tore, Moscheen, Mausoleen, Zitadelle, Palast.
Bijolia Indien, Rajasthan, w von Kota. Drei Tempel. Ehemals Standort zahlreicher Tempel.
Bikaner Indien, Rajasthan. Gegründet 1488. Ummauert. Fort mit Palastbezirk um 1600. 17./18. Jh.: Karan Mahal; Chandra-Mahal (Mondpalast); Phool-Mahal (Blumenpalast); mehrere Jaina-Tempel; Neminath-Tempel mit Skulpturen; Lalgarh-Palast 19. Jh. mit Museum. 8 km ö → Dev Kund.
Bikisrail Syrien. → (Qalaat) Beni Israil.
Bilachinium Österreich. → Villach.
Bilad al-Kadim Bahrein. Ehemalige bedeutende Siedlung vor der Zeitenwende.
Bilbala Cherkos Äthiopien, n von Lalibela. Felsenkirche.
Bilbao Guatemala. Farm im Department Escuintla. Ausgrabungsstätte in der Nähe von → Santa Lucia Cotzumalguapa. Fundort von Monolithskulpturen, vorklassische Periode.
Bilbao Spanien. Archäologisches Museum. Ö Goikolau-Höhle.
Bilbilis Spanien. → Calatayud.
Bilbury Ring GB, ca. 15 km sw von Salisbury. Hügelfestung. S → Hanging Langford.
Bile Türkei. → Birecik.
Bileća Bosnien-Herzegowina, nö von Dubrovnik. Reste illyrischer Siedlungen. Hügelgräber.
Bileçik Türkei, s von Izmit. Antik Agrilium und Belikoma. Grundmauern des byzantinischen Kastells von Belikoma. Am Erdhügel Demirci Hüyük Ausgrabung von Siedlung der älteren Bronzezeit (1. Hälfte 3. Jtsd. vor Chr.).

Bileibil, Tell Jordanien, ca. 54 km w von Amman, sw von Es Salt, nö von Shunat Nimrim. Biblisch Bet Nimra. Griechisch-römisch Bethennabris.

Bileim, Tell Ägypten, Delta. Antik Herakleopolis Parva.

Bililo Kroatien, Pelješac. → Viganj.

Bilimišće Bosnien-Herzegowina, bei → Zenica, ca. 85 km nw von Sarajevo. Reste von frühchristlicher Basilika.

Bilin Birma/Union Myanmar, n von Thaton. Ruinen von Suvanabhumi.

Billi-Khoh Indien, Madhya Pradesh, bei → Bhanpura. Felsmalereien.

Bilstein Deutschland. → Edermünde.

Bilstein Deutschland. → Wetzlar.

Bima Indonesien. → Dieng.

Bimbach Deutschland, sö von Gerolzhofen. ½ km nö Viereckschanze.

Binbir Kilise* Türkei, 30 km n von Karaman, sö von Konya, bei Değile und Maden Şehir (Madenşehri). Tal der Binbir Kilise; Tal der 1001 Kirchen. Ruinen zahlreicher byzantinischer Kirchen bzw. einer fast ausschließlich aus Kirchen und Klöstern bestehenden Stadt. Errichtet überwiegend im 1. Jtsd. Verfall im frühen 12. Jh. Auf den Ruinen entstand ein Dorf mit befestigter Anlage. Maden Şehir, der östliche Ort: kleine, dreischiffige Kirche. Kapelle. Dreischiffige Kirche. Reste einer kleinen seldschukischen Festung mit Kirchenrest. Stätte der Akropolis. Ruinen mehrerer byzantinischer Kirchen. Ruinen eines Seldschukendorfes. Nördlicher Vorsprung des Maden Dağ mit Resten mehrerer Kirchen. Unterbau eines Mausoleums. Değile, der westliche Ort: Zerfallene Kirchen, Kloster mit ein- und dreischiffigen Kirchen. Weitere Klosterruinen. Spuren von Stadtmauer. Stark verwittertes Basrelief.

Bingemma Gap Malta, 4 km von der Westküste. Prähistorische, punische und jüdische Grabanlagen. Römische Katakomben.

Bingen Deutschland, nö von Sigmaringen. Grundriß eines römischen Gutshofes.

Bingen am Rhein Deutschland. Vingium, römisch Bingium. Römische Reste unter der Burg Klopp und unter der Kirche St. Martin. Mithräum.

Bingium Deutschland. → Bingen am Rhein.

Bingling Si Shiku China, Gansu, am Berg Xiaojishi Shan, 35 km sw von Yongjing. Vorher Longxing und Lingyan. Tausend-Buddha-Grotten, ab 2. Hälfte 1. Jtsd. vor Chr. 34 Grotten (1/5 des ehemaligen Bestandes); Skulpturen, Plastiken, Malereien. Staudamm vor dem Grottentempel.

Binh-dinh Vietnam, Vijaya. Hauptstadt Harivarmans II. (988-998). 1069 zerstört. Turmreste 12. Jh.

Binh-son Vietnam, Vinh-yen. Turmrest, ca. 1100.

Biniancolla Spanien, Menorca, Südküste, s von Mahon. Talayot.

Binicodrell Spanien, Menorca, sö von Ferries.

Ruinen.

Binifax Spanien, Mallorca. Talayot.

Binn Schweiz, Wallis. Teile von Römerstraßen.

Bin Tepe Türkei. → Sardes.

Bint el Malik, Qasr Syrien. → Safita.

Binyamina Israel, n von Hadera. N des Ortes Reste eines römischen Theaters 2. Jh., mit arabischen Gebäuden.

Biograd Kroatien, 28 km s von Zadar. Biograd na Muro. Antik Alba Civitas; Blandona. Auf den Ruinen der antiken Siedlung. Reste römischer Landhäuser, hauptsächlich auf Bošana.

Bippen Deutschland, sw von Quakenbrück. S Dalum: ½ km sö Rest von Großsteingrab. S Klein Bokern: nw Rest von Großsteingrab.

Bir Abbad Ägypten, 20 km ö von Adfu. Alte Siedlungsreste. 30 km weiter ö in einem Wadi kleiner Tempel Sethos' I. Drei Stelen.

Bir Abu Matar Israel. → Beersheva.

Bir al-Ater Algerien, s von Tebessa. Altsteinzeitliche Kultur Atérien.

Bir Bou Yaya Tunesien, 14 km nnw von Thelepte. Byzantinische Mauer.

Birdjend Iran, 490 km s von Meschhed. Um die Reste eines Festungshügels erbaut.

Birdlip GB, bei Gloucester. Ehemals keltisches Oppidum.

Birdoswald GB, nö von Carlisle, 3 km w von Greenhead. Römisches Fort Camboglanna am → Hadrianswall. Fortreste.

Birecik Türkei, 65 km ö von Gaziantep. Das antike Birtha. Bile der Kreuzritter. Arabisch El Bira. Reste einer ma Festung, teils von den Kreuzfahrern errichtet.

Birg Deutschland. → Altjoch.

Birg Deutschland. → Baierbrunn.

Birg Deutschland. → Kleinhöhenkirchen.

Birg Deutschland. → Limbach Kreis Saarlouis.

Birgitz Österreich, sw von Innsbruck. Auf der Hohen Birga bis in die frührömische Zeit bestehende keltisch-illyrische Siedlung (ab 3./2. Jh. vor Chr.) ergraben. Steinwall.

Bir el Hafey Tunesien, 73 km nö von Gafsa. In der Umgebung römische Grabstätten. 13 km nnö römische Ruinen.

Bir Halasine Ägypten, 335 km w von Alexandria. Ehemalige Römerbäder; heute Zisternen.

Bir Hammamat Ägypten, 92 km w von Quft. Reste eines kleinen ägyptischen Tempels. Römische Reste. Steinbrüche aller Epochen. Zahlreiche Inschriften.

Biriai I-Sardinien, bei Oliena, sö von Nuoro. Ausgrabung eines kupferzeitlichen Dorfes.

Biricianis Deutschland. → Weißenburg in Bayern.

Biristeddi I-Sardinien, nw von Dorgali. Gigantengrab.

Birka, Tell el- Ägypten. → (Tell ed) Dabba.

Birka Schweden, auf der Insel Björkö w von Stockholm. Ehemaliges Handelszentrum um 800.

Stadtmauerreste. Über 2000 Grabhügel.
Birkenfeld Deutschland, sw von Idar-Oberstein. Kreisheimatmuseum.
Birkenmoor Deutschland, n von Kiel. In der Umgebung Reste von zahlreichen Großsteingräbern.
Birket Ein Jordanien. → Jerash.
Birmingham GB. Städtisches Museum mit archäologischer Abteilung.
Birori I-Sardinien, sö von Macomér. Megalithgrab Tanca Sa Marchesa, 3.-2. Jtsd. vor Chr.
Bir Oum Souirh Tunesien, 97 km s von Medenine, ö von Remada. Spuren aus der Römerzeit.
Birs Nimrud Irak, 124 km s von Bagdad. Assyrisch Barsip, antik Borsippa. Ruinen, große Ziqurat, Nabu-Tempel E Zida, Mauer.
Bir es Suweit Ägypten, Sinai. Felszeichnungen.
Birten Deutschland. → Xanten.
Bir Tersas Tunesien, nö von Teboursouk. Ehemals Standort eines römischen Kastells.
Birtha Jordanien. → Wadi es Sir.
Birtha Türkei. → Birecik.
Bir Umm el-Fawahir Ägypten, Wadi Hammamat, ö von Quft. Reste antiker Bergwerksanlagen mit Siedlung.
Birzebbuga Malta, Ostküste. N römische Villa. Bronzezeitliche Siedlungsreste Borg-in-Nadur 1400-800 vor Chr. und jungsteinzeitliche Tempelreste (Tarxien-Phase). Höhle Ghar Dalam mit zahlreichen Knochenfunden und Museum.
Bir Zeit, Khirbet Israel, 24 km n von Jerusalem. Antike Felsengräber. Ruinen aus Kreuzfahrer- bzw. Araberzeit.
Bir Zelloudja Tunesien, 90 km w von Gabès. Römische Ruinen.
Birziminium Montenegro. → Podgorica.
Bisanthe Türkei. Das heutige Tekirdağ, 139 km w von Istanbul. Zwischendurch Rhädestos.
Biscéglie Italien, nw von Bari. Sw nähe Autobahnstation Dolmen 2. Jtsd. vor Chr.
Bischahpur Iran. → Schahpur.
Bischek Iran. Heute Turbat-i Haidari.
Bischofshofen Österreich. Auf dem Götschenberg ehemals Kupferbergbauzentrum mit frühzeitlicher Höhensiedlung. Römerzeitliche Besiedlungsspuren.
Bisentium Italien. → Bisenzio.
Bisenzio Italien, am Bolsena-See. Reste des antiken Visentium. Nekropolen.
Bishnapur Indien, Westbengalen. Keshta-Raya-Tempel, 17. Jh.
Bisica Tunesien, n von Bou Arada, w von Pont-du-Fahs. Antike Ruinen, Tempelruinen.
Bisinium Bosnien-Herzegowina. → Rogatica.
Bisitun Iran. → Bisutun.
Biskra Malta, NW. 2 km n Tempelspuren.
Biskupin Polen, n von Gnesen. Ausgrabungen* einer großen, aus Holz erbauten früheisenzeitlichen Wehrsiedlung (6.-5. Jh. vor Chr.), zur Lausitzer Kultur gehörend. Museum und archäologisches Reservat.

Bismaja Irak, s von Kut. Das sumerische Adab. Palast und Wohnhäuser entdeckt.
Bisse, Tell Syrien, 12 km n von Homs.
Bissendorf Deutschland, sö von Osnabrück. Nö Grambergen: 1 km onö von Deitinghausen Rest von Großsteingrab. Nö Jeggen: wenig s Rest von Großsteingrab.
Bistue Vetus Bosnien-Herzegowina. → Prozor n von Mostar.
Bisutun Iran, Berg 30 km ö von Kermanschah. Altpersisch Bagastana. Wohnhöhlen seit dem Moustérien, darunter die Ghar-i Khar (Affenhöhle). 3 Basreliefs*: 1) Darius I (521-485 vor Chr.), mit Proklamation in altpersisch, neubabylonisch und elamitisch. 2) Mithridates II (123-88 vor Chr.). 3) Gotarzes II (40-51). Reste von parthischer Siedlung; bearbeiteter Fels. Medische und parthische Befestigungsreste. Herkulesstatue. Spur von sassanidischer Brücke und von Straßendamm. Sw riesige bearbeitete Felstafeln am Platz Tarasch-i Farhad, ca. 600 nach Chr.
Bitburg Deutschland. Römisch Beda. Ehemals mit Tempelbezirk und Forum. Reste von römischer Befestigung. Kreismuseum.
Biterrae Septimanorum Frankreich. → Béziers.
Bithia I-Sardinien. → Chia.
Bithynium Türkei. → Bolu.
Bitlis Türkei, w des Van-Sees. Zitadellenruine, älteste Teile byzantinisch. N und nö mehrere Karawansereiruinen, 13./14. Jh.
Bitola Makedonien. 2 km s Herakleia, römisch Heraclia Lyncestis, gegründet 4. Jh. vor Chr. Reste von Portikus, kleiner Basilika, großer Basilika mit Mosaiken, Akropolis-Hügel mit byzantinischer Mauer. Amphitheater. Skulpturen, Inschriften.
Bitschwinta GUS, Georgien. → Pizunda.
Bittir Israel, 30 km w von Jerusalem. Bet Ther, Bottir. Jüdisch Beitar, Festung Bar-Kochbas; arabisch Khirbet al-Yahud. Ehemals Standort von zwei römischen Heerlagern. Ruinen.
Bitzariano Gr-Kreta, 60 km s von Iraklion, n von Kastelli. Byzantinische Kirche mit antiken Bauteilen.
Blackdown Camp GB, Devon, ö von Plymouth, n von Kingsbridge. Eisenzeitliche Befestigung.
Blacker's Hill GB, Somerset, Mendip. Eisenzeitliche Befestigung.
Black Fort Irland. → Inishmore.
Blackstone Edge GB, 20 km nö von Manchester. Teilstück der Römerstraße Manchester-Ilkley.
Blagaj Bosnien-Herzegowina, ssö von Mostar. Stephansburg auf dem Hum-Berg, einer ehemaligen illyrischen Siedlung bzw. römischen Castrums. Ruine der Kosorabrücke und römische Gebäudereste. "Grüne Höhle" Zelena pećina mit neolithischen Funden, 3000-2800 vor Chr.
Blagaj na Japri Bosnien-Herzegowina, 7 km ö von Bosanska Novi, nw von Banja Luka. Reste von frühchristlicher Basilika 6. Jh.

Blakey Topping GB, Yorkshire, nw von Scarborough. Menhire.

Blandae Spanien. Blanes.

Blandona Kroatien. → Biograd.

Blankensee Deutschland, s von Lübeck. Sw Rest von Großsteingrab.

Blanot Frankreich, 30 km nnw von Mâcon. Merowingischer Friedhof. 3 Gräber zu besichtigen.

Blat Libanon, 4 km sö von → Jbail (Byblos). Kirche mit antiken Steinen. Felsgräber.

Blato Kroatien, Korçula. Funde des römischen Landgutes Junium. In der Umgebung griechische Siedlungsspuren.

Blaubeuren-Sonderbuch Deutschland, bei Ulm. 2 km ö keltische Viereckschanze. Sw altsteinzeitliche Höhle Geißenklösterle.

Blavia Frankreich. Gallo-römisch; Blaye, n von Bordeaux.

Bled Slowenien. Veldes. Auf der Insel Maria im See slawische Gräber und Siedlungsspuren der Hallstattzeit, 8. Jh. vor Chr.

Bled el Gadaa Marokko. Befestigtes Lager in Limesnähe bei Volubilis.

Bleibeskopf Deutschland, 3 km w von Dornholzhausen, wnw von Bad Homburg. Niedriger späturnenfelderzeitlicher Ringwall.

Blera Italien, 25 km s von Viterbo. 7 km s Zona Archeol. San Giovenale; ehemalige Siedlung seit dem 7. Jh. vor Chr. Römische Mauerreste. Römisch-etruskische Felsnekropolen, z.B. am Pian del Vescovo, Pian Gagliardo. Reste von antiken Straßen und Brücken.

Blidaru Rumänien. Reste einer Dakerfestung, 1. Jh. vor Chr. bis 1. Jh. nach Chr.

Bliedersdorf Deutschland. → Grundoldendorf.

Bliesbruck Frankreich, ö von Sarreguemund. Ehemals gallo-römische Straßensiedlung, die sich bis auf deutsches Gebiet (Opferplatz) hinzog. Ausgrabungen. Geplanter Kulturpark Bliesbrücken-Reinheim.

Blieskastel Deutschland, ö von Saarbrücken. Steinzeitlicher Gollenstein, ein Menhir auf dem Hohberg, 6,6 m hoch.

Blocksberg Deutschland. → Pansdorf.

Bloemfontain RSA. Museum mit Felsenkunst.

Blokhman, Tell Syrien, sö von Haleb. Das alte Tuma Seman. Reste.

Bloody Acre GB, Gloucestershire, n von Cromhall. Eisenzeitliche Befestigung.

Bloukion Türkei. → Karalar.

Blubberhouses Moor GB, Yorkshire. Rest von römischer Straße.

Blučina Cezavy Tschechien, bei Brno. Ehemalige befestigte urnenfelderzeitliche Höhensiedlung.

Bludenz Österreich, Vorarlberg. Nö Höhensiedlung Montikel von der frühen Bronzezeit bis zur Völkerwanderungszeit; römischer Festungsrest. Ausgrabung. Stadtmuseum.

Blythe USA, Californien. Ca. 28 km entfernt große Scharrbilder. (Gebiet der Scharrbilder von Arizona bis w von → Mexicali).

Boang Papua-Neuguinea, Insel der Tanga-Gruppe. Felsmalereien.

Bobadela Portugal, 85 km onö von Coimbra. Reste von römischem Triumphbogen.

Bobovac Bosnien-Herzegowina, bei Kraljevo Sutjeska, 45 km nw von Sarajevo. Das alte Sesnik. Ruinen der ma Siedlung mit römischen Spuren.

Bobovišća Kroatien, Insel Brač, Westküste. Vorgeschichtliche Hügelgräber.

Bocairente Spanien, nö von Villena, nw von Alicante. Ehemalige iberische Grabkammern als Einsiedeleien.

Bockraden Deutschland. → Eggermühlen.

Bodenheim Deutschland, sö von Mainz. Bei St.Maria ehemals Standorte von römischen Villen.

Bodh Gaya Indien. → Buddh Gaya.

Bodhigara Nillakgama Sri Lanka. → Nillakgama.

Bodnath Nepal, 8 km nö von → Kathmandu. Großer Stupa.

Bodobriga Deutschland. → Boppard.

Bodrogkeresztur Ungarn, NO. Gräberfeld 3100-2700 vor Chr. Aus der → Lengyel-Kultur entstanden.

Bodrum Türkei, 268 km s von Izmir. Das antike Halikarnassos. Mesy der Johanniter. Fundamente eines Mauerwalles, ev. aus der Zeit des Mausolos. Spuren des Mausoleums (Unterbau und Bruchstücke) von Halikarnassos entdeckt. Antike Mauer- und Stadttorspuren. Kastell St. Peter an der Stätte der dorischen Akropolis als Museum. Griechisch-römisches Theater 3. Jh. vor Chr., karische Gräber.

In der Umgebung antike Siedlungen: 12 km n → Karyanda. 20 km w → Myndos.

In der Umgebung zahlreiche Gehöfte, befestigte Hirtengehöfte, Gräber: 10 km ö → Alâzeytin Kalesi. 8 km nö → Büyük Çevrim. 10 km ö → Büyük Keneli Tepe. 3 km ö → Gâvur Aylusu. 7 km nw → Girel Kalesi. 3 km n → Gökçeler Kalesi (Pedasa). 12 km ö → Kaplan Dağı (Syangela). 12 km osö → Kayasi Kali. 8 km ö → Keçi Kirilan. 8 km nö → Koca Dağ. 4 km n → Koca Ören. 10 km ö → Kovuk-Çal. 6 km ö → Mineç Çukuru. 8 km nw → Ören Avlusu. 6 km nw → Oyuklu Dağ. 7 km nö → Tirman Dağ.

Böbingen Deutschland, ö von Schwäbisch Gmünd. Unterböbingen: Mauerreste eines Limeskastells. Spuren der Zivilsiedlung (Straßenstation).

Böddeken Deutschland, s von Paderborn. Ca. 4 km nö Ausgrabungsstelle eines frühkaiserzeitlichen Hauses; Wallspuren.

Böheimkirchen Österreich, ö von St. Pölten. Auf dem Hochfeld Wall und Graben von bronzezeitlicher Höhensiedlung.

Böhmfeld Deutschland, nnw von Ingolstadt. Nö vier Keltenschanzen.

Böhming Deutschland, w von Kipfenberg/

Altmühltal. Wall der Umwehrung des ehemaligen Numeruskastells. 100 m sw Kastellbad und kleiner Tempel festgestellt.

Bölükören Türkei, w von Nevşehir. Unterirdische Siedlung.

Bösenburg Deutschland, nö von Eisleben. Ehemalige befestigte urnenfelderzeitliche Höhensiedlung; karolingisch-ottonische Wallreste.

Bözberg Schweiz, Aargau. → Effingen.

Boğazkale** Türkei, 215 km nö von Ankara. Boğazköy ist der Name des Ortes bis 1938 und Name der Ausgrabungsstätte. Ursprünglicher Name Hatti. Stelle des antiken Hattusa, Hauptstadt der Hethiter von ca. 1600 bis 12. Jh. vor Chr. Auch Chattusa usw. Pteria 9.-6. Jh. vor Chr.
Die Besiedlung und daher die Abfolge der Schichten: 1) Mitte 3. Jtsd. vor Chr.; Ende um die Jahrtausendwende 3./2. Jtsd. vor Chr. durch Ankunft der Hethiter. 2) 1. Hälfte 2. Jtsd. vor Chr., Altes Reich. 3) 1460-1200 Neues Reich. 4) Einfall der Seevölker; phrygische Besiedlung ca. 1200-660 vor Chr. 5) Perser 546-334 vor Chr. Außer von Stadtmauern* und Stadttoren** sind die Mauerreste nur wenig hochragend.
Unterstadt: Reste eines Turmes vom Wall. Reste von dreibogigem Stadttor. Ruine des Großen Tempels; phrygisches Heiligtum. Reste von Häusern 14. Jh. und 3. Jh. vor Chr. Hügel Büyük Kale: Spuren von Ringmauern vom Beginn der Hethiterzeit. Standort der Königsresidenzen und von Tontafel-Archiven. Reste von großem Bauwerk 14. oder 13. Jh. vor Chr. und von Bauwerken fast aller Epochen bis in die hellenistische Zeit. Hügel Büyük Kaya mit Resten hethitischer Festungswerke. Zeichenfels Nişantaş mit hethitischer Inschrift.
Oberstadt: Königstor* (→ Abb. 65), Verteidigungsanlagen, Ruinen von drei Tempeln, Löwentor*, "Poterne" Yerkapı, ev. der Gang zu einem Heiligtum.
Örtliches Museum.
Ca. 3 km nö die über einen ehemaligen Prozessionsweg zu erreichende Kultstätte Yazilikaya**, ab ca. 1500 vor Chr., in der Hauptsache Mitte 13. Jh. vor Chr. Reliefs in den Felswänden von zwei kurzen Schluchten. Kammer A: zwei Bildfriese, je eine männliche und eine weibliche Götterprozession zu einer größeren Götterdarstellung. Beschriftung mit hurritischen Namen in hethitischer Schrift, 1. Hälfte 13. Jh. vor Chr. Kammer B: Reliefs, 2. Hälfte 13. Jh. vor Chr. Kammer C: Ev. Totenkultstätte, Inschrift. Nur noch Spuren von Gebäuden, ev. von Kult- oder Sakristeiräumen. → Abb. 66.
In der Umgebung Hügel Yenicekale mit Resten hethitischer Festungsanlagen. Ca. 50 km n die Hethiterstadt → Alaca Hüyük**.

Boğaz Köprü Türkei. → Sivas.

Boğazköy Türkei. → Boğazkale.

Boğazköy Türkei, ca. 15 km sw von Nevşehir. Unterirdische Siedlung.

Bogen Deutschland, ö von Straubing. Auf dem Bogenberg Ringwall ab früher Bronzezeit (ca. 1500 vor Chr.) mit vorgeschichtlicher Kultstätte. Urnenfelderzeitliche Wälle. Ma Abschnittswall, ca. 10. Jh.

Bogenberg Deutschland. → Bogen.

Boghar GUS, Usbekistan. → Buchara.

Bogotá Kolumbien. Museo del Oro**.

Boiai Griechenland, SO-Spitze Peloponnes, bei Neapolis. Voies. Ehemalige antike Stadt. Mykenische Nekropole.

Boian Rumänien. Neolithisches Dorf mit Gräberfeld, 4.-3. Jtsd. vor Chr. Ausgrabungen; Type-Site.

Boiano Italien, sw von Campobasso. Antik Bovianum. Sö auf dem Monte Crocella Befestigungsreste.

Boibe Griechenland, bei Kanalia, n von Volos. Ruinen des alten Ortes.

Boiodurum Deutschland. → Passau.

Boitin Deutschland, bei Tarnow, s von Rostock. "Steintanz", Steinsetzungen 1. Jtsd. vor Chr.

Boke Deutschland, w von Paderborn. Ö frühma Ringwall Hünenburg.

Bokebeis Syrien. → (Qalaat) Abu Qobeis.

Bokerley Dyke GB, Dorset, sw von Salisbury. Römischer Wall.

Bol Kroatien, Insel Brač. Reste eines römischen Wasserbehälters. Wallburg Koštilo.

Bolards, Les Frankreich. → Nuits-Saint-Georges.

Bollendorf Deutschland, ca. 23 km nw von Trier. Grundmauern eines römischen Gutshofes, 2.-5. Jh. nach Chr. Sö Wallanlage Niederburg, ca. 1. Jh., ein Teil der Befestigungen des → Ferschweilerplateaus.

Bologna Italien. Felsina der Etrusker. Bononia der Römer und Gallier (Bojer). Reste von Römerstraße. Die ehemaligen Standorte von Kapitol, Thermen, Amphitheater und Isistempel sind bekannt. Antike unterirdische Wasserleitung von 20 km Länge. Museo Civico. Ö → Villanova.

Bolonia Spanien, w von Algeciras. Römisch Belonia Claudia, Bella, Belo. Römische Ruinen 1. Jh. von Stadtmauer mit Tor, Straße mit Säulen, Forum, mehreren Tempeln, Brunnen, Theater, Thermen.

Bolšaja Blisnica GUS, Rußland, HI Taman, Asowsches Meer. Ehemalige griechische Kolonie.

Bolšaja Rečka GUS, Rußland, am Ob, s von Barnaul. Freilegung von Resten einer Erdhäusersiedlung.

Bolsena Italien, am Bolsena-See. An der Stelle des neueren etruskischen Volsinii. Die etruskische Stadt um die Höhen im NO. Die römische Stadt auf dem Poggio Moscini und auf dem Mercatello. Reste von Stadtmauer, Tempel, Theater, Amphitheater, Forum, Basilika, Thermen, Wohngebäude.

Katakomben, Nekropolen. Museo Civico.
Boltaña Spanien, nö von Huesca. Römische Brücke.
Boltby Scar GB, n von York, in den Hambledon Hills, nw von Ampleforth. Befestigung. Ca. 1 km ö: → Cleave Dyke.
Bolton GB, Greater Manchester. Museum mit ägyptologischer Sammlung.
Bolu Türkei, nw von Ankara. 4 km ö an der Eskihisar genannten Stelle die antike Siedlung Bithynium, römisch Claudiopolis, auch Hadriana oder Honorias.
Bomarzo Italien, nö von → Viterbo. 2 km nö Spuren einer etruskischen Siedlung. Nekropolen. 3 km nw der Piano della Colonna mit etruskischen Resten und Gräbern.
Bombay Indien, Maharashtra. Türme des Schweigens. Walkeshwar-Tempel, Ende 1. Jtsd. Mahalaxmi-Tempel, 1. Jtsd. Prince of Wales-Museum mit Archäologischer Abteilung und Höhlengemäldekopien. Ö → Elephanta-Höhlen*. N → Kanheri-Höhlen. N Mahakali-Höhlen. N Mandapeshwar → Mount Poinsur. N Montpezir-Höhlen → Mount Poinsur. N → Yogeshvari-Höhlen.
Bonampak Mexiko, Chiapas, am linken Lacanhá-Ufer. Ausgrabungen einer Mayastadt, mittlere Periode des Alten Reiches. Fresken in drei Kulträumen, ehemals *, mittlerweile beschädigt, restauriert. Reproduktionen von Tempel und Malereien im Anthropologischen Nationalmuseum in Mexico-City.
Bonensia Deutschland. → Bonn.
Bonito Türkei. → Belevi.
Bonito USA. → Pueblo Bonito.
Bonn Deutschland. Alte Stadt der Ubier. Bonnae; Castra Bonensia von Drusus 15 vor Chr. gegründet. Legionslager und Zivilsiedlung Bonna erforscht; in der Südwestecke Reste von Lagergebäuden und Dietkirche kenntlich gemacht. In Beuel-Geislar Lager festgestellt. Auf dem Petersberg ehemals vorgeschichtliche Wallanlage. Rheinauenmuseum mit Kopien römischer Denkmäler. Rheinisches Landesmuseum. → Niedergermanischer Limes.
Bonnae Deutschland. → Bonn.
Bononia Bulgarien. → Vidin.
Bononia Italien. → Bologna.
Bononia Vojvodina. → Banoštor.
Bonorva I-Sardinien, sö von Sassari. Sammlung nuraghischer Stelen (Baityloi). Grabkammern der Vornuraghenzeit. Nuraghen: sw Codes; n Poltolu; sw Scolca; nw Sena; ö Su Monte; ö Su Lumarzu; n Tres Nuraghes. N → Santu Antine. Ö → Sant Andria Priu. In der Umgebung Spuren von Befestigungsanlagen der sich gegenüberstehenden Urbewohner (Schutzwälle, Castra) und Karthager (verschanztes Lager), 5./4. Jh. vor Chr.
Bonţeşti Rumänien. Ausgrabungen.
Bonu Ighinu I-Sardinien, n von Mara, nw von

Macomér. Kultur 3800-3400 vor Chr.   Höhlen 1 km ö der Straße.
Bookan-Ring GB. → Orkney-Inseln.
Boot GB, Cumbria, w von Windermere. Steinkreis und Hügelgräber.
Bopfingen Deutschland, w von Nördlingen. Ehemals urnenfelderzeitliche Höhensiedlung auf dem Ipf. Innerer und äußerer Wall der Befestigungsanlagen von keltischer Fürstenburg auf dem Ipf, hauptsächlich Hallstattzeit, 9.-6. Jh. vor Chr. Grabhügelfeld ca. 600 vor Chr. Museum im Seelhaus. Nw → Oberdorf.
Boppard Deutschland. Römisch Bodobrica, Bontobrice, Baudobriga usw. Spätrömische Stadtmauerreste.
Boqeq Israel, SW-Ecke des Toten Meeres. Ruinen einer kleinen Festung 4.-7. Jh.
Borasi Bosnien-Herzegowina. → Vitina.
Borazdjan Iran, 112 km sw von Kazerun. Beim Ort Tscharkhab Spuren eines achämenidischen Palastes. Tell-i Mor mit Spuren einer elamitischen Festung. In der Umgebung sassanidische Ruinen.
Borbetomagus Deutschland. → Worms.
Borcovicium GB. → Housesteads.
Bordeaux Frankreich. Antik Burdigala. Reste eines römischen Amphitheaters. Ausgrabungen. Musée d'Aquitaine mit prähistorischer Sammlung*. ›
Bordj Azzawi Syrien, sö von Haleb, n von Khanazir. Kirchenruine mit guterhaltenem Portal.
Bordj Beitin Israel, bei → Beitin (Bethel), 21 km n von Jerusalem. Ruine eines Kreuzfahrerturms.
Bordj el Bezzaq Syrien. → Amrit.
Bordj Deiruni Syrien, bei Bordj Mudakhkar, 46 km w von Haleb. Guterhaltene Kapelle.
Bordj Hammam Tunesien, 38 km s von Tabarka. Römische Reste; zwei Zisternen.
Bordj Hasin ez Zaher Syrien, sö von Haleb, s von Aqraba, n von Khanazir. Byzantinische Festung.
Bordj Heidar Syrien, nw von Haleb, ö von → Basufan. Antik Kaprokera. Basilikarest* 4. Jh. Kirche 6. Jh. Zwei weitere Kirchen.
Bordj Hellal Tunesien, w von Souk El Arba. Byzantinische Festung.
Bordj Mudakhar Syrien, 46 km w von Haleb. Ruinen einer Kirche.
Bordj Younga Tunesien, 45 km sw von Sfax. Burgruine; Unterbau ev. aus byzantinischer Zeit.
Borger Niederlande, ssö von Groningen. In der Umgebung 11 Hünengräber. Museumshof mit Hünengrab-Ausstellung.
Borg il-Gharib Malta, Gozo. → Ghanjsielem.
Borgiarum Albarum Spanien. Les Borges Blanques, nw von Tarragona.
Borg L'Imramma Malta, Gozo. → Sannat.
Borg-in-Nadur Malta. → Birzebbuga.
Borgo Griechenland. → Exoburgo.
Borja Spanien, bei Tarazona. Iberisch Bursao. Römische Reste.
Borj esch Chimali Libanon. → Sour.

Borken-Kleinenglis Deutschland, sö von Bad Wildungen. 1 km nö von Kerstenhausen Ringwall auf der Hundsburg, 1. Jtsd. vor Chr.

Borkow Polen, bei Schlawe, w von Stolp. Ö Reste von Großsteingräbern.

Bormani, Locus Italien. Diano.

Borobudur** Indonesien, Java. Mahayana-buddhistische Tempelanlage, aus einer Felskuppe gehauen, geschmückt mit kleinen Stupas, einer großen Anzahl von Skulpturen, Reliefs und Paneelen, ab ca. 800 nach Chr. Das ganze bildet eine Synthese aus Stupa, Weltenberg und Meditationshilfe. In der Nähe die Tempel von → Pawon und → Mendut*.

Borore I-Sardinien, s von Macomér. Zwei Gigantengräber. Sö Nuraghe Imbértighe. Nö Nuraghe Porcarzos.

Borosan China, 5 km w von → Hotan. Ruinen.

Boroughbridge GB, North Yorkshire, 10 km sö von Ripon. Drei Menhire, "Teufelspfeile", ca. 2000 vor Chr.

Borremose Dänemark, Himmerland. Inselburg, 3. und 2. Jh. vor Chr.

Borri Libanon. → (Khirbet) Besri.

Borriol Spanien, nw von Castellón de la Plana. N Höhle mit Felsmalereien.

Borris in Ossory Irland, Tipperary, sö von Roscrea, in den Timoney Hills. ND353. Mehr als 200 stehende Steine und Steinkreis.

Borsippa Irak. → Birs Nimrud.

Borstel in der Kuhle Deutschland, nö von Soltau. Nö Grabhügelgruppe, 1800-400 vor Chr. N auf dem Uhlenberg Grabhügelgruppe, 2. Jtsd. vor Chr. (Jungstein- und Bronzezeit).

Bosana Syrien. → Busan.

Bosanska Gradiška Bosnien-Herzegowina, 144 km sö von Zagreb. Römisch Servitium. Spuren der Römerstraße von Salona. An der Stelle Donja Dolina 17 km ö Spuren einer spätbronze- und eisenzeitlichen Pfahlbausiedlung, 1200-700 vor Chr. Wsw → Donji Podgradci. → Lijevče Polje.

Bosanski Petrovac Bosnien-Herzegowina, 70 km LL wsw von Banja Luka. Reste von Römerstraße.

Boscoreale Italien, sö von Neapel. Römische Wandmalereien mit Scheinarchitektur.

Bosherston GB, Wales/Dyfed, 7 km s von Pembroke. Reste von Menhiren.

Bosora Syrien. → Bosra eski Scham.

Bosra eski Scham** Syrien, 41 km ö von Deraa. Heute Busra, Busrat ash-Schäm. Bosora der Bibel. Römisch Novo Trajana Bostra. Stadtmauerreste und Türme. Stadttor 2. Jh. nach Chr., ab hier Beginn der Römerstraße bis zum Nabatäischen Tor, in der östlichen Hälfte noch unter Schutt. Die antiken Reste beiderseits fast ausschließlich aus Vulkangestein; Stelle einer Naumachie, unterirdische Halle, Triumphbogen*, Thermen, Säulen* eines Nymphäums. Reste von Kathedrale und Basilika. Moscheen teils aus antikem Baumaterial. Ge-

bäudereste sö des Nabatäischen Tores. Gelände des römischen Lagers. Große Zisterne*. Römisches Theater**, im MA durch Anbauten in eine Festung verwandelt. Weitere Zisterne, Stadion, Reste von Aquädukt.

Bostancı Türkei, sö von Üsküdar. Das antike Poleaticon. Reste von byzantinischer Hafenmole.

Boston USA, Massachusetts. Museum of Fine Arts.

Bostra Syrien. → Bosra.

Botley Copse GB, Hampshire. Langhügelgrab.

Bot da Loz Schweiz. → Lenz.

Botrys Libanon. → Batroun.

Bottrop Deutschland. Museum für Ur- und Ortsgeschichte.

Bou Arada Tunesien, w von Pont-du-Fahs. An der Stelle des antiken Arad. Ruinen; Triumphbogen.

Bouchauds, Les Frankreich, 20 km nw von Angoulême. Gallisch-römisches Theater.

Boudoron Griechenland. → Phaneromeni-Salamis.

Bougon Frankreich, ö von Niort. Tumulus und Dolmen.

Bouia Marokko, wnw von Erfoud. Berbernekropole: Tumuli mit Grabkammern, erste Jhe. nach Chr.

Bouia, El Tunesien, 2 km sw von Dougga. Mauern von kleinem Tempel.

Bouraq, Tell el Libanon, ca. 12 km s von Saida. Ev. das antike Ornithopolis. Ruinen von vier Wasserbehältern.

Bourbon-Lancy Frankreich, 150 km sw von Dijon. Museum.

Bourbonne-les-Bains Frankreich, 55 km wsw von Epinal. Ruine eines römischen Tempels.

Bourges Frankreich. Nahebei ehemals keltisches Oppidum, Hauptstadt der Bituriger. Römisch Avaricum. Römisch ab 52 vor Chr. Reste römischer Stadtmauer, 4. Jh.

Bourg-St.-Léonard, Le Frankreich, ö von Argenton, s von Caen. Menhir de la Pierre-Levée.

Bourg-Saint-Pierre Schweiz, Wallis. Inschriftensteine im Friedhof. Säulen im Kirchturm. Meilensteine.

Bóveda Spanien, 16 km w von Lugo. In der Pfarrkirche antikes unterirdisches Gewölbe.

Bovianum Italien. → Boiano.

Bovianum Vetus Italien. → Pietrabbondante.

Boviolles Frankreich, s von Namur. Ehemals keltisches Oppidum.

Bow Hill GB, West Sussex, 7 km nw von Chichester. Bronzezeitliche Grabhügel. Jungsteinzeitliche Feuersteinminen. Keltische Felder.

Boyneburg Deutschland. → Sontra-Wichmannshausen.

Boyne-Tal Irland. → Brugh na Boinne. Fundorte der Boyne-Kultur auch → Bryn-Celli-Ddu, → Carrowkeel.

Božava Kroatien, Insel Otok. Reste römischer Bauten.

Bozburun Türkei, SW, Ort und Halbinsel. Auf der HI B. mehrere Stätten aus dem Altertum: → Amos. → Loryma. → Pazarlık. → Turgut. Tymnos (B.).

Bozen I-Südtirol. Römisch Bauzanum, italienisch Bolzano. Terrassenmauerreste der Wallburg auf dem Stallerhofbühel, späte Bronzezeit. Stadtmuseum.

Bozra Jordanien. → Buseira.

Boz Tepe Türkei. → Trabzon.

Bracara Augusta Portugal. Römisch; → Braga.

Brachwitz Deutschland, nw von Halle. Mittelalterliche Wallburg.

Brad Syrien, nw von Haleb. Der ehemalige ausgedehnte antike Ort Kaprobarada. Standort einer Basilika von ca. 400 nach Chr. Dreischiffige Kirche von 561. Kloster und Kirche 6. Jh. Mausoleum* 2./3. Jh.

Bradford GB, West Yorkshire. Museum mit archäologischer Abteilung.

Brading GB, Isle of Wight, sö von Ryde. Römische Villa.

Bradwell-on-Sea GB, Essex, 50 km ö von Chelmsford. Ruinen des Römerlagers Othona.

Braga Portugal. Römisch Bracara Augustae. Sao Jeronimo Real, Mittelteil 7. Jh. In der Nähe: → Briteiros.

Bragança Portugal. Römisch Juliobriga. Museo Regional do Abade de Baçal mit archäologischer Sammlung. Sö prähistorische Reste.

Bragnag Indien. → Khalatse.

Brahmagiri Indien, Karnataka, Provinz Chitradurga. Siedlungsschichten: 1) Kupfersteinzeit, 3. oder 2. Jtsd. vor Chr. 2) Eisenzeit, 1. Jtsd. vor Chr.; ca. 300 megalithische Steinkistengräber. 3) 1. Jh. nach Chr., Satavahana-Dynastie.

Brak, Tell Syrien, 190 km n von → Deir ez Zor, am Nahr Djaar Djaar (Nahr Jagh usw.). Ausgrabungen an den Hügeln: "Augentempel", letzter Zustand aus der Zeit 3100-2900 vor Chr., mit Palastspuren 2. Hälfte 3. Jtsd. vor Chr. Mehrmals errichtet gewesene Festung, 3500-3300 vor Chr. Beendigung der Besiedlung vor 1000 vor Chr. Standort einer römischen Festung.

Bramijé Libanon, nö von Saida. Höhlen mit verwitterten Felszeichnungen.

Bramsche Deutschland, n von → Osnabrück. S in Frankensundern Wallburg Wittekindsburg. → Kalkriese.

Brancaster GB, Norfolk. Ehemaliges römisches Kastell.

Brandberge Namibia. In der Leopardschlucht, am Oberen und Unteren Brandberg Felsmalereien. → Numas.

Brandon GB, Hereford and Worcester, bei Adforden. Eisenzeitliche Befestigung.

Brandskogen Schweden, Provinz Uppland, ca. 1 km nw der Kirche von Boglöse bei Enköping. Am Rande des Brandskogen Felszeichnung eines germanischen Bootes.

Brandsteig Deutschland, n von Aichhalden, ö von Schiltach. Ausgrabung von Straßenstation mit Heiligtum; Schänzle.

Branik Slowenien, 11 km sw von → Ajdovščina, wsw von Ljubljana. An der Burg Spuren von eisenzeitlicher Ansiedlung.

Brantingham GB, Humberside. Fundort von römischem Mosaik (jetzt in Kingston-upon-Hull).

Brasichellae Italien. → Brisighella.

Bratananium Deutschland. → Gauting.

Bratislava Slowakei. Preßburg. Ehemals keltisches Oppidum. Römerzeitliche Siedlung Devin.

Bratoljubowski GUS, Ukraine, bei Chersón. Skythischer Kurgan mit Schatzfund.

Bratton Castle GB, Wiltshire, nö von Westbury. Eisenzeitliche Befestigung, Scharrbild.

Bratunac Bosnien-Herzegowina, 146 km nö von Sarajevo. In Skelani die Reste des römischen Malveriatum. Ruinen; Reste von zwei frühchristlichen Basiliken.

Braubach Deutschland, 10 km s von Koblenz. Frühlatènezeitliche Siedlungsspuren im Bereich der Marksburg.

Braughing GB, n von London. Ehemaliges keltisches Oppidum.

Braunsberg Österreich. → Hainburg.

Braunschweig Deutschland. Braunschweigisches Landesmuseum.

Brauron Griechenland. → Vravrona.

Bravoniacum GB, Westmorland, ö von Penrith. Römisch; Kirkby Thore.

Brbinj Kroatien, auf der Insel Otok. Illyrischer Steingrabhügel.

Brean Down GB, Somerset, n von Weston-super-Mare. Eisenzeitliche Befestigung.

Břeclav Tschechien, s von Brno (Brünn). Lundenburg. 5 km s und 10 km nö Ausgrabungen aus der großmährischen Zeit (ab 9. Jh.); Burganlage 7. Jh. Bei Sakvice germanische Gräber 1. Hälfte 6. Jh.

Brecon GB, Wales. Museum. → Brecon Caer.

Brecon Gaer GB, Wales, 4 km nw von → Brecon. Reste eines römischen Forts, 75 nach Chr. - 4. Jh.

Bredon Hill GB, Gloucestershire, in der Umgebung von Evesham. Eisenzeitliche Befestigung.

Breenymor Irland, Cork, nö von Bantry. ND450. Steinkreis aus noch 14 Steinen.

Bregenz Österreich, Vorarlberg. Römisch Brigantium. Spuren des römischen Hafens am Leutbühel. Lage von Kapitol, Forum, Thermen und zahlreicher Gebäude bekannt. Großer Friedhof. Spuren von Villen auf dem Steinbühel. Vorarlberger Landesmuseum.

Brehmen Deutschland. → Königheim.

Breiddin GB, Montgomeryshire, Berg w von Shrewsbury. Eisenzeitliche Befestigung.

Breisach Deutschland. Auf dem Münsterberg einst keltischer Herrensitz und Oppidum, Blüte Mitte 1. Jtsd. vor Chr., und spätrömisches Grenzkastell Brisiacus. Mauerspuren. Grundrisse sichtbar ge-

macht. Breisgau Museum für Ur- und Frühge-
schichte. B.-Hochstetten war ehemals keltische
Siedlung der jüngeren Latènezeit 150-50 vor Chr.
Ö und s von B.-Gündlingen Grabhügelgruppen (→
Ihringen). Bei B.-Oberrimsingen große Grabhügel.

Breitenbenden Deutschland, 2 km s von Mechernich. Spuren des römischen Leitungskanals Eifel-
Köln.

Bremen Deutschland. Focke-Museum, Abtlg. Vor-
und Frühgeschichte. Überseemuseum.

Bremenium GB. → High Rochester.

Bremerhaven Deutschland. Schiffahrtsmuseum.

Bremervörde Deutschland. Kreismuseum mit
Abtlg. für Ur- und Frühgeschichte.

Bremetennacum GB. → Ribchester.

Bremgarten Schweiz, n von Bern. Engehalbinsel:
ehemals Standort eines keltischen Oppidums der
Spätlatènezeit. Wälle, Gräber. Danach gallo-römische Siedlung 1.-3. Jh.: römisches Bad, kleines
Amphitheater, Tempelbezirk.

Bremke Deutschland, sö von Göttingen. Vorgeschichtliche Befestigung auf dem Eschenberg.

Brennilis Frankreich, s von Morlaix. Dolmen.

Brenntenbuck Deutschland. → Sitzenkirch.

Brentesion Italien. → Brindisi.

Brenthe Griechenland. → Karytaina.

Brentino Italien, sö des Monte Baldo, w der Autobahn. Gebäudereste 1./3. Jh. nach Chr.

Brent Knoll GB, Somerset, Berg 5 km nö von
Burnham-on-Sea. Reste von eisenzeitlicher Befestigung.

Brenz an der Brenz Deutschland, w von Lauingen. Römische Baureste unter der romanischen
Kirche.

Brescia Italien. Ehemals keltisches Oppidum. Antik Brixia, C.Civica Augusta Brixia. Reste von
Stadtmauer und Tor. Reste des Kapitolinischen
Tempels* von 73 nach Chr. als Museum. Ausgrabungen mit Mosaiken. Reste von römischem
Theater 2. Jh. Reste von Forum und Basilika. Reste eines Portikus.

Brest Frankreich. Schloß mit römischen Unterbauten, 4. Jh.

Breuberg Deutschland, s von Aschaffenburg. W
Reste von römischem Gutshof.

Breugnon Frankreich, 6 km sw von Clamey, s von
Auxerre. Menhir.

Brey Deutschland, s von Koblenz. Römischer
Wassertunnel sichtbar.

Breza Bosnien-Herzegowina, 30 km nw von Sarajevo. Grundmauern von frühchristlicher Basilika,
6. Jh.

Brias Türkei. → Maltepe sö von Üsküdar.

Bribir Kroatien, bei Bribirske Mostine, 60 km sö
von Zadar. Reste der antiken Stadt Varvaria auf
dem Hügel Glavica: Festungsmauer, Bauten, Hypokausten.

Bricia Spanien, w von Llanes. Cueva de Lledías
mit Felsmalereien.

Bridestones GB, Yorkshire. Steinkreis.

Brigantium Österreich. → Bregenz.

Brigantium Flavium Spanien. Betanzos, sö von La
Coruña.

Brigantum Frankreich. Römisch; Briançon, sö von
Grenoble.

Brigetio Ungarn. → Szöny.

Brighton GB, East Sussex. Museum mit archäologischer Sammlung. → Hollingbury.

Brignogan Frankreich, Nordküste nnö von Brest.
Menhir Men-Marz.

Brigobanne Deutschland. → Hüfingen.

Brijuni Kroatien, Ort auf Veliki Brioni, italienisch
Veli Brijuni, nw von Pula. Ö in der Verige-Bucht:
Ruinen mehrerer römischen Villen, 1. Jh. W Do-
brika-Bucht: Rest von byzantinischer Festung und
Wohngebäude. Bucht Gospa: Ruinen von christli-
cher Basilika und von Kirche 6. Jh.

Brindaban Indien. → Vrindaban.

Brindisi Italien, Apulien. Griechisch Brentesion,
römisch Brundisium. Stadtmauerreste. Römische
Säule am Ende der Via Appia. Archäologisches
Provinzmuseum.

Bringasses Frankreich. → (Les-)Baux-de-Provence.

Brionische Inseln Kroatien. Römisch Pullariae. →
Brijuni.

Briord Frankreich, ö von Lyon, sö von Lagnieu.
Unterirdischer gallo-römischer Aquädukt. Archäologisches Museum.

Brisa Griechenland. → Vrisa.

Brisiacum Deutschland. → Breisach.

Brisighella Italien, sw von Faenza. Castrum Brasichellae. Kirche S. Giovanni in Ottovo auf antiken
Resten.

Bristol GB. City Museum. Nw → Lawrence Weston.

Briteiros* Portugal, ö von Braga. Citania de B.,
Castro de B. usw. Befestigtes Dorf der Keltiberer,
ab ca. 800 vor Chr. Mauerreste.

Britzgyberg Frankreich. → Illfurth.

Brive-la-Gaillarde Frankreich, 187 km ö von Bordeaux. Musée Ernest-Rupin mit prähistorischer
Sammlung. → Aubazines.

Brixen I-Südtirol. Elvas, ca. 5 km n: Reste von
Wallburg Vogeltenne.

Brixia Italien. → Brescia.

Brixillum Italien. Brixellum. Antike Siedlung im
Gebiet um das heutige Brescello-Boretto, Po-Südu-
fer, n von Reggio Nell'Emilia. Grab der Concor-
dii.

Brno Tschechien. Brünn. In der Nähe die → Pekarna.

Broach Indien. → Bharuch.

Brocavum GB. → Brougham.

Brocktorff's Circle Malta, Gozo. → Xaghra.

Brocolitia GB. → Carrawburgh.

Brocomagus Frankreich. → Brumath.

Brodaz Bosnien-Herzegowina, 16 km n von Bijel-
jina, 90 km LL w von Belgrad. Reste römischer

Villen, Kaiserzeit.

Brodgar GB, Orkney-Inseln. Ring von Brodgar (Steinsetzung).

Brodu I-Sardinien, w von Nuoro, n von Oniferi. Felsgräber (Domus de Janas) 1. Hälfte 3. Jtsd. vor Chr.

Brohna Deutschland. → Radibor.

Brolio Italien, s von Arezzo. Ehemalige etruskische Siedlung.

Brook GB, Isle of Wight. Langhügelgrab. → Freshwater Bay.

Brossac Frankreich, sw von Angoulême. Ruinen.

Brougham GB, Cumbria, s von Penrith. Reste des Römerkastells Brocavum.

Browne's Hill Irland, 4 km ö von Carlow. Dolmen.

Broxten Deutschland. → Ostercappeln.

Bršljin Slowenien, nw von → Novo Mesto. Gräber, ca. 1000 vor Chr.

Bruchhauser Steine Deutschland. → Olsberg-Bruchhausen.

Bruckneudorf Österreich, bei Bruck/Leitha. Römische Villa, Mosaikfund. Geplantes Museum Autobahnrastplatz Bruckneudorf-Haidwiesen.

Brüler Berg Deutschland. → Butzbach.

Brüssel Belgien. Musées Royaux D'Art et D'Histoire.

Brüssow Deutschland, nö von Prenzlau. 2 km sw Rest von Großsteingrab.

Bruff Irland. → Lough Gur.

Brugg Schweiz, Aargau. Kastellmauern der Altenburg erhalten. Vindonissa Museum.

Brugh na Boinne** Irland, w von Drogheda. ND147. Große bronzezeitliche Grabhügel, Mitte 3. Jtsd. vor Chr. bis ca. 1800 vor Chr. 1) Ganggrab von New Grange, Kragsteingang 18 m lang. Steinverzierungen. Steinkranz um den Fuß des Hügels, einige Verzierungen, außen wesentlich restauriert. → Abb. 26. Menhire. In unmittelbarer Nähe und in einiger Entfernung zahlreiche Satellitengräber. 2) Grabhügel von Dowth mit zwei Kammern und Steinrand, ND410. 3) Tumulus von Knowth mit Steinumrahmung, Haupt- und Nebenkammern, ND409. 4) Im Boynetal ehemals insgesamt 5 Henge-Monumente.

Brull, El Spanien, n von Barcelona. Iberische Reste.

Brumath Frankreich, Elsaß, sw von Haguenau. Römisch Brocomagus. Ausgrabungen von Häuser- und Thermenresten.

Brundisium Italien. → Brindisi.

Bruneck I-Südtirol. St.Georgen: Spuren bronzezeitlicher Siedlungen nw auf der Großen und Kleinen Pipa.

Brunsberg Deutschland. → Höxter.

Brunsberg Deutschland, sö von Heemsen, nö von Nienburg. Wallanlage; Spuren ab 9. Jh.

Brusc, Le Frankreich, sw von Toulon. Ev. der griechische Hafen von Tauroentium (→ Saint-Cyr).

Rest von unterirdischer Wasserleitung.

Bruschiccia F-Korsika, sw von Porto Vecchio, bei Ceccia. Kleines Kultmonument der Torreaner. Mauerreste von Hütten.

Brusquet, Le Frankreich, 15 km nö von Digne. Reste der alten Stadt.

Brussa Türkei. → Bursa.

Brutina Spanien. Antike Bezeichnung für Barbastro.

Brutkampstein Deutschland. → Albersdorf.

Bryn-Celli-Ddu GB, Wales, Insel Anglesey. Ganggrab der → Boyne-Kultur (Hügel mit Steinring), 3./2. Jtsd. vor Chr.

Bryn-Siencyn GB, Wales, Insel Anglesey. Reste des altkeltischen Forts Caerleb, 300 nach Chr. Jungsteinzeitliche Bodowyr-Grabkammer (Dolmen).

Bryn-yr-hen-Bobl GB, Anglesey, in der Nähe der Mena Bridge. Großsteingrab.

Bstosserbühel I-Südtirol. → Karneid.

Btirsa Syrien, w von Maarat en Noman, 2 km s von →(El) Kfer. Ruinen von antiken Villen.

Buaraq Syrien, 51 km ssö von Damaskus, sö von El Kiswe. Alte Bezeichnung Berroka. Ruinen.

Bubanj Serbien, bei Niš. Tell der spätneolithischen Siedlung.

Bubastis Ägypten, Delta. → (Tell) Basta.

Bubon Türkei, nö von Fethiye. Boubon. Lykische Siedlung.

Bubuzi Türkei. → Keçanis.

Buch Deutschland. → Berlin.

Buch Deutschland. → Rainau.

Buchara GUS, Usbekistan. Bogher. Siedlungsspuren ab 2. Hälfte 1. Jtsd. vor Chr. Zitadelle, Schahristan, Rabad aus der Samanidenzeit. Stadtmauer ab 9. Jh; Palast und Tempel ab 7. Jh. Mausoleum der Samaniden. Tschaschma Ajub- oder Hiobsbrunnen-Mausoleum. Kalan-Minarett, 1127. Magoki-Attari-Moschee, 12. Jh. S der Stadt die Namasga-Moschee, frühes 12. Jh., Karachanidenzeit. Mausoleum Saif ed-Din Bocharsi, 13. Jh. Mausoleum Bukan-Kuli-Chan, 14. Jh. Zahlreiche Bauwerke** nach Timurs Epoche. W → Sumitan.

Buchberg Schweiz, Schaffhausen. Prähistorische Stätte auf dem Murkatfeld. 600 m langer Wall.

Buchen Deutschland, s von Amorbach. 3 km sw Reste von römischer Villa "Bei den Hennehäusern".

Buchenberg Deutschland, sw von Kempten. Bei Aheggmühle Ausgrabung eines römischen Grenzburgus.

Buchendorf Deutschland, bei Gauting, s von München. Guterhaltene keltische Viereckschanze an der Römerstraße Salzburg-Augsburg.

Buchetion Griechenland. → Rogoi.

Buchholz Deutschland, sw von Harburg. Ö von Buensen Rest von Großsteingrab.

Buchkogel Österreich. → Wildon.

Buchs Schweiz, AG, ö von Aarau. Mauerreste von

römischem Gutshof.
Buchs Schweiz, ZH, nw von Zürich. Mühleberg: Archäologisches Freilichtmuseum; Gutshofsrest, Kryptoportikus, Malereien.
Buckland Rings GB, Hampshire, nw von Lymington. Eisenzeitliche Befestigung.
Buconia Deutschland. → Nierstein.
Bucy-le-Long Frankreich. → Soissons.
Budapest Ungarn. Eraviscorum; ehemals keltischer oppidumähnlicher Zufluchtsplatz auf dem Gellertberg. Ehemalige Hauptstadt von Unterpannonien. Römische Zivilstadt Aquincum, Archäologischer Park, Bad, Forumsbasilika, Theater, Aquincum-Museum. Castra Aquincum, Südtor, Herkulesvilla, Kastellbad, Amphitheater, Militärstadtmuseum. Spuren auf der Margaretheninsel. Ö der Donau Transaquincum 2.-4. Jh., gegenüber von Castra-Aquincum. Contraaquincum ab 294 gegenüber des Gellertberges, Mauerreste am Petöfiplatz, Bad festgestellt. Ungarisches Nationalmuseum. Ungarisches Historisches Museum. Museum der Ostasiatischen Kunst. Museum der bildenden Künste; Griechischrömische Ausstellung. Ehemaliges Kastell in Albertfalva im S von B. Reste vom römischen Kastell Campona in Nagytétény im S von B., Lapidarium, Reste.
Budaun Indien, Uttar Pradesh, osö von Delhi. Ehemals Vodamayuta, nach → Ahitschatra Hauptstadt von Pancara.
Buddh Gaya Indien, Bihar, 10 km s von Gaya. Wirkungsort Buddhas. Pilgerort. Alter Mahabodhi-Turmtempel, ev. ab Ashoka-Zeit, restauriert. Tempel, Klöster, Pilgerherbergen. Thailändischer Tempel, tibetanisches Kloster, japanisches Kloster, Stupas. Museum.
Budduso I-Sardinien, sö von Sassari. Nuraghen Ruiu, Ludurru, Loelle, Iselle.
Budonitsa Griechenland. → Mendenitsa.
Buduruvagala Sri Lanka, s von Wellawaya. Mahayana-buddhistische Felsreliefs, 10. Jh.
Budva Montenegro. Griechisch Buthoe, illyrischrömisch Butua. 1 km w Mogren mit alten Siedlungsresten. Griechisches Gräberfeld. Hellenistisch-römisches Gräberfeld 3. u. 2. Jh. vor Chr.
Bückethaler Landwehr Deutschland, sö von Bad Nenndorf, w von Hannover; südwärts bis in die Gegend der → Heisterburg.
Büdelsdorf Deutschland, am Eider. Ausgrabung eines vorgeschichtlichen Dorfes. Rest von Großsteingrab.
Bühren Deutschland, n von Münden. Dorf-Thingplatz Thie. 1 km nw bronzezeitliche Hügelgräber. Am Sw-Rand Kreuzsteine.
Bülach Schweiz, Zürich. 2½ km nw Wall und Graben von spätrömischer Fluchtburg (Alte Burg, Mangoldsburg).
Buena Vista Ecuador. Fundort und Sparte der → Valdivia-Kultur.

Buenavista Mexiko, Quintana Roo, Insel Cozumal, Ostküste. Mayaruinen.
Büraburg Deutschland, sw von Fritzlar. Besiedelt seit der Altsteinzeit. Ehemals späthallstatt-frühlatènezeitliche und spätlatènezeitliche Höhensiedlung; Wälle. Reste einer ehemals großen fränkischen Burg, 7./8. Jh. Christliches Ensemble.
Büren Deutschland, sw von Paderborn. 2 km nnö Ringwall Hahnenberg.
Bürgel Deutschland. → Gudensberg.
Bürkli Schweiz, Aargau. → Möhlin.
Bürstadt Deutschland. Ö Menhir.
Büschelberg Deutschland, ö von Hainsfarth, ö von Oettingen. Ehemals Standort von Höhensiedlung.
Büßlingen Deutschland. → Tengen.
Büyük Ada Türkei, Insel im Marmarameer (Prinzeninseln). Reste einiger teilweise seit dem 6. Jh. bestehenden Klöster.
Büyük Çevrim Türkei, 8 km nö von → Bodrum. Befestigte Siedlung der Leleger (2. Jtsd. vor Chr.).
Büyük Güllücek Türkei, 17 km nö von → Alaca Hüyük. Siedlung der Kupfersteinzeit, 4. Jtsd. vor Chr.
Büyük Kale Türkei. → Boğazkale.
Büyükkarıştıran Türkei, 112 km osö von Edirne. Byzantinische Ringmauer.
Büyük Kaya Türkei. → Boğazkale.
Büyük Keneli Tepe Türkei, 10 km ö von → Bodrum. Kleine befestigte Siedlung der Leleger (2. Jtsd. vor Chr.).
Buggenhölzle Deutschland. → Bettmaringen.
Buggiba Malta, Nordküste. Tempelrest im Dolmenhotel. Katakomben Tal Lunzjata ö der Salina-Bay, 6. Jh. Sö Reste vom Tal-Qadi-Tempel; Trilith. W → Xemxija.
Bugojno Bosnien-Herzegowina, 176 km nö von Split. Prähistorische befestigte Siedlung Pod, 1500-500 vor Chr. Reste vom römischen Siedlung 2.-6. Jh. mit Basilika 5. Jh.
Bugue, Le Frankreich, 134 km ö von Bordeaux. Grotte Bara-Bahau mit vorgeschichtlichen Zeichnungen.
Buharea Rumänien, 9 km von Oradea. Erdfestung Buharea.
Buhen Sudan, w von Wadi Halfa. Antike Siedlung, im Nasser-See. Ausgrabungen wegen des Staudammbaus durchgeführt. Stadt aus dem Alten Reich und später mit Festungen aus dem Mittleren Reich sowie Tempeln für Isis und Min ("Nordtempel", erbaut von Amenophis II.), sowie für den Horus von Buhen ("Südtempel", erbaut von Hatschepsut und Tuthmosis), mit Anfügungen von Tahargo. Beide Tempel jetzt in → Khartum.
Buje Kroatien, 13 km ö von Umag. Römisch Bullea. Römische Ausgrabungen. Slawisches Gräberfeld 9. Jh. Kirche auf den Grundmauern eines römischen Tempels.
Bukarest Rumänien. Museum für die Geschichte Rumäniens.

Bukation Griechenland. → Paravola.
Bukephala Pakistan. Alexandria am Jhelum (Jihlan, Hydaspes), sö von Islamabad.
Bukit Chintamani Malaysia, Pahang. Fundort der → Bac-son-Kultur (Ende 4. Jtsd. vor Chr.).
Bukit Darma Indonesien, Bali. → Gianyar.
Bulaq Sufla, Qaleh Iran. Ehemalige urartäische Festung.
Bulbjerg Dänemark, N-Jütland. Ehemals Standort einer bronzezeitlichen Siedlung.
Bulla Regia** Tunesien, sw von Béja. Römische Ruinenstätte. Zisternen, byzantinische Festung, Thermen*, Südbasilika 4.-5. Jh., Unterirdische Paläste, Palast der Jagd, Palast des Fischfangs, Palast der Aphrodite, Forum, Kapitol, Apollon-Tempel, Theater*, Aquädukt, Basilika, Amphitheater, Isistempel, Dolmen.
Bullea Kroatien. → Buje.
Bullenheim Deutschland, sö von Marktbreit. Ö Bullenheimer Berg: ehemals befestigte bronzezeitliche Höhensiedlung; Ringwall.
Bullmersberg Deutschland. → Debstedt.
Bullsdown GB, Hampshire, bei Bramley. Eisenzeitliche Befestigung.
Bulverket Schweden, Gotland, im N bei Tingstäde. Eisenzeitliches Pfahlwerk, Palisadensiedlung.
Bulwarks GB. → Minchinghampton Common.
Bulwarks, The GB, Glamorgan, w von Barry. Eisenzeitliche Befestigung.
Bumannsburg Deutschland, bei Rünthe, n von Bergkamen, Kreis Unna. Wälle der frühgeschichtlichen Burg.
Bunar-Basi Griechenland, Hügel bei Kipselochori, nö von Larissa. Siedlungshügel seit dem Neolithikum, befestigte Stadt in mykenischer Zeit.
Bundelkhand Indien. Hindutempel der Guptazeit.
Bundenbach Deutschland, n von Idar-Oberstein. Nö befestigte Höhensiedlung Altburg 2./1. Jh. vor Chr., Latènezeit. Mit Rekonstruktionen als Freilichtnuseum.
Bunge Schweden, Gotland, Norden. Trojaburg.
Bu Ngem Libyen, 216 km s von Misurata. Antik Gholaia. Römisches Kastell.
Bungo-Takada Japan, Kyushu, HI → Kunisaki (nähe → Usa). Choanji-Tempel; Tennenji-Tempel; Monjusenji-Tempel; Sentoji-Tempel; Makino-odo-Halle. Fukiji-Tempel, Heian-Zeit, älteste Baureste von Kyushu.
Bunji Pakistan, am Indus, n nähe Alam Bridge. Felsbilder.
Bunsoh Deutschland, nö von Albersdorf, sö von Heide. Rest von Großsteingrab 2500-2200 vor Chr.
Buoux Frankreich, s von Apt. Beim Fort de Buoux prähistorische Felsgräber.
Buqras, Tell Syrien, 40 km sö von → Deir ez Zor. Besiedlung 6400-5900 vor Chr.; Ausgrabungen.
Bura Griechenland, Peloponnes, s von Egio-Aigion. Geringe Reste der antiken Stadt bei Kastro.

Buraimi Oman. → Al-Ain.
Burdigala Frankreich. → Bordeaux.
Burdur Türkei. Antik Arkania Limnae. Archäologisches Provinzmuseum.
Burford Down GB, Devon, ca. 15 km onö von Plymouth. Steinkreise und Steinreihen.
Burg Deutschland, bei Celle. Ringwall.
Burg Deutschland, w von Cottbus. Wallreste der jüngeren Bronzezeit, der frühen Eisenzeit und des frühen Mittelalters.
Burg Schweiz. → Stein am Rhein.
Burgadelzhausen Deutschland, bei Adelzhausen, nw von München. Keltenschanze und Burgstall.
Burg el Ahmar Israel, Ca. 6 km ö von Jerusalem. Griechisches Kloster.
Burgberg Deutschland. → Kordel.
Burgberg Deutschland. → Neukirchen.
Burgberg Deutschland. → Wolfhagen.
Burgdorf Schweiz, nö von Bern. Auf der nördlichsten Gysaufluh Wall und Graben einer Wehranlage.
Burgen Deutschland, nö von Treis-Karden. Römische Kastellreste. Auf dem Druidenstein gegenüber von Moselkern Abschnittswall und ehemaliger Kultplatz.
Burgenae Vojvodina, s von Novi Banovci, nw von Belgrad.
Burggaillenreuth Deutschland. Schloßberg. → Ebermannstadt.
Burghalden Schweiz, Aargau. → Dürrenäsch.
Burgh-by-Sands GB, Cumbria, 8 km nw von Carlisle. Römisches Fort Aballara an der Hadriansmauer.
Burgh Castle GB, Norfolk, 5 km sw von Great Yarmouth. Reste römischer Befestigung, Teil des → Saxon Shore.
Burghidu I-Sardinien, 11 km n von → Ozieri. Nuraghe.
Burghöfe Deutschland, bei Mertingen, s von Donauwörth. Ehemaliges römisches Donaukastell Summuntorium.
Burginatium Deutschland. → Altkalkar.
Burgkopf Deutschland, bei Lorscheid, sö von Trier. Spuren von gallo-römischem Umgangstempel. Konservierung geplant.
Burglei Deutschland. → Weiler.
Burgo de Osma, El Spanien, sw von Soria. Ca. 3 km sw das römische Uxama Argelae. Ausgrabungen einzelner Gebäude der Römerstadt; Aquädukte, Brücke, Mosaike.
Burgos Spanien. Archäologisches Museum.
Burgsalach Deutschland, ö von Weißenburg. Mauerreste vom römischen Kleinkastell "In der Harlach". Reste am Limeswachtturm. 1 km s des Kastells Spuren eines Kastells. Römerrundweg.
Burgstall Deutschland. → Creglingen-Finsterlohr.
Burgstallhof Deutschland, s von Wilburgstetten, sö von Dinkelsbühl. ½ km s keltische Viereckschanze.
Burgstallknott I-Südtirol. → Algund.

Burgus Dolus Frankreich. → Châteauroux.

Burkheim Deutschland, Kayserstuhl. Ausgrabung einer vorgeschichtlichen Siedlung 10.-8. Jh. vor Chr. → Sasbach.

Bur Marrad Malta. San Pawl Milqi: Reste einer römischen Villa. "Paulsgrotte" mit römischen und frühchristlichen Resten unter der Kapelle.

Burnham-on-Sea GB, Somerset. → Brent Knoll.

Burnley GB, Lancashire. Ö zahlreiche Erdschanzen, Tumuli und weitere Spuren prähistorischer Besiedlung.

Burnum Kroatien. → Ivoševci.

Burqu, Qasr Jordanien, ca. 280 km onö von Amman, nw der Pumpstation H4, am ehemaligen römisch-byzantinischen Limes. Römischer Turm, Omayyadenschloß 700.

Burqusch Syrien, 25 km sw von Damaskus. Ruinen von Tempelbezirk, Kloster und Gebäude auf Plattform.

Burriac Spanien, bei Cabrera de Mar, w von Mataro. Iberische Siedlung.

Burrium GB, n von Cardiff. Heute Usk. Ehemals römisches Lager.

Burrough Hill GB, Leicestershire, 25 km nö von Leicester. Wälle von eisenzeitlichem Hügelfort.

Bursa Türkei. Auch Brussa. Prusa ad Olympium des Prusias I. (237-192 vor Chr.). Stadtmauer von Hisar, der Stelle der früheren römischen und byzantinischen Stadt. Fußbodenreste der St.-Elias-Basilika. Orhan Camii und Muradiye Camii mit je 2 antiken Säulen. Medresse der Grünen Moschee als Archäologisches Museum mit antiken Säulen.

Bursao Spanien. → Borja.

Burscheider Mauer Deutschland. → Landscheidt.

Burschl Österreich. → Roppen.

Bury Castle GB, Somerset, bei Selworthy. Erdwall.

Bury Hill GB, Hampshire, sw von Andover. Eisenzeitliche Befestigung.

Burzahom Indien, Kaschmir, s von Srinagar. Neolithische Fundstätte: Wohngruben 2375-1400 vor Chr.

Burzelberg Deutschland. → Hohburg.

Burzey, Qalaat Syrien, ca. 67 km nö von Lattakia. Auch Qalaat Beit Rabbi. Antik Lysias. Byzantinische Festung; zwei Mauerringe, stark zerstörte Türme und antiker Bergfried.

Busachi I-Sardinien, nö von Oristano. W des Ortes römische Brücke. Mehrere Domus de Janas (Feenhäuser, vornuraghische Grabhöhlen).

Busan Syrien, sö von Damaskus, 6 km von Sale. Das antike Bosana. S römische Ruinen; verbaut.

Buschhir Iran, am Persischen Golf. Ev. das antike Mesambria. Festungshügel. Mauerreste 17. und 19. Jh. Prähistorische Siedlung im Süden der HI entdeckt. S → Rischahr.

Buschhoven Deutschland, ö von Euskirchen. Spuren der römischen Wasserleitung Eifel-Köln.

Buseira Jordanien, ca. 20 km s von Tafila. Bseira.

Ehemalige ostedomitische Siedlung, biblisch Bozra, Bosra. N der Akropolishügel mit Spuren von ehemaligen Tempeln oder Palästen, ev. 8./7. Jh. vor Chr.

Bushir, Qasr* Jordanien, ca. 35 km onö von Kerak. Römisches Kastell am arabischen Limes, 306 nach Chr. 300 m s Wasserreservoir.

Busire, Tell Syrien, 9 km n von Tartus. Tell an der Stelle eines phönizischen Hafens.

Busiris Ägypten, Delta. Altägyptisch; Abusir, nö von Tanta.

Bussières Frankreich, ca. 12 km wnw von Mâcon. Ringwallanlage auf dem Mousard. Ausgrabungsfunde ab der Jungsteinzeit.

Buta Syrien. Heute Ibtaa, 20 km n von Deraa.

Butan Tepe Iran. → Haftavan Tepe.

Butera I-Sizilien, 2 km n von → Gela. Nekropole der Sikuler und Griechen.

Buthayna Jordanien. Ehemals römisches Kastell.

Buthoae Montenegro. → Budva.

Buthone Montenegro. → Budva.

Buthroton Albanien. → Butrint*.

Buthrotum Albanien. → Butrint*.

Butkara Pakistan, Swat-Tal. Buddhistische Klosteranlage 2. Jh., Stupa. Umfangreiche Mauerreste; Ausgrabungen. Museum.

Butmir Bosnien-Herzegowina, Ortsteil von → Ilidža. Type-Site; mit der → Vinča-Kultur verwandt.

Buto Ägypten. → (Tell el-)Faraun.

Butrint* Albanien, südliche Küste. Antik Buthroton, C. Augusta Buthrotum. Griechische Kolonie ab 7./6. Jh. vor Chr. Griechisch-illyrische Stadtmauerreste, Tore. Haus des Fuchses, Gymnasium, Thermen mit Mosaiken, Nymphäum, Baptisterium 4./6. Jh. nach Chr., Basilika 9. Jh. Akropolis. Theater, Amphitheater. Wasserleitung. Museum.

Butser Hill GB, Hampshire, bei Petersfield. Eisenzeitliche Erddämme, Grabhügel.

But-Tap Vietnam, Bac-ninh. Pagode 1646 (Kunst der Lé).

Butte du Castellet Frankreich. → Fontvieille.

Buttelstedt Deutschland, n von Weimar. Menhir "Wetzstein".

Butterdown Hill GB, Devon, ca. 20 km ö von Plymouth. Steinreihe, Hügelgräber, Steinkreise.

Butua Kroatien. → Budva.

Butuceni Rumänien. Ehemals mit Befestigung Mitte 1. Jtsd. vor Chr.

Butzbach Deutschland, n von Bad Nauheim. Reste des Kastells entdeckt. Limesreste. Rekonstruierter Limeswachtturm. N Reste von Limeswachttürmen 4/37alt,38,39,40,42,43,44,45. S römisches Kleinkastell "Hunnenfriedhof". Sw auf dem Hausberg Ringwall, 1. Jtsd. vor Chr. Sw auf dem Brüler Berg frühgeschichtlicher Ringwall und Abschnittswall 1. Jtsd. vor Chr. Menhir.

Buxentum Italien. → Policastro Bussentino.

Buxton GB, Derbyshire. Römisch Aquae. Ehemals

römische Stadt mit Thermenanlage.

Buxu Spanien. Höhle bei Cangas de Onis, Asturien. Paläolithische Zeichnungen.

Buzbury Rings GB, Dorset, sö von Shaftesbury. Eisenzeitliche Befestigung.

Buz el Khanzir Syrien. Name einer Festungsruine s des Djabbul-Sees bei Haleb. Mauerreste.

Buzet Kroatien, N-Istrien. Römisch Piquentum. Teile der Stadtmauer. Langobardischer, byzantinischer und altkroatischer Friedhof.

Buzy Frankreich, s von Pau. Dolmen.

Bwrdd Arthur GB, Anglesey, bei Beaumaris. Befestigung.

Bybassos Türkei. → Erine.

Byblos Libanon. → Jbail.

Bylani Tschechien. → Kutná Hora.

Bylazora Makedonien. → Titov Veles.

Byllis* Albanien, am Vjosa, ö von Vlora, bei Hekal. C. Byllidensium. Antike Reste: Mauerreste 3. Jh., Agora, Hippodrom, Amphitheater, Basilika, Mosaike, Akropolis, Nekropolen.

Byxelkrok Schweden, Öland. Forgalla-Schiff, vorgeschichtliche, in Form eines Schiffes angelegte Begräbnisstätte.

Byzantinischer Limes Bosnien-Herzegowina. Gegend Sarajevo-Save.

Byzantion Türkei. → Istanbul.

Byzanz Türkei. → Istanbul.

Bziza Libanon. 22 km s von Tripoli. Rest von römischem Tempel.

Caballos de la Valltorta, Los Spanien. Höhle bei → Albocácer.

Cabanes Spanien, 26 km n von Castellón de la Plana. Römische Spuren. 2 km w römischer Bogen.

Cabasse Frankreich, 14 km ö von Brignoles, n von Toulon. Mehrere Dolmen.

Cabecico del Tesoro, El Spanien, bei Verdolay, 5 km sö von Murcia. Iberische Nekropole.

Cabeira Türkei. → Niksar.

Cabellio Frankreich. → Cavaillon.

Cabeza del Plomo Spanien, w von Cartagena. Standort einer Festung 3. Jtsd. vor Chr.

Cabezo de Alcala Spanien. → Azaila.

Caborca Mexiko, Sonora. Felszeichnungen, ab 12. Jh.

Cábras I-Sardinien, nw von Oristano. Unter der Kirche S. Salvatore antiker Tempel (Hypogäum); Zeichnungen ab 4. Jh.

Cabrefeixet Spanien, bei Perelló, n der Ebromündung. Grotte mit Felsmalereien*.

Cabrera de Mar Spanien, w von Mataro. Iberische Nekropole. → Burriac.

Cabrerets Frankreich, 33 km nö von Cahors. Grotte Pech-Merle mit vorgeschichtlichen Malereien.

Cacahuamilpa Mexiko, sw von Cuernavaca. Grotten von C., ein Höhlensystem als aztekische Kultstätte.

Cacaxtla Mexiko, 20 km w von Tlaxcala, 1 km nw von San Miguel del Milagro. Besiedelt 1700 vor Chr. bis 850 nach Chr. Pyramidenrest; Wandmalereien, ca. 8. Jh. Siedlungsspuren auch in Xochitécatl und Atlachino. Malereien*.

Cáceres Spanien. Castra Caecilii. Stadtmauer und Gebäude auf keltischen und römischen Grundmauern. Römisch-maurische Zisterne. Archäologisches Museum in der Casa de las Veletas. Ca. 35 km n zerstörte römische Brücke.

Cáceres el Viejo Spanien, 3 km nö von → Cáceres. Römisches Lager ausgegraben: Mauer, Prätorium, Tor, Tempel.

Cadasa Israel. → Kedesh.

Cadbury Camp GB, w von → Bristol. Eisenzeitliche Befestigung.

Cadbury Castle GB, Somerset, 12 km nö von Yeovil. Vorgeschichtliches Hügellager. Weitere (hauptsächlich eisenzeitliche) Befestigungsanlagen dieses Namens in Somerset; z.B. South Cadbury Castle bei Wincanton.

Cademois Syrien. → Qadmus.

Cádiz Spanien. Gadeiros. Phönizisch (9./8. Jh. vor Chr.) Gadir. Römisch Gades; Julia Augusta Gaditana. Spuren der Wasserleitung Richtung Isla de Sancti Petri. Archäologisches Museum.

Cadurca Frankreich. → Cahors.

Caeciliana Syrien. → (Qalaat) Nadjim.

Caelium Italien. Antik (messapisch); heute Ceglie Messapico, 30 km w von Brindisi.

Caelius Mons Deutschland. → Kellmünz.

Caer Almond GB. → Cramond.

Caer Carador GB, Hereford and Worchester, bei Chapel Lawn. Eisenzeitliche Befestigung.

Caer Drewyn GB. → Corwen.

Caere Italien. → Cervéteri.

Caer Gai GB, Wales. → Llanuwchllyn.

Caer Gybi GB, Wales. → Holyhead.

Caerhun GB, Wales, 8 km s von Conwy. Geringe Reste des Römerlagers Canovium.

Caer Leb GB, Wales, Insel Anglesey. → Bryn-Siencyn.

Caerleon GB. → Chester.

Caerleon GB, Wales, nö von Newport. Gegründet 70 nach Chr. Römisch Isca Silurum. Mauern; Reste eines Amphitheaters. Museum.

Caernarfon GB, Wales. Römisches Fort Segontium. Ausgrabungen. Spuren einer frühkeltischen Siedlung auf dem Twthill-Hügel. Museum.

Caerphilly GB, Wales, n von Cardiff. Römische Reste in den Erdschanzen der Burgruine.

Caer Seion GB, Wales. → Castell Caer Seion.

Caerwent GB, Wales, ca. 15 km ö von Newport. Römisch Venta Silurum. Reste von Mauern, Stadttoren, Bädern, Amphitheater; Mosaik.

Caerwisc GB. → Exeter.

Caer y Twr GB, Wales. → Holyhead.

Caesaraugusta Spanien. → Zaragoza.

Caesarea Türkei. → Aydın.

Caesarea ad Anazarbus Türkei. → Anavarza.
C. Caesarea Antiochia Türkei. → Antiochia in Pisidien.
Caesarea in Cappadocia Türkei. → Kayseri.
Caesarea Maritima* Israel, 50 km n von Tel Aviv, n von Hadera. Gegründet 22 vor Chr. Hauptstadt der römischen Provinz Judäa bzw. Syrien-Palästina. Unter Vespasian C. Prima Flavia Augusta Caesariensis. Hafenreste im Wasser. Reste von herodianischer und byzantinischer Mauer. Rest einer Synagoge 5./6. Jh. Byzantinisches Gebäude 5./6. Jh. Römisches Amphitheater; Hippodromrest. Unterirdische Wasserleitung. Aquädukt*. Museum in → Sedot Jam.
Caesarea Mauretaniae Algerien. → Cherchel.
Caesarea Philippi Israel. → Banyas.
Caesarobriga Spanien. → Talavera de la Reina.
Caesarodunum Frankreich. → Tours.
Caesaropolis Griechenland. → Eion.
Caesar's Camp GB, Wimbledon, London. Eisenzeitliches Fort.
Caesena Italien. Römisch; heute Cesena, wnw von Rimini.
Cae Tor GB, Wales, Glamorgan, bei Tythegston. Langhügelgrab.
Cafer Hüyük Türkei, bei Malatya. Siedlung 7. Jtsd. vor Chr. entdeckt; Ausgrabungen.
Cagli Italien, w von Ancona. Rest einer römischen Brücke, 27 vor Chr. Etruskische Gräber.
Cagliari I-Sardinien. Karel, römisch Caralis. Reste von Basilika 5./6. Jh. Gräber. Römisches Amphitheater. Ruine eines römischen Palastes. Archäologisches Nationalmuseum. Grab der Atilia Pomptilla. Punische Felskammernekropole Tuvixeddu, 6.-3. Jh. vor Chr. → Monte Claro. Ö → Poetto. Ca. 20 km ö Korridorgrab Is Concas.
Caheraphuca Irland, Clare, bei Crusheen. ND466. Dolmen.
Cahercommaun Irland. → Tullycommon.
Caherconnell Irland, ca. 8 km nö von Kilfenora. Steinfort. Dolmen bei → Poulnabrone.
Caherdaniel Irland, am Ring of Kerry. Steinfort.
Caherdorgan Irland, Kerry, 10 km nw von Dingle. Steinerer Ringwall mit drei Bienenkorbhütten.
Cahergal Irland. → Cahersiveen.
Cahergall Irland. → Kimego.
Cahermacnaghten Irland, ca. 5 km nö von Kilfenora. Steinfort.
Cahersiveen Irland, Kerry. ND227. Ca. 4 km nw Steinforts* Cahergall und Leacanabuaile, 2. Hälfte 1. Jtsd. nach Chr. (→ Abb. 121). Weitere Steinforts n bei → Kimego.
Cahokia Mounds State Park USA, Illinois, in der Nähe von St. Louis, 150 km s von Springfield. Auch Mönchs-Mound. Pyramidenrest. Nur noch einige von ehemals mehreren hundert indianischen Begräbnishügeln. Errichtet um 1200.
Cahors Frankreich. Gallo-römisch Divona, Di-

vonax Cadurcorum. 22 km nö ehemaliger Standort von Oppidum der Mursen.
Cahuachi Peru, Nazca-Tal, auf dem Morro von Cahuachi, im Tal des Rio Grande de Nazca. Schachtgräber 5.-7. Jh.
Caieta Italien. → Gaeta.
Cairn Baan GB. → Arran.
Cairnpapple-Hill GB, 25 km w von Edinburgh. Neolithisches Heiligtum, in der Bronzezeit Erweiterung der Kammergräber.
Caister-on-Sea GB, Norfolk. 6 km n von Great Yarmouth Spuren des römischen Hafens. Römische Stadtmauerreste.
Caistor GB, 18 km sw von Grimsby, Humberside. Reste eines Römerkastells.
Caistor St. Edmund GB, Norfolk, 6 km s von Norwich. Römisch Venta Icenorum. Reste der Mauer. Spuren von Tempel, Forum und Basilika.
Cajamarca Peru, ca. 150 km nö von Trujillo. Reste von Befestigungen, Palästen, Opferplätzen, Bädern der Inkazeit. Kleines archäologisches Museum. Keramikstil.
Cajamarquilla Peru, nö von Lima. Große Siedlung in der Vor-Inka-Zeit; Königreich Cuismancu. Ruinen von Terrassen und Pyramiden.
Çakilli Türkei, s von → Nevşehir. Ehemalige Burg mit unterirdischer Siedlung.
Cakram Albanien, nö von Vlora. Neolithische Siedlung ausgegraben; Kultur der mittleren Jungsteinzeit.
Calaceite Spanien, nw der Ebromündung, ö von Alcañiz. Nö bei San Antonio iberische Siedlung. S iberische Reste.
Calacuccia F-Korsika, zwischen Monte Cinto und Corte. 1 km w Dolmen. In Albertacce kleines archäologisches Museum.
Cala Gonone I-Sardinien, ö von Dorgali. Nuraghendorf Arvu mit Resten von mehr als 100 Rundhütten.
Calagoricos Spanien. Iberisch; Calahorra.
Calagurris Nassica Spanien. Iberisch; Calahorra, s von Pamplona.
Calah Irak. → Nimrud.
Calakmul Mexiko, südliches Campeche, 162 km wsw von Chetumal. Mayastätte mit abtransportierten bearbeiteten und unbearbeiteten Stelen.
Cala Mesquida Spanien, Menorca, n von Mahon. Talayot.
Cala Morell Spanien, Menorca. Nekropole bei → Ciudadela.
Calamota Kroatien, die Insel Koločep, w von Dubrovnik.
Calandos Türkei. Antik; heute Gelenbe, n von Akhisar, nö von Izmir.
Calanna Italien, nö von Réggio di Calábria. Grottengräber 9.-6. Jh. vor Chr.
Calaphodia Kroatien. Antik; griechische Kolonie auf der Insel Koločep.
Calaphota Kroatien. → Calaphodia.

Cala San Vicente Spanien, Ibiza. Ehemals keltisches Heiligtum. Funde im Museum in Ibiza.

Calascibetta I-Sizilien, bei Enna. Nekropolen von Realmesi 9.-7. Jh. vor Chr. und Valle Coniglio 7.-5. Jh. vor Chr.

Calasparra Spanien, 63 km w von Murcia, bei Caravaca. Ehemals iberische und römische Siedlung.

Calatayud Spanien, 80 km sw von Zaragoza. Nö Ruinen der antiken Stadt Bilbilis. Mauern, Reste von Theater und Akropolis.

Cala Turqueta Spanien, Menorca, Südküste. Talayot.

Calcaria GB. Heute Tadcaster zwischen Leeds und York.

Calcutta Indien, West-Bengalen. Gegründet 1690. Parasnath-Tempel*, 19. Jh. Victoria-Memorial, 1906-1921, mit Museum. Nakhoda-Moschee. St. Pauls Kathedrale, 1839-1847. Kali-Tempel, 1809. Indisches Museum*; Ashoka-Säule, Steinzaun von → Bharhut. Ashutosh-Museum der Universität. N in Dakshineswar: Shiva-Tempel, 19. Jh.

Caldas de Malavella Spanien, w von Gerona. Römisch Aquis Vocontis. Reste von Thermen.

Calden Deutschland, n von Kassel. Am SW-Rand rekonstruiertes Steinkammergrab.

Caldes de Montbui Spanien, n von Barcelona. Ruinen von römischen Thermen.

Çaldiran Türkei, ca. 40 km nö des NO-Zipfels des Van-Sees, 105 km nö von Van. Spuren einer urartäischen Festung.

Cale Portugal. Römisch; Porto.

Caleca F-Korsika, n von Levie. Steinkistengrab.

Calenberg Deutschland, ö von Schulenburg, s von Pattensen. Wall- und Befestigungsanlage 16. Jh. Burg ab 13. Jh.

Calenzana F-Korsika, sö von Calvi. Der römische Ort Olmia bei der Kapelle Sta. Restituta.

Çaleoğlu Türkei. → Kaleköy.

Calera de Léon Spanien, s von Zafra. Römische Reste.

Cales Italien. → Calvi Risorta.

Caleta, La Spanien, Hierro. Felsinschriften.

Calidianis Frankreich. Ehemalige phönizische Siedlung. Heute Sainte-Maxime, 14 km n von Saint-Tropez.

Calixtlahuaca Mexiko, n von Toluca. In der Nähe die Matlazinkastadt Tecaxic. Rundpyramide (Quetzalcóatltempel), Aztekenkultur. Calmecac-Bau. Rest von Tlaloc-Tempel. Reste von Tempeln und Altar.

Callanish GB, Schottland, Insel Harris and Lewis. Standing Stones*, bronzezeitliche Steinsetzung (47 Steine), ca. 1500 vor Chr.

Callatis Rumänien. → Mangalia.

Callei Spanien. → Castellar de la Frontera.

Calleva Atsebatum GB. → Silchester.

Callicolone Türkei, ö von Troja.

Callinicos Syrien. → Raqqa.

Callipoli Türkei. → Kallipolis.

Callipolis Türkei. → Geliboli.

Calo Deutschland. Römischer Ort am → Niedergermanischen Limes n von Krefeld.

Calpe Spanien, nö von Alicante. Phönizische, griechische und römische Spuren.

Calpe Spanien. Iberisch; Gibraltar.

Calpe Türkei. Der antike Ort ev. das heutige → Şile, 70 km nö von Istanbul.

Caltagirone I-Sizilien, sw von Catania. Am Monte Sant' Ippolito Siedlungsspuren und Gräber aus der Jungsteinzeit bis zur Eisenzeit.

Caltanisetta I-Sizilien. Archäologisches Museum. Nö → Sabucina. Sö → Nissa. Sö Nekropole.

Caltonac Mexiko, Veracruz, n von Tepeyhualco. Ausgedehntes archäologisches Gebiet. Ehemals Zeremonialzentrum; Ballspielplätze, Akropolis.

Calvi F-Korsika. Frühchristliche Kirche Santa Maria 4. Jh., als Rest der frühchristlichen Gemeinde Sinus Saesia oder Sinus Casalus.

Calvia Spanien, Mallorca, w von Palma. Navetas (Es Buratell, Son Bugadelles u.a.).

Calvi Risorta Italien, 14 km nw von Capua. S an der Autobahn Calvi Vecchia, die Reste des antiken Cales, 2. Jh. vor Chr. bis 1. Jh. nach Chr.: Reste von Stadtmauer, Theater, Amphitheater, Thermen; Gräber. W römische Villen bei Posto und San Rocco.

Calzada, La Spanien, s von Salamanca, w von Béjar. Reste von römischer Festung.

Camala Spanien. Altertümliche Bezeichnung. Heute Sahagún, sö von Leon.

Camaret-sur-Mer Frankreich, Bretagne, Hl von Crozon. Alignements* de Lagatjar, ca. 140 Menhire.

Camargo Spanien, s von Santander. Höhle El Pendo mit Felsmalereien.

Camarina I-Sizilien, sw von Vittoria, nähe Küste. Reste von griechischer Stadt: Stadtmauern, Athenetempel, Straßen. Nekropole. Museum.

Cambete Deutschland. Ehemalige römische Straßenstation; heute Kems, nw von Basel.

Cambiodunum Schweiz. → Pfäffikon.

Cambodunum Deutschland. → Kempten.

Camboglanna GB. → Birdoswald.

Cambreion Türkei. → Kınık.

Cambriana Spanien, n von Miranda de Ebro, sw von Vitoria. Römische Ruinen.

Cambridge GB. Fitzwilliam Museum mit Antiken-Sammlungen.

Cameixa Portugal, n von Braga. Iberische Siedlung 1. Jtsd. vor Chr.

Cameracum Frankreich. Römisch; Cambrai an der Schelde. Siedlung der Nervier.

Çamlıbel Türkei, 32 km s von Tokat. Ruine einer Karawanserei, 13. Jh.

Campan Haiti. Festung Anfang 19. Jh.

Campany Spanien, sö von La Jonquera. Nw Dolmen. N zwei Dolmen.

Camp d'Artus Frankreich, Bretagne, ö von Huel-

goat. Wälle von keltischem Oppidum.
Camp d'Attila Frankreich, 15 km nö von Chalons-sur-Marne. Antike Schanze.
Camp de Caledon Frankreich, bei Rouen. Ehemaliges keltisches Oppidum.
Camp César Frankreich. → Chariez.
Camp de César Frankreich, wenig ö von → Chaussée-Tirancourt. Römische Reste.
Camp de César Frankreich. → Echenoz-la-Méline.
Campeche Mexiko, Hauptstadt von Campeche. Archäologisches Museum.
Campello Spanien, nö von Alicante. Auf kleiner Insel Reste einer iberisch-römischen Siedlung.
Campo de Caso Spanien, 70 km sö von Oviedo.
Campochiaro Italien, 22 km sw von Campobasso. Reste eines Herkulestempels 3. Jh. vor Chr.
Campolara Spanien, bei Hortigüela, sö von Burgos. Reste einer iberisch-römischen Stadt.
Campomaggiore vecchio Italien, sö von Potenza.
Campomoro F-Korsika. Sö Menhir de → Capo di Luogo.
Campona Ungarn. → Budapest(-Nagytetény).
Camposancos Spanien, bei La Guardia, s von Vigo. Iberische Siedlung 2000 vor Chr. bis 300 vor Chr., hauptsächlich ab ca. 600 vor Chr., mit über 1000 Rundhäusern mit dreifacher Umwallung freigelegt.
Campovalano Italien, s von Ascoli Piceno. Nekropole; Fossa-Gräber (italische Kultur).
Campu Luntanu I-Sardinien, ö von Ittiri, s von Sassari. Nuraghisches Felsgrab.
Camulodunum GB. → Colchester.
Camyens I-Sizilien. Antike Siedlung; heute Caltabellotta, nw von Agrigent.
Cana Jemen-Süd. → Qana.
Canada, La Mexiko, Veracruz, ca. 25 km LL sw von Santiago Tuxtla. Stätte der → (La-)Venta-Kultur.
Cañada de la Virgen Mexiko, bei San Miguel de Allende, nw von Queretaro. Pyramide.
Canae Türkei, nw von Bergama.
Çanakkale Türkei, an den Dardanellen. 13 km ö des Ortes Ruine einer von den Türken restaurierten byzantinischen Burg.
Canalos Spanien, 49 km ö von Alcolea, nö von Guadalajara. Felszeichnungen der jüngeren Steinzeit.
Canama Spanien. Antik; Alcolea.
Ca Na Vidriera Spanien, Mallorca, bei Palma. Neolithische Grabkammern.
Cancello Italien, nö von Neapel. In der Nähe die Ruinen der antiken Siedlung Suessula; Mauerreste, Nekropole.
Cancuén Guatemala, Provinz Petén, Grenze nach Alta Verapaz. Maya-Ruinenstätte.
Cancún Mexiko, Quintana Roo, Ostküste. Ruinen der Mayazeit: n El Meco. Pok Ta Pok auf dem Golfplatz. Kleiner Tempel hinter dem Hotel Continental.

Candamo Spanien, nw von Oviedo. San Román de Candamo. Höhle mit prähistorischen Malereien.
Cándamo Spanien, s von Ribadesella. Cueva de la Pena mit Felsmalereien.
Çandarlı Türkei, 93 km nnw von Izmir, sw von Bergama. Molenruinen des antiken Hafens Pitane.
Candia Gr-Kreta. Venezianisch; → Iraklion.
Candramath Indien, Goa. Tempelname.
Candrehi Indien, Madhya Pradesh, s von Allahabad. Tempel und Kloster 10. Jh.
Canea Gr-Kreta. → Chania.
Canelas Portugal. → Covelinhas.
Cangas de Nárca Spanien, s von Luarca an der Nordküste. Römische Brücke.
Cangas de Onis Spanien, ö von Oviedo. Römische Brücke, erneuert im 13. Jh. Kapelle Santa Cruz auf keltischem Grabhügel mit Dolmen. S weitere römische Brücke. In der Umgebung zwei Höhlen (→ Buxu) mit Malereien.
Çangilli Türkei, n von Muş. Grundmauern des Klosters Surb Karapat (auch Çangilli Kilise), 5. Jh.
Can Hasan Türkei, 12 km nö von Karaman. Siedlungshügel seit vorkeramischer Zeit (Mitte 7. Jtsd. vor Chr.). Reste einer Siedlung der Kupfersteinzeit; Wandreste 4. Jtsd. vor Chr.
Çankırı Türkei, 130 km nö von Ankara. Das antike Germanicopolis. Byzantinisch Gangra. Ruinen eines byzantinischen, von den Türken umgebauten Kastells auf römischen Grundmauern. Römische Höhlengräber. Seldschukisches Krankenhaus Taşmeçidi von 1235.
Cannae Italien. → Canne della Battaglia.
Cannanore Indien, Kerala, 90 km nw von Calicut (Kozhikode). Fort St. Angelo, portugiesisch, 1505.
Canne Italien. → Canosa di Puglia.
Canne della Battaglia Italien, Apulien, 15 km w von Barletta. Das antike Cannae. Ausgrabungsgelände*. Akropolis. Museum.
Canosa di Puglia Italien, 75 km w von Bari. Reste der Römersiedlung Canusium. Reste von Amphitheater, Römerbrücke. Grabmäler. Bogen*. Ehemalige Akropolis. Antike Pfeiler an der Kathedrale. Taufkapelle 5./6. Jh. Nekropolen.
Canova, La Spanien, Mallorca. Talayots.
Canovium GB. → Caerhun.
Cantagallo-Santa Lucia Italien, bei Pollenza, nö von Tolentina, ssw von Ancona. Reste von römischer Villa; Mosaike.
Cante Guatemala, Petén, Insel in der Lagune Yaxhá. Maya-Ruinen.
Canterbury GB, Kent. Römisch Darovernán, Durovernum Cantiacorum. Reste eines römischen Theaters, der Stadtmauer, von Festung und von Häusern entdeckt. Prähistorische Erdaufschüttung Dane John vor der alten Burg.
Canterbury Neuseeland, Südinsel. Felsbilder.
Cantillana Spanien, 40 km nö von Sevilla. Römische Mauerreste.
Cantonac Mexiko. → Caltonac.

Cantos de la Visera-Höhle, Los Spanien. → Yecla.

Canusium Italien. → Canosa di Puglia.

Canyonlands National Park USA, Utah. Ruinen älterer Indianersiedlungen.

Caparra Spanien, n von Oliva de Plasencia, 115 km sw von Salamanca. Ruinen von Cáparra: Triumphbogen, Brücke, Aquädukt, Amphitheater.

Cap Blanc Frankreich, ö von Les Eyzies, sö von Périgueux. Abri du Cap-Blanc: Hochreliefs des Magdalénien.

Capel Garmon GB, Wales, sö von Betws-y-Coed. Megalithisches Langhügelgrab.

Capellades Spanien, w von Terrassa. Archäologisches Museum.

Capena Italien, 40 km n von Rom. Die antike Stadt 3 km nö auf dem Hügel → Civitucola. 10 km sö → Scorana (Lucus Feroniae).

Capestrano Italien, sw von Pescara. Siedlung der nördlichen medioadriatischen Kultur erforscht.

Capicorp Spanien, Mallorca. → Capucorp Vell.

Capidava Rumänien, nähe Schwarzmeerküste. Römische Ausgrabungen: Castrumsreste. Donaulimes erforscht.

Capitolias Jordanien. → Beit Ras.

Capitol Reef Nationalpark USA, Utah. Felszeichnungen der Basketmaker, 9.-12. Jh.

Capitulum Italien. Siedlung der Herniker; heute Piglio, 26 km ö von Palestrina, ö von Rom.

Čapljina Bosnien-Herzegowina, an der Neretva. S Mogorjelo: Reste einer befestigten Villa rustica. Reste von zwei Kirchen 5. Jh. in Villennähe aufgestellt. Ö Tasovčiči: illyrische und römische Spuren, Basilika 5./6. Jh. S Reste von Villae rusticae, 2.-4. Jh.

Cap Martin Frankreich. → Roquebrune.

Capo Colonna Italien, Kalabrien, 10 km sö von Crotone. Reste von Heraion 6./5. Jh. vor Chr.

Capo di Luogo F-Korsika, w von Sartène. Menhir.

Capo di Ponte** Italien, im Val Camonica n von Brescia. Zahlreiche Felsgravierungen von der Mittleren Steinzeit bis zur Antike. Parco Nazionale delle Incisioni Rupestri, bis Naquane. Das Gebiet umfaßt auch die Orte Nadro, Cemmo, Scianica, Sonico bei Edolo. Ö Dos dell'Arca mit Spuren prähistorischer Besiedlung.

Capo Testa I-Sardinien, Nordende, w von S. Teresa Gallura. Spuren der römischen Stadt Tibula.

Cappeen Irland, wsw von Cork. ND233. Ringwall mit Doppelmauer und Graben.

Capres Slowenien. → Koper.

Capri Italien, Ort auf der Insel C. Stadtmauerreste. San Stefano mit antikem Marmorboden. S. Anna mit antiken Fresken. Reste eines Aquädukts. Villa Jovis im Osten der Insel, 1. Jh. → Anacapri. → Marina Grande. → Marina Piccola.

Capria Slowenien. → Koper.

Capris Slowenien. → Koper.

Capsa Tunesien. → Gafsa.

Capua Italien, n von Neapel. An der Stelle des antiken Casilium. Reste von römischer Brücke. Atrium vor dem Dom mit römischen Säulen. Antiker Brunnen. Museo Provinciale Campano. Das antike Capua heute → Santa Maria Capua Vetere.

Capucorp Vell Spanien, Mallorca, s von Lluchmajor. Auch Capicorp Vey. Ausgrabungen: vorgeschichtliches Dorf, primitive Konstruktionen, Talayot, Poblados.

Capula F-Korsika, bei Levie. Eisenzeitliche Festung der Torreaner.

Capulac Conception Mexiko, Puebla, n von Amozoc, letzteres 15 km ö von Puebla. Archäologische Zone. Ballspielplatz ca. 4. Jh. vor Chr.

Caput Iovis Kroatien. Insel w von Split. Römisch; Čiovo. Auch Bua, Boa, Bavo, Bubus.

Caput Liberum Italien, Elba. Heute Capoliveri.

Carabanchel Alto Spanien, Madrid-SW. Römisches Mosaik.

Caracalla-Mauer Rumänien. Östlich des → Oltlimes verlaufend. → Trajanswall.

Caracol Belize, SO-Küste. Ehemalige Siedlung der Maya. Ausgrabungen; Caana-Pyramide.

Caralis I-Sardinien. → Cagliari.

Carambolim Indien, Goa. Shri Brahma-Tempel.

Caranusca Frankreich, an der Mosel. Römisch; heute Uckange.

Carbognano Italien, Latium, ö des Lago di Vico. Reste von römischem Tempel 1. Hälfte 1. Jh. vor Chr. und von Gebäuden.

Carboneras Spanien, 44 km sö von Cuenca. Römische Ruinen in der Umgebung. Ö Höhle mit Steinzeitmalereien.

Carcassonne Frankreich. Ehemaliges Oppidum. Römisch C. Julia Carcaso. Reste gallo-römischer Stadtmauern wiederverwendet.

Çardak Türkei, 65 km ö von Denizli. Karawanserei* von 1230.

Çardak Türkei, ca. 11 km ssö von → Nevşehir. Unterirdische Stadt.

Cardena Deutschland. (Treis-)Karden.

Cárdenas Mexiko, Tabasco. N an der Straße nach Comalcalco Maya-Siedlung.

Cardiff GB, Wales. Römische Fortreste und Tor im Castle. Nationalmuseum*.

Carene Türkei, Westküste sw von Bergama.

Carhaix-Plouguer Frankreich, nö von Quimper. 3 km nö gallische Brücke.

Caribe, El Guatemala. Mayastraße, Stelen, 7 Grabhügel.

Caričin Grad Serbien, 30 km w von Leskovac, bei Lebane, s von Niš. Ruinen der byzantinischen Stadt Justiniana Prima: Thermen, Akropolis-Tor, Osttor, Vorstadt-Basilika, Bischofskirche, Palast mit Basilika, Krypta, Kirchen, Läden. Spuren von Zisterne und Aquädukt.

Carinianum Italien. Römisch; Carignano, s von Turin.

Caripeta Jemen-Nord. Heute Harîb-Khaulân. Umkehrpunkt des Aelius Gallus, 24 vor Chr.

Carlet Spanien, ssw von Valencia. Reste früher Befestigungsanlagen.

Carlisle GB, Cumbria. Römisches Fort Luguvallium in der Nähe des → Hadrianswalls. Tullie House Museum.

Carloway GB, Schottland, Insel Harris and Lewis. Fliehburg ab 2. Jh. vor Chr.

Carl Wark GB, South Yorkshire, sw von Sheffield. Reste von eisenzeitlichem oder nachrömischem Hügelfort.

Carmania Iran. → Yahya Tepe.

Carmo Spanien. → Carmona.

Carmona Spanien, ö von Sevilla. Ehemals iberische Stadt. Antik Carmo, arabisch Karmuna. Reste von Puerta de Cordoba und Puerta de Sevilla. Römisches Mosaik im Rathaus. Stelle eines Amphitheaters. Große Nekropole 2. Jh. vor Chr. bis 4. Jh. nach Chr. Keltisch-punische (iberische) Grabhügel.

Carmylessus Türkei. → Kaya (Fethiye).

Carmzow Deutschland, nö von Prenzlau. 3 km sö Rest von Großsteingrab.

Carn* Irland, Mayo, n von Cong, am Lough Mask. ND246. Großes megalithisches Ganggrab "Carn's Cairn".

Carnac** Frankreich, Bretagne, sw von Vannes. In der Umgebung einschließlich der umgebenden Gemeinden die größte Ansammlung von megalithischen Dolmen, Alignements und Tumuli in Westeuropa, hauptsächlich aus der Jungsteinzeit.
1) Dolmen von Keriaval, n von Carnac.
2) Ganggräber von Mané-Kerioned, n von Carnac.
3) Tumulus Saint-Michel*, 12 m hoch, 125 m lang, mit drei Kammern und 19 Steinkistengräbern.
4) Dolmen von Runesto, nö von Plouharnel.
5) Tumulus von Kercado, Gräber mit quadratischen Kammern. 6) Alignements du Petit Ménec (70 Menhire). 7) Alignements de Ménec* (1099 Menhire). 8) Alignements de Kermario* (1029 Menhire). 9) Alignements de Kerlescan* (594 Menhire). 10) Dolmen von Kergavat bei Plouharnel. 11) Dolmen von Rondossec in Plouharnel. 12) Menhire von Vieux-Moulin in Plouharnel. 13) Dolmen von Crucuno nw von Plouharnel. 14) Cromlech von Crucuno (22 Menhire). 15) Ganggrab von Mané-Groc'h, Erdeven. 16) Alignements de Kerzerho (1129 Menhire) bei Erdeven. 17) Tumulus von Moustoir n von Carnac. 18) Menhire von Kerscouet bei Erdeven. 19) Dolmen und Menhire von Mané-Braz bei Erdeven. 20) Alignements von Ste.-Barbe nw von Plouharnel. 21) Dolmen von Kergazec. 22) Menhir von Kerdeff bei Ménec. 23) Menhir du Manio. 24) An der Straße nach → Locmariaquer: Dolmen in der Nähe bzw. bei Keraudran, Kerhoch, Kerran, Kercadoret, Kerveresse. N → Lizo.

Carnagh West Irland, sö von Roscommon, nähe Lough Ree, ND487. Umzäunter Siedlungsplatz, Jungsteinzeit bis Bronzezeit, mit Resten eines Hauses.

Carn Brea GB, Cornwall, bei Camborne. Stelle einer jungsteinzeitlichen Festung.

Carne Frankreich, Insel bei Ploudalmezeau, Bretagne, nw von Brest. Hügelgrab mit Gang und Rundkammer, ca. 3000 vor Chr.

Carneddau Hengwm GB, Wales, an der Cardigan Bay, 18 km s von Harlech, bei Llanarber. Langhügelgräber.

Carn Euny GB, Cornwall, Land's End. Eisenzeitliche Siedlung. Fogou.

Carn Ingli GB. → Dinas Head.

Carnium Slowenien. Keltisch-römisch; Kranj (Krainburg).

Carn Llidi GB, Wales, n von St. David's. Großsteingrab.

Carnuntum Österreich. → Petronell**.

Carouge Schweiz, Genf. Römisch Quadruvium.

Carpasia Zypern. → Karpasia.

Carpe Diem Frankreich, Tal der Verzère, ca. 150 km ö von Bordeaux, bei Tayac. Höhle.

Carpentoracte Frankreich. → Carpentras.

Carpentras Frankreich, nö von Avignon. Römisch Carpentoracte. Tor 1. Jh. im Hof des Justizpalastes.

Carpi Tunesien. Antike Kolonie; heute Mraissa, 45 km ö von Tunis.

Carpio, El Spanien, ö von Córdoba. Römische Mosaike.

Carranque Spanien, zwischen Madrid und Toledo. Römische Villa, Mosaik.

Carrawburgh GB, Northumberland, 16 km nw von Hexham. Reste des römischen Kastells Brocolitia.

Carreg Samson GB. → Pen-Caer.

Carricknagat Irland, sö von Sligo. ND227A. Reste eines megalithischen Ganggrabes.

Carrigaphooca Irland, Cork, w von Macroom. ND255. Steinkreis.

Carrisbrooke Castle GB, Isle of Wight, sw von Newport. Ehemals römische Befestigung.

Carrock Fell GB, Cumbria, 30 km ssw von Carlisle. Wall von eisenzeitlichem Hügelfort. Bronzezeitliche Gräber.

Carrowcastle Irland, Mayo, sö von Ballina. ND293. Menhire und drei Dolmengräber, teils unter Erdhügeln.

Carrowkeel Irland, ca. 30 km s von Sligo, w des Arrow-Sees. Auf dem Bricklieve prähistorische Höhensiedlung (ca. 2000 vor Chr.) und megalithische Ganggräber frühirischen Typs. Leitform der Boyne-Kultur.

Carrowmore Irland, 4 km w von Sligo. ND153B. Ehemals Höhensiedlung. Megalithische Ganggräber, frühe Bronzezeit; Dolmen, Steinkreise.

Carrownlisheen Irland. → Inishmaan.
Carrowreagh Irland, Sligo, w von Aclare.
ND479. Jungsteinzeitliches Galeriegrab mit Vorhof.
Carrowreagh Irland, Donegall. nw von Londonderry. ND140. Ringwall Grianan Ailigh.
Cars, Les Frankreich, nw von Ussel. Name römischer Ruinen.
Carsium Rumänien. → Hîrşova.
Carsulae Italien. → San Gemini.
Carschlingg Schweiz, Graubünden. → Castiel.
Cartagena Spanien. Römisch Urbs Julia Nova Carthago. In der Kirche Santa Maria de la Vieja römisches Mosaik und römische Säulen. Archäologisches Museum.
Cartaya Spanien, 35 km w von Huelva. Römische Festungsruine.
Carteia Spanien, 5 km sw von San Roque, n von Gibraltar. Antik. Reste von Aquädukten, Amphitheater und von Kais.
Carthago Nova Spanien. → Cartagena.
Carthago Vetus Spanien,→ Olèrdola.
Cartuja Spanien. → Cazalla de la Sierra.
Casae Algerien, ca. 25 km nö von Batna.
Casa Grande USA, Arizona, 80 km sö von Phoenix. Casas Grandes de Moctezuma. Ruine von mehrstöckigem Großhaus der Hohokam, klassische Periode, 1350-1450. Turm, Kanäle. Museum.
Casale I-Sizilien. → Piazza Armerina.
Casalvecchio di Reno Italien, wenig s von Bologna. Villanovazeitliche und etruskische Häuserspuren.
Casama Syrien. Antik; Deir Atiye, 90 km nö von Damaskus.
Casarano Italien, Apulien, 40 km s von Lecce. In Casaranello Mosaiken in Kirche, 5. Jh., Malereien 9. + 11. Jh.
Casares-Höhle Spanien. → Riba de Saelices.
Casas Grandes Mexiko, Chihuahua-NW, 6 km sw von Nueva Casas Grandes. Besiedelt ab 1000 vor Chr. Entstehung hauptsächlich im 10. Jh. Von Hohokam und Anasazi gemeinsam bewohnt. Der Ort besaß große Wohngebäude, Zeremonialzentrum, Pyramiden, Ballspielplätze, Tempel, Ställe. Meist nur Fundamente vorhanden. Teilweise Rekonstruktionen. Wasserver- und entsorgung. 15 km sw Cerro de Moctezuma; Reste eines Rundbaues.
Casas Grandes de Moctezuma USA, Arizona. → Casa Grande.
Casas de los Pigmeos Mexiko, Durango, bei → Mezquital, 82 km s von Durango. Klippenruine.
Casas de Porro, Las Spanien, sw von Algeciras. Römische Ruinen von Mellaria.
Casca Brasilien, 240 km von der Regionalhauptstadt Alegre. Unterirdische Siedlung (ca. 2. Jh. vor Chr.) entdeckt. Tunnelsystem.
Caschinas Schweiz, Graubünden. → Susch.
Caselette Italien, 18 km w von Turin. 1 km n Reste von römischer Villa.
Casembelle Syrien. → Kessab.
Caserta Vecchia Italien, n von Neapel.
Cashel Irland, Mayo, ö von Westport. ND483. Bronzezeitlicher Grabhügel mit Kistengräbern.
Cashel Bir Irland, sö von Sligo. ND277. Steinwall, auch Cashel Oir oder Bawnboy. In der Nähe Megalithgrab mit Vorhof.
Cashlaun Gar Irland. → Tullycommon.
Casignana Italien, Kalabrien, 28 km sw von Locri, w von Bianco. Reste von römischer Villa.
Casilinum Italien. → Capua.
Casinum Italien. → Cassino.
Caska Kroatien, auf Pag, 3 km ö von → Novalja. An der Stelle des versunkenen römischen Hafens Cissa. Ruinen von antiken Gebäuden, Aquädukt, Leuchtturm, Stadtmauer, Akropolis auf dem Hügel Sveti Juraj.
Casma-Tal Peru, ca. 450 km n von Lima. Monumente der Chavín-Kultur. Tempel von → Sechín.
Casmene I-Sizilien, nw von Palazzolo Acréide. Am Monte Casale Reste des antiken Ortes.
Casoli Italien, w von Vasto. Reste von Amphitheater, Aquädukt, Mosaiken.
Cassibile I-Sizilien, sw von Syrakus. Spätbronzezeitliche Fels-Nekropole; 1000-850 vor Chr.
Cassino Italien, 100 km n von Neapel. Römisch Casinum. Reste von Amphitheater 1. Jh.; Grab der Umidia (Kapelle), 1. Jh.; römisches Theater. Museum. Zyklopenmauer 4. und 3. Jh. der ehemaligen Akropolis, heute Abtei Monte Cassino. Römische Mauer unter der Basilika.
Cassino Magus Frankreich. → Chassenon.
Cassis Frankreich, s von Marseille. Cosquer-Höhle mit altsteinzeitlichen Malereien, ca. 20000-12000 vor Chr. Ursprünglicher Eingang heute unter Wasser.
Castamon Türkei. → Kastamonu.
Castaneda Schweiz, GR, nö von Bellinzona. Spätneolithische und eisenzeitliche Siedlungsreste. Gräberfeld.
Castel d'Asso Italien, 9 km sw von Viterbo. Ehemalige etruskisch-römische Siedlung Axia. Reste von Mauern, Tor, Galerien. Etruskisch-römische Felsnekropole, hauptsächlich 4.-2. Jh. vor Chr., Fassaden*.
Castel Belveder Griechenland. → Ano Viannos.
Castel Bonifatio Gr-Kreta. → Ligortynos.
Castel di Dezima Italien, ö von Ostia, nö von Castel Porziano. Latinische Nekropole 9.-7. Jh. vor Chr.
Castell Caer Seion GB, Wales, bei Conwy. Eisenzeitliche Befestigung, Hütten.
Castelfeder I-Südtirol. → Montan.
Castel Gandolfo Italien, am Albaner See. An der Stelle des antiken → Alba Longa. Nekropole. Päpstliche Villa Barberini auf dem Gelände von ehemaliger Villa des Domitian; Reste von Thermen, Nymphenheiligtümern, kleinem Theater.

Castell Deutschland, nö von Iphofen. Wallanlagen von früh- bis spätmittelalterlicher Befestigung, ab ca. 8. Jh. Burgstall Schloßberg. Turmhügel Altkastell.

Castella, Le Italien, Kalabrien, an der Küste ssw von Crotone. Mauerreste 3. Jh. vor Chr.

Castellammare di Stabia Italien, sö von Neapel. Antik Stabiae. Ausgrabungsgelände; zwei römische Villen. Antiquarium Stabiano.

Castellammare di Velia Italien, Campanien, nw von Marina di Ascea. Gegründet ca. 540 vor Chr. als Hyele. Ausgrabungen der archaischen Stadt. Antik Elea; Akropolis mit Resten zweier Tempel. Reste der Stadt, von Stadtmauern, von Theater 3. Jh. vor Chr., Thermen, Nymphäum, Häusern, Porta Rosa, Hafen; hauptsächlich 2. Jh.

Castellan Frankreich. → Istres.

Castellar de la Frontera Spanien, ca. 30 km n von Gibraltar. Römische Ruinen von Callei.

Castell 'Arquato Italien, sö von Piacenza. Museo della Collegiata.

Castellar de Santisteban Spanien, Provinz Jaén, nö von Linares. Cuevas del Biche, ein iberisches Felsheiligtum. Römische Reste (Grabstätten, Säulenteile).

Castellbarri Spanien, w von Palamós. Iberische Siedlung.

Castelleone di Suasa Italien, s von Fano, w von Ancona. Reste des antiken Suasa. Reste des Amphitheaters.

Castellet Frankreich, ca. 11 km sö von Apt. Bories auf dem Plateau des Claparèdes.

Castellet de Banyoles Spanien. → Tivissa.

Castellfollit de Riubregòs Spanien, Provinz Barcelona, n von Tarragona. Römische Nekropole.

Castellina in Chianti Italien, n von Siena. Monte Calvario: etruskisch Kammergräber.

Castellion Israel. → (Khirbet el-)Mird.

Castellitx Spanien, Mallorca, n von Lluchmajor. Auch Caserio Castellitx. Altes Gebetshaus mit Portal* im römisch-byzantinischen Stil. Ev. das erste christliche Heiligtum nach der Eroberung von Mallorca.

Castello Italien. → Vulci.

Castello Eurialo* I-Sizilien, 8 km w von Syrakus. Reste des griechischen Kastells Euryelos, westlichster Punkt der antiken Stadtmauer von → Syrakus.

Castellones de Ceal Spanien, oberer Guadalquivir. Nekropole Mitte 1. Jtsd. vor Chr.

Castell de Sadise F-Korsika. Festung der Ureinwohner in unmittelbarer Nähe von → Cucuruzzu.

Castelluccio I-Sizilien, 26 km nw von Noto. Frühbronzezeitliche Siedlung, 2. Jtsd. vor Chr. Felsengräber der Castelluccio-Kultur.

Castellum Dimmidi Algerien. → Misad.

Castellum Vetulae Syrien. → (Qalaat) Beni Israil.

Castel Pediada Gr-Kreta. → Kastelli.

Castel Priotissa Gr-Kreta, w von Agia Triada. Venezianische Festung.

Castel-Roussillon Frankreich, 5 km ö von Perpignan. Römisch Ruscino. Ehemals keltisches Oppidum; römische Stadt; im 14. Jh. verlassen. Ausgrabungen, Kirchen- und Turmreste.

Castel Sant'Elia Italien, 7 km sw von Cívita Castellana. Faliskisch-etruskische Gräber.

Castelsecco Italien, sö von Arezzo. Ehemalige spätetruskische Siedlung.

Castel Selino Gr-Kreta. → Palaiochora.

Castelseprio Italien, 10 km s von Varese, nw von Mailand. Seprium. Antik-frühmittelalterliche Befestigung, Reste 5.-11. Jh. Kirche 7. Jh. Baptisterium 5. Jh. Malereien Ende 1. Jtsd.

Castel Temene Gr-Kreta. → Tefeli.

Castelvetreno I-Sizilien, SW. Archäologisches Museum.

Casterley Camp GB, Wiltshire, sw von Upavon. Eisenzeitliche Befestigung.

Casterton GB, Cumbria, 1½ km nö von Kirkbylongdale, nö von Lancaster. Im N der Ortschaft vorgeschichtlicher Steinkreis mit 20 Steinen.

Castiel Schweiz, ca. 7 km ö von Chur. Carschlingg: ehemals Standort von bronze-, hallstatt- und latènezeitlicher Siedlungen. Spuren spätrömischer Siedlung.

Castiglioncello Italien, s von Livorno. Siedlung im 4.-1. Jh. vor Chr. Nekropolen. Kleines Museum.

Castiglione di Paludi Italien. → Paludi.

Castillares, Los Spanien. → Suellacabras.

Castilleja de la Cuesta Spanien, w von Sevilla. Iberisch Osset. Julia Constantia. Cueva de la Pastora, Grab- und Kultstätte aus dem 3. Jtsd. vor Chr.

Castillo-Höhle Spanien. → Puente-Viesgo.

Castillo de San Felipe Guatemala, ca. 280 km nö von Ciudad de Guatemala. Spanisches Fort 17. Jh. am Rio Dulce.

Castillo de Santueri Spanien, Mallorca, bei Felanitx. Ehemals Befestigung zur Römerzeit.

Castillo de Teayo Mexiko, Veracruz, ca. 50 km sw von Tuxpan. Ehemalige totonakische Kultstätte ab 9. Jh. Toltekisch ab 12. Jh. Aztekisch ab 15. Jh. mit Tempelrest* 15. Jh. Stelen. (An Festtagen "Vogelflug"-Vorführungen).

Castillo Tomaval Peru, Virú-Tal. Lehmziegelpyramide.

Castle-an-Dinas GB, Cornwall, n von Penzance. Eisenzeitliche Befestigung.

Castle-an-Dinas GB, Cornwall, nö von St. Columb Major. Eisenzeitliche Befestigung.

Castle Ditch GB, Cheshire, onö von → Chester. Eisenzeitliche Befestigung.

Castle Ditches GB, Wiltshire, ca. 20 km w von Salisbury. Eisenzeitliche Befestigung.

Castle Dore GB, Cornwall, nö von St. Austell, n von Fowey. Eisenzeitliche Befestigung.

Castle Hill GB. → Scarborough.

Castle Rigg GB, Cumbria, 3 km ö von Keswick. Keswick Carles. Steinkreis ca. 3. Jtsd. vor Chr.

Castle Rising GB, Norfolk, 7 km nö von King's Lynn. Ma Schloß in hohem Ringwall, Anfänge in römischer Zeit.

Castleruddery Irland, Wicklow, n von Baltinglass. ND441. Steinkreis mit 29 Steinen, ⌀ 30 m, mit Wall. Großer Erdwall, ND442.

Castleshaw GB, Yorkshire, bei Saddleworthy. Ehemaliges römisches Kastell.

Castleton GB, Derbyshire. Nw eisenzeitliches Hügelfort Mam Tor; bronzezeitliche Hügelgräber.

Castleton Rigg GB, North Yorkshire, ca. 30 km sö von Middlesbrough. Bronzezeitliche Siedlung.

Castletown Geoghegan Irland, Co. Westmeath, sw von Mullingar. Motte und Bailey.

Castlewellan GB-Nordirland, 17 km sw von Downpatrick. Sw prähistorisches Steinfort Drumena. Nw Dolmen Legananny.

Castor GB, Northamptonshire, 8 km w von Peterborough. Römisch Durobrivae. Ehemals mit zahlreichen Töpfereien (Nene Valley-Ware, 2.-4. Jh., früher Castor-Ware genannt).

Castra Bosnien-Herzegowina. → Banja Luka.

Castra ad Herculem Ungarn. → Pilismarot.

Castra Caecilii Spanien. → Cáceres.

Castra Magna GB, Hereford and Worchester, 8 km nw von Hereford.

Castra Mansio Gemellae I-Sardinien, w von Olbia. Römisch.

Castra Martis Bulgarien. Kula.

Castra Montanensium Bulgarien. → Michajlovgrad.

Castra Regina Deutschland. → Regensburg.

Castries Frankreich, nö von Montpellier. Nw römische Brücke.

Castríminum Italien. → Castro dei Volsci.

Castrimoenium Italien, bei Marino am Albanersee. Antiker Ort.

Castro Italien, ca. 16 km s von Pitigliano, w des Bolsena-Sees, 12 km w von Ischia di Castro. 1649 zerstört. Reste der ma Siedlung (seit 8. Jh.). Etruskische Nekropolen ab 8. Jh. vor Chr. Antiquarium in → Ischia di Castro.

Castrogonzalo Spanien, ö von Benavente. Römische Brücke.

Castronuovo di Sicilia I-Sizilien, 65 km n von Agrigent. Am Monte Cassaro Mauerreste einer antiken sikanischen Siedlung.

Castro do Padrão Portugal, s von Santo Tiro, n von Porto. Reste von prähistorischer Befestigung.

Castro Palation Türkei. → Milet.

Castro de Penude Portugal, 6 km w von Lamego, ö von Porto. Reste von lusitanisch-römischer Befestigung.

Castroreale Terme I-Sizilien, sw von Milazzo. W bei S. Biagio Reste von römischer Villa, 1. Jh. nach Chr. Ca. 7 km s Longane: ehemaliges Zentrum der Sikuler. Spätantike Reste.

Castro del Rio Spanien, 44 km sö von Córdoba. Festungsruine, römische Stadtmauerreste. 12 km sö

römische Brücke.

Castro-Urdiales Spanien, nw von Bilbao. Römisch Flaviobriga. N Cueva Peña del Cuco mit Malereien.

Castro Villari Italien, w des Golfes von Tarent. Archäologisches Museum, Nekropolen.

Castro dei Volsci Italien, s von Frosinone. Römisch Castriminum. Casale di Madonna del Piano. Reste von megalithischer Stadtmauer, Akropolis, Thermen, Häusern.

Castrum Bergium Spanien. Athanagia. Antik; Berga.

Castrum Carsium Rumänien. Römisch; an der Stelle von Hîrşova, rechtes Donauufer bei km 253.

Castrum Drobeta Rumänien. → Turnu Severin.

Castrum Fluminaria I-Sardinien. → Sassari.

Castrum Jubae Kroatien. → Ljubač.

Castrum Marcellinum Frankreich. Römisch; Cannes. Auf dem Suquet-Hügel befand sich eine Beobachtungsstation der Oxybier, 2. Jh. vor Chr.

Castrum Margum Serbien. → Kulic.

Castrum Miraculum Spanien. Almagro, Neukastilien.

Castrum Mogorjelo Bosnien-Herzegowina. → Čapljina.

Castrum Octavianum Spanien. Römisch; San Cugat del Vallés, wenig n von Barcelona.

Castrum Pisini Kroatien, Istrien. Römisch für Pazin.

Castrum Puellarum Syrien. → (Qasr el) Benat.

Castrum Rauracense Schweiz. → Kaiseraugst.

Castrum Serras Spanien, Provinz Barcelona. Antik; Sant Pere de Casserres, ö von Manlleu.

Castrum Temensiensis Rumänien. Römisch; Timişoara.

Castrum Turres Serbien. Römisch (3. Jh.), byzantinisch (6. Jh.) Quimedava; heute Pirot.

Castulo Spanien, 7 km n von Linares, ö von Córdoba. Phönizische und römische Ruinen.

Çatal Hüyük Türkei, sö von Iskenderum. Ausgrabungen am Tell (64.-58. Jh. vor Chr.). Weitere Besiedlung 5600-4900 vor Chr.

Çatal Hüyük Türkei, sö von Konya, 11 km n von Çumra. Früheste Schichten Mitte oder Ende 7. Jtsd. vor Chr. Osthügel mit Resten aus der Jungsteinzeit; Spuren von Wohnhäusern und Heiligtümern mit ältesten Wandmalereien. Westhügel mit Besiedlungsspuren des Chalkolithikums, ca. 4000-3000 vor Chr.

Catania I-Sizilien. Gegründet 729 vor Chr. Katana der Sikuler. Dom mit Resten von römischen Thermen, römischer Sarkophag. Piazza Mazzini mit Säulen einer römischen Basilika. Griechisches Theater 5. Jh. vor Chr. Römisches Odeon. Reste eines römischen Amphitheaters 1. oder 2. Jh. Reste römischer Thermen in der Kirche S. Maria della Rotonda. Obelisk. Museum Castello.

Catanzaro Italien. Provinzmuseum mit vor- und frühgeschichtlicher Sammlung.

Cataractonium GB, Yorkshire, sw von Darlington. Römisch; Catterick.

Catlar Spanien, Menorca. Talayot.

Cattarum Montenegro. Illyrisch-römisch; Kotor.

Cauca Spanien. → Coca.

Caudium Italien. Antike Siedlung; heute Montesarchio-Arpaia, 35 km nö von Neapel. Nekropole.

Caulonia Italien. → Monsterace Marina.

Caura Spanien. → Coria.

Caura Spanien. → Coria del Rio.

Cauria F-Korsika, s von Sartène. 1) Steinkistengrab von Fontanaccia, 1. Hälfte 2. Jtsd. vor Chr. 2) Menhire von Cauria (Alignement de Stantari) mit Menhirstatuen 1. Hälfte 2. Jtsd. vor Chr. 3) Alignement von Renaggiu (Rinaiu), 1 km s.

Cauria Vetona Spanien. → Coria.

Caurium Spanien. → Coria.

Cauro F-Korsika, ö von Ajaccio. Vorgeschichtliche und römische Spuren.

Causennae GB. → Ancaster.

Causse Noir Frankreich, Hochplateau ö von Millau. Gallisch-römische Grabstätte.

Cava d'Ispica I-Sizilien, 10 km ö von → Modica. Schlucht mit Nekropolen der Sikuler, Höhlen, christliche Katakomben 4. und 5. Jh., byzantinische Felsheiligtümer.

Cavaillon Frankreich, sö von Avignon. Zwei Bögen eines römischen Tores. Archäologisches Museum in einer Kapelle. Auf einer Höhe das ehemalige gallische Oppidum Cabellio.

Cavallino Italien, 5 km sö von Lecce. Ausgrabungen einer sapischen Stadt. Spuren von Stadtmauer 6. Jh. vor Chr.

Çavdarhisar* Türkei, 59 km sw von Kütahya. Ruinen des antiken Äsani (Aisanoi). Vier römische Brücken. Stadtmauerreste. Reste von ionischem Jupitertempel. Guterhaltenes Theater. Reste von Stadion.

Cavernas Peru. → Paracas.

Cavriglia Italien, n von Siena. Reste von römischer Siedlung.

Cavtat Kroatien, sö von Dubrovnik. Antik Epidaurus. Italienisch Ragusavecchia. Anfang 7. Jh. durch Erdbeben zerstört. Gründung von Ragusium durch Flüchtlinge. Die verbliebene Siedlung erhielt den Namen Cavtat (vom lat. civitas).

Çavuşin Türkei, 6 km s von Avanos, nö von → Nevşehir. Das Dorf ist in eine Felswand gebaut. Johanneskirche ab 5. Jh. Im Tal Kızıl Çukur zwei Kapellen mit Narthex und Grabkammer, Fresken 9./10. Jh.

Çavuştepe Türkei. → Atbaşı.

Cayla de Mailhac Frankreich. → Mailhac.

Cawthorne GB, Yorkshire, nw von Pickering. Römische Befestigungen Cawthorne Camps. Römerstraße → Wade's Causeway.

Çayönü Türkei, ca. 60 km nw von Diyarbakir, in der Nähe von Ergani Maden. Dorf mit Steinbauten

ausgegraben, Mitte 8. bis Mitte 7. Jtsd. vor Chr.

Cazalla de la Sierra Spanien, 90 km n von Sevilla. Römische Ruinen.

Cazan Frankreich, nö von Salon-de-Provence. 1 km s des Ortes Ruine des römischen Tempels von Vernègues in einem Privatpark, 1. Jh.

Cazis Schweiz, Graubünden, Hinterrhein, sw von Chur. Sw Cresta: Reste von bronze- und eisenzeitlicher Siedlung. N Petrushügel: befestigte jungsteinzeitliche Höhensiedlung. Ausgrabungen.

Ceccia F-Korsika, sw von Porto Vecchio. Tempelreste der Schardana, 2. Jtsd. vor Chr. → Bruschiccia. → Tappa.

Cécina Italien. Römisch Caecina. Sw bei San Vicenzino Reste von römischer Villa. Nö Nekropole. Stadtmuseum mit Tholosgrab.

Cedar Tree Tower USA, Colorado. Indianische Puebloruinen im → Mesa Verde National Park, Teil Chapin Mesa.

Cedrae Türkei. → Şehir Adası.

Cedral, El Mexiko, Quintana Roo, auf der Insel Cozumel. Mayaruinen.

Cefalù I-Sizilien, ö von Palermo. Kephaloidion. Reste archaischer Befestigungsanlage an der Piazza Garibaldi und am Meer. Auf dem Burgberg Reste von archaischen Bauten (Diana-Tempel ab 9. Jh. vor Chr.) und von arabischen und ma Bauten. Antike Säulen im Dom**. Museo Mandralisca.

Cefnamlwch-Dolmen GB. → Sarn.

Ceibal Guatemala. → Seibal.

Celemantia Slowakei, 4 km ö von Komarno/Donau. Ehemaliges römisches Lager.

Celeusum Deutschland. → Pförring.

Celje Slowenien, ö von Ljubljana. Römisch Claudia Celeia, antik und deutsch Cilli. Fundamente eines Heraklestempels. W → Šempeter.

Cella Spanien, nw von Teruel. S römischer Aquädukt.

Cellino San Marco Italien, Apulien, s von Brindisi. Felsgräber.

Cemenelum Frankreich. → Nizza.

Cemilbey Türkei, 29 km s von Corum. Reste einer ev. im Altertum gegründeten Festung; alte Gräber, Zisternen.

Cemilköy Türkei, ca. 12 km s von Ürgüp, im Seiental von Gorgoli. Archangeloskloster ab 7./8. Jh., Malereien. Michaelskirche 11. Jh.

Cempoallan Mexiko. → Zempoala.

Cenabum Frankreich. → Orléans.

Cencelle Italien, sö von Tarquinia, bei La Farnesiana. Ruinen.

Cenchreae Türkei, n von Ezine.

Cenestum F-Korsika. Römisch; Corte.

Cenia, La Spanien, sw von Tortosa. Cueva Rosegador mit Malereien. W Ruinen.

Cenobio de Valerón Spanien, Gran Canaria, ö von Galdar. Höhlen (ev. Kornspeicher) der Guanchen. Versammlungsplatz.

Centcelles Spanien, 2 km von Constanti, bei Tarragona. Villa und Mausoleum 4. Jhd. nach Chr. Mosaikkuppel.

Centinela, La Peru, ca. 200 km s von Lima. Hauptstadt des Königreiches der Chincha, später von den Inkas überbaut. Kulturelles Zentrum 12.-15. Jh. Reste von Terrassen und Pyramiden.

Centroña Spanien, Galizien, bei Puentedeume, ö von La Coruña. Reste einer römischen Villa.

Centumcellae Italien. → Civitavécchia.

Centum Cellas Portugal. → Belmonte.

Centuripe I-Sizilien, nw von Catania. Das sikulische Kentoripa. Reste römischer Häuser und Thermen.

Cephe Türkei. → Hasankeyf.

Cerasus Türkei. → Giresun.

Cerca del Toñinuelo Spanien, 6 km von Jerez de los Caballeros, s von Badajoz. Dolmen.

Cercina Tunesien, auf der Insel Chergui, Iles Kerkenah. Römisch.

Cereatae Marianae Italien. Antik; heute Casamari, ö von Frosinone. Museum in der Abtei.

Ceret Spanien. Antik; ev. an der Stelle von → Jerez de la Frontera.

Ceri Italien, ö von → Cervéteri. N etruskische Nekropole.

Cerito Italien. Cominio Cerito. Heute Cerreto Sannita, nö von Capua.

Čerkes-Kermen GUS, Krim. Nekropole der Taurier.

Cerne Abbas GB, Dorset, 20 km n von Dorchester. Cerne Giant, eine in den Boden geritzte Umrißzeichnung eines Mannes, 60 m groß, unbekannter antiker Herkunft.

Cernica Kosmet, sw von Gnjilane, n von Skopje. Illyrische Siedlung ausgegraben.

Cerracchio Italien, ca. 70 km nw von Rom, 4½ km w von Vetralla. Kleine etruskisch-römische Felsnekropole. 10 km w → Norchia.

Cerralbo Spanien, n von Ciudad Rodrigo. Iberische Reste.

Cerrig Duon GB, Wales, Brecknockshire, bei Traean-glas. Steinkreis mit Menhir Maen Mawr. Sw Alignment Saeth Maen.

Cerrig-y-Gof GB. → Dinas Head.

Cerritos Guatemala, Provinz Santa Rosa. Ruinenstätte.

Cerro de Bencarron Spanien. → Alcala de Guadaira.

Cerro Blanco Mexiko, Durango, bei → Mezquital, 82 km s von Durango. Klippenruine.

Cerro Blanco Peru, Nepeña-Tal, s von Chimbote. Tempelreste.

Cerro Chuño Chile, Norden, Azarpa-Tal. Felsbilder.

Cerro de las Mesas Mexiko, Veracruz, Insel im Sumpfgebiet von Ignacio de la Llave, sö von Veracruz. Reste einer Olmekensiedlung; Grabhügel und Stelenreste.

Cerro de Moctezuma Mexiko. → Casas Grandes.

Cerro de Monte Cristo Spanien. → Adra.

Cerro de la Piedra Mexiko, Veracruz, s der Lagune von Alvaredo. Verfallende Stätte der → (La-) Venta-Kultur.

Cerro de Real Spanien, bei Vélez. Bronzezeitliche Siedlung.

Cerros Belize, Norden, 5 km sö von Corozal. Ehemalige Siedlung der Maya. Graben, Pyramiden.

Cerro de los Santos Spanien, sö von Albacete, sö von Montealegre del Castillo. Reste einer iberischen Stadt, 4. Jh. vor Chr.

Cerro Sechín Peru. → Sechín.

Cerro Sorcape Peru. → Chicama.

Cerro da Villa Portugal, sw von Loulé, nähe Südküste. Römische Reste von Thermen und Staudamm. Mosaike.

Cerro de la Virgen Spanien. → Orce.

Čertomlyk GUS, Ukraine, beim Dorf Čkalovo, w von Nikopol, Dnjepr. Großer skythischer Kurgan (2. Hälfte 4. Jh. vor Chr.) inmitten einer Nekropole (5.-4. Jh. vor Chr.).

Cervéteri** Italien, nw von Rom. Griechisch Agylla, etruskisch Cisra, römisch Caere, mit den antiken Häfen Alsium, heute Palo bei Ladispoli; und Pyrgi, heute → Santa Severa; Punicum, ev. das heutige → Santa Marinella. Mauern der Etrusker, 5.-4. Jh. Nekropolen** ab 9. Jh. vor Chr. (Fels- und Hügelgräber): Banditaccia, Sorbo, Monte Abetone. Museo Nazionale Cerite im Palazzo Ruspoli.

Cervo Italien, s von Alassio. Römische Brücke.

Cesara Syrien. → (Qalaat) Sheizar.

Cesi Italien, 10 km nw von Terni. Auf dem Berg S. Erasmo Reste von polygonalen Umfassungsmauern.

Çeşme Türkei, 80 km w von Izmir. Genuesische Festung 14. oder 15. Jh., von den Osmanen restauriert. Ruine einer Karawanserei, 18. Jh.

Çeşme Köyü Türkei, 167 km sw von Muğla, SW-Küste, 23 km w von Reşadiye. Sö des Ortes die Kumya Kalesi genannte Ruine einer antiken Festung. Grabmal aus dem Altertum. 4½ km w Ruine eines antiken Tunnels.

Cesricedit Türkei, 22 km ö von Antakya. Brücke über den Orontes, 1161 erneuert. → (Tell) Açana.

Cestrus Türkei. → Kilisebelini.

Ceta Indonesien, Java, ca. 40 km ö von Surakarta. Vorhinduistisches und hinduistisches Heiligtum. In der Nähe → Sukuh.

Cetăţeni Rumänien, ca. 100 km nnw von Bukarest. Dakische Festung 3.-1. Jh. vor Chr.

Cetina Kroatien. → Sinj.

Cetium Österreich. → Sankt Pölten.

Cetobriga Portugal. → Tróia.

Cetona Italien, sw des Trasimenischen Sees. Etruskische Gräber.

Cewydd's Stone GB, Somerset, Valley of the Rocks. Bronzezeitlicher Menhir.

Chabtuna Syrien. Heute → (Qalaat el) Hosn**.
Chacbolai Mexiko, Yucatan, ca. 30 km s von Ox-kutzab. Maya-Ruinenstätte, Puuc-Stil.
Chachoapan Mexiko, 12 km n von → Nochixtlán, 104 km nw von Oaxaca. Ruinen des antiken Cha-choapan auf dem Cerro Yucuñudahui: Ballspiel-platz, Tempel; Hügel Mogote Grande.
Chachoengsao Thailand, ca. 55 km ö von Bang-kok. Phra Buddha Sothorn.
Chachuli Türkei, ca. 100 km n von Erzurum.
Chacho, Hahul. Ruinen eines Klosters 10. Jh. und von Kapellen.
Chacmool Mexiko, Quintana Roo, ö von Felipe Carrillo Puerto. Maya-Ruinen.
Chacmultún* Mexiko, Yucatan, 165 km onö von Campeche, 15 km ö von Xul. Ruinenstadt, Puuc-Region. Ruinengruppen auf den Hügeln Xetpol und Cabalpak.
Chaco Canyon National Monument USA, New Mexico. Ruinen von zwölf größeren und mehreren kleineren Pueblos, 900-1150 nach Chr., Beendi-gung des Ausbaus um 1200. → Pueblo Bonito.
Chaculá Guatemala, Huehuetenango. Ehemalige Siedlung der Maya.
Chadâtu Syrien. → Arslan Tasch.
Chagar Basar Syrien. → Schagar Bazar.
Chaillot-de-la-Jard Frankreich, Saintogne. Vorge-schichtliche Befestigung.
Chair-Chaneh Afghanistan, 12 km nw von Kabul. Hinduistische Tempelanlage, 5. Jh.
Chaironea Griechenland, 14 km nw von Levadia. Ehemals Arnä, Kapraina. 2 km ö Grabhügel der Mazedonier beim Schlachtfeld von 338 vor Chr. Marmorlöwe der Thebaner. Mauerreste der Akro-polis. In den Fels gebautes Theater.
Chaiya Thailand, Süden, n von Surat Thani. Wat Phra Mahathat, 16. Jh. Wat Ratana Waram. Wat Keo, Reste.
Chaiyaphum Thailand, ca. 300 km nö von Bang-kok. Khmer-Tempel Prang-Ku.
Chaiyo Thailand, ca. 100 km n von Bangkok. Wat Chaiyo Vora Vihara.
Chajrabad-Tepe GUS, Usbekistan, bei → Termes. Gräko-baktrische Siedlung 3.-1. Jh. vor Chr., Um-fassungsmauer.
Chakalal Mexiko, Quintana Roo, gegenüber von Cozumel. Mayaruinen mit Tempel.
Chakargrao Thailand. → Kamphaeng Phet.
Chakdara Pakistan, Swat-Tal. Museum.
Chakra Libanon, ö von Tyrus (→ Sour). Moschee mit Bruchstücken antiker Bauwerke.
Chala Peru, 500 km s von Lima. Zwischen Chala und Atico Ruinen am Strand.
Chalandriani Griechenland, auf der Kykladeninsel Syros. Bronzezeitliche Mauerreste der Kykladen-siedlung, 1800 vor Chr. Frühkykladische Nekro-pole, Gräber ab 3. Jtsd. vor Chr.
Chalbury GB, Dorset, n von Weymouth. Eisen-zeitliche Befestigung.

Chalcatzingo Mexiko, 140 km ssö von Mexico-City. Chalcazingo. Kultplätze; Zeremonialzentrum, Plattform- und Pyramidenreste, klassische Zeit. Reliefs. Höhlen, Felszeichnungen, ab 1. Jtsd. vor Chr., hauptsächlich olmekisch.
Chalchihuites Mexiko, 50 km sw von Sombrerete. Grabungen. W ausgedehnte vorspanische Siedlung; Plätze, Gebäude; Höhlen zu erkennen. 8 km sw: → (El) Chapin.
Chalchitan Guatemala. Ruinenstätte der Hochland-Maya.
Chalchuapa El Salvador, ca. 80 km nw von San Salvador. Ausgrabungszone zusammen mit den Re-sten von → Tazumal. Ehemalige Mayasiedlung; Fundort von Skulpturen, vorklassische Zeit. Pyra-mide mit Tempel, Museum in → Tazumal.
Chalcis, Tell Syrien. → Qinnesrine.
Chalcis ad Belum Syrien. → Qinnesrine.
Chaleion Griechenland. → Galaxidi.
Chalieng Thailand. → Si Satchanalei.
Chalke Griechenland, auf der Insel Chalki, w von Rhodos. Der antike Ort beim ma Chorio, w von Chalko. N der Bucht Pondamos Nekropole vom 7. Jh. vor Chr. bis in hellenistische Zeit.
Chalkedon Türkei. Das antike Kadiköy. → Istan-bul.
Chalkis Griechenland, Aitolo-Akarnania, sö von Messolongi, am Berg Varasova. Hellenistische Fluchtburg. Akropolismauern. Antike Hafenreste.
Chalkis Griechenland, Euböa. Venezianisch Ne-groponte. Reste von venezianisch-türkischer Stadt-mauer. Spuren von pelasgischer Siedlung, von Akropolis, von Gymnasium und römischen Ther-men. Ehemals mit Hafen und Agora. Archäologi-sches Museum. Nekropolen.
Chalkitis Türkei, Prinzeninsel im Marmarameer. → Heybeliada.
Chalon-sur-Saône Frankreich, s von Dijon. Musée Denon*.
Chaltschajan GUS, Usbekistan. → Khaltschajan.
Cham Deutschland. Altenstadt: am SO-Hang des Galgenberges Wall- und Grabenreste »Schweden-schanze« von ma Burg, 10. Jh.
Chamá Guatemala, n von Ciudad de Guatemala, Provinz Alta Verapaz. Ruinenstätte.
Chamaa Libanon, osö von Iskandarouna. Burg-ruine 17. Jh.
Chamars Italien. → Chiusi.
Chamax Mexiko, Quintana Roo, auf einer Insel in der Bucht von Ascension. Maya-Ruinen.
Chamba Indien, Himachal Pradesh. Tempel* ab 11. Jh.
Chametla Mexiko, 120 km sö von Mazatlán, Si-nalva. In der Nähe Ausgrabungen, 1. Jh. nach Chr.
Chamezi Gr-Kreta, 10 km sw von Sitia. Mittelmi-noisches Ovalhaus.
Champallement Frankreich, 30 km s von Cla-mecy, im Wald von Compierre. Ausgrabung einer gallo-römischen Siedlung. Tempelrest, Theater,

Ausstellung.

Champaner Indien, Gujarat, 35 km n von Vadodara (Baroda). Erbaut 1486-1509, ehemals Festung der örtlichen Rajputenherrscher. Ruinen.

Champ Dolent Frankreich, bei Dol-de-Bretagne, sö von St. Malo. Menhir.

Champ Durand Frankreich, nw von La Rochelle. Ehemalige Festung 4./3. Jtsd. vor Chr. .

Champlieu Frankreich, s von Compiegne. Reste von römischem Theater, Thermen und Tempel.

Champotón Mexiko, Yucatan, s von Campeche. Ehemalige Stadt der Maya.

Champrodon Spanien, w von Figueras. Römisch Campus Rotundis. Römische Brücke.

Chamzhi-Mumah Eisenzeitliche Nekropole der Luristan-Kultur, 800/750-600 vor Chr.

Chanako-Tepe GUS, Usbekistan. → Khaltschajan.

Chanapata Peru, bei Cuzco. Kultur 1000-200 vor Chr.

Chanbaligh China. Hauptstadt des Kublai Chan in China. → Beijing.

Chancay Peru, 80 km n von Lima. Blüte von ca. 1000 bis Mitte 15. Jh. Bewässerungsanlagen, Gräberfelder.

Chancelade Frankreich, Dordogne, 5 km nw von Périgueux. Vorgeschichtliche Siedlung entdeckt.

Chanchan* Peru, im → Moche-Tal, n von Trujillo. Hauptstadt des Chimú-Reiches, 1000-1476, von den Inkas erobert. Vorgänger waren die Mochica- und die → Lambayeque-Leute. 18 qkm großes Ruinenfeld; Reste hauptsächlich 13.-15. Jh. Sich überschneidende Lehmmauern, in sich geschlossene Komplexe (Mauergevierte, Ciudadelas) mit Palästen, Tempeln, Straßen, Plätzen, Speichern, Gärten, Staubecken. Kanäle. Begräbnisplätze.

Chanctonbury GB, West Sussex, 4 km nw von Worthing. Reste eines eisenzeitlichen Forts. Reste eines römischen Tempels.

Chancy Schweiz, sw von Genf. Spuren einer römischen Befestigung.

Chandak, El- Sudan, linkes Nilufer, s von Dongola. Nicht freigelegte Akropolis. Alte Kirchenruine.

Chandigarh Indien, Punjab-Osten. Fundstelle der Induskultur freigelegt.

Chanega GUS, Aserbaidschan, wsw von Baku, n von Kazi-Magomed. Moschee und Grabmal des Scheichs Chorasan, 12.-15. Jh.

Changan China, Provinz Shaanxi. Hauptstadt der Han-Dynastie. → Xian.

Changling China, Provinz Shaanxi. → Xian.

Changsha China, Provinz Hunan. Ch'ang-sha. Hauptstadt des Chu-Reiches, 1. Jh. vor Chr. In der Umgebung mehr als 1000 Gräber, ab Zhou- oder Han-Dynastie. Gräber in Ma-wang-tui (Mawangdui, Maqangdui usw.), 2. Jh. vor Chr., westl. Han-Zeit. Funde im Provinz-Museum.

Changspa Indien, Kaschmir, bei Leh, Ladakh. Felsskulptur, ca. 9. Jh.

Chanhudaro Pakistan, ca. 150 km ssö von Mohenjo-Daro, nähe Nawabshah. Tells der Industal-Kultur und der Kupfersteinzeit (Jhukar-Kultur).

Chania Gr-Kreta. Kanea, antik Kydonia. Byzantinische Stadtmauerreste. Minoische Palastanlage auf dem Kastellhügel entdeckt. Sw frühminoische Bergsiedlung auf dem Jabba. Archäologisches Museum mit minoischen Sarkophagen.

Chantada Spanien, sw von Lugo. Keltische Grabstätten. Ö römische Brücke.

Chao Pau Khun Dan Thailand, ca. 100 km nö von Bangkok. Tempel.

Chaouach Tunesien, 16 km nw von Medjez El Bab, sw von Tunis. Byzantinische Mauer. Spuren des antiken Sua: zwei Triumphbögen. Punische Grabstätten.

Chapanuwa Türkei. → Afyon.

Chapash Peru, Gebiet des Marañon. Ruinen von Bauten der Yaro.

Chapel Carn Brea GB, Cornwall, Land's End. Grabhügel.

Chapin, El Mexiko, ca. 60 km sw von Sombrerete. Festungsanlagen Cerro Colorado und Pedregal Moctezuma. Auf der Hacienda Alta Vista Reste von Gebäude und Säulensaal.

Chapin Mesa USA, Colorado. Teil des → Mesa Verde National Parks.

Chapkat Pakistan, Westen, beim Fort von Chakdara im Staat Dir, Swat-Tal. Spur eines Stupa.

Chapman Barrows GB, Devon, Exmoor. Grabhügel, Menhire.

Chapulco Guatemala, Bezirk Izabal. Ruinenstätte.

Chaqif, Qalaat ech Libanon, sö von Saida. Kastell Beaufort, weitläufige Burgruine*, 12. Jh.

Characmoba Jordanien. → Kerak.

Charadrus Türkei. → Kaladran.

Charaig Libyen, nähe Garama. Gräberfeld der Garamanten.

Charan Türkei. → Harran.

Charanke Japan, Hokkaido, O-Küste. Bergfestung der Ainu.

Charax Spasinu Iran. → Khorramschahr.

Char Chorin Mongolei. → Karakorum.

Charco-Höhle Spanien. → Valdealgorfa.

Charf el Awab Marokko, kleiner Bergstock sw von Tanger. Reste von Megalithgräbern.

Charga, El- Ägypten. Altägyptisch Hebet, griechisch Hibis. Oase w von Luxor mit den Ruinenstätten: → Ain Amur (Ain Amon). → Ain Mustafa Kaschif. → Ain es-Sunt. → Bagawat. → (Qasr) Dusch, (Kysis). → Ed Deir. → Gebel et-Teir. → (Qasr el-) Ghueida. → Hibis. → Nadura. → (Qasr) Saijan, (Tschonemyris).

Chariez Frankreich, Dép. de la Haute-Saône, w von Vesoul. Vorgeschichtliche Befestigung "Camp César".

Charouda Griechenland, Peloponnes, HI Mani. Harouda. Megalithische Baureste.

Charsadda Pakistan, nö von Peschawar. Das alte

Puschkalavati, Hauptstadt achämenidischer Satrapie. Ausgrabungen der von Alexander eingenommenen Festung und von indo-griechischer Stadt, hauptsächlich aus der Zeit 300-150 vor Chr.

Charterhouse-on-Mendip GB, Somerset, nö von Bridgwater. Ehemals kleine römische Stadt.

Charukorohoi Japan, Hokkaido. Bergfestung der Ainu.

Charweli Türkei, sö von Trabzon, s von Sürmene. Klosterruine.

Chashmi-Ali Iran, bei Teheran. Ursprungsort des Keramiktyps "Togau-Ware".

Chasht GUS, Usbekistan. → Taschkent.

Chasia Griechenland. → Fili.

Chaskapata Peru, 5 km von → Machu Picchu. Inkaruinen.

Chaspho Israel. → Khisfin.

Chassemy Frankreich, ö von Soissons. Ehemals eisenzeitliche Siedlung.

Chasseneuil-sur-Bonnieure Frankreich, nö von Angoulême. Nö Ruinen.

Chassenon Frankreich, nw von Rochechouart. Römische Ruinen vom antiken Cassino Magus; Thermen.

Chassey, Camp-de- Frankreich, bei Chagny. Hauptort der ersten neolithischen Zivilisation Frankreichs, Gebiet Saône-Loire, ab Mitte 4. Jtsd. vor Chr., (Chasséen). Verbindung zur südostspanischen und später zur Cortaillod- und Lagozza-Kultur (Schweiz und Norditalien) angenommen. Jungsteinzeitliche und frühgeschichtliche Befestigungen.

Chastel Blanc Syrien. → Safita.

Chastel Port de Jone Griechenland. → Pylos (Altpylos).

Chastel Port de Junch Griechenland. Port de Jone. → Pylos (Altpylos).

Chastel Rouge Syrien, sö von Tartus. → (Qalaat) Yahmur.

Chastel Ruge Syrien, ca. 90 km nö von Haleb, in Straßennähe. Tell el Karsch ev. an der Stelle dieser Kreuzfahrerburg. Keine Reste.

Chastleton Burrow GB, Oxfordshire, w von Chipping Norton. Eisenzeitliche Befestigung.

Chastlach Schweiz. → Zuoz.

Chatana, El Ägypten, bei → Qantir, am Rand der Ramsesstadt → Pi-Ramesse. Ruinenstätten mit Siedlungen aus dem Mittleren Reich, der Zweiten Zwischenzeit und der Ramessidenzeit. Reste einer Kapelle der 12. Dynastie in Tell el-Qirqafa.

Châteaumeillant Frankreich, ca. 65 km s von Bourges. Ehemals gallische Siedlung.

Châteauroux Frankreich, sw von Bourges. Burgus Dolus. Im Musée Bertrand gallisch-römische Stelen.

Château-sur-Salins Frankreich. Ehemals befestigte keltische Höhensiedlung. Gallo-römische Reste.

Châtillon Italien, ö von Aosta. Römische Brücke.

Châtillon sur Glâne Schweiz. → Posieux.

Châtillon Grenilles Schweiz. → Grenilles.

Châtillon sur Seine Frankreich, nw von Dijon. Keltisches Museum*.

Châtonnaye Schweiz, sw von Fribourg. Ehemals mit eisenzeitlicher Befestigung. Sö Gräber.

Chattusa Türkei. → Boğazkale.

Chaturbhujnath Indien, Madhya Pradesh, ca. 28 km nw von → Bhanpura. Zahlreiche Felsmalereien vom Ende der Altsteinzeit bis in historische Zeit.

Chau Srei Vibol Kamputschea. Tempel, 11. Jh.

Chaussée-Tirancourt, La Frankreich, ca. 13 km nw von Amiens. Über dem Somme-Tal ehemaliges Oppidum; Graben und Wallreste. Megalithgrab.

Chaves Portugal, nähe Nordgrenze. Römisch Aquae Flaviae. Römische Stadtmauer, im 17. Jh. verändert. Römische Brücke, Zeit des Trajan, noch 12 Bögen. 3 km sö Reste einer vorrömischen Siedlung bei Sao Lourenço und römische Straße. Regionalmuseum. Sw → Curalha (einige römische Ruinen). Nw → Abobeleira (Felsritzungen).

Chavín de Huantar* Peru, ca. 420 km n von Lima, am Osthang der Cordillera Blanca. Ehemaliges religiöses Zentrum. Erste große Kunstrichtung des Andenraumes. Hauptphase Guanape 1250-700 vor Chr. Variante Cupisnique-Phase 700-200 vor Chr. im nordperuanischen Küstengebiet. Ruinenfeld: Grabungen, Tempelrest, unterirdische Gänge, Stelen.

Chavin de Pariarca Peru, Gebiet des Marañon. Ruinen von Bauten der Yaro.

Chaxuna Äthiopien. → Aksum.

Cheddar Gorge GB, Somerset, nö von Bridgwater. Altsteinzeitliche Höhle.

Chedworth GB, sö von Gloucester. Guterhaltene römische Villa mit Mosaiken, 180-350 nach Chr.

Chelemi Mexiko, Campeche. Maya-Stätte, Puuc-Region. Malereien.

Chellae Türkei, europäisches Bosporusufer. Ehemals mit antikem Artemis-Tempel. Heute der Ort Bebek, nördliches Istanbul.

Chelly-Canyon USA, Arizona. Canyon de Chelly National Monument mit zahlreichen Cliff Dwellings: White House von 1066 (→ Weißes Haus), Antelope House (→ Antilopenhaus), → Mummy Cave. Archäologisches Museum im Besucherzentrum. → Muerto-Canyon.

Chelmos Griechenland, Lakonia, Berg 37 km n von Sparta. Festungsreste.

Chelva Spanien, 70 km nw von Valencia. Römischer Aquädukt Peña Cortada.

Chem Ägypten. → Ausin.

Chemmis Panopolis Ägypten. → Achmim.

Chemora Algerien, 57 km nö von Batna. Antiker Ort.

Chemre Indien, Kaschmir, Ladakh, ca. 50 km s von Leh. Demtschog-Gonpa, Anfang 17. Jh.

Chemtou* Tunesien, w von Jendouba. An der Stelle des antiken Simittus, C. Julia Augusta Numi-

dica. Ruinen bzw. Reste von: Apsidenbau, Forum, Theater, Thermen, Aquädukt, Zisternen, Friedhof, Amphitheater, Brücke, Mühle, Straße, Arbeitslager mit ehemals großen Hallen. Marmorsteinbrüche. Geplantes Marmormuseum. Grabstätten.
Chencomac Mexiko, Quintana Roo, auf einer Insel in der Bucht Ascension. Maya-Ruinen.
Cheng-chou China. → Zhengzhou.
Chengde* China, Provinz Hebei. Ehemals Jehol. Sommerresidenz der Qing-Dynastie, 1644-1911. Tempel- und Palastanlagen. Nachbauten tibetanischer Klöster.
Chengdu China, Provinz Sichuan. 2 km w Grabstätte des Wang Jian, 10. Jh.
Chengzhou China. → Luoyang.
Chengziya China, Shandong. → Lungshan.
Chenoboskion Ägypten. → (Qasr es-)Sayad.
Chent Min Ägypten. → Achmim.
Chenu Ägypten. → Gebel el-Silsila.
Cherchell Algerien, w von Algier. Vor Augustus Iol, römisch Julia Caesarea Mauretania. Triumphbogen, Leuchtturm, Platz des Forums, Westthermen, Ostthermen, Theater, Amphitheater. Aquädukt*. Museum*.
Cherchill Horse GB. → Oldbury Castle.
Cheremule I-Sardinien. → Moseddu.
Chersón GUS, Ukraine, Dnjepr-Mündung. Korsum. Skythischer Kurgan. Historisch-Archäologisches Museum.
Chersonesos GUS, Krim, 4 km w von Sevastopol. Einzige dorische Kolonie im nordpontischen Raum. Stadt mindestens seit Mitte 1. Jtsd. vor Chr. 1399 von den Tataren zerstört. Antike Festungsmauern, Wehrtürme, Tore, guterhaltenes Theater 3. Jh. vor Chr., Säulen, Basilika, Wasserspeicher, frühchristliche Höhlenkirchen. Archäologisches Museum.
Chersonisos Gr-Kreta, 26 km ö von Iraklion. Limenas Chersonisou. Tigani, der Hafen des antiken Lyttos. Frühchristliche Basilika auf der Halbinsel Kastri mit Mosaik. Apsis einer Basilika 6. Jh. An der Stelle der antiken Siedlung ein römischer Brunnen mit Mosaiken. Befestigungsreste, Aquädukt. Ehemals mit zwei Theatern.
Cheshme Ali Iran, bei Teheran. Chesm-i Ali. Ausgrabungen einer frühen Siedlung, Periode Sialk II (4000 vor Chr.).
Chester GB, Cheshire. Britisch Caerleon, römisch Devana, sächsisch Legacaestir. Reste eines römischen Bades. Häuser auf römischen Fundamenten. Amphitheater 1. Jh. Grosvenor Museum.
Chesterholm GB, w von Newcastle. Reste von römischem Fort Vindolanda am teilweise restaurierten → Hadrianswall.
Chesters Fort GB. → Chollerford (Cilurnum).
Chestnuts, The GB, Kent, bei Trottiscliffe. Großsteingrab.
Chételay Schweiz. → Courfaivre.
Chia I-Sardinien, Südküste. Ruinen des antiken Bithia. Reste von punischem Heiligtum.

Chian China, Jilin. Im 3. und 4. Jh. Hauptstadt Wantu des koreanischen Königreiches Koguryo. Vorgängerstadt bei Yüan-jen. Nachfolgerin 5.-7. Jh. war → Pyŏngyang.
Chianciano Italien, sw des Trasimenischen Sees. Ehemalige spätetruskische Siedlung. Nekropole.
Chian Dao Thailand, 72 km n von Chiang Mai. 6 km: buddhistische Höhlen.
Chiang Mai Thailand, 710 km n von Bangkok. Gegründet 1296.
1) Reste der Stadtmauer.
2) Wat Bud Param. Wat Chai Si Phum.
3) Wat Chang Yeun.
4) Wat Chedi Luang 15. Jh.
5) Wat Chedi Si Liem ca. 1200.
6) Wat Chedowan.
7) Wat Chet Yot 1455 (Jed Yod).
8) Wat Chiang Man 1297.
9) Wat Duang Di.
10) Wat Ku Tao.
11) Wat Mahawan.
12) Wat Pan Tao.
13) Wat Pa Pao.
14) Wat Pa Peu.
15) Wat Phra Sing 1345.
16) Wat Saen Fang.
17) Wat San Pakoi.
18) Wat Suan Dok* 13./14. Jh.
19) Wat Tha Sathoi.
20) Wat Umong ca. 1296.
21) Ca. 10 km w: → Doi Suthep.
Chiang Rai Thailand, ca. 250 km nö von Chiang Mai. Hauptstadt des Königreiches Meng Rai, 13. Jh. Wat Chet Yot. Wat Klang Muang. Wat Phra Keo. Wat Pra Singh.
Chiang Saen Thailand, nö von Chiang Rai. Hauptstadt eines Thai-Königreiches. Ruinen, 13. Jh. Ehemals 8 km lange Stadtmauer. Wat Pa Kao Pan, neu. Tempel meist als Ruinen: Wat Chedi Luang, 13. Jh., Chedi 16. Jh. Wat Chom Chang. Wat Ku Tao. Wat Mahathat. Wat Pa Sak ca. 1300. Wat Phra Buat. Wat Phra Chao Lan Thong, Reste. Wat That Chom Kitti. Museum.
Chiapa de Corzo Mexiko, 18 km ö von Tuxtla Gutiérrez. Archäologische Zone. Maya-Tempelbezirk. Reste der vorspanischen Siedlung. Pyramide.
Chiba Libanon, am Fuße des Hermon. An den Hängen ehedem mehrere Tempel. Auf dem Gipfel Qasr Antar Spuren heidnischer Kultstätte.
Chibcha Kolumbien, Mittellauf des Rio Magdalena, rechtes Ufer. Fundort bzw. Kulturzentrum.
Chicago USA, Illinois. Field Museum of National History, Sammlungen aller Art. Oriental Institute Museum at the University of Chicago.
Chicama-Tal Peru, n von Trujillo. Auf dem Cerro Sorcape Reste mit Reliefs, Küsten-Chavín-Stil. → Galindo. → Huaca Campana. Acequia von → Ascope. → Chiquitoy.
Chicanná* Mexiko, Campeche, 130 km w von

Chetumal. Zeremonialstätte der Maya. Ruinenstätte. Ornamente*. "Gebäude II"*.

Chiché Guatemala, Provinz Quiché, ö von Sta. Cruz del Quiché. Ruinenstätte.

Chichén Itzá** Mexiko, Yucatan, 120 km osö von Mérida. Große Mayastadt, ab 11. Jh. toltekisch. Pyramide des Kukulkan "El Castillo"**. Ballspielplatz. Tempel der Tiger. Mauer der Totenköpfe oder Tzompantli. Haus der Adler. Venus-Heiligtum oder Grab des Chac-Mool. Tempel der Krieger (Pyramide mit Tempel). Gruppe der Tausend Säulen. Grab des Hohepriesters (Pyramide). Tempel des Hirschen. Reste des Hauses Metates. Chichanchob. Xtoloc-Brunnen. Caracol, ein Observatorium. Tempel der Tafeln. Akab D'Zib. "Kirche". "Nonnenkloster". Chichén Viejo, mehrere Tempelgruppen, reine Maya-Bauten; Tempel der drei Türstürze. 6 km sö: Begräbnis- und Opferhöhle von Balancanché, Maya, toltekischer Einfluß.

Chichester GB, West Sussex. Römisch Regnum oder Noviomagus Regnensium. Eisenzeitliche Wälle. Fundamente eines römischen Amphitheaters. In der Nähe: Sw → Fishbourne. N → Trundle. Nw → Bow Hill. Nö → Bignor.

Chichicastenango Guatemala, 145 km nw von Guatemala-City. Chuvilá. Alte Quiché-Siedlung, Maya-Zweig. Opferplatz Mumuz. Kleines Museum. In der Nähe: → Utatlán.

Chicomoztoc Mexiko, 50 km sw von Zacatecas, bei der Hazienda La Quemada. 3 km entfernt: Pyramiden, Terrassen, Befestigungsanlagen, Gebäude mit Säulenhof. Votivpyramide. In der Umgebung Ruinen.

Chidambaram Indien, Tamil Nadu, ca. 250 km s von Madras. Cidambaram. Tempelbezirk*. Shiva-Nataraya-Tempel, 10. Jh. Tausend-Säulenhalle 10. Jh. Tortürme 13. und Anfang 16. Jh. → Abb. 128.

Chidibbia Tunesien. Antike Siedlung; heute Sloughia, sw von Medjez El Bab.

Chieri Italien, ö von Turin. Reste von Minerva-Tempel.

Chieti Italien, s von Pescara. Antik Theatinum, Teate. Drei kleine römische Tempel 1. Jh. Ruine des römischen Theaters. Reste von Zisternen. Kirche S. Clemente a Casauria: Krypta mit antiken Säulen. Thermen. Museum in der Villa Comunale.

Chigtan Indien, Kaschmir, Ladakh. Cigtan. Alte Hauptstadt von Purik. Ruinen der alten Dardenburg. Zerstörtes Kadampakloster, 11. Jh. Wandmalereien.

Chikabumi Japan, Hokkaido, 4 km nw von Asahikawa. Arashiyama-Park: Ainu-Siedlung. Kawamura-Ainu-Museum.

Chikin Tikal Guatemala. → Tikál**.

Chilas Pakistan, Northern Area, am Indus. In der Umgebung zahlreiche Felsbilder; hauptsächlich 1. Jtsd. vor Chr.

Chilaw Sri Lanka. Ehemals mit altem Hindutempel, ab 18. Jh. wiederaufgebaut.

Chilca Peru, Tal wenig s von Lima. Dorf 3750-2500 vor Chr. freigelegt.

Chilecito Argentinien, La Rioja. Ehemalige Poststation der Inka.

Chilón Mexiko, Chiapas, 43 km nw von Ocosingo. Ausgrabungen; Mayatempel. Gruft. Fresken.

Chimaera Türkei, s von Antalya, bei Olympos.

Chimalhuacán Mexiko, 30 km ö von Mexico-City. Ehemalige Siedlung der Azteken. Ruinen.

Chinabajul Guatemala. → Zaculeu.

Chinameca Mexiko, Veracruz, nw von Minatitlan. Verfallene Stätte der → (La-)Venta-Kultur.

Chinautla Guatemala, n von Ciudad de Guatemala. Ruinenstätte.

Chincha Peru, ca. 200 km s von Lima. Wüstenkönigreich, ca. 1100 bis Mitte 15. Jh. nach Chr.; dessen Hauptstadt → (La) Centinela.

Chinchero Peru, ca. 20 km nw von Cuzco. Kirche auf der Terrasse eines Inkatempels. Treppen und Wasserleitungen in den Felsen.

Chingana Grande Peru, bei Sacsayhuaman, hinter Suchuna. Labyrinthstein.

Chinkultík Mexiko, Chiapas, 35 km ö von Comitán, letzteres 86 km sö von San Christobal de las Casas. Pyramidenreste, Akropolis, Ballspielplatz. Überwiegend noch nicht ausgegraben.

Chinon Frankreich. Über gallischem Oppidum und römischem Castrum erbaut.

Chios Griechenland. Insel. → Armolia. → Chios (Stadt). → Daskalopetra. Delphinion → Langada. → Emporio. → Kardamyle. → Kato Fana. → Langada. → Leukonion → Chios. → Nagos. Phanai → Kato Fana.

Chios Griechenland, Hauptort der Insel Chios. Am Stadtrand Aquädukt. Das Kastro an der Stelle des antiken Hafens. Theater. Ehemals mit Stadion. Archäologisches Museum.

Chios Türkei. → Gemlik.

Chipping Norton GB, Oxfordshire. Prähistorische Steinkreise Rollrigt Stones, darunter "King's Men" und Stein "King Stone".

Chipude Spanien, Gomera, am Fortaleza. Reste prähistorischer Kultstätte.

Chiquitoy Peru, → Chicama-Tal, n von Trujillo. Inkastraße. Verfallene Pyramide.

Chirand Indien, Ganges-Tal, s von Jaunpur. Neolithische Fundstätte.

Chiripa Bolivien, SO-Ufer des Titicaca-Sees. Altperuanische Kultstätte. Funde 1. Jtsd. vor Chr.

Chiriqui Panama, Westen. Kulturzentrum bzw. Fundort.

Chir el Meidan Libanon, 20 km ö von Jbail, Plateau w von Qartaba. Tempelruinen*.

Chisanaant-gora GUS, Georgien. Siedlungsspuren 3. Jtsd. vor Chr., → Kura-Araxes-Kultur.

Chiselbury Camp GB, Wiltshire, ca. 13 km w von Salisbury. Eisenzeitliche Befestigung.

Chissa Kroatien. Antike Bezeichnung für Ort und

Insel Pag. → Caska.

Chissarja Bulgarien, 40 km n von Plovdiv. Römische Grabkammer.

Chittorgarh** Indien, Rajasthan, onö von Udaipur. 8.-16. Jh. Hauptstadt des Rajputenstaates Mewar. Festungsruine, Tempel und Paläste 9.-17. Jh. Stadtmauer. Siegesturm Jaya Stambha 15. Jh. Ruhmesturm Kirti Stambha 12. Jh. Rani Padmani Palast. Kalika Mata-Tempel 9. Jh. Vriji-Tempel, 1450. Kumbha-Syana-Tempel. Krishna-Tempel.

Chiucchiari Italien, zwischen Neapel und Bari. Gräber italischer Kultur.

Chiusi* Italien, sw des Trasimenischen Sees. Etruskisch Chamars. Römisch Clusium. Stadtmauerreste 4. Jh. vor Chr. Zisterne, Tunnellabyrinth. Etruskische Nekropolen*. N Katakomben 4. Jh. Archäologisches Museum.

Chiwa* GUS, Usbekistan, s des Aralsees. Im 5. Jh. usbekische Hauptstadt. 16.-20. Jh. Hauptstadt des Chanats Chiwa. Stadtmauer ab 6. Jh. Vorislamische Denkmäler. Ruinen von Palästen, Moscheen, Mausoleen 12.-16. Jh. Festung Kunja Ark, 17. Jh.; Altstadt Itschan-Kala. Palast Tasch-Lauli 1830. Dschuma-Moschee ab 10. Jh. Mausoleum Seid-Allauddin, 14. Jh.

Chlemutsi Griechenland, 40 km nw von Pyrgos, bei Kastro. Spuren seit der Altsteinzeit und aus mykenischer Zeit. Venezianisch Kastel Tornese. Ruine der Frankenburg*, 1220-1223, von den Türken verstärkt.

Chocha, El Ägypten. Eine Nekropole von → Theben.

Chochawank Türkei, 10 km nö von Kars, nähe → Horomots-Kloster. Kirche 10. Jh.

Chochliakiai Gr-Kreta, n von Ano Zakros. Minoische Villa oder Siedlung, noch nicht ausgegraben.

Chocolá Guatemala, Provinz Suchitepéquez. Maya-Ruinenstätte.

Chodschent GUS, Tadschikistan. → Chudžand.

Chodžejli GUS, Usbekistan, am Amu Darja, s des Aralsees. Chodscheili. 1½ km entfernt die Ausgrabungsstätte Misdachkan. Nekropole der choresmischen Siedlung ausgegraben. Mausoleum Muslum-Chan Sulu 1320-1330.

Chok Gargyar Kamputschea, ca. 70 km nö von Angkor. Heute Koh Ker. Hauptstadt Jayavarmans IV., 921-944.

Cholesbury GB, Buckinghamshire, w von Hemel-Hempstead. Eisenzeitliche Befestigung.

Cholet Frankreich, 60 km sw von Angers. Menhir de la Garde im Jardin du Mail.

Chollerford GB, Northumberland. Ausgrabungen am Chesters Fort, römisch Cilurium. Wachtturm, Thermen, Brückenanlage. Museum.

Cholula* Mexiko, 22 km w von Puebla. Besiedelt ab ca. 500 vor Chr. Ehemals olmekisches Zentrum; toltekisch; Mixteca-Puebla-Kultur. Hügel einer großen Pyramide mit Kirchenrest Nuestra Señora de los Remedios anstelle eines Quetzalcóatl-Tempels. Besichtigung durch Tunnels; Wandmalereien. Museum. In der Umgebung ehemals eine große Anzahl von Tempeln. Am Popocatepetl Ausgrabungen alter Anbaugebiete, die durch Vulkanausbruch verschüttet wurden.

Choma Türkei, sw von Elmalı. Ehemalige lykische Siedlung.

Chom Thong Thailand, 58 km sw von Chiang Mai. Wat Phra That Si Chom Thong, ab 15. Jh.

Chonä Türkei, 26 km ö von Denizli. Nach dem Verlassen von → Kolossae gegründet. Heute Honaz.

Chon Buri Thailand, sö von Bangkok. Wat Dhamma Nimitr. Wat Intharam. Tempeltor. 3 km n Wat Buddhabat Sam Yot.

Chongqing China, Sichuan. Hauptstadt des Staates Ba der Zhou-Zeit 1. Jtsd. vor Chr. Yuzhou der Tang-Zeit 7.-9. Jh. Chongqing ab Song-Zeit (10./11. Jh.).

Chongwu China, Provinz Fujian, ö von Qanzhou. Stadtmauerreste 14. Jh.

Choquepalpa Peru, sw von Chaullay im Vilcanote-Tal. Ruinen.

Choquequilla Peru, nw von Cuzco, Heiligtum der Inkazeit.

Choquequirau Peru, sw von Machu Picchu, sö des Pumasillo. Ruine von Inkafestung.

Choquesuysuy Peru, sö von → Machu Picchu im Urubambatal. Ruinen der Inka-Zeit.

Choqueyapu Bolivien. → (La) Paz.

Chora Griechenland, Peloponnes, n von Pylos. Hora. Museum. Nö in Volmidia mykenische Tholosgräber 16. Jh. vor Chr. 3 km s der Nestorpalast* (→ Pylos).

Chora Griechenland, auf der Kykladeninsel Melos. Stelle des ma Zephyria oder Palaiochora, besiedelt 8. Jh. bis 1793. Häuserruinen und Gräber.

Chora Sfakion Gr-Kreta, Südküste. Kleine venezianische Festung.

Chorazin Israel. → Korazim.

Chorio Griechenland, Insel Kalymnos, Dodekanes. Klassische und hellenistische Reste, Basilika 6. Jh. über ehemaligem Apollotempel. Gräber.

Chorio Griechenland, auf Kykladeninsel Sikinos, sw von Naxos. Sw Episkopi-Kapelle an der Stelle eines Apollo-Tempels. Bei Agia Marina geringe Reste einer antiken Stadt.

Chorrera Ecuador, Los Rios, nö von Guayaquil. Kulturzentrum, zeitlich nach → Valdivia und → Machalilla, 2. Jtsd. vor Chr. bis 500 vor Chr.

Chorro, El Spanien, 12 km nw von Álora, nw von Málaga. Höhlen mit Malereien.

Chorsabad Irak. → Khorsabad.

Chorsia Griechenland, Böotien, 8 km w von Prodromos, s von Livadia. Mauerreste einer Befestigung.

Chorton Griechenland, 45 km sö von Volos. Reste von altchristlicher und ma Basilika.

Chorvat Mamschit Israel. → Mamshit.

Chorvat Minnim Israel. → Minya.

Chosquitán Guatemala, Provinz Peten, NO. Ruinenstätte.

Chosrovkala GUS, Turkmenistan. Ruinen der parthischen Siedlung.

Chotan China. → Hotan.

Chotniza Bulgarien, bei Tarnovo. Tell der alten Siedlung.

Chouaia Libanon, 110 km sö von Beirut, ö von Hasbaiya. Turmruine Khirbet Chouaia, Felsgräber.

Choziba Israel. → Kosiba.

Christchurch GB, Dorset. Red House Museum mit archäologischer Abteilung. Beim Hengistbury Head Reste von keltischem Oppidum und Bergfestung. Grabhügel.

Christenberg Deutschland, bei Münchhausen, n von Cölbe. Ma Kesterburg. Frühlatènezeitliche und frühmittelalterliche Vorwälle*. Fränkischer Ringwall. Christliches Ensemble. 1 km nw Wallanlage Lützelburg, späte Hallstattzeit. 1 km sw Lüneburg.

Christianoupolis Griechenland, Peloponnes, 25 km s von Kyparissia, 8 km ö von Filiatra. Heute Christianou. Eine der ersten Bischofsstädte des Christentums. Metropolitankirche 3. Viertel 11. Jh. An der Aghia Kyriaki genannten Stelle bei Filiatra die Reste einer fünfschiffigen Basilika aus dem späten 5. oder frühen 6. Jh. Stelle einer Bäderanlage 4. oder 5. Jh. nach Chr.

Christopolis Griechenland. → Kavala.

Chrysantius Türkei. → Sardes.

Chrysapha Griechenland, 18 km ö von Sparta. Byzantinische Kirchen. Auf dem s gelegenen Hügel Palaiokastro Siedlungsspuren, frühhelladische bis hellenistische Zeit.

Chrysavgi Griechenland, Thesprotia, ca. 8 km sö von Paramythia. Veliani, Hrissavgi. Reste von hellenistischer Befestigung. Ausgrabung von Basilika 6./7. Jh. Grabhügel bei Prodomi.

Chryse Türkei, 60 km sw von Ezine, s von Canakkale. Apollotempel 3. Jh. vor Chr. freigelegt.

Chryso Griechenland, 8 km sw von Delphi. Kriso, Krisa, Krissa usw. Spuren mittelhelladischer Siedlung. Späthelladische Mauerreste. Ehemals mit Hippodrom. S Kirra, ehemals Kirrha, Vorgängerort und späterer Hafen von Chryso-Kirra, ö von Ithea.

Chrysolakkos Gr-Kreta. → Malia.

Chrysopolis Türkei. → Istanbul.

Chucalissa Indian Village USA, Tennessee, 13 km sw von Memphis. Indianerdorf mit zehn Häusern, einem Rundtempel und Grabanlage. Museum.

Chucuito Peru, Westufer Titicacasee. Hauptstadt des Lupaka-Reiches. Ruinen aus Inka- oder Vorinkazeit. Kleines Museum.

Chudzand GUS, Tadschikistan, am Syr Darja. Alexandria Eschate. Kyreschata. Vorislamisch, mittelalterlich und neuzeitlich Chodschent. Zwischenzeitlich Leninabad. Stadtmauerreste.

Chuera, Tell Syrien, w von → Ras el Ain. Sumerische Siedlung, besiedelt von frühdynastischer und akkadischer Zeit bis Mitte 2. Jtsd. vor Chr. Spuren von Ummauerung. Reste aus frühdynastischer Zeit; von Stelen begleitete Prozessionsstraße 3. Jtsd. vor Chr.

Chuitinamit Guatemala, Provinz Solalá. Ruinenstätte.

Chujut Rabuah Irak, bei Bagdad. Parthische Ausgrabungen.

Chullpa Pampa Bolivien, 30 km s von Cochabamba. Ausgrabungen; Ende 1. Jtsd. vor Chr.

Chuncanob Mexiko, Yucatan. Maya-Ruinenstätte, Puuc-Region.

Chun Castle GB, Cornwall, Land's End. Eisenzeitliche Befestigung.

Chuncatzin Mexiko, Yucatan, s von Ticul. Maya-Ruinenstätte, Puuc-Stil.

Chunhuhub Mexiko, 35-40 km sw von Santa Elena, Yucatan. Maya-Ruinenstätte, Puuc-Stil.

Chun Quoit GB, Cornwall, bei Penzance. Dolmen.

Chunyaxche Mexiko. → Muyil.

Chuquillusca Peru, Vilcabamba-Tal. Ruinen.

Chuquitana Peru. → (El) Paraiso.

Chur Schweiz, Graubünden. Römisch Curia. Zivilsiedlung in Chur-Welschdörfli; römische Gebäudespuren, Wandmalereien. Rätisches Museum. Dommuseum. Spätrömische Grabkammer.

Churajon Peru, bei Arequipa. Ruinen.

Churisa Tunesien. → (La) Kesra.

Churn Knob GB, Berkshire. Langhügelgrab.

Chusifah Israel. → Isfiya.

Chutixtiox Guatemala. → Sacapulas.

Chuzenji Japan, Izu-HI. Tempel 9. Jh.

Chyretiai Griechenland. → Domeniko.

Chysauster GB, Cornwall, 6 km nw von Penzance. Eisenzeitliches Hüttendorf aus acht Häusern.

Chytri Zypern. → Kythrea.

Chytrion Türkei. → Urla.

Cicuyé USA. → Pecos.

Cielito, El Mexiko. → Tula.

Çiftlikköy Türkei, s von Yalova, n von Bursa. Byzantinische Ruinen; ev. das antike Pylai.

Çiftlikköy Türkei, nw von → Nevşehir. Unterirdische Siedlung.

Cigarralejo, El Spanien, bei Mula, w von Murcia. Iberisches Bergheiligtum, Nekropole.

Cillium Tunesien. → Kasserine.

Cilma Tunesien. → Djilma.

Cilurnum GB. → Chollerford.

Çilvan Türkei. → Sultan Kale.

Cilvituk Mexiko. → Silvituk.

Cimera, La Spanien. Höhle. → Benalup.

Cimiez Frankreich. → Nizza.

Cimitile Italien, 25 km onö von Neapel. Kirche S. Felice in Pincis mit Mosaiken 5. Jh. Römische Gräber.

Çınçınlı Sultan Hanı Türkei, ca. 75 km ö von

Yozgat, bei Karamağara. Seldschukische Karawansereiruine, 1239.

Cinq-Mars-la-Pile Frankreich, w von Tours. Burgruine aus gallo-römischer Zeit. Römische Säule.

Circei Italien. → San Felice al Circeo.

Circesium Syrien, 48 km ö von → Deir ez Zor. Antik; heute Bessire.

Cirella Italien, 280 km s von Neapel, am Meer. Ruinen von Cirella Vecchia. Mausoleum.

Cirencester GB, sö von Gloucester. Römisch Corinium Dobunorum. Ausgrabungen, römischer Turm, Fußböden und Grundmauern. Museum mit Mosaiken.

Cirna Rumänien, Donaunordufer, s von Craiova. Urnenfriedhof, Bronzezeit.

Cirò Marina Italien, 35 km n von Crotone. Ev. die ehemalige griechische Stadt Krimisa. N Fundamente eines Apollontempels, 6.-3. Jh. vor Chr.

Cirpi Ungarn, sö von Dunabogdány, an der Donau n von Budapest. Römisches Kastell. Ausgrabungen.

Cirta Algerien. → Constantine.

Ciruelo, El Mexiko, 245 km ö von Acapulco. Ruinenstätte Cola de Palma. Terrassen aus klassischer Epoche. Statuen.

Cisra Italien. → Cervéteri.

Cissa Kroatien. → Caska.

Cissbury Ring GB, West Sussex, 2 km n von Worthing. Wälle von keltischem Fort, 3. Jh.

Cist Gerrig GB, Wales, bei Treflys, s von Caernarfon. Großsteingrab.

Cisthena Türkei, Westküste, bei Ayvalık.

Citania de Briteiros Portugal. → Briteiros.

Citaral Indien, Kerala, 20 km nö von Trivandrum. Höhlentempel.

Cité de Limes Frankreich. → Puys.

Citharista Frankreich. Heute Ceyreste, 5 km nö von La Ciotat, sö von Marseille. Phokäische Gründung. Ma Reste.

Citineni Rumänien. Ehemalige dakische Siedlung.

Citium Zypern. → Larnaka.

Čitluk Bosnien-Herzegowina. → Mali Ogradenik. → Krelin-Gradac.

Čitluk Kroatien, bei Sinh, 40 km n von Split. Römisch Aequum. Antike Baureste.

Città di Castiglio Italien. → Paludi.

Ciudadela Spanien, Menorca. 1) Naveta des → Tudons. 2) Talayot Montefi. 3) Talayot Torre Vell d'en Lozano. 4) Nekropole Cala Morell. 5) → Bella Ventura. 6) → Torre del Ram. 7) → Torre Llafuda. 8) → Torre Trencada.

Ciudad Guzmán Mexiko, 135 km s von Guadalajara. Kleines archäologisches Museum.

Ciudad Rodrigo Spanien, sw von Salamanca. Antik Mirobriga. Reste von römischen Stadtmauern und Gebäuden. Römische Brücke. Eberskulptur.

Ciudad Santos Mexiko. In General Pedro Antonio Santos, ehemals Tancanhuitz, s von Ciudad Valles, weitläufige Ausgrabungsstätte eines Zeremonial-

zentrums der Huaxteken.

Ciudad Valles Mexiko, 142 km w von Tampico. Kleines Museum.

Cividade de Bagunte Portugal, 3 km nö von Vila do Conde, n von Porto. Reste einer Keltenstadt, hauptsächlich 6. Jh.

Cividale del Friuli Italien, ö von Udine. Römisch Forum Julii. Reste von Thermen und Gebäuden. Archäologisches Nationalmuseum.

Cividate Camuno Italien, Val Camonica. Rest von antikem Theater. Spätbronzezeitliche Reste in der Kirche S. Stefano. Reste von römischer Straße. Archäologisches Nationalmuseum.

Civiles-Höhle Spanien, w von Peniscola, nö von Albocácer. Felsmalereien.

Civita d'Ántino Italien, s von Avezzano. Reste von polygonalen Mauern.

Civita di Bagnoregio Italien, ö von Bolsena. Etruskische Nekropolen, römische Gräber.

Cívita Castellana Italien, 54 km n von Rom. Griechisch Phalerioi, Phalerion. Das alte Falerii Veteres, Hauptstadt der Filasker. Reste von Stadtmauer 3. Jh. vor Chr. und von Stadttor. Domkrypta mit antiken Säulen. Reste eines Etruskertempels 4. Jh. vor Chr. Reste von Amphitheater. Spuren von Brücke und Aquädukt. Etruskische Gräber 9.-8. Jh. vor Chr. Museo Nazionale Falisco. 6 km w der Stadt die Ruinen von → Santa Maria di Faleri.

Civitas Pacis Spanien. → Badajoz.

Civitas Sobaria Italien. Heute Citerna, ö von Arezzo.

Civitavécchia Italien. → Arpino (ö von Frosinone).

Civitavécchia Italien, nw von Rom. Antik Centumcellae. Antike Reste im Hafengelände. Museo Nazionale. Nekropolen ab → Villanovazeit. 4 km ö → Terme Taurine*.

Civitella Italien, Latium, ca. 36 km sw von L'Aquila. Reste von megalithischer Stadtmauer.

Civitucola Italien, Hügel ca. 45 km n von Rom, 3 km nö von Capena. Reste der Etruskerstadt Capena. Reste von Akropolis und Tempel. Nekropolen. 10 km sö von Capena: → Scorana.

Clambetae Kroatien. Argentum Clambeta. → Kruševo.

Clarascum Italien. Römisch; heute Cherasco.

Clarina Spanien. → Sádaba.

Classis Italien. → Ravenna.

Clatworthy Castle GB, Somerset, Brendon Hills. Eisenzeitlicher Erdwall.

C. Claudia Ara Agrippinensium Deutschland. → Köln.

Claudia Celeia Slowenien. Römisch für → Celje, antik und deutsch Cilli.

C. Claudia Neroensis Puteolana Italien. → Pozzuoli.

Claudia Savaria Ungarn. → Szombathely.

Claudiconium Türkei. → Konya.

Claudiopolis Türkei. → Bolu.

Claudiopolis Türkei. → Mut.
Claudium Aguntum Österreich. → Aguntum.
Claudium Virunum Österreich. → Virunum.
Clausentum GB, Hampshire. Römisch; heute Southampton. Wälle.
Clava GB, 10 km ö von Inverness, Moray Firth, Südseite. Clava Burial Cairns. Steinkreis; Ganggräber, frühe Bronzezeit, 1600 vor Chr.; Kammergräber und Menhire.
Clavarium Italien. Römisch; heute Chiavari, sö von Genua.
Clavenna Italien. Chiavenna.
Claxby GB, Lincolnshire. Langhügelgrab.
Clay Mound USA, Kentucky. Indian. Tempelhügel.
Clearbury Ring GB, Wiltshire, bei Salisbury. Eisenzeitliche Befestigung.
Cleave Dyke GB, Yorkshire, ca. 35 km w von Pickering. Erddamm. 1 km w → Boltby Scar.
Cleeve Hill GB, Gloucestershire, bei Cheltenham. Eisenzeitliche Befestigung.
Cleopatris Libyen. → Tokra.
Clermont-Ferrand Frankreich. Antik Nemetum, römisch Augustonemetum. Im Stadtteil Royat gallo-römische Ruinen: Badeanlagen. Musée du Bargoin. → Gergovie. → Puy de Dome.
Clickhimin GB. → Lerwick.
Cliff Palace** USA, SW-Colorado, im → Mesa Verde National Park. Größte ehemalige Siedlung der Anasazi am Nationalpark Mesa Verde; mit 23 Kiwas und über 200 Räumen.
Clissa Kroatien. Römische Wehrsiedlung, heute Klis bei Split.
Cliternia Italien. Antike Siedlung; heute Capradosso, ca. 25 km osö von Rieti.
Clogher GB, Nordirland, Tyrone. Reste prähistorischer Gräber nw bei Knockmany und bei Sess Kilgreen.
Clogher Irland, 40 km s von Sligo, w des Cara-Sees. ND159. Steinerner Ringwall.
Cloncannon Irland, Co. Tipperary. Ringfort.
Clotilde-Höhle Spanien. → Altamira.
Cloughton GB, Yorkshire, ca. 7 km n von Scarborough. Steinkreis Standing Stones Rigg.
Clüs Schweiz, Graubünden. → Zernez.
Cluj Rumänien. Napoca der Daker. Spuren einer Festung. Museum für Geschichte Transsilvaniens.
Clunia Spanien. → Peñalba de Castro.
Clupea Tunesien. → Kelibia.
Clusium Italien. → Chiusi.
Cluturiacum Deutschland. → Klüsserath.
Cluviae Italien. → San Salvo.
Coaña Spanien, Galicien, Nordküste, w von Luarca. 5 km hinter Coaña 4000 Jahre alte Keltensiedlung auf einem Hügel. N bei Jarrio ehemals keltische Siedlung.
Coatetelco Mexiko, Morelos, 50 km sw von Cuernavaca. Ehemaliges Zeremonialzentrum, ca. Jahrtausendwende. Reste: Terrassen, Ballspielplatz.

Museum.
Coati Bolivien, »Mondinsel" im Titicacasee. Inka-Ruinen; »Palast der Sonnenjungfrauen".
Cobá** Mexiko, Provinz Quintana Roo, ca. 150 km sw von Cancún. Blüte Mitte 1. Jtsd. nach Chr. Pyramiden- und Tempelreste. Gruppe Nohoch Mol und Pyramide El Castillo, Ballspielplatz. Pyramide mit dem bemalten Stürsturz. Ruinengruppen Macanxoc, Chumuc Mul, Cobá, Dzib Mul, Chikin Cobá, Kitamna, Nuc Mul, Kucicán, San Pedro, Mulucbaob, Las Pinturas.
Coba Hüyük Türkei. → Sakçagözü.
Çobantepe Türkei. → Sakçagözü.
Coca Spanien, s von Valladolid. Iberisch Cauca. Reste.
Cochabamba Bolivien. In der Nähe Inkaruinen.
Cochalon Deutschland. → Kochel.
Cochasqui Ecuador, Hazienda n von Quito. Pyramidenstümpfe, Plattformen, guterhaltene Grabhügel, ca. 950-1250 nach Chr.
Cochin Indien, Kerala. Palast in Mattanceri, 1515; von den Portugiesen für die Herrscherfamilie erbaut.
Cochiti Pueblo USA, New Mexico, 48 km sw von Santa Fé.
Cocullo Italien, w von Sulmona, sw von Pescara. Casale di Cocullo. Gräberfeld, vorrömisch und republikanisch.
Cocusus Türkei. → Göksun.
Coddu Vecchiu I-Sardinien. → Arzachena.
Codford Ring GB, Wiltshire, ca. 22 km nw von Salisbury. Eisenzeitliche Befestigung.
Coed-y-Cwm GB, Wales, ca. 8 km von Cardiff. Langhügelgrab.
Cösitz Deutschland, sö von Köthen, sw von Dessau. Slawischer Burgwall ab 7. Jh.
Coetan Arthur GB, Wales, ö von Fishguard. Dolmen. In der Nähe: Parc y Meirw bei → Llanychaer.
Cogotas Spanien, Einöde bei Cardenosa, n von Avila. Eisenzeitliche ummauerte Bezirke, Akropolis, Nekropole.
Cogull Spanien, 35 km s von Lérida. El Cogul. Prähistorische Malereien in der Cueva de los Moros; iberische und lateinische Inschriften.
Cohaw Irland. → Cootehill.
Coible Syrien. → (Qalaat el) Kawabi.
Coimbatore Indien, Tamil Nadu. 5 km außerhalb Tempel von Perur, ab 12. Jh., hauptsächlich 17. Jh.
Coimbra Portugal. Römisch Aemium; Coimbra ab 9. Jh., abgeleitet von Conimbriga (→ Condeixa-a-Velha). Einige römische Reste; Gänge, Hallen, Aquäduktfundamente.
Coixtlahuaca Mexiko. San Juan Bautista Coixtlahuaca, 25 km nö von Tejupan, 170 km nw von Oaxaca. W des Ortes an der Stelle Inguiteria auf einem Hügel Reste eines Zeremonialzentrums der Mixteken: Plattformen und Pyramiden, Ruinen,

Gräber.

Cokkampatti Indien, Tamil Nadu, nw von Palayankottai. Felsentempel, 2. Hälfte 1. Jtsd. nach Chr.

Cola Portugal. Castro de Cola, 70 km ö der SW-Küste. Römisch-lusitanisches Kastell Ossonaba. Noch 5-6 m hohe Mauerreste.

Cola de Palma Mexiko. → (El) Ciruelo.

Colatium Slowenien. → Stari Trg.

Colca-Tal Peru, 110 km n von Arequipa. Treppenähnliche, gewundene Terrassen. Vorkolumbianische Gehöfte; spanische Siedlungen. Ruinen.

Colchester GB, Essex. Besiedelt seit 7. Jh. vor Chr. Keltisch Camulodunum. Römisch Colonia Victricensis. Sächsisch Colnecaster. Britische und römische Stadt und römisches Lager freigelegt. Reste von römischer Stadtmauer*, Tempeln, Kultstätten, Mithräum und Westtor. Museum im Castle. Hügelgrab von Lexden.

Colchinium Montenegro. → Ulcinj.

Coldrun Stones GB, Kent, sw von → Rochester. Langhügelgrab.

Colea Syrien. → Quleia.

Colenda Spanien. Antik; Cuéllar, 50 km sö von Valladolid.

Colentum Kroatien. → Betina.

Colera Spanien, Katalonien, am Meer 11 km s der französischen Grenze. In der Nähe Megalithgräber.

Colima Mexiko, Hauptstadt von Colima. Archäologisches Museum*.

Collelongo Italien, sö von Avezzano. Nö auf dem Monte Annamunna Reste von polygonalen Stadtmauern und Häusern.

Colle Mezzano Italien, n von → Cécina. Spuren einer etruskischen Siedlung.

Collen, Castell GB, Wales. → Llandrindod Wells.

Collentum Kroatien. → Betina.

Colle Pantano Italien, 10 km s von Tarquinia. Nekropole.

Collipo Portugal, 7 km s von Leiria, sw von Coimbra. Geringe Reste der römischen Siedlung C. bei Andreus.

Colmar Frankreich, Elsaß. Grabungen an römischem Gutshof.

Colnpen GB, Gloucestershire. Langhügelgrab.

Co-loa Vietnam. → Phuc-yen.

Coloe Äthiopien. → Matara.

Colombier Schweiz, Neuchâtel. Am Schloß Grundmauern einer Villa rustica.

Colombo Sri Lanka. In Bambalapittya Klöster Vayirama Vihara und Ashoka Vihara. → Kelaniya. → Sri Yayewardenepura.

Colonae Türkei, nö von Canakkale.

Colonges Schweiz, Wallis, n von Martigny. Ruinen.

Colonia siehe unter dem jeweiligen Hauptnamen.

Col de Panissars Frankreich, ca. 2 km w von Le Perthus. Paß seit der Antike mit römischen Resten.

Col du Petit St. Bernhard Frankreich. → Kleiner St. Bernhard.

Columbaria Frankreich. → Colmar.

Comagena Österreich. → Tulln.

Comalcalco* Mexiko, ca. 50 km nw von Villahermosa. Tempel I. Gruppe Akropolis, mit Palast- und Tempelresten. Ost-Akropolis. Stuckdekorationen. Kleines Museum.

Comana Pontica Türkei. → Gümenek.

Combarelles, Les Frankreich, 4 km w von → (Les) Eyzies de Tayac. Höhle mit Wandmalereien.

Combe Gibbet GB, Berkshire, sw von Newbury. Langhügelgrab.

Combe Hill GB, Berkshire, sw von Newbury. Eisenzeitliche Befestigung.

Comeana Italien, 11 km s von Prato. Etruskische Hügelgräber.

Cominio Cerito Italien. Heute Cerreto Sannita, nö von Capua.

Cominium Italien, Latium. Ehemalige Stadt der Samniten, ev. auf dem Gebiet von Alvito, n von Cassino.

Comino Malta, Insel nw der Hauptinsel. Im W punisch-phönizische Gräber.

Comiso I-Sizilien, w von Ragusa. Ruinen von Thermen 3. Jh. In der Umgebung sikulische und römische Nekropolen.

Comitán Mexiko, Chiapas, 87 km sö von San Christobal de las Casas. In der Nähe: → Copanaguaste. → Hun Chabin. Sö → Tenám. → Yerba Buena.

Commugny Schweiz, Waadt, n von Genf. Ausgrabungen. Ausgrabung einer Villa unter der Kirche.

Como Italien. Comum, Novum Comum. Reste von Stadtmauer und Tor. Kirche S. Cecilia mit römischen Säulen. Baptisterium von S. Giovanni in Atrio 5./6. Jh. Reste von römischer Villa in S. Croce. Städtisches Archäologisches Museum.

Complutum Spanien, Neukastilien. Römisch; Alcala de Henares.

Comum Italien. → Como.

Conca Spanien. → Cuenca.

Concacha Peru, 45 km nö von Abancay. Sayhuite. Ruinen. Behauene Steine der Inkas.

Conchapata Peru, bei Ayacucho. Ausgrabungsstätte; 600 nach Chr.

C. Concordia Julia Carthago Tunesien. → Karthago.

Concordia Julia Nertobrigensis Spanien. → Nertobriga.

Concórdia Sagittaria Italien, sw von Portogruaro, sw von Udine. Römisch Iulia Concordia. Reste von antiken und frühchristlichen Bauten bei der Kirche; Straßen, Kirchenrest 4. Jh. auf römischen Resten. 1 km nö Reste von Thermen. 1 km nw Reste von römischen Gebäuden. 1 km w Reste von römischer Brücke. Taufkapelle*.

Condah-See Australien, 300 km w von Melbourne. Reste von ca. 60 Steinhäusern der Ureinwohner.

Condate Frankreich. → Cosne-Cours-sur-Loire.

Condate Frankreich. → Rennes.

Condeixa-a-Velha** Portugal, 15 km s von → Coimbra. Antik Conimbriga. Im 9. Jh. verlassen; die Bewohner übersiedelten nach → Coimbra unter Mitnahme des alten Namens. Stadtmauerreste und Toranlage, Villen*, hauptsächlich ca. 3. Jh. nach Chr., Gärten*, Mosaike*, Thermen. Aquädukt. Amphitheater. Museum.

Condercum GB. Römisches Fort am → Hadrianswall; Benwell w von Newcastle-upon-Tyne.

Conelle di Arcévia Italien, Marchen, s von Arcévia. Siedlung ca. 3. Jtsd. vor Chr. Befestigungsreste. Funde ab der Bronzezeit.

Confluentes Deutschland. → Koblenz.

Conimbriga Portugal. → Condeixa-a-Velha.

Conjeerveran Indien. → Kanchipuram.

Conna Libanon. → Ras Baalbek.

Connerré Frankreich, ö von Le Mans. Dolmen de la Pierre Couverte.

Conovium GB, Wales. → Caerhun.

Constanța Rumänien. Antik Tomis-Constantiana. Reste von Stadtbefestigung und Turm 4. Jh. Römisches Gebäude 3.-4. Jh. mit Mosaik. Reste byzantinischer Basiliken. Grabstelen. Archäologisches Museum. W Erdwall → "Trajanswall".

Constantia Syrien. → Tartus.

Constantia Ungarn. → Szentendre.

Constantia Zypern. → Salamis.

Constantina Spanien, 110 km nö von Sevilla. Römische Reste.

Constantina Türkei. → Viranşehir.

Constantine Algerien. Phönizisch Kirtha oder Cirta. Archäologisches Museum. In der Umgebung: zahlreiche Dolmen, römischer Aquädukt.

Constantine Frankreich, ca. 7 km nw von Berre-l'Étang. Reste eines kelto-ligurischen Oppidums.

Constantinopolis Türkei. → Istanbul.

Consuegra Spanien, w von Toledo. W des Ortes Reste von römischer Stadtmauer.

Contiomagus Deutschland. → Pachten.

Contionacum Deutschland. → Konz.

Conto Kolumbien, Westküste. Kulturzentrum bzw. Fundort.

Contosolia Spanien. → Magacela.

Contra Constantiam Ungarn. Römisches Kastell in Felsögöd ö von → Szentendre.

Contra-Lato Ägypten. Contralatopolis. Antik; El-Hella (El-Hilla), gegenüber von Esna. Ehemals Standort eines kleinen Tempels aus der Ptolemäerzeit.

Contrebia Leucade Spanien, bei Cervera del Rio Alhama, w von Tudela. Keltiberische Stadt; Ruinen.

Contrua Deutschland. → Kobern-Gondorf.

Conversaro Italien, sö von Bari. Megalithmauern.

Conza Italien, 85 km LL ö von Neapel. Reste von antikem Forum und von Gebäuden.

Cook-Bay USA, Alaska-SW. Undatierte Felszeichnungen von Eskimos oder Aleüten.

Cookstown GB-Nordirland, w des Lough Neagh.

Reste des frühkeltischen Ringforts Tullaghoge Fort.

Coombe Hill GB, Sussex, n von Eastbourne. Befestigtes Lager.

Coonalda Cave Australien. Höhle mit Felsbildern.

Cooper's Hill GB, Gloucestershire. Schanze.

Cootehill Irland, 45 km w von Dundalk. ND456. Sö prähistorischer Friedhof Cohaw Court-Cairn mit fünf Grabkammern und Steinwall.

Copacabana Bolivien, Titicacasee. Kultstätte der Inka; "Inkagalgen", Inkabad.

Copán** Honduras, 170 km LL ö von Guatemala-City. Mayastätte ab ca. 300 vor Chr., Blüte 5. Jh. bis 801 nach Chr. Zahlreiche Ruinenhügel der ehemaligen Siedlung. Großer Hauptplatz mit breiten Treppen, Pyramiden, Tempeln, Stelen, vielfach mit Skulpturen; Akropolis, Ballspielplätzen. Museum.

Copanaguaste Mexiko, Chiapas, bei Comitan. Ruinenstätte.

Copia Italien. → Sibari.

Copilco Mexiko. → Mexico.

Coppa Nevigata Italien, s von Manfredonia-Siponto. Siedlung der älteren Jungsteinzeit.

Cora Italien. → Cori.

Corbins Spanien, n von Lérida. Römische Reste.

Corbridge GB, Northumberland, 4 km ö von Hexham. 1½ km ö des Ortes Reste der römischen Festung Corstopitum. Museum.

Corca Hüyük Türkei, ca. 100 km n von Konya.

Corcelles-près-Concise Schweiz, VD. Menhire.

Corchiano Italien, 9 km nw von → Cívita Castellena. Reste einer Siedlung der → Villanovazeit. Etruskisch-faliskische Gräber.

Corcyra Nigra Kroatien. Römische Bezeichung der ersten Siedlung auf Korčula.

Córdoba Spanien. Römische Brücke, erneuert. Römischer Tempel restauriert. Mosaike in der Calle Queipo de Llano und an der Plaza de Colón; im Alcazar. Archäologisches Provinzmuseum.

Corfinio Italien, s von Popoli, 55 km sw von Pescara. Corfinium, zwischenzeitlich Pentina. Einer der Hauptorte der Pelasger. Spuren von Theater und Amphitheater. Geringe Reste von Tempeln und Thermen. Basilika. Aquädukt im Aternotal.

Corfinium Italien. → Corfinio.

Cori Italien, 55 km sö von Rom. Antik Cora. Reste von polygonaler Stadtmauer 5./4. Jh. Reste von Castor- und Pollux-Tempel, 89 vor Chr., von Akropolis und Herkulestempel, 89-80 vor Chr. Forum. S. Oliva mit antiken Grundmauern.

Coria Spanien, 68 km n von Cáceres. Keltisch Caura, römisch Caurium oder Cauria Vetona. Römische Stadtmauern*.

Coria del Rio Spanien, ca. 15 km sw von Sevilla. Guterhaltene Reste der Phöniziersiedlung Caura.

Coricie Syrien. → Cyrrhus.

Corinium GB. → Cirencester.

Corinium Kroatien. → Karin.

Coriovallum Niederlande. Antik; Herlen. Ehemals mit Thermen.

Corita Italien. → Cortona.

Coritanorum GB. → Leicester.

Çorlu Türkei, 139 km ö von Edirne. Ruinen einer Römerbrücke an der Via Egnatia.

Cormasa Türkei, 45 km sw von Burdur. Ehemalige antike Siedlung. Nekropole mit Sarkophagen und Hypogäen.

Cormérod Schweiz, ca. 4 km sö von Avenches. Römische Villa, Mosaikfund.

Cornacum Kroatien, w von Novi Sad. Ehemaliges römisches Auxiliar-Kastell in Sotin.

Cornalvo Spanien, bei Mérida. Römischer Staudamm Anfang 2. Jh. für die Wasserleitung nach → Mérida.

Corneto Italien. → Tarquinia.

Cornillon Confoux Frankreich, 4 km ö von Saint-Chamas. Frühchristliche Nekropole.

Cornol Schweiz, Bern, w von Delémont. Auf dem Mont Terri prähistorische Befestigungsanlage und Wall. Ma Reste.

Cornus I-Sardinien. → Santa Caterina di Pittinuri.

Coronado State Monument USA New Mexico. Ausgrabung eines Pueblos; Wandmalereien, aus spanischer Zeit.

Corracloona Irland, Leitrim, ö von Sligo. ND405. Megalithisches Galeriegrab, frühe Bronzezeit.

Corral, El Mexiko. → Tula.

Corralones-Paß Peru. Felsbilder.

Corsehel Syrien. → Qurzel.

Corseul Frankreich, w von Dinan. Sö gallo-römische Ruinen; Mars-Tempel.

Corsote Syrien. → Abu Kemal.

Corstopitum GB. → Corbridge.

Cortaillod Schweiz, sw von Nauchâtel. Neolithische Pfahlbausiedlung am Neuenburger See, Beginn 3000 vor Chr.

Čortanavci Vojvodina, sö von Novi Sad, wenig s von Petrovaradin. Reste von römischem Katell, restauriert.

Cortes de Navarra Spanien, am Ebro. Siedlung der späten Bronze- und der Eisenzeit, ca. 750 vor Chr. Lehmziegelhäuser.

Cortézubi Spanien, bei Guernica y Luno, nö von Bilbao. Santimamiñe-Höhle mit vorgeschichtlichen Zeichnungen.

Corticata Spanien. Römisch; Cortegana, n von Huelva.

Cortil-Noirmont Belgien, Arr. Nivelles, Provinz Brabant. 4 km n der Römerstraße Bavay-Köln zwei römische Grabhügel. Funde* in Brüssel.

Cortona Italien, s von Arezzo. Antik Corita. Reste von etruskischen Stadtmauern und Stadttor. Reste der antiken Akropolis in der Festung. 3 km w etruskisches Grab 4. Jh. vor Chr. bei der Kirche S. Maria del Calcinaio. Nw zwei Grabhügel. Etruskisches Museum.

Cortona Spanien. Römisch; Cardona, nw von Manresa.

Çorum Türkei, ca. 200 km onö von Ankara. Ev. das antike Euchaita, besiedelt ab 4. Jtsd. vor Chr. Museum.

Coruña, La Spanien. Römisch Ardobriga Curonium, Ardobirum Coronium. 2 km n der Stadt "Torre de Hércules", bedeutende antike Reste im Leuchtturm von 1791. In der Nähe → Elviña.

Corvo Italien. → Passo di Corvo.

Corwen GB, Wales, Clwyd, 16 km w von Llangollen. Prähistorischer Steinwall von Caer Drewyn.

Cosa Italien. → Ansedonia.

Cosa Volcientium Italien. → Ansedonia.

Cosentia Italien, Kalabrien. → Cosenza.

Cosenza Italien, Kalabrien. Antik Cosentia. Römische Reste an der Kirche S. Francesco d'Assisi. Reste eines Theaters.

Cosne-Cours-sur-Loire Frankreich, nö von Bourges. Ausgrabungen der gallo-römischen Stadt Condate. Ausstellung in Cosne-sur-Loire.

Cosquer-Höhle Frankreich. → Cassis.

Cossa Italien. → Paludi.

Costitx Spanien, Mallorca, s von Inca. Ehemals Standort eines Tempels.

Cotilia Italien, 15 km ö von Rieti. Thermenreste.

Cotnari Rumänien. Ehemalige Befestigung Mitte 1. Jtsd. vor Chr.

Cotopaxi Peru. An den Hängen des Vulkans in 3800 m Höhe Ruinen einer Stadt aus der Vor-Inkazeit entdeckt.

Cotosh Peru. → Kotosh.

Cotta Marokko, w von Tanger, bei den Herkules-Höhlen. Reste der römischen Siedlung S.: Tempel und Thermen ausgegraben. Sö Reste römischer Landgüter, hauptsächlich 2. und 3. Jh. Fischfabriken. → Randak Gour. → Jorf el Hamra. → Bar le Petit Bois.

Cottbus Deutschland. Burgwall Cottbus seit slawischer Zeit.

Cotzumalguapa Guatemala. → Santa Lucia Cotzumalguapa.

Couches Frankreich, 15 km nö von Le Creusot. 6 Menhire.

Cougnac Frankreich, 2 km von Gourdon, n von Cahors. Grotten mit Felsmalereien.

Coulommiers Frankreich, ö von Paris. Heimatmuseum.

Courfaivre Schweiz, Kanton Bern, s von Delémont. Auf dem Chételay prähistorische Wehranlage.

Countisbury GB, Devon. Eisenzeitliche Befestigung.

Countless Stones GB. → Aylesford.

Couronne, La Frankreich, w von Marseille. Auf Cap Couronne Reste von neolithischen Siedlungen entdeckt.

Courroux Schweiz, Kanton Bern, ö von Delémont. Auf dem Roc de Courroux prähistorische Befestigungsanlage.

Courthézon Frankreich, 9 km sö von Orange. Ausgrabungen, Neolithikum, 4700 vor Chr.

Courtine, Oppidum de la Frankreich. → Toulon.

Cova de Labishomen Portugal, s von Vouzela, nö von Coimbra. Höhle; keltiberische Stätte.

Cova de Parpalló Spanien. → Parpalló.

Covalanas-Höhle Spanien. → Ramales de la Victoria.

Coveliacae Deutschland. → Moosberg.

Covelinhas* Portugal, ö von Regua, ö von Porto. Ausgrabungen von Canelas. Luso-römische Reste von Mauern, Palästen 1. und 4. Jh. Mosaike.

Coxcatlán Mexiko, Puebla, 40 km sö von Tehuacan. Ehemalige vorspanische Siedlung. Präkolumbianischer Staudamm.

Coxhall Knoll GB, Hereford and Worcester, nw von Leominster. Eisenzeitliche Befestigung.

Coyaochaca Peru, Vilcabamba-Tal, nähe Lucma. Ruinen.

Coyoacán Mexiko, bei Mexico-City. Ehemalige Siedlung; bildete mit Atzcapotzalco die Hauptstadt des chichimekischen Königreiches von Tepaneca.

Cozumel Mexiko, Insel vor Quintana Roo. Kleines Museum in San Miguel. Gebäudereste in San Gervasio. Maya-Ruinen ab 300 vor Chr. in: → Aguada Grande im N, → Buenavista Ostküste, → (El) Cedral, → Janan im N, → Miramar.

Cracknell Edh, Somerset, im Mendip, 2 M w von Wells. Steinkreis.

Craig Phadraig GB, Schottland, 4 km w von Inverness. Prähistorische Befestigung.

Cramond GB, nw von Edinburgh. Siedlung Caer Almond während der Römerzeit. Römische Hausmauern.

Cranganore Indien, Kerala, 35 km n von Cochin. Ehemaliger römischer Augustustempel noch nicht gefunden. Zwei Hindu-Tempel.

Crapton GB, Yorkshire, 5 km nnw von Pickering. Langhügelgräber.

Cratiscara Makedonien. Heute Kratovo.

Creevykeel Irland, bei Cliffony, 15 km n von Sligo. ND338. Großes Megalithgrab, ca. 2000 vor Chr.

Creglingen-Finsterlohr Deutschland, nw von Rothenburg ob der Tauber. Sö rund um den Ort Burgstall Wälle eines großen keltischen Oppidums.

Cremona Italien. Römische Villa; Rekonstruktionen. Reste von Straßen und Häusern.

Crepsa Kroatien. Antik für → Cres.

Cres Kroatien, Ort auf der Insel Cres. Römisch Crepsa. 2 km n auf dem Berg Sv. Bartul vorgeschichtliche und römische Funde. In Lovreškina Reste einer christlichen Basilika 6. Jh. Museum in Osor.

Crest Schweiz. → Ardon.

Cresta Schweiz, Graubünden. → Cazis.

Crestaulta Schweiz, Graubünden. → Lumbrein.

Creswell Crags GB, Derbyshire, sö von Sheffield. Spätaltsteinzeitliche Höhlen.

Crickhowell GB, Wales, 30 km n von Newport. Spuren einer prähistorischen Hügelfestung.

Crickley Hill GB, bei → Gloucester. Eisenzeitliche Befestigung, römische Grabhügel.

Crimisa Italien. → Cirò Marina.

Cringle Moor GB, North Yorkshire, ca 20 km s von Middlesbrough. Zahlreiche Grabhügel. S weitere Grabhügel: Benky Hill, Green Howe, Miley Howe, Flat Howe, Sour Milk Hills. S anschließend die Grabhügel ö von → Kepwick Moor.

Criş Rumänien. Jungsteinzeitliche Stätte.

Crkvina Bosnien-Herzegowina, bei Glamoč, n von Livno, nö von Split. Römisch Salviae. Römische Reste 3. Jh.

Crkvine Kroatien, bei Gradac, n von Ploce. Römische Mauer. Reste einer alten Festung.

Croccia-Cognato Italien. → Oliveto Lucano.

Croft Ambrey GB, Hereford and Worcester, n von Leominster. Eisenzeitliche Befestigung.

Cro-Magnon Frankreich, Abri bei → (Les) Eyzies de Tayac, sö von → Périgueux. Jungpaläolithische Menschenfunde.

Crosby Garrett GB, Cumbria, 25 km nö von Kendal. Grundmauern von drei eisenzeitlichen Siedlungen.

Crosby Ravensworth GB, Cumbria, 18 km sö von Penrith. Eisen- und römerzeitliche Siedlungsreste. Ringwälle, Grundmauern.

Crotone Italien, Kalabrien. Griechisch Kroton. Thermenreste. Stadtmuseum. Sö → Capo Colonna.

Crown End GB, Yorkshire, ca. 20 km sö von Middlesbrough. Bronzezeitliche Siedlung.

Crozon Frankreich, Bretagne. Ehemals keltisches Oppidum.

Cruciniacum Deutschland. → Bad Kreuznach.

Crucuno Frankreich. → Carnac.

Crug, The GB, Wales, bei Brecon. Eisenzeitliche Befestigung.

Crumerum Ungarn. Römisches Kastell bei Nyergesújfalu, w von Esztergom, ab 2. Jh. Mit ehemaliger Zivilsiedlung.

Cruz de Elota, La Mexiko, Sinalva. S Felszeichnungen.

Cruz del Milagro Mexiko, Veracruz, s von Sayula. Verfallende Stätte der → (La-)Venta-Kultur.

Črvar Kroatien. Im Altertum Portus Cervera. Reste einer römischen Keramikwerkstätte, einer Villa rustica und einer illyrischen Wallburg oberhalb der Ebene Črvarsko.

Crvena Stijena Montenegro, 35 km LL nö von Dubrovnik, bei Petrovići. Höhle mit Funden aus der frühen und mittleren Jungsteinzeit.

Crveni Otok Kroatien, Insel s von Rovinj. Römische Baureste.

Cuahtetelco Mexiko. → Coatetelco.
Cuanaxhua†a Mexiko. → Guanajuato.
Cuarenta Casas Mexiko, Chihuahua, 8 km sw von Las Varas. Klippenhäuser, ab 11. Jh. Darunter Cueva de las Ventanas.
Cuarto del Rescate Peru, nö von Cajamarca. Ruinen.
Cuatro Puertas Spanien, Gran Canaria, s von Telde. Höhlenkomplex als Tempel (Tagoror) und Begräbnisstätte bzw. Kloster und Zufluchtsstätte der Guanchen. Kultplatz oberhalb der Höhle.
Cuauhxilotitl Mexiko. → Huitzo.
Cuccium Kroatien. Antike Siedlung an der Stelle des heutigen Ilok, 40 km w von Novi Sad. Einige Gebäudereste; ö Dianatempel.
Cuccureddi I-Sardinien. → Esterzili.
Cuccuru Nuraxi I-Sardinien, bei Settimo, nö von Cagliari. Nuraghendorf, Nuraghenrest, nuraghischer Brunnentempel.
Cuco-Höhle Spanien. → Castro-Urdiales.
Cucullae Österreich. → Kuchl.
Cucuruzzu F-Korsika, n von Levie. Befestigung der Torreaner, ev. auch als Kultanlage, 1. Hälfte 1. Jtsd. vor Chr. Insgesamt zwölf solcher Stätten in der Umgebung.
Cucuteni Rumänien, NO-Grenze, Bezirk Jassy (Iasi). Ausgrabungen einer spätneolithischen Kultur, 2. Hälfte 4. Jtsd. vor Chr. Dazugehörend die → Ariuşd-, ähnlich die → Tripolje-Kultur.
Cudeyde, Tell Türkei. → Djudede.
Cuelap Peru, wenig s von Chachapoyas. Ruinen.
Cuello Belize, Norden, nähe Orange Walk. Ehemalige Maya-Stätte. Ruinen.
Cuenca Spanien, Neukastilien. Römisch Conca. Archäologisches Museum Casa Curato.
Cuernavaca Mexiko. Pyramide von Teopanzolco; Tezcatlipoca-Tempel. Ruinen von Tempeln und Plattformen. Cuauhnahuac-Museum im Cortez-Palast.
Cues Mexiko. → San Juan de los Cues.
Cuetlaxtlan Mexiko, Veracruz. Heute Cotaxtla, 68 km ö von Cordoba.
Cuetzalan Mexiko. → Yohualichan.
Cueva dels Civils Spanien. → Civiles-Höhle.
Cueva Pintada Spanien, Gran Canaria. → Galdar.
Cuevas de Soria, Las Spanien, 20 km sw von Soria. Römische Reste von Siedlung, Festung, Villa, Mosaike, 2. Jh.
Cuglieri I-Sardinien, sw von Macomer. Römisch Gurulis Nova. Basilika Columbaris 4./5. Jh. Nekropole Monte Ruja. Jungsteinzeitliche Gräber von Serrugiu.
Cuicuilco Mexiko. → Mexico.
Cuicul Algerien. → Djemila**.
Cuilapan Mexiko, wenig s von Oaxaca. Grab, Inschrift; zapotekisch-mixtekisch.
Çukurca Türkei, 81 km s von Eskişehir. Ruine der byzantinischen Pişmiş Kalesi. In den Fels gehauene Räume und Zisternen. Felsengrab und Fassade von

Gerdek Kaya.
Culaja Guatemala. → Quetzaltenango.
Cularo Frankreich. → Grenoble.
Culiacán Mexiko, Hauptstadt von Sinaloa. Ausgrabungen in der Umgebung. Ö Felszeichnungen an der Presa Sanalono.
Cullalvera-Höhle Spanien. → Ramales de la Victoria.
Culliford GB, Dorset, bei Dorchester. Hügelgräber, Langhügelgrab.
Culubá Mexiko, Yucatan, 35 km osö von Tizimin. Maya-Ruinenstätte, Palastrest.
Culucbalom Mexiko, Campeche, in der Nähe von → Xpuhil. Ruinenstätte.
Čuluut Mongolei. Felsbilder.
Cuma* Italien, w von Neapel, am Meer. Gegründet 8. Jh. vor Chr. Griechisch Kyme, römisch Cume. Ruine des Amphitheaters. Bauwerk Sepolco della Sibilla. Höhle der Sibylle. Krypta bzw. Tunnel "Galleria Romana". Akropolis mit Rest der griechischen Mauer 5. Jh. vor Chr., Ruinen von Apollo- und Jupitertempel. Reste von Forum und Thermen. Grotta Pace oder Grotta Cocceius, Tunnel des Agrippa, Verbindung von Cumae mit dem Averner See. Ö von C. der Arco Felice. Am Averner See: Thermen, Reste von Villen, Grabmälern, Tempeln. Am Lucriner See: römisches Bad.
Ruinen von Sumanum. Thermen, Villen. Eisenzeitliches Gräberfeld.
Cumbe-Mayo Peru, 220 km nö von Trujillo, ca. 15 km von Cajamarca. Kultstätte. Bewässerungsanlagen: Kanal, Aquädukt. Heiligtum; Höhlen mit Felszeichnungen.
Cumidava Rumänien. → Rişnov.
Cummeen Irland, w von Sligo. ND433. Megalithgrab.
Cumpich Mexiko, 65 km nö von Campeche. Bewässerungsanlagen. Grabhügel.
Cunetio GB, Wiltshire. → Mildenhall.
Cunicium Spanien, Mallorca. → Manacor.
Cuntis Spanien, Galizien, n von Pontevedra. In der Römerzeit bekannte Thermen.
Cunturhuasi Peru, am Oberlauf des Rio Jaquetepeque, w von Cajamarca. Der Chavín-Kultur nahestehend. Tempelruinen, Skulpturen, Gräber.
Cupisnique Peru, Tal in Nordperu, n des Chicama-Tales, n von Trujillo. Variante der Chavín-Kultur. Funde 900-200 vor Chr.
Cuppae Serbien. → Ad Novas.
Cupra Marittima Italien, Marken, an der Adria, nö von Ascoli Oiceno. 1½ km n Tempelruine und etruskische Ausgrabungen.
Curacchiaghiu F-Korsika, nö von Levie. Jungsteinzeitliche Burg, ca. 2000 vor Chr.
Curalha Portugal, 4 km sw von Chaves. Römische Ruinen.
Cures Italien, ca. 40 km nö von Rom, zwischen Passo Corese und Fafa, bei Talocci. Stadt der Sa -

biner (von ca. 800 vor Chr.) entdeckt. 2 km nw von Talocci Reste "Grotte di Torri". Gewölbegänge.

Curia Schweiz. → Chur.

Curictae Kroatien. Römisch für die Insel Krk.

Curicum Kroatien. → Krk.

Curium Zypern. → Kourion.

Cursat Türkei, 16 km s von Antakya. Kürşat. Burg der Kreuzfahrer; Reste.

Cursus, The GB, Wiltshire, n von Stonehenge. Erdwall.

Curtis Maior Italien. Römisch; heute Cortemaggiore, s von Cremona.

Curubis Tunesien. → Korba.

Cusae Ägypten. → (El-) Qusiya.

Cusi Italien. → Ansedonia.

Cusichaca Peru, bei Corihuayrachina am Beginn des → Inka-Trail. Weitläufiges Ausgrabungsgelände, Zeremonialplätze. Die Ruinen Pulpituyoc, → Llactapata, → Huilca Raccay, → Huayna Quente und weitere Stätten.

Cusiniacum Schweiz, Küsnacht. Ehemals mit römischem Gutshof.

Čust GUS, Usbekistan, sö von Taschkent, im Fergana-Tal. Tschust. Ausgrabung einer Siedlung ab 2. Jtsd. vor Chr. Stadtmauer.

Cusum Vojvodina. Römisches Castrum an der Stelle von Petrovaradin (Peterwardein), bei Novi Sad.

Cutimba Peru. Grabtürme mit Tierverzierungen.

Cuttack Indien, Orissa. Stadtmauerreste 11. Jh. Torweg und Wallgraben von Fort Barabati 14. Jh.

Cuxhaven Deutschland. Stadtmuseum. Duhnen: w frühma Ringwall Judenkirchhof. Sahlenburg-Galgenberg: ma Turmhügel. Gräberfelder 5. Jh. vor Chr. - 8. Jh. nach Chr. Steinkistengrab.

Cuyram-Höhle Spanien, Ibiza. → Cala San Vicente.

Cuzco* Peru. Hauptstadt des Inkareiches. Hauptblüte Mitte 15. bis Mitte 16. Jh. Eine Anzahl von Gebäuden besitzt noch Mauern hauptsächlich von Palästen der Inkazeit (→ Abb. 136). Plaza de Armas mit den Palästen des Pachacutec, Cora Cora, Quishuarcanchas, Haus der erlauchten Frauen, Amarucancha. Haus der Silva. Santa-Teresa-Kirche. Colcampata. Palast des Inka Roca, Museum. Haus der Concha (Pucamarca). Sonnentempel (Coricancha). Archäologisches Museum. In der Nähe: → Sacsayhuaman**.

Cuzco Chico Peru, bei Calca, 50 km n von Cuzco. Ruinen.

Cvijina Gradina Kroatien. → Kruševo.

Cwrt y Gollen GB, Wales, sö von Brecon. Menhire.

Cyaneae Türkei, 122 km sö von Fethiye, beim Dorf Yavu. Griechisch Kyaneai. Akropolis, Theaterruine, Zisternen, Gräber und Sarkophage.

Cydamus Libyen. Ghadames. Römische Steine verbaut. Im N Bergfestung.

Cyndia Türkei, 12 km s von Milâs. Antike Stätte, ehemals mit Artemis-Tempel.

Cyrene Libyen. → Shahhat.

Cyrrhus Syrien, 73 km n von Haleb. Kyrrhos. Frühchristlich Hagiopolis. Coricie der Kreuzfahrer. Arabisch Qurus. S des Ortes zwei Römerbrücken. Mauerreste von Stadt und Zitadelle (Akropolis, Standort von Tempel und Kirche), von zwei Kirchen; Tor, Theater. Ausgedehnte Nekropole; Pfeilergrabmal 2./3. Jh.

Cytiau'r Gwyddelod GB, Wales, Holy Island w von Anglesey. → Holyhead.

Cytonium Türkei, n von Bergama.

Daab, Tell Syrien, bei → Mischrife.

Daba, Tell ed Libanon, 17 km s von → Sour.

Dabaghija Irak. → Umm Dabaghiyah.

Dabar Bosnien-Herzegowina. → Sanski Most.

Dabar Kot Pakistan, bei Loralai. Tell: Ausgrabung von großem Bauwerk, Spuren von Kanalisation. Örtliche Entwicklung, nachfolgend Induskultur.

Dabba, Tell ed Ägypten, Delta, bei → Qantir, am Rand der Ramsesstadt Pi-Ramesse. El-Daba. Siedlungsspuren ab ca. 3000 vor Chr. Ausgrabungen der Hyksoszeit, 13., 18.-20. Dynastie. Tempel des Seth, Siedlung. Gräber.

Dabekon Syrien. → Dabiq.

Dabel Deutschland, sö von Sternberg, Kreis Wismar. 1 km nö Reste von Großsteingräbern.

Dabhoi Indien, Gujarat, sö von Vadodara (Baroda). Befestigungsanlagen 11. und 12. Jh. Vier Tore mit Skulpturen.

Dabidu Malediven, Insel im Haddumati-Atoll (Laam-Atoll). Havitas (Hügel von vorislamischen Tempelpyramiden oder Stupas).

Dabigu Syrien. → Dabiq.

Dabiq Syrien, 21 km ö von Azaz, n von Haleb. Assyrisch Dabigu, byzantinisch Dabekon. 3 km n Moschee.

Dabnarti Sudan, sw von Wadi Halfa, Nilinsel. Dabenarti. Festung des Mittleren Reiches.

Dabravine Bosnien-Herzegowina, n von Breza, 35 km nw von Sarajevo. Reste frühchristlicher Basilika 6. Jh.

Dachani-Gulaman Iran, Seistan. Ausgrabungen.

Dachle Ägypten, Oase w von Theben mit den Ruinenstätten: → Ain Asil. → Amhada. → Balat. → Berbiya. → Deir el-Hagar (Set Wechat). → Esbet Baschendi. → Massauaka (Qaret el-Musawaqa). → (El) Qasr. → (el-)Smant el-Charab. → Mut. → Qila el-Dabba. → Tenida.

Dacht-e Halgeh Iran, Provinz Gorgan. In der Nähe große Siedlung der Parther entdeckt.

Dachwig Deutschland, Bezirk Erfurt. Jungsteinzeitliche Burganlage (Mitte 3. Jtsd. vor Chr.) entdeckt.

Dadasa Türkei. Römische Festung bei der Karawanserei → Sultan Hanı nö von Kayseri.

Dadi Indonesien, Ost-Java. Kultanlage 11./13. Jh.

Da-i Dokhtar Iran. → Mansurabad.

Dadu China. → Beijing.

Dädala Türkei, ca. 30 km nw von Fethiye. Antike Stadt; Nekropole, dorisches Felsengrab.

Dänisch-Nienhof Deutschland, ö von Eckernförde. 1 km w und 2 km s Reste von Großsteingräbern.

Dafana, Tell Ägypten. → (Tell) Defenne.

Dafni Griechenland. → Erythrai.

Daganiya Jordanien, ca. 7 km nw von → Mahattat Aneza (Qalaat Quneiza) bzw. 45 km n von Maan. Römisches Kastell; Außenmauern.

Dağpazarı Türkei, 96 km nw von Silifke, 23 km von Mut. Antik Koropissos. Ehemals hellenistische, römische und byzantinische Stadt. Ruinen von Stadtmauern, Hippodrom und drei frühchristlichen Kirchen.

Dahamscha Ägypten, 35 km sw von Luxor. Altägyptisch Sumenu. Reste des Sobek-Tempels.

Daharije, Tell ed- Israel. → (Tell) Tarrame.

Dahr el Hadjar Syrien, ö von Hamidiye, n von Tripoli. Aquädukt.

Dahschur* Ägypten, 25 km s von Kairo. Nekropole von → Memphis. Pyramiden:
1) Sesostris III., 12. Dyn.
2) Amenemhet II. (weiße Pyramide), 12. Dyn.
3) Snofru (Rote Pyramide*), 4. Dyn., 99 m.
4) Amenemhet III. (schwarze Pyramide), 12. Dyn.
5) Grab des Königs Autibre-Hor I., 13. Dyn.
6) Snofru (Knickpyramide*), 4. Dyn., 97 m, mit Nebenpyramide und Taltempel.
7) Amenikemau, 13. Dyn.
8) Unbekannte Pyramide.
Mashguna:
9) Amenemhet IV., 12. Dyn.
10) Sobeknofru, 12. Dyn.
Gräber.

Dahuting China, Provinz Henan, Kreis Mixian, sw von Zhengzhou. Zwei han-zeitliche Gräber; Malereien und Gravuren.

Dai-la-thanh Vietnam, bei Hanoi. Ehemals Hauptstadt eines Statthalters der Tang-Dynastie, 10. Jh.

Daima Nigeria, NO, Provinz Borno, s des Tschad-Sees. Siedlungshügel, 1. Jtsd. vor Chr.

Dainzú Mexiko, 20 km osö von → Oaxaca. Besiedelt seit 1. Hälfte 2. Jtsd. vor Chr. Pyramide, Ballspielplatz, spätere Reliefs. Grabanlagen. Mehrere Schutthügel.

Daja-Chatyn GUS, am Amu-Darja. Ruine einer Karawanserei, 11. Jh.

Dakar Senegal, Kap Verde. Ethnologisches Museum. Am Kap Manuel (Südspitze) neolithische Siedlungsreste, 2. Jtsd. vor Chr. Historisches Museum auf der Insel Gorée. An der Küste bis 150 km s (Petite Côte) eisenzeitliche Grabhügel.

Dakka Ägypten, Nubien. Antik Pselchis, altägyptisch Perselqet. Tempel aus griechisch-römischer Zeit, jetzt nahe → Wadi es-Sebua. In der Gegend Mündung des Wadi → Allaki.

Dalavanur Indien, Tamil Nadu, w von Pondi-

cherry, South Arcot, 16 km von Jinji. Felsentempel mit Skulpturen, 2. Hälfte 1. Jtsd. nach Chr.

Dali China, Provinz Yunnan. Stadtmauer, Tempel 9./10. Jh. Paläste. In der Umgebung Gräber der Han- und Tang-Zeit. 7 km s → Taihe.

Daliburgh GB, Hebrideninsel South Uist, s des Dorfes Radhaus, ca. 200 vor Chr.

Dalja Kroatien, Istrien, W-Küste. Ehemaliges frühchristliches Gebäude 5. Jh. auf antiken Grundmauern.

Dalkey Irland, 14 km sö von Dublin. Reste einer frühchristlichen Kirche.

Dalkingen Deutschland. → Rainau.

Dallas USA, Texas. Dallas Museum of Art.

Dalloza Syrien, w von Maarat en Noman, bei Serdjilla. Ruinengebiet. Villa, Häuser, Rest von Basilika 4. Jh., Gräber.

Dalma Tepe Iran, s des Orumiyeh-Sees.

Dalum Deutschland. → Bippen.

Dalversin-Tepe GUS, Usbekistan, ö von Taschkent, w von Denau. Besiedelt seit 1500 vor Chr. Ehemals große gräko-baktrische, danach kuschanische Stadt. Ausgrabungen: Siedlung 3. und 2. Jh. vor Chr., Wälle der Zeitenwende. Kleines buddhistisches Heiligtum.

Dalyan* Türkei, zwischen Köyceğiz-See und Südküste, sö von Muğla. Ruinen der Karerstadt Kaunos. Akropolis; Reste von Stadtmauer, Theater 5./4. Jh. vor Chr., von Basilika, von Thermen, Nymphäum. Felsennekropole* 4. Jh. vor Chr.

Damali Griechenland. → Troizen.

Damanhur Ägypten, sö von Alexandria. Antiker und neuer Name. Römisch Hermopolis Parva.

Damasia Deutschland. Name mehrerer Orte im Schwabenland, z.B. → Auerberg; → Augsburg (das Oppidum in vorrömischer Zeit).

Damasion Griechenland, wnw von Larissa. Reste der antik-byzantinischen Befestigung von Mylas.

Damaskus Syrien. Spuren des römischen Kastells in der Zitadelle. Omayyadenmoschee**; an der Stelle von Tempel des 3. Jh. und christlicher Basilika 4. Jh. Antike Mauer- und Propyläenreste; islamische Mosaike* 8. Jh. Rest von antikem Bogen. Ananias-Kapelle. Syrisches Nationalmuseum* mit Stadttor aus → (Qasr el) Hair al-Gharbi (→ Abb. 119) und Synagogenraum aus → Dura Europos.

Dambach Deutschland, 20 km ö von Dinkelsbühl. 1½ km nö am Kreutweiher ehemals Standort eines römischen Numeruskastells nahe am Limes. Ö hiervon Erdwall.

Dambeck Deutschland, sw von Waren. 3 km onö Rest von Großsteingrab.

Damb Sadaat Pakistan, 18 km s von Quetta. Vorharappische Ausgrabungsstätte. Quetta-/Kechi-Beg-Kultur (3. Jtsd. vor Chr.). Ziegelumwallung; Kultkomplex auf dem Hügel.

Dambulla Sri Lanka. 5 Höhlentempel, ca. 1. Jh. vor Chr., Malereien.

Damerham Knoll GB, Dorset, s von Salisbury. Eisenzeitliche Befestigung.

Damery GB, Gloucestershire. Eisenzeitliche Befestigung.

Damghan Iran, 333 km ö von Teheran. Siedlungsfunde. Reste einer frühen Moschee. 1 km s Spuren der ehemaligen Zitadelle. Backsteinturm Imam Zadeh Pireh Alamdar, 1027. Mausoleum Tschehel Dokhtaran, 1056. 5 km sö → Hissar Tepe.

Damir-Qabu Syrien, 506 km ö von Haleb. Demir-Kabu. In der Umgebung Felsbilder.

Damiya Jordanien, nw von Salt, linkes Jordanufer. Jisr Damiya. Ehemals Gesher Adam. Dolmenfeld.

Damiye, Tell ed Israel, rechtes Jordanufer, 2 km s der Brücke Es Salt-Nablus, sw von → Damiya.

Damm Deutschland, ö von Wesel. Ringwall Steger Burgwart, frühes MA.

Dammun Jemen-Süd. Name der Hauptstadt des vorislamischen Reiches der Kinda in Hadramaut. Name eines Ortsteiles in Hadscharein, sw von Saiun.

Damos Griechenland, Dodekanes, Insel Kalymnos. Ruinen von zwei frühchristlichen Basiliken, 6. Jh., mit antiken Bauteilen. Rest von Theater 3. Jh. vor Chr. Spuren von mykenischen Felsgräbern.

Damp Deutschland, nö von Eckernförde. N Steinsetzungen eines germanischen Kultplatzes, 2.-4. Jh.

Damsa Türkei, ca. 15 km s von → Ürgüp. Das antike Tamisos. Ruine eines seldschukischen Baues. Höhlenkirche mit Fresken, 14. Jh.

Dan Israel, in der Nähe der libanesischen Grenze. Tel Dan, Tell el Qadi, kanaanäisch Laich. Gegründet 27. Jh. vor Chr. Hügel der biblischen Stadt. Bronzezeitliche Ausgrabungen. Höhlenheiligtum. Museum.

Dana Syrien, w von Haleb. Verbaute Baureste. Felsengräber, Grabdenkmal 2./3. Jh. Römerstraße* bei Tal al Karamah.

Dana Syrien, bei → Djerade, n von Maarat en Noman. Kirchenruine 6. Jh. Grabdenkmal*.

Danang Vietnam. Zam-Skulpturen-Museum.

Danby Rigg GB, North Yorkshire, 25 km ö von Middlesbrough. Erdwall. Bronzezeitliche Nekropole.

Dandanakan GUS. Reste einer Moschee der Seldschukenzeit.

Dandan-Uilik China, Xinjiang, nö von → Hotan. Ruine eines Klosters, bis 8. Jh. Malereien.

Danebury GB, n von Southampton, w von Winchester. Keltische Hügelfestung 2. Hälfte 1. Jtsd. vor Chr.

Dane's Dyke GB, Yorkshire, w von Flamborough, nö von Bridlington. Erdschanze unbestimmter Zeit, ev. neolithisch.

Danes Graves GB, Yorkshire, sw von Bridlington. Eisenzeitlicher Friedhof; Gräber der → Arras-Kultur.

Danewerk Deutschland, zwischen Schlei und Treene, d.h. von Haithabu bis gegen Hollingstedt.

Errichtung ab 9. Jh. Erdwall, 10 m breit und 2 m hoch, davor Graben 5 m breit und 1½ m tief; Holzpalisaden. Später mit Feld- und Backsteinen zur Waldemarsmauer (nach Waldemar I. dem Großen, 1157-1182) ausgebaut.

1) Nordwall (Alter Wall, Götfrik Wall).
2) Hauptwerk mit Tyraburg.
3) Westlicher Teil Krummwall mit südlichem Ast Churgraben (Kograben), ev. Anfang 9. Jh.
4) Margarethenwall, Verbindung zwischen Haithabu-Stadtwall und Danewerk.

Ab 1858 modernisiert, 1864 aufgegeben. Als Wall auf 13 km erhalten.

Dangstetten Deutschland. → Küssaberg-Dangstetten.

Danilo Kraljice Kroatien, 23 km osö von Šibenik. Römisch Riditarium (2 km w Rider). Illyrische Siedlung ausgegraben. Type-Site der mittleren jungsteinzeitlichen Danilo-Kakanj-Gruppe.

Dannenfels Deutschland. → Donnersberg.

Danum GB, South Yorkshire. Römisch; Doncaster.

Daous Marokko, sö von Erfoud, Militärposten. Felszeichnungen.

Daphnae Ägypten. → (Tell) Defenne.

Daphne Rumänien. → Oltenița.

Daphne Türkei. → Harbiye.

Dara Ägypten, nw von Assiut, 7 km nw von Manfalut. Nekropole Kom Dara. Pyramidenstumpf, Erste Zwischenzeit. Umfassungsmauer.

Dara Türkei. → Istilil.

Darab Iran, 278 km sö von Schiraz. Gründung der Parther. Das alte Darabgerd (Darabdjerd), nw von D. Runde Stadtruine, Stadtmauer, Reste sassanidischer Tore, Heiligtum Qubbet el Mumiya. Aquädukt. In der Stadtmitte befand sich ein Hügel mit Festung. W des Ortes Basrelief der Sassanidenzeit (von ca. 238 nach Chr.) am Berg Naqsch-i Rustem Darab. 6 km sö aus dem Fels geschlagene Moschee Masdjid-i Sang.

Darabgerd Iran. → Darab.

Dara-i Kur GUS, Badakhschan. Höhle, besiedelt seit dem Moustérien. Siedlung 4. und 3. Jtsd. vor Chr.

Daran Saudi-Arabien, nw von Bahrein. Dhahrain, Dhahran. Fundort der Obeidkultur, auch entlang der Küste.

Darbend Iran. → Samiran.

Darbend-i Gawr Irak. → Suleimaniya.

Darbind-i Scheikh Khan Iran, ca. 155 km w von Kermanschah, nw von → Sar i Pol i Zohab. Basrelief des Tar Lunni.

Dardon Frankreich, 10 km n von Gueugnon, wsw von Chalon-sur-Saône. Reste von frühmittelalterlicher Kirche. N auf dem Mont Dardon Reste von Wall eines Oppidums, besiedelt von der Jungsteinzeit bis ins Mittalalter.

Dargelin Deutschland, s von Greifswald. 1½ km s Reste von Großsteingräbern.

Darkan Iran. → Dogan.

Darkhid Iran, nw der Bascht-Ebene, ca. 180 km nw von Kazerun. Beim Eingang der Schlucht Tengi Maliun Reste einer alten Siedlung, ev. des sassanidischen Darkhid. Im O Spuren eines quadratischen Steinbaus mit Innenhof. Im SW Reste einer kleinen Festung mit Vorwerk. W davon weitere Ruine. Unterirdischer Kanal.

Darmstadt Deutschland. Hessisches Landesmuseum. Ö (nw von Reßdorf) Reste von Steinkreisanlage.

Darnius Spanien, nw von Figueras. Dolmen.

Darovernon GB. → Canterbury.

Dar Qita Syrien, bei Bordj Mudakhkar, 46 km w von Haleb. Die Ruinen an den Ausläufern des Djebel Barischa: Herberge von 436, Mauern. Säulenbasilika von 418 (Paulus- und Moseskirche). Taufkirche, Wachtturm von 551, Säulenhallen, St. Sergius-Basilika von 537, Villen; weitere Kirchenreste.

Dar Scharrukin Irak. → Khorsabad.

Darvazeh Iran. → (Qalaeh-i) Ghebri, sö von Schiraz.

Darzau Deutschland, Niedersachsen, 12 km nw von Hitzacker. Gräberfeld, ca. Zeitenwende.

Daschly Afghanistan, Oase n von Mazar-i Sharif. Ehemals mit über 40 meist bronzezeitlichen Siedlungen. Daschly-1: Befestigungsreste 2. Jtsd. vor Chr. Daschly-3: ummauerte Stadtanlage mit ummauertem rundem Tempelbezirk 2. Jtsd. vor Chr. Palastreste 2. Jtsd. vor Chr. → Akschapar. → Altyn. → Dil-jar.

Dascylium Türkei, am Marmarameer, nw von Bursa.

Daskalopetra Griechenland, Chios, bei Vrontados. Aus dem Fels gehauenes Kybeleheiligtum.

Daskyleion Türkei, SO-Ecke des Kus Gölü (Manyas-See), w von Bursa. Kleiner Erdhügel; Grundmauern eines persisch-griechischen Palastes, 400 vor Chr.

Dasly Afghanistan. → Daschly.

Dastagird Irak, 115 km nö von Badgad, 15 km s von Scheraban. Dastadjird. Antike Ruinen. Verfallene Mauerringe. Stelle Eski Baghdad ev. das alte Dastagird.

Dastarkon Türkei. → Fıraktın.

Datça Türkei, 80 km w von Marmaris. Alt-Knidos. Akropolis, Hafenreste.

Datong China, Provinz Shanxi. Tatung. Besiedelt seit 5. Jh. vor Chr. Ab 4. Jh. Hauptstadt der Toba-Wei. Stadtmauer ab 421, 16 km Umfang. Tempel 11. Jh. 16 km w → Yungang-Grotten.

Dattasa Türkei. Hethitische Hauptstadt nach Hattusa.

Daudan-Kala GUS, Turkmenistan, s des Aralsees, w des Amu Darja. Ausgrabungsstätte des Choresm, frühmittelalterlich.

Daulatabad Afghanistan. Besiedelt seit der Bronzezeit; Reste. Girdai-Tepe 2. Jtsd. vor Chr.

Daulatabad Indien, Maharashtra, bei Aurangabad. Hauptstadt ab 1187. Bergfestung. Ruinen der Stadt. Hindutempel. Jainatempel, ab 1320 Moschee. Chand Minar, 1435, 30 m hoch.

Dauleia Griechenland, 29 km nw von Levadia. Mittelalterliche Festung auf der Akropolis von Daulis.

Daulis Griechenland. → Dauleia.

Daunia Italien. → Lucera.

Dautphetal Deutschland, w von Marburg. Holzhausen: sö auf dem Hünstein Ringwallreste Mitte 1. Jtsd. vor Chr. Hommertshausen: s auf dem Eisenköpfen eisenzeitliche Ringwallanlage.

Davayat Frankreich, 20 km n von Clermont-Ferrand. Menhir.

Davia Griechenland, w von Tripoli. Polygonale Mauern.

Davis USA, Texas. Indian. Tempelhügel.

Dawenkou China, Shandong, ca. 180 km s von Jinan. Bedeutender Fundort, ca. 4300-1900 vor Chr.

Dax Frankreich, nö von Bayonne. Aquae Tarbellicae. Reste gallo-römischer Umwallung, 4. Jh.

Daxing Cheng China, Shaanxi. Hauptstadt der Sui-Dynastie. → Xian.

Dazimon Türkei. → Tokat.

Dazu China, Provinz Sichuan, ca. 100 km w von Chongqing. Grottentempel und Skulpturen, Ende 9. Jh. bis 12. Jh., ein Gebiet von 40 Ortschaften umfassend. Z.B. am Beishan, 2 km nw, in Fowan, am Baoding Shan, 15 km nö, in Dafowan und Xiaofowan.

Dea Augusta Frankreich. → Die.

Dead Men's Graves GB, Lincolnshire, s von Mablethorpe. Langhügelgräber.

Dealul Grădiştei Rumänien. Hügel in den Bergen von Orăştie in SW-Transsilvanien. Zentrum religiöser Anlagen.

Déas Frankreich. Antik; Grand-Lieu, s von Nantes.

Death Valley National Monument USA, California. Felszeichnungen.

Debal Pakistan. → Banbhore.

Debdieba Malta, n von Mqabba. Megalithische Reste.

Debdou Marokko, s von Melilla. Vorgeschichtliche Reste.

Debeira(-Ost) Sudan, n von Wadi Halfa. Gräber. Felsenkapelle des Djehutihotep Paitis, Prinz von Tacheti, ev. Zeit der Hatschepsut; jetzt in → Khartum.

Debeira(-West) Sudan. Gräber. Felsengrab des Amenemhet, Prinz von Tacheti, 18. Dyn.

Debod Ägypten, s von Neu Kalabscha. Ehemals mit Amuntempel des Adichalamani und anderer Könige. Seit 1970 in → Madrid.

Deborus Makedonien, sw von Skopje. Antike Siedlung; heute Debar.

Debra Damo Äthiopien, Gebiet Tigre. Befestigtes

Kloster von ca. 600 nach Chr. Basilika entdeckt.

Debratha Montenegro, bei Kotor. Römische Siedlung, heute Dobrota.

Debrathum Montenegro. → Debratha.

Debrecen-Nagycsere Ungarn. Rekonstruierte Strecke des Großen → Erdwalls.

Debstedt Deutschland, n von Bremerhaven. Auf dem Bullmersberg frühmittelalterlicher Wall.

Decheila Ägypten, w von Alexandria. Ruinen eines koptischen Klosters am Seeufer.

Dedan Saudi-Arabien, an der ehemaligen Hedschas-Bahn. Heute Al-Ula.

Dedelow Deutschland, nw von Prenzlau. 3 km n Rest von Großsteingrab.

Deerpark Irland, 4 km ö von Sligo. ND377. Megalithgrab "Magheraghanrush". Großes Megalithgrab mit Vorhof. Steinwall mit Untergeschoß. Dolmen. Steinhügel und Reste von Steinhütte.

Defenne, Tell Ägypten, 10 km w von El Qantara. Antik Daphne. Reste einer Festung mit Ummauerung aus der 19. Dynastie.

Degache Tunesien, 10 km nö von Tozeur. Minarett 9. Jh. auf römischem Unterbau.

Değile Türkei. → Binbir Kilise.

Degrum Äthiopien, Tigre. Baptisterium 6. Jh. entdeckt.

Dehan-i Ghulaman Iran, ö von Zabol, 2 km von Qalaeh Nau. Ev. das achämenidische Zarin bzw. Ktesias, Hauptstadt der Provinz Drangiana. Ausgrabung eines Gebäudes.

Deh Burzak Iran, bei Bibi Dost, ö von Zabol. Nekropole.

Dehes Syrien, w von Haleb, 8 km LL w von Sermada. Zwei Kirchenreste 6. Jh.

Deh Morasi Afghanistan, bei Kandahar. Ausgrabung einer jungsteinzeitlichen Siedlung.

Deh Now Iran, 225 km nw von Schiraz. Mehrere Tells mit Spuren der Kupfersteinzeit.

Deh Zahidan Iran, sö von Bibi Dost, ö von Zabol. Ev. die alte Provinzhauptstadt Zarendj. Weit verstreute Ruinen. Befestigungen, Zitadelle, Tor.

Deidesheim Deutschland. Kirchberg: "Heidenlöcher", Ringwall von karolingischer Bergbefestigung mit Spuren von Steinhäusern.

Deinste Deutschland, s von Stade. 2 km ssö Rest von Steingrab.

Deir, Khirbet ed- Israel, ö von Hebron. Klosterruinen, Mosaike.

Deir, Khirbet ed- Syrien. → Deir Turmanin.

Deir Abu Hennes Ägypten. Johanneskloster. Gegründet im 8. Jh. Umfassungsmauer. Altägyptische Steinbrüche mit Eremitenhöhlen.

Deir Abu Lifa Ägypten. → (Qasr es-) Sagha.

Deir Abu Makar Ägypten, im → Wadi Natrun. Kloster ab 4. Jh.

Deir el-Abyad* Ägypten, nw von Sohag. Deir Amba Schenuda, Weißes Kloster von ca. 440 nach Chr.

Deir el Achayir Libanon, 104 km sö von Beirut,

an der syrischen Grenze gegenüber von Damaskus. Ruinen eines ionischen Tempels und Unterbau eines weiteren Heiligtums.

Deir el-Adra Ägypten, 230 km s von Kairo, ö von Samalut. Auch Deir el-Buchara. Kloster, ca. 3./4. Jh.

Deir el-Ahmar* Ägypten, nw von Sohag. Rotes Kloster, ca. 440 nach Chr.

Deir Alla, Tell Jordanien, ca. 40 km nw von Salt, ö des Jordan. Ev. die Stelle des biblischen Sukkot.

Deir Amba Bschoi Ägypten, im → Wadi Natrun. Kloster ab 4. Jh.

Deir Amba Schenuda Ägypten. → Deir el-Abyad.

Deir Amir Tadros Ägypten. Kloster. → Gebel Abu Foda.

Deir el-Atrash Ägypten, nö von Qena. Kastellreste.

Deir el-Bahari Ägypten. → Theben.

Deir Balamand Libanon, 14 km ssw von Tripoli (Trablous). Kloster seit 12. Jh.

Deir el-Balas Ägypten, ca. 20 km s von Qena. Gräberfelder bis → Tuch. Reste von zwei Lehmziegelpalästen. → Naqada.

Deir el-Baramus Ägypten, im → Wadi Natrun. Kloster ab 4. Jh.

Deir el-Berscha Ägypten. → Berscheh.

Deir Debbane Syrien, w von Maarat en Noman, s von → (El) Kfer. Rest von byzantinischem Kloster.

Deir Dema Syrien, nö von Sheikh Meskene. Ruinenstadt.

Deir ed Djurd Syrien, bei Anneze, nähe Bostan Hammam. ca. 54 km s von Lattakia. Klosterruine.

Deir el-Gebraui Ägypten, nw von Assiut. Gaufürstengräber 6. Dynastie (120 Bestattungsplätze). Felsgräber auch n in El-Maabda.

Deir el Ghazal Libanon, ca. 6 km sö von Rayak, s von Zahlé. Am Fuße des D. Spuren eines kleinen Tempels.

Deir Hafir Syrien, 47 km ö von Haleb. Antiker Tell.

Deir el-Hagar Ägypten, Oase → Dachle. Antik Set Wechat. Ruine von Amon-Amonet-Tempel, 1. Jh. nach Chr.

Deir el-Hammam Ägypten, Fayum, 5 km nö von Illahun. Reste von frühchristlicher Kirche und von Kloster.

Deiringsen Deutschland, sw von Soest. Ruploh: Grabungen an jungsteinzeitlicher Siedlung.

Deir el-Kahf Jordanien, ca. 70 km nö von Mafraq. Reste eines spätrömischen Kastells, 4. Jh.

Deir el-Kinn Jordanien, ca. 90 km ö von Mafraq. Spätantiker Ort; große Zisterne.

Deir el-Leben Syrien, 20 km n von Suweida. Ruine eines in ein byzantinisches Kloster umgewandelten Bel-Tempels, errichtet 320 nach Chr.

Deir Mar Bulos Ägypten, 155 km s von Suez. Pauluskloster, 6./7. Jh.

Deir Mar Elias Syrien. Kloster ö von Hamidiye, n

von Tripoli.
Deir Mar Maroun Libanon, bei Hermel. Höhlenkloster mindestens seit dem 7. Jh.
Deir el-Medina Ägypten. → Theben 11).
Deir el-Melek Ägypten, ö von Girga. Kloster.
Deir el Mu'min Iran. → Gurgan.
Deir en-Nasrani Syrien, 43 km ö von Bosra. Reste von Klosteranlage.
Deir el Qalaa Libanon, 20 km ö von Beirut. Maronitenkloster auf den Resten eines römischen Tempels; Säulen, Fundamente, Mauern. Reste von kleinen Tempeln. Byzantinische Kirche 5. Jh., wiedererrichtet. Thermen, Straße, römischer Altar, Villa.
Deir el Qaddis Antwan Ägypten, ca. 200 km s von Suez, 60 km w des Golfs von Suez. Auch Deir Mar Antonius, Antoniuskloster. Gegründet ca. 4. Jh., Reste ab dem 7. Jh., Malereien 10. Jh.
Deir Qannoubin Libanon, ca. 40 km sö von Tripoli, w von Bcharré. Kloster, gegründet im 4. Jh.
Deir Qanoun Libanon, 10 km sö von Sour. Aus dem Fels gehauene Skulpturen.
Deir Seman Syrien, 55 km nw von Haleb. St. Simeon, altsyrisch Tell Nische, griechisch Telanissos. Zu Füßen von → (Qalaat) Seman** entstanden. Ruinengebiet: Klöster, Kirchen, Säulenhallen, Herbergsreste. Im Djebel Seman frühchristliche Ruinen.
Deir Seta Syrien, 15 km s von Harun, 67 km w von Haleb. Häuserruinen, Ruine einer großen Kirche 6. Jh. Taufkirche.
Deir Simbol Syrien, nw von Maarat en Noman. Reste von byzantinischen Villen. Reste von Basilika.
Deir Soleib Syrien, w von Hama, Richtung Masyaf. Ruinen von zwei Kirchen, 7. Jh.
Deir es-Surjan Ägypten, im → Wadi Natrun. Kloster ab 8. Jh.
Deir Tasa Ägypten, ca. 30 km sö von Assiut. Fundstätte, Gräber. Kultur bzw. Variante der vordynastischen → Badari-Kultur (sö von Assiut).
Deir Tazze Syrien, 35 km nw von Haleb. Darat Azze. Auf Ruinen errichtetes Dorf. Auf dem Hügel Maschbabak byzantinische Basilika. Auf dem Djebel Scheikh Barakat Reste eines Zeus-Tempels und ein Wali.
Deir Tell Ade Syrien, w von Haleb, nähe Dana. Ma Telada. Standort eines Klosters seit dem 4. Jh. 1 km entfernt → (Tell) Ade.
Deir Turmanin Syrien, w von Haleb, bei Dana, 2 km nö von → Turmanin. Auch Khirbet ed Deir. Reste von Kloster, 6. Jh. Gebäudereste*.
Deir az Zafaran Türkei, bei Mardin. Ummauertes Kloster; zwei Kirchen 6. Jh.
Deir ez Zor Syrien. Dayr az-Zawr. Ehemals Auzara. 127 km sö Abu Kemal. Nw → Halabiya (Zenobia). Nw → Zalebiyah. Nw → Sabkha.
Dekeleia Griechenland, n von Athen. Antik; römisch Dekelia. Auf einem Hügel Reste eines befestigten Lagers, ev. der 413 vor Chr. errichtete Mauerwall der Lakedämonier. Antiker Weg.
Delaphodia Kroatien. Antik für die Insel Lopud.
Delémont Schweiz, Jura. Delsberg. Musée Jurassien d'Art et d'Histoire.
Delfi** Griechenland, 120 km LL wnw von Athen. Orakelstätte seit dem 2. Jtsd. vor Chr. Bedeutendes Heiligtum des Apollon Pythios ab ca. 590 vor Chr. Museum.
Umfassungsmauer des Heiligen Bezirkes, 6.-4. Jh. vor Chr. Nischenmonument der Lakedämonier. Weitere Nischen. Heilige Straße mit den ehemaligen Schatzhäusern der griechischen Staaten und Städte. Wiedererrichtetes Schatzhaus der Athener* (→ Abb. 78). Buleuterion. Mehrere Denkmalssockel. Reste des Portikus der Athener. Stützmauer der Tempelterrasse, 6. Jh. vor Chr. Apollon-Altar, 1. Hälfte 5. Jh. vor Chr. Einige Säulen und gewaltiger Unterbau* des Apollon-Tempels, zuletzt errichtet 370-340 vor Chr. Neoptolemos-Temenos und -Heroon. Theater* 4. Jh. vor Chr., 159 vor Chr. erneuert. Stadion** 5. Jh. vor Chr. (→ Abb. 80).
Gebiet der Kastalia-Quelle. Gebiet des Gymnasions, Ruinen 4. Jh. vor Chr. von Palästra, Laufbahn, Schwimmbad, Säulengang. Marmaria-Bezirk mit Heiligtum der Athena: Ruinen von Priesterwohnungen, neuem Tempel 4. Jh. vor Chr., Tholos 380 vor Chr., Schatzhäusern, altem Tempel 5. Jh. vor Chr.
Nekropole.
Delhi Indien. Von Nord nach Süd:
1) Alt-Delhi, zeitlich das siebte Delhi. Shahjahanabad (Stadtmauerreste). Rotes Fort (Lal Qila) ab 1639 mit Palastbauten, Perlenmoschee. Ashoka-Säule. Jama Masjid 1650-1656 (mit "Elfenbeinladen"). Fahtepuri-Moschee 1650.
2) Firuz Shah Kotla, Ruinengelände der ehemaligen Festung Firuzabad, der fünften Hauptstadt. Islamisch, 14. Jh., 1398 zerstört. Reste von Mauern, Moschee, Palast.
3) Neu-Delhi, indische Hauptstadt seit 1911: Rashtrapati Bhavan Vizekönigspalast. Shri Lakshmi Narayan Pempel 1940. Jai Singh Observatorium 1735. Bahai-Tempel 1986. Nationalmuseum.
4) Purana Qila ("Alte Festung"), sechste (islamische) Metropole Dinpanah, gegründet 1540. Ev. Standort der vorher bestehenden Stadt Indraprasthra, Mitte 1. Jtsd. vor Chr. Mauern des Festungspalastes. Sher-Shah-Moschee*. Sher Mahal (Sher Shahs Bibliothek). Grab des Sikander Lodi, Reg. 1489-1517. Bara Gumbaz ("Große Kuppel"), nach 1526. Shih Gumbaz ("Spiegel-Kuppel"), 16. Jh. Grabmal von Safdar Jang*.
5) Siri, die zweite der historischen Städte, islamisch, 1290-1320. Grundmauern. Hauz Khas (Wasserreservoir), 1300.
6) Jahanpanah, die vierte Hauptstadt bis 1351. Palast Badal Maidal. Bergampur Moschee. Wallreste.

7) Qila Rai Pithora, ab ca. 1080, mit Lal Kot, gegründet 1050, älteste Hauptstadt. Qutb Minar, Minarett 71 m hoch, Anfang 13. Jh. Quwwat-ul-Islam Moschee, ca. 1200 und 14. Jh. Säule aus nichtrostendem Eisen, zwischen 5. und 8. Jh. Iltumish-Tomb (Altumish's Tomb), 13. Jh. Alai Darwaza, »Großes Tor«. Grab Imam Zamins, 16. Jh. Jamali-Moschee, 15. Jh. Grabmal von Adham Khan.
8) Tughlakabad, dritte Metropole, islamisch. (Tughlugabad usw.). Ruinenfeld*. Mauerreste der Palastfestung. Grabmal Ghias-ud-din Tughlak. Grabmal des Isa Khan. Humayuns Grabmal*. Nizam-ud-din-Grabmal, nach 1320. Jamat Khana Moschee 1300. Grab der Jahanara Begum. Grab von Muhammed Shah, Reg. 1719-1748. Chaunath Khambla (Halle mit 64 Pfeilern).
Delion Griechenland, Böotien. Antiker Ort; heute Dilesi, Dilesso. Antiker Molenrest.
Dellach Österreich, ö von Kötschach-Mauthen. In Gurina befestigte vorgeschichtliche Höhensiedlung. Reste von Tempel und Wirtschaftsanlagen von Bergbausiedlung. Grafendorf-Wiererbichl: Wallanlage, ev. ma.
Dellbrück Deutschland, ö von Köln. Bei Dellbrück-Mielenforst hallstattzeitliches (niederrheinisches) Hügelgräberfeld.
Dellys Algerien, ö von Algier. Antik Rusucurru. Römische Zisterne und Hausgrundrisse.
Delminium Bosnien-Herzegowina. → Duvno.
Delos Griechenland. → Pirgos - Böotien.
Delos** Griechenland, Insel sw von Mykonos. Dilos, auch Ortygia. Besiedelt ab 3. Jtsd. vor Chr. Mykenisch 1400-1200. Ionische Besiedlung ab 1000, ionisches Zentrum ab 7. Jh. Nationalheiligtum der Griechen; kulturelles Zentrum der Ägäis. Hauptblüte 5. und Ende 4. Jh. vor Chr. Ruinen von Heiligtümern, Schatzhäusern, Wohnhäusern und Tempeln und Mosaike über die kleine Insel verstreut. 1) Theaterbezirk mit Theater, Wohnhäusern (Haus des Dreizacks, Maskenhaus, Haus der Delphine), Agoren, Stoen. 2) Kynthosberg. 3) Heiliger Bezirk mit Apollontempel. 4) Nördlicher Bezirk mit Agoren, Prozessionsstraße und Löwenterrasse, Tempeln, Läden, Gelände des Heiligen Sees. 5) Archäologisches Museum.
Delphi Griechenland. → Delfi.
Delphidium Kroatien. Ad Musculum. Omišalj auf Krk.
Delphinion Griechenland. → Langada.
Delsberg Schweiz, JU. Delémont. Musée Jurassien d'Art et d'Histoire.
Dema Griechenland, n von Athen, nähe Phyle. Mauerreste 4.-3. Jh. vor Chr.
Dema Syrien, nö von Sheikh Meskene. Gebäudefassade mit Verzierungen.
Demati Gr-Kreta, ssö von Iraklion, s von Skinias, ca. 15 km n des Südküstenhafens → Inatos. Dema-

tion. Spuren von mittelminoischem Bergheiligtum.
Demavend Iran, 65 km ö von Teheran. Gegründet unter den Sassaniden. Mehrere Erdhügel beim Ort mit Besiedlungsspuren seit dem 5. Jtsd. vor Chr.
Demedu Ägypten. → Abu Hommos.
Demetrias Griechenland. → Sikyon.
Demetrias Griechenland, 4 km s von → Volos. Hauptstadt des Demetrios Polioketes, spätes 3. Jh. vor Chr. Theaterreste. Stelle des Königspalastes. Reste von Stadtmauer mit teils guterhaltenen Türmen, auch denen von → Pagasai. Römischer Aquädukt. Reste von Agora und Tempel der Athena Iolka. Reste von mykenischen (späthelladischen) Bauwerken. Ruine einer frühchristlichen Basilika 4. Jh.
Demirci Hüyük Türkei. → Bileçik.
Demirciköy Türkei. → Limyra.
Demircili Türkei, 10 km n von Silifke. Nekropole*, mehrere Grabtempel 2. Jh.
Demir Kapija Makedonien, 105 km sö von Skopje. An der Stelle des antiken Stenae. Spuren prähistorischer Siedlung. Stadtmauer. Griechische und römische Gräber.
Demir-Kapu Syrien. → Damir-Qabu.
Demirtaş Türkei, 35 km ö von Alanya. Das antike Syedra. Verfallene Akropolis. In der Nähe antike und byzantinische Reste von Stadtmauern und Thermen. Kirchenruine aus wiederverwendetem antiken Material.
Democracía, La Guatemala, Department Escuintla, ca. 100 km sw von Guatemala-City. Fundort von Monolithskulpturen der vorklassichen Cotzumalguapa-Kultur (→ Santa Lucia C.); einige hiervon im Ort. Kleines Museum.
Demre Türkei. → Kale ö von Kaş.
Dendera** Ägypten, 60 km ö von Karnak. Ägyptisch Iunet, Tantere, antik Tentyris. Hathortempel**, spätptolemäisch; Krypten und Dachkiosk*. Geburtshaus des Nektanebo, 30. Dynastie. Römisches Geburtshaus. Christliche Basilika. Römisches Sanatorium. Isistempel des Augustus. Tore. Heiliger See. Nekropole.
Dendra Griechenland, Argolis. Mykenische Nekropole; Dromosgrab 1500 vor Chr. 1 km ö Akropolis von Mideia: → Midea.
Dendur Ägypten, ca. 50 km s von Assuan. Antik Tutzis. Kleiner Tempel des Augustus für Padiese und Pahor; jetzt im Metropolitan Museum of Art in → New York.
Dengfeng China, Provinz Henan, ca. 90 km sw von Zhengzhou. Ausgrabungen einer Stadt. 5 km nw Songyue Ta-Pagode von ca. 523 nach Chr. 15 km nw → Shaolin Si.
Denghoog Deutschland, Sylt. → Wenningstedt.
Denia Spanien, s von Valencia. Griechisch-phönizisch Artemisium, griechisch Hemeroskopeion, römisch Dianium. Römische Mauerreste und zwei Altäre. Sw iberische Siedlungsreste 8.-7. Jh. vor Chr. auf dem → Montgo.

Denney Frankreich, 3 km nö von Belfort. Prähistorische Befestigung auf dem Bromont.

Denpasar Indonesien, Bali. Museum.

Deogarh Indien, Uttarpradesh, Jhansi. Dashavatara-Tempel, 5./6. Jh. Ma Jainatempel mit Skulpturen.

Dep Ägypten. → (Tell el-) Faraun.

Dephtera Zypern, sw von Nicosia. Ausgrabungen.

Dêr Irak. → Badra.

Deraa Syrien, 104 km s von Damaskus. Biblisch Edrei, byzantinisch Adraa. Wiederverwendete griechisch-römische Grabstelen. Spuren einer Moschee von 1253.

Derbe Türkei. → Kerti Hüyük.

Derbent GUS, Rußland, Dagestan. Stadtmauern und ins Land ziehende Mauern, (Dag-bary), 6.-15. Jh. Dschuma-Moschee 1368. Basare, Karawansereien, Medrese.

Derenburg Deutschland, nö von Wernigerode. Ehemals befestigte Siedlung der Bernburger Kultur.

Derestuj GUS. Gräberfeld 2.-1. Jh. vor Chr.

Derinkuyu* Türkei, 30 km s von → Nevşehir. Bekannteste der unterirdischen Städte des Gebietes um Nevşehir, jeweils für bis zu 15000-20000 Menschen errichtet. Ihre Entstehung wird für das 9. und 8. Jh. vor Chr. angenommen. Ev. auch als militärische Anlagen geplant. Benützung hauptsächlich nochmals in spätbyzantinischer Zeit zum Schutz vor Arabern und Byzantinern. Ehemals mit Weinkellereien und gut funktionierenden Belüftungs- und Wasserversorgungssystemen. Bewohnt waren die oberen Stockwerke, die unteren dienten der Versorgung. Ca. drei Dutzend solcher Städte sind bekannt, die Existenz weiterer wird vermutet. → Çardak. → Kaymaklı. → Mazı. → Özkonak.

Derkusch Syrien, n von Djisr esch Schoghur, nö von Lattakia, am Orontes nahe der türkischen Grenze. Kreuzritterburg, zerstört. Brücke mit antiken Teilen.

Derma Indonesien, Java, Osten. Canditempel.

Dermenisch Syrien, ca. 50 km nw von Haleb, 6 km sw von Djabbul. Ruine einer Klosterburg, Kapelle.

Dernis Libyen. Heute Derna, 90 km ö von El Beida. Sö antike Ruinenfelder an der Straße nach Tobruk.

Derr, Ed- Ägypten, Nubien, sw von Amada. Felsentempel Ramses' II., jetzt bei → Amada.

Dertona Italien. Römisch; heute Tortona, 73 km n von Genua.

Dertosa Julia Augusta Spanien. → Tortosa.

Dervazeh Tepe Iran, ö von Persepolis. Besiedelt 2000 vor Chr. bis 500 vor Chr. Grabungen.

Derventio GB, Derbyshire. Römisches Fort, heute Derby. Museum.

Derventio GB, North Yorkshire, ö von York. Römisches Lager.

Deschascha Ägypten, ca. 40 km sw von Beni Suef.

Nekropole (159 Felsgräber) aus dem Alten Reich. Anta-Grab, 5. Dynastie. Ateti-Grab, 6. Dynastie.

Desenzano Italien, Gardasee-SW-Ufer. Römische Villa, 2.-4. Jh., Mosaike, Kryptoportikus.

Desh Noke Indien, Rajasthan, 32 km s von Bikaner. Karniji-Tempel.

Despeñaperros Spanien, Provinz Jaén, bei Santa Elena an der E25. Iberisches Felsheiligtum.

Despoblado de Almizaraque Spanien, bei Herreria, ö von Vera, sw von Cartagena. Ruinenstadt; Reste von runden Häusern, Kupfersteinzeit.

Despoblado de las Cogotas Spanien. → Cogotas.

Despoblado de las Merchanas Spanien. → Saldeana.

Despoblado de Santiago Spanien. → Villalcampo.

Despoblado de Yecla la Vieja Spanien. → Yecla de Yeltes.

Dessau Deutschland. Museum für Naturkunde und Vorgeschichte.

Des Tudons Spanien, Menorca. → Ciudadela.

Detmold Deutschland. Sö Steinsetzungen im Leistruper Wald. Lippisches Landesmuseum. → Grotenburg.

Deutsch-Altenburg Österreich. → Bad Deutsch-Altenburg. Die auf dem Gebiet von Bad Deutsch-Altenburg liegenden Reste von Carnuntum unter → Petronell aufgeführt. Grabhügel Hütelberg (Türkenkogel). Museum Carnuntinum.

Deutschlandsberg Österreich, sw von Graz. Museum für Vor- und Frühgeschichte in der Burg.

Deva GB. Castra Devana. → Chester.

Devadu Malediven, im Gaaf-Alif-Atoll. Vorislamische Ruinen.

Deveboynu Türkei, Halbinsel am Südufer des Vansees. Ruinen mehrerer Klöster, ab 10. Jh.

Develi Türkei, 88 km s von Kayseri. Antik Everek. Ruine einer mittelalterlichen Burg. Kirchenruine. Türbesi 1276. Tumuli s in Richtung Fraktin.

Develt Bulgarien, 21 km sw von Burgas. Ehemals römische Festung. Reste von thrakischer Siedlung.

Devil's Arrows GB. → Boroughbridge.

Devil's Bed and Bolster GB, Somerset, bei Rode. Langhügelgrab.

Devil's Dyke GB, Sussex, w von Brighton. Keltische Bergfestung 1. Jh. vor Chr.

Devil's Dyke GB, ca. 20 km ö von Cambridge vorbeilaufend. Erdwall der Sachsen. Parallel der → Fleam Dyke.

Devil's Humps GB, Sussex, bei → Bowhill. Grabhügel.

Devil's Jumps GB, Sussex, Mongton Down, wenig n von → Bowhill. Grabhügel.

Devil's Quoit GB, Wales. → Angle.

Devil's Quoits GB, sw von Stanton Hartcourt, w von Oxford. Bronzezeitliches Heiligtum.

Devizes GB, Wiltshire, ö von Bath. Archäologisches und Naturgeschichtliches Museum.

Dev-Kesken-Kala GUS, s des Aralsees, w von →

Chodžejli, Südspitze des Ust-Urt. Ehemals Wasir. Reste.

Dev Kund Indien, Rajasthan, 8 km ö von Bikaner. Maharadschagräber der Herrscher von Bikaner.

Devnimori Indien, Gujarat, ca. 100 km nö von Ahmadabad. Ausgrabungen; Stupa, Kloster 4.-5. Jh., Guptazeit.

Dhali Zypern, s von Nicosia. Antik Idalion. Akropolishügel, Mauerreste*. Ehemals mit Aphroditetempel. Gräber.

Dhannavati Birma/Union Myanmar, bei Kyauktaw, 50 km n von Myohaung, nö von Sittwe. Dhanyawadi. Alte Stadt in Arakan. Hauptstadt 6. Jh. vor Chr. bis 300 nach Chr. Mauerreste. Maha Muni Pagode. Pyattan-Tempel.

Dhanushkodi Indien, Tamil Nadu, 170 km sö von Madurai. Kothandaraswamy-Tempel.

Dhanyakataka Indien. → Amaravati.

Dhar Indien, Madhya Pradesh, w von Indore. Ehemals Hauptstadt des Paramara-Reiches.

Dharasuram Indien, Tamil Nadu, 4 km w von Kumbakonam. Dharasuram- oder Airavateshvara-Tempel, 12. Jh. Devi-Tempel, 12. Jh. Skulpturen.

Dharih, Khirbet edh- Jordanien, ca. 20 km nö von Tafila, ö der Straße Kerak-Tafila. Reste eines nabatäischen Tempels.

Dharmastala Indien, Karnataka, ca. 100 km onö von Mangalore. Manjunatha-Tempel. Mehrere Jaina-Tempel.

Dhar Tichitt Mauretanien, Süden. Neolithische Siedlungen, 1200-300 vor Chr. → Tichit.

Dhat Ras Jordanien, ca. 25 km ssö von Kerak. Reste von drei nabatäischen Tempeln.

Dhauli-Felsen Indien, Orissa, 8 km sw von Bhuvaneshwar. Felsreliefs Kaiser Ashokas (3. Jh. vor Chr.) mit eingemeißelten Edikten. Monolithischer Elefant.

Dhekir Syrien, 70 km ssö von Damaskus, Fährte El Kiswe-Schahba. Antike Reste.

Dhekoué Libanon, sw von → Majdel Aanjar, ca. 65 km nö von Beirut. Tempelrest, Felsgräber.

Dhia Gr-Kreta, Insel n von Iraklion. Dia. Spuren minoischer Besiedlung. Antiker Hafen in der St. Georgsbucht.

Dhiban Jordanien, 31 km s von Madaba. Biblisch Dibon. Tell; Besiedlung seit 3. Jtsd. vor Chr. Hauptstadt des Königs Mescha von Moab. Moabitische Reste: Tor, Wachttürme, Heiligtum. Römische Reste auf nabatäischer Anlage 2. Jh. Spuren von Kirchen. Moabitischer Friedhof.

Dhikomo Zypern, 12 km n von Nicosia. Reste von neolithischen, bronzezeitlichen und späteren Siedlungen.

Dhlo Dhlo Simbabwe, 200 km w von Zimbabwe. Mauern mit Schachbrett- und Grätenmuster, 17. oder Anfang 18. Jh.

Dhron Deutschland. → Neumagen.

Dhronecken Deutschland, n von Hermeskeil. Ca.

4½ km ö ehemals römischer Tempelbezirk. Auf dem Röderberg vorgeschichtliche Wallanlage Hunnenring.

Dia Türkei. → Akçakoca.

Diadora Kroatien. → Zadar.

Diadu Malediven, im Gaaf Alif-Atoll. Vorislamische Ruinen.

Diana veteranorum Algerien, nw von Batna. Römische Stadt, n von Batna.

Dianium Spanien. → Denia.

Dibba Fudscheira (Vereinigte Arabische Emirate), nähe Südgrenze des exklaven Nordzipfels von Oman. 2½ km sw Siedlung aus dem 1. Jtsd. vor Chr. festgestellt.

Dibin, Tell Libanon, ca. 118 km sö von Beirut. Kleiner Hügel 2 km n von Marjayoun. Das antike Ijjon. Ruinen.

Dibon, Tell Jordanien. → Dhiban.

Dickenreishausen Deutschland, s von Memmingen. Ehemals Standort eines römischen Burgus.

Dickson Mound State Museum USA, Illinois, Havana, am Ilinois-River. Frühindianische Grabhügel.

Didyma* Türkei, 170 km s von Izmir. Der Tempelbezirk Didymeion war mit Milet und dem Hafen Panormos durch eine Heilige Straße verbunden. Unter dem Fundament des hellenistischen Tempels Reste eines 494 vor Chr. zerstörten archaischen Tempels. Reste** des 1456 durch ein Erdbeben zerstörten Apollon-Tempels, ehemals 118 m lang und 60 m breit. Reste von Opferaltar. Hellenistischer Brunnen. Artemisheiligtum. Heiligtümer (Temenos) an der Prozessionsstraße erforscht.

Didymotichon Griechenland, 94 km nö von Alexandrupolis. Römisch Plotinupolis. Byzantinische Stadt Demotika; Stadtmauer.

Die Frankreich, 66 km nö von Valence. Antik Dea Augusta. Römische Stadtmauer 3. Jh. Römischer Triumphbogen Porte Saint-Marcel. Römische Brücke.

Dieburg Deutschland, ö von Darmstadt. Römisch Auderia. Kreismuseum.

Diekhof Deutschland, nö von Güstrow. 1 km sw Rest von Großsteingrab.

Dieng* Indonesien, Zentral-Java. Dieng-Plateau. Ehemals großer hinduistischer Wallfahrtsort. Von ehemals zahlreichen Shiva-Tempeln Spuren und einige Tempel erhalten, darunter: Dvaravati-, Semar-, Arjuna-, Srikandi-, Puntadewa-, Sembadra-, Gatotkaca-, Bima-Tempel*. Ö Gebäudefundamente.

Dierna Rumänien. Römisch; heute Orşova.

Diesbar-Seußlitz Deutschland, nw von Meißen. Seußlitz: sö bronzezeitliche Wallanlage Heinrichsburg und Goldkuppe. Löbsal: auf dem Burgberg bronzezeitlich-slawische Wälle.

Dietikon Schweiz, w von Zürich. Reste von römischem Gutshof. Ortsmuseum.

Dietrichsburg Deutschland. → Melle.

Dietzenlay Deutschland. → Gerolstein.

Dietzhölztal Deutschland, ö von Siegen. Rittershausen: n auf der Burg Ringwallanlage, ca. Mitte 1. Jtsd. vor Chr.

Digor Türkei, NO, 47 km sö von Kars. Armenisch Tekor. Grundriß von Kirche 5. Jh., 986 umgebaut. Bei Harabedigor ehemalige Kirche. Nö Kirche → Alem. Sö Kirche Nahçıvan → Kocaköy, Kirche Agrak bei → Dolaylı, Kirche Pakran bei → Kilittaşı, Kirche Mren bei → Karabağ.

Digung Indien, Kaschmir. Kloster seit mindestens 12. Jh.

Dijon Frankreich. In der Eglise Saint-Etienne Unterbauten von gallo-römischen Befestigungen freigelegt. Archäologisches Museum.

Dikaiarchia Italien. → Pozzuoli.

Dikili Taş Türkei, 60 km sw von Adiyaman. Tumulus mit Säulen von kommagenischer Grabanlage. Einige km ö Reste von römischer Brücke.

Dikmen Türkei, 11 km n von Kale. Reste von zwei Kirchen.

Diktynnaion Gr-Kreta. → Rhodopos.

Dilberjin Kazan Afghanistan, Norden, bei Tillja-Tepe. Ehemalige griechische Stadt. Spuren eines Tempels.

Dilikitaş Türkei, 20 km nö von → Tavşanlı, sö von Bursa. Phrygisches Felsengrab mit Fassade.

Dilishan GUS, Armenien. Ausgrabungen.

Dil-jar Afghanistan, bei → Altyn. Zitadelle; ev. der Hauptstadt des alten Afghanistan, Mitte 1. Jtsd. vor Chr.

Dillenburg Deutschland. 3 km nnö auf dem Heunstein ehemals vorgeschichtliche Befestigungsanlage. Reste von Wällen.

Dilluntum Bosnien-Herzegowina. → Stolac.

Dilmun Bahrein. Kultur ab ca. 3200 vor Chr. → Bahrein (Staat). → Failaka.

Dilos Griechenland. → Delos.

Dimallon Albanien. → Krotina.

Dimbulagala Sri Lanka, 15 km sö von Polonnaruwa. Drei Höhlen (Gunners Quoin), Malereien 5.-8. Jh.

Dime Ägypten, Fayum, n des Sees. Antik Soknopaiou Nesos. Ruinen von Häusern und ptolemäischem Tempel. W Medinet-Nimrud-Ruine.

Dimei Mel Iran. → Mel-i Adjdahan.

Dimini Griechenland, Thessalien, 6 km w von → Volos. Kleine befestigte Siedlung, 3900 vor Chr. bis 3. Jtsd. vor Chr., vorindogermanisch. Dorfreste; Palast- und Häuserfundamente. Grabstätten.

Dimos Kroatien. Griechisch für den Ort Hvar.

Dinaretum Zypern, Kap der HI Karpasia. Ehemals Standort eines antiken Tempels.

Dinas Emrys GB, Wales, ca. 2 km n von Beddgelert. Befestigung.

Dinas Head GB, Wales, nö von Fishguard. Frühchristliche Mauern Carn Ingli. Prähistorische Grabstätte Cerrig-y-Gof.

Dinavar Iran, nö von Kermanschah. Arabisch Mah el Kufah. Spuren der vorislamischen Stadt, im 14. Jh. zerstört.

Dingen Deutschland. → Imsum.

Dingharting Deutschland, s von München. Holzhausen: zwei keltische Viereckschanzen; dritte festgestellt. Schanze bei Kleindingharting.

Dingildsche GUS, Unterlauf des Amu-Darja. Lehmmauerreste eines Hofes, Mitte 1. Jtsd. vor Chr.

Dingli Malta. 1 km s Tempelspuren. 4 km sö → Wardija ta'San Gorg. 3 km sö die Gleitkarrenspuren "Clapham Junction" und die neolithische Wohnhöhle → Ghar il-Kbir.

Dingxian China, Hebei, n von Shijiazhuang. Reste einer ummauerten Stadt der Westlichen Han-Zeit. Gräber.

Dingy-St.-Claire Frankreich, Dep. Haute Savoie, 5 km ö von Annecy. Römischer Straßenrest.

Dinkha Iran, nw von Heidarabad, SW-Ecke des Orumiyeh-Sees, 7 km ö von Uschnu. Ehemalige Stadt; Gräber 2. Jtsd. vor Chr.

Din Lligwy GB, Anglesey, Dulas Bay. Alte Siedlung.

Dinogetia Rumänien, auf der Donauinsel Garvan. Ausgrabungen der römisch-byzantinischen Festung. Reste einer Basilika.

Dinorben GB, Wales, n von Denbigh, 40 km wnw von Chester. Ehemals befestigte Siedlung 2. Jtsd. vor Chr. Eisenzeitliche Befestigung 3. Jh. vor Chr.

Dinorwig GB, Wales, nö von Caernarfon. Kleine eisenzeitliche Befestigung.

Dinpanah Indien. → Delhi.

Diocaesarea Israel. → Zippori.

Diocaesarea Türkei. → Uzuncaburç.

Dioclea Montenegro. → Podgorica.

Dion Griechenland, Euböa, westlichster Zipfel. Befestigungen festgestellt.

Dion Griechenland, Makedonien, 80 km n von Larissa, s von Katerini. Dhion. Römisch Colonia Julia Augusta Diensis. Stadtmauern. Ehemals mit Zeustempel, Stadion, Theater (Reste). Spuren von christlicher Basilika 4. und 6. Jh. In Malathria Gräber 3./2. Jh.

Dione Griechenland. → Porto Lago.

Dionysias Ägypten, Fayum. → (Qasr) Qarun.

Dionysias Syrien. → Suweida.

Dionysopolis Bulgarien. Heute Baltschik.

Dionysos Griechenland, Attika, 20 km nö von Athen. Antik Ikarion, Ikaria. Ausgrabungsgelände. Theater 6./5. Jh. vor Chr. Dionysos-Apollon-Tempel.

Diorom Boumak Senegal, 6 km nw von Toubakouta, Küste n von Gambia. Künstliche Muschelinsel, 7.-13. Jh. 120 Grabhügel.

Dios Hieron, ionisches Türkei. Antike Stätte n von Notion, letzteres 54 km s von Izmir.

Dioskura GUS, Georgien, Abchasien. Dioscurias. → Suchumi.

Diospolis Israel. Lod.
Diospolis Syrien. → Ras Ibn Hani.
Diospolis Magna Ägypten. → Theben.
Diospolis Parva Ägypten. → Hu.
Diplokionion Türkei. → Beşiktaş.
Diraz Bahrein, sw von → (Qalaat al) Bahrein. Brunnen von ca. 2000 vor Chr. ausgegraben.
Diraklar GUS, Armenien. Frühchristliche Kirchenruine, 4.-6. Jh.
Dirou-Höhlen Griechenland, Peloponnes, s von Areopolis. Besiedelt 4.-3. Jtsd. vor Chr. Malereien.
Dischingen Deutschland, Kreis Heidenheim. Dunstelkingen: keltische Viereckschanze. Eglingen: Spur von keltischer Viereckschanze. Hallstattzeitliches Grabhügelfeld.
Dispilion Griechenland, Makedonien, 10 km s von Kastoria. Spuren von zwei prähistorischen Häusern.
Dispolis Türkei. → Laodikeia.
Distos Griechenland, Euböa, 70 km osö von Chalkis. Ruinen des antiken Dystos. Mauerwall, 5. Jh. vor Chr. Akropolis, Häuserreste. Turm von venezianischem Kastro.
Ditsworthy Warren GB, Devon, ca. 16 km LL nö von Plymouth. Steinreihen, Steinkiste, Menhire, Hütten.
Divitia Deutschland. Castellum Divitiense. → Köln (Deutz).
Divodurum Frankreich. Metz.
Divona Frankreich. Gallo-römisch; → Cahors.
Divonax Cadurcorum Frankreich. Gallo-römisch; → Cahors.
Divriği Türkei, 175 km sö von Sivas. Byzantinisch Tephrike. Ruine der Zitadelle 13. Jh.: Burgwallreste, Moschee* von 1195-1196. Drei Türben 12. und 13. Jh.
Div-i Schahpur Iran. → Nischapur.
Diyadin Türkei, 63 km sö von Ağrı. Das ehemalige Bagavan. Ruine der armenischen Kirche, 6./7. Jh.
Diyarbakır Türkei. Assyrisch Amedi, römisch Amida, seldschukisch Annaia. Stadtmauern*, errichtet ab 4. Jh. Harput-Tor, ein verändertes römisches Tor. Urfa-Tor. Mardin-Tor. Basteien Ulu Badan und Yedi Kardeş. Zitadelle Büyük Tepe. Tigrisbrücke römischen Ursprungs. Brücke über den Ambar Suyu, restauriert 1223. Marienkirche ab 5./6. Jh. Mosaike. Archäologisches Museum.
Dizful Iran, 173 km n von Ahvaz. Arabisch Qasr er Runash, auch El Qantareh. Pfeiler der Sassanidenbrücke des Schahpur I. Ehemals mit sassanidischer Festung.
Djaba Niger, 330 km n von Bilma, 9 km n von → Djado. Zitadellenreste.
Djabal Aruda Syrien. → Djebel Aruda.
Djabar, Qalaat Syrien, 130 km ö von Haleb. Djafer. Zitadellenruine* im Stausee. Türme, Minarett, Liwan.

Djabbul Syrien, bei Haleb, am Nordufer des Djabbul-Sees. Antik Gabbula.
Djabiya, Tell Syrien, bei Nawa. Ghassanidisch und frühislamisch.
Djabrin Saudi-Arabien, Oase ca. 230 km s von Hofuf. Ausgedehnte Grabhügelfelder; Grabhügeln mit Kammern, ca. 2000 vor Chr.
Djabung Indonesien, Java-Ost. Anlage ab 11./13. Jh.
Djadeh-i Atabek Iran, ca. 245 km nö von Ahvaz, n von Piyun. "Straße des Atabek", Steinplattenlege, mindestens seit 14. Jh.
Djado Niger. Ruinen der im 12. Jh. gegründeten und bis zur Neuzeit besiedelten Festungsstadt.
Djafar, Qalaat Syrien. → (Qalaat) Djabar.
Djaffarabad Iran, 100 km n von Ahvaz, 7 km n von Susa. Besiedlung 6. Jtsd. bis 4000 vor Chr. Ausgrabungen.
Djago Indonesien. → Jago.
Djakarta Indonesien. → Jakarta.
Djalatunda Indonesien, Java-Ost. Anlage ab 11./13. Jh.
Djam Afghanistan. → Jam.
Djambul GUS, Kasachstan. Ab 6. Jh. Talas. Im 11.-12. Jh. Hauptstadt des Karachanidenstaates. Zitadellenruine. 15 km außerhalb: Mausoleum der Babadschi-Chatum. S: Mausoleum der Kenizeh-Chatum.
Djanadiya-Moschee Jemen-Nord, 17 km nö von Taizz. Al Janad. Moschee, ev. ab 7. Jh.
Djanbas Kala GUS, Usbekistan, s des Aralsees, Usbekistan, Choresmien. Bewohnt seit 3500 vor Chr.; Kelteminarkultur. Im 4.-1. Jh. vor Chr. rechtwinklig angelegte befestigte gräco-baktrische Stadt; freigelegt.
Djanet Ägypten. → San el-Hagar.
Djan-Kala GUS, Kasachstan, ö des Aralsees, s des Syr Darja. Grenzfestung.
Djankent-Kala GUS, Kasachstan, Aralsee-Ostufer, nähe Mündung des Syr Darja. Ehemals Jangikent, Hauptstadt der Gusen (Ogusen) im 10. Jh. Ausgrabungen.
Djar-Kurgan GUS, nö von Termes, am Surchan Darja. Minarett 1108-1109.
Djarmu Tepe Irak, 59 km ö von Kirkuk. Jarmo, Qalaat Garmo usw. Besiedelt seit 7./6. Jtsd. vor Chr. Ehemalige assyrische Stadt. 2 km ö → Karim Schahir.
Djauvik Schweden Gotland, südliche Westküste. Auch Djupvik. Hünengrab in Schiffsform.
Djawi Indonesien, Java-Ost. Anlage ab 11./13. Jh.
Djeba Ägypten. → Edfu.
Djebeil Libanon. → Jbail.
Djebel arabisch; Berg. Für den ägyptisch-sudanesischen Raum → Gebel.
Djebel Abiod Tunesien, ö von Tabarka. 6 km n in den Fels gehauene punische Gräber.
Djebel Amour Algerien, südlicher Atlas. Felsbilder in Ain Sfisifs, Ennfous, El Ghicha, Namous.

Djebel Aruda Syrien, am W-Ufer des Assad-Stausees, bei → Habuba Kabira. Siedlungsreste 2. Hälfte 4. Jtsd. vor Chr.

Djebel Assalah Tunesien, bei Gafsa. Vorgeschichtliche Grotten.

Djebel Barkal Sudan. → Gebel Barkal.

Djebel Bou Kornine Tunesien, Berg 20 km sö von Tunis. Auf dem Gipfel ehemals Standort eines Tempels für Baal Karnine, nachfolgend für Saturnus Balcaranensis. Spuren eines Altares.

Djebel Djoukar Tunesien, sö von Pont-du-Fahs. Antikes Nymphäum, in byzantinischer Zeit in Zitadelle umgewandelt.

Djebel Fureidis Israel. → Herodium.

Djebel Hafit Abu Dabi/Oman, im SW der Al Ain-Oasen. Siedlungsspuren 3000 vor Chr. Grabungen. Tausende von eisenzeitlichen Grabhügeln.

Djebel Hallouf Tunesien, nnö von Souk El Khemis, sw von Béja. Römische Ruinen in den Feldern.

Djebel-Höhle GUS, Turkmenistan, Ostufer Kaspisches Meer, sö von Krasnowodsk. Spätmesolithisch-frühneolithische Funde, 6. und 5. Jtsd. vor Chr.

Djebel Keroual Marokko, 19 km ö von Demnate. Prähistorische Felszeichnungen.

Djebel Mahissar Algerien, 5 km von Ain Sefra. Felsgravuren.

Djebel Seis Syrien, ö von Damaskus, 144 km nö von Suweida. Am Fuße des Vulkans Reste von Burg und Moschee aus der Omayyadenzeit. Safaitische und arabische Inschriften an der Bergspitze, 2. oder 3. Jh.

Djebel Seman Syrien. → Deir Seman. → Fafertin. → Basufan. → Bordj Heidar. → Brad.

Djebel Sidi Youssef Marokko, sö von Figuig. Höhlenmalereien.

Djebel Yagour Marokko, Berg 60 km ssö von Marrakesch. Felsreliefs an der Stelle Lalla Mina Hammou w vom Titi n'Ghellis-Paß. Felsgravurungen in der Steppe Aougdal n'Ouagouns zwischen Ourika und Zat. Felszeichnungen bei Azibs n'Iisk. Felszeichnungen am Talat n'Iisk.

Djebel Zawiye Syrien, 40 km n von Hama. Ruinen.

Djebel Zinchecra Libyen. → Germa.

Djeble Syrien. → Jable.

Djeddars Algerien, s von Tiaret. Römische Reste. Zahlreiche Berber-Tumuli.

Djedet Ägypten. → (Tell er-)Roba.

Djedong Indonesien, Java-Ost. Anlage ab 11./13. Jh.

Djehrum Iran, 172 km sö von Schiraz. Jahrom. In der Umgebung Spuren zweier alter Festungen namens Qalaeh-i Ghebri.

Djeitun GUS, Turkmenistan, 30 km nw von Aschchabad. Siedlung einräumiger Häuser aus Lehmziegeln aus dem 4. Jtsd. vor Chr. (Neolithikum) ausgegraben.

Djem, El-** Tunesien. Römisch Thysdrus. Amphitheater**, zweitgrößtes des Römischen Reiches. Kleines Theater, 1. Jh. Stelle des Zirkus. Häuser mit Mosaiken. Zisternen.

Djemajemal Iran, 10 km ssö von Bisotun, letzteres 40 km ö von Kermanschah. Ruinen des alten Sultanabad, gegründet Ende 13. Jh.

Djemarin Syrien, 3 km n von Bosra. Ruinen von Römerbrücke und römischer Villa.

Djemdet Nasr Irak, 70 km sö von Bagdad, 28 km nö von Kisch, 1 km n von → (Tell) Barghuthiat. Drei Ruinenhügel. Siedlungsreste 3100-2900 vor Chr.

Djeme Ägypten. Alter Name für Medinet Habu. → Theben.

Djemila** Algerien, w von Constantine. Antik Cuicul. Gegründet Ende 1. Jh. nach Chr., letztes schriftliche Erwähnung 553 nach Chr. Südteil mit späteren Gebäuden: Baptisterium*, Thermen, Brunnen, Neues Forum* mit Caracalla-Bogen* (→ Abb. 106), Tempel der Gens Septima*, Theaterstraße zum Theater*. Nördlicher Teil: Cardo, Tempel, Altes Forum, Kapitol, Marktplatz. Museum mit Kleinfunden und Mosaiken*.

Djendal, Qalaat Syrien, 8 km von Qatana, sw von Damaskus. Ruine eines Forts.

Djenderas Syrien, 92 km nw von Haleb, Straße nach Iskenderum. Antik Gindarus. Großer Siedlungshügel.

Djenin Israel. → Ain Gannin.

Djerablus Syrien, 118 km nö von Haleb. Baudenkmäler und Basreliefs von → Karkemisch (Türkei).

Djerade* Syrien, n von Maarat en Noman, links der Straße nach Haleb, ca. 80 km vor Haleb. Stadt 5./6. Jh. Umfassungsmauern mit Turmresten. Villen. Kirche 4. Jh. Nekropole.

Djerat Algerien. → Wadi Djerat.

Djerdjanaz Syrien, 12 km ö von Maarat en Noman, n von Hama. Gräber.

Djerreh Iran, sw von Schiraz. Ruinen. Tschehar Taq (Feuertempel).

Djerti Ägypten. → Tod.

Djerwan Irak, 10 km nw von Ain Sifri, n von Mosul. Gerwān. Reste eines Aquädukts von ca. 700 vor Chr.

Djesdjes Ägypten. → (El) Bahriya.

Djesiret Faraun Ägypten, Nordende des Golfs von Aqaba. Pharaoneninsel. Spuren ägyptischer Kultstätte. Burgruinen ca. 12. Jh.

Djeti-Asar GUS, nähe Aralsee. Siedlung bis Mitte 2. Jh. vor Chr.

Djew-Qa Ägypten. → Qau el-Qebir.

Dji, El Jordanien, 3 km w von Wadi Musa. Steinquadern. Auf dem Weg nach Petra (im Bett des Wadi) mehrere Felsgräber.

Djib, El Israel, 12 km n von Jerusalem. Al Dschib, Jib. Antik Gibeon. "Teich von Gibeon", ein 11 m tiefer Brunnenschacht von 12 m ⌀, mit

Treppe, Tunnel, Becken, von ca. 1200 vor Chr. Felshöhlungen, ev. als Weinkeller benützt. Zwei Stadtmauern, 10. und 8. Jh. vor Chr., freigelegt.

Djifna Israel. → Jifna.

Djilma Tunesien, ö von Sbeïtla. In der Nähe die antiken Ruinen von Cilma: Thermen, Häuser, Wasserleitungen, byzantinische Burg.

Djin-Djin Iran. → Fehlian.

Djin Tepe GUS, Turkmenistan. Ruinenstätte einer größeren Siedlung im Gebiet Margiane.

Djisr Ascharin Syrien, 28 km n von Masyaf, w von Hama. Römerbrücke über den Orontes.

Djisr esch Schoghur Syrien, 79 km nö von Lattakia, linkes Orontesufer. Seleukia ad Bellum. Brücke und Spuren von Römerstraße. 6 km n ehemals Kreuzfahrerburgen Schoghur-Bakas.

Djiz Iran. → Takht-i Suleiman.

Djobar Syrien, 85 km n von Hama. Tell und Turm.

Djolan-Plateau Israel/Syrien. Am Westrand und im Süden Tausende von Dolmen.

Djond-i Schahpur Iran. → Schahabad bei Dizful.

Djubb el Ali Syrien, s des Djabbul-Sees, sö von Haleb. Kirchenruine (Khirbet Djubb el Ali) in einer Ummauerung.

Djubbul Syrien, 47 km nw von Haleb, 7 km ö von Kfer Altun. Griechisch-römische Ruine.

Djudede, Tell Türkei, ca. 25 km ö von Antakya, in der Ebene Amuq. Cüydeide, Dschudede, Gudēde, Judeideh usw. Besiedelt 4500 vor bis 600 nach Chr.

Djuhaniye, Qasr Israel. → Metzad-Tamar.

Djul GUS, w von Frunse (Kirgistan). Buddhistische Ausgrabungsstätte.

Djulindi, Qalaat ye Irak, ca. 50 km nw von Suleimaniya, s von Zarzi. Reste einer Festung.

Djumalak Tepe GUS, n von → Termes (Usbekistan). Sogdische Festung ausgegraben.

Djur Iran. → Firuzabad.

Djurdjan Iran. → Gunbad-i Qabus.

Djurdjaniya GUS, Usbekistan. Arabisch; → Kunja-Urgenč.

Djusiye el Kharab Syrien, 27 km sw von Homs, nahe der Grenze an der Straße nach Baalbek. Ruinen des Klosters Deir Baantal, Turm. Djusiye el Djedid, Dorf mit unterirdischem Aquädukt.

Djuwanijeh Syrien, sw von Harim. Reste einer Basilika, 6. Jh. Grabmäler.

Dmanisi GUS, im N des Kleinen Kaukasus. Ma Ruinenstadt.

Dmeir Syrien. → Dumayr.

Dobbin Deutschland, ssö von Güstrow. Ca. 2 km sw Rest von Großsteingrab.

Dobersdorf Deutschland, ö von Kiel. N und s Reste von Großsteingräbern.

Dobl Deutschland, gegenüber von Pfaffenhofen am Inn, Gemeinde Prutting. Ehemalige neolithische (Chamer) Siedlung.

Dobrath Israel. Biblischer Ort, heute Daburiya,

am Berg → Tabor ö von Nazareth.

Dobrinj Kroatien, auf Krk. Bronze- oder eisenzeitliche Aufschüttung.

Dobropoljci Kroatien, 55 km osö von Zadar. Illyrisch-römisch Alveria. Reste zweier befestigter Siedlungen. Reste von römischen Bauten. Römische Straße. Grabhügel.

Dodda Gaddavalli Indien, Karnataka, 20 km w von Hassan. Vormals Abhinavakolhapura. Fünf Tempel ca. 12. Jh. (Hoysala-Zeit).

Doddington GB, Northumberland, 20 km s von Berwick-upon-Tweed. Bronzezeitliches Hügelfort Dod Law.

Dod Law GB. → Doddington.

Dodona Griechenland. → Dodoni.

Dodoni** Griechenland, Epirus, 23 km s von Ioannina. Alte Orakelstätte. Stadtmauerreste, Tore, Akropolis. Theater* ab 3. Jh. vor Chr., restauriert. Stufenreihen eines Stadions. Orakelheiligtum. Reste von altem und neuem Tempel. Reste christlicher Basilika 6. Jh. an der Stelle einer Kirche 5. Jh. und eines Tempels 2. Jh. vor Chr. Museum.

Döger Türkei, n von Afyon. Kybele-Heiligtum. Karawanserei.

Dölauer Heide Deutschland. → Halle/Saale.

Dölitz Polen, ö von Pyritz. 4 km nö Rest von Großsteingrab.

Dörhai Deutschland. → Winzenburg.

Dörnberg Deutschland. → Zierenberg.

Dört Kilise Türkei, n von Erzurum, ca. 25 km sw von Yusufeli. Basilika* 10. Jh.

Dörtyol Türkei, n von Iskenderum. Ev. das antike Issos (333 vor Chr.). Kinet Hüyük, auch Yeşil Hüyük.

Dogalar Türkei, sw von Nevşehir, w von → Derinkuyu. Ehemals vier Burgen oberhalb des Ortes. Zwei unterirdische Siedlungen. Verfallender seldschukischer Han. Drei Tumuli.

Dogan Iran, 213 km sö von Schiraz. Das alte Darkan oder Zarkan (im 10. Jh.).

Dogonland Mali. Zahlreiche Kult- und Begräbnishöhlen.

Doğubayazıt* Türkei, s des Ararat. 6 km ö Ruine einer seldschukischen Zitadelle, urartäische Gründung. Relief im assyrischen Stil mit vannischer Keilinschrift. Palastruine Ishak Paşa Sarayi**, 17./18. Jh.

Do Gundaban Iran, 185 km nw von Kazerun. Ö ein kleiner Tell mit den Ruinen* eines Feuertempel genannten Bauwerks.

Doi Suthep Thailand, Berg w von Chiang Mai. Wat Doi Suthep 14. Jh. Phu Ping-Palast.

Dok Israel. → Sarandarion.

Dokan Daud Iran. → Sar i Pol i Zohab.

Dokhtar-i Noshirwan Afghanistan, ca. 100 km n von Bamiyan. Malerei, 5. Jh., hephtalitisch oder sassanidisch.

Dokhtar, Qalaeh-i Iran, bei → Istehbanat, osö von

Schiraz.

Dokhtar, Qalaeh-i Iran, 30 km s von Kaschmer, w von Turbat-i Haidari, sw von Meschhed. Verfallene Assassinenburg.

Dokhtar, Qalaeh-i Iran. → Kaschu, sö von Schiraz.

Dokhtar, Qalaeh-i Iran. → Kerman.

Dokhtar, Qalaeh-i Iran, ca. 1 km w von Qum an der Straße nach Arak. Auf einem Hügelgipfel Reste von Feueraltar oder sassanidischer Festung.

Dokhtar, Qalaeh-i Iran. → Schimbar-Tal.

Dokhtar, Qalaeh-i* Iran, 105 km s von Schiraz (kurz vor Firuzabad). Burgruine, Mauern. War ev. befestigte Residenz der Sassanidenkönige. Am Südende der Schlucht Reste sassanidischer Brücke und Relief Ardeschirs. Großes Relief.

Dokhtar, Qalaeh-i Iran, 46 km nö von Teheran. Ruinen, ev. von sassanidischer Feuerkultanlage.

Dokhtar, Qasr-i Iran, ö von Darab, ca. 300 km osö von Schiraz. Zwischen Rostaq und Fourg Reste eines Feuertempels.

Dokos Griechenland, Insel bei der Insel Idra (Hydra). Ehemalige frühhelladische Siedlung.

Dolac Bosnien-Herzegowina. → Vitina.

Dolaiyeh, Khirbet ed Irak, 32 km w von Mosul. Ruinen eines arabischen Dorfes.

Dolaylı Türkei, sö von → Diğor, sö von Kars. Reste von Agrak-Kirche.

Dole Frankreich. Archäologisches Museum in der Kapelle du Collège de l'Arc.

Doliche Griechenland, 20 km n von Elassona. Dolihi. Antike Stadtmauerreste.

Doliche Türkei. → Dülük.

Doljani Montenegro. → Podgorica.

Dollberg Deutschland. → Otzenhausen.

Dolni Věstonice Tschechien, s von Brno. Unterwisternitz. Fundort ab älterer Steinzeit, 23000 vor Chr. Hüttengrundrisse. Älteste Objekte aus gebranntem Ton.

Domaine des Français Tunesien, 50 km w von Kairouan. Römische Ruinen.

Domavia Bosnien-Herzegowina. → Srebrenica.

Dombate Spanien, Galizien, nw von Santiago de Compostella, 9 km von Lage, bei Briño. Dolmen.

Domeniko Griechenland, 42 km nw von Larissa. Antik Chyretiai. Ehemalige Akropolis. Mauerreste.

Domeño Spanien, 60 km nw von Valencia. Römische Festungsreste.

Dommelsberg Deutschland, s von Koblenz. Ehemals Befestigung der älteren Hunsrück-Eifel-Kultur, 6. Jh. vor Chr..

Domodossola Italien, w des Lago Maggiore. Vorrömisch Oscela Lepontiorum. Römisch Domus Oxulae.

Domokos Griechenland, 35 km n von Lamia. Antik Thaumakoi. Ma Schloß an der Stelle der antiken Akropolis. Spuren der antiken Stadt. Reste von Bastion und Wallanlage. Rest von Gymnasion.

Domsühl Deutschland, nw von Parchim. 1 km ö-sö

Reste von Großsteingräbern.

Domu s'Orcu I-Sardinien. → Sa Domu s'Orku.

Domu s'Orcu I-Sardinien. → Sarroch.

Domu s'Orku I-Sardinien, bei Urzulei. Fundstätte.

Domusnovas I-Sardinien, ö von Iglesias. In der Höhle S. Giovanni jungsteinzeitliche Mauerreste.

Domus Oxulae Italien. → Domodossola.

Domu d'Urxia I-Sardinien. Sö von → Esterzili.

Domuztepe Türkei, 133 km nö von Adana. Hügel gegenüber von → Karatepe mit der Ruine einer Festung. Schichten 10.-8. Jh. vor Chr.

Donau-Iller-Rheinlimes Spätes 3. Jh. Donauaufwärts-Faimingen- Kempten-Bregenz-rheinabwärts.

Donaustauf Deutschland. Keltische Mauerreste in der Burg.

Dong-duong Vietnam, sö von Hué. Großes Mahayana-Kloster, 2. Hälfte 9. Jh. Cham-Kunst, Stil Dong-duong. Umfassungsmauer von 1 km Umfang. Hauptturm zwischen 18 Heiligtümern.

Dong-son Vietnam, Thanh-hoa. Bronzezeitliche Kultur, vorwiegend 5.-1. Jh. vor Chr.

Dong-thuoc Vietnam, Tongking. Höhlen; Fundstätten der → Bac-son-Kultur; bis 3000 vor Chr.

Dongye China. → Fuzhou.

Donisse Deutschland, bei Sehlen, sw von Haina, sö von Frankenberg/Eder. Besiedelt von der Mittleren Steinzeit bis ins Mittelalter. Ringwall.

Donja Dolina Bosnien-Herzegowina. → Bosanska Gradiška.

Donji Humac Kroatien. 2 km nw von → Nerežišća, Insel Brač. Römisches Mausoleum.

Donji Klakar Bosnien-Herzegowina, bei Bosanski Brod, nähe Slavonski Brod an der Save. Reste eines spätneolithischen Dorfes der Srem-Slawonischen Kultur. Mauerreste von römischer Befestigung.

Donji Milanovac Serbien, 179 km von Belgrad donauabwärts. 3 km donauabwärts Ruinen eines byzantinischen Kastells, auf einem römischen Castrum errichtet. Römisch Taliata.

Donji Petrovci Vojvodina. → Putinci.

Donji Podgradci Bosnien-Herzegowina, 16 km sw von → Bosanska Gradiška, n von Banja Luka. Grundmauern von römischen Gutshöfen.

Donji Zemunik Kroatien, 11 km ö von Zadar. Römische Reste.

Donnas Italien, ö von Aosta. Rest römischer Staße mit Felsdurchbruch.

Donnerkirchen Österreich, am Neusiedler See. "Keltenhügel", hallstattzeitliche Grabhügel.

Donnersberg* Deutschland, sw von Kirchheim-Bolanden, 25 km w von Worms, bei Dannenfels. Ausgedehnte Ringwallanlage (Wallänge ca. 8½ km Länge) eines spätlatènezeitlichen keltischen Oppidums. Besiedelt bis ca. Zeitenwende und 2./3. Jh. Innerhalb keltische Viereckschanze. Einzelne befestigte Teilgebiete waren vor Errichtung des Oppidums bereits verlassen. Keltenweg.

Donon Frankreich. → Grandfontaine.

Donoussa Griechenland, Insel ö von Naxos. Donusa. Ehemalige befestigte Siedlung der geometrischen Zeit.

Doocaher Irland. → Inishmore.

Doonmore Irland. → Doonsheane.

Doonsheane Irland, Kerry, sö von Dingle. ND221/45. Eisenzeitliche Festung "Doonmore".

Doptadsong China, Xizang (Tibet), Tsang. Vorbuddhistische Megalithe.

Dor, Tel Israel, s von Haifa. Dorn. Hügel des altes Ortes. Reste des alten Hafens. Burgreste. Reste einer byzantinischen Kirche. Stelle des ehemaligen Theaters.

Dorchester GB, Dorset. Römisch Durnovaria. Römische Villa. Römisches Amphitheater Maumbury Ring, eine ehemalige Kultstätte Ende Jungsteinzeit/Anfang Bronzezeit. Dorset County Museum. N → Cerne Abbas. S → Maiden Castle. S → Charlbury.

Dorchester GB, Oxfordshire, s von Oxford. Ehemals kleiner römischer Ort.

Dorestad Niederlande. Duurstede. Ursprünglich batavisch. Von den Friesen erobert. Befestigtes Handelszentrum ab 7. Jh.

Dorfberg Deutschland. → Kleinsorheim.

Dorgali I-Sardinien, nähe Ostküste. Megalithgräber, 3./2. Jtsd. vor Chr. Ö Nuraghendorf Arvu in Cala Gonone. Museum.

Dorginarti Sudan, sw von Wadi Halfa. Festung des Neuen Reiches.

Dorica Ancon Italien. → Ancona.

Dorion Griechenland. → Malthi.

Dorisko Griechenland, ö von Alexandrupolis. Im 2. Jh. Trajanopolis. Reste der antiken Stadt.

Dormagen Deutschland. Keltisch Dornomagnus, Durnomagus. Ehemals Stützpunkt am → Niedergermanischen Limes. Reste von römischen Ziegeleien.

Dornburg Deutschland, n von Limburg/Lahn. Sw von Wilsenroth auf der Dornburg ehemals Standort von früh- bis spätlatènezeitlicher Befestigung. Wallanlage.

Dornomagnus Deutschland. → Dormagen.

Dornstadt Deutschland, n von Oettingen. 3 km wsw keltische Viereckschanze.

Dornstadt-Tomerdingen Deutschland, n von Ulm. 3 km w keltische Viereckschanze. 3 km sw von Tomerdingen Reste von römischem Gutshof.

Doroslovo Vojvodina. Eisenzeitliche Siedlung mit Friedhof.

Dorsten-Holsterhausen Deutschland. N der Lippe ehemals Standort von römischem Lager.

Dortmund Deutschland. Museum für Kunst und Kulturgeschichte.

Dorum Deutschland, n von Bremerhaven. Ehemals Standort von vorgeschichtlicher Wurtensiedlung.

Doryläon Türkei. → Eskişehir.

Dos dell'Arca Italien. → Capo di Ponte.

Doschwan Tepe Iran, ca. 10 km nö von Teheran.

Festungsruine.

Dos Pilas Guatemala, Petén, Westufer des Petexbatún-Sees, sw von Seibal. Maya-Ruinenstätte, Ausgrabungen. Stelen.

Dotak-dsong China, Xizang (Tibet). Prähistorische Höhle.

Dotan, Tel Israel, 33 km n von Nablus. Besiedlungsspuren von der älteren Bronzezeit (ca. 3000 vor Chr.) bis zum 7. Jh. vor Chr., hellenistische bis arabische Zeit.

Dougga** Tunesien. Ursprünglich numidisch, ab 1. Jh. vor Chr. römisch, Thugga, Colonia Licinia Septimia Aurelia Alexandriana Thuggensis. Theater* mit 36 Säulenresten des Bühnenhauses. Kapitol 170 nach Chr. Forum. Thermen. Bogen des Severus Alexander 235 nach Chr. Große Zisternen. Cölestistempel 3. Jh. Bogen des Septimius Severus. Minerva-Tempel. Zirkus. Saturn-Tempel. Stadtmauer. Libysch-punisches Mausoleum 3./2. Jh. vor Chr. Aquädukt Ain Hammam-Dougga.

Douglas GB, Isle of Man. Manx Museum.

Douhet, Le Frankreich, nö von Saintes. Aquädukt, römische Ruinen.

Douirat Tunesien, w von Tataouine, s von Medenine. S und zwischen Douirat und der Nefzaoua Spuren von befestigten Anlagen des Limes tripolitanus (→ Tripolitanischer Limees). Zyklopische Mauern.

Doulopolis Gr-Kreta, nw von Paleochora (Südküste). Maniatiana.

Douris Libanon, 3 km sw von → Baalbek. Qoubbet ed Douris. Rundbau aus acht antiken Granitsäulen, von den Arabern errichtet.

Dover GB. Römisch Dubris. Im Dover Castle römische Leuchtturmreste. Das Castle auf prähistorischen Wällen erbaut. Römische Hausreste mit Malereien. Römerstraße zwischen Dover und Canterbury.

Downpatrick GB, Nordirland, Down. Keltische Wallanlage auf dem Mount of Downpatrick. → Ballynoe. → Castlewellan.

Dowris Irland, ö des Shannon. Bronzezeitliche Typesite, ca. 8.-3. Jh. vor Chr.

Dowsborough GB, Somerset, in den Quantocks. Eisenzeitliche Befestigung.

Dowth Irland, w von Drogheda. ND410. Vier bronzezeitliche Grabhügel, ein Menhir. → Brugh na Boinne.

Dra Abu'l-Nega Ägypten. → Theben.

Drachenfels Deutschland. → Bad Dürkheim.

Drachenfels Deutschland, Siebengebirge. Ehemals römischer Flußhafen am Fuße des Berges, bei Niedrigwasser erkennbar.

Drachentorhöhlen China. → Longmen.

Dracy Frankreich. → Baubigny.

Dragonia Frankreich. → Draguignan.

Draguignan Frankreich, w von Cannes. Ehemals Dragonia. Sw bei der Eremitage Saint-Herementaire Reste gallo-römischer Thermen.

Drakensberge RSA, Natal. Zahlreiche Fundstellen von Felsbildern, entstanden 1000-1910 nach Chr.

Drakonon Griechenland. → Fanarion.

Draksarama Indien, Andhra Pradesh, s von Rajahmundry. Bhimeshvara-Tempel, ca. 10./11. Jh.

Drama Griechenland, Makedonien, 159 km nö von Saloniki. Neolithische und kupfersteinzeitliche Sielungsreste. Byzantinische Stadtmauerreste.

Drana Kochta GUS. Kurgan bei Željtokamenka.

Dransfeld Deutschland, w von Göttingen. Ca. 4 km n frühma Befestigung Hünenburg am Ossenberg, 9.-12. Jh. Mauerreste.

Dras Indien, Kaschmir, Ladakh, 147 km onö von Srinagar. Ehemals Hembabs. Reliefs 9./10. Jh.

Dreifaltigkeitsberg Deutschland. → Spaichingen.

Drense Deutschland, ö von Prenzlau. Slawische Burgwälle.

Drepanon I-Sizilien. → Trapani.

Drepanum Zypern. → Pegia.

Dreros Gr-Kreta, 5 km nö von Neapolis. Driros. Ruinen einer hellenischen Siedlung. Reste von zwei Akropolen. Rest von Agora. Spuren von Tempel der geometrischen Epoche. Zisterne 3./2. Jh. Spuren des Prytanäon. Nekropolis.

Dresden Deutschland. Coschütz: besiedelt seit Anfang 2. Jtsd. vor Chr. Wälle der Bronze- und frühen Eisenzeit. Pillnitz: 1 km nö bronzezeitlich-slawische Wallreste. Antiken- und Skulpturensammlungen. Landesmuseum für Vorgeschichte.

Drevant Frankreich, s von Saint-Amand-Mont-Rond. Ruinen eines römischen Theaters.

Drew GB, Somerset. → Stanton.

Drnovo Slowenien, 35 km nw von Zagreb. Ehemals keltische Siedlung. Römisch Neviodunum. Reste von Hafen, Forum, Bad.

Drobeta Rumänien. → Turnu Severin.

Drogheda Irland, Louth, n von Dublin. Anglonormannische Wallburg mit Spuren von prähistorischen Ganggräbern. W → Brugh na Boinne. S → Naul.

Drombeg Irland, Cork, Südküste. ND381. Steinkreis, Kochstelle, Gebäudereste 2. Jh. vor Chr.

Dromont Frankreich, Berg bei Saint-Geniez, nö von Sisteron. Reste eines keltischen Oppidums und eines Heiligtums.

Drove Deutschland, s von Düren-Kreuzau. Römische unterirdische Wasserleitung nach Soller (Quelle Heiliger Pütz).

Drubeta Rumänien. → Turnu Severin.

Druid's Circle GB, Wales, w von Conwy. Steinkreis.

Druid's Circle GB, Yorkshire, n von Grassington. Eisenzeitliche Befestigung. → Grass Wood.

Drumena GB. → Castlewellan.

Dschebel → Djebel.

Dschudede, Tell Türkei. → (Tell) Djudede.

Dsweli Schuamta GUS, Georgien, nö von → Tbilisi. Alt-Schuamta. Kloster*, gegründet 6. Jh., Re-

ste von Kirchen ab 10. Jh.

Duanib Sudan. → Wadi el-Banat.

Duau Ägypten. → (Al-)Qusayr.

Duba Kroatien, Halbinsel Pelješac, westliche Nordküste. Reste römischer Bauten und Mosaike.

Dublin Irland. Besiedelt ab 2. Jtsd. vor Chr. Spuren prähistorischer Gräber im Phoenix-Park. Nationalmuseum-Altertümerabteilung. Ca. 10 km s prähistorische Grabstätten bei Kilmashogue, Kilternan, Tibradden.

Dubnitz Deutschland, Rügen, Jasmund. ½ km nö Rest von Großsteingrab.

Dubravica Serbien, ö von Smederevo. Reste einer kleinen römischen Siedlung an der Stelle Orašje. Municipium Aurelium Augustum, an der Stelle einer prähistorischen Siedlung. Bruchstücke von Mosaiken und Hypokausten.

Dubris GB. → Dover.

Duddo GB, Northumberland, in der Nähe der Till-Mündung. Steinkreis.

Duel Österreich. → Paternion.

Dülük Türkei, 10 km nw von Gaziantep. In der Nähe das antike Doliche. Tempelreste, Felskammergrab.

Dündar Tepe Türkei. → Samsun.

Dünsberg Deutschland. → Biebertal.

Dueodde Dänemark, Bornholm. N des großen Leuchtturms vorgeschichtliches Ganggrab.

Dürrenesch Schweiz, Aargau, s von Lenzburg. Burghalden: Reste von vorgeschichtlicher Wehranlage.

Dürrnberg Österreich. → Hallein.

Düsselburger Wall Deutschland, w vom Steinhuder Meer, bei Rehberg. Ehemals eisenzeitliche Siedlung. Wall und Graben frühes Mittelalter.

Düsseldorf Deutschland. Hetjens-Museum.

Düwelsteene Deutschland. Grabanlage ö von Borken, sö von → Ramsdorf.

Duffryn GB, Wales, an der Cardigan Bay. Langhügelgrab.

Dugi Otok Kroatien, Insel. Auf den Höhen Reste befestigter illyrischer Siedlungen und steinerne Grabhügel. Römische Gebäudereste. Villa Rustica auf der Landenge Mala Proversa (Sali).

Duisburg Deutschland. Niederrheinisches Museum. Kultur- und Stadthistorisches Museum.

Duki Pakistan, Loralai-Gebiet. Fünf zum Teil große Dörfer festgestellt.

Duklja Montenegro. → Podgorica.

Dulcio Montenegro. Römische Siedlung; heute Dobrota bei Kotor.

Dulcis Placida Spanien. → Plasencia.

Duldul-akhur China, Xinjiang (Sinkiang), sw von Kucha. Ehemaliges buddhistisches Heiligtum.

Dumayr Syrien, 42 km ö von Damaskus. Antik Thelsae. Römischer Tempel für Zeus Hypistos, 245 nach Chr. 3 km ö Reste von Tor und Aquädukt eines römischen Kastells.

Dumbarton Rock GB, nw von Glasgow. Hauptstadt des nachrömischen britischen Königreiches Strathclyde.

Dun Aengus Irland. → Inishmore.

Dunaszekcsö Ungarn, n von Mohács. Ehemals römisches Kastell Lugio, ab 4. Jh. Florentia. Hügel am Ufer. Am linken Ufer das ehemalige Contra Florentiam.

Dunaújváros Ungarn. Das ehemalige Dorf Dunapentele stand an der Stelle des römischen Kastells Intercisa. Ausgrabungen, Archäologischer Park, Lapidarium.

Dunbar GB, ö von Edinburgh. Ehemals keltische Festung 1. Hälfte 1. Jtsd. vor Chr.

Dun Beag Irland. Dunbeg. → Fahan.

Dun Conor Irland. → Inishmaan.

Dunhuang China, Provinz Gansu. Als Siedlung ab 111 vor Chr. bekannt. Reste der alten Stadtmauer. 25 km sö → Mogao-Grotten**.

Dunkery Beacon GB, Somerset, im Exmoor, bei Porlock. Steinkreis.

Dun Oghil Irland. → Inishmore.

Dun Onaght Irland. → Inishmore.

Dunria Indien, Orissa, Norden. Vorgeschichtliche Stätte.

Duntryleague Irland, Limerick, s von Tipperary. ND315. Rest eines megalithischen Ganggrabes, Steinkreis, mehrere Grabhügel.

Dunum Schweiz. → Thun.

Duo Pontes Spanien. Römisch; heute Pontevedra, n von Vigo.

Dura Bedjar Iran, ö von Rasht, nähe Kasp. Meer. Ausgrabungsstätte.

Dura Europos* Syrien, ca. 90 km sö von → Deir ez Zor, beim heutigen Salihiye. Dura Nicanoris. Gegründet 4. Jh. vor Chr. 2. Jh. vor Chr. bis 1. Jh. nach Chr. parthisch. Im 4. Jh. verfallen. Größere ummauerte Ruinenstätte, hauptsächlich Lehmziegelreste.
2 km vor der Stadt ehemals Triumphbogen, dann Nekropole. Stadtmauern, Reste von Türmen und Toren, hellenistisch, parthisch, palmyrisch. Palmyra-Tor*. In Eingangsnähe Kirche, Aphladtempel und Synagoge. Malereien* der Synagoge (3. Jh.) in Damaskus. Agora, Tempel der Artemis und der Atargatis. Zitadellenmauer, Palast, Bad, Prätorium, Baalstempel.

Durağan Türkei, s von Sinop. Ruine von Karawanserei 1266.

Dura Nicanoris Syrien. → Dura Europos.

Durbaniti Syrien. → (Qasr el) Benat.

Dur Kurigalzu Irak. → Aqarquf.

Durnali GUS, Turkmenistan, in der Nähe von Mary. Ehemalige Festung der Partherzeit. Mauerreste.

Durnovaria GB. → Dorchester/Dorset.

Durobrivae GB. → Castor.

Durocorturum Frankreich. → Reims.

Durostorum Bulgarien. → Silistra.

Durovernum GB. → Canterbury.

Durrës* Albanien, w von Tirana. Ursprünglich Illyrisch. Griechisch Epidamnos ab 625 vor Chr. Römisch ab 3. Jh. vor Chr., Colonia Julia Augusta Dyrrhachinorum. Stadtmauer, Theater, Basilika, Thermen mit Mosaiken, Kirchenfundamente 6. Jh. Nekropolen. Römische Erdwälle bei Petra.

Durrington Walls GB, ca. 16 km n von Salisbury. Steinkreis.

Dur Šarrukin Irak. Scharrukin. → Khorsabad.

Dur Untasch Iran. → Tschoga Zanbil.

Dusae pros Olympium Türkei. Antik; heute Düzce, 208 km ö von Üsküdar.

Dušanbe GUS, Hauptstadt von Tadschikistan. Ehemals kuschanische Siedlung, Hauptstadt von Sogdien. Bechsdad-Museum.

Dusch, Qasr Ägypten, s der Oase (el-)Charga. Antik Kysis. Tempel für Serapis und Isis aus römischer Zeit. Reste von frühchristlicher Kirche bei Schams el-Dine.

Dußlingen Deutschland, 8 km s von Tübingen. Hallstattzeitlicher Grabhügel Eichbüchel. Sö bronze- und hallstattzeitliches Grabhügelfeld von Nehren.

Dutburg Deutschland, nw von Wulften, sö von Osterode. Ma Wallanlage.

Duvanli Bulgarien, nw von Plovdiv. Thrakische Grabhügelnekropole (ca. 50 Grabhügel).

Duvensee Deutschland, w von Ratzeburg. Fundort einer steinzeitlichen Kultur des 7. Jtsds vor Chr.; "Duvenseestufe".

Duvno Bosnien-Herzegowina, onö von Split. Römisch Delminium. Reste, z.B. von Forum.

Duweir, Tell ed- Israel, sö von Qiryat Gat. Antik Lachish, Lakhish. Wohnhöhlen und Grabstätten der Kupfersteinzeit. Spur von bronzezeitlichem Tempel 15.-13. Jh. Ehemals befestigte judäische Stadt, Mauerreste. Palastreste 10. und 9. Jh. und persische Zeit.

Duzdab Iran. → Zahidan.

Dvani GUS. Skythischer Friedhof.

Dvarasamudra Indien. → Halebid.

Dvaravati Birma/Union Myanmar. → Sandoway.

Dvaravati Indonesien. → Dieng.

Dvigrad Kroatien. → Dvograd.

Dvograd Kroatien, bei Kanfanar 15 km nö von Rovinj. Dvigrad, Dva grada. Aus den zwei illyrischen Wallburgen Moncastello und Parentino entstanden. Kirchenruine.

Dwarka Indien, Gujarat, Kathiawar-NW. Dwarkanatha-Tempel, 13. Jh.

Dweira-Lines Malta. → Victoria Lines.

Dwin GUS, s von Jerevan. Ausgrabungen. Frühchristliche Kirchenruinen.

Dyme Griechenland. Heute Kato Achaia, sw von → Patras. Spuren.

Dyrrhachium Albanien. → Durrës.

Dystos Griechenland. → Distos.

Dzecilna Mexiko, Yucatán. Maya-Stätte, Puuc-Region.

Dzehkabtun Mexiko, 95 km ö von Campeche, 7 km von Hopelchén. Ausgrabungen einer Maya-Stätte, Chenes-Puuc-Region.
Dzibilchaltún Mexiko, Yucatán, ca. 23 km n von Mérida. Besiedelt seit 1500 vor Chr. Kult- und ev. Verwaltungszentrum Mitte bis Ende 1. Jtsd. nach Chr. Ehemals ausgedehntes Siedlungsgebiet. Unterirdische Seen, Dämme. Ruinenfeld: Vierecke mit Plattformen, Terrassen, Pyramiden, Tempel. Tempel der sieben Puppen restauriert. Museum mit Stelen.
Dzibilnocac Mexiko. → Iturbide.
Dzibiltun Mexiko, Campeche, s von Hopelchen. Maya-Ruinen, Chenes-Stil.
Dzongkhul Indien, Kaschmir, Zanskar, nw von Padam. Zongkhul. "Höhlenfestung", ein um Meditationshöhlen gegründetes Kloster, ab ca. 11. Jh. Kleinere Höhlen mit Malereien 17. Jh.
Dzula Mexiko, Yucatán, ca. 40 km s von Oxkutzab. Maya-Ruinenstätte, Puuc-Stil.
Eala Jordanien. → Aqaba.
Eamhain Macha GB-Nordirland. → Armagh.
Eantio Griechenland, Salamis. Eandi, auch Mulki. Reste der antiken Stadt Salamis.
East London RSA. Museum; Felsenkunst.
East Mynne GB, Somerset, bei Minehead. Eisenzeitliche Befestigung.
Ebano, El- Mexiko, 60 km w von Tampico. In der Nähe ehemaliger huaxtekischer Tempel.
Eben-Ezer Israel. → Izbet Sartah.
Eberdingen-Hochdorf Deutschland, bei Ludwigsburg. Ausgrabung eines unversehrten keltischen Fürstengrabes von ca. 550 vor Chr., anschließende Wiedererrichtung. Nahebei Ausgrabung von keltischem Gutshof. Keltenmuseum.
Ebermannstadt Deutschland. E.-Burggaillenreuth: späthallstatt-frühlatènezeitlicher Ringwall auf dem Schloßberg. Gasseldorf: n auf dem Hummerstein Wälle von frühmittelalterlicher Abschnittsbefestigung. 2 km ö am Sauanger zahlreiche Grabhügel.
Ebla Syrien. → (Tell) Mardikh.
Eboda Israel. Oboda. → Avdad.
Eboli Italien, ö von Salerno. Reste von Stadtmauer, römischem Tempel. Ausgrabungen.
Eboracum GB. → York.
Ebor Gorge GB, Somerset, in den Mendip Hills. Altsteinzeitliche Höhle.
Ebsdorfergrund Deutschland, sö von Marburg. Wittelsberg: Befestigte neolithische Siedlung von ca. 3000 vor Chr. entdeckt.
Eburacum GB. → York.
Eburobriga Portugal. Römisch; Alcobaça.
Eburodunum Schweiz, Waadt. → Yverdon-les-Bains.
Ebusus Spanien. → Ibiza.
Ebysos Spanien. → Ibiza.
Ecetra Italien. Ehemalige Stadt der Volsker. Ca. 10 km w von Frosinone vermutet.

Echazi Libanon. Heute Azziyé, 14 km sö von Sour.
Echenoz-la-Méline Frankreich, Dep. de la Haute-Saône, sw von Vesoul. Ö vorgeschichtliche Stätte "Camp de César".
Echinos Griechenland, ö von Lamia. Heute Achinas. Ehemals mit Akropolis.
Echternach Luxemburg. Ehemals römischer Burgus an der Stelle des heutigen Kirchhügels St. Peter. Römische Villa 1.-4. Jh. ausgegraben.
Echzell Deutschland, nö von Friedberg/Bad Nauheim. Ehemals Standort eines römischen Kastells. Badreste angedeutet.
Eckelskirche Deutschland. → Lahntal.
Ecluse, L' Frankreich, s von Perpignan, kurz vor dem Paß an der Grenze. Reste von römischen Befestigungen. Spuren der römischen Straße.
Ečmiadzin GUS, Armenien, ca. 30 km nw von Jerevan. Siedlungsreste Mochrablur ("Aschenhügel") der → Kura-Araxes-Kultur, hauptsächlich 3. Jtsd. vor Chr. Kainopolis. Hauptstadt Wagharschapat (Bagarschapat, Nor-Kagak) ab ca. 200 nach Chr. Ečmiadzin ab 1. Hälfte 4. Jh. Armenische Kirchen**: Kathedrale, gegründet 5. Jh., 7.-17. Jh. Gajane-Kirche, 17. Jh. erneuert. Schoghakat-Kirche, 17. Jh. Hripsime-Kirche, Krypta, gegründet 7. Jh. 2 km ö Palastkirche von Zwarthnotz. Katholikos-Palast, gegründet 7. Jh.; Ausgrabungen mit Museum.
Edde Libanon, ca. 60 km n von Beirut. → Jrapta-Schlucht.
Ed Deir Ägypten, Oase → Charga. Lehmziegelbefestigung, römische Reste.
Ed Deir Syrien. → Hosn es Soleiman.
Ed Deir Syrien, nw von Noman, s von → (El) Kfer. Verfallendes byzantinisches Kloster.
Edermünde Deutschland, s von Kassel. Besse: 2 km w auf dem Bilstein Reste von Wallanlage. Funde 3. Jtsd. vor Chr. und Spätlatènezeit.
Edessa Griechenland, Makedonien. Reste von Stadtmauern und Gebäuden 4. Jh. vor Chr. Alte Brücke.
Edessa Türkei. → Şanlıurfa.
Edeta Spanien. → Liria.
Edfu** Ägypten. Ägyptisch Djeba, Mesen. Griechisch Apollinopolis Magna. Horustempel, Ptolemäerzeit, mit Pylon und Geburtshaus, 237-57 vor Chr. Stadtanlage, alle Epochen. Fundamente eines Pylons von Ramses III. 5 km sw Nekropole Hagar Edfu, 60 Felsgräber, Mittleres und Neues Reich.
Ediger-Eller Deutschland, an der Mosel. Gegenüber von Eidger der Hochkessel (Hochkastell, w von → Nehren) mit vorgeschichtlichem Ringwall.
Edirne Türkei. Thrakisch Uskudana, antik Hadrianopolis, deutsch Adrianopel. Römische Stadtmauerreste. In einer Medrese der Beyazit-Moschee* antike Säulen. Selemiye Camii mit einigen antiken Säulen; nebenan Archäologisches und Altertümer-Museum.

Edith Shahr Pakistan, n von Las Bela, längs der Kiesbänke über dem Porali-Tal und n der Ebene von Welpat. Auf einer Strecke von 13 km Reste von Bauwerken, Pyramiden, Ziqqurats; Steinkreise, Straßen. Ära A: 2 Phasen der Kulli-Kultur; pyramidenförmige Bauwerke, Kanalisation, Sickergruben, Treppen, Terrassen, bis gegen Ende 2. Jtsd. vor Chr. Ära B: Steinkreise, rechteckige Gebäude, breite Straßen der Einwanderer aus der Gegend um Siyalk-Iran.

Edo Japan. → Tokio.

Edrei Syrien. → Deraa.

Edzná* Mexiko, 65 km osö von Campeche. Zeremonialzentrum der Maya, 200-900. Ausgrabungen. Pyramide* (Tempel der 5 Stockwerke), Ballspielplatz, Bewässerungssystem, Stelen. Reste zahlreicher Steinbauten und Hausplattformen, großenteils noch nicht ausgegraben.

Eekhöltjen Deutschland. → Flögeln.

Efes Türkei. → Ephesos.

Effigy Mounds National Monument USA, Iowa, 5 km n von Marquete am Mississippi. Frühindianische Grabhügel in Tierform.

Effingen Schweiz, Aargau, nw von Lenzburg. Bözberg: Römerstraße.

Eflatun Pınar Türkei, 20 km n von Beyşehir. Stätte mit den Resten eines Bauwerkes* aus großen Blöcken mit Reliefs; Hattier-Epoche oder späthethitisch, ca. 13. Jh. vor Chr., als Quellheiligtum oder Siegesdenkmal angesehen.

Efringen-Kirchen Deutschland, n von Basel. Am Bergrain Spuren von Befestigungsmauer und Graben, ev. 3. Jh. Isteiner Klotz: Ehemalige Höhensiedlung der späten Urnenfelderzeit.

Egabra Spanien. Antik; Cabra, 9 km nö von Lucena, Andalusien.

Egara Spanien. → Tarrasa.

Egesta I-Sizilien. → Segesta.

Egeta Serbien. Antike Siedlung an der Stelle des heutigen Brza Palanka, 293 km ö von Belgrad, rechtes Donauufer, sw von Turnu Severin.

Eggardon GB, Dorset, nw von Dorchester. Eisenzeitliche Befestigung.

Eggermühlen Deutschland, sw von Quakenbrück. N Bockraden: 1½ km n Rest von Großsteingrab.

Eghward GUS, Armenien. Kirchenruinen 5.-7. Jh.

Egida Slowenien. → Koper.

Eğil Türkei, 45 km nnw von Diyarbakır. Zitadelle ab 1. Jh. vor Chr. Assyrische Grabanlagen 1. Jh. vor Chr. Assyrisches Felsrelief.

Egitania Portugal. → Idanha-a-Velha.

Egla Syrien. → Adjeilat.

Eglisau Schweiz, Zürich. Steinwall und Graben einer frühgeschichtlichen Höhensiedlung auf dem »Schanzbuck«. Grundriß einer kleinen römischen Wehranlage.

Egloffstein-Schweinthal Deutschland, ö von Forchheim. Auf dem Heidelberg ö von S. späthallstatt-frühlatènezeitlicher Ringwall.

Eglon Israel. → (Tel) Hessi.

Egnathia Italien. → Egnazia.

Egnazia Italien, 54 km sö von Bari, am Meer. Egnathia, griechisch Gnathia. Ruinen der griechischen Stadt 5.-3. Jh., von Basilika und von megalithischen Mauern. Ehemalige Akropolis. Reste von Tempeln und Gräbern 4. Jh. vor Chr. Reste von kleinem Theater.

Egon Spanien. → Agoncillo.

Egra Saudi-Arabien. → Madain Saleh**.

Eğridir Türkei, 168 km n von Antalya. Ruine einer Seldschukenfestung. Auf den Ausläufern des Davraz Dağı die Stätte des antiken Prostanna. Akropolis mit Mauerresten und Spuren von Gebäuden. Inseln Tavşan und Niş mit Ruinen von byzantinischen Kirchen.

Eguilles Frankreich, w von Aix-en-Provence. Römische Ruinen.

Ehden Libanon, 36 km sö von Tripoli, nw von Bécharré. Kapelle Sayidet el Hosn; ältere Mauern.

Ehnasya el-Medina Ägypten, 23 km w von Beni Suef. Altägyptisch Henen-Nesut. Antik Herakleopolis Magna. Reste des Harsaphestempels bei Kom el-Dinar aus der 12. Dynastie und späterer Zeit. Tempel Ramses' II. bei Kom el-Aqarib. Mehrere Schutthügel. Gräber von der Ersten Zwischenzeit bis zur griechisch-römischen Epoche bei Gebel el-Sedment. Im S das Gebiet des ehemaligen Ortes Onayna.

Ehrang Deutschland, n von Trier. Grabkammer. Ehemals römisches Heiligtum an S Stadtrand. W auf der Hochburg späthallstattzeitlich-frühmittelalterliche Befestigung. Nw Auf Soels Abschnittswall, 1. Jh. vor Chr. Nw auf der Korpesley Wall und Graben.

Ehrenbürg Deutschland. → Wiesenthau-Schlaifhausen.

Ehrenburg Deutschland, nö von Herzhausen/Edersee. Ringwall, ev. eisenzeitlich, mit Spuren von frühmittelalterlicher Burg.

Ehrenburg Deutschland. → Geisingen.

Ehrenkirchen-Ehrenstetten Deutschland, 10 km sw von Freiburg. Wälle eines spätkeltischen Oppidums.

Eibenhardt Deutschland. → Wetter.

Eichelgarten Deutschland. → Idstein.

Eichstätt Deutschland. Ur- und frühgeschichtliches Museum.

Eiersberg Deutschland, bei Mittelstreu, sw von Mellrichstadt. Reste von spätlatènezeitlicher Wallburg.

Eighter Cua Irland. → Waterville.

Eileithyia-Grotte Gr-Kreta. → Episkopi.

Eileithyiaspolis Ägypten. → Elkab.

Ein → Ain.

Einhornhöhle Deutschland. → Scharzfeld.

Eining* Deutschland, sw von Kelheim. S des Ortes Kastell Abusina. Reste des Kastells, Mauern noch ½ bis 2 m hoch. Grundmauern des Stabsgebäudes

(Principia), Wohngebäude mit Bodenheizung. Ka-
stellbad. Reste einer kleinen spätantiken Festung in
der Südwestecke des Kastells. N des Ortes Reste
eines großen römischen Legionslagers. Auf dem
Weinberg nö des Ortes standen Wachtposten
(Mannschaftsbaracken) und ein kleiner Tempel.
Links der Donau flußaufwärts Schanze.
Eion Griechenland. Anaktaropolis, Kaisaropolis
(Caesaropolis). Der ehemalige antike Hafen von
Amfipolis. Byzantinische Festung und Wallreste.
Hellenistisches Löwendenkmal.
Eisa, Tell el- Ägypten, 125 km w von Alexandria.
Eisenach Deutschland, nw von Trier. Rest von
Viereckschanze.
Eisenberg Deutschland. → Jocketa.
Eisenberg Deutschland, 2 km w von Battenberg.
Ringwall ca. Mitte 1. Jtsd. vor Chr.
Eisenberg Deutschland, w von Korbach. Burg-
ruine, rekonstruierter ma Ringwall.
Eisenberg Deutschland, 30 km wsw von Worms.
Ehemals Standort von römischem Burgus.
Eisenköpfe Deutschland. → Dautphetal.
Eisenstadt Österreich. Burgenländisches Landes-
museum.
Eitha Irak. → Hit.
Eitha Syrien. → Hit.
Ejin Horo Qi China, Neimenggu, s von Baotou. In
der Umgebung Gedenkstätte Dschingis Khans.
Ekain Spanien, ca. 30 km wsw von Donastia-San
Sebastian. Felsmalereien.
Ekallatum Irak, sö von Mosul. Ehemalige assyri-
sche Stadt.
Ekalte Syrien. → Mumbaqat.
Ekatompedon Griechenland. Heute Konitsa,
64 km n von Ioannina. Byzantinisch Glavinitsa.
Ekbalam Mexiko, 12 km nö von Temozon, n von
Valladolid. Bedeutendes Zeremonialzentrum der
Maya.
Ekbatana Iran. → Hamadan.
Eketorp Schweden, Öland, Süden, nw von Össby.
Fluchtburg 5. Jh.
Eklingji Indien, Rajasthan, 22 km n von Udaipur.
Ekalingaji. Zahlreiche Tempel; Shiva-Tempel ab
734 nach Chr.
Ekornavallen Schweden, bei Skara. Vorgeschicht-
licher Gräberhain.
El siehe unter dem Hauptnamen!
Ela Jordanien. → Aqaba.
Eläa Türkei. Einstiger Vorhafen von Pergamon (→
Bergama), in der Nähe von Reşadiye, 79 km n von
Izmir.
Elaiussa Türkei. → Ayas.
Elana Jordanien. → Aqaba.
Elapaura Indien. → Ellora.
Elat Jordanien. → Aqaba.
Elateia Griechenland. → Elatia.
Elateia Griechenland, n von Larissa. 2 km n
Akropolismauer, ev. vom antiken Sykurio. Tem-
pelfundamente.

Elath Israel. Ehemalige nabatäische Siedlung.
Elatia Griechenland, 37 km n von Levadia. Nö das
antike Elateia, phokische Hauptstadt. Neolithische
Siedlung (ab 5500 vor Chr.) sö der Akropolis.
Spuren von Stadt und Akropolis. Kastro Lasu.
Ruinen eines dorischen Athene-Heiligtums. Römi-
sche Festungsreste.
Elatria Griechenland, Epirus. → Oropos.
Elâzığ Türkei. An der Stelle des früheren Mezere
(Mazara). Archäologisches Museum.
Elba Italien. "Grotten", römische Ruinen. Caput
Libernum, der heutige Ort Capoliveri. Ö von
Portoferràio die Reste von Volterraio.
Elbii Italien. → Viterbo.
Elbistan Türkei, 125 km w von Malatya. Ruine ei-
ner ma Burg (Kız Kalesi). 6 km nw → Karahüyük.
Elbolton Cave GB, Yorkshire, bei Thorp.
Jungsteinzeitliche Höhle.
Elche Spanien. Herna der Tartessier. Griechisch
Helice. Römisch Colonia Julia Ilici Augusta. 3 km
s Ausgrabungen* einer iberischen Siedlung in La
Alcudia; Stadtmauer- und Gebäudereste, Museum*.
Elea Gr-Kreta, 16 km sö von Iraklion. Elia. S my-
kenische Kammergräber.
Elea Italien. → Castellammare di Velia.
Eleia Gr-Kreta. → Palaiokastro.
Elephanta* Indien, bei Bombay. Hinduistische
Höhlentempel 6.-8. Jh., Skulpturenschmuck*.
Elephantine Ägypten, Nil-Insel bei → Assuan.
Stadtanlage. Spuren von Bau Tuthmosis' III. Reli-
effragmente vom Tempel des Chnum, der Satet und
der Anukis. Ptolemäische Kapelle. Nilmesser in
den Kaimauern. Widdergrabstätten. Museum.
Eleusina* Griechenland, 20 km w von Athen.
Alefsina usw. Antik Eleusis. Siedlung seit frühe-
ster Zeit und religiöses Zentrum (Eleusinische My-
sterien, hauptsächlich 7. Jh. vor Chr. bis 5. Jh.
nach Chr.).
Jeweils nur Reste bzw. Ruinen von Artemistempel,
Portiken, Triumphbögen, Bädern, Propyläen, klei-
nen Heiligtümern, Heiligtum des Pluto, Mauern
des Peisistratos und des Perikles und Rundtürme,
Demeter-Telesterion mit Resten von der minoi-
schen bis in die römische Zeit, Akropolis, Buleute-
rion, Heiliges Haus. Museum.
Eleusis Griechenland. → Eleusina.
Eleusis Griechenland, Südküste von Thira, sw von
Emborio. Ausgrabungen, Gräber.
Eleutherai Griechenland. → Elevtheres.
Eleutheres Türkei. Größter Marmarameerhafen der
Antike; heute der Fischerhafen Yenikapı in Istan-
bul.
Eleuthérna Gr-Kreta, sö von Réthymnon. Antike
Stadt ab 8. Jh. vor Chr. Reste von Akropolis und
Stadtmauer, römischen Zisternen, Brücke, byzanti-
nischem Turm.
Eleutheropolis Israel. → Bet Guvrin.
Elevtheres Griechenland, Attika, Festung 52 km
nw von Athen. Antike Burg Panakton. Mauerwall*

4. Jh. vor Chr. mit 2-stöckigen Türmen. Reste von Kasernenanlage. Fundamente von Dionysostempel. Reste von zwei Basiliken 5./6. Jh. An Berghang Lage der Siedlung Eleutherai; geringe Reste.
Elibyrge Spanien. → Granada.
Elif Türkei, n von Halfeti, nö von Gaziantep. Römisches Pfeilergrabmal*.
Eliki Griechenland, 40 km ö von Patra, sö von Ägion. Spuren des antiken Helike.
Elis Griechenland. → Ilis.
Elizavetinskaja Stanica GUS, Rußland, Don-Delta, ö des Asovschen Meeres. Skythischer Kurgan.
Elkab Ägypten, 90 km ssö von Karnak. Altägyptisch Necheb, antik Eileithyiaspolis, römisch Lucina. Stadtruine. Ummauerung. Tempel der Nechbet mit Nebenbauten aus allen Epochen. Tempel der Schesmetet, Hathor und anderer Gottheiten. Kapelle des Setau. Felsgräber, vornehmlich 18. Dynastie mit Malereien und Reliefs.
Elken-Tepe GUS, Turkmenistan, sö von Aschchabad. Ehemalige Zitadelle, 1. Drittel 1. Jtsd. vor Chr. Nordparthische Hauptstadt 1. Jh. vor Chr. Ausgrabungen.
Ellesiya Ägypten, Nubien. Felsenkapelle Tuthmosis' III; jetzt in → Turin, Museo Egizio.
Ellez Tunesien, 50 km sö von Le Kef. Megalithisches Ganggrab. Römische Spuren. Byzantinischer Burgrest. Mosaik 3. Jh.
Ellingen Deutschland, n von Weißenburg. Römisches Numeruskastell Sablonetum 1½ km ö des Ortes. Teilweise rekonstruiert. Ehemals mit Vicus.
Ellinika Gr-Kreta, n von Agios Nikolaos. Reste eines Aphrodite-Tempels, im 2. Jh. vor Chr. erneuert.
Elliniko Griechenland, auf der Insel Kimolos, nö von Milos. Die antike Stadt Kimolos. An der Bucht Limni ehemals prähistorisches Siedlungszentrum. Mauern und Gebäudereste. Nekropole.
Ellinikon Griechenland, 10 km sw von Argos. Reste der Pyramide von Kenchreai, spätes 4. Jh. vor Chr.; ehemals ein Denkmal für die Gefallenen von 669 vor Chr. Reste einer vorrömischen Festung.
Ellinokamara Griechenland, Dodekanes-Insel Kasos. Sellái. Tropfsteinhöhlen mit Resten von Kultort der Pelasger.
Ellora** Indien, Maharashtra, 30 km nw von Aurangabad. Elura. 34 Höhlentempel und -klöster in und aus 2 km langer Felswand eines Tales gehauen. Davon 12 buddhistisch (Mahayana, ab 4. Jh.), 17 hinduistisch (8.-10. Jh.), 5 Jainatempel (9.-12. Jh.).
Ellwangen Deutschland, Ostalbkreis. Pfahlheim: Reste einer keltischen Viereckschanze. N Burgstall Rinderburg.
Ellweiler Deutschland, sw von Idar-Oberstein. S Wallanlage Elsenfels.
Eloro I-Sizilien. → Noto Marina.
Eloron I-Sizilien. → Noto Marina.

Elorrio Spanien, sö von Bilbao. Nekropole.
Elot Jordanien. → Aqaba.
Elqosh Israel. → Alkosh.
Elsachstadt Deutschland. → Heidengraben.
Elsenfels Deutschland. → Ellweiler.
Elst Niederlande, n von Nijmegen. Römische Tempelreste unter der Kirche.
Elten Deutschland, nw von Emmerich. Hochelten: Auf dem Eltenberg Wall von ehemaliger Fluchtburg.
Elthegen GUS. Nekropole, Kurgane.
Elunta Gr-Kreta. → Olonta.
Elura Indien. → Ellora.
Elusa Israel. → Haluza.
Elva Plain GB, Cumberland, bei Bassenthwaite, nw von Keswick. Steinkreis.
Elvas Portugal, in der Nähe der spanischen Grenze gegenüber von Badajoz. Kastell auf römischen Fundamenten. Aquädukt auf römischen Fundamenten.
Elvillar Spanien, 12 km nw von Logroño. Dolmen.
Elviña Spanien, Galizien, 4 km von La Coruña. Vorgeschichtliche Ruinen.
Elvira Spanien, 12 km nw von Granada. Römische Ruinen einer Akropolis, ev. vom antiken Iliberis. Unterirdische Wasserleitung.
Elworthy Barrows GB, Somerset, in den Brendon Hills. Eisenzeitliche Befestigung.
Elymnion Griechenland. → Limni.
Elyros Gr-Kreta, sw von Chania, bei Rodovani. Antike Stadt. Reste von Mauern, Theater und Aquädukt. Der zugehörige Hafen Syia heute → Sougia.
Elzerath Deutschland, s von Bernkastel. N Römerstraße, römische Siedlungsspuren "Am Heidenpütz". Ausgrabungen. Steinsetzung Judenkirchhof.
Emania GB-Nordirland. → Armagh.
Emar Syrien. → Meskene.
Emaret-i Khosrow Iran, bei → (Qasr i) Schirin, 180 km w von Kermanschah. N der Straße Palastruine 590-628.
Embekke Sri Lanka, w von Kandy. Tempel 14. Jh.
Emborio Griechenland, Dodekanes-Insel Kalymnos. Ausgrabungen von mykenischer und antiker Siedlung. Mykenisches Gräberfeld; Kuppelgrab.
Emburodunium Frankreich. Römisch; Embrun, ö von Gap.
Emden Deutschland. Ostfriesisches Landesmuseum.
Emerald Mound USA, 19 km von Natchez, 300 km von New Orleans. Indianischer Hügel.
Emerita Augusta Spanien. → Mérida.
Emesa Syrien. → Homs.
Eminas Syrien. → Tarmanazi.
Emma Türkei. → Yenişehir ö von Antakya.
Emmaus Israel. → Qubeibe.
Emmen Niederlande. Nw bis Groningen Hünen-

gräber; auch auf der Höhenkette De Hondsrug (Museum). Museum in Assen.

Emon Slowenien. → Ljubljana.

Emona Slowenien. → Ljubljana.

Emona Kroatien. Aemonia, Neapolis. Römisch; Novigrad, Istrien, Westküste.

Empolas Griechenland, Dodekanes-Insel Kalymnos. Mauer aus hellenistischer Zeit.

Emporiae Spanien. → Ampurias.

Emporio Griechenland, Südzipfel von Chios. Mauern von Akropolis mit byzantinischer Festung. Spuren von Siedlungen der mittleren und späteren Bronzezeit. Spuren von Athena-Tempel 6. Jh. vor Chr. Basilikareste 6. Jh. N Hügel Prophitis Ilias mit ehemaliger Befestigung und Spuren von Athenatempel 6. Jh. vor Chr. und Ruinen eines Megaron. Siedlungsreste 5./4. Jh. vor Chr. an der Stelle Pindakas.

Emporio Griechenland, Insel Thira. Kirche Agios Nikolaos, kleiner ehemaliger dorischer Tempel 3. Jh. vor Chr.

Emporion Spanien. → Ampurias.

Empúries Spanien. → Ampurias.

Emschi-Tepe Afghanistan, Norden, ½ km n von Tillja-Tepe. Ausgrabungen eines Palastes; Reste. Grabstätten im → Tillja-Tepe angelegt.

En siehe auch → Ain.

Encanto, El Guatemala. → Tikál.

Enchay Indien, Sikkim, 5 km von Gangtok. Kloster.

Endidae I-Südtirol. Römische Straßenstation; auf dem Hügel von Castelfeder (→ Montan) bei Auer/Ora vermutet.

Endlhausen Deutschland, 20 km s von München. 1 km s keltische Viereckschanze. 3 km ö keltische Viereckschanze.

Enfé Libanon, 15 km s von Tripoli am Meer. Nephin der Kreuzfahrer. Felsgräber und alte Kirchen.

Enfidaville Tunesien. In der Kirche Mosaike von frühchristlichen Basiliken. 11 km ssw mehrere Dolmen.

En Gedi Israel, am Westufer des Toten Meeres. Reste eines Tempels aus der Kupfersteinzeit. Reste von Synagoge 5./6. Jh. mit Mosaiken und römischem Bad. Tel Goren (Tell el Jurn): Reste aus israelitischer und persischer Zeit (ca. 5. Jh. vor Chr.). Höhlen im Chever-Tal.

Engelhartszell-Oberanna Österreich. Mauerreste von spätrömischem Kleinkastell Stanaco.

Enghion I-Sizilien. → Troina.

Engüriye Türkei. → Ankara.

Enhalon Makedonien. Griechisch; heute Struga am Ohrid-See.

Enhydra Syrien, 57 km n von Tripoli. Die phönizische Stätte wird beim → (Tell) Ghamka vermutet.

Enisala Rumänien, 42 km von Tulcea. Ruinen der Festung Heraclea (645-650).

En Karem Israel, ca. 4 km w von Jerusalem. Unter der Johanneskirche des 17. Jh. Mosaike von

zwei Kapellen 5.-6. Jh.

Enkomi Zypern, bei Salamis, nw von Famagusta. Alasia, Asy, Asi, Isi, Aloshiya. Bronzezeitliche Siedlung, Mitte 11. Jh. vor Chr. verlassen. Ausgrabungen; Reste der Stadtmauer. Grabfunde.

Enna I-Sizilien. Antik Henna. Reste von Cerestempel. Nekropolen von Valle Coniglio und Realmese n von Calascibetta.

Enneri-Blaka-Tal Niger, trockenes Wadi im Djado-Plateau, n von Séguédine. Zahlreiche Felsbilder, hauptsächlich jungsteinzeitlich.

Enns Österreich, sö von Linz. Römisches Legionslager und Zivilstadt Lauriacum in Lorch bei Enns (Nachfolge von → Albing). Municipium Aurelium Antonianum Lauriacum. Umrise des Lagers. St. Laurentiuskirche auf ehemaligen Gebäuden: 1) Bauwerk, um 200 zerstört. 2) Römischer Umgangstempel, Anfang 3. Jh. bis Mitte 4. Jh. 3) Frühchristliche Basilika 2. Hälfte 4. Jh. bis Mitte 5. Jh. 4) Karolingische Kirche. Ausgrabungen* im Chor. Mannschaftsräume und Kommandantenwohnung festgestellt. Kanalsystem. Katakomben. Museum Lauriacum.

Enoshima Japan, Honshu, Insel sw von Tokio. E.-Schrein, 12. Jh.

Ensérune* Frankreich, w von Béziers. Ursprünglich iberische Siedlung. Keltisches Oppidum. Ma Andesuna. Iberische Nekropole, Ausgrabungen, Gebäudereste, Zisternen, Museum.

Entrains-sur-Nohain Frankreich, 50 km sw von Auxerre. Die gallo-römische Stadt Intaranum. Theater festgestellt. Ausstellung.

Entrement Frankreich. → Aix-en-Provence.

Epazoyucan Mexiko, 20 km sö von Pachuca. Tempelmauerreste.

Epetium Kroatien. Griechische Kolonie Epetion. Römische Siedlung; heute Stobreč, 8 km ö von Split.

Epfach Deutschland, am Lech, Gemeinde Denklingen. Abodiacum. 1) Militärstation auf dem Lorenzberg. 2) Straßenstation, heutiger Ort Epfach, zerstört, wiederaufgebaut. 3) Gegen 300 Wiederverlegung auf den Lorenzberg. Grundmauern und Gräber festgestellt.

Ephesos** Türkei, bei und um Selçuk, 74 km s von Izmir. Lateinisch Ephesus; türkisch Efes. Nach dem 6. Jh. Hagios Theologos. 1914 Selçuk, Anfang der 20-er Jahre Akincılar. Erste Besiedlung auf dem Zitadellenhügel. Ab Anfang des 1. Jtsds vor Chr. Entwicklung im Gebiet um den Pion-Berg und den Hafen (heutiges Haupt-Ruinengebiet). Ab 6. Jh. Wiederbelebung des Zitadellenhügels. Museum. Stelle des Artemis-Tempels. Erste Anlage 7. Jh. vor Chr. Lediglich der Altar wurde entdeckt. Säule aus nichtzusammengehörigen Trommeln. Isa Bey-Moschee mit 4 antiken Säulen und Kapitellen.

Burgberg: Toranlage*. Ruine der Johannes-Basi-

lika**, 6. Jh. Kernwerk der Zitadelle, byzantinisch, an der Stelle der Akropolis des 11. Jh. vor Chr.
Ruine des Vedius-Gymnasiums mit Thermen 2. Jh. nach Chr. Koressos-Tor. Ruine des Stadions 1. Jh., darunter Spuren eines Stadions ca. 300 vor Chr. Ruinen von Doppelkirche, teilweise zur Marienkirche gehörend; Stätte des Konzils von 431. Bad. Marmorstraße. Hafenstraße*, mit römischer Agora, Hafengymnasium, Unterer Agora. Theater*. Marmorstraße mit römischen und christlichen Darstellungen. Fassade von Celsusbibliothek* und Mazäus-Mithridates-Tor* wiedererrichtet. Serapistempel. Latrinen und Freudenhaus. Wohnhäuser (neuere Ausgrabungen), Nymphäen, Tempel, Torbögen, Domitiantempel, Odeon, Ostgymnasium. Siebenschläferhöhle (byzantinische Nekropole). Stadtmauer des Lysimachos.
5 km s Aquädukt. 8 km s Panaya Kapula, "Haus der Maria", spätestens ab 6. Jh.
Ephrem Israel. → Taiyiba.
Ephyros von Thesprotios Griechenland. → Mesopotamon.
Epidamnos Albanien. → Durrës.
Epidauros** Griechenland, 30 km ö von Nauplia. Asklepiosheiligtum ab 6. Jh. vor Chr. Museum. Theater**, Errichtung ab 3. Jh. vor Chr. (→ Abb. 81). Jeweils nur Reste bzw. Ruinen oder Grundmauern: Herberge (Katagogion). Griechisches Bad. Gymnasion mit römischem Odeon. Stadion. Palästra. Tholos und Asklepios-Tempel, 4. Jh. vor Chr. Römisches Bad. Tempel-Plattform. Römische Thermen. Apollon- und Asklepiostempel. Römisches Haus. Oberhalb des Theaters Reste von Apollon-Maleates-Tempel, 4. Jh. vor Chr.
Epidauros Limera Griechenland, 100 km sö von Sparta, n von Monemvasia. Mykenische Stadt des 13. Jh. vor Chr. Reste von Tempelanlagen und Mauern. Ehemals mit Akropolis.
Epidaurum Kroatien. → Cavtat.
Epiphania Syrien. → Hama.
Epiphania Türkei. → Antakya.
Epiphania Türkei. → Yeşilkent.
Epipolai I-Sizilien. → Syrakus.
Episkopi Gr-Kreta, 20 km sö von Iraklion. Eileithya-Grotte, Kultstätte in minoischer Zeit. Spuren von jungsteinzeitlicher Anlage.
Episkopi Gr-Kreta, 3 km s von Spilia, w von Chania. In der Kirche Michail Archangelos Rest von frühchristlichem Mosaik.
Episkopi Zypern, w von Limassol. Museum.
Epitalion Griechenland, Elis, Peloponnes, 7 km sö von Pyrgos. Reste von griechischen und römischen Bauten. Reste der mykenischen Stadt Thryoessa.
Epomanduodurum Frankreich. → Mandeure.
Epomanduorum Frankreich. → Mandeure.
Eporedia Italien. → Ivrea.
Eppan I-Südtirol. 1) Sw von St. Michael-Pigeno Wallburg Lambrecht. 2) Sö vom Schreckbichl

(Wilder-Mann-Bühel): Reste von Wallanlagen, jüngere Eisenzeit. 3) S vom Montiggl: Mauerreste von Wallburg Jobenbühel. 4) S Hohenbühl (→ Pfatten).
Eppenberg-Wöschnau Schweiz, Solothurn, sw von Aarau. Prähistorische Wehranlage.
Eptapylos Griechenland. → Thiva, Böotien.
Eraclea Italien. → Policoro.
Eraclea Minoa I-Sizilien, 38 km w von Agrigent, an der Küste. Antike Siedlung (griechische Hafenkolonie) Herakleia Minoa. Ursprünglich Minoa. Stadtmauerreste 4. Jh. vor Chr., Tore und Türme. Reste römischer Häuser. Theater* 3. Jh. vor Chr. Tempelreste. Nekropole. Antiquarium.
Erana Griechenland, Peloponnes. Der antike Ort ev. bei Marathopolis, w von Gargaliani. Häuserfundamente. Nekropole.
Eratini Griechenland, sw von Itea. Reste* der antiken Festung Tolophon an der Marmara genannten Stelle. Das Kastro an der Stelle der Zitadelle der antiken Stadt.
Eratyra Griechenland, Makedonien, w von Kozani. Reste einer prähistorischen Akropolis.
Eraviscorum Ungarn. → Budapest.
Erbach Deutschland, sw von Ulm. 2 km nw keltische Viereckschanze.
Erberich Deutschland. → Odenthal.
Erbil Irak, 90 km ö von Mosul. Assyrisch Arba Ilu. Sumerisch Urbillum. Griechisch Arbela. Arbil. Tell mit Mauerwall. Assyrische Spuren.
Erciş Türkei, nö des Van-Sees. Urartäisch Arzaskani, bis 857 vor Chr. Danach Argischti. Arabisch Ardjesch oder Arjesch. S am See die Ruinen der alten Siedlung.
Ercolano Italien. → Resina.
Ercsi Ungarn, Komitat Fejér, 30 km sw von Budapest. Reste von römischen Befestigungswällen.
Erdek Türkei, auf der Halbinsel Kapıdağ im Marmarameer. Die milesische Kolonie Artake. Kleines Freilichtmuseum mit Altertümern. In der Umgebung die Ruinen von → Kyzikos.
Erden Deutschland, n von Bernkastel. N der Mosel Wallanlage "Burgring" auf dem Burgberg, ca. 2. Jh. vor Chr.
Erdeven Frankreich. Die wichtigsten Megalithe sind unter → Carnac aufgeführt.
Erdut Kroatien, ö von Osijek, nö von Dalj. Römische Reste.
Erdwälle der Großen Tiefebene ca. von Budapest ö bis zur Theiss (Tisza), von da s bis zur Donau s von Vršac; sich in Abschnitten - teils zu mehreren parallel - hinziehende Erdwälle, Anfang 4. Jh. → Debrecen.
Erebuni GUS, Armenien. → Jerevan.
Erech Irak. → Warka.
Ereğli Türkei, ö von Konya. Antik Kybistra, später Herkleia von Kappadokien. Museum. Ca. 15 km nö zwei Tumuli.
Ereğli Türkei, Schwarzmeerküste, n von Bolu.

Antik Herakleia Pontike. Ruine von byzantinischer Zitadelle mit antiken Bruchstücken. Höhlen des Herakles. Mosaike.

Erek Türkei. Armenisch; heute Erzincan.

Ereruk GUS, Armenien, ö von Ani. Frühchristliche Kirchenreste, ca. 4./5. Jh. Seitenfassade*.

Eres-Kala GUS, Usbekistan, rechtsufriges Choresmien. Reste.

Ereso Spanien. → Ibiza.

Eresos Griechenland. → Skala Eresu.

Eretria Griechenland, Euböa, ca. 30 km ö von Chalkis, nö des heutigen Eretria. Antiker Ort. Ausgrabungen. Museum. Stadtmauerreste*. Theater 4. Jh. vor Chr. Reste von Dionysos-Tempel. Reste von Apollon-Tempel, Ende 6. Jh. vor Chr. Akropolishügel. Spuren von Bad. Wohngebäude, Mosaike. Nekropole. 1 km w Grabhügel. Molenreste.

Eretria Griechenland, ca. 30 km nw von Almiros in den Bergen, w von Volos. Akropolis. Stadtmauern, Spur von Heiligtum. Nekropole.

Eretum Italien, 5 km ö von Monterotond, n von Rom.

Erfoud Marokko. Vorgeschichtliche Reste.

Ergani Türkei, 68 km nw von Diyarbakır. Hilar-Höhlen mit Reliefs. Ausgegrabene Dorfruinen. Angebl. Grab des Propheten Zülküf.

Erhab Syrien, bei Turmanin, w von Haleb. Ruinen.

Erica Türkei, ca. 60 km sö von Denizli.

Erice I-Sizilien, bei Trapani. Antik Eryx. Teile der punischen Mauer aus dem 5. Jh. vor Chr. Ruine des Tempels der Venus Erycina. Ehemalige Akropolis. Stadtmuseum.

Ericium Syrien, ca. 50 km s von Lattakia. Ruinen von kleiner Kreuzfahrerburg am Meer.

Eridu Irak. → (Tell) Abu Schahrein.

Erimi Zypern, ca. 12 km w von Limassol. Spuren von jungsteinzeitlicher oder kupferzeitlicher Siedlung.

Erine Türkei, 63 km s von Muğla. Antike Stätte, heute Hisarönü.

Eringaburg Deutschland, s von Alfeld, s von Hildesheim. Frühmittelalterliche Wallburg Hünenburg.

Eriwan GUS, Armenien. → Jerevan.

Erk-Kala GUS, Turkmenistan. Zitadelle von Gjaur-Kala. → Merw.

Erkurgan GUS, Usbekistan, nw von → Termes, nähe Karschi. Siedlung ab 9. Jh. vor Chr. und Stadt (Metropole) in Sogdien. Umfassungsmauern 6. Jh. vor Chr. Erweiterung 3./4. Jh. nach Chr. Ausgrabungen auf der Zitadelle.

Er Lannic Frankreich, Insel im Golf von Morbihan, sw von Vannes. Zwei Steinkreise, teils im Meer.

Erlensee Deutschland, nö von Hanau. Rückingen: ehemals Standort eines römischen Kohortenkastells. Reste von Kastellbad.

Erlitou China, Henan, nähe Luoyang. Palastreste von ca. 1600 vor Chr. entdeckt. Kultur 19.-16. Jh. vor Chr.

Erment Ägypten. → Armant.

Ermes Libanon. → (Tell) Irmid.

Ermioni Griechenland, Argolis. Antik Hermione. Reste von Thermen, Theater, Wasserleitung. Spuren von dreischiffiger Basilika und Bauten aus frühchristlicher Zeit, 6. Jh. Mosaik.

Ernica Serbien/Kosovo, ca. 25 km LL ö von Priština. Ausgrabung einer illyrischen Siedlung.

Ernstbrunn Österreich, ca. 40 km n von Wien. Auf dem Oberleiserberg ehemalige Höhensiedlung, besiedelt vor der Jungsteinzeit bis in die spätrömische Zeit. Wall, Mauerreste.

Ernzen Deutschland, n von Echternach, nw von Trier. Keltische Kultstätte, rekonstruiert.

Er Reyy Iran. → Rey.

Er Riha Israel. → Jericho.

Er Rorba Marokko. Hügel 7 km s von Tanger. Reste eines römischen Forts entdeckt.

Ertebølle Dänemark, an der Ostküste des Limfjords. Spätmesolithische Type-Site.

Ertheneburg Deutschland, 5 km w von Lauenburg. Wall der frühgeschichtlichen Befestigung.

Ertingen Deutschland, s von Riedlingen. 1 km n der Kirche Grabhügel Rauher Lehen. → Herbertingen.

Erucium I-Sardinien. → Perfugas.

Erythrä Türkei. Die Ruinen dieser im 11. Jh. vor Chr. gegründeten Stadt auf der Halbinsel Karaburun, w von Izmir, an der Bucht von Lytri (Ildir), nö von Çeşme.

Erythrai Griechenland, Attika, onö des heutigen Erithres. Geringe Spuren des antiken Ortes E. 2 km ö das antike Hysiai; Ruinen von Heiligtum. 5 km ö Katsula; antike und ma Reste.

Eryx I-Sizilien. → Erice.

Erzin Türkei. → Yeşilkent.

Erzurum Türkei. Ev. Kale Arche. Byzantinisch Theodosiopolis und Anastasiapolis. Arabisch Qaligala. Bagratidisch (ca. 8. Jh.) Karin. Ev. Arzen des 11. Jhs. Türkisch Erzerum. Einige Mauerstücke der Zitadelle. Seldschukische Bauten*.

Esbet Baschendi Ägypten, Oase → Dachle. Römerzeitliche Grabbauten.

Esbet Beni Salame Ägypten, im → Wadi Natrun. Ausgrabungen des Mittleren Reiches.

Esbet Ruschif el-Saghira Ägypten, Delta, bei → Qantir. Stadt und Tempel, Mittleres Reich.

Esbiye Türkei, 110 km w von Trabzon. 2 km w Burgruine.

Esbus Jordanien. → Hisban.

Escala, La Spanien. → Ampurias.

Escalaplano I-Sardinien, 48 km LL nnö von Cagliari. Um das Dorf Domus de Janas. 8 km s nuraghischer Brunnen Funtana Coberta.

Eschata GUS. → Chudzand.

Eschen Liechtenstein. Lutzengüetle-Kopf: Ur- und

frühgeschichtlicher Siedlungsplatz seit ca. 2000 vor Chr. Befestigte Höhensiedlung. Römische Bebauung im 3. und 4. Jh. Nendeln: Reste von römischem Gutshof.

Eschenbach Schweiz, St. Gallen, n des Ostendes des Züricher-Obersees. Chastel bei Bürg-Neuhaus war römisches Kastell und ma Burg.

Eschenberg Deutschland. → Bremke.

Eschnunna Irak. → (Tell) Asmer.

Esch Schebbak Syrien, bei Mischrife, 20 km nö von Homs. Ruinen.

Esch Schiradjan Iran. → Saidabad.

Escobanal, El Spanien, Teneriffa, s von Güimar. Oberhalb die Cueva del Barranco del Herque. Mumienfunde der Guanchen.

Escode-Höhle Spanien. → Tivissa.

Escolives-Sainte-Camille Frankreich, 10 km s von Auxerre. Reste von Thermen. Lapidarium.

Eshab-i Kehf Türkei, 14 km nw von Tarsus. Felskammer "Siebenschläferhöhle".

Eshtemoa Israel, 18 km s von Hebron, s von Yatta. Es Sama, Sammu. Synagogenrest, 5.-6. Jh. Ausgrabungen.

Eski Ahlat Türkei. → Ahlat.

Eskialikel Türkei, 170 km sw von Ankara. Mit der Stelle des antiken Orcistus. Baubruchstücke.

Eskiçine Türkei, 49 km s von Aydın. Stätte des alten Hydissos. Reste aus byzantinischer Zeit.

Eski Gümüş Türkei, 8 km nö von Niğde. Unterirdische Klöster 8.-11. Jh. Felsenkirche mit Fresken, 11. Jh.

Eskihisar Türkei. → Bolu.

Eskihisar Türkei, 233 km s von Izmir, ö von Milâs. Ruinen des antiken Stratonikeia: Reste von Stadtmauer und Monumentaltor. Akropolishügel. Reste eines Theaters aus der Römerzeit. Kleine Tempelruine. Ruine von Serapis-Tempel. Weitere Baureste. In der Nähe die Ruinen von Koraze (→ Kurbetköy) und → Lagina.

Eski Hisar Türkei. → Gebze.

Eski Hisar Türkei. → Laodikeia.

Eski Hisar Türkei, am Orientlimes, ö von Halfeti (Rumkale)/Euphrat. Ehemals Kastell, 197 nach Chr. → Hisar.

Eski Kâhta* Türkei, 35 km nö von Kâhta. Das antike Arsameia am Nymphaios. S die Stätte Eski Kale, Reste des von Antiochos I. errichteten Grabdenkmals. Terrasse mit Stützmauer. Sockelanlagen, Tunnel. Zisterne, griechische Inschrift, Reliefs*, Mosaike. Auf dem Gipfelplateau standen mehrere Bauwerke. S römische Brücke über den Cendere Suyu (Chabinas), um 200 nach Chr., mit drei von ehemals vier Säulen. Ausgangspunkt für die Besichtigung des → Nemrut Dağı.

Eski Kale Türkei. → Eski Kâhta.

Eski Malatya Türkei, 12 km n von Malatya. Griechisch-römisch Melitene, Nachfolgerin nördlich des hethitischen Milidia oder Milid, des heutigen → Arslantepe. Reste von ma Stadtmauer. Karawanse-

reiruine 17. Jh.

Eski Mosul Irak, ca. 40 km LL nw von Mosul. Das alte Beled. In der Umgebung Tell, Karawanserei. Spuren aus El Obeid- und sumerischer Zeit. Ev. die Stelle der Persersiedlung Schahrabad.

Eski Palu Türkei. → Palu.

Eskipazar Türkei, 5 km s von Ordu. Ehemals Bayramli. Ruinen von Moschee und zwei Bädern.

Eskişehir Türkei, 230 km w von Ankara. In der Nähe die antike Stätte Doryläon (Doryleum), heute Sarhüyük.

Eski Sumatar Türkei, 60 km sö von Şanlıurfa. Heiligtum der Sabier, 2. Jh. Hauptkultstätte 2. Hälfte 2. Jh. geweiht. Reste von sieben den Planetengottheiten geweihten Bauwerken, teils mit Krypten. Höhle; Reliefs und Inschriften. Grabbau.

Eskiyapar Türkei, 6 km w von → Alaca Hüyük. Siedlung der Kupfersteinzeit, 4. Jtsd. vor Chr.

Eskoriatza Spanien, nö von Vitoria (Gasteiz). Museum.

Esmeraldas Ecuador, ca. 200 km n von Gayaquil. Altperuanische Kultstätte oder Siedlung.

Esna* Ägypten. Ägyptisch Iunit, Tesnet, Tar Senet. Antik Latopolis. Koptisch Sne. Vorhalle** von griechisch-römischem Tempel des Chnum (→ Abb. 64), 1. Jh. Friedhöfe des Mittleren Reiches und späterer Epochen. 5 km s Reste von Manaos- und Sanutios-Kloster. 9 km n Reste eines Matthäus-Klosters.

Espiritu Pampa Peru. → Vilcabamba.

Espolla Spanien, n von Figueras. Mehrere Dolmen. In der weiteren Umgebung zahlreiche Dolmen, so in → Campany, → Colera, → Darnius, → Fonteta, → Llanca, → Palafrugell, → Palau, → Pau, → Rabos, → Sabardera.

Esra-Grab Irak, ca. 100 km n von Basra. Das angebliche Grab des auch in Babylon tätig gewesenen Propheten Esra (Zeit der Rückkehr aus der babylonischen Gefangenschaft).

Esriye Syrien, 115 km sö von Haleb. Antik Seriane. Auf Anhöhe römischer Tempel 3. Jh. nach Chr. und begrabene Bauwerke einer alten Stadt.

Essen Deutschland. Ruhrland- und Heimatmuseum. Folkwang-Museum. Werden: S Ringwall Alteburg, ab ca. 8. Jh. S Ringwall Pastoratsberg, ab 9. Jh.

Essing Deutschland, w von Kelheim. 1) Obernederhöhle. 2) Großes Schulerloch, Altsteinzeit bis Jungsteinzeit. 3) Kleines Schulerloch, Felsritzung (→ Abb. 3). 4) Klausenhöhlen, Altsteinzeit. 5) Kastlhänghöhle, späte Altsteinzeit.

Esslingen Deutschland. 3 km nö von Oberesslingen keltische Viereckschanze. Stadtmuseum.

Este Italien, sw von Padua. Antik Ateste. Eisenzeitliche Siedlung, 8.-4. Jh. (Hallstattzeit); römische Stadt. Römisches Mosaik in der Capella della Vergine. National-Museum.

Estepa Spanien, Andalusien, 100 km ö von Sevilla. Iberisch Astaba oder Astapa. Römische Mauerreste.

Estepona Spanien, 26 km w von Marbella. Ruinen des Aquädukts von Salduba.

Estero Rabon Mexiko, Veracruz, sw von Minatitlán. Verfallende Stätte der → (La-)Venta-Kultur.

Esterzili I-Sardinien, n von Nurri. Sö nuraghischer Tempel Domu d'Urxia (de Orgia, Urgia) bei der Örtlichkeit Cuccureddi, 2. Hälfte 2. Jtsd. vor Chr. W (s des Bahnhofs) Nuraghe Accodulasso.

Estoi Portugal, Südküste, 10 km n von Faro. Römische Mosaike. Ruinen von Milreu, römisch Ossonoba: Thermen, Häuser, Tempelmauern, Mosaike.

Eston Nab GB, Yorkshire, wenige km ö von Middlesbrough. Befestigungsanlage.

Estwedia Türkei. → Aspendos.

Esztergom Ungarn. Das römische Kastell Solva. Ma Strigonium. Römischer Wachtturm im Búbánat-Tal. Spätrömische Festung am Hideglelöskereszt. Balassa-Museum.

Etam Israel, ca. 22 km s von Jerusalem. Jüdisch; Khirbet el Khokh. W → Salomos Teiche.

Etaules Frankreich, 12 km nw von Dijon. Befestigungsanlage seit der Jungsteinzeit. Ausstellung.

Eteia Gr-Kreta. → Sitia.

Ethze, Khirbet el Israel, 3 km sö von Jericho. Reste einer byzantinischen Kirche, 4.-11. Jh.; ev. Stelle des antiken Gilgal, auch Galgala.

Eton, Tel Israel, w von Hebron.

Etonea Türkei, zwischen Çorum und Amasya. Antike Stätte nahe Mecitözü.

Etowah-Mounds USA, N-Georgia, s von Carterville. Ehemalige befestigte Ansiedlung, Wallfahrtsort und Zeremonialzentrum. Sieben Erdpyramiden und zwei Plätze, Anfang bis Mitte 2. Jtsd. nach Chr., Mississippi-Kultur. Museum.

Etschmiadsin GUS, Armenien. → Ečmiadzin.

Et Tayibe Israel. → Taiyiba.

Et Tekkiye Syrien, 40 km nw von Damaskus. Spuren von Römerstraße. Aquäduktreste. Grabkammern.

Et-Tell Israel. → (Khirbet et) Tell.

Etteln Deutschland, s von Paderborn. 1 km wnw Rest von Steinkistengrab auf dem Lechtenberg.

Ettumanur Indien, Kerala, 80 km sö von Cochin. Shiva-Tempel, Malereien, Schnitzereien.

Etueffont-Haut Frankreich, nö von Belfort. Nw auf dem Bergkamm Fayet prähistorische Befestigung.

Etzatlán Mexiko, Jalisco, 90 km w von Guadalajara. Zahlreiche Schachtkammergräber.

Etzná Mexiko. → Edzná.

Eubenhardt Deutschland. → Wetter.

Euboia I-Sizilien. → Licodia Eubea.

Euchaita Türkei. → Çorum.

Eugubium Italien. → Gubbio.

Euhemeria Ägypten. → (Qasr el-)Banat/Fayum.

Euhesperides Libyen. → Benghazi.

Eulbach Deutschland, zu Michelstadt. Teile von Limeskastellen zusammengetragen und im Eulba-cher Park* wiederaufgebaut: Obelisk, Grabsteine, Vier-Götterstein, Limestor aus Eulbach, Limestor aus → Würzberg, Limeswachtturm 10/22.

Eumeneia Türkei. → Işıklı.

Eumolpias Bulgarien. → Plovdiv.

Eupalion Griechenland, ö von Neupaktos. Evpali. Zwischendurch Sules. 1 km vom Ort Reste einer antiken Festung.

Eupatoria Magnopolis Türkei, 73 km ö von Amasya. Reste einer Römerbrücke.

Euphratlimes Türkei. 1. Ausbaustufe unter Vespasian zur Sicherung der Grenze gegen die Parther. 2. Ausbau unter Septimius Severus zur Vorbereitung der Partherkriege.

Euroea Griechenland. → Passaron.

Euromos* Türkei, 12 km nw von Milás, ca. 190 km sö von Izmir. Stadtmauer. Reste** von Zeus-Tempel, 2. Jh. nach Chr. Agora, Theater, Gräber.

Europos Türkei. → Karkemisch.

Euryelos I-Sizilien. → Castello Eurialo.

Eurymenai Griechenland. → Kastritsa.

Eusebeia Türkei. → Kayseri.

Eutin Deutschland. 6 km nnö am SO-Ufer des Sees der Ukleiwall, mittelslawisch (800-1000).

Eutresis Griechenland, ca. 90 km nw von Athen, 3 km ö von Leuktra. Siedlung während Jungsteinzeit und Bronzezeit. Häuserreste der ersten helladischen Epoche. Reste von Mauerwall der antiken Siedlung.

Eutropos Türkei, s von Üsküdar. Antiker Hafen; heute Kalamıs.

Everdes Schweiz, Gemeinde Echarlens, am Lac de la Gruyère. Ehemalige Befestigung der Eisenzeit. Burgreste.

Everek Türkei. → Develi.

Everstorf Deutschland, onö von Grevesmühlen. Nw von Barendorf Reste von Großsteingräbern. N von Naschendorf Reste von Großsteingräbern.

Evidrion Griechenland, nw von Farsala. Festungsmauern aus mykenischer und archaischer Zeit. W bronzezeitliche Siedlung auf der Magula Kturi.

Evora* Portugal. Römisch Liberalitas Julia. Stadtmauern und Turmreste. "Diana-Tempel"*, 2. oder 3. Jh. nach Chr. Aquädukt 16. Jh. mit römischen Resten.

Evräokastro Griechenland. → Kythnos.

Evreux Frankreich, s von Rouen. Archäologisches Museum im ehemaligen bischöflichen Palais.

Exeter GB, Devon. Römisch Isca, Isca Dumnoniorum. Britisch Caerwisc. Römische Mosaike.

Exoburgo Griechenland, auf der Kykladeninsel Tinos. Stadtmauerreste 8. Jh. vor Chr. des antiken Tenos. Ausgrabungen. Trümmer eines öffentlichen Gebäudes. Spur eines Heiligtums 8. Jh. vor Chr. Ruinen der venezianischen Stadt mit Zitadelle (Exoburgo).

Eyendorf Deutschland, wsw von Lüneburg. S Rest

von Großsteingrab.

Eyford GB, Gloucestershire. Langhügelgrab.

Eynan Israel, am Hile-See, Galiläa. Ain Mallahah. Spuren von Hütten des Natoufien (→ Wadi en-Natuf). Rundgrab.

Eynesil Türkei, ca. 70 km w von Trabzon. Geringe Reste einer Küstenfestung.

Eyzies de Tayac, Les* Frankreich, sö von → Périgueux. Die Umgebung reich an vorgeschichtlichen Höhlen, teils mit Malereien: Höhle → Cro Magnon. Grotte de la Mouthe, vorgeschichtliche Malereien. Grotte Font-de-Gaume, vorgeschichtliche Malereien. Grotte des Combarelles, Tierzeichnungen. Abri Pataud, späte Altsteinzeit. Roc de Tayac. Gisement de → Laugerie-Basse. Gisement de → Laugerie-Hausse. Prähistorisches Museum im Schloß.

Ezbet Ruschdi es-Saghira Ägypten, Delta, bei → Qantir. Reste von Tempel Amenemhets' I.

Ezinepazarı Türkei, 48 km osö von Amasya. Ruine einer Karawanserei, 1238-1246.

Ezinge Niederlande, nw von Groningen. Ausgrabung eines Terp.

Ezion-Geber Ägypten, zwischen Eilath und → Aqaba. → Djesiret Faraun.

Ezraa Syrien, 92 km s von Damaskus. Das alte Zorava. St. Elias-Kirche von 542. St. Georgskirche, 410 an der Stelle eines Tempels errichtet. Ruinen einer Moschee.

Fabara Spanien, sw von Lérida. Römisches Grabmal.

Fabrateria Nova Italien. Antike Siedlung bei Ceccano, s von Frosinone.

Fabrateria Vetus Italien. Volskisch-römische Siedlung; heute Ceccano, 8 km s von Frosinone.

Fachén Peru, Chicama-Tal, n von Trujillo. Pyramide; Cella aus Lehmziegeln mit Resten von Bemalung.

Fadghani, Tell Syrien. 110 km nö von → Deir ez Zor.

Faesulae Italien. → Fiesole.

Fafertin Syrien, nw von Haleb. Rest von christlicher Basilika mit Inschrift von 372.

Faflagos Gr-Kreta, Schlucht von Kalami, sö von Pefkos, Südende. Mittel- bis spätminoische Siedlungen auf den Hügeln Trapeza und Psari Forada.

Fafos Serbien, s von Kruševac. Tell der alten Siedlung.

Fahan Irland, Kerry, Halbinsel Dingle. Eisenzeitliches Fort von Dun Beag. Bienenkorbhütten.

Fahl Jordanien. → Tabaqat Fahl.

Failaka Kuweit, Insel. Heute Faylakah. Griechisch Ikaros. Siedlungsspuren der Bahrein-Kultur (→ Bahrein-Staat). ca. 2000 vor Chr. Saad na-Saaid: westlicher Tell mit Siedlungsspuren 2000 vor Chr. Östlicher Tell mit Spuren griechischer Siedlung bis 140 vor Chr. mit Tempelrest. Ruinen von Kurainija mit Fort.

Faimingen Deutschland, Kreis Dillingen, Gemeinde Lauingen. Römisches Kastell Pionione auf

dem Gelände einer ehemaligen Keltenschanze. Großer Apollo-Granus-Tempel erkannt. Freilichtmuseum.

Fairmile Down GB, Hampshire. Langhügelgrab.

Fairy's Toot GB, Somerset, bei Nempnett Thrubwell, sw von Bristol. Langhügelgrab.

Fajas Tepe GUS. → Termes.

Fakhariya, Tell Syrien. → Ras el Ain.

Fakrikeh Iran, nö von Mehabad. Felsengrab, ca. 3. Jh. vor Chr.

Falana Griechenland, 12 km n von Larissa. Früher Tatar. 1½ km w Magula Tatar, besiedelt seit dem Neolithikum, in mykenischer Zeit und später.

Falera Schweiz, Graubünden, ca. 30 km w von Chur. Muota: bronzezeitliche Höhensiedlung, Mauerfundamente.

Falerii Novi Italien. → Santa Maria di Faleri.

Falerii Veteres Italien. → Cívita Castellana.

Falerone Italien, 56 km n von Ascoli Piceno. Antik Fallerium, Faleria. Reste von Theater*, Amphitheater, Zisterne.

Falkenstein Österreich, Niederösterreich, n von Poysdorf, Flur Buchbrünn, s von F. Wallburg "Schanzboden" der mittleren Jungsteinzeit mit älteren Spuren (ab 4. Jtsd. vor Chr.).

Fallerium Italien. → Falerone.

Fallward Deutschland, n von Bremerhaven, 5 km w von → Sievern. Hügel von vorgeschichtlicher Wurtensiedlung.

Faluh, Khirbet Israel, 3 km sö von Bethlehem. Besiedelt seit der Eisenzeit, 1. Jtsd. vor Chr. Zisternen und christliche Gräber.

Famagusta Zypern. Ptolemäisch Arsinoe, byzantinisch Ammochostos, türkisch Magosa.

Famars Frankreich, s von Valenciennes. Römische Ruinen.

Famya Syrien. → (Qalaat al) Mudiq.

Fanari Griechenlad, Thessalien, nw von Karditsa. Reste der antiken Stadt Ithome. Hellenistische Mauern. Reste von byzantinischer Festung.

Fanarion Griechenland, Sporaden-Insel Ikaria. Antik Drakonon. Hellenistischer Turm 3. Jh. vor Chr.

Fano Italien, nw von Ancona. Römisch Fanum Fortunae. Zahlreiche römische Reste; römische Mauer, Augustusbogen, Basilica Vitruviana.

Fan esch Schemali Syrien, 20 km w von Suran. Spuren von byzantinischem Turm.

Fanum Carissi I-Sardinien, Ostküste. → Orosei.

Fanum Fortunae Italien. → Fano.

Faqra, Qalaat Libanon, 49 km nö von Beirut. Römische und arabische Ruinen. Rest eines römischen Tempels in einem Felslabyrinth. S davon geringe Spuren eines syrischen Tempels. Grabkammern in den Felsen der Umgebung.

Faqus, Tell Syrien, 15 km s von Meskene am Stausee. Reste des hethitischen Aschtata.

Fara, Tell el- Irak, 60 km LL nö von Samawa. Das alte Schurrupak, sumerische Stadt 3. Jtsd. vor

Chr. Ausgrabungen.

Fara, Tel Israel, s von Gaza. Tell el-Faria. Das alte Sheruhen, ehemalige Grenzfestung; mittlere Bronzezeit bis Eisenzeit, römische Zeit. Ausgrabungen: Mauern, Tor, Grundmauern von Palast.

Farafra Ägypten, Oase w von Assiut. Felsgräber. Spuren römischer Bauten und Gräber bei Ain Bisai.

Farah Afghanistan, Westen, am Farah Rud. In der Ebene von Farah Hügel früherer Siedlungsstätten.

Farah, Tell el- Israel, 12 km nö von Nablus (Shechem). Das biblische (eisenzeitliche) Tirza (Thirza), kanaanäische Stadt und später Hauptstadt der Israeliten. 722 zerstört. Neolithische, kupfersteinzeitliche, bronzezeitliche (Stadtmauerreste Anf. 3. Jtsd. vor Chr.) und eisenzeitliche Ausgrabungen.

Faraklos Griechenland, Rhodos, zwischen Malona und Archangelos. Burg Faraklos.

Farama, Tell el- Ägypten. → Pelusium.

Faran Ägypten. → Wadi Feiran.

Faras Sudan, sw von Abu Simbel. Antik Pochares. Ehemals Hauptstadt des nubischen Königreiches der ersten Jahrhunderte nach Chr.; des christlichen Reiches von Nobatia. Meroïtische und christlich-nubische Stätte. Fresken in Khartum und Warschau. Die Reste im Stausee versunken: zerstörter Tempel aus der Zeit des Tutenchamun. Felskapelle der Hathor, 18./19. Dynastie. Nische des Setau, 19. Dynastie. Meroïtisches Gebäude aus Blöcken eines Tempels der 18./19. Dynastie, ev. aus Buhen.

Faraschbend Iran, sw von Schiraz. Sassanidischer Tschehar Taq.

Faraun, Tell el- Ägypten, Delta. Altägyptische Orte: Pe, Dep, Per Wadjit. Antik Buto. Drei Ruinenhügel (Siedlungsspuren ab 4./3. Jtsd. vor Chr.); Stadtreste, Tempelbezirk.

Faria, Tell el- Israel. → (Tel) Fara.

Farisoa Portugal, bei Reguengos. Ganggräber in Hügeln.

Faro Portugal, Südküste. Ehemals römische Stadt. Archäologisches Museum.

Fårö Schweden, Gotland, Insel n der Hauptinsel. Altburg Vardabjerget. Ringburg.

Farrandau Irland, Cork, sö von Skibbereen. ND284. Großer steinerner Ringwall "Knoedrum Fort".

Farrukhabad Tepe Iran, 12 km s von Deh Luran, w von Dizful. Besiedelt ab 5000 vor Chr. Gebäudereste 2. Hälfte 4. Jtsd. vor Chr.

Farsala Griechenland, Thessalien. Antik Pharsalos, Nachfolgerin von Palaio Pharsala. Ev. das homerische Phthia. Stadt ab 6. Jh. vor Chr. Reste von Akropolis und Agora. Spätarchaisches Kuppelgrab 8./7. Jh. über mykenischem Grabbau. Nekropolen im O und NW.

Farun, Tell Ägypten. Bei → (Tell) Nabasha.

Farus, Tell Syrien, 2 km n von Lattakia. Ev.

Stätte des ehemaligen Klosters Deir el Farus.

Far View House USA, Colorado. Indianische Puebloruinen im → Mesa Verde National Park, Teil Chapin Mesa.

Fasaelid Israel. Antike Siedlung, 23 km n von Jericho; heute Khirbet Fasail, Khirbet el Fasayil.

Fasıllar Türkei, n von Beyşehir. An der Stelle einer nicht identifizierten Römersiedlung. Stadion mit Statue. Felsgrab.

Fassouq Syrien, im Djebel Wastani. Stadt 4./5. Jh. Reste von zwei Kirchen. Hypogäum.

Fatehpur Sikri** Indien, Uttar Pradesh, 37 km w von Agra. Erbaut von den Moguln 1569-1574, verlassen 1590. Palastbezirk, Karawanserei und Hiran Minar. Große Moschee.

Fatjanowo GUS, Rußland, bei Jaroslaw. Kupferstein- und bronzezeitliches Gräberfeld.

Fatmali Kalecik Türkei, Keban Stausee. Kupfersteinzeitliche Siedlungsschichten. Grabungen.

Faulenrost Deutschland, s von Malchin. 1½ km nw Rest von Großsteingrab.

Faunkill Irland. → Ardgroom.

Fau Qibli Ägypten, 20 km onö von Nag Hammadi. Kloster, 4./5. Jh.

Favara I-Sizilien, ö von Agrigent. Vorgeschichtliche Gräber.

Faventia Italien. Römisch; Faenza, sw von Ravenna.

Faventia Julia Augusta Paterna Barcino Spanien. → Barcelona.

Favianis Österreich. → Mautern.

Favignana I-Sizilien, Insel w von Sizilien. Prähistorische Grotten.

Fayum Ägypten, 50-100 km sw von Kairo. Durch Nilwasser fruchtbar gehaltene Senke in der Wüste. Tempel und Siedlungen meist aus griechisch-römischer Zeit. Funde von ägyptischen und griechischen Papyri. Die nachfolgend aufgeführten Orte sind selbständige Stichwörter bzw. Artikel in diesem Buch:

→ Abgig.
Arsinoe → Medinet el Fayum.
Bacchias → Kom al-Atl.
→ (Qasr el-)Banat.
→ Batn Ihrit.
→ Biahmu.
Deir Abu Lifa → (Qasr es-)Sagha.
→ Deir Hammam.
→ Dime.
Dionysias → (Qasr) Qarun.
Euhemeria → (Qasr el-)Banat.
→ Gerzeh.
Gurob → Kom Medinet Gurob.
→ Hawara.
→ Illahun.
Kahun → Illahun.
Karanis → Kom Auschim.
→ Kerkeosiris (heute Gharak el-Sultani).
→ Kerkethoeris (heute Gharak el-Sultani).

→ Kom el-Atl.
→ Kom Auschim.
→ Kom Chilwa.
→ Kom el-Hammam.
→ Kom Medinet Gurob.
→ Kom Ruqqaia.
→ Kom Talit.
Krokodilopolis → Medinet el Fayum.
Kursit el-Faraun → Biahmu.
(Tell el-)Lahun → Illahun.
→ Magdola (heute Medinet Nahas).
Marmuthis → Medinet Mahdi.
(el) Medina → Medinet el-Fayum.
→ Medinet el-Fayum.
→ Medinet Mahdi.
→ Medinet Qutah.
Narmuthis → Medinet Mahdi.
Philadelphia → Kom el-Hammam.
Philadelphos → Kom el-Hammam.
→ Philoteras (heute Medinet Watfa).
Ptolemais Hormos → Illahun.
→ (Qasr) Qarun.
→ (Tell el-)Rusas.
→ (Qasr es-)Sagha.
→ Seila.
→ Shidmuh.
Soknopaiou Nesos → Dime.
Tebtynis → (Tell) Umm el-Brigat.
Theadelphia → Batn Ihrit.
→ (Tell) Umm el-Brigat.
Umm el-Atl → Kom el-Katl.
Fažana Kroatien, w von Pula. Kirche 6. Jh. auf spätantiken Grundmauern. 2 km s in der Bucht Ribnjak Reste einer römischen Villa 1. Jh.
Fdein, Tell el Syrien, ca. 155 km ö von Haleb.
Feddersen-Wierde Deutschland, n von Bremerhaven, ö von Wremen. Reste einer germanischen Wurtensiedlung 1.-4. Jh. ausgegraben.
Fedelşeni Rumänien. Ausgrabungen.
Federsee Deutschland.   → Aichbühl.   → Bad Buchau.
Fedj Geddour Tunesien, 13 km w von Beja. Reste eines römischen Monumentalaltares.
Fehlian Iran, 82 km nw von Kazerun. Tepe 5 km nw bei den Weilern Djin-Djin. Achämenidische Ruinen, darunter die eines kleinen Königspalastes.
Feistritz Österreich.   → Paternion.
Fekjo Norwegen, Süden. 17 Grabhügel.
Felanitx Spanien, Mallorca. Navetas: Closos de San Gaya, Can Roig Nou. Poblado Es Rossels.
Feldberg Deutschland, w von Bad Homburg. Mauern von Römerkastell, bis 2 m hoch. Limesreste. ½ km sw Rest von Limeswachtturm 3/45alt. N und nö des Großen Feldbergs Reste der Wachttürme 3/49, 49alt, 50, 51, 52, 55, 57 (= Kleinkastell Heidenstock) und Kleinkastell Altes Jagdhaus.
Feldberg Deutschland, 30 km ö von Neustrehlitz. 2½ km nö auf dem Schloßberg slawische Ringwallanlage 7.-9. Jh.

Feldkirchen-Gönnersdorf Deutschland, nw von Neuwied. Durch Vulkanausbruch konservierte Fundstätte des Magdalénien (2. Hälfte 11. Jtsd. vor Chr.). Jägerlager; Gravierungen.
Felicitas Julia Portugal.   → Lissabon.
Felis, Qalaat el Libanon. Ma Felicium. Geringe Reste der Kreuzfahrerburg.
Fell's Cave Chile, nw von Feuerland. Siedlungsstätte ca. 9. Jtsd. vor Chr.   → Palli Aike.
Felsberg Deutschland. Rhünda: 1 km ö auf dem Rhünder Berg Reste von Wallanlage, mindestens seit 1. Jtsd. vor Chr.   Wolfershausen: 1 km n Menhir »Riesenstein«.
Felsina Italien.   → Bologna.
Felton GB, Somerset, sw von Bristol. Langhügelgrab.
Feltre Italien, 80 km ö von Trient. Baptisterium mit antiken Resten.
Fenekpuszta Ungarn, 7 km s von Keszthely. Die Reste des Castrum Valcum. Ausgrabung von frühchristlicher Kirche.
Feneos Griechenland, ca. 100 km w von Korinth. An der Pyrgos genannten Stelle die Ruinen der antiken Siedlung Pheneos oder Phenea. Reste von Akropolismauer und Asklepieion. Dammreste. Ehemals mit Stadion.
Feng China, Shaanxi, bei → Xian. Ehemals Hauptstadt ab 11. Jh. vor Chr.
Fentbach Deutschland, Gemeinde Weyarn, ö von Holzkirchen. Oberhalb des Mangfalltales Wälle von spätlatènezeitlichem Oppidum (Fentbachschanze).
Ferentino Italien, 74 km ö von Rom. Ferentinum der Herniker. Zyklopische Mauer, 6.-2. Jh., mit Porta Sanguinaria und Porta Casamari. Ruine eines römischen Theaters. Stelle der Akropolis an der Piazza del Duomo. Dom mit antiken Säulen.
Ferentinum Italien.   → Ferentino.
Ferentium Italien.   → Ferento.
Férento Italien, 8 km n von Viterbo. Römisch Ferentium. Zyklopische Stadtmauerreste 4. Jh. vor Chr., Stadttore. Akropolis mit Heiligem Bezirk und Tempel. Etruskische, römische und mittelalterliche Reste. Römisches Theater 1. Jh.   Aquädukt. Rennbahn. Thermen mit Mosaiken. Etruskische und römische Grabanlagen 4.-2. Jh. vor Chr. 2 km s → Acquarossa.
Fère-en-Tardenois Frankreich, ca. 40 km w von Reims. Mesolithische Siedlung, ca. 4000 vor Chr. »Tardenoisien« ab 6. Jtsd. vor Chr.
Fergana GUS, Usbekistan. Nowy-Margilan bis 1907. Skobelew 1907-1924.
Fergitz Deutschland, s von Prenzlau. Sö slawischer Burgwall.
Feriana Tunesien. N → Thelepte. 36 km sö Mausoleum der Rogatus. 46 km sö zweistöckiges Mausoleum der Urbanilla.
Ferleta Italien, 14 km nnö von → Tarquinia. Reste antiker Siedlungen. Nekropolen.

Fermo Italien, s von Ancona. Antik Firmum Picenum. Stadtmauerreste; ehemalige Akropolis. Römisches Wasserbecken Piscina epuatoria, 1. Jh. nach Chr. Römisches Mosaik und Ausgrabungen im Dom. Reste von römischem Theater. Stadtmuseum.

Fermoy Irland, 30 km n von Cork. ND318. Frühbronzezeitliches Galeriegrab von Labbacallee (ab 1800 vor Chr.). Weitere prähistorische Grabreste.

Fernworthy GB, Devon, Dartmoor. Steinkreis.

Ferrara Italien, sw des Po-Delta. Museo Nazionale Archeologico, auch Museo Spina.

Ferreries Spanien, Menorca. S Naueta. Nw römische Brücke. Sw Ruinen.

Ferrière, La Haiti, bei Cap-Haitien. Große Festung* in 1000 m Höhe; 1813 vollendet.

Ferriere, Le Italien, nö von Anzio-Nettuno. Antik Satricum. Spuren der archaischen Stadt und von eisenzeitlichem Hüttendorf. Fundamente von großem Mater-Matuta-Tempel. Ausgrabungen auf der Akropolis. Nekropole 9.-6. Jh. vor Chr.

Ferrières Frankreich, Languedoc, n von Montpellier. Megalithgrab, eigener Keramikstil; jungsteinkupferzeitlich. S mehrere Dolmen.

Ferrocarril Peru. Bezeichnung für eine in Reihe angelegte Anzahl von Silos der Yaro, am Plateau von Celmin, nähe Tantamayo.

Ferronia I-Sardinien, bei Posada, Ostküste. Reste der römischen Siedlung. S Nuraghe Gorropis.

Ferschweiler Deutschland, n von Echternach. Urnenfelderzeitliche Randbefestigung des F.-Plateaus (8x5 km); einschließlich hallstattzeitlicher Wikingerburg und Niederburg 1. Jh. bei → Bollendorf. 3 km nw ehemaliger Menhir Frabillenkreuz. Archäologischer Wanderweg. 3 km s Artio-Inschrift. 3 km sw Rest von Diana-Denkmal. 3 km ssö → Ernzen (römischer Altar). 3 km n römische Aschenkisten von Holsthum, 2. Jh. nach Chr. 1½ km sw "Kiesgräber". Rest von Schmittenkreuz n der alten Schmiede n von Bollendorf, einem ehemaligen Grabdenkmal.

Ferslev Dänemark, Sjælland, NO. Rekonstruiertes Kulthaus von ca. 2500 vor Chr. (Neolithikum).

Fesa Iran, 167 km sö von Schiraz. Sassanidische Gründung. Vorislamisch Sassan. 4 km s bei Kheirabad der Tell-i Zohak mit achämenidischen, hellenistischen und parthischen Spuren.

Fescherija, Tell Syrien. → Ras el Ain.

Fethiye Türkei, Südküste. Antik Telmessos. Byzantinisch Anastasiopolis. Ehemals mit zwei Theatern. Akropolishügel mit Burgruine, byzantinisch und 15. Jh. Felsnekropole*. Lykische Gräber; Grabdenkmäler, darunter "Grab des Amyntas", ca. 4. Jh. vor Chr. Aus dem Fels geschlagene lykische Sarkophage, hauptsächlich 5. Jh. vor Chr. Auf den Inseln Häuserruinen und Zisternen. Museum.

Fetoka Türkei, ca. 70 km sö von Trabzon, s von Köprübaşı. Klosterruine.

Fetzgesburg Deutschland, s von Haina. Wälle.

Feuerthalen Schweiz, Zürich, Schaffhausen. Lindenbuck: ehemals Standort einer Römerwarte.

Feyla Schweiz. → Oberried.

Ffridd Faldwyn GB, bei Montgomery. Eisenzeitliche Befestigung.

Fiavè Italien, ca. 30 km w von Trient. An ausgetrocknetem See Spuren von Pfahlbaudorf 2200-1200 vor Chr., mittlere Bronzezeit.

Fidenae Italien, unmittelbar n von Rom.

Fidentia Julia Italien. Antik; heute Fidenza, 23 km wnw von Parma.

Fidionas Griechenland, Sifnos. → Platis Gialos.

Fidreh Syrien, nw von Haleb, w von Deir Seman. Reste von byzantinischen Häusern. Rest von Kirche 5. Jh.

Fier Albanien. Archäologisches Museum.

Fiesole Italien, nö von Florenz. Römisch Faesulae. Reste von Stadtmauer ab 3. Jh. vor Chr. Reste von römischem Theater*, Thermen, Tempel. Grabungsmuseum. Nekropole.

Figalia Griechenland, Peloponnes, s von Andritsa. Antik Phigaleia, Phiala. Mauerring. Akropolis mit römischen und ma Resten. Ruinen von Kapellen und Tempeln. Agora. Stadion. Heiligtum der Eurynome.

Figsbury Rings GB, Wiltshire, ca. 7 km nö von Salisbury. Eisenzeitliche Befestigung.

Fikya Äthiopien, Gebiet Eritrea, n von Adigrat. Mauerreste aus voraksumitischer Zeit.

Filakopi Griechenland, Insel Melos. Phylakopi. Bewohnt ab ca. 3500 vor Chr. bis ca. 1100 vor Chr. Spuren und Reste mehrerer Siedlungen. Palastruinen 2. Hälfte 2. Jtsd. vor Chr.

Filey GB, Yorkshire. Spuren von römischer Straßenstation.

Fili Griechenland, 20 km n von Athen. Ruinen eines Aquädukts. Ruinen der Festung* Phyle (heute Kastro), 4. Jh. vor Chr., an der Stelle einer älteren Burg. Reste von Stützmauern und Häusern. Nö Stelle der alten Siedlung.

Filiano Italien, ca. 36 km nnw von Potenza. Tuppo dei Sassi: mesolithische Felsmalerei.

Filicudi Italien, Liparische (äolische) Insel. Bronzezeitliche Höhlen am Capo Graziano; Siedlungsreste.

Filigosa I-Sardinien. → Macomér.

Filitosa* F-Korsika, n von Propriano. Zerstörtes prähistorisches Zentralheiligtum der Ureinwohner. Größte Ansammlung von Dolmen und Menhiren Korsikas; Jungsteinzeit bis zur korsischen Megalithkultur, um 1400 vor Chr. Um diese Zeit Zuzug der Torreaner. Menhire (→ Abb. 6). Zyklopische Umfassungsmauer. Ostmonument, Zentralmonument (Kultbau, → Abb. 45), Westmonument, Hüttenfundamente; überwiegend torreanisch. Hier und in der Umgebung aufgefundene Menhirstatuen wurden am Zentralmonument und n drüberhalb des Barcajoloflusses aufgestellt.

Filoti Griechenland, auf der Kykladeninsel Naxos.

Kultische Zeus-Grotte. Hellenischer Komaro-Turm.

Filyos Türkei, 370 km n von Ankara, n von Çaycuma. Im Altertum Tion. Akropolis; Festung. Theater abgetragen.

Filzbach Schweiz, Glarus, Walensee-Westende. Rest von römischem Wachtturm "Voremwald".

Finale Marina Italien, w von Finale Ligure, italienische Riviera. Reste einer christlichen Basilika 6. Jh.

Fındık Türkei, 40 km nö von Kütahya, sw von Eskişehir, 2 km ö von Sabuncu. Phrygischer Burgberg mit Fundamenten, 8.-6. Jh. vor Chr. Felsgräber, Felsnischen.

Finike Türkei, sw von Antalya. Antik Phoenicus. Sw auf dem Kök Burnu Reste eines byzantinischen Klosters. 6 km n Stelle des antiken → Limyra.

Finikia Griechenland, Insel Thira, nw von Thira. Phoinikia. In F. und beim Kap Kolumbus Gräber und Reste von antiken Siedlungen.

Finiq Albanien, bei Delvina nähe Südspitze. Die ehemalige griechische Kolonie Phoinike.

Finix Gr-Kreta, Südküste. Heute Loutro, w von Chora Sfakion. Burgreste.

Finkenstein-Kanzianiberg Österreich, s von Villach. 1 km sö neolithische bis spätantike Höhensiedlung. N und ö der Kirche ausgedehnte, ev. spätantike Wallanlagen mit römischen Siedlungsresten.

Finsterlohr Deutschland. → Creglingen-Finsterlohr.

Fıraktın Türkei, 113 km s von Kayseri. Fraktın. Antik Dastarkon. Hethitisches Basrelief, 13. Jh.

Firgui Senegal. → Nioro-du-Rip.

Firka Sudan, nähe 3. Katarakt. Gräber.

Firle Beacon GB, Sussex. Hügelgräber.

Firmum Picenum Italien. → Fermo.

Firuzabad Iran, ca. 110 km w von Turbat-i Haidari, sw von Meschhed. Menar Tappeh. Tepe mit den Resten der alten Stadt.

Firuzabad Iran, 116 km s von Schiraz. Parthische Stadtgründung. Ardashir Khurra, Gur. Die alte Stadtgründung liegt ca. 3 km nw des heutigen Firuzabad (kreisförmig angelegte Metropole). Böschung an der Stelle des einstigen Lehmziegelwalles. Ruinen Minar und Takht-i Neschin. W der Schlucht ein ehemaliger Sassanidenpalast*. Über der Schlucht Teng-i Ab zwei Basreliefs (Reiterkampfrelief Schahpurs' I., 1. Hälfte 3. Jh.; Investiturrelief). In der Umgebung mehrere riesige sandbedeckte Städte.

Firuzgerd Iran. → Ardebil.

Firuzkoh Afghanistan, w von Kabul. Ehemalige gorische Hauptstadt, 1222 zerstört.

Fisan, El Syrien, sö von Haleb, n von Khanazir. Unterbau einer Kirche.

Fischbach Deutschland, nö von Idar-Oberstein. Nw auf dem Burgberg Wallanlage "Ringmauer", ab Mitte 1. Jtsd. vor Chr.

Fischbachtal Deutschland, Odenwald. Lichtenberg: 2 km sw der Ortsmitte keltischer Ringwall Heuneburg.

Fishbourne GB, 2 km w von Chichester. Gründlich erforschte römische Villa mit Mosaiken*, 75-80 nach Chr., auf alten Resten, 296-300 zerstört. Ev. für keltischen Stammesfürsten errichtet.

Fiskardo Griechenland, Insel Kefallinia. Phiskardon. Reste von Basilika, gegründet 11. Jh.

Fitero Spanien, Navarra. Reste von römischem Bad.

Fityan, Khirbet el- Jordanien, nö von Kerak. Römische Kastellreste.

Five Kings GB, Northumberland, bei Harehaugh. Menhire.

Five Knoll's GB, Bedfordshire, bei Dunstable. Hügelgräber.

Five Lord's Burgh GB, Sussex. Hügelgräber.

Five Wells GB. → Taddington.

Fkea Syrien, 68 km s von Damaskus. Römisches Gebäude.

Fladungen Deutschland, ö von Fulda. Rhönmuseum.

Fläsch Schweiz, Graubünden, s von Liechtenstein. Bronze- und eisenzeitliche Höhensiedlung auf dem Matluschkopf. Mauerreste.

Flanona Kroatien, Ostküste Istrien. Illyrisch-römisch; heute Plomin. Ma und frühneuzeitliche Befestigungsreste.

Flassans-sur-Isole Frankreich, sw von Le Luc, w von Fréjus. Römisch Flatus Sanus. Ruinen des alten Ortes.

Flat Howe GB. → Whitby.

Flat Howe GB. → Whorlton Moor.

Flatus Sanus Frankreich. → Flassans-sur-Issole.

C. Flava Augusta Puteolana Italien. → Pozzuoli.

Flavia Joppe Israel. → Jaffa.

Flavia Lambria Spanien. Römisch; Sarria, sö von Lugo.

Flaviana Türkei. → Talas.

Flavia Neapolis Israel. → Shechem.

C. Flavia Siscia Kroatien. Römisch; heute Sisak.

Flavia Solva Österreich. → Wagna.

Flaviobriga Spanien. → Castro-Urdiales.

Flaviopolis Türkei. Gegründet 1. Jh. Heute Kadırlı, 110 km nö von Adana.

Flaviopolis Türkei. → Uşak.

Fleam Dyke GB, Cambridgeshire, auch ö von Cambridge. Errrichtet von den Ost-Angeln gegen die Mittelangeln, ca. 6. Jh. Parallel der → Devil's Dyke.

Flehm Deutschland, n von Malente. Ganggrab.

Flögeln Deutschland, nö von Bremerhaven, nw von Bederkesa. Eekhöltjen: kaiserzeitliche Siedlung 1.-5. Jh. entdeckt. Steinkistengrab 2¼ km wsw der Kirche von Flögeln. Reste von Großsteingräbern. Vorgeschichtspfad. W eisenzeitliche Ackerfluren.

Florence USA, Alabama. Indian. Tempelhügel.

Florentia Italien. → Florenz.

Florentia Ungarn. → Dunaszekcsö.
Florenz Italien. Römisch Florentia. Säule der Gerechtigkeit auf der Piazza S. Trinità aus den Caracalla-Thermen in Rom. Thermen 2. Jh. nach Chr. freigelegt. Ausgrabungen unter dem Dom. Ausgrabungen auf der Piazza della Signoria, hauptsächlich ma. Archäologisches Museum mit Ägyptischem Museum, etruskische Gräber. Antiquarium.
Florina Griechenland, 155 km w von Saloniki. Spuren von byzantinischen Befestigungsanlagen. Nekropole.
Flotmanby Wold GB, Yorkshire, zwischen Hunmanby und Folkton. Langhügelgrab.
Flower Barrow GB, Dorset, Worbarrow Bay, sö von Dorchester. Eisenzeitliche Befestigung.
Flums Schweiz, Sankt Gallen, sö des Walensees. Reste von römischem Gutshof; Sichtbares unter der St.-Justus-Kirche.
Fluvium Frigidum, Castrum ad Slowenien. → Ajdovščina.
Foales Arrishes Devon, Dartmoor. Rundhütten.
Foça Türkei, 72 km nw von Izmir, am Meer. Antik Phokäa, Phocea. Focia; Fogia oder Folia der Genuesen. Archaische Reste, darunter Athene-Tempel, 6. Jh. vor Chr., im 5. Jh. vor Chr. zerstört. Ehemals mit langer Wasserzuleitung. Ruine einer genuesischen Festung. Felsgrab, 4. Jh. vor Chr.
Foce F-Korsika, bei Argiusta Moriccio. Turmrest der Torreaner, 2. Jtsd. vor Chr.
Foetes Deutschland. → Füssen.
Foggia Italien, Apulien. Städtisches Museum.
Foglia Italien, 6 km s von Magliano Sabino, 60 km n von Rom. Archäologische Zone; Nekropole.
Foladi Afghanistan, w von Bamiyan. Felsenklöster. Wandmalereien.
Folegandros Griechenland, Ort auf der Kykladeninsel Folegandros. Nur noch geringe hellenistische und römische Mauerreste der antiken Stadt Pholegandros. Ma Reste.
Foligno Italien, sö von Perugia. Römisch Fulginiae. Archäologisches Museum.
Folkstone GB, Kent. Reste von zwei römischen Villen.
Folkton Wold GB, Yorkshire, s von Scarborough. Hügelgrab.
Fondi Italien, nö von Terracina, zwischen Rom und Neapel. Reste von polygonaler Stadtmauer, unter den Römern erneuert. Stadttor. Thermen. Dom auf frühchristlichen Resten.
Fondouk El Aouareb Tunesien, 70 km wsw von Sfax. Auf dem Plateau Bled El Harcha römische Ruinen.
Fondukistan Afghanistan, im Ghorband-Tal ca. 110 km nw von Kabul. Buddhistisches Kloster 6./7. Jh. ausgegraben. Fresken.
Fons Trajani Ägypten, ca. 140 km nö von Qana. Römersiedlung.
Fontaines-Salées, Les Frankreich. → Saint-Père-

sous-Vézelay.
Fontanaccia F-Korsika. → Cauria.
Fontbouisse Frankreich, w von Avignon. Kupfersteinzeitliches Dorf.
Fontebuona Italien, 45 km LL ö von Florenz. Antikes Kastell; heute Kloster Camaldoli.
Fontecchio Italien, sö von L'Áquila. Kirche Santa Maria della Vittoria auf Tempelresten.
Fontenay-le-Marmion Frankreich, 10 km s von Caen. Steinhügel mit 12 megalithischen Ganggräbern.
Fontenay-près-Vézelay Frankreich, ca. 10 km s von Vézelay. Reste von gallo-römischer Eisenhütte, Villa, kleinem Tempel.
Fonteta Spanien, bei La Bisbal. Dolmen.
Font-de-Gaume Frankreich. Grotte bei → (Les) Eyzies.
Fonti di Clitunno Italien. → Pissignano.
Fontvieille Frankreich, 8 km nö von Arles. In den Fels gehauene Gräberalleen, ca. 2000 vor Chr., darunter die »Feengrotte«.
Fonyód Ungarn, Plattensee-Südufer. Am Burgberg römische Gebäudereste. In der Nähe Gräber aus Stein- und Bronzezeit.
Fordongianus I-Sardinien, 26 km nö von Oristano. Forum Trajani und die ehemaligen Thermen* Aquae Hysitanae. Reste von römischer Brücke. 2 km sw Kirche S. Lussurgiu mit Katakomben 4./5. Jh. Nuraghe S. Maria.
Formello Italien, 9 km n von → Veji. S Tumulusgrab.
Formia Italien, nw von Neapel. Antik Formiae. Reste von römischem Wasserbecken. Angebliche Villa des Cicero. Tempelrest. 3 km w Cicero-Grabmal. Ehemalige Standorte von Theater und Amphitheater. Antiquarium.
Formiae Italien. → Formia.
Fornelli Italien, nö von Isernia, 80 km LL n von Neapel. Reste von Akropolis.
Forsthart Deutschland, w von Vilshofen. 2 km nw frühmittelalterlicher Ringwall.
Fort Ancient State Memorial USA, Ohio, 37 km nö von Cincinnati. Frühe Indianerbefestigung (der Hopewell).
Fort Hill State Memorial USA, Ohio, 29 km sö von Hillsboro. Frühe Indianerbefestigung.
Fort Horrouard Frankreich, n von Dreux, w von Paris. Ehemals befestigte Siedlung 2. Jtsd. vor Chr.
Fort Walton Beach USA, 450 km von New Orleans Richtung Miami. Indianische Mounds; Ausgrabungen. Museum.
Forum Aurelium Italien. → Montalto di Castro.
Forum Cassii Italien, 1½ km ö von Vetralla, s von Viterbo.
Forum Cornelii Italien. Römisch; heute Imola, sö von Bologna. Archäologisches Museum.
Forum Julii Frankreich. → Fréjus.
Forum Julii Italien. → Cividale del Friuli.

Forum Livii Italien. Römisch; Forli, sw von Ravenna.

Forum Novum Italien. Ehemalige römische Stadt, nw von Selci, zwischen Cívita Castellana und Rieti; heute Santa Maria in Vescovio.

Forum Sempronii Italien. Antik; → Fossombrone, sw von Fano.

Forum Trajani I-Sardinien. → Fordongianus.

Fosca Spanien, n von Palamós. Iberische Siedlung.

Fossa Carolina Deutschland. → Karlsgraben.

Fossa Regia Tunesien, von → Thaenae Richtung Süden. Karthagischer Limes. Ursprünglich Grenze zwischen dem karthagischen Land und dem Numidischen Königreich, den späteren römischen Provinzen Africa Vetus und Africa Nova, ca. 2. Jh. vor Chr.

Fossatum Algerien. → Algerischer Limes.

Fossombrone Italien, sw von Fano. Antik Forum Sempronii. Sw römischer Tunnel Galleria del Furlo, 1. Jh. nach Chr. Thermenreste. Römische Brücke.

Fos-sur-Mer Frankreich, w von Martigues. Römische Hafenreste im Wasser.

Fougères Frankreich, nö von Rennes. N Dolmen de la Pierre-Courcoulée. Dolmen de la Pierre-du-Trésor.

Fouirette Frankreich. → (Le) Luc-en-Provence.

Foum el Hassan Marokko, 120 km ö von Goulimine. In der Umgebung Felszeichnungen: am rechten Ufer des Oued Tamanart beim Zusammenfluß von Oued Tamanart und Oued Tasseft. Am Fuße einer Spitze des Djebel Bani am linken Ufer des Oued Tamanart. Sw von Foum el Hassan am Djebel Idaou Tata. Bei Tighzi (Tizi).

Foum Tangarfa Marokko, Durchbruch des Oued Dra, s von Mrimina, sw von Foum Zguid. 4 km s Felsmalereien.

Fourknocks Irland. → Naul.

Fowan China. → Dazu.

Foyos Spanien, w von Lucena del Cid, nw von Castellón de la Plana. Mauer- und Turmreste von iberischer Siedlung.

Fraga Spanien, sw von Lérida. Römisch Gallico Flavia. Ruinen der Villa Fortunati, 2.-4. Jh. Reste und Mosaike. Iberische Nekropole in Pilaret de Santa Quiteria.

Fragtrup Dänemark, n von Ålborg. Ehemalige bronzezeitliche Siedlung.

Fraktın Türkei. → Fıraktın.

Francavilla Marittima Italien, Kalabrien, ö von Castrovillari. Reste von Heiligtum 8. Jh. vor Chr. Reste von Nekropole.

Franckenbourg Frankreich, nw von Schlettstadt (Selestat). Keltische Ringwallanlage.

Frankenhardt Deutschland, Kreis Schwäbisch-Hall. Oberspeltach: N auf dem Burgberg Wälle von befestigter keltischer Siedlung.

Frankfurt am Main Deutschland. Heddernheim: ehemaliges Römerkastell Nida und Lagerdorf er-

forscht. Ehemals mit Theater, Arena, Tempel, Forum, Thermen. Ende der Besiedlung ca. 250 nach Chr. Spuren von Kastellbad. Museum für Vor- und Frühgeschichte. Archäologisches Museum in der Karmeliterkirche. Museum für Völkerkunde (→ Abb. 12). Sammlungen Liebighaus.

Franzen Polen, bei Sagerke, w von Stolp. Ca. 3½ km sö Reste von Großsteingräbern.

Frascati Italien, sö von Rom. S. Rocco mit Resten der römischen Thermen. Sö → Tusculum*.

Frastanz Österreich, bei Feldkirch. Höhensiedlung; Trockenmauerspuren.

Frauenberg Österreich. → Seggauberg.

Frauenfeld Schweiz, Thurgau, nö von Winterthur. Kantonsmuseum.

Frauenmark Deutschland, n von Parchim. 1 km ö und 2 km sö Reste von Großsteingräbern.

Frébouchère, La Frankreich, nw von La Rochelle. Dolmen, ca. 3. Jtsd. vor Chr. In der Nähe Dolmen und Menhire (z.B. → Avrillé).

Fregellae Italien, bei Ceprano, 24 km sö von Frosinone, ö von Rom. Ausgrabungen; Reste eines Asklepieions.

Fregenae Italien, w von Rom an der Küste. Römisch; heute Fregene. Etruskische Gräber.

Freiburg im Breisgau Deutschland. Museum für Ur- und Frühgeschichte. Museum für Völkerkunde.

Freidorf Deutschland, osö von Waren. 1-2 km s Reste von Großsteingräbern.

Freienfeld I-Südtirol, sö von Sterzing. Campo di Trens. Wallburg Burgstall Möders. → Abb. 51.

Freienstein-Teufen Schweiz, Zürich, am Rheinknie nw von Winterthur. Sö von Tösegg Reste von Römerwarte (41) konserviert. Rekonstruktionen von Wällen und Gräben.

Freinberg Österreich. → Linz.

Fréjus* Frankreich, sw von Cannes. Ehemals Oppidum. Römisch Forum Julii. Ruinen von römischem Hafen. Porte de Gaules 1. Jh. Theater 1. Jh. Porte de Rome. Porte d'Orée (Thermenrest). Zitadelle. Taufkapelle 5. Jh. Aquädukt. Archäologisches Museum in einem Klostergebäude.

Frenkendorf Schweiz, BL. Auf der Schauenburger Fluh Ausgrabung eines gallo-römischen Umgangstempels.

Freshwater Bay GB, Ilse of Wight, Westen. Langhügelgrab. → Brook.

Fresnedo Spanien, nw von León. Prähistorische Cueva de San Salvador.

Fribourg Schweiz. Museum für Kunst und Geschichte. Sammlungen des Biblischen Institutes der Universität. Zwei römische Mosaike in der Universität.

Fridingen Deutschland, nö von Tuttlingen. S Keltenschanze.

Friedberg Deutschland, Hessen. Keltisch Tun oder Taun. Reste von Baderaum des römischen Kastells. Kleinkastell Kaisergrube mit rekonstruiertem Limeswachtturm. Wetterau-Museum.

Friedland Deutschland, nö von Neubrandenburg. 3 km nw Rest von Großsteingrab.

Friedrichsruhe Deutschland, n von Parchim. 2 km ö Reste von Großsteingräbern.

Friesach Österreich, Kärnten. Kirche St. Laurentius mit umgebenden antiken Mauerresten. Lapidarium n der Pfarrkirche.

Friesack Deutschland, Kreis Nauen, w von Berlin. Mittelsteinzeitlicher Wohnplatz im westlichen Rhinluch.

Friesener Warte Deutschland. → Hirschaid-Friesen.

Friesenheim Deutschland, sw von Offenburg. Reste von Straßen, Tempel und Gebäuden von römischer Straßenstation.

Frikes Griechenland, Insel Ithaka, nö von → Stavros. Ausgrabungen aus mykenischer Zeit.

Friqia Syrien, nw von Maarat en Noman. Ruinen von byzantinischen Häusern. Felsgräber.

Fritzlar Deutschland. Museum für Ur- und Frühgeschichte. Lohne: 3 km nw auf dem Hinterberg (Lohner Kopf) Ringwall von späthallstatt-frühlatènezeitlicher Höhensiedlung. 1 km sw auf dem Hasenberg ehemals jungsteinzeitliche Siedlung; Terrassen. → Züschen: 1 km nö Steinkammergrab* (→ Abb. 28). Werkel: Menhir.

Frojach-Katsch Österreich, w von Judenburg. In Katsch Reste von römischer Straße, Villa; Gräberfeld festgestellt.

Frome GB, Somerset, s von Bath. Langhügelgräber.

Frumentaria Spanien. Römisch; Formentera.

Frunse GUS, Kirgistan. Erste Siedlungen 6./7.Jh. Moschee Buran, Reste aus dem 11. Jh. Historisches Museum.

Frusino Italien. Ehemalige Volskerstadt. Heute Frosinone, 85 km ö von Rom. Rest von Amphitheater.

Ftan Schweiz, Graubünden, Unterengadin. Fetan. Muot Pednal: Höhensiedlung sw von Ftan Grond. Trockenmauerreste. 200 m ö Umbrain: Rest eines Steinbaues.

Fua Mulaku Malediven, Insel im Gnyaviani Atoll. Vorislamische Ruinen: kleine und große Havita. Reste von Bädern.

Fuchchar, Tell el- Israel. → Akko.

Fuchsmatt Schweiz. → Kleindietweil.

Fudoki Japan, Honshu, 9 km s von Matsue. Obata. Park Fudokino-oka: alter Ort; Ausgrabungen Kofun- und Nara-Zeit. Rekonstruktion von Wohnhäusern, 3.-7. Jh. Tempelrest 8. Jh. Hügelgräber. Museum.

Fuencaliente Spanien, 50 km s von Puertollano. 4 km ö (in Felsloch) und 1½ km weiter nö (bei Wasserfall) Felsdarstellungen.

Fuencaliente Spanien, La Palma-Südspitze. Am Roque Teneguía Felsgravierungen der Ureinwohner.

Fuente Alamo Spanien, SO. Auf einem Hügel ehemalige bronzezeitliche Siedlung 1900-1400 vor Chr. Ausgrabungen.

Fuente de Cantos Spanien, s von Zafra. S römische Grabruine.

Fuentes Spanien, 22 km sö von Cuenca. Reste einer iberischen Nekropole.

Fuente de la Zarza Spanien, La Palma. La Zarza. Felsgravierungen. In der Nähe: Fuente Secreta, Felsgravierungen.

Fürnheim Deutschland, sw von Wassertrüdingen. 2 km sw Keltenschanze. 3 km sö Keltenschanze.

Füssen Deutschland. Ad Fauces Alpium Juliarum, Foetes, spätrömisch Foetibus. Ehemals römisches Kastell, Ende 3. Jh.

Füzesabony Ungarn, Gebiet von Heves. Tell; Bronzezeit, 16./15. Jh. vor Chr.

Fukidera Japan, Kyushu, n von Beppu. Amida-Tempel; ältester Holzbau Kyushus.

Fukuoka Japan, Kyushu. Reste von gegen die Mongolen gerichtetem Verteidigungswall (Bosuino-Ato), 1274-1281. Historisches Museum. In Dazaifu: Fundamente des ehemaligen Gouverneurspalastes Tofuro. Mizuki-Wall von 663. Tendai-Tempel von 746. Historisches Museum.

Fulbert-Stollen Deutschland, Laacher See. Wassertunnel 12. Jh.

Fulda Deutschland. Haimbach: 2 km w auf dem Haimberg Reste von Wallanlage, hauptsächlich Urnenfelderzeit. Maberzell: 4 km n auf dem Schieberg Rest von Wallanlage; Funde spätlatènezeitlich. Vonderau-Museum.

Fulginiae Italien. → Foligno.

Fullol Afghanistan, s von Baghlan. Blütezeit 3./2. Jtsd. vor Chr. Reste.

Ful, Tel Israel. → Shaafat.

Fulvinium Kroatien. Auch Phulphinium. Ehemalige römische Stadt bei → Omišalj.

Fundi Italien. → Fondi.

Fundus Baxianus Italien. Spätantik; heute Bassano del Grappa, n von Padua.

Funsa Syrien, bei Raqqa. Brückenruine.

Funtana Coberta I-Sardinien. → Ballao.

Furche Novacs Rumänien. → Trajanswall.

Furlo Italien. → Fossombrone.

Fushikokotan Japan, Hokkaido, SO-Küste. Bergfestung der Ainu.

Fustât Ägypten. → Kairo.

Futterkamp Deutschland, ö von Lütjenburg. Reste von Großsteingräbern.

Fuzhou China, Provinz Fujian. Im 2. Jh. vor Chr. Dongye, Hauptstadt des Königreiches von Yue. 904-944 Hauptstadt des Königreiches von Min. Weiße Pagode Bauta, auch Dingguang Ta, von 904, restauriert 1548. Schwarze Pagode Wuta, auch Wushi Ta, auf dem Wushi Shan, von 941.

Fyli Griechenland. → Fili.

Fyrkat Dänemark, Jütland, bei Hobro, nw von Randers. Ehemalige Wikingersiedlung; Ringwall, rekonstruiertes Gebäude.

Gaadu Malediven, Insel im Haddumati-Atoll (Laam-Atoll). Havitas.

Gabala Syrien. → Jable.

Gabbula Syrien. → Djabbul.

Gabès Tunesien. Römisch Tacapae. Römische Staumauer. Araberviertel zum Teil aus antiken Steinen. Katakomben.

Gabia la Grande Spanien, 7 km sw von Granada. Frühchristliche Krypta, 5. Jh. Taufkapelle.

Gabii Italien, 20 km ö von Rom an der Via Praenestina. Siedlung ab 8. Jh. vor Chr. Ehemalige latinische Stadt. Römisch Gabinum. Stadtmauerreste, Spuren von Theater. Tempelrest.

Gabinum Italien. → Gabii.

Gabri → Ghebri.

Gabrosentium GB. → Workington.

Gabrowo Bulgarien. Palastruinen.

Gacko Bosnien-Herzegowina. In der Nähe mehrere Bogomilen-Nekropolen.

Gadag Indien, Karnataka, ö von Goa. Ehemals Hauptstadt des Cholareiches, 12. Jh. Hoysala-Tempel, 11./12. Jh., darunter Someshvara- und Sarasvati-Tempel.

Gadaladeniya Sri Lanka, w von Kandy. Buddhistisches Kloster 14. Jh.

Gadara Israel. El Hamme. → Hammath-Gader.

Gadara Jordanien. Heute Djadur. → (Es) Salt.

Gadara Jordanien. → Umm Qeis**.

Gaddu Malediven, Insel im Gaaf-Dhaal-Atoll. Vorislamische Ruinen. Wasserbassin.

Gades Spanien. Römisch; Cadiz.

Gadir Spanien. Phönizisch; Cadiz. Gegründet 9./8. Jh. vor Chr.

Gador Spanien, bei Almería. → (Los) Millares.

Gadora Jordanien. → (Es) Salt.

Gaer GB. → Pen-Caer.

Gaeta Italien, 70 km nw von Neapel. Antik Caieta. Grabmal des Lucius Munatius Plancus, 22 vor Chr., und Reste seiner Villa. Zisternen. Grabmal des Lucius Sempronius Atratinus, 1. Jh. vor Chr.

Gafsa Tunesien. Siedlungsspuren seit ca. 8000 vor Chr., (Capsien). Numidisch und römisch Capsa, um 540 Justiniana. Römische Schwimmbäder. Antike Säulen und Kapitelle in der Großen Moschee. Archäologisches Museum.

Gagai Türkei, ö von Finike. Griechische (rhodische) Gründung. Lykische Stadt.

Gagra GUS, ehemalige Abchasische ASSR, Schwarzmeerküste. Kirche 5./7. Jh. Festungsruine.

Gaia Jordanien. → (El) Dji.

Gaimberg Österreich, n von → Lienz. Römische Mauerreste.

Gajmanowa Mogila GUS, s von Nikopol. Skythischer Kurgan.

Gajtan Albanien, ö von Shkodra. Ehemalige befestigte eisenzeitliche Siedlung.

Gakuenji Japan, Honshu, nähe Matsue. Tempel, gegründet 594.

Gala Abu Ahmed Sudan, ca. 100 km LL sw von Alt Dongola. Festungsreste.

Galapata Vihare Sri Lanka, 5 km ö von Nentota. Tempel 12. Jh.

Galata Türkei. → Istanbul.

Galataki Griechenland, Euböa, 8 km sö von Limni. Beim Kloster Agios Nikolaos Reste eines Poseidon-Tempels 5. Jh. vor Chr.

Galataki Griechenland, bei Loutron Elenis, s von Korinth. Antik Solygeia.

Galatia Türkei. → Ankara.

Galatscha GUS. Große, vorgeschichtliche befestigte Anlage.

Galava GB, Cumbria. Römisch; Ambleside.

Galaxidi Griechenland, s von Amfissa. Ev. das klassische Chaleion. Reste antiker Mauern; Höhlengrab. 3 km w Ruine eines Klosters.

Gáldar Spanien, Gran Canaria. Cueva pintada, 2. Jtsd. vor Chr. N La Guancha, Nekropole, Grabstätten und Tumuli der Guanchen. Wohnhöhlen. Ö → Cenobio de Valerón.

Galeata Italien, 64 km s von Ravenna. Mevaniola ab 1. Jh. vor Chr. Reste von Thermen und Theater. Spuren von Forum.

Galegos Portugal, sw von Penafiel, ö von Porto. In der Nähe Reste einer prähistorischen Festung.

Galera Spanien, 145 km nö von Granada. Iberische Nekropole Tútugi, ca. Mitte 1. Jtsd. vor Chr. bis 3. Jh. vor Chr.; Grabhügel, Malereien. Sö: → Orce.

Galeria Italien, nw von Rom. In der Umgebung römische Reste.

Galešnik Kroatien, Insel Hvar, ö von Jelsa. Ruinen der altertümlichen Festung.

Galindo Peru, Chicama-Tal n von Trujillo. Baureste der Moche-Kultur (→ Moche-Tal).

Galite, La Tunesien, Hauptinsel der gleichnamigen Inselgruppe (Jalita), 100 km wnw von Binzart (Bizerta). Punische Gräber und römische Spuren.

Galle Sri Lanka. Buddhistische Reste. Portugiesische Stadtmauern.

Gallico Flavia Spanien. → Fraga.

Gallina Canyon USA, New Mexico. Reste von Turmbauten ("Türme des Schweigens").

Gallinazo Peru, → Virú-Tal, s von Trujillo. Titularuine Huaca Gallinazo, ca. 200 vor Chr. bis 200 nach Chr.

Gallipoli Italien, Apulien. Griechischer Brunnen.

Gallipoli Türkei. → Gelibolu.

Gallula Roma Frankreich. → Arles.

Galmaduwa Sri Lanka, 10 km ö von Kandy. Klosteranlage.

Gålrum Schweden, Gotland, bei Ljugarn. Bronzezeitliche Schiffssetzungen.

Gambach Deutschland, nw von Würzburg. S ehemalige frühmittelalterliche Wallanlage Grainberg.

Gambreia Türkei. → Kınık.

Gamla. Die Lage der alten Stadt sowohl in → (Khirbet el-)Salam/Israel als auch bei Jamle/Syrien angenommen.

Gamla Uppsala Schweden, 4 km n von Uppsala. Königshügel, einige Grabhügel, vor oder um 1000 nach Chr. Freilichtmuseum Disagården.

Gammarth Tunesien, n von Tunis. Katakomben.

Gamsener Mauer Schweiz, Wallis, w von Brigg. Ca. 14. Jh.

Gamzigrad Serbien, 10 km nw von Zaječar, n von Niš. Ev. das römische Romuliana. Reste von römischem Castrum und von Gebäuden, Thermen, Palast, Tempel, Kirchen. Mosaike.

Gan Malediven, Insel im Gaaf-Dhaal-Atoll. Vorislamische Ruinen; Vadamaga-Havita; Spuren von sechs weiteren Hügeln.

Gan Malediven, Insel im Laam-Atoll (Lamu-, Haddumati-Atoll). Vorislamische Ruinen; Havitas, Badreste.

Gan Malediven, Insel im Sin-Atoll (Addu-Atoll). Havita.

Gânagobie Frankreich, s von Sisteron. An der Stelle des Klosters ehemals kelto-ligurisches Oppidum.

Ganam el-Kufar Jemen-Süd, n von Ahwar. Steinsetzungen, auch Alignments.

Ganda-Midjou Äthiopien. Hügel und megalithische Setzungen.

Gandj Dareh Tepe Iran, bei Kaysevend, ca. 50 km osö von Kermanschah. Ganğ Dareh Tepe. Ausgrabung einer frühneolithischen Siedlung von 7300-6900 vor Chr.

Gandj-i Nameh Iran, 12 km sw von Hamadan. An einer Felswand Inschriften von Darius und Xerxes.

Gandj Tepe Iran, n von Khervin, nw von Teheran.

Gandsha GUS, Aserbaidschan, n von Kirovabad. Befestigungsreste. Dshuma-Moschee 17. Jh. Imam-Zade-Mausoleum 17. Jh.

Gandul Spanien, 18 km ö von Sevilla, ö von → Alcala de Guadaira. Auf dem Cerro de Bencarron Nekropole mit Dolmen 4./3. Jtsd. vor Chr.

Ganeta Mariam Äthiopien, bei Lalibela. Felsenkirche Paradis Marias.

Gangaikondacholapuram Indien, Tamil Nadu, 35 km n von Kumbakonam, s von Madras. Ehemals Hauptstadt der Chola 1. Hälfte 11. Jh. nach Chr. Brihadeshvara-Tempel, 11. Jh., Skulpturen. Candikeshvara-Tempel.

Ganggu Indonesien, Ost-Java. Tempelanlage ab 11./13. Jh.

Gangguangdong China, Shaanxi, nähe Xian. Spuren einer Palastanlage 1. Jh. vor - 1. Jh. nach Chr.

Gangolfsberg Deutschland, bei Oberelsbach, nö von Bischofsheim. Ringwallanlage, besiedelt mindestens seit der Hallstattzeit.

Gangra Türkei. → Çankırı.

Gangtok Indien, Sikkim. Königstempel. Institut für Tibetologie mit Museum, 4 km entfernt. Tschörten. Kloster → Enchay (5 km).

Gannarve Schweden, Gotland, s von Visby. Bronzezeitliches Schiffsgrab.

Ganweriwala Pakistan, mittleres Indusgebiet. Stadtgebiet 81 ha. Ausgrabungen.

Ganzaka Iran. Hauptstadt der Parther; ev. Leilan, 3 km n von Mianduab. Lehmdamm, parthische Säulenreste.

Gao Mali, am Niger. Gegründet 1009. Hauptstadt im 16. Jh. Ruine einer Moschee 12. Jh. Sahara-Museum. 7 km nö Nekropole; Hügel.

Gaochang China, Xinjiang, 40 km ö von Turfan. Kaochang, Khocho, Kotscho, Kara-Khoja. Gegründet 1. Jh. Aufgegeben 13./14. Jh. Ruinen (aus gestampfter Erde) der Hauptstadt des Uigurenreiches: Stadtmauer, Innere Stadt, Äußere Stadt, Palaststadt, Kloster, buddhistische Wandmalereien; nestorianischer Tempel, Wandmalereien 9. Jh. Astana am Rande des alten Kaochans; Gräber 3.-8. Jh. 15 km ö → Qianfodong.

Gap Frankreich, Hautes-Alpes. Musée Départemental.

Garagay Peru, bei Lima. Ausgrabungen: Hügel mit Plattformen. Haupthügel 1800-300 vor Chr., Blüte 1200-900 vor Chr.

Garaguso Italien, sw von Matera. Archäologisches Gebiet; Eisenzeit bis 5. Jh. vor Chr.

Garama Libyen. → Germa.

Garan Senegal. → Nioro-du-Rip.

Garcel, El Spanien. → Almería.

Gardani Chisor GUS, bei Madm, ö von Samarkand. Ausgrabung von Siedlung und Palast 6.-8. Jh.

Gardeneh-i Kelischin Iran, 60 km w von Haidarabad, SW-Ecke des Orumiyeh-Sees, in der Nähe des Ortes Hi, 10 km sw von Uschnu. Am Kelischin-Paß die zweisprachige Stele von Kelischin. Erwähnt die Gründung eines dem Gott Haldia geweihten Tempels in der Stadt → Musasir im 9. Jh. vor Chr.

Gardiki Griechenland, Insel Kerkira.

Gardiki Griechenland, bei Trikala, w von Larissa. Reste des antiken Pelinna (Pelinnaion) und des byzantinisch-slawischen Gardiki. Antike Oberburg Palaio Gardiki; Reste (von Ober- und Unterstadt) von Mauern, Türmen, Toren. Stelle des Theaters.

Garfu Nepal, Mustang. Höhlenkloster.

Garikapadu Indien, Andhrapradesh, bei Guntur. Stupa, Satavahana-Dynastie.

Gariz Türkei, w von Antalya, bei Teknepınar. Antike Reste.

Garizim Israel. → Gerizim.

Garmo Tepe Irak. → Djarmu Tepe.

Garn Bodfuan GB. → Nefyn.

Garn Fawr GB. → Pen-Caer.

Garni* GUS, Armenien, 28 km ö von Jerevan. Sommerresidenz der parthischen Arsakiden. Ruine der Festung 1. Jh. mit gleichem Namen, gegründet 3. Jh. vor Chr. Befestigungssystem, Bad 2.-3. Jh., Palast und frühchristliche Kirche 4. Jh. ausgegraben. Griechisch-römischer Tempel**, ab 1. Jh. nach Chr., 1966-1975 wiederaufgebaut. Badruine;

Mosaik* in → Jerevan.

Garo Peru, Gebiet des Marañon. Alte Hauptstadt der Yaro. Festungsruinen. Runde und eckige Gebäudereste von bis zu 4 Stockwerken, Vor-Inkazeit.

Garra, Khirbet el Israel, ca. 20 km ö von Beersheva. Ehemalige befestigte Stadt ab 10. Jh. vor Chr. Reste von Mauer der Königszeit.

Garrovillas Spanien, 40 km n von Cáceres. Prähistorische Stätten.

Garry-Kjaryz GUS, Turkmenistan, w von Aschchabad. Ausgrabungen von parthischer Dorfsiedlung.

Gars am Kamp Österreich, n von Krems. Ur- und frühgeschichtliche Befestigungsanlagen (Thunau-Schanze) ausgegraben, Urnenfelderzeit und frühslawische Zeit (9. Jh.). Toranlage rekonstruiert. Krahuletzmuseum in Eggenburg. Köbarth-Museum in Horn.

Garsaura Türkei. → Aksaray.

Garwha Indien, Uttar Pradesh, 50 km von Allahabad. Tempelruinen der Guptazeit.

Garzan Türkei, 169 km ö von Diyarbakır. Im Ma Arzan. Zitadellenruine.

Gasak Iran, bei Maragha, sö des Orumiyeh-Sees. Residenz des Atropas, Gründer des Reiches und später Statthalter von Atropatene (armenisch Aterpatakan, arabisch Aderbajdschan), 2. Hälfte 4. Jh. vor Chr.

Gasel Frankreich, nw von → Laure-Minervois, nö von Carcassonne. Oppidum ab dem Mesolithikum; Trockenmauern. → Abb. 98. Capitelle in der Umgebung.

Gaser Libya Libyen, w von El Beida. Byzantinische Basilika, Mosaike*.

Gasr el Frezza Libyen, s von Shahhat-Cyrene. Römische Ruinen.

Gasr Sidi Daoud Libyen, bei Ubari. Reste von frühislamischer Festung, 7./8. Jh.

Gastin Türkei. → Bağras.

Gaston Türkei. → Bağras.

Gastor, El Spanien, nw von Ronda, Andalusien. Dolmenreste "Grabmal des Giganten".

Gastria Zypern, ca. 40 km n von Famagusta. Ausgrabungen.

Gasur Irak. → Jorgan Tepe.

Gasurgah Afghanistan, bei Herat, ca. 600 km w von Kabul. Mausoleum 1425.

Gatcombe Park GB, Gloucestershire, wsw von Cirencester. Langhügelgrab. Langhügelgrab Tinglestone.

Gateluzi Griechenland. → Samothraki.

Gath Israel, ö von Ashqelon. Kiryat-Gat, Qiryat-Gat. Ev. die Stadt Gath der Philister. Ausgrabungen von Grundmauern.

Gatotkaca Indonesien. → Dieng.

Gaudo Italien. → Paestum.

Gaudos Gr-Kreta, Insel 40 km s von Chora Sfakion. Im N Spuren einer antiken Stadt.

Gauhati Indien, Hauptstadt von Assam. Navagrah-Tempel. Umananda-Tempel. Kamakshya-Tempel. Assam State Museum.

Gaulstown Irland, sw von Waterford. ND398. Portaldolmen.

Gaumés Spanien, Menorca, s von Alayor. Ruinen von Talayot; Poblados, Säulensaal.

Gaur Indien, Westbengalen, s von Maldah, 6 km von English Bazar. Ehemals Hinduhauptstadt Lakhnauti. Ruinen der alten Stadt: Stadtmauer, Zitadelle, Palast, Stausee. Islamisches ab 15. Jh.

Gaura Tepe Irak, n von Mosul. Assyrische Stadt. Besiedelt Anfang 5. Jtsd. vor Chr. bis Mitte 2. Jtsd. vor Chr. Schichten und Gräber aus dem Neolithikum. Ruinenhügel, genannt Akropolis, Tempelspuren Anfang 3. Jtsd. vor Chr.

Gaureion Griechenland. → Gavrio.

Gauting Deutschland, s von München. Römisch Bratananium. Römische Thermen, Lagerhaus, ev. Basilika und Friedhof festgestellt. Verlauf der Römerstraße Augsburg-Salzburg über weite Strecken verfolgbar. Ö guterhaltene Keltenschanze bei → Buchendorf. S Wallanlagen Schloßberg und Karlsburg.

Gavrinis Frankreich, Bretagne, Insel im Morbihan sw von Vannes. Tumulus mit Ganggrab und Reliefs.

Gavrio Griechenland, Kykladeninsel Andros. Wenige Spuren der antiken Siedlung Gaureion; Uferanlagen. → Agios Petros.

Gâvur Aylusu Türkei, 3 km ö von → Bodrum. Fluchtburg der Leleger.

Gaya Indien, Bihar, s von Patna. Vishupad-Tempel. 20 km n → Barabar-Höhlen. 12 km s → Buddh Gaya.

Gayaquil Ecuador. Goldmuseum.

Gâyur Kalesi Türkei, ca. 50 km sw von Ankara. Hethitisches Heiligtum: befestigte Terrasse.

Gaza Israel/Palästina. Hebräisch Azza, Aza der Philister. Ausgrabung einer Synagoge von 508/509. Mosaike. Marmorschranken in Jerusalem. Säulen einer Synagoge in Kreuzfahrerkirche 13. Jh.

Gazel Frankreich. → Gasel.

Gazi Gr-Kreta, 6 km w von Iraklion. Reste aus früh- und spätminoischer Zeit.

Gaziantep Türkei. Seldschukische Festung Ayntab an der Stelle einer byzantinischen Anlage 6. Jh., auf Erdhügel mit Siedlungsspuren seit der Tell Halaf-Zeit (3800-3500 vor Chr.). Archäologisches Museum.

Gazipaşa Türkei, Südküste, sö von Alanya. Antik Selinus, zwischenzeitlich Trajanopolis. Akropolishügel mit Kastellruine. Aquäduktruine. Spuren von Theater. Römische Spuren.

Gaziura Türkei. → Turhal.

Gazteiz Spanien. Westgotisch; Vitoria.

Gdong Songo Indonesien, Java. Gendongsanga. Mehrere Tempelreste 8./9. Jh.

Gebal Libanon. → Jbail.

Gebel arabisch; Berg, auch Gebirge. Für Gebiete außerhalb Ägypten-Sudan siehe unter Djebel.

Gebel Abu Foda Ägypten, s von Amarna. Galeriesteinbrüche. Kloster Deir Amir Tadros.

Gebel Adda Ägypten, s von Abu Simbel, im Gebiet des Sees. Ma Festungsstadt, darunter ev. die alte Hauptstadt des Königreiches Nubien der ersten nachchristlichen Jahrhunderte.

Gebel Barkal* Sudan, bei Meroë (1.). Altägyptisch Napata. Vor Meroë Hauptstadt des Königreiches Kusch, 8. Jh. vor Chr. - 295 vor Chr. Meroitisches Pyramidenfeld, Nekropolen von → Nuri und → (El) Kurru. Tempel und Kapellen, hauptsächlich für Amun-Re, von Königen des Neuen Reiches und des kuschitischen Reiches. Reste von Widderallee. Museum in Kuraymah.

Gebel al-Dakrur Ägypten, 5 km sw von → Siwa. Felsgräber.

Gebel Doscha Sudan, 20°30'N. Felsenkapelle Tuthmosis' III.

Gebelin Ägypten, sw von Luxor. Ägyptisch Per-Hathor, antik Pathyris, Aphroditopolis, Krokodilopolis. Gräber aus der Ersten Zwischenzeit. Reste von Hathortempel, alle Epochen. Grab des Schech Musa.

Gebel el-Mauta Ägypten, Oase Siwa. Mota, Mussabbarin. Friedhof der 26. Dynastie und der griechisch-römischen Zeit, darunter einige bemalte Gräber.

Gebel Mota Ägypten. → Gebel el-Mauta.

Gebel Moya Sudan, s von Khartoum. Siedlung und Friedhof.

Gebel Schams Ägypten, s von Abu Simbel. Stele (jetzt in der Nähe von → Abu Simbel) und Felsenkapelle des Vizekönigs von Kusch, Paser, aus der Zeit der Könige Eje und Tutanchamun. Meroitischer Friedhof mit pyramidenförmigen Gräbern.

Gebel el-Silsila Ägypten, 65 km n von Assuan. Cheni, Caenu. Sandsteinbrüche von der 18. Dynastie bis in die römische Zeit. Gräber des Neuen Reiches. Westufer: Felsentempel des Haremhab. Ostufer: Reste der Stadt Chenu. Reste von Ramses-II.-Tempel. Felsgräber.

Gebel et-Teir Ägypten, Oase el-Charga. Felsinschriften, 26. Dynastie bis ptolemäische Zeit.

Gebel Zeit Ägypten, Westküste Rotes Meer, w Südspitze Sinai. Reste von Bergwerkssiedlung 1900-1200 vor Chr. mit Hathorheiligtum.

Gebristan, Tepe Iran, bei → Segzabad.

Geb Sahib Indien, Madhya Pradesh, bei → Bhanpura. Felsmalereien.

Gebtu Ägypten. → Quft.

Gebze Türkei, 40 km osö von Istanbul. Byzantinische Festung Eski Hisar. Sö Standort des antiken Libyssa.

Gedara Jordanien. → Umm Qeis.

Gedi Tansania, 15 km s von Malindi. Reste einer arabischen ummauerten Stadt, gegründet 12./13. Jh. Im 15./16. Jh. zum Teil zerstört und wieder aufgebaut.

Gedikli Türkei. → Karahüyük.

Gegard GUS, Armenien, ca. 38 km ö von Jerevan. Ehemaliges Kloster Ajriwank, 9./10. Jh., zerstört. Kapellen, Zellen, Totengrüfte, Grabsteine, Chatschkars. Innerhalb und außerhalb der Ummauerung teilweise auch im Altertum bewohnte Höhlen. Außerhalb Reste der Astwazazin-Kirche (Gregor-Kirche).

Gegensteine Deutschland. → Ballenstedt.

Gehrden Deutschland, sw von Hannover. W Wallanlage auf dem Gehrdener Burgberg. Funde Zeitenwende und Mittelalter.

Gehren Deutschland, sw von → Luckau, w von Cottbus. 1 km sw slawischer Abschnittswall Grüner Berg.

Geigerbühel I-Südtirol. → Ritten.

Geilo Norwegen. In der Nähe Grabhügel.

Geiselhöring Deutschland, sw von Straubing. 2 bzw. 3 km w Ringwälle. 3 km w Reste von Keltenschanze.

Geisenfeld Deutschland, Kreis Pfaffenhofen. Hallstattzeitliches Hügelgräberfeld.

Geisingen Deutschland, ö von Donaueschingen. Prähistorische Befestigung Ehrenburg.

Geislingen Deutschland, w von Balingen. Ehemals römische Siedlung an der Kreuzung zweier Römerstraßen.

Geislingen an der Steige Deutschland. 2-4 km sö von Hofstett Ausgrabungen von vier Gebäuden einer römischen Straßenstation. Mauerreste.

Geißenklösterle Deutschland. → Blaubeuren.

Gela* I-Sizilien, Südküste. Stadtmauern, Akropolis mit Tempelresten. Reste: von Bädern 4. Jh. vor Chr., von griechischen Befestigungsanlagen* 5. und 4. Jh. vor Chr., von Häusern. Museum*. 14 km n am Fuße des Monte Disueri sikulische Nekropole. → Butera.

Gelafa Marokko. Antik; Guercif zwischen Fèz (Fāz) und Oujda.

Gelbe Bürg Deutschland. → Heidenheim am Hahnenkamm.

Gelber Berg Deutschland. → Heidenheim am Hahnenkamm.

Gelbuda Deutschland. Römischer Name für die Ubiersiedlung in → Krefeld-Gellep.

Gelibolu Türkei, Dardanellen. Früher Gallipoli. Antik Callipolis. Ruine einer byzantinischen Festung.

Gelkia Ägypten. → Philae.

Gellertberg Ungarn. → Budapest.

Gellinghausen Deutschland, bei Etteln, s von Paderborn. Ringwall Hünenburg*, Errichtung spätestens im frühem Mittelalter. Sw Hügelgräber im Forst Böddeken.

Gelveri Türkei, sö von Aksaray. Das alte Karbala. Höhlenwohnungen, byzantinische Gregorius-Kirche (Moschee). Kloster. Unterirdische Siedlung.

Gemai Sudan, s von Wadi Halfa. Friedhöfe.

Ǧemdet Nasr Irak. → Djemdet Nasr.

Gemellae Algerien, bei Oule-Djellal. Römische Stadt am algerischen Limes.

Gemellae I-Sardinien. → Olbia.

Gemina Urbanorum Spanien. Römisch; Olvera, n von Ronda. Iberisch Urso.

Gemlik Türkei, n von Bursa. Prusa ad Mare. Byzantinisch Chios. Byzantinische Lehmmauer.

Gemmrigheim Deutschland, 15 km s von Heilbronn. Mauerreste von römischem Gutshof.

Genabum Frankreich. → Orléans.

Genava Schweiz. → Genf.

Genazzano Italien, 40 km ö vom römischen Autobahnring. In der Umgebung römische Ruinen; Nymphäum.

Gendongsanga Indonesien. → Gdong Songo.

C. Genetiva Urbanorum Spanien. → Osuna.

Genf Schweiz. Genava. Ausgrabungen und römische und frühmittelalterliche Reste in den Kirchen St. Gervais, La Madeleine, St. Pierre, St. Germain. Reste von Befestigungsmauer. Gutshofreste im Parc La Grange. Museum für Kunst und Geschichte.

Genna Salixi I-Sardinien, 1 km s von Sant' Antonio Ruinas, ö von Oristano. Domus de Janas.

Gennes Frankreich, 30 km sö von Angers. 1 km s Dolmen de la Madeleine.

Gennesaret Israel. → Minya.

Genoni I-Sardinien, osö von Oristano. Nuraghische Befestigung.

Genzano di Roma Italien, am Nemi-See in den Albaner Bergen. Reste des Tempels der Diana Nemorensis. Schiffsmuseum. Römischer Tunnel am Nemisee, 1653 m lang.

Geoksiur GUS, Turkmenistan, Oase bei Tedschen, ca. 100 km ö von Aschchabad. Göksyur. Siedlung spätestens ab 2000 vor Chr. Tholosgräber.

Geok Tepe GUS, Turkmenistan, ca. 50 km n von Aschchabad. Ehemalige parthische (turkmenische) Festung.

Georgenberg Österreich. → Kuchl.

Georgenberg Österreich. → Micheldorf.

Georgiberg Österreich. → Sankt Kanzian.

Georgikon Griechenland, s von → Karditsa. Dromosgrab 16. Jh. vor Chr.

Georgsmarienhütte Deutschland, sw von Osnabrück. Osede: 2 km w Wälle der Bardenburg.

Geoy Tepe Iran, s von Orumiyeh, nähe Orumiyeh-See.

Geraki Griechenland, 35 km sö von Sparta. Antik Geronthrai. Reste einer fränkischen Festung. N auf einem Gipfel Reste einer pelasgischen Mauer um 1100 vor Chr., später restauriert.

Gerar Israel. → (Tel) Jamme.

Gerasa Jordanien. → Jerash.

Gerdekkaya Türkei. → Çukurca.

Gerd Kuh Iran, Berg ca. 30 km w von Damghan, 300 km ö von Teheran. Früher Diz-i Gundaban. Hier stand ev. die antike Festung Tagae. Assassi-

nenburg; Befestigungs- und Häuserreste. Zisternen.

Gerf Hussein Ägypten, ca. 100 km s von Assuan. Felsentempel Ramses' II. im Stausee; Teile nach → Elephantine verbracht.

Gerga Türkei, ca. 60 km s von Aydın, bei Krisaxalar. Ruinen von antiker Stadt: kleiner römischer Grabtempel. Zwei Stelen. Gräber. Monolithstatue.

Gergal Spanien, 43 km n von Almería. Prähistorische Grabstätte El Sepulcro.

Gergei I-Sardinien, 70 km n von Cagliari. N auf der Giara di Serri bei der Kirche Santa Vittoria di Serri paläosardisches Heiligtum mit Befestigung, nuraghischem Brunnen, Pilgerunterkünften, Rundhäusern, Nekropolis, 13.-8. Jh. vor Chr. Sw von G. Nuraghe Preganti und Gigantengrab.

Gerger Türkei, 40 km ö von Eski Kâhta. Arsameia am Euphrat. Burg mit Inschriften und Relief aus kommagenischer Zeit.

Gergesa Jordanien. → Kursi.

Gergis Türkei, ö von Troja.

Gergovie Frankreich, auf dem Mont Gergoy 6 km s von Clermont-Ferrand. Keltisches Oppidum; ehemals stärkste Festung der Arverner. Spuren von gallischer Befestigung, gallo-römischer Verteidigungsanlagen, Grundmauern eines Tempels.

Gerichtstetten Deutschland. → Hardtheim-Gerichtstetten.

Gerione Italien, s von Larino, s von Térmoli. Ruinen.

Gerisa, Tel Israel, nö von Jaffa, Jarkon-Tal. Ehemalige frühbronzezeitliche Stadt.

Gerizim Israel, Berg s von Nablus. Reste eines hellenistisch-römischen Tempels ausgegraben; ehemals Samariter-Tempel 332 vor Chr., dann Jupitertempel 135 nach Chr. Auf zweitem Gipfel Grundmauern von byzantinischer Marienkirche 5./6. Jh. und von Befestigung 6. Jh.

Germa Libyen, Fezzan, Wadi Adjal. Ruinen von Garama (Alt-Germa), Hauptstadt der Garamanten 8. Jh. vor Chr. bis 1. Jh. nach Chr. Verwitterte Lehmziegelmauern, auch von Königsburg. Spätbyzantinische Umfassungsmauer. In der Nachbarschaft große Grabfelder. Museum.

Germanicea Türkei. → Kahramanmaraş.

Germanicopolis Türkei. → Çankırı.

Germanicum Deutschland. → Kösching.

Germanikeia Türkei. → Kahramanmaraş.

Germe Türkei. → Soma.

Germersheim Deutschland. Antik Vicus Julius, Vicus Julii. Ehemals Standort eines römischen Kastells.

Germi Iran, Provinz Germi, n von Ardebil. In der Umgebung (auch auf dem Gebiet der GUS) Hunderte von parthischen Gräbern festgestellt.

Germir Türkei. → Konaklar.

Germişara Rumänien. Ehemals römisches Heilbad.

Geroda Syrien. Antik; Djerud, 64 km nö von Damaskus.

Geroldshausen Deutschland. → Wolnzach.

Gerolstein Deutschland, Eifel. Villa Sarabodis, heute Vorort Sarresdorf. Grundmauern einer Villa Rustica. Auf dem Dietzenley bei Büscheich befand sich eine frühkeltische Höhensiedlung, Funde ab 2. Jtsd. vor Chr., Ringwallanlage. Gallo-römische Kultstätte Judenkirchhof bei G.-Pelm-Kasselburg. Buchenlochhöhle: Spuren des Moustérien und des Jungpaläolithikum. Römisch-Germanisches Altertumsmuseum.

Gerona Spanien. Im Hof der alten Universität Mauern 5. Jh. Römischer Brunnen.

Geronthrai Griechenland. → Geraki.

Geroskipos Zypern, ö von Paphos. Ausgrabungen.

Gerrha Arabische Halbinsel. Antike Handelsstadt, deren Lage noch nicht entdeckt ist.

Gerstenberg Deutschland, n von Schwalmstadt-Allendorf. Ehemals späthallstatt-frühlatènezeitliche Höhensiedlung. Wallreste. Reste der Landsburg.

Gerulata Slowakei. → Rušovce.

Gerzeh Ägypten, Fayum-Osten. Kultur (Gerzéen) ab Mitte 4. Jtsd. vor Chr. bis ca. 3000 vor Chr. Heute als Negade II bezeichnet (→ Naqada).

Gesa Ägypten. → Qus.

Gesera, La Spanien, Provinz Teruel. Iberische Siedlung.

Gesi Türkei, ca. 15 km nö von Kayseri. Ehemals Nea Kassiane. In der Nähe Ruinen des armenischen Klosters Surb Karapet. In der Nähe Kirchenfundamente 9. Jh.

Gesico I-Sardinien, ca. 52 km n von Cagliari. N Nuraghe Natzargius. Sö Nuraghe Su Linu. Sö Nuraghe Piscu. Sw Nuraghe Sitziddiri.

Gesoriacum Frankreich. Boulogne.

Gésturi I-Sardinien, n von Barumini. N Nuraghe Pisconti, s Protonuraghe Brunku Madugui mit Nuraghendorf und Archäologischem Park.

Gettlinge Schweden, Öland, SW. Eisenzeitliches Grabfeld mit großer Schiffssetzung.

Gevarik-Tal Türkei. → Hakkari.

Gevaş Türkei, am Van-See-Südufer. Sitz der Ardzruni, ab 752 Herrscher über Van. Burgrest Vastan.

Gevgelija Makedonien, in der Nähe des griechischen Grenzübergangs. In der Umgebung Reste antiker Siedlung. Antike Nekropole.

Geyre** Türkei, 100 km sö von Aydın, 12 km sö von Karacasu. Assyrisch Ninoe. Antik Aphrodisias, frühbyzantinisch Stavropolis, in späterer Zeit Karia. Reste von Agora. Byzantinischer Palast 4./5. Jh. Kirchen. Odeon. Säulen von Propylon 2. Jh. Sebasteion. Stadion*. Gymnasion. Akropolis. Umfassungsmauer mit Stadttor. Aphrodite-Tempel, später in Kirche umgewandelt. Theater. Thermen 2. Jh. Museum.

Geyve Türkei, sö von Izmit. Antik Tateion. Römische Grabstätte.

Gezer Israel, sö von Ramla. Ausgrabungen am Tell Gazar. Besiedelt 30.-10. Jh. vor Chr. Ruinen der biblischen Stadt. Spuren von vier Stadtmauern ab 3. Jtsd. vor Chr. Wassertunnel, ca. 1500 vor Chr. Menhirreihe mit zwei Rundbauten.

Ggantija Malta, Gozo. → Xaghra.

Ghab, Tell el Syrien, 50 km nö von Lattakia, bei Khan Qurschiye, auch Khan Bektasch. Tell mit ma Wachtturm. Karawansereiruine.

Ghadira Malta, n von Mellieha. Ehemaliger Ghain Zejtuna-Tempel.

Ghajn Abdul Malta, Gozo, w von Victoria. Neolithische Wohnhöhlen.

Ghajn Tuffieha Malta, Westküste. 2 km sö Reste von römischem Bad, Mosaike. 1½ km ö ehemalige bronzezeitliche Siedlung Fawwara. 1 km sw ehemals bronzezeitliche Siedlung Qarraba (Il Karraba), Felskammern.

Ghajn Zejtuna Malta. → Ghadira.

Ghamka, Tell Syrien, 57 km n von Tripoli. Ev. das phönizische Enhydra.

Ghandak Afghanistan, n von Kabul. Ruine einer Festung.

Ghanjsielem Malta, Gozo. Reste des Borg il-Gharib-Tempel. Reste des Li Mrejzbiet-Tempel. ½ km w Siedlungsspuren.

Ghantasala Indien, Andhrapradesh, 50 km sö von Vijayavada. Stupa, Satavahana-Dynastie.

Ghar Dalam Malta. → Birzebbuga.

Ghar ta'Ghejzu Malta, Gozo. → Xaghra.

Ghar il-Kbir Malta, bei → Dingli. Neolithische Wohnhöhle bei den Cart-ruts (Gleitkarrenspuren) "Clapham Junction". → Abb. 57.

Gharian Libyen, s von Tripolis. Ruinen von byzantinischer Basilika.

Ghar-i Kamarband Iran, 3 km w von Behschahr am Kaspischen Meer. Höhle, besiedelt 9500 vor Chr.

Ghassul Jordanien. → Teleilat el Ghassul.

Ghat Libyen, SW-Grenze. Lehmburg. Urgeschichtliche Rundgräber, z.B. bei Fi Uad (Feuet), 13 km w.

Ghazali, El Sudan, 15 km von → Meroë 1 (Sanam). Befestigtes Kloster. Nubische Ruinenstadt.

Ghazna Afghanistan, 145 km sw von Kabul. Ghasni usw. Die Stadt 1221 zerstört. Buddhistische Anlage Tep-i-Sadar (Tapa Sardar) ausgegraben. Stupa; 9. Jh. Islamische Ruinenstätte. Zwei Minarette 12. Jh. Palast 11. Jh. ausgegraben. Mausoleum.

Ghebri, Qalaeh Iran, 9 km nö von Veramin, sö von Teheran. Frühislamische Ummauerung.

Ghebri, Qalaeh Iran, sö von Schiraz, 14 km sw von Fasa. Sassanidische oder islamische Festungsruinen. Staudammreste "Darvazeh".

Ghebri, Qalaeh-i Iran. Burg 4 km n von → Qir, s von Schiraz.

Ghebri, Qalaeh-i Iran. Name zweier Burgen bei → Djehrum.

Gheriat el-Gharbia Libyen, 200 km LL s von

Tripolis. Ghabir, Ghadir. Römisches Kastell* am Tripolitanischen Limes, 3. Jh. In der Umgebung (57 km s von Misda) Pfeilergrabmal.

Gherla Rumänien, 45 km nö von Cluj. Ehemals mit römischem Castrum.

Gheytariyeh Iran, im NO von Teheran. Großes eisenzeitliches Gräberfeld, 1100-800 vor Chr.

Ghiaccio forte Italien, ca. 14 km sö von Scansano. Reste einer etruskischen Siedlung.

Ghiné Libanon, 40 km nö von Beirut, nö von Ghazir. Basrelief.

Ghirza Libyen, 200 km LL sö von Tripolis, im Wadi Zemzem. Ehemalige Grenzbefestigung am Tripolitanischen Limes. Gebäudereste. Nekropolen 3. Jh.: Südnekropole mit Pfeilergrab. Nordnekropole* mit Tempelgräbern.

Ghiundi, Qalaat Ägypten, ö von Suez. Jundi. Ruine von altägyptischer Festung.

Gho Ghuta Syrien, bei Damaskus. Dorf von ca. 7000 vor Chr. entdeckt.

Gholaia Libyen. → Bu Ngem.

Ghoom Indien, Westbengalen, 7 km s von Darjeeling. Tibetanisches Kloster in 2400 m Höhe.

Ghorifet Ben Es Soltane Tunesien. 3 km nö von → Balta.

Ghubayra Iran, s von Kerman. Reste von seldschukischer Stadt auf zwei prähistorischen Siedlungshügeln; Tell-i-Iblis-Kultur, 3.-2. Jtsd. vor Chr. Steintüren, Ruinen; Festung Qalaeh-i Khan.

Ghueida, Qasr el-* Ägypten, Oase el-Charga, 25 km s von Charga. Festung; Tempel für Amun, Mut und Chons, ab ca. 6. Jh. vor Chr. bis in die ptolemäische Zeit.

Giannutri Italien, Insel w von Tarquinia. Römische Villa.

Giant's Castle RSA. Wildschutzgebiet mit Höhlenmalereien.

Giant's Quoit GB, Cornwall, in den Redruth Moors. Großsteingrab.

Gianyar Indonesien, Bali. Durga-Heiligtum von Bukit Darma, 11. Jh.

Giaur-Kala GUS, Turkmenistan. → Merw.

Giaurtepe Türkei, Keban-Stausee sö von Ağın. Ehemalige bronzezeitliche Siedlung.

Gibeah Israel. → Shaafat.

Gibeon Israel. Heute → (El) Djib.

Gickelsburg Deutschland, ca. 1½ km ö der → Saalburg. Ringwall von Fliehburg Mitte 1. Jtsd. vor Chr.

Giersberg Deutschland, n von Armsen, ö von Verden. Wallreste von vorgeschichtlicher Kultanlage.

Gießen Deutschland. Museum Wallenfels'sches Haus mit Vor- und Frühgeschichte, Völkerkunde. Auf dem Hangelstein 2½ km sö von Lollar Befestigungsreste; Funde Neolithikum bis Mittelalter.

Gigarta Libanon. Antike Siedlung, ev. an der Stelle der heutigen Burg → Mousaylaha.

Gigen Bulgarien, an der Donau. Antik Oescus. Reste von Tempeln und Gebäuden.

Gighti Tunesien, am Golf von Bou Grara, nähe Djerba. Reste von Forum, Kapitolstempel, Curie, Gerichtsbasilika, Tempel der Concordia, des Hercules, des Liber Pater, des Genius des Kaisers, des Apollon, Thermen, Markt, Merkurtempel, Palästra. N antike Reste.

Gijan Iran. → Giyan Tepe.

Gila Cliff Dwellings National Monument USA, New Mexico, 71 km n von Silver City. Indianische Wohnhöhlen, 13. Jh.

Gilan Iran, ö von Rasht, nähe Kaspisches Meer. Ausgrabungen der Amlashkultur.

Giläu Rumänien, 17 km n von Cluj. Römisches Castrum ausgegraben.

Gilgitschai GUS, Aserbaidschan. Befestigungsreste.

Gilindere Türkei, Südküste, ca. 90 km sw von Silifke. Antik Kelenderis. Römische und byzantinische Reste.

Giloh Israel. Ev. das heutige Dorf Beit-Jalla w von Bethlehem.

Gilsland GB, nö von Carlisle, 2 km nw von Greenhead. Reste des → Hadrianswalles. Römische Brücke.

Gilund Indien. Fundstätte der → Banas-Kultur.

Gindarus Syrien. → Djenderas.

Gingee Indien, 150 km sw von Madras. Befestigung* auf drei Hügeln, ab 13. Jh. Hinduistische und islamische Bauwerke.

Ginn, Tell el- Ägypten, Delta-NO, nö von Qantir, bei Manschad Abu Omar. Ausgrabungen; Funde ab 3900 vor Chr.

Gioia del Colle Italien. → Monte Sannace.

Gióia Táuro Italien, Kalabrien W-Küste. Antik Matauros, Metaurus. Gründung der Lokrer. Nekropole.

Gioiosa Iónica Italien, Kalabrien, n von Locri. Reste von römischer Villa. Sö → Marina di Gioiosa Iónica.

Gipton Griechenland. → Lamia.

Girba Tunesien, Djerba, bei Houmt Souk. Antike Siedlung.

Gird, Qalaeh-i Iran, ö von Girdi, 95 km s von Zabol. Mauern und Türme von befestigter Siedlung.

Girel Kalesi Türkei, 7 km nw von → Bodrum. Befestigte Siedlung der Leleger.

Giresun Türkei, Schwarzmeerküste. Pontisch Pharnakeia. Griechisch Kersos. Römisch Cerasus. Ruinen von byzantinischer Festung; Mauerwallreste. Armenische Kirche 18. Jh. Insel Giresun Adası, antik Aretias, ehemals Standort eines Marstempels. Byzantinische Klosterruinen, 10. Jh.

Girga Ägypten. → Nag ed-Deir.

Girgoli Türkei. → Cemikköy.

Girivraja Indien. → Rajgir.

Girme* Türkei, 10 km ö von Bucak, n von Antalya. Ruinen des antiken Kremna. Reste von 2

Foren, Gymnasium, Theater, Basilika.

Girmeli Türkei, ca. 100 km osö von Mardin. Kloster Mar Augen. Teile ab 4. oder 5. Jh. Grabkammer mit Krypta. 3 km ö die Kirche Mar Yohanna.

Girnar-Berg Indien. → Junagadh.

Girsu Irak. → Tello.

Gitani Griechenland. → Gumani.

Githio Griechenland, Peloponnes, 45 km s von Sparta, mit der antiken Insel Kranai. Auf dem Gipfel des Larysion die Ruinen eines Kastros. Akropolishügel mit Mauerresten. Grundrisse eines Tempels. Theaterrest*.

Giuliano di Roma Italien, 16 km s von Frosinone. Antike Reste. Gräber.

Giurdignano Italien, 10 km w von Otranto. Dolmen, Menhir, Grottenkirche 8. Jh.

Giyan Tepe Iran, sw von Nehavend, sw von Hamadan. Siedlungsspuren ab 4. Jtsd. vor Chr. Assyrischer Palast 8. Jh. vor Chr. Gräber.

Gizeh ** Ägypten, sw von Kairo. Eine der Nekropolen von → Memphis, 4. Dynastie, 26./25. Jh. vor Chr. Cheopspyramide, noch 137 m hoch; 3 Königinnenpyramiden. → Abb. 62. Taltempel noch nicht ausgegraben. Chephrenpyramide, noch 136 m hoch, Nebenpyramide, Taltempel, Aufweg und Totentempel. Mykerinospyramide, 66 m hoch, 3 Königinnenpyramiden, Taltempel verdeckt, Aufweg und Totentempel. Friedhöfe mit Privatgräbern, hauptsächlich des Alten Reiches. Mastabagräber. Großer Sphinx und Sphinxtempel, 4. Dynastie. Harmachis-Tempel. Barkengrube. In Naslit el Semman Spuren einer Stadt 3. Jtsd. vor Chr.

Gjaur-Kala GUS, Turkmenistan. → Merw.

Gjaur-Kala GUS, Usbekistan, s des Aralsees am Amudarja, ehemalige Karakalpaktische SSR. Ausgrabung einer choresmischen Grenzfestung mit angrenzendem Gebäude mit Festsaal (2./3. Jh.).

Gla Griechenland, Böotien. Ehemals Insel im Kopais-See, 115 km nw von Athen, in der Nähe von → Kastro nw von Thiva. Auch Palaiokastro. Stadtmauer vorhanden. Ruine des Paläokastro von Gulas, 16. Jh. vor Chr. Alte Brücke über den Melas. Spuren von zyklopischen Deichmauern aus minoischer Zeit.

Glafira Griechenland, 13 km n von Volos. Früher Kapraina. Das antike Glaphyra n auf einem Hügel. Tempelfundamente.

Glânebourg Schweiz. → Posieux.

Glanice Bosnien-Herzegowina, bei Stari Majdan, 11 km nw von Sanski Most, w von Banja Luka. Ausgrabung einer römischen Metallwerkstatt.

Glanitsa Griechenland. → Amygdalea.

Glannaventa GB. → Ravenglass.

Glanum Frankreich. → Saint-Rémy-de-Provence.

Glaphyrai Griechenland. → Glafira.

Glarentsa Griechenland. → Kyllini.

Glarus Türkei, asiatisches Bosporusufer. Antike Bezeichnung für Kanlıca, Teil von Istanbul, n von

Üsküdar.

Glashütten Deutschland, w von Bad Homburg. Reste von römischem Kleinkastell.

Glasinac Bosnien-Herzegowina, w von Rogatica, ca. 80 km ö von Sarajevo. Ausgedehnte bronze- und eisenzeitliche Nekropolen und Spuren von Wehranlagen und Siedlungen (illyrischen Gradinas) bei Kula und Taline.

Glastonbury GB, Somerset. Eisenzeitliche Siedlung auf dem Hügel Yniswitrin ausgegraben; bewohnt 3./2. Jh. vor Chr. bis zur Ankunft der Römer. In der Nähe eisenzeitlicher Erdwall. Baurest aus dem 6. Jh. Lake Village Museum.

Glattfelden Schweiz, Zürich, linkes Rheinufer nahe Glattmündung. Schloßbuck bei Rheinsfelden: Fundamentreste von römischem Wachtturm (Nr. 37).

Glauberg Deutschland. → Glauburg.

Glauburg Deutschland, w von Büdingen. 2 km sö Befestigungsspuren von Urnenfelderzeit bis Mittelalter (Merowingerzeit) auf dem Glauberg, Besiedlung ab Jungsteinzeit. Ma Burgreste.

Gleichen Deutschland, s von Öhringen. Nö Reste vom römischen Wachtturm 9/51.

Gleisdorf Österreich, ö von Graz. Ehemals römische Siedlung. Friedhof.

Glenballythomas Irland, Roscommon, ö von Castlerea. ND473. Megalithgräber.

Glencolumbkille Irland, auf der HI w von Donegal. ND139. Megalithgräber, Ringforts, Bienenkorbhütten, Pillar-Stones.

Glencullen Irland, s von Dublin. ND276. Menhir ''Clochnagon''.

Glendalough ** Irland, Wicklow. Keltisch-christliches Ensemble, ab 9. Jh.: Kirchen, teils in Bienenkorbhüttenbauweise, Rundturm, Steinkreuze, Felskammern.

Gleninsheen Irland, n von Caherconnell. Dolmen.

Glevum GB. → Gloucester.

Glina Rumänien. Ausgrabungen.

Globasnitz Österreich, sö von Völkermarkt. Das antike Iuenna im Bereich. Hemmaberg: besiedelt von keltischer bis in spätantike Zeit. Zum Ende der römischen Zeit Fluchtburg oder befestigte Höhensiedlung. Freilichtmuseum Frühchristliche Kirchensiedlung, 5. Jh. (Reste von drei frühchristlichen Bauten). Archäologisches Museum Globasnitz-Hemmaberg (Mosaike).

Glogovik Montenegro, bei Zelenika an der Boka Kotorska. Reste einer illyrischen Siedlung.

Gloria, La Mexiko, ca. 50 km sw von Léon. Vorspanische Gebäudereste.

Glossa Griechenland, im N der Insel Skopelos. Reste der alten Siedlung Selinus, heute Lutraki.

Glosses Griechenland, Aitolo-Akarnanina, 2 km n von Kandila. Rest von Festung 15. Jh.

Gloucester GB. Römisch Glevum. Reste von römischer Villa unter der Kirche St. Mary-de-Lode. City-Museum. → Great Witcombe Villa.

Glyfada Griechenland, 16 km s von Athen. Reste des antiken Demos Aixone. Ruine einer frühchristlichen Basilika. Das antike Grabdenkmal von Helliniko. Reste von antikem Theater. Kuppelgräber 2300-1500 vor Chr.

Glyki Griechenland, Thesprotia Grenze zu Preveza, am Acheron. Antik ev. Euroia. Ma Ausgrabungen; Basilika 9./10. Jh.

Glypha Griechenland, Ätolien, bei Chania, 17 km ö von Naupaktos gegenüber der Insel Trizonia. Ruinen einer antiken Siedlung mit zwei Mauerringen. Zisterne.

Glypha Griechenland, w von Chalkis. Ev. das antike Hyria. Siedlungsreste ab neolithischer Zeit.

Glyppia Griechenland. → Kosmas.

Gnarrenburg Deutschland, ca. 40 km n von Bremen. N im Eichholz Großsteingrab und Hügelgräber.

Gnathia Italien. → Egnazia.

Gnewitz Deutschland, ö von Rostock. Ca. 1½ km sö Reste von Großsteingräbern.

Gniezno Polen. Gnesen. Archäologisches Museum.

Gnisvärd Schweden, Gotland-Westküste, bei Tofta. Schiffsgrab, 45 m lang.

Gnotzheim Deutschland, s von Gunzenhausen. W ehemals Standort des römischen Kohortenkastells Mediana, 1. Jh. - Mitte 3. Jh.

Goa Gadjah Indonesien. Goa Gajah. → Bedulu.

Goa Lawah Indonesien, Bali, SO-Küste, ö von Kusamba. Kleiner Tempel.

Gobbin Deutschland, Rügen, sö von Bergen. 1½ km nw Rest von Großsteingrab "Ziegensteine".

Godin Tepe Iran, sw von Hamadan. Besiedelt ab 5. Jtsd. vor Chr. Festungshügel der Mederzeit ausgegraben. Grundmauern, Mauer- und Torreste.

Godmanchester GB, nw von Cambridge. Römische Reste.

Gödet Türkei, 40 km sö von Karaman. Höhlenkirchen (Yabangülü Sakli).

Göfis Österreich, sö von Feldkirch. Befestigte Siedlung Heidenburg von früher Bronzezeit bis in spätrömische Zeit. Reste spätantiker Gebäude. Bronzezeitliche Wallanlage Hochwindenkopf.

Göhrisch Deutschland, s von Niederlommatzsch, nw von Meißen. Jungbronzezeitlicher Wall.

Gökçeler Kalesi Türkei, 3 km n von → Bodrum. Ehemals Pedasa, Hauptstadt der Leleger. Nekropole.

Göksun Türkei, 194 km wsw von Malatya. Reste des antiken Cocusus.

Göksyur GUS, Turkmenistan. → Geoksiur.

Gök-Tepe GUS, Turkmenistan. → Geok-Tepe.

Göktsche Toprak Türkei. → Sivasa.

Göllersreuth Deutschland. → Thalmässing.

Göllheim Deutschland, 26 km w von Worms. Keltengräber.

Göllüdere-Tal Türkei, ca. 12 km nö von → Nevşehir, Gebiet der Höhlenkirchen. Kirche mit den drei Kreuzen.

Gömbe Türkei, sw von Elmalı. Das lykische Komba.

Göming Österreich, n von Salzburg, w des Obertrumer Sees. Ö in Nußdorf-Hainbach Wälle und Gräben einer Siedlung vom Ende der Jungsteinzeit bis zum Beginn der Hallstattzeit.

Gönnersdorf Deutschland. → Feldkirchen-Gönnersdorf.

Göre Türkei, 3 km s von Nevşehir. Höhlenwohnungen. Unterirdische Siedlung.

Göreme** Türkei, 22 km w von → Ürgüp. Byzantinisch Korama. Höhlenkirche Tokalı Kilise, Malerein 963-969. Elmalı Kilise (Apfelkirche) mit Malereien 11. Jh. Barbara Kilise. Yılanlı Kilise (Schlangenkirche) mit Malereien. Onuphrios-Kirche. Karanlık Kilise (Dunkle Kirche) mit Fresken, 11. Jh., als Teil eines ehemaligen Klosters; Refektorium. Katharina-Kirche. Çarıklı Kilise, Fresken. Kreuzkirche. Kızlar Kalesi. Weitere Kirchen und Kapellen. In der Nähe: → (El) Nazar-Tal, → Kiliçlar-Tal. Weitere Zentren von Höhlenkirchen: → Soğanlı, sö bei Yeşilhisar, und das → Peristrema-Tal sö von Aksaray. Kirchenzentrum → Göreme am Argaios.

Göreme am Argaios Türkei, s des Erciyas Dağı. Kirchen und Kirchenreste.

Göremeköy Türkei. → Avcılar.

Görlitz Deutschland. Sw auf der Landeskrone Wälle ab früher Eisenzeit.

Göründü Türkei, Vansee-Südufer. Kamrak Vank, Karmir Vank, Göründü Kilisesi. Kloster ab 10. Jh. Zwei Kirchen.

Görz Österreich. → Paternion.

Göteborg Schweden. Felszeichnungen 2. Hälfte 2. Jtsd. vor Chr.

Götlunda Schweden, bei Arboga. Auf dem Höhenzug Lungersåsen vorgeschichtliches Gräberfeld.

Göttingen Deutschland. Nö auf einem Felssporn des Hünstollen Wälle von frühlatènezeitlicher und mittelalterlicher Befestigung, Mitte 1. Jtsd. vor Chr. und 9.-12. Jh. Städtisches Museum.

Göynücek Türkei, 55 km sw von → Amasya. Zitadellenrest. Zwei Felstunnel.

Gözlikule Türkei. → Tarsus.

Göztesin Türkei, w von → Nevşehir. Unterirdische Siedlung.

Gogmagog Hills GB, Cambridgeshire. Römische Straße.

Gogstad Norwegen, bei Sandefjord, w des Oslofjordes. Grabhügel "Kongshaugen" des norwegischen Kleinkönigs Geierstadealf, 2. Hälfte 9. Jh.

Gokarna Indien, Karnataka, nördliche Küste. Mahabaleshvara-Tempel.

Gok Tepe Iran. → Geoy Tepe.

Golan Syrien/Israel. → Djolan-Plateau.

Golan Syrien. Das biblische G. ev. das heutige Sahem ed Djaulan, 29 km nw von Deraa.

Golasecca Schweiz. → Castaneda.

Goldberg Deutschland, w von Nördlingen. →
Riesbürg-Goldburghausen.
Goldenbow Deutschland, n von Parchim. 2 km
wnw Rest von Großsteingrab.
Goldgrube Deutschland. → Oberursel.
Goldsborough GB, North Yorkshire, 25 km ö von
Middlesbrough, 8 km nw von Whitby, s der Runs-
wick Bay. Reste einer römischen Signalstation,
4. Jh. nach Chr.
Goleto Italien. Nekropole.
Golfo Aranci I-Sardinien, nö von Olbia. Brunnen-
heiligtum der Nuraghenkultur.
Golgoi Zypern. → Athienou.
Golkonda Indien. → Hyderabad.
Gollenstein Deutschland. Name des Menhirs von
→ Blieskastel.
Gollikogel Österreich. → Leibnitz.
Golling Österreich, Land Salzburg. Felszeichnun-
gen am Ofenauerberg. Torren: Spuren von Höhen-
siedlung am Kirchhügel St. Nikolaus, Ende
Jungsteinzeit bis Zeitenwende. Heimatmuseum.
Goloring Deutschland. → Kobern.
Gomadingen Deutschland, w von Münsingen.
Römische Siedlungsspuren; Kastell vermutet. Sw
Hügelgräber.
Gomphoi Griechenland, Thessalien, 20 km sw von
Trikala, 4 km n von Mouzaki. Reste der antiken
Festung.
Gondar Äthiopien. Ruinen von Befestigung mit
portugiesischem Einfluß, 17. Jh.
Gondhla Indien, Himachal Pradesh, s von
Kyelang. Festung und Kloster.
Goni I-Sardinien, ca. 63 km nnö von Cagliari. Auf
der Pranu Muteddu megalithische Kultstätte.
Ozieri-Kultur, 3. Jtsd. vor Chr. Gräber, Menhir-
reihen.
Gonio GUS, Georgien. Römische Festung Absa-
ros.
Gonnoi Griechenland, Thessalien, 30 km n von
Larissa. Heute Goni. Reste der antiken Stadt Gon-
nos: Mauerreste, Spuren von Agora. Tempelfun-
damente.
Gonnos Griechenland. → Gonnoi.
Goodwick GB. → Pen Caer.
Gop Indien, Gujarat. Vishnu-Tempel 6./7. Jh.
Gophna Israel. → Jifna.
Goraj Indien, Gujarat, am Deo. Ausgrabungen des
alten Mahadeopura (Stadt Shivas), Residenz der
Könige von Bharuch. Riesiges Ausgrabungsfeld;
ca. ½ Dutzend Hügel.
Gordes Frankreich, Vaucluse. Village de Bories*,
Ansammlung von Hütten steinzeitlicher Bauart. →
Abb. 123. W römische Villa Insula Maria.
Gordion Türkei. → Yassıhüyük.
Goren, Tel Israel. → En Gedi.
Gori GUS, Georgien, w von → Tbilisi. Georgisch
Goriziche. Hauptstadt ab der 1. Hälfte 1. Jtsd. vor
Chr. Befestigungsfundamente 2. Jh. vor Chr.
Goriano Sicoli Italien, w von Sulmona, sw von

Pescara. Unterirdischer römischer Aquädukt.
Goritsa Griechenland, 3½ km ö von Volos. Reste
von alter Akropolis mit Bastion und Tempel. Grä-
ber.
Gornea Rumänien. Ehemals mit römischem Ka-
stell.
Gornja Tuzla Bosnien-Herzegowina, 10 km onö
von Tuzla. Ausgrabung einer neolithischen Sied-
lung der Starčevo-Kultur (3000-2000 vor Chr.).
Gornji Humac Kroatien, Insel Brač, s von Pu-
čišća. Vorgeschichtliche Grabhügel.
Gornji Seher Bosnien-Herzegowina, 4 km s von
Banja Luka. Spuren von römischen Thermen.
Goronna I-Sardinien. → Paulilátino.
Gorsey Bigbury GB, Somerset, in den Mendip
Hills. Bronzezeitlicher umwallter heiliger Bezirk.
Gors Fawr GB. → Mynachlogddu.
Gorsium Ungarn. → Tác-Fövenypuszta.
Gortalovo Bulgarien, bei Pleven. Höhle mit Male-
reien.
Gortyn* Gr-Kreta. Gortys. In römischer Zeit
Hauptstadt der Provinz Kreta und der Kyrenaika.
Ruine der Basilika Haghios Titos 7./8. Jh. Römi-
sches Odeon 2. Jh. nach Chr. Spuren des Theaters. Akropolis mit Tempel- und Altarspuren. Ruinen von Tempel der ägyptischen Gottheiten. Stelle
von Apollon-Tempel. Spuren eines Heroons
3./2. Jh. vor Chr. Reste von kleinem Theater. Reste von Prätorium, 2. Jh. nach Chr. Spuren von
zwei Nymphäen. Spuren von Zirkus. Reste von
byzantinischer Basilika. Reste von Aquädukt. Gräber. Kleines Museum.
Gortys Gr-Kreta. → Gortyn.
Gortys Griechenland, Peloponnes, n von Karytena,
50 km w von Tripolis. Stadtmauerreste. Fundamente von zwei Asklepios-Heiligtümern ausgegraben: 1) Anlage aus dem 4. Jh. vor Chr., bald darauf zur Errichtung einer Thermenanlage verwendet. Ruinen eines römischen Bauwerks. Reste eines
kleinen Tempels, später byzantinisch überbaut. Reste eines Portikus. Wohnviertel und weitere Gebäudereste (5.-3. Jh. vor Chr.).
2) Asklepiostempel 6./5. Jh. und Reste eines Bek-
kens 3. Jh. vor Chr.
Ehemals drei Festungen: Helleniko, Haghios Nikolaos bei Vlachoraffi, Paläokastro.
Gosan Syrien. → Ras el Ain.
Goschawank* GUS, Armenien, bei Gosch, 23 km
ö von Dilidschan (Diližan). Nor Getik. Kloster des
12./13. Jh. Astwazazin-Kirche 1191-1196. Gregorius-Kirche 1241. Kleine Kirche 1237. Bibliothek.
Mausoleum. Ripsime-Kapelle. Chatschkar.
Gotenyama Japan, Hokkaido, Südküste. Bergfe-
stung der Ainu.
Gough's Cave GB, Somerset, in den Mendip
Hills. Altsteinzeitliche Höhle. → Cheddar.
Goumdan Jemen-Nord. → Sana.
Goumoens-le-Jux Schweiz, Waadt (Vaud), n von
Lausanne. Layaz: im Tal des Talent Mauern und

Graben einer Befestigungsanlage.

Gournay-sur-Aronde Frankreich, nw von Compiegne. Wall und Graben von latènezeitlichem Oppidum. Spuren eines Heiligtums.

Goussat, El Tunesien, 22 km nö von El Kef. Römische Ruinen von Ucubi. Römische Brücke.

Graacher Schanzen Deutschland, zwischen Bernkastel und Traben-Trarbach. Französisch, 1795/96.

Grab Deutschland, w von Schwäbisch-Hall, zu Groß-Erlach. Rekonstruierter Limeswachtturm 9/83.

Grabčeva Kroatien, im S der Insel Hvar. Grotte mit Funden aus illyrisch-griechischer Zeit.

Graben Deutschland. → Karlsgraben.

Graben des Scipio Tunesien. → Thaenae.

Gråborg Schweden, Öland. Wall* von Fluchtburg, 5. Jh.

Grabowhöfe Deutschland, n von Waren. 2 km s Reste von Großsteingräbern.

Gračarca Österreich. → Sankt Kanzian.

Gradac Bosnien-Herzegowina. → Kiseljak.

Gradac Kroatien, Insel Brač. Ehemalige Wallburg.

Gradežniška Bulgarien, nö von Sofia. Tell der alten Siedlung.

Gradina Bosnien-Herzegowina. → Prijedor.

Gradina Kosovo. → Peć.

Gradina Kroatien. → Preko.

Gradina Kroatien. → Promajna.

Gradina Kroatien, Istrien, innerste Bucht des Limski-Kanals. Illyrische Wallburg mit Gräberfeld.

Gradisht Albanien. Ehemalige befestigte Siedlung 1. Jtsd. vor Chr.

Grado Italien. Antik Aquileia Nova, der Hafen von → Aquileia. Dom mit Teilen und Mosaiken 6. Jh. Baptisterium 5. Jh. mit Mosaikresten. S. Maria delle Grazie ab 5. Jh. mit Mosaikresten. Grundmauern von Basilika di Piazza Vittoria, 5. Jh., mit Mosaikresten.

Gräbelesberg Deutschland. → Albstadt.

Grafendorf Österreich. → Gaimberg.

Graffham Downs GB, Sussex. Grabhügel.

Grafing Deutschland, ö von München. Keltenschanze 1 km sw des Bahnhofs.

Graham's Dyke GB. → Antoniuswall.

Graia Griechenland, bei Skala Oropus, n von Athen, Küste. Fundort einer mittelhelladisch-mykenischen Siedlung.

Graia, El Libyen, sw von Sebha. Ruine von frühislamischer Festung, 7./8. Jh.

Grai Resch, Tell Irak, 136 km w von Mosul. Reš. Besiedlung seit Anfang 3. Jtsd. vor Chr. 20 km ö (= 116 km w von Mosul) um einen Ausläufer des Djebel Sindjar die Reste eines römischen Lagers vom Ende des 2. Jhs. Ruinen von Mauerring und Kasernen.

Graitschen Deutschland, s von Naumburg. Trojaburg.

Graja-Höhle Spanien. → Jimena.

Grambergen Deutschland. → Bissendorf.

Grammeno Griechenland, w von Ioanina. Akropolis mit antiken Resten. Tempel 4. Jh. vor Chr. an der Stelle späterer römischer Wohnhäuser entdeckt.

Granvoussa Gr-Kreta, Insel an der NW-Ecke von Kreta. Festung. Reste von Apollon-Tempel.

Granada Spanien. Iberisch Elibyrge, römisch Iliberis. Katakomben San Miguel el Alto. Nw die ursprüngliche antike Siedlung → Elvira.

Granadilla Spanien, n von Plasencia. Tore aus römischen Steinen.

Grand Frankreich, sw von Nancy. Reste der gallo-römischen Stadt Granum: von Stadtmauern, Amphitheater, Thermen, Basilika, Tempel, Theater.

Grand Canyon National Park USA, Arizona. Am Canyon Höhlenwohnungen, Pueblos, Felszeichnungen; z.B. → Nankoweap, → Tusayan.

Grandavia Albanien, bei Spanthar. Ehemaliges römisches Kastell.

Grandfontaine Frankreich, Elsaß. Auf dem Donon ausgedehntes keltisch-römisches Heiligtum entdeckt (Spuren von drei Tempeln und von Zisterne).

Grand Gulch USA, Utah. Grand Gulch Primitive Area. Felswohnungen der Basketmaker.

Grand-Pressigny, Le Frankreich, ca. 70 km s von Tours. Prähistorisches Museum*.

Gran Pajatén Peru, sw von Juanjui. 1965 inkazeitliche Siedlung freigelegt; erneut zugewachsen.

Gran Quivira National Monument USA, New Mexixo, 42 km sö von Mountainair. Pueblo-Ruinen.

Granum Frankreich. → Grand.

Grass Wood GB, Yorkshire, bei Grassington. Eisenzeitliche Siedlung. → Druid's Circle.

Gratianopolis Frankreich. → Grenoble.

Grattenbergl Österreich. → Kirchbichl.

Grave Creek Mound USA, West Virginia, in Moundsville. Von mehreren kleineren Erdwällen umgeben, noch ca. 15 m hoch. Adena-Kultur.

Gravisca Italien. → Tarquinia Lido.

Graye Jordanien. → Djesiret Faraun.

Graz Österreich. Steiermärkisches Landesmuseum Joanneum. Provinzialrömische Sammlung im Schloß Eggenberg und Steinsammlung im Schloßpark.

Grazerkogel Österreich, n von Klagenfurt, Gemeinde Maria Saal. Reste von zwei frühchristlichen Bauten.

Gražine Bosnien-Herzegowina, bei Humac, sw von Mostar. Römisches Kastrum 1.-3. Jh. Reste eines Prätoriums. Römischer Friedhof.

Great Serpent Mound USA, Ohio, Adams County, 29 km sö von Hillsboro. Als Damm von schlangenförmigem Grundriß aufgeschüttetes Kultsymbol, ev. vor Zeitenwende.

Great Witcombe GB, 6 km sö von → Gloucester. Reste einer römischen Villa, Thermen, Mosaike.

Greaves Ash GB, Northumberland, bei Linhope. Befestigung, Hütten.

Grebbestad Schweden, Süden. Eisenzeitliche Grabstätte.

Grebbin Deutschland, n von Parchim. 1 km sw Rest von Großsteingrab.

Grebin Deutschland, nö von Plön. Auf dem Timmberg Steinreihengräber.

Greene Deutschland, nö von Einbeck. Sö ma Wallanlage Hüburg.

Greenhead GB, nö von Carlisle. Westliches Ende des besonders gut erhaltenen Teiles des → Hadrianswalles.

Green Hill Row GB, Devon, Dartmoor, nw von South Brent. Gräberstraße.

Green Howe GB. → Whorlton Moor.

Greenwood USA, Staat Mississippi, am Mississippi. In der Umgebung zahlreiche Reste von Indianersiedlungen und -hügeln.

Greifenstein Deutschland, nw von Wetzlar. Holzhausen: 1 km nw Reste von Wallanlage; späte Eisenzeit.

Greinberg Deutschland. → Miltenberg.

Gremmos Griechenland. → Argoura.

Grenchen Schweiz, Solothurn. Breitholz: Reste von römischem Gutshof; Zisterne.

Grenilles Schweiz, sw von Fribourg. Ehemals Befestigung der Eisenzeit.

Grenoble Frankreich. Gallisch Cularo, römisch Gratianopolis. Rest von römischer Mauer. Im Museum gallo-römisches Mosaik.

Grenzach-Wyhlen Deutschland, Kreis Lörrach. Ö Reste von römischem Brückenkopf gegenüber von → Kaiseraugst. Burgacker: römische Villa erforscht. Hornfelsen: Wall von späturnenfelderzeitlicher bis frühmittelalterlicher Wallanlage. Rührberg: 1½ km s keltische Viereckschanze.

Gressenich Deutschland, ö von Aachen, ö von Stolberg. Abschnittswall Burgberg.

Gressy Schweiz, Waadt, s von Yverdon. Sermuz: Befestigungsreste.

Greta Bridge GB, Yorkshire. Ehemaliges römisches Kastell.

Gretzenbach Schweiz, Solothurn, 5 km sw von Aarau. Rest von Badegebäude eines römischen Gutshofes.

Greutungenwall GUS. → Oberer Tranjanswall.

Grey Mare and her Colts GB, Dorset, bei Abbotsbury, sw von Dorchester. Langhügelgrab.

Grey Wethers GB, Devon, im Dartmoor ca. 14 km LL ssö von Okehampton. Steinkreise.

Grianan of Aileagh Irland. → Carrowreagh.

Grießen Deutschland, Klettgau, ö der Wutach. Auf dem Hornbuck vorgeschichtliche Fliehburg.

Grimaud Frankreich, 10 km w von St. Tropez. Athenopolis. Griechische Grundmauern.

Grimeton Schweden, Süden, bei Varberg. Vorgeschichtliche Grabstätte.

Grimes Graves GB, n von Thetford, zwischen Norfolk und Suffolk. Neolithische Feuersteinminen (Flintgraben-Bergwerk), 2300-1700 vor Chr., mit Sanktuarium.

Grimsditch GB, Dorset, bei → Whitsbury. Eisenzeitlicher Wall.

Grim's Dyke GB. → Antoniuswall.

Grimspound GB, Devon, im Dartmoor, 30 km sw von Exeter. Bronzezeitliche Umwallung.

Grinario Deutschland. → Köngen.

Grins Österreich, bei Landeck. Bogen einer Römerbrücke.

Grizano Griechenland, w von Larissa. Reste einer großen Festung.

Grize Slowenien. → Stična.

Grohote Kroatien, Insel Šolta. Reste römischer Gebäude und Mosaike. Fundamente großer frühchristlicher Basilika 6./7. Jh.

Groitzsch Deutschland, sw von Leipzig. Wiprechtsburg. S Altengroitzsch: slawische Abschnittsbefestigungen.

Grønhøj Dänemark. → Horsens.

Groningen Niederlande. Völkerkundemuseum. → Emmen.

Grossa F-Korsika, w von Sartène. S Menhir de Vacul-Vecchiu. W Menhir de Capo di Luogo.

Groß Berßen Deutschland, n von Meppen. Ö Rest von Großsteingrab.

Große Mauer* China. Wanli Chancheng, "Chinesische Mauer". Erste Anfänge im 7. Jh. vor Chr. Ausbau und Verbindung einzelner Mauern in einzelnen Provinzen und zu unterschiedlichen Zeiten (ab Streitender Reiche), hauptsächlich in den Reichen oder Fürstentümern Qin, Chu (Henan, Reste), Zhao, Yan, Qi. Verstärkter Ausbau und erste Zusammenfassung Ende 3. Jh. vor Chr. (Qin und Han). Heute sichtbare und zu besichtigende Teile der 14. Jh. (Ming) wiederaufgebauten Mauer, z.B. bei → Badaling, 85 km n von Beijing, und am Juyong-Paß. Mauerreste 12. Jh. in den Provinzen Heilongjiang und Innere Mongolei (Jin). Ab ca. 1700 nicht mehr zweckbestimmt restauriert. → Abb. 138

Große Mauer Peru. → Santa-Tal.

Großenkneten Deutschland, s von Oldenburg. 1) 4 km nnw (2 km nnw von Döhlen) Rest von Großsteingrab. 2) S, ½ km nö von Bakenhus Rest von Großsteingrab. 3) Rest von Großsteingrab am Bakeler Berge. 4) Visbeker Bräutigam*, 5 Großsteingräber. Nahebei Grabrest "Heidenopfertisch" von → Visbek. 5) 1 km ö von 4) Grabreste "Kellersteine". 6) 3½ km ö von 4) Grabreste "Kellersteine".

Großenlüder-Bimbach Deutschland, nw von Fulda. Am SO-Rand von Bimbach Wallanlage Heidenküppel.

Große Pipa I-Südtirol. → Bruneck.

Großer St.-Bernhard-Paß Italien/Schweiz. Reste römischer Straße. Tempelfundamente, Rest von Rasthaus. Keltischer Opferplatz. Museum im Hospiz.

Großer Stiefel Deutschland. → Sankt Ingbert.

Grosseto Italien, ö von Elba. Archäologisches Museum. 6 km n → Roselle.

Groß-Friedrichsburg Guinea. Festung zum Schutz der ehemaligen kurbrandenburgischen Kolonien. 1683 erbaut, verfallend.

Groß Görnow Deutschland, n von Sternberg. 1½ km nö slawische Wälle.

Großholzleute Deutschland. → Isny.

Großklein Österreich, s von Graz, sw von Leibnitz. Zahlreiche Hügelgräber, Ende 8. Jh. bis Anfang 6. Jh. vor Chr., vereinzelt oder in Gruppen um den Burgstallkogel und das Sulmtal, einschließlich der Fürstengräber von Kleinklein. Urgeschichtlicher Wanderweg durch die Gräberfelder zum früheisenzeitlichen Siedlungsberg. Regionales Hallstattzeitmuseum.

Großkrotzenburg Deutschland, s von Hanau. Spuren von Kohortenkastell (Südwestecke). N Mithräum, römische Gräber und römische Ziegelei festgestellt. 3 km n Reste von römischem Kleinkastell Neuwirtshaus.

Groß Labenz Deutschland, sö von Wismar, sö von Warein. 1½ km nö Rest von Großsteingrab.

Großlangheim Deutschland, nö von Kitzingen. 1½ km sw ehemals Standort einer kaiserzeitlichen Siedlung.

Großmugl Österreich, Niederösterreich, n von Stockerau. 16 m hoher Erdhügel, ev. das Grab eines illyrischen Fürsten, ca. Mitte 1. Jtsd. vor Chr. (Hallstattzeit).

Groß Nieköhr Deutschland, w von Gneuen, n von Waren. Neu Nieköhr: 1 km sw slawischer Burgwall ab 7. Jh.

Groß Raden Deutschland, nö von Sternberg, ö von Schwerin. Slawischer Burgwall; Tempel des 9./10. Jh. rekonstruiert. Freilichtmuseum.

Groß-Rhevmatiaria Griechenland, Klippe w von Delos. Spuren einer frühchristlichen Kapelle 4./5. Jh.

Groß-Schonebeck Deutschland, 1 km sö von Appelhülsen, sw von Münster. Wälle von Burganlage.

Groß Stavern Deutschland, n von Meppen. Ö von Sprakel Rest von Großsteingrab.

Groß Zastrow Deutschland, sö von Grimmen. W und n Reste von Großsteingräbern.

Groß-Zimbabwe Simbabwe. Das Heiligtum von → Zimbabwe.

Grotenburg Deutschland, sw von Detmold, mit dem Hermannsdenkmal. Wallreste an der Südseite Anfang 1. Jh.

Grotta dei Cervi Italien. → Porto Badisco.

Grottaferrata Italien, sö von Frascati. Antiker Portikus an der Abteikirche.

Grotta Porcina Italien, sw von Vetralla. Etruskisch-römische Felsgräber.

Grotte di Castro Italien, nw des Bolsena-Sees. Auf dem Hügel La Civita Mauerreste einer etruskischen Siedlung. Nekropolen.

Grotte aux Fées Frankreich, 5 km nnw von →

Tours. Dolmen.

Grottole Italien, sw von Mastera. Archäologisches Gebiet; lukanische, griechische, römische Zeit.

Grovely Wood GB, Wiltshire, ca. 15 km nw von Salisbury. Römische Straße. Ringwall.

Grüb Deutschland, ö von Dinkelsbühl. 1 km n restaurierte Reste des Limeswachtturms 13/25.

Grünbach Deutschland, 8 km ö von Erding. 2 km nö und 2 km sö Keltenschanzen.

Grünburg Deutschland, n von Stadtsteinach. Ma Ringwall.

Gründberg Österreich. → Linz.

Grünhof-Tesperhude Deutschland, Schleswig-Holstein, nw von Lauenburg. Bronzezeitliche hölzerne Totenhäuser festgestellt.

Grüningen Deutschland. → Pohlheim.

Grünwald Deutschland, s von München. S oberhalb des Georgensteins "Römerschanze": spätrömische (bis 5. Jh.) Siedlungsspuren (Handwerksbetriebe) und frühmittelalterliche Straßenstation; Wälle. In der Burg G. Dependance der Prähistorischen Staatssammlung.

Grumento Italien, Kampanien, 80 km s von Potenza. Grumento Nova. 2 km LL ö die Ruinen* von Grumentum, gegründet 4. Jh. vor Chr. Spuren von Tempel und Theater. Ausgrabungen. Museum 1992 geschlossen.

Grumentum Italien. → Grumento.

Grundoldendorf Deutschland, w von Buxtehude. Wenig nw (zu Bliedersdorf) Reste von Großsteingräbern, 1. Hälfte 3. Jtsd. vor Chr.

Grundsheim Deutschland, nw von Biberach. Nekropole.

Grynchai Griechenland. → Neochori.

Grynium Türkei, 72 km n von Izmir, an der Küste, bei Yenişakran. Die antike Stadt heute versunken. Hellenistische und römische Mauerreste. Ehemals mit marmornem Apollotempel.

Grzybiany Polen, bei Legnica (Liegnitz), w von Breslau. Nicht befestigte Siedlung der hallstattzeitlichen Lausitzer Kultur.

Guadalajara Mexiko, Hauptstadt von Jalisco. Museo del Estado de Jalisco mit archäologischer Abteilung. Archäologisches Museum der Universität. Pyramidenrest s in → Ixtepete.

Guadalajara Spanien. Ev. das römische Arriaco. Brücke mit römischen Spuren.

Guadone Italien, Apulien, bei San Severo. Siedlung der älteren Jungsteinzeit.

Guahim Französisch-Polynesien, bei Tahiti. Tempelanlagen (Maraes).

Gualdo Tadino Italien, nö von Perugia. Antik Tadinum. Etruskische Gräber.

Gua Madau Malaysia, Kelantan. Fundort der → Bac-son-Kultur, bis ca. 3000 vor Chr.

Gua Musang Malaysia, Kelantan. Jungsteinzeitlicher Fundort.

Guanajuato Mexiko, Hauptstadt von G. Museum in der Alhóndiga de Granaditas mit archäologischer

Abteilung.

Guancha, La Spanien, Gran Canaria. → Gáldar.

Guangala Ecuador, w von Guayaquil. Kultur Mitte 1. Jtsd. vor Chr. bis Mitte 1. Jtsd. nach Chr.

Guangzhou China, Guangdong. Kanton. Kloster Guangxiaosi, ab 4. Jh. Westliche und Östliche Eisenpagode, 10. Jh. Hallen Daxiongbaodian und Liuzudian. Museum.

Guarcino Italien, 22 km n von Frosinone. Ehemalige Siedlung der Herniker. Spuren von Thermen.

Guarda Portugal. Regionalmuseum.

Guarda Schweiz, Graubünden, Unterengadin. Padnal: Wall und Graben von vorgeschichtlicher Höhensiedlung.

Guardamar del Seguria Spanien, s von Elche. Römische Nekropole.

Guardia, La Spanien. → Camposancos.

Guardialfiera Italien, Molise, sw von Térmoli. Ruine von römischer Brücke.

Guarixos, Los Mexiko, Campeche, Osten der Insel del Carmen. Bei Puerto Real Hügel und kleine Pyramiden.

Guatemala-City Guatemala. Archäologisches Museum. In einem Vorort der Fundort → Kaminaljuyú.

Gubbio Italien, 35 km nö von Perugia. Umbrisch Iguvium. Römisch Eugubium. Römisches Theater* 1. Jh. Reste von Villen. Thermen. Mausoleum. Archäologisches Museum.

Gubla Libanon. → Jbail.

Guda-Berdkija GUS, Georgien. Siedlungsspuren 3. Jtsd. vor Chr. (Kura-Araxes-Kultur).

Gudensberg Deutschland, sw von Kassel. Bürgel: neolithische Ausgrabungen. Güntersberg: ehemals Michelsberger Höhensiedlung. Lamsberg: ehemals Michelsberger Höhensiedlung. Odenberg: ehemals Michelsberger Höhensiedlung; frühma Wallburg. Ca. 3 km nnw Reste von Steinkammergrab »Lautariusgrab" zu besichtigen. W Gleichen: 1 km sw Rest von Steinkammergrab. Maden: Menhir.

Gudimallam Indien, Andhra Pradesh, nw von Madras, 10 km von Renigunta. Tempel Parashurameshvara, 12. Jh.

Gudivada Indien, Andhra Pradesh, ö von Vijayavada. Stupa, 3. Jh. vor Chr.

Guduras Gr-Kreta, Südküste s von Sitia. Ruinen, ev. des antiken Stalai.

Güğü Türkei, nw von Elmalı. Ehemals lykische Siedlung.

Gühlen-Glienicke Deutschland, n von Neuruppin. 3½ km sö Boltenmühle: auf dem Weilickenberg Wallreste der jüngeren Bronzezeit.

Güimar Spanien, Teneriffa. Cueva de los Canisos, Wohnhöhle der Guanchen.

Güldenberg Deutschland. → Altenrath.

Gülek Boğazı Türkei, Kilikische Pforte. An einem Ende der Schlucht, 21 km s von Pozantı, antike Felsstele.

Güllü Hüyük Türkei, sö von Eskişehir.

Guelma Algerien, s von Annaba. Theater, Museum. → Announa.

Gülşehir Türkei, 20 km nnw von → Nevşehir. Beim antiken Zoropassos. 1 km von G. Doppelkirche Karşı Kilise. S → Açık Sarayi.

Gümenek Türkei, 8 km n von Tokat. Antik Comana Pontica. Reste.

Gündelhart-Hörhausen Schweiz, Thurgau. 1 km w Rutschi: Wall von frühgeschichtlicher Wehranlage.

Gündersbach Deutschland, sw von Pleinfeld. 1½ km sö Reste eines kleinen römischen Kastells.

Gündüzlü Türkei, 47 km nnö von Antakya. Drei Höhlengräber mit griechischer Inschrift, darüber befindliches Basrelief. Tempelspuren auf dem Hügelgipfel.

Güntersberg Deutschland. → Gudensberg.

Günzburg Deutschland. Guntia, ehemals Siedlung der vindelikischen Kelten an der Günzmündung. Spuren von römischem Kastell.

Guernsey GB, Kanalinsel. An der Ostküste Hügelgrab.

Gürses Türkei, ca. 148 km sö von Fethiye, nähe Kale. Ruine einer Basilika mit Malereispuren, 11. und 12. Jh. In der Nähe die Akropolis des antiken → Sura.

Güstrow Deutschland. Heimatmuseum.

Gußgraben Deutschland, 6 km LL osö von Denkendorf. Am Limes Spuren von kleinem römischen Kastell.

Güzelöz Türkei, 30 km s von Ürgüp. Kleine Felsenkirche.

Güzelsu Türkei, 59 km sö von Van. Weitläufige Burgruine* Hoşap, ca. 14. Jh.

Guge* China, Xizang (Tibet), Sutlej-Tal, in der Nähe von Tsaparang (chinesisch Zander). Königreich 10.-17. Jh.; im 17. Jh. verlassen. Ruinen der Stadt; Zerstörungen teilweise erst während der Kulturrevolution.

Guggenberg Österreich, Osttirol, Gemeinde Matrei. Terrassen-Stützmauer.

Guiéngola Mexiko, Oaxaca, 25 km w von Tehuantepec. Ausgedehnte Ruinenanlage. Befestigungsmauern. Plattform mit zwei Pyramiden, zwei Ballspielplätze, Palastreste, Terrassen. Höhlen.

Guignicourt Frankreich, ö von Berry-au-Bac, 27 km n von Reims. Ehemals keltisches Oppidum. Eisenzeitlicher Friedhof.

Guilin China, Guanxi. Palastreste, Gräber, Ming-Zeit (ab 14. Jh.). Felsen der Tausend Buddhas Tang- (7.-9. Jh.) und Song-Zeit (10.-13. Jh.). 10 km s → Zengpi Yan.

Guillena Spanien, 24 km n von Sevilla. In der Umgebung Dolmen, darunter der Llamado de las Canteras, mit Korridor und Kammer. Brücke mit römischen Resten.

Guimarães Portugal, nö von Porto. Museu Martins Sarmento. 6 km sö → Penha.

Guiry Frankreich, 50 km nw von Paris. Altertumsmuseum.

Guisando Spanien, bei San Martin de Valdeiglesias, w von Madrid. Vier keltiberische Stierskulpturen "Toros de Guisando".

Gulbarga Indien, im N von Karnataka. Erste Hauptstadt des Bahmani-Reiches, 14.-15. Jh. Fort, islamische Bauten, Große Moschee 1367. Rest von Hindu-Tempel. Gräber der Bahmani-Könige, 14. Jh. Nachfolgerin wurde → Bidar.

Guldara* Afghanistan, 23 km s von Kabul. Ausgrabung einer Klosteranlage 2.-3. Jh. Gräcobuddhistischer Stupa. Kleiner Stupa.

Guldursun GUS, Usbekistan, s des Aralsees, ö von Kjat, im ehemaligen Land Choresm. Vormongolische Festung 3.-4. Jh., im 10.-11. Jh. neu besiedelt.

Gulistan GUS, Nachičevan, am Aras (Araxes), bei Dshuga. Mausoleum.

Gulo Makeda Äthiopien, n von Adigrat. Ausgrabungen, erste Jahrhunderte nach Chr.

Gumani Griechenland, nö von Igumenitsa. Akropolis des antiken Gitanei. Befestigungsmauer 3. Jh. vor Chr., Theater.

Gumbati GUS, Transkaukasien. Festung seit dem 2. Jtsd. vor Chr.

Gumbaz Iran, sw von Schiraz, an der Stelle Tun-i Sabz. W ein Feuertempel (Tschehar Taq).

Gumelniţa Rumänien, sö von Bukarest, Donaunähe. Kultur, spätneolithisch-kupfersteinzeitlich, 2700-2000 vor Chr.; Type-Site. Ausgrabungen.

Gumis Tunesien, bei Soliman, 30 km ö von Tunis. Antiker Ort.

Gumla Pakistan, nähe Dera Khan. Siedlung des Neolithikums ca. 4000 vor Chr. und der Indus-Kultur.

Gunbad-i Qabus Iran, ca. 96 km nö von → Gurgan, nö von Teheran. Turm des Qabus. Ehemals Gurgan (Djurdjan, Jurjan usw.), Hauptstadt der Provinz Gurgan. Über 50 m hohes Mausoleum des Qabus, 1006 nach Chr. vollendet. 5 km w des Ortes die Ruinen des alten Gurgan. Im N der Stadt der → Alexanderdamm.

Gundelsheim Deutschland, n von Bad Wimpfen. In der Neckarschleife in den "Schloßäckern" Reste eines römischen Gutshofes. Auf dem Michelsberg vorgeschichtlicher Abschnittswall.

Gunduk Irak, ca. 115 km nö von Mosul, ca. 20 km nnw von Aqra. Gunduk-Grotten. Zwei Gruppen von Basreliefs.

Gunnarp Schweden. Vorgeschichtliches Gräberfeld Vätterydshed.

Gunneim, Khirbet el Israel, 9 km s von Jerusalem. Spuren eines Aquädukts. Auf dem Bir el Qutt Ruinen eines georgischen Klosters des 6. Jhs. ausgegraben; Gräber, Nekropole, Mosaik. Reste von Basilika 6. Jh.

Gunners Quoin Sri Lanka. → Dimbulagala.

Guntia Deutschland. → Günzburg.

Guntupalle Indien, Andhra Pradesh, bei Vijayawada. Buddhistischer Tempel mit Stupa, 3./2. Jh. vor Chr.

Gununggangsir Indonesien, Java-Ost. Tempelanlage ab 11./13. Jh.

Gunung Kawi Indonesien. → Tampaksiring.

Gunzenhausen Deutschland. Ehemals Standort eines römischen Kastells. Reste der rätischen Mauer mit Limeswachttürmen. Ca. 2 km ö Kleinkastell am Hinteren Schloßbuck; Reste. Heimatmuseum.

Gupis-Tal Pakistan, Oberlauf des Gilgit. Felszeichnungen.

Gur Iran. → Firuzabad.

Gur, Qalaeh-i Iran. → Schaha.

Guran Tepe Iran, sw von Kermanschah. Siedlungsspuren 6500-5500 vor Chr.

Gurbayidan Iran. Iranisch; heute Gulpaigan, nw von Isfahan.

Gur-i Dokhtar Iran, ca. 100 km s von Kazerun. Achämenidische Grabanlage. Stelle einer großen Sassanidenstadt.

Gurgan Iran, 407 km nö von Teheran. Vormals Asterik. Islamisch Asterabad, auch Deir el Mu'min. Ausgrabungen der ma Siedlung. → Gunbad-i Qabus. 10 km nw → Schah-Tepe.

Gurgantsch GUS, Usbekistan. → Kunja-Urgenč.

Gurgi Indien, Madhya Pradesh, bei Rewa, ssw von Allahabad. Ruinen von Stadt und Tempeln, ab 10. Jh.

Gurnard's Head GB, Cornwall, Penwith Penisula, bei St. Ives. Großsteingräber, eisenzeitliche Befestigung.

Gurness GB, Orkneyinsel Mainland. Broch of Gurness, eine eisenzeitliche Fliehburg mit doppeltem Mauerring.

Gurnia* Gr-Kreta, 88 km ö von Iraklion. Mittelminoische Stadt, 1550-1450 vor Chr., mit kleinem Palast, Agora. Häuserreste, Straßen, Treppen. → Abb. 71. Nekropole bei Pachia Ammos. S → Vasiliki.

Gurob Ägypten. → Kom Medinet Gurob.

Gurulis Nova I-Sardinien. → Cuglieri.

Gurulis Vetus I-Sardinien. → Padria.

Gusenburg Deutschland, sw von Hermeskeil. Ehemals Standort von römischer Tempelanlage.

Gushan China, Fujian. Buddhistische Tempel, ca. 1000 nach Chr.

Gush-Halav Israel, nw von Zefat. Güš Hālāv, Dschish, Gischala, Jish. Reste von Synagoge, 3.-4. Jh. Gräber 1. Jh. nach Chr.

Guspini I-Sardinien, südliche Westküste. Nuraghe bei Bruncu s'Orku. N Nuraghi Melas und Saurecci.

Gussage Cowdown GB, Dorset, sö von Shaftesbury. Erdwälle, Langhügelgrab.

Guttenbürg Deutschland. → Waischenfeld-Rabeneck.

Guxhagen Deutschland, s von Kassel. S Grebenau: w von Wagenfurth späthallstattzeitlicher Abschnittswall.

Guyum Iran, ca. 30 km nw von Schiraz. Sassanidisches Felsrelief.

Guzana Syrien. Gosan. → Ras el Ain.

Gwal Amba Indien, Madhya Pradesh, bei → Bhanpura. Felsmalereien.

Gwalior* Indien, Madhya Pradesh. Festung* ab 5. Jh. bis 1560 mit Palästen, Moscheen, Tempeln, Teichen, Archäologischem Museum. Sas Bahu-Tempel 11. Jh., Telika-Mandur Tempel 9. Jh., Vishnu-Tempel 9. Jh. Jaina-Skulpturen am Festungsberg, 15. Jh. Mausoleen im Osten der Altstadt.

Gwern Einion GB, Wales, sw von Ffestiniog. Großsteingrab.

Gwernvale House GB, Wales, bei Crickhowell. Langhügelgrab.

Gwineos GUS, Georgien, sö von Suchumi. Heute Otschamtschira. Ehemalige griechische Kolonie.

Gyantse China, Xizang (Tibet). Kloster. Restaurierter Kumbum-Tschörten (Pagode der 100000 Buddhas).

Gyaraspur Indien, Madhya Pradesh, wsw von Sagar. Tempelreste 9.-11. Jh.

Gyaros Griechenland, Ort an der Ostküste der Insel G., ö von Kea. Reste des antiken Ortes.

Gymnias Türkei. → Bayburt.

Gynaikokastron Griechenland. → Neo Monastiri.

Györ Ungarn, NW. Keltisch Arrabona. Ehemals römische Grenzfestung. Die Bischofsburg an der Stelle des römischen Kastells. Xantus-Museum.

Gyrtone Griechenland, n von Larissa. Reste der antiken Stadt. Befestigungsmauern.

Gytheion Griechenland. → Githio.

Gzin Polen, nw von Thorn, s von Chełmno (Kulm). Wälle von Wehrsiedlung der hallstattzeitlichen Lausitzer Kultur.

Haaren Deutschland. → Ostercappeln.

Haaren Deutschland, s von Paderborn. 2 km nw Ringwall Knickenhagen.

Hăbăşeşti Rumänien, N. Ausgrabungen der → Cucuteni-Tripolje-Kultur.

Habelberg Deutschland. → Tann.

Habibursaği Türkei, ca. 50 km onö von Malatya, am Nordufer des Karakaya-Stausees nw der Brücke. Felsinschrift 8. Jh. vor Chr.

Habonin Israel, s von Haifa. Mehrere steinzeitliche Höhlen.

Habs-i Isfandiyar Iran, 215 km sö von Schiraz. Ö von Dogan Festungsruine mit Säulen und Zisternen aus sassanidischer oder frühislamischer Zeit.

Habuba Kabira Syrien, s von Manbig, im Stausee, ehemaliges Euphrat-Westufer. Grabungen wegen des Staudammbaus. Siedlungen Mitte 4. Jtsd. vor Chr. bis Mitte 2. Jtsd. vor Chr., frühsumerisch. Befestigte Stadt 4. Jtsd. vor Chr., Stadtmauer (Lehmziegel), Häuser, Gräber, Kanalisation. Mit Tell Qannas im Süden und → Djebel Aruda.

Haçılar Türkei, 25 km sw von Burdur. 1½ km s Ausgrabungen am Tell. Besiedelt 7. Jtsd. vor Chr.

bis 1. Viertel 5. Jtsd. vor Chr. Baubruchstücke, Gräber, Spuren von befestigtem Dorf 54.-52. Jh., Residenz 51./49. Jh. vor Chr.; 2 m dicke Mauern.

Hadamakert Türkei. Armenisch; Hauptstadt der Provinz Aghbak. Heute Başkale, sö von Van.

Hadamar Deutschland, nw von Limburg. Niederzeuzheim: 1 km n Reste von Steinkammergrab. Steinbach: 2 km nw prähistorische Wallreste auf dem Heidenhäuschen.

Hadda Afghanistan, osö von Kabul, 8 km s von Dschelalabad (Jelalabad). Chinesisch Hi-Lo. Buddhistische Tempelanlage 1.-6. Jh. Klöster und Stupas freigelegt. Fundort zahlreicher Statuen. Mit den Ausgrabungsstätten Tepe Kalan und Tepe Shotor.

Haddatu Syrien. → Arslan Tasch.

Haddeby Deutschland. → Haithabu.

Hademarschen Deutschland, n von Itzehoe. Rest von Großsteingrab.

Hadid Israel, nö von Lod. Arabisch Haditha. Mosaikfunde.

Hadid Syrien, ev. an der Stelle des heutigen Dorfes Hadadi, 30 km n von Masyaf, w von Hama.

Hadjar Henu Ez-Zurir Jemen-Süd, 20 km wsw von Timna. Antike Stätte.

Hadjar bin Humaid Jemen-Süd, 7 km ssw von Timna. Ausgrabungen einer Dorfkultur von ca. 1000 vor Chr.

Hadjar Kuhlan Jemen-Süd. → Hajar Kuhlan.

Hadjar an-Nab Jemen-Süd, 40 km w von Nisab. Hauptstadt des Reiches Ausan bis ca. 400 vor Chr. Ruinen.

Hadjiabad Iran, 8 km n von Dudehak, sw von Qum. Parthische Ruinen.

Hadjiabad Iran, ca. 100 km n von Schiraz. 2 km n mehrere natürliche Höhlen bei der Einmündung der Teng-i Schah ("Königsschlucht"). In einer Höhle fünf Tafeln von Schahpur I. (Mitte 3. Jh.).

Hadji Firuz Tepe Iran, s des Orumiyeh-Sees. Frühe Siedlung.

C. Hadriana Österreich. → Salzburg.

Hadriana Türkei. → Bolu.

Hadrianopolis Türkei. → Edirne.

Hadriansvilla Italien. → Tivoli.

Hadrianswall GB, zwischen Carlisle und Newcastle. Römischer Grenzwall, 117 km lang, seit ca. 130 nach Chr., zerstört 383. Der Steinwall war bis 3 m dick und 4½ m hoch. Mit Mile Castles und 17 Forts in regelmäßigen Abständen: Bowerness. Drumburgh. Aballava → Burgh-by-Sands. → Petriana (Stanwix). → Ucellodunum (Castlesteads). Camboglanna (→ Birdoswald). → Magnae (Carvoran). → Aesica (Great Chesters). Vercovicium (→ Housesteads*). Brocolithia (→ Carrawburgh). Cilurnum (Chesters Fort) → Chollerford*. → Nunnum (Haltonchester). → Vindobala (Rudchester). → Condercum (Benwell). Pons Aelii (→ Newcastle upon Tyne). → Segedunum (Wallsend). Hafenfort (→ South Shields).

S meist ältere Kastelle: Luguvallum → Carlisle. Kirkbride. High Crosby. Brampton Old Church. Boothby. Nether Denton. Throp. Haltswhistle. Vindolanda (→ Chesterholm*). Grindon Hill. Newbrough. Hexham. Corstopitium (Corsloptium) → Corbridge. Weiter s → Vindomora (Ebchester).

Hadrianutherae Türkei. Heute Balıkesir, sw von Bursa.

Hadria Picena Italien. → Atri.

Hadrumetum Tunesien. → Sousse.

Hängendes Kloster China, auf dem Berg Hengshan, Kreis Hunyuan, s von Datong. Ab frühem 6. Jh.

Hafāǧī Irak. → Khafadje.

Hafit-Berge Vereinigte Arabische Emirate. → Djebel Hafit.

Haftavan Tepe Iran, sw von Schahpur, nw des Orumiyeh-Sees. Auch Tepe Butan, Toban, Tam. Besiedelt seit 4. Jtsd. vor Chr. Blüte im 1. Jtsd. vor Chr. Gräber.

Haft Tepe Iran, nnw von Ahvaz. Ev. das alte Tikni. Ausgrabungen einer elamitischen Siedlung, Mitte 2. Jtsd. vor Chr. Mehrere Hügel, davon einige Ziqqurats. Mauerspuren 3. Jtsd. vor Chr. Grabkammern. Kleines Museum.

Haft Tschoga Iran. → Sabz Tepe.

Haganuba Irak. → Khorsabad.

Hagar Edfu Ägypten. → Edfu.

Hagar Qim** Malta, sw von Qrendi. Megalithische Tempelanlage, 2. Hälfte 3. Jtsd. vor Chr. → Abb. 52. 1 km → Mnajdra*.

Hagarsa, El Ägypten. s von Sohag. Felsengräber, Altes Reich.

Hagarzim* GUS, Armenien, 18 km n von Diližan. Klosteranlage 11.-13. Jh. Kapellenruinen.

Hagburg Deutschland. → Hürnheim.

Hagen Deutschland, Rügen, Jasmund. 1½ km nö Rest von Großsteingrab.

Hagen Deutschland, Rügen, ö von Bergen. Reste von Großsteingräbern.

Hagenah Deutschland, sw von Stade. Bronzezeitliches Steinkammergrab.

Haghpat* GUS, Armenien, nähe Alaverdi. Kloster 10.-13. Jh.

Hagiopolis Syrien. → Cyrrhus.

Hagios Griechenland. → Agios - Euböa.

Hagios Mamas Türkei. → Beşiktaş.

Hagios Theologos Türkei. → Ephesos.

Hagmatana Iran. → Hamadan.

Hagnus Griechenland. Agnouses. Bei → Markopoulo, sö von Athen.

Hahnenberg Deutschland. → Büren.

Hahnenberg Deutschland, nw von Appetshofen, sö von Nördlingen. Ehemalige Höhensiedlung, besiedelt seit der Jungsteinzeit. Eisenzeitliche Funde.

Hahnenberg Deutschland, ö von Balgheim, sö von Nördlingen. Ehemals Standort von urnenfelderzeitlicher Höhensiedlung.

Haibach Österreich, 45 km nw von Linz, Schlögener Schleife. Reste von spätrömischem Kastell am → Norischen Limes, ev. von Ioviacum. Lagertorreste konserviert. Molen und Hafenanlagen festgestellt.

Haibak Afghanistan, ca. 150 km n von Kabul. Felsenstupa, ca. 5. Jh. Buddhistische Höhlenhallen.

Haidberg Deutschland. → Hedendorf.

Haiderabad Tepe GUS, Usbekistan, bei Denau. Kleine griechisch-baktrische Stadt; Ausgrabungen.

Haidra* Tunesien, algerische Grenze nö von Tébessa. Antik Ammaedara. Ruinen: Stadttor, Theater, Mausoleum, kleiner Triumphbogen, Kapelle, Kirche, byzantinische Zitadelle 6. Jh.

Haifa Israel. Städtisches Museum mit Mosaiken. Sw → Shikmona.

Hailsburg Deutschland. → Heeslingen.

Haimberg Deutschland. → Fulda.

Haina Deutschland. → Römhild.

Haina-Dodenhausen Deutschland, sw von Bad Wildungen. 2½ km onö auf dem Wüstegarten (676 m) Heidelburg; eisenzeitlich-frühmittelalterlicher Ringwall.

Hainburg Österreich. Ehemals hallstattzeitliche Höhensiedlung auf dem Braunsberg. Wallreste von spätkeltischer befestigter Siedlung; ev. das ältere Carnuntum.

Hainhaus Deutschland, nö von Michelstadt, nw von Vielbrunn. Wälle und Mauerreste des Numeruskastells. Geringe Reste von Badegebäude.

Hainkeller Deutschland. → Linsengericht.

Haird, Al Jordanien, 22 km sö von Irbid. 3 km ö Fort.

Hair al Gharbi, Qasr el Syrien, 158 km nö von Damaskus. Cheir al Gharbi. Ehemals weitläufige arabische Siedlung, Ende 8. Jh. Ruinen des Hischam-Palastes; Turm, Hammam, Zisterne, Karawanserei. → Abb. 119. 8 km sw Aquädukt. 17 km s Staudamm Harbaqa, 1. Jh. Palasttor-Rekonstruktion im Nationalmuseum in Damaskus.

Hair as Scharqi* Syrien, 120 km nö von → Tadmur. Cheir as Scharqi. Ehemals große arabische Stadt ab 8. Jh.; als Verwaltungszentrum und Handelsstadt geplant. Reste* von zwei befestigten Anlagen.

Hais, el- Ägypten, 40 km sw der Oase Bahriya. Kleine römische Siedlung, im 5. Jh. verlassen. Reste von Lehmziegelfestung Qasr Masauda mit Kirchenresten.

Haita, El- Ägypten, nö von Qena. Reste von zwei Kastellen.

Haithabu Deutschland, 2 km sö von Schleswig. Besiedelt 1. Hälfte 9. Jh. bis Mitte 11. Jh., auch von Wikingern. Reste von Holzbauten, Erdwall. Vorwall. N Hochburg, flacher Ringwall. 2 km s Königshügel. 2 km w Runenstein. W → Danewerk.

Hajar Kuhlān Jemen-Süd, 170 km sö von Sana. Ruinen von Timna (Thomna, Thumna, Tamna), Hauptstadt des Königreiches von Qatabān, ab ca.

3. Jh. vor Chr. Besiedelt ab ca. 1000 vor Chr. (Wadi Beihān). Zerstört im 1. Jh. Venustempel, Südtor. N der Friedhof mit Tempelrest.
Hajdina Slowenien, 3 km sw von Ptuj. Reste von zwei Mithrastempeln 2. Jh.
Hakalan Iran, w von Khorremabad. Nekropole von vor 4000 vor Chr.
Hakkari Türkei, ssö von Van, 40 km LL von der syrischen Grenze. Oberhalb des Gevarik-Tals Felsbilder, ab 5500 vor Chr. Seldschukische Ruinen.
Halab Syrien. → Haleb.
Halabiya* Syrien, am Euphrat 278 km ö von Haleb. Zenobia. Tumuli. 1½ km vor der Stätte: Reste von Turmgrab, Kapelle und Mauer. Mauerring der Stadt, antik und byzantinisch. Kirchenruinen, Palastspuren. Byzantinischer Bau. Straße mit Säulengängen, Reste von Thermen. Nekropole. 10 km n: → (Tell) Qsubi.
Halaesa I-Sizilien, 25 km ö von Cefalù. Ehemalige Stadt der Sikuler. Gegründet 403 vor Chr. Reste von Mauer 4.-3. Jh. vor Chr., von Agora, hellenistischem Tempel.
Halaf, Tell Syrien. → Ras el Ain.
Halai Griechenland. → Alai.
Halai Araphenides Griechenland, ö von Athen, Küste. Tempelreste 4. Jh. vor Chr. bei Lutsa.
Halap Syrien. → Haleb.
Halapič Bosnien-Herzegowina, nw von Glamoć, nö von Split. Mauern von Fluchtburg 5./6. Jh.
Hala Sultan Tekke Zypern, sw von Larnaka. Chala Sultan Tekke. Bronzezeitliche Siedlung 1600 vor Chr. bis 12. Jh. vor Chr.
Halbun Syrien, bei Menin, n von Damaskus. Antik Helbon. Ehemals Standort eines Tempels. Bruchstücke.
Haldensleben Deutschland, Sachsen-Anhalt, nw von Magdeburg. Zahlreiche Großsteingräber. → Abb. 25.
Haleb Syrien. Aleppo, Jamchad. Hethitisch Halap, Halpa. Griechisch Beroia. Auf dem Zitadellenhügel* Spuren der syrisch-hethitischen Akropolis 10. Jh. vor Chr. Medresse Halawije, die ehemalige Kathedrale, an der Stelle eines antiken Tempels; byzantinische Kapitelle. Nationalmuseum mit Tempeleingang aus Tell Halaf (→ Ras el Ain).
Halebid* Indien, Karnataka, 16 km ö von Belur, n von Hassan. Ehemals Hauptstadt Dvarasamudra des Hoysala-Reiches, erbaut 1. Hälfte 12. Jh., erneuert 13. Jh., Vesara-Stil. Hoyaleshvara- und Kedareshvara-Tempel**, 12./13. Jh. Weitere Tempel.
Hal Far Malta, Südflugplatz. Wied Znuber-Dolmen, Anfang 2. Hälfte 3. Jtsd. vor Chr. Weiterer Dolmen.
Hal Ginwi Malta, 1 km LL n von Marsaxlokk. Megalithische Reste der Tempelzeit ausgegraben.
Halheim Deutschland, onö von Ellwangen. 1 km nö römisches Numeruskastell, als Bodenerhebung sichtbar. Limesreste. 1½ km osö Spur von Kelten-

schanze.
Halieis Griechenland. → Portoheli.
Halikarnassos Türkei. → Bodrum.
Halin Birma/Union Myanmar. → Halingyi.
Halingyi Birma/Union Myanmar, Bezirk Shwebo, nw von Mandalay. Halin. Ruinen der alten Pyustadt, 2.-6. Jh. Stadtmauerreste.
Hallabat, Qasr el- Jordanien, ca. 30 km ö von Zarqa. Omayyadenschloß*, ehemals römisches Kastell. Moschee. 2 km ö Badeschlößchen Hammam es-Sarkh (Hammam esh Sharqa).
Hallabad, Qasr al- Syrien, 34 km sw von → Tadmur. Wüstenfestung.
Halle/Saale Deutschland. Nw in der Dölauer Heide Reste von befestigter steinzeitlicher Siedlung; Grabhügel und Steinkistengräber. Menhir Dölauer Jungfrau. Landesmuseum für Vorgeschichte. Archäologisches Museum der Universität.
Hallein Österreich, s von Salzburg. Ehemalige Siedlung der Latènezeit. Keltenmuseum. Bad Dürnberg: Salzabbau seit dem Neolithikum. Freilichtschau und Lehrwanderweg; Keltengehöft, prähistorisches Salzbergwerk, Fürstengrab. Auf den umliegenden Hügeln ehemals eisenzeitliche Siedlungen und Gräberfelder.
Hallermundskopf Deutschland, s von Springe, im Saupark. Wallanlage.
Halligye GB, Cornwall, bei Mawgan. Eisenzeitliche Befestigung.
Hallstatt Österreich, ca. 50 km ö von Salzburg. Prähistorischer Salzabbau hauptsächlich 1000-800 vor Chr. Siedlungen der Bronzezeit. In der Lahn bestand eine römerzeitliche Siedlung, Prähistorisches Museum. Gräberfeld in den Hängen der Kelchalpe, 12.-5. Jh. vor Chr.
Die H.-Zeit umfaßt die Zeit von ca. 800-450 vor Chr. Anfangs war sie von Merkmalen der Bronzezeit mit Hügelgräberbestattung gekennzeichnet; alsbald bildete sie die Hauptära der älteren Eisenzeit.
Hallwang Österreich, n von Salzburg. Römische Gutshofreste unter der Kirche.
Halos Griechenland. → Alai bei Atalanti (Phtiotis).
Halos Griechenland. → Amaliapolis.
Hal Saflieni Malta. → Paola.
Hal Tarxien Malta. → Tarxien.
Haltern Deutschland, n von Recklinghausen. Ehemals Standort von römischem Versorgungslagern, ca. Zeitenwende. Westfälisches Römermuseum. Ca. 4 km osö in der Westruper Heide Grabhügelgruppen.
Haltunchan Mexiko, Campeche. Maya-Stätte, Puuc-Region.
Haluza Israel, sw von Beersheva. Antik Elusa. Hebräisch Halutza, Arabisch Halsa, Khalasa. Ehemaliges nabatäisches Zentrum. Theater, Stadion, Bad festgestellt. Ehemals mit zwei byzantinischen Kirchen. Nekropolen.
Halvdanshaugen Norwegen, 30 km von Oslo.

Königshügel.

Halvoi China, Xinjiang, ö von → Kashi. Palastruinen ab 10. Jh.

Halyciae I-Sizilien. → Salemi.

Hama Syrien. Syrisch-hethitisch Hamath. Antik Epiphania. Ausgrabungen hethitischer Bauten auf dem Zitadellenhügel; besiedelt vom Neolithikum bis in islamische Zeit. Große Moschee Djami el Kebir mit Kapitellen und Mauerresten von Römertempel bzw. byzantinischer Basilika. Palais Azem 18. Jh. als Museum mit Mosaiken.

Hamadan Iran. Achämenidisch Hagmatana. Griechisch Agbatana oder Ekbatana. Ehemals achämenidische Sommerresidenz. Monumentallöwe ev. parthisch. Mausoleum von Esther und Mardochai ev. 5. Jh. Grabturm Gunbad-i Alaviyan 12. Jh., Stuck 14. Jh. Auf dem Musallah-Hügel ev. das antike Ekbatana. Grabungen. Parthischer Friedhof.

Hamamliköy Türkei, 30 km ö von → Artvin. Auch Dolişhane. Kirche 10. Jh. In der Umgebung zahlreiche Kirchen- und Klosterreste.

Hamath Syrien. → Hama.

Hamaxia Türkei. → Sinekkalesi.

Hamaxitos Türkei. Westküste w von Balıkesir.

Hambacher Forst Deutschland, sö von Jülich. Römische Villen erforscht.

Hambledon Hill GB, Dorset, sö von Shaftesbury. Ehedem Befestigung im 4./3. Jtsd. vor Chr. Eisenzeitliche Befestigung, Langhügelgrab.

Hamburg Deutschland. Altsteinzeitliche Siedlungsplätze: H-Meiendorf, Fundort der jungpaläolithischen Hamburger Gruppe, um 12000 vor Chr. H-Rissen, Fundort der jungpaläolithischen Rissener Gruppe, 10000-9000 vor Chr. H-Wittenbergen, Fundort der altsteinzeitlichen Altonaer Gruppe, 200000-30000 vor Chr. H-Neugraben: Ringwall Falkenberg, ev. frühgeschichtlich. H-Rönneburg: Ringwall Rönneburg, ev. frühgeschichtlich. Museum für Völkerkunde und Vorgeschichte. Museum für Archäologie und die Geschichte Hamburgs. Helms-Museum. → Ahrensburg.

Hamdallaye Mali, ca. 30 km s von Mopti. Ruinen der Stadt, gegründet 1810, zerstört 1864. Mauer.

Hamdun, Tell Syrien, 40 km w von Kameschliye (Al Qamisliyah).

Hameau d'Ousse, Le Frankreich, sö von Pau. Prähistorische Umwallung.

Ham Hill GB, Somerset, w von Yeovil. Eisenzeitliche Befestigung, ehemaliges römisches Kastell.

Hamidiye Türkei. Heute Ceyhan, 50 km ö von Adana.

Hammah Deutschland, w von Stade. 2 km nö Reste von Großsteingräbern.

Hammam, Tell Irak, 240 km LL s von Bagdad, 40 km n von Uruk. Hammam. Reste einer Ziqqurat, noch ca. 15 m hoch.

Hammamet Main Jordanien, 45 km sw von Madaba. Byzantinisch Baaras-Thermen. Thermen.

Hammam Mellègue Tunesien, 18 km wsw von Le Kef. Römisch Ruinen.

Hammam el Oust Tunesien, 35 km s von Tunis. Römische Thermen ausgegraben.

Hammam es-Sarkh Jordanien. → (Qasr el-) Hallabat.

Hammam esh-Sharqa Jordanien. → (Qasr el-) Hallabat.

Hammam Zouakra Tunesien, 16 km w von Maktar. Ruinen des antiken Tigimma. Megalithdenkmäler, Triumphbogen, Gräberstätten.

Hammat Israel. → Tiberias.

Hammat-Gader Israel, sö des Tiberias-Sees. Bewohnt bereits 32.-24. Jh. vor Chr. Reste von römischem Theater, Bad; Synagoge, Mosaik 5./6. Jh.

Hamme, El Israel. → Hammat-Gader.

Hammeum Serbien. Römisch; heute Prokuplje, 35 km sw von Niš. Byzantinisch Komplos.

Hammo, Tell Syrien, 82 km nw von Haleb, sw von Afrin. Kleiner Tell.

Hampi** Indien, Karnataka, 370 km ö von Goa. Hauptstadt Vijayanagara des hinduistischen Königreiches V., 1336-1565, (von islamischen Truppen zerstört). Umfangreiche Ruinen- und Tempelstadt. Stadtmauer. Zitadelle, Königspalast, Frauenpalast, Ställe. Shivaitischer Pompāpati-Tempel mit Gopura. Vithoba- oder Vithalesvami-Tempel, 1. Hälfte 16. Jh. Krishnavami-Tempel. Achutaraya-Tempel. Hazarama-Tempel. Götterwagen. Stelen.

Hampton Down GB, Dorset, sw von Dorchester. Reste eines Steinkreises.

Hamu Schiwan, Tell Irak, 170 km w von Mosul, Richtung Hassake.

Hanamkonda Indien, Andhra Pradesh, n von Warangal, 140 km nö von Hyderabad. 1000-Säulen-Tempel, 12. Jh.

Hanân Jemen-Nord, 150 km LL n von Sana, nw von Suq al Anan. Ruinenstätte.

Han Aneibe Syrien, zwischen Damaskus und Palmyra. Römisches Kastell*. Antikes Wasserreservoir.

Han Chei Kamputschea, Kompong Thom. Gebäudefundamente 7. Jh.

Handan China, Provinz Hebei. 4 km sö Mauerreste der zhao- und hanzeitlichen Hauptstadt Zhaowangcheng Yizhi, 386-228 vor Chr. Terrasse Congtai.

Handeloh Deutschland, s von Buchholz, s von Harburg. Wälle und Gräben von Landwehr; auch bei Höckel und Groß-Todtshorn.

Hand-i Kamalvand Iran, sw von Shahr-e-Kord. Felsrelief.

Hangelstein Deutschland. → Gießen.

Hanging Langford GB, ca. 15 km nw von Salisbury. Hügelfestung. N → Bilbury Ring.

Hanguranketa Sri Lanka, 28 km sö von Kandy. Klosteranlage.

Hangzhou China, Provinz Zhejiang. Berg Feilai Feng mit buddhistischen Skulpturen, Reliefs, 10.-

13. Jh. Berg Yuhuang Shan mit buddhistischen Skulpturen 10. Jh. Baochu-Pagode 10. Jh.

Hanita Israel, Nordgrenze nähe Küste. Kleines Museum; Mosaikfund.

Han al-Manqura Syrien, zwischen Damaskus und Palmyra. Ehemals römisches Kastell.

Hannaouiyé Libanon, 7 km sö von Tyrus, an der Straße nach Kana. Hanawé. Steine einer Kirche. Ruine einer phönizischen Festung, Nekropole. In der Schlucht am Fuße dieser Festung Skulpturen. Vorgeschichtliche Stätte. 1 km sö Ruinen einer Mauer um eine Plattform, ev. die Stelle eines Tempels. S davon Spuren einer Apsis.

Hannersdorf Österreich, Burgenland, w von Szombathely. Sö Wälle; ehemals urnenfelderzeitliche Befestigung, im MA zu Befestigung (Hausberg) ausgebaut.

Hannover Deutschland. Niedersächsisches Landesmuseum, Abtlg. Urgeschichte. Kestner-Museum.

Hansühn Deutschland, sw von Oldenburg/Holstein. Nö, wenig osö (zu Testorf) und s (zu Neu-Testorf) Reste von Großsteingräbern.

Hanyeri Türkei, ca. 60 km sö von Develi, sö von Kayseri. Hethitisches Felsrelief 13. Jh. vor Chr.

Hao China, Provinz Shaanxi, bei Xian. Hauptstadt der Zhou ca. 1000 vor Chr. bis 771 vor Chr.

Happurg Deutschland, ca. 30 km ö von Nürnberg. Sö Ringwall von frühlatènezeitlich-spätkeltischem Oppidum auf der Houbirg, ehemals 4½ km lang, noch bis 10 m hoch.

Harabat Jemen-Süd, 145 km LL osö von Sana. Ruinenstätte im Qataban-Gebiet.

Haram Ramet el Khalil Israel, 4 km n von → Hebron. Mamre. Heiliger Bezirk mit Resten antiker Mauer. Reste einer konstantinischen Basilika von 325.

Harappa* Pakistan, sw von Lahore, am Ravi-Arm des Indus, 6 km ö der Bahnstation Harappa Road. Zentrum der Indus-Kultur (2350-1700 vor Chr.). Zitadellen-* und Speicherreste. Friedhöfe. Museum. Weiteres Beispiel einer Stadt der Harappa- oder Indus-Kultur: → Mohenjo-Daro.

Hararis Syrien. → Abu Hareira.

Haraz Zad Iran, 270 km nö von Ahvaz, ö von Izeh. Ruine einer Karun-Brücke.

Harbiye Türkei, 8 km s von Antakya. Antik Daphne. Geringe Reste: Mauerbruchstücke, Säulenschäfte.

Hardheim-Gerichtstetten Deutschland, Neckar-Odenwaldkreis. 1½ km s keltische Viereckschanze.

Hardknot GB, Cumbria, w von Windermere. Römisches Kastell, Anfang 2. Jh. nach Chr.

Hardt Deutschland, bei Sünching. "Römerschanze".

Hardvar Indien, Uttar Pradesh, 200 km nö von Delhi. Haridwar. Früher Kapila, Gupila. Bedeutender Hinduwallfahrtsort. Dakhseshvara-Tempel. Narayanasila-Tempel. Mayadevi-Tempel.

Haresfield Beacon GB, s von Gloucester. Eisenzeitliche Befestigung.

Har Harasch Israel, Negev. Felszeichnungen.

Harhoog Deutschland. → Keitum.

Harîb Jemen-Nord. Ev. das römische Caripeta.

Harihar Indien, Karnataka, w von Davangere. Hoysala-Tempel 1223. Shri Harihareshvara-Tempel 1268.

Hariharalaya Kamputschea. → Roluos.

Harim Syrien, 67 km w von Haleb. Reste von Festung, erbaut 10. Jh., neuerrichtet 1199.

Hariri, Tell* Syrien, 117 km sö von Deir ez Zor. Die Siedlung Mari, seit mindestens 3000 vor Chr., an einer Handelsstraße am Rande Sumers. Ausgrabungen am großen Tell: Reste der Ziqqurat, vor Ausgrabung noch 14½ m hoch. Palast* des Königs Zimrilim 18. Jh. vor Chr. mit sakralen und profanen Sälen. Übrige Reste meist nur 1 m hohe Lehmziegelmauerreste, Ischtartempel. → Abb. 58. Im 13. Jh. vor Chr. assyrische Garnison. Fundort reichhaltigster Tontafelarchive.

Harishankar Indien, Orissa, bei Balangir. Tempel.

Harma Griechenland, 20 km ö von Thiva. Arma. Antik ev. Eleon. Reste von Akropolis und ma Mauer. 5 km n auf dem Kastri Likovunio Befestigungsspuren des antiken Harma.

Har Maggedon Israel. → Megiddo.

Harmal, Tell Irak, 9 km ö von Bagdad. Antik Šadupum, Schaduppum, Shadippum. Ausgrabungen 24.-15. Jh. vor Chr. Fundplatz der Isin-Larsa-Zeit, ca. 2000-1763 vor Chr. (→ Ischan-Bahrijat). Kleine, befestigte Stadt; Spuren von vier Tempeln.

Har Oded Israel, Negev. Felszeichnungen.

Harpstedt Deutschland, ö von → Wildeshausen. Eisenzeitliche Kultur.

Harput Türkei, 6 km nnö von Elâzığ. Antik Ziata. Ma Festungsruine. Seldschukische Moschee mit archäologischer Sammlung.

Harrah, El- Ägypten, Oase Bahriya. Felsgräber.

Harran Türkei, bei Altınbaşak, 42 km s von Şanlıurfa. Biblisch Haran (Charan), griechisch Karrhai, antik Carrhae. Sin-Tempel ab 9. Jh. vor Chr. Spuren von Mauerwall 11. Jh. Zitadellenreste; Reliefs. Kirchen- und Moscheereste.

Harrislee Deutschland, nw von Flensburg. 2 km w Reste von Großsteingräbern.

Harsagiri Indien, Rajasthan. Harshagiri. Pūrana Mahadeo-Tempel 10. Jh. Skulpturen im Museum Sikar.

Harsefeld-Ohrensen Deutschland, w von Buxtehude. Sw frühmittelalterlicher Burgwall, mindestens ab 10. Jh.

Hartberg Österreich, Steiermark, 55 km nö von Graz. Löffelbach: Mauerreste von römischer Villa, 2.-3. Jh. nach Chr. Stadtmuseum. Auf dem Ringkogel vorgeschichtliche Wallburg, besiedelt von der Hallstattzeit bis in die römische Kaiserzeit.

Harting Deutschland, sö von Regensburg. Ausgrabungen; Siedlungsspuren 4. Jtsd. vor Chr., römische Villa.

Harting Beacon GB, nö von Portsmouth. Keltische Befestigung 1. Jtsd. vor Chr.

Hartlieb Polen, Schlesien. Reste.

Harunabad Iran. Heute → Schahabad.

Hasan, Qalaat el Libanon, ö von Saida, s von Joun. Burgruine im Tal des Nahr el Aouali (Awali).

Hasankale Türkei, bei Pasinler, 40 km ö von Erzurum. Ruine einer ehemals armenischen Festung.

Hasankeyf Türkei, 146 km nö von Mardin, 48 km n von Midyat. Antik Cephe, Cepha, Kiphas. Arabisch Hisn Kayfa, Kifâ. Zitadellenhügel mit Palastruine, 12. Jh. Moscheeruinen. Klosterreste. Reste von Tigrisbrücke. Syrische Gräber.

Hasanköy Türkei, s von Nevşehir, ca. 20 km s von → Derinkuyu. Unterirdische Siedlung.

Hasanlu Iran, 10 km s des Orumiyeh-Sees. Tell Hassanlu. Besiedlung seit der Jungsteinzeit. Die ehemals befestigte Stadt im 8. Jh. vor Chr. zerstört. Zitadelle der Mannäer (Minni) von 1000-800 vor Chr. ausgegraben; Befestigungsreste. Spuren von Gebäuden, Palästen, Tempel.

Hasanoğlan Türkei, 35 km onö von Ankara. Hasanoğlu. Felsbasreliefs 1. Jh. nach Chr. Römische Meilensteine.

Hasanoğlu Türkei, n von Halfeti, nö von Gaziantep, w des Euphrat. Römerzeitliches Pfeilergrabmal.

Hasbaiya Libanon, 106 km sö von Beirut. Ev. das biblische Baal Gad. Arabische Zitadelle und Serail.

Haschoffsburg Deutschland, bei Greven-Hembergen, n von Greven. Frühmittelalterliche Wallanlage.

Hascombe Hill GB, Surrey, s von Godalming. Eisenzeitliche Befestigung.

Haselburg Deutschland. → Hummentroth.

Haselburg Deutschland, bei Gerolzahn sö von Miltenberg. Konservierte Reste des Kleinkastells.

Hasenberg Deutschland, bei Löhne. → Fritzlar.

Hashüyük Türkei, bei Kırşehir. Hügel einer Siedlung von der Kupfersteinzeit bis zum Ende des Hethitischen Großreiches, ca. 1100 vor Chr.

Haskenau Deutschland, 4 km n von Handorf, nö von Münster. Frühmittelalterliche Wallanlage und Turmhügel.

Haslach Deutschland, an der Wertach bei Nesselwang. Römerbrücke.

Hass Syrien, 8 km w von Maarat en Noman. Moschee, Ruinen. Sw Spuren einer Basilika, 6. Jh. Grab.

Hass, Khirbet Syrien, 8 km w von Maarat en Noman, bei → Hass. Ruinengebiet von Shinsharah. Ehemals Kirchen, Kloster, Luxusvillen*.

Hassake Syrien, 150 km nö von Deir ez Zor. Ev. das assyrische Schadikanni. Sö Steinreihen aus dem Altertum. 8 km n zahlreiche Tells.

Hassanlu, Tell Iran. → Hasanlu.

Haßmoor Deutschland, ö von Rendsburg. Augustenhof: Rest von Großsteingrab.

Hassuna, Tell Irak, 32 km s von Mosul. Besiedelt seit dem Chalkolithikum. Ausgrabungen von assyrischer Stadt.

Hasta Italien. Etruskisch; ev. das heutige Castiglione della Pescaia, w von Grosseto.

Haste Deutschland. → Osnabrück.

Hastinapura Indien, Uttar Pradesh, bei Meerut, n von Delhi. Ausgrabungen am Siedlungshügel mit mehreren Schichten vom 1. Jtsd. vor Chr. bis 1500 nach Chr.

Hasun Türkei, Gebiet Silvan ö von Diyarbakır. Höhlenstadt.

Hatay Türkei. → Antakya.

Hatnub Ägypten, sö von Amarna. Altägyptisch. Steinbrüche mit Inschriften.

Hatra** Irak, 133 km ssw von Mosul. Hedhar. Parthischer Stützpunkt, zerstört 241 nach Chr. Spuren der alten Stadtmauer. Regierungs- und Tempelbezirk mit eigener Mauer, Tore, Türme. Ruinen von Sonnengott-, Schahiro-, Allath- und weiterer Tempel 1. und 2. Jh. Brunnen. Grabtürme. Hellenistischer Tempel* wiedererrichtet.

Hat Supin Thailand, ca. 630 km sw von Bangkok, s von Ranong. Wat Hat Supin.

Hatti Türkei. → Boğazkale.

Hattusa Türkei. → Boğazkale.

Hatun Pakistan, in Ishkoman-Tal, Nebenfluß des Gilgit. Steinsetzungen. Inschriften 6./7. Jh.

Hatun Canar Ecuador, n von Cuenca. Ehemalige Straßenstation der Inkas.

Hatur, El Libyen, ö von Ubari, Fezzan. Gräberfeld.

Hatvan Ungarn, nö von Budapest. Bronzezeitliche Kultur.

Hatzeva Israel. Heute Ain Hisb, Ein Hasb usw. Ev. das antike Thamara. Spuren von nabatäisch-römischer Straßenstation. → Metzad-Tamar.

Hauarra Jordanien. → Humayama.

Hauenstein Schweiz, Basel-Land, Gemeinde Langenbruck. Römischer Straßenrest.

Haunsfeld Deutschland, von Dollnstein. Ö Grabhügel. S Wallspuren Hünenring.

Hausberg Deutschland. → Butzbach.

Haus Bürgel Deutschland. → Monheim.

Hausen am Tann Deutschland, ö von Rottweil. Ehemals Standort eines römischen Kastells. 2 km nö auf dem Lochenstein ehemals hallstatt- und frühlatènezeitliche Höhensiedlung. Keine Reste.

Hausen an der Zaber Deutschland, w von Lauffen am Neckar, zu Brackenheim. Ehemals Standort eines römischen Gutshofes. Reste und Kopie von Jupitergigantensäule in Stuttgart.

Hausleiten Österreich, n von Tulln. Pettendorf: hallstattzeitlicher Grabhügel.

Haute-Chevauchée Frankreich, Argonnen. Römerstraße.

Haveh, Tell Iran, bei Saveh, sw von Teheran. In

der Nähe Imemzadeh Suleiman. In der Umgebung Imamzadeh Abdallah.

Havelte Niederlande, ö von Steenwijk. Ehemals mesolithische Siedlung. Megalithgrab.

Haveri Indien, Karnataka, 65 km ssö von Hubli. Siddheshvara-Tempel, 12. Jh., Skulpturen.

Hawara Ägypten, Fayum, sö des Hauptortes. Hauwaret. Rest von kleiner Pyramide des Amenemhet III., 12. Dynastie. Gräber Mittleres Reich und griechisch-römische Zeit.

Hawarin Syrien, 60 km LL sö von Homs. Byzantinische Festung. Zwei Kirchenruinen 6. Jh.

Hawawisch, El- Ägypten, ö von → Achmim. Felsgräber aus verschiedenen Epochen.

Hawelti Äthiopien, sö von Aksum. Haoulti-Melazo. Präaksumitische Stätte; Tempelspuren.

Hawila Assaraw Äthiopien, ö von Adigrat. Ausgrabungsstätte.

Hawsch Howri Iran, 5 km von Qasr-i Schirin, 180 km w von Kermanschah. Ruinen eines sassanidischen Palastes, Anfang 7. Jh.

Hayat Syrien, 36 km n von Suweida. Ruinen von Tempel und von zweistöckigem Haus., 6. Jh. nach Chr.

Hayingen-Indelhausen Deutschland, Kreis Reutlingen, w von Ehingen. S Althayingen, Wall von befestigter keltischen Höhensiedlung.

Haymana Türkei, 60 km sw von Ankara. Antik Therma. Antike Steine wiederverbaut.

Haza-Höhle Spanien. → Ramales de la Victoria.

Hazatu Israel. → (Tell al-)Qedah.

Hazneh, Tell el Irak. → Kisch.

Hazor Israel. → (Tell al-)Qedah.

Hazorea Israel, sö von Haifa. Museum orientalischer Kunst.

Hazzi Syrien. → Kessab.

Heapstone Cairn Irland, bei Ballindon Friary, nähe Derry, 25 km s von Sligo. ND152. Grabhügel.

Hebbariyé Libanon, ca. 115 km sö von Beirut, ö von Merjayoun. Tempelruine in Wohnhaus.

Hebenu Ägypten. Altägyptisch; → Kom el-Ahmar.

Hebit Ägypten, Delta. → Behbet el-Hagar.

Hebron Israel, 40 km s von Jerusalem. Kiryat Arba der Enakiter. Antik Terebinte. Haram el Khalil*, Erbbegräbnis Abrahams, Isaaks und Jakobs, mit Mausoleen und Höhlen (Machpelahhöhle). Kirche und Moscheerest; mit herodianischer Mauer. N die Ruine Khirbet Nimra. Städtisches Museum.

Hecelchakán Mexiko, Campeche, 45 km nö von Campeche. Kleines Museum. In der Umgebung: 12 km w → Kocha. 20 km ö → Xcalumkin oder Holactun. 20 km ö → Cumpich. → Almuchil bei → Cunpich. → Jaina (Insel).

Hechingen Deutschland. Stein: Reste von römischer Villa*, Rekonstruktionen.

Heckelsburg Deutschland, s von Korbach, sw von Thalitter. Eisenzeitliche Wälle.

Heckenmünster Deutschland, sw von Wittlich, Mosel. Grundriß von gallo-römischem Tempelbezirk, hauptsächlich 2. Jh.

Heddon-on-the-Wall GB, ca. 12 km w von Newcastle-upon-Tyne. Ö Reste des → Hadrianswalles.

Hedemünden Deutschland, ö von Hannoversch-Münden. 2 km nw Ringwall. 3 km sw von Oberode Ringwall "Kring". 5 km nw (sw von Lippoldshausen) Ringwall Lippoldsburg.

Hedendorf Deutschland, nw von Buxtehude. Ehemals frühmittelalterlicher Ringwall Haidberg.

Heerlen Niederlande, nw von Aachen. Reste von Thermen.

Heerstedt Deutschland, sö von Bremerhaven. Steinkistengrab 3. Viertel 2. Jtsd. vor Chr.

Heeslingen Deutschland, sö von Bremervörde. Sö Ringwall Hailsburg.

Hefat Ägypten. → (El) Moalla.

Hegelohe Deutschland, w von Hirnstetten, wnw von Kipfenberg. Flache Wälle von kleinem Kastell.

Hegra Saudi-Arabien. → Madain Saleh.

Heian-Kyo Japan. → Kioto.

Heide Deutschland. Museum für Dithmarscher Vorgeschichte.

Heidelberg Deutschland. → Egloffstein.

Heidelberg Deutschland. Kastell erforscht. Kastellbad. Spuren von römischen Hafenanlagen. Kurpfälzisches Museum. Sammlungen der Universität. In H-Neuenheim mehrere Kohortenkastelle bekannt. Heiligenberg, Mons Piri: Wallanlage von befestigter latènezeitlicher Höhensiedlung mit mittelalterlichen Ergänzungen; äußerer Wall, innerer Wall, Querwall, Freischarenschanze 1849, Wohngruben der Latènezeit; römischer Graben, römische Inschriften, Funde aus fast allen vorgeschichtlichen Epochen, Reste von Michaels- und Stephanskloster.

Heidelburg Deutschland. → Haina-Dodenhausen.

Heidelsburg Deutschland. → Waldfischbach.

Heiden Deutschland, sö von Borken. 3 km onö von Heiden Großsteingrab "Düwelsteene".

Heidenburg Deutschland. → Hilden.

Heidenburg Deutschland. → Kreimbach.

Heidenburg Österreich. → Göfis.

Heidenburg Schweiz. → Seegräben.

Heidengraben Deutschland. → Kirchzarten.

Heidengraben Deutschland. → Oberursel-Oberstedten.

Heidengraben Deutschland, nö von → Bad Urach, um Grabenstetten und Erkenbrechtsweiler. Wälle von keltischem Oppidum; Rekonstruktionen. Gesamtareal 1662 ha; besiedelter Teil "Elsachstadt" 153 ha. Rekonstruiertes Tor n von Erkenbrechtsweiler.

Heidenhäuschen Deutschland. → Hadamar.

Heidenheim an der Brenz Deutschland. Römisch ev. Aquileia. Grabungen am Alenkastell. Römisches Bad. Nö Kleinkuchen: s keltische Viereckschanze. Mergelstetten: Rest von keltischer

Vicreckschanze, Grabhügelfeld. Schnaitheim: hall-
stattzeitliches Grabhügelfeld, Kultanlage, Viereck-
schanze.
Heidenheim am Hahnenkamm Deutschland, nw
von Treuchtlingen. Grundmauern von römischem
Gutshof. Auf dem Gelben Berg (Gelbe Bürg) Wälle
von hallstattzeitlicher und keltischer Fliehburg.
Heidenküppel Deutschland. → Großenlüder-Bim-
bach.
Heidenlöcher Deutschland. → Deidesheim.
Heidenmauer Deutschland. → Bad Dürkheim.
Heidenmauer Deutschland. Mancherorts Name für
die Reste des → Limes.
Heidenmauer Frankreich. → Franckenbourg.
Heidenmauer Frankreich. → Sainte Odile.
Heidenschanze Deutschland. → Sievern.
Heidenschuh Deutschland. → Klingenmünster.
Heidenstadt Deutschland. → Sievern.
Heidenstock Deutschland. → Feldberg.
Heidenwall Deutschland. → Thale.
Heidetränktal Deutschland. → Oberursel.
Heijo-Kyo Japan. → Nara.
Heilbronn Deutschland. In Böckingen w des
Neckars Kohortenkastell festgestellt. Fundamente
des Nordtores rekonstruiert. Bad s des Kastells.
Weiteres Bad am Nordfuß des Hartberges. Neckar-
gartach: auf dem Hetzenberg Erdwerk der Mi-
chelsberger Kultur (→ Michelsberg bei
Untergrombach). Historisches Museum.
Heiligenberg Deutschland. → Altendorf n von
Fritzlar.
Heiligenberg Deutschland. → Heidelberg.
Heiligenberg Deutschland. → Homfeld.
Heiligenbuck Deutschland. Name eines Grabhügels
w von Hügelsheim, Kreis Rastatt.
Heiligenstadt Deutschland, ö von Bamberg. Vor-
geschichtliche Wallanlagen auf dem Altenberg.
Frühmittelalterlicher Ringwall "Schwedenschanze"
auf Burgholz bei Oberleinleiter. Grabhügelfeld
Grubeten bei Hohenpölz.
Heiligkreuztal Deutschland. → Altheim.
Heimerdingen Deutschland, n von Leonberg. Sw
des Ortes "Kirchhöfle": römische Reste und
Schutthügel einer Villa rustica.
Heinesburg Deutschland, ö von Wehrbergen, n
von Hameln. Frühmittelalterliche Fluchtburg. Ö →
Uetzingen.
Heisterberg Deutschland, s von Beckedorf, s des
Steinhuder Meeres, 10 km LL wnw von Barsing-
hausen. Wallanlage (Ringwall) "Am Heisterberg";
Wall und Mauer.
Heisterburg Deutschland, im Deister, 3 km w von
Barsinghausen. Wallanlagen, spätestens 10./12. Jh.
N bis nnö mehrere Wälle. W hiervon → Bük-
kethaler Landwehr und Schaumburger Knick,
14./15. Jh. 600 m s → Wirkesburg.
Heisterschlößchen Deutschland. → Heisterberg.
Heisterstein Deutschland. → Waren.
Heitersheim Deutschland, sw von Freiburg/Br. In

der Flur Scherbenacker Spuren von römischem
Palast.
Hekatompylos Iran. → Schahr-i Qumis.
Hekese Deutschland. → Berge.
Hekimhan Türkei, 74 km nw von Malatya. Kara-
wanserei von 1218, 1660 restauriert.
Heleia Gr-Kreta. → Palaiokastro.
Helfenstein Deutschland. → Zierenberg.
Helgö Schweden, bei Ekerö auf der größten Mälar-
see-Insel. Handelsplatz 1. Jtsd. vor Chr. Ausgra-
bungen.
Helice Spanien. → Elche.
Helike Griechenland. → Eliki.
Helim Jordanien. → Aqaba.
Heliocroca Spanien. Römisch; heute Lorca.
Heliopolis Ägypten. → (El-)Matarija.
Heliopolis Bulgarien. → Obsor.
Heliopolis Libanon. → Baalbek.
Hellenico Velvina Griechenland. → Velvina.
Hellenika Griechenland. → Phteri.
Helleniko Griechenland. → Gortys.
Helleniko Griechenland. → Muriatada.
Hell Stone GB, Dorset, bei Portisham, sw von
Dorchester. Großsteingrab.
Helmantica Spanien. → Salamanca.
Helmstedt Deutschland. Auf dem St. Annenberg w
"Lübbensteine", zwei Gräber der Jungsteinzeit.
Heloros I-Sizilien. → Noto Marina.
Helos Griechenland. → Agios Stefanos.
Helvadere Türkei, 45 km sö von Aksaray. S an
der Stelle Viranşehir die Ruinen von zwei früh-
christlichen Kirchen. Reste von byzantinischen Fe-
stungen.
Helveticae Schweiz, Aargau. → Baden.
Helvetum Frankreich. Ehl bei Benfeld, s von
Straßburg.
Helvia Recina Italien. → Villa Potenza.
Hemavati Indien, Karnataka, bei Madakasira, n
von Bangalore. Henjeru. Hauptstadt der Nolambas,
800-1150. Drei Tempel. Ruinen.
Hembury GB, Devon, bei Honiton. Jungsteinzeit-
liche Erdwälle. Eisenzeitliche Hügelfestung.
Hemeln Deutschland, n von Hannoversch-Münden.
Frühgeschichtliche Wallburg Hünenburg.
Hemeroskopeion Spanien. → Denia.
Hemis Indien, Kaschmir, Ladakh, 45 km s von
Leh. Dschangtschub Samling-Gonpa, 16. Jh.
Hemite Türkei, 20 km s von Kadirli, nö von
Adana. Hamide. Ma Burg. Hethitisches Relief
13. Jh. vor Chr.
Hemmaberg Österreich. → Globasnitz.
Hemmelmark Deutschland, wenig nö von Eckern-
förde. W und n Reste von Großsteingräbern.
Hemmingen Deutschland, n von Leonberg. Reste
einer Villa rustica mit Mauer.
Hemmoor Deutschland, nw von Stade. Kaiserzeit-
liche Urnengräberfelder.
Hemudu China, Zhejiang. Pfahlbauer-Siedlung;
neolithische Kultur.

Henchir Chett Tunesien, w von Teboursouk. Antik Suttu. El Bordj, römische Villa.
Henchir Douemis Tunesien, s von Teboursouk. Ruinen des antiken Uci Majus.
Henchir Ghezal Tunesien, 40 km sw von Ben Gardane. Römische Ruinen im Tal des Oued Sabak.
Henchir Goubeul Tunesien, 14 km w von Feriana. Ruinen.
Henchir Guettousi Tunesien, 5 km sw von Dougga. Zisternen.
Henchir Jabeur Tunesien, 175 km ssö von Medenine. Römische Ruinen.
Henchir Kermatous Tunesien, 17 km ö von → Zaghouan. Römische Ruinen.
Henchir El Kousset Tunesien, nnw von Thelepte, hinter Bir Bou Yaya. Römische und byzantinische Ölmühlen. Reste von frühchristlicher Basilika. Spuren von Taufkapelle.
Henchir Medeina Tunesien. → Medeina.
Henchir Rhiria Tunesien, 9 km w von Beja. Reste von christlicher Basilika.
Henchir Sidi Ali Bel Gacem Tunesien. → Thuburnica.
Henchir Souar Tunesien, ca. 25 km s von Pont-du-Fahs. Ruinen aus römischer Zeit.
Hendre Wealod GB, Wales, bei Conwy. Großsteingrab.
Henen-Nesut Ägypten. → Ehnasya el-Medina.
Hengistbury Head GB. → Christchurch.
Henglarn Deutschland, s von Paderborn. Rest von Steinkistengrab II an der Flußaue. 1 km nw kleiner Wall Vienenburg, 1385.
Henllys, Castell GB, Wales, w von Cardigan, Dyfed-Nordküste. Eisenzeitliches Fort.
Henna I-Sizilien. → Enna.
Hennebont Frankreich, nö von Lorient. Sö Dolmen des Trois-Pièrres.
Hennenberg Deutschland, nw von Fünfstetten, s vom Wemding. Wall von frühmittelalterlicher Fluchtburg.
Heol Senni GB, Wales, 17 km s von Brecon. Bronzezeitlicher Menhir Maen Llia.
Hephaistia Griechenland, Insel Lemnos. → Ifaistia.
Heptapegon Israel. → Tabgha.
Hera-Argiva-Heiligtum Italien, 40 km s von Salerno, 12 km n von → Paestum. Einige Grundmauern und niedrige Podien von Tempeln und öffentlichen Bauwerken.
Heraclea Rumänien. → Enisala.
Heraclea Syrien. → Heraqla.
Heraclea Syrien, 20 km n von Lattakia. Antiker Ort bei Qaragol.
Heraclea Cacabaria Frankreich. Saint-Tropez.
Heraclea Lyncestis Makedonien. → Bitola.
Heracleia Kroatien. Heute Rogoznica, 40 km sö von Šibenik.
Heracleum Promontorium Italien, Kalabrien, SO-Spitze. An der Stelle von Capo Spartivento.

Heraclia Türkei. → Marmaraereğlisi.
Heraia Griechenland. → Agios Ioannis ö von Olympia.
Heraion Griechenland, Samos. → Iraon.
Heraion am Argos Griechenland. → Iraion.
Heraklea Italien. → Policoro.
Herakleia von Kappadokien Türkei. → Ereğli.
Herakleia am Latmos Türkei, bei Kapıkırık am Bafa Gölü, ca. 160 km s von Izmir. An der Stelle der noch älteren, von den Karern Latmos genannten Stadt. Stadtmauerreste. Ruine von byzantinischem Kloster. Ruine von Wehrkloster. Reste von Agora, Tempel, Theater. Höhlenkirche. Klosterreste im See.
Herakleia Limnaia Griechenland. Heute Amfilochia in Akarnania. Das antike Amphilochoi → Loutró.
Herakleia Lyncestis Makedonien. → Bitola.
Herakleia Minoa I-Sizilien. → Eraclea Minoa.
Herakleia Pontike Türkei. → Ereğli/Schwarzmeer.
Herakleia Trachinia Griechenland. → Iraklia/Ftiotis.
Herakleion Griechenland, bei Platamon, 48 km nnö von Larissa.
Herakleion Griechenland, auf der Insel → Rineia, w von → Delos. Spuren von Herakles-Tempel 2. Jh. vor Chr.
Herakleion Gr-Kreta. → Iraklion.
Herakleopolis Magna Ägypten. → Ehnasya el-Medina.
Herakleopolis Parva Ägypten, Delta. Heute Tell Bileim.
Heraqla Syrien, 10 km w von Raqqa. Ehemals Heraclea. Spuren von Verteidigungsanlage.
Herat Afghanistan, am Hari Rud, ca. 600 km w von Kabul. Alexandria Areion. Timuridische Hauptstadt. Zitadelle 9./10. Jh. Medresse und Moschee* 15. Jh. Mausoleum in Gasurgah 1425. Zahlreiche Erdhügel und noch nicht ausgegrabene alte Siedlungsstätten in der Ebene.
Herbertingen Deutschland, sw von Riedlingen.
1) → Heuneburg n von Hundersingen und Archäologischer Wanderpfad.
2) Heuneburgmuseum in Hundersingen.
Zum Gebiet der Heuneburg gehörende Grabhügelgruppen:
3) → Hohmichele-Gruppe.
4) Baumburg, n von Hundersingen, φ 75 m, Höhe 7 m, diente im MA als Burghügel.
5) Bettelbühl, n von Herbertingen, φ 60 m, Höhe 3 m, und zwei weitere Hügel.
6) Rauher Lehen, nö von → Ertingen, φ 75 m, Höhe 7 m.
7) Grabhügelgruppe nw von Binzwangen.
Herbipolum Deutschland. → Würzburg.
Herbita I-Sizilien. Antik; Nicosia n von Enna.
Herbrechtingen Deutschland, s von Heidenheim. Auf dem Buigen Wälle von vorgeschichtlicher Befestigung.

Herceg-Novi Montenegro. Archäologisches Museum.
Herculaneum Italien. → Resina.
Herculesbad Rumänien. → Thermae Herculi.
Herdoniae Italien. → Ordona.
Hereford GB, sw von Birmingham. Städtisches Museum. Nw → Castra Magna.
Herefordshire Beacon GB, Hereford and Worchester, 4 km s von Great Malvern. Eisenzeitliches Hügelfort.
Hereke Türkei, 22 km w von Izmit. Ev. das antike Ankyron. Ehemals mit konstantinischem Palast. Kastellruine 13. Jh.
Hergårdsklint Schweden, Gotland, n von Ljugarn. Geringe Mauerreste von eisenzeitlicher Burg.
Hergla Tunesien, nw von Sousse. Stelle des antiken Horraca Caelia. Wiederverwendete antike Steine.
Herimupolis Gr-Kreta, NO-Zipfel, 23 km nö von Sitia. Antik Itanos. Erimupolis. Besiedlung des Gebietes von der geometrischen bis zur hellenistischen Zeit. Zwei Akropolen. Griechische und römische Spuren. Ruinen einer byzantinischen Stadt; Basilika, Mosaike. Nekropole mit hellenistischem Grabmal.
Herkulesburg Deutschland, w von Jakobsweiler, sw von Kirchheimbolanden. Wälle und Gräben, ca. 10./11. Jh.
Herlingsburg Deutschland. → Lügde.
Hermel Libanon, 63 km n von Baalbek. Antike Ruinen.
Herminio Minor Portugal. Antik; Marvao nö von Portalegre.
Hermioni Griechenland. → Ermioni.
Hermonassa Türkei. → Akçaabad.
Hermonthis Ägypten. → Armant.
Hermopolis Magna Ägypten. → (El-)Aschmunein.
Hermopolis Parva Ägypten, Delta. → (El-)Baqlija.
Hermopolis Parva Ägypten, Delta. → Damanhur.
Hermosillo Mexiko, Sonora. Museum von Sonora.
Hermülheim Deutschland, bei Hürth, sw von Köln. Teile der römischen Wasserleitung Eifel-Köln.
Hermupolis Griechenland, Insel Syros. Ermoupoli. Besiedelt bereits im 2. Jtsd. vor Chr. Archäologisches Museum.
Herna Spanien. → Elche.
Herne Deutschland. Emschetal-Museum Abteilung Ur- und Frühgeschichte.
Herodesfestung Jordanien. → Meqawer.
Herodium* Israel, sö von Bethlehem. Herodion-Berg. Auf kegelförmigem Berg* Festung des Herodes mit Resten von Säulenhalle und römischem Bad. Später Synagoge (1. Jh.) und byzantinische Kapelle (6. Jh.) eingebaut. Kloster in byzantinischer Zeit. Unterhalb des Burghügels Reste herodianischer Paläste und eines Schwimmbeckens.
Heroldingen Deutschland, sö von Nördlingen. Ö Wall von urnenfelderzeitlicher Höhensiedlung auf dem Burgberg.
Heroopolis Ägypten. Heroonpolis. → (Tell el-) Maschuta.
Herrenchiemsee Deutschland, Insel im Chiemsee. Herreninsel. Ringwallanlage, ev. seit Urnenfelderzeit. Zweite Besiedlung um 900 nach Chr.
Herrera de Pisuerga Spanien, nw von Burgos. Römische Ruinen.
Herrnberg Deutschland, 5 km sw von Dorfen. Rest von Keltenschanze.
Hersin Iran, 55 km osö von Kermanschah. Ev. das Schahpur Kast des 3. Jh. nach Chr. Unvollendetes Basrelief. Kultanlage der Sassanidenzeit. Künstliches Becken. Fundort größerer Mengen Luristan-Bronzen.
Herten Deutschland, w von Rheinfelden. ½ km LL wnw Wehranlage Hirschenleck. 1½ km wsw Wehranlage Hertenberg.
Herwer Ägypten, nw von Mallawi. Altägyptisch Hur.
Herzogenbuchsee Schweiz, Bern, ca. 12 km ö von Solothurn. Kirche über römischer Villa; Mosaik.
Herzogenburg Österreich, n von Sankt Pölten. Sammlung im Stift.
Herzogenrath Deutschland, n von Aachen. Abschnittswall Fuchsberg.
Hesa, Qalaat el- Jordanien, bei Hasa, w der Wüstenstraße. Reste von moslemischem Pilgerfort 18. Jh. Brücke aus römisch-byzantinischer Zeit.
Heschbon Jordanien. → Hisban.
Hesselbach Deutschland, Odenwald. Limeskastell. Straßenreste eingefaßt. N Rest von Limeswachtturm 10/30. S Reste der Limeswachttürme 10/32-37.
Hesselberg Deutschland, ö von Dinkelsbühl. Keltische Ringwallanlage auf dem gleichnamigen Berg.
Hessi, Tel Israel, nw von Qiryat Gat. Tell el-Hesi. Ev. das biblische Eglon. Besiedelt seit der mittleren Bronzezeit. Ausgrabungen.
Hestiäa Griechenland. → Orei.
Heston Brake GB, Wales, bei Port Skewett. Großsteingrab.
Hetty Pegler's Tump GB, s von Gloucester, bei Uley. Langhügelgrab.
Hetzenberg Deutschland. → Heilbronn.
Hetzles Deutschland, nö von Erlangen. Auf dem Hetzleser Berg spätlatènezeitliche Befestigung.
Heubach Deutschland, ö von Schwäbisch Gmünd. Vorgeschichtliche Befestigung mit den Teilen Rosenstein, Mittelberg und Hochberg.
Heuneburg Deutschland. → Fischbachtal.
Heuneburg Deutschland. → Heunenburg.
Heunenburg* Deutschland, n von Hundersingen, Kreis Saulgau. Späthallstatt- und frühlatènezeitlicher Ringwall (eisenzeitlicher Fürstensitz), ab 6. Jh. vor Chr. Lehmziegelmauern festgestellt. Frühmittelalterliche Wallreste. Archäologischer Wanderpfad. Grabhügelgruppen → Herbertingen.
Heunenburg Deutschland, 1½ km ssw von

Upflamör bei Zwiefalten. Heuneburg. Wälle und Gräben von befestigter keltischer Höhensiedlung. Hauptwerk späthallstattzeitlich, Nordwall ev. nachrömisch oder frühmittelalterlich.

Heuneschüssel Deutschland. → Miltenberg.

Heunischenburg Deutschland. → Kronach.

Heunstein Deutschland. → Dillenburg.

Hévíz Ungarn, n vom Westende des Plattensees. Egregy: römisches Grab.

Hexentanzplatz Deutschland. → Thale.

Heybeliada Türkei, Prinzeninsel im Marmarameer. Reste byzantinischer Bauten.

Heyshott Downs GB, Sussex. Grabhügel.

Hezhongyuan China, Jiangsu. Reste von größerer Siedlung der Östlichen Han-Zeit (1./2. Jh. nach Chr.). Befestigte Städte und Dörfer der Östlichen Hanzeit entdeckt. Gräber.

Hezre Syrien, 34 km w von Haleb. Ruinen.

Hezzan Syrien, nö von Masyaf, w von Hama. Tell. N zahlreiche Tells.

Hfai, El Tunesien, 93 km n von Gabès. Ruinen von byzantinischer Burg.

Hibba, El Irak, sö von Refai, n von Nasiriya. El Hiba. Sumerisch Lagasch, Hauptstadt des gleichnamigen Staates. Antik Uruku. Blütezeit um 2500 und 2100 vor Chr.

Hibe, el- Ägypten, 150 km s von Kairo. Altägyptisch Teudjoi, antik Ankyronpolis. Ruinenhügel; Reste der alten Stadt, Tempelfundamente 22. Dynastie (10./9. Jh. vor Chr.). Im O Nekropole.

Hibera Spanien. → Tortosa.

Hibis* Ägypten, Oase el → Charga. Amun-Tempel, erbaut von Darius I., Nektanebos II. und ptolemäischen Herrschern. Tore. Museum.

Hidalga, La Spanien, Neukastilien, bei Alcazar de San Juan. Spuren einer keltiberischen Siedlung.

Hidr, El Türkei, 30 km sw von Antakya, ca. 3 km sw von Samandağ. Kleines Heiligtum der Nusairier.

Hienheim Deutschland, sw von Kelheim. Reste der rätischen Mauer. Rekonstruierter Holzturm bei Wachtturm 15/46. Befestigte Siedlung der Bandkeramiker erforscht.

Hiera Türkei, s von Üsküdar. Antik; heute Fenerbahçe, Teil von → Istanbul.

Hierakonpolis Ägypten. → Kom el-Ahmar n von Edfu.

Hierapolis Syrien. → Manbig.

Hierapolis Türkei. → Pamukkale.

Hierapytna Gr-Kreta. → Ierapetra.

Hierasykaminos Ägypten. → (El-)Maharraqa.

Hières-sur-Amby Frankreich, ca. 35 km n von Lyon. Ausgrabungen auf dem Plateau von Larina; besiedelt seit der Jungsteinzeit. Umwallung von gallischem Oppidum 5.-1. Jh. vor Chr. Geringe römische Spuren. Weitere Besiedlung 4.-9. Jh. Ausstellung im Maison du Patrimoine im Talort.

Hierocäsarea Türkei. → Arpalı.

Hieron von Epidauros Griechenland. → Epidauros.

Hieropolis Castabala Türkei. Antike Stätte nö von Tecırlı, 111 km onö von Adana. Residenz von 52 vor bis 17 nach Chr.

Hierve El Agua Mexiko, 75 km ö von Oaxaca, bei San Lorenzo Albarrada. Unterirdische Quellfassung, ab ca. 300 vor Chr. → Whitby.

High Bridestones GB. → Whitby.

Highdown Hill GB, West Sussex, 4 km w von Worthing. Eisenzeitliches Fort über bronzezeitlicher Siedlung. Römisches Bad.

High Rochester GB, Northumberland, w von Alnwick. Das ehemalige römische Kastell Bremenium.

Higos, Los Honduras. Ehemalige Stadt der Maya.

Higuerón-Höhle Spanien. → Rincon de la Victoria.

Hikome Japan, nö von Kyoto. Taga-Schrein, ab ca. 5. Jh.

Hildagsburg Deutschland. → Wolmirstedt.

Hilden Deutschland, s von Düsseldorf. Ö frühmittelalterlicher Ringwall Holterhöfchen (Heidenburg).

Hildesheim Deutschland. Roemer-Pelizaeus-Museum mit ägyptischer Sammlung.

Hilgartsberg Deutschland, Ostbayern. Mittelalterliche Befestigung Schanzfeld.

Hili Oman, Oase Buraimi. Ö Siedlung, Ausgrabungen 3000-1700 vor Chr., Befestigungsreste, Ende 3. Jtsd. vor Chr. Gräber.

Hiligenberg Deutschland. → Homfeld.

Hi-lo Afghanistan. → Hadda.

Hilyat Türkei. → Ahlat.

Himera I-Sizilien. → Imera.

Himmelreich Deutschland. → Holheim.

Himmelreich Deutschland. → Wettenburg.

Hine Syrien, sw von Qatana, sw von Damaskus. Kleine Tempelruine.

Hinidan Pakistan, bei Bela, Süd-Belutschistan. Islamische Nekropole.

Hinterberg Deutschland, bei Lohne. → Fritzlar.

Hinterer Seeberg Deutschland, sw von Schamhaupten, sw von Riedenburg. Ehemals Standort eines kleinen römischen Kastells am Limes.

Hinterster Kopf Deutschland. → Löhnberg.

Hınzır Türkei, sw von Iskenderum. Ruinen von Burg der Kreuzfahrer.

Hippo Diarrhytus Tunesien. Ehemals phönizisch, ab 7. Jh. Benzert, heute Bizerta (Binzert).

Hippokome Türkei, nw von Fethiye. Felsgräber.

Hipponium Italien. → Vibo Valentia.

Hippo Regius Algerien. → Annaba.

Hippos Israel. → Sussita.

Hiqla Syrien, s vom Djabbul-See sö von Haleb. Verfallenes Serail mit antiken Säulen. Tell.

Hira, El Irak, bei Najaf. Reste der antiken Stadt (Hauptstadt der arabischen Lakhmidenfürsten).

Hiragla Syrien. → Heraqla.

Hirbet auch Khirbet. Siehe unter dem

Hauptnamen.
Hire Griechenland. → Yannitsa.
Hirebenkal Indien, Karnataka, nähe Tungabhadra. Megalithische Nekropole*, Steinplattengräber.
Hirnsdorf Österreich, sw von Pischelsdorf, onö von Graz. Kapelleiten: römische Villa ausgegraben.
Hirnstetten Deutschland, 8 km wnw von Kipfenberg. Reste von Limeswachttürmen 14/68,70. Grabhügel der Bronzezeit.
Hirschaid-Friesen Deutschland, sö von Bamberg. Auf der Friesener Warte spätlatènezeitliche und mittelalterliche Wallspuren.
Hirschberg Deutschland, ö von Mannheim. Großsachsen: 1½ km nw Reste eines römischen Gutshofes mit Tempel (→ Abb. 101). Badreste nicht sichtbar.
Hirschenberg Deutschland, sö von Bad Sooden-Allendorf. Frühgeschichtlicher Ringwall "Römerlager".
Hirschkogel Österreich. → Maria Enzersdorf.
Hirsizkale Türkei. → Varto.
Hirşova Rumänien, rechtes Donauufer, bei km 253. Ruinen des römischen Kastells Carsium, 2.-3. Jh.
Hirzstein Deutschland. → Kassel ö von Gelnhausen.
Hisar Türkei. → Bursa.
Hisar Türkei, n von Halfeti, nö von Gaziantep, w des Euphrat. Nekropole. Römisches Pfeilergrabmal. → Eski Hisar.
Hisarlik Türkei. → Mudanya.
Hisarönü Türkei. → Erine.
Hisban Jordanien, 10 km n von Madaba. Ev. die Amoriterhauptstadt Heschbon. Römisch Esbus. Ausgrabungen am Tell. Stadtmauer ab ca. 100 vor Chr. Akropolis, Kirche 6. Jh. Nordkirche. Wachtturm. Wohnhäuser aus antiker und islamischer Zeit. Zisterne. Gräber.
Hisban, Tell Jordanien. → Hisban.
Hischam, Qasr Israel. → (Khirbet el) Mafjir.
Hisn, Tell Ägypten. → (El-)Matarîja.
Hisn Kayfa Türkei. → Hasankeyf.
Hisn Kifâ Türkei. → Hasankeyf.
Hisn Mansur Türkei. → Adıyaman.
Hispalis Spanien. → Sevilla.
Hispellum Italien. → Spello.
Hissar Bulgarien, sö von Sofia. Ehemals thrakische Siedlung; antik Augustae, byzantinisch Sevastopolis. Bedeutende Reste; römische Stadtmauer. Museum.
Hissar Tepe Iran, 5 km sö von Damghan. Mitte 4. Jtsd. bis ca. 1600 vor Chr. Sassanidischer Palast und Feuertempel ausgegraben. Zahlreiche Gräber.
Histiaia Griechenland, Euböa. → Orei.
Historium Italien. → Vasto.
Histria Rumänien, n von Constanţa. Griechisch Istros. Ausgrabungen der von griechischen Koloni-

sten gegründeten Stadt. Stadtmauerreste*, Burgruine, Tempelbezirk, Tore, Thermen, Basilika 6. Jh. nach Chr., Wohnhäuser.
Hit Irak, 190 km wnw von Bagdad. Antik Eitha, Asiopolis. Beginn des Schutzgrabens Khandak Sabur, von König Schahpur II. errichtet, bis Ubulla bei Basra.
Hit Syrien, 35 km nnö von Suweida. Antik Eitha. Reste von Tempel und Basiliken.
Hitadu Malediven, Insel im Haddumati-Atoll (Laam-Atoll). Hittadu. Havita.
Hitadu Malediven, Insel im Sin-Atoll (Addu-Atoll). Hittadu. Reste von altem Befestigungsbau. Badreste.
Hiw Ägypten. → Hu.
Hizan Türkei, sö von Bitlis. 10 km nö die Festung Alt-Hizan. In der Umgebung Klosterruinen, 10./11. Jh.
Hjemeluft Norwegen. → Alta.
Hjortahammar Schweden, ca. 15 km w von Karlskrona. Eisenzeitliche Gräber.
Hkrit Birma/Union Myanmar. Alte Stadt in Arakan; noch nicht ausgegraben.
Hlebiana Bosnien-Herzegowina. Antik; heute Livno, nö von Split.
Hnud, Tell Israel, Westufer des Tiberiassees. Besiedelt während der Bronze- und Eisenzeit.
Hoa-lai Vietnam, Panduranga. Hindu-Tempel, ca. 10. Jh.
Hoa-lu Vietnam, Ninh-binh. Hauptstadt ab ca. 1500. Totentempel Dinh Tien-hoang 1607-1610, Kunst der Lé.
Hoarach Kogel Österreich. → Spielfeld.
Hoar Stone GB, nw von Oxford, s von Enstone. Langhügelgrab.
Hob Hurst's House GB, Derbyshire, sw von Chesterfield. Hügelgrab.
Hoch, Khirbet el Libanon, 8 km sö von Tyrus, ö von Rachidiyé. Antik Ouchou.
Hochburg Deutschland. → Ehrang.
Hochburg Deutschland. → Haithabu.
Hochdorf Deutschland. → Eberdingen-Hochdorf.
Hochelten Deutschland. → Elten.
Hô chi minh Vietnam. Ehemals Saigon. Historisches Museum.
Hochob Mexiko, 145 km s von Campeche, 15 km sw von Dzibalchén. Kleines Zeremonialzentrum der Maya, Chenes-Stil. Ausgrabungen: Pyramide, Tempel; Fassadenschmuck.
Hochscheidt Deutschland, sö von Bernkastel-Kues. Ca. 4 km s Reste von römischer Tempelanlage für Apollo und Sirona mit Bad- und Pilgerhäusern.
Hochwindenkopf Österreich. → Göfis.
Hodar Pakistan, nw von Chilas. Felsbilder 6.-10. Jh.
Hod Hill GB, Dorset, Cranborne Chase, nw von Blandford. Eisenzeitliche Befestigung, römisches Lager.
Hoedik Frankreich, Bretagne, Insel sö von Qibe-

ron. Mesolithische Siedlung. Megalithgrab. Fortreste 17. und 19. Jh.

Högsdorf Deutschland, s von Lütjenburg. N bronzezeitl. Grabhügel und eisenzeitliches Urnenfeld im Ruser Steinbusch. S Gowens: 2 km sö Reste von Großsteingräbern. 3 km s Ganggrab von → Flehm.

Höhburg Deutschland. → Merenberg.

Höll am Warscheneck Österreich, Oberösterreich. Felszeichnungen.

Hönehaus Deutschland. → Robern.

Hönehaus Deutschland, 5 km s von Walldürn. Auf dem Rehberg freigelegtes kleineres Kastell.

Hörlkofen Deutschland, ca. 7 km ssö von Erding. 1 km sw keltische Viereckschanze.

Hörstetten Schweiz, Thurgau, Gemeinde Homburg. Wall und Graben einer großen Wehranlage.

Hösn, Tell el Israel. → Bet-Shean.

Hötting Österreich. → Innsbruck.

Höxter Deutschland. Frühe Wallburg Brunsberg.

Hoferbühel I-Südtirol. → Ritten.

Hofheim Deutschland, zwischen Wiesbaden und Frankfurt. Auf dem Kapellenberg ehemalige Höhensiedlung ab 4. Jtsd. vor Chr. Frühmittelalterlicher Ringwall. Wallspuren von römischem Wachtturm. Lorsbach: 3/4 km w Ringwall Alteburg, ehemalige Höhensiedlung 6./5. Jh. vor Chr., frühmittelalterliche Wälle.

Hofmannsholz Deutschland. → Ahorntal-Kirchahorn.

Hofstetten Schweiz, Solothurn, sw von Basel. Nw auf dem Chöpfli Ringwallanlage der Urnenfelderzeit.

Hofuf Saudi-Arabien. Römisch Attene. Karmatisch al Asha, 9. Jh. Al Hasa.

Hohburg Deutschland, nö von Wurzen, ö von Leipzig. Auf dem Burzelberg Rest von latènezeitlichem Ringwall.

Hohenaltheim Deutschland, sö von Nördlingen. Auf dem Unholderbuch ehemals urnenfelderzeitliche Höhensiedlung. Reste von ma Befestigung um den Kirchhügel, ca. 10. Jh.

Hohenasperg Deutschland. Ehemaliger keltischer Fürstensitz in der späten Hallstattzeit. Eisenzeitlicher Ringwall mit neuzeitlichen Befestigungsanlagen überbaut. Zugehörige Bestattungsplätze: Grafenbühl, ö von Asperg, späte Hallstattzeit, zerstört. Grabhügel Kleinaspergle. Römerhügel Ludwigsburg. Fürstengrabhügel von → Eberdingen-Hochdorf, späte Hallstattzeit. Grabhügel von Ditzingen-Schöckingen. Grabhügel von Ditzingen-Hirschlanden.

Hohenbühel I-Südtirol. → Pfatten.

Hoheneichen Deutschland, n von Preetz. Rest von Großsteingrab.

Hohen-Niendorf Deutschland, nö von Wismar, ö von Ostseebad Rerik. Rest von Großsteingrab.

Hohenthurn Österreich, sw von Villach. Auf der Derter Platte Höhensiedlung mit hallstatt- und römerzeitlichen Befestigungsanlagen.

Hohenwieschendorf Deutschland, nw von Wismar. 2 km n Rest von Großsteingrab.

Hoher Dörnberg Deutschland. → Zierenberg.

Hoher Knock Deutschland. → Hollfeld-Wiesentfels.

Hohe Schanze Deutschland. → Winzenburg.

Hohe Schule Deutschland, Bergkuppe bei Völkershausen, n von Mellrichstadt. Reste von vorgeschichtlicher Wallanlage.

Hohestein Deutschland. → Meinhard.

Hohhot China, Hauptstadt der Inneren Mongolei. 9 km s Grab der Wang Zhaojun, westliche Han-Dynastie, 1. Jh. vor Chr.

Hohlstein Deutschland. → Zierenberg.

Hohmichele Deutschland, nw von Hundersingen. Grabhügel 80 m ⌀, 14 m Höhe, späte Hallstattzeit. Innen ehemals zwei holzgestützte Grabkammern.

Hohokam-Kanäle USA, Arizona-Süden. Vorkolumbianisches Bewässerungssystem.

Hoi An Vietnam. Buddhistische Höhlen in den Marmorbergen.

Hoischhügel Österreich. → Arnoldstein.

Holactun Mexiko. → Xcalumkin.

Holheim Deutschland, 4 km sw von Nördlingen. Sw Wallburg auf dem Himmelreich; → Ofnethöhlen. Unterhalb römischer Gutshof. Sw (s von Utzmemmingen) Altenbürg, Alte Bürg, Wälle und Kapelle Hohlestein mit Schichten seit der Altsteinzeit. Ö des Holheimer Wäldchens Burgstall Burschwiesen.

Holingol China, Innere Mongolei, in der Nähe von Baotou. Helinger. Gräber mit Malereien, Östliche Hanzeit (1./2. Jh. nach Chr.).

Hollburg Deutschland, bei Kransburg, n von Bremerhaven. Ringwall, 9.-10. Jh.

Hollenburg Österreich, sö von Krems. Höhensiedlungen der Frühbronzezeit und der Hallstattzeit. Kleine römische Befestigung.

Hollenstedt Deutschland, sw von Harburg. 1½ km s Wallanlage "Burg", 9. Jh..

Hollfeld-Wiesentfels Deutschland, w von Bayreuth. 100 m nö auf dem Hohen Knock bei Loch Wall der Frühlatènezeit.

Hollingbury GB, East Sussex, 1 km n von Brighton. Fortreste der Eisenzeit.

Holmbury Hill GB, Surrey, sö von Guildford. Eisenzeitliche Befestigung.

Holmegaard Dänemark, Sjælland, nö von Næstved. Ehemals mesolithische Siedlung.

Holmúl* Guatemala, NO-Petén. Mayastätte; Töpfereizentrum.

Holsterhausen Deutschland. → Dorsten.

Holterhöfchen Deutschland. → Hilden.

Holtye GB, Sussex, ö von East Grinstead. Römische Straße.

Holy Cairn GB, Dumfries an Gallaway Region, bei Carslulth, Wighton Bay.

Holyhead GB, Wales, auf Holy Island w von Anglesey. Mauerreste des kleinen römischen Forts

Caer Cybi. Eisenzeitliche Befestigung Caer y Twr. Dorfreste aus vorchristlicher Zeit bei Cytiaur Gwyddelod. Zwei Menhire bei Penrhosfeilw. Jungsteinzeitlicher Grabhügel bei Trefignath. Ehemalige Siedlung (Hüttengruppe) Ty Mawr.

Holy Island GB. → Holyhead.

Holzburg Deutschland, 1½ km n von Kranzberg, w von Friedberg/Hessen. Frühmittelalterliche Fluchtburg.

Holzhausen Deutschland. → Dingharting.

Holzhausen Deutschland, 5 km s von Fürstenfeldbruck. 1 km sw keltische Viereckschanze. 1 km s keltische Viereckschanze. 3 km sö Reste von zwei Keltenschanzen.

Holzhausen an der Haide Deutschland, onö von St. Goarshausen. 1 km sö Reste eines römischen Kastells, 3. Jh.: Umwallung, Tore, Türme, Stabsgebäude. Spuren von Limeswachttürmen 2/33-40. Reste des Kleinkastells Pfarrhofen.

Holzurburg Deutschland, n von Bederkesa, nö von Bremerhaven. Frühmittelalterlicher Burgwall.

Homerskopf Deutschland. → Wolfersweiler.

Homfeld Deutschland, s von Bremen, bei Bruchhausen-Vilsen. Sö Ringwall Heiligenberg, vorgeschichtlich.

Homolion Griechenland. → Omolion.

Homs Libyen. Khoms. → Leptis Magna.

Homs Syrien. Römisch Emesa. An der Zitadelle Spuren von antiken Befestigungsanlagen. Unterirdische Kapelle 5. Jh. und Klosterruinen. Reste von zwei Turmgräbern. Damm des Homs-Sees seit 14. Jh. vor Chr., öfter erneuert.

Honnington Camp GB, Lincolnshire, 8 km n von Grantham. Wälle und Gräben eines eisenzeitlichen Hügelforts.

Honolulu USA, Hawai-Inseln, Insel Oahu. Restaurierte Maraes.

Honorias Türkei. → Bolu.

Honradez, La Guatemala, Provinz Petén, NO-Ecke. Ruinenstätte.

Hopewell-Farm USA, Ohio. Über 30 Mounds. Kultur 2. Hälfte 1. Jtsd. vor Chr. bis Mitte 1. Jtsd. nach Chr.

L'Hôpital Camfrout Frankreich, sö von Brest. 3 km w Menhir de Rungléo.

Hoppingen Deutschland, sö von Nördlingen. Nw Rollenberg: Urnenfelder-spätlatènezeitliche Umwallung. Heiligtum.

Hoppstädtchen Deutschland, sw von Idar-Oberstein. W auf dem Kastellskopf Wallanlage.

Horath Deutschland, sw von Bernkastel. In den Klosterwiesen ehemals Standort von römischer Villa.

Horgen Schweiz, Zürichsee. Kultur der ausgehenden Jüngeren Steinzeit in Nord- und Westschweiz.

Horis Kale Türkei, 60 km osö von Kâhta. Reste der Burg von Kores.

Horma Israel. → (Khirbet el) Msas.

Hormiguero, El Mexiko, 150 km wsw von Che-

tumal, 20 km sw von Chicanná. Zeremonialzentrum der Maya; Ruinenstätte im Rio-Bec-Stil. Ausgrabungen; einzelne Bauwerke *.

Hormoz Jordanien, s von Kerak. Ehemalige Kreuzfahrerburg.

Hormuz Iran, 100 km ö von Bender Abbas, bei Minab. Ruinen.

Hormuz Iran, Insel in der Straße von Hormuz. Ehemals Djarom. → Minab.

Hormuzd Ardeschir Iran. → Ahvaz.

Hormuzd Schahr Iran. → Ahvaz.

Horn Österreich, 45 km n von Krems. Höbarthmuseum.

Hornbuck Deutschland. → Grießen (Klettgau).

Horncastle GB, Lincolnshire, 21 km ö von Lincoln. Reste des römischen Banovallum; Mauern.

Hornfeld Deutschland, sw von Verden. Ringwall.

Hornfelsen Deutschland. → Grenzach-Wyhlen.

Horno de la Peña-Grotte Spanien. → Puente-Viesgo.

Horobetsu Japan, Hokkaido, N-Küste. Bergfestung der Ainu.

Horomots-Kloster Türkei, 10 km nö von Kars. Reste von Hirtenkirche, Johanneskirche, Menarkirche, ab 10 Jh. In der Nähe: → Chochawank.

Horos Tepe Türkei, 9 km n von Tokat. Ruine einer antiken und mittelalterlichen Zitadelle; Treppentunnel, zwei Felsgräber. Ö ehemaliges Felsengrab.

Horraca Caelia Tunesien. → Hergla.

Horreum Margi Serbien. Römische Siedlung; heute Ćuprija, 85 km nnw von Niš. Brückenreste.

Horsabad Irak. → Khorsabad.

Horsens Dänemark, Jütland, am Grφnhφj. Ganggrab.

Horsvall Schweden, bei Simrishamn. Bronzezeitliche Felszeichnungen.

Horta Italien, 30 km ö von Viterbo. Ehemals etruskische Siedlung; heute Orte. Etruskische Gräber.

Horum Hüyük Türkei. → Urima.

Horuzlu Hanı Türkei, 7 km n von Konya. Reste der Seldschukenkarawanserei.

Horvat Ritma Israel, Negev. Befestigte eisenzeitliche Siedlung, 10. Jh. vor Chr.

Hoşap Türkei. → Güzelsu.

Hosea-Grab Jordanien. → (Es) Salt.

Hoshiriya Japan, Hokkaido, O-Küste. Bergfestung der Ainu.

Hosn, Qalaat el Libanon, bei Bcheale, s von Tripoli. Römische Baureste, Nekropole.

Hosn, Qalaat el** Syrien, 10 km n von Tell Kalakh, w von Homs. Die Kreuzfahrerburg Krak des Chevaliers, 1100-1250. → Abb. 127.

Hosn el-Ghurab Jordanien. → (El) Kerak.

Hosn el Kariba Syrien. Kreuzfahrerburg, bei → (Qalaat) Abu Qobeis vermutet.

Hosn es Soleiman Syrien, 48 km ö von Tartus. Baetocecae. Semitischer Tempelbezirk 2. Hälfte 2. Jh. mit Umfassungsmauer und Toren. Krypta,

Reliefschmuck, Inschriften. Nebenan Stätte Ed Deir: kleiner Antentempel und Reste eines weitläufigen Gebäudes.

Hot Thailand, s von Chiang Mai. S Ancient Hot mit Tempelresten.

Hotan China, Xinjiang, nö des Karakorum. Iltschi. 791 verlassen. War bedeutender Sitz des Königreiches von Yotkand oder Odan. Residenz-Ruinen, Ghandara-Stil, 4.-8. Jh. N → Rawak Vihara. Nö → Dandan Uilik.

Hotu-Höhle Iran, bei Besher am Kaspischen Meer. Besiedelt während der Mittel- und Jungsteinzeit. Ausgrabungen.

Houbirg Deutschland. → Happurg.

Houaca → Huaca.

Hougue Bie, La GB. → Jersey.

Houla Libanon, 59 km ö von Sour. Moschee an der Stelle eines älteren Bauwerks. Arabische Festung Qalaat Jbail.

Housesteads GB, Northumberland, w von Newcastle. Römische Festung Borcovicium (Vercovicium) am → Hadrianswall. Museum.

Houston USA, Texas. Museum of Fine Arts.

Houverath Deutschland, s von Euskirchen. Ringwall Hochtürmen; Funde römerzeitlich.

Hovenweep National Monument USA, Colorado, w von Cortes. Ruinen von Pueblos und Wehrtürmen, 1100-1300 nach Chr.

Hovingham Spa GB, Yorkshire, 20 km n von York. Römische Reste: Fußbodenheizung, Thermen, Mosaike.

Howe Hill GB → Scamridge.

Howe Hill GB, nö von York, bei Duggleby. Grabhügel.

Hoy GB. → Orkney-Inseln.

Hoya, La Spanien. → Laguardia.

Hoyo de los Muertos, El Spanien, Kanaren-Insel Hierro, bei Quarazoca. Nekropole, Felszeichnungen.

Hoyran Türkei, 3 km n von Islada. Felsfassaden, lykische Felsgräber, Pfeilergrab. Reste von Kirche und Kloster.

Hoz-Höhle Spanien. → Riba de Saelices.

Hreljin Kroatien, über der Bucht von Bakar, ö von Rijeka. Ruinen der ma Siedlung: Türme, Tore, Umwallung, Kirchen.

Hrušica Slowenien, sw von Ljubljana. Reste der römischen Festung Ad Pirum.

Hu Ägypten, 5 km sö von Nag Hammadi. Hiw. Altägyptisch Hut Sechem, antik Diospolis Parva, auch Diospolis Mikra. Wallmauer. Spuren von zwei griechisch-römischen Tempeln. Friedhöfe, alle Epochen.

Huaca Campana Peru, oberes Chicama-Tal, bei Trujillo. Ausgrabungen, Mochica-Stil. Steingrab in Lehmziegel-Pyramide.

Huaca de la Cruz Peru, im → Virútal, s von Trujillo. Ausgrabungen; Gräber.

Huaca Prieta de Chicama Peru, Chicama-Tal.

Vorkeramisches Dorf, ab Mitte oder Ende 3. Jtsd. vor Chr.

Huacho Peru, ca. 180 km nnw von Lima. Altperuanische Stätte.

Huahine Französisch-Polynesien. Maraes.

Hualla Tampu Bolivien, Norden. Ehemals Poststation der Inka.

Huamelulpán Mexiko, Oaxaca, 170 km wnw von Oaxaca. Ursprünglich mixtekisch. Ausgedehntes Ausgrabungsgelände. Ruinen, Terrassen, Steinreliefs. Kleines Museum.

Huanca Peru, bei San Salvador, sö von Pisac. Ruinen.

Huandacareo Mexiko, Michoacan, bei Patzcuaro. Ruinen.

Huanuco Peru, am Rio Huallaga. In der Nähe die Ruinen* von Huanuco Vieja; Allauca Huanuco der Yaro, Verwaltungs-Hauptstadt Huanucoy der Inka. Kastell der Inka.

Huanucuy Peru. → Huanuco.

Huapalcalco Mexiko, Hidalgo, n von Tulancingo. Ruinen, vorklassische bis Tolteken-Zeit. Kleines Ausgrabungsgelände.

Huaraz Peru, 300 km LL n von Lima. Kleines Museum. Ruinen von Huilcahuayna (Willcawain), Huari-Kultur.

Huari Peru, bei Ayacucho, sö von Lima. Zentrum der örtlichen Kultur ca. 600-900 nach Chr. Reste von oberirdischen Steinbauten und unterirdischen Kammern.

Huarihuilca Peru, 6 km s von Huancayo. Ruinen, Huari-Kultur, teils rekonstruiert. Kleines Museum.

Huastepec Mexiko. → Oaxtepec.

Huata Peru, 45 km nw von Cuzco. Ruinen.

Huata Peru, Gebiet des Marañon. Festungsartige Observationstürme und Reste von Zeremonialanlagen der Yaro.

Huatusco Mexiko, Veracruz, 35 km ö von Cordoba. Santiago Huatusco. Pyramide mit Tempel, 2. Hälfte 15. Jh. Spuren weiterer Bauwerke.

Huayna Kenti Peru. → Huayna Qente.

Huayna Picchu Peru. → Machu Picchu.

Huayna Pukara Peru, ö von Espiritu Pampa (Vilcabamba). Ruinen.

Huayna Qente Peru, am → Inka-Trail. Huayna Kenti, Waynaqente. Ehemaliges Zeremonialzentrum. Ruinen; Doppelhaus, Ackerbauterrassen.

Huaytara Peru, ö von Pisco. Ruinen.

Huayurco Peru, 200 km LL ö von Piura. Ruinen.

Hue Vietnam, Zentralvietnam. Kaiserpalast, mindestens ab 19. Jh.

Hüburg Deutschland. → Greene.

Hüfingen Deutschland, s von Donaueschingen. Sw Reste von Kastell mit Bad und Zivilsiedlung. Ev. die keltische Siedlung Brigobannis (Gebiet "Auf dem Galgenberg"), römisch Brigobanne. 2 km s Reste einer Villa rustica.

Hühnerberg Deutschland, bei Elversheim, ö von Northeim. Mittelalterliche Wallanlage.

Huelgoat Frankreich, 65 km ö von Brest. N Menhir von Kerampeulven, 5 m hoch. In der Nähe → Camp d'Artus.
Hülser Berg Deutschland. → Krefeld.
Hünenburg Deutschland. → Bielefeld.
Hünenburg Deutschland. → Boke.
Hünenburg Deutschland. → Dransfeld.
Hünenburg Deutschland. → Eringaburg.
Hünenburg Deutschland. → Gellinghausen.
Hünenburg Deutschland. Vorgeschichtliche Befestigung bei → Hedemünden.
Hünenburg Deutschland. → Hemeln.
Hünenburg Deutschland, bei Liesborn, Kreis Beckum, Westfalen. Ringwall, ca. 9. Jh.
Hünenburg Deutschland. → Melle.
Hünenburg Deutschland. → Stöttinghausen.
Hünenburg Deutschland, n von Wenningfeld, zwischen Vreden und Stadtlohn. Wallanlage, ev. frühmittelalterlich.
Hünerberg Deutschland. → Kronberg.
Hünescheburg Deutschland, ö von Moringen, w von Northeim. Mittelalterliche Wallanlage.
Hünfeld Deutschland, n von Fulda. Kirchhasel: 3 km nö auf dem Stallberg eisenzeitlicher Ringwall.
Hünselburg Deutschland, sw von Basdorf, sö von Korbach. Mehrere Absperrwälle einer eisenzeitlichen Siedlung.
Hünstollen Deutschland. → Göttingen.
Hünxe Deutschland, sö von Wesel. Sö Ringwall Katterbergsküppel.
Huer, El Syrien, sö von Haleb, n von Khanazir. Zisternen, Säulenteile, Türstürze.
Huêra, Tell Syrien. → (Tell) Chuera.
Hürnheim Deutschland, 10 km s von Nördlingen.
1) 1 km sö ma Wall bei Burg Niederhaus.
2) 1 km s Wall Burg Hochhaus, 13. Jh. 3) 1 km sw Wallburg Hagburg (Haarburg), 8.-9. Jh. 4) Ö von Christgarten Schanze auf dem Mühlberg, ca. 11. Jh. 5) S von Christgarten Schanze, ca. 11. Jh. (nördliche Weiherburg). 6) S von Christgarten frühma Wallanlage Weiherberg, ev. mit vorgeschichtlichen Vorgängern, mit Ungarnwall 9./10. Jh. (südliche Weiherburg). Bronzezeitliche Funde. 7) N von Christgarten Wälle von Burg Rauhhaus, ca. 12./13. Jh.
Huerta Syrien, 15 km nnö von Qalaat el Mudiq. Reste von zwei Kirchen und von Taufkapelle.
Hüsby Deutschland, w von Schleswig. S von Kroy Großsteingrab.
Huesca Spanien. Römisch Urbs Victris Osca, Hauptstadt der Vescitani. Teile der römischen Stadtmauer. Kirche San Vivente an der Stelle römischer Thermen.
Hüssingen Deutschland, sö von Wassertrüdingen. 1½ km sö Reste von Villa rustica als Freilichtanlage.
Hütelberg Österreich. → Bad Deutsch-Altenburg.
Hüttlingen Deutschland, n von Aalen. Rekon-

struktionen an der Limesanlage.
Hüttwilen Schweiz, Thurgau, s von Stein am Rhein. Stutheien: Reste von römischem Gutshof.
Huexotla Mexiko, 40 km ö von Mexico-City, bei Chapingo, 4 km s von Texcoco. Ehemals Siedlung der Azteken. Wall eines Heiligen Bezirkes. Sockel einer Pyramide.
Huichapa Mexiko, bei Huejutla, 230 km n von Pachuca. Pyramide mit Altären.
Huilcabamba Peru. → Vilcabamba.
Huilcahuayna Peru. → Huaraz.
Huilca Raccay Peru, in der Nähe des → Inka-Trail. Ruinen; Festungsreste.
Huinay Huayna Peru, am → Inka-Trail. Ruinen der Inkazeit. Badebecken.
Huitzo Mexiko, 32 km nw von Oaxaca. Cuauhxilotitl der Zapoteken und Mixteken. Ruinengebiet. Grab mit Reliefs.
Huleifa, Tell Jordanien. → Aqaba.
Hulleys GB, North Yorkshire. → Cloughton.
Hulvan Iran. → Sar i Pol i Zohab.
Hum, Tel Israel. → Kapernaum.
Hum Kroatien, Insel Brač, Berg bei Ložišća. Ehemalige Wallburg.
Humayma Jordanien, sw von Ras en-Naqb an der Wüstenstraße. Antik Auara, spätantik Hauarra. Ruinen von römischem Kastell. Grundmauern von byzantinischer Basilika. Wasserreservoir.
Humeydan Jemen-Nord. → Sada.
Hummentroth Deutschland, sö von Darmstadt. Sö Villa* rustica Haselburg.
Humska Čuka Serbien, bei Niš. Ausgrabung von spätbronzezeitlicher Siedlung.
Hunburg Deutschland. → Mardorf.
Hun Chabin Mexiko, Chiapas, bei Comitan. Ruinenstätte.
Hundersingen Deutschland. → Herbertingen.
Hundsburg Deutschland. → Borken-Kleinenglis.
Hundur Türkei. → Anzaf.
Hüven Deutschland, 44 km w von Cloppenburg. Nö Rest von Großsteingrab.
Hungen Deutschland, sö von Gießen. 2 km w Wälle von römischem Kleinkastell Feldheimer Wald. 2 km s ehemaliges Kastell Inheiden.
Hunnenburg Deutschland. → Mardorf.
Hunnenring Deutschland. → Dhronecken.
Hunnenring Deutschland. → Otzenhausen.
Hunrodsberg Deutschland. → Kassel ö von Gelnhausen.
Huntcliff GB, Yorkshire, ö von Middlesbrough. Rest von römischer Signalstation.
Hunter's Burgh GB, Sussex, bei Eastbourne. Langhügelgrab.
Huntingdon GB, Cambridgeshire. Tore der römischen Stadt. Thermen.
Hunza-Haldeikish Pakistan, am Hunza-Fluß, nähe Beitit. Felsbilder.
Hunze Schweiz. → Kleindietweil.
Huqqa Jemen-Nord, n von Sana. Beit al Huqqa.

Himyaritische Ruinen; Tempelreste, Zisterne.
Hureida Jemen-Süd, sw von Saiun. W Reste des Tempels von Madabum, 5. Jh. vor Chr. Höhlen.
Hurfeish Israel, nw von Zefat. Grab des Nebi Sebalan.
Hurlers, The GB, Cornwall, s von Launceton. Steinkreise.
Hurri Türkei. → Şanlıurfa.
Huseifa Israel. → Isfiya.
Husseinabad Iran, sw von Schiraz. Ruinen einer größeren Stadt, Zerfall 13. Jh.
Hussein Kuh Iran. → Naqsch-i Rustam.
Hutberg Deutschland, bei Wallenburg, Kreis Merseburg. Ausgrabung einer jungsteinzeitlichen Festung; Michelsberger Gruppe mit Untergruppen der Trichterbecherkultur durchsetzt.
Hut-Heri-Ib Ägypten, Delta. → Kom el-Atrib.
Hut Repit Ägypten. → Wannina.
Hut Sechem Ägypten. → Hu.
Hut-Ta-Heri-Ib Ägypten, Delta. → Kom el-Atrib.
Hutton Moor GB, Yorkshire, bei Ripon. Bronzezeitliches Heiligtum, zahlreiche Grabhügel.
Hvar Kroatien, Ort auf der Insel Hvar. Griechisch Dimos. Ehemals mit römischem Marmorbad.
Hy GB. → Iona.
Hyampolis Griechenland, Phthiotis, nnw von Orchomenos, sw von Atalanti. Stadtmauerreste 3. Jh. vor Chr.
Hybla I-Sizilien. → Pantálica.
Hybla Heraea I-Sizilien. → Ragusa.
Hyderabad* Indien, Andhra Pradesh. Masjid-Jami 1598. Charminar-Bogen 1591. Hyderabad Museum. 8 km w Festung Golconda* mit Ruinen, 16./17. Jh. Palastanlagen. Qutb Shahi Tombs.
Hyderabad Pakistan. Haidarabad. Sind Provincial Museum.
Hydissos Türkei. → Eskiçine.
Hyele Italien. → Castellammare di Velia.
Hyères Frankreich, 5 km ö von Toulon. Römisch Nobile Castrum Arearum. Museum im Rathaus. 5 km s: → L'Almanarre.
Hyettos Griechenland, Böotien, nö von Orchomenos. Mauerrest 6. Jh. vor Chr. Reste von sechs alten Kirchen.
Hya Türkei. → Incirli.
Hyia Türkei. → Incirli.
Hylai Griechenland, ca. 100 km nw von Athen, am Iliki-See-Nordufer. Ruinen.
Hymettos-Berg Griechenland, ö von Athen. Grotte in Gipfelnähe mit Spuren eines Hymettos-Kultes, geometrische Epoche bis 6. Jh. vor Chr. Altarreste. Antike Gräber.
Hypäpa Türkei, 118 km sö von Izmir, 7 km nw von Ödemis. Das lydische Dorf an der Stelle des heutigen Dabbey.
Hypanakra Griechenland, Kykladeninsel Kea, 6 km sw von Kea. Rest von antikem Turm 4. Jh. vor Chr.
Hypata Griechenland. → Ipati.

Hyrie Griechenland. → Marpissa.
Hyrkania Israel. → (Khirbet al-)Mird.
Hyrkanis Türkei. Antike Stätte bei Halıtpaşaköy, 20 km nö von Manisa, nö von Izmir.
Hyrtakina Gr-Kreta, s von Kandanos, sw von Temenia. Yrtakina. Ruinen.
Hysiai Griechenland. → Achladokampos.
Hysiai Griechenland, Attika. → Erythrai.
Iaat Libanon, 5 km nw von → Baalbek. 20 m hohe Säule, ev. ein Grabdenkmal.
C.Iadera Kroatien. → Zadar.
Iaitas I-Sizilien, ö von San Giuseppe und San Cipirello, sw von Palermo. Iato. Ehemalige Stadt der Elymer, gegründet 8./7. Jh. vor Chr., zerstört 1246. Reste ab 4. Jh. vor Chr.; Theater, Aphroditetempel, Agora, mittelalterliche Reste.
Iak Türkei, 20 km sw von → Nevşehir. Römische Ruinen.
Ialysos Griechenland, ca. 10 km w von Rhodos. Akropolis des antiken Ialysos. Tempelfundamente 3./2. Jh. vor Chr. Brunnen 4. Jh. vor Chr. Burgruine. Mykenische Nekropole 1400-1100 vor Chr.
Iamnia Israel. → Yavne-Yam.
Iato I-Sizilien. → Iaitas.
Iatrus Bulgarien. → Kriwina.
Ibb Jemen-Nord, n von Taizz. Stadtmauerreste der Stadtfestung al-Mudhaikhira, 916 zerstört. Aquädukt.
Ibiza Spanien, auf gleichnamiger Balearen-Insel (karthagisch Ibosim, griechisch Ebysos, römisch Ebusus). Puig d'es Molins (Ereso): phönizisch-karthagische Gräberstadt. Archäologisches Museum. Die Kathedrale auf den Fundamenten eines römischen Heiligtums und einer als Moschee dienenden christlichen Basilika. Puig d'en Valls: Karthagersiedlung, unterirdischer Tempel. Aquäduktreste.
Ibla Syrien. → (Tell) Mardikh.
Iblis, Tell-i Iran, 30 km s von Maschiz bzw. ca. 50 km s von Kerman. Besiedelt 5. Jtsd. - 1. Jtsd. vor Chr.
Iblisu, Qasr Syrien, bei Bordj Mudakhkar, 46 km w von Haleb. Römerstraße, Kapelle, Kirche und Taufkirche.
Ibn Hubayreh, Qasr Irak. → (El) Qasr ö von Kerbela.
Ibn Maan, Qalaat Syrien. Die arabische Burg bei Palmyra (→ Tadmur, → Abb. 92), von ca. 1600 nach Chr.
Ibn Wardan, Qasr* Syrien, 56 km nnö von Salamiye, nö von Hama. Ruinen von großer Kuppelbasilika, großem Palast; Spur von Kaserne, 6. Jh. 10 km nö die Festung → Stabl Antar.
Ibosim Spanien. Karthagisch für → Ibiza.
Ibrahim, Tell Irak, 75 km ssö von Bagdad.
Ibrahimpaşa Köyü Türkei, osö von → Nevşehir. Ehemals Babayan. In der Nähe die Tavşanlı Kilise, Fresken 10. Jh.
Ibrala Türkei, 37 km ö von Karaman. In der Nähe

das aus dem Fels gehöhlte frühchristliche Kloster Manazan.

Ibri Oman. Gräber mit Kraggängen, 3. Jtsd. vor Chr., → Djemdet-Nasr-Zeit.

Ibrim, Qasr Ägypten, nö von Abu Simbel. Antik Primis. Festung* des Mittleren Reiches und Reste eines Tempels des Taharqo. Mehrere Felsenschreine, 18. und 19. Dynastie. Reliefs jetzt z.T. nahe → Wadi es-Sebua. Felsenstele Sethos' I. nach → Neu-Kalabscha versetzt. Ehemals römische Garnison.

Ibros Spanien, nö von Jaén, w von Ubeda. Iberische Baureste.

Iburg Deutschland. → Bad Driburg.

Ica Peru, in der Nähe des Rica-Flusses, ca. 350 km s von Lima. Altperuanische Stätte unter Einfluß der → Paracas-Kultur.

Icerium Deutschland. → Jünkerath.

Ichmac Mexiko, Campeche. Maya-Stätte, Puuc-Region. Reste.

Ichpaatun Mexiko, Quintana Roo, 13 km n von Chetumal. Maya-Ruinen.

Ichpich Mexiko, Campeche, ca. 50 km s von Oxkutzcab. Maya-Ruinenstätte, Chenes-Puuc-Stil.

Icht Marokko, ö von Goulimime. Vorgeschichtliche Reste.

Icik Türkei, s von Nevşehir. Unterirdische Siedlung.

Iciniacum Deutschland. → Theilenhofen.

Icod Spanien, Teneriffa, w von Puerto de la Cruz. Grabhöhlen der Guanchen.

Iconium Türkei. → Konya.

Icorigium Deutschland. → Jünkerath.

Icosium Algerien. → Algier.

Ictis GB, Cornwall, Insel St. Michael's Mount, ö von Penzance. Römisch.

Ida-Berg und **Ida-Grotte** Gr-Kreta, sw von Iraklion, am Nordabhang des Ida-Berges (Psiloritis-Gipfels). Idäische Höhle (Idaion Antron), Kultgrotte 11./9. Jh. vor Chr. Am Nordabhang des Berges minoische Siedlung mit Palast von ca. 1600 vor Chr. entdeckt.

Id-Aïssa Marokko, ö von Bou-Izakarn, s des Antiatlas. Vorgeschichtliche Reste; unterhalb und innerhalb der Speicherburg Felsgravierungen.

Idalium Zypern. → Dhali.

Idanha-a-Velha Portugal, 48 km nö von Castelo Branco. Römisch Egitania. Ruinen. Ehemals römische Brücke.

Idassa Kroatien. → Zadar.

Idebessos Türkei, n von Finike. Lykische Siedlung und Nekropole.

Ideha-Schreine Japan, Honshu, auf dem Berg Haguro im Bandai-Asahi-Nationalpark. Alte Pagode.

Idikut-Schahri China, Xinjiang. → Jiaoche.

Idj Iran. → Iridj.

Idleti GUS, Georgien. Kirche 6. Jh.

Idolos, Los Mexiko. → Misantla.

Idoo Algerien. Felsmalereien im Tassili n'Ajjer,

35 km LL n von Djanet.

Idstedt Deutschland, n von Schleswig. Ganggrab ("Idstedter Räuberhöhle").

Idstein Deutschland, n von Wiesbaden. 3 km s an der Siebenkippelstraße Reste von Limeswachtturm 3/21 alt. Sö (n von Lenzhahn) Reste des Kleinkastells Eichelgarten. Wörsdorf: sw auf dem Nack Ringwall.

Idstone Down GB, Berkshire, osö von Swindon. Grabhügel.

Idyma Türkei, 35 km n von Marmaris. Karische Siedlung, mindestens seit 5. Jh. vor Chr. Ö der Straße von Muğla zwei Gräber mit aus dem Fels gehauenen Säulen.

Idyros Türkei. Heute Kemer, sw von Antalya. Ehemalige lykische Siedlung. Ausgrabungen.

Ierapetra Gr-Kreta, S-Küste. Der antike Hafen Hierapytna, heute verschüttet. Ruine von römischem Amphitheater, Theater, Thermen, Museum. Genuesische Festung.

Ierissos Griechenland, Chalkidike, Athos. Antike Fundamente.

Ifaistia Griechenland, Insel Lemnos. Antik Hephaistia. Ruinenstätte der antiken Siedlung, auch Paläopolis. Spuren eines Atheneheiligtums. Reste eines Theaters 4. Jh. vor Chr. Ruinen frühchristlicher und byzantinischer Kirchen. Spuren eines Kabirenheiligtums an der Stelle Chloi. Spuren einer 3-schiffigen römischen Basilika. Nekropole 8.-6. Jh.

Iferouane Niger, im Air-Massiv. Verbreitet Felsmalerien, auch im Tal des Kori Aouderer.

Igabrum Spanien. Egabra. Klassisch; Cabra, 72 km sö von Córdoba.

Igbo Ukwu Nigeria, ca. 40 km s von Onitsha, n des Nigerdeltas. Ausgrabung von befestigtem Haus und eisenzeitlichem Königsgrab.

Igdy-Kala GUS, Turkmenistan. Ehemals mit Festung.

Igel Deutschland, 8 km sw von Trier. Igeler Säule*, Grabdenkmal für die romanisierte treverische Großgrundbesitzerfamilie der Secundinier, errichtet ca. 250 nach Chr., 23 m hoch. W "Gruttenhäuschen", Rest eines römischen Mausoleums, 3./4. Jh.

Ightham GB, Kent, 6 km sö von Sevenoaks, sw von London. Siedlungsreste der Stein- und Eisenzeit.

Iguvium Italien. → Gubbio.

Ihlara Türkei, sö von Aksaray, Südende des → Peristrematales. Kokar Kilise, Fresken. Karanlık Kale Kilise. Eğri Taş Kilise, Fresken. Ca. 2½ km n: Pürenli Seki Kilise.

Ihn Deutschland, w von Saarlouis. N Quellheiligtum "Sudelfels", in Restauration.

Ihnasya el-Medina Ägypten. → Ehnasya el-Medina.

Ihringen Deutschland, am Kaiserstuhl. ½ km n stand keltische Höhensiedlung. 1 km sw des Ortes (teilweise zu Gündlingen gehörend) große Grabhügelgruppe.

Ihuatzio Mexiko, Michoacan, w von Morelia, n von Patzcuaro. Ehemals ausgedehntes Zeremonialzentrum der Tarasken. Plattformen mit Pyramiden (Yacatas).

Ijjon Libanon. → (Tell) Dibin.

Ikaria Griechenland, Sporadeninsel. → Agios Kirykos. → Armenistis. Drakanon → Fanarion. → Fanarion. → Kampos. → Katafygio. Oinoe → Kampos. → Thermai.

Ikaria Griechenland. → Dionysos.

Ikaria Iran. → Khark.

Ikaros Kuweit. → Failaka.

Ikil Mexiko, Yucatan, s von Libre Union. Pyramide mit verfallenem Tempel.

Ikonion Türkei. → Konya.

Ikos Griechenland. → Alonnisos.

Iksam Korea, Nord-Cholla, bei Miroksa Iksan. Steinpagode in der Anlage des Miroksa-Tempels, Packche-Reich.

Iktanu, Tell Jordanien, ca. 15 km nw von Madaba. Bronzezeitliche Siedlung; Reste von Befestigungen.

Ilandža Vojvodina, ca. 60 km nö von Belgrad. Bronzezeitliche Gräber.

L'Ile-Bouchard Frankreich, sw von Tours. Dolmen.

Ile Longue Frankreich, im Morbihan. Von Steinkreisen umgebene megalithische Gräberhügel.

Ilerda Spanien. → Lérida.

Iliberis Spanien. → Granada.

Ilibla Spanien. → Niebla.

Ilici Spanien. Römisch; → Elche.

Ilidža Bosnien-Herzegowina, 10 km w von Sarajevo. Antike Fundamente. Reste von römischen Thermen. Im Ortsteil → Butmir spätneolithische Erdgruben und -behausungen.

Ilion Türkei. → Troja.

Iliorci Spanien. Römisch; Lorqui, 15 km nw von Murcia.

Ilipula Spanien. → Niebla.

Ilis Griechenland, 37 km nw von Pyrgos. Stelle des antiken Elis, zwischen den Dörfern Paläopolis und Bouchioti. Ausgrabungen: Spuren von Agora, Gymnasien, Theater 4. Jh. vor Chr., Akropolis. Museum. Römische Mosaike. Nekropole 5. Jh. vor Chr.

Ilisea Spanien. Römisch; Peñaflor, sw von Córdoba.

Iliturgis Spanien. → Andújar.

Iljitschewo GUS, Krim, w von Kertsch. Skythischer Kurgan.

Ilkley GB, 20 km nw von Leeds. Spuren der römischen Siedlung an der Kirche All Saints und beim Manor House Museum.

Illahun Ägypten, Fayum-SO. Kahun. Antik Ptolemais Hormos. Rest von Pyramidenanlage Sesostris'II. N Taltempel. Mastabas und Gräber aus

allen Zeiten. Tell el-Lahun: Arbeitersiedlung (Pyramidenstadt). Ehemals Kanal- und Schleusenanlagen; sichtbare Dammreste des Moeris-Sees (zur Aufnahme von Nilwasser und Abgabe in die Fayum-Senke und in den Nil).

Illa dels Porros Spanien, Mallorca. → Son Real.

Illerkirchberg Deutschland, s von Ulm. Unterkirchberg: Kohortenkastell und Zivilsiedlung Phaeniana festgestellt. Gräberfeld.

Illfurth Frankreich, Elsaß, sw von Mühlhausen. Auf dem Britzgyberg keltische Befestigungen festgestellt.

Illiberis Frankreich. Antik (vorrömisch); heute Elne, 14 km ssö von Perpignan.

Illiturgi Spanien. → Andújar.

Illubra Türkei. → Namrun.

Illunum Spanien. Römisch; Hellin, nw von Murcia. Sö → Miñateda.

Ilorci Spanien. Römisch; Lorca.

Ilovik Kroatien, Insel s von Cres-Lošinj. Auf dem Hügel Straža Reste von prähistorischer Wallburg.

Iltirda Spanien. → Lérida.

Ilumberri Spanien. → Lumbier.

Iluro Frankreich, sw von Pau. Antik; Oloron-Sainte-Marie.

Iluro Spanien. Iberisch; Álora nw von Malaga.

Ilusiones, Las Guatemala. → Santa Lucia Cotzumalguapa.

Ilyas Türkei, bei Burdur. W des Dorfes antike Stätte mit noch nicht festgestelltem Namen entdeckt.

Imamkulu Türkei, ca. 50 km osö von Develi. Hethitisches Felsrelief 14./13. Jh. vor Chr.

Imera I-Sizilien, Nordküste, 11 km ö von Termini Imerese. Die griechische Siedlung Himera. Reste. Ruine* eines dorischen Tempels aus der Zeit nach 500 vor Chr. Weitere Tempelreste.

Imet Ägypten, Delta. → (Tell) Nabasha.

Imiris-gora GUS, Georgien. Grundmauern von runden Häusern einer Siedlung 5./4. Jtsd. vor Chr. freigelegt.

Imma Türkei. → Yenişehir ö von Antakya.

Immurium Österreich. → Tamsweg.

Imola Kroatien. → Imotski.

Imotski Kroatien, 70 km w von Mostar. Antik Imola. In der Umgebung illyrische Grabhügel und römische Gräber.

l'Impernal Frankreich. → Luzech.

Imrahana Christos Äthiopien, Provinz Waag-Lasta, n von Lalibela. Grottenkirche nach aksumitischer Art.

Imst Österreich. Frühchristliche Kirche unter der St. Laurentiuskirche festgestellt.

Imsum Deutschland, n von Bremerhaven. Vorgeschichtliche Wurtensiedlung.

Imtan Syrien, sö von Deraa, 18 km von Salkhad (nahe Südgrenze). Antik Mothana. Reste der Römerstraße.

Imu Ägypten, Delta. → Kom el-Hisn.

Inachos Syrien. Antik; El Inat, sö von Deraa, 26 km von Salkhad.

Inalpis Österreich. → Tweng.

Inamgaon Indien, Maharashtra, Bezirk Poona. Spuren von zentralindischer chalkolithischer Kultur, Mitte 2. Jtsd. vor Chr. Spuren chalkolithischer Kultur des nördlichen Deccan, Ende 2. Jtsd. vor Chr.

Inaouanrhat Algerien. Felsmalereien im Tassili n'Ajjer, 25 km LL osö von Djanet.

Inatos Gr-Kreta, Südküste, 63 km ssö von Iraklion, bei Tsoutsouros. Antik; auch Binatos, Einatos.

Inca Spanien, Mallorca. In der Umgebung einige Talayots.

Incamisana Peru, bei Ollantaytambo. Skulptierter Felsen.

Incerum Kroatien. Römisch; heute Slavonska Požega.

Incesu Türkei, 37 km nw von Kayseri. Höhlenwohnungen.

Incir Han Türkei, 44 km sö von Burdur. Ruinen von seldschukischer Karawanserei.

Incirli Türkei, s von Bucak, 48 km sö von Burdur. Stätte der antiken Stadt Hyia. Reste von polygonaler Stadtmauer. Nischen eines ehemaligen Heiligtums.

Indian Church Belize. → Lamanai.

Indica Spanien. → Ampurias.

Indore Indien, Madhya Pradesh. Jaina-Tempel Kanch Mandir. Mausoleen.

Indragarh Indien, bei Bhanpura, Madhya Pradesh. Felsmalereien.

Indraprastha Indien. → Delhi (4)), Hauptstadt der Pandavas.

Indrapura Hauptstadt Jayavarmans'II., 9. Jh.; ev. das heutige → Banteay Prei Nokor, Kamputschea, ö von Kompong Cham.

Inegöl Türkei, 45 km ö von Bursa. Byzantinisch Angelecome. Siedlungshügel mit Funden aus dem 3. Jtsd. vor Chr.

Infiesto Spanien, ö von Oviedo. Römische Brücke.

Ingapirca* Ecuador. Ehemals Verwaltungs- und Kulturzentrum der Inka. Gebäude, Festungsreste, ovale Ummauerung.

Inghara, Tell Irak. → Kisch.

Ingleborough GB, Yorkshire, in Craven, Eisenzeitliche Befestigung.

Ingolstadt Deutschland. Stadtmuseum. Sö: → Manching.

In Habeter Algerien, n des Tassili n'Ajjer. Neolithische Felsgravierungen.

Inisheer Irland, Aran Islands. Prähistorische Festung.

Inishmaan Irland, Aran Islands. ND42. Dolmen. Steinfort Dun Conor.

Inishmore Irland, Aran Islands. ND43. Klippenfestung Doocaher. Prähistorische Befestigung Dun Aonghusa. Steinfort Dun Oghil. Steinfort Dun

Onaght. Dolmen. Dolmen bei Cowragh. Zwei Clochans.

Inishmurray Irland, ca. 23 km LL n von Sligo. ND117. Gegründet 6. Jh. Frühchristliche Ruinen, Clochans. Steinwall.

In-Itinen Algerien, Tassili. Felsbilder.

Inkastraßen Argentinien, Bolivien, Chile, Ecuador, Peru. 6-9 m breit, von Mauern flankiert. Hauptsächlich zwei Nord-Süd-Stränge: Gebirgsstraße und Küstenstraße mit einer Reihe von Querverbindungen. Camino real de la sierra, Gebirgsstraße von 6000 km Länge. Camino real de la costa, Küstenstraße. Gesamtnetz mindestens 10000 km. Rasthäuser alle 20-30 km. Geplant von Inka Pachacutec Yupanqui, ausgeführt von seinem Sohn Tupac Yupanqui und Enkel Huayna Cápac.

Inka-Trail** Peru. Über 50 km langer Weg von Corihuayrachina bei km 88 der Eisenbahn im Urubambatal (Strecke Cuzco-Machu Picchu) Richtung → Machu Picchu. Der Weg benützt teilweise alte Inkapfade*. Dabei werden eine Reihe von Ruinenstätten berührt oder können erreicht werden (mit teilweise unterschiedlichsten Schreibweisen): Corihuayrachina. Machuqente → Qente → Huayna Qente. → Llactapata*. → Cusichaca (Kusichaca). → Huillca Raccay abseits. Lionniyoc (Leyonniyuj) abseits. Huayllabamba. Inkaraccay abseits. Inkasamana abseits. Qollpa abseits. Runkuracay. Sayacmarca*. Phuyupatamarca. Huinay Huayna (Wiñaywayna). → Intipata. → Intipunku. → Machu Picchu**. Huayna Picchu abseits. Mondtempel abseits.

Im Urubambatal: Chachabamba und → Choquesuysuy.

Gewisse Anforderungen und Bestimmungen zur Begehung des Weges sind zu beachten.

Inkerman GUS, Krim. Taurische Siedlung 7.-5. Jh.

Inkhil Syrien, 61 km sw von Damaskus, ssw von Sanamein. Nw des Dorfes Reste einer Villa, 2. Jh. nach Chr.

Innsbruck Österreich. Römische Militärkolonie Veldidena (Wilten). Wenige Reste: Festungsspuren im Bahnbereich; kleine Mauerreste südlich Frauenanger 2. Ehemals Niederlassung der Urnenfelderkultur im Stadtteil Hötting. Igls: Höhensiedlung am Galtbühel. Vill-Goarmbichl: rätische Hügelsiedlung der späten Eisenzeit und der römischen Kaiserzeit. Tiroler Landesmuseum Ferdinandeum. Sö → Volders.

Ino Japan. → Asahikawa.

Inoi Griechenland, Attika, nw von Athen. Ino. Geringe Spuren des alten Oinoe; Ruine eines antiken Signalturms.

Inowrocław Polen. Hohensalza. Nicht befestigte Siedlung 1. Jtsd. vor Chr.

Inscription House USA, N-Arizona. Teil des → Navajo National Monument. Cliff Dwelling.

Insula Maria Frankreich. → Gordes.

Intaranum Frankreich. → Entrains-sur-Nohain.

Interamna Lirinas Italien. → Pignataro Interamna.

Interamna Nahars Italien. → Terni.

Interamnium Flavium Spanien. Antik; Ponferrada, sö von Lugo.

Intercisa Ungarn. → Dunaújváros.

Interocrea Italien, Latium. Antike Siedlung; heute Antrodoco, ö von Rieti.

In Tifinar Algerien. Felsgravierungen im Tassili n'Ajjer, Wadi Djerat, 195 km LL nnw von Djanet.

Intipata Peru, sö von Machu Picchu, am → Inka-Trail. Ruinen, Terrassenanlagen.

Intipunku Peru, am → Inka-Trail. "Sonnentor", Ruine.

Invillino Italien, Friaul, 6 km w von Tolmezzo. Frühmittelalterlich Ibligine. Colle Santino, Ausgrabungen, Mosaike.

Inyangani Simbabwe, Gebirge n von Mutare. Steinverkleidete Ackerbauterrassen, 15.-18. Jh. (Zimbabwe-Periode). Ausgrabungen.

Inzigkofen Deutschland, sw von Sigmaringen. Villa rustica entdeckt. Vilsingen: flacher Grabhügel, Funde in Sigmaringen.

Ioánnina Griechenland, H von Epirus. Alte Burg. Moschee Aslan Pascha als Volkskundemuseum, Katakomben. Klosterinsel. Archäologisches Museum.

Iol Algerien. → Cherchel.

Iolkos Griechenland. → Volos.

Iomnium Algerien. → Tigzirt-s-Mer.

Iona GB, Schottland, Insel sw der Insel Mull. Hy, Iona Insulae. Ehemals Druiden-Heiligtum. Königsfriedhof Reilig. Christliches Ensemble* ab 6. Jh.

Ios Griechenland, Insel. Im N Reste eines antiken Wachtturms. → Ios. → Manganari.

Ios Griechenland, auf gleichnamiger Insel. Spuren von Akropolis. Stadtmauerreste.

Iovia Kroatien, osö von Varaždin. Römische Festung, heute Ludbreg.

Iovia Ungarn, n von Pécs. Heutige Festung Alsóhetény. Spuren von spätrömischer Festung im Gelände. Gräberfeld.

Iovisura Deutschland. → Landshut.

Ipango Peru, Gebiet des Marañon. Ruinen der Yaro.

Ipati Griechenland, Ftiotis, w von Lamia. Reste der antiken Siedlung Hypata. Auf dem Berg Iti (Öta, Oita) Reste eines dorischen Tempels, Ausgrabungen. Auf dem Akropolishügel Reste von antiken und mittelalterlichen Mauern.

Ipet-resit Ägypten. Ehemaliger Name des → Luxor-Tempels.

Ipf Deutschland. → Bopfingen.

Ipiutak USA, Alaska-NW, auf der Point Hope-Halbinsel an der Tschuktschensee. Prähistorische Siedlung und Gräberfeld von Eskimoleuten, ca. 1. Jh. vor Chr. bis 500 nach Chr., Blüte 4. Jh. Fundplatz von über 500 Gebäudeplätzen. Gräberfeld.

Iponuba Spanien. → Baena.

Ipswich GB, Suffolk. Museum.

Ipu Ägypten. → Achmim.

Ira, Tel Israel. 3 km nö von → (Khirbet el) Msas.

Iraion Griechenland, Peloponnes, nö von Argos. Heraion am Argos. Vorgängersiedlung von Prosymna (→ Prosimna, ehemals Berbati). Siedlung in früh- und späthelladischer Zeit; Akropolis. Spur von Mauer 5. Jh. vor Chr. Ruinen von Portiken, Tempel 4. Jh. vor Chr., Bauwerk im NO 7./6. Jh. vor Chr., Bauwerk im W 6. Jh. vor Chr., römischen Bädern. Ältere Tempelspuren. Gräber, auch aus mykenischer Zeit.

Iraklia Griechenland, Ftiotis, 15 km sw von Lamia. Ehemals Trachis; Herakleia Trachinia. Reste der antiken Hafenstadt. Reste auf der Akropolis von Mauer und Zitadelle.

Iraklia Griechenland, Insel n von Naxos. Herakleia. Reste von antiker Siedlung. Gräberfeld.

Iraklion Gr-Kreta. Heraklion, venezianisch Candia, arabisch Kandak. Antiker Hafen von → Knossos. Archäologisches Museum**.

Iram Jordanien. → Wadi Ram.

Iraon Griechenland, Samos, SO-Küste. Spuren ab der Bronzezeit. Ruinenfeld mit dem Heräon: Tempel und Altar des Rhoikos. Portikus aus archaischer Epoche. Portikus aus hellenistischer Epoche. Spuren von römischen Tempeln, teils 2. Jh. nach Chr., von Thermen, spätrömischem Bau, frühchristlicher Basilika. Im Ostteil des Bezirks Reste von Tempel, Schatzkammern, Verwaltungsbauten, mykenischen Bauten.

Irbid Jordanien, Norden. Ev. das biblische Beth-Arbel oder Arbela. Kleines Archäologisches Museum. Eisenzeitliche Gräber.

Ircham Israel. → Qumran.

Irgenhausen Schweiz. → Pfäffikon.

Iria Flavia Spanien. Römisch; heute Padrón, s von Santiago de Compostela. Römische Brücke.

Iridj Iran, 235 km sö von Schiraz, nö von Dogan. Ehemals Idj, Blütezeit im 10. Jh. Die Ruinen der Altstadt (Schahr-i Idj) 3 km nö des heutigen Ortes: Spuren eines Aquädukts, mehrerer Mühlen und Zisternen. Ruinen von Stadtmauer und -tor.

Irig Vojvodina, s von Novi Sad. Reste von paläolithischen und frühmittelalterlichen Wohnstätten.

Iringa Tansania. Felsmalereien.

Irmah, Tell Irak. → (Tell) Rimah.

Irmid, Tell Libanon, 17 km s von Sour. Ehemals Ermes. Mauerreste, Sarkophage.

Irsus Italien, w von Matera. Heute Irsina; ma Montepeloso.

Irún Spanien, sw von Biarritz. Ausgrabungsstelle Santa Elena mit Ausstellung; ehemalige Kultstätte der Ureinwohner und römische Verbrennungsstätte, christliche Kirche und Einsiedelei.

Iruña Spanien. → Trespuentes.

Irunalakkode Indien, Kerala, 20 km s von Trichur. Irinjalakuda, Irunilankode usw. Kleiner

Shiva-Höhlentempel, 8./9. Jh.
Isa Kroatien. Issa. Griechische Siedlung auf → Vis.
Isa-Kanal Irak. → Saklawiya-Kanal.
Isanapura Kamputschea. → Sambor Prei Kuk.
Isaura Türkei, 35 km wnw von Karaman. Römische und byzantinische Reste: Mauer- und Torreste, Akropolis, Agora, Hadriansbogen. Nekropole, Felsgräber.
Isca Dumnoniorum GB, Devon. → Exeter.
Isca Silurum GB, Wales. → Caerleon.
Ischali Irak, ö von Bagdad, Diyala-Becken. Iščala. Das antike Neribtum im Reich Eschnunna. Ausgrabungsstätte. Ehemals mit Terrassentempel, 1. Hälfte 2. Jtsd. vor Chr.
Ischan Bahrijat Irak, ca. 200 km sö von Bagdad. Išan el-Bahrijät. Ruinenhügel des sumerischen Isin. Besiedelt mindestens seit 2. Hälfte des 3. Jtsds. vor Chr. Reste des Tempels der Heilsgöttin "Herrin von Isin", 2. Jtsd. vor Chr. Ausgrabung einer Schule aus dem 1. Viertel des 2. Jtsds. vor Chr.
Ischia Italien, Insel. Griechisch Pithaecusa, römisch Aenaria. Zwischen Ischia und Barano römischer Aquädukt. Thermen. Reste von frühchristlicher Kirche 4. Jh. in Lacco Ameno, Nekropole w von L.
Ischia di Castro Italien, w des Bolsena-Sees. Antiquarium.
Is Concias I-Sardinien, nö von Cagliari. Gigantengrab.
Isdu Malediven, Insel im Haddumati-Atoll (Laam-Atoll). Havita.
Isernia Italien, n von Neapel. Antik Aesernia. Reste von pelasgischen polygonalen und römischen Mauern. Römische Reste an der Kathedrale.
Iseum Ägypten, Delta. → Behbet el-Hagar.
Isfahan Iran. Besiedelt spätestens ab 6. Jh. vor Chr. Sassanidisch Asphahan bzw. Sepahan. In früharabischer Zeit Stadtteile Djay, später Schahristan, ö der heutigen Stadt; und Yahudiye, an der Stelle der heutigen Stadt. Brücke 11.-13. Jh. Freitagsmoschee 1088. Grabmal des Mirza Rafia. 6 km w "Ateschgah", islamische und ev. sassanidische Reste. Stadt**.
Isfarain Iran, nw von Meschhed, 60 km s von Budjnurd. Bis 12. Jh. Mehradjan. N Qalaeh-i Zar.
Isfiya Israel, sö von Haifa. An der Stelle des alten jüdischen Huseifa (Chusifah). Synagogenreste 5.-6. Jh.
Işhan Türkei, 80 km s von Artvin. Kirche ab 7. Jh.
Ishiyama Japan, am Biwa-See bei → Kioto. Tempel, gegründet 8. Jh., ab 12. Jh.
Isi Zypern. → Enkomi.
Isidris Ägypten. → Behbet el-Hagar.
Işıklar Türkei, 5 km sw von Mecitözü, zwischen Çorum und Amasya. Römische Felsgräber.
Işıklı Türkei, 10 km ö von Çivril. Antik Eumeneia. Reste. Felsgräber.
Isili I-Sardinien, 69 km n von Cagliari. Nuraghe

Isparas. Nuraghe Asusa.
Isin Irak, ca. 200 km sw von Bagdad. → Ischan Bahrijat.
Isinda Türkei, n von Antalya. Pisidische Stadt.
Isinisca Deutschland. Helfendorf.
Iskandarouna Libanon, 110 km s von Beirut. Antik Alexandroskena, ma. Scandelion. Ö Burgruine → Chamaa.
Iskander, Khirbet Jordanien, s von Madaba. Ehemals bronzezeitliche Siedlung.
Iskander-Kala GUS, Turkmenistan. → Merw.
Iskenderum Türkei, 138 km sö von Adana. In der Nähe das antike Myriandos.
Isla Cozumel Mexiko. → Cozumel.
Isla del Faro Spanien, Galizien, Insel bei Bayona. Reste.
Islam Kalesi Türkei, ca. 45 km ö von Adana. Burg ca. 12. Jh.
Islam Latinski Kroatien, bei Posedarje nw von Zadar. Fundamente der frühmittelalterlichen Befestigung Vespeljevac.
Isla Mujeres Mexiko. → Mujeres.
Island Irland, 15 km nw von Cork. ND502. Megalithisches Galeriegrab, 2. Jtsd. vor Chr.
Isleta USA, New Mexico. Pueblo.
Ismailia Ägypten, am Suezkanal. Stelengarten. Museum.
Ismanstorps Borg* Schweden, Öland. Ringmauer und Reste von 88 Häusern, Völkerwanderungszeit; ev. auch schon vorgeschichtliche Kultstätte. → Abb. 122.
Isny Deutschland. Nö Gräben des spätantiken Kastells Vemania auf dem Bettmauerhügel bei Großholzleute.
Isog Peru, Gebiet des Marañon. Ruinen von Bauten der Yaro.
Isola Sacra Italien, 30 km sw von Rom, nw von → Ostia Antica. Nekropole 1.-4. Jh. des Hafens Portus Romae (Fiumincino).
Isparta Türkei. Byzantinisch Baris. Zerstörte Hamitoğlu-Zitadelle.
Ispid-Bulan GUS, n von Mug-Tepe, nw von Andižan (Usbekistan). Auch Safid-Bulend. Mausoleum des Muhammed Ibn Dscharir, vormongolisch.
Ispir Türkei, 138 km nnw von Erzurum. Ehemals Sper. Burgruine mit Resten von Moschee und Kirche. Drei Moscheen.
Issa Kroatien. → Vis.
Issos Türkei, am Golf von Iskenderum bei → Dörtyol vermutet. Seit Alexander Nikopolis.
Issyk GUS, Kasachstan, nähe Issy-Kul, ca. 50 km ö von Alma Ata. Besiedelt seit 1. Hälfte 4. Jtsd. vor Chr. Zentrum des Saken-Reiches. Skythischer Kurgan 5./4. Jh. vor Chr., 6 m hoch.
Istabl Antar Ägypten, 3 km s von → Beni Hassan. Speos Artemidos: kleiner Felsentempel der Hatschepsut für die Göttin Pachet. Felsenkapelle 15. Jh. vor Chr. Höhlen.
Istakhr Iran, 85 km n von Schiraz. Besiedelt seit

4. Jtsd. vor Chr. Achämenidische Siedlung. Sassanidische Reste, besonders auch der drei Festungen nw der Stadt. Unvollendetes Grab, ev. für Kambyses II. Parthische Inschriften. → Naqsch-i Radjab. → Naqsch-i Rustam.

Istanbul ** Türkei. Ehemalige Siedlungen: Ev. Semistra, am Goldenen Horn, 1. Jtsd. vor Chr. Lygos, am Goldenen Horn, 1. Jtsd. vor Chr. Byzantion 7. Jh. vor Chr. Augusta Antonia ab 3. Jh. Nova Roma unter Konstantin. Constantinopolis, Konstantinopel 4. Jh. Istanbul 1458. Zwischendurch Stambul, für längere Zeit auch für den Teil zwischen Goldenem Horn und dem Marmarameer. Yenikapi, Stelle des antiken Hafens Eleutheres. Beyoğlu: frühe griechische Siedlung Sycae, genuesisch Pera, Peyra; antikes Pegae Krenides an der Stelle Kasımpaşa. Asiatischer Teil: Üsküdar, das antike Chrysopolis; Skutari. Kadıköy, das antike Chalkedon, 7. Jh. vor bis 7. Jh. nach Chr. Osmanisch Kaleca Dünya.

Archäologisches Museum** mit Museum altorientalischer Kulturen an der SW-Ecke des Topkapı Saray. Die Ausstellungsstücke hauptsächlich aus spätrömischer und spätbyzantinischer Zeit.

Osmanische Moscheen** und Paläste**. Archäologisch-architektonische Objekte aus vorosmanischer Zeit von unterschiedlichstem Erhaltungszustand (die Hinweispfeile beziehen sich hier auf Namen innerhalb des Stichwortes bzw. Artikels Istanbul), mit einigen Jahreszahlen der Errichtung:

Aetiuszisternen → Çukurbostan.

Akropolis des alten Byzantion; heute Gegend des Topkapı Saray.

Andreaskloster → Koca Mustafa Paşa Camii.

Antiochospalast, 416-418, Rest.

Arkadiussäule, 421, Sockel.

Aspar-Zisterne, 459.

Aya Sofya**, Mitte 6. Jh., Mosaike hauptsächlich 9. Jh. Spuren von Tempel und Vorgängerbau. Heute Museum.

Binbirderek-Zisterne, 6. Jh.

Blachernen-Palast mit angrenzender Kirche, Reste, 12. Jh.

Bodrum-Palast, 4./5. und 10. Jh., mit Myrelaion-Kirche (= Bodrum Camii).

Bukoleon-Palast, hauptsächlich 10. Jh., Reste.

Byzantinische Mauer am Goldenen Horn, ab 2. Jh.

Chora-Kloster → Kariye Camii.

Çukurbostan, Aetiuszisterne, 5. Jh.

Eski Imaret Camii, 11. Jh.

Euphemia-Martyrion, 5. Jh., Fresken 9. Jh., ausgegraben.

Fenari Isa Camii, Kirchenbauten um 900 und 1300.

Fethiye Camii*, 12. Jh., Mosaike.

Fischquelle des früheren Pighi-Klosters, 5. Jh.

Goldenes Tor = Festung Yedikule, 5. Jh.

Gotensäule, 1. Hälfte 4. Jh., im Gülhane-Park.

Gül Camii, 11./12. Jh.

Hagia Sophia → Aya Sofya.

Hagios Polyeuktos, um 525, Fundamente und Plastiken.

Hippodrom ab 203, 330, mit Theodosius Obelisk aus Karnak, 15. Jh. vor Chr., aufgestellt 390, mit Sockelreliefs. Schlangensäule aus Delphi, 479 vor Chr., Rest, aufgestellt 4. Jh. Gemauerter Obelisk.

Imrahor Camii*, ab 454, 6./7. und 12. Jh., und Zisterne.

Irenenkirche → Sent Iren Kilisesi.

Johanneskirche des Studioslosters → Imrahor Camii.

Johannes der Täufer in Trullo, Reste.

Kaiserpaläste, ehemals weite Teile des Hügels umfassend, mit Mosaikmuseum, Ausgrabungen.

Kalenderhane Camii, Anfänge um 400, 12. Jh., ehem. Kirche des Akataleptosklosters.

Kariye Camii** (Chora-Kloster), ab 6. Jh., 11., 12. und 14. Jh., Mosaike und Malereien.

Kilise Camii, ab 11. Jh., mit Ausgrabungen.

Koca Mustafa Paşa Camii, frühbyzantinisch und 13. Jh.

Konstantinsmauer, 380, lag 1-1½ km ö der Landmauer.

Konstantinssäule, 328.

Küçük Aya Sofya Camii*, 1. Hälfte 6. Jh.

Landmauer*, 413, mit 7 Stadttoren.

Lausos-Palast, 420.

Lips-Kloster → Fenari Isa Camii.

Maira Kyriotissa-Kloster → Kalenderhane Camii.

Markianssäule, 5. Jh., mit Basisreliefs.

Mociuszisterne, ca. 500.

Muchliotissakirche, 12. Jh.

Myrelaion → Bodrum Camii.

Pammakaristos-Kloster → Fethiye Camii.

Pantepoptes-Kloster → Eski Imaret Camii.

Pantokrator-Kloster → Zeyrek Camii.

Seemauern, teilweise erhalten.

Seleukidenpalast, 2. Jh. vor Chr., Ausgrabungen.

Sent Iren Kilisesi, ab 6. Jh.

Sergios- und Bakchos-Kirche → Küçük Aya Sofya Camii.

Tekfür Sarayi*, Palast Anfang 14. Jh., in der nördlichen Landmauer.

Theodosiusbogen, gegen 400, Reste.

Theodosiusmauer → Landmauer.

Theodosiussäule, 385, Reste.

Valens-Aquädukt, 378.

Yerebatan-Zisterne*, 600.

Zeyrek Camii, 12. Jh.

Istehbanat Iran, 226 km osö von Schiraz. 2 km n verfallene Ringmauer. Ca. 8 km nö natürliche Festung Qalaeh-i Dokhtar. In der Umgebung Tepes und sassanidische Ruinen.

Istenberg Deutschland. → Olsberg-Bruchhausen.

Isthmia Griechenland, am Isthmus von Korinth. Kiras Vrysi: Grundmauern des Poseidon-Tempels 5. Jh. vor Chr. Reste von Mauern, Propyläon, Stadion. Ruine von Theater, gegründet 1. Hälfte 4. Jh. vor Chr. Ruine von byzantinischer Festung,

6. Jh. Siedlungsspuren auf dem Rachi-Hügel, 4./3. Jh. vor Chr.

Isthmus von Pared Spanien, Fuerteventura. → Pared.

Istilil* Türkei, n von Nusaybin. Ruinen des byzantinischen Anastasiopolis, des späteren Dara. Reste von Stadtmauer und Wasserschleuse.

Istlada Türkei, ö von Kaş. Ehemalige lykische Siedlung.

Istres Frankreich, nw von Marseille. Kelto-ligurisches Oppidum du Castellan, antik Astromela.

Istron Gr-Kreta. → Kalo Chorio.

Istros Rumänien. → Histria.

Isturgi Spanien. → Andújar.

Isurium Brigantum GB. → Aldborough.

Isurumuniya Sri Lanka, sö von Anuradhapura. Buddhistische Reste.

Itálica Spanien. → Santiponce*.

Itanos Gr-Kreta, NO-Ecke. Erimupolis. → Herimupolis.

Itford Hill GB, n von Portsmouth. Siedlung 2. Jtsd. vor Chr.

Ithaka Griechenland, Insel. Reste in → Alalkomenai. → Frikes. → Ithaki. → Pelikata (Exogi). → Polis. → Stavros.

Ithaki Griechenland, auf Ithaka. Vathy. Museum.

Ithome Griechenland. → Fanarion.

Ithome Griechenland, Peloponnes. → Mavromati.

Ithoria Griechenland, linkes Acheloosufer, nnw von Etoliko. Mykenische Siedlung; Mauerring, Akropolis. Fünf spätmykenische Kuppelgräber.

Itislerk Dänemark, Grönland. Ruinen eines Bischofshofes, 900-jährige Domkirche.

Itonion Griechenland. → Koronia.

Itsa Ägypten. Dammreste. → Illahun.

Itschtaui Ägypten. Itjtaui. → (El-)Lischt.

Ittagi Indien, Karnataka, 35 km n von Gadag. Mahadeva-Tempel 12. Jh.

Iturbide Mexiko, Campeche, 148 km osö von Campeche. Ö die Ruinen von Dzibilnocac, Chenes-Stil. Gebäudereste vom Ende der klassischen Epoche.

Itzimté Guatemala, Provinz Petén, w von Flores. Ruinenstätte.

Itzimté Mexiko, ca. 140 km onö von Campeche. Ausgrabungsstätte der Puuc-Architektur.

Iuenna Österreich. → Globasnitz.

Iulia Concordia Italien. → Concórdia Sagittaria.

Iuliacum Deutschland. Iuliacensis. → Jülich.

C.Iulia Diensis Griechenland. → Dion (Makedonien).

C.Iulia Equestris Schweiz. → Nyon.

Iulia Felix Lucus Feroniae Italien. → Scorana.

C.Iulia Nobilis Gr-Kreta. → Knossos.

Iuliomagus Schweiz. → Schleitheim.

Iulis Griechenland. → Kea.

Iulium Risinum Montenegro. → Risan.

Iunet Ägypten. → Dendera.

Iuni Ägypten. → Armant.

Iunit Ägypten. → Esna.

Iunu Ägypten. → (El-)Matarîja.

Iustinianopolis Tunesien. → Sousse.

Iversheim Deutschland, n von Bad Münstereifel. Römische Kalkbrennerei 3. Jh. Vier von ehemals sechs Kalköfen und Reste der Werkshalle zu besichtigen.

Ivington GB, Herefordshire, bei Leominster. Eisenzeitliche Befestigung.

Ivoševci Kroatien, ca. 70 km osö von Zadar, w von Knin. Bei der Örtlichkeit Šuplja Crkva Ruinen des römischen Militärlagers Burnum mit Resten eines Prätoriums und Ruinen einer römischen Wohnsiedlung: Reste von Amphitheater, Wasserleitung, Grabhügel, Straße. Zerstört 639.

Ivrea Italien, ca. 45 km n von Turin. Römisch Eporedia. Reste von Stadtmauer. Reste von römischem Theater. Römische Brücke. Sö → Viverone.

Ivriz Türkei, 16 km sö von Ereğli. Zwei späthethitische Reliefs, 2. Hälfte 8. Jh. vor Chr. Ruinen.

Ixcateopan Mexiko, 60 km wnw von Iguala. Ruinen.

Ixcún Guatemala, Provinz Petén, sö von Flores, bei Dolores. Ruinenstätte.

Ixil Mexiko, Quintana Roo, 20 km von Cobá. Ehemalige Maya-Stadt.

Iximché* Guatemala, 90 km wnw von G.-City, bei Tecpán. Ehemalige Hauptstadt der Cakchiquel, gegründet 1470. Verlassen 1524, zerstört 1526. Spanische Gründung Santiago de los Caballeros. Ausgrabungen. Zitadelle mit Palast, Tempelpyramiden und Ballspielplätze.

Ixtapaluca Viejo Mexiko, 30 km sö von México City. 1 km nw aztekischer Zeremonialbezirk Acozac, bis 9. Jh. besiedelt. Tempelrest. Ballspielplatz.

Ixtapantongo Mexiko, 100 km w von Toluca. Felsbilder in der Barranca del Diablo.

Ixtepete Mexiko, Jalisco, s von Guadalajara. Reste einer Pyramide.

Ixtlán del Rio Mexiko, Nayarit, 143 km wnw von Guadalajara. 3 km ö große Kultstätte. Besiedelt ab 8. Jh. Ausgrabungen einiger Bauten. Reste eines Rundtempels des Quetzalcóatl und Säulenbau. Zahlreiche Hügel.

Iya-dani Japan, Shikoku, bei Awa-Ikeda. In der Nähe der Tempel »Seiki butsu«. Felsreliefs.

Iyatayet USA, Alaska-W, bei Kap Denbigh am Norton Sund. Bedeutendster prähistorischer Fundort der Arktis.

Izamal Mexiko, Yucatan, 72 km ö von Mérida. Ehemalige Mayastadt. Pyramidenrest. Spuren (Hügel) mehrerer Pyramiden.

Izapa Mexiko, Chiapas, 12 km ö von Tapachula. Besiedelt ab 1500 vor Chr. Ruinenstätte eines Zeremonialzentrums von ca. 600 vor Chr. bis 600 nach Chr. mit mehr als 100 Erdhügeln. Ehemals mit Tempeln, Ballspielplätzen, Plattformen und Altären. Stelen. Izapa-Stil, ein Bindeglied Olmeken-Maya.

Izarnodurum Frankreich. → Izernore.

Izbet Sartah Israel, ö von Tel Aviv. Biblisch Eben-ezer. Spuren der Siedlung 12./11. Jh. vor Chr.

Izdebno Polen, Kreis Znin. Ehemalige hallstattzeitliche Wehrsiedlung. Holzteile.

Izeh Iran, 210 km nö von Ahvaz. Das alte Malemir, ma Izedj. Tell mit Burgruine. Basreliefs in der Schkaft-i Salman-Grotte 3 km sw von I. In Grottennähe zwei Basreliefs.

Izernore Frankreich, 7 km nw von Nantua, w von Genf. Reste eines gallo-römischen Tempels des antiken Izarnodurum.

Izirtu Iran. Hauptstadt der Mannäer; bei Saqiz vermutet.

Izki Oman, sw von Maskat. Bienenkorbgräber, Kupferminen.

Izmir Türkei. Ionische Stadt ab 7. Jh. vor Chr. Griechisch Smyrna. Reste einer Säulenhalle der Agora mit aus der Römerzeit stammenden Statuen. Zitadelle Kadife Kale mit hellenistischen und byzantinischen Grundmauern. Reste einer römischen Straße. Stellen von antikem Stadion und Theater. Spuren von Bädern. Bahri Baba-Park mit Resten eines römischen Mosaikfußbodens. Archäologisches Museum. Römische Aquädukte Kızıl Çullu, 3 km s der Stadt. Die Stätte des antiken Smyrna bei Bayraklı mit Tempelgrundmauern und Resten einer äolischen Siedlung. Grabmal. N von Turan Stelle der Akropolis des alten Smyrna mit Ruine; Tepe Kule. 7 km n von Turan → Ada Tepe. Agamemnon-Thermen, Quelle sw von Izmir.

Izmit Türkei, osö von Istanbul. Olbia, Nikomedeia ab 4. Jh. vor Chr. Stadtmauerreste ab hellenistischer Zeit. Akropolis: Reste von byzantinischer Zitadelle auf hellenistischem Unterbau. Brücke über den Melas ev. römisch.

Iznik Türkei, zwischen Izmit und Bursa. Griechisch Nikaia, im 2. Jh. Nicaea, im 4. Jh. Antigoneia. Stadtmauer 3. und 6. Jh. Spuren von See-Tor. Istanbul-Tor teils 1. Jh. Lefke-Tor 1. Jh. Reste von Theater. Ruinen von Palast, Basilika, Thermen. Grabdenkmal 2. Jh. Reste von Sophienkirche und Koimesis-Kirche, 8. Jh. Aquädukte. Mahmut Çelebi Camii mit einigen antiken Säulen. Museum. 5 km n Gewölbegrab mit Malereien.

Izumo Japan, Honshu. Izumo-Taisha, Shinto-Schrein. Reste 18. und 19. Jh.

Izvoare Rumänien, n von Bacān. Ausgrabungen eines Dorfes der → Cucuteni-Tripolje-Kultur.

Izzana I-Sardinien. → Tempio Pausania.

Izzetabad Iran. → Saidabad.

J siehe auch → Dj.

Jabal → Djebel.

Jabbaren Algerien. Felszeichnungen im Tassili n'Ajjer, 25 km ö von Djanet.

Jablanac Kroatien, am Velebitkanal. Spuren von illyrischer Wallburg. Römischer Friedhof.

Jable Syrien, 31 km s von Lattakia. Phönizisch Gabala, Zibel der Kreuzfahrerzeit. Hafen der Burg Balatonos (Qalaat el Mehelbe). Ruine von römischem Theater. Gräber.

Jabneel Israel, 10 km sw des Tiberias-Sees. Biblischer Ort; heute Yavneel.

Jabrin Saudi-Arabien. → Djabrin.

Jaca Spanien, Provinz Huesca. Römisch Jacca. Reste von römischen Festungsbauwerken.

Jacca Spanien. → Jaca.

Jacona Mexiko, sw von Zamora. W vorspanische Siedlung. Zwei Hügelgräber. S → (El) Opeño.

Jadera Kroatien. → Zadar.

Jadida, El Marokko, am Atlantik. Phönizisch Rusibis. Spuren einer karthagischen Niederlassung.

Jaén Spanien. Provinzmuseum mit Mosaik.

Jaffa Israel. Yafo. Römisch Flavia Joppe. Schutthügel mit Resten von ägyptischen Befestigungen, israelitischen und hellenistischen Mauern; Ausgrabungen am Tel Jerishe. Jaffa Museum.

Jagaraja Indonesien, Bali, ö von Singaraja. Tempel.

Jagath Indien, Rajasthan, bei Udaipur. Ambika Mata-Tempel 10. Jh.

Jaggayyapeta Indien, Andhra Pradesh, ca. 70 km nw von Vijayawada. Stupa, 2. Jh. vor Chr.

Jago Indonesien, Ost-Java, 29 km ö von Malang. Grabtempel, 1268. Reliefs.

Jagsthausen Deutschland. Ehemals Standort eines Kohortenkastells mit großem Lagerdorf. Kastellbad. Funde im Schloßmuseum. 5 km LL s Reste der Limeswachttürme 8/14-19.

Jahja Tepe Iran, w → Kerman. Besiedelt vom Neolithikum bis zur Zeitenwende.

Jahudiye, Tell el- Ägypten, Delta, n von Heliopolis. Altägyptisch Nai-Ta-Hut. Antik Leontopolis. Erdwall aus dem Mittleren Reich oder der Zweiten Zwischenzeit mit nachgewiesenem Palast und Tempel der Ramessidenzeit. Reste von Stadt und Tempel des Onias. Friedhöfe aus dem Mittleren Reich und aus späteren Epochen.

Jaina Mexiko, Insel ca. 50 km n von Campeche. Ruinen von kleinem Ort mit Zeremonialbereich. Begräbnisstätten mit Keramikfiguren, Mayazeit. Kleines Museum in Hecel Chacan.

Jaipur** Indien, Rajasthan. Gegründet Anfang 18. Jh. Nachfolgerin von → Amber (11 km n). Altstadt, Palast der Winde, City-Palast, Grabdenkmäler im Norden. Museum mit archäologischer Abteilung.

Jaisalmer** Indien, Rajasthan. Gegründet 1156 als Fortstadt Trikuta. Fort hauptsächlich 17. und 18. Jh. mit 5 km langer Mauer und Maharadscha-Palast. Zwei Jaina-Tempel, Reliefs und Skulpturen. "Haveli", Paläste der Kaufleute, hauptsächlich 18. Jh. Hügel Sunset Point mit Grabdenkmälern.

Jajce Bosnien-Herzegowina, s von Banja Luka. Ehemals Standort eines römischen Kastells. Rest eines Mithrastempels 3./4. Jh.

Jajpur Indien, Orissa, ca. 40 km nö von Cuttack.

Ehemals Hauptstadt von Orissa ca. 500-950. Trilocan-Tempel. Akhandaleshvara-Tempel. Agneshvara-Tempel. Garuda-Säule.

Jakarta Indonesien, Java. Nationalmuseum.

Jakke-Parsan GUS, Usbekistan, s des Aralsees, ö des Amu Darja, ö von Toprak-Kale, im ehemaligen Land Choresm. Siedlung der späten Bronzezeit, 8.-7. Jh. vor Chr. und Burg 4. Jh. vor Chr. Burg 6. Jh. nach Chr.

Jakobsbrunnen Israel, sö von Shechem (Nablus). Unvollendetes Kloster. Restaurierte Kreuzritterkirche auf den Ruinen einer Kreuzkuppelkirche des 4. Jh., welche über dem Brunnen stand.

Jalangach GUS, Turkmenistan, n der iranischen Grenze, am Tedjen. Yalangach. Siedlung ab 3000 vor Chr., Ausgrabungen.

Jalapa Guatemala, Hauptort des gleichnamigen Bezirks. Ruinenstätte.

Jalapa Mexiko, Veracruz. Museum** des Staates Veracruz mit olmekischen Kolossalhäuptern.

Jalaula Irak, 136 km nö von Bagdad. Jalawla. Zwischendurch Qizil Ribat.

Jalilpur Pakistan, bei Multan. Neolithischer Siedlungsplatz, 4. Jtsd. vor Chr.

Jalul Jordanien, ö von Madaba. 3 km s Tell.

Jalysos Griechenland, Rhodos. → Ialysos.

Jam Afghanistan, ca. 400 km w von Kabul. Dscham. Minarett, ca. 50 m hoch, 1957 entdeckt. Ev. auf dem Gelände der gorischen Hauptstadt → Firuzkoh, 1222 zerstört.

Jama Tunesien, s von Gafour, w von Siliana. Antik Zama Minor. Quellfassung, Zisternen, Aquädukt.

Jama-Coaque Ecuador, Küste. Kultur, ca. Mitte 1. Jtsd. vor bis Mitte 1. Jtsd. nach Chr. Keramik, Plastiken. Die Stadt Jama wenig s des Äquators.

Jamalgarhi Pakistan, bei Mardan, Swat-Gebiet. Ehemals mit Pagode der Gandharazeit.

Jambeli Ecuador, Insel im Süden. Kultur von Mitte 1. Jtsd. vor Chr. bis Mitte 1. Jtsd. nach Chr.

Jamchad Syrien. → Haleb.

Jamme, Tel Israel, s von Gaza. Biblisch Gerar. Ausgrabungen, Burgrest.

Janad Jemen-Nord. → Djanadiya-Moschee.

Janan Mexiko, Quintana Roo, Insel Cozumel, Nordteil. Mayaruinen.

Jangikent GUS, Mündungsgebiet des Syr Darja. → Djankent-Kala.

Janislawice Polen, sö von Thorn. Mesolithische Siedlung.

Janjina Kroatien, HI Pelješac. Spuren einer Wallburg.

Jankowo Polen, s von Bromberg, Kreis Inowroc-ław (Hohensalza). Ehemalige Wehrsiedlung 1. Jtsd. vor Chr.

Janow Deutschland, wsw von Anklam. 2 km s Rest von Großsteingrab mit Spur von weiterem Großsteingrab.

Jansburg Deutschland, sw von Coesfeld, onö von Borken. Frühmittelalterliche Wallanlage.

Janthang China, Xizang (Tibet). Prähistorische Höhlen.

Japallan Peru, über dem Tantamayo-Tal. Stadt der Yaro. Ruinen.

Jarkutan GUS, Usbekistan, Süden. Grabstätten 1. Jtsd. vor Chr., Ausgrabungen.

Jarlshof GB, Schottland, Shetland-Insel Mainland, Sumburgh Head (= Südspitze). Besiedelt von Neolithikum bis ins Mittelalter. Bronze- und eisenzeitliche Reste: 3 vorgeschichtliche Dörfer und 2 spätere Siedlungen; Broch aus der Eisenzeit, mehrere Radhäuser.

Jarmu-Tepe Irak. → Djarmu Tepe.

Jarmuth Israel, w von Jerusalem, s von Beit Shemesh. Ruinen der biblischen Stadt.

Jarryk Tepe GUS, Turkmenistan, bei Mian. Befestigte parthische Stadt. Zitadellenhügel.

Jasa Tepe Bulgarien. Tell der Siedlung 4./3. Jtsd. vor Chr.

Jasenovo Kroatien. → Vrsi.

Jasorum Jugoslawien. Ehemaliger Hauptort der Jasen. Heute Daruvar.

Jasos Türkei, w von Milet.

Jassi GUS. → Turkestan.

Jas-Tepe GUS, Turkmenien, nähe Mary. Besiedelt mindestens ab 1. Jtsd. vor Chr. Ehemals mit Zitadelle.

Jastorf Deutschland, bei Uelzen. Fundort der älteren germanischen Eisenzeit, Gräberfelder, mit den Unter- bzw. Folgestufen: Wesenstedt 800-600. Jastorf 600-300. Ripdorf 300-150. Seedorf 150-0.

Jatanca Peru, nördliche Paiján-Wüste. Ehemalige Akropolis; von Sand bedeckte mächtige Lehmhügel. In der Nähe das spätere → Tecapa.

Jathill Jemen-Nord. → Baraqish.

Játiva Spanien, sw von Valencia. Xativa. Römisch Saetabis. Kastell auf römischen und arabischen Mauern. Eremita de San Feliu mit antiken Spuren.

Jaunpur Indien, Uttar Pradesh, 60 km nw von Varanasi (Benares). Fort von 1360. Moscheen bzw. islamische Bauten ab 15. Jh.

Javan GUS, Tadschikistan, s von Dušanbe. Stadt 1.-3. Jh.

Jawa Jordanien, ca. 100 km ö von Mafraq. Chalkolithische Stadt 3750-3350 vor Chr. Trümmer der hauptsächlich aus Basalt erbauten Stadt. Zitadelle 2. Jtsd. vor Chr. Talsperre ca. 3000 vor Chr.

Jawala Mukhi Indien, Himachal Pradesh, sö von Pathankot. Hindutempel.

Jayasri Kamputschea. Königsstadt im Norden → Angkors, mit dem Tempel Preah Khan.

Jazar Israel. → Gezer.

Jbail Libanon. Assyrisch Gubla, phönizisch Gebla, griechisch Byblos. Djebail. Besiedelt seit 5000 vor Chr. Türme der Hafenmolen mit Mauern und antiken Säulen. Kreuzfahrerburg mit phönizischen

Mauerresten. Phönizische Stadtmauerreste, Heiligtümer auf der Akropolis. Römisches Theater, Nymphäum. Reste von Balaat-Gebal-Tempel und zweier weiterer Tempel. Phönizische Nekropole mit unterirdischen Grabkammern. Katakomben und Felsgräber.

Jbail, Qalaat Libanon, ca. 60 km sö von Sour. Arabische Burg bei → Houla.

Jean-Jacques Haiti. Festung, Anfang 19. Jh.

Jebut Spanien, bei Lérida. Iberische Siedlung.

Jeggen Deutschland. → Bissendorf.

Jehiam Israel, ö von Nahariya. Kreuzfahrerburg.

Jehol China. → Chengdu.

Jekka Mikael Äthiopien, nw von Lalibela. Felsenkirche.

Jelling Dänemark, Jütland. Grabhügel (Königsgrab). Runensteine.

Jelsa Kroatien, Insel Hvar. Sw Ruine "Tor": griechisch-illyrischer Turm, 4.-3. Jh. vor Chr. Sw Grad: Festungsreste. In der Bucht Sveti Luka Reste von römischen Mauern, Gräber.

Jemme Israel. → (Tell) Gamma bei → Atlit.

Jemez-Pueblo USA, New Mexico, nähe → Pecos.

Jena Deutschland. Lobeda: auf dem Johannisberg zwei Abschnittswälle ab der jüngeren Bronzezeit.

Jenesien I-Südtirol. Italienisch San Genesio. Reste von Wallburg Moarbühel, osö von Terlan.

Jenne-Jemo Mali, s von Djenné, auf Niger-Insel. Siedlung ab ca. 200 vor Chr., mit Stadtmauer.

Jerasch** Jordanien, 53 km n von Amman. Seleukidisch Antiochia am Chrysoroas. Antik Gerasa. Bedeutende Ruinenstadt; Reste hauptsächlich aus dem 1. und 2. Jh., die Kirchen ab 4. Jh., hauptsächlich 5./6. Jh.:
Hadriansbogen. Hippodrom. Stadtmauerteile. Wiederaufgebauter Zeustempel. Südtheater. Ovales Forum mit ionischen Säulen. Staatsagora. Süd-Tetrapylon. Ost-Thermen. Kathedrale und Theodorkirche. Nymphäum. Viaduktkirche an der Stelle der von Osten heraufziehenden, den Cardo querenden und zum Artemistempel weiterführenden Prozessionsstraße. Artemistempel. Westbäder. Nordtetrapylon. Restauriertes Nordtheater. Synagoge. Genesiuskirche. Zu einem Gebäude zusammengefaßte Kirchen St. Kosmas und Damian mit Mosaik, St. Johanneskirche und Georgskirche. St. Peter und Paulkirche. Omayyadenbau. Nw: Birketein; Wasserreservoir, Festtheater, Grabbau.

Jerevan GUS, Hauptstadt Armeniens. Eriwan. Auf dem Hügel Schengawit Ausgrabung von Ansiedlung der → Kura-Araxes-Kultur, 4. Jtsd. und 3. Jtsd. vor Chr. Urartäische Festung Erebuni, ab 782 vor Chr., auf dem Hügel Arinberd freigelegt. Palast- und Tempelbezirk, Rekonstruktionen, Museum. Urartäische Festung Teschebani, ab 8./7. Jh. vor Chr., auf dem Hügel Karmir Blur ausgegraben. Vorratslager. Beide Städte um 600 von den Skythen zerstört. Staatliches Museum der Geschichte

Armeniens.

Jerez de la Frontera Spanien, bei Cadiz. Antik Ceret; Serit. Reste von römischen Mauern. Archäologisches Museum.

Jérica Spanien, w von Castellon. Römische Stadtmauern.

Jericho Israel/Palästina, nö von Jerusalem. Yeriho. Arabisch Er Riha. Besiedelt seit dem Mesolithikum. Nw jungsteinzeitliche Reste am Tell es Sultan aus dem 8. Jtsd. vor Chr.: Mauern, Wallgraben, Turm. Darüber bronzezeitliche Schichten. Nw Tel es-Samrat; in der Nähe ehemals antikes Theater und Hippodrom. Synagoge aus byzantinischer Zeit mit Mosaik 5./6. Jh. Auf dem Berg der Versuchung Reste einer byzantinischen Kirche 12. Jh. Kloster in der Nähe an der Taufstelle am Jordan auf byzantinischen Kirchenruinen. N → (Khirbet el-) Mafjir* (Hischam-Palast). Sö → (Khirbet el) Ethze. Sw → Tulul Abu el Alaiq. W → Kypros. W → Kosiba.

Jerishe, Tel Israel. → Jaffa.

Jerissos Griechenland, 124 km ö von Thessaloniki. Antik Akanthos. Spuren antiker Mauern. Kastro aus dem Mittelalter.

Jerma Libyen. → Germa.

Jersey GB, Kanalinsel. Bei Gorey: La Hougue Bie, großer Erdwall mit großem Ganggrab, 2000 vor Chr., und 2 Kapellen. Jersey-Museum in St. Helier.

Jerusalem Israel. Besiedelt ab 4. Jtsd. vor Chr. (frühe Bronzezeit). Salem im 20. Jh. vor Chr. Ägyptisch Uruschalim, 2. Jtsd. vor Chr. Kanaanäisch Jebus ("Jebusiten"), bis ca. 1000 vor Chr., (Eroberung durch David); seitdem Jeruschalajim, auch Stadt Davids. C.Aelia Capitolina 130 nach Chr.
1) Im Norden zyklopische Konstruktionen, "Gräber der Kinder Israels".
2) Reste der zweiten Mauer (7. Jh. vor Chr.); hellenistisch.
3) Reste der Stadtmauer des Herodes Agrippa.
4) Reste der Antonia-Festung.
5) Herodianisches Doppeltor mit Tunnel.
6) Ecce-Homo-Bogen, ev. Teil eines Triumphbogens 2. Jh.
7) Westliche Umfassungsmauer des herodianischen Tempels als "Klagemauer". Tempelstätte seit 10. Jh. vor Chr.
8) Römische Tempelsäulen im Felsendom.
9) Königsgräber 1. Jh., mit Zisternen.
10) Häuserspuren aus jebusitischer, hasmonäischer und israelitischer Zeit.
11) Phasaelturm des Herodes-Palastes.
12) Antikes Goldenes Tor.
13) Teile der Grabeskirche seit dem 4. Jh., mit Krypta. In der Nähe römische Reste.
14) Richtergräber.
15) "Ställe Salomos", Reste der Ophel-Mauer.
16) Archäologisches Palästina-Museum. Museum

Biblischer Länder* und Israel-Muscum. → Abb. 86.

Jerwan Irak. → Djerwan.

Jestetten-Altenburg Deutschland, s von Schaffhausen. Keltenwall "Schanz" auf der Hl Schwaben, 750 m lang, 4 m hoch. Zusammen mit dem "Keltengraben" von → Rheinau (Schweiz) bildete die Schanz ein keltisches Oppidum, welches bis in die römische Zeit bestand.

Jesus Maria Mexiko, Nayarit, nö von Pepic, nahe der Grenze nach Durango. Pueblo der Huicholen.

Jezerina Bosnien-Herzegowina, bei Bihać. Nekropole, ab 2. Hälfte 1. Jh. vor Chr.

Jezreel Israel, s von Afula. Izrael. Die alte Stadt ab mindestens 9. Jh. vor Chr. in der Nähe des neuen Ortes. Trümmer des arabischen Dorfes Zanin.

Jhairapatan Indien, Rajasthan, 60 km s von Kota, s von Jaipur. Ruinen eines Surya- bzw. Sonnentempels.

Jhangar Pakistan. Kultur ca. → Harappa IV.

Jhukar Pakistan. Kultur ca. → Harappa IV.

Ji China. → Beijing.

Jiaoche China, Xinjiang, 20 km s von → Turpan. Jiaoche Gucheng, 2. Jh. vor - 5. Jh. nach Chr. Zitadellenstadt der Han-Dynastie. Yarkhoto oder Idikut-Shari, Hauptstadt der Oase Turfan zur Zeit der Tang-Dynastie (7.-10. Jh.). Ruinen, Palastmauern, Tempel, Pagodenreste. Von Dschingis Khan zerstört.

Jiaocheng Xian China, Provinz Shanxi. Stelen und Steinschnitzereien 5.-7. Jh. am Tempel Xuanzhong Si, 4 km s von J.

Jiayu Guan China, Provinz Gansu. Tschai Yü Quan. Befestigung von 1372 am westlichen Ende der → Großen Mauer. 20 km nö → Weijin Bihua Mu. Nw Felsgravierungen in einem Tal.

Jifna Israel, 27 km n von Jerusalem. Antik Gophna. S Reste von zwei byzantinischen Kirchen.

Jimena Spanien, n von Granada. Cueva de la Graja; altsteinzeitliche Höhlenzeichnungen.

Jinan China, Hubei. Befestigte Stadt 5.-3. Jh. vor Chr. ausgegraben; Befestigungsmauern, Palast. Gräber.

Jinan China, Shandong. Luo der Zhou-Zeit. Berg Qianfo Shan 2½ km s von J. mit Buddha-Skulpturen im Felsen, 581-600. Provinzmuseum.

Jincheng China. → Lanzhou.

Jinyang China. → Taiyuan.

Jircan Peru, Gebiet des Marañon. Ruinen von Bauten der Yaro.

Jireon Libanon. → Yaroun.

Jiuhua Shan China, Anhui-Süden, 20 km von Qingyang Xian. Zahlreiche Klostergründungen, besonders 8. Jh. nach Chr. Heute noch ca. 50 Klöster, errichtet ca. 15./18. Jh.

Jiujiang China, Jiangxi. Pagode Dasbeng Ta, 8. Jh., im Tempel Nengren Si.

Jiulao Dong China, Sichuan, am Emei Shan,

160 km sw von Chendu. Neun-Greisen-Höhle. Taoistische Felsenhöhle.

Jiuquan China, Gansu. Gegründet 111 vor Chr. Suzhou bis 11. Jh. Auf dem Wenshu Shan, 14 km sw, buddhistisches Zentrum seit 5. Jh., Höhlen und Tempel. In der Umgebung Gräber, darunter Fürstengrab 5. Jh. vor Chr.; Malereien.

Jiwaji Indien, Karnataka, Distrikt Raichur. Über 300 Tumuli mit großen Steinkreisen.

Jiwanri Pakistan, SW, Mekran. Grabhügelfeld.

Jiza Jordanien, 30 km s von Amman. Ziza. Römisches Wasserreservoir.

Jobenbühel I-Südtirol. → Eppan.

Jobo, El Guatemala, W, nähe Südküste. Ehemalige Siedlung der Maya.

Jocketa Deutschland, n von Plauen. Sö auf dem Eisenberg bronzezeitliche Wälle.

Jodhpur Indien, Rajasthan. Raiputenhauptstadt ab 1459 (Nachfolgerin von → Mandore 10 km n). Fort mit Palästen, hauptsächlich 17. und 18. Jh. Mausoleum von Maharadscha Jaswant Singh, 1638-81. Umaid Bhawan Palast (Hotel). 2 km n Mahamandir-Tempel.

Jogeshvari-Höhlen Indien. → Yogeshvari-Höhlen.

Johannesburg RSA. Museum mit Felsenkunst.

Johanneskloster Ägypten. → Deir Abu Hennes.

Johannisberg Deutschland. → Bad Nauheim.

John Cross Rigg GB, Yorkshire, w von → Ravenscar, w der Robin Hood's Bay. Hügelnekropole.

Jomon Japan, Honshu, Ostküste. Kultur 3000-1500 vor Chr.

Jona Schweiz, SG, bei Rapperswil. Unter der St.-Martes-Kirche römische Gebäudereste. Kempraten: Reste eines römischen Vicus.

Jonquières Frankreich, w von Compiegne. War Befestigung 4./3. Jtsd. vor Chr.

Jonuta Mexiko, sö von Villahermosa. Kultzentrum der Chontal-Maya.

Jordanów Slaski Polen, ssw von Breslau (Wroclav). Jordansmühl. Untergruppe der neolithischen → Lengyel-Kultur.

Jorf el Hamra Marokko, sw von Tanger. Ruinen eines Gehöfts 2. oder 3. Jh. mit Badeanlage. Ö in Friedhofsnähe Reste von Megalithgräbern.

Jorgan Tepe Irak, 15 km nw von Kirkuk. Yorghan. Haupthügel von Nuzi. Mitannisch Gasur, 15. und 14. Jh. vor Chr. Ehemals ummauerte Stadt. Tempel und hurritischer Palast ausgegraben. Weitere Hügel mit Palastruinen.

Josipdol Kroatien, 64 km sw von Karlovac. Reste von römischen Gräbern der Stadt Mactulum.

Jotapata Israel, ö von Haifa. Yodfat, Yodefat. Ruinen von 66 nach Chr. zerstörter galiläischer Befestigung.

Jotape Türkei, 4 km nw von Gazipaşa. Tempel- und Gebäudereste.

Jouaiya Libanon, 16 km sö von Sour. Antike Gräber und Zisternen.

Jouy-aux-Arches Frankreich, 5 km sw von Metz. Römischer Aquädukt.

Joz, Qalaat el Libanon, w des Jebel Sannin. Mauern eines antiken Tempels. Phönizische Sarkophage.

Jrapta-Schlucht Libanon, bei Eddé, 60 km n von Beirut. Basrelief, Felsgräber.

Jublains Frankreich, nw von Le Mans. Reste eines römischen Kastells.

Juchtas Gr-Kreta, Berg s von Iraklion. Jouchtas. Spuren von minoischem Bergheiligtum. Minoische Tempelreste bei Anemospilia am Westhang. Zwei Kulthöhlen.

Judenburg Österreich, Steiermark. Hallstattzeitliches Gräberfeld. Heimatmuseum.

Judenhügel Deutschland. → Kleinbardorf.

Jülich Deutschland. Vicus Iuliacum, Iuliacensis. Spuren des Römerkastells. Römisch-Germanisches Museum.

Jünkerath Deutschland, Eifel. Römisch Icorigium. Römische Mauerreste.

Juenna Österreich. → Globasnitz.

Jünsdorf Deutschland, Kreis Zossen, s von Berlin. Auf dem Lindenberg ehemals Standort von großer mesolithischer Siedlung.

Julán, El Spanien, El Hierro. Felszeichnungen.

C.Julia Augusta Apollinaris Reiorum Frankreich. → Riez.

C.Julia Augusta Aquis Sextiis Frankreich. → Aix-en-Provence.

C.Julia Augusta Berytis Libanon. → Beirut.

C.Julia Augusta Dertosa Spanien. → Tortosa.

Julia Augusta Gaditana Spanien. → Cadiz.

C.Julia Augusta Numidica Tunesien. → Chemtou.

Julia Augusta Parma Italien. → Parma.

C.Julia Augusta Taurinorum Italien. → Turin.

C.Julia Auremlia Commoda Tunesien. → Thuburbo Majus.

C.Julia Carcaso Frankreich. → Carcassonne.

Juliacensis Deutschland. → Jülich.

Julia Constantia Spanien. → Castilleja de la Cuesta.

Julia Contrasta Spanien. → Valencia de Alcántara.

Julia Equestris Schweiz. → Nyon.

Julia Faventia Augusta Pia Barcino Spanien. → Barcelona.

C.Julia Felix Türkei. → Sinop.

C.Julia Firma Secundanorum Frankreich. → Orange.

Julia Gemella Acci Spanien. Römisch; Guadix.

Julia Gordos Türkei, 192 km nö von Izmir. Antik; Gördes.

C.Julia Ilici Augusta Spanien. → Elche.

Julia Ipsus Türkei. Çay, 48 km nw von Akşehir.

Julia Lépida Spanien, sö von Zaragoza. Velilla de Ebro, ehemals römische Stadt.

Julia Lybica Spanien. Römisch; Llivia, ö von Andorra.

Julia Nova Carthago Spanien. → Cartagena.

Julianum Scalabitanum Portugal. → Santarem.

C.Julia Perentium Kroatien. → Poreč.

C.Julia Pollentia Herculanea Kroatien. → Pula.

Julia Restituta Spanien. → Zafra.

C.Julia Romula Spanien. → Sevilla.

C.Julia Septimana Biterrae Frankreich. → Béziers.

Julia Traducta Spanien. Römisch; Tarifa.

C.Julia Urbis Triumphalis Tarraco Spanien. → Tarragona.

C.Julia Valentia Banasa Marokko. → Banasa.

Julierpaß Schweiz, Graubünden. Säulenrest. Römische Fundamentreste.

Julii Deutschland. Vicus Iulius. Römisch; Germersheim.

Juliobona Frankreich. → Lillebonne.

Juliobriga Portugal. → Bragança.

Juliobriga Spanien, Retortillo bei Reinosa, sw von Santander. Hauptstadt der römischen Provinz von Kantabrien. Ausgrabungen: Häuserblocks, Portikus, Mosaike.

Juliomagus Frankreich. → Angers.

Julium Carnicum Italien. → Zuglio.

Julliberrie's Grave GB, Kent, bei Chilham. Großsteingrab.

Jumba Tansania. Ruinenstätte.

Junagadh Indien, Gujarat. Junagarh. Hauptstadt des alten Staates Saurashtra. Festung Uperkot mit Palast- und Klosterruinen, hauptsächlich 15. Jh. Buddhistische Höhlentempel ab Mitte 3. Jh. vor Chr. Stätte Maqbara mit Mausoleen. Auf dem Weg zum Girnar-Berg Aschoka-Stein mit Edikten. Girnar Berg**, 1117 m hoch, ummauerte alte Tempelstadt der Jaina. Die Tempel z.T. 12. und 13. Jh.

Junapani Indien, Maharashtra, Gegend Nagpur. Megalithgräber.

Juncal, El Spanien. → Irún.

Juncaria Spanien. Antik; Figueras.

Jundi Ägypten. → (Qalaat) Ghiundi.

Junium Kroatien. → Blato.

Junnar Indien, Maharashtra, onö von Bombay. Reste der alten Stadt. In der Umgebung insgesamt 57 buddhistische Höhlen.

Junonia Tunesien. → Karthago.

Jurjan Iran. → Gunbad-i Qabus.

Jurjewo Kroatien, Küste s von Senj. Die vorgeschichtliche und antike Siedlung Lopsica im Meer versunken. Römische Grabstätte 1./2. Jh. bei der Stelle Gradina.

Jurn, Tel Israel. → En Gedi.

Juscallacta Peru. → Munayshenqua.

Justianopolis Tunesien. An der Stelle des Ras Kapoudia, 44 km n von Mahdia.

Justianopolis Mokyssos Türkei. → Kırşehir.

Justiniana Tunesien. → Gafsa.

Justiniana Prima Serbien. → Caričin Grad.

Justinianopolis Slowenien. → Koper.

Justinianopolis Türkei. → Anavarza.

Justinianopolis Türkei. → Sivrihisar.
Justinopolis Türkei. → Anavarza.
Juvanum Italien. → Montenerodomo.
Juvavum Österreich. → Salzburg.
Juxtlahuaca Mexiko, Guerrero, 8 km von Colotlipa, sö von Chilpancingo. Grotten mit Felsbildern aus olmekischer Zeit.
Kabáh* Mexiko, Yucatan, 100 km s von Mérida. Maya-Stätte, Puuc-Region. Palast der Masken (Codz Poop). Kultstätte Teocalli con Edificio encima. Gebäude Tercera Casa. Hügel Gran Teocalli. Stätte Cuadrángulo del Oeste. Tempel der Griechen. Tempel der Türstürze.
Kabakoto Senegal. → Nioro-du-Rip.
Kabala (GUS), Aserbaidschan, bei Tschulur-Kabala. Stadt seit 1. Jh. nach Chr. Residenz der Fürsten von → Scheki 3. Jh. nach Chr. Ruinen; Festung Sel'hir; Festung Gjaurkala; Mauern und Tore 8./9. Jh.
Kabara Israel, n von Hadera. Vorgeschichtliche Höhle.
Kabira Türkei. → Niksar.
Kabirion Griechenland, Böotien. → Kavirio.
Kabirion Griechenland, Samothraki. → Palaiopolis.
Kabul Afghanistan. Stadtmauer 5. Jh.; Festung Bala Hissar. Archäologisches Museum.
Kabyle Bulgarien. Heute Jambol. Römische Ruinen.
Kačanik Kosovo, nw von Skopje. Römischer Aquädukt.
Kachowka GUS, am Dnjepr. Skythische Kurgane.
Kadaro Sudan, bei Khartum. Kadero. Kultur ca. 3000 vor Chr.
Kadel Österreich. → Koblach.
Kadesch Syrien. → (Tell) Nebi Mind.
Kadikalesi Türkei. → Kuşadası.
Kadme Türkei. → Priene.
Kadmaia Griechenland. → Thiva.
Kadyanda Türkei, bei Üsümlü, 20 km nö von Fethiye. Thermen, Stadion, Theater, Nekropole, Grabrelief.
Kännahögar Schweden, s von Ljungby. An der Hauptstraße gegenüber vorgeschichtliche Grabstätte.
Kaesong** Korea, w von Panmunjon. Hauptstadt der Koryo-Dynastie 11.-14. Jh. Tempel- und Grabanlagen. Tore.
Kaffrine Senegal. → Nioro-du-Rip.
Kafirkot Punjab, bei Bilot. Tempel 8. Jh. und Festung aus vorislamischer Zeit.
Kafr Kanna Israel, nö von Nazareth. Unterirdische Gänge, 1. Jh. nach Chr.
Kahf, El Jordanien, 13 km s von Amman. Rakim. Byzantinische Gräber, hauptsächlich 5./6. Jh.
Kahf, Qalaat el Syrien, 10 km sw von Qadmus, letzteres 26 km sö von Baniyas, bei Hammam Wasil. Bruchstücke von Befestigungsanlagen. Spuren eines Aquädukts. Grabmal.

Kahnı Melikan Türkei. → Tirsin.
Kahramanmaraş Türkei. Früher Maraş. Hethitisch Markasi. Römisch Germanicea. Zitadelle ab byzantinischer Zeit, mit osmanischen Ergänzungen, auf teilweise künstlichem Hügel. Archäologisches Museum.
Kâhta Türkei, 40 km ö von Adıyaman. Ausgangspunkt für die Besichtigung von → Karakuş, → Eski Kâhta (Eski Kale, Yeni Kale, Chabinas-Brücke), → Nemrut Dağı.
Kahun Ägypten. → Illahun.
Kaichen Deutschland, nö von Ffm. Römerbrunnen w der Gerichtsstätte.
Kaif, Tell Irak. → (Tell) Kef.
Kaifeng China, Henan. Ehemals Bianjing. "Eiserne Pagode", (Tieta), und Fan-Pagode, Song-Dynastie (960-1127).
Kaikoura Neuseeland, Südinsel, NO-Küste. Festung der Maori.
Kainar GUS, Tadschikistan. → Pendžikent.
Kaine Ägypten. Ptolemäisch. Koinopolis. Heute Qena, Kena.
Kainipolis Griechenland. → Alika.
Kaino Gr-Kreta. Ehemalige dorische Stadt. Im oberen Teil der Samaria-Schlucht. Verlassener Ort Samaria.
Kainochorion Türkei. Kainok-Horion. Antike Festung, bei Niksar vermutet.
Kainok Horion Türkei. → Kainochorion.
Kainopolis GUS, Armenien. → Ečmiadzin.
Kairo Ägypten. El-Qahira. Geistiges Zentrum des Islam. Ehemalige Siedlungen: 1) im Süden: Fustât, bei Alt-Kairo. Anfänge der islamischen Besiedlung. Ausgrabungen, mit koptischem Viertel, Kirche ab 5. Jh. Ruinen. 2) im Süden: Babylon, in Alt-Kairo. Festung Kasr esch-Schamra mit römischen Festungsresten. 3) im Norden: Tell Hisn = Heliopolis, altägyptisch Iuni, hebräisch On. Ehemals mit doppelter Ziegelmauer. Heute → Matarîya (nicht der Ortsteil Heliopolis!). Obelisk aus Tanis auf der Insel Gesira. Ramsesstatue vor dem Hauptbahnhof. Al-Ashar-Moschee 972. Ibn-Tulun-Moschee 879. Gebel Moqqatam (M-Hills): Moscheeruine 1005. Nekropolen: Friedhöfe, Kalifengräber 14.-16. Jh., Mameluckengräber. Ägyptisches Museum** (→ Abb. 140). Koptisches Museum. Museum für islamische Kunst.
Kairouan Tunesien. Die große Moschee* mit antiken Säulen und Kapitellen. Porte de Tunis mit antiken Kapitellen. 1½ km w die fatimidische Ausgrabungstätte Sabra Mansourya.
Kais, El- Ägypten, 190 km s von Kairo, sw von Beni Masar. Ev. das antike Kynopolis. Nekropole in Scheich Fadl, ö von Beni Masar.
Kaisariani Griechenland, Attika. Kloster ö von Athen. An der Stelle einer Basilika aus dem 5. Jh. Ausgrabungen, Badehaus. In der Antike bekannte

Quelle. Museum.

Kaiseraugst* Schweiz, Aargau. Römisch Castrum Rauracense. Reste: Frühchristliches Baptisterium. Thermen. Westtor. Kastellmauern. Gewerbehaus. Ziegelei und Stadtmauerreste. Brückenkopfreste in → Grenzach-Wyhlen. Die Zivilsiedlung Augusta Raurica in → Augst**.

Kaitote Neuseeland, Nordinsel. Festung der Maori.

Kakanaya Indien. → Sanchi.

Kakanj Bosnien-Herzegowina, ca. 50 km nw von Sarajewo. Ausgrabungen der mittleren Jungsteinzeit, 2800-2400 vor Chr., an der Zgosčanski-Mündung und in Obre an der Trstionica (→ Butmir-Kultur). → Danilo Kraljice.

Kaköhl Deutschland, ö von Lütjenburg. Reste von Großsteingräbern.

Kakovatos Griechenland, Peloponnes, s von Pyrgos. Spuren von späthelladischem Palast. Tholosgräber.

Kakrak Afghanistan, ö von Bamiyan. Ehemals befestigte Stadt, 1222 belagert. Felsenklöster, Buddhastatue. Wandmalereien nach Kabul verbracht.

Kala'a* Algerien, am Südhang des Hodna-Gebirges. Stadt der Ziriden; Qal'a, Bichara. Frühmittelalterlich Ifrika. Ruinen 11. Jh.

Kalabak Tepe Türkei, ½ km s von Milet.

Kala Bist Afghanistan, SW, am Helmand. Ruinen des Palastes des Mahmut von Ghazni. → Ghazna.

Kala-i Bolo GUS, sö von → Chudzand (Tadschikistan). Festung Mitte 1. Jtsd. vor Chr.; sogdischer Kuschk 7.-12. Jh.

Kalabscha Ägypten, Nubien. Tempel des Augustus für Mandulis, Osiris und Isis; jetzt in der Nähe des Hochdammes in → Neu-Kalabscha**. Tempeltor* aus griechisch-römischer Zeit; jetzt in → Berlin-Charlottenburg. Auch Stelen und Felszeichnungen jetzt in Neu-Kalabscha.

Kalach Irak. → Nimrud.

Kaladran Türkei, 215 km ö von Antalya. Ruine der byzantinischen Festung Kaladran Kalesi, ev. an der Stelle des antiken Charadrus.

Kala-i Kachkachka GUS, s von Taschkent (Usbekistan), Ferganatal. Ausgrabungen einer Burg; Malereien.

Kala-i Kafirnigan GUS, Tadschikistan. Ausgrabung eines buddhistischen Klosters 5. Jh. Malereien.

Kalaly-Gyr GUS, Turkmenistan, am Amudarja, s des Aralsees. Wohnmauersiedlung 6.-4. Jh. vor Chr.

Kalamai Griechenland. Das antike Kalamai, Vorgängersiedlung von → Kalamata bei der gegenwärtigen Ortschaft Kalami am Fuße des Taygetos.

Kalamata Griechenland, Peloponnes. Pherai. Kastro an der Stelle der antiken Akropolis und einer byzantinischen Festung mit Kloster. Mykenische Gräber bei Akovitika. → Peristeria.

Kalami Gr-Kreta, Küste ö von Chania. Kalamion. Zwei venezianische Festungen. Häuserfundamente.

Kalamia Griechenland. → Kyparissia.

Kalamidi Gr-Kreta, Südküste, w von Paleochora. Gialos.

Kala-i Mir GUS, Tadschikistan, ö von Termes. Grabungen an baktrischer Siedlung 7.-3. Jh. vor Chr.

Kalamitsa Griechenland, 3 km sw von Kavala. Das antike Antisara. Reste von Stadtmauer 5. Jh. vor Chr.

Kala-i Mug GUS, Tadschikistan, 120 km ö von Pendžikent, Tal des Sarafschan. Festung der sogdischen Herrscher Mitte 1. Jtsd. nach Chr. Höhle auf dem Berg Mug.

Kalandra Griechenland, Chalkidike, Hl Kassandra. Reste der antiken Stadt Mende.

Kala-i Nofin GUS, Tadschikistan, sw von → Pendžikent. Ausgrabung von kleiner Burg.

Kalan Tepe Afghanistan. → Hadda.

Kalapodi Griechenland, Phthiotis, n von Livadia. 3 km ö Tempelterrasse und byzantinische Gräber.

Kalardasht Iran, Provinz Mazanderan, 200 km nw von Teheran. Kelärdasht. Ausgrabung eines Königspalastes. Schatzfund.

Kalasan Indonesien, Java, 14 km nö von Yogyokarta. Buddhistische Tempelanlage von 778. Reste von Stupas.

Kalat Pakistan, ca. 400 km n der Küste. Ausgrabung einer frühen Siedlung. Fundort von Faiz-Mohammed-Keramik.

Kalat Jemen-Süd. → Qalat.

Kalata Iran. → Tschoga Sefid.

Kalatis Bulgarien, s von Varna. Antike Festung; heute Galata.

Kalavası Türkei, 67 km n von Izmir. Antik Myrina. Grabungen. Hellenistische Gräber freigelegt, hauptsächlich aus dem 2. und 1. Jh. vor Chr.

Kalavassos Zypern, nö von Limassol. Ehemals neolithische Siedlung. Ausgrabungen von Gebäuden. Gräber.

Kalavryta Griechenland, 88 km sö von Patras. Das antike Kynaitha. Nekropole. Fränkische Burgruine.

Kalaycik Tepe Türkei, Keban-Stausee, nähe Ağın. Besiedlung vom 1. Jtsd. vor Chr. bis in byzantinische Zeit.

Kala-i Zachaki-Maron GUS, Usbekistan, s von Samarkand. Siedlung seit dem Altertum, ehemals stark befestigt.

Kale Türkei, 184 km wnw vor Erzurum. Ruine einer ma Festung.

Kale Türkei, 42 km ö von Malatya. In der Nähe der Euphratüberquerung eine Karawanserei- und Hammamruine.

Kale Türkei, Südküste, sö von Kaş. Antik Simena. Ma Burg auf antiken Resten. Kleines Theater. Mauerreste. Reste von Thermen, Stoa, Hafen. Sarkophage.

Kale* Türkei, 155 km sö von Fethiye, 37 km ö

von Kaş. Ehemals Demre. 1 km n die Akropolis des antiken Myra: hellenistische Festung mit polygonalen Mauern. Byzantinische St.-Nikolaus-Kirche, ab 3. Jh., im 11. Jh. neu errichtet. Römisches Theater. Nekropolen*. Der Hafen des antiken Myra: → Andriake.

Kalecik Türkei, 83 km onö von Ankara. Ev. das römische Acitoriciaco. Burgreste 11. Jh.: Mauern, Zisterne.

Kalecikler Türkei, Keban-Stausee, in der Nähe von Ağın. Ehemals römische oder byzantinische Festung. Nekropole.

Kaleh Dascht Iran, bei Saveh, sw von Teheran. Ausgrabungsstätte.

Kale Kapı Türkei, ca. 35 km nö von Kastamonu, nno von Ankara. Höhlengrab 5. Jh. vor Chr. Drei Felstunnel.

Kaleköy Türkei, ö von Amasya. Alte Festung Çaleoğlu; Ruinengebiet. Höhlengräber.

Kalemi Serbien. → Železnik.

Kalenderberg Österreich. → Maria Enzersdorf.

Kale Siah Iran, nö von Maku. Urartäische Siedlung.

Kaletepe Türkei, ca. 15 km n von → Alaca Hüyük. Siedlung der Kupfersteinzeit. Neubesiedlung unter den Phrygiern (1200-700 vor Chr.).

Kalibangan Indien, Rajasthan, N. Stadt der Kupfersteinzeit und der Industalkultur. Mauerreste von Stadt, Burg und Unterstadt.

Kalidona Griechenland, 40 km sö von Pyrgos. Paläokastro von Sartena; ev. antike Siedlung. Burgreste.

Kali Limenes Gr-Kreta, Südküste. Römische Siedlungsspuren. Minoische Siedlungen aufgedeckt. Frühminoische Gräber.

Kalimache Türkei, w von Fethiye.

Kalimari Gr-Kreta, 4 km sw von Phaistos. Zwei minoische Kuppelgräber.

Kalınağil Türkei, 205 km s von Izmir, 8 km osö von Milâs. S hellenistische Turmruine. W Spuren eines Sinuri-Tempels. Ehemals byzantinische Basilika.

Kalkriese Deutschland, ö von → Bramsche. Rest von Großsteingrab.

Kallatebos Türkei. → Alaşehir.

Kallio Griechenland, n von Naupaktos. Kallipolis. Die antike Stadt überwiegend im Stausee. Ehemalige Akropolis.

Kallipolis Türkei. Callipoli. Antike Stätte bei Gelibolu, ca. 37 km sö von Muğla.

Kallirhoë Jordanien. → Ain ez-Zara.

Kallithea Griechenland, 50 km ö von Sparta. Guterhaltene alte Festung. Kirche 12. Jh.

Kallmünz Deutschland, nw von Regensburg. Auf dem Schloßberg vor- und frühgeschichtliche Wallanlagen. Wall 10. Jh., ev. mit Vorgänger der Urnenfelderzeit. 300 m nö hiervon Wall über Hirmesberg Richtung Treidendorf, Endbronzezeit. Wall Kirchenberg.

Kallmuth Deutschland, sw von Mechernich/Eifel, am Südhang des Kallmuther Bachtales. Brunnenstube "Klausbrunnen", römische Quellfassung für den Eifelkanal, 2. Jh.

Kalmanu Iran. → Sar i Pol i Zohab.

Kalo Chorio Gr-Kreta, s von Agios Nikolaos. Siedlung auf Vrokastro, minoisch bis achäisch. Siedlung auf der HI Nisi, ev. das antike Istron, griechisch-römisch.

Kalonores Türkei. → Alanya.

Kalopsida Zypern, sw von Famagusta. Çayönü. Ehemalige bronzezeitliche Siedlung.

Kalota Syrien, 27 km nw von Haleb. Qalaat Qolota. Ruinen von byzantinischer Siedlung; Häuserreste 4. und 5. Jh. 2 Kirchen, 5. und 6. Jh.

Kalpaki Griechenland, 35 km nw von Ioannina. Antik ev. Napaia. Mauern. Ehemals mit römischem Kastell.

Kalsi Indien, Uttar Pradesh, ca. 50 km nw von Dehra Dun, rechtes Yamuna-Ufer. Felsinschrift mit Ashoka-Edikt, 3. Jh. vor Chr.

Kaltern I-Südtirol. Italienisch Caldaro. In Oberplanitzing an der Mendelstraße Rest von Wallburg Tuiflslammer. S Ruine der Peterskirche ab 5. Jh. auf der Altenburg. N vom Kalterer See Villa rustica festgestellt.

Kalugumalai* Indien, Tamil Nadu, ca. 120 km sw von Madurai, 24 km von Sankaranaynarkovil. Aus dem Fels geschlagener Vattuvankovil-Tempel, 9. Jh. Jainistische Felsreliefs.

Kaluraz Iran, ö von Rasht, nähe Kaspisches Meer. Nekropole ausgegraben, ca. 1000 vor Chr.

Kalyani Sri Lanka, n von Colombo. Hauptstadt eines präbuddhistischen Naga-Königreiches.

Kalydon Griechenland, Ätolien, ö von Messolongion. Stadtmauern 3. Jh. vor Chr. Reste eines Heroons 2. Jh. vor Chr. Teile eines Stoa 2. Jh. vor Chr. Fundamentreste eines Artemis-Tempels. Reste von hellenistischer Säulenhalle. Reste von Schatzhäusern. Ehemaliger Apollontempel. Nekropole.

Kalymnos Griechenland, Dodekanes-Insel. → Chorio. → Damos. → Emborio. → Empolas. → Kalymnos (Ort). → Myrties. → Panormos. → Rina.

Kalymnos Griechenland. Auch Pothia, Hauptort der Insel K. Reste einer frühchristlichen Basilika. Archäologisches Museum.

Kalynda Türkei, nw von Fethiye. Ehemalige lykische Siedlung.

Kamakha Türkei. → Kemah.

Kamakura Japan, bei Tokio. Ehemalige Hauptstadt der Schogun ab 12. Jh.

Kamara Gr-Kreta. → Agios Nikolaos.

Kamari Griechenland, Thira. Der antike Hafen von → Archaia Thira. Ausgrabungen mehrerer antiker Gebäude.

Kamarina Griechenland. → Kassope.

Kamarisa Griechenland, sö von Athen, sw von Lavrion. Ev. der antike Bergbauort Maroneia. Spuren des antiken Bergbaus in der gesamten Umgebung.

Kamaron-Höhle Gr-Kreta, am Südhang des Ida-Gebirges. Kamares-Höhle. Mittel- bis spätminoische Kultstätte.

Kamatero Griechenland, Insel Salamis. Reste von Hafenanlagen. Ehemalige Akropolis der antiken Stadt → Salamis.

Kambé Tunesien. → Karthago.

Kambos Griechenland, 20 km s von Kalamata. 1 km s die Zarnata-Festung, 17. Jh.; Stelle des antiken Alagonia. Mittelalterliche und hellenistische Mauerreste. Tempelspuren. Mykenische Gräber.

Kameiros Griechenland, Rhodos. → Kamiros.

Kamena Vourla Griechenland, sö von Lamia. Spuren eines Asklepios-Heiligtums.

Kamenka GUS, Dnjepr-Gebiet, am Kachovkaer Stausee. Siedlung ab ca. 400 vor Chr. mit großer Wallanlage (Gorodišče), Akropolis und Unterburg. Ausgrabungen. Teilweise im Stausee versunken. Kurgane.

Kamenskoje GUS, Ukraine, n der Krim. Skythische Wallburg (Gorodišče). Kurgane.

Kāmid el-Lōz Libanon, ca. 74 km sö von Beirut, am Südrand der Biqa. Antik Kumidi. Ausgrabungen von Palast und Tempel der Spätbronzezeit. Altsyrische Inschriften.

Kamieniec Polen, nw von Thorn. Ehemalige Wehrsiedlung der hallstattzeitlichen Lausitzer Kultur.

Kamilari Gr-Kreta, sw von Phaistos. Grab.

Kamināhû Jemen-Nord, ca. 100 km LL nö von Sana. Ruinen der Minäerstadt.

Kaminaljuyú Guatemala, Vorort 7 km w von → G.-City. Besiedelt ab ca. 1500 vor Chr., Blütezeit 300 vor Chr. bis 400 nach Chr. Erstreckt sich über die Plantagen Miraflores, La Providencia und La Esperanza. Zeremonialzentrum mit ehemals ca. 200 Pyramiden und ca. einem Dutzend Ballspielplätzen. Palangana-Tempel, Zugangsstraße, Gräberfeld. Ausgrabungen, Archäologischer Park.

Kamiros Griechenland, auf der Insel Rhodos, 34 km sw von Rhodos. Hellenistische Siedlung Kameiros ausgegraben: Tempel und Stoa 3. Jh. vor Chr. Zisterne. Spuren des Tempels der Athena Kameiria, 6./5. Jh. vor Chr. Agora.

Kamminke Deutschland. → Zirchow.

Kampen Deutschland, Sylt. Dolmen und Grabhügel, darunter der "Krockhoog".

Kamphaeng Phet Thailand, 320 km LL nw von Bangkok. Ehemals eine der drei Hauptstädte des Königreiches Sukhothai. Reste von Fort Phom Tung Setti. Zahlreiche Tempel. Festung mit kleinem Nationalmuseum. Auf der gegenüberliegenden Flußseite die ältere Stadt Chakargrao bzw. Nakhon Chum.

Kampor Kroatien, auf der Insel Rab. Auf Kaštelina in der Bucht Kamporska draga Reste einer römischen Villa rustica.

Kampos Griechenland, Sporaden-Insel Ikaria. Reste der antiken Inselhauptstadt Oinoi: Stadtmauern, Befestigungen. Byzantinische Ruinen.

Kamrak Vank Türkei. → Göründü.

Kamunsa Korea, bei Kyongja. Fundamente und Pagoden von Tempel, vollendet 682.

Kana Jemen-Süd. → Qana.

Kana Mexiko, Quintana Roo, 42 km w von Felipe Carillo Puerto. Ausgrabungen einer Maya-Siedlung. Kultzentrum mit Tempel aus der Spät- und Nachklassik. Observatorium.

Kanatha Syrien. → Qanawat.

Kanauj Indien, Uttar Pradesh, n von Kanpur. Ehemals Hauptstadt der Kushanas und Guptas; mächtige Hindustadt. Einige Ruinen; Reste von Moschee mit jainistischen Resten.

Kanaya Japan, sö von Tokyo. Auf dem Berg Nokogiri alter Tempel, Felshöhlen. Ca. 1300 buddhistische Steinskulpturen.

Kanchanaburi Thailand, ca. 120 km w von Bangkok. Das alte K. 2 km nw von Ban Lat Ya, nw der heutigen Stadt K. Tempel Wat Kanchanaburi. Einige Ruinen, Ausgrabungen, Felsmalereien. → Ban Kao. → Tham-Rup-Grotte. Nö → Wat Phra That.

Kanchipuram** Indien, Tamil Nadu, 65 km sw von Madras. Conjeeveram. Buddhistisches Zentrum unter Ashoka. Hauptstadt des Pallavareiches (600-750). Zahlreiche Kultstätten, hauptsächlich aus dieser Zeit:
Airavateshvara. Ekambareshvara- und Varada-Raja-Tempel, Ummauerung. Iravataneshvara. Kailasnath-Tempel. Kamakshiamman-Tempel. Mahendravarmeshvara. Matangeshvara. Mukteshvara. Narada-Linga-Schrein. Piravataneshvara. Rajashimheshvara. Vaikunta-Perumal-Tempel. Vaishvara. Karivaradashvami-Tempel.

Kanci Indien. Ehemalige Hauptstadt der Pallawi.

Kandahar Afghanistan. Alexandria in Arachosien. Siedlung früher Hirtenvölker; Ruinen von Alt-Kandahar.

Kandanos Gr-Kreta, n von Paleochora.

Kandianika Griechenland, Peloponnes, bei Koroni. Reste des Heiligtums des Apollon Korynthos entdeckt: Fundamente von vier Tempeln, 7./6. Jh. vor Chr. und aus hellenistischer Zeit.

Kandy Sri Lanka. Früher Senhadagalo. Natha-Devale-Tempel, 14. Jh.

Kandyba Türkei, nö von Kaş. Ehemalige lykische Siedlung.

Kanea Gr-Kreta. → Chania.

Kanesch Türkei. → Kültepe.

Kangavar Iran, 93 km sw von Hamadan. Kengavar, Konkabar. Ehemalige Stadt der Parther. Spuren von Artemis-(Anahita-)Tempel von ca. 200 vor Chr. Reste von Seleukidentempel. Parthischer Friedhof festgestellt.

Kangka GUS. → Kanka.

Kangra Indien, Himachal Pradesh, sö von Pathankot. Vormals Nagarkot. Rajputen-Festung, 1905 zerstört. Devi-Vajreshri-Tempel. 12 km s: → Masrur.

Kanheri Indien, ca. 40 km n von Bombay. In der Mitte der Salsette-Insel 109 Höhlen, Tempel und Wohnungen, um Zeitenwende bis 9./10. Jh.

Kanin Jemen-Nord, 35 km ssö von Sana. Festungsruine der Sabäer.

Kaninë Albanien, 5 km sö von Vlora. Festung seit byzantinischer Zeit.

Kaniš Türkei. Kanisch. → Kültepe.

Kanka GUS, Schasch (Taschkent). Stadtruine, größte Ausdehnung 4.-5. Jh. Ausgrabungen. Zitadellenreste 36 m hoch; drei vorgelagerte ummauerte Städte.

Kanlıdivane Türkei, 40 km nö von Silifke. Antik Kanytellis. Reste von byzantinischen Kirchen. Felsreliefs. Nekropole.

Kannas Syrien. → Habuba Kabira.

Kannia Gr-Kreta. → Mitropolis.

Kanopus Ägypten, Delta. → Abukir.

Kanstein Deutschland. → Langelsheim.

Kantanos Gr-Kreta, SW. Kandanos. Reste von Akropolismauern.

Kantara, El Algerien, n von Biskra. Römische Brücke. In der "Roten Stadt" römische Häuserspuren.

Kantara, El Tunesien, auf der Insel Djerba. Ruinen des antiken Meninx: Spuren einer frühchristlichen Basilika. Zwischen El Kantara-Ile und El Kantara-Continent bestand seit der Römerzeit eine Straßenverbindung; im 17. Jh. verfallen.

Kantharodai Sri Lanka, bei Jaffna. Ca. 100 kleine Dagobas, 2000 Jahre alt.

Kanton China. → Guangzhou.

Kanyakumari Indien, Tamil Nadu, Südspitze Indiens. Kanyakumari-Tempel.

Kanytelleis Türkei. → Kanlıdivane.

Kanzianiberg Österreich. → Finkenstein.

Kao-ch'ang China. → Gaochang.

Kaoukaba Syrien, nw von Maarat en Noman. Villa; Rest von Turmbau.

Kapal Indonesien, Bali, n von Denpasar. Heiligtum Pura Sada.

Kap Andreas Zypern, NO-Spitze. Ausgrabungen von neolithischen Rundhäusern.

Kap Arkona Deutschland. → Putgarten.

Kapellenberg Deutschland. → Hofheim.

Kapellenhügel Deutschland, 2 km nw von Herlheim, nw von Gerolzhofen. Grabhügel.

Kapernaum Israel, am See Genezareth. Tel Hum. Kapharnaum. Kfar Nahum (Nachum) 2./3. Jh. Synagogenreste* 4. Jh. auf Resten einer Synagoge 1. Jh. nach Chr. (→ Abb. 87). Spuren einer byzantinischen Kirche auf Fischerhäusern der Römerzeit. "Haus des Petrus" mit Schutzdach.

Kapersburg Deutschland, n von Bad Homburg. Reste von römischem Kastell und Bad, ab ca. 100 nach Chr. N Spuren von Kleinkastell im Ockstäd-

ter Wald, von Kleinkastell Kaisergrube und von Limeswachtturm 4/16 auf dem Gaulkopf. Daneben rekonstruierter Limeswachtturm.

Kapf Deutschland. → Villingen-Schwenningen.

Kapfenstein-Kölldorf Österreich, sö von Feldbach. Norisch-pannonisches Hügelgräberfeld. Ca. 80 Grabhügel, Mitte 1. Jh. bis Ende 2. Jh. nach Chr.

Kaphargamala Israel, ca. 20 km nw von Ramallah. Heute Djiammallah. Ev. Grab des Märtyrers Stephanus; darüber ehemals byzantinische Kirche.

Kapharnaum Israel. → Kapernaum.

Kapıkaya Türkei, ca. 5 km nw von Bergama. Felsheiligtum und Reste von Mithräum.

Kapıkaya Türkei, n von Ihsaniye, n von Afyon. Kybele Kapıkaya. Phrygisches Felsrelief.

Kapilas Indien, Orissa, nw von Cuttack. Shiva-Tempel.

Kapilavatthu Ssö von Kathmandu, im Grenzgebiet. Kapilavastu. Residenz von Buddha's fürstlichen Vorfahren. Ehemaliges buddhistisches Zentrum.

Kapisa Afghanistan. → Bagram.

Kapitan Dimitrievo Bulgarien. Tell der Siedlung aus dem 4./3. Jtsd. vor Chr.

Kaplan Dağı Türkei, 12 km ö von → Bodrum. Ehemals Syangola. Ehemals befestigte Siedlung der Leleger. Nekropole.

Kap Matapan Griechenland. → Tainaron.

Kap Misenum Italien, sw von Pozzuoli. Großes unterirdisches Wasserreservoir.

Kappenbühl Deutschland. → Sigmaringen.

Kapra Syrien. → Kfer.

Kaprobarada Syrien. → Brad.

Kaprokera Syrien. → Bordj Heidar.

Kapropera Syrien. → (El) Kfer.

Kapstadt RSA. Museum mit Felsenkunst.

Kapukaya Türkei. → Vezirköprü.

Kara, El Syrien, 45 km sö von Bosra. Ruinen.

Karababa Griechenland. Türkische Festung gegenüber von Chalkis.

Karabağ Türkei, 60 km sö von Kars. Mren-Kirche, 1. Hälfte 7. Jh.

Karabaghlar GUS, Nachicevan. Mausoleum* 1340. Minarette 12. Jh.

Karabel Türkei, 37 km ö von Izmir, s der Straße nach Salihi. Basrelief Eti Baba, aus der Zeit des Neuen Hethiterreiches.

Karabel Kilise Türkei, 16 km n von Kale. Kloster 6. Jh.: große Kirche mit Kapellen und Nebengebäuden. Baptisterium. Ö vom Kloster Reste byzantinischer Mauer auf einem Hügel; auf dem Gipfel Ruine einer Basilika 6. Jh. 5 km sw: Kloster → Alacahisar.

Karabschahr Iran. → Tammischa.

Kara-Bulak GUS, Kirgistan, Süd-Fergana. Grabhügel.

Karacaören Türkei, s von Nevşehir. Unterirdische Siedlung.

Kara Dağ Türkei, Berg n von Karaman. Auf dem Gipfel Ruine eines byzantinischen Klosters. Am Westhang Kultgrotte mit Hieroglypheninschrift und Basrelief.

Karadung China, Xinjiang, 250 km nö von Hotan. Ruinenstätte.

Karaduvar Türkei, ö von → Mersin. Ruinen von römischen Thermen. Mosaike.

Karafto, Qalaeh Iran, Felsen ö von Saqiz. In der Nähe mehrere ehemalige Kulthöhlen.

Karagodjenaschtsch GUS, Kubangebiet, bei Krimskaja Stanica. Skythischer Kurgan, Ende 4. Jh. vor Chr., mit gemauerten und ausgemalten Grabkammern.

Karahüyük Türkei, bei Arguvan, n von Malatya.

Karahüyük Türkei. → Karapınar.

Karahüyük Türkei. → Kültepe.

Karahüyük Türkei, bei Gedikli, 45 km wnw von Gaziantep. Siedlungshügel, Chalkolithikum und Bronzezeit. Gräber.

Karahüyük Türkei, 7 km s von Konya. Reste eines Palastes 1. Hälfte 2. Jtsd. vor Chr. Reste eines Stadtmauerabschnittes frühes 2. Jtsd. vor Chr. Reste von Stadttor und Heiligtümern.

Karahüyük Türkei, 6 km nw von Elbistan, 125 km w von Malatya. Reste von Siedlungen. Hethitische Inschriften.

Karain Türkei, ca. 25 km n von Antalya. Jungpaläolithische Höhlensiedlungen.

Karakaja Türkei. → Kinet Hüyük.

Kara-Khoja China. → Gaochang.

Karakilise Iran, 20 km sw von Makou. Thadeusvank; 14.-19. Jh.

Karakilise Türkei. → Yalova.

Karakol GUS, Oase im Serafschan. Kurgan.

Karakorum Mongolei, ca. 300 km w von Ulaanbaatar. Char Chorin, Qara Qorum usw. Gegründet 1220. Residenz Dschingis Khans. Von Chinesen 1388 zerstört. Ruinenstätte: Steinhaufen und Ziersteine. Weitläufiges Klostergelände Erdenesu von 1586 mit 108 Stupas.

Karakuş Türkei, 12 km n von → Kâhta. Tumulus der Dynastie von Kommagene. Noch 4 von ehemals 6 Säulen.

Karalar Türkei, ca. 35 km nw von Ankara. Ev. das antike Pion oder Bloukion. Grab des Galaterfürsten Dejotarus (115-40 vor Chr.).

Karallia Türkei. Byzantinisch, heute Beyşehir.

Karamağara Türkei, 73 km ö von Yozgat, n der Straße Richtung Sivas. Ruine des Cıncınlı Sultan Hanı, 1239-1240.

Karaman Türkei, sö von Konya. Ev. das Landa des Alten Hethitterreiches. Laranda der Diadochen. Larende im 12. Jh. Zitadelle ab 12. Jh., 1356 restauriert. Museum. 24 km n: → Binbir Kilise, Değile → Binbir Kilise, Maden Şehir → Binbir Kilise. 12 km n: → Can Hasan. 40 km ö: → Gödet. 37 km ö: → Ibrala. 35 km w: → Isaura. 25 km n → Kara Dağ. 22 km nö: → Kerti Hüyük.

Karamless Irak, 30 km nö von Mosul. Zwei Tells; der östliche Tell al Ghanem Karamless mit Spuren aus der Zeit von Salmanassar und Sargon II.

Karanah Irak. → (Tell) Rimah.

Karangasem Indonesien, Bali. Amlapura. Tempel und Palast.

Karang Kates Indonesien, Java-Osten. Anlage 11./13. Jh.

Karanguli Indien, s von Madras, Madurantakam-Distrikt. Gräberfeld, Steinkreise.

Karangun Iran. → Seh Talu.

Karanis Ägypten. → Kôm Auschîm.

Karanog Ägypten, Nasser-See. Lehmziegelgräber.

Karanovo Bulgarien, Osten, Bezirk Stara Zagora. Siedlungshügel von der Jungsteinzeit bis in die frühe Bronzezeit.

Karapınar Türkei, 29 km sw von → Nevşehir. Am Karahüyük hethitischer Hieroglyphenstein: Inschrift des Wasu-Sarma, Großkönig von Tabal.

Kara Samsun Türkei. → Samsun.

Karashar China, Xinjiang, nö von Korla, bei Yanqi. Stadt und Garnison Mitte 1. Jtsd. vor Chr. Buddhistische Höhlen.

Karataş Türkei, 49 km s von Adana. Antik Megarsos. Kap Karataş mit Ruinen aus der Kreuzfahrerzeit und weitere Reste.

Karataş-Semayük Türkei, 5 km ö von Elmalı, w von Antalya. Ausgrabung einer Siedlung ab Anfang 3. Jtsd. vor Chr. In der Umgebung neolithische und frühbronzezeitliche Siedlungsplätze (4./3. Jtsd. vor Chr.). Chalkolithische Ausgrabungen in Bağbaşı.

Karatay Hanı Türkei, bei Karadayı, ca. 40 km ö von Kayseri. Seldschukenkarawanserei von 1240.

Kara-Tepe GUS, Turkmenistan, sö von → Aschchabad. Ausgrabung einer Siedlung von 3000 vor Chr.

Kara-Tepe GUS, Vorstadt von → Termes. Buddhistische Tempelanlagen, Höhlentempel ausgegraben. Stupa.

Kara Tepe Iran, 35 km sw von Teheran, sö von Ismailabad. Ausgrabungen 5000-4500 vor Chr.

Karatepe* Türkei, 133 km nö von Adana bzw. 75 km n von Iskenderum. Hethitische Ruinen auf dem Hügel Ayrica Tepesi oder Arslantaş Tepesi, bewohnt seit 12. Jh. vor Chr. Zitadelle 8. Jh. vor Chr.: Mauerwall mit innerem Nordosttor und oberem Südwesttor. Palastreste. Reliefs.

Karatschi Pakistan, Indus-Mündung. Nationalmuseum. 30 km ö islamische Chaukhandi-Nekropole*.

Karbala Türkei. → Gelveri.

Kardamena Griechenland, Südküste der Insel Kos. Ruinen von Apollon-Tempel und hellenistischem Theater.

Kardamyle Griechenland, Insel Chios. Kaum Spuren der antiken Stadt. Heute Kardamyla.

Kardamyli Griechenland, Peloponnes, Hl Mani. Besiedelt in helladischer Zeit. Venezianische Festung auf Akropolis des 2. Jtsds. vor Chr.

Kardiani Griechenland, Kykladeninsel Tinos. Hellenistische Wachttürme 3./2. Jh. vor Chr. Gräber.

Karditsa Griechenland. 5 km n Siedlungshügel. S → Georgikon.

Karel I-Sardinien. → Cagliari.

Karfi Gr-Kreta, s von Mallia, w von Tzermiado, bei → Lagou. Spuren von ev. spätminoischem Heiligtum Karphi, Hausfundamente, Tholosgräber.

Karima Sudan, bei Meroë. → Gebel Barkal.

Karim Schahir Irak, ca. 60 km ö von Kirkuk, n von Chamchemal (Čemčemal). Šaher. Spätmesolithische Siedlung festgestellt.

Karin Kroatien, 35 km ö von Zadar. Römisch Corinium. Ruinen von Amphitheater. Römische Straßenreste. Burgruine Miodrag illyrisch, kroatisch, türkisch, venezianisch.

Karin Türkei. → Erzurum.

Karka Irak. → Kirkuk.

Karkala Indien, Karnataka, ca. 60 km n von Mangalore. Karkal. Kolossalstatue von 1432, 13 m hoch. Einige Jaina-Tempel.

Karkatiokerta GUS, Armenien. Ehemaliges hellenistisches Kulturzentrum.

Karkemisch Türkei, sö von Gaziantep, an der syrischen Grenze bei Barak, beim Dorf Cerablous, gegenüber von Djerablus. Karkamiş. Antik Hierapolis. Besiedelt seit der Kupfersteinzeit. Mitannische und späthethitische Stadt. Drei Mauerwälle sich teilweise einander umschließender Städte mit Zitadelle. Stadttore und Sockel von Bauten ehemals mit Basreliefs geschmückt, letztere heute größtenteils in Ankara. Innenstadt mit Zitadelle, Palast und zugehörender Prozessionsstraße. Reste der griechisch-römischen Siedlung Europos am westlichen Euphrat-Ufer. Zitadellenhügel mit Tempelresten 2./3. Jh. nach Chr.

Karkhedon Tunesien. → Karthago.

Karkinitis GUS, NW-Küste Asowsches Meer. Griechische Stadt im westlichen Grenzgebiet der Taurer. Heute Evpatorija.

Karla* Indien, nö von Lonavla zwischen Bombay und Pune. Buddhistische Höhlenklöster (Viharas) ab ca. 2. Jh. vor Chr., Felsentempel (Chaitya-Halle) 1. Jh. vor Chr. Stupareste.

Karlburg Deutschland. → Karlstadt.

Karlı Türkei, 25 km ö von Ürgüp. Höhlenkirche.

Karlik Türkei, sö von Ürgüp. Burgruine, unterirdische Siedlung. Drei Tumuli.

Karlobag Kroatien, am Velebit-Kanal, w von Gospić. In der Nähe Reste der römischen Siedlung Vegium (Stadtmauern, Gräber). Mittelalterliche Burgruine Fortica. Burgruine Vidovgrad.

Karlsburg Deutschland, nw von Leutstetten. Frühmittelalterliche Wälle. → Gauting.

Karlsgraben* Deutschland, bei Graben n von Treuchtlingen. Fossa Carolina. Erster Versuch eines Main-Donau-Kanals. Baubeginn und alsbaldige Einstellung der Bauarbeiten um 793 nach Chr.

Karlsruhe Deutschland. Im Grünwinkel bestand eine römische Siedlung. Kellerraum und Ziegelofen. Badisches Landesmuseum.

Karlstadt Deutschland, nw von Würzburg. W bei Mühlbach ehemalige frühmittelalterliche Wallanlage Karlburg.

Karlsteine Deutschland. → Osnabrück.

Karm Abu Mena Ägypten. → Abu Mena.

Karmel Israel. → Kermel.

Karmel-Gebirge Israel. → Wadi al-Maghara.

Karmir-Blur GUS, Armenien. → Jerevan.

Karmir Vank Türkei, n von Ani. Guterhaltene armenische Kirche "Kizil Kilise".

Karnak** Ägypten. Auf dem Gelände der alten Hauptstadt → Theben. Großer Amun-Tempel mit Umfassungsmauer und 10 Pylonen. Großer Hof mit Kiosk, Sethos-Tempel, Ramses III.-Tempel. Große Säulenhalle. Festsaal des Tutmosis III. 2 von ehemals 4 Obelisken. Ramses III.-Tempel. Taharka-Seegebäude. Heiliger See. Widder-Sphingen-Allee und ummauerter Muth-Tempelbezirk mit Tempel des Amenophis III. und Ramses III. Chons- und Epet-Tempel; Sphinxalle zum Luxortempel. Ptah-Tempel und ummauerter Month-Tempelbezirk. 3 km s: → Luxor.

Karnari Gr-Kreta, ca. 15 km s von Iraklion. Siedlungsreste ab spätminoischer Zeit.

Karnawu Jemen-Nord. Hauptstadt der Minäer. → Main.

Karnburg Österreich, Kärnten, Gemeinde Maria Saal. Ehemals urzeitliche Höhensiedlung, spätantike Fluchtsiedlung und karolingische Pfalz. Ruine von spätgotischer Kirche neben Spuren von Noreia-Tempel und altchristlicher Kapelle. Ulrichsberg: → Klagenfurt.

Karne Syrien, n von → Tartus.

Karneid I-Südtirol. Italienisch Cornedo all'Isarco. Sö von Steinegg: Reste von eisenzeitlicher Wallburg Bstosserbühel. Sw von Steinegg: Reste von Wallburg Streitmoserkopf.

Karos Albanien. Ehemals befestigte Siedlung der Eisenzeit.

Karpasia Zypern, HI Karpasia, n von Rizo Karpaso. Reste der spätantiken Stadt.

Karpathos Griechenland, Insel. → Arkasa. → Karpathos (Ort). → Vrychonta.

Karpathos Griechenland, Hauptort der gleichnamigen Dodekanes-Insel. Auch Pigadia. Spuren der antiken Stadt Poseidon. Mykenisches Kammergrab.

Karpenissi Griechenland, 82 km w von Lamia. Evritania. Nö auf dem Hügel Agios Demetrios mittelhelladische Siedlung nachgewiesen.

Karpuzlu* Türkei, 60 km s von Aydın. Antik Alinda. Zwischendurch Alexandrien am Latmos. Karisch-griechische Stadt. Stadtmauern, Agora, Markthalle, Theater, Aquäduktrest, Akropolis.

Karrai Türkei. → Harran.

Karrhai Türkei. → Harran.

Kars Türkei, 90 km w der armenischen Grenze.

Zitadelle, im 16. Jh. an der Stelle einer Seldschu-
kenfestung errichtet; im 19. Jh. wiederaufgebaut.
Armenische Kirche 11. Jh. Kümbet Camii, ehe-
malige Kirche 10. Jh. Archäologisches Museum.
Kar-Salmanassar Syrien. Früher Til Barsip. →
(Tell) Ahmar.
Karsch, Tell el Syrien. → Chastel Ruge.
Karsha Indien, Zanskar, nö von Padam. Tibetani-
sches Kloster seit 11. Jh. Im 15. Jh. erweitert.
Malereien, Tschörten und Felsreliefs. Gegenüber
das Tschu Tschik Shal-Kloster ab 11. Jh.
Kartalimen Türkei, 20 km sö von Üsküdar. Antik;
heute Kartal.
Karteros Griechenland. → Amnissos.
Kart Hadachat Tunesien. → Karthago.
Karthago* Tunesien. Ca. 814 von aus Tyrus
kommenden Phöniziern als Kart Hadachat gegrün-
det. Griechisch Karkhedon. Von den Römern 146
vor Chr. zerstört und später wiederaufgebaut (Ju-
nonia). C.Concordia Iulia Carthago. Die Reste
stammen daher überwiegend aus römischer Zeit.
Museum. Ausgrabungsgelände als Archäologischer
Park.
Reste von Amphitheater. Thermen des Antoninus
Pius. Reste byzantinischer Basiliken. Punische
Gräber. Unterirdische Kapellen. Römisches Thea-
ter und Odeon. Römische Häuser. Römische Sub-
struktionen auf dem Byrsahügel. Zisternen und
Aquädukt. Hafenbecken. Archaische Nekropolen.
Karthaia Griechenland, Kykladeninsel Kea, SO.
Reste der antiken Siedlung Karthaia. Akropolis.
Stadtmauern. Reste von Athena- und Apollon-
Tempel 5. Jh. vor Chr. Reste von Theater.
Kartmen Türkei, 30 km sö von Midyat. Kloster
Kartmen, Qartamîn, Mar Gabriel, gegründet im
5. Jh. Ab 512 neu. Mit Marienkirche und Kirche
der Vierzig Märtyrer. Grabmal der ägyptischen
Mönche. Tur-Abdin-Klostergebiet mit Anzahl von
Kirchen und Klöstern.
Kar Tukulti Ninurta Irak, ca. 100 km s von Mo-
sul, östliches Tigrisufer. Tempel und Ziqqurat,
13. Jh. vor Chr. 3 km n → (Qalaat) Schergat (As-
sur).
Karum Türkei. → Kültepe.
Karums Alvar Schweden, Öland. Gräberfeld und
Schiffssetzung.
Karyanda Türkei, 12 km n von Bodrum. Antike
Siedlung.
Karystos Griechenland, Evia (Euböa), Süden.
Heutiger Name und antike Stadt. Ruinenstätte Pa-
läochora. Die venezianische Burg an der Stelle der
Akropolis. Reste von antiker Brücke und von by-
zantinischer Kirche. Mittelalterlicher Aquädukt. S
der antike Ort Geraistos mit Befestigungs- und
Tempelresten.
Karytaina Griechenland, 52 km w von Tripolis.
Karitena. Antik Brenthe. Frankenburg* von 1254.
Kaş* Türkei, Südküste, 109 km sö von Fethiye.
Im Altertum Antiphellos, Hafen von Phellos.

Guterhaltenes kleines Theater aus der hellenisti-
schen Zeit. Felsgräber und sarkophagförmige
Grabstätten in Kaş und Umgebung. Grabhaus
4. Jh. mit Fries.
Kasan GUS, Usbekistan, nw von Andischan. Ruinen der gleichnamigen alten Stadt, ehemals Haupt-
stadt der Fürsten von Fergana. Reste einer von den
Mongolen zerstörten Moschee. Mausoleen.
Kasanlak Bulgarien. Grabmal* eines thrakischen
Feldherrn 4. Jh. vor Chr. Wandmalereien in Gang
und Kuppelraum.
Kasanos Gr-Kreta, ca. 15 km s von Kasteli. Drei
spätminoische Felskammergräber.
Kasareia Türkei. → Marmaris.
Kasarmi Griechenland, 15 km ö von Nauplia. An-
tike Brücke. Ruinen der antiken Akropolis; Mau-
ern* 5. Jh. vor Chr. Turm aus der Frankenzeit.
Reste von Tempel und weiteren Gebäuden. Rund-
grab 15. Jh. vor Chr. Ruinen von kleiner türki-
scher Kaserne.
Kaschan Iran, 260 km s von Teheran. Geringe Re-
ste aus der Zeit vor der Zerstörung 1221 durch die
Mongolen: Spuren in der Masdjid-i Meidan. W der
Stadt → (Tepe) Sialk.
Kaschu Iran, sö von Schiraz, n von Fesa. Am
Fuße des Kuh-i Kharman die Ruine eines alten
Feuertempels. Am Berghang die Reste der Festung
Qalaeh-i Dokhtar. Auf der gegenüberliegenden
Schluchtseite ein Monolith-Feueraltar.
Kåseberga Schweden, S-Küste, 10 km ö von
Ystad. Auf dem 42 m hohen Kåsehuvud vorge-
schichtliche Grabstätte Kåsebergaschiff, 67 m lang,
19 m breit, aus 57 Steinblöcken.
Kasendorf Deutschland, sw von Kulmbach. Auf
dem Turmberg Wälle seit 1. Jtsd. vor Chr. und
dem Mittelalter.
Kashgar China. → Kashi.
Kashi China, Xinjiang (Sinkiang). Nw buddhisti-
sche Höhlentempel. Ö → Halvoi (Palastreste ab
10. Jh.). Sö → Shule.
Kashi Indien. → Varanasi.
Kāśi Indien. → Varanasi.
Kasia Indien, Uttar Pradesh, ö von Gorakhpur.
Tempel, Klöster und Stupa, Guptazeit bis 12. Jh.
Kašić Kroatien, sw von Novigrad, ö von Zadar.
Römische Gebäudereste auf dem Maklinovo brdo.
Kasileh, Tel al- Israel. → Tel Aviv.
Kaskase Äthiopien, Eritrea, bei Senafe. Pfeilermo-
nolithe mit südarabischen Inschriften.
Kasmenai I-Sizilien, Südzipfel. Ehemalige dori-
sche Kolonie.
Kasos Griechenland, Dodekanes-Insel. → Ellino-
kamara. → Ophrys. → Poli.
Kaspi GUS, Georgien. Stadt seit mindestens
1. Hälfte des 1. Jtsd. vor Chr.
Kaspin Israel. → Khisfin.
Kasr → Qasr.
Kassach GUS, Armenien. Basilika mit Säulenka-
pelle, 5. Jh.

Kassandreia Griechenland. → Nea Potidaia.
Kassel Deutschland. Antikenabteilung der Staatlichen Gemäldegalerie. Hessisches Landesmuseum, Abtlg. Vor- und Frühgeschichte. Museum für Sepulkralkultur.
Kassel Deutschland, ö von Gelnhausen. Forst Kassel. W Habichtswald (sw von Kassel): auf dem Hirzstein eisenzeitlicher Ringwall. Auf dem Hunrodsberg w von Mulang Wallreste von latènezeitlicher Höhensiedlung.
Kasselberg Luxembourg, an der deutschen Grenze. Ehemals Standort eines Römerlagers.
Kasselt Deutschland. → Wallendorf.
Kasser el Baguel Tunesien, 70 km wsw von Sfax. W Ruinen.
Kasserine Tunesien, W. Reste der römischen Stadt Cillium, Cillitana. Theater, Triumphbogen, Mausoleen, frühchristliche Kirche, byzantinische Burgen. Stauwerk. Ö Ruinen.
Kassiopi Griechenland, Kerkira. Antik Kassiope. Ruinen einer Festung von 1267-1386.
Kassope* Griechenland, Epirus, n von Preveza, bei Kamarina (letzteres heute wieder Kassope). Stadtmauern, Agora, großes Theater 3. Jh. vor Chr., kleines Theater, Portikus 4. Jh. vor Chr., Gästehaus 4. Jh. vor Chr., Grab.
Kastabos Türkei. → Erythrä.
Kastabos Türkei. → Pazarlık (sw von Marmaris).
Kastamonu Türkei, 260 km n von Ankara. Byzantinisch Castamon. Reste von Zitadelle 12. Jh. In der Nähe phrygisches Grab Ev Kaya, 4. Jh. vor Chr.
Kastav Kroatien, 11 km nw von Rijeka. Ehemals Standort einer Wallburg der Japoden. Reste eines römischen Lagers entdeckt. Vorgeschichtliches Gräberfeld.
Kastel Deutschland, s von Hermeskeil, sö von Trier. Wall ab 5. Jh. vor Chr.
Kastell Beaufort Libanon. → (Qalaat ech) Chaqif.
Kastelli Gr-Kreta, 39 km sö von Iraklion. Ruinen vom venezianischen Castel Pediada.
Kastelloriso Griechenland, Insel 130 km ö von Rhodos, s von Kaş. Antik Megistä, später Kithinä. Mykenische Mauerreste. Burgruine Paläokastro an der Stelle einer antiken Akropolis.
Kastellos Griechenland, 47 km sw von Rhodos. Burgreste 15. Jh.
Kastell Tornese Griechenland. → Chlemutsi.
Kastelruth I-Südtirol. Castelrotto. W (n von Larenz) auf dem Katzenlocherbühel Wälle und Mauerreste von Wallburg. Besiedelt mindestens seit der Bronzezeit. Mauerreste spätantik bzw. mittelalterlich. → Abb. 126.
Kastel-Staadt Deutschland, s von Saarburg. Spätlatènezeitliche Fliehburg Kastell. Wall und Graben, römische Siedlungsplätze.
Kasthanaia Griechenland, 60 km nö von Volos. Heute Keramidi. Ehemals mit Akropolis. Mauerreste.

Kastoria Griechenland, Makedonien, 223 km w von Saloniki, am K.-See. Antik Keletron. Ehemals neolithische Pfahlbausiedlung. Byzantinische Reste.
Kastraki Griechenland, Peloponnes, Hügel 16 km ö von Nauplia. Ruinen einer Akropolis.
Kastri Griechenland, 4 km sö von Thesprotiko, nw von Arta. Reste von Befestigung aus antiker, frühbyzantinischer und mittelalterlicher Zeit.
Kastri Griechenland, Larissa, NO-Ufer des Boibe-Sees. Burg.
Kastria Griechenland, auf der Insel Kythera (Kithira), Bucht von Avlemonas. Kastri. Ma Palächora. Spuren von minoischer Siedlung und antiker Akropolis. Geringe Reste der Oberstadt. Frühbyzantinische Kirche.
Kastrion Griechenland, 23 km w von Lamia. Antike Befestigungsreste.
Kastritsa Griechenland, Epirus, sö von Ioannina. Antik Tekmon, 4. Jh. vor Chr. Mauerwall der antiken Siedlung. Höhle Asprochaliko, bewohnt seit dem Paläolithikum (ca. 25./24. Jtsd. vor Chr.) bis 9. Jtsd. vor Chr. Höhle, bewohnt seit dem Neolithikum.
Kastro Griechenland, Böotien, nw von Thiva, ö von Orchomenos, auf der Halbinsel Varia im ehemaligen Kopais-See. Zwischenzeitlich Topolia. Reste zweier minoischer Akropolen und Spuren eines antiken Deiches. 4 km w: → Strowiki. 2 km ö: → Gla.
Kastro Griechenland, Insel Kefallinia, 2 km s von Argostoli. An der Stelle der mittelalterlichen Hauptstadt Agios Georgios. Ruinen und Burgrest. Weitere mittelalterlichen Reste.
Kastro Griechenland, Kykladeninsel Sifnos. Reste von Akropolismauer 4. Jh. vor Chr. Häuserreste. Kirche Panagia auf den Resten eines früharchaischen Tempels 7. Jh. vor Chr.
Kastro Griechenland. → Skiathos.
Kastro Griechenland. → Tirnavos.
Kastro Orias Griechenland, Kykladeninsel Kythnos, Nordspitze. Mittelalterliche Stadtfestung.
Kastro Petrino Griechenland, 40 km wsw von Larissa, am Nordabhang des Titanos. Ev. das antike Phakion. Antike Stadtreste.
Kastro tis Kalurias Griechenland, sw von Patras. Antik Teichos Dymaion. Seit dem Neolithikum besiedelte Akropolis; zyklopische Mauerreste.
Kastro tis Oraias Griechenland, Thessalien, 30 km nnö von Larissa, im Tempital. Am Fuß des Burgfelsens mit mittelalterlicher Festung Spuren einer antiken Festung.
Kastro tis Portas Griechenland. → Phoitiai.
Katafygio Griechenland, Sporadeninsel Ikaria, ö von Thermai. Spuren einer Akropolis auf dem Berg Kastro. Gräber.
Katakalos Griechenland, Euböa, 6 km ö von Porthmos. Kuppelgrab 2. Jtsd. vor Chr.
Katakolon Griechenland, Peloponnes, w von Pyrgos. Reste der antiken Stadt Pheia, 6. Jh. vor Chr.;

heute unter Wasser. Reste von fränkischer Burg Pontiko Kastro auf Fundamenten von antiker Akropolis.

Katanda GUS, Altai-Gebiet, s des Terekta-Gebirges. Skythische Nekropole, Kurgan.

Katane I-Sizilien. → Catania.

Katapola Griechenland, Kykladeninsel Amorgos. Antike Stadt Minoa. Stadtmauerfundamente. Ehemals mit Theater und Stadion. Reste von Gymnasion, Apollon-Tempel.

Kataragama Sri Lanka, Süden. Buddhistische Reste.

Katelbogen Deutschland, wnw von Güstrow, w von Bützow. Ca. 1½ km sw Reste von Großsteingräbern.

Kath GUS, Usbekistan. → Schabbaz.

Katharinenkloster** Ägypten, Sinai. Teile der Mauer aus der Gründungszeit 6. Jh. Kirche von 548-565 mit Tür 6. Jh. Mosaik 6. Jh. Auf dem Gebel Musa (Mosesberg) Ruinen einer Kirche von 530.

Kathmandu Nepal. Königspalast 15. Jh., mit Historischem Museum. Jaganath-Tempel. Taleju-Tempel. Trailokyo Mahan Mandir, Vishnu-Tempel 17. Jh. Kumari-Devi-Tempel. Shiva-Parvati-Tempel. National-Museum. Swayamblunath, 45 m: Stupa, 45 m hoch. Tempel der Seetla Devi. Tibetanisches Kloster. 5 km s: → Patan. Sö: Bhadgaon. 5 km nö: Hindutempel → Pashupatunath. 8 km nö: → Bodnath.

Kathreinkogel Österreich. → Schiefling.

Kato Fana Griechenland, Insel Chios, SW-Küste. Spuren eines Apollontempels 6. Jh. vor Chr. vom antiken Phanai (besiedelt seit 9. Jh. vor Chr.).

Kato Symi Gr-Kreta, ö von Pefkos. Kato Simi. Ausgrabungen eines Heiligtums, mittelminoische bis hellenistische Zeit.

Kato Zakros* Gr-Kreta, Ostküste. Ruinen eines minoischen Palastes, ab 1700 vor Chr., ca. 1450 vor Chr. zerstört. Der Palast war um einen Mittelhof angelegt und besaß über 150 Räume. Zisterne. Reste von römischen Villen. Der antike Hafen im 2. Weltkrieg vernichtet. W das Tal der Toten: Friedhof (Felsengräber) ab 2400 vor Chr. → Abb. 72. 7 km w → Ano Zakros.

Katsingri Griechenland, ö von Nauplia. Ehemals antike Festung.

Katsurakoi Japan, Hokkaido, SO-Küste. Bergbefestigung der Ainu.

Katterbergsküppel Deutschland. → Hünxe.

Katzenbuckel Deutschland. → Albstadt.

Katzenlocherbühel I-Südtirol. → Kastelruth.

Kau el-Kebir Ägypten. → Qau el-Qebir.

Kaunos Türkei. → Dalyan.

Kaushambi Indien. → Kosam.

Kavala Griechenland, 163 km ö von Thessaloniki. Altgriechisch Skavala. Antik Neapolis. Christopolis nach Besuch von Paulus und Lukas. Spuren von Akropolis, byzantinische Festung mit Mauerwall.

Römischer Aquädukt. Archäologisches Museum.

Kavasköy Türkei, nw von Istanbul. Antike Ruinen, 2 Aquädukte.

Kavat Kala GUS, Usbekistan, 3 km ö von Toprak-Kala. Bronzezeitlich; erbaut 4./3. Jtsd. vor Chr. Hohe Lehmziegelmauerreste der choresmischen Stadt, 3. Jh. Nochmalige Blüte ca. 13. Jh. Palast- und Burgenreste.

Kaveripattinam Indien, Tamil Nadu, Küste nähe Nagappattinam. Handelsplatz zur Zeit der indischen Expansion in Hinterindien, ab 1. Jh.

Kavirio Griechenland, Böotien, sw von Theben. Kabiren-Heiligtum. Spuren von Theater, Tempeln und von Portikus.

Kaviyur Indien, Kerala, bei Quilon. Shiva-Höhlentempel, 8. Jh.

Kawa Sudan, bei Dongola. Drei Tempel für Amun, hauptsächlich von Tutenchamun, Taharqo sowie von verschiedenen kuschitischen Königen erbaut; napatanische und meroïtische Zeit. Siedlung, Nekropole.

Kawabi, Qalaat el Syrien, 26 km nö von Tartus. Ismaelitenburg ab 1160, Coible der Kreuzfahrerzeit.

Kaya Türkei, 4 km sw von Fethiye. Antik Carmylessus.

Kaya-Kabatmaları Türkei. → Tefenni.

Kayalıdere Kalesi Türkei, ca. 45 km n von Muş. Urartäische Burgruine. Turmfundamente. Felsengrab.

Kayasi Cali Türkei, 12 km osö von → Bodrum. Befestigte Siedlung der Leleger.

Kayatha Indien, Madhya Pradesh, Ujjain. Fundort der chalkolithischen → Malwa-Kultur (1600-1300 vor Chr.).

Kayirli Türkei, sw von → Nevşehir. Unterirdische Siedlung.

Kaymaklı Türkei, 5 km s von Trabzon. Klosterreste 15. und 17. Jh.

Kaymaklı Türkei, 20 km s von → Nevşehir. Unterirdische Stadt für 10000-15000 Personen. Ev. seit 9./8. Jh. vor Chr., hauptsächlich 6.-10. Jh. Zugänglich. → Derinkuyu.

Kaymaz Türkei, 68 km osö von Eskişehir. Antik Tricomia. Moschee mit antiken Baubruchstücken.

Kaymor Senegal. → Nioro-du-Rip.

Kaynar Kalesi Türkei, ca. 65 km s von Burdur, 23 km wn von Bucak. Ruinen einer nicht identifizierten antiken Siedlung. Reste von Befestigungsanlagen und Häusern, von Hades- und Kore-Heiligtum. Zwei Felsreliefs 2. Jh. vor Chr.

Kayseri Türkei. Antik Eusebeia, Mazaka. Im 1. Jh. Caesarea (Kaisareia). Spuren der Wallmauer. Römisches Hypogäum. Reste von Häusern und Zisterne. Ulu Cami 12. Jh. und Hatuniye Medresesi 15. Jh. mit antiken Spolien. Nekropole. Archäologisches Museum. 8 km n Reste von hethitischer Chaussee. Ö hethitischer Staudammrest Karakuyu.

Kazel, Tell Syrien, n von Hamidiya. Ausgrabungen.

Kazerun Iran, w von Schiraz. Ö Reste eines Feuertempels. In der Nähe Spuren von chalkolithischen und sassanidischen Siedlungen.

Kaz Kale Türkei, sw von → Derinkuyu, s von Kuyulutatlar. Unterirdische Anlage, darüber ehemalige Burg.

Kazrin Israel. → Qasrin.

Kbor Klit Tunesien, n von Maktar. Ruine eines Denkmals, ehemals 6 m hoch, 45 x 15 m; ev. anläßlich des Sieges Caesars über Juba I.

Kbor er Roumia* Algerien, 10 km ö von Tipasa. Kbour Rhoumia. Numidisches Rundgrab, 34 m hoch, 64 m ⌀. Ev. das Grab König Jubas' II., 1. Jh. nach Chr., mit schneckenförmigem Gang und Grabkammer. → Abb. 93.

Kea Griechenland, Kykladeninsel. Antik Keos. → Hypanakra (Agia Marina). → Karthaia. → Kea (Iulis). → Livadi (Korissia). → Poiessa. → Vurkari (Agia Irini, Kephalos).

Kea Griechenland, auf der Kykladeninsel → Kea. Geringe Spuren vom antiken Iulis im Kastro (mit Bauteilen der antiken Akropolis). Reste von Stadtmauer 4. Jh. vor Chr. 1 km ö in den Fels gehauener Löwe, 6. Jh. vor Chr.

Kebrene Türkei, ö von Ezine.

Keçanis Türkei, ca. 35 km nö von Van. Reste einer kleinen urartäischen Festung, ev. des antiken Bubuzi.

Keçikale Türkei, bei Samandıra, 30 km ö von Üsküdar. Reste einer kleinen byzantinischen Festung.

Keçi Kalesi Türkei, 56 km ssö von Izmir. Bei Sağlık Ruine eines byzantinischen Kastells.

Keçi Kirilan Türkei, 8 km ö von → Bodrum. Siedlung der Leleger.

Keçivan Türkei, 65 km ssw von Kars, 6 km w von Paslı. Armenisch Artageyra. Seldschukische Bauten, Mausoleen.

Kedaton Indonesien, Java-Osten. Anlage 11./13. Jh.

Kedesh Israel, n von Zefat. Tel Qedesh, Kedesh Naphtali, Cadasa. Ruinen aus biblischer und römischer Zeit. Reste eines römischen Tempels 2./3. Jh.

Kedreai Türkei. → Şehir Adası.

Keet Seel* USA, Arizona-N, w von Kayenta. Teil des → Navajo National Monument. Cliff Dwelling, erbaut 1274-1286.

Kef, Tell Irak, 18 km n von Mosul. Kaif. Heute christlich.

Kef, Le Tunesien. Al Kaf. Phönizische Gründung. Antik Sicca Veneria. Antike Zisternen. Antike Säulen, auch in der Moschee Sidi Bou Makhlouf. Christliche Basilika Dar El Kous.

Kefallinia Griechenland, Insel. → Agia Evfemia. Agios Georgios → Kastro. → Argostolion. → Assos. → Fiskardo. → Kastro. Krane → Kranioi. → Kranioi. Kyneatis → Sami. → Lakkithra. → Mazarakata. → Metaxata. → Pale. Phiskardon → Fis-

kardo. → Pronnoi. → Sami. → Skala.

Kefalos Griechenland, Insel Kos. Ruine von frühchristlicher Basilika. 2 km ö Reste der antiken Inselhauptstadt Astypaläa, heute Palatia. Reste von Demeter-Heiligtum, 4. Jh. vor Chr., von hellenistischem Tempel, von Theater 4. Jh. vor Chr., von mittelalterlicher Festung.

Kefar-Biram Israel, nw von Zefat, 1 km s von Dovev, s von Baram. Ruinen; Synagoge ca. 3. Jh.

Keferdiz Türkei. → Sakçagözü.

Kefert Eqab Syrien, im Djebel Wastani. Ehemaliges Gouverneursgebäude. Reservoir. Reste von Klöstern.

Kefirkalesi Türkei, n von Adılcevaz am Nordufer des Van-Sees, nö von → Kefkalesi. Reste einer urartäischen zyklopischen Mauer.

Kefkalesi Türkei, n von Adılcevaz am Nordufer des Van-Sees. Stelle einer befestigten urartäischen Siedlung. Wall, Stelle von Zitadelle und Bastei. Reste von armenischer Kirche 8./9. Jh.

Kefrein, Tell Jordanien, ca. 10 km s von Nemrin, letzteres 54 km w von Amman, sw von Es Salt. Das alte Abel Schittim, peräisch Abila.

Kefr Zeh Türkei, ca. 25 km ö von Midyat, Tur Abdin-Klostergebiet. Zek. Mar Azaziel-Kirche.

Kehmissa Algerien, s von Annaba. Römisch Tubursicum Numidarum. Reste von Forum, Kapitol, Bögen, Thermen, Wasserbecken. Byzantinische Reste.

Keikaus Iran, 390 km nw von Schiraz, 20 km n von Behbehan. Reste eines sassanidischen Feuertempels.

Keitum Deutschland, Sylt. Riesenbett (Hünengrab) Harhoog.

Kej-Kobad-Schah GUS, Tadschikistan, ö von Termez. Griechisch-baktrische Siedlung, 3. Jh. vor Chr. bis ca. 400 nach Chr. Ehemals mit Wallmauer. Ruinen; Ausgrabungen.

Kelach Irak. → Nimrud.

Kelaniya Sri Lanka, 10 km nö von Colombo-Zentrum. Raja Maha Vihara: Dagoba, 3. Jh., im 18. Jh. wiederaufgebaut.

Kelas Türkei, 44 km ö von Ödenis, sö von Izmir. Antik; heute Kiraz.

Kelefa Griechenland, 70 km s von Sparta, bei Itylo. Festung von 1669.

Kelenderis Türkei. → Gilindere.

Kelermes GUS, w des Kaukasus, s von Majkob (Rußland). Skythische Kurgane.

Keletron Griechenland. → Kastoria.

Kelheim* Deutschland. Archäologisches Museum im Herzogkasten mit wiederaufgestelltem keltischen Mauerabschnitt im Hof. Auf dem Michelsberg und in den Wäldern w der Befreiungshalle Gelände des ehemaligen keltischen Oppidums Alkimoennis. Hauptbesiedlung ab ca. 200 vor Chr. bis ca. Zeitenwende, wahrscheinlich von Vindelikern. Das heute überbaute Mitterfeld ehemals Schwerpunkt des besiedelten Teils. Innerster Abschnittswall beim Parkplatz auf dem Michelsberg, im Mittelalter sicher ausgebaut, vom Graben noch bis 6 m Höhe ansteigend. Zwischen hier und der Befreiungshalle auf dem freien Gelände ehemals frühmittelalterliche Burg. Mittlerer Wall, auch als Innerer Wall bezeichnet. Äußerer Wall, im südlichen Drittel mit guterhaltenem keltischen Zangentor, an seinem Nordende später am Südufer der Altmühl entlang bis zur heutigen Stadt auf damit insgesamt 10 km Länge weitergeführt. Erzgrubenfelder über viele Kilometer. Archäologischer Pfad. Bronzezeitliche Grabhügelfelder. In Donaunähe ehemals Standorte von keltischer Viereckschanze, spätrömischem Kastell, spätrömischem Burgus, Wall 10. Jh. → Weltenburg.

Kelibia Tunesien, sö von Kap Bon. Griechisch Aspis. Antik Clupea. Antike Spuren in der Burg.

Kelischin-Paß Iran. → Gardaneh-i Kelischin.

Kellerskopf Deutschland. → Wiesbaden.

Kellia Ägypten, ca. 80 km sö von Alexandria. Ruinenfeld der Kellia. Einsiedlerzellen als Reste von mehr als 700 Klöstern und Einsiedeleien 4.-9. Jh. Malereien.

Kellmünz Deutschland, n von Memmingen. Caelius Mons, Celio Monte, Caelio, mittelalterlich Cheleminza. Fundamentreste eines spätrömischen Kastells.

Kelmos Griechenland. → Longanikos.

Kelteminar GUS, ö des Aralsees. Neolithische Kultur 4./3. Jtsd. vor Chr. in Zentralasien.

Kemah Türkei, 54 km sw von Erzincan. Ehemals Kamakha (Gamakha). Ruine einer byzantinischen Burg. Türbe 13. Jh.

Kemalpaşa Türkei, 29 km ö von Izmir. Antik Nymphaeum, byzantinisch Nymphaion, ab 14. Jh. Nif. Byzantinischer Palast Ende 12. Jh. Auf dem Nif Daği Ruine einer von den Türken restaurierten Byzantinerburg.

Kemathen Deutschland, 2 km n von Kipfenberg. Bronze- und hallstattzeitliches Hügelgräberfeld.

Kemerburgaz Türkei, 12 km n von Istanbul. Antik Pyrgos. 1 km s Eğrikemer ("Winkeliger Aquädukt"), 1285. 1 km n Uzunkemer ("Langer Aquädukt"), 1564.

Kemerhisar Türkei, ca. 20 km s von Niğde. Antik Tyana, hethitisch ev. Tuvanuva. Ruinen. Phrygische Inschriften.

Kemp USA, Ohio, nö von Cincinnati. Tempel-Hügel.

Kempraten Schweiz. → Jona.

Kempten Deutschland. 1) Ehemaliges keltisches Oppidum Cambodunum. 2) Römisch ab 15 vor Chr. Reste der römischen Stadt auf der rechten Illerseite (Lindenberg) ab 1. Jh., Ausgrabungen (Thermen, Basilika), Archäologischer Park* mit Tempelrekonstruktionen. 3) N hiervon Gräberfeld festgestellt. 4) Spätrömische Grenzfeste auf der Burghalde.

Kempten Deutschland, sö von Bingen. Ehemals römische Siedlung.

Kenchreai Griechenland. → Ellinikon.

Kenchreai Griechenland, sö von Korinth. Der östliche antike Hafen von Korinth am Saronischen Golf. Reste eines Bauwerks mit Mosaikfußboden. Grundmauern einer Kirche. Turmrest 4. Jh. vor Chr. Weitere Reste 1./2. Jh. Molen. Teilweise unter Wasser.

Kengavar Iran. → Kangavar.

Kenmare Irland, am Ring of Kerry. Steinkreis mit kleinem Dolmen.

Kenny-Damm Griechenland, 12 km osö von Orchomenos. Spuren im Kopais-See.

Kensafra Syrien, bei Kfer Nebil, 12 km sw von Maarat en Noman. Ruinen.

Kentauropolis Griechenland. → Skiti.

Kentisbury Barrow GB, Devon, im Exmoor. Grabhügel.

Kentoripa I-Sizilien. → Centuripe.

Kenwardstone GB, Hampshire, bei Chute. Felsgravur.

Keo-phay Vietnam, Tongking. Fundstätte der → Bac-son-Kultur, bis 3000 vor Chr.

Keos Griechenland. → Kea.

Kephalari Griechenland, 8 km s von Argos. Pan und Dionysos geweihte Grotten.

Kephale Griechenland, nw von Keratea, sö von Athen. Siedlungsreste; mykenische Gräber.

Kephaloidion I-Sizilien. → Cefalù.

Kephalos Griechenland, Insel Kea. → Vurkari.

Kephalos Griechenland, Insel Kos. → Kefalos.

Kephisia Griechenland, Attika, 14 km nö von Athen. Heute Kifisia. Römische Grabkammer. Sarkophage.

Kepwick Moor GB, Yorkshire, in den Hambledon Hills ö von Northallerton. Langhügelgrab. 5-6 km ö zahlreiche Grabhügel. N → Whorlton Moor.

Kera Gr-Kreta, bei Prasses, ca. 90 km v von Iraklion. Trümmer einer frühchristlichen Basilika. 5./6. Jh.

Kerak, Khirbet Israel. → Bet-Yerah.

Kerak, El Jordanien, 90 km s von Madaba. Kir, Kir-Moab, Kir-Heres. Characmoba (Karakmoba). Stadtmauer, Burg der Kreuzritter und der Araber. Badreste. Burgmuseum.

Kérak Nouh Libanon, bei Zahlé. Ehemalige Moschee im Rest eines antiken Aquädukts.

Keramos Türkei. → Ören.

Kerampeulven Frankreich. → Huelgoat.

Kerasos Türkei. → Giresum.

Keravel Frankreich. → Saint Renan.

Kercado Frankreich. → Carnac.

Kercadoret Frankreich. → Carnac.

Kerch GUS, Krim. → Kertsch.

Kerdane, Tell el- Israel, ö von Jaffa, Yarkon-Tal. Ehemalige bronzezeitliche Stadt.

Kerdelvaz Frankreich. → Porspoder.

Keressos Griechenland. Antike Festung in der Nähe von → Askri.

Kergadiou Frankreich. → Porspoder.
Kergavat Frankreich. → Carnac.
Kergis Sudan. → Kurkur.
Kerguntuil Frankreich, Bretagne, s von Trégastel-Plage. Alignement. Sw an der D788 ein Dolmen.
Keri Griechenland, Südspitze der Insel Zakynthos, w des Peloponnes. 1 km vom Ort mykenisches Dromosgrab entdeckt.
Keriaval Frankreich. → Carnac.
Kerija China, Xinjiang, ö von Hotan. Chinesisch Tschü-mi. Buddhistische Tempel, Ausgrabungsstätte. Manuskriptfunde.
Kerinthos Griechenland, Euböa, ca. 60 km n von Chalkis, bei Mantoudi. Ehemals mittelhelladische Siedlung, 2. Jtsd. vor Chr. Mauerreste ab 7. Jh. vor Chr.
Kerivoret Frankreich, 2 km s von → Porspoder, nw von Brest. Dolmen.
Kerkenes Türkei, 42 km sö von Yozgat. Reste von nachhethitischer Festung.
Kerkeosiris Ägypten, Fayum. Antike Siedlung; heute el-Gharak el-Sultani, s des Hauptortes.
Kerkethoeris Ägypten, Fayum. Antike Siedlung; heute el-Gharak el-Sultani, s des Hauptortes.
Kerki GUS, Turkmenistan, am Amu Darja. Alte Siedlung.
Kerkinion Griechenland. Frühbyzantinisch. Bei Kastri, ö von Larissa, oder 10 km s davon bei → Petra (Thessalien) vermutet.
Kerkinitis GUS, Krim. Ehemalige hellenistische Stadt.
Kerkira Griechenland, Insel. Antik Skeria, Drepane. Italienisch Korfu. → Kassiopi. → Kerkira. Palaiopolis → Kerkira (Ort). → Roda.
Kerkira Griechenland, Ort auf der Insel K. Antik Korkyra, spätbyzantinisch Polis ton Koryphon. Archäologisches Museum. Die Reste der antiken Stadt auf der Halbinsel Palaiopolis: Reste der antiken Umfassungsmauer, Agora, Kirchenruine an der Stelle antiker Bauwerke, Reste von römischen Thermen 1. Jh. nach Chr., Ruinen eines Artemis-Tempels, Grundmauern eines Tempels 3. Viertel 6. Jh. vor Chr. Nekropole. Häfen Alkinoos und Hyllaikos.
Kerkouane Tunesien, sö von Kap Bon, onö von Tunis. Spuren der punischen Siedlung; Wohnhausmauern.
Kerlescan Frankreich. → Carnac.
Kerloas Frankreich, 12 km w von Brest. Höchster noch stehender Menhir der Bretagne, 12 m hoch.
Kerlutu Frankreich. → Belz.
Kerma Sudan. Spuren von Siedlung ab 3000 vor Chr. Um 2000 vor Chr. Hauptstadt des Reiches Kusch. Blütezeit während des ägyptischen Mittleren Reiches und der Zweiten Zwischenzeit. Stadt und Friedhöfe mit Tumulusgräbern. Defufa-West: Königspalast ausgegraben. Defufa-Ost: Meroïtischer Friedhof.
Kerman Iran. Persisch Beh-i Ardehir, sassanidisch

Behdesir, Berdesir. Grabmäler, 11./12. Jh. und Timuridenzeit. 3 km s Mauern der sassanidischen Zitadelle Qalaeh-i Ardeschir. Mauern der Festung Qalaeh-i Dokhtar. Sw sassanidischer Feuertempel.
Kermanschah Iran. Arabisch zwischenzeitlich Qirmasin oder Qirmaschin. Die sassanidische Stadt lag n von K. 13 km ö → Taq-i Bustan*.
Kermario Frankreich. → Carnac.
Kermel Israel, 16 km sö von Hebron. Antik Karmel. Ehemals römische Garnison und byzantinische Siedlung. Die Reste im Dorf Yatta, 5 km nw, verbaut. Ehemals mit Saul-Denkmal.
Kermine GUS, Usbekistan, zwischen Buchara und Samarkand. Karminiya. Mausoleum Mir-Sajid Bahram, 10./11. Jh. Chanaka Kasym Scheich, 1559. In der Nähe: → Rabat-i Malik.
Kernéléhen Frankreich, Bretagne, n von Morlaix. Auf der Halbinsel großer Grabhügel Barnenez-Süd mit 11 megalithischen Ganggräbern mit Bienenkorbkuppeln, ab 4. Jtsd. vor Chr.
Kernen Deutschland, ö von Sttgt-Cannstatt, s von Waiblingen. Rommelshausen: Reste von römischem Gutshof*, Kellermauern.
Keros Griechenland, Insel sö von Naxos. Spuren von kykladischer Siedlung auf Daskalio.
Kerpenhir Frankreich, 1 km sö von Locmariaquer, sw von Vannes. Tumulus du Mané-er-Hroëc'h. Ganggrab Allée Couverte des Pierres-Plates. Menhire.
Kerry Hill GB, Wales, sö von Newton. Steinkreis.
Kertesi Ägypten. → Qertassi.
Kerti Hüyük Türkei, 22 km nnö von Karaman. Antik ev. Derbe. Ruine von byzantinischer Kirche.
Kertsch GUS, Krim, Ostende. Kerch. Milesische Gründung, antik Pantikapaion. Bosporanisch-sarmatische Stadt. Fresken. Nekropole.
Keru China, Xizang (Tibet), Thantuk. Songtsengampo. Tempel.
Kervasdoué Frankreich, nw von Brest, n von Ploudalmézeau. Dolmen.
Kervérès Frankreich. → Carnac.
Kerynia Zypern. Heute Kyrenia (Girne).
Kerzerho Frankreich. → Carnac.
Kesch GUS, Usbekistan. → Schahr-i Sabs.
Kesik Köprü Hanı Türkei, 18 km s von Kırşehir. Reste von Karawanserei von 1268. Reste von seldschukischer Brücke.
Keslik Türkei, sö von Tokat. Antikes Höhlengrab, später in byzantinische Kapelle umgewandelt.
Kesra, La Tunesien, 20 km ö von Maktar. Antik Churisa. Reste von byzantinischer Burg.
Kesrik Türkei, 48 km sw von Iskenderum. 4 km sö Reste von Kreuzfahrerburg.
Kessab Syrien, 3 km w von Askoran, an der türkischen Grenze, n von Lattakia, an den Hängen des Djebel Aqra (antik Mons Casius). Hurritisch Hazzi. Ehemals Kultstätte für Jupiter Casius. Casembelle der Kreuzzugszeit. Ehemals bedeutende Kultstätte.

Kesslerloch Schweiz, SH, bei Thayngen. Höhle mit altsteinzeitlichen Funden.

Kestel Türkei, 14 km ö von Bursa. Ruine eines Kastells 13. Jh.

Kesterburg Deutschland. → Christenberg.

Keswick Carles GB, Cumbria. Castle Rigg. Steinkreis.

Keszthely Ungarn. Besiedelt seit der Steinzeit. Im 6. Jh. Ablösung der römischen und Aufbau einer avarischen Kultur.

Ketscharis* GUS, Armenien, in Zachkadsor (Dsaghkadzor), nö von → Jerevan. Ketcharis. Kloster ab 11. Jh., mehrere Kirchen.

Kettles, The GB, Northumberland, ca. 24 km s von Berwick-upon-Tweed. Steinwälle eines eisenzeitlichen Hügelforts.

Keur Bamba Senegal. → Nioro-du-Rip.

Key Marco USA, Florida, Süden, am Golf von Mexiko. Funde 1. Hälfte 2. Jtsd. nach Chr.

Kfar el Awamid Syrien, 33 km nw von Damaskus. Tempelreste.

Kfar el Leha Syrien, 15 km n von Suweida. 2 km n ev. Standort eines römischen Kastells.

Kfar Nabo Syrien, 15 km nö von → (Qalaat) Seman. Säulenbasilika.

Kfar Nachun Israel. → Kapernaum.

Kfar Nahun Israel. → Kapernaum.

Kfer Syrien, 13 km sö von Suweida. Antik Kapra. Tempel- und Häuserreste.

Kfer, El Syrien, w von Maarat en Noman. Ruinenstätte Kfer el Barah, 5./6. Jh. Antik Kapropera. Reste von Villen und Kirchen. Ummauertes Kloster Deir Sabat mit Kirchenruine. Araberburg Qalaat Abu Safyan (Sofian). Nekropole, Mausoleen 6. Jh. → Btirsa. → Deir Debbane. → Ed-Deir. → Mudjeleia.

Kfer el Bara Syrien. → (El) Kfer.

Kfer Derian Syrien, 46 km w von Haleb, 5 km w von Sarmada. Kafr Diyan. Reste von byzantinischem Kloster; Kapelle.

Kfer Hut Syrien, sö von Haleb, n von Khanazir. Antike Reste.

Kfer el Jarra Libanon, 9 km sö von Saida. Gräber 1. Hälfte 2. Jtsd. vor Chr.

Kfer Kermin Syrien, 33 km w von Haleb. Antike Ruinen, 3 km n Römerstraße.

Kfer Kile Syrien, bei Harim, 67 km w von Haleb, 4½ km s von → Qalb Lohse. Kirche*.

Kfer Ruma Syrien, 4 km w von Maarat en Noman. Ruinen, Brücke.

Khabis Iran, 6 km ö von Schahbad, 120 km ö von Kerman. Antike Stätte, Fundort von Tonstatuen.

Khabuschan Iran. → Qutschan.

Khadke Indien. → Aurangabad.

Khafadje Irak, nö von Bagdad, Diyala-Becken. Khafajah, Chafadsche, Hafāǧī usw. Antik Tutub. Mehrere Siedlungs- bzw. Ruinenhügel, Gebäudefundamente aus akkadischer Zeit. Drei Tempel, frühdynastische bzw. Djemdet-Nasr-Zeit:

1) Frühdynastischer Tempel. 2) Ausgrabung eines Tempels für den Mondgott Sin (Nannar), 3. Jtsd. vor Chr., mit Vorgängern (vom Ende des 4. Jtsds. vor Chr.). 3) Ausgrabung eines Nintu-Tempels. Die Reste mittlerweile wieder verwittert.

Khaidalu Iran. → Khorremabad.

Khailifa, Tell Jordanien. → Aqaba.

Khai Nern Wong Thailand, SO, bei Chantha Buri. Reste einer Festung 1. Hälfte 19. Jh.

Khajuraho** Indien, Madhya Pradesh. Hauptstadt des ehemaligen Chandela-Reiches, 10.-13. Jh. Museum. Von den ehemals 85 hinduistischen Tempeln sind noch ca. 20 erhalten.

W des Ortes: Chitragupta-Tempel 1050-1100. Devi-Jagadambi-Tempel. Kandariya-Tempel, 11. Jh. Visvanatha-Tempel, 1002-1003. Nandi-Tempel. Lakhshmana-Tempel 10./11. Jh. Devi-Tempel. Matangasvara-Tempel, 900-925. Varaha-Tempel. Chaunsath-Yogini-Tempel, um 900. In der Nähe des Ortes ("Östliche Gruppe"): Vamana-Tempel. Javari-Tempel, 1075-1100. Brahma-Tempel. Ghantai-Tempel, Reste. Adinatha-Tempel. Parsvanatha-Tempel. (Die letzten 3 Tempel als Jaina-Tempel). Südlich des Ortes: Duladeo-Tempel. Chaturbhuja-Tempel, Ruine.

Khakh Türkei, ca. 60 km nö von Midyat, Tur-Abdin-Klostergebiet. Kirchenruinen Mar Sovo und El Hadra*, mindestens ab 700.

Khalasa, el Israel. → Haluza.

Khalatse Indien, Ladakh. Khalsi. Dardische Felszeichnungen und -ritzungen. Tschörtenreste von Dardenburg. Fort Bragnag, 12. Jh.

Khalchayan GUS, Usbekistan. → Khaltschajan.

Khaldé Libanon, 14 km s von Beirut. N Spuren einer Villa mit Mosaikfußboden. Byzantinische Ölmühle. Nekropole, Jungsteinzeit bis römisch-byzantinische Zeit.

Khaldiya, Tell Syrien. → Rudayma.

Khalil, El Israel. → Hebron.

Khaltschajan GUS, Usbekistan, nö von → Termes. Drei Siedlungshügel, 1. Jh. vor Chr. bis 2. Jh. nach Chr., darunter der Chanako-Tepe. Ausgrabung eines kleinen frühkuschanischen Palastes (1. Jh. vor Chr.).

Khami Simbabwe, Matabela-Land, bei Bulawayo. Steinerne Stützmauern eines Sitzes der Könige von Rozwi.

Kham Khuan Kaeo Thailand, nw von Ubon Ratchasima. Phra That Klong Kaonoi.

Khan-Abu esch Scham Syrien, ca. 50 km ö von Damaskus. Ruinen.

Khana Gawr Afghanistan, 17 km ssö von Laschkar Gar, sw von Kandahar. Khaneh Fohar. Rest von Stupa, buddhistische Höhlen.

Khan el-Ahmar Israel, ca. 15 km sö von Jerusalem. Ruine eines byzantinischen Klosters; gegründet 428, wiedererrichtet 480. Mosaik.

Khanaqin Irak, 179 km nö von Bagdad. Alte

Brücke.

Khanassa Syrien, ca. 65 km sö von Haleb. Khanazir. Antik Kunasara. Geringe Reste von Mauerwall, Kirche, byzantinischem Bau.

Khanazir Syrien. → Khanassa.

Khanbalyk China. → Beijing.

Khandagiri Indien, 9 km n von Bhubaneshwar. In den → Udayagiri- und Khandagiri-Hills insgesamt 63 buddhistische Höhlentempel; Reliefs, 2.-1. Jh. vor Chr. Jaina-Tempel 18 Jh. auf dem Gipfel.

Khandak Sabur Irak. Ehemaliger Schutzgraben des Schahpur II., von → Hit bis → Basrah.

Khaneh Gohar Afghanistan. → Khana Gawr.

Khanguet Slougui Tunesien, s von Haidra, nahe der Westgrenze. Ruinenfelder.

Khan Khassir Syrien, 85 km nö von Damaskus. Spuren von antiker Umfassungsmauer.

Khanlandjan Iran. → Pir Baqran.

Khan Scheikhun Syrien, n von Hama. Ehedem Aschkani. N Tell: Siedlungsspuren 2. Jtsd. vor Chr., Stadtreste 15. Jh. vor Chr., eisenzeitliche Siedlungsreste 10.-4. Jh. vor Chr. 4 km w: Tell As (Tell el Aass). Nekropole 3. Jtsd. vor Chr.

Khan-i Takteh Iran, 75 km n von Orumiyeh. Basreliefs aus der Sassanidenzeit.

Khao Kien Thailand, Berg in der Nähe der Phang Nga Bucht. Höhle mit Felszeichnungen.

Khao Phra Viharn Kamputschea, ca. 700 km ö von Bangkok, 110 km sö von Sisaket. Khmer-Tempel* ab 10. Jh., hauptsächlich 12. Jh.

Kharab Marqiya Syrien, 30 km n von Tartus. Ev. die Stelle der antiken Festung Maraclea. Reste von Kreuzfahrerburg; antike Kapelle, griechische Inschrift. 4 km s Tell.

Kharab Schems Syrien, ca. 30 km nw von Haleb. Basilika*. Kapelle 5. Jh.

Kharab Sultan Syrien, im Djebel Wastani. Stadt ca. 5. Jh. Reste von zwei Kirchen und von Kloster.

Kharana, Qasr el-* Jordanien, 62 km sö von Amman. Omayyadenpalast, 36x35 m, Umfassungsmauer, von zwei Stockwerken umgebener Hof. → Abb. 118.

Khareitum, Khirbet Israel, ca. 12 km ssö von Bethlehem. Christliche Reste 4. Jh.

Khar Gerd Iran, 6 km w von → Turbat-i Haidari, s von Meschhed. Großer Tepe n des Ortes.

Khark Iran, Insel im Persischen Golf. Antik ev. Ikaria. Ruine eines Tempels für antike Götter, mit sassanidischem Feueraltar. Reste von Kloster und Kirche, 6./7. Jh. Grabanlagen: Felsgräber 1. Jtsd. vor Chr. und frühchristliche Gräber. Zwei palmyrische Gräber, verwitterte Reliefs. Vorislamische Nekropole.

Kharmguh Tepe Iran, ca. 100 km sö von Schiraz. Großer Siedlungshügel.

Khartum Sudan. Siedlungsspuren aus Mesolithikum und Neolithikum. Nationalmuseum* mit hierherversetzten Tempeln und Denkmälern aus →

Basa, → Faras, Akasha (Serra West), → Buhen, → Semna* (Semna-West), Kumma* (Semna-Ost), → Debeira-Ost, Tabo (→ Argo).

Kharvistan Iran. → Sarvistan.

Khatana Ägypten. → (El) Chatana.

Kheirabad Iran. → Fesa.

Kheirabad Iran, 350 km nw von Schiraz. 1½ km flußaufwärts Reste einer Medresse 14./15. Jh. 10 km n von Kheirabad die Reste von Brücke der Sassanidenzeit und Ruine von sassanidischem Feuertempel. Reste von Brücke 12./13. Jh.

Khelat Türkei. → Ahlat.

Khelones Zypern, Halbinsel Karpasia, s von Rizokarpaso. Antike Stätte.

Kheneg Tafagount Marokko, ö von Goulimine, n von Tindouf. An den Hängen der Flußniederung prähistorische Felszeichnungen.

Khiching Indien, Orissa, nahe der Grenze zu Bihar. Tempel, Ruinen, Museum.

Khingar-Khalang Nepal, Muktinath-Tal. Frühgeschichtlicher Siedlungshügel 1.-14. Jh. Tibetische Burg Dzarkot.

Khirbet Arabisch; Ruine. Siehe unter dem Hauptnamen!

Khirokitia Zypern, 30 km wsw von Larnaka. Frühneolithische (präkeramische) Hügelsiedlung ab ca. 5800 vor Chr. Ausgrabungen zahlreicher runder Wohnstätten: Steinfundamente mit Luftziegelaufsätzen. Ursprüngliche Bestattung in den Häusern. Nekropole: Tholosgräber aus Lehm- und luftgetrockneten Ziegeln, ab 4. Jtsd. vor Chr.

Khisfin Israel, ö des Sees Genezareth. Kaspin. Biblisch Chaspho. S und w ausgedehnte Nekropole.

Khok Pho Thailand, nw von → Yala. Wat Chang Hai.

Khomein Iran, 167 km s von Qum. N Ruine eines Feuertempels ("Mahbed").

Khon Kaen Thailand, NO. Museum.

Khorene Türkei. → Arak Vank.

Khorramschahr Iran, am Schatt el Arab. An der Stelle des Abbasidenhafens Mohammareh, im 2. und 3. Jh. Charax Spasinu, danach Astrabad. N Alexandria, überschwemmt und wiederaufgebaut.

Khorremabad Iran, 260 km s von Hamadan. Ehedem Diz-i Siah. Zitadelle. Reste einer Residenz der Luren-Atabeks. Spuren einer Wasserleitung; sassanidische Brücke. Spuren des alten Siedlung, ev. des assyrischen Khaidalu.

Khorsabad Irak, 20 km n von Mosul, 8 km n von Ninive. Horsābād. Assyrisch Saraghun. Antik Dur Scharrukin (Dur Šarrukin, "Sargonsmauer"). Hauptstadt Sargons' II. an der alten Stelle Haganuba ab 707 vor Chr. Großer Tell, Stadtmauer, Stadtgebiet über 250 ha. Stadtteile, Palastbezirk mit Serail, Arsenal, Ziqqurat und Tempel ausgegraben. Spuren eines Sibitti-Heiligtums.

Khorvin Iran. → Gandj Tepe. → Siah Tepe.

Khosrowabad Iran, w von Kermanschah. Ev. das alte Tazar. Ehemals Standort eines Sassanidenpalastes.

Khosrowgerd Iran, 640 km ö von Teheran, bei Sebzevar. Minarett von 1111.

Khriba, La Tunesien, 29 km nnö von Sfax. Römische Ruinen.

Khubbaz, Qasr al Irak, 260 km w von Bagdad. Ruine (Wallreste) eines römischen Kastells. Reste eines großen Stauwerks.

Khudjan Iran. → Qutschan.

Khu Khan Thailand, sw von Sisaket. Tempelruinen Wat Po Preuk.

Khuldabad Indien, Maharashtra, nw von Aurangabad. Islamische Ruinen von Moscheen und Gräbern. Stadtmauer. 3 km n: → Ellora**.

Khunik Iran, nö von Birdjend. Prähistorische Höhle.

Khuong-my Vietnam, Amaravati. Heiligtum, Anfang 10. Jh.

Khurab Iran, 12 km w von Iranschahr, s von Zahidan. Prähistorische Stätte.

Khuraybah, Al- Saudi-Arabien, in der Nähe von → Madain Saleh. Nabatäische Nekropole.

Khurdi Indien, Rajasthan. Siedlungsreste 1. Jtsd. vor Chr.

Khurreh Iran, 13 km w von Dudehak, sw von Qum. Tempelreste, Seleukiden- oder Partherzeit.

Khwaja Ali Sehyaka Afghanistan, w von Kandahar. Großer Tempelbezirk; buddhistische Reste.

Khwaja Ghayb Baba Afghanistan, s von Darweshan. Stuparest, buddhistische Höhlen.

Khyunglung China, Xizang (Tibet), Westen. Vorgeschichtliche Höhle. Ruinen 8.-9. Jh. Spuren von Bonpo-Heiligtum.

Kiatuthlana USA, Arizona-Osten. Puebloruinen.

Kibyra Türkei, ca. 110 km sw von Burdur, bei Gölhisar.

Kichyros Griechenland. → Mesopotamon.

Kidal Indonesien, Java, Osten, 36 km ö von Malang. Grabtempel 13. Jh., Singasari-Dynastie.

Kiel Deutschland. Antikensammlung Kunsthalle. Wiederaufgebautes Großsteingrab aus Lottorf im Universitätsgelände; Museum vorgeschichtlicher Altertümer.

Kienaster I-Südtirol. → Ritten.

Kieselbronn Deutschland, nö von Pforzheim. Ö römischer Gutshof. Mauern und Reste von Gebäuden.

Kiew GUS, Ukraine. Staatliches Geschichtsmuseum. Kiewer Staatliches Museum für westliche und östliche Kunst. Kiewer Höhlenkloster (Kiewo-Petscherskaja Lawra); Museum Historische Schatzkammer der UdSSR.

Kifissia Griechenland, nö von Athen. Ö die alte Siedlung.

Kiği Türkei, ca. 130 km LL sw von Erzurum. Ruine von ma Festung.

Kihuik Mexiko, Yucatan, ca. 35 km s von Oxkutzcab. Maya-Ruinenstätte, Puuc-Stil.

Kikinda Serbien, sö von Szeged. 7 km nw Festung

7./8. Jh. mit Besiedlungsspuren seit der Jungsteinzeit. Museum.

Kiledere Türkei, 5 km sw von Derinkuyu. Reste von phrygischer Stadt.

Kile Ghul Mohammed Pakistan, Belutschistan, bei → Quetta. Siedlungshügel ab ca. 3700 vor Chr., in der ersten Phase noch ohne Keramik.

Kılıçlar-Tal Türkei, bei → Göreme, nö von → Nevşehir. Kılıçlar-Kilise mit Fresken, ca. 1000 nach Chr. Aynalı Kilise.

Kılıdülbahar Türkei, bei Eceabat, Dardanellen. Frühosmanische Burg mit byzantinischem Turm.

Kilifi Tansania. Ruinenstätte.

Kılınçlı Türkei, ö von Kaş. Siçak. Antik Apollonia. Stadtmauerreste, Vorratshaus, Theaterruine, Zisternen. Lykische und hellenistische Gräber.

Kilisebelini Türkei, 180 km ö von Antalya. Antik Cestrus. Stadtmauerreste. Ehemalige Akropolis. Reste von Häusern und von Tempel.

Kilittası Türkei, sö von → Diğor. Reste von Pakran-Kirche.

Killaloe Irland, 24 km nö von Limerick. Prähistorische Ringfestung an der Stelle Beal Boru.

Killevy GB-Nordirland, Armagh, 6 km sw von Newry. Prähistorische Gräber. W des Slieve Gullion prähistorische Reste.

Kilmalkedar Irland, Kerry, HI Dingle. Mehrere Dolmen.

Kilmashogue Irland, Dun Laoghaire, sö von Dublin. ND493. Bronzezeitliches Megalithgrab.

Kilmavilangai Indien, Tamil Nadu, n von Pondicherry. Mukaraperumal-Tempel, Anfang 7. Jh.

Kilmogue Irland, Kelkenny, nw von Waterford. ND324. Portal-Dolmen "Leac an Scail".

Kiltiernan Irland, s von Dublin. ND343. Portaldolmen.

Kilwah Saudi-Arabien, im Jabal Tubaiq. Khirbet Kilwa. Mittelsteinzeitliche Felsritzungen.

Kilyos Türkei, n von Istanbul, am Schwarzen Meer.

Kimar Syrien, ca. 50 km nw von Haleb, 9 km s von Djubbul. Häuserruinen von byzantinischem Dorf.

Kimbidu Malediven, Insel im Thaa-Atoll (Kolumadulu-Atoll). Havita (Tempelhügel).

Kimego Irland, Kerry, n von Cahersiveen, ND227. Vier Steinwälle, ca. 2. Hälfte 1. Jtsd. nach Chr. Teilweise unter → Cahersiveen aufgeführt.

Kimi Griechenland, Euböa, 95 km nö von Chalkis. Kumi. 4 km n Stelle des antiken Kyme. Reste von venezianischer Festung.

Kimisis Griechenland, Euböa, bei Psahna, n von Chalkis.

Kimolas Griechenland. → Elliniko.

Kindya Türkei, sw von Milas.

Kinet Hüyük Türkei. Früher Karakaja. Ev. das alte Issos (Nikopolis). → Dörtyol.

King Arthur's Cave GB, Herefordshire, sw von Ross-on-Wye. Alt- und mittelsteinzeitliche Höhle.

King Arthur's Round Table GB. → Penrith.
King's Quoit GB, Wales, ö von Pembro, bei →
Manorbier. Großsteingrab.
Kingston-upon-Hull GB, Humberside. Museum
mit römischen Mosaiken (aus Rudston und Bran-
tingham).
Kınık Türkei, 14 km ö von → Bergama. Reste ei-
nes Kybele-Tempels 3. Jh. vor Chr. In der Nähe
die Stätte des antiken Gambreia: Reste eines Arte-
mis-Tempels.
Kinlichee Navajo Tribal Park USA, Arizona, s
des → Chelly-Canyon. Ruinenstätte der Anasazi,
800-1300 nach Chr.
Kinneret Israel. → (Tell el-)Oreme.
Kinosoura Griechenland, w von Elefsina. Ehema-
lige befestigte Siedlung Mitte 1. Jtsd. vor Chr.
Kionga Kenya. Ishiakani-Monument.
Kionia Griechenland, Insel Tinos, 4 km nw von
Tinos. Ausgrabungen am Poseidon- und Amphi-
trite-Tempel, 3. Jh. vor Chr., an der Stelle eines
Tempels 5. Jh. vor Chr., Altar, Brunnen, Pilger-
stätten. Römische Thermen.
Kioto Japan. Kyoto. Japanische Residenz 794-
1868. Hauptstadt Heian-Kyo, als Nachfolgerin von
→ Nara, Heian-Periode 794-1185, an der alten
Stelle Udo. Später Miyoko.
Nationalmuseum. Besaß ehemals an die 1000 Tem-
pel. Sanjusangendo-Halle, 1266. Pagode im Tem-
pel Daigo-ji von 951. Nö: Berg Hiei-san mit En-
ryaku-ji, Kaidan-in (Tempelhalle) von 828.
Kipfenberg Deutschland, Altmühltal. Auf dem Mi-
chelsberg ehemals hallstattzeitliche Befestigung.
Reste von Limes und von Limeswachttürmen
14/77,78 und 15/1,3,5.
Kiphas Türkei. → Hasankeyf.
Kir Jordanien. → Kerak.
Kiradu Indien, Rajasthan, wsw von Jodhpur,
23 km w von Barmer. Tempelgruppe 10./11. Jh.
Tempelruinen.
Kiragsar Türkei, s von Nevşehir. Unterirdische
Siedlung.
Kira Irini Griechenland, Ätolien, 8 km nw von
Messolongi. Stadtmauer* von Neu-Pleuron; Reste
von Agora, Theater, Basilika. 2 km sö → Pleuron.
Kiras Vrysi Griechenland, bei Korinth. Das Posei-
don-Heiligtum 7. Jh. vor Chr. → Isthmia.
Kirchberg Deutschland, nw von Schmähingen, sö
von Nördlingen. Ehemals befestigte hallstattzeitli-
che Höhensiedlung.
Kirchberg Schweiz, St. Gallen. Wall Burgwies,
ev. von vorgeschichtlicher Wehranlage.
Kirchbichl Österreich, nö von Wörgl. Auf dem
Grattenbergl Terrassen von Häusern von bronze-
und eisenzeitlicher Höhensiedlung.
Kirchehrenbach Deutschland. → Wiesenthau-
Schlaifhausen.
Kirchheim am Neckar Deutschland, s von Heil-
bronn. Römischer Gutshof: Reste von Hofmauer,
Hauptgebäude, Nebengebäuden und Badehaus.

Kirchheim-Bolanden Deutschland, sw von Alzey.
Heimatmuseum. W keltisches Oppidum → Don-
nersberg.
Kirchwalsede Deutschland, nö von Verden. S
Wallreste auf Kulthügel.
Kirchzarten Deutschland, ö von Freiburg. "Hei-
dengraben", spätlatènezeitliches Oppidum Tarodu-
num, 190 ha, 6 km Umfang, wenig Spuren. Mau-
erreste beim Birkenhof. Grabungen. Spuren einer
römischen Villa.
Kiremitli Türkei, ca. 55 km sw von Trabzon, bei
Küçük Konak. Vazelon. Johannes-Kloster, Fres-
kenspuren in einer Kapelle.
Kir-Heres Jordanien. → (El) Kerak.
Kiriath Hadeschat Tunesien. → Karthago.
Kırıklı Hisar Türkei, 200 km s von Izmir, 3 km ö
von Milâs. Reste von Stadtmauer auf hellenisti-
schen Vorgängern.
Kirjat Arba Israel. Kiryat Arba. → Hebron.
Kirkbize Syrien. → Qirqbize.
Kirkop Malta, von Valetta. Megalithischer Rest.
Kirkuk Irak, n von Bagdad. Siedlungshügel: Das
assyrische Arrapkha (Arrapcha, Arrapha). Das
hellenistische Karka. Die Altstadt auf dem Tell El
Qalaat.
Kirman Iran. → Kerman.
Kirmanschah Iran. → Kermanshah.
Kir-Moab Jordanien. → Kerak.
Kirnsulzbach Deutschland, nö von Idar-Oberstein.
1½ km sw Wall "Schlackenwall" auf dem Bremer-
berg, Mitte 1. Jtsd. vor Chr.
Kiroba Türkei. Çine, 40 km s von Aydın.
Kirowo GUS, n der Krim. Ausgrabungen:
Spätstufe der Holzkammergrabkultur in der Sabati-
nowsker Periode bis Belosersker Periode, Ende
2. Jtsd. vor Chr.
Kirra Griechenland, ö von Ithea. Der antike Hafen
Kirrha von Delphi. Siedlung seit frühhelladischer
Zeit. Reste aus dem 2. Jtsd. vor Chr. Molenreste.
→ Chryso.
Kirrha Griechenland. → Kirra.
Kırşehir Türkei, nw von Nevşehir. Antik Justia-
nopolis Mokyssos. Mehrere Tumuli. Unterirdische
Siedlungen. Seldschukische Mausoleen.
Kirtha Algerien. → Constantine.
Kiryat-Arba Israel. → Hebron.
Kisamos Gr-Kreta, Westen. Kastelli. Antik Kissa-
mos, der antike Hafen von → Polyrrheneia. Antike
Reste von Stadtmauer, Tempel, Theater, Viadukt.
Kisch Irak, 19 km ö von Hilla, s von Bagdad. Kiš.
Ehemaliges frühdynastisches Zentrum (spätestens
ab 1. Hälfte 3. Jtsd. vor Chr.) und sumerisch-ak-
kadische Hauptstadt.
Tell el Hazneh, Tell el Oheimer (Al-Ūhēmir), Tell
Inghara, Tell el Bender: jeweils nur Reste, in der
Hauptsache altbabylonische; Ziqqurat. Neubabylo-
nische Tempel, Befestigungen, Gräber. Parthische
Festung. Sassanidischer Palast.
Kiseljak Bosnien-Herzegowina, 36 km w von Sa-

rajewo. Römische Reste. In Gradac Reste einer frühchristlichen Basilika 5. Jh.

Kiskunfélegyháza Ungarn, nw von Szeged. In der Umgebung vor- und frühgeschichtliche Grabstätten.

Kiskunmajsa Ungarn, nw von Szeged. Ausgrabungen.

Kissamos Gr-Kreta. → Kisamos.

Kissonerga Zypern, n von Paphos. Mosphilia. Besiedelt vom Spätneolithikum bis zur frühen Bronzezeit. Ausgrabungen.

Kisthene Griechenland. → Kastelloriso.

Kitab GUS, Usbekistan. Am Ortsrand Standort einer Siedlung mit ehedem großen Gebäuden seit dem Altertum.

Kiten Bulgarien, Südliche Schwarzmeerküste. Spuren einer Stadt im Schwarzen Meer, 7. Jtsd. vor Chr.

Kithara, Khirbet el- Jordanien, nö von Aqaba. Ursprünglich nabatäisch. Römischer Stützpunkt bzw. Station am → Arabischen Limes.

Kithinai Griechenland. → Kastelloriso.

Kithira Griechenland, Hauptort der Insel Kythira. Archäologisches Museum.

Kition Zypern. → Larnaka.

Kit's Coty House GB, Kent. → Aylesford.

Kivik Schweden, Schonen. Kivik-Monument, bronzezeitliches Steinkistengrab mit Ritzzeichnungen.

Kizil China, Xinjiang, w von → Kuqa (Kucha). W "1000 −Buddha-Höhlen" ("Ming-Oi"), 4.-8. Jh. Wand- und Deckengemälde.

Kizilbel Türkei, bei Elmalı, w von Antalya. Zwei Tumulusgräber, 6./5. Jh. vor Chr., mit Wandbildern.

Kızıl-Çukur-Tal Türkei, ca. 12 km nö von → Nevşehir, Gebiet der Höhlenkirchen. Haçılı Kilise (Kreuzkirche), Malereien 10. Jh. Üzümlü-Kirche (Traubenkirche).

Kızıl Çullu Türkei. → Izmir.

Kızıl Dağ Türkei. → Kara Dağ.

Kizil-Koba GUS, Krim. Höhle; taurische Siedlung 7.-5. Jh. vor Chr.

Kızılören Türkei, 44 km w von Konya. Ruine einer Karawanserei von 1203.

Kızıl Ören Türkei, s von Nevşehir. Unterirdische Siedlung.

Kızıltepe Türkei, 20 km sw von Mardin. Ehemalige Karawanserei. Koç Hisar, Ruine einer Moschee ab 1200.

Kız Kalesi Türkei. → Elbistan.

Kız Kalesi Türkei. → Korigos.

Kız Kayası Türkei. → Merzifon.

Kizlar Kalesi Türkei, sö von Adana. Burg, ca. 12. Jh.

Kjat GUS, Usbekistan. → Schabbaz.

Kjunerli-Kala GUS, Turkmenistan. Ruinenstätte.

Kjuseli-Gyr GUS, Turkmenistan, s des Aralsees. Wohnmauersiedlung aus altchoresmischer Zeit,

6./5. Jh. vor Chr. Mauern, Palast. Ausgrabungen.

Kjustendil Bulgarien, sw von Sofia. Römisch Pautalia. Ausgrabung eines Asklepieions. Kultbezirk auf dem Hissarlik-Hügel. Museum.

Kladovo Serbien, an der Donau s von Turnu Severin. Reste einer römischen Donaubrücke bei Kostol, 103-105 nach Chr. Fundamente von römischem Kastrum.

Klagenfurt Österreich, Kärnten. Landesmuseum mit Antikensammlungen, Lapidarien. Auf dem Ulrichsberg Spuren eines Mithräums; spätantike Fluchtburg. Auf dem Maria Saaler Berg vorgeschichtliche Ringwallanlage.

Klais Deutschland. Mittelalterlich Clausura. Reste von Römerstaße. Grabungen an frühmittelalterlichem Kloster; ev. dem Kloster Scharnitz.

Klapavice Kroatien, bei Klis, nö von Split. Ruinen einer altchristlichen Basilika.

Klaros Türkei, 52 km s von Izmir. Letzte Errichtung 3. Jh. vor Chr. Propyläen 2. Jh. vor Chr. Prozessionsstraße. Apollon-Heiligtum mit Tempelresten, 3. Jh. vor Chr. Altäre vom kleinem ionischen Tempel 6. Jh. vor Chr. 2 km s → Notion.

Klausen I-Südtirol. Italienisch Chiusa. W von Gudifaun Mauerreste der Wallburg Aichholzbühel. Säben (italienisch Sabiona): Auf dem Gebiet ehemals christliche Siedlung 5. Jh. Reste von frühchristlicher Kirche. Ausgrabungen. Gräberfelder.

Klazomenä Türkei. → Urla.

Kldeeti GUS, Georgien. Nekropole.

Kleefeld Deutschland, nö von Schwerin. 2 km s Rest von Großsteingrab.

Kleinaspergle Deutschland, w von Ludwigsburg. Name eines großen Grabhügels mit frühlatènezeitlichem Fürstengrab.

Kleinbardorf Deutschland, osö von Bad Neustadt/Saale. Auf dem Judenhügel spätlatènezeitlicher Ringwall.

Kleinberg Deutschland. → Rasdorf.

Kleindietweil Schweiz, Bern, nw von Huttwil. 1 km osö: Hunze, Ringwallanlage. 2 km ö: Fuchsmatt (Gemeinde Madiswil), Ringwallanlage.

Klein-Dratow Deutschland, ö von Waren. 1½ km ö Rest von Großsteingrab.

Kleiner Gleichberg Deutschland. → Römhild.

Kleiner Hühnerberg Deutschland. → Kleinsorheim.

Kleiner St. Bernhard Frankreich. Römische Säule. Reste eines römischen Hauses. Fundamente eines Tempels. Reste eines Kromlech.

Kleinhöhenkirchen Deutschland, nö von Holzkirchen. 1 km n "Birg", Wallanlage einer Spornsiedlung, mit frühmittelalterlichen Schildwällen.

Klein Hundorf Deutschland, sw von Grevesmühlen. Sö von Holdorf Reste von Großsteingräbern.

Klein Lengden Deutschland, sö von Göttingen. Reste von frühlatènezeitlicher Wallanlage Lengderburg.

Klein Methling Deutschland, n von Malchin. 3 km

n Rest von Großsteingrab.

Klein Polzin Deutschland, sö von Greifswald. 1 km n Reste von Großsteingräbern.

Klein Priebus Deutschland, osö von Weißwasser. N Podrosche: auf dem Friedhofsberg Reste von eisenzeitlicher Wallanlage.

Kleinsorheim Deutschland, sö von Nördlingen. Ehemals befestigte vorgeschichtliche Siedlungsstelle auf dem Dorfberg. 1 km ö auf dem Kleinen Hühnerberg ehemals vorgeschichtliche Höhensiedlung; Funde 1. Jtsd. vor Chr. Auf dem Betzenbergle ehemals vorgeschichtliche Höhensiedlung.

Klein Stavern Deutschland, n von Meppen. Reste von Großsteingräbern.

Klein Zastrow Deutschland, sw von Greifswald. Ca. 1½ km sö Rest von Großsteingrab.

Kleitor Griechenland. → Klitoria.

Kleonai Griechenland, Peloponnes, sw von Korinth. Späthelladische Siedlung. Reste von Mauerwall, Heraklesheiligtum, Wohnhäusern.

Kleve Deutschland. Stadtmuseum.

Klidi Griechenland. → Samikon.

Klima Griechenland, Insel Melos. → Trypiti.

Klingenmünster Deutschland, n von Bergzabern. Auf dem Heidenschuh Ringmauer 9.-10. Jh.

Klisia Griechenland, bei → Gumani. 1 km von Gitana. Nachfolgesiedlung von Gitana in römisch-byzantinischer Zeit.

Klitoria Griechenland, 62 km nnö von Tripolis. Kato Klitoria. An der Stelle des antiken Kleitor. Reste von Mauerwall und Theater.

Ključ Bosnien-Herzegowina, sw von Banja Luka. In der Umgebung bronzezeitliche Bergbefestigungen. 15 km n: → Krasulje. 30 km ö: → Ratkovo Gornje.

Klobuk Bosnien-Herzegowina, wsw von Mostar. Reste von Basilika.

Klokotos Griechenland, 40 km w von Larissa. Ö Ruinen: Mauern von Stadt und Akropolis, ev. von Pharkadon.

Klos Albanien, ö von Vlora. Antik Nikaia. Ehemals illyrische Festung. Mauerreste, Theater festgestellt.

Klosterberg Deutschland. → Maihingen.

Klosterneuburg Österreich. Ehemals Standort eines Kohortenkastells. Kirche St. Martin mit Ausgrabungen.

Kloton Schweiz, 10 km n von Zürich. Reste von spätrömischem Kastell entdeckt. Brunnen. Aalbühl/Schatzbuck: Reste von römischem Gutshof.

Klüsserath Deutschland, nö von Trier. Keltisch Cluturiacum. Ehemals Standort von römischer Villa.

Klungkung Indonesien, Bali. Königsstadt; Tempel.

Klysma Ägypten. → Suez.

Knap Hill GB, Wiltshire, s von Marlborough. Befestigtes Lager.

Knap of Howar GB. → Orkney-Inseln.

Knapp Mounds USA, Arkansas. Tempelhügel.

Knedde Syrien, 8 km von Akko, onö von Lattakia. Reste antiker Bauten.

Kneitlingen am Elm Deutschland, ö von Wolfenbüttel. Vorgeschichtliche Fluchtburg am Tetzelstein.

Knetzgau Deutschland, sö von Haßfurth. 4 km LL ssw auf dem Großen Knetzberg Wälle von Befestigung aus dem 1. Jtsd. vor Chr. (Urnenfelder- und Hallstattzeit). 1 km ö hiervon (4 km LL s von Knetzgau) ehemals vorgeschichtliche Siedlung.

Knickenhagen Deutschland. → Haaren.

Knidos* Türkei, 165 km sw von Muğla. Akropolishügel mit Mauerresten. Hellenistische Stadtmauer, Reste antiker Häfen und Molen. Agora. Mehrere Theater und Tempel. Nekropole. 3 km osö Mausoleum "Löwengrab".

Knighton GB, Wales, Powys. Reste des → Offa's Dyke, 8. Jh.

Knockadoon GB. → Lough Gur.

Knockeen Irland, s von Waterford. ND421. Portaldolmen.

Knockmany GB, Nordirland. → Clogher/Tyrone.

Knocknakilla Irland, Cork, nw von Macroom. ND420. Steinkreis.

Knocknalassa Irland, w von Ennis, sw von Inagh, ö von Quilty. Dolmen.

Knocknarea Irland, 4 km w von Sligo, am Meer. ND153A. Grabhügel Maeve's Cairn mit bronzezeitlichem Ganggrab.

Knossos** Gr-Kreta, 5 km s von → Iraklion. Hauptsitz der Minoer, Träger der ersten Hochkultur Europas. Römisch Colonia Iulia Nobilis. Erste Palastanlage um 2000 vor Chr. (ältere Palastzeit oder mittelminoische Epoche). Zerstörungen ca. um 1700 vor Chr., 16. Jh. vor Chr., 1450 vor Chr. durch das Erdbeben von Santorin, und um 1375 vor Chr. Besiedlung dann noch bis in byzantinische Zeit.

Die heutigen Reste aus der Zeit um die Mitte des 2. Jtsd. vor Chr. Der Palast war um einen rechteckigen Hof errichtet und besaß ev. über 1000 Räume, die sich teils auf 5 Stockwerke verteilten. Sanitäre Einrichtungen erwiesen sich als von hohem Standard; die Räumlichkeiten waren teils luxuriös ausgestattet bzw. ausgemalt. Einzelne Gebäudeteile mit ihren Malereien wurden rekonstruiert. Die Bezeichnung "Labyrinth" (benannt nach dem Kultsymbol der Doppelaxt) für diese weitläufige und für Fremde unübersichtliche Anlage stand dann erst später allgemein für Irrgarten. → Abb. 69.

Weitere Reste: In Palastnähe von Villen, Häusern, Aquädukt. Reste von römischer Villa, römischem Haus, frühchristlicher Basilika 6. Jh. Römische Nekropole. N spätminoische Gräber. Die minoischen Häfen waren → Amnissos und → Iraklion. Die Kleinfunde im Museum** in → Iraklion.

Knowlton GB, Dorset, bei Chase. Bronzezeitliche Heiligtümer, Grabhügel.

Knowth Irland. → Brugh na Boinne.

Kobadijan GUS, Tadschikistan. → Mikojanabad.

Kobaltbühel I-Südtirol. → Lana.

Koban GUS. → Verchnij Koban.

Kobarid Slowenien, 19 km nw von Tolmin. Nekropolen aus Hallstatt- und Latènezeit.

Koberg Deutschland, w von Mölln. Ringwall.

Kobern Deutschland, sw von Koblenz. Gondorf: spätantik Contrua. Goloring, ev. eine Kultstätte, 1200-600 vor Chr. Grabhügelfeld bei Bassenheim.

Koblach Österreich, n von Feldkirch. Vorgeschichtliche Höhensiedlung Kadel mit Mauerresten. Vorgeschichtliche Höhensiedlung Kummen mit Umwallung.

Koblenz Deutschland. Römisch Confluentes. Mehrere römische Türme erkennbar: Pfarrhaus an der Danne, Florianskirche, Entenpfuhl 9 Hinterhaus, Alte Burg. Spuren von Doppelheiligtum Merkur und Rosmerta im Koblenzer Stadtwald. Keltische Kultstätte in Kellerraum. Städtisches Mittelrhein-Museum. Koblenz-Niederberg: ehemals Standort eines römischen Kastells. Museum auf Ehrenbreitstein.

Koblenz Schweiz, Aargau. 2 km nö, nw des Laubberges: Laufen, Reste von römischem Wachtturm Nr. 27.

Kobustan GUS, Aserbaidschan, bei Baku. Kobystan, Gobustan. Reste von neolithischem Steinkreis. Felszeichnungen ab 8. Jtsd. vor Chr. bis Zeitenwende. Steinzeitliche Siedlungsreste. Museum und Schutzgebiet.

Koca Dağ Türkei, 8 km ö von → Bodrum. Lelegerburg.

Kocaköy Türkei, sö von → Diğor, sö von Kars. Reste von Nahçıvan-Kirche.

Koca Ören Türkei, 4 km n von → Bodrum. Befestigte Siedlung der Leleger.

Kocha Mexiko, 57 km nö von Campeche. Maya-Stätte; Stelen und Baureste.

Kochel Deutschland. Antik Cochalon. → Altjoch.

Kocherburg Deutschland. → Aalen.

Koç Hisar Türkei. → Kızıltepe.

Kodumbalur Indien, Tamil Nadu, bei Tiruchchirappalli. Tempelbezirk Muvarkovil, 10. Jh. Grundmauern von Aivarkovil-Tempel.

Köln* Deutschland. Oppidum Ubiorum, Ara Ubiorum, ab ca. 50 nach Chr. Colonia Claudia Ara Agrippinensium, ab 3. Jh. C.C. Augusta A. Die unverminderte Besiedlung seit dem Altertum brachte es mit sich, daß Köln zu den bedeutendsten Städten während des ganzen europäischen Mittelalters zählte. Die romanischen Kirchen Kölns stehen häufig auf ehemals öffentlichen Bauten des römischen Köln.

1) Köln-Bayenthal: ehemals Flottenkastell auf dem Römerberg.

2) Köln-Deutz: spätrömisches Castrum Divitensium; Grundmauern des Osttores; Thermen entdeckt.

3) Köln-Junkersdorf: Bandkeramikersiedlung und fränkisches Gräberfeld festgestellt.

4) Köln-Lindenthal: großes Bandkeramikerdorf (Jungsteinzeit) des donauländischen Kreises ausgegraben.

5) Köln-Weiden (Lövenich): römische Grabkammer*.

6) Reste der römischen Stadtmauer und Rundturm*.

7) Nordtor in der Tiefgarage am Dom und Torbogen, Mauerreste.

8) Tempelreste, frühchristliche Kirche, Ausgrabungen unter dem Dom.

9) Reste des römischen Statthalterpalastes (Praetorium), 1.-4. Jh., unter dem Neuen Rathaus; mit dem Fahrstuhl erreichbar. Apsis oberirdisch.

10) Ubiermonument, ein eckiger Turm der Hafenbefestigung im Haus an der Malzmühle 1; Ausstellung.

11) Thermen bei St. Cäcilien.

12) Teile der Umfassungsmauer des Kapitolinischen Bezirks erhalten, nicht sichtbar.

13) Kirche St. Gereon mit römischen Mauerresten.

14) Basilika St. Ursula mit Spuren einer antiken Kirche.

15) Pantaleonshügel, ehemals Standort einer römischen Villa.

16) Basilika St. Severin auf antiken Mauern, Reste von Nekropole.

17) Ausgrabungen in und bei Groß-St.-Martin.

18) Kanal an der Kleinen Budengasse.

19) Entschlammungsanlage der älteren römischen Wasserleitung.

20) Römisch-Germanisches Museum**, mit Grabdenkmälern*, Mosaiken*, Glassammlung*, Architekturbruchstück- und Kleinfunden. Hafenstraße.

21) Rautenstrauch-Joest Museum für Völkerkunde.

22) Museum für Ostasiatische Kunst.

23) Gutshof in Köln-Müngersdorf erforscht.

24) Flittard: Motte beim ehemaligen Hof Kurtekotte.

25) Merheim: Wall und Graben von ma Fliehburg.

26) Die Hauptwasserleitung Eifel-Köln mit einer Leistung von 1000 cbm/Stunde ist an zahlreichen Stellen sichtbar, z.B. in: → Hermühlheim, (Vereinigung von Eifelkanal und Vorgebirgskanal). → Buschhoven, Leitungsreste und Hinweistafel. Bonn-Kottenforst, Leitungsreste. → Kreuzweingarten, Leitungsreste. → Breitenbenden, Leitungsreste. → Vussem, Aquädukt-Rekonstruktion. → Kallmuth, Brunnenstube. Urfey, Quellfassung. → Nettersheim, Brunnenstube, Leitungsteilstücke, teils rekonstruiert. Durch Römerkanal-Wanderweg erschlossen. → Niedergermanischer Limes.

Köngen Deutschland, sö von Esslingen. Ehemals römisches Kastell Grinario. Rekonstruierte Südecke. Parkmuseum mit Denkmalskopien.

Königheim-Brehmen Deutschland, sw von Tauberbischofsheim. Ö keltische Viereckschanze. S

Wallanlage. S kleine Viereckschanze.

Königsberg Deutschland. → Neustadt an der Weinstraße.

Königsberg Österreich. → Tieschen.

Königsfeld Deutschland, ca. 20 km ö von Bamberg. 1½ km nö auf dem Burgstuhl ma Ringwall. Kotzendorf: ½ km ö ma Ringwall auf dem Schloßberg, Besiedlung ev. mindestens seit 1. Jtsd. vor Chr. Treunitz: 1 km sö auf dem Bischofsgraben ma Wälle.

Königsgräber Deutschland. → Altenmedingen.

Königstein Deutschland. → Kronberg.

Königswinter Deutschland, Siegkreis. Petersberg: latènezeitliche Wälle.

Körtepe Türkei, im Gebiet des Keban-Stausees, ö von Elâziğ. Ehemalige Siedlung der Kupfersteinzeit.

Körzüt Kalesi Türkei, 20 km sö von Muradiye, nö des Vansees. Reste von urartäischer Zitadelle.

Kösching Deutschland, n von Ingolstadt. An der Stelle des Alenkastells Germanicum.

Kösingen Deutschland, sw von Nördlingen. Auf Felskuppe ehemals ev. urnenfelderzeitliche Höhensiedlung. Ca. 1½ km LL sw Rest von keltischer Viereckschanze.

Kötschach-Mauthen Österreich. Römische Straßenstation Loncium. Reste von spätantiker Befestigung am Kirchhügel Maria Schnee.

Kohaito Äthiopien, n von Senafe. Aksumitische Ausgrabungen.

Koh Ker Kamputschea, ca. 100 km nö von Angkor. Hauptstadt Kambodschas 921-944. Tempel-Komplex Prasat Thom 1. Hälfte 10. Jh.

Kohunlich Mexiko, Quintana Roo, 70 km wsw von Chetumal. Kojumrich. Ruinen von Zeremonialzentrum der Maya, 400-800, bis 1300 in Benützung. "Akropolis" mit Tempel. Maskentempel. Ballspielplatz. Wasserbecken.

Koi-Kobad-Schach GUS, Tadschikistan. → Kej-Kobad-Schah.

Koi-Krylgan-Kala GUS, nö von Turtkul, ehemalige Karakalpaktische SSR, s des Aralsees, rechts des Amudarja. Ausgrabungen einer Stadt ab 4. Jh. vor Chr.; entstanden aus Tempelmausoleum der choresmischen Dynastie. Um das runde Mausoleum war die Stadt angelegt. Besiedelt bis ca. Zeitenwende. Weitere Ruine in 2 km Entfernung.

Koinopolis Ägypten. Heute Qena.

Kojne-Kala GUS, Turkmenistan, bei Gjaurs. Kleine parthische Siedlung.

Kokanaya Syrien, 10 km s von Harim, 67 km w von Haleb. Gebäude, Gräber, teils 5. Jh.

Kokkala Griechenland. → Ampheia.

Kokkino Griechenland, 109 km nw von Athen, am Ostrand des Kopais-Sees. Mauern aus helladischer Zeit in der großen Katawothre. Kastellreste 5.-4. Jh. Reste von Nikolaskirche mit Fresken.

Kokkinokastro Griechenland. → Alonnisos.

Kokscha GUS, Usbekistan, s des Aralsees. Kok-

tscha. Besiedelt seit 2500 vor Chr.

Koločep Kroatien, Elaphiten-Insel. Antik Calaphodia.

Koloe Türkei, bei Kiraz, osö von Izmir. Ehemalige antike Siedlung.

Kolomyjščyna GUS, Ukraine, am Dnjepr. Kolomischtschina. Ausgrabung einer Ringsiedlung der jungsteinzeitlichen → Tripolje-Kultur, Ende 3. Jtsd. vor Chr.

Kolonai Türkei. Westküste w von Balıkesir.

Kolonna Griechenland, Samos. → Iraon.

Kolophon Türkei, 35 km s von Izmir, bei Değirmendere. Akropolishügel mit geringen Resten von Stoa. Häuserreste auf Resten älterer Gebäude (7./6. Jh.). Bad. Dromosgrab ca. 12. Jh. vor Chr. Der antike Hafen: → Notion.

Kolossae Türkei, 30 km ö von Denizli, n von Honaz. Spuren der antiken Stätte; Standplätze von Akropolis und Theater. Nach 60 nach Chr. Gründung von Chonä, heute Honaz.

Kôm Abu Billu Ägypten, Delta, am Rosette-Nil-Arm, bei El-Tarrâna. Griechisch Terenuthis. Ehemals mit frühptolemäischem Hathortempel. Nekropole mit Grabstätte von der 6. Dynastie bis in die ersten nachchristlichen Jahrhunderte.

Koma Danaba Syrien. Antik; heute Duneibe, ö von Scheikh Meskin.

Kom el-Ahmar Ägypten, s des Edku-Sees, ö von Alexandria. Ausgrabungen von griechisch-römischen Bädern.

Kom el-Ahmar Ägypten, ca. 180 km s von Kairo, sö von Maghaghah. Antik Sawaris. Reste eines ptolemäischen Tempels. Felsgräber.

Kom el-Ahmar Ägypten. Ehemals Hebenu, sö von → (El) Minia.

Kom el-Ahmar Ägypten, n von Edfu. Ägyptisch Nechen, antik Hierakonpolis. S und sw vorgeschichtliche Siedlungen und Friedhöfe. Stadt- und Tempelreste aus allen Epochen, besonders aus ältester Zeit. Felsgräber 6.-18. Dynastie. 5 km nw Pyramidenrest → (El) Kula.

Komarno Slowakei, an der Donau. Komorn. Donaulandmuseum mit römischer Sammlung. Ö Standort des römischen Lagers → Celemantia.

Kom el-Atl Ägypten, Fayum, NO. Umm el-Katl, Asl usw. Antik Bacchias. Ruinen 3./4. Jh. Nekropole.

Kom el-Atrib Ägypten, Delta, ö von Benha. Altägyptisch Hut-Heri-Ib, Hut-Ta-Heri-Ib. Antik Athribis. Nur Reste: von Amasis-(Horus-)Tempel, von Stadt, Tempel und Nekropole aus griechisch-römischer Zeit. Grab der Königin Tachut. Reste von Thermen.

Kôm Auschîm Ägypten, Fayum, ö des Sees. Reste* der antiken Stadt Karanis. Tempelruine aus griechisch-römischer Zeit. Bad. Museum am Ausgrabungsgelände.

Komba Türkei. → Gömbe.

Kom Chilwa Ägypten, Fayum, Süden. Siedlungs-

hügel.
Kom Dara Ägypten. → Dara.
Kom el-Deir Ägypten, nw von Esna. Ehemals Standort eines Chnum-Tempels.
Kom el-Dubbia Ägypten. → Kom el-Hisn.
Kom el-Fachry Ägypten. → Mitrahina.
Kôm el-Firîn Ägypten, 100 km sö von Alexandria, nö von Kom el-Hisn. Reste eines Tempels Ramses'II.
Kôm el-Hamman Ägypten, Fayum, Osten. Griechisch Philadelphos, antik Philadelphia. Reste der griechisch-römischen Stadt. Nekropole.
Kom el-Hisn Ägypten, 95 km sö von Alexandria. Altägyptisch Imu. Reste von Umfassungsmauer des Sachmet-Hathor-Tempels aus dem Mittleren Reich. Friedhöfe Mittleres bis Neues Reich. Nekropole bei Kom el-Dubbia, Mittleres Reich.
Komini Montenegro, bei Pljevlja, 150 km sö von Sarajevo. Römisch-illyrische Gräber. Skulpturen und Grabdenkmäler mehrerer Gräberfelder 1.-4. Jh.
Kom el-Katl Ägypten. → Kom el-Atl.
Kom Medinet Gurob Ägypten, Fayum, sw von Illahun. Spuren von Tempel Thutmosis'III., von Palast Amenophis'III. und einer Stadt. Friedhöfe.
Kom Meir Ägypten, 12 km s von Esna. Mer. Ausgrabung eines römerzeitlichen Tempels.
Kommos Gr-Kreta, sw von Phaistos. Ehemals minoische und griechische Siedlung. Spätminoische Häuser und Heiligtum entdeckt.
Kom Ombo* Ägypten. Altägyptische Nubet, Nubit. Antik Ombos. Tempelrest** aus griechisch-römischer Zeit des Sobek und des Haoëris mit Nebenbauten (kleiner Hathortempel, kleiner Sobektempel) in einer Umfassungsmauer aus Nilschlammziegeln. Die Siedlung noch nicht ausgegraben. → Abb. 142.
Komorowo Polen, sw von Szamotuły, nw von Posen (Insel im Bytyn-See). Ehemalige hallstattzeitliche Wehrsiedlung der Lausitzer Kultur; mit Gräberfeld von Gorszewice.
Komotini Griechenland, Thrakien. Reste einer kleinen Festung 4. Jh. nach Chr. Archäologisches Museum.
Kompong Svay Kamputschea, ö von Angkor, ö des Berges Mealea. Preah Khan 12. Jh.
Kom el-Qala Ägypten. → Mitrahina.
Kom Ruqqaia Ägypten, Fayum, Süden. Felsgräber, ev. 12. Dynastie.
Kôm el-Schuqâfa Ägypten. Kom esch Schukâfa. → Alexandria.
Kom Talit Ägypten. Fayum, Süden. Siedlungshügel.
Konaklar Türkei, 8 km ö von Kayseri. Ehemals Germir. Felsen- und Höhlenwohnungen. Weitläufige unterirdische Festungsanlage mit langem Tunnel. 6 Tumuli.
Konarak** Indien, Orissa. Hindu-Tempelstadt, Ruinen. Nagara-Tempel, 14. Jh. Surya-Tempel,

13. Jh. Skulpturen, Reliefs. Archäologisches Museum.
Konchen Mexiko, Campeche, s von Hopelchen. Ruinenstätte.
Kondai Malediven, Insel im Gaaf-Alif-Atoll (Huvadu-Nord-Atoll). Vorislamische Ruinen. Moschee. Havitas.
Kondane Indien, Maharashtra, ö von Bombay, 6 km von der Station Karjat. Buddhistisches Felsenkloster, Skulpturen, 2. Jh. vor Chr.
Kongju Korea-Süd. Zweite Hauptstadt des Paekche-Reiches. Gräber, Grab des Songsan-ni.
Kongwangshan China, Jiangsu. → Lianyungang.
Konitsa Griechenland, s von Ioannina. Reste von byzantinischer Burg.
Konjic Bosnien-Herzegowina, an der Neretva. Römische Reste und Brückenfundamente. Burg Biograd 6. Jh.
Konope Griechenland, w von Agrino. Ehemals antike Stadt. Burgreste.
Konstantinopel Türkei. → Istanbul.
Konstanz Deutschland. Ehemals Standort eines spätrömischen Kastells. Kirche St. Johann und Haus St.-Johann-Gasse 4 über römischer Villa. Archäologisches Landesmuseum. Rosgarten-Museum.
Kontra Pselchis Ägypten, Nubien. → Quban.
Konya Türkei. Claudiconium, C.Aelia Hadriana Augusta Iconiensm. Byzantinisch Iconion. Zitadellenhügel Alaeddin Tepesi. Alaeddin Camii mit antiken Säulen und Kapitellen. Archäologisches Museum.
Konz Deutschland, Saarmündung. Antik Contionacum. Reste der nördlichen Portikusmauer und der Badeanlagen vom römischen kaiserlichen Sommerpalast bei der Pfarrkirche St. Nikolaus. Ehemals Landsitz Kaiser Valentinians I.
Kopanaki Griechenland, ca. 20 km nö von Kyparissia. Zwei Kuppelgräber.
Koper Slowenien, s von Triest. Griechisch Aigida, Egida. Römisch Capria, Capres, Capris, Capraria. Byzantinisch Justinianopolis, Justinopolis. Italienisch Capodistria.
Kopsis Bulgarien. → Usunschechir.
Koptos Ägypten. → Quft.
Kor Sudan, sw von Wadi Halfa. Ägyptische befestigte Stadt des Mittleren und des Neuen Reiches.
Korakesion Türkei. → Alanya.
Korama Türkei. → Göreme.
Koran Kalesi Türkei, onö des Ararat. Nö kleine Festung mit Ruine von armenischer Kirche.
Koraro Äthiopien, Provinz Tigre. Aus dem Fels gehauene Gruftkirche des Abun Gabra Mikael; Bemalung.
Korasion Türkei. → Susanoğlu.
Korat Thailand. → Muang Khorakhopura.
Koraza Türkei. → Kurbetköy.
Korazim Israel, n des Tiberias-Sees. Arabisch Kereza. Säulen- und Mauerreste von Synagoge 3.-4. Jh. Nekropole; zahlreiche vorgeschichtliche

Totenhäuser (Dolmen).
Korba Türkei, nö von Kaş. Ehemalige lykische Siedlung. Reste von Akropolis.
Korba Tunesien, n von Nabeul. Römisch C.Curubis. Reste von Aquädukt, Zisternen und Brunnen.
Korbous Tunesien, 50 km ö von Tunis. Römisch Aquae Calidae Carpitanae. Römische Spuren, Reste von römischem Bad.
Kordel Deutschland, n von Trier. N latènezeitliche Befestigung Burgberg. S auf der Hochburg (w von → Ehrang) Wallanlage, ca. 500 vor Chr. Römische Steinbrüche Beresley. Genovevahöhle. Bergwerksstollen.
Kordigast Deutschland. → Altenkunstadt-Pfaffendorf.
Kordin Malta, am großen Hafen s von Valletta. Reste eines neolithischen Tempels (Kordin III). Ehemals zwei weitere Tempel.
Kordlar Iran, ö von Orumiyeh. Großer Tepe, besiedelt 3500-800 vor Chr. Stadt und Zitadelle ab ca. 13./12. Jh. vor Chr., frühe Eisenzeit.
Korfu Griechenland. → Kerkira.
Korigos Türkei, 125 km sw von Adana. Burg Kız Kalesi, 12. Jh., mit römischen und byzantinischen Mauern. Ruinen des antiken Korykos: Reste von Kathedrale und Kirchen 5./6. Jh. Ruinen beiderseits der Küstenstraße. Nekropole. Nw → Adamkayalar, → Yapılıkaya. 8 km nö → Ayas. Sw → Narlikuyu, → Susanoğlu.
Korinth Griechenland. Reste der Stadtmauer von Altkorinth bis in das Areal von Korinth. → Archaia Korinthos. → Lechaion.
Korion Gr-Kreta, s von Melambes. Ehemals griechische Stadt mit Akropolis. Gebäuderest.
Korisia Griechenland, Kea. → Livadi.
Korkor Äthiopien. Marienkirche.
Korkyra Melaina Kroatien. Griechisch; Korčula.
Korla China, Xinjiang. Kurla, Shorchuk, Schortschuk, Shiksim, Simsim. Ehemals Hauptstadt der Oase Karashahr. Tempel, Höhlen 4.-9. Jh., Gandhara-Stil. (Ming-oi, "Tausend Zellen").
Kormoi Türkei, nö von Finike. Ehemalige lykische Siedlung.
Kornat Kroatien, Insel. Hügel Trtuša: illyrische Siedlungsreste. Hügel Tureta: illyrische Siedlungsreste, römische Spuren, Ruinen von altchristlicher Kirche, frühmittelalterliche Festung. Tarac: römische Funde.
Korone Griechenland. Antike Siedlung; heute Petalidi, 30 km sw von Kalamata.
Koroni Griechenland, 52 km sw von Kalamata. Die antike Stätte Asini. Festung aus byzantinischer, venezianischer und türkischer Zeit. Reste von Mauerring, Hafendamm, Zisternen. Gräber. 5 km n bei der Kapelle Agia Triada Reste von römischer Villa 2. Jh.
Koronia Griechenland, Böotien, sö von Livadia. Antik Koroneia. Itonion, Tempelfundamente. 4 km

sw von Namura Reste von Mauer, Theater, Gebäude.
Koronta Griechenland, bei Chrysovitsa (Hrissovitsa), w von Agrinio. Reste: zwei Mauerringe, Akropolis, Tempelfundamente. Nekropole.
Korope Griechenland, sö von Volos, bei Kala Nera. Antike Siedlung. Reste von Tempel des Apollon Koropaios freigelegt. 1 km ö Siedlungsreste Mitte 1. Jtsd. vor Chr.
Koropi Griechenland, Attika, sö von Athen am Osthang des Hymettos. Heiligtum des Apollon Proopsios ausgegraben; Mauer- und Tempelreste. 3 km w Stelle der antiken Siedlung und frühgeschichtliche Siedlungsspuren.
Koropissos Türkei. → Dağpazarı.
Korpesley Deutschland. → Ehrang.
Kor Rori Oman, Südküste, 45 km ö von Salala bei Taka. Griechisch Moscha. Samarum, Sumhurham. Haupthafen der Dofar-Küste. Ausgrabung einer Stadtfestung, die den antiken Hafen schützte: Reste von Stadttoren, Häusern, Lagerräumen, Tempeln.
Korsum GUS, Ukraine. → Chersón.
Korthion Griechenland, auf der Kykladeninsel Andros. Venezianische Festungsruine Paläokastro und ma Siedlung.
Koruçu Tepe Türkei, bei Içme, Keban-Stausee. Ehemals ausgedehnte Siedlung, hauptsächlich althethitische Zeit.
Korydalla Türkei, bei Kumluca, nähe Südküste. Griechische (rhodische) Gründung. Ehemalige lykische Stadt.
Korykische Grotte Griechenland, Phokis. Heute Sarandavli, n von Arachova. Kultstätte seit dem Neolithikum. Inschriften.
Korykos Türkei. → Korigos.
Koryphasion Griechenland. → Pylos (Altpylos).
Kos Griechenland, Insel. → Antimachia. → Asfendiou. Astypaläa → Kefalos. → Kefalos. → Kos (Ort). Paläo Pylion → Pyli. → Pyli.
Kos** Griechenland, Hauptort der Insel Kos. Johanniterburg mit antiken Spuren. Archäologisches Museum. Jeweils nur Reste: Basilika 5./6. Jh. Hellenistische Agora, Heraklestempel, Aphroditetempel 2. Jh. vor Chr. Römischer Tempel 2. Jh. nach Chr. Römische Agora. Dionysostempel. Römische Gebäude, römische Thermen. Gymnasion, Stadion, Odeon. Johannesbasilika 5./6. Jh. 4 km sw Asklepieion ab 4. Jh. vor Chr.: große Terrassen, Thermen, Treppen, mehrere Tempel 3. Jh. vor Chr. bis 1. Jh. nach Chr., Asklepiosaltar. S Tholoskuppel.
Kosam* Indien, Uttar Pradesh, 60 km w von Allahabad. Kaushambi. Ehemals Hauptstadt der Vatsa-Könige bzw. des Königs Udaya, 5. Jh. vor Chr., als Nachfolgerin von → Hastinapura. Archäologisches Zentrum. Besiedelt seit 9. Jh. vor Chr. Befestigungsreste ab 500 vor Chr. Reste einer Ashoka-Säule. Kloster Goschitarama. Palastreste. 3 km w Felsinschriften.

Kosiba Israel, 25 km ö von Jerusalem. Choziba. Byzantinisches Kloster von 476.

Koška GUS, Berg auf der Krim, bei Simeiz. Taurische Siedlung; Häuserspuren, Gräberfeld.

Koskina Griechenland. → Karditsa.

Košljun Kroatien, SW-Küste der Insel Pag. Mehrere vorgeschichtliche Grabhügel.

Kosma Finnland, bei Ustjoki, n des Inari-Sees. Arktisches Steinzeitdorf.

Kosmas Griechenland, 50 km ö von Sparta. Antike Stelle Glyppia. Reste von befestigter Anlage.

Kossyra Italien. → Pantelleria.

Koster's Farm USA, Illinois, Greene County, 80 km nw von St. Louis. Archäologische Stätte, Schichten ab ca. 6000 vor Chr. Gräber.

Koštilo Kroatien, Insel Brač. → Bol.

Kostol Serbien. → Kladowo.

Kostolac Serbien, rechtes Donauufer, ö der Morave-Mündung. Antikes Municipium Aelium, 1. Jh., Viminatium. Reste von Stadtmauern, Befestigungen und Gebäuden. Nekropole sö bei Drmno.

Kot Diji Pakistan, s von Sukkur, 28 km s von Khaipur, ö des Indus gegenüber von Mohenjo Daro. Didschi. Siedlungshügel ab Frühharappa-Zeit, ca. 3000 vor Chr. Akropolis und Wohnsiedlung. Fort 18. Jh.

Kothingeichendorf Deutschland, bei Landau/Isar. Ehemals befestigte Siedlung 4./3. Jtsd. vor Chr.

Kotlje Slowenien, 23 km nw von Celje. Römische Reste.

Kotor Montenegro. Griechisch Akurion. Römisch Ascrivium, Acruvium. Mittelalterlich Decadaron, Catarum, Catharia. Italienisch-venezianisch Cattaro. Kathedrale 12. Jh. mit antiken Säulen.

Kotosh Peru, Huallaga-Tal, bei Huánuco. Siedlungsreste, Hügel, Tempel 1. Hälfte 2. Jtsd. vor Chr. (Prächavinzeit). Ende der Besiedlung 1. Jh. nach Chr.

Kotronas Griechenland, 70 km s von Sparta. Antik Teuthronä. Besiedelt seit frühhelladischer Zeit. Reste von römischer Villa mit Thermen.

Kotscho China. → Gaochang.

Kotte Sri Lanka. → Sri Yayewardenepura.

Kotyäon Türkei. → Kütahya.

Kotyora Türkei, Schwarzmeerküste. Antik; Ordu.

Kouass Marokko, 31 km sw von Tanger. Ras Kouass. Reste eines Römerlagers 1. Jh. Aquäduktreste. 4 km n Ruinen mehrerer römischer Fischfabriken.

Koubba Libanon, 58 km n von Beirut. Qoubba. Felsgräber.

Kouklia Zypern. Palaia Paphos. Reste von Stadtmauer, Aphrodite-Tempel, Theater, Gymnasion, Odeon. Gräber. Museum im Kastell La Covocle.

Koulen Kamputschea. → Phnom Kulen.

Koumása Gr-Kreta, 10 km sö von Gortyn. Drei große Tholosgräber. Weitere Gräber in der Umgebung.

Koumbi Saleh Mauretanien, 60 km s von Timbe-

dra (Tinbadghah). Kumbi Saleh. Hauptstadt des Königreiches Ghana 6.-13. Jh. Ausgrabungen: Reste der islamischen Siedlung; von Palästen, Häusern, Moschee.

Koumpentown Senegal. → Koungheul.

Kounavi Gr-Kreta, 15 km ssö von Iraklion. Tempelreste.

Koungheul Senegal, ö von Kaolack. Ö Megalithe, Steinsetzungen. → Sine Saloum.

Kouphonision Gr-Kreta, Insel im SO von Kreta. Antik Leuke. Minoische Befestigungsmauer. Römische Reste von Theater, Tempel, Haus, Aquädukt, Zisternen.

Kourion Zypern, ca. 20 km w von Limassol. Curium. Stadtgründung 7. Jh. vor Chr. Ruinen bzw. Reste von spätantikem Haus des Eustolios, von Theater 2. Jh. vor Chr., Basilika 5. Jh., Akropolis mit Gebäuderesten und Mosaiken, kleiner Basilika, Stadion 2. Jh., Apollon-Heiligtum 8.-4. Jh. vor Chr. und 1./2. Jh. nach Chr. Museum in Episkopi.

Kousba Libanon, 17 km s von Tripoli. 1 km w antike Kapelle Deir Barbara. In der Nähe die Tempel von → Naous.

Kovuk Çal Türkei, 10 km ö von → Bodrum. Befestigte Siedlung der Leleger.

Kowalz Deutschland, osö von Rostock, sö von Tessin. 1 km ö Rest von Großsteingrab.

Kown, El Syrien, bei Palmyra (→ Tadmur). Besiedelt seit ca. 7000 vor Chr.

Koya-san Japan, Berg s von Osaka. 816 Gründung der Shingon-Sekte von Kobe-Daishi. Weitläufige Tempelregion; ältestes Gebäude Fudo-do, 1198. Nekropole.

Kozan Türkei, 72 km nö von Adana. Antik Sisium. Sis im 14. Jh. Zitadelle.

Kozani Griechenland, Makedonien. Stelle einer Stadt vor 1000 vor Chr. Reste von Akropolis 4.-2. Jh. vor Chr. Kleines Museum.

Krain Syrien, 24 km ö von Es-Sanamein. Ruinen.

Krakau Polen. Kraków. Archäologisches Museum.

Krak des Chevaliers Syrien. → (Qalaat el) Hosn.

Kraljevina Bosnien-Herzegowina, bei Novi Seher, nw von Zavidovići. Neolithische Funde der → Butmir-Kultur.

Kranai Griechenland, Peloponnes. Heute Marathonisi, Insel bei Githio.

Krane Griechenland. → Kranioi.

Kraneia Griechenland, nw von Arta. Antike Siedlung; heute Kranea.

Kranioi Griechenland, Kefallinia, s von Argostolion. Antik Krane. Reste von Stadtmauer, Siedlung, Tempel, Altar, Wasserleitung.

Krankmårtenhögen Norwegen, s von Narvik. Friedhof der Samen, mit Hügel und Steinsetzungen, 1./2. Jh. nach Chr.

Kranno Griechenland, sw von Larissa. Reste der altthessalischen Stadt Krannon. Spuren der Oberstadt.

Krapina Kroatien, 55 km n von Zagreb. Bedeutende Felshöhle des Moustérien (Homo Crapinensis).

Krasi Gr-Kreta, s von Malia. Frühminoisches Tholosgrab.

Krasnaja Retschka GUS, im Tal des Ču, bei Frunse. Buddhistische Reste aus vorislamischer Zeit.

Krasnodar GUS, Rußland, am Kuban. Historisches-Archäologisches Museum.

Krasnokutsk GUS, Ukraine, wnw von Charkov. Kurgan.

Krasulje Bosnien-Herzegowina, sw von Banja Luka. Befestigte Bergsiedlung bis 6./5. Jh. vor Chr. → Ključ.

Kratzeburg Deutschland, nw von Neustrelitz. Nnö am Dambecker See "Burgwall", jüngere Bronzezeit.

Krayat Syrien, 18 km n von Masyaf, w von Hama. Ruinen.

Krefeld-Gellep Deutschland. Gelduba der Ubier und Römer. Ehemals Standort eines Legionslagers ab 2. Hälfte 1. Jh. am → Niedergermanischen Limes; Hafenbefestigung. Großes römisch-fränkisches Gräberfeld 1.-7. Jh. N auf dem Hülserberg Abschnittswall, ev. latènezeitlich. Museum Burg Linn.

Kreimbach Deutschland, nw von Kaiserslautern. Heidenburg: ehemals spätrömische Bergbefestigung.

Krelin-Gradac Bosnien-Herzegowina, sö von Čitluk. Vorgeschichtliche befestigte Siedlung.

Kremna Türkei. → Girme.

Kremnoi GUS. Ev. antiker Ort am Asowschen Meer (Azovskoje more).

Kremzow Polen, bei Pyritz. 3 km ssö Rest von Großsteingrab.

Krenes Zypern. Heute Kyrenia (Girne).

Krenides Griechenland. → Philippi.

Krensdorf Österreich. Hallstattzeitlicher Grabhügel.

Kressiarssuq Dänemark, Grönland. Wikinger-Grabstätten, Ruinen.

Krestena Griechenland, 34 km sö von Pyrgos. Reste von Kloster, 1264 zerstört. 5 km sö antike Akropolis; Spuren von Mauern und Theater.

Kreusis Griechenland, sw von Thiva am Golf, bei Livadostra. Mauerreste, Kaimauerreste. Turmfundamente.

Kreuttal Österreich, ca. 15 km n von Korneuburg. Wallanlage s von Hornsburg.

Kreuzberg Deutschland, ö von Wildflecken, s von Haselbach. Bergkuppe mit Resten von Steinwallanlage; besiedelt mindestens seit der Hallstattzeit.

Kreuzstetten Österreich, ca. 18 km n von Korneuburg. Am Ochsenberg in Oberkreuzstetten steinzeitliche Wallanlage. 6 km s: → Kreuttal.

Kreuzweingarten Deutschland, s von Euskirchen. Reste der römischen Wasserleitung Eifel-Köln,

"Römerkanal". Ringwall Alteburg; Funde spätlatènezeitlich.

Krilo-Jesenice Kroatien, 15 km sö von Split. Krug: römische Funde. Bajnice: altchristliche Funde. Sumpetar: Fundamente einer Kirche 6.-7. Jh.

Krimisa Italien. → Cirò Marina.

Kring Deutschland. → Hedemünden.

Krini Zypern, sw von Kyrenia. Ehemalige bronzezeitliche Festung.

Krinides Griechenland. → Philippi.

Krisa Griechenland. → Chryso.

Krissa Griechenland. → Chryso.

Kriwina Bulgarien, an der Donau. Krivina. Römisch-byzantinisches Kastell des Donaulimes, ca. 3.-6. Jh. Reste von Festungsmauer, Basiliken, Gebäuden.

Krk Kroatien, auf der Insel Krk. Illyrisch Kurik, griechisch Kuryka, römisch Curicum. Burg 12. Jh. Kathedrale, ehemals altchristliche Basilika 5.-6. Jh. auf Ruinen römischer Thermen. Heutiger Bau 16.-18. Jh., antike Säulen. Mosaike.

Krockhoog Deutschland. → Kampen.

Krokeei Griechenland, Peloponnes, heute Krokees, n von Githio. Siedlungen seit späthelladischer Zeit.

Krokodilopolis Ägypten. → Gebelin.

Krokodilopolis Ägypten. → Medinet el-Fayum.

Krommyon Griechenland, Attika, 12 km ö von Isthmia, w von Megara, bei Agi Theodori. Spuren des antiken Hafens.

Kronach-Gehülz und **Mitwitz** Deutschland. Auf dem Wolfsberg Abschnittsbefestigung "Heunischenburg", seit später Urnenfelderzeit, 9. Jh. vor Chr., mit Trockenmauerresten und Rekonstruktionen.

Kronberg Deutschland, nw von Ffm. Königstein: N auf dem Altkönig große frühkeltische Ringwallanlage*; Fürstensitz ca. Mitte 1. Jtsd. vor Chr. Ringwall n auf dem Hünerberg.

Kronsbühel I-Südtirol. → Tirol.

Krotina Albanien, sö von Fier. Dimallon. Ehemals befestigte illyrische Stadt mit starken Mauern.

Kroton Italien. Griechisch; → Crotone.

Kroubs Algerien. → (Es-)Souna.

Kruckow Deutschland, ö von Demmin. 3 km w Rest von Großsteingrab.

Krujë Albanien. Antik ev. Albanopolis. Ehemals Siedlung 7./8. Jh. am Burgfelsen. Kirchenreste 9. Jh.

Krunoj Bulgarien. Griechisch; heute Baltschik.

Kruševac Serbien, nw von Niš. An der Stelle der Festung Siedlungsspuren seit Jungsteinzeit, Bronze- und Eisenzeit und späterer Zeit.

Kruševo Kroatien, 40 km ö von Zadar. Reste der illyrisch-römischen Siedlung Clambetae, heute Cvijina gradina. Reste von Straßen; Fundamente von Tempel und Thermen.

Kruszwica Polen, s von Inowrocław (Hohensalza). Kruschwitz. Wehrsiedlung der hallstattzeitlichen

Lausitzer Kultur, 6./5. Jh. vor Chr. zerstört.
Krya Türkei, nw von Fethiye, s von Dalaman. Antike Stadt. Reste von Polygonalmauerwerk. Felsengrab mit karischer Inschrift.
Krzemionki Opatowskie Polen, bei Ostrowiec Swietokrzyski, ca. 150 km s von Warschau. Jungsteinzeitliches Bergwerk.
Ksabiya Syrien. → (Qalaat) Maniqa.
Ksar el Baroud Tunesien, 25 km LL ö von Sbeitla. Römische Ruinen.
Ksar Hellal Tunesien, 40 km w von Pont-du-Fahs. Alte christliche Kapelle.
Ksar el-Kébir Marokko, 120 km s von Tanger. Römisch Oppidum Novum. Grabkammer.
Ksar Krima Tunesien, 5 km w von Ousseltia, 60 km wnw von Kairouan. Mausoleum. 2 km w Ruine einer römischen Brücke.
Ksar Lemsa Tunesien, 69 km nw von Kairouan. Antik Limisa. Byzantinische Burg*; Kapellenrest. Ruinenfeld.
Ksar Majeur Tunesien, 8 km nw von Grombalia. Ruinen von Burg, Tempel, Zisterne. In der Umgebung Ruinen.
Ksar Menara Tunesien, sw von Hammamet. Römisches Mausoleum. S Spuren von römischer Brücke.
Ksar Morra Tunesien, ca. 55 km s von Ben Gardane. Römische Ruinen.
Ksar er Zit Tunesien, bei Bir Bou Rekba, nw von Hammament. Das ehemalige römische Siagu. Ruinen abgetragen: von Thermen, Zisternen, Aquädukt, frühchristlicher Basilika, byzantinischer Zitadelle.
Kseidjbe Syrien, s von Bordj Mudakhkar, 46 km w von Haleb. Drei Kirchen 5. Jh.
Ksiba Tunesien, 7 km s von Sousse. Antik Knissia. Steine von Thermen und Theater.
Ksour Abd El Melek Tunesien, nö von Maktar. Ksour Sidi Abdah. Römisch Uzappa. Triumphbogen. Ruinen von Triumphbogen, byzantinischer Burg und Gebäuden.
Ksour Toual Zouamel Tunesien, n von Maktar. Antikes Mausoleum.
Ktesias Iran. → Dehan-i Ghulaman.
Ktesiphon Irak, 32 km sö von Bagdad. Ab 2. Jh. vor Chr. Hauptstadt des Partherreiches. Ab 3. Jh. Hauptstadt der Sassaniden. Reste des Sassanidenpalastes Taq i Kisra* mit Fassadenrest und Bogenhalle, ca. 6. Jh. Am gegenüberliegenden Ufer das hellenistische Seleukia, gegründet 3. Jh. vor Chr., vormals Opis; geringe Reste. Beide Ortsteile zusammen das arabische El Madain. W Tell Omeir. N el Ma'arid. Wenig sö Tell Dhabeb. Ö Umm es-Sa'atir.
Ktima Zypern. → Paphos.
Ktimeni Griechenland, ca. 95 km nw von Lamia. Früher Dranitsa. Polygonale Mauer von antiker Festung. Kuppelgrab.
Kuaua USA, New Mexico, bei Bernalillo, mitt-

leres Rio-Grande-Tal. Anasazi-Pueblos mit bemalten Kivas.
Kubadabad Türkei, Westufer des Beyşehir Gölü, bei Yenişarbademli. Ruine eines Seldschukenpalastes 1. Hälfte 13. Jh.
Ku Bua Thailand, Provinz Ratchaburi. Geringe Reste der einst bedeutenden Stadt, 7./8. Jh.
Kubutambahan Indonesien, Bali. Tempel Pura Medrue Karang.
Kuchl Österreich, s von Hallein. Römische Straßenstation Cucullae. Auf dem Georgenberg vorgeschichtliche Höhensiedlung. Frühgeschichtliche Stätte unter der Kirche.
Kuchna-Kala GUS, Tadschikistan, nö von → Termes. Ehemals bronzezeitliche Siedlung. Griechisch-baktrische Siedlung 3.-1. Jh. vor Chr.
Kuda Huvadu Malediven, Insel im Dhaal-Atoll. Reste. Tor.
Kudyrge GUS. Gräberfeld der altaischen Türken.
Kübelberg Deutschland, nö von Falkenstein, ö von Rockenhausen. Ringwall, 10./11. Jh.
Küçükçeşmece Türkei, 25 km w von Istanbul. Heute Teil von I. Reste des antiken Rhegium: byzantinische Mauer.
Kültepe Türkei, 21 km n von Kayseri. Antik Kanesch (Kaniš). Großer Tell. Siedlung seit der Mitte des 3. Jtsds. vor Chr. Die anatolisch-bronzezeitliche Siedlung auf dem Haupthügel Karahüyük; mit Tempeln und Palästen, ev. das hethitische Nesa. Assyrische Handelskolonie Kârum 1940-1800 vor Chr. am Fuße des Hügels. Phrygische Reste und Mauerwall 9.-8. Jh. und 7.-5. Jh. vor Chr.
Kümbet Türkei, 88 km n von Eskişehir. Phrygische und römische Felsengräber.
Künzing Deutschland, nw von Vilshofen. Erforschtes Römerkastell Quintana, Ende 1. Jh. nach Chr. bis ca. 240 nach Chr.
Kürnberg Österreich. → Wilhering.
Kürşat Türkei. → Cursat.
Kürten Deutschland. Unterbösch: Auf dem Burgberg Ringwall mit Vorwällen, ca. 10./11. Jh.
Küssaberg-Dangstetten Deutschland, sö von Waldshut. Ausgrabung von römischem Legionslager und Brückenkopf von Rheinheim.
Kütahya Türkei, sw von Eskişehir. Stelle des antiken Kotyäon. Ruine von großer Festung ab byzantinischer Zeit.
Kützberg Deutschland, nw von Schweinfurt. 2 km nw der Ortsmitte frühmittelalterliche Wallanlage »Schwedenschanze«.
Kuev-Kurgan GUS, Usbekistan, bei → Sar Tepe. Ausgrabung eines kleinen Gutshofes 5. Jh.
Kufa Irak, 158 km s von Bagdad. Gegründet 638 nach Chr., spätestens 1200 zerstört. Ausgrabungen: Moschee, Palast Dar el Imarch.
Kufin, Khirbet Israel, 32 km s von Jerusalem. Großes Ruinenfeld.
Kufryuba Jordanien, 4 km w von Irbid. Dolmenfeld.

Kuh-i Dascht Iran, w von Khorremabad. In der Umgebung Höhlenmalereien um 40000 vor Chr., z.B. in Mirmalas, Bard-i Spid, Homian.

Kuh-i Istakhr Iran. → Istakhr.

Kuh-i Khadjeh Iran, s von Zabol, s des Seistan-Sees, vulkanische Landenge im Seistan. Wohnort Zoroasters während eines Exils. Nach seinem Tod heilige Stätte mit prachtvollen Tempeln. Funde der Parther- und Sassanidenzeit: spätparthisch-frühsassanidischer Palasttempelkomplex entdeckt. Wandmalereien. Feuertempel. Weitere Feuertempel im Seistan identifiziert.

Kuh-i Khwaja Iran. → Kuh-i Khadjeh.

Kuh-i Kvadja Iran. → Kuh-i Khadjeh.

Kuh-i Mil Iran, 120 km von Teheran, Ebene von Saveh. Rest von Imamzadeh.

Kuh-i Savelan Iran, 4925 m hoher Berg ö von → Tabriz. Auf dem Gipfel Grabturm 12. Jh.

Kujew Tepe GUS, Usbekistan, nw von → Termes. Kleine vorislamische Festung.

Kujuk-Kala GUS, Aralsee-Ostufer. Festung 5.-8. Jh., ev. der Hephthaliten.

Kujundschik, Tell Irak. → Ninive.

Kukesburg Deutschland, bei Altenhagen I, im Saupark s von Springe, nö von Hameln. Auf dem Nesselberg eisenzeitliche Befestigung vermutet; Fluchtburg während des frühen Mittelalters. Wälle, Torreste. 200 m sw Wall.

Kukkanur Indien, Karnataka, bei Gadag, 6 km von Ittagi. Navalinga-Tempel, 11./12. Jh. Kalleshvara-Tempel, 11./12. Jh.

Kula, El Ägypten, nw von Edfu, 5 km n von → Kom el-Ahmar. Kolah, Qula. Rest von Stufenpyramide, 2. oder 3. Dynastie, 8 m hoch.

Kula Bosnien-Herzegowina. → Glasinac.

Kule Tepe Türkei. → Izmir.

Kul-i Farah Iran, 8 km nö von Izeh, 222 km nö von Ahvaz. Qul Fara. Basreliefs aus der neuelamitischen Epoche. Inschrift.

Kulič Serbien, nö von Smederevo. Römisch Castrum Margum. Byzantinische Festungsruine auf römischen Grundmauern.

Kulj-Oba GUS, bei Kertsch, Krim. Kul-Oba. Skythischer Kurgan.

Kulleh Nissar Iran, 25 km n von Tschawar, sw von Schahabad-Gharb, sw von Kermanschah. Nekropole.

Kulli Pakistan, Belutschistan, Bezirk Kolwa. Keramik-Kultur. Hügel mit Ausgrabungen von Gebäuden.

Kulm Österreich. → Aigen.

Kulm Österreich. → Puch.

Kum GUS, Aserbaidschan, am Kumtschaj. Reste von Basilika 5./6. Jh.

Kumamoto Japan, Kyushu. Kunstmuseum mit archäologischen Funden.

Kumandan Iran. → Qum.

Kumanovo Makedonien, nö von Skopje. Nationalmuseum.

Kumbakonam Indien, Tamil Nadu. 18 Tempel, ab ca. 9. Jh. Sarangapani-Tempel, Kumbeshvara-Tempel, Nageshvara-Tempel 9.-12. Jh., Rameshvami-Tempel 16. Jh., Cakrapani-Tempel, Mahamakham-Tank.

Kumbhariya Indien, Gujarat, s vom Mount Abu. Fünf Jaina-Tempel ab 11. Jh.

Kumidi Libanon. → Kamid el-Loz.

Kumma Sudan, sw von Wadi Halfa. Semma-Ost. Festung des Mittleren Reiches, mit einem von Thutmosis II. und III. sowie Amenophis II. erbauten Tempel für Chnum, jetzt in → Khartum.

Kummen Österreich. → Koblach.

Kummuch Türkei. → Samsat.

Kumrahar Indien. → Patna.

Kum Tepe Türkei, 5 km nw von Troja. Hügel; Besiedlungsspuren vom Neolithikum bis zum Ende der mittleren Bronzezeit.

Kumtura China, Xinjiang, 30 km w von Kuqa, sö von Kyzil. Ehemaliges buddhistisches Kloster, Reste, Malereien 4.-8. Jh.

Kumundu Malediven, Haa-Dhaal-Atoll. Vorislamische Ruinen.

Kumya Kalesi Türkei. → Çeşme Köyü.

Kuná Mexiko, am Lacanhá. Ehemalige Siedlung der Maya. Großer Tempelbezirk, Observatorium, Stelen. Versumpfter Teil Kuná-Akaché.

Kunar Siah Iran, s von Firuzabad. Gebäudereste Tschehar Taq innerhalb eines Heiligen Bezirkes. 3 km s Karawanserei-Reste.

Kunasara Syrien. → Khanassa.

Kuncizzjoni-Tempel Malta. → Bahrija.

Kunda-Hills Indien, Tamil Nadu, nw von Coimbatore. Megalithische Steinsetzungen (Kreise).

Kunisaki-Halbinsel Japan, Kyushu, NO. Ca. 70 Tempel der Nara- und Kamakura-Zeit erhalten (ab 8. Jh.), darunter Temenji-Tempel und Misogi-Schrein w des Futago. Skulpturen und pagodenähnliche Türme. → Bungo-Takada.

Kunja-Uaz GUS, Turkmenistan, linkes Ufer des Amu Darja. Kunya-Uas. Choresmische Siedlung ab ca. 2. Jh. vor Chr. Reste der großen Stadt, 1. Hälfte 1. Jtsd. nach Chr.; Palastreste.

Kunja-Urgenč GUS, Usbekistan, s des Aralsees. Das alte Gurgentsch. Arabisch Dschurdschaniya. Choresmische Hauptstadt im 10. Jh. 1221 von den Mongolen erobert. Mausoleen* 12.-14. Jh. Moschee und Minarett 14. Jh. Bezirk Tasch-Kala, 15.-17. Jh., Reste von Minarett, Karawanserei und Gebäuden; ehemals vorarabische Festung.

Kun Lun China, Xizang (Tibet). Höhlen mit Felsmalereien.

Kunming China, Yunnan. Am Duanchi-See Ausgrabungen von Siedlungen ca. Zeitenwende. Daoistische Tempelanlage Sanqing Ge im Luohan Shan ab Yuan-Zeit (13. Jh.). Sö Pagoden Xisi Ta und Dongsi Ta. Provinz-Museum.

Kunnakudi Indien, Tamil Nadu, 75 km nö von Madurai. Hinduistische Höhlentempel, ca. 7. Jh.

Kunsuri Korea-Süd, Chungchong, bei Puyo. Tempel 3.-5. Jh., Paekche-Reich.

Kunsziget Ungarn, nw von Györ. In Toronyvárdülö Mauern von römischem Wachtturm.

Kuntur Wasi Peru. → Cunturhuasi.

Kuqa China, Xinjiang. Kucha, Kutscha. Tempelstadt bzw. Ruinenstätte. → Duldul-akhur. → Kizil.

Kura-Araxes GUS, Flußsystem am Kaspischen Meer, sw von Baku. Kultur 3100-2200 vor Chr., verbreitet über Transkaukasien, Ostanatolien, zeitweise auch Syrien und Palästina. Ein Merkmal sind feste Siedlungen aus Stampflehmbauten.

Kurainija Kuweit. → Failaka.

Kurangun Iran, in den Bakhtiari-Bergen nnw von Schiraz. Felsrelief.

Kurashiki Japan, Honshu, w von Okayama. Archäologisches Museum Koko-Kan.

Kurbetköy Türkei, 6 km w von → Eskihisar, 233 km s von Izmir, ö von Milâs. Ev. Stätte des antiken Koraza. Ehemals Standort eines Artemis-Tempels.

Kur u Kisch Irak. → Zarzi.

Kurkur Sudan, 80 km s von Abu Hamed. Antik Kergis. Reste eines ägyptischen Forts.

Kurna Ägypten. → Theben.

Kurnet Murai Ägypten. → Theben.

Kurru, El- Sudan, s von Napata. Kuru. Pyramidenfeld, darunter Gräber von Königen der 25. Dynastie, kuschitische Gräber.

Kursaura Türkei. Ev. an der Stelle des heutigen Aksaray.

Kursi Jordanien, sö des Sees Genezareth. Byzantinische Kirche und Kloster entdeckt.

Kurşunlu Türkei, 230 km n von Ankara. Römerbrücke.

Kuruçay-Höyügü Türkei, 20 km sw von Burdur. Ausgrabung von prähistorischer Siedlung ab der Zeit um 5500 vor Chr.

Kuruçeşme Türkei, 35 km w von Konya. Ruine einer Seldschukenkarawanserei von 1210.

Kurum Hattim Israel, Westufer des Sees Genezareth. Vorgeschichtliche Zyklopenfestung.

Kuruvatti Indien, Karnataka, bei Harihar. Mallikarjuna-Tempel, ca. 8. Jh.

Kurvingrad Serbien, 15 km s von → Niš. Festung mit Spuren von römischem und byzantinischem Castrum.

Kuryka Kroatien. → Krk.

Kuşadası Türkei, 93 km s von Izmir. Antik Neapolis. Byzantinisch Ania. Türkische Festung 14./15. Jh. S römischer Aquädukt. S die Stelle Kadikalesi: Ruine einer im 13. oder 14. Jh. von den Türken ausgebauten byzantinischen Festung.

Kuschk Bala Iran, ca. 100 km s von Kazerun. Ruine aus der Sassanidenzeit.

Kuseir Amra Jordanien. → (Qusair) Amra.

Kussai Ägypten. → (El-)Qusiya.

Kussara Türkei. → Alaca Hüyük.

Kusura Türkei, s von Sandıklı, 100 km n von

Burdur. Reste von prähistorischer Siedlung, 3. Jtsd. vor Chr bis 1200 vor Chr.

Kutac Kroatien, bei Jelsa. Römische Reste.

Kutaisi GUS, Georgien. Stadt seit mindestens 1. Hälfte 1. Jtsd. vor Chr. Antik Kutaisium, Kutaia. Hauptstadt Äja, Aea des georgischen Königreiches. Historisch-Ethnografisches Museum.

Kutal Jemen-Nord, 115 km LL onö von Sana. Ruinenstätte.

Kutalas Griechenland, Kykladeninsel Serifos. Antike Turmruine 4. Jh. vor Chr.

Kuthara Indien. → Nachna.

Kuti Kamputschea. Hauptstadt des Jayavarman II., um ca. 800. Heute Kutisvara in → Angkor.

Kutlug-Tepe Afghanistan, nw von → Balch. Siedlungshügel mit achämenidischen Resten. N achämenidische Siedlung. Ausgrabungen.

Kutná Hora Tschechien, ca. 50 km ö von Prag. Siedlung Bylani der neolithischen Donaukultur.

Kutscha China. → Kuqa.

Kutschuk Tepe GUS, Usbekistan, w von Termes. 1. Hälfte 1. Jtsd. vor Chr. Ausgrabungen.

Kuwa GUS, Ferganatal, 12 km w von Osch (Kirgistan). Quba. Buddhistische Kultbauten (2 Tempel) der Kuschanzeit und mittelalterliche Siedlung ausgegraben.

Kuyulutatlar Türkei, sw von → Nevşehir, 6 km sw von Dogola. Höhlenwohnungen, unterirdische Siedlung.

Kuzemin GUS, Ukraine, n von Poltava. Gorodišče (Wallburg).

Kvarnby Schweden, bei Linköping. Ehemalige bronzezeitliche Siedlung.

Kwangju Korea-Süd, bei Seoul. Erste Hauptstadt des Paekche-Reiches. Gräber.

Kwazchelebi GUS, Georgien. Ehemalige Siedlung der → Kura-Araxes-Kultur.

Kwemo-Bolnisi GUS, Georgien, sw von Tbilisi. Reste mehrerer Kirchen 6. Jh.

Kyaikto Birma/Union Myanmar, am Golf von Martaban, nö von Rangun. Kyaik-tiyo Pagode. Kyaukthanban Pagode.

Kyaneai Türkei. → Cyaneae.

Kyauktan Birma/Union Myanmar, 20 km s von Syriam. Pagode.

Kybistra Türkei. → Ereğli (Konya).

Kydonia Gr-Kreta. → Chania.

Kydonia Griechenland, 45 km nw von Lamia, bei Palea Giannitsu. Reste der antiken Festung; ehemals mit drei Mauerwällen.

Kydonia Türkei. Antik; heute Ayvalık, ö von Lesbos (Mytilene).

Kyklobion Türkei. Antik; heute Zeytin Burnu (zu Istanbul), Südende der Landmauer. Ehemalige byzantinische Festung mit Kloster.

Kyllburg Deutschland, n von Bitburg. In der Nähe die → Langmauer.

Kyllene Griechenland. → Kyllini.

Kyllini Griechenland, 49 km nw von Pyrgos. An-

tik Kyllene; ma Glarentsa (Clarence). Mittelalterliche Reste von: Mauern, Toren, Türmen, Zitadelle, Kirche.
Kyme Griechenland. → Kimi.
Kyme Italien. → Cuma.
Kyme Türkei. → Namurtköy.
Kynaitha Griechenland. → Kalavryta.
Kyneatis Griechenland, Kefallinia. → Sami.
Kynopolis Ägypten. → (El-)Kais.
Kyongju Korea-Süd, Provinz Kyongsangpukto. Ehemals Hauptstadt des Silla-Reiches (668-935), Distrikthauptstadt des Paekchereiches und buddhistisches Zentrum. Felsheiligtum, Pagoden, Tempel, Sternwarte, Gräber, Königsgrab 6. Jh. In der Nähe der Tongdo-Tempel.
Kyoto Japan. → Kioto.
Kyparissia Griechenland, Peloponnes, s von Pyrgos. Der antike Ort K. an der Stelle Kalamia. Ma Arkadia. Burgruine an der Stelle der antiken Akropolis. Reste von Apollon-Tempel und Umfassungsmauer. Grundrisse römischer Häuser. → Peristeria.
Kyparodes Türkei, europäisches Bosporusufer. Antiker Ort; heute Boyacıköy-Emirğân, Teil von Istanbul.
Kyphanta Griechenland, Peloponnes. Antike Hafenstadt bei Kiparissi, ö von Sparta. Akropolis. Byzantinische Festung.
Kypros Israel, wsw von → Jericho. Ehemalige Festung 1. Jh. vor Chr. bei → Tulul Abu el Alaiq.
Kyra Irini Griechenland. → Kira Irini.
Kyrene Libyen. → Shahhat.
Kyreschata GUS, Tadschikistan. → Chudžand.
Kyriakosellia Gr-Kreta, 130 km w von Iraklion, s von Kalives. Spuren von byzantinischer Kirche und venezianischem Festungswall.
Kyrk-Kiz-Kala GUS, Usbekistan, rechtsufriges Choresmien. Reste.
Kyrkyz GUS, Usbekistan. → Termes.
Kyrosgrab Iran. → Pasargadae.
Kyrrhos Griechenland. → Aravissos.
Kys Türkei, ca. 110 km sö von Aydin.
Kysis Ägypten. → (Qasr) Dusch.
Kytaion Gr-Kreta. → Agia Pelagia.
Kythaina Griechenland. → Kalavryta.
Kythera Griechenland. Antiker Name der Insel K. Avlemonas → Kastria. → Kastria. → Kithira. → Palaiokastro. → Potamos.
Kythnos Griechenland. Antike Siedlung auf der gleichnamigen Kykladeninsel, W-Küste. Heute Evräokastro. Geringe Reste, z.B. von Stadtmauer und Gebäuden. → Loutra.
Kythrea Zypern, nö von Nicosia. Değirmenlik. Die antike Stadt Chytri. Frühjungsteinzeitliche und kupferzeitliche Siedlungsspuren. Reste der antiken Stadt. Spuren von Akropolis und Aphroditetempel. Bronzezeitliche Nekropole.
Kytinion Griechenland. → Pyrgos s von Lamia.
Kyzikos Türkei, auf der Erdek-Halbinsel im Mar-

marameer. Ruinen der antiken Stadt; Reste von Aquädukt, Amphitheater 2./3. Jh., römischem Theater, Akropolishügel, byzantinischem Turm 6. Jh. Mauerreste 4. Jh. vor Chr. Spuren von Kais und Hafenmolen. Standort eines Hadrians-Tempels.
Kyzyk-Kulak-Kaja GUS, Krim. Taurische Siedlung 4./2. Jh. vor Chr.
Kyzyl China. → Kizil.
Kyzyl Tepe GUS, Usbekistan, n von → Termes. Spuren früherer Besiedlung. Umfassungsmauer von Siedlung 7.-4. Jh. vor Chr.
Kyzyltscha-Kala GUS, Turkmenistan, s des Aralsees, w des Amu Darja. Ehemals choresmische Siedlung. Ausgrabungen.
Laab im Walde Österreich, sw von Wien. Römische Wasserleitung.
Laar Deutschland, sö von Warburg. Spätlatènezeitlich-mittelalterliche Höhensiedlung.
Labbacallee Irland. → Fermoy.
Labicum Italien. Heute Monte Compatri, ö von Frascati.
Labin Kroatien, Istrien. Römisch Albona, Albonesium. Ehemals Standort einer vorgeschichtlichen Wallburg.
Labná* Mexiko, Yucatan, 122 km s von Mérida, bei Xul. Ruinenstätte, Puuc-Stil: Palastruine, Torbogen, Tempel El Mirador.
Láboué, El Libanon, 30 km nö von Baalbek. Antik Lybo. Ruinen eines von den Arabern in eine Burg umgewandelten antiken Tempels. Spuren großer Kanalanlage. N antiker Tunnel.
Labranda Türkei, 25 km n von Milâs, letzteres 197 km s von Izmir. Ruinen der antiken Stadt, hauptsächlich 7./6. und 4. Jh. vor Chr: Reste von Propyläen, Thermen, Zeustempel, Stadion, Akropolis.
Labris Saudi-Arabien. → Djabrin.
Lacara Spanien, Extremadura. Dolmen.
Lacave Frankreich, 60 km n von Cahors. Vorgeschichtliche Höhlen.
Lacco Peru, Weg Cuzco-Chitapampa. Auch Kenko Grande. Felsenheiligtum, Ausmeißelungen (Nischen, Treppen). Höhle I, Höhle II.
Laceria Griechenland, sö von Larissa.
Lachi Zypern, westliche Nordküste. Antiker Wellenbrecher.
Lachish Israel. → (Tell ed-)Duweir.
Lacidula Spanien. Römisch; Gracalema, w von Ronda.
Lacobriga Portugal, Südküste. Römisch; Lagos.
Láconi I-Sardinien, n von Barumini. Nw Nuraghe Genna Corte, Menhire, Galeriegräber. Geplantes Museum.
Laconimurgi Portugal. Vorrömisch; Lamego, ö von Porto.
Ladenburg Deutschland, 10 km ö von Mannheim. Keltisch-römisch Lopodunum. Civitas Ulpia Sueborum Nicretum. Ehemals Standort eines römi-

schen Alenkastells mit Theater und Thermen. Reste von Marktbasilika neben der Kirche und in der Krypta. Brunnen. Reste von Kastellmauern und Torturm. Römischer Keller. Freilichtmuseum beim Bischofshof; römische und fränkische Reste. Lobdengaumuseum.

Ladesta Kroatien. Griechisch für die Insel Lastovo. → Ubli.

Ladis Österreich, Tirol, sö von Landeck. Burgruine Laudeck mit römischen Spuren.

Ladispoli Italien, nw von Rom. 2 km sö Palo, der antike Hafen Alsium. Reste von römischen Villen. Reste von römischer Brücke. Nekropolen.

Ladjim Iran, sö von Resget, letzteres 204 km nö von Teheran. Grabturm 1022/1023 nach Chr.

Ladle Hill GB, Hampshire, nö von Andover. Reste eisenzeitlicher Festung.

Lähden Deutschland, ö von Meppen. Reste von Großsteingräbern.

Laena Jordanien. → Aqaba.

Laerru I-Sardinien, nö von Sassari. Römische Reste. Vorgeschichtliche Gräber.

Laertes Türkei, bei Cebelireş, ca. 15 km ö von Alanya. Antike Siedlung: Kirchenrest, Rest von Zuhörergebäude, Standplatz eines Zeusheiligtums, Nekropole.

Läseckenburg Deutschland. → Winzenburg.

Lafota Kroatien. Römisch für Lopud. Antik Delaphodia.

Lagania Anastasiopolis Türkei. Antik; heute Beypazarı, 100 km w von Ankara.

Lagasch Irak. → (Tell el-)Hibba.

Lagatjar Frankreich. → Camaret-sur-Mer.

Lagina Türkei, n von → Eskihisar s von Izmir. Reste des Hekate-Tempels, 2. Hälfte 2. Jh. vor Chr.

Lago Junín Peru, ca. 220 km nö von Lima. Altperuanische Kultstätte.

Lago de Lacandon Mexiko. → Lago de Miramar.

Lago de Miramar Mexiko, Chiapas, Osten, zwischen Rio Lacantun und Rio Negro. Lago de Lacandon. Ruinenstätte.

Lagosta Kroatien. Antik für Lastovo. → Ubli.

Lagou Gr-Kreta. In der Nähe Siedlungsreste aus mittelminoischer bis römischer Zeit. Kuppelgrab.

Lagozza Italien, bei Besnate n von Gallarate. Kultur ab 2850 vor Chr.

Laguardia Spanien, n von Logroño. Archäologisches Museum; Ausgrabungsstätte La Hoya. Reste von keltischen und römischen Siedlungen. Dolmen an der Straße Haro-Logroño.

Laguna de los Cerros Mexiko, Veracruz, nähe Hueyapan. Stätte der olmekischen → (La)-Venta-Kultur.

Laguna Chapala Mexiko, 420 km s von Ensenada. Spuren von Behausungen aus dem Paläolithikum.

Lahn Deutschland, sw von Werlte, w von Cloppenburg. Ca. 2 km nö Reste von Großsteingräbern.

Laham, Tell el Irak, 175 km wnw von → Basrah.

Lahm.

Lahnau Deutschland, Hessen. Am Rande des Lahntales fünfeckiges Römerlager entdeckt.

Lahntal Deutschland, nw von Marburg. Caldern: 2 km w auf dem Rimberg Spuren von frühlatènezeitlicher Wallanlage. Sterzhausen: 3 km nw Wallanlage Eckelskirche.

Lahore Pakistan. Siedlungsspuren seit dem 3. Jtsd. vor Chr. Museum*.

Lahr Deutschland, s von Offenburg. Museum für Ur- und Frühgeschichte Unterer Breisgau. Dinglingen: römische Siedlung festgestellt.

Lahun, Tell el- Ägypten. → Illahun.

Lahun Jordanien, sö von Dhiban, 3 km ö von Khirbet Arvir. Lehun. Ruine von kleinem nabatäischen Tempel.

Laibstadt Deutschland, nw von Weißenburg i.B. 1½ km s keltische Viereckschanze.

Laingaroa Neuseeland, Abri in der Mitte der Nordinsel. Steinzeitliche Felsgravuren, 17./18. Jh.

Laja Alta Spanien, bei Jimena de la Frontera. Kleiner Abri mit Felsmalereien, ca. 1100 vor Chr.

Lajjun Jordanien, ca. 20 km onö von Kerak. Lejjun. Reste von großem römischen Lager, 3./4. Jh., aufgegeben im frühen 6. Jh. In der Nähe → (Khirbet el-)Fityan, → Rujm Beni Yasser.

Lakedaimonia Griechenland. → Sparta.

Lakhnauti Indien. → Gaur.

Lakish Israel. → (Tell ed-)Duweir.

Lakitha Griechenland. → Lakkithra.

Lakkandi Indien, Karnataka, 13 km sö von Gadag. Kashi Vishvanath-Tempel. Nandesvar-Tempel. Reste von Isvara-Tempel. Manikesvar-Tempel.

Lakki Griechenland, Insel Leros. Byzantinische Festung.

Lakkithra Griechenland, Insel Kefallinia, s von Argostolion. Lakitha. Mykenische Gräber.

Laklouk Libanon, ö von → Jbail. Tempelruine auf dem Chir el Meidan. N davon Felsgänge mit Gräbern und Reliefs.

Lakoba Syrien. Das heutige Nusairierdorf Laqbe, 15 km n von Masyaf, w von Hama. Kastell der Kreuzfahrer.

Laktaši Bosnien-Herzegowina, 20 km nö von Banja Luka. In der Umgebung römische Spuren.

Lalibela** Äthiopien. Roha, Uruar, Warwar. Insgesamt 12 monolithische Felsenkirchen in mehreren Gruppen: Bjet Emanuel. Bjet Merkurios. Malereien. Abba Libanos. B. Gabriel-Rafael. B. Golgotha Michael. B. Mariam, Reliefs. Medhane Alem. B. Giorgis. Grabstätte Abba Salama.

Lalkot Indien. → Delhi (7)).

Lamanai Belize, 50 km s von Orange Walk. Indiosiedlung; Kultbauten, Pyramide.

Lamar USA, Georgia. Tempelhügel.

Lamatis Bosnien-Herzegowina. Auch Aemate. Römisch; heute Šljivno, s von Banja Luka.

Lamayuru Indien, Ladakh, in 3800 m Höhe. Yundrun Tharpaling Gonpa. Heiligtum der Ur-

oder Bönreligion, in buddhistisches Kloster umgewandelt; Gebäude teilweise ab mindestens 11. Jh. Sengge-Lhakhang* (Löwentempel). Lotsawa-Lhakhang. Tschörtengruppe.

Lambaesis Algerien. → Tazoult.

Lambafundi Algerien, ca. 10 km ö von Tazoult. Antiker Ort.

Lambayeque Peru, n von Chiclayo. Die letzten präkolumbianischen Siedler im L.-Tal als Nachfolger der Chimu-Leute. Museum Brüning. Bodenscharrbilderähnliche Straßen. N → Tucumé. Ö → Sipan. → Abb. 141.

Lambert's Castle GB, Dorset, bei Marshwood. Eisenzeitliche Befestigung.

Lambiridi Algerien, ca. 15 km sw von Batna. Antiker Ort.

Lambityeco Mexiko, 30 km osö von → Oaxaca. Ehemals großes Kult- und Siedlungszentrum, 700-800. Ca. 9. Jh. Auswanderung der Bewohner nach Yagul, 5 km ö. Kleiner Zeremonialbezirk; Stuckreliefs.

Lamborough Banks GB, Gloucestershire, nw von Ablington. Langhügelgrab.

Lambourn GB, Berkshire, sö von Swindon. 3 km n Hügelgräber Lambourn Seven Barrows. Langhügelgrab.

Lambousa Zypern, w von Kyrenia (Girne). Ruinen der griechischen Siedlung ab 8. Jh. vor Chr. Spuren von frühchristlicher Basilika.

Lambron Türkei. → Namrun.

Lamia Griechenland, Ftiotis. Reste von Akropolis 6.-4. Jh. vor Chr. W Spuren von antiker Festung.

Lamiggiga Algerien, n von Batna. Antiker Ort.

Lampang Thailand, sö von Chiang Mai. Ehemals Hauptstadt eines Mon-Königreiches. Spuren der alten Stadt einschließlich alter Tempel am rechten Maenam Wang-Ufer. Wat Phra Saeng. Wat Pa Phang. Wat Si Chum. Wat Si Muang. Wat Phra Keo Don Tao. Wat Chedi Sao Phra. Wat Mon Cham Sin. Wat Phra That Sadet, 16 km nö. → Lampang Luang.

Lampang Luang Thailand, ca. 18 km sw von → Lampang. Wat Phra That Lampang Luang*. Museum.

Lampedusa I-Sizilien, Insel s von Sizilien. Reste megalithischer Bauten.

Lamphun Thailand, 26 km s von Chiang Mai. Hauptstadt des Monreiches von Haripunjaya (letzteres 8.-12. Jh.). Ehemals mit Stadtmauer und Wassergräben. Wat Haripunchai ab 9. Jh. Wat Chama Devi 12. und 13. Jh. Wat Phra Yeun. Wat Saphoeng. Wat Pa That. Wat Ma Kok. Wat San Kamphaeng. Wat Phra Bat Takpha. Museum.

Lamponia Türkei, s von Ayvacık.

Lampour Senegal. → Koungheul.

Lamprechtskogel Österreich. → Völkermarkt.

Lampsakos Türkei. Milesische Kolonie. Heute Lapseki an den Dardanellen.

Lampu Myli Griechenland, auf der Insel Lesbos,

18 km nw von Mytilene. Reste eines römischen Aquädukts.

Lamsberg Deutschland. → Gudensberg.

Lamsorti Algerien, ca. 20 km nw von Batna. Antiker Ort.

Lamus Türkei, 48 km sw von Mersin. Lamos. Antike Stätte.

Lana I-Südtirol. In Völlan Wallburgreste Kobaltbühel.

Lancaster GB, Lancashire. Lun Castrum seit römischer Zeit. Lancaster City Museum mit archäologischer Abteilung.

Lanchester GB, 13 km nw von Durham. Kirche mit römischen Säulen; römischer Altar. Wenige Reste der römischen Festung Longovicium.

Lancia Spanien, sö von León. Ehemals größte Stadt der Asturen. Ausgrabungen.

Lanciano Italien, s von Pescara. Antik Anxanum. Römische Brücke ab 3. Jh. Kirche Santa Maria Maggiore auf den Resten eines Apollontempels.

Lancken Deutschland, Rügen, sö von Bergen. 1 km sw Reste von Großsteingräbern.

Landa Türkei. → Karaman.

Landau Deutschland, Pfalz. Heimatmuseum.

Landeskrone Deutschland. → Görlitz.

Landhag Deutschland. → Bergalinger Landhag.

Landjan Iran. → Pir Baqran.

Landsberg Deutschland, nö von Halle. Slawischer Burgwall. → Abb. 124. Doppelkapelle*.

Landsburg Deutschland. → Gerstenberg.

Landscheid Deutschland, ö von Bitburg. Nw nähe Keilbach-Autobahnübergang die Burscheider Mauer, Ringwall der Treverer, 1. Jh. vor Chr. Spuren gallo-römischer Häuser.

Landshut Deutschland. In der Nähe die ehemalige römische Straßen- bzw. Brückenstation Iovisura. Kreis- und Heimatmuseum.

Landu Malediven, Insel im Nun-Atoll (Miladummadulu-Süd). Havita.

Landwehr Deutschland. → Handeloh.

Landwehr Deutschland. → Lübeck.

Langada Griechenland, auf der Insel Chios, 15 km n von Chios. Langades. Spuren der athenischen Festung Delphinion von 412 vor Chr.: Akropolis Mauer-, Turm- und Häuserreste.

Langar Tepe Iran, 30 km nö von Kerman.

Lang-Cuom Vietnam, Tongking. Fundstätte der → Bac-son-Kultur, bis 3000 vor Chr.

Langelsheim Deutschland, nw von Goslar. Ö Wälle und Spuren der Burg Kanstein, ca. 9./10. Jh.

Lange Mauer Griechenland, Gegend Phaleron-Piräus. Heute Teil der Trasse der Schnellbahn Athen-Piräus.

Lange Mauer Türkei, w von Istanbul, von Skyllaion am Schwarzen Meer bis Silivri am Marmarameer. 507-512 von den Byzantinern gegen die Bulgaren errichtet. Ehemals 45 km lang, 5 m hoch, 3½ m dick.

Langen Deutschland, n von Bremerhaven. Wälle von eisenzeitlichen Ackerfluren. Grabhügel »Langer Berg«, ältere Bronzezeit.

Langenau Deutschland, nö von Ulm. Römische Mauerreste. Ö und w römische Niederlassungen festgestellt. 5 km w Spuren von römischer Niederlassung.

Langenburg Deutschland, an der Jagst, nö von Schwäbisch Hall. 2 km ö keltische Viereckschanze.

Langeneichstädt Deutschland, sw von Halle. Megalithische Grabkammer neben dem Wachtturm »Eichstädter Warte«.

Langenenslingen Deutschland, nö von Sigmaringen. Auf dem Burgberg 3 km nw Richtung Emerfeld die »Alte Burg«, eine vorgeschichtliche Festung, mit Wällen von hallstattzeitlicher Siedlung und ma Teilen. 1 km w römische Reste.

Langenlois Österreich, nö von Krems. W von Schiltern frühe Höhensiedlung mit Befestigungsresten. Besiedelt von der Jungsteinzeit bis zur Spätantike; auch 9. Jh. Heimatmuseum.

Langenstein Deutschland, 5 km ö von Kirchhain. Menhir, Höhe ca. 4 m.

Langen-Trechow Deutschland, nw von Güstrow, nw von Bützow. 2 km n Rest von Großsteingrab.

Langmauer Deutschland, z.B. zwischen Kyllburg und Udelfangen w von Trier. Umgrenzte ein landwirtschaftlich genutztes Gebiet, ev. ein Jagdgehege. Auch sichtbar zwischen Bitburg und Wittlich. 4. Jh.

Langres Frankreich, n von Dijon. Antik Andematunum. Spuren der römischen Stadtmauer. Eingemauertes gallisch-römisches Stadttor. Museum Saint-Didier.

Lankatilaka Sri Lanka, w von Kandy. Kloster 14. Jh.

Lannilis Frankreich, n von Brest. Dolmen unter Hügelgrab.

Lantsch Schweiz. → Lenz.

Lanuéjols Frankreich, sö von Mende. Römisches Mausoleum.

Lanuvio Italien, 8 km w von Velletri, sö von Rom. Antik Lanuvium. Reste von römischer Stadtmauer, von Herkulestempel, von Iunotempel.

Lanuvium Italien. → Lanuvio.

Lanyon Quoit GB, Cornwall, nw von Penzance. Dolmen*.

Lanzahita Spanien, ö von Arenas de San Pedro. Ehemalige römische Brücke, wiederaufgebaut.

Lanzhou China, Provinz Gansu. Jincheng im 1. Jh. vor Chr. Tempel 14. Jh. Gansu-Provinzmuseum.

Lanzing Österreich, ö von Melk, ö von Mauer. »Römische Brücke« mit römischen Resten.

Laodicea Syrien. → Lattakia.

Laodicea ad Libanum Syrien. → (Tell) Nebi Mind.

Laodikeia Türkei, 5 km nö von Denizli. Gegründet im 3. Jh. vor Chr. an der Stelle einer älteren Stadt, ev. dem älteren Dispolis. Türkisch Ladik. Ruinenstätte (Ort) Eski Hisar: Reste von Stadtmauer, Akropolis, Stadion, Thermen, Gymnasium, Theater, Odeon, Nymphäum, Aquädukt, Brücke. Nekropole.

Laon Frankreich, nö von Paris. Museum mit archäologischer Sammlung.

Laos Italien. → Marcellina.

Lapa de São Benta Portugal, bei Aviz. Vorgeschichtliche Siedlung.

Lapithos Zypern, w von Kyrenia. Ehemalige neolithische Siedlung.

Lappa Gr-Kreta, bei Argiroupoli, s von Episkopi, sw von Rethymnon. Antike Stadtmauerreste, römische Reste.

Lapurdum Frankreich. → Bayonne.

Laqeta Ägypten, 45 km ö von Quft. El Lakeita. Spuren von vorgeschichtlicher Siedlung.

Laranda Türkei. → Karaman.

Larcay Frankreich, sö von Tours. Reste eines gallisch-römischen Kastells.

Larende Türkei. → Karaman.

Laribus Tunesien. Antike Siedlung; heute Lerbous, 26 km ö von → (Le) Kef.

Larina Frankreich. → Hières-sur-Amby.

Larino Italien, s von Termoli. Römisch Larinum. Ruinen von Amphitheater. Spuren von Thermen. Mosaike im Palazzo Comunale.

Larinum Italien. → Larino.

Larisa Kremaste Griechenland. → Pelasgia.

Larissa Griechenland. Akropolishügel mit antiken Spuren: von Tempel, Theater und Gebäuden. Türkische Festungsspuren. Nekropole 7.-6. Jh. Museum.

Larissa Türkei, 43 km n von Izmir auf Berggipfel. Larisa. Ehemalige Akropolis. Reste von Umfassungsmauer und von Gebäuden. Reste mehrerer Mühlen.

Larissa Türkei, nw von Tire, sö von Izmir. Larisa. Ehemals mit Apollon-Heiligtum.

Larnaka Zypern. Biblisch Kittim, Chittim. Antik Kition. Römisch Citium. Sabinas der Kreuzfahrer. Ehemalige phönizische Kolonie. Ehemalige Akropolis. Ausgrabungen; Spuren von mykenischer Mauer, Astarte-Tempel. Kapelle Ayia Phaneromini, ehemals eine vorhellenistische Grabkammer. Bezirksmuseum. Sammlung Pierides Zenon-Kitieus-Str. 4.

Larsa Irak. → Senkere.

Larymna Griechenland, n von Thiva. Reste von Stadtbefestigungen und von Oberstadt. Hafenanlagen 4. Jh. vor Chr.

Larzac Frankreich, Aveyron. Dolmen de la Cavalerie.

Las Griechenland, Peloponnes, s von Githio. Ehemals klassisch-römische Siedlung. Hafenreste. Die mykenische Siedlung mit Akropolis s bei der Burg Passavas.

Lasaia Gr-Kreta, Südküste, 8 km w von Lendas

(Lebena). Frühminoische Siedlung: Gebäude- und Tempelreste, Molenrest. Nekropole.

Lasana Chile, 58 km nö von Camana. Reste von präinkaischer Festung. Bewässerungskanäle. Ruinen ca. 9. Jh.

Lascaux* Frankreich, bei Montignac, 170 km ö von Bordeaux. Höhle mit Malereien, jüngere Altsteinzeit. Besichtigt werden können die Kopien der Malereien.

Laschkari Bazar Afghanistan, w von Kandahar. Laškari Bazar, Laschkar Gah, Bust. Palastruinen 10. Jh. Zitadellenreste, restaurierter Moscheebogen. Archäologisches Gelände, Malereien.

Lassana Chile. → Lasana.

Lastovo Kroatien, Insel. Antik Lagosta, griechisch Ladesta. → Ubli.

Lastrup Deutschland, 30 km ö von Meppen. 2 km nw Reste von Großsteingräbern.

La Tène Schweiz. → (La) Tène.

Latisco Frankreich. → Vix.

Latmos Türkei. → Herakleia am Latmos.

Lato Gr-Kreta, bei Kritsa, w von Agios Nikolaos. Ruinen der Siedlung: 2 Akropolen, Agora, Spuren von Prytanäon, Heiligtum, Zisterne, Wachtturm.

Latobicornum Slowenien. 48 km osö von Ljubljana. Römisch; Trebnje (Treffen).

Latopolis Ägypten. → Esna.

Latrónico Italien, ca. 140 km s von Potenza, ö des Golfs von Policastro. Höhle, besiedelt während der ausgehenden Steinzeit. Spuren einer Hüttensiedlung. Grabhöhle.

Latrun, El Israel, 30 km w von Jerusalem. Stelle der ehemaligen Templerburg Toron des Chevaliers, darunter befindliche römische Spuren, ev. der Akropolis von Nikopolis. Mosaike. 1 km ö → Amwas.

Lattakia Syrien. Semitisch Ramitha, aramäisch bzw. persisch Mazabdan, auch Leuke Akte. Seleukidisch Laodicea. La Liche der Kreuzfahrer. Antike Säulenreihe. Stelle des antiken Theaters. Römischer Tetrapylon*. N Nekropole.

Lauben Deutschland, n von Kempten. Ehemals Standort eines spätrömischen Burgus.

Laubendorf Österreich. → Millstatt.

Lauchheim Deutschland, ö von Aalen. 2 km n Reste von keltischer Viereckschanze.

Laufeld Deutschland, n von Wittlich. Nekropole, älteste Eisenzeit.

Laufen Schweiz, sw von Basel. Laufentaler Heimatmuseum.

Laufenburg Deutschland, sw von Waldshut. Reste eines römischen Gutshofes.

Lauffen Deutschland, am Neckar. Reste* von großem römischen Gutshof. Sw römische Kastellspuren.

Laugaricio Slowakei. → Trenčin.

Laugerie-Basse Frankreich, sö von Périgueux. Abri préhistorique des Marseilles. Museum.

Laugerie-Haute Frankreich, sö von Périgueux, bei → (Les) Eyzies. Abri; vorgeschichtliche Fundstätte. Besiedelt ab der jüngeren Altsteinzeit.

Launggyet Birma/Union Myanmar, nö von Sittwe. Hauptstadt von Arakan vor Mrauk-U. Pagoden. Ausgrabungen.

Laure-Minervois Frankreich, nö von Carcassonne. Ca. 2 km sö Denkmalsrest und römischer Straßenverlauf. Oppidum nw bei → Gasel.

Laurentum Italien, sw von Rom, an der Küste, 10 km sö von Ostia. Reste von Villen der römischen Kaiserzeit. 1 km nw Villa di Plínio, 100 nach Chr.

Lauriacum Österreich. → Enns.

Lauriana Kroatien. Alte Bezeichnung für Lovran, 7. Jh.

Lauriya Indien, Distrikt Champaran, sw von Kathmandu. Ashoka-Säule. 15 Stupa-Hügel. 2 km → Nandangarh.

Lauro Spanien. → Liria.

Lausanne Schweiz, Waadt. Römisch Lousonna. Ehemals helvetisches Oppidum. Römische Turmfundamente. Mosaik in der Villa Mon Repos. Kantonalmuseum.
L.-Vidy, 2 km sw: Gründung des Vicus 20-10 vor Chr., besiedelt bis 3. Jh. Ehemals mit Forum, Säulenhallen, Basilika, Tempel. Hafenreste. Musée romain de Vichy, Promenade archéologique. 3 km ö: → Pully.

C.Laus Iulia Corinthiensis Griechenland. → Archaia Korinthos.

Laus Pompeia Italien. Heute Lodi Vecchio, 6 km w von Lodi. 1151 zerstört.

Lautertal Deutschland, n von Coburg. Auf dem Burgberg bei Tiefenlautern vorgeschichtliche Abschnittsbefestigung.

Lautlingen Deutschland. → Albstadt.

Lauzet-Ubaye, Le Frankreich, 21 km w von Barcelonette. Römische Brücke.

Lavant* Österreich, Wallfahrtsort sö von Lienz. Auf dem Kirchbichl ehemals keltische und spätrömische Fliehburg. Reste von Torbau. Reste von Gebäuden 5. Jh. und von frühchristlichen Kirchen 4./5. Jh. einschließlich Bischofskirche.

Lavdha Griechenland, Peloponnes, nw von Megalopolis. Reste von Stadtmauern und Zitadelle einer antiken Stadt, ev. von Theisoa am Lykaion.

Lavello Italien, ö von Melfi. Italische Gräber.

Lavin Schweiz, Graubünden, Unterengadin. Bronzezeitliche Siedlung Las Muottas.

Lavinium Italien. → Pratica di Mare.

Lavrio Griechenland, 60 km sö von Athen. Das antike Bergbaugebiet Laurion. Abbaugebiete: Spitharopoussi, Kamariza (Agios Konstantinos), Verzeko-Tal, Megala, Pevka-Tal, Botzaris-Tal. Das heutige Lavrio ist der frühere Hafen Ergastiria.

Lawrence Weston GB, 8 km nw von Bristol. Reste römischer Villa. Fundamenten von römischen Hafenanlagen in Sea Mills.

Laxia Zypern, s von Nicosia. Gräber, Bronzezeit

und geometrische Epoche.

Laxta Spanien. Antik; heute Aliaga, s von → Zaragoza.

Laye Spanien. → Barcelona.

Layköppchen Deutschland. → Speicher.

Leacanabuaile Irland. → Cahersiveen.

Leányfalu Ungarn, n von Szentendre an der Donau, n von Budapest. Mauern von spätrömischem kleinen Kastell.

Lebadeia Griechenland, w des Kopais-Sees. Heute Livadia. Orakelstätte ab ca. 600 vor Chr. Tempelspuren.

Lebena Gr-Kreta. → Lendas.

Lébénymiklós Ungarn, nw von Györ, n bei Barátföld. Reste des römischen Kastells Quadrata.

Lebona Israel, s von Shechem (Nablus). Biblisch; heute Lubantal.

Lébous Frankreich, Dép. Hérault, n von Montpellier, bei St.-Mathieu-de-Tréviers. Megalithische Siedlung mit Verteidigungmauer und halbrunden Basteien, 1. Viertel 2. Jtsd. vor Chr., kupfersteinzeitliche Fontbouisse-Gruppe.

Lebrisa Spanien, 70 km s von Sevilla. Römisch; Lebrija.

Leça de Palmeira Portugal, n von Matozinhos, nw von Porto. Zwei römische Brücken.

Lecce Italien, Apulien. Römisch Lupiae, Licea, Litium. Reste* von römischem Amphitheater, römischem Theater. Provinzmuseum.
3 km sw die Reste von Rudiae: Wälle der Stadtmauer, Grundmauern mehrerer Gebäude. 5 km sö die Reste des messapischen Cavallino.

Lechaion Griechenland, antiker Hafen bei Korakou n von → Archaia-Korinthos. Reste von: Basilika 5. Jh., Baptisterium, römischer Villa. Nekropole.

Leckhampton Hill GB, Gloucestershire, s von Cheltenham. Eisenzeitliche Befestigung.

Lecteure Frankreich, nw von Toulouse. Ehemals gallo-römische Siedlung. Museum.

Ledesma Spanien, nw von Salamanca. Römische Bauten Los Baños.

Ledon Griechenland, Phthiotis. Antike Siedlung; ev. das heutige Palaiokastro von Modi, nw von Elatia.

Ledra Zypern. → Leondari Vouno.

Leer Deutschland, sö von Emden. Heimatmuseum.

Leetze Deutschland. → Siedenlangenbeck.

Lefkadia Griechenland, Makedonien, onö von Naoussa, 92 km w von Thessaloniki. Antik Levkadia. Makedonisches Grabmal aus der Römerzeit mit Malereien. Zwei weitere makedonische Gräber. Reste römischer Bauwerke.

Lefkada Griechenland, Ionische Insel. Reste eines Apollontempels an der Südspitze der Insel. Bronzezeitliche Nekropolen. → Lefkas (Ort). → Nydrion.

Lefkas Griechenland, auf der Ionischen Insel L. Ruinen des antiken Leukas von: Befestigungsmauern, Theater, Akropolis. Spuren einer römischen Brücke.

Lefkosia Zypern. → Nicosia.

Legau Deutschland, nö von Leutkirch, w der Iller. 2½ km onö ehemals Standort eines römischen Burgus (im Hub). 2 km s ehemals Standort eines römischen Burgus (Kraivogels). 2 km sö ehemals Standort eines römischen Burgus (Weno). 2½ km sw Standort eines römischen Gebäudes (Hergarts).

Legio Spanien. → León.

Leh* Indien, Ladakh. Dardische Burgreste; alte Königsburg 1520. Neuere Burg um 1600 mit Tempel. Tempel (Gonkhang), 1530, Malereien. Mehrere Tempel. Tschörten in Changspa, 8.-10. Jh., Erweiterung im 16. Jh. Dardische Gräber.

Lehenbühl Deutschland. → Renningen.

Lehnstedt Deutschland, n von Schwanewede, nw von Bremen. S Vorgeschichtspfad Düngel. Großsteingräber.

Lehonia Griechenland, sö von Volos. Ev. das antike Methone. Archaische Mauerreste.

Lehr Deutschland, n von Ulm. Reste von zwei römischen Gutshöfen.

Leiberg Deutschland, s von Paderborn, Kreis Büren. 2 km s frühmittelalterlicher Ringwall.

Leibnitz Österreich. Hallstattzeitliches Hügelgrab Gollikogel in Altenmarkt. W → Seggauberg. Sö → Wagna (Flavia Solva).

Leicester GB, Leicestershire. Römisch Ratae Coritanorum. Jewry Wall, Rest von Basilika oder von Thermen. Forum mit Resten von Bädern, Mosaiken, Straße. Museum.

Leiden Niederlande. Römisch Lugdunum Batavorum, Lugudunum. Rijksmuseum van Oudheden. Tempel aus → Tafa.

Leifers I-Südtirol. Italienisch Laives. Sw des Breiten Berges Reste der Wallanlage Trens-Birg.

Leighterton GB, Gloucestershire, Langhügelgrab.

Leilan Iran, 3 km n von Mianduab. Ev. die Partherhauptstadt Ganzaka.

Leilan, Tell Syrien, nähe Nordgrenze, ca. 360 km ö von Djerablus, 8 km s von Qubur el Bird. Terrasse mit Spuren von zwei Mauerringen. Ev. das gesuchte → Schubat Enlil.

Leilud Syrien, 72 km n von Haleb, vor Kilis.

Leinfelden-Echterdingen Deutschland, sö von Stuttgart. Keltische Viereckschanze Federlesmahd. Zwei Grabhügelfelder. W von Oberaichen Rest von Viereckschanze. Archäologischer Lehrpfad.

Leintwardine GB, Herefordshire. Mauerreste der römischen Stadt Bravonium.

Leipzig Deutschland. Antikensammlung der Universität; Ägyptisches Museum, Schillerstraße 6.

Leiria Portugal, sw von Coimbra. Römische Brücke. 7 km s → Collipo.

Leisel Deutschland, w von Idar-Oberstein. Kirche Heiligenbösch auf römischen Resten. N Ringkopf (→ Allenbach).

Leithaprodersdorf Österreich, nnw von Eisenstadt. Wallanlage mit Fundamenten von römischem Burgus. Mittelalterliche Reste.

Leiwen Deutschland, an der Mosel, nö von Trier. Ehemals Standort von römischen Villen.

Lekit GUS, Aserbaidschan. Reste von Rundkirche 5./6. Jh.

Lelu Mikronesien, Hauptort der Insel Kusaie (Kosrae). Steinkonstruktionen.

Lemanis GB. → Lympne.

Lemba Zypern, n von Paphos. Lakkous. Tholoi und Gräber einer neolithisch-chalkolithischen Siedlung.

Lembecksburg Deutschland, Insel Föhr, n von Borgsum. Rundwall, ca. 9.-11. Jh. Mehrere Hünengräber an der SW-Küste.

Lemincum Frankreich. Antike Siedlung im Norden von Chambéry.

Lemnos Griechenland, ostägäische Insel. → Ifaistia (Hephaistia). → Myrina. Paläopolis → Ifaistia. → Plaka. → Poliochni.

Lemonstown Irland, Wicklow, s von Naas. ND419. Bronzezeitlicher Grabhügel.

Lendas Gr-Kreta, Südküste. Antike Siedlung Lebena (Levin): Asklepios-Heiligtum ausgegraben; Tempel ehemals 2. Jh. Schatzkammer, Spur von Herberge. Ö Spuren von byzantinischer Siedlung; Kirche 9. Jh. mit Malereien. Im N des Löwen-Kaps (Akrotiriou tou Leontos) minoische Siedlung festgestellt. Grab 1. Hälfte 3. Jtsd. vor Chr. Gräber 2. Hälfte 3. Jtsd. vor Chr.

Lendorf Österreich, nw von Spittal an der Drau. Auf dem Holzerberg bei St. Peter im Holz: das keltisch-illyrische Teurnia, römisch Claudia Teurnia. Im 5. Jh. Provinzhauptstadt von Norikum. Zerstört gegen 600. Reste von frühchristlicher Kirche mit Mosaik* und Museum. Freilichtmuseum mit Gebäuderesten. Verlauf der Mauer von ca. 400 nach Chr. am Rande des Plateaus.

Lengderburg Deutschland. → Klein Lengden.

Lengerich Deutschland, sw von Osnabrück. Nw Wechte: Reste von Großsteingräbern I und II. Grabhügel.

Lengyel Ungarn, südliche Donau. Neolithische Fundstätte 4. Jtsd. vor Chr. Kultur verbreitet in Westungarn, Südpolen, Böhmen, Mähren und Teilen Österreichs.

Leninabad GUS, Tadschikistan. → Chudžand.

Lentas Gr-Kreta. → Lendas.

Lentia Österreich. → Linz.

Lentini I-Sizilien, von Catania. Christliche Grabkammer in der Chiesa Madre 3. Jh. S Ruinen des antiken Leontinoi: Reste von Umwallung, Befestigungen, Toren. Fundamente von griechischem Tempel. Nekropole 4.-3. Jh. Reste prähistorischer Siedlung. Archäologisches Museum.

Lenz Schweiz, GR, s von Chur. Lantsch. Bot da Loz, spätlatènezeitliche Siedlungsreste 1. Jh. vor Chr.

Lenzburg Schweiz, AG. Reste von römischem Vicus. Theaterrest. Neolithische Nekropole an der Burghalde. Museum Burghalde.

Lenzen Deutschland, sw von Güstrow. Ca. 1½ km s Rest von Großsteingrab.

León Spanien. Römisch Legio; ehemalige Legionsfestung. Spuren der römischen Stadtmauer. 3 km n Ruinen der Villa Romana de Navate-Jera, 3./4. Jh., Mosaikreste.

Leona Vicario Mexiko, Quintana Roo, 275 km ö von Mérida. Ruinen. In der Umgebung mehrere Ruinenstätten.

Leondari Vouno Zypern, sö von Nicosia. Antik Ledra. Akropolis.

Leonessa Italien, nw von Melfi. Italische Gräber.

Leontari Griechenland, 47 km sw von Tripolis. Reste der Frankenburg.

Leontinoi I-Sizilien. → Lentini.

Leontion Griechenland, Peloponnes, 50 km sö von Patras. Antike Siedlung, Beendigung der Besiedlung 217 vor Chr. Ausgrabungen: Stadtmauer 3. Jh. vor Chr. mit NO-Tor. Theaterrest 4. Jh. vor Chr. Gebäudereste.

Leontopolis Ägypten, Delta. → (Tell el-)Jahudiye.

Leontopolis Ägypten, Delta. → (Tell el-)Moqdam.

Leontopolis Libanon. Heute El Naameh (Naamé), 22 km s von Beirut.

Lepaksi Indien, Andhra Pradesh, nähe Penukonda. Hindutempel 16. Jh., Skulpturen und Malereien.

Lepenski Vir Serbien, 170 km ö von Belgrad, rechtes Donauufer, 10 km flußaufwärts von Donji Milanovac. Ausgrabung einer Siedlung ab ca. 6800 vor Chr. bis ca. 5400 vor Chr. Jungpaläolithische, mesolithische und neolithische Formen erkennbar. Gebäudefundamente, Geschirr. Skulpturen (Fischmaulköpfe) im Nationalmuseum in Belgrad.

Lepidontopolis Ägypten. → Mescheich.

Lepreon Griechenland, Peloponnes, 40 km sö von Pyrgos. Lépreo. Antik auch Lepros. Besiedelt ab ca. 2000 vor Chr. Ruinen der antiken Siedlung: Reste von Ringmauer.

Lepsia Griechenland. Antik; die Dodekanes-Insel Lipsi. Reste von Befestigungsmauern.

Leptis Spanien. Antik; heute Lepe, 40 km w von Huelva.

Leptis Magna** Libyen, ö von Tripolis. Gegründet ca. 900 vor Chr., römisch ab 25 vor Chr. Große Thermen. Thermen. Triumphbogen des Septimius Severus. Öffentliches Gebäude und Tempel an der Hauptstraße. Oea-Tor. Reste des Bogens des Marc Aurel. Triumphbögen des Tiberius und des Trajan. Calcidium. Markt. Zirkus. Altes Forum. Großes Nymphäum. Forum und Basilika des Severus. Theater. Badeanlage. "Tempel des Neptun". Tempel des Jupiter Dolichenus. Römischer Hafen mit Molen- und Leuchtturmresten. Römischer Staudamm. Museum.

Leptis Minor Tunesien. Heute Lamta, 36 km sö von Sousse.

Lérida Spanien. Katalanisch Lleida. Iberisch Iltirda, Hauptstadt der Ilergeten. Römisch Ilerda. Archäologisches Provinzmuseum.

Lerilla Spanien, bei Ciudad Rodrigo, sw von Salamanca. Verlassene iberische Stadt. Gebäudereste.
Lerna Griechenland. → Mili.
Leros Griechenland, Dodekanes-Insel. Agia Marina → Platanos. → Lakki. → Partheni. → Platanos. → Plofutis. → Xirokampos.
Lerwick GB, Hauptort der Shetland-Inseln. 2 km s Broch von Clickhimin mit bronzezeitlichen Gebäuderesten.
Lesaca Spanien, sw von Biarritz. Nw Dolmen.
Lesbos Griechenland, Insel. Mytilene. → Antissa. → Arisba. → Lampu Myli. → Mantamados. → Methymna. Molybos → Methymna. → Moria. → Mytilene. → Napi. → Polychnitos. → Pyrrha. → Skala Eresu. → Thermi. → Vrisa.
Lesendorf Österreich. → Oberlienz.
Leshan China, Provinz Sichuan, 150 km s von Chengdu. Milofo-Statue im Lingyun-Felsen, 8. Jh. Lingbao-Pagode, Tang-Zeit. Felsgräber 1.-6. Jh.
Letcombe Castle GB, Berkshire, bei Wantage, sw von Oxford. Eisenzeitliche Befestigung.
Lete Griechenland, ca. 10 km n von Thessaloniki. Ehemals antike Siedlung. Makedonische Nekropole.
Letoon Türkei, w von Xanthos, sö von Fethiye. Türkisch Letoh. Nymphäum, Theater, Tempelfundamente. Museum.
Letopolis Ägypten, Delta. → Ausin.
Letreros, Los Spanien. → Velez-Blanco.
Letrini Griechenland. → Pyrgos-Peloponnes.
Leubingen Deutschland, n von Sömmerda. Grabhügel der frühbronzezeitlichen Aunjetitzer Kultur (→ Unĕtice).
Leucas Syrien. → Baniyas.
Leucaspide Italien, 10 km n von Táranto (Tarrent). Megalithgrab 2. Jtsd. vor Chr.
Leukadia Griechenland. → Lefkadia.
Leukä Türkei. → Osmaneli.
Leukas Griechenland. → Lefkas (Ort).
Leuke Griechenland. → Molai.
Leuke Akte Syrien. → Lattakia.
Leuke Kome Saudi-Arabien, nähe Janbu am Roten Meer. Ehemals antiker Hafen. Landungsort der Römer 25 vor Chr.
Leukonion Griechenland. → Emporio (Chios).
Leukophrys Türkei. → Magnesia am Mäander.
Leukos Limen Ägypten. → (Al-)Qusayr.
Leukothea Zypern. → Nicosia.
Leuktra Griechenland, Böotien. 2 km nw das "Tropaion", Siegesmonument der Thebaner. Nö → Eutresis.
Leuktra Griechenland, Peloponnes, HI Mani. Antik; heute Stupa. Reste einer Frankenburg.
Leustetten Deutschland, s von Laufen/Salzach. Badehaus.
Leuteon Zypern. → Nicosia.
Levanzo I-Sizilien, Insel w von Trapani. Grotta del Genovese mit Felszeichnungen aus der Älteren und Jüngeren Steinzeit. Insgesamt 9 prähistorische

Grotten.
Levie F-Korsika, nö von Sartène. Kleines vorgeschichtliches Museum. → Caleca. → Capula. → Cucuruzzu. → Curacchiaghiu. → Paccionitoli.
Levin Gr-Kreta. → Lendas.
Levkadia Griechenland. → Lefkadia.
Levkandi Griechenland, Euböa, 14 km sö von Chalkis. Drei Nekropolen, Bronzezeit bis geometrische Zeit.
Levkosia Zypern. → Nicosia.
Levroux Frankreich, n von Châteauroux. Kirche auf den Resten eines römischen Palastes.
Lewes GB, East Sussex, nö von Brighton. Museum im Barbican House. → Mount Caburn. → Cliffe Hill.
Lexden GB. → Colchester.
Lexow Deutschland, sw von Waren. 1½ km osö Rest von Großsteingrab.
Lezhë Albanien, nördliche Küste. Lissus, gegründet 385 vor Chr. Akropolis, Stadtmauern*.
Lhasa China, Xizang (Tibet). Potala-Palast, Festung ab 7. Jh. Dazhao Si Tempel von 641.
Lhatse China, Xizang (Tibet). Prähistorische Höhle.
Liangshan China. → Qianling.
Lianyungang China, Jiangsu. 15 km sö am Huaguo Shan Tempel Sanyuan Gong, ca. 7. Jh. 2 km s buddhistische Reliefs auf dem Kongwang Shan, 206 vor Chr. bis 220 nach Chr.
Libanae Irak. → (Qalaat) Schergat.
Libarna Italien. → Serravalle-Scrivia.
Liberalitas Julia Portugal. → Evora.
Liboda Türkei, 28 km s von Trabzon. In der Nähe das St.Georgs-Kloster mit ehemaliger Kirche.
Liburnischer Limes Kroatien. → Rijeka.
Libyssa Türkei. Antik; bei → Gebze.
Licapa Peru, Chicama-Tal, n von Trujillo. Kleine Tempelanlage und Hütten mit Resten von Wandmalereien.
Lice Türkei, ca. 85 km n von Diyarbakir. Drei assyrische Felsreliefs. Urartäische Felstreppe.
Licea Italien. → Lecce.
Lich Deutschland, sö von Gießen. Muschenheim: 2 km s Großsteingrab "Heiliger Stein"; Rekonstruktionen. Menhir "Kreppelstein" in → Trais-Münzenberg.
Liche, La Syrien. → Lattakia.
C. Licinia Septimia Aurelia Alexandriana Thuggensis Tunesien. → Dougga.
Licodia Eubea I-Sizilien, sö von Caltagirone. Antik Euboia. Sikulische Gräber.
Liddington Castle GB, Berkshire, sö von Swindon. Eisenzeitliche Befestigung.
Liebenfels Österreich, sw von St. Veit an der Glan. Glantschach: W von Pulst auf dem Ottilienkogel Wallanlagen von vorgeschichtlicher und römerzeitlicher befestigter Siedlung. Siedlungsspuren seit der Jungsteinzeit.
Liédena Spanien, sö von Pamplona, sö von

→ Lumbier. W an der Straße Nr. 240 Reste von römischer Villa 1.-4. Jh.

Liederschiedt Frankreich, sw von Pirmasens. Ö. Felsrelief.

Lienz Österreich, Hauptstadt von Osttirol. Unter der Stadtpfarrkirche frühchristliche Basilika festgestellt. Osttiroler Heimatmuseum. Ö → Aguntum*. → Gaimberg. Sö → Lavant.

Liepen Deutschland, s von Greifswald, sö von Gützkow. Rest von Großsteingrab.

Liepen Deutschland, ö von Rostock, onö von Tessin. 2 km nnö und 1 km sw Reste von Großsteingräbern.

Lieps Deutschland, auf einer HI im Tollensee s von Neubrandenburg. Altslawischer Burgwall.

Lierheim Deutschland, sö von Nördlingen. Wäldle: ehemals urnenfelderzeitliche Höhensiedlung; Burgstall. Vorgeschichtliche Höhle Hexenküche.

Liestal Schweiz, Basel-Land. Munzach (römisch Monciacum): Rest von römischem Landhaus 1.-3. Jh., mit Mosaiken, Tempel und Wasserleitung. Kantonsmuseum Baselland.

Ligor Thailand. → Nakhon Si Thammarat.

Ligortynos Gr-Kreta, 41 km s von Iraklion. Ruine der ma Festung Castel Bonifacio. In der Nähe ehemals geometrische Siedlung; spätminoische Felskammergräber.

Ligugé Frankreich, 10 km s von Poitiers. Gallischrömische Fundamente von 361 gegründetem Kloster.

Ligula Tunesien. Antik, auch Toenia; heute La Goulette, ö von Tunis.

Ligurion Griechenland, Peloponnes, 25 km ö von Nauplia. 1 km w Kirche Aghia Marina an der Stelle eines Athena-Tempels. Pyramidenruine 4. Jh. vor Chr.

Lijevče Polje Bosnien-Herzegowina, bei Basanska Gradiška, n von Banja Luka. Grundmauern von römischen Gutshöfen.

Likir Indien, Ladakh, 52 km w von Leh. Heiligtum der Ur- oder Bönreligion, in buddhistisches Kloster umgewandelt. Tschörten.

Lilaia Griechenland, n von Delfi. Heute Lilea. Reste der antiken Stadt: Ruinen von Akropolis und Mauerwall. Kifissosquellen mit alten Mauern und Inschriften.

Liliano Gr-Kreta, ca. 40 km sö von Iraklion. Kirche Haghios Yoannis, 12./13. Jh., mit antikem Baumaterial.

Lilienstein Deutschland, Elbsandsteingebirge. Auf dem Gipfelplateau Mauerreste von frühgeschichtlicher Wehranlage.

Lillebonne Frankreich, 35 km ö von Le Havre. Römisch Juliobona. Reste von Amphitheater, 1./2. Jh.

Li Lolghi I-Sardinien. → Arzachena.

Lilybaeum I-Sizilien. → Marsala.

Lima, La Mexiko, Veracruz, bei Misantla, 65 km

n von Jalapa. Ruinen.

Lima Peru. Anthropologisches und Archäologisches Museum mit Goldabteilung. Museo Rafael Larco Herrera. Goldmuseum. Museo Amano.

Liman Kalesi Türkei, 10 km w von Silifke. Kleine ma Festung.

Limassol Zypern. Antik Nemesos. Bezirksmuseum.

Limbach Deutschland, Kreis Saarlouis, n von Lebach. W auf der Birg latènezeitliche Wälle und Gräben mit römischen Siedlungsspuren.

Limberg Deutschland. → Sasbach.

Limenas Gerakas Griechenland, Peloponnes, n von Monemvasia. Limin Ierakos. Stadtmauerreste des antiken Zarax.

Limes Grenzlinie bzw. Grenzbefestigung des Römischen Reiches. Ursprünglich soviel wie Weg, Schneise, Feldflur, Besitzgrenze. Zunächst jede der Truppenbewegung dienende Bahn entlang der Grenze und auch die zugehörigen Aufmarsch-, Nachschub- und Verbindungswege. Weiter auch der Grenzsicherung dienende Truppenlager, Gräben, Flottenstützpunkte, in der Landschaft gestaffelt angelegte Kastelle, durch Kastelle gesicherte Flußläufe, Grenzsiedlungen (Limitaneisiedlungen). Teils als Wall und Mauer, teils nur als Annäherungshindernis ausgebaut, wie z.B. gegen Nomadenstämme oder auch gegen das Partherreich. Als Bezeichnung erstmals Ende des 1. Jhs. für Reichsgrenze gebraucht. Im nachhinein fast jede Art von Grenzsicherung des Römischen Reiches. Die in Deutschland bekanntesten und überregional bedeutenden Teile des Limes sind der Obergermanische und der Rätische Limes. Anfänge im 1. Jh., geschlossene Befestigungslinie in der 1. Hälfte des 2. Jhs., Gräben und Palisadenzaun. Beginn der Ausführung in Stein 2. Hälfte 2. Jh. Beendigung der Ausführung in Stein Anfang 3. Jh. Aufgabe des Limes ca. 260 nach Chr. und nachfolgende Zurücknahme der Reichsgrenze mit Neubefestigung auf die Linie Donau-Iller-Rhein. Obergermanischer Limes: hauptsächlich Palisaden, Spitzwall und Erdwall. Von der Gegend Sinzig am Rhein bis Lorch w von Schwäbisch Gmünd. Rätischer Limes: Steinmauer von 1,2 m Dicke, ca. 3 m Höhe (Rätische Mauer); von Lorch bis Hienheim/Donau. In regelmäßigen Abständen (auf Sichtweite) existierten Wachttürme aus Holz oder Stein; im Hinterland in Entfernungen von ca. 1-25 km von der Mauer Kleinkastelle (oft Auxiliarlager) und Kohortenkastelle. Eine verstärkte Erforschung des Limes erfolgte ab 1892 nach Gründung der Reichlimeskommission, mit Unterteilung des Limes in 15 Hauptabschnitte und Numerierung von festgestellten und vermuteten Wachttürmen und Kastellen. Reste des Limes sind heute noch erkenntlich hauptsächlich in Grundmauern von Wachttürmen und Kastellen im Bereich des

Obergermanischen Limes und als Bodenerhebung über weite Strecken im Bereich des Rätischen Limes. Zur Auffindung solcher Stellen sind Führer und Wanderführer erhältlich. Bedeutendere Reste sind jeweils unter dem betreffenden Ort aufgeführt. Die Fortsetzungen des Limes in Deutschland waren der Niedergermanische Limes von Valkenburg/Holland bis zum Vinxtbach bei Sinzig und die Donaulinie oder Donaulimes. In der Schweiz wurden festgestellte Wachttürme rheinaufwärts numeriert.
Grenzbefestigungen im Bereich des Römischen Reiches, die sich teils zeitlich, teils räumlich überschneiden bzw. einschließen:
→ Alblimes.
→ Algerischer Limes.
→ Antonius Wall.
→ Arabischer Limes.
→ Athanarichwall.
→ Byzantinischer Limes.
Donaulimes.
→ Donau-Iller-Rheinlimes.
→ Euphratlimes.
→ Fossa Regia.
Fossatum → Algerischer Limes.
Greutungen-Wall → Oberer Trajanswall.
Grim's Dyke → Antonius-Wall.
→ Hadrianswall.
Liburnischer Limes → Rijeka.
→ Mainlinie.
→ Marokkanischer Limes.
→ Neckarlinie.
→ Niedergermanischer Limes.
→ Norischer Limes.
→ Oberer Trajanswall.
Obergermanischer Limes → Limes.
→ Odenwaldlimes.
→ Oltlimes.
→ Orientlimes.
→ Pannonischer Limes.
→ Pontischer Limes.
Rätischer Limes → Limes.
→ Saxon Shore.
→ Syrischer Limes.
Tiefer Limes → Algerischer Limes.
→ Trajanswall
→ Tripolitanischer Limes.
Tunesischer Limes.
→ Ungarischer Limes.
Unterer Trajanswall → Trajanswall.
Vallum → Hadrianswall.
Vallum → Trajanswall.
Valul lui Traian → Trajanswall.
→ Vorderer Limes.
Siehe auch unter → Mauern!
Limes Saxoniae Deutschland, zwischen Kiel und Lauenburg/Elbe, ca. 9. Jh.
Limisa Tunesien. → Ksar Lemsa.
Limnae Türkei, am Mittelmeer, nw von Canak-

kale.
Limnaia Griechenland. → Herkleia Limnaia.
Limnaion Griechenland. → Metamorfosis.
Limnaion Griechenland. → Sparta.
Limni Griechenland, 83 km nw von Chalkis. Antik Elymnion. Reste eines frühchristlichen Bauwerkes mit Mosaiken, 5./6. Jh. 6 km s Reste eines Poseidon-Tempels 5. Jh. vor Chr.
Limogardi Griechenland, nö von Lamia. Stadtmauerreste, Akropolis.
Limoges Frankreich. Reste von römischer Stadt. Rest von römischer Brücke.
Limonum Frankreich. → Poitiers.
Limosa Ungarn. Römisch; Szigetvár.
Li Muri I-Sardinien. → Arzachena.
Limyra* Türkei, bei Turunçova, 6 km nö von Finike. Reste römisch-byzantinischer Stadt. Akropolis, Heroon, Theater, Ptolemeion. Bergnekropole mit lykischen Felsgräbern* 4. Jh. vor Chr. Ö römische Brücke.
Lin Albanien, Ohridsee-Westufer. Lini. Reste von byzantinscher Klosterkirche; Mosaike, Kryptoportikus.
Linan China, Zheijiang, w von Hangzhou. Gräber 10. Jh.
Linares Gr-Kreta, w von Sitia. Frühminoisches Grabhaus.
Linares Spanien, Andalusien. Archäologisches Museum. Ausgrabungen in → Castulo.
Lincoln GB, Lincolnshire. Römisch Lindium Colonia. Rest von Stadtmauer. Stadttor Newport Arch* 2. Jh. Reste von Basilika.
Lindau Deutschland, sö von Northeim. Mittelalterliche Wallanlage.
Lindelberg Deutschland. → Neunkirchen am Brand - Rödlas.
Linden Deutschland, nö von Heide. Pahlkrug: wnw Rest von Ganggrab.
Lindenberg Deutschland. → Jünsdorf.
Lindern Deutschland, w von Cloppenburg. W Grabreste "Hünensteine".
Lindholm Dänemark. → Ålborg.
Lindioi I-Sizilien. → Gela.
Lindisfarne GB, Schottland, n von Newcastle. Ehemals mit keltischer Festung 2. Hälfte 1. Jtsd. nach Chr.
Lindos* Griechenland, Insel Rhodos. Akropolisberg: Relief 2. Jh., Reste von Kreuzfahrerburg, Propyläenreste (Säulen), Reste von Athenatempel 4. Jh. vor Chr. (Säulen). Reste von Theater. Felsgräber auf dem Berg Krana und am Agios-Milianos-Kap.
Lindum Colonia GB. → Lincoln.
Lingbao China, Henan, w von Luoyang. Gräber 1./2. Jh. nach Chr.
Lingfen China, Shanxi. Dayun Si, Eisenbuddha-Tempel, ab 1. Hälfte 7. Jh.
Lingquansi Shiku China, Henan, 25 km sw von Anyang. 64 Höhlentempel, 6.-11. Jh.

Lingyan China. → Bingling Si Shiku.

Linhas de Torres Portugal. Verteidigungslinie der Portugiesen und des Wellington gegen die Franzosen zwischen → Torres Vedras und Alhandra, von 1810.

Lino Griechenland, Insel Mykonos, sö des Hauptortes. Reste von hellenistischen Wachttürmen.

Linsengericht Deutschland. Großenhausen: Ö auf dem Hainkeller Ringwallanlage.

Lintong** China, 35 km ö von Xian. Lin-t'ung. Das Grab des Qin Shihuang (Schi-huang-ti 259-210) und die Terrakotta-Armee.

Lin-tzu China, Shandong. Hauptstadt der Chi, 7. Jh. vor Chr. Ausgrabungen.

Linz Österreich. Grundmauern des römischen Kastells Lentia (am → Norischen Limes), gegr. 2. Jh., zerstört 5. Jh. Martinskirche auf dem Römerberg ab 8./9. Jh. auf Vorgängerbauten und römischen Resten. Oberösterreichisches Landesmuseum Francisco-Carolinum. Stadtmuseum Linz. W Wallanlage einer spätlatènezeitlichen Siedlung auf dem Freinberg. 5 km n Wallanlagen einer spätlatènezeitlichen Siedlung auf dem Gründberg.

Liopetra Gr-Kreta, w von Sitia. Tholosgräber, Anfang 1. Jtsd. vor Chr.

Lipari Italien, auf der Insel Lipari. Ehemaliger Akropolishügel: besiedelt seit der Bronzezeit; griechische Mauerreste 4. Jh. vor Chr. Kleines Theater. Griechische und römische Gräber. Archäologischer Park.

Liria Spanien, 25 km nw von Valencia. Lauro. Iberisch Edeta, römisch Civitas Edetanorum. In der Antike bedeutende Töpferei. Iberische Reste auf dem Cerro de San Miguel. Römische Mosaike.

Lischt, El Ägypten, ca. 40 km s von Kairo. Ev. Nekropole der ehemaligen Stadt Itjtaui, Itsch-taui usw. Stark verfallene Pyramiden von Amenemhet I. und Sesostris I., beide 12. Dynastie. Ca. 9 Nebenpyramiden. Weitere Gräber und Mastabas.

Lischtar Iran, 330 km nw von Schiraz. 1 km w Rest von islamischem Kuppelgrab.

Lishan China, Shaanxi, bei → Lintong, ö von Xian. Auf der Spitze des Berges Reste von Signaltürmen der Zhou-Zeit, Anfang 1. Jtsd. vor Chr.

Lisieux Frankreich, ö von Caen. 1 km w Saint Désier, ehemals Standort eines keltischen Oppidums, der Hauptstadt der Lexovier.

Liski Kroatien, Insel Lošinj. Reste einer Villa rustica.

Lismacrory Irland, Tipperary, nw von Roscrea. ND348. Zwei bronzezeitliche Grabhügel.

Lisnabin Irland, Co. Westmeath, ö von Mulingar. Ringfort, 2. Hälfte 1. Jtsd. nach Chr., und kleinere Ringwälle.

Lissabon Portugal. Lisboa. Phönizisch Alis-Ubbo. Keltiberisch Olisipo, Olisippo, Ulixbona. Römisch Felicitas Julia. Westgotische Stadtmauerreste, 6. Jh. Kirche Nossa Senhora do Carmo mit ar-

chäologischem Museum. Museu Calouste Gulbenkian mit Antikensammlungen. Stadtmuseum. Museu Etnológico Leite de Vasconcelos in Bélem.

Lissae Türkei, w von Fethiye.

Lissos Albanien. → Lezhë.

Lissos Gr-Kreta, ö von Paläochora, westliche Südküste. Auch Agios Kyrikos. Antike Siedlung. Reste von: Theater, Asklepios-Heiligtum 3. Jh. vor Chr., Tempel, spätrömischen Wohnhäusern, christlichen Basiliken, Aquädukt, Brunnen.

Lissus Albanien. → Lezhë.

Lištica Bosnien-Herzegowina, 25 km w von Mostar. In Molno frühchristliche Basilika 5. Jh.

Litarba Syrien. → Terib.

Liternum Italien. → Marina di Lago di Pátria.

Lithares Griechenland, Südufer des Limni Illiki (Hylischer See), n von Thiva. Reste von großer frühhelladischer Siedlung; Häuserfundamente.

Lithines Gr-Kreta, ca. 25 km s von Sitia. Siedlungsspuren von der frühminoischen bis zur geometrischen Epoche. Gräber.

Litium Italien. → Lecce.

Litterata Rumänien. Ehemalige Festung des Justininan.

Little Bredy GB, Dorset, w von Dorchester. Steinkreise.

Littlecote GB, sö von Swindon, w von London. Reste von römischem Gebäude; Mosaik.

Little Dean GB, wsw von Gloucester, bei Cinderford. Eisenzeitliche Wälle.

Little Salkeld GB, sö von Carlisle, 12 km nö von Penrith. N bronzezeitlicher Steinring und Monolith "Long Meg".

Little Woodbury GB, bei Salisbury. Erforschung einer eisenzeitlichen Farm.

Littlington GB, Sussex, nö von Seaford. Langhügelgrab.

Litton Cheyney GB, Dorset, bei Dorchester. Vorgeschichtliches Heiligtum, ev. aus der Bronzezeit.

Litzendorf-Tiefenellern Deutschland, ö von Bamberg. 1 km ö im Hofbauernholz Wallanlage seit vorgeschichtlicher Zeit mit ma Resten.

Liubu China, Shandong, 40 km s von Jinan. Viertürige Pagode, Drachen- und Tiger-Pagode, Felsen der Tausend Buddhas, Tang-Zeit (618-907).

Livadi Griechenland, Kykladeninsel Kea. Spuren des antiken Ortes Korisia; Rest von Stadtmauer 4. Jh. vor Chr.

Livadia Griechenland, Dodekanes-Insel Tilos (antik Telos). Antike Spuren.

Li Vaux Moyse Jordanien, 2 km n vom Petra-Rest-House. Kreuzfahrerburg; heute → Wueira (Waira).

Livernon Frankreich, w von Figeac. Dolmen de la Pierre Martine. → Abb. 23.

Liverpool GB, Merseyside. Merseyside County Museum.

Livias Jordanien. → Shaghur.

Liwan-i Kherkhi Iran, 131 km n von Ahvaz. Ausgedehntes Ruinenfeld der ehemaligen sassanidischen Festungsstadt; 4. Jh. nach Chr. Spuren eines Palastes. Reste von sassanidischer Brücke.

Lixus* Marokko, nö von Larache. Spätrömisch Ad Lucos. Reste von Umfassungsmauer. Römische Häuserreste. Unterstadt. Ruinen von Theater, Thermen. Spuren von Tempeln. Akropolis.

Liyan Iran, 10 km von Buschhir. Ruinen der elamitischen Stadt. Tempelreste. → Rischahr.

Ližnjan Kroatien. sö von Pula. In der Bucht Kuje Reste antiker Bauten.

Lizo, Camp du Frankreich, Bretagne, n von La Trinité-sur-Mer, an der Rivière de Crac'h. Spuren eines befestigten bretonischen Dorfes der Megalithkultur: zwei nach außen abgeschrägte steinerne Wälle; teilweise 8 m dick und 3 m hoch; Fläche 200 x 155 m. N auf der anderen Flußseite zwei Oppida.

Lizq Oman. Früheisenzeitliche Befestigung.

Ljawandak GUS, Usbekistan, bei Buchara. Mehrere Grabhügel.

Ljubač Kroatien, 20 km nö von Zadar. Nö Spuren einer illyrischen Wallburg. Illyrische Grabhügel. 3½ km nw Ruinen einer ma befestigten Stadt (Castrum Jubae), 13. Jh.

Ljubimowka GUS, Ukraine, ö von Kachiwka, n der Krim. Skythische Kurgane.

Ljubljana Slowenien. Illyrisch Emon, römisch Aemona, deutsch Laibach. Reste von römischer Stadtmauer, Tor, Mosaik, Kirche 4. Jh. Nationalmuseum.

Llactapata Peru, am → Inka-Trail. Ruinen der Inkazeit.

Llanaelhaearn GB, Wales, Westküste, Lleyn-HI. Reste der prähistorischen Siedlung Tre'r Ceiri; Erdwall und über 100 Steinkreise.

Llanbedr GB, Wales, im N der Cardigan Bay. Menhire.

Llanbrynmair GB, Wales, ca. 20 km wnw von Newton. Steinkreise.

Llanca Spanien, nö von Figueras. Dolmen.

Llandovery GB, Wales, 32 km w von Brecon. Ehemals römische Stadt.

Llandrillo GB, Clwyd/Wales, 10 km s von Corwen. Rest von bronzezeitlichem Steinkreis.

Llandrindod Wells GB, Wales. Castle Collen Roman Camp; Ausgrabungen des römischen Lagers.

Llangadog GB, Dyfed/Wales, 40 km nw von Swansea. Steinwall von prähistorischer Siedlung.

Llangynidr GB, Wales, ca. 20 km sö von Brecon. Menhir.

Llanmelin GB, ö von Newport. Eisenzeitliche Befestigung.

Llano de la Consolación Spanien, sw von → Montealegre del Castillo. Ehemaliges Heiligtum; Fundort, Nekropole. Sö → Cerro de los Santos.

Llanuwchllyn GB, Wales, 25 km nö von Dolgellau. Spuren eines römischen Festungswalles an der Stelle Caer Gai.

Llanwnda GB. → Pen-Caer.

Llanychaer GB, Wales, 5 km sö von Fishguard. Bei Parc-y-Meirw Reste megalithischer Steingräber und Alignment.

Lledías-Höhle Spanien. → Bricia.

Lleshan Albanien, sö von Elbasani. Ehemals befestigte Siedlung der Eisenzeit.

Lligwy GB, Anglesey, NO-Küste. Großsteingrab.

Llixha Elbasan Albanien, 14 km sw von Elbasan. Ehemals mit römischen Thermen.

Lloret Spanien, nö von Barcelona. 2 km abseits Reste von römischem Begräbnisturm.

Llyn Din GB. → London.

Loanmaed GB, Schottland/Grampion, 8 km nw von Inverurie. Steinkreis mit Grabstätte, 1800-1600 vor Chr.

Lobita, La Spanien. → Niebla.

Locarí Peru, Tal von Huayurí (nördlichstes der Nazca-Täler). Gräber 2. Hälfte 1. Jtsd. nach Chr., auch im Tiahuanaco-Costeño-Stil.

Locarno Schweiz, Tessin. Museo Civico.

Lochberg Deutschland, ö von Reichelsheim, s von Bingenheim, ö von Bad Nauheim. Ehemals Standort eines römischen Kastells.

Lochen Österreich, sö von Braunau. 1 km ö keltische Viereckschanze.

Lochenstein Deutschland. → Hausen am Tann.

Lockerbie GB, Dumfries and Galloway Region, nw von Carlisle. Reste eines römischen Forts.

Locmariaquer Frankreich, Bretagne, s von Auray. Megalithdenkmäler:
1) Totenhaus im Mané Lud.
2) Aschenhügel mit Cairn, 80 x 50 x 5 m, mit Kammer und Korridor.
3) Mané Rutual, Ganggrab mit Deckplatte.
4) Dolmen des pierres plates, mit Grab.
5) Dolmen »Table des Marchands" in Cairn.
6) Menhir »Men-er-Hroec'h", ehemals mit Cairn.

Locri Italien, Kalabrien-Ostküste. 4 km s Ruinen von Lokroi Epizephyrii, griechische Gründung, antiker Villenort. Reste von: Stadtmauer, griechisch-römischem Theater, Thermen, frühchristlicher Basilika. Reste von dorischem Tempel von Marafioti, ionischem Tempel Masarà, Persephone-Tempel. Nekropolen Canale, Ianchina, Patarriti, Scorciabove. Antiquarium.

Locri Epizeferi Italien. → Locri.

Locumba Peru, Süden, Dep. Tacna. Gräberfeld.

Lod Israel. Antik Diospolis, Lidea, Lydda.

Lodge Park GB, bei Aldsworth, w von Oxford. Langhügelgrab.

Lodi Italien, sö von Mailand. Museum mit archäologischer Abteilung. W von Lodi: Lodi vecchio, antik Laus Pompeia.

Lodowani GUS, Georgien, Territorium Kweno-Kartli. Ehemalige befestigte Siedlung seit mindestens 1. Hälfte 1. Jtsd. vor Chr.

Lodurva Indien, Rajasthan, 16 km w von → Jaisalmer. Lodorva. Hauptort der Yadavas oder Bhati-Rajputen vor → Daulatabad. Jaina-Tempel 11. Jh.,

Skulpturen.

Löbau Deutschland, ca. 70 km ö von Dresden. Auf dem Schafberg Wall einer befestigten Siedlung ab der jüngeren Bronzezeit.

Löddeköpinge Schweden, Süden. Gräberfeld der Wikinger.

Löffelbach Österreich. → Hartberg.

Löhnberg Deutschland, bei Weilburg, nö von Limburg. 3 km w Reste von Wallanlage auf dem Hinstersten Kopf, ev. eisenzeitlich. Terrassen. → Merenberg.

Lönt Dänemark, Nordschleswig, Haderslebener Förde. Steinzeitliche Kammergräber freigelegt.

Logrósan Spanien, 210 km sw von Toledo. Auf dem Hügel San Cristóbal Ruinen von iberischer Siedlung.

Lohhäusl Deutschland, s von Traunstein. Gegenüber ma Ringwall.

Lohne Deutschland. → Fritzlar.

Lo-i China. → Luoyang.

Lokroi Epizephyrioi Italien. → Locri.

Lo-lang Korea-Nord. Chinesische Militärkolonie des Han-Kaisers Wu-Ti, ab 108 vor Chr., 313 zerstört. Gräberfeld, Grabkammer 1./2. Jh. nach Chr. Ausgrabungen.

Loltún Mexiko, Yucatan, s von Oxkutzcab, 108 km ssö von Mérida. Höhle mit Reliefs, 1200-600 vor Chr., Spuren von Malereien.

Loma Alta Ecuador. Siedlung im → Valdivia-Tal, besiedelt um 3000 vor Chr.

Loman Afghanistan, ca. 120 km wsw von Ghazni. Buddhistische Höhlen.

Lo Mantang Nepal, Königreich Mustang. Stadtmauer, Burg 1380. Kloster Namgyan der Rotmützen.

Lomas Rishi Indien. Höhle 3. Jh. in den Barabar-Bergen (→ Barabar-Höhlen).

Lomo de los Letreros Spanien, Gran Canaria, sö von Santa Lucia. Felsinschriften; Menschendarstellungen, altnumidische Zeichen.

Loncium Österreich. → Kötschach-Mauthen.

Londinium GB. → London.

London GB. Keltisch Llyn Din. Römisch Londinium Augusta. Jeweils Spuren von: römischen Bädern, Stadtmauer, Basilika, Mithrastempel 80 nach Chr., Hafenquai. Obelisk Thutmosis VI. im Victoria Embankment. British Museum***.

Longa Griechenland, 45 km sw von Kalamata. Fundamente eines Apollon-Tempels.

Longane I-Sizilien. → Castroreale Terme.

Longanikos Griechenland, 37 km nw von Sparta. Auf dem Kelmos-Berg pelasgische Ruinen der antiken Siedlung Ägis. Ruine der Frankenburg Kelmos.

Longaticum Slowenien. Römisch; heute Logatec (Loitsch), sw von Ljubljana.

Long-doi-son Vietnam, Ha-nam. Stuparest, 1121.

Long House USA, Colorado. Indianische Siedlungsstätte im → Mesa Verde National Park, Teil Wetherill Mesa. Grabungen.

Long House USA, New Nexico, im → Bandelier National Monument. Reste von über 300 Wohnkammern.

Long Meg and her Daughters GB, Cumbria. → Little Salkeld.

Longmen** China, Henan, 12 km s von Luoyang. Longmen Shiku, "Drachentor-Grotten", Höhlen, Grotten, Skulpturen, Nischen, Pagoden, Inschriften 5.-8. Jh.

Longovicium GB. → Lanchester.

Long-shan China, Shandong. → Lungshan.

Longuich Deutschland, onö von Trier. Römische Villa* mit Rekonstruktionen.

Longxing China. → Bingling Si Shiku.

Lonsee-Urspring Deutschland, nnw von Ulm. Ev. das Kastell Ad Lunam. Ö des Ortes Kohortenkastell ("Ringäcker"). Lagerdorf. Spuren von römischem Gutshof. Brandgräberfelder in der Flur "Taläcker".

Lonvitz Deutschland, Rügen, bei Putbus. Reste von Großsteingräbern.

Loose Howe GB, Yorkshire, ca 30 km LL sö von Middlesbrough. Grabhügel.

Lopar Kroatien, Insel Rab. Auf dem Kap Zidine Reste antiker Befestigungen.

Lopar Kroatien. → Novi Vinodolski.

Lopburi Thailand, ca. 140 km n von Bangkok. Ehemals Luvo. Siedlung im 3. Jtsd. vor Chr. und buddhistisches Zentrum zur Dvaravatizeit. Reste im Dvaravati- und Khmerstil. Die neue Stadt zwischen den alten Tempel- und Befestigungsresten.
1) Wat Phra Si Ratana Mahathat.
2) Palast Narai Raja Niwet mit Museum.
3) Prang Khaek, Reste.
4) Phaulkon-Palast (Wang Wichayen), 17. Jh.
5) Wat Sao Thong Thong.
6) Wat Mani Cholakan.
7) Fortreste.
8) Phra Prang Sam Yot, Khmer-Tempel 2. Hälfte 12. Jh.
9) Wat Nakhon Kosa.
10) Wat Indra.

Lopez Mateos Mexiko, Tabasco, ca. 60 km s von Cardenas. Ausgrabungsstätte mit olmekischem Kultbezirk. Felszeichnungen.

Lopodunum Deutschland. → Ladenburg.

Lopsica Kroatien. → Jurjewo.

Lopud Kroatien, Insel nw von Dubrovnik. Griechisch Delaphodia, römisch Lafota.

Lorch Deutschland, w von Schwäbisch Gmünd. Ehemaliges Kohortenkastell und Vicus. Fundamentreste. Rekonstruierter hölzerner Wachtturm. N Reste von Limeswachttürmen 12/8,9,11,13. Heimatmuseum.

Lorch Österreich. → Enns.

Lordenshaw GB, Northumberland, s von Rothbury. N eisenzeitliche Befestigung.

Lorenzberg Deutschland. → Epfach.

Lori Italien. Antike Siedlung; ev. bei Montásola, 31 km w von Rieti.
Lorium Italien, 10 km w von Rom, bei La Bottáccia.
Loryma Türkei, SW, bei Bozuk, Halbinsel Bozburun, s von Muğla. Antike Stätte.
Los Alzati Mexiko. → (Los) Alzati.
Los Angeles USA, California. County Museum of Art.
Los Castillares Spanien. → Suellacabras.
Los Foyos Spanien. → (Los) Foyos.
Los Guarixos Mexiko. → (Los) Guarixos.
Los Higos Honduras. → (Los) Higos.
Los Idolos Mexiko. → Misantla.
Los Millares Spanien. → (Los) Millares.
Los Molcajetes Mexiko. → (Los) Molcajetes.
Los Monos Mexiko. → (Los) Monos.
Los Muertos USA. → (Los) Muertos.
Los Naranjos Honduras. → (Los) Naranjos.
Losodica Deutschland. → Munningen.
Los Pinos Guatemala. → (Los) Pinos.
Lossow Deutschland, s von Frankfurt/Oder. Ö "Schwedenschanze", spätbronzezeitlich-slawische Wallanlage.
Lostorf Schweiz, Solothurn, nö von Olten. Auf dem Gross Chastell Wall von prähistorischer Wehranlage.
Lothal Indien, Gujarat, ssw von Ahmadabad, bei Sarangwala. Stadt und Haupthafen der Induskultur, 2500-1500 vor Chr. Ummauerte Zitadelle, Kornspeicher, Hafenanlage, frühes 2. Jtsd. vor Chr. Kleines Museum.
Lotte-Halen Deutschland, wnw von Osnabrück. Reste vom Großsteingrab "Kleine Sloopsteene".
Lotterberg Deutschland, bei Dissen, s von Kassel. Höhensiedlung ab der Späthallstattzeit.
Louargat Frankreich, w von Guingamp. Menhir von Pergal, 10 m hoch.
Lough Crew Irland, Meath, sö von Oldcastle. ND151 und ND290. Auf dem Berg Slieve na Calligh und in der Umgebung Ganggräber 3.-1. Jtsd. vor Chr., mit Steinverzierungen. Ringwälle.
Lough Gur Irland, See 20 km sö von Limerick-City. Einschließlich ND247. Ufer besiedelt seit der Jungsteinzeit. Im Gebiet um den See: Megalithgräber, darunter "Leaba na Muice". Steinkreise, Menhire, jungsteinzeitliche Einfriedung und Hausfundamente. Ringwälle und Hüttenspuren der Wikingerzeit. Neolithische Hütten in Knockadoon. Frühchristliche Häuser in Spectacles. Pfahlbautenreste.
Loulan China, Xinjiang, w des Lop Nur (Lob Nuur usw.). In den ersten Jahrhunderten des 1. Jtsds nach Chr. chinesischer Außenposten unter indischen Vasallen; buddhistisch. Ruinen der ehemaligen Befestigungen. Ausgrabungen. N Gräber in Holzrondellen.
Loumbrikaton Kroatien. → Vrgada.
Lousonna Schweiz. → Lausanne.

Loutra Griechenland, Kykladeninsel Kythnos. Antikes Bad bei Agia Irini.
Loutra Ädipsos Griechenland. → Aidipsos.
Loutró Griechenland, n von Amfilochia am Ambrakischen Golf. Lutrón. Reste des antiken Argos Amphilochikon, 6./5. Jh. vor Chr. Reste von Akropolis. Spuren von Theater.
Loutsa Griechenland, an der Küste ö von Athen. Lútsa. Spuren eines Artemistempels 4. Jh. vor Chr.
Lovêk Kamputschea. Hauptstadt ab 1. Hälfte 16. Jh. 1593 zerstört.
Lovišće Kroatien, Westende von Pelješac. Spuren einer römischen Villa.
Lowbury Camp GB, Berkshire, s von Oxford, bei Goring. Römisches Landgut, sächsischer Grabhügel.
Lower Dells Mounds USA, Wisconsin, in Sauk County. Mehrere Grabhügel.
Lowry USA, Colorado. Pueblo-Ruinen.
Ložišća Kroatien, Insel Brač, Westküste. Hügelgrab Vela Gomila. Wallburg "Rat" oberhalb der Bucht Vičja luka.
Lozoya Spanien, Neukastilien, w von Lozoyuela. Römische Brücke.
Ltschaschen GUS, Armenien, am Ufer des Sewan-Sees. Ldschaschen usw. Funde ab 2000 vor Chr. Ausgrabungen, teils bronzezeitlich. Nekropole 19.-12. Jh. vor Chr., Hügelgräber.
Luang Prabang Laos. Kulthöhlen.
Lubaantún Belize, Süden, bei San Pedro nw von Punta Gorda. Maya-Ruinenstätte, 600-900. Zeremonialzentrum, Tempel- und Pyramidenreste.
Lubben Syrien, nö von Sheikh Meskene. Kirchenrest.
Lubin Polen, Wolin. Früheisenzeitliche Befestigung.
Lucca Italien. Ehemals Luca. Reste von römischen Befestigungsanlagen in der Kirche Maria della Rosa, von römischem Amphitheater, von römischem Theater. Museum in der Villa Guinigi.
Luccaburg Deutschland, 1 km s vom Kloster Loccum. Frühmittelalterlicher Burgwall.
Lucentum Spanien. → Alicante.
Lucera Italien, Apulien, w von Foggia. Luceria. Antik Daunia, spätrömisch Constantiniana. Römisches Amphitheater*, 1. Jh. vor Chr., mit Rekonstruktionen. Das Kastell* an der Stelle der ehemaligen Akropolis. Museum Giuseppe Fiorelli.
C.Lucia Septimia Sebaste Israel. → Shomron.
Lucina Ägypten. → Elkab.
Luckau Deutschland, Kreisstadt w von Cottbus. Sö slawische Wallanlage ½ km w von Freesdorf.
Lucknow Indien, Hauptstadt von Uttar Pradesh. Residenz ab 18. Jh. Im Bereich der ehemaligen Palastfestung: Grabbau Bara Imambara, 1784. Torbau Rumi Darwaza. Palast Chhota Imambara, 1842. Jama Masjid, 19. Jh. Residency, 1800. Paläste und Gräber, 19. Jh. Staatliches Museum mit

archäologischen Sammlungen.
Luc-en-Provence, Le Frankreich, w von Fréjus.
2 km w keltisches Oppidum; Stadtmauer*.
Lucus Angitiae Italien. Heute Luco dei Marsi, s von Avezzano.
Lucus Augustei Spanien. → Lugo.
Lucus Feroniae Italien. → Scorana.
Ludwigsburg Deutschland, ö von Greifswald. Rest von Großsteingrab.
Ludwigsburg-Hoheneck Deutschland. Römischer Gutshof erforscht.
Lübben Deutschland, nw von Cottbus. Slawischer Wall Burglehn.
Lübeck Deutschland. Wälle und Gräben ("Landgraben") der ma Landwehr, ab Anfang 14. Jh., einschließlich der Schwedenschanzen.
Lüderich Deutschland. → Overath.
Lügde Deutschland. W frühe Wallburg Herlingsburg.
Lüleburgaz Türkei, 93 km ö von Edirne. Antik Arcadiopolis. Moschee mit antiken Säulen.
Lüneburg Deutschland. Museum.
Lüneburg Deutschland, Hessen. → Christenberg.
Lüningsburg Deutschland. → Neustadt am Rübenberge.
Lüsse Deutschland, Kreis Belzig, sw von Berlin. Ö bronzezeitliches Hügelgräberfeld.
Lützelbach Deutschland, n von Michelstadt. Nördlichster Teil des Odenwaldlimes. Ehemals Standort von Numeruskastell (Lützelbacher Schlößchen); Spuren von Umwallung und Bad. Römische Niederlassungen im Fürstengrund, im Forst Neustadt, bei Rimhorn, ö und nö in Limesnähe. S Reste fast aller Limeswachttürme bis vor → Würzberg.
Lützelburg Deutschland. → Christenberg.
Luftenberg Österreich, Donau-Nordufer zwischen Linz und Enns. 1 km s Ringwall auf dem Luftenberg.
Lugano Schweiz. Museo Civico Archeologico. Museo Cantonale d'Arte Lugano.
Lugdunum Frankreich. → Lyon.
Lugdunum Batavorum Niederlande. Lundunum Batavorum. → Leiden.
Lugdunum Consoranorum Frankreich. → Saint-Lizier.
Lugdunum Convenarum Frankreich. → Saint-Bertrand-de-Comminges.
Lugio Ungarn. → Dunaszekcsö.
Lugnarohögen Schweden, ca. 35 km s von Halmstad. Bonzezeitliches Grabmal in Schiffssetzung.
Lugo Spanien, sö von La Coruña. Römisch Lucus Augusti. Römische Stadtmauern 2. Jh. Ehemalige römische Thermen. Ausgrabungen von Forum, Tempel. Aquädukt.
Luguo Gucheng China. → Qufu.
Luguvallium GB. → Carlisle.
Luk China, Xizang (Tibet), Westen, Jangthang. Prähistorische Grotten. Burg 10./11. Jh.

Lukluk Indonesien, Bali, n von Denpasar. Tempel.
Lukoran Kroatien, auf Ugljan, w von Zadar. Römische Baureste und Gräber.
Luku Griechenland, Peloponnes, Arkadien, bei Astros, s von Nauplion. Loukous. Antike Fundamente.
Lullingstone GB, Kent, 7 km s von Dartford. Reste* von römischer Villa.
Lumbier Spanien, sö von Pamplona. Römisch Ilumber, Ilumberri. S Terrassenreste. Römische Villa bei → Liédena.
Lumbrein Schweiz, GR, bei Surin. Bronzezeitliche Siedlung 1400-800 vor Chr. Mauerreste, Gräberfeld.
Lumone Frankreich. → Roquebrune-Cap-Martin.
Lun-Castrum GB. → Lancaster.
Lung-men China. → Longmen.
Lungshan China, Shandong, Kreis Changing. Kultur 3. Jtsd. vor Chr. bis ca. 1500 vor Chr. Ausgrabungen.
Luni* Italien, 8 km w von Carrara. Etruskische und römische Stadt Luna, im 11. Jh. durch Wikinger zerstört. Amphitheater* 1. Jh. nach Chr. Theaterrest. Reste eines Turms oder Grabmals. Tempelunterbau. Reste von Stadtmauer, Stadttor, Basilika 5. Jh., Kapitol, Forum, Molen. Kleines Museum. Etruskisch-römische Felsgräber.
Luni sul Mignone Italien, 5 km s von Monte Romana, ö von Tarquinia. Befestigungs- und Häuserreste 6. und 5. Jh. vor Chr. Reste von Amphitheater 2. Jh. nach Chr. Felsgräber.
Luo China. → Jinan.
Luoyang China, Henan. Loyang. Besiedelt mindestens ab 2. Jtsd. vor Chr. Hauptstadt von 9 chinesischen Dynastien, das erstemal ab 770 vor Chr. Residenzbezirk Wangcheng; Grabstätte 1. Jh. vor Chr., Grabstätte 1./2. Jh. Stadtmuseum. 12 km ö Residenzbezirk Chengzhou; Stadtmauerreste. 12 km s: → Longmen Steinhöhlen.
Lupiae Italien. → Lecce.
Lupow Polen, ö von Stolp. Ca. 4 km ö Reste von Großsteingrab.
Luppa-Csárda Ungarn, bei Budakalász, n von Budapest. Grundmauern eines römischen Wachtturms.
Luque Spanien, 69 km sö von Córdoba. Dolmen.
Lus Israel. → Beitin.
Lussonium Ungarn. Ehemaliges römisches Kastell in Paks-Dunakömlöd, s von Budapest. Ca. 1½ km sö Contra-Lussanum.
Lutetia Parisiorum Frankreich. → Paris.
Lutra Smokowu Griechenland, 93 km nw von Lamia. 2 km ö ehemals antike Festung; Spuren eines der drei ehemaligen Mauerwälle.
Lutzingen Deutschland, n von Höchstädt. Auf dem Osterstein ehemals vorgeschichtliche Kultstätte.
Luxeuil-les-Bains Frankreich, nw von Belfort. Antik Luxovium. Keltische Gründung; gallisch-römische Reste.

Luxor** Ägypten. Auf dem Gebiet des altägyptischen → Theben. → Abb. 63. Besiedelt seit der Steinzeit. Amuntempel**, im wesentlichen aus der Zeit Amenophis' III. und Ramses' II. Hof und Ummauerung Nektanebos' I. Pylon. Obelisk Ramses' II., ein weiterer heute in Paris. Sitz- und Standstatuen. Sphinxallee zum Tempel von → Karnak. Spuren von römischem Lager und von römischer Siedlung. Der erhöhte Eingang in die eingebaute Moschee zeigt die Höhe der ehemaligen Schuttablagerung an. Kleine Pyramide von ca. 1400 vor Chr. entdeckt. Museum für altägyptische Kunst.

Luxovium Frankreich. → Luxeuil-les-Bains.

Luynes Frankreich, w von Tours. Reste* eines römischen Aquädukts.

Luzech Frankreich, 15 km w von Cahors. Reste des Oppidum de l'Impernal.

Luzenac Frankreich, sw von Saint-Girons, sw von Toulouse. Römische Säule.

Lybo Libanon. → Láboué.

Lychnidos Makedonien. → Ohrid.

Lydae Türkei, w von Fethiye.

Lydda Israel. Lod.

Lydney GB, sw con Gloucester, nw des Severn. Eisenzeitliche Erdwälle, Reste von römischem Tempel, römische Eisenmine.

Lygos Türkei. → Istanbul.

Lykastos Gr-Kreta, bei Profitis Ilias, s von Iraklion. Antike Spuren; Kastellreste.

Lykochia Griechenland, w von Tripolis. Spuren eines Artemistempels.

Lykopolis Ägypten. → Assiut.

Lykoreia Griechenland, 6 km nö von Delfi. Auf dem Berg Koumoúla im Livadibecken die antike Siedlung. Gebäudereste; Besiedlungspuren ab Mitte 2. Jtsd. vor Chr.

Lykosura Griechenland, Peloponnes, 7 km sw von Megalopolis. Reste des antiken Ortes: Mauerreste von Akropolis 5./4. Jh. vor Chr., Trümmer eines Tempels, Fundamente von Stoa, Fundamente von dorischer Stoa, Spuren von Brunnen und Zisterne. Museum.

Lyktos Gr-Kreta. → Lyttos.

Lyktos-Höhle Griechenland. → Arkalochori.

Lympne Castle GB, Kent, 10 km w von Folkestone. 1 km unterhalb das römische Kastell Stutfall, römisch Lemanis.

Lyneham GB, Oxfordshire, s von Sarsden, nö von Oxford. Langhügelgrab.

Lyon Frankreich. Das römische Lugdunum auf dem Hügel von Fourvière. Römisches Theater 1. Jh. vor Chr. Odeon. Aquädukte und Tunnel der Wasserleitungen vom Mont-d'Or, vom Tal der Brévenne, von Yzeron, von St.-Chamond. Museum.

Lysias Syrien. → (Qalaat) Burzey.

Lysimacheia Griechenland, s des gleichnamigen Sees, n von Etoliko. Antike Stadtmauerreste.

Lysinia Türkei, 13 km sw von Burdur, auf der HI Üveyik Burnu. Mauern, Sarkophage.

Lyttos Gr-Kreta, 45 km osö von Iraklion. Antik Lyktos. Bewohnt in minoischer Zeit und ab griechischer bis in die byzantinische Zeit. Römische Ruinen; Agora, frühchristliche Reste mit Mosaiken.

Maa Zypern, n von Paphos. Ruinen von mykenischer Siedlung.

Maabda, El- Ägypten. → Deir el-Gebraui.

Maabed, El Syrien. → Amrit.

Maachouq, Tell Libanon. → Sour.

Maad Libanon, 54 km n von Beirut. Charboliuskirche aus Steinen eines antiken Tempels.

Maadeli Malediven, Insel im Dhaal-Atoll (Süd-Nilandu-Atoll). Ruinen.

Maalula Syrien, 60 km n von Damaskus. Antike Gräber.

Maameltein Libanon, 22 km n von Beirut. 1½ km n römischer Brückenrest.

Maarat an-Numan Syrien, 65 km n von Hama. Antik Arra. Marre der Kreuzfahrer. Zitadellenhügel. Antike Spuren, Kapitelle. Nordsyrische und islamische Reste. Karawanserei 16. Jh.

Mabbog Syrien. → Manbig.

Mac Graw Site USA, Ohio. Siedlung der Hopewell-Kultur.

Machärus Jordanien. → Meqawer.

Machalilla Ecuador, Manabi, Küste nw von Guayaquil. Hauptfundort einer Kultur Mitte 2. Jtsd. vor Chr. (zeitlich nach → Valdivia, vor → Chorrera).

Machaquila Guatemala, Petén. Ruinenstätte.

Macharef el'Ulia Syrien, im Djebel Wastani. Tempelruine.

Macheront Jordanien. Die Festung Machärus. → Meqawer.

Machrie Moor GB. → Arran.

Machu Picchu** Peru. Am Huayna-Picchu, über dem Urubamba-Tal gelegene Inkastadt, erbaut ca. 15. Jh. Häuser-, Tempel- und Mauerreste: Burggraben, Bäder, Quellen, Sonnentempel, Palast der Prinzessin, Haus der Quellenaufseherin, Königlicher Bezirk, Tempel der drei Feste, Haupttempel, Tempel des Kondor. Bewässerungskanäle und Ackerbauterrassen. Intihuatana-Felsen. N Huayna Picchu mit Mondtempel. → Inka-Trail.

Machu Pukara Peru, ö von Espiritu Pampa. Ruinen.

Machuqente Peru. → Qente.

Mackwiller Frankreich, Elsaß, 8 km sö von Saar-Union. Deutsch Mackweiler. Spuren von römischer Villa und von Mithrasheiligtum.

Macomér I-Sardinien. Karthagisch Macopsissa. Nw Felskammernekropole (Domus de Janas) Filigosa. Nuraghe S. Barbara. Nuraghe Orrolo*. Nuraghe M. Muradu. 8 km w Nuraghe Montecodes. W Nuraghe Tamuli, Baityloi, 2 Gigantengräber. S Nuraghe Craba. Nuraghe Pozzo Maiore. Nuraghe

Cogolatzu. Nw Nuraghe Ruggiu. Ö → Silánus.
Mâcon Frankreich, n von Lyon. Gallo-römisch Matisco. Ehemals keltisches Oppidum. Museum im Kloster.
Macon Plateau USA, Georgia. Tempelhügel.
Macopsissa I-Sardinien. → Macomér.
Macra Comae Griechenland. → Makrakomi.
Mactaris Tunesien. → Maktar.
Mactulum Kroatien. → Josipdol.
Macun Türkei, n von Elmalı. Ehemals lykische Siedlung.
Madaba Jordanien, 32 km s von Amman. Biblisch Meidva, moabitisch Medaba. Ruinen von altchristlichen Kirchen 5.-7. Jh.; Mosaike, darunter Apostel-Kirche, Eliaskirche. Georgs-Kirche mit Landkarten-Mosaik* (→ Abb. 150). Reste von Zisterne und Säulengang. Mosaiken-Museum*.
Madabun Jemen-Süd. → Hureida.
Madain, El Irak. → Ktesiphon.
Madain Saleh** Saudi-Arabien. Al-Higr. Antik Egra, Hegra. Nabatäische Nekropole mit ca. 80 Grabfassaden; hauptsächlich 1. Hälfte 1. Jh. nach Chr.
Madara Bulgarien, w von Varna, bei Preslav. Antikes Ruinenfeld. Grundmauern von römischen Villen. Byzantinische Befestigung, altchristliche Basiliken. Felsrelief.
Madau I-Sardinien, ö von Fonni, s von Nuoro. 4 Gigantengräber.
Madaura Algerien, s von Annaba. Madauros. Römische Reste von: Theater, Forum, Basilika, byzantinischer Festung, Mausoleum.
Madavan Iran, 239 km sö von Schiraz. 1½ km nw Tell i Siah und weitere Siedlungshügel.
Madeburg Deutschland, bei Reckershausen s von Göttingen. Wälle der ma Befestigung (9.-12. Jh.).
Madeleine, La Frankreich, Höhle bei Tursac, sö von Périgueux. Felsgravierungen, späte (jüngere) Altsteinzeit. Type Site des Magdalénien (18.-12. Jtsd. vor Chr.).
Maden Şehir Türkei. → Binbir Kilise.
Mades Tunesien, 6 km nw von Tamerza, w von Gafsa. Antike Siedlung; heute Midès.
Madinat Az-Zahr Spanien. → Medina Azahara.
Madison USA, Hauptstadt von Wisconsin. In der Umgebung mehrere indianische Mounds.
Madiswil Schweiz, Bern. Ringwall Fuchsmatt.
Madras Indien, Tamil Nadu. Hinduistischer Kapaleshvara-Tempel. Dravidischer Parthasartati-Tempel. Museum*.
Madrid Spanien. Archäologisches Nationalmuseum. Ägyptischer Tempel* (1. Jh. vor Chr.) aus → Debod/Assuan im Parque de Rosales.
Madsebakke Dänemark, Bornholm. Felszeichnungen der Wikinger, (Hällristningar, Helleristninger).
Madu Ägypten. → Medamud.
Madurai Indien, Tamil Nadu. Auch Halasyapura; Alavay. Tempelbezirk**, hauptsächlich 17. Jh., mit Menakshi-Tempel, Ostgopuran, Südgopuran,

Sundareshvara-Tempel, Tausend-Pfeiler-Halle, Mitte 16. Jh. Tirumala-Nayak-Palast*, 17. Jh. 13 km → Anamalai. 8 km sw → Tirupparankunram.
Mae Hong Son Thailand, ca. 300 km wnw von Chiang Mai. Doi Kong Mou mit Treppenaufgang und Wat Prathat Doi Kongmou.
Mälarhusen Schweden, Süden. Mehrere Grabhügel.
Maen Catti GB, Wales, Gower-HI. → Reynoldston.
Maen Mawr GB. → Cerrig Duon.
Maenoba Spanien. Römisch; Vélez-Málaga, ö von Malaga.
Maen Pebyll GB, Wales, bei Betws-y-Coed. Langhügelgrab.
Maesbury GB, Somerset, in den Mendip Hills. Eisenzeitliche Befestigung.
Maes Howe** GB, Schottland, Orkney-Insel Mainland. Ganggrab mit Kraggewölbe, 2. Jtsd. vor Chr.; Runen-Inschriften.
Maesknoll GB, Somerset. Eisenzeitliche Befestigung. Grabhügel.
Maesola Griechenland. → Yannitsa.
Maeve's Cairn Irland. → Knocknarea.
Mafjir, Khirbet el-* Israel, 3 km n von Jericho. Chirbet al Mafdschar usw. Ruine eines Omayyadenpalastes mit Moschee, »Hischam-Palast«, »Qasr Hisham«, 1. Hälfte 8. Jh.
Mafranc Haiti. Festung, Anfang 19. Jh.
Magacela Spanien, 12 km sö von Don Benito/Villanueva. Römische Contosolia. Reste von Zyklopenmauern.
Magalo Frankreich. Heute Maguelone bei Montpellier.
Mağaraçık Türkei, 33 km sw von Antakya. Antik Seleukeia in Pierien, Seleucia ad Pieria. Gegründet 300 vor Chr. Reste von Stadtmauern, Bastei, Stadttoren, Nymphäum, Hafen, Molen. Ehemals Akropolishügel und Tempel. Spätrömische Höhlennekropole; Felsengrab mit Basreliefs. 7 km: Aquädukt.
Magarataricha Syrien. Heute Matareh, 10 km nw von Khan Scheikhun, n von Hama.
Magarsbert Türkei, sw von Ani. Burg 10. Jh.
Magdala Israel, Westufer des Tiberiassees. Römische Straße. Spuren einer Synagoge.
Magdalenenberg Deutschland. → Villingen-Schwenningen.
Magdalensberg* Österreich, Kärnten. Ehemals keltisches Oppidum. Keltisch-römische Ruinen: Toranlage der Fluchtburg 1. Jh. vor Chr. auf dem Gipfel. Helenenkirche über den Fundamenten eines keltischen Tempels. Prätorium, Graballee. Museum; verschiedene Sammlungen und Repräsentationen in ausgegrabenen und einzelnen Handwerkssparten zugewiesenen Räumen. Der Name der antiken Siedlung ist nicht gesichert. In der Umgebung wird die Lage des antiken Virunum angenommen.
Magdalenska Gora Slowenien, bei Smarje, 15 km

sö von Ljubljana. Eisenzeitliche Hügelfestung;
Mauerreste. Ca. 30 Grabhügel ab 8. Jh. vor Chr.
Magdeleine Penne, La Frankreich, am Fluß Tarn.
Höhle des mittleren Magdalénien (→ Madeleine,
La), Wanddarstellungen.
Magdola Ägypten, Fayum. Antike Siedlung, heute
Medinet Nahas, sw des Hauptortes.
Magee-Halbinsel GB-Nordirland, bei Belfast.
Dolmen am Ende der HI.
Magh Adhair Irland, Clare. ND224. Stein- und
Erdhügel, 2 Menhire, Ringwälle. Graben.
Maghazil Syrien. → Amrit.
Maghen Spanien, Menorca. → Mahón.
Maghtab Malta, ö von Bugibba. Tempelspuren
Qaliet Marku; Ta'Hammut-Dolmen.
Maglemose Dänemark, Seeland-Westküste. Großes
Moor von Mullerup. Mittelsteinzeitliche Kultur, im
nordeuropäischen Tiefland verbreitet.
Magliano Italien, 60 km n von Rom. 10 km n von
Civita Castellana Reste von römischer Villa.
Magloire Haiti. Festung, Anfang 19. Jh.
Magnae GB. Römisches Fort am → Hadrianswall;
Carvoran, nö von Carlisle.
Magnae GB, nw von Hereford. Römisch; Kenche-
ster nw von Hereford. Spuren der Stadtmauer.
Magna Variani Tunesien, sw von Testour. Name
großer römischer Villa.
Magnesia am Mäander Türkei, 3 km s von Orta-
klar, 31 km w von Aydın. Gründung der Äolier im
11. Jh. vor Chr. Später an die Stelle der etwas
weiter nördlich gelegenen Ortschaft Leukophrys
verlegt. Reste von Stadtmauer, Artemis-Tempel,
Zeus-Tempel, Agora, römischer Kaserne, römi-
schem Odeon, römischem Gymnasium. Kleines
Amphitheater. Standort des Stadions.
Magnesia am Sipylos Türkei. → Manisa.
Magnesiopolis Türkei. → Manisa.
Magulitsa Griechenland, 5 km nw von → Karditsa.
Mahabaleshwar Indien, Maharashtra, ssw von
Pune (Poona). Drei Tempel.
Mahabalipuram Indien. → Mahamallapuram.
Mahaban Indien, Uttar Pradesh, 10 km osö von
Mathura. Siedlung 1017 zerstört. Ruinen von
Stadt, buddhistischen Klöstern, Hindu-Tempel.
Späteres Fort auf dem Hügel.
Mahabishah Jemen-Nord, 110 km LL nw von
Sana. Ruinenfeld.
Mahadeopura Indien. → Goraj.
Mahaiatea Französisch-Polynesien, Insel Tahiti,
Südufer. Reste von Marae, 18. Jh.
Mahakali-Höhlen Indien, nö von Bombay-Flugha-
fen. 16 buddhistische Höhlen, ab 2. Jh. vor Chr.
Stuparest.
Mahakut Indien, Karnataka, 5 km ö von Badami.
Tempel des 7. Jhs.: Mahakuteshvara Tempel, San-
gamesvara Tempel, Mallikarjuna Tempel.
Mahamallapuram** Indien, Tamil Nadu, 60 km s
von Madras. Mahabalipuram, Mamallapuram. Von
den Pallavi hauptsächlich aus dem 7. Jh. hinterlas-

sene Kunstdenkmäler:
11 Höhlentempel, mit Reliefs, Skulpturen. "7 Pa-
goden", heute 5 Monolithtempel (Rathas). N Ma-
hisasura-Felsen. 5 km n: Saluvan-Kuppam-Höh-
len.
Mahammedabad Iran, ca. 50 km sw von Teheran.
Ausgrabungsstätte.
Mahan Iran, 42 km sö von Kerman. Im MA
Standort einer Festung.
Maharraqa, El- Ägypten, Nubien. Antik Hierasy-
kaminos. Tempel nach → Wadi Es-Sebua verlegt.
Mahasna, El- Ägypten, s von Sohag. Friedhof des
Alten Reiches.
Mahattad el-Hajj Jordanien, s von Dhiban, am
Südrand des Wadi el-Mujib. Kastellreste, Zisterne.
Mahattat Aneza Jordanien, ca. 35 km n von
Maan. Osmanisches Pilgerfort Qalaat Aneza (Un-
eiza, Quneiza, Kellat Anezy).
Mahdia Tunesien. Reste von römischem Hafen,
antiken Wohnungen, von Zisternen. Große Mo-
schee mit antiken Säulen.
Mahendraparvata Kamputschea. → Phnom Kulen.
Mahendravadi Indien, Tamil Nadu, 5 km von
Sholingar, Nord Arcot. Felsentempel Mahendravi-
shnugriha, 1. Hälfte 7. Jh.
Maheshwar Indien, Madhya Pradesh, s von In-
dore, Nordufer des Narmada. Siedlung ab 1. Jtsd.
vor Chr., Gangeskultur.
Maheth Indien. → Set-Maheth.
Mahiyangana Sri Lanka, ö von Kandy. Alte Da-
goba.
Mah el Kufah Iran. → Dinavar.
Mahmutlar Kasabasi Türkei, ca. 20 km sö von
Alanya. Byzantinische Ruinenstätte.
Mahoba Indien, Madhya Pradesh, 63 km von
Khajuraho. 5 km: Surya-Tempel.
Mahón Spanien, Menorca. Phönizisch Maghen,
Ma-Og. Römisch Portus Magnus. Archäologische
Abteilung im Provinzialmuseum. W Talayot Talati
de D'Alt. Talayot Llucmassanet. → Trepuco.
Mahovljani Bosnien-Herzegowina, ca. 20 km nö
von Banja Luka. Spuren von slawischer Befesti-
gungsanlage.
Maiden Bower GB, Bedfordshire, bei Dunstable.
Eisenzeitliche Befestigung.
Maiden Castle GB, Cheshire, s von Chester. Ei-
senzeitliche Befestigung.
Maiden Castle* GB, Dorset, 4 km sw von → Dor-
chester. Spuren von Schutzwällen ab 3000 vor Chr.
Siedlung* aus der Eisenzeit, mit mehreren Erd-
wällen. Hünengräber. Spuren von römisch-kelti-
schem Tempel. Longbarrow.
Maiden Castle GB, Yorkshire, bei Grinton.
Alignments, Grabhügel, Erdwall.
Maiden Stone GB, Schottland, Grampion, 6 km n
von Inverurie. Mit keltischen und piktischen Sym-
bolen.
Maifaat Jemen-Süd. → Nakb al-Hajar.
Maihingen Deutschland, n von Nördlingen. Nw

auf dem Burgberg (Klosterberg, Mühlberg, Hagberg) jungneolithische Siedlungsstelle, eisenzeitliche Höhensiedlung. Wallburg. W auf dem Ulrichsberg ehemals vorgeschichtliche Höhensiedlung.

Maijishan Shiku China, Gansu, 45 km sö von Tianshu. Mai-chi-shan. Buddhistische Höhlenanlagen 4.-19. Jh., ca. 200 Grotten. Figuren, Wandmalereien.

Maikop GUS, Rußland, Kreis Krasnodar, am Kuban. Grabhügel von ca. 2300 vor Chr. von mindestens 10 m Höhe. Bronzezeitliche und sarmatische Funde.

Mailand Italien. Italienisch Milano, etruskisch Melpum, römisch Mediolanum. Reste bzw. Spuren von antiker Stadtmauer, von Thermen, Theater, Amphitheater, Zirkus. Baptisterium neben dem Dom, mind. ab 4. Jh. Ambrosiusbasilika mit antiken Resten. Reste von Teclakirche. Städtisches Archäologisches Museum.

Mailhac Frankreich, w von Beziers. Besiedelt zur Bronze- und Eisenzeit. Ehemals keltisches Oppidum. Iberische Nekropole.

Maimont Deutschland. → Schönau.

Main* Jemen-Nord, nö von Sana, sö von Al Hazm. Die Hauptstadt Karnawu der Minäer, 400-120 vor Chr., Nachfolgerin von Jathill (→ Baraqish). Tempelreste* 6./5. Jh. vor Chr. Reste von Osttor.

Main Jordanien, 12 km sw von Madaba. Biblisch Bet-Baal-Meon, spätrömisch Beelmeon, byzantinisch Belemunim. Siedlungshügel; Reste von frühchristlichen Kirchen mit Mosaiken ergraben.

Mainake Spanien, bei Malaga. Phokäische Gründung.

Mainhardt Deutschland, wsw von Schwäbisch Hall. Ehemals Standort von Kohortenkastell und Zivilsiedlung. Mauerreste. Im O Spuren eines Kleinkastells. S Reste von Limeswachttürmen 9/72,75,77. Heimatmuseum.

Mainlimes Deutschland. Mainlinie. Der → Limes zwischen Seligenstadt und Wörth.

Mainz Deutschland. Römisch Mogontiacum. Ehemals Kastell und Zivilsiedlung. Spuren der römischen Stadtmauer. Eichelstein*, Rest von Grabmonument auf dem Gebiet der neuzeitlichen Zitadelle. Brückenpfeilerreste an den Ufern. Theater und Amphitheater verschwunden. Dativius-Victor-Bogen-Nachbildung am Ernst-Ludwig-Platz. Jupitergigantensäule-Nachbildung auf dem Deutschhausplatz. Römersteine Mainz-Zahlbach, Reste von Aquädukt* 2. Hälfte 1. Jh. Ehemaliges Auxiliarlager und Siedlung Mainz-Weisenau. Römisch-Germanisches Zentralmuseum. Mittelrheinisches Landesmuseum. Institut für klassische Archäologie und Institut für Kunstgewerbe der Universität. Mainz-Kastel, ehemals Castellum Mattiacorum; heute Teil von → Wiesbaden.

Maiori I-Sardinien. → Tempio Pausania.

Maisprach Schweiz, Basel-Land, sö von Rhein-felden. Auf dem Sonnenberg Reste zweier Ringgräben einer frühgeschichtlichen Wehranlage.

Majdaloun Libanon, 7 km wsw von Baalbek. Méjéloun. Antike Säulen.

Majdel Aanjar Libanon, ca. 25 km s von Zahlé. Mejel Anjar. Burgruine mit Tempelrest. Sw → Dhekoué.

Majiabang China, Zhejiang, Norden. Neolithische Kultur, 5. und 4. Jh. vor Chr.

Makhrablur GUS, Armenien. → Ečmiadzin.

Makljenovac Bosnien-Herzegowina, an der Bosna in der Nähe von Doboj. Reste von römischem Lager 2./3. Jh. und von Zivilsiedlung. Altsteinzeitliche Fundstätte.

Makoraba Saudiarabien. Heute Mekka.

Makrakomi Griechenland, 30 km w von Lamia. Antik Macra Comae. Ehemalige Akropolis. Reste der antiken Stadt und von Stadtmauern.

Makrigialós Gr-Kreta, Südküste, 29 km ö von Ierapetra. Ehemals Makrygialos. Spätminoische Villa. Spätere Siedlungsspuren.

Makrissia Griechenland, 35 km sö von Pyrgos. Ehemals Makrysia. W das Gebiet des antiken Skillus. Reste eines dorischen Tempels. Kleiner dorischer Tempel 5. Jh. vor Chr. auf dem Babes-Plateau. Gebäudespuren 2. Hälfte 5. Jh. vor Chr.

Makrouna Libanon, 37 km sö von Tripoli. Felsgräber.

Makryrrachi Griechenland, Karditsa, nw von Lamia. Sw Reste von Umfassungsmauer 4. Jh. vor Chr. Kleine Akropolis mit Gebäudefundamenten.

Makrysia Griechenland. → Makrissia.

Maktar* Tunesien. Römisch Mactaris. Museum; Amphitheater; Forum. Trajansbogen 116 nach Chr., zu kleinem Fort ausgebaut. Hildegundsbasilika 5. Jh., mit Gräbern und Taufkapelle; Bacchustempel; Thermen; Kapitol; Mausoleum; Nekropole; Aquädukt. In der Umgebung Ruinenfelder, darunter → Hammam Zouakra (Tigimma), → (La) Kesra (Churisa), → Ksour Abd El Melek (Uzappa).

Maku Iran, n des Orumiyeh-Sees. Reste mehrerer armenischer Kirchen aus dem 11. und 12. Jh. Ca. 20 km s: armenisches Kloster Thadeosvank*.

Makynia Griechenland. → Mammaku.

Malabadi Türkei, 112 km ö von Diyarbakır. Brücke Batman Suyu 12. Jh.; Staumauer.

Málaga Spanien. Phönizisch Malaka. Römische Reste; Theater. Archäologisches Museum in der Alcazaba.

Malai Gr-Kreta, ca. 25 km nw von Ierapetra. 1½ km w Ruinen des antiken Malla.

Malaicas Syrien. → (Qalaat) Maniqa.

Mâlain Frankreich, 25 km w von Dijon. Antik Mediolanum. Ausgrabung von gallo-römischer Siedlung, 1. Jh. vor Chr. - 3. Jh. nach Chr. Ausstellung.

Malaka Spanien. → Málaga.

Mala Kolo Iran, bei Djangal Deh, nö von Teheran. Schloß.

Malambo Kolumbien, s von Barranquilla. Neolithisches Dorf, Ende 12. bis Ende 2. Jh. vor Chr.
Malandrinon Griechenland, sw von Amfissa. Antik Physkeis, Physkos. Reste von Stadtmauer. Reste von Akropolis mit Fundamenten. Kapelle Haghii Apostoli auf antiken Resten. Byzantinische Kirche an der Stelle eines Zeustempels. Rest von Athena-Tempel 5./4. Jh. S Turmreste.
Malang Indonesien, Java-Ost. Brawijaya-Museum. In der Nähe die Tempel → Jago, → Kidal, → Singosari.
Mala Proversa Kroatien. → Sali.
Malata Vojvodina. → Banoštor.
Malatya Türkei. Gegründet 1838. Archäologisches Museum. N → Eski Malatya (Melitene). N → Arslantepe (Milid).
Malaucène Frankreich, sö von Vaison-la-Romaine. Spuren eines Aquädukts der Wasserversorgung für → Vaison-la-Romaine.
Malazgirt Türkei, ca. 50 km n des Van-Sees. Armenisch Manzikert, Manazkert. Ehemals urartäische Festung. Stadtmauer und armenische Reste.
Malching Deutschland, nö von Simbach. Befestigte Höhensiedlung der Bronzezeit und jüngerer Zeiten.
Malchittu I-Sardinien. → Arzachena.
Malé Malediven, Insel und Hauptstadt im Kaaf Atoll (Male-Atoll). Moschee, das Gebäude ev. vorislamisch. Museum.
Malemir Iran. → Izeh.
Maletum I-Südtirol. Römisch; Mölten/Meltina, sö von Meran.
Maleventum Italien. → Benevento.
Mali Griechenland, Berg bei Prodomos. Umfassungsmauern einer alten Siedlung.
Malia* Gr-Kreta, 40 km ö von Iraklion. Ruinen eines bedeutenden minoischen Palastes von 2000 vor Chr. bis ca. 1450 vor Chr. Anlage um rechteckigen Innenhof. Wohnviertel. Neue Schutzdächer. Im N die Nekropole von Chrysolakkos. An der Marmara genannten Stelle Spuren einer frühchristlichen Basilika 6. Jh.
Malibu USA, Californien. The J. Paul Getty Museum.
Mali Lošinj Kroatien, Insel Lošinj. Wallburgen um Luka Mali Lošinj.
Malinalco Mexiko, sw von Mexico-City, w von Cuernavaca. Ausgrabungen von aztekischem Zeremonialzentrum; Tempel, Sonnentempel.
Mali Ogradenik Bosnien-Herzegowina. Vorgeschichtliche befestigte Siedlung.
Maliq Albanien, s des Ohrid-Sees. Maliqi. Spuren von ehemals großer Pfahlbausiedlung, frühe Jungsteinzeit bis späte Bronzezeit.
Malla Gr-Kreta. → Malai.
Mallawi Ägypten, 280 km s von Kairo. Mellaui. Archäologisches Museum.
Mallia Gr-Kreta. → Malia.
Malo Gradišće Kroatien, Insel Brač. Wallburg.
Malo Zalošje Bosnien-Herzegowina, bei Bihać.

Römische und frühchristliche Reste. Rest einer Kirche 5. Jh.
Malsfeld Deutschland, s von Melsungen, s von Kassel. Beiseförth: ö in der Fuldaschleife eisenzeitlich-frühmittelalterlicher Ringwall.
Maltai Irak, ca. 65 km n von Mosul. Assyrische Basreliefs.
Maltaş Türkei. → Arslantaş bei Afyon.
Mal Tepe Türkei. → Bergama.
Maltepe Türkei, sö von Üsküdar. Siedlungshügel. Die neue Ortschaft liegt am Meer an der Stelle des antiken Brias.
Maltepe Türkei, 22 km nw von Akhisar, s von Balıkesir. Hügel mit den Ruinen des antiken Nacrasa.
Maltepe Türkei, bei Mut, nw von Silifke. Neolithisch.
Maltesana Griechenland, Insel Astypaläa. Römisches Bad mit Mosaiken.
Malthi Griechenland, Peloponnes, 25 km ö von Kyparissia. Antik ev. Dorion. Akropolis und Unterstadt. Zwei Kuppelgräber.
Malveriatum Bosnien-Herzegowina. → Bratunac.
Malwa Indien, Rajasthan/Madhya Pradesh, nördliches Decca. Chalkolithische Kultur, 1600-1300 vor Chr. Fundorte z.B.: → Inamgaon, → Kayatha, → Nagda, → Navdatoli.
Malyan, Tell-i Iran, ca. 80 km n von Schiraz. Die ehemalige elamitische Hauptstadt Anschan. Besiedelt ab ca. 5000 vor Chr. Ausgrabungen von Gebäuden.
Mamallapuram Indien. → Mahamallapuram.
Mamas Israel. → Binyamina.
Mamasun Türkei, 20 km ö von Aksaray. Mamasim-Stausee. Reste von drei Klöstern. Köy Ensesi Kilisesi mit Fresken.
Mamatir Iran. → Babol.
Mambre Israel. → Haram Ramet el Khalil.
Mamistra Türkei. → Misis.
Mammaku Griechenland, 31 km ö von Missolunghi. Antik Makynia. Stadtmauern und Stadtreste.
Mampsis Israel. → Mamshit.
Mamre Israel. → Haram Ramet el Khalil.
Mamshit* Israel, sö von Dimona. Griechisch Mampsis, arabisch Kurnub. Nabatäisch-byzantinische Ruinenstadt. Stadtmauern 4./5. Jh. Reste von Befestigungen, Türmen, Kirchen* mit Mosaiken, Wohnhäusern, Ställen, Karawanserei, Bad. Dämme, Wasserreservoir, nabatäische Nekropole.
Mam Tor GB. → Castleton.
Man GB, Insel. → Douglas. → Port Erin. → Saint John's.
Manacor Spanien: Mallorca. Römisch Cunicium. Archäologisches Museum mit römischen und frühchristlichen Mosaiken aus der Umgebung. Nekropole 1800-1500. Naveta Escoll. Talayot S'Hospitalet. Talayot Bellver-Ric.
Manaki Griechenland, sw von Edessa. Felsritzun-

gen, steinzeitliche Kultplätze.

Manastirica Serbien. Ehemals hallstattzeitliche Siedlung. Funde in → Požarevac (Passarowitz).

Manavgat Türkei, 72 km ö von Antalya. Ruinen bei den Wasserfällen*. Römisch-seldschukische Brücke. Aquäduktreste.

Manazan Türkei. → Ibrala.

Manazkert Türkei. → Malazgirt.

Manbig Syrien, nö von Haleb. Altsyrisch Mabbog. Antik Hierapolis. Ehemals Menbidj. Spuren von Befestigungsanlagen. Antiker heiliger See. Moschee von 1156.

Mancheng China, Hebai (ehemals Hopei-Hopeh), 140 km sw von Peking. Man-ch'eng. Grab des Prinzen Liu Sheng (+113 vor Chr.) und der Gemahlin Tou Wan.

Manchester GB. The Manchester Museum.

Manching* Deutschland, sö von Ingolstadt. Besiedlung mindestens während der mittleren und späten Latènezeit. Keltisches Oppidum ab ca. 200 vor Chr. bis Mitte 1. Jh. vor Chr., ev. die Hauptstadt der Vindeliker; Name unbekannt. Reste* (ca. 2 km) des ehemals 7 km langen Walles mit Graben, Südtor (Zangentor) und Osttor; archäologischer Wanderpfad. Römische Straßenstation und ehemaliges Kastell Valletum in Bahnhofsnähe. Gemeindemuseum (Voranmeldung!).

Mancunium GB. Römisch; Manchester.

Mandagapattu Indien, Tamil Nadu, 40 km w von Pondicherry. Felsentempel 1. Hälfte 7. Jh.

Mandalagiri Vihare Sri Lanka. → Medirigiriya.

Mandalay* Birma/Union Myanmar. Ehemals Ratanapunja, Hauptstadt ab 1857. Tempelberg Mandalay-Hill*. Kyauk Tawgyi Pagode. Sandami Pagode. Atunashi-Kloster, Reste. Shwe Nandaw Kyaung (Kloster), Kuthodaw Pagode. Palastmauern, Königspalast zerstört. Shwekyi Myin Pagode, ab 12. Jh. Maha Muni Pagode. Nationalmuseum.

Mandapeshvar-Höhlen Indien. → Mount Poinsur.

Mandetrium Bosnien-Herzegowina. Antik; Mostar.

Mandeure Frankreich, Dep. du Doubs, s von Montbéliard. Römisch Epomanduodurum, Epomanduorum. Theaterreste.

Mandore Indien, Rajasthan, 8 km n von Jodhpur. Hauptstadt von Marwar, zeitlich vor Jodhpur. Park mit Grabdenkmälern; Schrein der 330 Millionen Götter. Ruinen von Festung und Tempel, 6.-8. Jh.

Mandra Antine I-Sardinien, w von Thiesi. Domus de Janas; Malereien.

Mandraki Griechenland, Dodekanes-Insel Nisyros. Spuren der antiken Stadt Nisyros. Akropolis. Antike Hafenmole. Stadtmauer 5.-4. Jh. vor Chr. Rest von frühchristlicher Basilika, 5./6. Jh. Friedhof 6. Jh. vor Chr.

Mandu* Indien, Madhya Pradesh, 80 km sw von Indore. Anfänge im 11. Jh. 1405-1560 Hauptstadt eines unabhängigen islamischen Reiches. Ehemals befestigte Stadt auf 6x8 km großer Hochfläche.

Moscheen und Paläste ab 15. Jh.

Manduria Italien, Basilicata, ö von → Tarent. Mandurium. Megalithische Mauern und Felsgräber 5.-3. Jh. vor Chr. "Plinius-Brunnen", ev. eine antike Kultstätte, neuzeitliche Ummauerung. Nekropole.

Mandurium Italien. → Manduria.

Mane Frankreich, Provence. Römerbrücke über die Laye.

Mané-Braz Frankreich, Bretagne, nähe Erdeven. Dolmen und Menhire. → Carnac.

Mané-er-Hroek Frankreich. → Locmariaquer.

Manegordos Türkei. Antik; heute Kızılcahamam, nw von Ankara.

Mané-Groc'h Frankreich. → Carnac.

Mané-Kerioned Frankreich. → Carnac.

Manfredonia Italien, Apulien. Rest von frühchristicher Kirche. Im Museum Funde aus → Siponto.

Mangalia Rumänien, südliche Schwarzmeerküste. Antik Callatis. Reste von Stadtmauer, Basilika 5./6. Jh., Theater, Säulenhalle, Tempel. Grab 4. Jh. vor Chr. Kleines archäologisches Museum.

Manganari Griechenland, Insel Ios. Ausgrabungen aus der Zeit der Kykladenkultur (3. Jtsd. vor Chr., dortige frühe Bronzezeit). Gräber 3. Jtsd. vor Chr.

Manggyu Indien, Ladakh. Tibetanisches Kloster seit 11. Jh. Mehrere Tempel, Skulpturen, Malereien, Tschörten.

Mangnang Tibet, Westen. Tempelrest 11. Jh.

Mangoldsburg Schweiz. → Bülach.

Mangomarca Peru, bei Lima. Lehmziegelruinen; christliche Kapelle.

Mangyr-Kala GUS, Turkmenien, s des Aralsees. Reste von großer Stadt 1. Hälfte 1. Jtsd. nach Chr.

Mani Mexiko, Yucatan. Ehemalige Siedlung der Maya.

Manikata Malta. Zahlreiche Wohnhöhlen seit dem Neolithikum. Felsgräber; Gleitkarrenspuren.

Manikweni Mocambique, Ostküste, ca. 22. südlicher Breitengrad. Umfassungsmauer 9./10. Jh.

Manikyala Pakistan, s von Islamabad. Stupa.

Maniqa, Qalaat Syrien, bei Mecherfe, in der Nähe von Dweir Baabda, ca. 58 km s von Lattakia. Ksabiye. Malaicas der Kreuzfahrerzeit. Burgruine.

Manisa Türkei, 42 km nö von Izmir. Magnesia am Sipylos, Magnesiopolis. Am Manisa Dağı vorgeschichtliche Höhlenwohnungen; Yarık Kaya-Grotten. Muradiye Camii mit antiken Säulen. Kleines archäologisches Museum. Ulu Camii mit antiken Säulen und Kapitellen. Sultan Camii mit antiken Säulen. Ehemalige Akropolis auf dem Sandık Tepesi mit Mauern 7./8. und 13. Jh.

Manitou Springs USA, Colorado, nähe Denver. Manitou Cliff Dwellings Museum.

Mankmoos Deutschland, sö von Wismar, ö von Waren. 2½ km ö Reste von Großsteingräbern.

Mannersdorf Österreich, NW-Hang des Leithagebirges. Heimatmuseum.

Mannheim Deutschland. Städtisches Reiss-

Museum mit archäologischen und völkerkundlichen Sammlungen.

Manolada Griechenland, 35 km sw von Patras. Ehemalige Frankenfestung; heute Vardas.

Manorbier GB, Wales, Dyfed, 10 km sw von Tenby. Sw Dolmen King's Quoit.

Manos Rojas Mexiko, Campeche, 22 km w von Xpuhil. Maya-Ruinenstätte, 2. Hälfte 1. Jtsd. nach Chr.

Mans, Le Frankreich, Reste von gallo-römischen Befestigungen 3. und 4. Jh. Menhir.

Mansura, El Ägypten, Delta. Ausgrabungen einer Siedlung ab 3200 vor Chr. und von phönizischem Hafen. S → (El) Baqlija.

Mansura Pakistan. Ehemalige Hauptstadt des Sind. Ausgrabungen.

Mansurabad Iran, bei Deh Now, 110 km n von Kazerun. N die Reste des Ortes Schahr-i Lut. Spuren eines Staudamms der Sassanidenzeit. Ruinen einer Mühle aus frühislamischer Zeit. Felsgrab Da u Dokhtar, ev. nachachämenidisch.

Mansur Tepe GUS, Turkmenistan, in der Nähe von → Nissa. Ausgrabungen von parthischen Resten.

Manta Ecuador, Küste. Ehemaliges Kultzentrum am Rande der Stadt. Manteño-Kultur 500-1300 nach Chr.

Mantamados Griechenland, Lesbos (Mytilene). Reste von Gräbern, Reliefs. Reste von frühchristlicher Basilika Agios Stefanos.

Mantara, Qasr el Libanon, 6 km sö von Saida. Burgruine. Felskapelle.

Mantaro Peru, ca. 370 km ö von Lima. Altperuanische Kultstätte.

Mantibre Spanien, wenig n von Logroño. Römische Brücke.

Mantineia Griechenland, Peloponnes, 14 km n von Tripolis, bei Milea. Spuren der antiken Stadt Mantineia. Ehemalige Akropolis. Reste von Stadtmauer, Agora, Tempeln, Theater.

Mantinum F-Korsika. Römisch; Bastia.

Mantoche Frankreich, nw von Besançon. Fürstengrabhügel.

Mantota Sri Lanka. Wichtiger Hafen während der Anuradhapura- und Polonnaruwa-Ära. Ausgrabungen.

Mantua Italien. Mantus. 12 km außerhalb am Minico Spuren einer etruskischen Stadt, 5. Jh. vor Chr. Archäologisches Nationalmuseum.

Manunu Französisch-Polynesien, Insel Huahine, NO-Küste. Marae.

Manzano-Tal Guatemala, Provinz El Progreso, nö von Ciudad de Guatemala. Ruinenstätte.

Manzanilla Mexiko, 20 km nw von Puebla, bei Resurrección. Ehemaliges Zeremonialzentrum mit Terrassen, zwei Ballspielplätzen.

Manziana Italien, w des Bracciano-Sees. Gräber ab 8. Jh. vor Chr.

Manzikert Türkei. → Malazgirt.

Ma-Og Spanien, Menorca. → Mahón.

Maon Israel, s von Gaza, bei Nirim. Spuren einer Synagoge 5.-6. Jh. Mosaik jetzt in Canberra.

Maongudu Malediven, im Shaviyani-Atoll. Vorislamische Ruinen.

Mapungubwe RSA, Berg im nördlichen Transvaal, ca. 1½ km s des Limpopo, Grenze nach Simbabwe. Ausgrabungen im Stil → Zimbabwes. Mauern und Gebäudereste.

Maqam er Rab Libanon. → Aydamoun.

Maqlub, Tell Jordanien, 56 km n von Es Salt, ö des Jordan. Ev. das antike Abel Metolah.

Maracitanus Tunesien, n von Maktar, 1 km von → Kbor Klit. Ruinen.

Maraclea Syrien. → Kharab Marqiya.

Maragha Iran, sö des Orumiyeh-Sees. Maragheh. Ehemals Hauptstadt der Aksonkoriden nach dem Jahrtausendwechsel. Residenz der Il-Chane Mitte 13. Jh. Mausoleum Gunbad-i Kabul, 1196. Mausoleum Gunbad-i Surch, 1147/1148. Mausoleum Gunbad-i Djaffariye, 1. Hälfte 14. Jh. → Gasak.

Marajo Brasilien, Insel in der Amazonasmündung. Siedlungshügel; Schichten 1000 vor Chr. bis 1500 nach Chr. Wohnplätze, Graburnen.

Marakanda GUS, Usbekistan. → Samarkand.

Marand Iran, nö des Orumiyeh-Sees. Moschee 1330.

Marandjan-Tepe Afghanistan. Maranjan. → Kabul.

Maranga Peru. → Ancón.

Maraş Türkei. → Kahramanmaraş.

Marasa GUS, Aserbaidschan. Mausoleum Diri-Baba.

Maratea Italien, Basilikata, Westküste, sö des Golfs von Polikastro. Reste von römischen Villen; z.B. auf dem Monte San Biagio.

Marathon Griechenland, ca. 40 km nö von Athen. Schlacht 490 vor Chr. Museum. Der antike Ort bei Aghois Pantaleimon. 5 km s Soros (Grabhügel) der Athener. Grabhügel der Platäer bei Vranas. S mykenische Akropolis, mehrere Grabhügel. Im ehemaligen Lager der Athener Reste des Herakleions. Reste von zwei Kirchen. W des heutigen Marathon Reste des antiken Oinoe.

Marathus Syrien. → Amrit.

Marayur Indien, ö von Cochin. Megalithgräber, Ganggräber.

Marbella Spanien, Andalusien. Römische Mauerreste in der Alcazaba. Römische Brücke.

Marca Huamachuco Peru, ö von Trujillo. Ruinen.

Marcahuasi Peru, bei San Pedro de Casta, ö von Lima. Orakelstätte der Huari-Kultur. Mauern und Türme.

Marcanay Peru, s von Espiritu Pampa (→ Vilcabamba). Ruinen.

Marcellina Italien, ca. 40 km nö von Rom, beim Convent S. Francesco. Reste.

Marcellina Italien, Kalabrien, W-Küste 39°46' N. Ehemals lukanischer Ort Laos. Ausdehnung des antiken Laos von San Nicola Arcella bis → Cirella. Reste von Stadtmauer und Häusern. Nekropole.

March Deutschland, nw von Freiburg, zwischen Buchheim und Hugstetten. Vier Grabhügel.

Marcha Ägypten, Sinai-Westküste, 140 km sö von Suez. Ruinen von Hafen und kleinem Tempel; Neues Reich.

Marchenilla Spanien, 15 km sö von Sevilla. Castillo auf römischen Grundmauern.

C.Marciana Traiana Thamugadensium Algerien. → Timgad.

Marcianopolis Bulgarien, w von Varna. Ehemals römisch Festung. Der heutige Ort Devenski Isvori. Reste.

Marcina Italien. → Salerno.

Marcodurum Deutschland. Römisch; heute Düren.

Marcomagus Deutschland. Römisch; heute Marmagen, sw von Bad Münstereifel.

Mardakjan GUS, Aserbaidschan, nö von Baku. Burg* 14. Jh. Turmfestung 1232.

Mardikh, Tell Syrien, 55 km sw von Haleb. Mardich. Ehemals Hauptstadt des Staates Ebla (Ibla). Besiedelt ab 3500 vor Chr. Blütezeit 2400-1800 vor Chr. Umfangreiche Reste einer Stadt der mittleren Bronzezeit mit Königssitz. Akropolis, Stadtmauern, Tore, Palast, Tempelbezirk, Tontafelarchiv, Hypogäen.

Mardin Türkei, sö von Diyarbakır. Antik Marida, Maridus. Zitadellenreste ab römischer Zeit (Telhan Kalesi). Archäologisches Museum.

Mardocha Syrien. Antik; heute Marduk, 22 km n von Suweida.

Mardorf Deutschland, sö von Marburg. 2 km s auf der Hunnenburg ehemals Befestigung der Hallstatt- und Latènezeit; keltisches Oppidum. Ringwall.

Marechiaro Italien, Halbinsel zwischen Pozzuoli und Neapel. Ruinen von: Fortuna-Tempel, römischem Palazzo degli Spiriti, der Villa Pausilypon. Grotte des Sejanus, ein 900 m langer Tunnel, 37 nach Chr.

Maresha, Tel Israel, 2 km s von → Bet Guvrin. Griechisch Marissa. Befestigung ab 10. Jh. vor Chr. Ausgrabungen. Höhlensiedlung, Columbarium, zwei Grabkammern 2. Jh.

Margarethenwall Deutschland. → Danewerk.

Margat Syrien. → (Qalaat) Marqab.

Margiana GUS, Turkmenistan. → Merw.

Mari Syrien. → (Tell) Hariri.

Maria Enzersdorf am Gebirge Österreich, s von Wien. Auf dem Kalenderberg am Nordrand Wall, ev. hallstattzeitlich. N davon: Hirschkogel mit ehemaliger spätneolithischer Ansiedlung.

Mariana Korsika, nähe Golo-Mündung. Antike Stadt, gegründet 100 vor Chr. Kirchen La Canonica und San Parteo. Auf dem Gebiet der antiken Stadt Reste von römischen Mauern, Bädern, Mosaiken. Ruinenfelder.

Mariana Spanien. Antike Siedlung; Almagro, sö von Ciudad Real.

Maria Saal Österreich. An der Kirche römische Steine. Lapidarium im Propsteigebäude. → Karnburg. → Grazerkogel. → Virunum.

Marib* Jemen-Nord, ca. 165 km ö von Sana. Stadt 900 vor Chr. bis 600 nach Chr. Hauptstadt des sabäischen und später des himjaritischen Reiches. Stadtruine*. Awwam-Tempelbezirk für den Mondgott Ilumquh (Almaqah), 8./7. Jh. vor Chr., mit vorgelagerten Bauten 5. Jh. vor Chr. S Schleusenreste* eines Dammes für Bewässerungszwecke, ca. 600 vor Chr., ev. an der Stelle eines Vorgängers aus dem 2. Jtsd. vor Chr.; in Gebrauch bis 570 nach Chr. W Tempel Waddum du-Masmacim, 700 vor Chr.

Maribor Slowenien. Deutsch Marburg. Synagoge auf römischen Resten. Regionalmuseum.

Marida Türkei. → Mardin.

Marienberg Deutschland, bei Schulenburg, Stadt Pattensen, s von Hannover. Nw von Nordstemmen Wallanlage, ev. eisenzeitlich. Nw hiervon Wallanlage Sachsenwall.

Marin Spanien, Galizien, sw von Pontevedra. Reste aus vorgeschichtlicher Zeit; Burgruinen. Labyrinth von → Mogor.

Marina di Gioiosa Iónica Italien, Kalabrien, Ostküste, nö von Locri. Kleines römisches Theater 1. Jh. vor Chr. Nw → Gioiosa Iónica.

Marina Grande Italien, auf Capri. Römische Ruinen Palazzo a Mare. Felstreppe Scala Fenicia.

Marina-Grotte Libanon. → (El) Qalamoun.

Marina di Lago di Pátria Italien, 23 km nw von Neapel, am Meer. Ruinen des römischen Liternum: Reste von kleinem Theater, Forum, Basilika, Tempel 2. Jh. vor Chr., Amphitheater.

Marina Piccola Italien, auf Capri. Gärten des Augustus.

Marina San Giovanni Italien, s von Lecce, am Golf von Tarent. Ausentum, Usentum. Ruinen.

Marion Zypern, Westen. Antik; heute Polis. Ausgrabungsgelände. Nekropole.

Marissa Israel. → (Tel) Maresha.

Markab Syrien. → Baniyas.

Markandeh Afghanistan, w von Kabul. Ruinenstätte.

Markansu GUS, Tadschikistan, nw des Karakul-Sees. Neolithische Funde.

Markasi Türkei. → Kahramanmaraş.

Market Overton GB, Leicestershire, 14 km ö von Melton Monbray. Reste der römischen Siedlung, Umwallungen.

Markopoulo Griechenland, 20 km sö von Athen. In der Mesogäa zahlreiche antike Grabstätten.

Marksburg Deutschland. → Braubach.

Marksville USA, Louisiana. Tempelhügel.

Marktbreit Deutschland. Auf dem Kapellenberg römisches Legionslager festgestellt.

Marlik Tepe Iran, ö von Rasht, in der Nähe des Kaspischen Meeres, bei Lahidjan. Tscheragh'Ali

Tepe. Ausgrabungen ab 2. Hälfte 2. Jtsd. vor Chr. Königsfriedhof Ende 2. Jtsd. vor Chr.

Marloes GB, Wales, Dyfed, 20 km sw von Haverfordwest. Prähistorisches Klippen-Castle, Wälle und Gräben.

Marmaraereğlisi Türkei, 100 km w von Istanbul. Mauerreste des antiken Perinth.

Marmaria Griechenland, Naxos, s von Zangri. Agios Yoannis Gyroulas. Grundmauern eines Gebäudes 6. Jh. vor Chr.

Marmaris Türkei, Südküste, 60 km s von Muğla. Antik Physkos. Die Akropolis n am Asar Tepe. Stadtmauerreste.

Mar Musa Syrien, 95 km nö von Damaskus. Klosterruine.

Marne Deutschland, nw von Brunsbüttel. Heimatmuseum.

Marokkanischer Limes Marokko. Befestigungslinie zwischen Küste unweit (s) von Rabat und der Gegend Oued Bouregreg - Zusammenfluß mit Oued Akrèch. In der Art Fossatum, bestehend aus Graben, hier bis 4 m tief, und daneben verlaufender Bruchsteinmauer. Auf einer Länge von ca. 3 km freigelegt. Auch in der Nähe von → Volubilis (bei Tocolosida bei Ain el-Kerma) festgestellt.

Marolla Österreich. → Klagenfurt.

Maronea Griechenland. → Kamarisa.

Maronia Griechenland, Thrakien, sö von Komotini. Antik Maroneia. Reste von Akropolis 13./12. Jh. vor Chr. Byzantinische Befestigungsreste.

Maroun, Qalaat Libanon, ca. 25 km ö von Sour (Tyrus), n von Srifa. Ruine von arabischer Burg; ev. an der Stelle einer antiken Vorgängerin.

Marpissa Griechenland, Insel Paros. Gräberfelder 3200-2700 vor Chr. Spuren der antiken Siedlung Hyrie in Marmara.

Marqab, Qalaat* Syrien, 57 km s von Lattakia, bei Baniyas. Margat der Kreuzfahrer. Reste einer Burg 1. Hälfte 12. Jh.

Marratxi Spanien, Mallorca. Unterirdische Gräber Son Coulelles.

Marros GB, Wales, Carmarthen. Grabhügel und Steinkiste von Morfa Bychan.

Mar Saba* Israel, 16 km ö von Betlehem, im Kidrontal. Byzantinisches Kloster, ab 5. Jh. Befestigungen seit 6. Jh. Wiederaufgebaute Kapellen, Grotten. → Muntar.

Marsala I-Sizilien. Antik Lilybaeum. Ausgrabungen; Reste von Befestigungen, Thermen 3. Jh.; Mosaike. N Punisch-römische Nekropole. N → San Pantaleo.

Marsa Matruh Ägypten, 290 km w von Alexandria. Antik Amonia, Paraetonium. Reste von Siedlung, Hafen, frühchristlicher Kirche.

Marsaskala Malta, Osten. 1 km w der Bidni-Dolmen. Tempelspuren in der Nähe von San Leonardo.

Marsa Susa* Libyen. Antik Apollonia, Hafen von

Cyrene. Griechische Gründung 7. Jh. vor Chr. Reste: Mauer. Akropolis 4. Jh. vor Chr. Griechisches Theater. Christliche Basilika 5. Jh. und Taufkapelle 6. Jh. Byzantinischer Palast. Hafenreste unter Wasser. Aquädukt. Gräber.

Marsaxlokk Malta. 1 km LL n → Hal Ginwi. 1 km nö → Tas Silg. 2½ km ö → Xrobb il-Ghagin.

Marseille Frankreich. Griechisch Massalia, römisch Massilia. Mauerreste 3. und 2. Jh. vor Chr., Museum römischer Docks. Reste eines Theaters. Eglise Saint Victor mit Katakomben und Resten seit 5. Jh. Archäologisches Museum.

Marsiliana Italien, nö von Orbetello. Ehemalige etruskische Stadt. Etruskische Nekropole.

Marsonia Kroatien, 195 km osö von Zagreb. Römisch; Slavonski Brod.

Marsoulas Frankreich, ö von Saint Gaudens. Altsteinzeitliche Höhle.

Martaban Birma/Union Myanmar, nw von Moulmein, an der Mündung des Salween. Ehemals Hauptstadt.

Martand Indien, Kashmir, sö von Srinagar. Reste von Surya-Tempel (Sonnen-Tempel), 8. und 15. Jh.

Martanum Italien, w von Tarquinia. Ehemalige antike Siedlung. Römische Reste am Meer.

C.Martia Iulia Salona Kroatien. → Solin.

Martiel Frankreich, Aveyron. Dolmen du Bois del Rey.

Martigny Schweiz, Wallis. Ehemals keltisches Oppidum. Römisch Octodurus, Octodurus Forum Claudii. Reste von römischem Amphitheater. Museum mit Tempelfundamenten. Promenade Archéologique mit Villenresten.

Martinhoe GB, Devon. Eisenzeitliche Befestigung.

Martin's Down GB, Dorset, w von Dorchester. Langhügelgrab, Erdwälle.

Martorell Spanien, bei Barcelona. Antik Velobis, römisch Tolobi. Brücke seit der Antike, wiederaufgebaut. Triumphbogen für Hamilcar Barca, wiederaufgebaut.

Martos Spanien, ö von Córdoba. Iberisch Tucci. Römisch C.Augusta Gemella. Römische Reste.

Marturanum Italien. → Barbarano Romano.

Martyropolis Türkei. → Silvan.

Maruvium Italien, bei San Benedetto dei Marsi, ö von Avezzano. Antike Stadt. Reste von Stadtmauer und Amphitheater.

Mary GUS, Turkmenistan. Ö → Merw.

Maryport GB, 10 km nw von Cockermouth, Cumbria. Ehemaliges römisches Fort Aluna. Römische Altäre.

Marzabotto Italien, 30 km sw von Bologna. → Abb. 36. Ehemals kupferzeitliche und Villanovasiedlung. Etruskische Siedlung 6.-4. Jh. vor Chr., ev. die Stadt Misa. Ausgrabungen: Akropolis mit vier sakralen Bauten und kleiner Nekropole. Wohnviertel. Nekropolen*. Museum.

Marzoll Deutschland, nö von Bad Reichenhall.

Römische Villa 2. Hälfte 2. Jh. festgestellt.

Masada Israel. → Metsada.

Maşat Hüyük Türkei, ca. 30 km sw von Zile, s von Amasya (s von Samsun). Hethitisch Tapigga. Phrygisch ab 6. Jh. vor Chr. Ausgrabungen; hethitische und eisenzeitliche Schichten, Palastanlage.

Masauda, Qasr Ägypten. → (El) Hais.

Mas-d'Azil Frankreich, s von Toulouse. Grotte mit prähistorischen Zeichnungen (Magdalénien), namensgebend für das "Azilien". Funde jungpaläolithisch und mesolithisch. Kapelle 3. Jh. Nw Dolmen.

Maschasch, Tel Israel. 2 km von Beersheva.

Maschio di Lariano Italien, sö von Rom, 10 km n von Velletri. Antik Algidum. Ruinen von Befestigungsanlagen.

Maschuta, Tell el- Ägypten, Delta, w von Ismailija, im → Wadi Tumilat. Altägyptisch Tjeku. Biblisch Pithom. Antik Heroonpolis. Tempelbezirk (ab 26. Dynastie) ausgegraben.

Masdjid-i Suleiman Iran, 148 km n von Ahvaz. Terrasse 7. Jh. vor Chr.

Mashguna Ägypten, 30 km s von Kairo. Nekropole von Memphis. Pyramide Amenemhet's IV. Pyramide der Königin Sobek-Nofru.

Maski Indien, Karnataka, Raichur-Distrikt. Megalithische Nekropole. Felsmalereien.

Masos, Tel Israel. → (Khirbet el) Msas.

Masrur Indien, Himachal Pradesh, 12 km s von Kangra. Reste von Felsentempeln ab 8./9. Jh.

Massa Marokko. Antike Stadt, w von Tifeghal angenommen.

Massaciúccoli Italien, s von Massarosa, sö von Viaréggio. Römische Villa, Thermen.

Massada Israel. → Metsada.

Massa Marittima Italien, sw von Siena. Massa Veternensis. Hellenistisch-römische Reste auf dem Poggio Castiglione bei Massa. Ringmauer. Museum.

Massa Martana Italien, ö von Todi, s von Perugia. Brücke 3. Jh. vor Chr.

Massarosa Italien, ö von Viaréggio. Besiedlung überwiegend 8.-3./2. Jh. vor Chr.

Massauaka Ägypten, Oase → Dachle. Felsgräber, 1. und 2. Jh. nach Chr.; Malereien.

Massilia Frankreich. → Marseille.

Massin, Tell Syrien, n von Hama, 3 km nw von Suran, dem antiken Schurun. Reste mitannischer Siedlung vom Ende des 3. Jtsds. vor Chr. und der Mitte des 2. Jtsds. vor Chr. Hellenistische und römische Reste.

Massongex Schweiz, Wallis, 17 km n von Martigny. Römisch Tarnaiae. Ausgrabungen von Thermen, Mosaik.

Mastaura Türkei, bei Nazilli, ö von Aydin.

Mastichari Griechenland, Insel Kos. Ruine von christlicher Basilika 5. Jh. mit Mosaikresten.

Mastirine Kroatien, ö von Zadar, sw von Novigrad. Reste von römischer Villa. Vorromanische Kirche.

Mastjugino GUS, Rußland, bei Woronesch. Kurgan.

Mastramella Frankreich. → Saint-Blaise.

Masyaf Syrien, 54 km osö von Baniyas, w von Hama. Stadtmauer von 1248. Burgreste.

Mat Indien. → Mathura.

Matabi, El- Jordanien. Dolmenfeld.

Matacapan Mexiko, 170 km sö von Veracruz, bei Sihuapan. Siedlung 1. Hälfte 1. Jtsd. nach Chr. Ca. 60 Hügel.

Mataira Französisch-Polynesien, Insel Huahine. Großer Marae.

Matala Gr-Kreta, sw von Phaistos. Antik Metallon. Antiker Hafen von Gortys und Phaistos. Römische Reste. Höhlen seit antiker Zeit, in christlicher Zeit zu Gräbern ausgebaut. → Abb. 42.

Matalen-Amazar Algerien, 25 km LL osö von Djanet. Felsmalereien im Tassili n'Ajjer.

Matara Äthiopien, Eritrea, n von Adigrat. Antik Coloe, Koloë. Reste einer aksumitischen Stadt 5. Jh. vor Chr. bis 7. Jh. nach Chr. Mauerreste, Spuren von christlichen Monumenten. Stele.

Matarense Tunesien. Antike befestigte Siedlung; ev. an der Stelle des heutigen Mateur, 69 km nw von Tunis.

Matarîja, El- Ägypten, nö von Kairo. Tell Hisn. Altägyptisch Iunu, Biblisch On, antik Heliopolis. Ausgrabungen der alten Stadt. Obelisk Sesostris'I. Weiterer Obelisk zerbrochen.

Mataró Spanien, nö von Barcelona. Römisch Iluro, Ilduro. Villa romana de Torre Llauder. W → Burriac, → Cabrera.

Matauros Italien. → Gioia Tauro.

Matendere Simbabwe, Buhera-Distrikt, 135 km nö von Zimbabwe. Gebäude im Zimbabwe-Stil.

Matera Italien, Basilicata. Ca. 130 Felsenkirchen, ab 8. Jh., hauptsächlich 11. Jh. Höhlenwohnungen Sassi. Neolithische Höhle Pipistrelli. Neolithisches Dorf auf der Serra d'Alto. Museum mit archäologischer Abteilung. W → Timmari.

Mathia Gr-Kreta, ca. 10 km sö von Kasteli. Reste von spätminoischer Siedlung. Reste von römischer Villa.

Mathura Indien, Uttar Pradesh. Besiedelt ab 6. Jh. vor Chr. und 1.-3. Jh. nach Chr. Funde. Winterresidenz der Kushanherrscher. Ehemals buddhistisches Zentrum. Königstempel in Mat entdeckt. Ausgrabungen in Sonkh. Skulpturen: Abart der Ghandarakunst. Archäologisches Museum. 10 km n → Vrindaban. 10 km osö → Mahaban.

Matignons, Les Frankreich, Saintonge. Ehemals neolithische Festung.

Matisco Frankreich. → Mâcon.

Matmar, El Ägypten, ö von Assiut. Friedhof des Alten Reiches.

Matrei in Osttirol Österreich. Antik Matreium. Reste einer vorgeschichtlichen Wallburg. → Guggenberg.

Matreium Österreich. Römisch; Matrei am Brenner.

Matreium Österreich. → Matrei in Osttirol.

Matria Tunesien, nw von Teboursouk. Antikes Municipium Numulitanum. Reste von: Tempel, Thermen, Zisternen, Altar, Forum, christlichen Basiliken.

Matrica Ungarn. Römisches Kastell s von Százhalombatta-Dunafüred, s von Budapest. Kastellbad, Gräberfeld.

Mattan Indien, Jammu und Kashmir, sö von Srinagar. Tempelruinen; 8. Jh.

Matthewstown Irland, sw von Waterford. ND237. Bronzezeitliches Galeriegrab.

Mattiacorum, Castellum Deutschland. → Wiesbaden.

Mattinata Italien, nö von Manfredonia. Vorgeschichtliche Totenstadt am Monte Saraceno. Funde in → Manfredonia.

Mattium Deutschland. Ehemaliger Hauptsitz der Chatten. Als Standort wurde auch die Altenburg 2 km w von → Niedenstein sw von Baunatal in Betracht gezogen. Nach der Zerstörung durch die Römer ca. 15 nach Chr. Wiederansiedlung der Reste der Bevölkerung an anderer Stelle.

Maucalivitaca Peru, 90 km LL ssö von Cuzco. Ruinen.

Maucallacta Peru, s von Cuzco. Ruinen.

Mauern. Meist zu Verteidigungszwecken, vereinzelt zur Eingrenzung von Acker- oder Weideland errichtete Befestigungsanlagen.
→ Alexanderdamm.
→ Anastasioswall.
Awarenwälle → Nagykörös.
→ Bergalinger Landhag.
→ Dane's Dyke.
→ Danewerk.
Dwejra Lines → Victoria Lines.
→ Gamsener Mauer.
→ Große Mauer.
Große Mauer von Peru → Santa-Tal.
Konstantinsmauer → Istanbul.
Landhag → Bergalinger Landhag.
Landmauer → Istanbul.
Landwehr → Handeloh.
Landwehr → Lübeck.
→ Lange Mauer (Griechenland).
→ Lange Mauer (Türkei).
→ Langmauer.
→ Limes.
→ Limes Saxoniae.
→ Linhas de Torres.
Margarethenwall → Danewerk.
→ Offa's Dyke.
Theodosiusmauer → Istanbul.
→ Victoria Lines.
Waldemarsmauer → Danewerk.
→ Wallmauer.
→ Wansdyke.
→ Warrior's Dyke.
→ Wat's Dyke.

Mauern Deutschland, nw von Neuburg/Donau. Weinberghöhlen, steinzeitliche Fundstätte.

Maumbury Rings GB. → Dorchester.

Maurasras Syrien, im Djebel Wastani. Ruinen der Stadt ca. 5. Jh. Gräber, Sarkophage.

Mauren Liechtenstein. Unter der Pfarrkirche Reste von älteren Kirchen und römische Hypokausten.

Mautern an der Donau Österreich, Niederösterreich, bei Krems. Römisch Favianis. Mutaren des Nibelungenliedes. Mauern von römischem Kastell. Römermuseum. → Norischer Limes.

Mavaralu Malediven, im Gaaf-Alif-Atoll. Vorislamische Ruinen.

Mavriki Griechenland, Peloponnes, s von Pripolis. Reste von Artemistempel 6. Jh. vor Chr.

Mavromati Griechenland, Peloponnes, ca. 30 km nw von Kalamata, 80 km sw von Tripolis. Ruinengebiet des antiken Messene, gegründet ca. 370 vor Chr. Akropolis auf dem Ithome-Berg, Klosterreste. Stadtmauer* 4. Jh. vor Chr. Tor. Tempelreste. Agora. Theater. Stadion. Aquäduktreste.

Mawangdui China, Hunan. → Changsha.

Maximilianopolis Syrien. → Shaqqa.

Maxula Tunesien. Später Maxula per rates. Heute Radès, ö von Tunis.

Mayaka GUS, Ukraine, bei Odessa. Fundort der → Usatovo-Kultur, ca. 24. Jh. vor Chr.

Mayan Barukh Israel, Norden. Museum für Vor- und Frühgeschichte.

Mayapán Mexiko, Yucatan, ca. 80 km s von Mérida, bei Chumayel. Hauptstadt Ychpa des letzten Mayastaates 13.-15. Jh. Ehemals stark befestigte Stadt. Große Anzahl von Erdhügeln, Grundmauern der ehemaligen Wohnhütten. Brunnen. Kukulkán- und Caracol-Tempel.

Mayburgh GB, Cumbria. → Penrith.

Mayen Deutschland, w von Koblenz. Ehemals römisches Kastell auf dem Katzenberg. Auf einem Plateau über der Nette ehemals Erdfestung der → Michelsberger Kultur, 3. Jtsd. vor Chr. Grundriß eines frühneolithischen Hauses bekannt. Prähistorische Bergbauspuren. Germanisches Gräberfeld.

Maysar, al- Oman. Ausgrabungen 3./2. Jtsd. vor Chr.

Mayuram Indien, Tamil Nadu, nö von Kumbakonam. Hinduistische Tempel.

Mazabdan Syrien. → Lattakia.

Mazaka Türkei. → Kayseri.

Mazan Frankreich, 7 km ö von Carpentras. Römische Sarkophage.

Mazar Jordanien, bei Shaghur, ö der Abdallah-Bridge, 1 km von Tell er-Rama. Reste von byzantinischer Kirche.

Mazara Türkei. → Elâzığ.

Mazarakata Griechenland, Insel Kefallinia, 8 km sö von Argostoli. Bronzezeitliche Nekropole; mykenische Gräber, Kuppelgrab.

Mazar-i Sharif Afghanistan, 25 km ö von Balch. Grabmoschee* 15. Jh. Museum.

Mazgirt Türkei, 85 km nö von Elâzığ. Ruine von mittelalterlicher Burg.

Mazı Türkei, 28 km sö von → Nevşehir. Mataza, Maziköy. Felskirchen und -gräber. Unterirdische Stadt (→ Derinkuyu).

Mazlum Türkei, nw von Istanbul. Aquädukt.

Mazor Israel, sö von Petah Tiqwa. Römisches Mausoleum 2./3. Jh. nach Chr.

Mazzarino I-Sizilien. Reste; Nekropole.

Mbakhad Syrien, am Euphrat. Ausgrabungen einer frühsumerischen Stadt.

Mdina Malta. Phönizisch-griechisch Melite, römisch Melita. Die alte Inselhauptstadt Mdiny. Besiedelt seit der Bronzezeit. Zu römischer Zeit mit einem Teil von → Rabat eine ummauerte römische Siedlung. Frühneuzeitliche Bauten* und Befestigungen*.

Meano Sardo I-Sardinien, n von Barumini. Nw Nuraghe Abbagadda. Nö Nuraghe Maria Incantada. S Nuraghe Nolza.

Meare GB, Somerset, sw von → Glastonbury. Eisenzeitliche Siedlung.

Meaux Frankreich, ö von Paris. Spuren der römischen Stadtmauer.

Meca Spanien, ö von Albacete. Ehemalige iberische Siedlung.

Mechelsdorf Deutschland, nö von Wismar, ö von Ostseebad Rerik. Ca. 2 km w Reste von Großsteingräbern.

Mechrid, Tell Ägypten. → Wadi Feiran.

Mechtet Ägypten. → (El) Bahriya.

Meckelstedt Deutschland, ö von Bremerhaven. Steinkistengrab.

Mecklenburg Deutschland, s von Wismar. Burgwall ab 7. Jh.

Mecklenhorst Deutschland. → Neustadt am Rübenberge.

Meco, El Mexiko. → Cancún.

Medaba Jordanien. → Madaba.

Meda Maha Nuwara Sri Lanka, ö von Kandy. Ruinen.

Medamud Ägypten, nö von Luxor. Nag el-Medamud. Ägyptisch Madu. Tempel aus griechisch-römischer Zeit auf älteren Resten. Umfassungsmauer; Damm.

Medangkamulan Indonesien, Java-Mitte. Tempelanlage 10. Jh.

Medawala Raja Maka Vihare Sri Lanka, nw von Kandy. Tempel.

Medeina* Tunesien, 39 km sö von El Kef. Ruinen des antiken Althiburos: Forum, Kapitol, Tempel, Theater, Villen, Tor.

Medeon Griechenland, ö von Antikyra, Golf von Korinth, sö von → Delfi. Bewohnt seit der mittleren Bronzezeit. Akropolis 2. Hälfte 2. Jtsd. vor Chr. Frühhellenistische Mauerreste.

Medeon Griechenland, Böotien, 5 km ö von Ali-artos. Phoinikis. Reste einer Stadtmauer.

Medermauer Irak, 115 km nw von Bagdad, an der Straße Richtung Samarra. Lehmziegelmauer, ca. 6. Jh. vor Chr.

Mediana Deutschland. → Gnotzheim.

Mediana Serbien. → Niš.

Medias Aguas Mexiko, Veracruz, s von Sayula. Ruinenstätte der → (La-)Venta-Kultur.

Mediccera Tunesien. → Ain Mdeker.

Medina, El- Ägypten. → Medinet el-Fayum.

Medina Saudi-Arabien. Nabatäisch Yathrib. Vorislamische Festung.

Medina Azahara Spanien, w von Cordoba. Madinat Az-Zahr. Ausgrabungen einer maurischen Siedlung, 936-1010. Reste von Palast und Moschee.

Medinaceli Spanien, 75 km s von Soria. Römisch Ocilis. Stadtmauer seit römischer Zeit. Triumphbogen* 10 vor Chr.

Medina Mayurca Spanien, Mallorca. → Palma.

Medinet el-Fayum Ägypten. Auch El-Medina. Altägyptisch Shedit, ptolemäisch Arsinoe, griechisch Krokodilopolis. Ruinen der antiken Stadt. Ehemaliger Sobek-Tempel, ab 12. Dynastie. Griechisch-römische Thermen. Stele aus Abgib 19. Jh. vor Chr.

Medinet el Gharbia Marokko, 24 km sö von Qualidia, am Atlantik. Ma Ruinen.

Medinet Habu Ägypten. → Theben.

Medinet Mahdi Ägypten, Fayum. Antik Narmutis. Tempelreste 12. Dynastie und ptolemäische Zeit.

Medinet Qutah Ägypten, Fayum, w des Sees. Ruinen einer Stadt.

Mediolano Frankreich. Mediolanium. → Saintes.

Mediolanum Frankreich. → Mâlain.

Mediolanum GB, Cheshire. Römisch; heute Whitchurch, s von Chester.

Mediolanum Italien. → Mailand.

Medion Griechenland, s von Amfilochia, ö von Katouna. Hellenistische Befestigungsreste.

Medirigiriya Sri Lanka, 40 km n von Polonnaruwa. Kloster 9.-13. Jh., Wata Daga.

Medjedel Syrien, 12 km n von Suweida. Alter Turm.

Medjez El Bab Tunesien, 60 km sw von Tunis. Antik Membressa. Reste von römischer Brücke.

Medjuz, Tell Syrien, bei → Mischrife.

Medkuk, Tell Syrien, 117 km sö von Deir ez Zor.

Medma Italien, Kalabrien. → Rosarno.

Medobriga Portugal, 9 km n von Portalegre. Turm- und Mauerreste.

Medracen, Le* Algerien, nö von Batna. Numidisches Mausoleum, ca. 3. Jh. vor Chr. Ev. für Micipsa, Sohn König Massinissas.

Medulin Kroatien, sö von Pula. Auf der HI Kaštel Spuren von vorgeschichtlicher Wallburg. Auf der HI Vižula Reste römischer Villen. In der Bucht Bijeca vorromanische Kirchenruine.

Medullum Deutschland. Keltische Siedlung, Lage

unbekannt. Ev. das Oppidum von → Fentbach.

Medum* Ägypten, 80 km s von Kairo. Pyramidenrest ab 3. Dynastie (Huni/Snofru). Friedhöfe und Mastabas ab 4. Dynastie.

Medun Montenegro, 12 km nö von Titograd. Zyklopische Festungsmauern 4. Jh. vor Chr.

Meerut Indien, Uttar Pradesh, nö von Delhi. Zahlreiche Tempel und Moscheen; Jami Masjid 11. Jh. Grabbau ca. 1200.

Meez Syrien, w von Haleb, sö von Harim. Reste von Tempel, Versammlungsraum 2. Jh., 2 Kirchen 6. Jh., Zisterne.

Mefdjer, Khirbet el Israel. → (Khirbet el) Mafjir.

Megadim, Tel Israel, 10 km s von Haifa. Spuren einer Siedlung Mitte 1. Jtsd. vor Chr.

Megalo Choraphia Gr-Kreta, ö von Chania. In der Nähe die Reste des dorischen Aptera. Spuren von hellenischer Mauer, dorischem Tempel, römischem Theater, Zisternen. Byzantinische Reste.

Megalo Chorio Griechenland, Dodekanes-Insel Tilos. Oberhalb der antike Ort Tilos: Reste von Stadtmauer, Akropolis, Tor, Mauern. Tempelspuren. Friedhof.

Megalo Kastro Gr-Kreta. → Iraklion in türkischer Zeit.

Megalopolis Griechenland, 35 km sw von Tripolis. Jeweils nur Reste: Stadtmauer, Agora, Theater* 4. Jh. vor Chr., Thersilion 4. Jh. vor Chr., Stoen, Dionysos-Tempel, Asklepios-Tempel, Zeus-Tempel, Stadion.

Megapolis Türkei. → Sivas.

Megara Griechenland, 43 km w von Athen. Besiedelt seit 17. Jh. vor Chr. Spuren von Stadtmauer. Reste von zwei Akropolen. Agora. Aquädukt und Brunnen des Theagnes, 2. Hälfte 7. Jh. vor Chr.

Megara Tunesien. Antiker Vorort von Karthago; heute La Marsa.

Megara Hyblea I-Sizilien. → Megara Iblea.

Megara Iblea I-Sizilien, n von Syrakus. Antik Megara Hyblaea. Gegründet 8. Jh. vor Chr., zerstört 213 vor Chr. Reste von Stadtmauer und Tor, archaische und hellenistische Zeit. Häuser- und Tempelreste. Agora. Reste von Thermen. Nekropole. Kleines Museum.

Megarsos Türkei. → Karataş s von Adana.

Meghara Syrien. → Mughara.

Megiddo, Tel Israel, sö von Haifa. Biblisch Har Mageddon. Tell el Mutesellim. Spuren von kanaanitischem Tempel 1900 vor Chr. Bronzezeitliche Stadtmauerreste. Palastreste. Ställe des Ahab 10. Jh. vor Chr. Wassertunnel (Brunnenanlage). Standort eines römischen Lagers 2.-3. Jh. bei Neu-Megiddo.

Megistä Griechenland. → Kastelloriso.

Mehabad Iran, 250 km sw von Tabriz. Ehemals Saudj Bulaq. 13 km nö Tell mit Spuren von kleiner Festung. In der Umgebung zahlreiche Tells.

Mehadia Rumänien. Ruinen eines römischen Kastells.

Mehelat Iran, 125 km s von Qum. 4 km nö Burgruine. Spuren eines sassanidischen Feuertempels.

Mehelbe, Qalaat el Syrien, 40 km ö von Lattakia. Balatonos. Ehemals Platanus. Burgruine.

Mehgam Indien, Golf von Cambay, bei Bharuch. Hafen der Induszeit.

Mehi Pakistan, südliches Belutschistan, 250 km LL w von → Mohendjo Daro. Funde der → Kulli- und Induskultur (→ Harappa). Nekropole.

Mehradjan Iran. → Isfarain.

Mehrauli Indien. → Delhi (7)).

Mehrenan Iran, bei Piyun, n von Izeh, nö von Ahvaz. Parthisches Felsrelief.

Mehrgarh Pakistan, Belutschistan. Besiedelt ab 9000 vor Chr. Hausgrundrisse 6. und 5. Jtsd. vor Chr. Stätte der Induskultur (→ Harappa).

Mehriz Iran, 463 km sö von Isfahan, zwischen Surmegh und Sar-i Yezd. Ehemals befestigte Siedlung.

Meiamai Iran, 459 km ö von Teheran. Karawanserei-Ruine, ca. 1665.

Meidan-i Naft Iran, 5 km s von → Masdjid-i Suleiman, n von Ahvaz. Spuren eines achämenidischen Tempels.

Meidva Jordanien. → Madaba.

Meinarti Sudan, sw von Wadi Halfa. Festung des Neuen Reiches.

Meinhard Deutschland, n von Eschwege. Motzenrode: 1½ km n auf dem Hohestein Wallanlage "Brandwall" ab Mitte 1. Jtsd. vor Chr.

Meini Gwyr GB, Wales, Dyfed. Steinkreis.

Meini Herion GB, Wales, Anglesey. Menhire.

Meir Ägypten, s von Mallawi. Nekropole von Qis (→ Qusiya, El). Gaufürstengräber 6. und 12. Dynastie, Malereien und Reliefs.

Mejdel Libanon, n von Beirut, am Nahr Ibrâhim. Höhle als antike Begräbnisstätte und christliche Pilgerstätte.

Mejen-Bel-Abbès Tunesien, 50 km n von Gafsa. Bordj Maajen Bel Abbès. Römische Ruinen.

Mekhayat, Khirbet el* Jordanien, ca. 10 km nw von → Madaba. Biblisch und griechisch Nebo, biblisch Nadabat. Wall der antiken Stadt. Kirchenruinen, darunter St. Lot und St. Prokop, 6. Jh., mit Mosaik*. Georgskirche mit Mosaiken*. Casiseoskirche. Amos-Kirche, Mosaike und Zisternen. Kloster Rujm el-Mekhayat, Zisternen.

Mekone Griechenland. → Sikyon.

Mekyberna Griechenland, 95 km sö von Thessaloniki, 5 km s von Poligiros. Antiker Hafen, Ausgrabungen.

Mel-i Adjdahan Iran, ca. 80 km nw von → Kazerun. Feuertempel 3.-1. Jh. vor Chr.

Melah, Tell Syrien, 34 km nw von Hama.

Melazo Äthiopien. → Haweli.

Meleai Griechenland. → Milies.

Melekli Türkei, bei Iğdir, nw des Ararat. Malaklu. Urartäischer Friedhof, 7. Jh. vor Chr.

Melene Türkei, Westküste w von Bergama.
Melfi Italien, n von Potenza. Unter dem Wohngebiet archaische Gräber (Fossa-Gräber), mit Goldfunden, mit vorrömischem Einfluß, 7. und 6. Jh. vor Chr. Staatliches Museum mit archäologischen Funden im Schloß.
Melgunowsk GUS, Ukraine, s von Kirowograd. Skythischer Kurgan.
Meliboia Griechenland, onö von Larissa. Melivia, früher Athanaton. → Skiti.
Meliddu Türkei. → Arslantepe.
Meligala Griechenland, 70 km sw von Tripolis. Dorische Siedlung. Antike Brücke über den Mawrozoumenos.
Melita Malta. Melite. → Mdina.
Meliteia Griechenland. Antik; heute Melitea, n von Lamia. 1 km w Spuren von prähistorischer Siedlung; Akropolis, Stadtmauer, Ober- und Unterstadt.
Melitene Türkei. → Eski Malatya.
Melitopol GUS, Ukraine, n des Asowschen Meeres. Am Rand des Ortes alanischer Fundort (Ost-Alanen, 4./5. Jh.). Skythischer Kurgan.
Melitussa Kroatien. Ehemalige Hauptstadt der Insel Mljet (römisch Melita), unter Augustus zerstört.
Melivia Griechenland, Thessalien, ö von Larissa. Benannt nach Meliboia (→ Skiti), nö von Agia.
Melk Österreich. Römisch Namara. Stadtmuseum. → Norischer Limes.
Melka-Kunturé Äthiopien, Awash-Tal. Kontouré. Siedlung während Alt- und Mittlerer Steinzeit.
Mellah Syrien, 34 km ö von Bosra. Wohnturm*.
Mellaria Spanien. → (Las) Casas de Porro.
Melle Deutschland, sö von Osnabrück. Sö Riemsloh: ca. 2½ km onö Wallburg Hünenburg, ca. 10. Jh. N Spuren von Wallburg Dietrichsburg.
Mellen Deutschland, nw von Wittenberge. Rest von Großsteingrab.
Melon Frankreich, Insel nw von Brest. Drei Menhire.
Mélos Griechenland. Die antike Insel Milos. → Chora (Zefyria). → Filakopi. → Milos. → Panagia tu Kipu. → Pelos. → Trypiti. Voudia → Filakopi.
Melpum Italien. → Mailand.
Mels Schweiz, St. Gallen. Nw ehemals befestigte frühgeschichtliche Höhensiedlung Castels. Alemannischer Friedhof.
Melta Bulgarien. Ehemalige römische Festung. Heute Loveč (Lovetsch).
Membressa Tunesien. → Medjez El Bab.
Membury GB, Dorset-Westen. Eisenzeitliche Befestigung.
Memnonskolosse Ägypten. → Theben.
Memphis Ägypten, s von Kairo. Griechisch; altägyptisch Mennufer, Mennefer. Verwaltungszentrum seit 30. Jh. vor Chr. Hauptstadt des Alten Reiches. Reste in → Mitrahina. Die Totenstädte links des Nils: → Abu Gurob. → Abu Roasch. →

Abusir. → Dahschur. → Gizeh**. → Saqqara**. → Sawjet el-Aryan.
Menal Indien, Rajasthan, w von Kota. Shivatempel 13. Jh.
Men-an-Tol GB, Cornwall, nw von Penzance. Großsteingrab.
Menard USA, Arkansas. Tempelhügel.
Menar Tappeh Iran. → Firuzabad.
Menat Chufu Ägypten. → (El-) Minia.
Mende Griechenland. → Kalandra.
Mendenitsa Griechenland, Böotien, 30 km sö von Lamia. Die ma Burg Budonitsa an der Stelle der antiken Befestigung Pharygai.
Mendes Ägypten. → (Tell er-)Roba.
Mendrisio Schweiz, Tessin. Römische Reste. Römischer Friedhof.
Mendut* Indonesien, 3 km ö von → Borobudur. Buddhistischer Tempel 8. Jh., Reliefs und Skulpturen.
Ménec Frankreich. → Carnac.
Menelaion Griechenland, 5 km sö von Sparta. Ehemalige mykenische Siedlung Therapnai. Reste des Heroons von Menelaos und Helena: kleiner Tempel 5. Jh. an der Stelle eines ursprünglichen Tempels.
Ménerbes Frankreich, ca. 18 km ö von Cavaillon. Dolmen.
Menga Spanien. → Antequera.
Mengerskirchen Deutschland, n von Limburg. Nö Reste von eisenzeitlicher Wallanlage "Rentmauer" am Hansenberg.
Mengwi Indonesien, Bali, n von Denpasar. Hinduistische Tempelanlage* Pura Taman Ayun, 14. Jh. → Abb. 129.
Menin Syrien, 24 km n von Damaskus. Felsgräber, römische Stelen. In der Nähe → Halbun.
Meninx Tunesien. Antiker Name der Insel Djerba und der antiken Hafenstadt in der Nähe von → (El) Kantara. Weitere Siedlungen: → Girba bei Houmt Souk. → Tipasa im SW.
Men-Marz Frankreich. Menhir in → Brignogan.
Mennis, Tell Syrien, 5 km ö von Maarat en Noman, ö von Hama.
Talayots, Bauten aus der Zeit von 2000 bis 1500 vor Chr., 25-30 m ⌀, 8-12 m h, noch über 200 erhalten.
Menosgada Deutschland. Die keltische Siedlung ev. auf dem Staffelberg bei → Staffelstein.
Menuthis Ägypten. → Abukir.
Menzlin Deutschland, sö von Greifswald, nw von Anklam. 1½ km nw Rest von Großsteingrab.
Meon Hill GB, Gloucestershire, nö von Cheltenham. Eisenzeitliche Befestigung.
Meqawer Jordanien, 35 km sw von Madaba. W die Ruinen von Macheront, der Herodesfestung Machärus, 72 nach Chr. von den Römern zerstört. Reste von Wall, Turm, Herodespalast, Thermen, römischen Schanzen, Damm.

Merageh Iran, 135 km s von Täbris. Afrazeh Ruz; in späterer Zeit Qariyet el Merageh. Reste eines Observatoriums 13. Jh. Fünf Grabtürme, 12. und 14. Jh.

Meran I-Südtirol. Sö von Sinich auf dem Sinichkopf Spuren von vorgeschichtlicher Befestigung. Ma Mauerreste. Städtisches Museum.

Mercadal Spanien, Menorca. Talayots in: Biniatzén, Binicodrell Nou, Binigaus Nou* 1. Hälfte 1. Jtsd. vor Chr., Fontredones de Baix, Rafal Roig, Sant' Agusti Vell.

Mercey Frankreich, nw von Besançon. Fürstengrabhügel.

Merchanas Spanien. Saldeana.

Merdon Castle GB, Hampshire, w von Winchester. Eisenzeitlich-normannische Befestigung.

Merenberg Deutschland, nö von Limburg. 1½ km ö auf der Höhburg eisenzeitlicher Ringwall. 2 km nö Wallreste Roter Kopf; Funde späte Hallstattfrühe Latènezeit. 4 km nö (nö von Bahrig-Selbenhausen): auf dem Almerskopf Ringwallanlage*, mittlere Latènezeit. 3 km ö Wallanlage Hinterster Kopf, ev. eisenzeitlich. → Löhnberg.

Meriamlık Türkei, 401 km ö von Antalya, 2 km s von Silifke. Ruine der Thekla-Basilika, 2. Hälfte 5. Jh. Krypta. Zisterne 1. Hälfte 6. Jh. Christliche Nekropole. Nekropole von Kaya. Ruine von Kuppelkirche 2. Hälfte 5. Jh.

Mérida Mexiko, H von Yucatan. Ehemalige Mayastadt Tihó. Anthropologisches Museum.

Mérida** Spanien. Römisch Emerita Augusta. Hauptstadt der römischen Provinz Lusitana, gegründet 25 vor Chr. Trajansbogen*. Alcazar mit römischen Resten. Römisches Theater*. Amphitheater. Zirkus. Säulen von Augustus- und Marstempel. Villen mit Mosaiken. Römische Brücke*; Ufermauer. Wasserreservoir Pantano de Proserpina. Aquädukt. Museum. N Cornalvo-Staudamm.

Merimde Ägypten, nw von Kairo, sö von Chatâtba. Ausgrabung einer jungsteinzeitlichen Siedlung. Besiedlung Ende 5. Jtsd. vor Chr. bis in dynastische Zeit.

Merodio Spanien, ca. 80 km w von Santander. Höhle mit Malereien.

Meroë Sudan, am Nil, zwischen 18. und 19. Breitengrad, w des 32. Längengrades. → Gebel Barkal. → Ghazali. → (El) Kurru. Napata → Gebel Barkal. → Nuri. → Sanam.

Meroë* Sudan, am Nil, s des 17. Breitengrades, Örtlichkeit Begrawija. 2. Hauptstadt des Königreiches Kusch; 500 vor Chr. bis 400 nach Chr. Geringe Reste von Palästen, von Amun-Tempel 4. Jh. vor Chr., Sonnentempel, Löwentempel. Nekropole 4. Jh. vor Chr. bis 4. Jh. nach Chr. Königsnekropole** mit Pyramiden.

Meron Israel, nw von Zefat. Meiron. Ruinen* einer Synagoge 3. Jh. Reste von Wohnhäusern 2.- 4. Jh. Gräber. 1 km s → (Khirbet) Shema.

Meronias Syrien. → Baniyas.

Meroz Israel, nw von → Bet Shean.

Merrivale GB, Devon, Dartmoor, ca. 8 km ö von Tavistock. Alignments, Steinkreise, Menhire, Rundhüten.

Mersin Türkei, Südküste. 3 km n Yümütepe, Schichten ab 6. Jtsd. vor Chr. Mauern, teilweise aus gewaltigen Blöcken: 5. Jtsd. vor Chr., Chalkolithikum (3. Jtsd. vor Chr.), Altem und Neuem Hethiterreich. Ö → Karaduvar. Sw → Viranşehir.

Mértola Portugal, am Rio Guadiana, in der Nähe der spanischen Grenze. Römisch Myrtilis. Zwischen Burg und Kirche steht der Ort auf römischen Grundmauern. Römische und arabische Ausgrabungen; Fundamente, Hallen, Mosaike. Privatmuseum.

Meru Indonesien, Lombok. Tempel Pura Meru.

Merveilles Frankreich. → Rocamadour.

Merveilles Frankreich. → Vallée des Merveilles.

Merw* GUS, Turkmenistan, 30 km ö von Mary. Merv. Standort mehrerer Befestigungen und befestigter Siedlungen ab 6. Jh. vor Chr. Nachfolgerin von Jas-Tepe als Hauptort der Margiane. Gesamtareal viele km².

1) Erk-Kala, 12 ha, 6./4. Jh vor Chr., Wohnsiedlung mit Akropolis. Mauern*. Später die Zitadelle von 3).

2) Iskander-Kala (Lager Alexanders).

3) Gjaur-Kala, ab 3. Jh. vor Chr.; achämenidisch; seleukidisch (Antiocheia Margiana); parthisch 2. Jh. vor bis 3. Jh. nach Chr.; sassanidisch ab 4. Jh.; arabisch 651. Einbeziehung von Erk-Kala (1)) als Zitadelle, 2. Jh. vor Chr. Plattform und ehemaliger Palast, buddhistisches Kloster und Stupa.

4) Sultan-Kala, 11. Jh. 1221 zerstört. Im 12. Jh. Hauptstadt des Seldschukenreiches. Mauern und Türme, Palast, Zitadelle Ark*, 12. Jh. Mausoleum des Sultan Sandschar, 2. Hälfte 12. Jh. W Mausoleum des Mohammed Ibn Said, 1. Hälfte 12. Jh. Nö Grabmoschee des Chodscha Jusuf Hamadanis, 16. Jh.

5) Kys-Kala, kleine Festung 11. Jh.

6) Dschigit-Kala, kleine Festung 11. Jh.

7) Abdullah-Chan-Kala, ummauerte Siedlung 1. Hälfte 15. Jh.

8) Bairam-Ali-Chan-Kala, ummauerte Siedlung 2. Hälfte 15. Jh.

9) Bairam-Ali, russische Siedlung 1887.

Meryem Ana Manastırı Türkei, ca. 60 km s von Trabzon. Sumela-Kloster, gegründet 6. Jh. Bauten hauptsächlich 1. Hälfte 2. Jtsd; Neubauten 19. Jh. Ruine eines Aquädukts. Höhlenkirche, Kapelle 1710, Klostergebäude. Fresken.

Merzifon Türkei, 320 km nö von Ankara. 2 km w Stelle Kız Kayası mit den Resten eines römischen Brücke.

Merzig Deutschland, an der Saar. Reste von römischem Gebäude. Bronzezeitliche und merowingische Gräber.

Mesambria Bulgarien. → Nessebar.
Mesambria Iran. → Buschhir.
Mesatis Griechenland. → Patras.
Mesa Verde National Park* USA, Colorado. Tafelberg 24x32 km. Insgesamt ca. 800 Cliff Dwellings der Anasazi. Mit den geographischen Teilen Wetherill Mesa (→ Step House, → Long House) und Chapin Mesa (Chapin Mesa Museum; Pueblo-Ruinen: → Balcony House*, → Cedar Tree Tower, → Cliff Palace*, → Far View House, → Mummy Lake, → Pipe Shrine House, → Spruce Tree House*, → Square Tower House, → Sun Point Pueblo, Kultstätte → Sun Temple).
Mescheich Ägypten, ö von Girga. Antik Lepidotonpolis. Reste von Tempel Ramses' II. Felsgräber.
Meschhed Iran. Der ehemalige Ort Senabad.
Meschquq Syrien, sö von Deraa, 8 km s von Salkhed, in der Nähe der Südgrenze. Spuren eines römischen Tempels von 124 nach Chr.
Meseleri Gr-Kreta, 15 km nw von Ierapetra. Antik Oleros. Mauerreste.
Mesembria Griechenland. → Mesimvria.
Mesen Ägypten. → Edfu.
Mesimeri Griechenland, ca. 20 km s von Thessaloniki. Makedonisches Grabmal 2. Jh. vor Chr.
Mesimvria Griechenland, 20 km w von Alexandrupolis. Antik Madembria. Ausgrabungen: Reste von Stadtmauer 4. Jh. vor Chr. Nekropole.
Meskene Syrien, 93 km ö von Haleb. 5 km ö Balis, antik Barbalissos. Reste im See.
Meskla Gr-Kreta, bei Alikanu, s von Chania. Ma Riza, ev. das antike Polichne. Mauerreste, Mosaik.
Mesocco Schweiz, Graubünden, s des Bernardino-Passes. S auf einem Felsplateau Spuren von bronze- und eisenzeitlicher Siedlung.
Meson, El Mexiko, Veracruz, ca. 15 km von der Küste, in der Nähe von Angel Cabada. Reste der → (La-)Venta-Kultur.
Mesopotam Albanien, Süden, s von Delvina. Befestigungsmauerreste. Kirche 11. Jh.
Mesopotamon Griechenland, Epirus, ca. 50 km sö von Igumenitsa. Stelle des antiken Ephyros von Thesprotios. Efyra. Zwischenzeitlich Kichiros. Siedlung ab 14. Jh. vor Chr. Akropolis, Mauerreste. Auf dem Klosterhügel die Ruinen der Orakelstätte Nekromanteion, 3.-2. Jh. vor Chr.
Messa Griechenland, Lesbos, 30 km wnw von Mytilene. → Pyrrha.
Messana I-Sizilien. → Messina.
Messene Griechenland. → Mavromati.
Messina I-Sizilien. Griechisch Zankle. Ab ca. 500 vor Chr. Messana. Nationalmuseum.
Messon Griechenland, Lesbos. → Pyrrha.
Mesu 'e Montes I-Sardinien, s von → Ossi, sö von Sassari. Nekropole (Domus de Janas) oberhalb der Kirche Sant'Antonio. Kammergrab in Hausform. Kammergrab → Noeddale.
Mesy Türkei. → Bodrum.

Meßkirch Deutschland, sw von Sigmaringen. Reste eines römischen Gutshofes.
Metallon Gr-Kreta. → Matala.
Metamorfosis Griechenland, 40 km wsw von Larissa. Kastro von Kortiki, das antike Limnaion. Reste der Akropolis.
Metaponto Italien, Basilicata. Riesiges ehemaliges Siedlungsgebiet. Ruinen der griechischen Hafenkolonie Metapont, römisch Metapontum, ab 7. Jh. vor Chr. Reste von Apollon-Tempel, Agora, Theater. Nekropolen. Nö Ausgrabungsgelände Tavole Palatine*, 15 Säulen eines dorischen Tempels 6. Jh. vor Chr. Museum in Metaponto Borgo.
Metapontum Italien. → Metaponto.
Metaurus Italien. → Gioia Tauro.
Metaxata Griechenland, Kefallinia, 9 km von Argostoli. Mykenische Fels- und Kuppelgräber.
Metelis Ägypten. Griechische Siedlung; heute Fuwa, sö von Rosette.
Metellinum Spanien. Römisch; Medellin, ö von Mérida.
Methana Griechenland, Halbinsel und Ort sw von Athen, ö von Epidaurus. An der Westseite die antike Siedlung M., ab 3. Jh. vor Chr. Arsinoe. Reste von Akropolis 5. Jh. vor Chr.
Metherall GB, Devon, ca. 9 km wsw von Moretonhampstead. Dartmoor, Alignment. 2-4 km sw hiervon mehrere Alignments.
Methone Griechenland. → Lehonia.
Methoni Griechenland, SW-Spitze des Peloponnes. Antik Pedasos. Venezianisch Modon. Venezianisch-türkische Festung mit älteren Teilen.
Methydrion Griechenland, Peloponnes, Arkadia, nw von Tripoli, s von Vitina. Stadtmauerreste der antiken Stadt.
Methymna Griechenland, Lesbos. Ehemals antike Siedlung. Zwischenzeitlich Molyvos, ma Molybos. Ehemals mit Akropolis. Reste von Stadtmauer und Hafenmolen. Hellenistische und römische Gräber.
Metlaltoyuca Mexiko, Puebla, sw von Tuxpan. In der Nähe Kultstätte der Huaxteken. Reste von Gebäuden, Ballspielplatz, kleinem Tempel.
Metlaoui Tunesien. 16 km n Reste von römischer Villa. Mosaike in Metlaoui, Museum.
Metlika Slowenien, 28 km ssö von Novo Mesto. Grabhügel. Gräber: Hallstattzeit, römische Zeit. Bela-Krajina-Museum in der Burg.
Metropolis Griechenland, Thessalien, bei Karditsa. → Mitropolis.
Metropolis Griechenland, Etolo-Akarnania, bei Agrinion. → Palaiomanina.
Metropolis Türkei, bei Torbalı, 43 km sö von Izmir. Mauer- und Theaterruinen der antiken Stadt.
Metsada* Israel, Festung auf dem Plateau eines Berges an der Westküste des Toten Meeres vom 1. Jh. vor Chr. Hellenistisch Massada. 73 nach Chr. von den Römern erobert. Am Berg Reste von drei römischen Militärlagern, römische Einschließungsmauer, Belagerungsrampe. Auf dem

Hochplateau die jüdische Festung: Gebäude 1. Jh. vor Chr.; Ummauerung, Palastreste, Mosaike, Vorratsräume, Zisternen. Kirche 6. Jh.

Metsovo Griechenland, nö von Ioannina. Auf dem Berg Gradetsi ehemals frühhellenische Festung.

Mettermich Deutschland, Bergkuppe bei Mitgenfeld, sö von Bad Brückenau. Wälle von latènezeitlicher Fliehburg.

Mettlach Deutschland, Saar. Latènezeitlicher Abschnittswall über der großen Saarschleife.

Mettmann Deutschland, ö von Düsseldorf. Auf dem Butterberg Ringwall Alteburg, ca. 9./11. Jh.

Metullum Frankreich. Melle, ö von La Rochelle.

Metz Frankreich. Antik Divodurum. Eglise Saint-Pierre-aux-Nonnains mit Mauern 4. Jh. Saint Martin auf gallo-römischen Mauern. Archäologisches Museum mit Thermen. Ca. 5 km sw Aquädukt bei → Jouy-aux-Arches.

Metzad-Tamar Israel, sw des Südendes des Toten Meeres. Matsad-Tamar. Arabisch Qasr Djuhaniye. Auch als das griechische Thamara angesehen (→ Hatzeva). Spuren von römischem Kastell.

Mevaniola Italien. → Galeata.

Mevo-Modiim Israel, ö von Lod. In der Nähe die Lage von Midia, Herkunftsort der Makkabäer (Hasmonäer). Gräber.

Mevorak, Tel Israel, n von Jaffa. Ausgrabungen einer alten Siedlung.

Mexicali Mexiko, Staat Baja California Norte. In der Wüste w von Mexicali zahlreiche Scharrbilder von vor Zeitenwende.

México Mexiko. Ciudad de México, Mexico-City. Gründung von Tenochtitlán durch die Azteken 1. Hälfte 14. Jh. Eroberung durch die Spanier 1521. Anthropologisches Nationalmuseum**. Anahuacalli-Museum.
1) Zócalo-Platz*, Zentrum und Zeremonialzentrum des ehemaligen Tenochtitlán. Nationalpalast auf Ruinen des Montezumapalastes. Kathedrale auf Ruinen eines Aztekentempels. Einige Tempel- und Pyramidenreste in der Umgebung; Hauptpyramide mit Coyolxauhqui-Stein. Geplantes Museum. Ehemalige Siedlungen und Vororte von S nach N:
2) Cuicuilco. Ausgrabungen, Pyramide, Museum. Nö das Anahuacalli-Museum.
3) Copilco, in Pedregal. Ausgrabungen, Gräber.
4) Chapultepec. Hügel mit aztekischen Ruinen. N von hier das Nationalmuseum.
5) Tlatelolco. Ruinen von Zeremonialzentrum, aztekisch und später, Pyramiden, Plattformen.
6) Tepayac.
7) Tenayuca. Pyramide*, chichimekisch-aztekisch. Kleines Museum.
8) Santa Cecilia Acatitlán, 3 km nw von San Bartolo Tenayuca. Restaurierte Doppelpyramide mit Tempel, aztekisch und später. Museum.

Meyadin Syrien, 51 km nö von Deir ez Zor. Antik Audattha. Reste. 9 km sö kleine Moscheeruine.

Meyrargues Frankreich, nö von → Aix-en-Pro-

vence. Reste des Aquädukts von Traconnade nach Aix-en-Provence.

Mezamor GUS, Armenien, ca. 30 km w von Jerevan. Siedlung ab ca. 3000 vor Chr. Ausgrabungen.

Mezapos Griechenland, 107 km ssö von Kalamata. Kirche mit wiederverwendeten antiken Steinen. HI Triagani, befestigt seit dem Altertum. Reste von Kirche und Zisternen.

Mezek Bulgarien, w von Svilengrad. Grabhügel.

Mezquital Mexiko, Durango, 82 km s von Durango. In der Umgebung zahlreiche Cliffdwellings, z.B. → Casas de los Pigmeos, → Cerro Blanco, → (El) Salto.

Mezquitic Mexiko, Jalisco, nö von Tepic. Pueblo der Huicholen.

Mezraq, El Libanon, 15 km sö von → Sour, s von Qana. Felsentempel mit Reliefs.

Mgarr Malta, nähe Westküste. Megalithischer Ta'Hagrat-Tempel*, 1. Hälfte 3. Jtsd. vor Chr. 2 km nw Reste von römischen Bädern zu besichtigen. 2 km w beim Wachtturm Tempelspuren Ta'Lippija. 3 km w Tempelspuren Qala il Pellegrin und Gleitkarrenspuren. 1 km ö → Zebbieh (Skorba-Tempel*).

Mhamid Marokko, s von Tagora. Im Unter-Dra-Tal und in den Seitentälern Felszeichnungen.

Miajadas Spanien, 40 km s von Trujillo. Dolmen.

Miam Ägypten, Nubien. → Aniba.

Miamisburg Mound USA, Ohio. Noch 23 m hoch.

Miamu Gr-Kreta, sö von Mires. Ausgrabungen von neolithischen Wohn- und Grabstätten.

Mian Gol Iran, 128 km sö von Schiraz. In der Umgebung sassanidische Ruinen.

Mianidj Iran. Sassanidische Stadt; heute Mianeh, 185 km sö von Tabriz.

Mian-i Qalaeh Iran. → Istakhr.

Miao-ti-kou China, am Unterlauf des Huang-He. Miao Ti Kuo, Miaodigou usw. Ausgrabungen; neolithische → Yangshao-Kultur.

Michaelsberg Deutschland. → Gundelsheim.

Michajlovgrad Bulgarien. Castra Montanensium, Montana. Reste von Befestigungen, Tempeln, Wasserleitung.

Micheldorf Österreich, Oberösterreich, w von Steyr. Auf dem Georgenberg ehemals befestigte Siedlung der Latènezeit und der römischen Zeit. Spuren von Umgangstempel 1./2. Jh. und von christlicher Kirche 4./5. Jh. In der Nähe wird die Straßenstation Tutatio gesucht.

Michelsberg Deutschland, w von Münnerstadt. Wallanlagen seit der Hallstattzeit.

Michelsberg Deutschland, bei Untergrombach s von Bruchsal. Michaelsberg. Befestigte Höhensiedlung der mittleren Jungsteinzeit. Hiernach "Michelsberger Kultur".

Michelsberg Österreich. → Niederhollabrunn.

Michelstetten Österreich. → Asparn.

Michmas Israel. → Mukhmas.

Michoacán Mexiko. → Tzintzuntzan.

Micia Rumänien. Römisches Kastell; Vetzel bei Deva.

Midas Şehri* Türkei, in der Nähe von Yasılıkaya, 89 km s von → Eskişehir. "Midas-Stadt". Reste von phrygischer Stadt 8./7. Jh. vor Chr. und von Stadt 5./4. Jh. vor Chr. Akropolis. Midas-Grab, eine Kultstätte 8. Jh. vor Chr. Altäre, Skulpturen.

Midea Griechenland, Argolis, 15 km ö von Argos, ö von → Dendra. Reste der Akropolis 2. Jtsd. vor Chr. Nekropole.

Mideia Griechenland, Böotien. Heute Levadia. Burg 14. Jh. → Lebadeia.

Midsummer Hill GB, Herefordshire, ca. 30 km ö von Hereford, über dem Eastnor Park. Eisenzeitliche Befestigung.

Midyat Türkei, sö von Diyarbakır. Ehemalige Kirche Mar Philoxenos, jetzt Mar Aznoyo. Ö in der Hochebene zahlreiche Klöster, ab spätem 4. Jh., z.B. → Arnas, → Kartmen, → Kefr Zeh, → Khakh, → Salah.

Migdal Israel, Westufer des Tiberias-Sees. Reste des alten Ortes.

Migdal-Tsedek Israel, ö von Petah Tiqwa. An der Stelle der ehemaligen Burg Aphek. Nw → Afek.

Miglionico Italien, sw von Matera. Ausgrabungsgelände. Italische Gräber.

Mihintale Sri Lanka. Kultstätte ab 3. Jh. vor Chr. Reste von Klosteranlage; Höhlenwohnungen. Kantaka Cetiya; Dagoba ca. Zeitenwende. Ambastale Dagoba. Mangobaum Dagoba.

Mihrdatkart GUS, Turkmenistan. → Nissa.

Mijela Montenegro. → Virpazar.

Mikal, Tel Israel, ca. 10 km n von Jaffa. Arabisch Makmiš. Besiedelt um ca. 3000 vor Chr. und ab Mitte 2. Jtsd. vor Chr. Mauerreste; hasmonäische Festung. Ehemals Standort eines römischen Kastells. Ausgrabungen.

Mikojanabad GUS, Tadschikistan, ö von Termes. Siedlung 2. Hälfte 1. Jtsd. vor Chr., bis 3. Jh. vor Chr. Ausgrabungen; Fundort des Oxus-Schatzes.

Mikrothives Griechenland, sw von Volos. W die Reste des antiken Thebai, des thessalischen (phthiotischen) Theben: Mauern, Akropolis, Tempel, Stoa, Theater. Ausgrabungen von Basiliken und Palast aus byzantinischer Zeit. Museum.

Milagro Ecuador, ö von Guayaquil. Vorstädtische Kultur.

Milagro de San José Peru, Moche-Tal. Zentrum 1100-1300.

Milam Tibet, bei Mangnang. 108 Stupas, 11.-12. Jh.

Milandu Malediven, Insel im Shaviyani-Atoll. Havita.

Milâs Türkei, 197 km s von Izmir. An der Stätte des antiken Mylasa. Reste von Stadtmauer, von Stadttor 2. Jh. Reste von Zeustempel. Reste von Roma-Augustus-Tempel. Gümüşkesen-Mausoleum

1. Jh. vor Chr. Felsengrab. In der Umgebung: Aquädukt aus Stratonikeia, zahlreiche antike Reste, → Kırıklı Hisar, → Kalınağıl.

Milatos Gr-Kreta, nw von Neapoli.

Milatus Vojvodina. Römisch; heute Čerević, ca. 20 km w von Novi Sad.

Milavče Tschechien, nö von Domažlice (Taus). Bronzezeitliche Siedlung. Gräber. Type Site.

Milazzo I-Sizilien. Antik Mylae, Mylai. Nekropolen 14.-7. Jh. vor Chr. Ausgrabungen.

Mildenhall GB, Wiltshire. Antik Cunetio. Römische Reste. Straßennetz erkannt.

Milet* Türkei, 155 km s von Izmir, beim heutigen Balat. Ev. das mykenische Millawanda. Byzantinisch Castro Palation. Siedlungsschichten der mittleren Bronzezeit. Reste von: Heiligem Tor, Stadtmauer, archaischer Siedlung, Stadion, Athena-Tempel, Theater-Hafen, Theater 2./3. Jh. nach Chr., byzantinischem Kastell 7. Jh., Löwenhafen, Nordagora, römischem Bad, Delphinion, Demeter-Tempel, Gymnasion 2. Jh. vor Chr., Nymphäum, ehemaliger Kirche an der Stelle eines Äskulaptempels, Buleuterion, Südagora, Faustina-Thermen 2. Jh. nach Chr., Ilyas Bey Camii. S Kalabaktepe, Besiedlungsspuren 8.-5. Jh. vor Chr., hellenistisch-römische Nekropole.

Miletopolis Türkei, w des Uluabat Gölü, w von Bursa.

Miley Howe GB. → Whorlton Moor.

Milha, Tel Israel, 20 km s von Quiryat Gat.

Mili Griechenland, w von Nauplia. Myloi. Gebiet des antiken Lerna. Siedlungsspuren seit 4. Jtsd. vor Chr. Umfassungsmauerreste 3. Jtsd. vor Chr. Spuren von Gebäuden von der Jungsteinzeit bis zur mykenischen Zeit. Palastreste, Haus der Ziegel. Grabstätten. Hügel Pantinos mit den Resten einer ma Burg; auf den Grundmauern eines Athene-Tempels. Weitere Burgen.

Milid Türkei. → Arslantepe.

Milidia Türkei. → Arslantepe.

Milies Griechenland, 20 km sö von Volos. Miliai. Antik Meleai. S Kapelle Agias Trias an der Stelle eines Zeusheiligtums.

Milis I-Sardinien, bei Golfo Aranci, nö von Olbia. Nuraghischer Brunnentempel.

Millançay Frankreich, 42 km sö von Blois. Ehemals römisches Lager.

Millares, Los Spanien, bei Gádor, n von Almería. Ehemals befestigte Hügelsiedlung 2800 bis 2500 vor Chr., weitere Besiedlung 24.-14. Jh. vor Chr. Befestigungsreste (→ Abb. 48), Zisternen, Aquädukt, Häuser aus Trockenmauerwerk, Nekropole. Ganggräber, ungedeckte Rundgräber (→ Abb. 31). Namengebend bei ähnlichem Befund für die Übergangszeit zwischen Steinzeit und Kupferzeit im südiberischen Raum.

Millawanda Türkei. → Milet.

Millockstown Irland, Co. Louth. Souterrains (ganggrabähnliche unterirdische Wohn- bzw. Vor-

ratsanlage).
Millstatt Österreich, Kärnten. Laubendorf: Mauerreste von frühchristlicher Kirche.
Milopotamo Gr-Kreta. → Panormos.
Milos Griechenland, Hauptort der Kykladeninsel Melos/Milos. Das antike Melos bei Tripyti; Reste von Stadtmauer, Dionysos-Tempel, Gymnasion, Theater 1. Jh. vor Chr., Baptisterium. Katakomben* 2./3. Jh. Museum. → Abb. 144.
Milpas, Las Mexiko, Quintana Roo, nö von Felipe Carsillo Puerto. Ruinenstätte der Maya.
Milreu Portugal. → Estoi.
Milseburg Deutschland, s von Danzwiesen, ö von Fulda. Siedlungsspuren ab der Bronzezeit. Wälle von spätlatènezeitlichem Oppidum, 2. Hälfte 1. Jtsd. vor Chr. Hüttengrundrisse erkannt. Reste auch auf der Kleinen Milseburg.
Miltenberg Deutschland, am Main. Spuren von römischem Kohortenkastell (Altstadtkastell) und Reste von Militärbad. Numeruskastell (Ostkastell); keine sichtbaren Reste. Keltischer Ringwall auf dem Schloßberg (Greinberg). Spur von Merkurheiligtum. Ringwall am Wannenberg mit den ma Heunefässern und Heunesäulen. W zwischen Vielbrunn und Rüdenau (n von Ohrenbach) Schanze Heuneschüssel, mindestens römerzeitlich. Spuren von römischen Wachttürmen sö an der Limeslinie. Stadtmuseum.
Mil Tepe Iran, ca. 20 km s von Teheran, Richtung Varamin. Ausgrabungen eines sassanidischen Palastes.
Milyas Türkei, 1 km sö von Melli, 74 km sö von Burdur. Antike Siedlung. Reste von frühhellenistischer Mauer und von Theater. Basrelief. Nekropole.
Mimes Libanon, 112 km sö von Beirut, w des Hermonmassivs. Bei Nébi Chitt Spuren alter Bauten. Nö: → Ain Hircha.
Minab Iran, w in der Nähe der Straße von Hormuz die alte Insel Hormuz. Ruinen.
Minar-i Schakri Afghanistan, s von Kabul. Denkmalsrest, Kushanzeit. → Schewaki.
Miñateda Spanien, nw von Murcia, sö von Hellin. Höhle mit prähistorischen Malereien.
Minchinghampton Common GB, Gloucestershire, s von Gloucester. Große eisenzeitliche Erdbefestigung, mehrere Grabhügel.
Mindeddu I-Sardinien, w von Arbatax. Sardische Festung 1. Jtsd. vor Chr.
Mindelheim Deutschland. Südschwäbisches Vorgeschichtsmuseum.
Minden Deutschland. Museum mit urgeschichtlicher Abteilung.
Mineç Çukuru Türkei, 6 km ö von → Bodrum. Ehemals befestigte Siedlung der Leleger.
Minet el Beida Syrien. Tell und Hafen von → Ras Schamra.
Minfeng China, Xinjiang, Südrand der Taklamakan. Ehemals chinesische Grenzfestung Niya mit

indischer Besatzung; im 4. Jh. nach Chr. verlassen. Ausgrabungen; Pfosten.
Mingečaur GUS, Aserbeidschan. Friedhof.
Mingora Pakistan, Swat-Tal. Ausgrabungen.
Mingun Birma/Union Myanmar, ca. 15 km nw von Mandalay. Mingun Pagode, 1797. Settawya Pagode, 1881. Hsinbyume Pagode, 1816.
Minia, El Ägypten. Altägyptisch Menat Chufu. Museum.
Minje, Khirbet el- Israel. → Minya.
Minnanthu Birma/Union Myanmar, ö von → Pagan.
Minneriya-Stausse Sri Lanka, nw von Polonnaruwa. Von ca. 275 nach Chr. Mit Kanal.
Minning Low GB, Derbyshire, ca. 25 km nw von Derby, w von Ardwark. Grabhügel, Steinkiste.
Minnodunum Schweiz, Waadt, nö von Lausanne. Heute Moudon. Römische Inschrift am Rathaus.
Minoa Griechenland, Amorgos. → Katapola.
Minoa Griechenland. → Monemvasia.
Minoa Gr-Kreta. Ev. das heutige Vasiliki, sö von Agios Nikolaos.
Minoa Gr-Kreta, ö von Chania, Nordende der Souda-Bucht. Antike Reste: von Befestigung, griechischen und römischen Häusern, Hafenturm.
Minoa I-Sizilien. → Eraclea Minoa.
Minori Italien, nö von Amalfi. Reste** einer römischen Villa 1. Jh. nach Chr. Mosaike.
Minorisa Spanien. Römisch; ev. für Manresa n von Barcelona.
Minshat Abu Omar Ägypten, ca. 160 km nö von Kairo, sö von San el Hagar. Manshijet Abu Omar. Tell es-Sabaa-Banat. Nekropole von ca. 3000 vor Chr.
Minturnae Italien. → Minturno.
Minturno* Italien, 75 km nw von Neapel. 5 km sö von Bahn und Straße Nr. 7 das antike Minturnae. Reste von Stadtmauer mit Toren, Theater 1. Jh., Forum mit Bädern, Tempeln. Spur von Amphitheater. W → Scauri.
Minusinsk GUS, Rußland, am Jenisej. Zentrum skythisch-sarmatischer Funde und Ausgrabungen.
Minya Israel, NW-Ufer des Tiberias-Sees. Khirbet el Minje, Hirbet Han el-Minye. Das alte Gennesaret. Besiedelt von römischer Zeit bis ins Mittelalter. Reste von Omayyadenpalast 8. Jh. ½ km nö → Oreme. ½ km sw → Hnud.
Mirabella Eclano Italien, ca. 100 km onö von Neapel, nö von Avellino. 3 km nö am Passo di Mirabella die Ruinen des antiken Aeclanum. Reste von Stadtmauer, Thermen 2. Jh. nach Chr., Häusern. Kleines Antiquarium. 3½ km sw neolithische Nekropole 2. Jtsd. vor Chr.
Mirador, El Guatemala, Petén, in der Nähe der Nordgrenze. Maya-Ruinenstätte; große Pyramide.
Mirador Mexiko, Chiapas-Osten, oberes Grijalva-Becken. Ruinenstätte.
Miramar Mexiko, Quintana Roo, Insel Cozumal, Nordteil. Mayaruinen.

Miran China, Xinjiang, ö der Taklamakan. Während der Han-Dynastie die Hauptstadt Yü-ni des Fürstentums Shan-Shan. Ehemals buddhistisches Zentrum mit mehreren Klöstern 3./4. Jh. Reste aus der Kushanzeit ausgegraben; mehrere Tempel, Stupa, Wandmalereien.

Mirandola Italien, 32 km n von Modena. Museum.

Mird, Khirbet al- Israel, ca. 20 km sö von Jerusalem. Hellenistisch Hyrkania, Hureqanya, byzantinisch Castellion. Reste der makkabäischen Festung; Aquädukt. → Muntar. → Mar Saba.

Mirebeau-sur-Bèze Frankreich, 25 km onö von Dijon. Spuren von römischem Lager, Thermen und Heiligtum.

Mirgissa Sudan, sw von Wadi Halfa. Festung, Stadt und Friedhöfe; hauptsächlich Mittleres Reich. Kleines Heiligtum für Hathor, Neues Reich. Teilweise im Stausee.

Miri Kroatien, nw von Split, bei Novi Kastella. Reste einer römischen Villa.

Miro Griechenland, Peloponnes, nö von Kyparissia. Moira. Gebäudereste aus helladischer Zeit. Gräber ab früher Bronzezeit. Tholosgräber. Ö → Peristeria.

Mirobriga Portugal, bei Santiago do Cacém, s von Setubal. Ehemals römische Siedlung; Reste von Forum, Tempel, Thermen, frühchristlicher Basilika.

Mirobriga Spanien. → Ciudad Rodrigo.

Mirtos Gr-Kreta, s von Agios Nikolaos. Ehemals Myrtos. Ausgrabungen von früh- und mittelminoischen Siedlungen. Reste von römischer Villa.

Miryamin Syrien, 25 km s von Masyaf, sw von Hama. Gegründet von Ramses II. Ehemals römische Garnison, Bischofssitz.

Mirzakul Tepe GUS, Usbekistan, bei Termes. Ehemals baktrische Siedlung.

Misa Italien. → Marzabotto.

Misad Algerien, Südrand des Hochplateaus. Messaad. Castellum Dimmidi. Ruinen.

Misantla Mexiko, Veracruz, 75 km n von Jalapa. Baukomplexe; Reste von Zeremonialzentrum der Totonaken. Reste von Pyramiden, Skulpturen, 13.-15. Jh.

Misasa Japan, Honshu, w von Tokio. Sambutsuji-Tempel ab 8. Jh. Daisenji-Tempel, gegründet 718.

Mischrife Syrien, 20 km nö von Homs. In der Nähe Qatna, Stadt des 3. Jtsds. vor Chr. Reste von Stadtmauer, Tempel 3./2. Jtsd. vor Chr., Königspalast.

Misdachkan GUS, Usbekistan, s des Aralsees. → Chodžejli.

Miseno Italien, am Golf von Pozzuoli, w von Neapel. Römischer Hafen Misenum. Ruinen von Theater, Thermen, Augustus-Tempel. Villa des Lucullus.

Misenum Italien. → Miseno.

Misis Türkei, 28 km ö von Adana, bei Yakapınar. Antik Mopsuhestia. Mamistra der Kreuzfahrerzeit.

Gegründet ca. Mitte 2. Jtsd. vor Chr. In der Nähe des Tells Spuren eines römischen Amphitheaters. Brücke ab 4. Jh. Zisterne. Basrelief. Vorchristliche und christliche Mosaike.

Misli Türkei, 47 km s von → Nevşehir. Der alte Ort Mustilia. Unterirdische Siedlung.

Mi-son* Vietnam, Quang-nam. Ehemals Shiva-Tempel des Champa-Herrschers Bhadravarman, 400 nach Chr., um 600 wiedererrichtet; verschwunden. Älteste Reste ab 7. Jh.; Hindu-Ruinen 10. und 11. Jh. Skulpturen. → Tra-kieu.

Missi Iran. → Tasch Tepe.

Missunde Deutschland, ö von Schleswig. S Rest von Ganggrab.

Mistra** Griechenland, ca. 5 km w von Sparta. Ort Mistras. Ruinen einer byzantinischen Stadt des 14. und 15. Jhs. 1770 zerstört. Die Kirchen (Architektur*, Malereien**) sind durch neue Bedachung vor weiterem Verfall geschützt. Johanniskirche. Stadtmauer. Christophoruskirche. Bischofspalast, Museum, Demetrioskirche 1309. Evangelistriakirche um 1400. Theodorikirche um 1295. Afendiko um 1310. Pantanassa-Kloster 1448. Despoten-Palast Mitte 13. Jh. und 15. Jh. Nikolaoskirche 17. Jh. Kleiner Palast. Sophienkirche 1350. Frankenfestung.

Misua Tunesien. Römische Siedlung bei Sidi Daoud, sw von Kap Bon.

Miswar Jemen-Süd, im Wadi Markha, s vom Wadi Beiham. Hauptstadt des Reiches Ausan (letzteres bis ca. 400 vor Chr.).

Mithridatkert GUS, Turkmenistan. Parthische Hauptstadt Mithridates'I. → Nissa.

Mitla* Mexiko, 43 km sö von → Oaxaca. Stadt der Zapoteken, später unter mixtekischem Einfluß. Besiedelt ab ca. 600 vor Chr. Mehrere Gebäudegruppen; Palast, Kultzentrum. Säulen. Schachtgrüfte. Gräber. Verzierungen** innen und außen mit Steinmosaiken. Hügel mit Befestigung. Museum.

Mitli Indien, Gujarat, s von Ahmadabad. Ehemalige Siedlung der Mittleren Steinzeit.

Mitrahina* Ägypten. → Abb. 143. An der Stelle von → Memphis, der ägyptischen Hauptstadt überwiegend während des Alten und des Mittleren Reiches und vereinzelt auch des Neuen Reiches. Tempelbezirk des Ptah mit Kolossalstatuen Ramses'II. und Sphinx. Mehrere kleine Tempel verschiedener Epochen. Balsamierungshaus der Apisstiere von Scheschonk I. Palast des Mernenptah in Kom el-Qala. Hathortempel des Ramses II. in Kom el-Rabia. Gräber der Hohenpriester von Memphis der 22. Dynastie. Gräber von Kom el-Fachry. Umfassungsmauer. Die zugehörigen Totenstädte** sind unter → Memphis bzw. einzeln aufgeführt.

Mitropolis Griechenland, 8 km w von Karditsa. Antik Metropolis; im Mittelalter Neo Patrá. Spuren von Mauerwall 3. und 2. Jh. vor Chr. und von Akropolis. Reste von kleineren Festungen. Ö römerzeitliche Nekropole.

Mitropolis Gr-Kreta, s von Gortyn. Spuren eines Heiligtums. An der Kannia genannten Stelle Spuren eines minoischen Landhauses.

Mittelbiberach Deutschland, w von Biberach. Sw keltische Viereckschanze.

Mittelstadt Deutschland, n von Reutlingen. Spuren von römischem Gutshof.

Mitterarnsdorf Österreich, Wachau, sw von Krems, rechtes Donauufer. Römischer Wachtturm.

Mixco Viejo* Guatemala, Provinz Chimaltenango, 45 km nw von Guatemala-City, auf einem Tafelberg. Ehemalige Hauptstadt der Pocomam. Gegründet im 12. Jh. Ausgrabungsgebiet; Reste von befestigtem Zeremonialzentrum, Pyramiden, Altären, Ballspielplätzen, Wohnhäusern.

Miyamas Syrien, ö von Suweida, 5 km von Kfer. Ruinen von zwei Tempeln, zu Kirche vereint.

Miyoumiye Libanon. → Saida.

Mizpa Israel. → (Tel) Nasbe.

Mlini Kroatien, ö von Dubrovnik. Reste von römischen Bauten.

Mljet Kroatien, Insel. Antik Melita, römisch Melada. → Babine Kuče. → Melitussa. → Polace. → Poma.

Mnajdra* Malta, sw von Qrendi, in der Nähe von → Hagar Qim**. Tempelruinen 2700-2000 vor Chr. mit Trilithenportal und Lochverzierungen. → Abb. 53.

Mnin Syrien, 20 km n von Damaskus. Felsgräber.

Moalla Ägypten, sw von Luxor. Ev. das altägyptische Hefat. Felsgräber der Ersten Zwischenzeit: 1) des Sebekhotep. 2) des Anchtifi. Malereien.

Moallaq Syrien, bei Rasm Nefel, sö von Haleb, s des Djabbal-Sees. Reste von drei Kirchen, Kapellen, Straße. Kanal.

Moarbühel I-Südtirol. → Jenesien.

Moballa Türkei. Antike Stadt, heute Muğla, 269 km ssö von Izmir.

Moche-Tal Peru, bei Trujillo. Kunst- und Kulturzentrum 2.-8. Jh., Blüte um 500 nach Chr.; Mochica-Kultur. Sonnenpyramide (Huaca del Sol), 41 m h, aus Ziegeln. Mondpyramide (Huaca de la Luna), 21 m h, mit Kammergräbern und Malereien. Gräber.

Mochlos Gr-Kreta, Insel (auch Muphlos) und Ort 18 km LL von Agios Nikolaos. Neolithische Siedlungsreste. Römische Mauerreste. Frühminoische Kammergräber.

Mochrablur GUS, Armenien. → Ečmiadzin.

Modena Italien. Römisch Mutina. Städtisches Archäologisches Museum. Museo Lapidario Estense. Galleria Estense.

Modhera* Indien, Gujarat-Norden, ca. 100 km nw von Ahmedabad. Ehemals Hauptstadt des Solanki-Reiches. Hindu-Tempel-Stadt. Sonnentempel, Suryatempel, ca. 1026-1027. Kultbad 11. Jh.

Modi Indien, s von Jaipur. Felsmalerein, Altsteinzeit.

Modica I-Sizilien, 10 km s von Ragusa. Antik (sikulisch) Motyka, arabisch Mohac. 10 km ö → Cava d'Ispica.

Modicia Italien. Römisch; Monza bei Mailand. Museo Civico mit archäologischer Abteilung.

Modon Griechenland. → Methone.

Modria F-Korsika, ö von Algajola. Auf dem Hügel St.-Césaire eisenzeitliche Siedlung.

Möckenlohe Deutschland, s von Eichstätt. 2 km w Keltenschanze.

Möders I-Südtirol. → Freienfeld.

Mödling Österreich, s von Wien. Stadtmuseum.

Möggingen Deutschland, sö von Nördlingen. Sw auf dem Burgberg ehemals bronzezeitliche Höhensiedlung; frühe Wallanlage.

Möhlin Schweiz, Aargau. N spätantike/frühmittelalterliche Fluchtburg, Wälle und Gräben, Rest von Toranlage. Ehemals Standort des spätrömischen Wachtturms Riburg (Nr. 6). Nö im Fahrgraben ehemaliger Wachtturm (Nr. 7). Nö Reste der römische Warte Untere Wehren (Nr. 8). W Reste der römischen Warte Pferrichgraben (Nr. 4), zu → Rheinfelden. Ö Reste der römischen Warte Stelli (Nr. 9), zu → Wallbach.

Möhn Deutschland, bei Welschbillig, nw von Trier. Sö ehemals gallo-römisches Heiligtum.

Mönchsdeggingen Deutschland, sö von Nördlingen. Wälle von Fliehburg, 10. Jh.

Mönchsrodt Deutschland, sö von Dinkelbühl. S Reste von Limeswachtturm 13/1 und rekonstruierter Wachtturm 13/3.

Moenia Italien, nö von Viterbo, 4 km s von Sippiciano, bei der Örtlichkeit Piano della Colonna. Spuren der etruskischen Siedlung. Nekropolen

Moers Deutschland, w von Duisburg. Asberg: Römisches Auxiliarkastell Asciburgium; auf diesem Gelände spätrömischer Burgus. Ehemaliges Kleinkastell Werthausen. Ausgrabungen am Lagerdorf. Heimatmuseum. → Niedergermanischer Limes.

Mogao-Grotten* China, Gansu, 25 km sö von Dunhuang. Buddhistisches Klosterzentrum 4.-14. Jh. Ab Mitte 4. Jh. buddhistische Höhlen zu Tempeln ausgebaut. Mehrere 1000 m² Malereien; Wei-, Sui-, Tang- und Song-Zeit. Über 2000 Skulpturen. Noch ca. 400 Grotten erhalten, für Besucher teilweise beleuchtet. → Abb. 131.

Moghul Ghundai Pakistan, s von Fort Sandeman, am Zhob. Bronzefunde.

Moghul Kala Pakistan, Loralai-Bezirk, s des Zhob. Keramik-Funde.

Mogontiacum Deutschland. → Mainz.

Mogor Spanien, Galizien, bei Marin, sw von Pontevedra. Labyrinth aus vorgeschichtlicher Zeit.

Mogorjelo Bosnien-Herzegowina. → Čapljina.

Mohammareh Iran. → Khorramschahr.

Mohammed Djaffar Tepe Iran. → Ali Kosch Tepe.

Mohammedia, La Tunesien, 15 km s von Tunis. Aquäduktreste (der Wasserleitung von → Zaghouan nach → Karthago).

Mohammediyeh Iran. → Rey.

Mohammed-Qasim Tepe Iran, in der Umgebung von Fehlian, n von Kazerun.

Mohenjo-Daro** Pakistan, Industal, 8 km ö von Dokri. Bekannteste Ausgrabungsstätte der Induskultur (nach einem anderen Fundort auch → Harappa-Kultur genannt), von ca. 2300 vor Chr. bis ca. 1700 vor Chr. Die Stadt besaß einen regelmäßig angelegten Grundriß. Die Gebäude waren aus gebrannten Ziegeln. Reste von Zitadelle, Wohnbezirken, Bad, Getreidespeicher. Von hohem Entwicklungsstand war die Abwasserbeseitigung; Einstiegsöffnungen in das System dienten der Säuberung. Standort von buddhistischem Kloster zur Kushanzeit; Stuparest. Museum.

Mohra Maliaran Pakistan. → Taxila.

Móio della Civitella Italien, Kampanien, ca. 100 km sö von Salerno. Ausgrabungen einer antiken Siedlung 5.-4. Jh. vor Chr. Stadtmauern 3. Jh. vor Chr. Reste von Tempel und Wohnhäusern.

Mojácar Spanien, s von Vera, sw von Cartagena. Auf der Loma del Belmonte eine Nekropole der frühen Bronzezeit.

Mojeque Peru. Ruinen.

Mokhatar Afghanistan, in der Nähe von Laschkar Gar. Reste von hellenistischem Tempel.

Mokhrablur GUS, Armenien. → Ečmiadzin.

Mokista Griechenland, 27 km ö von Agrinion. Zwei aneinandergebaute Kirchen auf den Resten einer byzantinischen Basilika, teilweise aus den Steinen eines Tempels errichtet.

Mokrin Serbien. Friedhof der frühen Bronzezeit. Funde im Museum → Kikinda.

Mokronog Slowenien, ca. 60 km osö von Ljubljana. Nekropolen.

Molabha Türkei, bei Muğla.

Molafa I-Sardinien, sw von Sassari. Nuraghenzeitliches Felsgrab.

Molai Griechenland, 83 km sö von Sparta. Antik Leuke. Festung.

Molcajetes, Los Mexiko, bei Paracuaro, ssw von Uruapan. Großes Zeremonialzentrum; Fundamente.

Moldova Veche Rumänien. Ehemals Standort eines römischen Castrums.

Moleatha Israel, ca. 25 km ö von Beersheva. Ehemals antikes Kastell; heute Tell el-Milh.

Molfetta Italien, 24 km sw von Bari. 2 km sw Ausgrabung einer neolithischen Siedlung mit Höhlen und Nekropole. Besiedlung ab 4300 vor Chr.

Mollar, El Argentinien, Tucumán. Menhire, Tafi-Kultur (200 vor Chr. - 1000 nach Chr.).

Mollepunku Peru, n von Arequipa. Felsmalereien und Ritzungen.

Mollis Schweiz, GL, sw des Walensees. Plattform eines gallo-römischen Umgangstempels. Ortsmuseum.

Molno Bosnien-Herzegowina. → Lištica.

Moltzow Deutschland, n von Waren. 2 km ö Rest von Großsteingrab.

Molunat Kroatien, 44 km sö von Dubrovnik. Reste von römischen Thermen mit Mosaiken. Vorgeschichtliche Hügelgräber.

Molybos Griechenland, Lesbos. → Methymna.

Molykria Griechenland, w von Naupaktos. Antike Siedlung. Ihr Standort in der Gegend zwischen Rumeli bei Mammáko und → Velvina angenommen.

Mommerich Deutschland. → Theley.

Momostenango Guatemala, Provinz Totonicapan, 203 km w von G.-City. Siedlung Tzunn-ché der Quiché, eines Zweiges der Maya. Hügel.

Monaco Fürstentum im S Frankreichs. Römisch Portus Herculis Monoeci. Vorgeschichtliche Höhlenwohnungen. Archäologisches Museum.

Monasterace Marina Italien, 50 km LL s von Catanzaro, an der Küste. N die Ruinen der griechischen Hafenkolonie Caulonia, gegründet 7. Jh. vor Chr. Reste von hellenistischer Stadtmauer und von Wohnhäusern. Grundmauern eines dorischen Tempels 5. Jh. vor Chr.

Monastir Tunesien. Phönizisch-römisch Ruspina. Spuren der antiken Stadtmauer. Zisternen.

Monastiraki Gr-Kreta, bei Gerakari. Reste von minoischer Villa.

Moncalvo* Spanien, w von Salamanca, bei Salto de Saucelle. Reste der Stadt: römische Mauern, Säulen, Stelen.

Moncastello Kroatien. Frühmittelalterliche Bezeichnung von illyrischer Wallburg; heute → Dvograd.

Monchique Portugal, Stadt und Berggebiet im Süden. Hügelgräbernekropolen.

Monciacum Schweiz, Basel-Land. → Liestal.

Mondariz Spanien, Galizien, ö von Vigo. Balneario de Mondariz. Von den Römern gegründetes Heilbad; 15./16. Jh. erweitert. In der Nähe die Burg Sobroso.

Monemvasia* Griechenland, Peloponnes, nähe SO-Spitze. Antiker Hafen Minoa. Mehrere Kirchen. Zitadelle* seit der Byzantinerzeit; Ruinen. Kirche.

Monfalcone Italien, nw von Triest. Die antike Siedlung befand sich am südlichen Stadtrand in Panzano. 5 km sö Reste von römischen Thermen. 6 km sö Kirche → San Giovanni al Timavo mit Resten von frühchristlicher Basilika. 4 km wsw frühchristliche Reste; Mosaike.

Monforte del Cid Spanien, w von Alicante. Ruinen einer iberischen Siedlung.

Monghaire Libanon, 2 km ö von Qartaban oberhalb des Nahr Ibrâhim. Ruinen von antiker Siedlung; Yanoua-Tempel, Kapellen, Gebäuderest.

Monheim Deutschland, s von Düsseldorf. N Haus Bürgel, neuzeitlicher Gutshof mit Mauerresten eines römischen Grenzkastells 4. Jh.

Monodendri Türkei, sw von Milet. Heute Karo

Klado.

Monolithos Griechenland, Insel Rhodos. Monolidos. Festung 15. Jh.

Monos, Los Mexiko, bei Arcelia, 138 km w von Iguala. Ausgrabungen.

Monraburg Deutschland. → Beichlingen.

Mons Frankreich, w von Grasse, s von Mons, nw von Cannes. Rachetaillée, römischer Aquädukt.

Mons Casius Syrien. → Kessab.

Mons Claudianus Ägypten, über 100 km nö von Qena. Umm Digal. Am Fuß des Gebel Fatira (Mons Claudianus) antike Steinbrüche und Ruine von römischem Lager (Strafkolonie). Thermen- und Tempelreste 2. Jh.

Mons Hadrianus Ägypten. → Mons Porphyrites.

Monsilienburg Deutschland. → Beverstedt.

Mons Mercurii Frankreich. → Paris.

Mons Porphyrites Ägypten, ca. 150 km nö von Qena. Auch Mons Hadrianus. Porphyrbrüche in römischer Zeit. Reste von römischem Lager, Serapis-Tempel, Isis-Tempeln, Siedlungen.

Mons Regalis Jordanien. → Shobeq.

Montalcino Italien, ca. 40 km ssö von Siena. Kleines archäologisches Museum.

Montalto di Castro Italien, nw von → Tarquinia. Antik Forum Aurelii. Etruskische Gräber.

Montalvana Spanien, 80 km w von Castellón de la Plana. Ö Höhlen mit Malereien: Cueva Remigia, Barranco de Gasulla.

Montan I-Südtirol, s von Auer. Italienisch Montagna. Auf dem Hügel Castelfeder sw von Auer Ruinen von mittelalterlicher Burg und Kapelle. W bis s hiervon Siedlungsspuren mit Befestigung, ev. des römischen Endidae.

Montana Bulgarien. → Michajlovgrad.

Montaneia Türkei. → Mudanya.

Mont Auxois Frankreich. → Alise-Sainte-Reine.

Montbard Frankreich, 75 km nw von Dijon. Museum.

Mont Bego Frankreich, s der italienischen Grenze. Felsgravierungen w über dem → Vallée des Merveilles und nö im Val Fontanalba, 2000-1600 vor Chr.

Mont Beuvray Frankreich, ca. 24 km w von → Autun. Das ehemalige Bibracte, Oppidum der Ädui (Häduer). Wallreste der ehemals 5 km langen Stadtmauer und Fundamente von gallischen Häusern.

Montbouy Frankreich, 17 km s von Montargis. Gallo-römische Ruinen.

Montbrison Frankreich, nw von St.Etienne. Römische Reste und Mosaike.

Montcaret Frankreich, 50 km ö von Bordeaux. Fußböden von gallo-römischen Thermen, Mosaike.

Montchaibeux Schweiz. → Rossemaison.

Monte Abbetone Italien. → Cervéteri.

Monte d'Accoddi I-Sardinien, 6 km sö von Porto Torres. Heiligtum ev. ab 6./5. Jtsd. vor Chr. Kupfersteinzeitliche Altarterrasse, 3. Jtsd. vor Chr.

Menhir oder Architrav. Altarstein. Sonnen- oder Phallusstein. Sö 2 Menhire. 2 km sö Felsgräber. → Abb. 44.

Monteagudo Spanien, 4 km nö von Murcia. Zwei arabische Burgen, teilweise auf römischen Vorläufern.

Monteagudo Spanien, 12 km nö von Tarazona. Römische Ruinen.

Monte Alban** Mexiko, bei → Oaxaca. Eine der großartigsten Ruinenstätten Amerikas; zapotekisch; mixtekisch ab 14. Jh. Kultanlage bzw. Zeremonialzentrum. Besiedlung von ca. 600 vor Chr. (vorzapotekisch) bis 16. Jh. nach Chr. mit Unterbrechung um die Jahrtausendwende. Archäologisches Gebiet von ca. 40 km². Hauptplatz** mit Pyramiden und Plattformen. Palast. Ballspielplatz. Hügel. Flachreliefs. Stelen. Grabkammern; Malereien.

Montealegre del Castillo Spanien, 24 km sw von Almansa. Auch Monte Arabi. Archäologisches Provinzialmuseum. Sö Reste der iberischen Siedlung am → Cerro de los Santos, 4. Jh. vor Chr. S → Llano de la Consolación.

Monte Alto Guatemala, Escuintla. Maya-Ruinenstätte bei → (La) Democracia.

Monte Annamunna Italien. → Collelongo.

Monte Arabi Spanien. → Montealegre del Castillo.

Monte Bernorio Spanien, ö von Oviedo. Iberische Siedlung.

Monte Bibele Italien, ca. 20 km sö von Bologna. Besiedelt bis 2. Jh. vor Chr. Etruskisch-keltische Gebäudereste. Zisterne.

Monte Cave Italien, Gipfel in den Albaner Bergen. Römisch Mons Albanus. Ehemals Standort eines Tempels des Jupiter Latiaris.

Montecchio Italien, s von Arezzo. Ehemalige etruskische Siedlung.

Monte Claro I-Sardinien, Stadtteil von → Cagliari. Kupferzeitliche Kultur, 2. Hälfte 3. Jtsd. vor Chr.

Montefi Spanien, Menorca, ö von Ciudadela. Talayot.

Montefiascone Italien, sö des Bolsena-Sees. 2-4 km s und 3 km n Reste der römischen Via Cassia. 5-7 km n Reste von Grabmonumenten. Etruskische Nekropolen.

Montefortino Italien, w von Iesi. Nekropole.

Montegrotto Italien, sw von Padua. Theater, Reste von Thermen.

Monte Iato I-Sizilien. → Iaitas.

Montejaque Spanien, w von Ronda, n von Gibraltar. S die Cueva de la Pileta mit paläolithischen Höhlenmalereien.

Montejo de Tiermes Spanien, sw von Soria. Römisch Termancia. Relikte der Arevacos, Keltiberer und Römer. Tore, Felswohnungen, Galerien, Aquädukte, Mosaike.

Monteleone di Spoleto Italien, sö von Spoleto. Reste von römischem Tempel. Auf dem Colle del Capitano vorgeschichtliche Gräber.

Monte Lúppia Italien, nw von Garda. Am Weg

Garda - Torre del Benaco Felsgravuren.

Monte Murlo Italien, nw von Perugia. Reste von vorgeschichtlicher Befestigung.

Montenerodomo Italien, s von Chieti. Ca. 3 km n Reste der frentonischen Siedlung Juvanum: Akropolis, Forum, römisches Theater.

Monteoru Rumänien. Ehemalige Befestigung im 2. Jtsd. vor Chr. Ausgrabungen.

Montepulciano Italien, w des Trasimenischen Sees. Nekropolen.

Monterano Italien, w des Bracciano-Sees. Ma Ruinen. Etruskische Gräber.

Monterazzi Italien. Nekropole bei → Tarquinia.

Monte Sannace Italien, s von Bari, 6 km nö von Gioia del Colle. Ehemals apulische Stadt 6.-4. Jh. vor Chr. Ausgrabungen. Akropolis, Stadtmauern. Gräber 4./3. Jh.

Monte Saraceno Italien. → Mattinata.

Montescaglioso Italien, s von Matera. Ehemals lukanische Siedlung 6. Jh. vor Chr. Ausgrabungen.

Monte Sirai* I-Sardinien, nähe W-Küste. Festung von phönizisch-punischer Garnison 7. Jh. vor Chr. zur Absicherung von Sulki (→ Sant'Antioco). Akropolis mit Gebäuderesten, Mauer, Tempel, Nuraghe, Stelen. Nekropole* (→ Abb. 32).

Montessu* I-Sardinien, n von Villaperuccio, nw von Santadi, wsw von Cagliari. Am Südende des Monte Essu Felskammernekropole* (Domus de Janas). Spuren eines Dorfes der → Ozierikultur. Menhire bei Terrazzu.

Monte Torre Maggiore Italien, nw von Terni, ö von → San Gémini. Tempelreste.

Montezuma-Castle* USA, Arizona, zwischen Flagstaff und Phoenix. Cliff-Dwelling der Anasazi, 1100-1450, ca. 20 Räume.

Mont Ferrand Syrien. → Zor Barin.

Montfort Israel, NW. Reste der Kreuzfahrerburg.

Montgo Spanien, s von → Denia. Auf dem Bergkamm iberische Siedlung (Poblado), 8.-7. Jh. vor Chr.

Monthey Schweiz, Wallis, 20 km nw von Martigny. Musée Historique. Marendeu-Chenau, ehemals Standort von römischem Gutshof.

Montignac Frankreich, 170 km ö von Bordeaux, im Tal der Vézère. Prähistorisches Lager von Régourdon. In der Nähe → Lascaux. 7 km sw Centre d'Art préhistorique (Prähistorisches Kunstzentrum von Thot; → Thonac).

Montikel Österreich. → Bludenz.

Mont Lassois Frankreich. → Vix.

Montlaurès Frankreich, ca. 6 km n von Narbonne. Ehemals keltisches Oppidum, ab 6. Jh. vor Chr. Römische Ruinen.

Montlingerberg Schweiz. → Oberriet.

Montmaurin Frankreich, s von Blajan, ö von Tarbes. Reste von gallo-römischer Villa 4. Jh.; Besichtigung.

Montpezir-Höhle Indien. → Mount Poinsur.

Montreal Jordanien. → Shobeq.

Mont-Saint-Vincent Frankreich, s von Le Creusot. Museum. In der Nähe → Portus.

Monts des Ksour Algerien, s von Ghat. Felsgravierungen entlang des Gebirgszuges. → (El) Abiodh. → (El) Bayadah. → Msakna.

Montuiri Spanien, Mallorca, 30 km ö von Palma. Vorgeschichtliche Denkmäler.

Monzón Spanien, zwischen Huesca und Lérida. Spuren von römischen Festungsanlagen am Schloß.

Moos Deutschland, sö von Plattling. Sw frühmittelalterliche Wallanlage.

Moosberg Deutschland, im Murnauer Moor. Ehemals römische Siedlung und Straßenstation Coveliacae auf einem Köchel im Moor; hauptsächlich als Befestigung aus Holz. Mauerreste und Hügel in der 1. Hälfte des 20. Jhs. abgetragen.

Moosham Österreich. → Tamsweg.

Mopsuhestia Türkei. → Misis.

Moqdam, Tell el- Ägypten, Delta, sö von Mit Ghamr. Antik Leontopolis. Großer Tell; Reste eines Tempels für Mahes. Grab der Königin Kamama.

Mor, Tell-i Iran. → Borazdjan.

Morales Mexiko, Tabasco. Ehemals Siedlung der Maya.

Moray Peru, nw von Cuzco, w von Maras. Ruinen, Ackerbauterrassen.

Morbihan Frankreich, Meeresbucht an der Südküste der Bretagne. → Er Lannic. → Gavrinis. → Ile Longue.

Morelia Mexiko, Michoacan, 300 km w von M.-City. Museum Michoacán.

Morella Spanien, w der Ebro-Mündung. Antik Castra Aelia. Zyklopische Mauerreste. 5 km nw Cueva de Morella la Vella mit steinzeitlichen Felsmalereien.

Mores I-Sardinien, 45 km sö von Sassari. In der Umgebung Nuraghen, darunter Tres Nuraghes, Nuraghe Ranas. Dolmen Sa Coveccada, Ende 3. Jtsd. vor Chr. Gigantengräber. Römische Grabmäler.

Morfa Bychan GB, Wales. → Marros.

Morgantina I-Sizilien, 6 km nö von Aidone, nö von Piazza Armerina. Ausgrabungen der antiken Stadt: Reste von Stadtmauern, Agora*, Theater 4. Jh. vor Chr., Tempel, Häusern.

Moria Griechenland, Lesbos, 7 km n von Mytilene. Reste von römischem Aquädukt.

Moridunum GB, Wales. Römisches Fort, ev. Carmarthen.

Moros-Höhle Spanien. → Cogull.

Morro d'Alcaufar Spanien, Menorca, SO-Ecke. Talayot.

Moscha Oman. Portus Moscha. → Kor Rori.

Moseddu I-Sardinien, s von Cheremule, s von Thiesi. Felskammergrab 2. Hälfte 3. Jtsd. vor Chr. mit Felsgravierungen.

Moskau GUS, Rußland. Staatliches Historisches

Museum. Staatliches Puschkin-Museum. Staatliches Museum der Orientalischen Kultur.

Moşna Rumänien, Moldaugebiet. Ehemals Befestigung Mitte 1. Jtsd. vor Chr.

Mosonmagyaróvár Ungarn, ö des Neusiedler Sees, ö der Musoni-Donau, s der Leithamündung. Römisch Ad Flexus. Spuren einer Hafenanlage, 4. Jh.

Mosphilia Zypern. → Kissonerga.

Mossynúpolis Griechenland, Thrakien, 8 km w von Komotini. Reste der byzantinischen Stadt. S prähistorisches Grab von Parathimi.

Mostagedda Ägypten, ö von Assiut. Friedhof des Alten Reiches.
Andetrium; Mandetrium. Die alte Brücke über die Neretva auf römischen Fundamenten.

Most na Soći Slowenien, 5 km s von Tolmin. Ausgrabungen, prähistorische Funde.

Mosul Irak. Musil. Reste der alten Stadtmauer. Palastruine Qara Serail, 13. Jh. Osmanische Festung Basch Tabia 13. Jh., restauriert. Mehrere Mausoleen. Archäologisches Museum. In der Nähe → Ninive.

Mot da Chaschlins Schweiz. → Tschlin.

Mothana Syrien. → Imtan.

Motta Vallac Schweiz. → Salouf.

Mottur Indien, sw von Madras. Megalithisches Gräberfeld.

Motya I-Sizilien. → San Pantaleo.

Motyka I-Sizilien. → Modica.

Moulins Frankreich, 97 km n von Clermont-Ferrand. Musée d'Art et d'Archéologie.

Moulmein Birma/Union Myanmar, ö des Golfs von Martaban. Kyaikthanlan Pagode. Uzina Pagode. Höhle von Payon. Höhle von Kawgaun.

Mound City National Monument USA, Ohio, 5 km n von Chillicothe. Begräbnisstätten der Hopewell-Indianer. Ross County Historical Society Museum mit indianischer Frühgeschichte.

Mounds State Park USA, Indiana. 5 km ö von Anderson zahlreiche indianische Erdhügel.

Moundville USA, Alabama. Zeremonialzentrum, Tempelhügel und Gräber, ca. 1200 bis 1500 nach Chr.

Mounsey Castle GB, Somerset, bei Dulverton. Eisenzeitliche Befestigung.

Mount Abu** Indien, Rajasthan, 230 km n von Ahmedabad. Ummauerte Tempelstadt auf heiligem Berg. Jaina-Tempel des 11.-13. Jhs.: Dilwara-Tempel 1031. Tajapala-Tempel 1231. Adinatha-Tempel 1031. Skulpturen. In der Nähe → Achalgarh.

Mountain Cow Belize. Ehemalige Siedlung der Maya.

Mount Caburn GB, East Sussex, 15 km ö von Brighton, 4 km sö von Lewes. Eisenzeitlich-normannisches Fort.

Mount Poinsur Indien, ca. 30 km n von Bombay, bei Borivli. Hinduistische Mandapeshvar-Höhle,

7. Jh.

Mount Wellington Neuseeland. Hügelfestung der Maori.

Mousa GB, Shetland-Insel Mousa. Piktischer Broch, ca. 1. Jh. vor Chr.

Mousaylaha Libanon, 60 km n von Beirut. Arabische Burgruine, ev. an der Stelle des antiken → Gigarta.

Moustier, Le Frankreich, Abri sw von → Périgueux, im Tal der Vézère, Gemeinde Peysacle-Moustier. Altsteinzeitliche Fundstätte, ca. 80000-70000 vor Chr., vertreten hauptsächlich durch den Neandertaler. Namensgebend für das "Moustérien".

Mouthe, La Frankreich. Höhle. → (Les) Eyzies de Tayac.

Moyne Irland, Co. Mayo, nähe Shrul. Frühe christliche Wallanlage.

Moytirra Irland, sö von Sligo, ö von Derry. ND465. Neolithisches Megalithgrab mit Vorhof.

Mozia I-Sizilien. → San Pantaleo.

Mozu Japan, Honshu. Kaiserlicher Friedhof, Mitte 1. Jtsd.

Mqabba Malta, sw von Valetta. Frühchristliche Katakomben Tal-Mintna; Gräber 5. Jh., Verzierungen.

M'rara Syrien. → Mughara.

Mrauk-U Birma/Union Myanmar. → Myohaung.

Mrejzbiet, Li Malta, Gozo. → Ghanjsielem.

Mriès, El Marokko, sw von Tanger. Vorgeschichtliche Gräberstätte.

Mrimina Marokko, s von Quarzazate. Vorgeschichtliche Reste.

Mrohaung Birma/Union Myanmar. → Myohaung.

Msakna Algerien, in den → Mounts des Ksour, 20 km nö von Brezina. Höhle mit Felsgravierungen.

Msas, Khirbet el Israel, ca. 17 km ö von Beersheva. Tel Masos, Maisos. Ev. das biblische Horma. Chalkolithische Wohnhöhlen. Siedlungsund Umwallungsreste 18. und 12.-8. Jh. vor Chr. Byzantinische Reste 7./8. Jh. Brunnen. 3 km nö → (Khirbet el) Garra.

Msas, Tel Israel. Tell es Seba. → Beersheva.

Mschatta, Qasr el* Jordanien, 35 km ssö von Amman. Ummauerter Omayyadenpalast 8. Jh.; Mauern mit halbrunden Türmen. Skulptierte Mauerverzierungen.

Msécké Žehrovice Tschechien, in der Nähe von Prag. Keltische Reste.

Mshabbak Syrien. → Deir Tazze.

Msida Malta, w von Valletta. Grundmauern von frühchristlicher Kirche.

Msoura Marokko, nö von Larache. Steinkreis.

Muang Fa Daed Thailand. → Ban Sema.

Muang Khorakhopura Thailand, ca. 30 km w von Nakhon Ratchasima. Das alte Korat. Indischbuddhistische Kolonie ab 6. Jh. Grabungen; Prasat Hin Noen Ku 10. Jh. Prasat Hin Muang Khaek

10. Jh. 3 km ö Wat Prang Muang Kao.
Muang Sema Thailand, ca. 35 km w von Nakhon Ratchasima. Stadt des Mon-Reiches 6.-11. Jh. Stadtmauerreste 9. Jh.
Muang Sing Thailand, ca. 25 km w von Kanchanaburi. Stadt der Khmer. Stadtmauern 1000x600 m. Ausgrabungen. Tempelruine, Gopuras.
Muang Tam Thailand, osö von Nakhon Ratchasima, s von Prakhon Chai, beim Dorf Ban Chorake Mak. Khmer-Palast 10. Jh. Ruinen vom Prasat Muang Tam, 11. Jh. 5 km LL w: → Prasat Phanom Rung.
Muarribe Syrien, 34 km ö von Deraa, in der Nähe der Südgrenze. Antike Ruinen.
Mucarum Kroatien. Muccurum. Römisch; Makar bei Makarska.
Mudanya Türkei, nw von Bursa, am Marmarameer. Griechisch Myrleia, Apamea ca. 200 vor Chr., Montagnac. Griechische Reste bei Hisarlik und Esiköy. Dromosgrab 5. Jh. vor Chr.
Mudbidri Indien, Karnataka, 35 km n von Mangalore. Moodebidri. 18 Jaina-Tempel; darunter der Chandranatha-Tempel.
Mudiq, Qalaat al* Syrien, 65 km nw von Hama. Antike Stadt Pharnake, seit Alexander Pella, danach Apamea, arabisch Famya. Ev. Standort der bronzezeitlichen Stadt Nija.
Ruinen von: Stadtmauer, Nordtor, Säulenstraße, Thermen, Agora, Tempel, Kirchen, Theater, Zitadelle. Außerhalb der Stadtmauern: Basilika, Nekropolen, Karawanserei, Museum. Mosaike in Damaskus und Brüssel.
Mudjeleia Syrien, w von Maarat en Noman, 2 km s von → (El) Kfer. Reste von byzantinischer Basilika. Ruine von kleiner Kirche 6. Jh. Nekropole.
Mückenburg Deutschland, bei Goldacker w von Kirchlotheim. Zwei Gräben.
Müggenhall Deutschland, bei Franzburg. 1 km s Reste von Großsteingräbern.
Mühldorf Österreich, 15 km nw von Spittal an der Drau. Fundort einer römischen Badeanlage.
Mühlen Österreich, sö von Neumarkt in der Steiermark. Mit Ortsteil Noreia, ehemals St. Margarethen. Spuren von befestigter keltisch-römischer Siedlung mit Blockhäusern. Ev. von Noreia Tauriscorum, Hauptstadt des keltischen Königreiches Noricum.
Mühlholz Deutschland. → Aufseß.
Mülberg Schweiz. → Raperswilen.
München Deutschland. Glyptothek* und Antikensammlung* am Königsplatz. Staatliche Sammlung ägyptischer Kunst in der Residenz. Prähistorische Staatssammlung hinter dem Bayerischen Nationalmuseum. Völkerkundemuseum. Perlach: keltische Reste. W Aubinger Lohe: Keltenschanze, Burgstall, Sandgruben. Burgmuseum → Grünwald.
Münsingen Schweiz, sö von Bern. Grabhügel aus der Hallstattzeit. Gräberfeld aus der Latènezeit.

Spuren einer römischen Villa; Bad mit Malereien.
Münster Deutschland. Westfälisches Museum für Archäologie. Archäologisches Museum der Universität. In der Umgebung Reste der Landwehr (ab 13. Jh.).
Münzenberg-Trais Deutschland. Menhir »Kreppelstein«. → Abb. 20.
Mürow Deutschland, nö von Angermünde. 1½ km n Rest von Großsteingrab.
Muerto-Canyon USA, Arizona, Canyon de → Chelly National Monument. Pueblo-Siedlungen unter dem Randfelsen.
Muertos, Los USA, Arizona. Pueblo der klassischen Hohokamperiode.
Mug GUS, Tadschikistan. → Kala-i Mug.
Mugalrajapuram Indien, Andhra Pradesh, nw von Vijiayawada. Höhlentempel 5./6. Jh.
Mughara Syrien, bei Merayan, nw von Maarat en Noman. Antik Meghara. Ruinengebiet; Felsgräber 3. Jhd. nach Chr.
Mugharet es-Skhul Israel. Steinzeitliche Höhle im → Wadi al-Maghara.
Mugharet et-Tabun Israel, Karmelgebiet, im → Wadi al-Maghara. Altsteinzeitliche Höhle.
Mugharet al-Wad Israel, Karmelgebiet, im → Wadi al-Maghara. Grotte des Natoufien (→ Wadi en Natuf) mit Trockenmauer.
Mugheir, Tell Irak. → (Tell) Muqajjar.
Mug-Kurgan GUS, Usbekistan. → Mug Tepe.
Mug Tepe GUS, Usbekistan, am Kasan, nw von Andizan. Ehemalige Hauptstadt der Westtürken des Fergana-Tals. Festung und Tempel der Feueranbeter.
Muhammadabad Indien. → Delhi 8).
Muikitá Kolumbien. Ehemals Hauptstadt der Chibcha; heute Funza.
Mujer-Höhle Spanien. → Alhama de Granada.
Mujeres Mexiko, Insel an der östlichen Küste von Yucatan. Ruinen eines Maya-Kultzentrums.
Mukawir Jordanien. → Meqawer.
Mukhalingam Indien, Orissa, sw von Puri. Someshvara- und Mukhalingeshvara-Tempel, 9. Jh.
Mukhmas Israel, ca. 25 km nw von Jerusalem. Biblisch Michmas.
Mukran Deutschland, Rügen, Jasmund. 1 km ö Rest von Großsteingrab.
Mulba Spanien. → Munigua.
Mulbekh Indien, ca. 200 km ö von Srinagar. Buddhastatue ca. 8. Jh. Zwei lamaistische Klöster. Reste der Dardenburg Wakha. Höhle mit Fresken. Tempelruinen 11. Jh.
Mul-Chic Mexiko, Yucatan, 93 km s von Mérida, bei Santa Elena. Ehemaliges Kultzentrum; Ruinen, Puuc-Stil. Wandmalereien.
Mulegé Mexiko, an der W-Küste des Golfs von Kalifornien. 30 km s die Grotte San Borjita mit Wandmalereien. In der Sierra de Guadalupe weitere Höhlen mit Wandmalereien.
Mulelacha Marokko, an der Küste s von Larache.

Ehemalige phönizische Siedlung.

Mulfra Quoit GB, Cornwall, n von Penzance. Großsteingrab.

Mulhouse Frankreich. Musée Historique.

Muline Kroatien. → Ugljan.

Mulineddu I-Sardinien, sw von Macomér. Sardische Festung 1. Jtsd. vor Chr.

Mullali Tepe GUS, Turkmenistan, Süden. Ehemalige befestigte Siedlung 4. Jh. vor Chr.

Mull Circle GB. → Port Erin.

Mulsum Deutschland, n von Bremerhaven. Ehemals vorgeschichtliche Wurtensiedlung. Mulsum Wierde: Hügel von vorgeschichtlicher Wurtensiedlung.

Multan Pakistan. Siedlungsspuren seit 3. Jtsd. vor Chr. Ehemaliger Kultur- und Handelsplatz; Standort eines Sonnenheiligtums.

Mulva Spanien. → Munigua.

Mumbaqat Syrien, Euphrattal. Mumbakat. Grabungen wegen des Staudammbaus.

Mummy Cave USA, Arizona, im → Chelly Canyon. Auch Tower House. Cliff Dwelling.

Mummy Lake USA, Colorado. Indianische Puebloruinen im → Mesa Verde National Park, Teil Chapin Mesa.

Munaypata Peru, bei Ollantaytambo. Ruinen.

Munayshenqua Peru, sw von Yanque, n von Arequipa. Ort der Collaguas.

Munda Baetica Spanien. Ehemals römische Festung; heut Montilla, s von Córdoba.

Mundigak Afghanistan, 65 km wnw von Kandahar. Siedlungshügel spätes 4. Jtsd. vor Chr. bis Mitte 1. Jtsd. vor Chr. Ausgrabungen: Spuren eines Tempels 3. Jtsd. vor Chr., Palastfassade, Säulenterrasse, Pyramidenstumpf, Grundrisse von Gebäuden, teils 2. Jtsd. vor Chr. Getreidespeicher 8. Jh. vor Chr.

Munigua Spanien, 70 km von Sevilla. Römische Bergwerksstadt Muniguensis. Tempelreste, Terrassenheiligtum. Nekropolen Mulva.

Muniguensis Spanien. → Munigua.

Munkwolstrup Deutschland, s von Flensburg. Sw Reste von Großsteingräbern.

Munnigen Deutschland, nö von Nördlingen. Ehemals Standort des römischen Kastells Losodica. Reste des Kastellbades.

Muntar Israel, ca. 20 km ö von Betlehem. Mauer- und Mosaikreste 5./6. Jh. 4 km sw → Mar Saba. N → Qattar. N → (Khirbet el) Mird.

Munzach Schweiz. → Liestal.

Muota Schweiz. → Falera.

Muqajjar, Tell Irak, 374 km s von Bagdad. Mugheir, Muqajir usw. Hauptstadt Ur der Sumerer. Besiedelt ab ca. 4300 vor Chr. (Obeid- und Uruk-Schichten). Blütezeit Mitte 3. Jtsd. und 21. Jh. vor Chr. Larsa-Zeit Anfang 2. Jtsd. vor Chr. Assyrische Stadt. Besiedlungsende 4. Jh. vor Chr. Neubabylonische Ummauerung. Tempelbezirk; Tempelreste. Ziqqurat ab 27. Jh., jetziger sichtba-

rer Bau aus dem 21. Jh. vor Chr. mit Ergänzung durch Nebukadnezar. Palastreste. Wohnviertel Anfang 2. Jtsd. vor Chr. und 6. Jh. vor Chr. Gräber der 1. (28./26. Jh. vor Chr.) und 3. Dynastie (22./21. Jh. vor Chr.).

Muradiye Türkei, nö des Van-Sees. Unter der Zitadelle von ca. 1500 Reste einer urartäischen Festung.

Muralla, La Guatemala, Petén, in der Nähe der Nordgrenze. Pyramidenhügel, Plattformen, Höfe.

Muralto Schweiz, Tessin, ö von Locarno. An der Stelle eines römischen Vicus.

Murça Portugal, 160 km onö von Porto. Porca da Murça, eisenzeitliche Wildschweinskulptur.

Mureibit Syrien, 80 km ö von Haleb, am Assad-Stausee. Mureybet. Ausgrabungen einer Siedlung 8500-6900 vor Chr.

Murgecchia Italien, w von Tarent. Ehemalige neolithische Befestigung.

Murghab Afghanistan, NW-Grenze. S Siedlungshügel und antike Wälle.

Murgia Timone Italien, w von Tarent. Ehemalige neolithische Befestigung.

Muriatada Griechenland, Peloponnes, 9 km ö von Kyparissia. Antik Amphigenaia. An der Stelle Hellenikon Reste von zyklopischen Mauern; Palast. Tholosgrab.

Murik Syrien, n von Hama. Murek. Antik Murmurik. Tells.

Murillo de Gallego Spanien, n von Zaragoza. Nekropole.

Murlo Italien, 24 km sw von Siena. Archaische Grundmauern 7./6. Jh. vor Chr. Nekropole 7. Jh. vor Chr.

Murmurik Syrien. → Murik.

Muro de Agreda Spanien, 70 km ö von Soria. Mauerreste der antiken Augustobriga, Burgruine.

Murrhardt Deutschland, sw von Schwäbisch Hall. Römisches Kohortenkastell vom Ort bedeckt. Teilrekonstruktionen. Kastell Linderst-Roßkopf festgestellt. Römische Spuren im Bereich der Klosterkirche St. Januarius. Carl-Schweizer-Museum. Reste der Limeswachttürme 9/96,98,99,102,104,111 und 116.

Mursa Kroatien. C. Aelia Mursa. Römisch; Osijek (Esseg).

Mursella Kroatien. Ehemaliges römisches Legionslager; heute Petrijevci, nw von Osijek.

Mursia Italien. → Pantelleria.

Murten Schweiz. Historisches Museum.

Murtuk China, Xinjiang, ö von Turpan. Buddhistische Höhlentempel, ab 8. Jh., Malereien.

Murusvetus Spanien. → Sagunto.

Murviel-lès-Montpellier Frankreich, w von Montpellier. Ehemaliges keltisches Oppidum; Befestigungsreste auf dem Hügel. Römische Gebäude- und Befestigungsreste am Ort. Brunnen und Museum im Ort.

Murwab Katar, n von Dukan. Ruinen.

Muş Türkei, 80 km w des Van-Sees. Arabisch Tarun. Ruinen von Festung (gegründet 6. Jh.), Karawanserei und Türbe.
Musa, Tell Türkei, ö von Gaziantep.
Musarna Italien, 10 km w von → Viterbo. Mauerreste einer etruskischen Siedlung auf dem Poggio della Civita. Nekropole; etruskisch-römische Felsgräber.
Musasir Türkei, sö von Van, bei Yüksekova. Urartäische Stadt, 714 vor Chr. von Assyrien eingenommen. Ehemals Standort eines Chaldi-(Haldi-) Tempels.
Muschabbak Syrien. → Deir Tazze.
Muschau Slowakei. → Mušov.
Muschennef Syrien, 52 km n von Suweida. Antik Nela. Mauer- und Tempelreste 2. Jh., weitere Ruinen.
Musenheiligtum Griechenland, ca. 30 km w von Theben, w von Askraia. Ruinen der Kapelle Agia Triada mit antiken Resten, ev. eines Altares. Spuren eines Portikus. Cavea eines Theaters 3. Jh. vor Chr.
Musignano Italien, Latium, 13 km LL w von Tuscánia. Reste* der römischer Thermen.
Musiris Indien, Tamil Nadu, w von Tiruchchirappalli. Muziris. Handelsplatz während der indischen Expansion in Hinterindien, ab 1. Jh.
Muskar Türkei, 7 km n von Kale. Ruinen von vier Kirchen, Kapelle.
Mušov Slowakei, Mähren-Süd. Muschau. Ehemaliger römischer Stützpunkt. Burgstall. Ausgrabungen von römische Villa. Königsgruft 1./2. Jh.
Mussawwarat es-Sufra* Sudan, ö des 6. Katarakts. Ruinen eines ummauerten Gebäudekomplexes aus meroïtischer Zeit mit Tempeln und Höfen, Löwentempel; ca. 230 vor Chr.
Mussian Tepe Iran, s von Deh Luran, w von Dizful. Reste einer sassanidischen Stadt.
Mustafapaşa Türkei, 6 km s von Ürgüp. Griechisch Sinassos. Unterirdische Stadt. Hagios Vasilios-Kirche 8. Jh. Tavşanlı Kilise mit Malereien Anfang 10. Jh.
Musti Tunesien, 17 km s von Téboursouk. Antik Mustis. Ruinen von byzantinischer Festung, Zisternen.
Mustilia Türkei. → Misli.
Mut Ägypten, Oase → Dachle. Zerstörter Tempel, ca. Dritte Zwischenzeit.
Mut Türkei, nw von Silifke. Antik Claudiopolis. Ruine einer Festung 14. Jh., Mauern, Türme.
Mutatio Claudiana Albanien. Rogozhinë.
Mutesselim, Tell el- Israel. → (Tel) Megiddo.
Mutina Italien. → Modena.
Muttenz Schweiz, Basel-Land, sö von Basel. Römisches Landhaus. Spuren von römischem Wachtturm "Au-Hard" (Nr. 2). Auf dem Wartenberg befestigte Siedlung der Bronze- und Eisenzeit.
Muyil Mexiko, Quintana Roo, ca. 220 km nö von Chetumal, ca. 24 km sw von Tulum. Ruinen einer

Mayastätte mit Zeremonialzentrum.
Muyoq Peru, bei Mollepata. Ruinen.
Muza Jemen-Nord, 45 km n von Mokha. Mauza. Hafen während des Himjaritischen Reiches.
Myania Griechenland. → Agia Euthymia.
My-duc Vietnam, Quang-binh. Mahayana-Tempel, Ende 9. Jh.
Myinkaba Birma/Union Myanmar. → Pagan.
Myinpagan Birma/Union Myanmar. → Pagan.
Mykalessos Griechenland, sw von Chalkis. Geringe Mauerreste der antiken Stadt.
Mykene** Griechenland, Peloponnes. Besiedelt seit Anfang des 3. Jtsds. vor Chr. Nach machtpolitischer Überflügelung der Minoer (→ Knossos) Hauptstadt eines mächtigen Reiches im Blütezeit im 15. und 14. Jh. vor Chr. Burg spätestens ab 18. Jh. vor Chr., Palast spätestens ab 16. Jh. vor Chr. Zerstört im späten 12. Jh. vor Chr. Mehrmals unbedeutende Besiedlung bis 3. Jh. vor Chr. Die sichtbaren Reste fast ausschließlich spätes 16. bis 13. Jh. vor Chr.: zyklopische Stadtmauer* mit Löwentor* (→ Abb. 73). Außerhalb der Mauer: Reste der Unterstadt mit Wohngebäuderesten. Spuren von hellenistischer Stadtmauer. Schacht- und Kammergräber. Brunnen. Kuppelgräber mit angenommenen Namen: Schatzhaus des Atreus** oder Grab des Agamemnon (→ Abb. 75), Grab des Ägisthos*, Grab der Klytemnästra*, Löwengrab. Spuren des äußeren Gräberrundes oder Königskreises. Innerhalb der Mauer: Kreis der Königsgräber* mit Umfriedung aus aufgestellten Steinplatten (→ Abb. 76), Palastreste (später Standort eines Athena-Tempels 6. Jh. vor Chr.), Haus mit den Säulen, Ausfallspforte, Stufenweg* zur Zisterne. S → Tiryns.
Mykonos Griechenland, Kykladeninsel. → Lino. → Mykonos (Ort). → Palaiokastro.
Mykonos Griechenland, auf gleichnamiger Kykladeninsel. Museum. Bei Ano Mera Spuren einer spätneolithischen Siedlung. Auf der HI Anavolusa Spuren einer bronzezeitlichen Siedlung (frühkykladisch).
Mylae I-Sizilien. → Milazzo.
Mylai Griechenland. → Damasion.
Mylas Griechenland. → Damasion.
Mylasa Türkei. → Milâs.
Myli Griechenland. → Mili.
Mynachlogddu GB, Wales, 20 km sö von Fishguard. Prähistorischer Steinkreis von Gors Fawr.
Myndos Türkei, 20 km w von Bodrum. Antiker Hafen. Stadtmauerreste und byzantinische Kirchenruine.
Mynydd Carn Llecharth GB, Wales, Glenmorgan, Hügelgrab, Steinkiste.
Mynydd-Cefinamwlch GB, Wales. → Sarn.
Mynydd Myddfai GB, Wales. → Trecastel.
Myohaung Birma/Union Myanmar, 80 km nö von Akyab. Ruinen der alten Hauptstadt Mrauk-U,

Mrohaung des Arakanesenreiches, gegründet 1433. Ab 18. Jh. verlassen. Reste von Befestigungsanlagen und Königspalast. Andaw Tempel. Htut kan Thein-Tempel. Lemyethna Tempel. Shittaung Tempel, 16. Jh. Shwedaung Pagode. Audienzhalle. N → Vesali.

Myonnesos Türkei, sw von Izmir, am Meer.

Myos Türkei, ö von Milet. Antiker Hafen im Mündungsgebiet des Mäander.

Myos Hormos Ägypten, bei → Abu Schaar. Antiker Hafen.

Myra Türkei. → Kale.

Myriandos Türkei, auf einem Hügel bei → Iskenderum. Antike Siedlung; keine sichtbaren Reste.

Myrina Griechenland, Insel Lemnos, Westküste. Mirina. Name der antiken und der neuen Stadt. Ehemalige Akropolis. Stadtmauerreste, Häuserfundamente, Zisterne. Archäologisches Museum.

Myrina Türkei. → Kalavası.

Myrleia Türkei. → Mudanya.

Myron Griechenland. → Miro.

Myrrhinus Griechenland, 32 km sö von Athen, 3 km s von Markopoulo, bei Merenda. Myrrinus. Antiker Brunnen. Rest von antiker Straße. Nekropole ab 8. Jh. (geometrische Epoche) bis zum 4. Jh. vor Chr.

Myrsinochorion Griechenland, Peloponnes-SW, ö des Nestorpalastes. Dromosgrab Mitte 2. Jtsd. vor Chr.

Myrties Griechenland, Dodekanes-Insel Kalymnos. Spuren von Mauern, Häuserfundamenten, frühchristlicher Basilika Agios Ioannis. Mosaike. Spuren von Kammergräbern.

Myrtilis Portugal. → Mértola.

Mysinge Schweden, Öland. Steinzeitliche Ganggräber. Bronzezeitliche Grabhügel bei Mysingehög.

Mytilene Griechenland, Hauptort der Insel Lesbos (auch Mytilene). Mitylene. Stadtmauerreste 5. Jh. vor Chr. Genuesisches Kastell an der Stelle der Akropolis. Theater 3. Jh. vor Chr. Spuren von Molen. Museum.

Myus Türkei. Heute Avşarkale, w von Milet.

Mzcheta GUS, Georgien, 20 km n von → Tbilisi. Ehemalige Hauptstadt des ostgeorgischen Königreiches von Iberia, dem späteren Kartli; ca. Mitte 1. Jtsd. vor Chr. bis 5. Jh. nach Chr.
1) Stadtmauerreste.
2) Bebrisziche-Festung.
3) Samtawro-Nekropole 4. Jh. vor Chr. - 4. Jh. nach Chr.; Siedlungsspuren 8. Jh. vor Chr.
4) Samtawro-Kirche* 11. Jh.
5) Kirche Sweti Zchoweli** ab 11. Jh. mit Resten 4./5. Jh. und kleinem Archäologischen Museum.
6) Armasische, Festung 4./3. und 1. Jh. vor Chr. am Bagineti-Berg.
7) Armasishewi, Palast und Nekropole 1.-3. Jh.
8) Dshuari-Kirche* 9. Jh.

Naachtún Guatemala, Petén, in der Nähe der Nordgrenze. Gebäude- und Pyramidenreste. Pyra-

mide, 33 m Höhe. Hügel.

Nabantia Portugal, 2 km w von Tomar, s von Coimbra. Reste der ehemaligen römischen Stadt: Grundmauern, Aquädukt.

Nabasha, Tell Ägypten, Delta, Osten. Altägyptisch Imet. Ummauerrungsreste des Tempelbezirks; Standort eines Tempels von Amasis. Standort des Tempels für die Göttin Wadjet (Uto), 19. Dynastie. Reste der griechisch-römischen Stadt. Friedhof 1. Jtsd. vor Chr. Tell Farun. Tell Bedawi.

Nabburg Deutschland. Vorgeschichtssammlung im Rathaus.

Nabi Junis Irak. Hügel bei Mosul neben dem Tell Kujundschik (→ Ninive).

Nabi Safa Libanon, ca. 92 km sö von Beirut, w von Rachaya. Tell Tahta. Reste von Mauern, Straße, Treppe. Spuren von Tempel.

Nábi Younes Libanon, 30 km s von Beirut. Mosaikreste. El Jiyé: Mosaikreste. Spuren des antiken Porphyraion.

Nabi Yusha Jordanien. → (Es) Salt.

Nablus Israel. → Shechem.

Nachičevan GUS, in der ehemaligen gleichnamigen ASSR. Mausoleum* des Rais Jusuf ibn-Kuseir, 1162. Mausoleum* der Mumine-Chatun, 1186.

Nachiduri GUS, Georgien. Siedlung 5. und 4. Jtsd. vor Chr. festgestellt.

Nachna Indien, Rajasthan, nö von Sagar. Nacna. Tempelreste 8. Jh.

Nack Deutschland. → Idstein.

Naco Honduras, NW. Ehemalige Siedlung der Maya.

Nacoleia Türkei. Antik; ev. das heutige → Seyitgazi.

Nacrasa Türkei. → Maltepe nw von Akhisar.

Nadabat Jordanien. → (Khirbet el) Mekhayat.

Nad-i Ali Afghanistan, Seistan, bei Chakansur, nähe Grenze zum Iran. Großer Siedlungshügel. Grabungen; medische Reste, achämenidischer Palast.

Nadelitz Deutschland, Rügen, sö von Bergen. Reste von Großsteingräbern. 1½ km ö Reste von Großsteingräbern.

Nadin Kroatien, 25 km osö von Zadar. Reste der illyrisch-römischen Siedlung Nedinum, Nadiniumn: megalitische Mauer, türkische Ergänzungen.

Nadinium Kroatien. → Nadin.

Nadjâ Jemen-Nord, 120 km LL osö von Sana. Reste der ehemaligen Stadt Nagia.

Nadjeran Saudi-Arabien, ö von Abu Saud. Heute Ukhdud. Nagran, Najran usw. Mináische Ruinen.

Nadjim, Qalaat Syrien, nö von Haleb, 30 km ö von → Manbig. Römisch Caeciliana. Ruinen von arabischer Festung 13. Jh.

Nadura Ägypten, Oase el → Charga. Mauern eines römischen Tempels.

Nad Závistí Tschechien, s von Prag. Ehemaliges keltisches Oppidum.

Nämforsen Schweden, 63°30'N, 17°O, ca.

170 km LL wsw von Umea. Felsbilder.
Nafeg Algerien, 140 km LL nnw von Djanet. Felsmalerien im Tassili n'Ajjer, Wadi Djerat.
Naga Sudan, s von Meroë. Reliefs.
Nagada Indien, Rajasthan, bei Udaipur. Drei ältere Tempel.
Nagadeh Iran, s des Orumiyeh-Sees. Siedlungshügel.
Nagaoka Japan, in der Nähe des Biwa-Sees. Als Hauptstadt geplant, nach einer Bauperiode (783-793) verlassen.
Nagar Indien, Himachal Pradesh. Shiva-Tempel Gauri Shankar ca. 1100. Vishnu-Tempel Chatar Bhuj. Tripura Sundri Devi-Tempel.
Nagarjunakonda Indien, Andhra Pradesh, 170 km sö von Hyderabad. Älterer Name Vijayapuri. Von Stausee zerstörtes ehemaliges buddhistisches Zentrum 2. Jh. vor Chr. bis 3. Jh. nach Chr. Ausgrabungen; Reste einer buddhistischen Stadt 2. Jh., Stupas, Viharas, Chaityas, Mandapas, Amphitheater. Rekonstruktionen und Museum.
Nagarkot Indien. → Kangra.
Nagda Indien, Madhya Pradesh. Fundort der chalkolithischen → Malwa-Kultur (1600-1300 vor Chr.).
Nag ed-Deir Ägypten, ö von Girga (Jirga). Friedhof des alten Thinis aus dem Alten Reich. Kloster Deir el-Melek.
Nages-et-Solorgues Frankreich, ca. 20 km w von Nîmes. Nw auf einem Hügel keltisches Oppidum*. Wälle aus verfallener Umwallung, Befestigungsreste*, Gebäudereste. → Abb. 97.
Nagia Jemen-Nord. → Nadjâ.
Nagiate Syrien. → Abu Kemal.
Nagila, Tel Israel, 15 km s von Qiriyat Gat. Noch nicht ausgegrabene Stadt.
Nagim-Kala GUS, Turkmenistan. Groß-Nagim-Kala, Ruine einer Stadt 6.-8. Jh. Klein-Nagim-Kala, Ruine einer Stadt 6.-8. Jh.
Nag el-Medamud Ägypten. → Medamud.
Nagold Deutschland, Kreis Calw. Grabhügel Krautbühl oder Heidenbühl. 2 km nö von Oberjettlingen keltische Viereckschanze.
Nagos Griechenland, Chios, n von Kardamyla. Tempelfundamente.
Nagoya Japan, Honshu. Hügelgrab Shiratori-nomisasagi, Mitte 1. Jtsd. nach Chr.
Nagpur Indien, Maharashtra, Norden. Mehrere Tempel, ca. 14. Jh. Festung von 1818. Central Museum.
Nagran Saudi-Arabien. → Nadjeran.
Nagykörös Ungarn. Reste von Wällen der Awaren.
Nahal Mishmar Israel. Höhle über dem Toten Meer mit Funden aus dem Chalkolithikum.
Nahal Odem Israel, n von Eilath. Felszeichnungen.
Nahal Oren Israel, s von Haifa, bei Athlit. Siedlungsspuren des Natoufien.
Nahariya Israel, Norden, Küste. Ausgrabungen

von Resten eines kanaanäischen Tempels aus der mittleren Bronzezeit (Mitte 2. Jtsd. vor Chr.).
Nahlé Libanon, 6 km nö von → Baalbek. Unterbau eines kleinen Tempels. Spuren von Aquädukten. Gräber.
Nahr el-Kelb-Schlucht Libanon, 15 km nö von Beirut. Denkmäler und Inschriften von ägyptischen und assyrischen Durchzügen; griechische, lateinische, arabische, französische, englische Inschriften.
Nahr el Litani Libanon, Fluß, 10 km n von Sour. Biblisch Chibor Libnat, antik Leontas. In der Nähe der Küstenstraße: Spuren und Reste von Karawanserei, Zisternen, Ölmühlen, Thermen, Aquädukt. Schachtgräber.
Nahr el Malik-Kanal Irak, s von Bagdad, bei Ktesiphon. Griechisch Malcha. Siedlung seit dem Altertum.
Nahr Sukas Syrien, 40 km s von Lattakia. An der Flußmündung kleiner Tell, Ruinen; ev. Hafen des antiken Paltos. → Arab el Mulk.
Nain Iran, 510 km s von Teheran. Naeen. In der Nähe Burgruine. Ca. 50 km sö Karawanserei- und Festungsruine.
Naintré Frankreich, n von Poitiers, sw von Châtellerault. Le Vieux-Poitiers: ehemalige römischgallische Siedlung; Ausgrabungen.
Naissus Serbien. → Niš.
Nait Jemen-Nord, 50 km n von Sana. Auf einem Berg die Ruinen der Hauptstadt der Hamdâniden (ca. Jahrtausendwende); Umfassungsmauer.
Nai-Ta-Hut Ägypten, Delta. → (Tell el-)Jahudiye.
Najaf Irak, 168 km s von Bagdad. An den Nadjef. Stadtbefestigungen. Ali-Grabmoschee.
Najeva Ciglana Vojvodina, ö von Belgrad. Bronze- und eisenzeitliche Fundstätte. Funde in Pančevo.
Nakalakewi GUS, Georgien, Kolchis. Antik Archeopolis. Reste.
Nakbe Guatemala, Petén, in der Nähe der Nordgrenze. Mayastätte.
Nakb al-Hajar* Jemen-Süd. In der Nähe die Reste der antiken Siedlung Maifaat: Stadtmauer, Gebäude, Kanal.
Nakhl Ägypten, zwischen Suez und Aqaba. Nachl, Er-Nechl usw. Festung.
Nakhlat al-Hamra Jemen-Nord, sö von Sana. Ruinenstadt.
Nakhon Chaisi Thailand. → Nakhon Pathom.
Nakhon Chum Thailand. → Kamphaeng Phet.
Nakhon Luang Thailand, n von Bangkok. Ruinen.
Nakhon Pathom Thailand, ca. 50 km w von Bangkok. Zwischenstation Nakhon Chaisi. Gegründet ev. vor Chr. Indisch-buddhistische Kolonie ab 6. Jh.; Zentrum des Moa-Staates Dvaravati. Zerstört im 11. Jh.
Gebäudespuren ab 5./6. Jh. Wat Phra Pathom ab 10. Jh. mit Phra Pathom Chedi*, fertiggestellt im 19. Jh., 127 m hoch. Phra Men, 13. Jh. Ruinen mehrerer Tempel. Museum.

Nakhon Ratchasima Thailand. Auch Korat. Phimai-Museum. Ca. 18 km nö: Prasat Phanom Wan. Ca. 45 km nö: → Phimai*.

Nakhon Sawan Thailand, 340 km n von Bangkok. Wat Chomkiri Nagaproth, → Sukothai-Periode.

Nakhon Si Thammarat Thailand, Süden, am Golf von Thailand. Um die Mitte des 1. Jtsds. nach Chr. Hauptstadt des Königreiches Tambralinga. Reste von Stadtmauer und Tempeln. Wat Phra Mahathat. Wat Sema Muang. Museum.

Nakhon Thai Thailand, nö von Phitsanulok. Ban Yang der Sukhothai-Periode. Alte birmenische Tempel.

Naksh-i Rustan Iran. → Naqsch-i Rustam.

Nakum* Guatemala, Petén, n des Yaxhá-Sees, sö von Tikal. Ehemals Zeremonialzentrum der Maya. Ruinen von Tempeln und Pyramiden.

Nal Pakistan, Belutschistan, w von Khuzdar. Tell Sohr Damb. Ausgrabung einer chalkolithischen Lehmziegelhüttensiedlung. Spätere Nekropole.

Nalanda* Indien, Bihar, 90 km sö von Patna. Buddhistisches Zentrum 5.-12. Jh. Zeit des Pala- und Sena-Reiches. Ruinenfeld. Klosterreste 5. Jh. Stupa. Museum.

Nalanda Sri Lanka, 40 km n von Kandy. Klosteranlage.

Nalatale Rhodesien, ca. 190 km w von Zimbabwe. Mauern eines Sitzes der Rozwi-Könige, verziert durch Zickzack-, Gräten- und Schachbrettmuster der Steinsetzungen.

Naltschik GUS, Nord-Kaukasus. Nalčik usw. Frühe Steppensiedlung. Großer skythischer Kurgan mit Stelen.

Namakkal Indien, Tamil Nadu, ca. 50 km s von Salem. Ranganatha-Höhlentempel, 8. Jh. Laksminarasimha-Höhlentempel, 8. Jh. Reliefs.

Namangan GUS, Usbekistan, Bezirkshauptstadt n des Ferganatals. Mausoleum des Chodschamni Kabri.

Namara Österreich. → Melk.

Namazga Tepe GUS, Turkmenistan, sö von Aschchabad, bei Kaachka. Großer Siedlungshügel ab 3. Jtsd. vor Chr., Jungsteinzeit, Bronzezeit. Ausgrabungen; Gebäudegrundrisse erkannt.

Nammen Deutschland, s von Minden. Flache Wälle auf dem Nammerberg; ehemals vorgeschichtliche Wallburg. Standort von römischem Lager 15/16 nach Chr.

Namnetus Frankreich. → Nantes.

Namrun Türkei, 72 km nw von Tarsus. Namrunkale. Antik ev. Illubru. Byzantinische Burgruine Lambron.

Namur Belgien. Ehemals keltisches Oppidum.

Namurtköy Türkei, 59 km n von Izmir. Antik Kyme. Akropolis mit Tempelresten 4. Jh. vor Chr.

Nan Thailand, Norden. Gegründet im 14. Jh. Wat Chang Kham. Wat Phaya Phu 15. Jh. Wat Phra That Chao Meng, ab 14. Jh. Wat Phumin 16. Jh. Wat Suan Tan, 15. Jh. Außerhalb: Wat Khao Nai.

Wat Phaya Wat.

Nanchang China, Jiangxi. Gegründet im 2. Jh. vor Chr. Historisches Museum der Provinz Jiangxi mit archäologischer Abteilung.

Nancy Frankreich, Lothringen. Musée historique Lorrain.

Nandangarh Indien, Distrikt Champaran, sw von Kathmandu. Ausgrabung einer befestigten Siedlung. Stupa. 2 km: → Lauriya (Ashoka-Säule).

Nan Dowas Mikronesien. Festung in → Nan Madol.

Nanjing China, Jiangsu. Nanking. Jianye ab 3. Jh. Jiankang ab 4. Jh. Ehemals Hauptstadt der Wu. Ab 3. Jh. verschiedentlich chinesische Hauptstadt bis 1. Hälfte 15. Jh. Stadtmauerreste 3. Jh. (Shitoucheng). Mauerreste 14. Jh. Gräber und Grabteile 5. und 6. Jh. Provinz-Museum. 12 km s am Niutou Shan zwei Gräber 10. Jh., Malereien. → Qixia-shan.

Nanjangud Indien, Karnataka, s von Mysore. Tempel.

Nankoweap USA, Arizona, Marble Canyon, nö des Grand Canyon National Parks, n der Einmündung des Little Colorado. Cliff Dwellings, 12./13. Jh.

Nan Madol* Mikronesien, Pohnpai (ehem. Ponape). Stadt aus Basaltsäulen, ehemals 16 km²; Blütezeit ab ca. 1000 nach Chr., mit Dschungelfestung Nan Dowas.

Nanning China, Guangxi. Museum der Autonomen Region Guangxi.

Nan Tarw GB, Wales, bei Traean-glas. Steinkreise.

Nantes Frankreich. Antik Namnetus. Archäologische Sammlung.

Nan Yang China, Henan-Süd. Steinerne Grabkammer, Han-Zeit.

Naoura Tunesien, 18 km s von Zarzis. Römische Ruinen.

Naous* Libanon, s von Trablous, 4 km sö von Kousba. Reste von syrisch-römischem Tempel.

Napaia Griechenland. → Kalpaki.

Napata Sudan. → Gebel Barkal.

Napi Griechenland, Lesbos, n von Agia Paraskevi. Ev. das antike Nape. Reste von Tempel 6. Jh. vor Chr. und frühchristlicher Basilika 6. Jh.

Naples Türkei, w von Tekirdağ, bei Inecik.

Napo Ecuador, Fluß im Osten. Kultur um 1000 nach Chr.

Napoca Rumänien. Dakisch-römische Stadt; heute Cluj (Klausenburg).

Naqa* Sudan, sö des 6. Katarakts. Stadt und mehrere Tempel aus meroïtischer Zeit (ca. Zeitenwende). Amuntempel*, Löwentempel*, Römischer Kiosk*. Pylone.

Naqada Ägypten, n von Theben. Nekade, Negade. Kultur 4200-3100 vor Chr. Friedhöfe des alten Nubt, griechisch Ombos, heute → Tuch; und von → Deir el-Balas. Namensgebend für das Negadien.

Mastaba-Grab. Koptische Klöster.

Negade I, früher Amratien (nach Amra bei Abydos), 3800-3600 vor Chr. (Vorgängerin war die → Badari-Kultur). Negade II, früher Gerzeen (nach Gerzeh, Gerza/Fayum). Negade III, Semainien, 1./2. Dynastie.

Naqqareh-Chaneh Iran. → Rey.

Naqsch-i Bahram Iran. → Sarab Bahram.

Naqsch-i Radjab Iran, ca. 82 km n von Schiraz, bei Istakhr. Vier in den Fels des Kuh-i Rahmat gehauene Basreliefs der Sassanidenzeit. Schahpur I, ca. 250 nach Chr. Schahpur's Amtseinführung. Ardeshir's Amtseinführung von ca. 225 nach Chr. Hoher Priester Kartir.

Naqsch-i Rustam** Iran, ca. 100 km n von Schiraz; in der Nähe von → Persepolis. Achämenidische, sassanidische und islamische Siedlungsspuren. Achämenidische Nekropole**: am Hussein Kuh vier gleichartig angelegte Felsgräber für: Darius II, Artaxerxes I, Darius I, Xerxes I. Sassanidische Basreliefs: Ardashir I, Bahram II, Hormuzd I, Hormuzd II, Schahpur I, Bahram II und Bahram I, Narseh. Achämenidischer Feuertempel* Kabah-i Zerduscht, ev. mit Grab Schapurs'I. Zwei Feueraltäre.

Naqsch-i Rustam Darab Iran. → Darab.

Naqus, Tell el- Ägypten, Delta. → (El) Baqlija.

Nara Japan, Honshu, ö von Osaka. Japanische Hauptstadt Heijo-Kyo 710-784. In der weiteren Umgebung bestanden vorher bereits kaiserliche Residenzen, Tempelbezirke, Friedhöfe (→ Mozu). In der näheren Umgebung (Asuka) Ausgrabungen von Residenzen 2. Hälfte 6. Jh. Unterstufen werden unterschieden nach: Asuka-Periode 552-645, späte Asuka- oder Hakuho-Periode 645-710, Nara- oder Tenpyo-Periode 710-780. Futaiji-Tempel. Hannyaji-Tempel. Hokkiji-Kloster, Pagode, ab 7. Jh. Horyuji-Tempel ab 7. Jh., ältester Holztempel. Kasuga-Schrein. Saidaiji-Tempel. Shin-Yakushiji-Tempel, gegründet 747. Shosoin-Schatzhaus. Todaiji-Tempel ab 8. Jh., größter Holztempel. Toshodaiji-Tempel, gegründet 759. Yakushiji-Tempel, 680 in Asuka gegründet, 718 nach Nara verlegt. Im 13. Jh. erneuert, Pagode von 718. Nationalmuseum. Grabhügel der Kaiser Jimmu (bei Kashihara), Seimu, Suinin.

Naranjo* Guatemala, Petén-Nord, sö von Tikal, in der Nähe der Grenze. Maya-Ruinenstätte.

Naranjos, Los Honduras. Befestigte Siedlung 1. Jtsd. vor Chr. bis 1200 nach Chr. Terrassen und Pyramiden ab 2. Jh. vor Chr.

Narbo Martius Frankreich. → Narbonne.

Narbonne Frankreich. Gegründet 118 vor Chr. Römisch Narbo Martius. Reste von römischer Stadtmauer, gallo-römischem Wohnhaus, frühchristlicher Basilika 5. Jh. Frühchristlicher Friedhof an der Eglise Saint-Paul-Serge. Archäologisches Museum.

Narce Italien, ca. 50 km n von Rom, s von Calcata, s von Cívita Castellana. Ehemalige Siedlung der Bronzezeit. Nekropole der Falisker ab 9./8. Jh. vor Chr.

Nargölü Türkei, See ca. 65 km w von → Derinkuyu. Tuffsteinkirchen und -klausen.

Narindschan GUS, Usbekistan, s des Aralsees, Ostufer des Amu Darja. Choresmische Siedlung des frühen Mittelalters.

Narlikuyu Türkei, 130 km sw von Adana, ca. 20 km nö von Silifke, bei den Korykischen Grotten. Reste des antiken Paperon; mit Marienkapelle 5. Jh. Sö der Straße römisches Mosaik 4. Jh.

Narmaschir Iran. → Zahedabad.

Narmuthis Ägypten. → Medinet Mahdi.

Narni Italien, 85 km n von Rom. Nequinum. Reste von Stadtmauer von ca. 300 vor Chr. und von Brücke. Domkapelle 558.

Naro I-Sizilien, ö von Agrigent. Frühchristliche Katakombe Grotta delle Meraviglie.

Naro Tunesien, 17 km sö von Tunis. Punisch; Hammam Lif. Römisch Aquae Persianae.

Narona Kroatien. → Vid.

Narthaki Griechenland, nö von Lamia. Stadtmauerreste, Akropolis.

Narttamalai Indien, Tamil Nadu, 16 km von Pudukkottai. Zwei Höhlentempel 9. Jh. Vijayalayacoleshvara-Tempel 9. Jh.

Nasbe, Tel Israel, 13 km n von Jerusalem. Biblisch Mizpa. Ummauerungsreste 2. Jtsd. vor Chr. Grabstätte und kanaanäische Kultstätte.

Nasibina Türkei. → Nusaybin.

Nasik Indien, 180 km nw von Bombay. Mehrere Hindutempel.

Naslit el Semman Ägypten. → Gizeh.

Nasse Grenze Deutschland. → Mainlinie.

Na-tentz'un Mexiko. → Chilón.

Natenz Iran, 340 km s von Teheran. Plattform mit Resten eines sassanidischen Feuertempels.

Natternberg Deutschland, w von Deggendorf. Befestigte Höhensiedlung der Urnenfelderzeit.

Nattheim Deutschland, ö von Heidenheim an der Brenz. N keltisches Grabhügelfeld. 1½ km ö keltische Viereckschanze. Nw von Fleinheim (ö von N.) keltische Viereckschanze und Abschnittsbefestigung.

Natuf Israel. → Wadi en Natuf.

Natural Bridges National Monument USA, Utah, w von Blanding. Indianische Ruinenstätten. Museum.

Nau, Qala-i- Afghanistan, NW. Richtung Murghab vorislamische Tepes und Wallanlagen.

Nauda Frankreich. → Noves.

Nauen Deutschland, w von Berlin. N auf der Sandkuppe Bärhorst germanische Siedlung 2./3. Jh. erforscht.

Naukratis Ägypten, Delta. → (El) Noqrash.

Naul Irland, Meath, ca. 15 km s von Drogheda. ND472. Prähistorisches Ganggrab Fourknocks, ca. 2000 vor Chr. In der Nähe Erdwälle.

Naulochos Türkei. → Priene.

Naupaktos Griechenland, gegenüber von Patras. Venezianische Festung auf antiken Resten; Akropolismauern. Fundamente von Thermen und Gebäuden. Reste von Basilika. An der Stelle Longa Inschriften eines Asklepios-Tempels. Felsinschriften.

Nauplia Griechenland. → Navplion.

Nauportus Slowenien. Römische Siedlung; heute Vrhnika, 20 km wsw von Ljubljana.

Naupur Pakistan, bei Gilgit. Felsrelief des Großen Buddha.

Naur Jordanien, ca. 15 km sw von Amman. Biblisch Abel-Keramim. Spuren von eisenzeitlichen Rundtürmen.

Nauri Sudan, am Nil s des 20. Breitengrades. Felsinschrift des Sethos' I. von ca. 1287 vor Chr. ("Dekret von Nauri").

Nausa Griechenland, Kykladeninsel Paros. Nousa. Ehemals spätmykenische Wehrsiedlung; Mauerreste aus geometrischer Zeit, Rundturm. Frühkykladisches Gräberfeld 3000-2700 vor Chr.

Nautaki GUS, Usbekistan, s von Samarkand. Spuren einer Stadt Mitte 1. Jtsd. vor Chr.

Nauzerus Namibia. Felsbilder.

Navajo National Monument USA, Arizona. → Betatakin. → Inscription House. → Keet Seel.

Na Valach ehemalige CSFR. Großmährische Begräbnisstätte.

Navarino Griechenland. → Pylos.

Navdatoli Indien, Madhya Pradesh, s des Narmada (Narbada). Siedlung der kupfersteinzeitlichen → Malwa-Kultur, 1600 vor Chr. bis 1. Jtsd. vor Chr.

Navplion* Griechenland, Peloponnes. Akronauplia, venezianische Festung auf byzantinischen Resten. Palamidi-Festung von 1711-1714. Mykenische Nekropole. Museum.

Nawa Syrien, s von Damaskus, an der Straße Quneitra-Scheikh Saad. Ruinen von Deir Ayub; Grabmal, Sarkophage.

Nawa, Tell el- Ägypten, ö von → Mitrahina.

Naxos Gr-Kreta, n von Agios Nikolaos.

Naxos Griechenland, Insel. → Apano Kastro. → Apollona. → Filoti. → Marmaria. → Naxos (Ort).

Naxos Griechenland, Hauptort der Kykladeninsel → Naxos. Im Ortsteil Grotta ehemals mykenische Siedlung, Stadtmauerreste. Reste von Apollon-Tempel und Spuren von Basilika auf kleiner Insel. Tholosgrab. Turm beim Kloster Chrysostomos. Archäologisches Museum. Nekropolen.

Naxos* I-Sizilien, 5 km s von Taormina. Gegründet 2. Hälfte 8. Jh. vor Chr. Ausgrabungen; Reste von Stadtmauern, Aphrodite-Tempel, Wohnhäusern und Handwerkerviertel.

Naxxar Malta. W Wied Filep-Dolmen und Tal Bistra-Katakomben. N Gleitkarrenspuren.

Nazar Agha Iran, 100 km sw von Kazerun. "Sangi Siah", Ruine eines achämenidischen Palastes.

Nazareth Israel. Verkündigungsgrotte in der Verkündigungskirche; ehemalige Wohnhöhlen (Bronzezeit bis Römerzeit). Mosaike 5.-6. Jh. Nekropole unter dem Frauenkloster.

Nazar-Tal Türkei, n von → Göreme, w von Ürgüp. Höhlenkirche Saklı Kilise, Fresken spätes 12. Jh. El-Nazar-Kapelle.

Nazca Peru, ca. 400 km s von Lima. Nazca-Kultur von ca. 3. Jh. vor Chr. bis 7. Jh. nach Chr., Nachfolgerin der → Ocucaje-Kultur, vornehmlich in den Tälern Nazca, Pisco und Ica, (→ Cahuachi, → Pacheco). Palastruinen, Ziegelbauweise. Kleines Museum.
Scharrbilder* in der Pampa de las Figueras auf dem Felsboden, Gegend Palpa-Nazca-Poroma, ab ca. Mitte 1. Jtsd. nach Chr., ev. 1. Hälfte 2. Jtsd. nach Chr. Motive ähnlich denen der Keramik-Verzierungen. Entstanden ev. auch als Trampelpfade bzw. als Rennstrecken.

Nazet el-Batran Ägypten, 3 km von Gizeh. Koptische Siedlung 2. Hälfte 1. Jtsd. vor Chr. entdeckt.

Nazianz Türkei. Antike Stätte; heute Nenezi, ö von Aksaray. Türbe.

Nea Anchialos Griechenland, Thessalien, 15 km sw von Volos. Nea Aghialos usw. Antik Pyrasos, spätrömerzeitlich Theben. Akropolis, neolithische Siedlungsspuren. Tempelrest. Ausgrabungen; Badeanlage, vier frühchristliche Kirchen 4.-7. Jh. Kleines Museum.

Nea Kassiane Türkei. → Gesi.

Nea Makri Griechenland, Attika, nö von Athen. Besiedelt im Neolithikum und in helladischer Zeit.

Neandria Türkei, ca. 23 km sw von Ezine, s von Canakkale. Stadtmauer, Tempelgrundmauern.

Nea Nikomideia Griechenland, Makedonien, nö von Veria, w von Thessaloniki. Besiedelt ca. 6200 vor Chr. Spuren von Lehmhäusern.

Nea Palatia Griechenland, Böotien, n von Athen, nähe Skala Oropu. Antike Spuren.

Nea-Paphos Zypern. → Paphos.

Neapel Italien. Italienisch Napoli. Ehemals Parthenope. Ehemalige Siedlungsteile Palepoli und Neapolis.
Reste bzw. Spuren von Stadtmauer, Agora, Thermen, römischem Theater, Odeon.
S. Eufebio, Katakomben.
S. Gennaro, ab 5. Jh., Katakomben.
S. Giovanni in Fonte, frühchristlich.
S. Lorenzo Maggiore, 13. Jh., Säulen im Kapitelsaal.
S. Maria della Sanità: Capella S. Gaudioso, 5. Jh., Katakomben.
S. Restituta, frühchristlich.
S. Severo, 1680; Katakombe, 5. Jh.
Taufkapelle* neben dem Dom, 5. Jh.
Archäologisches Nationalmuseum** mit Mosaiken-Abteilung**. W → Agnano.

Nea Pella Griechenland, 40 km w von Thessaloniki. In der Nähe Quelle "Bad des Alexander". Spuren von römischen und christlichen Bauten.

Neapolis GUS, Krim, bei Simferopol. Hauptstadt des spätskythischen Krimreiches 2. Hälfte 1. Jtsd. vor Chr.

Neapolis Griechenland. → Kavála.

Neapolis Griechenland, Lesbos, 6 km s von Mytilene. In Argala Ausgrabung einer frühchristlichen Kirche 5. Jh. 2 km s bei Krategos Reste von Basilika 7. Jh.

Neapolis Italien. → Neapel.

Neapolis I-Sardinien, s des Golfes von Oristano. In der Nähe der Kirche S. Maria di Neapoli ehemals vorrömische Siedlung. Reste von Straße, Wasserleitung.

Neapolis I-Sizilien. → Syrakus.

Neapolis Israel. → Shechem.

Neapolis Kroatien. Ab 6. Jh. für Novigrad, Istrien-Westküste.

Neapolis Spanien. → Ampurias.

Neapolis Türkei. → Kuşadası.

Neapolis Türkei, s von Nazilli.

Neapolis Türkei, europäisches Bosporusufer. Antik; heute Yeniköy.

Neapolis Tunesien. Antike Siedlung bei Nabeul. Keine Reste.

Nea Potidaia Griechenland, 87 km sö von Thessaloniki, am Isthmus von Kassandra. Im 4. Jh. vor Chr. auch Potidaia. Mauerreste.

Nea Skioni Griechenland, Chalkidike. Ö ehemals Standort der antiken Siedlung Skione. Reste.

Nebaj Guatemala, Quiché, 92 km ö von Huehuetenango, nw von Sacapulas. Nebay. Ehemaliges Kultzentrum. 10 km w Ruinen aus spätklassischer Zeit (ca. 700 nach Chr.), darunter → Baschuc.

Neballat Israel. Biblisch; heute Beit-Naballa, ö von Lod.

Nebi Abil Syrien. → Suk Wadi Barada.

Nebi Is, Tell Syrien. → Qinnesrine.

Nebi Mind, Tell Syrien, sw des Sees von Homs. Antik Qadesch. Römisch Laodicea ad Libanum. Nekropole.

Nebi Samuel Israel, nw von Jerusalem. Nabi Samwil. "Samuel-Grab", darüber Kirche von 1157.

Nebi Yunes-Paß Syrien, 58 km nö von Lattakia. Ehemals Standort von Kultstätten.

Nebo Jordanien. → (Khirbet el) Mekhayat.

Nečaeva mogila GUS, Ukraine, Gebiet Dnjepropetrovsk. Netschajewa Mogila. Großer skythischer Kurgan.

Necheb Ägypten. → Elkab.

Nechen Ägypten. → Kom el-Ahmar (3).

Nechesia Ägypten. Nekesia. Ptolemäisch-römisch; Umm Rus, 625 km s von Suez.

Neckarburken Deutschland, n von Mosbach. Kohortenkastell (Westkastell) erforscht. Numeruskastell (Ostkastell): Reste von Westtor konserviert. Reste von Zivil- und Badegebäude. N Reste der Limeswachttürme 10/59 und 60.

Neckarlimes Deutschland. Die Strecke 11 des Obergermanischen → Limes.

Necropolis Peru. → Paracas.

Nečujam Kroatien, Insel Šolta. Römische Mauerreste.

Nedinum Kroatien. → Nadin.

Nedschim, Qalaat Syrien. → (Qalaat) Nadjim.

Neftenbach Schweiz, Zürich, 4 km w von → Winterthur. Römischer Gutshof entdeckt. Reste von römischer Wasserleitung.

Nefyn GB, Wales, HI Lleyn. 1 km sw Port Dinlleyn: prähistorische Klippenfestung Garn Bodfuan.

Negade Ägypten. → Naqada.

Negroponte Griechenland. Venezianisch; → Chalkis/Euböa.

Nehavend Iran, 145 km ö von Kermanschah. Zwischendurch Mah el Basra. Zitadellenruine.

Nehren Deutschland, s von Cochem. Nucaria. 1½ km n zwei wiederaufgebaute Grabkammern, darunter der "Heidenkeller", mit Originalmalereien.

Nei·ab Syrien, 10 km ö von Haleb. Siedlungshügel; Ruinen am Südrand. Nekropole 7./6. Jh. vor Chr.; Stelen. Spuren einer älteren Siedlung.

Nejzackoje GUS, Krim. Taurische Siedlung, 7.-5. Jh. vor Chr.

Nekeseia Ägypten. Nechesia. Ptolemäisch; Umm Rus, 625 km s von Suez.

Neklade Deutschland, Rügen, s von Bergen. 2 km sö Reste von Großsteingrab.

Nekresi GUS, Georgien, nö von → Tbilisi. Klosterbezirk*; Kirche ev. ab 4. Jh. Weitere Kirchen und Palastruinen 7. Jh., 8./9. Jh.

Nekromanteion Griechenland. → Mesopotamon.

Nela Syrien. → Muschennef.

Nemaninga Deutschland. → Obernburg.

Nemara Syrien, 76 km ö von Suweida. In der Nähe Felsinschriften, Reste, Hügel mit Resten von römischem Lager.

Nemausus Frankreich. → Nîmes.

Nemea Griechenland, Peloponnes, 35 km sw von Korinth. 5 km sö Archea Nemea; Reste von Zeustempel 4. Jh. vor Chr., archaische Tempel, Altar, Basilika 5. Jh. und Baptisterium, Gymnasion, Bad, Stadion, Theater.

Nemesos Zypern. → Limassol.

Nemetum Frankreich. → Clermont-Ferrand.

Nemi Italien, sö von Rom, am Nemi-See. 1 km nw Spuren eines Heiligtums. Spuren eines kleinen Theaters. Geplantes Museo Nemorense.

Nemlet Tunesien, nw von El Hamma du Djerid, n von Tozeur. Römische Siedlungsspuren.

Nemre Syrien, 36 km nö von Suweida. Siedlungshügel; römischer Turmrest.

Nemrud, Qasr Syrien, ca. 65 km n von Damaskus. Tempelruine.

Nemrut Dağı* Türkei, Berg bei Eski Kâhta, n von Kâhta. → Abb. 68. Auf dem Gipfel des Berges das als sepulkrales Kultheiligtum errichtete Grabdenkmal Antiochos' I. von Kommagene, 69-34 vor

Chr. Über mehreren ringförmigen Steinsetzungen wurde ein bis zu 40 m hoher Schotterhügel aufgeschüttet, unter welchem auch die Lage des Grabes des Königs angenommen wird. W und ö des Hügels wurde je eine Terrasse mit je drei Seiten aus Reihen von Sitzfiguren und Reliefplatten angelegt. Die Darstellungen an West- und Ostseite gleichen sich weitgehendst. Die dem Grabhügel am nächsten liegende Reihe besteht aus Reliefplatten und bis zu 8 m hohen sitzenden Götterfiguren, deren Personen dem griechischen und persischen Götterhimmel entnommen sind, wobei sich der König hier selbst in die Versammlung der Götter aufgenommen hat. Von der Terrasse aus gesehen sind zu erkennen bzw. werden angenommen: Löwe, Adler, Apollon oder Antiochos, Kommagene, Zeus-Oromasdes, Antiochos oder Apollon, Herakles, Adler, Löwe. Auf der westlichen Terrasse standen links hiervon mehrere Reliefplatten, die den König in Partnerschaft mit den Göttern zeigten. Auf der rechten Begrenzungsseite waren Bildnisse der männlichen Vorfahren des Königs aufgestellt, die er großzügigerweise bis auf Darius I. ausdehnte. Die linke Seite der Ostterrase bzw. die rückwärtige Begrenzung der Westterrasse waren den Vorfahren mütterlicherseits gewidmet, deren Reihe über die Seleukiden bis zu den Mazedoniern geführt wurde. Die Rückseiten von Statuen und Reliefs enthalten eine große Anzahl von Inschriften in griechischer Schrift; deren Inhalt vollständig bekannt ist. Auf der Westterrasse wurden die am Boden liegenden Köpfe der Statuen aufgerichtet, die Reste der Statuen sind größtenteils zerstört. Auf der Ostterrasse stehen die Rümpfe noch überwiegend aufrecht; außerdem steht hier ein Altar. Nw der Ostterrasse liegt die Nordterrasse.

Nemrutkale Türkei. → Ägä.

Nendrum GB, Nordirland, 20 km sö von Belfast. Ruinen eines Klosters 5./6. Jh.

Nene GB. → Water Newton.

Nennig* Deutschland, an der Mosel, sw von Saarburg. Reste von römischem Gutshof, 2. Jh., mit großem Mosaik**. Römischer Grabhügel.

Nenzing Österreich, Vorarlberg, wnw von Bludenz. Beschling: auf dem Scheibenstuhl befestigte Höhensiedlung der Latènezeit. Stellfeder: Befestigungsreste 4.-5. Jh.

Neocaesarea Türkei. → Alaşehir.

Neocaesarea Türkei. → Niksar.

Neocharaki Griechenland, sö vom Thiva. Siedlungsreste ab geometrischer Zeit, ev. des antiken Skolos.

Neochori Griechenland, Euböa, 77 km ö von Chalkis. Ruinen einer ma Burg an der Stelle einer antiken Festung, ev. des antiken Grynchai.

Neokolophon Türkei. → Notion.

Neo Monastiri Griechenland, 60 km s von Larissa. Gebäudereste 6.-4. Jh. vor Chr. Nahebei die Lage der antiken Stadt Proerna; Stadtmauern und ma

Burg Gynaikokastron. Weiterer Siedlungshügel mit Umfassungsmauer und Spuren seit dem Neolithikum.

Neon Griechenland. → Tithorea.

Neon Teichos Türkei, 40 km n von Izmir. Auf den Hügeln des Dumanlı Dağı ehemals Standort einer äolischen Siedlung.

Neoparis Kroatien. Der antike Hafen von Rab.

Neo Paträ Griechenland. → Mitropolis.

Neori Indien, Madhya Pradesh, bei Bhopal. Shiva-Tempel, 11. Jh.

Nepa Syrien, nö von Lattakia, 10 km s von Djisr esch Schoghur. Festung der Kreuzfahrer; heute Inab.

Nepaña-Tal Peru, ca. 450 km n von Lima. Großer Staudamm, Chavín- (→ Chavín de Huantar) und Chimú-Zeit; Kanäle.

Nepet Italien. → Nepi.

Nepi Italien, 51 km n von Rom. Etruskisch Nepet. Etruskische Stadtmauer. Römische Mauerreste. Reste von Amphitheater, römischer Brücke, römischen Gräbern, Thermen. Nekropole der Falisker und Etrusker. 2½ km nö → Castel Sant'Elia.

Nepte Tunesien. Römisch; Nefta.

Neptunia Italien. → Tarent.

Nequinum Italien. → Narni.

Nérac Frankreich, w von Agen. Gallo-römisches Mosaik.

Nerežišća Kroatien, Brač. Vorgeschichtliche Hügelgräber. Sö römische Reste neben der altchristlichen Kirche St. Theodor. Nw römisches Mausoleum in → Donji Humac.

Neribtum Irak. → Ischali.

Néris-les-Bains Frankreich, 9 km sö von Montluçon. Reste von römischen Arenen und Bädern.

Nerja Spanien, ö von Malaga. Höhle mit Funden aus dem Neolithikum. Prähistorische Malereien.

Nertobriga Spanien. Iberisch-römisch; heute Fregenal de la Sierra, ca. 110 km s von Mérida. Römisch Concordia Julia Nertobrigensis.

Nerulum Italien, 13 km LL vom Golf von Policastro. Heute Lagonegro.

Neša Türkei. → Kültepe.

Nesactium Kroatien. → Valtura.

Nesacton Kroatien. → Valtura.

Nesar China, Xizang (Tibet). Klosterruinen, 8. Jh.

Neschu Ägypten, 25 km sö von Alexandria. Ev. das antike Skedia. Ruinen, Zisternenreste.

Nesfield GB, Yorkshire, nw von → Ilkley. Befestigung.

Nessana Israel. → Nizzana.

Nessebar Bulgarien, Schwarzmeerküste. Antik Mesambria. Griechische, römische und byzantinische Reste. Byzantinische Kirchenruinen. Archäologisches Museum.

Nestorpalast Griechenland. → Pylos. Museum in Chora.

Netschajewa GUS, Ukraine. → Nečaeva.

Nettersheim Deutschland, sw von Bad Münstereifel. "Grüne Pütz", Ausgangspunkt der römischen Wasserleitung nach Köln. Römische Brunnenstube in Betrieb. Kanalstück. Auf der Anhöhe Görresburg Tempelbezirk (Heiligtum der Aufanischen Matronen) freigelegt.

Netzelkow Deutschland, Usedom. 2 km sw Reste von Großsteingräbern.

Neuburg/Donau Deutschland. Auf dem Stätteberg nw von Unterhausen ehemaliges keltisches Oppidum Venaxamodurum. Vorgeschichtsmuseum.

Neuchâtel Schweiz, Neuenburg. Musée cantonal d'archéologie.

Neuenbürg Deutschland, sw von Pforzheim. Am Schloßberg ehemals Standort von vorgeschichtlicher Siedlung.

Neuenfeld Deutschland, nö von Prenzlau. 2 km sö Rest von Großsteingrab.

Neuenkirchen Deutschland, w von → Bramsche. N Lintern: 1 km sw von → Ueffeln Rest von Großsteingrab.

Neuenkirchen bei Lassahn Deutschland, Kreis Hagenow, w von Schwerin. Nö Rest von Großsteingrab.

Neuenstein Deutschland, nw von Schwäbisch Hall. Hohenlohe Museum.

Neufahrn Deutschland, ö von Wolfratshausen. S Keltenschanze und Burgstall. 2 km nw Spur von Keltenschanze.

Neu Gaarz Deutschland, nö von Wismar, Ostseebad Rerik. 1½ km nö, ½ km sw, 1 km s Reste von Großsteingräbern.

Neu Jugelow Polen, sö von Stolp. 3 km nö Reste von Großsteingräbern.

Neu Kalabscha** Ägypten, s des neuen Assuan-Hochdammes. Ramses-Tempel für Amun-Re aus → Beit el-Wali. Tempel des Augustus für Mandulis, Osiris und Isis aus → Kalabscha. Kleiner Tempel (Kiosk) aus → Qertassi. Stelen, Felszeichnungen.

Neukirchen Deutschland, nö von Alsfeld. Christerode: sw auf dem Burgberg Reste von eisenzeitlichem Ringwall.

Neumagen-Dhron Deutschland, zwischen Trier und Bernkastel. Römisch Noviomagus Treverorum. Reste der römischen Stadtmauer in den Häusern. Relieffunde in Trier.

Neu Negentin Deutschland, s von Greifswald. Sö Rest von Großsteingrab.

Neunkirch Schweiz, w von Schaffhausen. Wälle und Gräben von befestigter Höhensiedlung der Hallstattzeit auf dem Vorderen Häming.

Neunkirchen am Brand - Rödlas Deutschland, ö von Erlangen. Auf dem Lindelberg vorgeschichtliche Befestigung mit ma Einbauten.

Neu Rajaghra Indien. → Rajgir.

Neuschlag Deutschland, nö von Plön. Nienslag. Wallanlagen einer slawischen Burg.

Neuss Deutschland. Römisch Novaesium. Legionslager erforscht. Im 4. Jh. Kastell Nivisium. Clemens-Sels-Museum. → Niedergermanischer Limes.

Neustadt am Rübenberge Deutschland, nw von Hannover. Ö Ringwall bei Gut Mecklenhorst. S Wallanlage Lünningsburg; Funde ab 6./7. Jh.

Neustadt an der Weinstraße Deutschland. Königsberg: Wall Heidenmauer, mit karolingischem Vorwerk. Wälle auf dem Heidelberg bei Hambach.

Neuwied Deutschland. Ehemals Standorte von zwei römischen Kastellen: Heddersdorf, von 100 bis ca. 190. Niederbieber, von ca. 190 bis ca. 260. Rekonstruierter Limeswachtturm. Kreismuseum.

Nevali Çori Türkei, Seitental des Euphrat im Gebiet des Atatürk-Stausees, 60 km n von → Sanliurfa. Zentrum ab 8. Jtsd. vor Chr. (präkeramisches Neolithikum). Bronzezeitliche Schichten. Ausgrabungen von Tempel, Häusern und Speichern. Reste sehr früher Großskulpturen. Verlegung des Tempels nach → Sanliurfa geplant.

Nevers Frankreich, an der Loire. Noviodunum. Archäologisches Museum.

Nevidane Kroatien, NO-Küste von → Pašman. Auf dem Hügel Binjak Reste einer illyrischen Wallburg. An der Küste bei Mirišče Spuren einer illyrisch-römischen Siedlung.

Nevsehir Türkei. Das alte Nissa. Größerer Ort im Gebiet der Höhlenkirchen und unterirdischen Städte zwischen → Aksaray und → Ürgüp. Ruine einer osmanischen Zitadelle. Unterirdische Siedlung. → Derinkuyu.

In der Umgebung von Nevşehir:

	Höhlenkirche	Unterirdische Stadt	Sonstiges
→ Acıgöl		x	x
→ Acık Sarayı	x		
→ Avcılar	x		
→ Cardak		x*	
→ Çavuşin	x		
→ Cemilköy	x		
Damasa	x		x
→ Derinkuyu		x**	
→ Göllüdere-Tal	x		
→ Göreme	x**		
→ Göreme a Argaios	x		
→ Gülşehir			x
→ Güzelöz	x		
→ Iak			x
→ Ibrahimpaşa Köyü	x		
→ Karapınar			x
→ Karlı	x		
→ Kaymaklı		x*	
→ Kılıçlar-Tal	x		
→ Mazı	x		x
→ Misli		x	
→ Mustafapaşa Köy	x	x	
Nangölu	x		
→ (El-) Nazar-Tal	x		
→ Özkonak	x	x*	x

	Höhlen-kirche	Unter-irdische Stadt	Son-stiges
→ Ortahisar	x		
→ Şahinefendi	x		
→ Sarı Hanı			x
→ Soğanlı-Tal	x**	x	
→ Tağar	x		
→ Tilköy	x	x	x
→ Uçhisar			x
→ Ürgüp	x		
→ Zelve	x	x	

Newark Earthworks State Memorial USA, Ohio. Kult- und Begräbnisstätte der Hopewell-Indianer. Ausgedehntes Zeremonialzentrum mit mehreren Kultbezirken. Effigy-Mounds. Wälle. Museum.

Newcastle upon Tyne GB, Tyne and Wear. Römisch Pons Aelii. Antikenmuseum der Universität.

New Grange Irland. → Brugh na Boinne.

Newport GB, Isle of Wight. Reste von römischer Villa.

Newport GB, Wales, Gwent. Museum in der Dock Street. → Caerleon. → Caerwent.

New York USA, New York. Im Central Park: Nadel der Kleopatra, ein ägyptischer Obelisk des Thutmosis III. Metropolitan Museum of Art** mit ägyptischen, griechischen und römischen Sammlungen im 1. Flur; griechischer, römischer und altorientalischer Kunst im 2. Flur.; afrikanischen Sammlungen; mit jeweils ausgesuchtesten Ausstellungsstücken jeder Sparte. Tempel des Augustus für Padiese und Pahor aus → Dendur (Nubien).

Nezala Syrien. Qaryatein, 130 km nö von Damaskus.

Ngetos Indonesien, Java-Ost. Kultanlage 11./13. Jh.

Ngrimbi Indonesien, Java-Ost. Kultanlage 11./13. Jh.

Nha-trang Vietnam, Süden, Champa. Heiligtum Ponagar, mindestens ab 8. Jh. Reste 11. Jh.

Nia Iran, ca. 270 km nnw von Zahedan. Ehemalige parthisch-sassanidische Stadt.

Niafounke Mali, am Niger. Sö bronzezeitliche Hügelgräber. 17 km nö vorgeschichtliche Stätte.

Niamey Niger, Hauptstadt. Nationalmuseum.

Niani Mali, sw von Bamako, am Sankarani. Ehemals bedeutende Handelsstadt; Hauptstadt Malis 1. Hälfte 3. Jh.

Niasar Iran, w von Kaschan. Reste eines sassanidischen Feuertempels.

Niaux Frankreich. → Tarascon-sur-Ariège.

Niband Iran, Oase 310 km n von Kerman. Ehemals Standort eines Wüstenforts.

Nicaea → Nikaia.

Nicopolis ad Istrum Bulgarien, n von Veliko Tarnowo. Heute Nikjup. Ruinen der antiken Stadt. Reste von: Forum, Propyläen, Peristyl, Buleuterion, Orchestra, Zisterne.

Nicosia Zypern. Levkosia. Ehemals Ledra, Liti, Lefkosia, Leukothea, Leuteon usw. Ausgrabungen. Cyprus Archaeological Museum.

Nicotera Italien, am Golfo di Gióia. Archäologisches Museum.

Nicoya Costa Rica. Ehemaliges Kulturzentrum.

Nida Deutschland. → Frankfurt/M.

Nidderau Deutschland, nö von Frankfurt/M. N.-Windecken: ehemals Standort eines römischen Kastells.

Nidri Griechenland, Lefkas. → Nydrion.

Niduk-ki Bahrein. → Bahrein (Staat).

Niebla Spanien, 65 km w von Sevilla. Iberisch Ilipula, auch Ilibla. Reste von Zyklopenmauer. Puerta de Sevilla aus römischer Zeit. 7 km w Dolmen.

Niedenstein Deutschland, w von Baunatal, sw von Kassel. 2 km w Wälle von spätlatènezeitlichem Oppidum Altenburg, ab ca. 200 vor Chr. Spuren des äußeren Walles, ein Gebiet von 85 ha umfassend, der noch deutlich zu erkennende innere Wall ein Gebiet von 17 ha. Ehemalige Tore. Wasserauffangbecken. Ausgrabungen. Hinweisschilder. Hier wird mancherseits das Mattium, der ehemalige Hauptort der Chatten vermutet. Zerstört ca. 50 vor Chr. und 15 nach Chr.

Niedersteiner Kopf: ehemals latènezeitliche Höhensiedlung. Kirchberg: auf dem Wartberg ehemals jungneolithische und späthallstatt-frühlatènezeitliche Höhensiedlung (Wartberggruppe; Steinkammerkultur).

Niederbronn-les-Bains Frankreich, Nordvogesen. Grundmauern eines römischen Tempels.

Niederburg Deutschland. → Bollendorf.

Niederdorf Schweiz, Basel-Land, s von Liestal. Oberhalb Burghalden prähistorische Wehranlage.

Niedergermanischer Limes Deutschland/Niederlande, von Valkenburg am nördlichen Rheinarm bis zum Vinxtbach bei Sinzig. Kastelle bzw. Stationen am → Limes: Brittenburg, → Valkenburg (Praetorium Agrippina), Utrecht (Traiectum), Vechten (Vectio), → Nijmegen (Noviomagus), Niel, Rindern (Harenatium), Qualburg (Quadriburgium), → Altkalkar (Burginatium), → Xanten (Vetera), → Calo, → Moers-Asberg (Asciburgium), Werthausen, → Krefeld-Gellep (Gelduba), → Neuss (Novaesium), Reckberg, → Dormagen (Durnomagus), Worringen, → Köln (Alteburg, Deutz-Divitia), Wesseling, → Bonn (Bonna), → Remagen (Rigomagus), Sinzig.

Niederhollabrunn Österreich, wnw von Korneuburg. S auf dem Michelberg frühbronzezeitliche Wallanlage einer Höhensiedlung.

Niederstetten-Wermutshausen Deutschland, w von Rothenburg. 2 km sö keltische Viereckschanze.

Niederstotzingen Deutschland, n von Günzburg. 2 km n keltische Viereckschanze.

Niedervintl I-Südtirol, Weitental, w von Bruneck. N auf dem bewaldeten Hügel Reste einer vorgeschichtlichen und frühmittelalterlichen Befestigung,

mehrere Wälle, Gräben, Turmrest.
Niederwil Schweiz, Aargau. Pfahlbausiedlung der Pfyner Kultur im Egelsee (1. Hälfte 4. Jtsd. vor Chr.) erforscht.
Nielitz Deutschland, s von Grimmen. 1½ km n Reste von Großsteingräbern.
Nienburg Deutschland. Museum.
Nienslag Deutschland. → Neuschlag.
Nierstein Deutschland, s von Mainz. Römisch Buconia, Buconica. Rekonstruierter römischer Quellraum Sironabad. Menhir.
Nietos, Los Spanien, onö von Cartagena, Südküste Mar Menor. Iberische Siedlung.
Nieveria Peru, ö von Lima. Altperuanische Kultstätte.
Nif Türkei. → Kemalpaşa.
Niğde Türkei. Ruine einer Festung 11. Jh. Archäologisches Museum.
Niha Libanon, 10 km nö von Zahlé. Tempelruine. Tempelrest. Tempelrest El Hosn.
Nija Syrien. → (Qalaat el) Mudiq.
Nijmegen Niederlande. Römisch Noviomagus. Amphitheater von ca. 150 nach Chr. entdeckt. Ausgrabungen; Museum. → Niedergermanischer Limes.
Nikaia Albanien. → Klos.
Nikaia Frankreich. → Nizza.
Nikaia Pakistan. Alexandria am Jhelum. S von Jhelum angenommen.
Nikaia Türkei. → Iznik.
Nikephorion Syrien. → Raqqa.
Nikko Japan, Honshu, n von Tokio. Rinnoji-Tempel; Sambutsudo-Halle, ab 848.
Nikli Griechenland. → Palaia Episkopi.
Nikola Kroatien, Insel bei Poreč. Reste einer illyrischen Wallburg.
Nikomedeia Türkei. Nikomedia. → Izmit.
Nikomidia Griechenland. → Nea Nikomideia.
Nikopolis Ägypten. → Alexandria (Mustafa-Pascha).
Nikopolis* Griechenland, Epirus, 10 km n von Preveza. Palaio Preveza. Römische Siedlung: Reste von römischer und byzantinischer Stadtmauer; Reste von Theater, römischem Theater, Odeon, Stadion, frühchristlicher Basilika, Basilika 2. Hälfte 5. Jh., Basilika 6./7. Jh., Aquädukt. Mosaik. Museum.
Nikopolis Israel. → Amwas.
Niksar Türkei, sö von Samsun. Pontisch Cabeira (Kabira), römisch Neocaesarea. Zitadelle seit dem Altertum. Spuren einer Zitadelle in der Unterstadt. Yağ Basan Medresi.
Nikšić Montenegro, 110 km ö von Dubrovnik. Antik Anagustum. Slawisch Onogošt. Museum.
Nilandu Malediven, Insel im Faaf-Atoll. Vorislamische Ruinen; Tempelberg. Bad.
Nillakgama Sri Lanka. Baumtempel Bodhigara Nillakgama, ca. 8./9. Jh.
Nîmes** Frankreich. Römisch Colonia Augusta

Nemausus. 1) Augustus-Bogen* 16 vor Chr. 2) Amphitheater** 1. Jh. 3) Porte d'Espagne. 4) Tempel Maison Carrée**, spätes 1. Jh. vor Chr. 5) Reste von römischem Wasserschloß 1. Jh. 6) Reste von Thermen* ("Dianatempel"), 2. Jh. vor Chr. und Nymphäum. 7) Tour Magne* 50 vor Chr. 8) Archäologisches Museum. 9) Musée des Beaux-Arts mit römischem Mosaik. Nö → Remoulins.
Nimrin, Tell Jordanien, bei Schunat Nimrin, 54 km w von Amman, sw von Es Salt.
Nimrud* Irak, 40 km sö von Mosul. Biblisch Kelach, Kalach, Kalah. Akkadisch Kalchu. Spuren von vorgeschichtlichen Siedlungen seit dem 4. Jtsd vor Chr. Assyrische Hauptstadt 13. Jh. vor Chr. Äußere Umfassungsmauer ehemals mit 8 km Umfang.
Im SW: Zitadellenbezirk mit Ziqqurat, Ischtar-Tempel, Ninurta-Tempel, NW-Palast Assurnasirpals 9./8. Jh. vor Chr. mit Rekonstruktionen, W-Palast (Mittel-Palast) Adad-Niraris'III., SW-Palast von Assarhaddon, Zentralpalast, Abgebrannter Palast, Ezida, Nabu-Tempel, Statthalterpalast. Kaimauer.
Im S (Unterstadt): ein Palast Assurnasirpals.
Im SO: "Festung Salmanassars" 9. Jh. vor Chr. mit Palast und "Zeughaus".
Nimrud, Qasr Irak. → Aqarquf.
Nimrud, Qalaat Israel. Die Festung Subeibe bei → Banyas.
Nin Kroatien, 17 km nw von Zadar. Römisch Aenona. Tempelrest am Forum. Illyrisch-liburnische Nekropolen. Archäologisches Museum.
Nindowari Pakistan, Belutschistan. Stadt der Induskultur (→ Harappa). Ausgrabungen.
Nine Barrows Down GB, auf der HI Isle of Purbeck, sw von Bournemouth. Hügelgräber.
Nine Ladies GB. → Stanton Moor.
Nine Maidens GB, Cornwall, bei St. Columb Major. Alignment.
Nine Maidens GB, Cornwall, im Bodmin Moor. Steinkreis.
Nine Maidens GB, Cornwall, Land's End, bei Boscawenun. Steinkreis.
Nine Maidens GB, Cornwall, sw von Penzance. Steinkreis.
Nine Stones GB, Devon, Dartmoor, ca. 3 km sö von Okehampton. Steinkreis.
Nine Stones GB, Dorset, bei Winterbourne Steepleton. Steinkreis.
Ninfa Italien, bei → Norma, sö von Rom. Ruinen des mittelalterlichen Ortes, 1680 verlassen.
Ningan China, Heliongjiang. Shideng Ta Pagode im Xinglong Si Tempel, tangzeitlich.
Ninh-phuc Vietnam, Tongking. Große Pagode; Kunst der Lé.
Ninive Irak, n von Mosul. Besiedelt seit 5. Jtsd. vor Chr. Biblisch Ninua. Spuren von Sumerern, Kassiten, Mitanni. Assyrisch seit 14. Jh. vor Chr.

Hauptstadt seit Anfang 1. Jtsd. vor Chr. Zerstört 612 von den Medern. Äußere Umfassungsmauer. Rekonstruiertes Tor. Tell Kujundschik (Kujunğik usw.) als ehemaliger Zitadellenhügel mit Ausgrabungen des Palastes von Sanherib, Tempeln, Bibliothek. Hügel Nebi Yunus (Junis usw.) mit neuerer Siedlung.

Ninoe Türkei. → Geyre.

Ninozminda GUS, Georgien, ca. 50 km ö von → Tbilisi. Kirche ab 6. Jh.

Nioi Japan, Hokkaido, Süden. Ehemalige Bergbefestigung der Ainu.

Nioro-du-Rip Senegal, 55 km sö von Kaolack. Zahlreiche Steinsetzungen und Menhire, 7.-8. Jh., hauptsächlich nö bis Kaffrine und sö bis Gambia, auch in Firgui, Garan, Kabakoto, Kaymor, Keur Bamba, Payoma, Sine Ngayene. → Sine-Saloum.

Nippur Irak. → Nuffar.

Nir David Israel, ca. 30 km s des Sees Genezareth. Museum für Archäologie des Mittelmeerraums.

Niriz Iran, 220 km osö von Schiraz. Freitagsmoschee 10. Jh.

Niru Chani Gr-Kreta, 12 km ö von Iraklion. Ruinen von spätminoischer Villa, 1550-1450 vor Chr. Hafenreste.

Niš Serbien. Ehemals keltische Siedlung. Römisch Naissus. Byzantinisch Naissopolis. Spuren der römischen und der byzantinischen Festung. Archäologisches Museum. In Jagodin Mala frühchristliche Grabstätte mit Fresken. 5 km ö von Niš die Stelle des antiken Mediana (Medijana): Reste von römischer Villa; Hypokausten, Mosaike, Museum.

Nisa GUS, Turkmenistan. → Nissa.

Nisa Türkei, n von Kaş. Ehemalige lykische Siedlung.

Nisaia Griechenland, 44 km w von Athen. Heute Pachi. Der antike Hafen von → Megara. "Lange Mauern", Verbindung zwischen Nisaia und Megara, Mitte 5. Jh. vor Chr. bis römische Kaiserzeit.

Nişantepe Türkei. → Boğazkale.

Nischapur Iran, 112 km w von Meschhed. Sassanidisch Div-i Schahpur, arabisch Schar-i Iran. Grabungen am Hügel Sabz Puschan und am Tepe Medresse.

Nische, Tell Syrien. Altsyrisch für → Deir Seman.

Nischnje-Sierogosy GUS, n der Krim, ö von Kachowka. Skythischer Kurgan.

Nisi Gr-Kreta. → Kalo Chorio.

Nisibis Türkei. → Nusaybin.

Nissa GUS, Turkmenistan, 16 km w von Aschchabad. Alt-Nissa: Besiedlung mindestens ab 6. Jh. vor Chr.; Zitadelle der Partherresidenz Mihrdatkert (Mithridatkert). Königsresidenz; Paläste, Tempel um Zeitenwende und Gräber der Partherkönige. Anfang 3. Jh. nach Chr. verlassen. Neu-Nissa: zentraler Teil der alten Partherstadt; Ausgrabung eines Tempels. Stadt des Mittelalters, Besiedlung bis ins 18. Jh.

Nissa I-Sizilien, sö von Caltanissetta am Monte Gi-

bil-Gabel. Ausgrabungen der antiken Stadt: Straßen- und Häuserreste. Nekropole.

Nissa Türkei. → Nevşehir.

Nissos Griechenland, Makedonien, bei Alexandria, w von Thessaloniki. Antik; Reste aus römischer Zeit.

Niswa Oman, sw von Maskat. Nizwa. Bienenkorbgräber, Kupferminen.

Nisyros Griechenland, Dodekanes-Insel. → Mandraki. → Pali.

Nitçana Israel. → Nizzana.

Nitovikla Zypern, NO. Ehemalige mittelbronzezeitliche Festung.

Nitriansky Hrádok Slowakei, s von Nitra. Ehemalige befestigte Siedlung im 19. Jh. vor Chr. (regionale Aunjetitzer Kultur Nitra).

Nivisium Deutschland. → Neuss.

Niya China. → Minfeng.

Nizäa Türkei. → Iznik.

Nizip Türkei, 48 km ö von Gaziantep. Rest von byzantinischer Kirche. 7 km w Ausgrabungen (Tell-Halaf-Kultur, → Ras el Ain/Syrien).

Nizna Mysla Slowakei, Osten, Provinz Kosice. Siedlung und Gräber von bronzezeitlichem Handelszentrum.

Nizza Frankreich. Französisch Nice. Ev. das Nikaia der Phokäer. Römisch Cemenelium, Cimiez: Arena, Thermen, Baptisterium. Archäologisches Museum.

Nizzana Israel, sw von Beersheva. Nitsana. Griechisch Nessana. Frühislamisch Nestan. Ehemals nabatäische und byzantinische Stadt. Akropolis auf nabatäischen Resten, Kastellreste. Nordkirche 4. Jh. auf ehemaliger nabatäischer Festung. Marienkirche 601.

Njakasu Burundi. Spuren eines deutschen Forts.

Njivice Kroatien, Krk. Römische Baureste entlang der Küste.

Noara Israel. → Sarandarion.

Nobbin Deutschland, Rügen-N, Wittow. Hünenbett.

Nobile Castrum Arearum Frankreich. → Hyères.

Nocera Inferiore, Nocera Superiore Italien, ö von Pompeji. Stadtmauerreste der antiken Nucera Alfaterna. Theater. Spuren von Amphitheater. Baptisterium ab 5. Jh.

Nocera Terinese Italien, ssw von → Cosenza. Mauerreste, Aquädukt. In der Nähe wird die Lage des antiken → Temesa angenommen.

Nocera Umbra Italien, ö von Perugia. Reste von zwei römischen Brücken. Langobardische Nekropole.

Nochixtlán Mexiko, 104 km nw von Oaxaca. Gebiet des mixtekischen Königreiches Tilantongo. Zahlreiche archäologische Stätten. Ruinen auf den Hügeln von Pueblo Viejo und Tinducarrada. Kloster San Juan Yucuita mit Reliefsteinen. 12 km n → Chachoapan.

Noeddale I-Sardinien, s von Sassari, bei → Ossi.

Domus de Janas; Kammergrab, ca. 2000 vor Chr.

Noega Spanien. Noya, Westküste n von Portugal.

Nördlingen Deutschland. Vor- und frühgeschichtliches Museum.

Nörten-Hardenberg Deutschland, n von Göttingen. 1 km nw und 2 km nnw frühgeschichtliche Befestigung im Leineholz.

Nogent-en-Bassigny Frankreich, sö von Chaumont. Dolmen und Nekropole.

Nohbek Mexiko, Quintana Roo, 90 km n von Chetumal. Ehemaliges Kultzentrum der Maya. Pyramidenrest.

Nohcacab Mexiko, Yucatan. Auf dem Gebiet der Ranch Maya-Ruinenstätte, Puuc-Region.

Nohmul Belize, 25 km n von Orange Walk. Größere Maya-Stätte. Pyramide.

Nohuchmul Mexiko, Quintana Roo, 20 km n von Chetumal. Maya-Ruinen.

Noicáttaro Italien, Apulien, sö von Bari. Griechische Nekropole.

Noin Ula Mongolei, n von Ulan Bator (Ulaanbaatar). Gräber der nomadischen Hiung-nu, 2. Jh. vor bis 2. Jh. nach Chr.

Noirmont Belgien. → Cortil Noirmont.

Nomentum Italien. Antik; Mentana, 24 km nö von Rom.

Nonakado Japan, Honshu. Monolithische »Sonnenuhr«-Steinsetzung der Jōmon.

Nonnenkloster Deutschland, sö von Michelau, ö von Gerolzhofen. Im Staatsforst N. frühmittelalterliche Wallanlage N.

Nonnweiler Deutschland. → Otzenhausen.

Nopiloa Mexiko, Veracruz, s von La Tinaja. Verfallende Stätte der → (La-)Venta-Kultur.

Noqrasch, El- Ägypten, 70 km sö von Alexandria, bei El-Nubeira. Antik Naukratis, Nibeira, Nubeira. Griechische Handelsstadt ab 7./6. Jh. vor Chr. Ausgrabungen von Tempeln für griechische Götter, Amun und Toth. Kaum Reste.

Nora I-Sardinien, s von Pula, s von Cagliari. Ausgrabungen; phönizische, punische, römische Reste: römisches Theater 2.-4. Jh., punisches Stadtviertel, Forum, Thermen, punisches Heiligtum Sa Punta 'e su Koloru. Mosaike. Nuraghen.

Noragugume I-Sardinien, sö von Macomer. Nuraghen Caddaris, Sa Pedra Taleri, Tolinu, Uana bei Dualchi.

Norba Italien. → Norma.

Norba Caesania Spanien. → Cáceres.

Norba Caesarea Spanien. → Alcántara.

Nor-Bajaset GUS, Armenien. Ausgegrabene Stadtfestung der Urartäer.

Norchia Italien, 10 km w von Vetrella, zwischen Viterbo und Tarquinia. Etruskisch Orcle, Orgola. Amphitheater. Tempelanlage. Etruskisch-römische Felsnekropole, 4.-3. Jh. vor Chr. Tempel- und Giebelgräber.

Norçuntepe Türkei, bei Harman pinar (früher Alişam), sö von Elâzig, im Keban-Stausee. Nor-

suntepe. Ehemalige Siedlung der Kupfersteinzeit (ab 4. Jtsd.) und der mittleren Eisenzeit.

Nordewani GUS, Georgien. Siedlungsreste ab 2. Jtsd. vor Chr.

Nordhausen Deutschland, bei → Unterschneidheim, nw von Nördlingen. W Turmhügel.

Nordstemmen Deutschland, w von Hildesheim. S Hügelgräberfeld Osterholz. Heyersum: frühneolithisches Galeriegrab.

Noreia Tauriscorum Österreich. → Mühlen.

Norischer Limes Deutschland-Österreich. Donaulinie, von Passau bis kurz vor Wien mit folgenden Kastellen bzw. Stationen:
→ Passau (Bojodurum), Schlögen (Joviacum, → Haibach), Eferding (Ad Mauros), → Linz (Lentia), Wallsee (Lacu Felicis), Pöchlarn (→ Arlape), → Melk (Namara), → Mautern (Favianae), → Traismauer (Trigisanum oder Augustinae), → Tulln (Commagene).

Norma Italien, nö von Latina. Umfassungsmauer* der Volskersiedlung Norba. Große Akropolis 2. Jh. vor Chr., Tempelreste. Kleine Akropolis, Tempelrest. Forum. Wohnviertel. W die Ruinen des mittelalterlichen → Ninfa.

Normanton Down GB, Wiltshire, bei → Stonehenge. Hügelgräber.

Norn's Tump GB, Gloucestershire, Hügel bei Avening. Hügelgrab.

Northampton GB, 80 km nw von London. Museum in der Town Hall mit archäologischer Sammlung.

Norton Bavant GB, Wiltshire, ca. 5 km sö von Warminster. Langhügelgrab, Hügelgräber.

Norwich GB, Norfolk. Castle Museum.

Nos Emine Bulgarien, nö von Burgas. Spuren einer antiken Festung am Kap. Bei Emona ehemals thrakische Kultstätte mit Jupitertempel.

Notgasse Österreich, Steiermark, Schlucht im Kemetgebirge, nw des Stoderzinken. Felszeichnungen.

Notgrove GB, ö von Gloucester. Langhügelgrab.

Notion Türkei, 54 km s von Izmir. Der antike Hafen von → Kolophon. Ab 3. Jh. Neokolophon. Akropolishügel. Reste von Mauer, Theater, Agoren, Thermen, Tempeln. Nw die Stätte des ionischen Dios Hieron. 2 km n: → Klaros.

Noto I-Sizilien, sw von Syrakus. Museo Civico. 26 km nw: → Castelluccio. 16 km nw: → Noto Antica. 10 km sö: → Noto Marina.

Noto Antica I-Sizilien, sw von Syrakus, nw von Noto. Ehemalige sikulische Siedlung, im 17. Jh. zerstört. Reste von Stadtmauer und Kastell.

Noto Marina I-Sizilien, s von Syrakus. Ruinen der alten Siedlung Eloro, griechisch Heloros. Reste von Mauern, Türmen, Theater, Tempeln, Denkmal. S des Tellaro römische Villa mit Mosaiken, 2. Hälfte 4. Jh. nach Chr.

Nottingham Hill GB, Gloucestershire, bei Cheltenham. Eisenzeitliche Befestigung.

Nouakchott

Nouakchott Mauretanien, Hauptstadt. Nationalmuseum.
Noues Frankreich. → Noves.
Novae Bulgarien. → Svištow.
Novaesium Deutschland. → Neuss.
Novales Spanien, w von Santander. Prähistorische Höhlen Las Aguas mit Malereien.
Novalia Kroatien. → Novalja.
Novalja Kroatien, auf Pag. Das antike Novalia, Hafen der römischen Stadt Cissa, Chissa, (heute → Caska), zerstört in 4. Jh. Reste von Mauern, christlicher Basilika 5. Jh., Wasserleitung.
Novara Italien, w von Mailand. Stadtmauerreste. Baptisterium ab 5. Jh.
Noves Frankreich, 13 km sö von Avignon. Ehemaliges keltisches Oppidum; gallisch Nauda, römisch Noues.
Novgorod GUS, Rußland. Warägisch Holmgard. Ausgrabungen des alten Novgorod; Holzsiedlungen und Knüppeldämme ab 9. Jh.
Novigrad Kroatien, Istrien-Westküste. Römisch Emona, später Neapolis.
Novilara Italien, s von Pésaro. Nekropole 8./7. Jh. vor Chr.
Noviodunum Frankreich. → Nevers.
Noviodunum Schweiz. → Nyon.
Noviomagnus Frankreich. Lag in der Nähe der Girondemündung.
Noviomagus Deutschland. → Speyer.
Noviomagus Niederlande. → Nijmegen.
Noviomagus Regnensium GB. → Chichester.
Noviomagus Treverorum Deutschland. → Neumagen-Dhron.
Novi Pazar Serbien, 203 km nw von Skopje. Peterskirche an der Stelle von bronzezeitlicher und illyrischer Grabstätte und frühchristlicher Basilika.
Novi Vinodolski Kroatien. Die Stelle Lopar ev. ehemaliger Standort von römischem Castrum.
Novočerkassk GUS, Rußland, nähe Don-Mündung. Grab einer Königin der Aorsen 1./2. Jh. nach Chr. In der Umgebung Kurgane "Fünf Brüder".
Novo Mesto Slowenien, w von Zagreb. Dolenjska-Museum mit archäologischer Sammlung. Spuren von illyrischer Siedlung ab ca. 800 vor Chr. mit Urnenfeld bei der Örtlichkeit Marof. S mehrere Grabhügel und keltische Gräber. Nw → Bršljin.
Novo Trajana Bostra Syrien. → Bosra eski Scham.
Novum Ilion Türkei. → Troja.
Novy Afon GUS, Georgien, Abchasien, 28 km w von Suchumi. Antik Anakopia. Reste der Festung ab 2. Jh. mit Kirchenrest 7. Jh. Kathedrale mit Museum.
Nowbandagan Iran. → Nurabad.
Nowdaran Iran, 10 km LL sw von Firuzabad, s von Schiraz. Reste von sassanidischem Kuppelbau, von Feuertempel und anderen Gebäuden.
Nowo-Aleksandrowska GUS, Ukraine, Gebiet

Werchne Rogatschik, n der Krim. Skythischer Kurgan Kosel.
Nowoswoboda GUS, Rußland, ö des Asowschen Meeres. Mehrere Dolmen.
Noyen-sur-Seine Frankreich, s von Provins. Ehemals Standort von jungsteinzeitlicher befestigter Siedlung.
Noyers Frankreich, an der Seine, bei Les Andelys sö von Rouen. Römische Ruinen, Ruine von römischem Theater.
Nubra China, Xizang (Tibet). Höhlen mit Felsmalereien, 2. Jtsd. vor Chr.
Nubt Ägypten. → Kom Ombo.
Nubt Ägypten. → Tuch.
Nucaria Deutschland. → Nehren.
Nuceria Alfaterna Italien. → Nocera Inferiore, Nocera Superiore.
Nürensdorf Schweiz, nö von Zürich. Standorte von römischen Wachttürmen Obere und Untere Heidenburg, 4. Jh. Oberes und unteres Kastell: Wälle und Gräben.
Nürnberg Deutschland. Naturhistorisches Museum. Das Germanische Nationalmuseum** ist, unabhängig von einer vor- und frühgeschichtlichen Abteilung, als Pendant zum Römisch-Germanischen Museum zur Aufnahme nur von nachrömischen Fund- und Sammelstücken gedacht.
Nürtingen Deutschland, Kreis Esslingen. 3 km s keltische Viereckschanze.
Nueva Casas Grandes Mexiko. → Casas Grandes.
Nuffar Irak, 44 km nö von Al Diwaniya, letztes 193 km s von Bagdad. Sumerisch Nibru; Nippur, Niffer. Naffar. Besiedelt vom Ende des 4. Jtsds. vor Chr. bis ca. 1000 nach Chr. Ausgedehnter Tell; Enlil-Tempel und Ziqqurat. Reste von weiterem Tempel. Ehemals Standort von parthischer Festung.
Nuffara Malta, Gozo, Hochplateau 3 km ö von Victoria. Ehemals Standort einer bronzezeitlichen Siedlung.
Nuits-Saint-Georges Frankreich, 22 km s von Dijon. Ruinen einer gallo-römischen Siedlung auf Les Bolards. Gallo-römisches Heiligtum; Mithräum. Museum.
Numana Italien, sö von Ancona. Griechisch-römische Nekropole 7.-4. Jh. vor Chr.
Numancia* Spanien, n von Soria. Ruinen von Numantia (Widerstand gegen die Römer 133 vor Chr.). Reste von prähistorischer, keltiberischer und iberisch-römischer Siedlung. Straßen und Insulae. Zisternen, Museum. Zwei Museen in Soria. 1 km: Castillejo, Scipios Lager 133 vor Chr.
Numantia Spanien. → Numancia.
Numas-Plateau Namibia; Numasfelsen. Wälle, Hüttengrundrisse.
Numuli Tunesien. → Matria.
Nunnum GB. Römisches Fort am → Hadrianswall. Heute Haltonchester, nö von Hexham.
Nuoro I-Sardinien. Bei der Kirche Madonna di

Valverde vorgeschichtliche Grabstätten. Museum. S Nuraghe Tertilo. Nw Nuraghe Loddine. Nw Nuraghe de Orizanna.

Nurabad Iran, 72 km nw von Kazerun. Ruinen von Nowbandagan; parthische bzw. frühsassanidische Tempel. 7 km w Feuertempel von → Mel-i Adjdahan. 13 km nw → Fehlian.

Nureci-Nuragus-Nurallao I-Sardinien, osö von Oristano. Menhire. Nuraghen Biriu, Giuerri Mannu, Duidduru, Corrazzu, Su Putzu, S.Milanu, Formiga, Pranu de Follas.

Nuri* Sudan. Königsnekropole der napatanischen Dynastie (→ Gebel Barkal). Pyramidenfeld.

Nuribda Israel, 19 km nw von Nablus. Ägyptisch; ev. an der Stelle des heutigen Neiraba.

Nusa Penida Indonesien, Insel sö von Bali. In Sampalan: Pura Ped Tempel, Pura Batu Medau Tempel. Tempel von Jukutan.

Nusaybin Türkei, sö von Mardin an der syrischen Grenze. Assyrisch Nasibina; Nisibis, Nissibin. Seleukidisch Antiochia in Mydonien. Römische Reste. Mar-Jacub-Kirche ab 4. Jh. Archäologisches Museum.

Nusch-i Jan Tepe* Iran, w von Malajir (Malayer), zwischen Naqilabad und Schuschab. Hoher Siedlungshügel mit Befestigungsresten der Mederzeit. Feuerstätte 8. Jh. vor Chr. Parthische Stätte 1. Jh. vor Chr.

Nußdorf Deutschland, am Inn. Museum.

Nustapacana Peru, wenige km nw von Cuzco. Ruinen.

Nustrow Deutschland, osö von Rostock, ö von Tessin. Ca. 3 km nö Reste von Großsteingräbern.

Nut Ägypten. → Theben.

Nuvela Deutschland. Heute Newel.

Nuweijis, Qasr el- Jordanien, n von Amman. Römischer Grabbau* 2. oder 3. Jh.

Nuzi Irak. → Jorgan Tepe.

Nyarma Indien, Kaschmir, Ladakh, s von Tikse. Verfallenes Kloster.

Nyaung U Birma/Union Myanmar. → Pagan.

Nydrion Griechenland, auf Lefkas. Nidri. Spuren von Rundbauten von ca. 2000 vor Chr. Früh- und mittelhelladische Nekropole. Kleines Museum.

Nymphaeum Türkei. → Kemalpaşa.

Nymphaion Griechenland, Makedonien, bei Nausa, s von Edessa. Reste eines Nymphentempels. Makedonische Gräber.

Nymphaion GUS, Krim, HI Kertsch. Ehemalige bosporanische Stadt. Nekropole; Kurgane.

Nymphaion Türkei. → Kemalpaşa.

Nympsfield GB, ssw von Gloucester, Crawley Hügel. Langhügelgrab.

Nyon Schweiz, Waadt. Keltisch Noviodunum. Römisch Colonia Iulia Equestris. Spärliche Ausgrabungen. Rekonstruktion von Basilika als römisches Museum.

Nysa Israel. → Bet Shean.

Nysa Türkei, bei Sultanhısar, 30 km ö von Aydin.

Ruinen der antiken Stadt: Reste von byzantinischer Mauer, römischer Straße, Agora, Gerontikon, Thermen, Amphitheater, Theater, Mosaiken. Tunnel. Nekropole im Nw. Ehemals Heiliger Weg mit Gräbern nach → Acharaka.

Oaxaca Mexiko, 500 km sö von Mexico-City. Staatsmuseum*. Museum prähispanischer Kunst* (Rufino-Tamayo-Museum). In der Umgebung: Osö → Dainzu. N → Huitzo. Osö → Lambityeco. Sö → Mitla*. W → Monte Alban**. Osö → Yagul. S → Zaachila.

Oaxtepec Mexiko, 70 km s von Mexico-City. Huastepec. Montezumapark mit aztekischen Ruinen.

Obeda Israel. → Avdat.

Obeid, Tell el Irak, 6 km nw von Ur. 'Obēd, Al'Ubaid usw. Terrassen und Umfassungsmauer von frühdynastischem Tempel, ca. 26. Jh. vor Chr. In Mesopotamien und an der Ostküste der arabischen Halbinsel verbreitete Kultur, 5. Jtsd. vor Chr. bis ca. 3400 vor Chr.

Obensburg Deutschland, sö von Hameln, ö von Hastenbeck. Wälle von frühmittelalterlicher Fluchtburg. ½ km nö → Sassenburg.

Oberaden Deutschland, Stadt Bergkamen, Gemarkung Elsey. Standlager für zwei Legionen von 11 vor Chr. erforscht. Ca. 2½ km w ehemals Standort des römischen Kastells Beckinghausen.

Oberaich Österreich, w von Bruck an der Mur. St.Dionysen: römische Brücke.

Oberbiber Deutschland, nö von Neuwied. Reste von Kleinkastell Anhausen und von Limeswachttürmen 1/38-44. Rekonstruierter Wachtturm 1/37.

Oberbiberg Deutschland, sö von München. Am Nordrand Rest einer Keltenschanze.

Oberbipp Schweiz, Bern, nö von Solothurn. Römische Fundamente in der Kirche.

Oberdorf Deutschland, bei → Bopfingen, w von Nördlingen. Ev. das römische Opie. Römisches Kastell von 110 nach Chr., unwesentliche Reste.

Oberer Trajanswall GUS. Auch Greutungenwall; vom Dnjestr bis n vom Prut. → Trajanswall.

Obereßfeld Deutschland, sö von Bad Königshofen, Gemeinde Sulzdorf an der Lederhecke. Zwischen Ober- und Untereßfeld ehemals Standort von römerzeitlicher Siedlung ca. 200 nach Chr. - 4. Jh.

Obergermanischer Limes Deutschland. → Limes.

Oberhaching-Deisenhofen Deutschland, s von München. Ehemals spälhallstattzeitlicher Herrensitz auf dem Kyberg. Am SO-Rand Reste von großer Keltenschanze* mit keltischer Viereckschanze (→ Abb. 94) im Inneren. Am S-Rand Reste von großer Keltenschanze mit zwei keltischen Viereckschanzen* im Inneren, direkt an der Römerstraße Augsburg-Salzburg gelegen. 1 km w und 2 km s je eine guterhaltene keltische Viereckschanze.

Oberhausen Deutschland. → Augsburg.

Oberkochen Deutschland, s von Aalen. Römische Gebäude 2./3. Jh. mit Keller ausgegraben. Abschnittswall in Unterkochen.

Oberleiser Berg Österreich. → Ernstbrunn.

Oberlienz Österreich, Osttirol. Lesendorf: römische Gebäudereste.

Oberlunkhofen Schweiz, AG, 12 km sw von Zürich. Reste von römischem Gutshof.

Obermarchtal Deutschland, sw von Ehingen. 2 km s spätkeltische Viereckschanze und Grabhügelfeld.

Obermauern Österreich. → Virgen.

Obermörlen Deutschland. 2 km n des Galgenberges Menhir.

Obernau Deutschland, sw von Tübingen. Römische Wasserleitung für Sumelocenna (→ Rottenburg) sichtbar.

Obernburg Deutschland, s von Aschaffenburg. Ehemaliges römisches Kastell Nemaninga. Ausgrabungen. Museum Römerhaus Obernburg. 3 km s auf der Karlshöhe Rest von römischem Wachtturm.

Oberndorf Deutschland, am Lech. Römische Villa erforscht.

Oberndorf Deutschland, n von Rottweil. S keltische Viereckschanze. N von Boll keltische Viereckschanze.

Oberpöring Deutschland, nö von Landau/Isar. 1 km w frühmittelalterliche Burganlage. Gräben*. Ende 1. Jtsd.

Oberranna Österreich, Gemeinde Engelhartszell. Spuren eines Kastells.

Oberried Schweiz, Bern, s von Friburg. Auf La Feyla Befestigungsreste. Graben.

Oberriet Schweiz, St.Gallen, n von Feldkirch. Befestigte Höhensiedlung Montlingerberg (Rätersiedlung), späte Bronzezeit bis La Tène-Zeit, ca. gesamtes 1. Jtsd. vor Chr. Lehmwall.

Oberriexingen Deutschland, nw von Ludwigsburg. Grundmauern einer Villa rustica. Römischer Weinkeller.

Oberstaufenbach Deutschland, wnw von Kaiserslautern. Spätrömische Bergbefestigung Heidenburg, zerstört.

Oberstimm Deutschland, s von Ingolstadt. Römisches Kastell erforscht.

Oberursel Deutschland, nw von Frankfurt/Main. Vortaunusmuseum. Oberstedten: Wallreste »Heidengraben" im Ort. Heidetränkel: Späthallstatt-frühlatènezeitliche Befestigung Altenhöfe und latènezeitliche Festung Goldgrube mittels Wallsystem verbunden und zu spätkeltischem Oppidum ausgebaut; Wallreste, Rundwanderweg. Ca. 3 km n bis 5 km nw Verlauf des Limes, römische Wachttürme und Kastelle (→ Feldberg). 4 km n: Roßkopf (→ Wehrheim). 3 km n: → Bleibeskopf (Bad Homburg). 4 km w: Altkönig (→ Kronberg). Sw: Hünerberg (→ Kronberg).

Oberweis Deutschland, w von Bitburg. Ausgrabung einer römischen Villa. Mosaike in Trier.

Oberzeiring Österreich, nw von Judenburg. Römische Brücke.

Obion USA, Tennessee. Indian. Tempelhügel.

Oboda Israel. → Avdat.

Oborći Bosnien-Herzegowina, 200 km nö von Split, 20 km n von Bogojno bzw. 43 km sö von Jajce. Reste von frühchristlicher Basilika.

Obruk Türkei, 70 km nö von Konya. Karawansereiruine.

Obsor Bulgarien, s von Varna. Römisch Heliopolis, Templum Jovis. Tempelspuren.

Obulco Spanien, ö von Córdoba. Römisch; heute Porcuna, ehemals mit Mithraskultstätte.

Ocelis Jemen, nähe Bab el Mandeb. Ehemalige Hafenstadt der Katabanier. Hausfundamente.

Ocelodurum Spanien. Ocellum Duri. Heute Zamora.

Oc-èo Vietnam, Conchinchina. Zentrum des Funanreiches. Ausgrabungen und Reste 1. Hälfte 1. Jtsd. nach Chr.

Ochi Griechenland, Euböa, SO. Drachenhaus.

Ocilis Spanien. → Medinaceli.

Ocmulgee National Monument USA, Georgia, 3 km ö von Macon. Besiedlung über fast 10000 Jahre bis 1717. Mehrere Tempelhügel ab ca. 900 nach Chr. Ausgrabungen. Museum.

Ocós Guatemala, Westküste. Ehemalige Mayasiedlung, versunken. Schichten ev. seit 6000 vor Chr.

Ocriculum Italien. → Otricoli.

Octacusum Türkei. → Besni.

Octodurum Schweiz. Octodurus. → Martigny.

Ocucaje Peru, Umgebung von Ica. Vorgängerin der → Nazca-Kultur. Gräberfelder im Ica-Tal.

Odan China. → Hotan.

Odej Tepe GUS, Turkmenistan. Čardžou, Tschartschou. Siedlungshügel.

Odenthal Deutschland. Erberich: Abschnittswälle.

Odenwaldlimes Deutschland. Die Strecke 10 des → Limes in Deutschland, von Wörth am Main bis Bad Wimpfen. Vom Ende des 1. Jh. bis zur Mitte des 2. Jh. War vor Errichtung der teilweise parallel verlaufenden Obergermanischen Limes (→ Vorderer Limes), wohin die Grenze anschließend verlegt wurde, bereits verlassen.

Oderzo Italien, nö von Treviso. Römisch Opitergium. Museo Civico mit Mosaiken.

Odessos Bulgarien. → Varna.

Odiavum Ungarn. Ehemaliges römisches Kastell ö von Almasfüzitö, ö von Komárom, an der Donau.

Odilienberg Frankreich. → Sainte-Odile.

Odonis Griechenland. → Thasos (Ort).

Odruh Jordanien, 20 km nw von Maan, 22 km ö von Wadi Musa. Udruh. Reste von römischem Kastell. Mauern. Byzantinische Kirche und osmanische Einbauten.

Odzoum GUS, Armenien, nähe Alaverdi. Gegründet 550. Basilika 1. Hälfte 8. Jh. Stelen 6./7. Jh.

Oea Libyen. → Tripolis.

Öhara Japan, n von → Kioto. Tempel Sanzen-in ab 860.

Öhringen Deutschland, onö von Heilbronn. Ehemals zwei Kohortenkastelle und Vicus Aurelianus: Bürg- oder Westkastell, Rendel- oder Ostkastell; keine Reste. Ausgrabung einer Badeanlage s des Westkastells. Wasserleitung, römischer Brunnen. 8 km s Reste von sechseckigem Limeswachtturm 9/51. Auf dem Goldberg sw von Ö. ehemals Standort von neolithischer Höhensiedlung. Weygand-Museum.

Ölkam Österreich, sö von Linz. Ausgrabung einer jungsteinzeitlichen Siedlung von ca. 5000 vor Chr.

Oenoe Türkei. Antiker Hafen; → Ünye, 89 km ö von Samsun.

Ören Türkei, 258 km s von Izmir, an der Küste s von Milâs. Antik Keramos. Akropolis mit Resten einer hellenistischen Stützmauer; ehemals mit Zeustempel.

Ören Avlusu Türkei, 8 km nw von → Bodrum. Befestigte Siedlung der Leleger.

Ören Tepe Türkei. → Kuyulutatlar.

Öresin Han Türkei, 53 km wsw von Nevsehir. Ruine von seldschukischer Karawanserei, Ende 13. Jh.

Oerlinghausen Deutschland, 15 km sö von Bielefeld. Am Barkhauser Berg rekonstruierter germanisch-cheruskischer Grenzbauernhof aus dem 1. Jh. Auf dem Tönsberg Wallanlage.

Örvényes Ungarn, Plattensee-Nordufer. Römische Ruinen.

Oescus Bulgarien. → Gigen.

Öşk Türkei. → Oschki.

Oettingen Deutschland. 3 km n im Erlbachwald frühmittelalterliche Wallburg. Zwei Turmhügel. Heimatmuseum.

Özkonak Türkei, ca. 30 km nö von → Nevşehir, n von Avanos. Hügelgräber. Große Unterirdische Stadt; Kirche.

Ofanto Italien, w von Barletta. Italische Gräber.

Offa's Dyke GB, Grenze zwischen England und Wales. Errichtet 784-796 gegen die Waliser. Ca. 250 km lang. Besichtigungsmöglichkeit z.B. in Montgomery, und in Mold. Knapp 5 km parallel hierzu der etwas später errichtete → Wat's Dyke, über 60 km lang. Besichtigungsstück in → Knighton. Fernwanderweg Offa's Dyke Long Distance Footpath, 270 km lang.

Ofnethöhle Deutschland, bei → Holheim, sw von → Nördlingen. Bestattungen des Jungpaläolithikums und des Mesolithikums.

Ofufunbe Japan, Hokkaido, SO-Küste. Bergbefestigung der Ainu.

Ogbury GB, Wiltshire, ca. 9 km n von Salisbury. Eisenzeitliche Befestigung.

Ogus GUS, Ukraine, bei Nischne Serogosy, n der Krim, w von Melitopol. Skythischer Kurgan mit Gewölbegrab.

Ohalo Israel, See Genezareth, SW-Ufer. Prähisto-rische Siedlungsspuren. Fischerdorf 18. Jh. vor Chr. entdeckt.

Oheimir, Tell Irak. → Kisch.

Ohlenburg Deutschland. → Winzenburg.

Ohrid Makedonien, am Ohrid-See. Griechisch Lychnidos. Obere Festung an der Stelle einer byzantinischen Zitadelle. Theater 1. Jh. nach Chr. ausgegraben, Rekonstruktionsvorhaben. Reste von zwei christlichen Kirchen 5. Jh., Mosaikreste. Nationalmuseum. → Studenčiste. Kirchen** und Klöster** der näheren und weiteren Umgebung.

Ohrnberg Deutschland, nö von Heilbronn, am Kocher. Römisches Gebäude ausgegraben. Sö Limesreste "Pfahldöbel".

Oichalia Griechenland, Thessalien, ca. 20 km sw von Trikala. Spuren der altthessalischen Stadt.

Oiniadai* Griechenland, Ätolien, 24 km w von Missolunghi. Heutiger Name Trikardo Kastro. Antiker Hafen. Reste von: Hafenanlagen, Stadtmauer, Toren, Akropolis, hellenistischem Bad, Häusern, Theater.

Oinoanda Türkei, ca. 60 km nö von Fethiye. Reste* von hellenistischer Stadtmauer.

Oinoe Griechenland. → Inoi (bei Elevtherai).

Oinoe Griechenland, Attika. → Marathon.

Oinoe Griechenland, nö von Naupaktos, bei Klima, auf dem Hügel Palaichori. Heute Oineon. Stadtmauerreste.

Oinoe Griechenland, Ikaria. → Kampos.

Oisyme Griechenland, sw von Kavala, sö von Nea Peramos. Emathia. Nekropole. Nö byzantinische Befestigungsreste.

Oita Griechenland. → Ipati.

Oitylos Griechenland, Peloponnes, HI Mani. Antik; heute Itilon, Itylo, Oitylon. Akropolishügel.

Okayama Ken Japan. Begräbnisstätte der Jōmon; frühgeschichtliche Gräber. Kibitsu-Schrein 4. Jh.

Okkala Birma/Union Myanmar. → Rangun.

Oktapolis Türkei, nw von Fethiye. Felsgräber.

Oktisi Makedonien, 12 km nw von Struga (Ohrid-See). Rest einer Basilika 5. Jh.

Ola Türkei, Ula, s von Mugla.

Olba Türkei. → Ura.

Olbasa Türkei, sw von Burdur.

Olbia Frankreich. → (L')Almanarre.

Olbia GUS, Ukraine, Bug-Mündung. Olbia Borysthenes. Milesische Gründung, 250 von Goten erobert. Hellenistische Reste. Nekropole (Kurgane).

Olbia I-Sardinien, NO. Stadtmauerreste 3./2. Jh. S.Paolo Apostolo mit punischen Tempelresten. Brunnen Sa Testa. Nö befestigte Nuraghe Cabu Abbas. W Torre sa Istrana. S Castillo Pedreso. W römische Station Gemellae.

Olbia Türkei. → Izmit.

Olcinium Montenegro. → Ulcinj.

Old Barrow Walls GB, Devon, Nordküste, bei Glenthorne. Rest von römischer Signalstation.

Old Berry Castle GB, Somerset, bei Dulverton, n

von Bampton. Eisenzeitliche Befestigung.
Old Bewick GB, Northumberland, 17 km nw von Alnwick. Eisenzeitliche Hügelfestung.
Oldbury Castle GB, Wiltshire, bei Chippenham. Eisenzeitliche Befestigung, Erdritzung (Hügelfigur Cherchill Horse) von 1780.
Oldbury Hill GB, Kent, bei Ightham. Eisenzeitliche Befestigung. Altsteinzeitliche Höhle.
Old Crow Kanada, NW, Yukon-Territorium. Besiedlung 30000-25000 vor Chr.
Oldenburg Deutschland. Staatliches Museum für Naturkunde und Vorgeschichte.
Oldenburg Deutschland, Holstein. Slawisch Starigrad. Im 11. und 12. Jh. Hauptort der Wagrier. Frühmittelalterliche Wallburgreste.
Oldenburg Deutschland, w von Laer, nw von Münster. Mittelalterliche Wallanlage "Hünenburg".
Oldendorf Deutschland, sw von Lüneburg. Hügelgräber (Oldendorfer Totenstatt).
Old Fort USA, Missouri. Indian. Tempelhügel.
Old Goa* Indien, Goa, 11 km ö von Panaji. Alt Goa, Velha Goa. Reste der Stadt 16. Jh.; Kirchen, Klöster. Museum.
Oldisleben Deutschland, sw von Artern, wsw von Halle. S Sachsenburg: bronzezeitliche Wälle und ma Burg.
Old Oswestry GB. → Oswestry.
Old Penrith GB. → Penrith.
Old Sarum Castle GB. → Salisbury.
Old Winchester Hill GB, n von Portsmouth, ö von Winchester. Ehemalige keltische Bergbefestigung.
Oleiros Spanien, Galizien, Nordküste der Bucht von Arosa, 8 km von Santa Eugenia de Ribeira. Dolmen de Ageltus (Axeitos).
Olenos Griechenland. Antiker Ort; bei Tsoukaleka, 10 km sw von Patras.
Olèrdola Spanien, bei Vilafranca del Penedès, nw von Sitges. Zyklopische Mauerreste 3./2. Jh. vor Chr.
Oleros Gr-Kreta. → Meseleri.
Olib Kroatien, Insel. In der Bucht Banve an der SW-Küste römische Fundamente. Ruinen von Kloster und Kirche, um 1200 zerstört.
Olisipo Portugal. → Lissabon.
Olite Spanien, Navara, s von Pamplona. Reste römischer Bauten.
Oliver's Castle GB, Wiltshire, Roundway Hill. Eisenzeitliche Befestigung.
Oliveto Lucano Italien, sw von Matera. Archäologisches Gebiet Croccia-Cognato, 4. Jh. vor Chr. Mauern 4. Jh. vor Chr.
Olivetro Citra Italien, ca. 38 km LL ö von Salerno. Nekropole.
Olizon Griechenland, sö von Volos, ö von Láfkos. Reste von Akropolis und Tempel. Spuren eines weiteren Tempels.
Olla Cave Mexiko, Chihuahua, Cave Valley, sw von Nueva Casas Grandes. Cliff Dwelling mit Kornspeichern.
Ollaiqa Syrien, bei Ghinsle, 16 km sö von Baniyas, s von Lattakia. Burgreste.
Ollantaytambo** Peru, ca. 100 km nw von Cuzco. Ollantaytampu, "Ollanta". Stadtanlage der Inka. Ruinenbezirk: befestigte Terrassenanlagen, Tempelfront mit den größten Monolithen des Inkagebietes. Gebäudereste, Befestigungsmauern. Ummauerte Stelle Incahuatana oder Intihuatana. Quellenheiligtum "Bad der Prinzessin". Weitere Badebecken. Bearbeitete Felsen. N Grabtürme und die Steinbrüche Cachicata.
Ollodunum Schweiz. → Olten.
Olmedo I-Sardinien. W → Anghelu Ruju. S → Santu Pedru. 4 km nw Nuraghe Bonassai.
Olmeta di Capo Corso F-Korsika, 10 km LL nw von Bastia. Grotta Scritta, Malereien, 1. Hälfte 2. Jtsd. vor Chr.
Olmia F-Korsika. → Calenzana.
Olont Spanien, n von Huelva. Phönizisch; Gibraleón.
Olonta Gr-Kreta, n von Agios Nikolaos, an der HI Spinalonga. Elunta, Elounta, Elunda. Antik Olus, Olous. Hellenische Ruinen, teils im Meer versunken. Befestigungsreste. Reste von frühchristlichen Basiliken mit Mosaiken. Nekropolen. S Tempelrest. Festung Spinalonga 1579.
Olosson Griechenland, Thessalien. Heute Elassona. Akropolishügel mit vorgeschichtlichen und archaischen Spuren und Mauerresten.
Olouros-Festung Griechenland. → Aristonautai.
Olowalu Petroglyphs USA, Hawai, Maui-Westküste, 10 km s von Lahaina. Felszeichnungen.
Olpai Griechenland, sö von Arta, ö des Ambrakischen Golfs. Ruinen, Tempelruinen.
Olsberg-Bruchhausen Deutschland, sw von Brilon. Um die Bruchhauser Steine* Wälle von Fliehburg, ausgehende frühe Eisenzeit, ca. 6. Jh. vor Chr. Spuren von Graben und Terrassen. Felsritzung.
Olten Schweiz, Solothurn. Kastell Ollodunum, ehemals Garnison am Donau-Iller-Rhein-Limes. Ausgrabungen; Villa. Historisches Museum. Nw prähistorische Wehranlage Dickenbännli.
Oltenița Rumänien. linkes Donauufer, km 430. Standort der ehemaligen römischen Festung Daphne.
Oltlimes Rumänien, längs des Olt, antik Alatus. Erbaut unter Trajan.
Oltu Türkei, 185 km nö von Erzurum. Stätte der armenisch-byzantinischen Festungsstadt Oukhtik. Kirchenruine, Içkale Camii, Arslan Paşa Camii von 1664.
Olus Gr-Kreta. → Olonta.
Olymos Türkei, nw von Milâs, ca. 190 km s von Izmir. Antike Stadt, ehemals Standort von Apollon-Artemis-Tempel.
Olympe Albanien, sö von Vlora, bei Mavrovë. In

der Antike befestigter Ort.

Olympia** Griechenland, Peloponnes. Auf dem Kronionberg ehemals Weihe- oder Mysterienstätte, keine Reste. Olympische Spiele von 776 vor Chr. bis 385 nach Chr. Gebäudespuren 17. Jh. vor Chr. Ufermauer 5./4. Jh. vor Chr. Gymnasion, Übungslaufbahn und Torrest 3.-1. Jh. vor Chr. Palästra* 3. Jh. vor Chr. Mehrere römerzeitliche Gebäude 2./3. Jh. Kladeosthermen ca. 100 nach Chr. Heroon und Theokleon. Werkstatt des Phidias* 2. Hälfte 5. Jh. vor Chr., im 5. Jh. nach Chr. in eine Kirche umgewandelt. Nobelherberge Leonidaion 2. Hälfte 4. Jh. vor Chr. Südthermen, Südhalle, Buleuterion. Heiliger Bezirk Altis mit ehemals eigener Umfassungsmauer. Prytaneion. Denkmal Philippeion ca. 337 vor Chr. Heraion*, ca. 600 vor Chr. Heraaltar. Unterbau** des Zeus-Tempels, 472-457 vor Chr.; am Boden liegende Säulentrommeln lassen eine weitgehendste Wiederaufrichtung des Tempels zu. Metroon, ca. 400 vor Chr. Zahlreiche Denkmalssockel (Götter, Beamte, Olympioniken). Nymphäum 150 nach Chr. Reste von 12 Schatzhäusern 6./5. Jh. vor Chr. Echo-Halle, Tor zum Stadion. Stadion*, 450 und 350 vor Chr. und 1962. Südostbauten; griechisches Gebäude 3. Jh. vor Chr., Ost-Thermen 200 nach Chr. Spuren von Hippodrom. Archäologisches Museum (Giebelfiguren), Altbau und Neubau. Spur von mykenischer Akropolis; Gräber. Theater in Flokas.

Olympos Türkei, ca. 80 km s von Antalya. Lykische Stadt.

Olyntha Kroatien. → Šolta.

Olynthos Griechenland, 90 km sö von Thessaloniki, beim heutigen Olinthos. Ausgrabungen der makedonischen Stadt. Reste: Akropolis, Stadtmauer, neolithische Wohnstätten. Weitgehendst erforschter Stadtgrundriß. Nekropole.

Oma Türkei, sö von Trabzon, s von Sürmene. Klosterruine.

Omar, El Ägypten, n von Heluan. 3 km n vordynastische Siedlung.

Omari, Tell Syrien, 28 km nö von Homs.

Ombos Ägypten. → Kom Ombo.

Omiš Kroatien, bei Split. Onaeum, Oneum, römisch Almissa, Almisium. Museum.

Omišalj Kroatien, Krk. In der Bucht Sepen Ruinen des römischen Fulvinium, Phulphinium, Ad Musculum, Delphidium, ma Castrum Muschulum: Mauern, Basilika 5. Jh., Kloster 10. Jh., Mosaike, Gräber.

Omolion Griechenland, Thessalien, 40 km nö von Larissa, Tempital. Antike Siedlung; Akropolis, Ruinen. Ehemals Standort eines Theaters.

Omvriaki Griechenland, Phthiotis, 6 km s von Domokos. Spuren von zwei neolithischen Siedlungen.

On Ägypten. → Matarîja.

Oña Spanien, nnö von Burgos. Römische Brücke.

Onaeum Kroatien. → Omiš.

Onagrinum Serbien, bei Begeč, w von Novi Sad. Römisches Kastell.

Onas Iran. → Behramabad.

Onayna Ägypten. → Ehnasya el-Medina.

Onchesmos Albanien, bei → Sarandë.

Onchestos Griechenland, ca. 15 km w von Theben. Antiker Ort. Tempelspuren. 6 km w Grabhügel.

Oneum Kroatien. → Omiš.

Oniferi I-Sardinien, sw von Nuoro. Kammergrab. Nuraghen: w Soldai, n Ola, Predosu, Carbai, Calone. N die Domus-de-Janas von Sas Concas.

Onnemoto Japan, Hokkaido, Osten. Bergbefestigung der Ainu.

Onoe Türkei. Antik; Ümye, ö von Samsun.

Ontur Spanien, sw von Albacete. Nekropole.

Onuba Spanien. Phönizisch, iberisch, römisch; Huelva.

Opatija Kroatien. Antike Siedlungsreste.

Openo, El Mexiko, 8 km sw von Zamora. 5 km s Friedhof.

Ophrys Griechenland, Dodekanes-Insel Kasos. Antike Stadt; heute Fry.

Opitergium Italien. → Oderzo.

Opiza Türkei, 30 km ö von Artvin. Kirche 10. Jh., heute Moschee.

Oplontis Italien. → Torre Annunziata.

Opoa Französisch-Polynesien, Insel Raiatea, SO-Ecke. Tempelbezirk, Maraes, Marae von Taputapuatea.

Oppertshofen Deutschland, sö von Nördlingen. 2 km n "Römerbad".

Oppido Mamertina Italien, 35 km LL nö von Réggio di Calábria. Ausgrabungen.

Oppidum Novum Marokko. Heute Ksar-el-Kébir.

Oprtalj Kroatien, 30 km LL s von Triest. Ehemals vorgeschichtliche Wallburg.

Opus Griechenland, Phthiotis, bei Atalanti. Antik ev. Oion. Spuren der Lokrer-Hauptstadt Opus. Tempel- und Befestigungsreste.

Opuzen Kroatien, nähe Neretva-Mündung. Lapidarium. Nö → Vid (Narona).

Oraibia USA, Arizona. Siedlung der Hopi. Ununterbrochen bewohnt seit 12./13. Jh.

Orange** Frankreich, n von Avignon. Keltisch-ligurisch Arausio, römisch C.Julia Firma Secundanorum Arausio. Arc de Triomphe** 1. Jh. vor Chr. Theater* 120 nach Chr. Reste von Gymnasium, Tempeln. Musée Lapidaire.

Orašak Bulgarien, bei Pleven. Höhle mit Malereien.

Orbe-Boscéaz* Schweiz, Waadt. Römisch Urba. Mosaike** eines ehemals weitläufigen Landsitzes, unter Schutzbauten.

Orbetello Italien, Westküste, 130 km nw von Rom. Stadtmauerreste, teils etruskisch, 4.-3. Jh. vor Chr. Hafenmauerreste 4. Jh. vor Chr. Tempelfundamente. Antiquarium im Palazzo della Pretura. Ö Nekropolen. W → Santa Liberata.

Orce Spanien, ca. 150 km nö von Granada. Auf dem Cerro de la Virgen Ausgrabung einer Siedlung ab ca. 2000 vor Chr. Nw: → Galera.

Orchha Indien, Madhya Pradesh, 11 km sö von Jhansi. Festung und Palast des Bir Singh Deo, 17. Jh.

Orchomenos* Griechenland, Böotien, 130 km nw von Athen, 13 km nö von Levadia. Hauptstadt der Minyer. Besiedelt ab 4. Jtsd. vor Chr. Reste von der Jüngeren Steinzeit bis zur geometrischen Epoche. Stadtmauerreste und kleine Akropolis. Tempelrest 9./8. Jh. vor Chr. Kleines Theater 4.-3. Jh. vor Chr. Mykenisches Kuppelgrab. 1 km nw Tempelreste. Klosterkirche 9. Jh. auf älterer Kirche.

Orchomenos Griechenland, Peloponnes, 33 km n von Tripolis. Reste von Stadtmauer und Theater. Spuren von Artemistempel und von Apollontempel 6. Jh. vor Chr. Dammreste mykenische Zeit und 4. Jh.

Orcistus Türkei. → Eskialikel.

Ordona Italien, 25 km s von Foggia. Die Ruinen* von Herdoniae, im 3. Jh. vor Chr. zerstört. Reste von Stadtmauer, Forum, Basilika, Tempel, Amphitheater, Thermen, Basilika 5./6. Jh., Wohnbauten. Nekropolen.

Orduña Mexiko, s von San Muguel de Allende, nw von Queretaro. Pyramide entdeckt.

Ordzonikidze GUS, Ukraine, nw von Nikopol, n der Krim. Fürstengrab "Tolstaja mogila".

Orebić Kroatien, HI Pelješac. Hügelgräber und Wallburgen auf dem Hügel Grudi, dem Berg Vižanjica, den Örtlichkeiten Stine und Blace. Spuren einer Villa rustica. Gräber.

Orei Griechenland, Euböa, 135 km nw von Chalkis, w des heutigen Istiea. Oräi. Antike Orte Hestiaia und Oreos. Frühhelladisch-mykenische Reste. Ehemalige Akropolis an der Stelle des heutigen Kastros bei Skala Oreos. Reste von Mauern, Tempel, Kirche. Weitere Akropolis ehemals in Oreos Apano.

Oreme, Tell el- Israel, NW-Ufer des Sees Genezareth. Ureime, Tel Kinnerot. Biblisch Kinnereth. Besiedelt 2. Viertel 2. Jtsd. vor Chr. bis Mitte 1. Jtsd. Ausgrabungen: Stadtmauern, Wohnhäuser.

Orensberg Deutschland. → Albersweiler.

Orense Spanien, Galicien. Ourense. Aquis Querquinnis, spätrömisch Sedes Auriensis. Römische Brücke, restauriert.

Oreos Griechenland. → Orei.

Organ Frankreich, s von Cavaillon. Grabstelen.

Orgaz Spanien, s von Toledo. Römische Brücke.

Orhai Türkei. → Şanlıurfa.

Orias Griechenland, 80 km w von Korinth. Burg

bei Goura.

Orichon Albanien, an der Küste s von Vlora (Valona). Auch Orikum, Orikos. Griechische Kolonie.

Orientlimes Türkei-Syrien. Ca. 200 nach Chr.

Orignac Frankreich, n von Bagnères-de-Bigorre, ö von Lourdes. Ehemals Standort eines römischen Lagers.

Orikum Albanien. → Orichon.

Oristano I-Sardinien, SW. Römisch Othaca (Siedlungsreste s in → Santa Giusta). Antiquarium Arborense. 7 km sö Nuraghe Nuraciana.

Orkney-Inseln GB, Schottland.
1) Brough of → Gurness.
2) → Maes Howe.
3) → Skara Brae.
4) Brough of Birsay.
5) Ring of Brodgar.
6) 5 km w von Kirkwall: bronzezeitliches Erdhaus in Rennibuster. Prähistorisches Grab am Wideford Hill.
7) Standing Stones of → Stenness.
8) Ring of Bookan.
9) Insel Hoy: bronzezeitliche Dolmen.
10) Insel → Rousay.
11) Insel South Ronaldsay: frühgeschichtlicher Turm Howe of Hoxa bei St. Margaret's Hope.
12) Insel Burray mit Rest eines Brochs.
13) Insel Papa Westray: sehr altes Haus; Knap of Howar, sehr alte Häuser. Holm of Papa Westray, Kammergräber.

Orléans Frankreich. Gallisch Cenabum oder Genabum. Römisch Aurelianis. Kirchenspuren 4. Jh. in der Kathedrale. S davon Reste der antiken Stadt. Historisches Museum.

Ormož Slowenien, 23 km ö von Ptuj. Ehemals große Siedlung der östlichen Hallstattzeit. Häuser- und Wegreste.

Ornach-Tal Pakistan, Belutschistan, n von Las Bela, im südlichen Kalat. Spuren acht alter Dörfer.

Ornea Syrien. → Arne.

Ornithopolis Libanon. → (Tell el) Bouraq.

Orobiai Griechenland, Euböa, Westküste. Heute Rovies. Byzantinischer Turm.

Orolaunum Belgien, Süden. Römisch; Arlon, wnw von Luxemburg.

Oropos Griechenland. → Skala Oropu.

Oropos Griechenland, Epirus, w von Arta. Antik Alatria, Kolonie der Elier. Stadtmauerreste.

Orosei I-Sardinien, Ostküste. Römisch Fanum Carissi. Nuraghen: n Murie, w Su Gardu, sw D'Ordignai, Dudurri.

Orrios I-Sardinien. → Serra Orrios.

Orrius Spanien, w von Mataró. Poblat Ibèric.

Orroli I-Sardinien, 55 km LL n von Cagliari. 1 km sw Nuraghe Sa Serra. Sö Nuraghe Gasoru. Sö Nuraghe Arrubiu*. Sö Nuraghe de Pardu. Sö nuraghischer Brunnen und Hüttendorf Su Putzu.

Orşova Rumänien, an der Donau. Ehemals Standort eines römischen Kastells.

Orsua Syrien. Das heutige Resas, 7 km s von Suweida.

Ortahisar* Türkei, 5 km sw von → Ürgüp. Tuffsteinkegel mit Höhlenwohnungen. Cambazlı Kilise, Fresken. Haram Kilise, Fresken. Theodorkirche. 9. Jh., Malereien. 2 km: Balkan Deresi-Tal, 4 Kirchen mit Malereien, ab 6. Jh. 1½ km: Halasdere-Tal mit Klosteranlage.

Orta San Giulio Italien, am Orta-See, w des Lago Maggiore. Basilika San Giulio, seit 6. Jh., auf der Isola S.Giulio.

Orte Italien, 32 km ö von Viterbo. Etruskische und römische Nekropolen.

Orthosia Libanon. Heute → Ard Artousi.

Ortopla Kroatien. Antike Siedlung, heute Stinica, 4 km n von Jablanac.

Ortus Niger Kroatien, Istrien. Römisch; heute Brtonigla, sö von Umag.

Ortygia Griechenland. → Delos.

Ortygia I-Sizilien. → Syrakus.

Ortygia Türkei, ca. 80 km s von Izmir, n von Kuşadası. Antiker Hafenort.

Orükdasch GUS. Vorgeschichtliche befestigte Anlage.

Orune I-Sardinien, n von Nuoro. Ö Brunnentempel Su Tempiesu*, Ende 2. Jtsd. vor Chr. S Nuraghe Nunnale. Dolmen.

Orvieto Italien, Umbrien. Ev. das ältere etruskische Volsinii, frühmittelalterlich Urbs Vetus, später Urbibentum. Reste von Stadtmauer und Tempel 8.-3. Jh. vor Chr. Nekropolen Crocefisso del Tufo und Cannicella. Museum.

Osaka Japan. Antik Naniwa-no-tsu. Prähistorischer Tumulus Chausuyama. Grab des Kaisers Nintoku (+427) in → Sakei, mehrere Hügelgräber. Shitenno-ji Pagode ab ca. 600. Ausgrabungen von Kaiserpalästen in Tanimachi. Städtisches Kunstmuseum.

Osanica Bosnien-Herzegowina, sö von Sarajevo, sw von Goražde. Nekropole 14./15. Jh.

Ošanjići Bosnien-Herzegowina, ca. 4 km nw von Stolac. Ausgrabungen einer illyrischen Stadt 4./3. Jh. vor Chr.: Reste von Mauern; Türme, Tor, Akropolis, Agora.

Osca Spanien. → Huesca.

Oscela Lepontiorum Italien. Antik; Domodossola.

Osch GUS, Kirgistan, Gebietshauptstadt. Besiedelt seit ca. 1000 vor Chr. Standort von arabischer Zitadelle und Palast. 12 km w → Kuwa. S → Osch-Chona. 70 km nö → Uskent (Usgen).

Osch-Chona GUS, Tadschikistan, nähe Osch in der Nähe des Karakul-Sees. Ausgrabungen, neolithische Funde.

Oschki Türkei, 90 km n von Erzurum. Auch Öşk, Vank. Kloster 10. Jh.

Oshibat Pakistan, w von Chilas. Felsbilder.

Osia Türkei, bei Karaot, sö von Burdur, 15 km LL nö von Dağ. Sia. Antike Siedlung. Reste von polygonaler Mauer, Tor, Theater. Nekropole.

Osian Indien, Rajasthan, 58 km n von Jodhpur. Weitläufiges Ruinengelände. 16 Tempel* 8.-11. Jh., Dekorationen.

Osiana Türkei. → Ürgüp.

Osidda I-Sardinien, sö von Sassari, osö von Ozieri. Nuraghen Pira, Sa Pattada, Usanis, Bidde, Sa Raignina.

Osimo Italien, s von Ancona. Römisch Auxinum. Stadtmauerreste. Dom auf Resten eines Äskulaptempels 4. Jh. vor Chr. Brunnen, Mosaik.

Osma Spanien. → (El) Burgo de Osma.

Osmaneli Türkei, n von Bileçik. Antik Leukä. Reste von byzantinischer Kirche.

Osmington GB, Dorset, sö von Dorchester. Hügelfigur (Erdritzung).

Osnabrück Deutschland. Kulturgeschichtliches Museum. 1) N Haste: Reste von Großsteingräbern Große Karlsteine, Kleine Karlsteine. 2) Großsteingräber bei der Oestringer Mühle. 3) Gretesch: nö Großsteingrab Sundermannstein. 4) Gretesch: Reste von Großsteingräbern Gretescher Steine. 5) Sö Voxtrup: Reste von Großsteingrab Teufelssteine. 6) S Nahne: Reste von Großsteingrab. 7) Osnabrücker Landwehr. Errichtet ab ca. 1300. Ehemalige Gesamtlänge 30 km. In der Hauptsache Gräben und Türme.

Osor Kroatien, Cres. Griechisch Apsoros, antik Absorus. Stadtmauerreste. Tempelfundamente, Mosaike, Villa, christliche Kirche. Illyrische Wallburgen, Gräberfelder. Museum.

Osorščica Kroatien, Lošinj-Westküste. Wallburgen.

Osrhoë Türkei. → Şanlıurfa.

Osset Spanien. Iberisch; → Castilleja de la Cuesta.

Ossi I-Sardinien, s von Sassari. Ausgrabung einer nuraghischen Siedlung. Felsgräber → Noeddale (¼ km s). → Mesu 'e Montes.

Ossonoba Portugal. → Cola.

Ossonoba Portugal. → Estoi.

Ostenfeld Deutschland, ö von Rendsburg. Ca. 2 km onö Rest von Großsteingrab.

Osterburg Deutschland, n von Deckbergen, ö von Rinteln. Wälle und Reste einer Burg, 9. Jh.

Osterburken* Deutschland, an der Jagst. Ehemals Standort von Kohortenkastell und angebautem Numeruskastell. Kastellmauern. Bad als Museum*. N Reste von zwei Limeswachttürmen.

Ostercappeln Deutschland, nö von → Osnabrück. 1) Nw Venne-Broxten: Reste von Großsteingräbern nw von Driehausen. 2) N Schwagstorf-Driehausen: Reste von Großsteingrab. 3) N Schwagstorf-Felsen: Reste von Großsteingräbern. 4) Sö Jöstinghausen: Reste von Großsteingrab. 5) Sw Haaren: Reste von Großsteingräbern. 6) N Schwagstorf: w von Ostercappeln flache Wälle der Schnippenburg.

Osterfingen Schweiz, ca. 12 km sw von Schaffhausen. S Reste von römischem Gutshof.

Osterholz-Scharmbeck Deutschland, n von Bremen. Nw des Bahnhofs Rest von Großsteingrab. Kreisheimatmuseum.

Osteria Nuova Italien, ca. 25 km s von Rieti, ö von Póggio Nativo. Grab Grotta dei Massacci.

Osterinsel** Chile. Einheimisch Rapa Nui, chilenisch Pascua-Insel. Besiedlung spätestens ab 5. Jh. nach Chr. Steinhäuser mit falschen Gewölben. Kultplattformen (Ahus) ab 7. Jh., in späterer Zeit teilweise kunstvoll mit Steinplatten verkleidet. Oftmals mit Grabkammern versehen. Steinskulpturen (Moai) 12.-17. Jh., teilweise mit Kopf- bzw. Haarschmuck (Pukao), oftmals auf den Plattformen errichtet, dienten der Ahnenverehrung. Familienheiligtümer in Höhlen mit Skulpturensammlungen. Zahlreiche Felsbilder, Felsritzungen. Malereien in Höhlen. Anthropologisches Museum.

Osterode Deutschland. Auf der Pipinsburg Wälle* von spätbronzezeitlicher Befestigung, 10. Jh. vor Chr., überwiegend 6. Jh. vor Chr., mittelalterliche Ein- und Überbauten. Heimatmuseum.

Osterstein Deutschland. → Lutzingen.

Ostia Antica** Italien, sw von Rom. Der Hafen Ostia der Stadt Rom an der damaligen Tibermündung, gegründet 338 vor Chr., Ende im 5. Jh. nach Chr. Öffentliche Gebäude hauptsächlich als Ruinen; private Gebäude in der Westhälfte der Stadt oft bis einschließlich komplettem Erdgeschoß erhalten. Nekropole* (→ Abb. 38). Stümpfe der Porta Romana und Verlauf der Stadtmauer. Terme dei Cisari. Speicher. Neptunsthermen. Theater*. Piazzale delle Corporazioni mit Cerestempel. Speicher und Mühlen. Castro. Casa di Diana an der Via dei Balconi* (→ Abb. 99). Forum und Kapitol*. Horrea Apagathiana. Buticosus-Thermen. Hercules-Tempel. Domus di Amore e Psiche. Tempel der sieben Weisen und Caseggiato degli Aurighi*. Zeus- und Serapis-Tempel. Sacello delle tre Navate. Schola del Traiano. Christliche Basilika. Tempio Rotondo. Roma- und Augustus-Tempel*. Thermen. Domus Fortuna Annonaria. Sitz der Augustalen. Zahlreiche Schwarz-Weiß-Mosaike*. Museum. Ca. ein Dutzend guterhaltene Gebäude bzw. Räume als reichhaltige Lapidarien eingerichtet. Synagoge. Nekropole an der Via Laurentina. N → Isola Sacra.

Ostra Antica Italien. → Ostra Vétere.

Ostra Vétere Italien, sw von Ostra, w von Ancona. Sö die Ruinen von Ostra Antica. Reste von Tempel, Thermen. Mosaike.

Ostrakina Ägypten, ö des Suezkanals. Ostracine. Stadt ab 300 vor Chr. Römische Reste, christliche Kirchen.

Ostro Deutschland, sö von Kamenz, nö von Dresden. Sö Wall ab der jüngsten Bronzezeit.

Ostrovo Griechenland. → Arnissa.

Ostrovul Simian Rumänien, Donauinsel bei km 927. Ausgrabungen einer dakischen Siedlung. Bauten der Festung Ada Kaleh teilweise wiedererrichtet.

Ostrožac Bosnien-Herzegowina, an der Neretva, 15 km w von Kanjic. Römische Hausfundamente.

Osuna Spanien, 82 km ö von Sevilla. Iberisch Urso, Ursao. Römisch Colonia Genetiva Julia. Ehemalige iberische Festung. Römische Nekropole. Römische Badreste.

Oswestry GB, Wales. Wälle* von keltischer Bergfestung Old Oswestry.

Otantapuri Indien, in Magadha. Kloster und Tempel, 8. Jh.

Otaru Japan, Hokkaido. 2 km nö Temiya-Höhle im T.-Park; Wandzeichnungen.

Otero, El Mexiko, ca. 5 km s von Sahuayo, bei Jiquilpan. Vorspanische Siedlung mit Terrassen und Erdhügeln.

Othoca I-Sardinien. → Oristano, → Santa Giusta.

Othona GB. → Bradwell-on-Sea.

Otoe Japan, Hokkaido. Bergfestung der Ainu.

Otomani Rumänien, bei Oradea. Ausgrabungen. Bronzezeitliche Kultur.

Otrang* Deutschland, 5 km nö von Bitburg. Römische Villa, Einfriedung, Mosaike*. Ca. 1 km s ehemals Standort von römischem Tempel.

Otrar GUS, Kasachstan, am Syr Darja. Im 8. Jh. verlassen. Große Ausgrabungsstätte; ca. 300 Wohn- und Wirtschaftsräume und Werkstätten erkannt.

Otricoli Italien, ca. 70 km n von Rom. Ca. 2 km s die Ruinen des römischen Ocriculum: von Amphitheater, Theater, Thermen, Forum.

Otsu Japan, bei → Kioto. Midera-Tempel (Onjo-ji), ab 674.

Ottana I-Sardinien, 30 km wsw von Nuoro. S Nuraghe Porchiles. Sw Nuraghen Prantalladas und Ruiu. Ö Altare de Lógula. Domus de Janas.

Ottawa Kanada, Ontario. Canadian Museum of Civilization.

Ottensen Deutschland, s von Buxtehude. S frühmittelalterlicher Ringwall, 9.-10. Jh.

Otterberg Deutschland, n von Kaiserslautern. Grabhügel. 5 km n Menhir "Hinkelstein".

Ottilienkogel Österreich. → Liebenfels.

Otting Deutschland, ö von Wemding. 1 km ö von Dattenbrunn Reste von keltischer Viereckschanze.

Ottmarshausen Deutschland, ö von Altomünster. Keltische Viereckschanze.

Otzaki Griechenland, nw von Larissa, 2½ km s von Dendra. Siedlungshügel der mittleren Jungsteinzeit.

Otzenhausen Deutschland, ca. 30 km sö von Trier. Auf dem Dollberg im Schwarzwalder Hochwald mächtiger Ringwall* eines späteisenzeitlichen Oppidums der Treverer.

Ouadane Mauretanien, 220 km ö von Atrar. Ruinen* der alten Stadt; Festungsmauern. Steinsetzungen an der Stelle Mayatag. Gräber.

Oualata Mauretanien, n von Nema (An Namah). Walatah. Stadt 6. Jh., Ruinen.

Ouan Bender Algerien, 25 km LL nö von Djanet.

Felsmalereien im Tassili n'Ajjer.
Ouan Mellen Algerien, 40 km LL n von Djanet.
Felsmalereien im Tassili n'Ajjer.
Ouargla Algerien, Oase. Ruinen der Ibadhitenstadt Sedrata, 8.-11. Jh. Sahara-Museum.
Ouchou Libanon. → (Khirbet el) Hoch.
Oudna Tunesien, 20 km s von Tunis. Antik Uthina. Reste von Festung, Aquädukt, Zisternen. Weitere Reste.
Oued siehe auch → Wadi.
Oukaimeden Marokko, s von Marrakesch. Felszeichnungen.
Oukhtik Türkei. → Oltu.
Oulad Jerrar Marokko, 94 km s von Guercif, an der Quelle Ain Fritissa. Vorgeschichtliche Spuren.
Ouled Mimoun Algerien, bei Tlemcen. Reste des römischen Altava. Kasbah-Ruinen.
Oum el Abouad Tunesien, 30 km ssw von Pont-du-Fahs. Die römischen Ruinen von Seressi. Reste von byzantinischen Mauern, 2 Triumphbögen, Tempel, Theater, Amphitheater, Zisternen, Mausoleen, christlicher Basilika.
Oumm el Ahmed Libanon, 18 km s von Sour. Ehemals hellenistische Siedlung. Tempelreste.
Ouxemenes Österreich. Keltisch; Axams.
Ovacık Türkei, ca. 55 km s von Aydın, 5 km ö von Kelicine. Reste von hellenistischem Turm. Antike Gräber.
Ovalle Chile, n von Santiago de Chile. Archäologisches Museum.
Overath Deutschland, ö von Köln. Lüderich: Ringwall, Funde hallstattzeitlich.
Oviedo Spanien, Asturien. Römische Brücke.
Ovilava Österreich. → Wels.
Owl Creek USA, Mississippi. Indian. Tempelhügel.
Oxford GB, Oxfordshire. Nw römische Villa. Ashmolean Museum.
Oxkintok Mexiko, Yucatan, bei Opichén, 80 km ssw von Mérida. Ausgedehnte Maya-Ruinenstätte; Zeremonialzentrum, Stelen. Puuc-Stil.
Oxocelhaya Frankreich, Basses-Pyrénées, sö von Hasparren, sö von Bayonne. Grotte; Moustérien bis Magdalénien.
Oxpemul Mexiko, Campeche-SO. Ehemalige Maya-Siedlung.
Oxtancah Mexiko, Quintana Roo, 14 km n von Chetumal. Maya-Ruinen.
Oxtotitlán Mexiko. → Acatlán.
Oxyrhynchus Ägypten. → (El) Bahnasa.
Oybin Deutschland, ssw von Zittau, ssö von Dresden. Wall von bronze- und eisenzeitlicher Siedlung.
Oyle Deutschland, Gemeinde Marklohe, w von Nienburg. W frühmittelalterliche »Alte Schanze« auf spornartiger Anhöhe am Rande der Weseraue.
Oyuklu Dağ Türkei, 6 km nw von → Bodrum. Fluchtburg der Leleger.
Ozaneare Algerien, 25 km LL ö von Djanet.

Felsmalereien im Tassili n'Ajjer.
Ozene Indien. → Ujjain.
Ozette USA, Washington, Olympic-Halbinsel. Siedlung von der Zeitenwende bis ca. 1930. Insgesamt drei indianische Siedlungen. Ausgrabungen alter Holzhäuser. Führungen in der Ozette Indian Reservation.
Ozieri I-Sardinien. In Heiligtum und Friedhof umgewandelte Grotten; jungsteinzeitliche Kultur San Michele 3400-2700 vor Chr. (Ozieri-Kultur). Grotta del Carmine. Sw Nuraghe Iannas. N Nuraghe Sa Cherina. N Nuraghe Burghidu. Städtisches Archäologisches Museum.
Pacatnamú Peru, bei Pacasmayo. Ausgrabungen. Erste Gebäudespuren ca. 5.-6. Jh. (Spätstile 13.-15. Jh., Chimú-Stil): von Pyramiden, Terrassen, Mauergevierten. Kammergräber. In der Nähe Kanalsysteme.
Paccionitoli F-Korsika, nö von Levie. Menhire.
Pachacamac* Peru, ca. 30 km s von Lima, Lurin-Tal. Kult- bzw. Orakel-Stätte des Königreiches Cuismancu. Hauptstil von ca. 800-1000 nach Chr. Reste von großer Pyramide, großer Festung. Begräbnisstätten.
Pacha Limani Griechenland, sö von Athen. Antik ev. Panormos. Ausgrabungen, Agora.
Pacheco Peru, → Nazca-Tal. Fundstätte eines vorüberziehenden Andenvolkes.
Pachmarhi Indien, Madhya Pradesh, Hoshangabad. Mesolithische Siedlungsspuren.
Pachoras Sudan. → Faras.
Pachten Deutschland, nw von Dillingen-Saarlouis. Reste von spätrömischem Kastell Contiomagus mit Lagerdorf.
Pacis Spanien. → Badajoz.
Pacopampa Peru, ca. 100 km LL nö von Chiclayo. Ruinen.
Păcuiul lui Soare Rumänien. Reste von byzantinischer Festung, 10. Jh. Mauern, Kaimauer.
Padah-Lin Birma/Union Myanmar, Höhle bei Yengan. → Pindaya.
Padam Indien, Kaschmir, Zanskar. Felsreliefs, Skulptur, 8.-11. Jh.
Paderborn Deutschland. Eisenzeitliche Kellergruben.
Padmanabhapuram Indien, Tamil Nadu, nw der Südspitze. Palast ab 14. Jh. Malereien hauptsächlich 18. Jh.
Padnal Schweiz. → Savognin.
Padria I-Sardinien, nw von Macomér. Gurulis Vetus. Befestigungsmauerreste 12. Jh. vor Chr. Nuraghe Longu. Nuraghe Vigna. N → Bonu Ighinu.
Padua Italien. Italienisch Padova, venezianisch Patavium. Reste von Amphitheater 1. Jh. und von römischer Brücke. Museo Civico mit archäologischer Abteilung.
Padula Italien, 35 km LL s von Potenza. In der Certosa di Padula Archäologisches Museum für das

westliche Lukanien.

Paea Französisch-Polynesien, Tahiti. Marae, rekonstruiert.

Paestum** Italien, 40 km s von Salerno. Heute Pesto. Gegründet im 7. Jh. vor Chr.; Poseidonia. Ab 4. Jh. vor Chr. Paistom. Ab 273 vor Chr. römisch Paestum. Zerstört im 9. Jh. Stadtmauer* gegen 5 km Umfang, Tore. Basilika** oder Heratempel, nach Mitte 6. Jh. vor Chr. Poseidon- oder Neptun-Tempel**, Mitte 5. Jh. vor Chr. (→ Abb. 82). Der Vergleich dieser beiden Tempel läßt die Entwicklung des dorischen Stils innerhalb eines Jahrhunderts deutlich erkennen (Säulenreihen auf Mauern, niedergedrückte Wülste der Kapitelle, breite, vornehme Wirkung gegen stabilen Unterbau, hochstrebende Erscheinung). Via Sacra, Reste von Wohnbezirken, Villen, italischem Tempel ab 3. Jh. vor Chr., Forum, Amphitheater, Buleuterion, unterirdischem Heiligtum 6. Jh. vor Chr. "Ceres-" oder Athene-Tempel** spätes 6. Jh. vor Chr. Museum* mit Metopen, Grabbeigaben* und Grabkammern mit Malereien*. N Necropoli de Gaudo, kupfersteinzeitliche Schachtkammergräber.

Päwesin Deutschland, nö von Brandenburg. N Riewend: nö slawischer Ringwall.

Pag Kroatien. Römisch Pamodus. Reste von Befestigungen, Gräberfelder bei Kolan, in Mihovilje bei Novalja, in Dabovo, in Vidasov. Kastell Kissa, heute Caska. → Caska. → Novalja. → Starigrad.

Pagai Griechenland, nw von Megara, am alkionidischen Golf, s von Kato Alepochorio. Ruinen von Ringmauer und Türmen.

Pagan** Birma/Union Myanmar, sw von Mandalay. Reichshauptstadt ab 1044. Gegründet ca. 9. Jh. Aus dem Zusammenschluß mehrerer Ortschaften entstanden, von welchen einige bereits vorher Landeshauptstadt waren (Thiripyitsaya 4. Jh., Tampawadi 6. Jh., heute Pwasaw). 1287 von den Mongolen zerstört. Eine der weitläufigsten Tempel- und Ruinenstätten der alten Welt. Stadtmauerreste 9. Jh., Spuren von Stadttor. Museum. Von den ehemals ca. 4000 buddhistischen Tempeln sind heute noch ca. 2300 erhalten, darunter:
Pagan: Htilominlo-Tempel, Anfang 13. Jh. Halle Upali Thein, 1. Hälfte 13. Jh. Ananda-Tempel**, 1091. Ananda Okkyaung 1775. Pitakat Taik 1058. Thatbyinnyu-Tempel*, Mitte 12. Jh. Shwegugyi-Tempel*, 1131. Mahabodhi-Tempel*, 1. Hälfte 13. Jh. Gawdawapalin-Tempel*, 12. Jh. Pathothamya-Tempel, 10. und 11. Jh. Mimalaung-Kyaung-Tempel, 2. Hälfte 12. Jh. Nat-Hlaung-Kyaung-(Hindu-)Tempel, 10. Jh. Mingalazedi Pagode* Ende 13. Jh.
Myinkaba: Kubyaukgyi-Tempel, Anfang 12. Jh. Manuha-Tempel 11. Jh. Nanpaya-Tempel. Abayadana-Tempel 11./12. Jh. Nagayon-Tempel 11./12. Jh. Myinkaba-Pagode, 11. Jh. Somingyi-

Kloster.
Sw von Thiripyitsaya: östliche und westliche Petlik Pagode, 11. Jh. Lawkananda Pagode, 11. Jh.
Sö von Pagan: Shwesandaw Pagode, 11. Jh. Shinbinthalyaung-Halle, Buddha, 11. Jh. Dhammayangyi-Tempel*, 12. Jh. Sulamani-Tempel, 1183.
Wetkyiin: Shwezigon Pagode, 11. Jh. Kyanzittha-Höhlenkloster, Fresken 11. und 13. Jh. Kubyaukgyi-Tempel*, Anfang 12. Jh.
Nyaung U: Thamiwhet- und Hmyathat-Höhlentempel, 12. und 13. Jh. Thatkyamuni-Tempel 12. Jh. Kondawgyi-Tempel. Kyaukku-Höhlentempel, 11. und 12. Jh.
Minnanthu: Payathonzu-Tempel. Thambulla-Tempel, Mitte 13. Jh.

Pagasai Griechenland, Thessalien. Der antike Hafen von Iolkos (→ Volos); später Hafen der Stadt Pherai (→ Velestinon). Mauerreste. Die Stadt ev. auf dem Berg → Soros.

Pagliano Italien, sö von Orvieto, beim Zusammenfluß von Tiber und Paglia. Römische Reste, Thermen.

Pagnik Türkei, Keban-Stausee. Ehemaliges römisches Kastell. Grabungen.

Pagrae Türkei. → Bağras.

Pagus Kroatien. Römisch; heute → Starigrad bei Pag.

Paharpur Bangladesh. Ehemals buddhistisches Zentrum. Ausgrabungen 7.-8. Jh. Stupa.

Paiania Griechenland, Attika. Antik; heute Peania. Reste von Basiliken.

Paianion Griechenland, nw von Messolongi, im Tal des Acheloos. Befestigungsreste.

Pai Mogo Portugal, s von Peniche, Küste n von Lissabon. Reste eines Kuppelbaues, ca. 3. Jtsd. vor Chr., als Grab wiederverwendet.

Pain de Munition Frankreich, ö von Aix-en-Provence. Ehemals Standort von kelto-ligurischem Oppidum. Umwallungen.

Painswick Beacon GB, Gloucestershire, am Westrand der Cotswalds. Eisenzeitliche Befestigung.

Painted Cave USA, New Mexico, im → Bandelier National Monument. Capulin Canyon. Wandmalereien.

Paipol Iran, 119 km n von Ahvaz. Reste von Damm und Kanal aus der Sassanidenzeit.

Pair non Pair Frankreich, nw von Saint-André-de-Cubzac, n von Bordeaux. Grotte, Ausgrabungen, Malereien.

Paistom Italien. → Paestum.

Paitava Afghanistan, bei Bagram. Buddhistisches Kloster im 2.-3. Jh.

Paithan Indien, Maharashtra, 50 km sö von Aurangabad. Pratisthana, Pratischthanapura. Hauptstadt des Satavahana-Reiches (2. Jh. vor Chr. bis 2. Jh. nach Chr.).

Pajarakan Indonesien, Java-Ost. Kultanlage 11./13. Jh.

Pajchiri Bolivien, Ostende des Titicacasees. Vorinkaische Siedlung.

Pajkend GUS, Usbekistan, sw von Buchara. Ehemals Hauptstadt der Hephthaliten. Ruinen.

Pakabud Iran, ca. 70 km nö von Teheran. Karawanserei.

Pakchen Mexiko, Campeche, s von Hopelchen. Ruinenstätte.

Pakoštane Kroatien, sö von Zadar. Spuren von alter Siedlung; Grundmauern von römischer Villa, Reste von römischem Hafendamm. Spuren von Wasserleitung.

Pak Teung Thailand, Westküste, auf einer Insel w von Takua Pa. Spuren einer alten Siedlung.

Pakumbura Vihare Sri Lanka, nw von Kandy, 10 km w von Katugastota. Klosteranlage.

Palafrugell Spanien, Costa Brava. In der Umgebung mehrere Dolmen, auch bei Fitor.

Palaggiu F-Korsika, sw von Sartène. Alignements, 1. Hälfte 2. Jtsd. vor Chr. Steinkistengrab.

Palaia Epidaurus Griechenland, Peloponnes, am Meer ö von Nauplia. Alt Epidauros. Reste des antiken Hafens. Rest von Theater. Rest von frühchristlicher Kirche. Ehemalige Akropolis.

Palaia Episkopi Griechenland, Peloponnes, 9 km sö von Tripolis. Im Ruinengebiet des antiken Tegea. Nikli der Franken. Gegründet 9. Jh. vor Chr., zerstört 4. Jh. nach Chr. Fundamente von Athena-Alea-Tempel, Agora, Theater 2. Jh. vor Chr., Brunnen. Frühchristliche Basilika 5. Jh., Mosaike. Reste eines Dammes im Taqqa-See. Museum.

Palaia Korinthos Griechenland. → Archaia Korinthos.

Palaia Pella Griechenland. → Pella.

Palaioalikes Griechenland, bei Kantariga, s von Volos. Besiedelt von der Jungsteinzeit bis zur geometrischen Zeit. Mauerreste 5./4. Jh. vor Chr.

Palaiochora Griechenland, Insel Aigina. An der Stelle der antiken Siedlung Aigina. Im MA Hauptort der Insel. Um 1821 verlassen. Akropolis: venezianische Festungsreste.

Palaiochora Griechenland, Euböa. → Karystos.

Palaiochora Griechenland, Ithaka, 2 km s von Itháki (Vathy). Im 16. Jh. verlassen.

Palaiochora Griechenland, Melos. → Chora.

Palaiochora Gr-Kreta, SW-Ecke. Römische und byzantinische Reste. Venezianisches Castel Selino von 1279, 1325 erneuert.

Palaio Faliron Griechenland, Athen, Süden. Antik Phaleron. Spuren von frühhelladischer bis mykenischer Zeit. Nekropole 8.-7. Jh.

Palaio Gardiki Griechenland. → Gardiki.

Palaiokastro Griechenland. → Chrysapha bei Sparta.

Palaiokastro Griechenland. → Gla.

Palaiokastro Griechenland. → Gortys, w von Tripolis.

Palaiokastro Griechenland, Kefallinia. → Pale.

Palaiokastro Griechenland, Kythira, bei Agia Pelagia. Ruinen der byzantinischen Stadt in Palaiopolis.

Palaiokastro Griechenland, sw von Elassona, Larissa. Ev. das antike Malloia. Reste; Stadtmauer.

Palaiokastro Griechenland, Leros. → Xirokampos.

Palaiokastro Griechenland, Mykonos, bei Ano Mera. Ehemals antike Siedlung. Venezianische Festungsruine.

Palaiokastro Griechenland. → Pylos.

Palaiokastro Griechenland, Rhodos. → Kastelloriso.

Palaiokastro Griechenland. → Thronion.

Palaiokastro Griechenland, bei Ano Derengli, nö von Fársala. Palaio-Pharsala. Stelle einer Siedlung ab der ersten helladischen Epoche (Mitte 3. Jtsd.) bis Mitte 1. Jtsd. vor Chr. In der Nähe → Skotoussa und → Thetidi.

Palaiokastro Gr-Kreta, Ostküste, ca. 20 km ö von Sitia. Ö das antike Eleia oder Heleia. Siedlungsreste aus frühminoischer bis spätminoischer Zeit. Akropolis. Spuren eines Zeus-Heiligtums an der Stelle eines minoischen Gipfelheiligtums. Nekropolen.

Palaiokastro Zypern. → Agia Irini.

Palaiokastro Zypern. → Maa.

Palaiomanina Griechenland, am rechten Acheloos-Ufer, sw von Agrinio. Ruinen der antiken Stadt Metropolis; Akropolis.

Palaio Moukli Griechenland, 32 km sw von Argos, sö des Parthenion-Palastes. Auf der Anhöhe Standort der ehemaligen, 1296 gegründeten Stadt.

Palaiomylos Griechenland, 13 km w von Lamia, bei Lianokladi. Siedlungshügel, mittlere Jungsteinzeit bis Bronzezeit.

Palaio Navarino Griechenland. → Pylos.

Palaiopaphos Zypern. → Kouklia.

Palaio Pharsala Griechenland. → Palaiokastro, nö von Farsala.

Palaiopolis Griechenland, Kykladeninsel Andros, 8 km s von Batsi. Die Stelle der antiken Inselhauptstadt Andros. Spuren von Akropolis, Stadtmauern 6./5. Jh. vor Chr., Tor, Tempel, Molen, Portikus 3./2. Jh. vor Chr. Basilika 5. Jh. nach Chr.

Palaiopolis Griechenland, Lemnos. → Ifaistia.

Palaiopolis Griechenland. → Kerkira.

Palaiopolis Griechenland, Samothraki, Nordküste. Antike Stadt mit Heiligtum der Großen Götter (Kabiren-Heiligtum), spätestens ab 6. Jh. vor Chr. von überregionaler Bedeutung. Ende der Besiedlung im 15. Jh. nach Chr. Jeweils Reste: Hafen, Stadtmauern 4./3., Wohnstadt, Gräber 7. Jh. vor bis 2. Jh. nach Chr., Heilige Straße, Propylon, Temenos, Arsinoeion, Anaktoron, Hieron, Votivhalle, Altar, Theater, ehemaliger Standplatz der Nike, Stoa, Haus der Milesierin, Pilgerhäuser, byzantinische Kirche, Museum. Byzantinische Burgruine beim neuen Ort.

Palaiopolis Spanien. → Ampurias.

Palaio Pylion Griechenland, Kos. → Pyli.

Palaio Pyrgos Griechenland. → Askri.

Palaio Thiva Griechenland, nw von Livadia, 5 km n von Tithorea. Siedlungshügel, Stadtmauer.

Palaiothiva Griechenland, Böotien, bei Koroni, ö des Kopais-Sees. Mauern von antiker Festung.

Palairos Griechenland, Aitolo-Akarnania, Südufer des Voulkaria-Sees. Kastro tis Kechropulas: Reste einer Stadt; Stadtmauern, Türme.

Palampet Indien, Andhra Pradesh, 210 km nö von Hyderabad. Ramappa-Tempel*, 13. Jh., Skulpturen.

Palamut Kalesi Türkei, bei Palamut, w von Akhisar. Stelle des antiken Apollonis mit Ruinen der im 3. Jh. vor Chr. gegründeten Stadt.

Palantio Spanien. → Palencia.

Palatiolum Deutschland. → Trier (Pfalzel).

Palau Spanien, nö von Figueras. Dolmen.

Palazzolo Acreïde I-Sizilien, 45 km w von Syrakus. Ruinen des antiken Akrai, Acrae. Gegründet 664 vor Chr. Griechisches Theater* 3. Jh. vor Chr. Reste von Straßen, Buleuterion, Aphrodite-Tempel 6. Jh. vor Chr., Agora, Totentempel. Steinbrüche, Reliefs 3. Jh. vor Chr. Frühchristliche Reste. Antiquarium. Nekropolen, Katakombe, byzantinische Gräber. → Bibbinello.

Palazzolo sull'Oglio Italien, sö von Bergamo. Stadtmauer mit römischen Spuren.

Palazzo Pignano Italien, ca. 15 km n von Lodi, ö von Mailand. Bischofspalast ab 5. Jh. nach Chr. Basilikareste unter der Kirche S.Martino.

Pale Griechenland, Kefallinia, bei Lixouri. Antike Siedlung; Stadtmauerreste. Heute Palaiokastro.

Palembang Indonesien, Provinzhauptstadt in Sumatra, SO. Hauptstadt des hinduistischen Srivijaya-Reiches (7.-14. Jh.).

Palencia Spanien, Altkastilien. Keltiberisch Pallantia, römisch Palantio. Archäologisches Provinzialmuseum.

Palenque** Mexiko, Chiapas, 150 km sö von Villahermosa. 8 km sw Mayasiedlung, Blütezeit 7.-8. Jh., bewohnt bis 10. Jh. Pyramide mit Grabkammer und Weihedaten von 692. Palast, Observatorium, Tempel der Sonne, Tempel des Kreuzes, Tempel des Blätterkreuzes, Tempel des Grafen, Tempel der Nordgruppe. Ballspielplatz. Museum. Stuck- und Steinreliefs*.

Paleopolis Spanien. → Ampurias.

Palepoli Italien. → Neapel.

Palermo I-Sizilien. Antik Panormus. Reste von römischer Villa. Katakomben bei der Porta Orsuna. Archäologisches Museum**. N am Monte Pellegrino die Addaura-Grotte mit spätaltsteinzeitlichen Felsgravierungen.

Palero Spanien. → San Pedro de Alcántara.

Palestrina Italien, ca. 35 km ö von Rom. Antik Praeneste. Reste von Befestigungen 2. Jh. vor Chr. und früherer Zeit, Fortunatempel, Tempeln 2. Jh.

vor Chr., Forum, Theater, Basilika 2. Jh. vor Chr. Archäologisches Museum mit dem Nil-Mosaik*. Die ehemalige Akropolis an der Stelle des Castels San Pietro Romano. Nekropole 7.-3. Jh. vor Chr. Aquädukt Ponte della Mole.

Palfuriana Spanien. Antik; Altafulla, 14 km ö von Tarragona.

Pali Griechenland, auf der Dodekanes-Insel Nisyros. Reste von römischen Thermen und von frühchristlicher Basilika.

Palimbothra Indien. → Patna.

Palinuro Italien, 190 km s von Neapel. Ausgrabungen. Nekropole 6. Jh. vor Chr.

Paliri Griechenland, Naxos, bei Apirados (Apyranthos). Apaliri. Mittelalterliche Reste, venezianisches Kastell.

Palitana* Indien, Gujarat, 40 km sw von Bhavnagar. Satrunjaya-Berg mit ca. 850 Jaina-Tempeln, 11.-16. Jh., darunter 100 größeren Tempeln. Aufstieg 2 km s von Palitana.

Pallantia Spanien. → Palencia.

Pallantion Griechenland, Peloponnes, ca. 10 km s von Tripolis. Antik Pallanteion. Spuren und Reste von Akropolismauer, von Tempeln 6. und 5. Jh. vor Chr., von Megaron, frühchristlicher Basilika. Dammreste.

Palli Aike Chile, nw von Feuerland. Siedlungsstätte 9. Jtsd. vor Chr. → Fell's Cave.

Palma Spanien, Mallorca. Römisch Medina Mayurca. In der Umgebung Gräber, 1. Hälfte 2. Jtsd. vor Chr.: Ca Na Vidriera; neolithische Grabkammer Es Rafal mit Naueta; Talayot Es Vincle Vell; Sant Jordi; Kammergräber Son Sunyer. → Son Oms Vell mit Megalithbau.

Palma di Montechiaro I-Sizilien, 26 km sö von Agrigent. Vorgeschichtliche Gräber.

Palmar, El Mexiko, HI Yucatan. Ehemalige Siedlung der Maya.

Palmas, Las Spanien, Gran Canaria. Museum der Kanarischen Inseln mit archäologischer Sammlung. Am Südhang der Isleta Reste einer Nekropole der Guanchen.

Palmavera I-Sardinien. → Porto Conte.

Palmela Portugal. → Quinta do Anjo.

Palmi Italien, Kalabrien-Westküste. Antik Taureana, Taurianum. Ausgrabungen, Antiquarium.

Palmillas Mexiko, 20 km ö von Córdoba, ö von Mexico-City. Archäologische Zone, Pyramidenreste. Kleines archäologisches Museum.

Palmyra Syrien. → Tadmur.

Palmzin Deutschland. → Semlow.

Palos de la Frontera Spanien, ca. 25 km ö von Huelva (Onuba), auf der linken Seite des Rio Tinto. Ruinen einer römischen Festung. Dolmen.

Palpa Peru. Scharrbilder, denen → Nazca ähnelnd.

Paltos Syrien. → Arab el Mulk.

Palu Türkei, 73 km ö von Elaziğ. Zitadelle. Kirchen- und Moscheeruinen. Gräber. Ruinen Eski

Palu. W → Pinar Tepe.

Paludi, Castiglione di Italien, sö von Rossano, an der Südküste des Golfs von Tarent. Ev. das italische Cossa. Reste von Stadtmauern 4. Jh. vor Chr., von Tor, von Wohnhäusern, von Theater. Eisenzeitliche Nekropole.

Palzkyll Deutschland, n von Trier. Ehemals Standort von römischer Villa.

Pampa Florida Peru, Gebiet des Marañon. Ruinen von Bauten der Yaro.

Pampa Grande Peru, Lambayeque-Tal. Reste einer Stadt von ca. 1000 nach Chr., Moche-Kultur.

Pampa del Ingenio Peru. → Nazca.

Pampa del Tamarugal Chile, Norden. Bodenscharrbilder.

Pamphia Griechenland, Aitolo-Akarnania, n von Naupaktos, ö des Trichonis-Sees. Ringmauer.

Pampliega Spanien, 30 km sw von Burgos. Ehemals keltiberische Siedlung.

Pamplona Spanien. Baskisch Iruña. Römisch Paompaelo, Pompeiopolis. Museum von Navarra mit archäologischen Sammlungen. S römischer Aquädukt.

Pamukkale** Türkei, 20 km n von Denizli. Oberhalb der Sinterterrassen die Ruinen des antiken Hierapolis, gegründet 2. Jh. vor Chr. Teile der Umfassungsmauer mit Stadttor* (→ Abb. 111). Reste der Thermen 2. Jh. nach Chr. mit Museum. Spuren eines Nymphäums. Große Basilika. Reste mehrerer Kirchen. Theater um ca. 200 nach Chr. Reste einer Festung 11./12. Jh. Westnekropole*. Ostnekropole.

Panagia tu Kipu Griechenland, Melos, Südküste. Kirche 5. Jh.

Panakton Griechenland. → Elevtheres.

Panamalai Indien, Tamil Nadu, w von Pondicherry. Shiva-Tempel 1. Hälfte 8. Jh.

Panarea Italien, Liparische (Äolische) Insel. An der Milazzese genannten Stelle bronzezeitliche Siedlung des 14. Jhs. vor Chr. ausgegraben. Gebäudereste (Rundhütten).

Panataran* Indonesien, Java-Ost, 10 km n von Blitar. Hinduistisch-shivaitischer Tempelkomplex ab 14. Jh.; Terrassen, Tempel, Grabbadeanlage. Mauern mit Reliefs.

Panaya Kapulu Türkei. Der Ort des Marienheiligtums. → Ephesos.

Pančevo Vojvodina, 18 km nö von Belgrad. Heimatmuseum.

Pandosia Griechenland, Epirus, bei Kastri, 10 km ö der Acheron-Mündung. Mauern, Ruinen.

Pandrethan Indien, Kaschmir, 5 km ö von Srinagar. Shiva-Tempel 10. Jh.

Pandua Indien, Westbengalen, 10 km nö von Old Maldah. Islamisch Firuzabad. Ruinen; Moschee 14. Jh., Mausoleum 15. Jh.

Pandu Lena Indien, 179 km nö von Bombay, 8 km sw von Nasik. Über 20 buddhistische Hinayana-Höhlenklöster, 2. Jh. vor Chr. bis 2. Jh. nach Chr.

Skulpturen.

Panduwas Nuwara Sri Lanka, 40 km ö von Chilaw. Ehemalige Stadt mit Festung, 12. Jh. Ruinen.

Paneas Israel. → Banyas.

Panik Bosnien-Herzegowina, Südufer des Bileća-Jezero, nö von Dubrovnik. Reste römischer Siedlung 2. Jh. nach Chr. Reste von Tempel, Gebäuden; Mosaike. Byzantinische Malereien 12. Jh.

Pani Loriga I-Sardinien, sw von Santadi, ö von Sant'Antioco. Karthagische Festung: Akropolis, Nekropole (Domus de Janas). Reste der Nuraghe Diana.

Panione Deutschland. → Faimingen.

Panionion Türkei, ca. 100 km s von Izmir, am Fuße des Mykale, in der Nähe von Güzelcamli. Antike Stadt. Reste von Stadtmauer und Theater. Ehemaliger Poseidon-Tempel.

Panlongcheng China, Hubei. Ausgrabung von befestigter Stadt der 2. Hälfte des 2. Jtsds. vor Chr. (Shang-Zeit).

Pannonischer Limes. Der Limesverlauf überwiegend an der Donau entlang; die Länder Österreich (ab Klosterneuburg), Ungarn, Jugoslawien (bis Zemun bei Belgrad) durchlaufend.   1. Jh. nach Chr. bis Anfang 5. Jh.

Panóias Portugal, 6 km sö von Vila Real, ö von Porto. Ehemalige luso-römische Siedlung. Reste von römischem Serapistempel. Felsinschriften.

Panopeus Griechenland, 20 km nw von Levadia, bei Malta. Antike Siedlung; in späterer Zeit Phanoteus. Reste der Akropolis.

Panormos Griechenland, Dodekanes-Insel Kalymnos. Spuren von mykenischen Felsgräbern.

Panormos Griechenland, Skopelos-Westküste. Antike Siedlung.

Panormos Gr-Kreta, 62 km w von Iraklion. Spuren von frühchristlicher Basilika 5. Jh. Die ehemalige venezianische Festung Milopotamo.

Panormos Türkei. Der Hafen von → Didyma.

Panormos Türkei. Antik; heute Bandırma am Marmarameer.

Panormus I-Sizilien. → Palermo.

Pan-po-ts'un China, Shaanxi, 7 km ö von Hsianfu. Ausgrabungsort der Yangshao-Kultur (→ Yangshao-Cun), mindestens ab 3. Jtsd. vor Chr., Mauern, Verteidigungsgraben.

Panr Pakistan, Swat-Tal. Ausgrabung eines buddhistischen Klosters.

Pansdorf Deutschland, nw von Ratekau, n von Lübeck. Slawischer Ringwall "Blocksberg", 8./9. Jh.

Panshan China, Gansu, bei Lanzhou. Phase der Yangshao-Kultur (→ Yangshao-Cun), ca. Mitte 3. Jtsd. vor Chr.

Pantaleon Guatemala. → Santa Lucia Cotzumalguapa.

Pantálica I-Sizilien, 35 km wnw von Syrakus. Megalithisches Herrenhaus 12./11. Jh. vor Chr. Umfangreiche Nekropolen der Sikulerstadt Hybla,

12. Jh. vor Chr. bis 8. Jh. vor Chr. (Bronze- und Eisenzeit). Nord-Nekropole 12./11. Jh. Nordwest-Nekropole 12./11. Jh. Filiporto-Nekropole im Westen 9./8. Jh. Necropoli della Cavetta im Süden, 9./8. Jh.

Panteichion Türkei. → Pendik.

Pantelleria Italien, Insel sw von Sizilien. Antik Kossyra, Cossura. Ruinen von Mursia, befestigte Siedlung der Jüngeren Steinzeit; runde, niedrige Wohntürme (Sesi), Mauern. Antike Reste. Normannenkastell auf römischen und byzantinischen Fundamenten.

Pantiani GUS, Georgien. Siedlungsreste ab 2. Jtsd. vor Chr.

Pantikapeion GUS, Krim, HI Kertsch. Panticapaeum. → Kertsch.

Pant-y-Saer GB, Wales, Anglesey, über dem Weiler Tyn-y-gongl. Großsteingrab.

Panyu China, Guangdong. → Guangzhou.

Paola Malta. → Abb. 56. Hypogäum* von Hal Saflieni: unterirdisches Heiligtum für Bestattungen seit dem 3. Jtsd. vor Chr. (Kupferzeit). Einzelne Höhlenräume sind oberirdischen Tempeln nachgebildet.

Papalguapa Guatemala, Department Jutiapa. Ruinenstätte.

Papasidero Italien, sö von Maratea. Ev. das antike Scidrus, Kolonie von Sybaris. Felsgravierungen an der Balme des Romito, jüngere Altsteinzeit.

Paperon Türkei. → Narlikuyu.

Paphos Zypern. Gründung von Nea Paphos im 4. Jh. vor Chr. Augusta Claudia Flavia. Spur von Theater. Katakomben. Ehemalige Akropolis; Odeon, Agora mit Gymnasion 2. Jh., Asklepieion. Villen 2./3. Jh.: Haus des Dionysos, Mosaike*. Haus des Aion, Mosaike*. Haus des Orpheus, Mosaike*. Haus des Theseus, Mosaike. Limeniotissa-Basilika ab 5. Jh. Kastell ab 12. Jh. Basilika ab 4. Jh. Bezirksmuseum. Byzantinisches Museum. "Königsgräber" 3.-2. Jh. vor Chr. w von Ktima. Felsgräber. Archaia Paphos = → Kouklia.

Paqal-e Mihr Iran, w von Meschhed, zwischen Nischapur und Sabzevār. Felsbilder.

Paquime Mexiko. → Casas Grandes.

Paracas Peru, Halbinsel 200 km s von Lima, s von Pisco. Präinkaisches Kultzentrum, 900-200 vor Chr., Paracas- oder Topará-Kultur. Gräberfelder (z.B. Cavernas, Necropolis), unterirdische Grabkammern. Museum.

Paraetonium Ägypten. → Marsa Matruh.

Paraiso, El Peru, n von Lima, am Rio Chillon. Chuquitana. Siedlungsreste 1800 bis 1600 vor Chr.

Paralia Avlidos Griechenland, an der Küste s von Chalkis. Mauerreste und Gräber, früh- bis späthelladische Zeit.

Paralia Tyru Griechenland, an der Küste 70 km s von Argos. Heute Paralia Tyrou. Reste der antiken Akropolis.

Paramonga Peru, ca. 200 km n von Lima. Rui-nen* von Festung der Chimú, 1. Hälfte 2. Jtsd. nach Chr. Gräber.

Paramythia Griechenland, Thesprotia. Türkisches Kastell Galata. 2 km nw bei Limpóni Standort der antiken Stadt Photike, byzantinisch Agios Donatos, türkisch Aidonati Kalesi. Akropolis mit antiken Resten. Gräber.

Parapotamioi Griechenland, Böotien, s von Elatia. Stadtmauerrest.

Parashapura Pakistan. → Peschawar.

Paraspur Indien, Kaschmir, w von Srinagar, bei Patan. Ehemals Parihasapura. Ruinen von buddhistischem Kloster, Stupa, Hindutempeln, 8. Jh.

Parathimi Griechenland. → Mossynúpolis.

Paravola Griechenland, Ätolien, 13 km ö von Agrinion. Antik Bukation. Reste von Stadtmauer; Türme. Byzantinische Kirche.

Parbi GUS, Armenien. Kirchenruine 5./6. Jh.

Parc Cwm GB, Wales. → Penmaen.

Parchali Türkei, 90 km sw von Artvin. Kirche 10. Jh., heute Moschee.

Parchim Deutschland, sw von Schwerin. Slawische Kulthalle rekonstruiert.

Parc y Meirw da GB, Wales. → Llanychaer.

Pardua Kroatien. → Zamaslina.

Pared Spanien, Fuerteventura, Isthmus von P. Reste von Zyklopenmauer.

Parentino Kroatien. → Dvograd.

Parentium Kroatien. → Poreč.

Parga Griechenland, Epirus, sö von Igumenitsa. N das antike Toryne. Akropolisreste. Tholosgrab.

Pari Indonesien, Java-Ost. Tempelanlage 11./13. Jh.

Pariache Peru, ö von Lima. Ruinenstätte.

Parian, Qalaeh-i Iran. → Qir.

Parihasapura Indien, Kaschmir. → Paraspur.

Parikia Griechenland. → Athen.

Paris Frankreich. Lutetia Parisiorum. Arènes de Lutèce. Thermenreste. Römisches Kellergewölbe im Palais Cluny. Obelisk 13. Jh. vor Chr. aus Luxor auf dem Place de la Concorde. Katakomben: Kollektivgräber ca. 1800 vor Chr. und römerzeitliche und mittelalterliche Kalksteinbrüche. Louvre-Museum* mit griechisch-römischen, orientalischen und ägyptischen Altertümern (→ Abb. 144). Musée d'Art Chinois de la ville de Paris. Musée Guimet.

Parkin USA, Arkansas. Indian. Tempelhügel.

Parma Italien. Römisch C.Emilia Julia Augusta Parma. Mittelalter Brückenbogen.

Parón Peru, bei → Ollantaytambo. Ruinen.

Paros Griechenland, Kykladeninsel. → Marpissa. → Nausa. Parikia → Paros. → Paros (Ort).

Paros Griechenland, Hauptort der Kykladeninsel P. Auch Parikia. Spuren einer Siedlung Ende 3. Jtsd. vor Chr. auf dem Stadthügel. Festungsreste an der Stelle der ehemaligen Akropolis, Tempelspuren. Spuren von Aphrodite- und Apollon-Tempel. Spuren von Asklepieion 4. Jh. vor Chr. Reste von christlicher Basilika 6. Jh.

Parpalló-Höhle Spanien, Valencia, 8 km w von Gandia. Mittelsteinzeitliche Stätte.

Parrodunum Deutschland, Burgheim w von Neuburg/Donau. Ehemalige römische Garnison.

Parsa Iran. → Persepolis.

Parsa Dagh Syrien. → Qastal.

Parschapura Pakistan. → Peschawar.

Parthavnissa GUS, Turkmenistan. → Nissa.

Partheni Griechenland, auf der Dodekanes-Insel Leros. Fundamente eines Artemis-Tempels.

Parthenium Türkei. → Bartin.

Parthenope Italien. → Neapel.

Parva Ägypten. → (El) Bahriya.

Parwan Afghanistan, 77 km n von Kabul. Alte Siedlung, heute Djebel-ul-Seradj (Jabal-us-Siraj usw.).

Pasaban Indonesien, Bali. Tempel.

Pasanda Türkei, sö von Kaunos-Dalyan. Felsgräber.

Pasargadae* Iran, 130 km n von Schiraz. Erste Hauptstadt der Achämeniden und zeremonielle Hauptstadt. Grabmal* des Kyros, † 529 vor Chr. Reste* von: Audienz-Palast, Königspalast, weiterem Palast, Terrasse, Feuertempel. Ummauerter Heiliger Bezirk. Tell-i Nokhodi.

Pashupatinath Nepal, 5 km nö von Kathmandu. Shiva-Tempel.

Pasiega-Höhle Spanien. → Puente-Viesgo.

Pasieria Syrien. → Ras el Fasri.

Pasiglav Monte Negro, auf der HI Vrmac nw von Kotor, bei Lastva. Ruinen der mittelalterlichen Siedlung.

Pašman Kroatien, Insel s von Zadar. Illyrische Wallburgen und Gräber. → Nevidane.

Pasnash Peru, ö von Trujillo. Ruinen.

Paspels Schweiz, Graubünden, sw von Chur. N befestigte prähistorische Höhensiedlung Sogn Luregn.

Pasragada Iran. → Pasargadae.

Passandra Türkei, Westküste sw von Burhaniye.

Passaron Griechenland, 12 km nw von Ioannina. Tempelreste 4. Jh. vor Chr. Akropolismauern.

Passau Deutschland. Am ehemaligen → Norischen Limes.
1) Ehemalige keltische Siedlung Boiodurum auf dem Altstadthügel.
2) Ehemaliges Castra Batava, Batavis, Altstadt, um 140 nach Chr.
3) Kleines Kastell Boiodurum* auf norischer Seite, spätrömisch Boiotro. Ausgrabungen, Mauern, Rekonstruktion, Römermuseum.
4) Kastell 2. Hälfte 3. Jh. auf dem Altstadthügel, an der Stelle des keltischen Boiodurum. Mauerreste.

Passavas-Schloß Griechenland, 54 km s von Sparta. 1254 errichtet; zerstört. Stelle des mykenischen Las.

Passo di Corvo Italien, 12 km nö von Foggia. In der Nähe neolithische Siedlung festgestellt; Graben, Wohnplätze. Ende 5. bis 1. Hälfte 4. Jtsd. vor Chr.

Passo di Mirabello Italien. → Mirabella Eclano.

Passow Deutschland, sö von Grimmen. 1 km sw Rest von Großsteingrab.

Pastiz Deutschland, Rügen, sö von Bergen. Ca. 2 km nw Reste von Großsteingräbern.

Pastora-Höhle Spanien. → Castilleja de la Cuesta.

Pastyrske GUS, Ukraine, bei Kanew. Erdwälle der sarmatischen Anten, Mitte 1. Jtsd. nach Chr.

Paswah Iran, ca. 65 km w von Heidarabad am Orumiyeh-See, bei Dar Neka. Burg.

Pataliputra Indien. → Patna.

Patan Indien, Kaschmir, ca. 30 km wnw von → Srinagar. Reste von zwei Tempeln. In der Nähe → Paraspur.

Patan Nepal, 5 km s von → Kathmandu. Königspalast, Tempel 12.-17. Jh.

Patan-Somnath Indien, Gujarat, sö von Veraval, Südküste. Somnath-Tempel ab 9. Jh., stark erneuert. Ehemaliger Tempel als Moschee. Reste von Suraij Mandir-Tempel, ab 11. Jh.

Patara Türkei, 76 km sö von Fethiye, s von Xanthos. Ptolemäisch Arsinoë. Ehemals lykische Metropole, antike Hafenstadt. Ruinen mit Stadttor*, byzantinischer Basilika, Tempel 2. Jh., Thermen, Speicher, Theater 15 nach Chr., Zisterne. Gräber.

Pataud Frankreich. → (Les) Eyzies de Tayac.

Patavium Italien. → Padua.

Pateva Gr-Kreta. → Prinias.

Paternion Österreich, nw von Villach. Feistritz an der Drau: Stadt Görz; Wall, Graben und Trockenmauerreste, vorrömer- und römerzeitlich. Duel; ehemalige befestigte Höhensiedlung, 5. und 6. Jh. Reste von frühchristlicher Kirche.

Pathankot Indien, Panjab. Festung Shapur Kandi, 16. Jh.

Pathyris Ägypten. → Gebelin.

Patmos Griechenland, Dodekanesinsel. Die antike Hauptstadt Patmos: → Skala.

Patna Indien, Bihar. Hauptstadt von Maghada Mitte 5. Jh. vor Chr. Hauptstadt Pataliputra der indischen Maurya. Ausgrabungen: Palast der Maurya-Könige, irano-griechisch, 3. Jh. vor Chr. Hauptstadt des Gupta-Reiches ab 4. Jh. Gosain-Khanda: Ausgrabungen. Kumrahar: Ausgrabungen Maurya- bis Guptazeit. Bulandibagh: Ausgrabungen der Guptazeit. Bhikna Pahari: Buddhistische Klosterreste. Bankipur: Getreidespeicher Gola. Museum. Bibliothek. Gulzarbagh: Sikh-Tempel Harmandir, 17. Jh. Shikarpur: Moschee 16. Jh.

Patnos Türkei, n des Van-Sees. Anzayurtepe; urartäische Festung.

Patrai Griechenland. → Patras.

Patras Griechenland, Peloponnes. Antik Patrai, römisch C.Augusta Aroë Patrensis, zwischendurch C.Neronia Patrensis. Pátra. Reste von byzantinisch-fränkisch-venezianisch-türkischer Burg an der

Stelle der ehemaligen Akropolis. Reste und Rekonstruktionen von Theater*. Spuren von Agora. Museum. Mykenische Nekropolen.

Patriasdorf Österreich, Osttirol, bei Lienz. Kirchenreste.

Patricum Italien. Römisch; Pátrica, 13 km sw von Frosinone. Aquäduktreste.

Patrimonio F-Korsika, w von Bastia. Menhirstatue, 1. Jtsd. vor Chr.

Patrouissa Rumänien. → Turda.

Pattadakal** Indien, Karnataka, ca. 20 km nö von Badami. Letzte Hauptstadt des Chalukya. Candrashekhara-Tempel. Galaganatha-Tempel, 8. Jh. Jambulinga-Tempel, 8. Jh. Kadasiddeshvara-Tempel, 8. Jh. Kashivishveshvara-Tempel. Mallikarjuna-Tempel, Mitte 8. Jh. Papanatha-Tempel, Mitte 8. Jh. Sangameshvara-Tempel, Anfang 8. Jh. Virupaksha-Tempel, um 740. Zahlreiche kleinere Tempel. Zwei Ganggräber.

Patti I-Sizilien, 75 km w von Messina. Römische Villa mit Mosaiken.

Patu Italien, Apulien, 7 km n von Cap S. Maria di Leuca. Megalithisches Heiligtum bzw. Kirche.

Pátzcuaro Mexiko, Michoacan. In der Nähe: → Huandacareo. N → Ihuatzio. N → Tzintzuntzan.

Pau Spanien, nö von Figueras. Dolmen.

Paucarpata Peru. Ehemaliges Kulturzentrum der Inkas.

Paucartambo Peru, ö von Cuzco. In der Nähe Grabtürme.

Paukkan Birma/Union Myanmar. 1. Hauptstadt Birmas, ca. 2. Jh. - 4. Jh., heute Yonhlutkyun.

Paulilátino I-Sardinien, 28 km nö von Oristano. Megalithisches Grab Goronna. Sö Nuraghe Latzones. Sw Nuraghe Frúscus. Sw Nuraghe Oschina. Sw Nuraghe Crabia bei Bauladi. W Nuraghe Piriferta. W Nuraghe Atzara. W Nuraghe Lughérras (→ Abbasanta). Sw → Santa Cristina, sakraler Brunnen der Nuraghenzeit.

Pauluskloster Ägypten. → Deir Mar Bulos.

Pauni Indien, Maharashtra, Distrikt Bhandara. Ausgrabungen von buddhistischen Stupas, ca. 2. Jh. vor Chr. bis 3. Jh. nach Chr.

Pautalia Bulgarien. → Kjustendil.

Pavia Italien, Lombardei. Römisch Ticinum. Archäologisches Museum im Kastell.

Paviland GB, Wales, Gower im SW. Altsteinzeitliche Höhle.

Pavlopetri Griechenland, Lakonien, SO. Ehemalige mykenische Siedlung.

Pawala-Höhlen Indien, Maharashtra, Süden, nw von Kolhapur. Buddhistische Höhlentempel.

Pawon Indonesien, Java, 2 km ö vom → Borobudur. Buddhistischer Tempel, 8. oder 9. Jh.

Pawton GB, Cornwall, St. Breoke Downs. Langhügelgrab.

Pax Julia Portugal. → Beja.

Paxte Guatemala, Petén, Insel in der Lagune Yaxhá. Maya-Ruinen.

Payan Mexiko, Campeche, bei Xpuhil. Ruinenstätte.

Payar Indien, Kaschmir, ca. 35 km sö von Srinagar. Kleiner Shivatempel, 11. Jh.

Payas Türkei, 22 km n von Iskenderum. Kleines Fort, 13. Jh. Islamische Reste.

Payerne Schweiz, VD. Römische Grundmauern unter der Abteikirche.

Paynim Way GB, Oxfordshire, bei Wittenham, s von Oxford; in der nähe von → Dorchester. Antike Straße.

Payoma Senegal. → Nioro-du-Rip.

Payupki USA. Pueblo.

Paz, La Bolivien. La Paz de Ayacucho. Choqueyapu der Inka. Archäologisches Nationalmuseum.

Pazar Türkei, 24 km w von Tokat. Seldschukische Karawanserei Hatun Han, ab 1238. Seldschukische Brücke.

Pazarište Serbien. → Ras.

Pazarlı Türkei, ca. 20 km s von Çorum. Siedlungsreste aus der Kupfersteinzeit (4. Jtsd. vor Chr.). Phrygische Reste, Mitte 1. Jtsd. vor Chr.

Pazarlık Türkei, sw von Marmaris. Tempelreste 4. Jh. vor Chr.

Pazyryk GUS, nö des Altai, nähe Ust'Ulagan. Pasyryk. Skythische Nekropole mit ca. 40 Kurganen, ca. 5.-3. Jh. vor Chr.

Pe Ägypten, Delta. → (Tell el-)Faraun.

Peal de Becerro Spanien, onö von Jaén. Iberische Nekropole. Kammergrab. Sw: → Toya.

Peć Kosovo. Römisch Picaria. 1½ km ö Ausgrabungsstätte Gradina, 3.-4. Jh.

Pech-Merle Frankreich. → Cabrerets.

Pecica Rumänien, ca. 25 km w von Arad. Siedlung der frühen Bronzezeit, 1. Hälfte 2. Jtsd. vor Chr. → Periam.

Pecos USA, New Mexico, sö von Santa Fé. Ehemals Cicuyé. Reste von Pueblo, Spuren von Festungsmauer.

Pécs Ungarn. Fünfkirchen. Ehemals keltische Siedlung, römisch Sopianae. Frühchristliche Kirche 4. Jh., Malereien. Mausoleum. Janus-Pannonius-Museum.

Pedasa Türkei. → Gökçeler Kalesi.

Pedasos Griechenland. → Methoni.

Pedda-Ganjam Indien, Andhra Pradesh, s von Guntur. Drei Stupas, 2. Jh. vor - 2. Jh. nach Chr.

Pedra Branca Portugal, bei Melides, s von Setúbal. Nekropole, Mitte 3. und Anfang 2. Jtsd. vor Chr.

Pedro Antonio Santos Mexiko. → Ciudad Santos.

Pegae Türkei. Biga, s des Marmarameeres.

Pegae Krenides Türkei. Antik; heute Kasımpaşa, w von Beyoglu, Teil von → Istanbul.

Pegia Zypern, n von → Paphos. Antik Drepanum. Am Kap D. Reste von 3 Basiliken 6. Jh.

Pegli Italien, w von Genua. Museum für ligurische Archäologie.

Pegu Birma/Union Myanmar, am gleichnamigen Fluß. Ehemalige Hauptstadt des Monreiches Hanthawaddy. Hinduistisch Ussa. Gegründet 2. Hälfte 1. Jtsd. nach Chr. Heiligtum Naga-Yone. Shwemadaw-Pagode. Shwegule-Pagode, Kyaikpun-Pagode, beide 15. Jh. Shwethalyaung-Buddha, 994.

Pègue, Le Frankreich, 8 km nö von Valreas, sö von Montélimar. Ausgrabungen 6./5. Jh. vor Chr.

Pehel Jordanien. → Tabaqat Fahl.

Peikthano Birma/Union Myanmar, 16 km w von Taungdwingy. Beikthano, Peikthanomyo. Ehemalige Stadt der Pyu. Blütezeit 1.-5. Jh. nach Chr. Ausgrabungen; Ruinen.

Peiligang China, Henan. Frühneolithische Kultur, 6. Jtsd. vor Chr. Frühe Keramikherstellung.

Peirasia Griechenland. → Vlochos.

Pejeng Indonesien, Bali. Insgesamt fast 50 Tempel. Panataran Sasih-Tempel.

Pekarna Tschechien, bei Brünn. Backofenhöhle. Altsteinzeitliche Funde.

Pekiin Israel, w von Zefat. Peqiin. Synagogenreste.

Peking China. → Beijing.

Pelasgia Griechenland, 45 km ö von Lamia. Reste der Akropolis des antiken Larissa Kremaste; Ringmauer, Ruinen.

Pelikata Griechenland, Ithaka, 1 km n von → Stavros. Siedlungsreste 2200 vor Chr. bis mykenische Zeit. Reste von Befestigungsmauer. Gräber 2. Hälfte 1. Jtsd. vor Chr. 1 km n Kapelle Haghios Athanasios auf antiken Turmresten, 6. Jh. vor Chr.

Pelinnaion Griechenland. → Gardiki bei Trikala.

Pelissanne Frankreich, ö von Salon-de-Provence. Römische Reste.

Pelium Albanien, s des Ohridsees. Antik; heute Korçë.

Pella Griechenland, ö von Edessa. Antik; ursprünglich Wunomeia, Bunomeia. Römisch C.Iulia Augusta Pella. Hauptstadt von Makedonien Ende 4. Jh. vor Chr. bis 168 vor Chr. Ausgrabungen; 2 Akropolen, Mauer-, Palast- und Badreste. Haus der Löwenjagd. Wohnviertel. Museum mit Kieselsteinmosaiken*.

Pella Jordanien. → Tabaqat Fahl.

Pella Syrien, Apamea. → (Qalaat el) Mudiq.

Pellene Griechenland, ca. 25 km sw von Xylokastron. Tempelfundamente 4. Jh. vor Chr. Spuren von antiker Siedlung und römischer Befestigung.

Pelopia Türkei. → Akhisar nö von Izmir.

Pelos Griechenland, auf Melos.

Peltuinum Italien, bei San Paolo di Peltuino, ca. 30 km osö von L'Aquila. Reste.

Pelusium Ägypten, Küstennähe ö des Suez-Kanals. Heute Tell el-Farama.

Pelva Bosnien-Herzegowina, nö von Split. Römisch; heute Livno. Reste.

Pemaninos Türkei, s von Bandirma, s des Kus

Gölü.

Pembury Knoll GB, Dorset, nw von Bournemouth. Eisenzeitliche Befestigung.

Pena-Höhle Spanien. → Cándamo.

Peñalba de Castro Spanien, nö von Aranda de Duero, 10 km sw von La Gallega. Römisch Clunia, Clunia de Sulpicia. Ruinen.

Penampihan Indonesien, Java, Osten, w von Kediri, am Osthang des Wilis-Gebirges. Tempelanlage.

Penas Peru, nw von → Ollantaytambo. Ruinen.

Peña-Tu Spanien, Felsen ca. 95 km w von Santander, sö von Llanes. Skulpturen, Malereien, mindestens ab 4. Jtsd. vor Chr. In der Umgebung frühgeschichtliche Steingräber.

Pen Caer GB, Wales, HI w von Fishguard. Abercastle: Reste von megalithischen Grabkammern. Gaer: Steinfestung. Goodwick: Dolmen, Wälle. Llanwnda: Dolmen, Wälle.

Pendik Türkei, 25 km sö von Üsküdar. Antik Panteichion. Ruinen; Johanneskirche, Zisterne.

Pen Dinas GB, Wales, 3 km s von Aberystwyth. Spuren von späteisenzeitlicher Befestigung.

Pendinas GB, Wales, bei Llanarber. Eisenzeitliche Befestigung.

Pendo, El Spanien. → Camargo.

Pendžikent* GUS, Tadschikistan, ca. 60 km osö von Samarkand. Mausoleum 14. Jh. Rudaki-Museum.
Sö Alt-Pendžikent; Ruinen 5.-8. Jh. der Hauptstadt (Bundschikath) eines sogdischen Fürstentums (Uschrusana). Ausgrabungen: Zitadelle, Stadt (Schahristan) mit Stadtmauer und Tempel, Vorstadt (Rabat), Nekropole. Fresken in → Sankt Petersburg.

Penek Türkei, 177 km nö von Erzurum. Bana. Kirchenruinen, ca. 7. Jh. Burgruine.

Penha Portugal, 6 km sö von → Guimarães, nö von Porto. Serra de Penha. Reste prähistorischer Mauern.

Pen Hill GB, Somerset, Mendip. Langhügelgrab, Hügelgräber.

Pen'kovka GUS, Ukraine, n der Krim. Steppenkultur 7. Jh.

Penmaen GB, Wales, Gover, 10 km sw von Swansea. Neolithische Grabkammer Parc Cwm.

Penmaen Burrows GB, Wales, Gower. Großsteingrab.

Penmaenmawr GB, Wales, bei Conwy. Steinkreise w im Vorgebirge Penmaenbach.

Penmarc'h Frankreich, Bretagne, sw von Quimper. Menhir Pierre à la Vierge.

Pennance GB, Cornwall. Großsteingrab.

Pennocrucrium GB, nw von Birmingham. Heute Water Eaton. Ehemaliges römisches Lager.

Penrith GB, Cumbria. S King Arthur's Round Table, ein jungsteinzeitlicher Rundwall (Hengemonument). Wall Mayburgh. Ehemalige römische Befestigung Voreda (Old Penrith).

Pentecomias Israel, 21 km n von Nablus. Antiker Ort; heute Fandaqumiye.

Pentelikon Griechenland, Berg nö von Athen. Antik Brilessos, Brilettos. Antike Marmorbrüche. Kloster Penteli, Pendéli.

Pentre Ifan GB, Wales, Süden, bei Newport ö von Fishguard. Dolmen, ca. 2500 vor Chr.

Penukonda Indien, Andhra Pradesh, 140 km n von Bangalore. Ruinen einer Burg der Vijayanagar-Könige, 14. Jh.

Penulisan Indonesien, Bali, am Gunung Batur. Bergheiligtum, Steinskulpturen 11. Jh.

Penvern Frankreich, Bretagne, nw von Lannion. Menhir de Saint-Duzec. → Abb. 7.

Pen y Corddyn GB, Wales, bei Abergele. Eisenzeitliche Befestigung 1. Jh. vor Chr.

Pen y Gaer GB, Wales, bei Llanbedr-y-Cennin, sw von → Caerhun. Eisenzeitliche Befestigung.

Pen-y-Wyrlod GB, Wales, nö von Brecon. Langhügelgrab.

Peor Israel. → Ain Maqsur.

Peparethos Griechenland. → Skopelos.

Pera Türkei. Byzantinische Stadt am Goldenen Horn. → Istanbul.

Pera Zypern, ssw von Nicosia. Ehemalige bronzezeitliche Siedlung.

Perachora Griechenland, 32 km n von Korinth. W in Kap-Nähe Reste des Heraion von Perachora: Spuren eines Tempels 9. Jh. Spuren des Tempels der Hera Akraia, 3. Viertel 6. Jh. vor Chr. Reste eines Tempels der Hera Limenia. Reste von Portikus, Altar, Agora, Zisterne, Kanalisation. Kleines Museum.

Perafort Spanien, n von Tarragona. Römische Villa.

Perales de Tajuña Spanien, 37 km sö von Madrid. Ö Grotten, jüngere Steinzeit.

Péran Frankreich. → Saint-Julien.

Per-Banebdjedet Ägypten, Delta. → (Tell er-) Roba.

Perdikaria Griechenland, Peloponnes, wenig s von Korinthos. Ehemalige mykenische Festung.

Perelló Spanien, 56 km sw von Tarragona. Ehemals römische Siedlung an der Via Trajana. Römischer Brunnen.

Pereşin Türkei, s von Çıldır, nähe Grenze zur GUS. Ruinen einer Doppelkirche.

Perfugas I-Sardinien, onö von Sassari. Ehemals Erucium. Nuraghe und Dorf Sas Ládas. Nuraghischer Brunnentempel. 2 km sö nuraghischer Brunnen Fonte Niedda. Städtisches Archäologisches Museum.

Pergal Frankreich. → Louargat.

Pergamon Türkei. → Bergama.

Pergamos Gr-Kreta. → Vrises.

Perge** Türkei, 15 km nö von Antalya. Archaische Gründung. Stadtmauerreste. Theater*. Stadion*. Turmreste von hellenistischem Tor. Arkadenstraße, Agora, Säulen mit Reliefs. Ruine eines

Gymnasiums mit anschließenden byzantinschen Resten. Thermen. Akropolishügel. Reste von byzantinischer Basilika. Reste von byzantinischer Kirche, ev. an der Stelle eines Tempels. Nekropole.

Per-Hathor Ägypten. → Gebelin.

Periam Rumänien, ca. 50 km wsw von Arad. Perjámos. Siedlung der frühen Bronzezeit (1. Hälfte 2. Jtsd. vor Chr.). Type Site.

Periano-Ghundai Pakistan, im Zhob-Tal. Erdhügel. Funde zeitgleich der Induskultur (→ Harappa).

Périgueux Frankreich, nö von Bordeaux. Petrocores, römisch Vesone, Vesunna, Vesina Petrocoricum. Unterbauten der Stadtmauer. Ehemaliges Amphitheater 3. Jh., am Verlauf der Häuserfront erkennbar. Porte Normande. Tour de Vésone, ehemalige Cella eines Tempels. Reste von römischer Villa 1. Jh. Aquäduktrest. Musée de Périgord.

Perinth Türkei. → Marmaraereğlisi.

Periplus Jemen-Süd. → Aden.

Perissa Griechenland, SO-Küste von Thira. Unterbau eines Heroons, 1. Jh.

Peristeriá Griechenland, Peloponnes, w von → Kalamata. Reste eines Apollon-Tempels.

Peristeriá Griechenland, Peloponnes, 10 km onö von Kyparissia. Ehemaliges mykenisches Kulurzentrum. Reste von Akropolismauer. Drei Tholosgräber, Mitte 2. Jtsd. vor Chr. 2 km w: → Miro.

Peristrema Türkei. → Belisirama.

Peristrema-Tal Türkei, sö von Aksaray. Ihlara-Schlucht. Zwischen Selinme und Ihlara liegen im Tal des Melendiz Suyu ca. 50 teilweise in den Fels gehauene Klöster und Kirchen, 8.-13. Jh., einige 19. Jh. Von Nord nach Süd: → Selime, → Yapraklhisar, → Belisirama, → Ihlara.

Perjámos Rumänien. → Periam.

Per-Medjed Ägypten. → (El-)Bahnasa.

Pernudj Ägypten, sö von Alexandria. Ehemaliges koptisches Einsiedlerzentrum; heute El-Barnugi.

Peroj Kroatien, 15 km nw von Pula. Römische Gräber.

Perperene Türkei, 39 km n von Bergama. Ruinen der antiken Stadt, von Stadtmauern, Türmen, Theater, mehreren Tempeln.

Perre Türkei, bei Adıyaman. Siedlungshügel; antike Siedlung. Grabhöhlen. Arabische Neugründung Hisn Mansur.

Perréal Frankreich. → Apt.

Perriron Türkei, asiatisches Bosporusufer. Antike Bezeichung für Kandilli, heute Teil von Istanbul.

Perse Türkei, bei Çagis, s von Balıkesir. Reste von byzantinischer Kesekaya-Kirche.

Per-Selket Ägypten. → Dakka.

Persepolis** Iran, 80 km n von Schiraz. Griechisch; achämenidisch Parsa, iranisch Takht-i Djamschid. Repräsentative Hauptstadt der Achämeniden nach → Pasargadae. Gegründet von Darius I. um 520/515 vor Chr., Fortführung der Arbeiten unter Xerxes. Zerstörung der Unterstadt durch

Alexanders Truppen 330 vor Chr., des Palastes kurz darauf durch wahrscheinlich absichtliche Feuerlegung.
Sehenswerte Reste des auf einer Terrasse von 450 x 300 m gelegenen Palastes; Monumentaltreppe, Xerxes-Propyläen, Apadana und Zentralpalast mit Treppen, Halle der Hundert Säulen. Säulenbasen und Kapitelle verschiedener Hallen. Reliefs. Nw Palastreste aus achämenidischer und späterer Zeit.
Grab Artaxerxes'II., Grab Artaxerxes'III., Grab Darius'III. → Naqsch-i Radjab, → Naqsch-i Rustam*.
Per-Sopdu Ägypten, Delta. → Saft el-Hinna.
Persuphli Griechenland, 14 km n von Almiros. Ruinenstätte.
Pertek Türkei, 145 km n von Elazig. Ruine einer Karawanserei 16. Jh. Moschee 1560. Mittelalterliche Burg.
Pertosa Italien, nw von Polla, sw von Potenza. Grotta di Pertosa mit Siedlungsspuren von der Steinzeit bis zum Mittelalter.
Perúgia Italien, Umbrien. Antik Aperusia, römisch Augusta Perusia. Stadtmauerreste. Porta Marzia mit Teilen 3./2. Jh. vor Chr. Augustusbogen, etruskisch-römisch. Arco di S.Luca, etruskisch. Kirche S.Angelo mit antiken Teilen. Etruskischer Brunnen. Thermen 2. Jh. nach Chr. Aquädukt. Archäologisches Nationalmuseum. Etruskische Grabanlagen: Tomba di S.Manno, 3. Jh. vor Chr.; Sperandio, 4. Jh. vor Chr. 5 km sö Hypogäum der Volumnier. ca. 3. Jh. vor Chr.
Perur Indien, Tamil Nadu. → Coimbatore.
Per Wadjit Ägypten, Delta. → (Tell el-)Faraun.
Pesados Türkei, s von Milâs.
Pesaro Italien, Adria. Römisch Pisaurum. Stadtmauerreste. Römisches Mosaik im Dom, 5./6. Jh.
Pesch Deutschland, sw von Bad Münstereifel. 1½ km nö Tempelbezirk der "Matronae Vacallinehae". Niedrige Mauern dreier Tempel*, Mitte 4. Jh.: gallo-römischer Umgangstempel, ummauerter Hof, Basilika, Wandelgang, Brunnen. Tempelreste auch in → Nettersheim und → Zingsheim.
Peschawar Pakistan. Ehemalige Hauptstadt Paraschapura des Kanischka, ca. 100 nach Chr.; Paraschapura, Parschapura. Schahdjikidheri Pagode. Museum.
Péscia Romana Italien, ö von Orbetello. Ehemals etruskische Siedlung ca. 8./7. Jh. vor Chr. Nekropolen.
Pessinus Türkei. → Balhisar.
Pestrup Deutschland. → Wildeshausen.
Petelia Italien. → Strongoli.
Peterbühel I-Südtirol. → Völs.
Petersberg Deutschland. → Königswinter.
Petersberg Deutschland, Ort ca. 10 km n von Halle. Auf dem Petersberg slawische Wallanlage, Klosterreste und Kirche.
Petersbuch Deutschland, n von Eichstätt. 3 km w

ehemals Standort von römischem Kastell. N des Ortes Verlauf des Limes. Nw Reste von Limeswachttürmen 14/53-56,59.
Petín Spanien, 105 km ö von Orense. Römische Brücke, restauriert.
Petina Kroatien. Römisch; Pićan.
Petinesca Schweiz. → Studen.
Petovio Slowenien. → Ptuj.
Petra Griechenland, Böotien, Berg am Südrand der Kopais-Ebene. Antik Tilphusion. Befestigungsreste verschiedener Zeiten.
Petra Griechenland, Pieria, 22 km sw von Katerini, ö des Petra-Passes. Kastellreste, hauptsächlich byzantinisch.
Petra Griechenland, Thessalien, 36 km sö von Larissa. Ev. das antike Armenion. Reste von mykenischer Zyklopenmauer*. Häuser- und Hafenreste.
Petra GUS, Georgien. → Zichisdziri.
Petra** Jordanien, 300 km s von Amman, w von Wadi Musa, an der Königsstraße. Nabatäische Königsresidenz ab 2. Jh. vor Chr. Ab 2. Jh. nach Chr. römische Residenz. Allmählicher Niedergang ab 4. Jh. Der den Beduinen noch als Heiligtum dienende Ort wurde 1812 erstmals wieder Europäern bekannt. Eine der bedeutendsten und durch seine landschaftliche Lage großartigsten Ruinenstätten des mittleren Ostens. Einzelne Objekte sind hier zu begehbaren Abschnitten entsprechend dem natürlichen Verlauf der Wadis und Schluchten zusammengefaßt. Die heute sichtbaren Reste sind fast ausschließlich öffentliche Bauten, in den Fels gehauene, mehr oder weniger gut erhaltene Tempel- bzw. Grabfassaden, Felsheiligtümer und Treppen. Grabfassaden ähnlicher Art und Anzahl nur noch in Hegra (→ Madain Saleh). Eintags- oder Halbtagsbesucher werden kaum mehr als die unter 2) und 6) aufgeführten Objekte betrachten können. Besucherzentrum und Ausgangspunkt zu Fuß oder zu Pferd in El Dji. Von hier bis zum Ende des Talkessels (2)) 5 km, bis zum Ed Deir (6)) 7 km.
1) N des Besucherzentrums: 2 Wasserbecken aus nabatäischer Zeit. Kreuzfahrerburg → (el-)Wueira. Im Sik el-Barid (nach 7 km) Grabfassaden, Triklinium, Biklinium mit Fresken.
2) Vom Besucherzentrum zum Ende des Talkessels: Grab el-Khan im Rest House. Treppen-, Relief-, Obeliskengräber. Bab es-Sik-Triklinium. Aufstieg zu Kulthöhle und Plateau el-Medras. Am Eingang zum Sik Dammreste und Tunnel, welche das Wasser nach Norden umleiteten und so die Schlucht als Weg trocken hielten. Im Sik Spuren von Wasserleitung und Reste von Straßenpflasterung.
Am Ende der Schlucht Grabfassade* Khazne Firaun (→ Abb. 89). Treppen- und Zinnenfassaden. Theaternekropole. Theater*. Grab des Onaiso (Anaischu, Uneishu). Wand mit den größten Grabfassaden: Grab des Sextinus Florentinus, Palastgrab, Korinthisches Grab, Buntes Grab, Urnen-

grab. Nabatäische und byzantinische Stadtmauerreste. Reste von Nymphäum. Löwen-Greifen-Tempel. Reste von Tor 114 nach Chr. Haupttempel Qasr Firaun* (→ Abb. 88). Museum. Auf dem el-Habis-Berg Burgreste und Kultstätten.
3) Ca. 200 m vor dem Theater Weg durch eine Schlucht auf das Plateau Zibb Atuf; 2 Obelisken, Propyläen, Opferplatz. ½ km s Obodas-Kapelle. Nw im östlichen Farasatal Löwenrelief, Gartengrab, Statuengrab, Bunter Saal. Westliches Farasatal mit Fassaden. En-Nmer-Gipel mit Spuren eines Heiligtums.
4) Sw vom Ende des Talkessels zum Wadi es-Sugra (Thugra) nach → Sabra. Fassaden am Umm el-Biyara, Treppen, Reste von Häusern. Spitzpfeilerreliefs.
5) W vom Ende des Talkessels zum Wadi Syagh. Isis-Heiligtum. Wandmalereien.
6) N vom Ende des Talkessels zum Qattar ed-Deir. Treppenweg (ehemaliger Prozessionsweg) durch diese Schlucht. Löwentriklinium. Biklinium. Tempelfassade ed-Deir** (→ Abb. Umschlagrückseite). Gegenüber Peristylhof und Kultnische. → Abb. 90.
7) Nw vom Restaurant zum Wadi el-Meesara Wasta. Gräber. Am Jebel el-Meesara Felsheiligtümer.
8) Nö vom Restaurant zum Wadi Abu Olleqa: Kultplätze, Turkmaniye-Grab.
9) S des Urnengrabes oder n des Florentinusgrabes zum El-Hubta-Berg mit Höhlen und Heiligtümern. Am Fuße des NW-Hanges Dorotheos-Haus. Nw des Wadi el Metaha Hügel Moghar en-Nasara, Höhlen und Gräber. Weiter nö Hügel el-Metaha, Höhlen, Gräber, Kultnischen. Ehemalige Wasserleitung.
10) N → (El-)Beidha (neolithische Siedlung). Nw von Ain Musa: → Tawilan (eisenzeitliche Siedlung).
Petra Türkei. → Belgrat.
Petralia Sottana I-Sizilien, 26 km LL ssö von Cefalu. W vorgeschichtliche Grotta del Vecchiuzzo.
Petra Pertusa Schweiz. → Tavannes.
Petrata Portugal. → Alpedrinha.
Petra tou Limniti Zypern, NW-Küste. Frühjungsteinzeitliche Siedlungsspuren.
Petriana GB. Römisches Fort am Hadrianswall; heute Stanwix/Carlisle.
Petrified Forest National Park USA, Arizona. → Agate House. → Puerco Indian Ruin.
Petrigala Indien. → Pitalkhora.
Petrochorion Griechenland, Ätolien, 40 km osö von Agrinion. Antike Festungsruine. N → Thermon.
Petrocores Frankreich. Petrocoricum. → Périgueux.
Petronell* Österreich, ö von Wien. Zusammen mit Bad Deutsch-Altenburg das Gelände des ehemaligen Legionslagers Carnuntum, Aelium Carnuntum. Lager mit Holzbauten ab 1. Jh. und spätere Ausführungen in Stein. Neuerrichtung im 4. Jh. Reste der Zivilstadt, Thermen, Wohnhäuser. Forum, Statthaltervilla, Heiligtümer festgestellt. Grundmauern von Amphitheater I und Amphitheater II, 2. Jh. Heidentor* 1. Hälfte 3. Jh. Museum in → Bad Deutsch Altenburg.
Petroton Griechenland, ö von Lamia, nw von Ahladi. Vorgeschichtliche Siedlungsspuren. Reste von Polygonalmauer. Reste von antiker Stadt. 8 km entfernt Mauern und Akropolis von antiker Stadt.
Petrovac na Moru Montenegro, sw von Titograd. Bei Miriste Reste von zwei römischen Villen. Mosaike 3./4. Jh.
Petrucoriorum Frankreich. → Périgueux.
Petsofas Gr-Kreta, n von → Kato Zakros.
Peu Richard Frankreich, bei Saintes in der Charente Maritime. Große befestigte Anlage mit mehrfachen Gräben und Wällen, ca. 4. Jtsd. vor Chr. Felsgräber.
Pevensey GB, East Sussex, 5 km ö von Eastbourne. Römisch Anderida. Römische Mauern im Castle.
Pevkakia Griechenland, HI s von Volos. Vorgeschichtlicher Siedlungshügel. Reste von Mauer und Steinbauten.
Peyra Türkei. → Istanbul.
Peyzac-le-Moustier Frankreich. → Moustier.
Pfäffikon Schweiz, Kanton Zürich. Irgenhausen: Reste* des römischen Kastells Cambiodunum.
Pfaffenhofen Deutschland, n von Rosenheim. Römische Straßenstation Pons Aeni ab der 1. Hälfte des 2. Jhs. nach Chr. Grabungen. Ehemaliges römisches Kastell, noch nicht gefunden. Die Innbrücke stand bei Mühltal, 233 zerstört, danach wiederaufgebaut.
Pfaffenhofen Österreich, Tirol, Gemeinde Telfs. Grundmauern einer Kirche 6. Jh. entdeckt.
Pfahldöbel Deutschland. Bezeichnung eines Limesabschnittes n von Öhringen.
Pfahldorf Deutschland, 4 km w von Kipfenberg. Bronzezeitliche Hügelgräber. Reste von Limeswachtürmen 14/72,75.
Pfalzel Deutschland. → Trier.
Pfarrhofen Deutschland. Kleinkastell → Holzhausen an der Haide.
Pfatten I-Südtirol, im Etschtal ö von Kaltern. Italienisch Vadena. Ca. 4 km ssw späteisenzeitliche Mauerreste* auf dem Hohenbühel. Sö des Kalterer Sees späteisenzeitliche Mauerreste Wallburg Roßzähne. N Jobenbühl (→ Eppan).
Pferrichgraben Schweiz, Aargau. → Rheinfelden.
Pförring Deutschland, zwischen Kelheim und Ingolstadt. 1 km n ehemaliges Aalenkastell Celeusium auf dem Gelände »Biburg". Wälle, wenige Mauerreste.
Pforzheim Deutschland. Portus Vicus. Einige nicht sichtbare Reste. Altenstädter Kirche auf römischen Fundamenten. 2 km sö Villa rustica im Hagenschieß. W Römischer Gutshof nw von Brötzingen.

Heimatmuseum.
Pfrondorf Deutschland, nö von Tübingen. Römischer Gutshof. Grabhügel. Geschichtlicher Lehrpfad.
Pfünz Deutschland, Gemeinde Walting, ö von Eichstätt. Auxiliarkastell Vetoniana; Wälle von Mauern und Toren. Tempel erforscht. Bäder, Zivilsiedlung und Handwerkersiedlung festgestellt. Tor-Rekonstruktion*.
Pfyn Schweiz, Thurgau, nö von Winterthur. Römisches Kastell Ad Fines, Reste der nördlichen Mauer. Römische Gräber am Adelsberg. Prähistorische Siedlung in Breitenloo ausgegraben.
Phaeniana Deutschland. → Illerkirchberg.
Phaistos** Gr-Kreta, 59 km sw von Iraklion. → Abb. 70. Palastruinen aus mittelminoischer Epoche, mit großem Innenhof, an der Stelle von mindestens drei früheren Palästen. Treppen*, Mauerreste, Marmorböden. Reste bzw. Spuren von Theater, Propyläon, griechischem Tempel, hellenistischen und römischen Bauwerken.
Phakion Griechenland. → Kastro Petrino.
Phalanna Griechenland. → Tirnavos.
Phalanna Gr-Kreta, ca. 15 km s von Rethimnon. Archaische Reste 7./6. Jh. vor Chr.
Phalara Griechenland. → Stylis.
Phalasarna Gr-Kreta, W-Küste, w von Kisamos. Heute Falasarna. Ehemaliger antiker Hafen, Reste von Wallanlagen, Gebäuden. Gräber, Skulpturen.
Phaleron Griechenland. → Palaio Faliron.
Phanagoria GUS, Rußland, nähe Kuban-Mündung. Ehemalige griechische Kolonie. Skythische Königsgräber.
Phanai Griechenland, Chios. → Kato Fana.
Phanarion Griechenland. → Fanari.
Phaneromeni Griechenland, Kloster auf Aigina. Reste einer Basilika.
Phaneromeni Griechenland, Kloster auf Salamis. Reste von antiken Mauern bei der Festung Boudoron. Reste von antiken Türmen.
Phanoteus Griechenland. → Panopeus.
Pharan Ägypten. → Wadi Feiran.
Pharaoneninsel Ägypten. → Djesiret Faraun.
Pharbaithos Ägypten, Delta, 3 km w von Abu Kebir. Antik; heute Horbet.
Pharis Griechenland. → Vaphio.
Pharis Griechenland. → Velestinon.
Pharka Indien, Jammu-Kaschmir, s von Leh. Kleines Höhlenkloster.
Pharkadon Griechenland. → Klokotos.
Pharmakia Türkei, europäisches Bosporus-Ufer. Ab 5. Jh. Therapia, heute Tarabya, Teil von → Istanbul.
Pharnake Syrien. → (Qalaat el) Mudiq.
Pharnakeia Türkei. → Giresun.
Pharos Ägypten, Delta. → Alexandria.
Pharos Kroatien, Hvar. → Starigrad.
Pharsalos Griechenland. → Farsala.
Pharygai Griechenland. → Mendenitsa.

Phaselis* Türkei, bei Tekirova, sw von Antalya. Dorische Gründung. Reste von Befestigungsanlagen, Akropolis, Hadrianstor, Agoren, Theater, Aquädukt.
Phasis GUS, Georgien, W-Kolchis. → Poti.
Phattalung Thailand, Süden. Wat Ku Ha Suwan mit Grotte. 7 km ö Wat Wang, Malereien 18. Jh.
Phat-tich Vietnam. Rest von Stupa 11. Jh.
Phayao Thailand, 130 km nö von Lampang. Stadt ab 11. Jh. auf dem Gelände einer älteren Siedlung. Wat Raja Santhan, 12. Jh. Wat Si Khom Kham. Nö Wat Pa Daeng. Ruinen von Wat Bunnak.
Phayttos Griechenland. → Zarkos.
Pheia Griechenland. → Katakolon.
Phellos Türkei, 97 km sö von Fethiye, bei Suaret. Reste von Stadtmauer. Gräber und Sarkophage. Der antike Hafen Antiphellos: → Kaş.
Phenea Griechenland. → Feneos.
Pheneos Griechenland. → Feneos.
Pherai Griechenland. → Kalamata.
Pherai Griechenland. → Velestinon.
Phetburi Thailand. → Phetchaburi.
Phetchaburi Thailand, sw von Bangkok. Phet Buri. Khao Wang-Palast, 19. Jh. Wat Kamphaeng Laeng. Wat Khao Bandai. Wat Ko Keo Sutharam*, Malereien, Museum. Wat Mahathat. Wat Phra Bat Chai. Wat Yai Suwannaram, 17. Jh.
Phiala Griechenland. → Figalia.
Phigaleia Griechenland. → Figalia.
Phigea Saudi-Arabien. → Thaj.
Philadelphia Ägypten. → Kôm el-Hamman.
Philadelphia Jordanien. → Amman.
Philadelphos Ägypten. → Kôm el-Hamman.
Philae** Ägypten, Insel s von Assuan. In der Zeit von ca. 350 vor Chr. bis 6. Jh. nach Chr. Standort von insgesamt 13 Tempeln. Wegen unterschiedlicher Wasserführung des Nils auch nach Fertigstellung des Hochdammes wurden die Tempel auf die Insel Agilkia bei der Insel Bigge verlegt.
1) Pavillon des Nektanebos I.
2) Rest von Arensnuphis-Tempel.
3) Asklepios-Tempel.
4) Isis-Tempel** mit 2 Pylonen, Geburtshaus.
5) Harendotes-Tempel.
6) Trajanskiosk**.
7) Hathor-Tempel.
8) Augustus-Tempel.
9) Ruine von römischem Tor.
Philia Zypern, ö von Morphou. Kultur ca. 2. Hälfte 3. Jtsd. vor Chr.
Philippi* Griechenland, 14 km nw von Kavalla, 170 km ö von Thessaloniki. Antik Krenides, Philippoi. Römisch C.Iulia Augusta Philippensis. Ehemalige Akropolis mit byzantinischen Mauerresten. Spuren von Tempeln. Theater ab 4. Jh. vor Chr. Palästra 2. Jh. nach Chr. Forum 2. Jh. nach Chr. Amphitheater. Reste von christlichen Basiliken*. Zisterne. Archäologisches Museum.
Philippopolis Bulgarien. → Plovdiv.

Philippopolis Syrien. → Shahba.
Philomenion Türkei. → Akşehir.
Philoteras Ägypten, Fayum. Antik; heute Medinet Watfa, sw des Sees.
Philoteras Ägypten. → Wadi Gawasis.
Philotereia Israel. → Bet Yerah.
Phimai* Thailand, 54 km nö von → Nakhon Ratchasima (Korat). Besiedelt seit der Jungsteinzeit. Stadtmauerreste, Südtor. Haupttempel. Wat Doem ab 11. Jh. Tempelreste.
Phintias I-Sizilien, w von Licata. Spuren der antiken Siedlung. In der Umgebung Standorte von zwei weiteren antiken Siedlungen.
Phiskardon Griechenland. → Fiskardo.
Phison Türkei, ca. 70 km nnö von Diyarbakir.
Phistyon Griechenland, 17 km ö von Agrinio. Akropolismauern.
Phitsanulok* Thailand. Wat Raja Burana. Wat Mahathat Mitte 15. Jh. 5 km s Ruinen des Wat Sulamani Mitte 15. Jh. Ö → Wat Samok Kao.
Phiyang Indien, Ladakh. In buddhistisches Kloster umgewandeltes ehemaliges Heiligtum der Ur- oder Bönreligion. Padmasambhavatempel, Malereien 12./13. Jh. Tschörtengruppe. Burgruine.
Phleius Griechenland, Peloponnes, 55 km sw von Korinth, bei Nemea. Phlius. Ruinen: Reste von Akropolis, Theater, Agora, weiteren antiken Gebäuden, ma Burg.
Phlorina Griechenland. → Florina.
Phnom Bayang Kamputschea, Ta Kèo. Gebäudefundamente 7. Jh.
Phnom Da Kamputschea, s von Phnom Tenh. → Angkor Borei.
Phnom Kulen Kamputschea, ca. 40 km nö von Angkor. Hauptstadt Mahendraparvata des Jayavarman II. ab 802. Reste: Krus Preah Aram Rong Chen, Prasat Damrei Krap, 802. Steinbruch.
Phnom Penh Kamputschea. Ehemals Hauptstadt im 15. Jh. Museum.
Pho-binh-gia Vietnam, Tongking. Fundstätte der → Bac-son-Kultur, Funde bis ca. 3000 vor Chr.
Phoenicus Türkei. → Finike.
Phönike Albanien. → Finiq.
Phoinikis Griechenland. → Medeon.
Phoitiai Griechenland, w von Fities, nw von Agrinio. Kastro tis Portas. Ruinen: von Stadtmauer, Akropolis, Zisterne, ma Kloster.
Phokäa Türkei. → Foça.
Pholegandros Griechenland. → Folegandros.
Phonom Krom Kamputschea. Tempelort der Vor-Angkor-Zeit.
Phorkys Griechenland, Ithaka. Antiker Hafen, ev. der heutige Vathy-Hafen.
Photike Griechenland. → Paramythia.
Photula Griechenland. → Praisos.
Phra Buddha Bath Thailand, 17 km osö von Lopburi. Phra Phuttabat. Tempelanlage 18./19. Jh.
Phra Chedi San Ong Thailand, ca. 400 km nw von Bangkok, nähe Drei Pagoden-Paß.

Phrae Thailand, ö von Lampang. Wat Chom Sawan, birmanisch. Wat Luang. Wat Phra Bat Ming Muang Vora Vihara. Wat Phra Non. Wat Pong Sunan. Wat Si Chum. Wat Sra Bo Keo. Wat Phra That Cho Mae.
Phra Pathom Thailand. → Nakhon Pathom.
Phra That Doi Thung Thailand. N von Chiang Rai.
Phteri Griechenland, 40 km w von Lamia. Fteri. Ö Hellenika, Ruinen von antiker Stadt: Reste von Stadtmauer, Akropolis.
Phuc-yen Vietnam, Tongking. Hauptstadt Co-loa des Königreiches Au-lac 3. Jh. vor Chr. Seit 10. Jh. Hauptstadt einer unabhängigen Dynastie. Erdwall; weitere, nicht erforschte Bauten.
Phugtal Indien, Zanskar, sö von Padam. Phuctal. Höhlenkloster ab 11. Jh.
Phuket Thailand, auf gleichnamiger Insel. Nö Wat Koh Sireh. 6 km sw Wat Chalong.
Phulphinium Kroatien. → Omišalj.
Phylake Griechenland, Peloponnes. Heute Vourvura bei → Palaia Episkopi.
Phylake Griechenland, 50 km wsw von Volos. Filaki. In der Nähe Siedlungshügel mit Mauerresten; Zyklopenmauer.
Phylakopi Griechenland, Insel Melos. → Filakopi.
Phylaktis Griechenland. → Agios Sostis.
Phyle Griechenland. → Fili.
Phyliadon Griechenland, n von Lamia. Filiado. 6 km n des heutigen Ortes: Kastro Morjes, Reste von Akropolis und Stadtmauer des antiken Phyliadon.
Phyllos Griechenland, s von Larissa.
Physkeis Griechenland. → Malandrinon.
Physkos Griechenland. → Malandrinon.
Physkos Türkei. → Marmaris.
Piacenza Italien. Römisch Placentia. Städtisches Museum mit archäologischer Abteilung.
C.Pia Flavia Constans Emerita Helvetiorum Foederata Schweiz. Aventicum. → Avenches.
Pian di Civita Italien, ö von Velletri. Spuren des Oppidums aus dem 4. Jh. vor Chr.
Pianello Italien, ca. 50 km wsw von Ancona. Friedhof, ca. 1000 vor Chr.
Piano della Civita Italien. → Tricarico.
Piansano Italien, sw des Bolsena-Sees. Auf dem Poggio di Re Metino Gräber und Reste von Siedlungen.
Piantarella F-Korsika, sö von Bonifacio. Ruinen.
Pian di Valeria Italien, 68 km LL w von Ancona. In Pole Reste eines Theaters.
Piatra Frecăţei Rumänien. Grabungen am Donau-Limes.
Piatra Neamt Rumänien. Archäologisches Museum. Ruinen einer Dakerfestung auf dem Bitca Doamnei-Gipfel. Ausgangspunkt für Reisen zu den Klöstern im Neamtgebiet.
Piatra Roşie Rumänien, sö von Deva. Dakerfestung 1. Jh. vor Chr. bis 1. Jh. nach Chr.

Piazza Armerina** I-Sizilien. 5 km sw die römische Villa del Casale, bewohnt 4. Jh. bis 12. Jh. Reste von Gebäuden mit Mosaiken** (3500m²).

Picaria Kosovo. → Peć.

Picentia Italien. Antik; Pontecagnano, sö von Salerno. Gegründet 268 vor Chr.

Picuris Pueblo USA, New Mexico. San Lorenzo Pueblo. Gegründet um 1270.

Pidalium Zypern, Kap Greco. Ehemals Standort von griechischem Tempel.

Piddinghoe GB, Sussex, ö von Brighton. Hügelgräber.

Piedad, La Mexiko, 165 km ö von Guadalajara. 5 km ö Reste einer großen vorkolumbianischen Siedlung am Nordhang des Cerro de los Chichimecas.

Piedimonte d'Alife Italien, w von Telese. Kirche S. Tommaso d'Arquino auf römischen Tempelresten. Museum.

Piedrafita de Cebrero Spanien, sö von Lugo. N in den Cebrero-Bergen keltische Siedlung.

Piedra-Labrada Mexiko, Veracruz, Küste nw von Coatzacoalcos. Stätte der → (La-)Venta-Kultur.

Piedra de Saywite Peru. → Concacha.

Piedras Negras Guatemala, Petén, Westzipfel, etwas n von Yaxchilán, rechtes Ufer des Usumacinta. Ehemals bedeutende Maya-Kultstätte. Ruinen: Akropolis, Pyramidenhügel, Ballspielplätze, Bäder. Stelen.

Piedras de Tunja Kolumbien, 40 km von Bogota, bei Facatativá. Ehemals Festung der Chibcha-Indios. Inschriften.

Pienza Italien, w des Trasimenischen Sees. Antike Mauerspuren. Nekropole.

Piercebridge GB, Durham, 8 km w von Darlington. Reste eines römischen Kastells.

Pierre du Désert Jordanien. → Kerak.

Pierre aux Fées, la Frankreich, sö von Genf, bei Reignier. Dolmen.

Pierre Pertuis Schweiz, Bern. → Tavannes.

Pieta, La Spanien, n von Ulldecona, s von Tortosa. Felsmalereien.

Pieta Julia Kroatien. → Pula.

Pietermaritzburg RSA. Museum mit Felsenkunst.

Pietrabbondante Italien, 36 km nö von Isernia. Ruinen von Bovianum Vetus: Reste von Stadtmauer, Theater, Tempel 5.-1. Jh. vor Chr.

Pietragalla Italien, nö von Potenza. Auf dem Monte Torretta Befestigungsreste (obere und untere Mauer) 4. Jh. vor Chr. Kleine Nekropole.

Piève F-Korsika, w von Murato. Zwei Menhirstatuen.

Pieve Sócana Italien, n von Arezzo. Etruskische Reste bei der Kirche.

Pigadia Griechenland, auf Dodekanes-Insel. → Karpathos.

Pigi Gr-Kreta, sö von Rethymnon. Unterirdisches mykenisches Grab.

Pigi Gr-Kreta, sö von Iraklion, n von Kastelli. Basilika Agios Panteleimon ev. auf den Fundamenten einer frühchristlichen Basilika.

Pignataro Interamna Italien, Latium, 9 km s von Cassino. Römisch Interamna Lirinas. Reste von Mauern und Aquädukt. Nekropole.

Pihilum Jordanien. → Tabaqat Fahl.

Pikilasos Gr-Kreta, Südküste.

Piklihal Indien, Karnataka, Raichur-Distrikt. Megalithische Nekropole. Felsmalereien.

Pila-Canale F-Korsika, 18 km LL sö von Ajaccio. N Menhir.

Pilapan Mexiko, Veracruz, Küste nw von Coatzacoalcos. Stätte der → (La-)Venta-Kultur.

Pilaret de Santa Quiteria Spanien. → Fraga.

Pilas, Las Mexiko, Morelos, 3 km w von → Chalcatzingo.

Pileh Qalaeh Iran, ö von Rasht, nähe Kaspisches Meer. Ausgrabungsstätte.

Pileta-Höhle Spanien. → Montejaque.

Pilismarot Ungarn, ö von Esztergom. Sö römisches Castra ad Herculem, Reste. Ö an der Donau Reste von römischem Kleinkastell. Nw Reste eines römischen Wachtturmes.

Pil-Kala GUS, Usbekistan, rechtsufriges Choresm. Reste einer alten Stadt.

Pilos Griechenland, Peloponnes. → Pylos.

Pilsdon Pen GB, Dorset, bei Broadwindsor. Eisenzeitliche Befestigung.

Pimperne GB, Dorset, nö von Blandford. Langhügelgrab.

Pinara Türkei, 60 km sö von Fethiye. Reste der antiken Stadt: Akropolishügel, weitere Akropolis, Theater. Nekropole*; lykische Felsgräber.

Pinar Tepe Türkei, ca. 70 km ö von → Elâziğ, w von → Palu. Funde ab 4. Jtsd. vor Chr. (Chalkolithikum) bis zum Mittelalter.

Pindakas Griechenland, Chios. → Emporio.

Pindal-Höhle Spanien, Asturien, bei El Bustio, ö von Llanes. Prähistorische Zeichnungen.

Pindaya Birma/Union Myanmar, sö von Mandalay. Shwe Ohn Hmin Pagode mit Höhle. Padah-Höhle mit neolithischen Funden, Malereien, Ausgrabungen.

Pinell de Brai, el Spanien, w von Tarragona. Iberische Siedlung.

Pingshan China, Hebei, bei Shijazhuang. Ehemalige Hauptstadt des Kleinstaates Zhongshan, 2. Hälfte 1. Jtsd. vor Chr. Reste, Königsgräber.

Pinguentum Kroatien. → Buzet.

Pinheiros Spanien, s von Salvaterra, sö von Vigo. Römische Brücke.

Pinos, Los Guatemala, Provinz Sacatepéquez, bei Antigua Guatemala. Ruinenstätte.

Pinya Birma/Union Myanmar. Ehemals shan-burmesische Hauptstadt, Anfang 14. bis Mitte 16. Jh.

Piombino Italien, gegenüber Elba. Römisch Porto Falesia. Etruskisches Gräberfeld. Etruskisches Musesum.

Pion Türkei. → Karalar.

Pioniai Türkei, ö von Ayvacık.

Pipaliya Indien, Madhya Pradesh, nö von Bhopal. Stupas. 8 km sö Stupas.

Pipe Shrine House USA, Colorado. Indianische Pueblo-Ruinen im → Mesa Verde National Park, Teil Chapin Mesa.

Pipinsburg Deutschland. → Osterode.

Pipinsburg Deutschland. → Sievern.

Pipiting Indien, Kaschmir, Zanskar, bei Padam. Tempel Guru-Lhakhang.

Piprahwa Indien, Uttar Pradesh, ö von Faizabad. Reste eines Stupas, ca. 3. Jh. vor Chr.

Pipton GB, Wales, nö von Brecon. Langhügelgrab. In der Nähe weitere Langhügelgräber.

Piquentum Kroatien. → Buzet.

Piquillacta Peru, 32 km osö von Cuzco. Ruinen aus der Vor-Inka-Zeit (Huari-Kultur); Reste von Mauer und Gebäuden. ½ km entfernt Ruine Rumicolca.

Piräus Griechenland, unmittelbar sw von Athen. Wichtigster Hafen von Athen seit dem 5. Jh. vor Chr. Reste von Konon-, Langer und Themistokles-Mauer. Reste von Tor. Jeweils nur geringe Reste: von Akropolis auf dem Munychia-Kastellhügel, von Thermen und Theater. Antike Häfen Kantharos (Haupthafen), Zea-Hafen (Paschalimani), Munychia (Turkolimano oder Mikrolimani). Archäologisches Museum.

Pi-Ramesse Ägypten. → Qantir.

Piran Slowenien, Istrien. Römisch Pyrrhanum. Mittelalterliche Reste.

Pir Baqran Iran, 24 km s von Isfahan. Pir-e Bakran usw. Das alte Khanlandjan oder Landjan. Imamzadeh; jüdischer Friedhof ab 2. Jh. nach Chr.; Assassinenburg.

Pirgos Griechenland, Thessalien, ö von Karditsa. Pyrgos Kieriu. Arne der Äoler und Böoter. Reste.

Pirgos Griechenland, Böotien, 6 km nö von Orchomenos. Reste von Mauern und Terrassen. 1 km w Hügel Magula mit neolithischen Spuren und antiken Resten. W → Tegyra.

Pirikatai Japan, Hokkaido, Norden. Bergfestung der Ainu.

Piruro* Peru, Gebiet des Marañon. Heilige Stadt der Yaro. Ruinen. Mausoleum der Könige.

Pisa Italien. Spuren von römischer Villa (3./4. Jh.) beim Schiefen Turm. Antike Säulen im Dom. ½ km ö des Domes Reste römischer Thermen, 2. Jh. Sarkophage im Campo Santo. Ca. 5 km sw romanische Kirche S. Piero a Grado** mit Resten aus dem 6. und 7. Jh., mit antiken Säulen und geringen Ausgrabungen aus römischer, frühchristlicher und langobardischer Zeit.

Pisac** Peru, 33 km nö von Cuzco. Ruinen der größten Inkafestung. Inkastraßen. Tempelbezirk Intihuatana mit Bad, Mondtempel und Gebäuderesten. Canchisracay-Bezirk, Pisaca-Bezirk, Co-

rihuayrachina-Bezirk. Vorratshäuser, Ackerbauterrassen, Kanalreste im Tal. Nö Ruinen von Cullispata.

Pisaurum Italien. → Pesaro.

Piscenae Frankreich. Römisch; Pézenas.

Pisdeli Tepe Iran, s des Orumiyeh-Sees.

Pisilis Türkei, w von Fethiye.

Piskokefalo Gr-Kreta, s von Sitia. 1 km s Reste von minoischen Landgütern.

Pisões Portugal, 8 km s von Beja. Römische Ausgrabungen; Thermen.

Pissignano Italien, 12 km n von Spoleto. Tempietto (Fonti) del Clitunno*, 5. Jh., mit christlichen Malereien.

Pisticci Italien, s von Matera. Antike Turmreste Torre Bruni.

Pistoria Italien. Römisch; Pistoia nw von Florenz.

Pistyros Griechenland, 18 km ö von Kavala. Mauerreste 6. Jh. vor Chr.

Pitagórion Griechenland, Insel Samos. Auch und ehedem Tigáni. Nahebei die Stelle der antiken Stadt Samos. Reste von Stadtmauern 4. Jh. vor Chr. und von Molen, 530 vor Chr. Kastro des Logothetis von 1824 an der Stelle der ehemaligen Akropolis. Reste von Agora, Theater, Thermen, Stadion, Gymnasion, römischen Villen. Nekropolen. Archäologisches Museum. Wassertunnel des Eupalinos aus dem 6. Jh. vor Chr., ca. 1000 m lang. Das Quellhaus 2 km n der Stadt entdeckt. Heräon: → Iraon.

Pitalkhora Indien, Maharashtra, 70 km nw von Aurangabad. Griechisch Petrigala. Ehemaliges buddhistisches Kloster Pitangalya 2. Jh. vor Chr.; Grotten, Ausgrabungen, Skulpturen*.

Pitane Türkei. → Çandarlı.

Pitangalja Indien. → Pitalkhora.

Pitcairn GB, Polynesien. Siedlungsreste ca. 1100 nach Chr. Felsbilder.

Pithaecusa Italien. → Ischia.

Pithom Ägypten. → (Tell el-)Maschuta.

Pithyus GUS, Georgien. → Pizunda.

Pitigliano Italien, w des Bolsena-Sees. Mittelalterliche Stadtmauer mit etruskischen Resten. W bis in die Gegend von Sovana zahlreiche Felsstollen und etruskische Kammergräber. → Poggio Buco.

Pitinum Mergens Italien, 68 km LL w von Ancona. Heute Acqualagna.

Pitiunt GUS, Georgien. → Pizunda.

Pitten Österreich, ca. 12 km s von Wiener Neustadt. Großes Hügelgräberfeld der Bronzezeit, ab Mitte 16. Jh. vor Chr. bis Anfang 1. Jtsd. vor Chr. Befestigungsspuren am Burgberg, ca. Hallstattzeit und 9. Jh. nach Chr. Heimatmuseum.

Pityussa Griechenland. → Spetsai.

Pixoy Mexiko, Campeche. Maya-Stätte, Chenes-Puuc-Region.

Pixunte Italien. → Policastro Bussentino.

Pizunda GUS, Georgien, Abchasien, Schwarzmeerküste. Griechisch Pithyus, Pithyunt. Georgisch Bitschwinta. Ehemals griechische Kolonie mit Akropolis, 6.-1. Jh. vor Chr. Reste von Befestigungsmauern, Türmen, Hafen, Wohnhäusern, Handwerksbetrieben. Reste von frühchristlicher Basilika 5./6. Jh.

Pjandschikend GUS, Tadschikistan. → Pendžikent.

Plaaz Deutschland, nö von Güstrow. 1½ km n Rest von Großsteingrab.

Placentia Italien. → Piacenza.

Pláka Griechenland, Insel Lemnos. Spuren von antiker Siedlung.

Plakia Türkei, am Marmarameer ö von Bandirma.

Plank am Kamp Österreich. Römisches Marschlager erforscht.

Plaosan Indonesien, Java, nö von Yogyakarta, ca. 4 km von → Prambanan. Buddhistischer Tempelkomplex von ca. 850 nach Chr.

Plasencia Spanien, s von Salamanca. Römisch Dulcis Placida. Römischer Aquädukt.

Plas Newydd GB, Wales, Anglesey, bei Menai Bridge. Großsteingrab.

Plata, La Ecuador, Insel. Kultstätte der → Bahia-Kultur.

Plataiai Griechenland, Böotien, 66 km nw von Athen. Stätte der Schlacht Griechen-Perser 479 vor Chr. Reste von Akropolis und mittlerem Mauerring. Spuren von Heiligtum, römischer Agora, Herberge. Reste von byzantinischen Kapellen.

Platanisto Griechenland, Euböa SO-Küste, ö von Karystos. Spuren eines Poseidon-Tempels.

Platanissos Türkei, 251 km ö von Antalya. Antike Stätte; kleine Festungsruine.

Platanos Griechenland, Hauptort der Dodekanes-Insel Leros. Antike Siedlungsspuren. Reste von Gebäuden. Römischer Aquädukt. Gräber.

Platanos Gr-Kreta, 6 km s von Gortys. Zwei Rundgräber.

Plateau des Sarrasines Frankreich, in den Hügeln n von Beaumes-de-Venise, 20 km ö von Orange. Ehemaliges Oppidum.

Plati Gr-Kreta, sw von Tzermiado. Spätminoische Gebäudespuren. Mykenisches Tholosgrab.

Platis Gialos Griechenland, Kykladeninsel Sifnos. Rundbau auf dem Aspros Pirgos. Reste von antiker Siedlung und von Wachttürmen 4. Jh. vor Chr. Rundbau auf dem Aspros Pirgos. Gräber der Kykladenkultur (3. Jtsd. vor Chr.).

Platon Haiti. Festung Anfang 19. Jh.

Playa del Carmen Mexiko, Quintana Roo, nw von Cozumel. Kleine Maya-Tempel.

Plessenburg Deutschland, nö von Göttingen. Frühgeschichtliche Befestigung.

Pleuron Griechenland, Ätolien, 5 km n von Messolongi. Ruinen der antiken Stadt: Reste von Stadtmauer, Akropolis, Agora, Theater, Zisterne. 3 km nw → Kira Irini.

Pleven Bulgarien. Römisch Storgosia. 2 km s bei Kajlaka ehemals Standort einer thrakischen Siedlung. Bezirksmuseum.

Pliezhausen-Rübgarten Deutschland, n von Reutlingen. Keltische Viereckschanze. Grabhügelgruppe. Lehrpfad.

Plinthineia Ägypten. → Abusir/Küste.

Pliska Bulgarien. 3 km entfernt die Reste der ersten bulgarischen Hauptstadt, 681-893. Fundamente von großem Palast, kleinem Palast, Basiliken. Kleines Museum.

Plocnik Serbien, wsw von Niš. Tell der alten Siedlung.

Plofutis Griechenland, Dodekanes-Insel Leros. Antiker Brunnen.

Plombières Frankreich, s von Epinal. Reste eines römischen Bades.

Plotinupolis Griechenland. → Didymotichon.

Plouhinec Frankreich, sö von Lorient. Megalithische Denkmäler.

Plovdiv Bulgarien. Thrakisch Eumolpias. Griechisch Philippopolis. Thrakisch Pulpudeva. Römisch Trimontium. Römisches Theater. Reste von römischer Mauer; Forum. Archäologisches Museum mit dem Goldschatz von Panagjurischte.

Plozévet Frankreich, w von Quimper. Menhir.

Pluck Irland, Donegal, sw von Derry. ND453. Menhir.

Plugova Rumänien. Ehemals Standort von römischem Kastell.

Pocharas Sudan. → Faras.

Pod Bosnien-Herzegowina. → Bugojno.

Po Dam Vietnam, Panduranga. Türme, ausgehender Hoa-lai-Stil, 9. Jh.

Podandos Türkei. → Pozantı.

Podglavica Montenegro. → Podgorica.

Podgorica Montenegro. Römisch Birzinium, ma Ribnica, Podgorica (Festungsreste) ab 1330. Archäologische Sammlung. Wasserleitung. 3 km n Duklja, das antike Dioclea, Vorläufer von Birzinium. Reste von Stadtmauern*, Forum, Portikus, Justizpalast, Tempel, frühchristlicher Basilika, Häusern, Brücke. Sarkophage, Grabsteine. 6 km nö Doljani bei Podglavica. Siedlungs- und Kirchenreste, teils 7. Jh.; ev. vom byzantinischen To Loutokla. 11 km nö: → Medun.

Podgrade Kroatien, 38 km osö von Zadar, bei Benkovac. Römisch Asseria. Reste von Zyklopenmauern, römischen Mauern, Forum, Trajansbogen. Liburnische Wallburg.

Podgradina Bosnien-Herzegowina, n von Glamoč, nö von Split. Ehemalige illyrische Befestigungsanlage mit Resten von spätantiker Befestigung.

Podouké Indien. → Arikamedu-Virampatnam.

Podvlaštica Kroatien, 2 km nö von Orebić, Pelješac. Illyrische Grabhügel und Wallburg.

Pöglitz Deutschland, wnw von Grimmen. 2 km s Rest von Großsteingrab.

Pöhlde Deutschland, s von Herzberg, nö von Göttingen, Kreis Osterode. Sw Wälle "König Heinrichs Vogelherd" 8.-10. Jh.; vorgeschichtliche Vorburg.

Pöppendorf Deutschland, zwischen Lübeck und Travemünde. Slawischer Burgwall. Großsteingrab Waldhusen. Hügelgräber.

Poetovium Slowenien. → Ptuj (Pettau).

Poetto I-Sardinien, ö von → Cagliari. Römisches Amphitheater.

Poggendorf Deutschland, sö von Grimmen. Ca. 4 km sö im Staatsforst P. Reste von Großsteingräbern.

Poggersdorf-Wabelsdorf Österreich, ö von Klagenfurt. Mauerreste von römischem Tempelbezirk.

Poggio Buco Italien, sw von Pitigliano. Ehemalige Akropolis. Nekropolen von Valle Vergara, 8.-6. Jh. vor Chr.

Poggio Catino Italien, ca. 60 km n von Rom. Mauerreste 1. Jh. vor Chr.

Poggio Mirteto Italien, ca. 55 km n von Rom. Reste von römischen Thermen und anderen Gebäuden.

Poggio Montano Italien, ca. 70 km nw von Rom, 3 km nw von Vetralla. Nekropole 7. Jh. vor Chr.

Poggio Pinci Italien, 1 km s von Oliviera, ca. 6 km osö von Asciano. Etruskische Kammergräber.

Poggio San Lorenzo Italien, 18 km s von Rieti. Reste von Thermen 2. Hälfte 1. Jh. nach Chr.

Poggio di Venaco F-Korsika, sö von Corte. Reste von megalithischen Mauern.

Pogla Türkei, n von Antalya. Pisidische Stadt.

Pohanská Tschechien, s von → Břeclav. Ehemaliges keltisches Oppidum.

Pohlheim-Grüningen Deutschland, s von Gießen. Reste des Kastells Holzheimer Unterwald; Rekonstruktionsvorhaben. Limesreste. Rekonstruierter Limeswachtturm 4/49.

Poiana Perţii Rumänien, bei der Festung Blidaru, sö von Deva. Antike Reste.

Poiana Tecuci Rumänien, am Siret. Ehemals dakisches Oppidum (Dava).

Poiessa Griechenland, Insel Kea. Pisses. Reste von Stadtmauer 4. Jh. vor Chr.

Poign Deutschland, ö von Bad Abbach. Sw (jenseits der Autobahn) keltische Viereckschanze.

Poitiers Frankreich. Römisch Limonum. Baptistère Saint-Jean teils 4. Jh., mit kleinem Museum. Kapelle Hypogée Martyrium, 7. Jh., mit Nekropole seit dem Altertum. Musée Sainte-Croix mit archäologischer Abteilung. Dolmen La Pierre Lerée. Ca. 12 km s Dolmen bei Andillé. Ca. 15 km nw Dolmen bei Villiers (Pierre de Massigny). Ca. 20 km nw Dolmen bei Les Rochelles. S → Liguné.

Pojani* Albanien, Küstennähe, w von Fier. Antik Apollonia. Gegründet Anfang 6. Jh. vor Chr. Reste von Stadtmauer, Akropolis mit Tempelresten, Nymphäum, Gymnasium, Buleuterion 2. Jh., Agora, Stoa 4. Jh. vor Chr., Odeon 2. Jh. vor Chr., Theater 3. Jh., Kirche* 12. Jh. Nekropole. Museum.

Po Klaung Garai Vietnam, Panduranga. Tempel Ende 13. Jh., ausgehender Binh-dinh-Stil.

Pokrivenik Kroatien, Hvar, Nordufer, bei Selce. Höhle beim gleichnamigen Ort an gleichnamiger Bucht mit jungsteinzeitlichen Funden.

Polače Kroatien, Mljet, Nordküste. Reste von römischem Palast 3./4. Jh., von altchristlicher Basilika, von altchristlicher Kirche auf dem Hügel Nodilove košare.

Polada Italien, bei Desencano del Garda. Siedlung der frühen Bronzezeit.

Polai Kroatien. → Pula.

Pola de Laviana Spanien, sö von Oviedo. Römische Brücke.

Polatlı Türkei, 75 km sw von Ankara. Besiedlung Mitte 3. Jtsd. vor Chr bis 12. Jh. vor Chr. (Ende des Neuen Hethiterreiches). 30 km nw: → Yassihüyük.

Pol-i Brin Iran. → Bascht.

Pol-i Dokhtar Iran, ca. 120 km sw von Khorremabad, in der Nähe von Djaidar. Reste einer sassanidischen Brücke.

Poleaticon Türkei. → Bostancı.

Poleg, Tell Israel, ca. 25 km n von Jaffa. Siedlung ausgegraben.

Polensis Kroatien. → Pula.

Pol-i Ganmeschi Iran, ca. 130 km s von → Khorremabad.

Pol-i Guman Iran, 2 km ö von Kazerun, ca. 115 km w von Schiraz. W Basrelief aus der Kadscharenzeit.

Poli Griechenland, Insel Kasos. Polis, Polion. Reste von Mauern, Akropolis, ma Burg.

Policastro Bussentino Italien, am Golf von Policastro, 146 km sö von Salerno. Griechische Gründung; antik Pyxus, Pixunte. Römisch Buxentum. Polygonale Stadtmauerreste.

Polichne Gr-Kreta. → Meskla.

Policlina Türkei, n von Edremit.

Poličnik Kroatien, 14 km nö von Zadar. Illyrische Grabhügel. Reste von römischen Bauten. Vorromanische Kirche. Mittelalterliche Reste (Gradina).

Policoro Italien, Basilikata, Golf von Taranto. Ruinen von Eraclea (Heraklea), auf dem Gebiet des ehemaligen Siris, gegründet ca. 660 vor Chr. Reste von Mauern, Häusern, Tempel, Akropolis. Nekropole. Nationalmuseum della Siritide.

Poliochni Griechenland, Lemnos, Ostküste. Mauern einer Siedlung von ca. 3000 vor Chr. bis ca. 16. Jh. vor Chr.

Polis Griechenland, Ithaka. Antiker Hafen. Mykenische Ausgrabungen. Stadtreste im Meer.

Polis ton Koryphon Griechenland. → Kerkira-Ort.

Politiko Zypern, 23 km sw von Nicosia. Antik Tamassos. Siedlung seit 3. Jtsd. vor Chr. Ausgrabungen; Spuren eines Tempels ab 8. Jh. vor Chr. Archaische Königsnekropole 6. Jh. vor Chr.

Pol-i Khosrow Iran, ca. 130 km s von Khorremabad. Brückenruine am Semari aus der Sassanidenzeit.

Pol-i Kulhar Iran, ca. 60 km sw von Khorremabad. Alte Brücke über den Kaschgan Rud.
Polla Italien, sw von Potenza. Mausoleum des Gaius Ucianus. Grotta di Polla mit prähistorischen Funden.
Pollensa Spanien, Mallorca. Pollença. W im Vall d'en March römische Brücke. Nekropole St. Vincent, 1800-1500 vor Chr.; Kammergräber.
Pollentia Spanien, Mallorca. → Alcudia.
Pollenzo Italien, s von Turi, sö von Bra. Stadt ab 2. Jh. vor Chr. Reste 1.-2. Jh. von Forum, Tempel, Theater, Amphitheater.
Poloi Guatemala, Petén, sw von Flores. Ruinenstätte.
Polonnaruwa** Sri Lanka. Militärstation ab 6. Jh. Hauptstadt zeitweise ab 993. Blütezeit 11.-13. Jh. Von N nach S über eine Strecke von 2¼ km: Tivanka-Statuenhaus mit Malereien. Lotosbad. Felsentempel Gal Vihare*, Statuen*. Kloster Alahana Pirivena 12. Jh., Kiri Vihara, Statuenhaus Lankatilaka, Baddhasima Prasada. Gopalabatta-Felsen mit Kulthöhlen ab 5. Jh. Rankol Vihare. Menik Vihare.
Innerhalb der Stadtmauern: Vanavan Medevi Sivaramudaiyar 11. Jh. Pahula Vihare-Dagoba und Tempelreste. Heiliger Bezirk: Satmahal Prasada 12. Jh., Galpatha-Monolith, Hatadaye 12. Jh., Atadaye 12. Jh., Nissankalata Mandapa, Statue, Wat Daga 12. Jh., Thuparama-Statuenhaus 12. Jh. Kleiner Hindutempel 13. Jh. Zitadelle: Palastreste, Ratshalle des Königs, Bad des Königs.
Museum. Palastbezirk des Nissana Malla: Mausoleum, Ratshalle, Bad. Statue. Potgul Vihare, Klosterreste. Stausee Para Krama Samudra, 12. Jh.
Polovragi Rumänien, bei Piteşti. Höhle mit Malereien, ca. 1000 vor Chr.
Polybotos Türkei, ö von Afyon. Byzantinisch; Bolvadin.
Polychnitos Griechenland, Lesbos. Reste von vorgeschichtlichen Siedlungen.
Polymedium Türkei, Westküste w von Assos.
Polyrrhenia Gr-Kreta, 6 km s von Kisamos. Früher Ano Paläokastro. Reste des dorischen Polyrrheneia, 8. Jh. vor Chr. Spuren von hellenistischen und griechischen Befestigungsanlagen, Akropolis, Tempeln, Felsgräbern.
Poma Kroatien, Mljet. Villa rustica.
Pomaria Algerien. Römisch; heute Tlemcen. Archäologisches Museum. Bauten** islamischer Architektur.
Pombia Gr-Kreta, s von Mires. Die antike Stadt Boibe oder Vivi. Spuren von mittelminoischer Siedlung.
Pomorie Bulgarien, sw von Burgas. Antik Anchialos. Hügelgrab.ʾ
Pompaelo Spanien. → Pamplona.
Pompeiopolis Türkei. → Taşköprü.
Pompeiopolis Türkei. → Viranşehir sw von Mersin.

Pompeji** Italien, sö von Neapel. Italienisch Pompei Scavi. Römisch Colonia Veneria Cornelia Pompeii. Erbaut ab 6. Jh. vor Chr. Zerstörungen durch Erdbeben 62 nach Chr. Durch Vulkanausbruch 79 nach Chr. verschüttet. Aus dem Schutt herausragende Reste verfielen oder wurden im Laufe der Zeit wie überall zur Steingewinnung abgetragen, so daß nach den Ausgrabungen fast die gesamte Stadt bis zu einer Höhe von 4-6 Metern zum Vorschein kommt. Bis jetzt sind ca. 3/5 der ehemaligen Stadt erforscht und meist zugänglich.
Nirgendwo sonst können der Aufbau der Stadt, die Ausstattung der Häuser und Wohnungen und die ehemaligen täglichen Lebensumstände in einer römischen Stadt besser studiert werden als hier.
Der Erhaltungszustand besonders der Wandmalerein veranlaßte dazu, Kunstrichtungen im engeren römischen Reich nach einzelnen Epochen Pompejis zu unterscheiden.
Die Art der Zerstörung brachte es mit sich, daß im Gegensatz zu anderen Ruinenstätten öffentliche Gebäude hier kaum besser erhalten sind als gewöhnliche Wohnhäuser. Es können hier nur einige Objekte genannt werden:
Antiquarium. Stadtmauer aus samnitischer Zeit. Gepflasterte Straßen, Bürgersteige. Venustempel, Forum, Basilika, Apollo-Tempel, Jupitertempel, Macellum, Heiligtum der städtischen Laren, Vespasianstempel, Gebäude der Eumachia.
Torbogen, Zentralthermen, Stabianer Thermen. Forum triangulare, Isistempel, Theater, Odeon, Palästra, Spuren von dorischem Tempel.
Große Palästra, Amphitheater.
Häuser**, Villen**, Handwerksbetriebe. Villen außerhalb der Stadtmauer. Nekropole vor der Porta di Nocera.
Pompejopolis Spanien. → Pamplona.
Po Nagar Vietnam. Stadt der Zam. Hinduistischer Tempel* 10./11. Jh.
Ponda Indien, Goa. N Mardol-Tempel, Manguesh-Tempel, Santadurga-Tempel.
Pondicherry Indien, s von Madras. Museum.
Ponione Deutschland. → Faimingen.
Pons Aelii GB. → Newcastle upon Tyne.
Pons Aeni Deutschland. Ehemalige Garnison bei Pfaffenhofen n von Rosenheim.
Pons Saravi Frankreich. Saarburg.
Pons Servil Albanien, bei Prenjasi, w des Ohridsees. Ehemaliges römisches Kastell.
Pontecagnano Italien, wenig ö von Salerno. Ausgrabungen. Nekropole. Museo dell'Agro Picentino.
Ponte de Lima Portugal, NW. Limabrücke auf römischen Fundamenten.
Ponte Lucano Italien, 6 km w von Tivoli. Römische Brücke. Grab der Plautier.
Pontericcioli Italien, 12 km nö von Gubbio. Römische Mauer. N römische Brücke.
Ponte Sampaio Spanien, nö von Vigo. Römische Brücke.

Pont du Gard Frankreich. → Remoulins.
Pontiko Kastro Griechenland. → Katakolon.
Pontischer Limes Türkei, Schwarzmeerküste ö von Trabzon (pontische und kolchische Küste). Kastelle ab 2. Hälfte 1. Jh. nach Chr. in Holz, ab 1. Hälfte 2. Jh. nach Chr. in Stein: Trapezous, Hyssou Limen, Rizalon, Athenal, Pithius, Apsaros, Phasis (→ Poti), Sebastopolis.
Pont Julien Frankreich, 8 km w von → Apt. Römische Brücke.
Ponto Heraclea Türkei. Genuesische Niederlassung. → Ereğli.
Pont-St.-Martin Italien, Region Valle d'Aosta, 73 km n von Turin. Römerbrücke aus dem 1. Jh. vor Chr.
Pontus Isidis Österreich. Römisch; Ybbs an der Donau.
Popa-Berg * Birma/Union Myanmar, ca. 50 km sö von Pagan. Kloster am Fuß des Berges. Heiligtum auf dem Berg.
Popeşti-Argeş Rumänien, sw von Bukarest. In der Nähe ehemalige befestigte Dakersiedlung, 2.-1. Jh. vor Chr.
Popoletum Spanien. Antik; Poboleda, nw von Tarragona.
Poptún Guatemala, Petén. Ruinenstätte.
Populonia Italien, n von Piombino, gegenüber von Elba. Ehemaliges Bergwerkszentrum und etruskische Siedlung Pupluna. Reste von Stadtmauer 6.-3. Jh. vor Chr. Ö, sö und s Nekropolen*, Villanova- bis römische Zeit. Etruskisches Museum.
Pordenone Italien, w von Udine. Reste von römischer Villa.
Poreč Kroatien, Istrien. Römisch C.Julia Perentium, Parentium. Reste von Neptuns- (2. Jh.) und Marstempel (1. Jh.). Spuren des Forums. Basilika Euphrasiana** 6. Jh., ältere Teile 4. Jh., Mosaike. Bischofshaus 6. Jh. Wallburgen in der Umgebung.
Poris de Abona Spanien, Teneriffa, Ostküste. Höhlenwohnungen der Guanchen.
Porolissum Rumänien. Römisch; heute Moigrad bei Zălau. Ehemaliges römisches Castrum in der Provinz Dacien.
Poros Griechenland, auf der saronischen Insel Poros (antik Kalaureia), sw von Athen. Reste von Poseidon-Tempel, ab 6. Jh. vor Chr.
Porphyraion Libanon. → Nábi Younes.
Porqueira, A Spanien, s von → Orense (Ourense). W römische Brücke.
Porspoder Frankreich, nw von Brest. Menhire von Kergadiou. Menhir von Kerdelvaz. 1 km s Dolmen von Kerivoret.
Portbail Frankreich, Cotentin-Westküste. Spuren eines Baptisteriums 6. Jh.
Portchester GB, nw von Portsmouth. Reste** der römischen Festung Portus Adurni (am → Saxon Shore).
Port aux Choix Kanada, Neufundland, Westküste. Reste von Siedlung der Dorset-Kultur (1. Jtsd. vor

Chr. - 1. Jtsd. nach Chr.).
Port Erin GB, Isle of Man. 3 km s am Mull Hill megalithische Gräber.
Porth-dafarch GB, Wales, Anglesey, Holy Island-Westküste. Spätvorgeschichtlich-römerzeitliche Siedlung.
Porth Dinlleyn GB. → Nefyn.
Porthmos Griechenland, Euböa, s von Aliveri. Hafen des antiken → Tamynai. Reste von Hafenbefestigung.
Port Navalo-Arzon Frankreich, sw von Vannes. Tumulus de Tumiac.
Porto Adriano Italien. → San Cataldo.
Porto Badisco Italien, s von Otranto. Neolithische Felsmalereien, 2. Hälfte 4. Jtsd. vor Chr.
Porto Clementino Italien. → Tarquinia Lido.
Porto Conte I-Sardinien, nw von Alghero. Portus Nympharum. Römische Villa 1. Jh. nach Chr. Nuraghe Palmavera*.
Porto Falesia Italien. → Piombino.
Porto Germeno Griechenland. → Aigosthena.
Portogruaro Italien, sw von Udine. → Concórdia Sagittaria.
Portoheli Griechenland, Peloponnes, Argolis. Portochelion. Ev. das antike Halieis. Besiedelt auch von Jungsteinzeit bis 2. Hälfte 3. Jtsd. vor Chr. Ehemalige Akropolis, Wälle. Reste 5. und 4. Jh. vor Chr.
Porto Lago Griechenland, 26 km sö von Xanthi. Antik Dione. Ö Reste von byzantinischer Basilika.
Porto Pigontio Deutschland. Piesport.
Porto Rafti Griechenland, Attika, ö von Athen. Reste der antiken Hafenstadt Prasiai. Befestigung, Mauerreste. Späthelladische Nekropole. Spuren und mykenische Nekropole des antiken Steiria.
Portoroż Slowenien, sö von Piran. Im Tal Grubelica Reste von römischen Thermen.
Porto Torres I-Sardinien, Nordküste. Römisch Turris Libysonis. Römische Brücke*. Reste* von Thermen, Häusern, Mosaiken. Aquädukte. Ausgrabungen bei der Kirche San Gavino*. Antiquarium.
Porto di Traiano Italien, ö von Fiumicino. Hafenbecken, 103 nach Chr., als Ersatz für den Portus Romae (Fiumicino). Reste von Docks, Thermen, Tempeln. Kanal Fossa Traiana.
Porto Vecchio F-Korsika, SO. Nekropolen mit Steinkistengräbern. Nekropole von → Tivolaggiu. Sw Tempelreste in → Tappa, ca. 2000 vor Chr. Sw Tempelreste in → Ceccia, 2. Jtsd. vor Chr.
Portovenere Italien, 12 km s von La Spezia. Antik Portas Veneris. Das Kastell auf römischen und byzantinischen Resten.
Port Royal Jamaika, sw von Kingston. Erforschung der im Juni 1692 durch ein Erdbeben größtenteils im Meer versunkenen Stadt.
Port Said Ägypten. Museum.
Portus Frankreich, Burgund, bei Montceau-les-Mines. Kleines, teilweise ausgegrabenes Hand-

werkerdorf.

Portus Adurni GB. → Portchester.

Portus Blendium Spanien. Römisch; Santander.

Portuscale Portugal. Römisch; Porto.

Portus Cervera Kroatien. → Črvar.

Portus Classis Italien. → Ravenna.

Portus Divae Frankreich. Römisch; Dives-sur-Mer, nö von Caen.

Portus Gaditanus Spanien. Römisch; Puerto Real, ö von Cadiz.

Portus Herculis Italien, s von Orbetello. Port'Ercole, der antike Hafen von Cosa (→ Ansedonia).

Portus Herculis Monoeci → Monaco.

Portus Ilicitanus Spanien. → Santa Pola, sö von Elche.

Portus Itius Frankreich. Römisches Lager und antike Siedlung an der Stelle von Wissant, w von Calais.

Portus Lunae Italien. Römisch; La Spezia.

Portus Magnus Spanien. → Almería.

Portus Magnus Spanien. Römisch; Portman, ö von Cartagena.

Portus Magnus Spanien, Ibiza. → San Antonio Abad.

Portus Magonis Spanien, Menorca. → Mahón.

Portus Menesthei Spanien. Römisch; El Puerto de Santa Maria bei Cadiz.

Portus Nympharum I-Sardinien. → Porto Conte.

Portus Veneris Italien. → Portovenere.

Portus Vicus Deutschland. → Pforzheim.

Poschapura Pakistan. → Peschawar.

Posedarje Kroatien, 25 km nö von Zadar. Illyrische Gräber. In der Umgebung Funde aus Jungsteinzeit und römischer Zeit. Sw → Islam Latinski.

Poseidon Griechenland. → Karpathos (Ort).

Poseidonia Italien. → Paestum.

Posewald Deutschland, Rügen, sö von Bergen. Rest von Großsteingrab.

Posidium Syrien. → Ras el-Basit.

Posieux Schweiz, sw von Fribourg. Glanebourg ou Châtillon: Wall- und Grabenreste von befestigter Stätte der Hallstatt- und Römerzeit.

Postira Kroatien, Brač, Nordküste. 3 km ö in der Bucht Lovrečina Ruinen von christlicher Basilika 5.-6. Jh.

Posto Italien. → Calvi Risorta.

Postoloprty Tschechien, w von Prag. Siedlung der Bronzezeit.

Posušje Bosnien-Herzegowina, 40 km LL wnw von Mostar. Auf dem Hügel Gradac Reste von römischer Befestigung.

Potaissa Rumänien. → Turda.

Potamos Griechenland, Kythera. Spuren von minoischer Siedlung. Gräber, Nekropole.

Potenza Italien, Basilikata. Römische Villa 1.-5. Jh. im Stadtteil Malvaccaro entdeckt. Mosaik. Archäologisches Provinzmuseum.

Poti GUS, Georgien, Küste. Griechische Stadt Phasis seit 1. Hälfte 1. Jtsd. vor Chr. Ehemals Standort eines Apollon-Tempels.

Potidaia Griechenland. → Nea Potidaia.

Potirna Kroatien, Korčula, w von Blato. Griechische Reste.

Potoci Bosnien-Herzegowina, 10 km n von Mostar. Reste von römischer Siedlung und von frühchristlicher Kirche. In Cim Reste von Bischofskirche 5./6. Jh.

Potočka Zijalka Slowenien, bei → Celje (Cilli). Höhle des Jungpaläolithikum.

Potrero Nuevo Mexiko, Veracruz, s von Minatitlán. Verfallende Stätte der → (La-)Venta-Kultur.

Potrero de Payogasta Argentinien, Salta, bei Cachí. Ehemalige befestigte Inka-Siedlung.

Potsdam Deutschland. N Sacrow: Wallanlage der jüngeren Bronzezeit.

Poulnabrone Irland, bei → Caherconnell. Dolmen*, → Abb. 22.

Pound, The GB, Dorset, bei Winterbourne Abbas w von Dorchester. Langhügelgrab.

Poundbury GB, Dorset, w von Dorchester. Eisenzeitliche Befestigung. Römischer Aquädukt.

Pouri Griechenland, 55 km nö von Volos. Purion. Ev. das antike Spezias. Reste von antiken und byzantinischen Mauern, Wohnhäusern, dorischem Tempel.

Pourrières Frankreich, 25 km ö von Aix-en-Provence. Sw an der Straße Nr. 7 Reste, ev. von Triumphbogen. N Oppidum → Pain de Munition.

Poverty Point USA, Nord-Louisiana. Frühe Agrarsiedlung. Große konzentrische Erdwälle, ca. 400 vor Chr.

Povlja Kroatien, Brač, Nordküste. Reste von römischer Villa und von altchristlicher Basilika 5./6. Jh. mit Wandmalereien.

Povoa de Lanhoso Portugal, ö von Braga. In der Umgebung Spuren von iberischer Siedlung. Sw → Briteiros, wsw → Sabrosa.

Poysdorf Österreich, ca. 60 km n von Wien. Stadtmuseum. → Falkenstein.

Pozalagua-Höhle Spanien. → Ramales de la Victoria.

Pozantı Türkei, an der Kilikischen Pforte. Antik Podandos. Römische Straßen, Inschrift.

Požarevac Serbien, ö von Belgrad. Nationalmuseum.

Pozas de Ventura Mexiko, Campeche, 4 km nw von Paso Real, Insel del Carmen. Vorspanische Siedlung, Plattformen.

Pozzuoli* Italien, w von Neapel. Antik Dikaiarchia, römisch Puteoli, ab 63 nach Chr. Colonia Claudia Neroensis Puteolana, ab Vespasian Colonia Flava Augusta Puteoliana. Dom an der Stelle von Neptuntempel, Macellum. Dom an der Stelle von Augustustempel auf der ehemaligen Akropolis. Großes und kleines Amphitheater. Weitere Reste im Meer versunken. Grabdenkmäler.

Prachin Buri Thailand, onö von Bangkok. Ruinen von Siedlungen der Dvaravati- und Lopburi-Epoche.

Prachuap Khiri Khan Thailand, ca. 325 km ssw von Bangkok. Höhlentempel Tham Khao Khan Kradai.

Praeneste Italien. → Palestrina.

Praesidium Julium Portugal. → Santarém.

Praetorium Agrippina Niederlande. → Valkenburg.

Praisos Gr-Kreta, s von Sitia. Ehemalige minoische Siedlung. Rest von minoischer Villa an der Stelle Prophetis Ilias. Gräber aus mykenischer und geometrischer Zeit, Kuppelgrab von ca. 1200 vor Chr. bei Photula.

Prakhon Chai Thailand, osö von Nakhon Ratchasima. Prasat Plai Bat Noi. W → Prasat Phanom Rung, s → Muang Tham.

Prambanan** Indonesien, Java, 16 km nö von Yogyakarta. Hinduistisch-shivaitische Tempelanlage ab 8. Jh. Shiva-Tempel-Komplex Lara Jonggrang, 915. Tjandis. Reliefschmuck. In der Nähe → Sewu, → Plaosan, → Sojiwan.

Prangendorf Deutschland, sö von Rostock. ½ km sw Reste von Großsteingräbern.

Prang Ku Thailand, sw von Si Sa Ket. Chedi.

Pranu Murdegu I-Sardinien. → Sadali.

Pranu Muteddu I-Sardinien. → Goni.

Prasat Andet Kamputschea, Kompong Thom. Ehemalige Anlagen ab 7. Jh., P.-Stil.

Prasat Ban Pluang Thailand, 31 km s von Surin, osö von Nakhon Ratchasima. Kleine Tempelanlage 2. Hälfte 11. Jh.

Prasat Hin Muang Khek Thailand, bei Nakhon Ratchasima. Ruinenstätte.

Prasat Khao Phra Vihara Kamputschea, sö von Si Sa Ket. Khmer-Tempel.

Prasat Neang Khmau Kamputschea, Süden. Backsteinheiligtum von 928.

Prasat Nuang Ti Thailand, 15 km ö von Surin. Tempelruinen.

Prasat Phanom Rung* Thailand, ca. 120 km osö von Nakhon Ratchasima, s von Ban To Ko. Tempelanlage mindestens ab 10. Jh., überwiegend 12. Jh. 5 km LL ö: → (Prasat) Muang Tam.

Prasat Phum Prasat Kamputschea, Kompong Thom. Heiligtum, 706 nach Chr.

Prasat Phu Phek Thailand, w von Sakhon Nakhong. Prang aus der Khmer-Zeit.

Prasiai Griechenland. → Porto Rafti.

Prasiai Griechenland, bei Leonidio, s von → Navplion.

Pratica di Mare Italien, 30 km s von Rom. Ausgrabungen des antiken Lavinium. Reste bzw. Spuren von Stadtmauer, Akropolis, Thermen, Wohngebäuden. Nekropole. Geplantes Antiquarium.

Pratischthanapura Indien. → Paithan.

Prayaga Indien. → Allahabad.

Preah Vihear Kamputschea, n von Angkor, in der Dangrêk-Kette. Gebäudefundamente 7. Jh. Tempelanlage ab 9. Jh. Weitere Bauten des 11. Jhs., shivaitisch.

Preetz Deutschland, Rügen, sö von Bergen. Rest von Großsteingrab. Wnw Reste von Großsteingräbern.

Preist Deutschland, sö von Bitburg. Ringwall seit Mitte 5. Jh. vor Chr.

Preko Kroatien, auf Ugljan, gegenüber von Zadar. Auf der Gradina Reste antiker Bauten.

Preslav Bulgarien. Zweite bulgarische Hauptstadt 893-927. Ausgrabungen; Festungsmauern, "Goldkirche". Museum.

Presos Gr-Kreta. → Praisos.

Presta Italien, bei → Sant'Agatha de'Goti, ö von Caserta. Nekropole 19./18. Jh. vor Chr.

Pretoria RSA. Kulturhistorisches Museum.

Prevala Bosnien-Herzegowina, bei Duvno, onö von Split. Reste von Römerstraße.

Preveza Griechenland, Epirus. Antik Berenike, Berenikia. Mauerreste. Spuren von Akropolis. Das antike → Aktion am gegenüberliegenden Ufer.

Priansos Gr-Kreta, ssö von Iraklion, 12 km n der Südküste. Reste der antiken Stadt.

Priddy GB, Somerset, im NO der Mendip Hills. Langhügelgrab, Hügelgräber, bronzezeitliches Heiligtum.

Priene** Türkei, 132 km s von Izmir. Stadt bereits ab 2. Jtsd. vor Chr. Neuanlage im 4. Jh. vor Chr. Reste von Stadtmauer, Stadion, Unterem Gymnasion, Agora, Zeustempel, Säulenhalle, Prytaneion, Buleuterion, Oberem Gymnasion, byzantinischer Kirche, Theater, Athenatempel, Demetertempel, Akropolis. Nekropole. S Kastell und Aquädukt.

Prijedor Bosnien-Herzegowina, nw von Banja Luka. Bei der Örtlichkeit Gradina Siedlungsspuren von ca. 2000 vor Chr. bis 4. Jh. vor Chr., → Vučedol-Kultur.

Prilapon Makedonien. → Prilep.

Prilep Makedonien, 130 km s von Skopje. Byzantinisch Prilapon. Reste von Burg und altslawischer Siedlung. Byzantinische Felsgräber. Nationalmuseum.

C. Prima Flavia Augusta Caesariensis Israel. → Caesarea Maritima.

Primis Ägypten, Nubien. → (Qasr) Ibrim.

Princastellum Deutschland. Spätrömisch; Bernkastel.

Pringapus Indonesien, Mittel-Java. Tempelanlage 10. Jh.

Prinias Gr-Kreta, ca. 30 km ssw von Iraklion, n von → Gortyn. Antik Rhizenia, Apollonia. Ehemalige Akropolis, hellenistische Festungsreste. Reste von zwei Tempeln 7./6. Jh. vor Chr.

Priverno Italien, sö von Rom. 3 km n die antike Siedlung Privernum der Volsker. Reste von Akropolis, Tempeln. Nekropole.

Privernum Italien. → Priverno.

Privlaka Kroatien, 20 km nw von Zadar.

Jungsteinzeitliche Siedlungsspuren. Illyrische Grabhügel. Römische Bruchstücke und Inschriften. Reste von vorromanischen Kirchen.

Prizren Kosovo, 100 km wnw von Skopje. Römisch Theranda, byzantinisch Prizrenum. Reste von römischem Bad. Illyrische Gräber in Romaja, 7.-2. Jh. vor Chr. Archäologisches Museum.

Proasteia ad Hebdomon Türkei. → Bakırköy.

Probalinthos Griechenland. → Nea Makri.

Prochyta Italien. Die Insel Procida bei Ischia.

Proctorville USA, Ohio. Indian. Tempelhügel.

Prodomos Griechenland, 3 km ö von Karditsa. Ausgrabungen von zwei neolithischen Siedlungen.

Proerna Griechenland. → Neo Monastiri.

Prösitz Deutschland, ö von Grimma, sö von Leipzig. Köllmichen: Reste von slawischer Wallanlage (ab 9. Jh.).

Promajna Kroatien, nw von Makarska. Römische Gräber.

Prome Birma/Union Myanmar, 287 km n von Rangun. Shwesandaw-Pagode. 17 km s Shwedaung-Pagode. Das alte Prome 8 km sö: → Sri Ksetra.

Promona Kroatien. Antike Siedlung; heute Oklaj, 17 km sw von Knin.

Pronnoi Griechenland, Kefallinia, n von Skala. Spuren der antiken Stadt, von Akropolis, von Tempeln.

Prooleek Irland, Louth, nö von Dundalk. ND476. Dolmen, Galeriegrab.

Prophitis Ilias Gr-Kreta. → Praisos.

Proseken Deutschland, w von Wismar. W Rest von Großsteingrab.

Proserpina Spanien, bei Mérida. Römischer Staudamm Anfang 2. Jh. für eine Wasserleitung nach → Mérida.

Prosimna Griechenland, Peloponnes, ö von Mykene. Berbati. Antik Prosymna. Mykenische Siedlungsreste. Schacht- und Kammergräber. Tholosgrab 1400 vor Chr.

Prostanna Türkei. → Eğridir.

Prosymna Griechenland. → Prosimna.

Prozor Bosnien-Herzegowina, 80 km n von Mostar. Ausgrabungszone Varvari. Ausgrabungen; mittlere Altsteinzeit, illyrische Zeit. Reste des römischen Bistue vetus und von frühchristlicher Basilika.

Prozor Kroatien, 46 km sö von Senj. Illyrisch Arupium.

Prüm Deutschland. 1 km nö Wallreste im "Tettenbusch". 6 km nö Ringwall "Burgring".

Prusa ad Mare Türkei. → Gemlik.

Prusa ad Olympium Türkei. → Bursa.

Prusias ad Hypium Türkei. → Üskübü.

Prymnessus Türkei. Antik; ev. das heutige → Seyitgazi, 43 km sö von Eskişehir.

Pry Rigg GB, Yorkshire, n von Scarborough. Hügelgrab.

Przeworsk Polen, ö von Rzeszow. Gräberfeld. P.-

Kultur, 1. Jh. vor Chr. bis 5. Jh. nach Chr.

Psachna Griechenland, 13 km n von Chalkis, Euböa. Antike Reste. Spuren von Thermen und Wohngebäuden. Grundmauern von frühchristlicher Kirche.

Psara Griechenland, Ort auf gleichnamiger Insel w von Chios. Antik Psyra. Ma Burg an der Bucht Choralo. Nekropole 14./13. Jh. vor Chr. an der Bucht Archontiki.

Psatha Griechenland, Attika, n von Megara. Ö hellenistischer Wachtturm.

Psathura Griechenland, Sporadeninsel. Antike Reste, z.T. im Wasser.

Pseira Gr-Kreta. → Psira.

Pselchis Ägypten, Nubien. → Dakka.

Pselqet Ägypten, Nubien. → Dakka.

Psiloritis Gr-Kreta. → Ida-Berg.

Psira Gr-Kreta, Insel ö von Agios Nikolas. Pseira. Reste aus mittel- und spätminoischer Zeit; Reste von Mauer, Gebäuden, Hafen.

Psophis Griechenland. → Tripotamos.

Ptandaris Türkei, n von Kahramanmaraş. Tanır.

Pteleon Griechenland. → Pteleos.

Pteleos Griechenland, 78 km ö von Lamia. Antik Pteleon. Reste der antiken Stadtmauer. Mykenische Gräber.

Pteria Türkei. → Boğazkale.

Ptoion Griechenland. → Ptoon.

Ptolemäus Jemen-Süd. → Aden.

Ptolemais Israel. Antik; → Akko.

Ptolemais Libyen, Cyrenaika. → Tolmeitha.

Ptolemais Hermiou Ägypten. Antik; heute el-Mansha, sö von Sohag.

Ptolemais Hormos Ägypten. → Illahun.

Ptoon Griechenland, Böotien, bei Akraiphion, n von Thiva. Reste von Mauern, ehemalige Akropolis. Tempelreste (Heiligtum des Apollon Ptoios) 3. Jh. vor Chr. auf Tempelresten des 7. Jh. vor Chr. Zisterne. Kapellenruine Agia Paraskevi.

Ptuj Slowenien, sö von Maribor. Pettau. Römisch Poetovium. Ehemals keltisches Oppidum und Standort von römischem Palast, Tempel, Theater, Thermen. Denkmal für Septimius Severus, Grabsteine, Unterbauten von zwei Mithrastempeln in Breg. Archäologische Sammlung im ehemaligen Kloster. 3 km sw: → Hajdina.

Puca-Pucara Peru, ca. 10 km n von Cuzco. Ehemalige Bergfestung der Inka.

Pucará Peru, ca. 100 km nw des Titicacasees. Ehemaliges großes Zeremonialzentrum 200 vor Chr. bis 600 nach Chr. Inkafestung, Ruinengelände.

Puch bei Weiz Österreich, nö von Graz. Trockenmauer- und Wallreste von vorgeschichtlicher Höhensiedlung. Urgeschichtlicher Wanderweg.

Puebla Mexiko, Hauptstadt von P., sö von M.-City. Museum des Staates Puebla. In der Nähe: → Cholula, → Tepalcayo, → Totimehuacán.

Puebla de Castro, La Spanien, ca. 70 km ö von

Huesca. Reste von römischer Siedlung.

Puebla de Trives Spanien, 80 km ö von Orense. 6 km ö römische Brücke.

Pueblo Bonito USA, New Mexico, Westen, im → Chaco Canyon National Monument. Größtes Pueblo der Anasazi, 10./11. Jh., verlassen. Besucherzentrum und Museum.

Pueblo Viejo Mexiko. → Nochixtlán.

Puentes de Garcia Rodriguez, As Spanien, ö von La Coruña. As Pontes. Mehrere Dolmen.

Puente-Viesgo Spanien, 30 km sw von Santander. Grotten von Castillo Pasiega, Las Chimenas, Las Monedas mit prähistorischen Zeichnungen. Sw Horno de la Peña bei San Felices de Buelna mit Malereien.

Puerco Indian Ruin USA, Arizona, im → Petrified Forest National Park. Rest von indianischem Pueblo, bewohnt bis ca. 14. Jh. 2 km s Newspaper Rock mit Felszeichnungen.

Puerto de Alcudia Spanien, Mallorca. Römisch Pollentia. Ausgrabungen. → Alcudia.

Puerto Arista Mexiko, Chiapas, am Golf von Tehuantepec. Ehemals große Siedlung. Reste von Plattformen und Pyramiden.

Puerto Hormiga Kolumbien, N-Küste. Besiedelt mindestens ab 2. Hälfte 4. Jtsd. vor Chr.

Puerto Rico Mexiko, 140 km w von Chetumal, n von Xpuhil, an der Laguna Soh. Ruinenstätte.

Puerto de Santa Maria, El Spanien, nö von Cadiz. Ausgrabungen bei Casa Doña Blanca. Jungsteinzeitliche Gräber.

Puerto Vallarta Mexiko, w von Guadalajara, an der Küste. Einige Ruinen aus präkolumbianischer Zeit.

Puig, El Spanien. → Alcoy.

Puig d'es Molins Spanien. → Ibiza.

Puig d'en Valls Spanien. → Ibiza.

Pula** Kroatien, Istrien. Griechisch Polai. Römisch Pietas Julia, C.Julia Pollentia Herculanea. Amphitheater**, 1. Jh. Triumphbogen der Sergier* (Porta Aurea), 31 vor Chr. Porta Gemina*, 2. Jh. Reste von: Stadtmauern, Herkulestor 1. Jh. vor Chr., großem und kleinem Theater, Augustustempel*, Dianatempel, Nymphäum, Mausoleum, byzantinischen Kirchen. Reste am Dom, Mosaik. Archäologisches Museum.

Pulcheriopolis Albanien. → Berat.

Pulcha Portugal. → Viana do Costelo.

Pulguksa Korea, ca. 12 km ö von Kyongju. Sakyamuni- und Prabhuta-vatna-Stupa.

Pullamangai Indien, Tamil Nadu, bei Pasupatikovil. Brahmapureshvara-Tempel, 10. Jh. Skulpturen*.

Pullariae Kroatien, bei Pula. Römisch; Brionische Inseln. → Brijuni.

Pully Schweiz, VD, ö von Lausanne. Reste von römischer Villa, 1.-4. Jh.; Freilichtmuseum.

Pulpudeva Bulgarien. → Plovdiv.

Pulur Türkei, Keban-Stausee, sö von Ağın. Ehe-

maliges kupfersteinzeitliches und frühbronzezeitliches Dorf.

Pumamarca Peru, bei → Ollantaytambo, Patacancha-Tal. Ruinen der Vor-Inkazeit.

Puma-Punku Bolivien. → Tiahuanaco.

Punchestown Irland, Kildare, ö von Naas. ND305. Menhir und bronzezeitliches Steinkistengrab.

Puncuri Peru, Nepaña-Tal, sö von Chimbote. Tempelreste.

Pune Indien, 190 km ö von Bombay. Poona. Reste eines Palastes der Peshwa, 18. Jh. Panchaleshvar-Tempel, Parvati-Tempel.

Puno Peru, am Titicacasee. Kleines Museum mit Goldfunden aus den Chullpas am Umayo-See (→ Sillustani). Runde und eckige Grabtürme.

Punta de Abona Spanien, Teneriffa, Ostküste. Höhlenwohnungen der Guanchen.

Punta-Arenas Ecuador. Fundort und Sparte der → Valdivia-Kultur.

Puntadewa Indonesien. → Dieng.

Punta Križa Kroatien, Cres. Höhlensiedlung. Reste von frühchristlichen Kirchen.

Puntamika Kroatien. → Zadar.

Punta de la Vaca Spanien, n von Cadiz. Punische Grabanlage.

Pupluna Italien. → Populonia.

Purbach Österreich, Burgenland. Auf dem Burgstall Umwallung von hallstattzeitlicher Siedlung und frühmittelalterliche Absperrwälle.

Purgatoriu I-Sardinien, nw von Dorgali. Nuraghendorf.

Puri* Indien, Orissa, am Meer. Hinduistisch Sri Ksetra. Pilgerstadt seit mindestens 12. Jh. Jagannath-Tempelbezirk ab 7. Jh., Erneuerungen 12. Jh. Lokanath-Tempel, Cakra-Tirtha-Tempel, Bata-Lokanath-Tempel.

Purion Griechenland. → Pouri.

Purmany Spanien, Ibiza. → San Antonio Abad.

Purpurinseln Marokko, sw von Essaouira, Atlantikküste. Mogador. Villa mit Thermen und Resten von Purpurwerkstätten 1. Jh.

Puruchuco Peru, 8 km nö von Lima. Ausgrabungen. Palast der Vor-Inkazeit. Museum.

Puschkalavati Pakistan. → Charsadda.

Pushkar Indien, Rajasthan, See 11 km w von Ajmer. Mehrere Tempel, ab 18. Jh. erneuert; Sri-Vaikunthanath-Tempel.

Pusilha Belize, Süden. Ehemalige Siedlung der Maya.

Pusoksa Korea, Nord-Kyongsang. Muryangsu-jen, 13./14. Jh.

Pustow Deutschland, sö von Grimmen. W und ö Reste von Großsteingräbern.

Puteoli Italien. → Pozzuoli.

Putgarten Deutschland, Rügen, n von Sassnitz. Nö am Kap Arkona Wallreste von alt- und jungslawischer Tempelburg.

Putinci Vojvodina, 45 km wnw von Belgrad. Bei Donji Petrovci das römische Bassiana. Ausgrabun –

gen; Reste von Stadtmauer, Thermen, Wohngebäuden. Mosaike.

Putlos Deutschland, n von Oldenburg/Holstein. N an der Küste und 1 km w von Georgenhof Reste von Großsteingräbern.

Put Put Tunesien, bei Hammamet. Ehemalige römische Siedlung.

Puy, Le Frankreich. Museum. Reliefs am Dom.

Puy de Dome Frankreich, w von Clermont-Ferrand. Reste von Merkurtempel. Weitere Reste.

Puy d'Issolud Frankreich, sö von Brive-la-Gaillarde. Ev. der ehemalige Standort des Oppidum Uxellodunum der Caducer.

Puyo Korea-Süd, Chungchong. 3. Hauptstadt des Paekche-Reiches (1. Hälfte 1. Jtsd. nach Chr). Chongnimsa-Pagode. In der Umgebung Gräber.

Puys Frankreich, 3 km ö von Dieppe. Ehemaliges keltisches Oppidum Cité de Limes.

Puyupatamarca Peru, am → Inka-Trail. Ruinen der Inkazeit. Badebecken, aus dem Fels geschlagene Plattform.

Puyuyoq Peru, ö von Cuzco. Ruinen.

Puy d'Yssandon Frankreich, nw von Brive-la-Gaillarde. Keltisches Oppidum.

Puzeh Iran, 84 km n von Schiraz. Ruine eines Forts.

Pydna Griechenland, Makedonien, bei Limia Pidnas, s von Magrigialos, 14 km nö von Katerini. Antike Siedlung. Mauerreste auf Palaiokitros. Gräber klassische bis römische Zeit.

Pydna Türkei, s von Fethiye.

Pygela Türkei, ca. 80 km s von Izmir. Antiker Hafen am Kaystros. Ehemals Standort eines Artemistempels.

Pyla Zypern, nö von Larnaca. Ehemalige mykenische Siedlung.

Pylai Türkei. → Çiftlikköy.

Pyli Griechenland, Kos. Pylion. Spuren von Demetertempel. Unterirdische Kammer Charmylion 4. Jh. vor Chr. mit kleiner Kirche. Palaio-Pyli: Reste von ma Siedlung, byzantinisches Kastro mit zyklopischen Mauerresten, Kirchen.

Pylos Griechenland, Peloponnes, Messenien, Westküste. Pilos. Mittelalterlich Navarino. Das Neokastro von 1573. Museum. Ca. 17 km n die Reste* des Nestorpalastes, mykenische Palastreste 13./12. Jh. vor Chr. Reste eines wenig älteren Palastes. Kuppelgräber. Museum in → Chora (Hora). Nw → Sfaktiria. Nw → Pylos (Altpylos).

Pylos Griechenland, Peloponnes, Messenien, Westküste, nw von → Pylos (dem heutigen P.). Altpylos, Palaia Navarino. Antiker Ort, besiedelt spätestens ab Mitte 1. Jtsd. vor Chr. Reste von antiken Stadtmauern und von Akropolis (griechisch auch Koryphasion), byzantinisch Avarino, ma Chastel Port de Junch, im 16. Jh. Palaiokastro. Spuren von Wellenbrecher, Mole. Zisterne. Mykenischer Friedhof.

Pyŏngyang Korea. Chinesische Militärkolonie bis 313. Hauptstadt der Kokury-Dynastie ab 427. Gräber, Hügelgräber.

Pyon Wood GB, Herefordshire, nw von Leominster. Eisenzeitliche Befestigung.

Pyra Griechenland, sw von Lamia. Ehemalige Kultstätte. Reste von Tempel, Säulenhalle, Heroon.

Pyranthos Gr-Kreta. → Pyrathi.

Pyrasos Griechenland. → Nea Anchialos.

Pyrathi Gr-Kreta, 40 km s von Iraklion. Pirathi. Antik Paranthos. Römische Ruinen.

Pyrgi Italien. Antiker Hafen von Caere. → Santa Severa.

Pyrgion Türkei. Birgi, ö von Ödemiş.

Pyrgos Griechenland. → Feneos.

Pyrgos Griechenland, 52 km s von Lamia. Pirgos. Spuren des antiken Kytinion. Festungsruinen 13. Jh.

Pyrgos Griechenland, Peloponnes. An der Stelle des antiken Letrini.

Pyrgos Griechenland. → Pirgos, n von Orchomenos.

Pyrgos Kieriu Griechenland. → Pirgos (Thessalien).

Pyrrha Griechenland, Lesbos, 30 km wnw von Mytilene. Spuren der antiken Stadt. Ehemals Standort von Akropolis. Fundamente des Heiligtums von Messon (Messa).

Pyrrha Türkei, Westküste sw von Burhaniye.

Pyrrhanum Slowenien, Istrien. Römisch; Piran.

Pyrrichos Griechenland, Peloponnes, sw von Githio, w von Kotronas. Reste von römischen Gebäuden und Villa mit Thermen.

Pythagorion Griechenland, Samos. → Pitagorion.

Pythion Griechenland, w des Olymp. Pithio. Sö Mauerreste der antiken Stadt. Rest von byzantinischer Festung.

Pyxus Italien. → Policastro Bussentino.

Qabr Hiram Libanon, 6 km sö von → Sour (Tyrus), bei Hannaouiyé. Grab des Hiram; phönizisches Sarkophagdenkmal. Spuren eines Heiligtums. In der Umgebung Grabkammern.

Qadamgeh Iran, 38 km s von Persepolis. Felsheiligtum.

Qadesch Syrien. → (Tell) Nebi Mind.

Qadi, Tell el Israel. → Dan.

Qadim, Tepe Iran, bei Sultanieh, 360 km sö von Tabriz.

Qadisiya Irak, ca. 120 km n von Bagdad. Gebäuderest mit achteckiger Mauer.

Qadmus Syrien, 26 km sö von Baniyas, s von Lattakia. Cademois der Kreuzfahrer. Ehemalige Burg. 10 km: Burg el Kahf.

Qahira, El- Ägypten. → Kairo.

Qaim, El Irak, 25 km ö von Abu Kemal, an der syrischen Grenze. Grabrest.

Qain Iran, 380 km s von Meschhed, n von Birdjend. Hauptstadt von Kuhistan in frühislamischer Zeit. In der Umgebung acht Assassinenburgen.

Qala Malta, Gozo. Menhir.

Qalaat. Qal'at. Arabisch; Burg, Festung. Siehe unter dem Hauptnamen!

Qalaban Iran, nö von Uschan, letzteres 36 km nö von Teheran. Ruine eines islamischen Gebäudes. Reste von drei Felsterrassen.

Qalaeh. Arabisch; Burg. Siehe unter dem Hauptnamen!

Qala Hill Malta. → Xemxija.

Qalamoun, El Libanon, 9 km s von Trablous. 1 km n Ausgrabungen aus dem Moustérien. Marina-Grotte mit byzantinischen Malereien.

Qala il Pellegrin Malta. → Mgarr.

Qalat Jemen-Süd, n von Qana (Kana). Kalat. Wehrmauer 1. Jh. nach Chr.

Qalatgar Iran, sw des Orumiyeh-Sees. Ehemalige urartäische Festung.

Qalb Elias Libanon, 47 km osö von Beirut. Felsrelief.

Qalb Lohse* Syrien, bei Harim, 67 km w von Haleb. Kirchenruine* 5. Jh. Ruinenfelder an Djebel el Ala und Djebel Barischa.

Qale Waseri Iran. → Samas.

Qalhat Oman, sö von Maskat. Kalhat. Weitläufiges Ruinenfeld. Mausoleum.

Qaliet Marku Malta. → Maghtab.

Qamwat el Hermel Libanon, s von Hermel. Syrisches Grabdenkmal mit Pyramide und Skulpturen.

Qana, Tel Israel, nö von Jaffa, Yarkon-Tal. Ehemals frühbronzezeitliche Stadt.

Qana Jemen-Süd, in der Bucht Bir Ali. Cana, Kana. Antike Stadt und Hafen von Hadramaut. Ruinen. Tempelrest 4. Jh. nach Chr.

Qanais Ägypten. → Wadi Miah.

Qanatir Zébeidé Libanon, ca. 33 km n von Beirut. Ruinen eines römischen Aquädukts für Byblos. Altsteinzeitliche Fundstätte.

Qanawat* Syrien, 7 km nö von Suweida. Antik Kanatha. Reste von Stadtmauer und -tor. "Serail"*, ehemaliger Tempel 2. Jh., im 4./5. Jh. in christliche Kirche umgewandelt. Weitere Tempelruine. Kleines Theater 106 nach Chr. Rest von Nymphäum. Spuren von Türmen. Aquädukt. 3 km s die Ruinen von → Sia.

Qannas Syrien. Tall Qannas. → Habuba Kabira.

Qantara Libanon, 5 km s von Halba, ca. 25 km nö von Trablous. Aquädukt zur Versorgung der antiken Stadt → Arqa.

Qantareh Khorrah Zad Iran. → Haraz Zad.

Qantir Ägypten, Delta. Sw um den Tell el-Daba das Gebiet der Ramsesstadt Pi-Ramesse und das Gelände der Hyksos-Hauptstadt und Hafen der Ramessidenzeit Auaris. Das Gebiet von Pi-Ramesse reichte im Westen bis Tell el-Qirqafa bei Khatana und im Osten bis Samaana. Palastreste der 20./19. Dynastie und Tempelreste. Spuren der 12. Dynastie auf Tell el-Qirqafa.

Qara Syrien, 99 km n von Damaskus. Geringe Reste.

Qara Dong China, Xinjiang, in der Taklamakan. →

Karadung.

Qaraqosh Irak, ca. 30 km ö von Mosul. Qarakusch. Alte Kirchen und Kirchenreste in und außerhalb des Ortes.

Qara Qorum Mongolei. → Karakorum.

Qaret Umm el Sughaijar Ägypten, nö der Oase Siwa. Antike Reste.

Qariyet el Meragheh Iran. → Meragheh.

Quarley Hill GB, Hampshire, ca. 20 km nö von Salisbury. Eisenzeitliche Befestigung.

Qarnâwu Jemen-Nord. → Main.

Qarn Sartabeh Israel, 30 km n von Jericho. Antike Festung Alexandrium. Ruinen.

Qarraba Malta. → Ghajn Tuffieha.

Qartaba Libanon. Wenig ö Reste von antiker Siedlung. → Yanouh.

Qarun, Qasr Ägypten, Fayum, Westen. Kasr Karun. Antik Dionysias. Reste der Siedlung aus spätptolemäischer Zeit, von Tempel*, kleinem römischem Tempel, römischer Festung, Mausoleum.

Qasile, Tel Israel. → Tel Aviv.

Qasr. Arabisch; Burg, Schloß, befestigter Palast. Siehe unter dem Hauptnamen!

Qasr, El- Ägypten, Oase → Bahriya. → (El-) Bawiti.

Qasr, El- Ägypten, Oase → Dachle. Tempel für Toth aus griechisch-römischer Zeit. Friedhof.

Qasr, El- Irak. → Babylon.

Qasr, El- Irak, ca. 90 km s von Bagdad, ö von Kerbela. Ruinen der omayyadenzeitlichen Stadt; ehemals Standort einer Burg des Ibn Hubayreh.

Qasr, El- Jordanien, ca. 35 km sö von Kerak. Qasr Rabba. Ruine eines nabatäischen Tempels, 1. Viertel 2. Jh. nach Chr.

Qasr, El- Jordanien, 10 km s von Amman. Reste von römischem Mausoleum.

Qasrin Israel, nö des Tiberias-Sees. Reste von Synagoge, 4. Jh.

Qastal Jordanien, 30 km s von Amman. Byzantinisch Castellum Ziza. Ehemals Standort eines römischen Kastells am arabischen Limes. Ruinen von Omayyadenpalast und Moschee.

Qastal Syrien, 6 km n von Azaz, n von Haleb. 1 km n Reste von römischem Kastell. Zisternen.

Qatna Syrien. → Mischrife.

Qatrana* Jordanien, 89 km s von Amman, an der Wüstenstraße. Ehemals Station an der Hedschasbahn. Ehemaliges Pilgerfort.

Qattar Israel, ca. 20 km ö von Bethlehem. Ehemaliges Kloster Spelaion, gegründet 508. Mauerreste, Zisterne.

Qatura Syrien, 50 km nw von Haleb, s von → (Qalaat) Seman. Ruine von Villa 5./6. Jh.; Nekropole, unterirdisches Grab mit Pfeilern.

Qau el-Qebir Ägypten, 50 km sö von Assiut, Ostufer. Kau el-Kebir. Altägyptisch Tjebu, später Dju-Qua (Djew-Qa usw); antik Antaeopolis. Ehemals Standort eines Tempels für Antäus Ende 3. Jh. vor Chr. Nekropolen Altes Reich bis Spätzeit.

Qazun Basi Iran, s von Schahpur, NW-Ecke des Orumiyeh-Sees. Urartäische Funde; sassanidische und armenische Reste.

Qazwin Iran, nw von Teheran. Qazvin. Schad-i Schahpur ab 3. Jh. Haydariyeh-Medresse 12. Jh. Freitagsmoschee 1113/1119.

Qedah, Tell al- Israel, nö von Zefat. Tell Waqqas. Antik Hazor, Hatsor, Chazor; assyrisch Hazatu. Besiedelt seit dem 3. Jtsd. vor Chr. Ausgrabungen: Oberstadt, eisenzeitliche Festung 10./9. Jh. vor Chr., Befestigungen, Wohngebäude. Unterstadt: Stadtmauerreste und Tempel ab 17. Jh. vor Chr., Wohngebäude, Altar, Wasserversorgungssystem, Tunnel.

Qente Peru, am → Inka-Trail. Ruinen der Inkazeit.

Qertassi Ägypten, s von Assuan. Antik Tzitzis. Kleiner Tempel, jetzt in → Neu-Kalabscha.

Qianfodong China, Gansu. → Mogao.

Qianfodong China, Xinjiang, 55 km ö von Turfan. Uigurisch Bezeklik. »Höhlen der 1000 Buddhas«, buddhistische Höhlentempel 3.-9. Jh., Malereien.

Qianling China, Shaanxi, ca. 100 km nw von Xian. Berg Liangshan mit Grabstätte des Kaisers Gaozong, 7. Jh., mit 17 Nebengräbern; umgebende Mauer. 3 km sö Tang Zhanghuai Taizi Mu, Grab des Prinzen Zhanghuai, 7. Jh., Malereien, Umfassungsmauerreste. Yongtai Gongzhu Mu, Grab der Prinzessin Yongtai, + 701. Museum.

Qianxian China, Shaanxi. → Qianling.

Qila ed-Dabba Ägypten, Oase → Dachle. Begräbnisstätte von → Ain Asil; Lehmziegelmastabas, Ende 3. Jtsd. vor Chr.

Qinglong Shan China, Shandong, Kreis Licheng. Auf dem Berg die Pagode Simen Ta von 611. Nw Pagode Longhu Ta. W Tausend-Buddha-Felsen Qianfo-Ya mit buddhistischen Skulpturen.

Qinnesrine Syrien, 50 km sw von Haleb. Antik Chalcis ad Belum. Tell Nebi Is und Tell Chalcis. Stadtmauerreste, Akropolis, Reste von Unterstadt, Nekropole.

Qin Shihuang-Grab China. → Xian.

Qir Iran, s von Schiraz, ca. 100 km sö von Firuzabad. 1 km ö Festung Qalaeh-i Parian 20. Jh. auf Siedlungshügel, mit Spuren der Kupfersteinzeit. 4 km n Reste der Qalaeh-i Gabri auf Felshügel. Felsrelief.

Qirate Syrien, 107 km s von Damaskus, bei Ed Dur. Grabmal.

Qirmasin Iran. → Kermanschah.

Qirqafa, Tell el- Ägypten, Delta. → (El) Chatana.

Qirqbize Syrien, bei Harim, 67 km w von Haleb. Ruinen von Kirche 4. Jh. und von Villa 3. Jh.

Qis Ägypten. → (El-)Qusiya.

Qischm Iran, Insel sw von Bender Abbas. Prähistorische, achämenidische, sassanidische Reste, portugiesische Ruinen.

Qishan China, Shaanxi, Fengchu, w von Xian. Palastanlage und Gräber 1. Viertel 1. Jtsd. vor

Chr. entdeckt.

Qixia Shan China, Jiangsu, Berg 22 km nö von → Nanjing. Tausendbuddha-Felsen Qianfo Yan, ab 478, ca. 300 Nischen mit mehr als 500 Skulpturen. Halle Wuliang Dian. Reste des Tempels Qixia Si.

Qlaiaat Libanon, 23 km nö von Trablous. Qoueiat. Ruine einer Kreuzfahrerburg.

Qlejgha, Il- Malta. → Bahrija.

Qodshanes Türkei, 20 km n von Hakkiri, sö von Van. Kirche Mar Shalita.

Qolat, Qaleh Iran, Berg ca. 65 km ö von Schiraz. Treppentunnel, ev. sassanidisch. Nekropole.

Qolota, Qalaat Syrien. → Kalota.

Qos, Tell el Jordanien, 45 km n von Es Salt, 1 km s von Kureiyima. Antik Safon (Zafon).

Qosseir Ägypten. → Qusayr.

Qosseir Muin Jordanien, 47 km w von Irbid. Das heutige Dorf Schuni an der Stelle der mittelalterlichen Burg.

Qostol Sudan, ägyptische Grenze. Lehmziegelgemauerte Königsgräber des nubischen Königreiches von 300 vor bis 350 nach Chr.

Qrendi Malta. Sw die Tempel von → Hagar Qim** und → Mnajdra**. W der Kirche ev. Spur von Tempel. Nw Dolmen.

Qsabiye Syrien. → (Qalaat) Maniqa.

Qsarnaba Libanon, 12 km nö von Zahlé. Qasr Néba. Ruinen von römischem Tempel.

Qsubi, Tell Syrien, 10 km n von Halebiye, 288 km ö von Haleb. Spuren von Zitadelle. Unterhalb Reste von Bauten.

Quadrata Ungarn. → Lébénymiklós.

Quadri Italien, sw von Vaste. In der Nähe Ruinen des antiken Trebula. Reste von italischem Tempel 2. Jh. vor Chr.

Quadriburgium Ungarn, ö des Balaton. Ságvár. Grundriß der antiken Festung bekannt.

Quadruvium Schweiz. → Carouge.

Quanzhou China, Fujian. Gegründet um 700 nach Chr. Hafenstadt während der Song- und Yuan-Zeit (1. Hälfte 2. Jtsd. nach Chr.). Ehemaliger Tempel ab 686. Moschee Anfang 11. Jh. 10 km nö Brücke 11. Jh.

Quba GUS. → Kuwa.

Quban Ägypten, im Nassersee. Qubban. Altägyptisch Baki, antik Kontra Pselchis. Festung der 12. Dynastie, Gräber und drei Tempel im Stausee.

Qubeibe Israel, 18 km nw von Jerusalem. Ehemals Emmaus. Mahomeriola der Kreuzfahrer. Griechische und römische Reste.

Quebrada de la Vaca Peru, Meeresbucht bei Chala. Ruinenfeld, Mauern.

Quebraya Bolivien, am Titicacasee. Chullpas.

Quelepa El Salvador, 5 km nw von San Miguel. Noch nicht freigelegtes Zeremonialzentrum, Gebäude.

Quemada, La Mexiko. → Chicomoztoc.

Quen Santo Guatemala, Provinz Huehuetenango, NW-Ecke. Ruinenstätte.

Quenstedt Deutschland, Bezirk Halle, s von Aschersleben. Schalkenburg: Erforschung von ehemaliger Tempelanlage, ehemals bestehend aus mehreren konzentrischen hölzernen Ringbauten aus dem 4. oder 3. Jtsd. vor Chr. Wallrest.

Quércia-Massiv Italien, ca. 20 km s von Foggia. Siedlung der älteren Jungsteinzeit.

Quercie d'Orlando Italien, zwischen Vetralla und Sutri, an der Via Cassia. Ruinen von römischen Grabbauten* und von ma Turm. 1½ km s Rest von Grabbau.

Querciolo F-Korsika, 25 km s von Bastia. Ruinen, Thermen.

Quercitello F-Korsika, in der Castagniccia, w der Ostküstenstraße, 20 km LL w des Südendes der Ebene s von Bastia, s des Col de Prato. Kapelle San Petruculo d'Accia, Mauerreste Ende 6. Jh.

Questenberg Deutschland, w von Sangershausen, w von Halle. W Wallburg Queste, ab Latènezeit. Wallburg Arnsberg ab früher Eisenzeit. N Wallreste auf dem Klauskopf (kleiner Herrensitz 11.-13. Jh.). Questenburg, Burg ab ca. 13. Jh.

Quetta Pakistan, Belutschistan, im Quetta-Tal. Siedlungshügel; über 20 vorgeschichtliche Siedlungen festgestellt, darunter → Kile Ghul Mohammed, → Damb Sadaat. Blütezeit 2. Hälfte 3. Jtsd. vor Chr.

Quexhil Mexiko, Chiapas, ö von Tonina, 110 km nö von San Cristobal de las Casas. Ruinen einer Mayasiedlung.

Quezaltenango Guatemala, 196 km wnw von Guatemala-City. Stadtmuseum.

Quft Ägypten, 25 km s von Qena. Kuft, Qift. Altägyptisch Gebtu, antik Koptos, koptisch Kepto oder Keft. Reste eines Mintempels mit Umfassungsmauer, Mittleres Reich. 1 km n römischer Isistempel El-Qala.

Qufu China, Shandong, 15 km ö von Yanzhou. Tempelanlage zum Gedenken an das Wirken des Konfuzius, Konfuziusgrab, Zhou-Tempel, Palastruinen, Kaisergrab Shao Hao.
Nw Luguo Gucheng, ehemalige Hauptstadt des Staates Lu, Zeit der Westlichen Zhou, 1. Hälfte 1. Jtsd. vor Chr. Palastreste, Gebäudespuren, Gräber.

Quiahuiztlán Mexiko, 64 km n von Veracruz. Auf dem Cerro de los Metates die Ruinen der totonakischen Stadt. Zeremonialbereich, kleine Tempel, Ballspielplatz. Friedhöfe. 23 km s → Zempoala.

Quillapata Peru, 5 km von → Machu Picchu. Inkaruinen.

Quilmes Argentinien, Tucumán, NW, Sierra de Qu. Reste von Gebäuden und Terrassen.

Quimedava Serbien, Byzantinisch; 6. Jh. Das ehemalige römische Castrum Turres, 3. Jh. Heute Pirot.

Qui Nhon Vietnam. Ehemalige Hauptstadt des Champa-Reiches.

Quinta do Anjo Portugal, 3 km w von Palmela, n von Setubal. Felsgräber, ca. 2000 vor Chr. Römerstraße.

Quintana Deutschland. → Künzing.

Quintana del Marco Spanien, sö von Astorga. Reste römischer Villen.

Quintanar de la Sierra Spanien, nw von Soria. Nekropole.

Quintanas de Gormaz Spanien, w von Soria. Nekropole am nö Ortsrand: Gänge mit Felskammern in der Art von Katakomben, Kraggänge, neuere Gräber.

Quintiana Italien, nw von → Tarquinia. Reste von römischen Villen und Thermen.

Quintilianum Italien. Römisch; heute Contigliano, w von Rieti.

Quinto Fiorentino Italien, nw von Florenz. Etruskische Mauerreste und Gräber.

Quiriguá* Guatemala, 210 km nö von Guatemala-City, n von Copán. Ab ca. 5. Jh. nach Chr. Ruinen vor kleinem Zeremonialzentrum, Tempel, Plattformen, Altäre. Stelen**.

Quisque Peru, über dem → Nepaña-Tal. Ruinenstätte: befestigte Tempelreste, Umfassungsmauer.

Quito Ecuador. Frühgeschichtliche Siedlung in der Nähe des Flughafens, ca. 2000 vor Chr. Museo Arqueológico del Banco Central del Ecuador.

Quleia Syrien, 50 km nö von Tartus. Kleine Burgruine, ev. von Ismaelitenburg.

Qul Fara Iran. → Kul-i Farah.

Qum Iran, 156 km s von Teheran. Vorislamisch Kumandan. Moscheen, Reste von Medressen und Grabdenkmälern 14./15. Jh. Der Standort der antiken Siedlung ev. am Nordufer des Qum Rud.

Qumram Israel, s von Jericho, am NW-Ufer des Toten Meeres. Antik Ircham. Bewohnt seit 8./7. Jh. vor Chr. Ausgrabungen einer Klosteranlage der Sekte vom Toten Meer. Ruinen von Gemeinschaftsbauten, von Turm 2. Jh. vor Chr., von Zisternen. Spuren zweier Wasserleitungen ab 2. Jh. vor Chr. Höhlen, Fundorte der "Schriftrollen vom Toten Meer". Friedhof bei Khirbet Qumram. Reste von Wohngebäuden in der Ebene. Weitere Grotten mit Schriftrollenfunden im Gebiet des Wadi Marabbaat, 18 km s von Khirbet Qumram. Die Schriftrollen befinden sich teilweise in Jerusalem im Haus des Buches.

Qureya, El Syrien, 21 km s von Suweida. Ruinen* antiker Bauten.

Qurus Syrien. → Cyrrhus.

Qurzel Syrien, s von Afrin, 65 km n von Haleb. Corsehel der Kreuzfahrerzeit. Reste von Säulen und Kapitellen.

Qus Ägypten, 35 km s von Qena. Kus. Altägyptisch Gesa, Gesi, Gesy. Antik Apollinopolis Parva. Pylone von ptolemäischem Tempel.

Qusair arabisch; kleine Festung, Schlößchen. Siehe unter dem Hauptnamen!

Qusayr, Al- Ägypten, 545 km s von Suez, Westküste des Roten Meeres. Qosseir, Koseir, Queser el-Qadim. Antik Duau; der zugehörige Hafen Leukos Limen. Hafenanlage des Mittleren und Neuen Reiches aufgedeckt; Ausgrabungen.

Quseir al-Quadim Ägypten. → (Al-)Qusayr.

Qusiya, El- Ägypten, s von Mallawi. Altägyptisch Qis, griechisch Kussai, römisch Cusae. Die zugehörige Nekropole → Meir.

Qusseir, El Syrien, ca. 160 km ö von Haleb, zwischen Hamman und Resafa. Antik Tetrapyrgium. Römisches Kastell ca. 300 nach Chr. Ruinengebiet.

Qustul Sudan, s von Abu Simbel. Kustûl. Friedhöfe der frühen nubischen Kultur, des Neuen Reiches und der → Ballana-Zeit (4.-6. Jh.). Tumuli, Ausgrabungen.

Qutschan Iran, 138 km nw von Meschhed. Arabisch Khabuschan, Khudjan.

Quweira Jordanien, 50 km nö von Aqaba. Ehemalige nabatäische und römische Station. Zisterne.

Quweisme, El Jordanien, s von Amman. Römischer Grabbau*, 2./3. Jh. Zwei byzantinische Kirchen, 8. Jh., mit Mosaiken.

Qyzqapan Irak. → Zarzi.

Rab Kroatien, Ort auf gleichnamiger Insel. Antik Arba, Arbe, Arbum, Neoparis. Spuren von Abtei ab 6. Jh. und von byzantinischer Mauer.

Rabad, Qalaat er Jordanien, 34 km ssw von Irbid, 4 km w von Ajlun. Qalaat Ajlun. Burg von 1184, 1260 zerstört, im 16. und 19. Jh. restauriert. Im Dorf ma Moschee an der Stelle einer Kirche.

Rabat Malta, Hauptinsel. Ehemals Teil von Melita (→ Mdina). Römische Villa mit Museum (Mosaike*) und "arabischen Gräbern". Katakomben St. Catald. Pauluskirche mit St.-Pauls-Grotte und -Kapelle. Katakomben St. Paul, ab 2. Jh. (→ Abb. 43). Katakomben St. Agatha, ab 5. Jh., mit Fresken* ab 1290. Weitere Ausgrabungen in der Stadt.

Rabat Malta, Gozo. → Victoria.

Rabat Marokko. Römisch Salaconia, byzantinisch Solga. Merinidennekropole Chellah* ab 13. Jh. mit den Ausgrabungen des antiken Sala: Spuren von Forum, Triumphbogen, Nymphaeum, Tempel, Tor. Archäologisches Museum. Reste der Hassan-Moschee 12. Jh., Hassan-Turm*. Mauer der Medina, 12. und Anfang 17. Jh. Kasba der Udaias. Befestigter Vorort Salé.

Rabatha Jordanien. → Rabba.

Rabat-i Malik GUS, Usbekistan, zwischen Buchara und Samarkand, nähe Kermine (Karminiya). Ruine von seldschukischer Karawanserei*, 1078/79.

Rabba, Qasr Jordanien. → (El) Qasr.

Rabba Jordanien, ca. 30 km n von Kerak. Biblisch Ar Moab. Arabatha, Rabatha, Charabatha, Rabbathmoba, Areopolis, Aeropolis. Islamisch Maab. Nabatäische und römische Ruinen, Tempelruine*.

Rabbath Ammon Jordanien. → Amman.

Rabbathmoba Jordanien. → Rabba.

Rable Syrien, sw von Homs. Antik Ribla. Antiker Gebäuderest.

Rabos Spanien, n von Figueras. Dolmen.

Racchi Peru, 120 km sö von Cuzco, 4 km nw von San Pedro. Tempel, Palastreste, Bäder, Wasserleitungen. Zahlreiche Gebäudereste.

Rachgoun Algerien, n von Tlemcen, am Meer. Numidisch Siga. Rest von numidischem Turmgrab mit Grabkammern. Reste.

Rachid Mauretanien, nw von Tijiqja. Ruinen der Siedlung des 18. Jh.

Rachidiyé, Tell Libanon, 6 km s von → Sour. Rechidiyé.

Rachmani Griechenland, ca. 18 km n von Lamia. Siedlungshügel, neolithisch und bronzezeitlich. Ev. Standort des antiken Mopsion.

Raclica Bulgarien. Thrakische Grabanlagen.

Radda in Chianti Italien, n von Siena. Auf dem bewaldeten Hügel Cetamura 695 m ehemalige befestigte Siedlung aus hellenistisch-römischer Zeit. Reste der Befestigungsmauer.

Raddusch Deutschland, nö von Calau, w von Cottbus. 2 km sw slawische Wallburg.

Radepohl Deutschland, nnw von Parchim. 1½ km n Rest von Großsteingrab.

Radibor Deutschland, n von Bautzen. N Brohna: Wallreste von slawischer Schanze.

Radicófani Italien, nw von → Orvieto. Reste von etruskischen Mauern.

Radkan Iran, 33 km s von Bender Schah, bei Gurgan. Grabturm von 1021.

Radkan Iran, 100 km nw von Meschhed. Grabturm von 1281.

Radolišta Makedonien, 5 km sw von Struga, Ohridsee. Reste von frühchristlicher Basilika 6. Jh., Mosaik. Antike Nekropole.

Radovin Kroatien, 20 km nö von Zadar. Auf dem Hügel Beretinova gradina Spuren von illyrischer Wallburg. Antike Baureste und Gräber.

Radschagriha Indien. → Rajgir.

Radzet Frankreich, ö von Paris. Felsgräber, Mitte 3. Jtsd. vor Chr.

Räsch Schweiz, n von Fribourg, Gemeinde Düdingen. Sw eisenzeitliche Wehranlage.

Rätischer Limes Deutschland. → Limes.

Rafal, Es Spanien, Mallorca. → Palma.

Rafal Rubi Spanien, Menorca, w von Mahón. Navetas, 1800-1500 vor Chr.

Rafda Irak, 45 km sö von Abu Kemal. Ruinen.

Rafiqa Syrien. → Raqqa.

Rafniya Syrien, bei Zor Barin, 14 km s von Masyaf, w von Hama. Rafniyé. Antik Raphanea. Ehemals Standort von römischem Legionslager.

Rafsendjan Iran. → Behramabad.

Raghes Iran, sö von Teheran. Ev. das heutige → Rey.

Ragusa I-Sizilien, sw von Syrakus. Griechisch Hyblea Heraea. Archäologisches Museum.

Ragusium Kroatien. Später Ragusa. Römisch; Dubrovnik.

Rahba, Qalaat Syrien, 46 km sö von Deir ez Zor. Arabische Burgruine, 13. Jh.

Rahes Griechenland, 32 km ö von Lamia. Raches, Rachona. In der Nähe das antike Alopai: Ruinen aus archaischer Zeit.

Raida Jemen-Nord, 50 km n von Sana. Ruinenstätte Tulqum.

Rainau* Deutschland, n von Aalen. Naherholungszentrum in Verbindung mit Limesfreilichtmuseum:
Am Mahdholz: Reste von Limeswachtturm 12/77. Neuer hölzerner Limeswachtturm. Neues Limesmauerstück.
Dalkingen: konservierte Limestorreste*.
Buch: Tor- und Mauerreste von Kohortenkastell. Wenig nö hiervon Kastellbadreste, Teile der Zivilsiedlung unmittelbar sö.

Raisen Indien, Madhya Pradesh, ö von Bhopal. Fort mit Tempel- und Palastresten, ab 12. Jh.

Rajaghra Indien. → Rajgir.

Rajgir Indien, s von Bihar. Ehemals Radschagriha, Raigriha, Rajagrha, Girivraja usw. Hauptstadt des Magadha-Reiches im 6. und 5. Jh. vor Chr. (Nachfolgerin: → Patna). Ausgrabungen: Befestigungen, buddhistische Klöster, Tempel, Stupas, Einsiedlerklause Buddhas. Ehemalige befestigte Siedlung New Rajaghra, 1. Hälfte 5. Jh. vor Chr.

Rajim Indien, Madhya Pradesh, 40 km sö von Raipur. Tempel 7./8. Jh., Skulpturen.

Rajka Ungarn, s von Bratislava. Römische Gebäudereste in Zichypuszta.

Rakhle Syrien, ca. 30 km w von Damaskus. Ruinen von großem und kleinem Tempel. Säulenreste, Darstellungen, Inschriften.

Rakim Jordanien. → (El) Kahf.

Rakkada Tunesien, 8 km von Kairouan. Rekkada. Hauptstadt der Aghlabiden, 9. Jh. Ausgrabungen der Residenz.

Rakkat Israel. → Tiberias.

Raknehaugen Norwegen, 35 km nö von Oslo. Grab Königshügel.

Rakovac Vojvodina, sw von Novi Sad. Siedlungsspuren seit dem Neolithikum. Standort von spätrömischer Festung. Römische Reste.

Ralswiek Deutschland, Rügen, n von Bergen. W der Südspitze des Großen Jasmunder Bodden ehemals Siedlung ab 1. Hälfte 8. Jh. Ö hiervon zahlreiche slawische Hügelgräber.

Rama, Tell er- Jordanien. → Shaghur.

Ramad Syrien, bei Qatana, 20 km sw von Damaskus. Besiedlung 6250-5500 vor Chr. Ausgrabungen.

Ramales de la Victoria Spanien, Altkastilien, 20 km s von Laredo. Höhlen mit Felsmalereien: de Covalanas, Cullalvera, de la Haza, de Pozalagua, Sotarriza, Venta de la Perra.

Ramana GUS, Aserbaidschan, wenig n von Baku. Burg 16. Jh.

Ramat Matred Israel, Negev, 7 km sw von Oboda. Felszeichnungen. Ausgrabung einer eisenzeitlicher Siedlung von ca. 10 Jh. vor Chr.

Ramat Rahel Israel, s von Jerusalem. Siedlungshügel. Reste von alter Siedlung: judäischem Palast 7. Jh. vor Chr., römischen und byzantinischen Bauten, darunter Kirche 5./6. Jh., oberer und unterer Zitadelle.

Rame, Tell er Jordanien. → Shaghur.

Ramesseum Ägypten. → Theben.

Rameshvaram Indien, Tamil Nadu, 163 km sö von Madurai. Großer Shiva-Tempel, ab 12. Jh., hauptsächlich 17. Jh. Lange Gänge.

Ramgarh Indien, Bihar. Reste von Mundeshvari-Tempel, 7. Jh.

Ramgarh Indien, Rajasthan, 64 km von Kota, s von Jaipur. Mehrere Tempel.

Ramisch GUS, Usbekistan, nähe Buchara. Spuren einer alten Siedlung.

Ramit, Tell er Jordanien, 2 km s von Ramtha, Nordgrenze. Antik Ramoth Gilead.

Ramitha Syrien. → Lattakia.

Ramkund-Nala Indien, Madhya Pradesh, bei → Bhanpura. Felsmalereien.

Ramla, Ir- Malta, Gozo, Nordküste. Reste von römischer Villa; Befestigungsspuren und Kaimauerreste. Mauerreste der Johanniter im Meer. Fugassen.

Ramle Israel, sö von Tel Aviv. Gegründet im 8. Jh. Weiße Moschee. Zisterne Bir al-Unaizijja, 789.

Ramnus Griechenland. → Rhamnus.

Ramosch Schweiz, Graubünden. Remüs. Motata: bronze- und eisenzeitliche Höhensiedlung. Tschern: eisenzeitliche Höhensiedlung.

Ramoth Gilead Jordanien. → (Tell er) Ramit.

Ramotsche China, Xizang (Tibet). Tempel ab 7. Jh.

Ramponio Italien, Provinz Como, ö von Lugano. Nw späteisenzeitliche Höhensiedlung, Wälle, Gräben.

Ramrud Iran, 95 km s von Zabol, ö von Girdi. Ev. das sassanidische Ram Schahristan. Zerstört im 10. Jh. Ruinen aus frühislamischer Zeit.

Ram Schahristan Iran. → Ramrud.

Ramsdorf Deutschland, ö von Owschlag, s von Schleswig. Ö Reste von Großsteingräbern. Heimatmuseum.

Ramtek Indien, Maharashtra, ca. 50 km n von Nagpur. Festung, Tempel ab 10. Jh.

Rana Ghundai Pakistan, Bezirk Loralai, n von L. Siedlungshügel 4.-3. Jtsd. vor Chr. Ausgrabungen: Kechi-Beg-Ami-Schichten, Zhob-Keramik, Induskultur (→ Harappa).

Ranapur Indien, Rajasthan, n von Udaipur. Mehrere Tempel 15. Jh.

Ranas, Las Mexiko, nö von Queretaro, 105 km nnö von San Juan del Rio, in der Nähe von San Joaquín. Reste von Pyramiden, ca. 11. Jh. Ball-

spielplätze.
Rancho Molinar Mexiko, Chihuahua, 35 km nw von Las Varas. 8 km w Cliff-Dwellings und Höhlen.
Randak Gour Marokko, sw von Tanger. Reste eines Landgutes 4. Jh. Megalithgrab.
Randwick Hill GB, Gloucestershire. Eisenzeitliche Erdbefestigung, Rest von Langhügelgrab.
Rangdum Indien, Zanskar. Gonpa, ab ca. 1550.
Rangpur Indien, Gujarat, nw von Bhavnagad. Stadt der Induskultur (→ Harappa).
Rangun Birma/Union Myanmar. Hauptstadt ab 18. Jh. Shwedagon-Pagode, im Laufe der Jahrhunderte ständig vergrößert. Sule-Pagode. Botataung-Pagode. Koe Htat Gyi-Pagode. Kaba Aye Pagode. Grotte Maha Pasana Guha. Mai La Mu-Pagode. Nationalmuseum.
Ranipur-Jharial Indien, Orissa. Zahlreiche Tempel, teils ab 9. Jh.
Ranković Bosnien-Herzegowina, bei Novi Travnik, 133 km sö von Banja Luka. Reste von römischer Villa rustica.
Rankweil Österreich, Vorarlberg, n von Feldkirch. Auf dem Gebiet des römischen Vinomna. Grundmauern von römischer Villa in Brederis. → Göfis.
Ranshina Japan, Hokkaido, bei Yoichi. 1 km w des Bahnhofs steinzeitliche Höhle (Fugoppe-Höhle), Wandzeichnungen Mitte 1. Jtsd. nach Chr. 1½ km sö des Bahnhofs Oshoro-Steinkreis. Alte Siedlungsstätte.
Ranthambhor Indien, Rajasthan, 140 km sö von Jaipur. Burg ab 11. Jh., 1569 von Akbar erobert, seither verfallend.
Rao Senegal, sö von St. Louis. Frühgeschichtliche Grabhügel.
Rapallo Italien, ö von Genua. Römische Brücke.
Rapayan Peru, Gebiet des Marañon. Ruinen der Yaro.
Raperswilen Schweiz, Thurgau, ca. 12 km w von Konstanz. Bei Mühlberg Wehranlage "Schanz".
Raphanea Syrien. → Rafniya.
Raphoe Irland, Donegal, 15 km sö von Letterkenny. ND463. Prähistorischer Steinkreis Beltany. Menhir.
Rapino Italien, s von Pescara. In der Nähe Ruinen der italischen Siedlung Touta.
Rapperswil Schweiz, Sankt Gallen. Heimatmuseum. Kempraten: römischer Mauerrest von Zivilsiedlung bei der St.-Ursula-Kapelle.
Raqmu Jordanien. → Petra.
Raqqa Syrien, am Euphrat. Tell der alten Siedlung. Griechisch Nikephorion, römisch Callinicos. Lehmziegelwall mit Rundtürmen von Er Rafiqa, Stadttor Bab Baghdad (→ Abb. 116). Arabische Palastruinen; Qasr al-Banat. Ö Tell Bia, ev. das alte Tuttul. W → Heraqla.
Ras, Khirbet Israel, 27 km n von Jerusalem. Antike Spuren.
Ras, Tel er- Israel. → Gerizim.

Ras Serbien, 8 km w von Novi Pazar. Pazarište, Trgovište. Römische Militärstation Asinae. Ma Siedlung ab 9. Jh. Im 12. Jh. Hauptstadt des serbischen Reiches. Festungsreste.
Ras el Ain Israel. → Afek.
Ras el Ain Libanon, 7 km s von → Sour. Antikes Wasserreservoir; Aquädukte.
Ras el Ain Syrien, Nordgrenze, 212 km ö von Djerablus. Antik Resaina, byzantinisch Theodosiopolis. Am Khabur ausgedehntes Ruinengebiet. Sw Tell Halaf: biblisch Gosan, assyrisch Guzana. Besiedelt ab mindestens 4. Jtsd. vor Chr. Spätassyrischer Stützpunkt. Hethitische Reste; Tempelpalast, aramäische Palastreste. → Abb. 67. Tell Fachariyah: das alte Waschschukanni. Ausgrabungen. Reste von römischem Feldlager. Ca. 50 km sw → (Tell) Chuera.
Ras el Ain Tunesien. Römisch Talalati. Spuren des Kastells am → Tripolitanischen Limes.
Ras Baalbek Libanon, 40 km n von Baalbek. Ev. das antike Conna. Zwei Kirchenruinen aus antiken Resten. Spuren eines Aquädukts. 9 km n Qamwat el Hermel: Denkmal mit Skulpturen, ca. 100 nach Chr.
Ras el-Basit Syrien, ca. 42 km n von Lattakia. Antik Cap Posidium. Reste von antiker Hafenmole. Mauerwall. Rest von Basilika.
Ras Botria Tunesien, 64 km s von Mahdia. Antik Acholla. Reste von antiken Häusern, Amphitheater, Burg.
Rasdorf Deutschland, nö von Fulda. 2 km nw auf dem Kleinberg eisenzeitlicher Ringwall.
Ras el Fasri Syrien, ca. 20 km n von Lattakia, bei Bordj es Sleyib. Bordj Islam. Antik Pasieria. Spuren des antiken Hafens. Brunnen. Antike Straße.
Rasgrad Bulgarien, wnw von Varna. Antik Abrittus. Reste der antiken Stadt 2.-6. Jh.; Stadtmauer, römische Villa.
Ras al Hadd Oman. Ausgrabungen einer Siedlung 3./2. Jtsd. vor Chr.
Rasibeyn Türkei, bei Hakkari. Spuren von steinzeitlicher Siedlung.
Ras Ibn Hani Syrien, ca. 11 km nw von Lattakia. Antik Diospolis. Reste von Tempel, Säulen, Amphitheater. Reste von christlichen Bauten in der Bucht El Qebban.
Ras Kharrub Israel. → Anata.
Raskopana Mogila GUS, Ukraine, s von Kriwoj Rog. Skythischer Kurgan 5. Jh. vor Chr.
Ras ir-Raheb Malta, nw von Bahrija. Punisch-römische Spuren, ca. Zeitenwende.
Rass, Ar- Saudi-Arabien, nw von Riad. Steinkreise im Hochland von Nedschd.
Ras Schamra* Syrien, 11 km n von Lattakia. Siedlungshügel seit der Jungsteinzeit. Das alte Ugarit. Zerstörungen im 3. Jtsd. und im 12. Jh. vor Chr. Phönizische Residenz. Heute sichtbare Reste hauptsächlich 16.-13. Jh. vor Chr.: Palastbe-

zirk mit Palastresten, Festung, Residenzviertel, Königsnekropole, Keilschriftarchive. Akropolis mit Tempelbezirk; Wohnhäuser. Unterstadt. Der antike Hafen Leukos Limen im Gebiet von Minat al-Baida; Tell.

Ras Siyagha Jordanien. → (Khirbet) Siyagha.

Rat Kroatien. → Ložišća.

Ratae Coritanorum GB. → Leicester.

Ratanae Hersoneus Kroatien. Römisch für die HI Peljesac. Rhatanae Chersoneus. Auch Hilis.

Ratasbona Deutschland. Keltisch; → Regensburg.

Ratchaburi Thailand, sw von Bangkok. Ausgrabungen der Dvaravati-Epoche. Wat Mahathat, Ende 15. Jh.

Rathcroghan Irland, n von Roscommon. ND294. Erdwälle, Befestigungen, 2 Menhire, Spuren von Megalithgräbern.

Rathfran Irland, Mayo, 17 km n von Ballina. ND389. Megalithgrabreste. Zwei Steinkreise. Kleiner Ringwall mit Untergeschoß. Ogham-Stein Breastagh, 5. Jh.

Rathgall* Irland, Wicklow, ö von Tullow. ND422. Eisenzeitliches Hügelfort aus 4 konzentrischen Steinwällen.

Rathiddy Irland, Louth, sw von Dundalk. ND474. Menhir Clochafarmore.

Ratiaria Bulgarien. → Arčar.

Ratkovo Gornje Bosnien-Herzegowina, sw von Banja Luka. Zyklopische Mauern von Bergfestung, bis Mitte 1. Jtsd. vor Chr. W → Ključ.

Ratnagiri Indien, Orissa, nö von Cuttack. Ruinen von Klöstern 5.-12. Jh. Ausgrabungen, Stupas. Großer Stupa 8. Jh. Darstellungen.

Ratsburg Deutschland. → Reyershausen.

Ratubaka Indonesien, Mittel-Java. Anlage bis 10. Jh.

Rauracense, Castrum Schweiz. → Kaiseraugst.

Raven Deutschland, sw von Lüneburg. Nö Ganggrab. Ö Ganggrab Raven II unweit des Ganggrabes von → Wetzen.

Ravenglass GB, Cumbria, s von Whitehaven. Reste der römischen Siedlung Glannaventa; Villa, Thermen.

Ravenna** Italien. Bedeutende spätantike Baudenkmäler: Baptisterium der Arianer, 6. Jh., Mosaike. Baptisterium S. Vitale, 521 gegründet, Mosaike. Mausoleum der Galla Placidia, ca. 440, Mosaike. Dom mit Fragmenten 5. Jh. S. Francesco, gegründet 5. Jh., Krypta 4. Jh., Mosaike. Baptisterium der Orthodoxen, 5. Jh., auf römischen Resten, Mosaike. S. Apollinare Nuovo, Anfang 6. Jh., Mosaike. S. Giovanni Evangelista, Ab 1. Hälfte 5. Jh., restauriert. Andreaskapelle im Erzbischöflichen Museum. Kirche Spirito Santo ab 500. Kirche S. Agata ab 470. Grabmal Theoderichs von ca. 520. Staatliches Altertumsmuseum. 6 km s Gebiet der antiken Siedlung Classis, Portus Classis, gegründet unter Augustus; an der südli-

chen Ausfallstraße hiervon S.Apollinare in Classe, 549, Mosaike 6. und 7. Jh. Ausgrabungen bei der Abzweigung nach Lido di Dante, Reste von Straßen, Gebäuden, Keramikwerkstätte.

Ravensburgh Castle GB, Hertfordshire, n von Luton, w von Hitchin. Eisenzeitliche Befestigung.

Ravenscar GB, Yorkshire, ca. 16 km n von Scarborough. Rest von römischer Signalstation.

Ravna Serbien, nö von Niš. Ehemals römisches Castrum Timacum Minus. Reste.

Rawak China, Xinjiang, 40 km n von Hotan. Klosterbezirk. Stupa.

Ražanak Kroatien, nnö von Zadar, am Velebit-Kanal. Auf dem Hügel Šibenička glavica Ruinen einer illyrischen Wallburg. Grabhügel.

Reading GB, Berkshire, w von London. Museum und Kunstgalerie. Museum für griechische Archäologie.

Real Alto Ecuador, Guayas, bei Chanduy, wsw von Guayaquil. Ausgrabungen einer alten Stadt (→ Valdivia-Kultur).

Realmese I-Sizilien. → Calascibetta.

Reate Italien. → Rieti.

Rebeia Syrien, w von Maarat en Noman, bei Serdjilla. Rubea der Kreuzfahrer. Pyramidenmausoleum, Taufkirche.

Rebordelo Portugal, nö von Amarante, ö von Porto. Dolmen, Felszeichnungen.

Reboredo Spanien, sö von La Coruña, n von Betanzos. Prähistorische Siedlung.

Recey-sur-Orce Frankreich, 80 km n von Dijon. S Oppidum.

Recidiva Rumänien. Ehemalige byzantinische Festung, 6. Jh.

Reckum Deutschland, sö von → Wildeshausen. Großsteingrab.

Recoco Mexiko, Quintana Roo, ö von Felipe Carrillo Puerto. Maya-Ruinen.

Recopolis Spanien, bei Zorita de los Canes, s von Pastrana, Neukastilien, ö von Madrid. Ausgrabungen westgotischer Bauten.

Recuay Peru, ca. 350 km n von Lima. Altperuanische Kultstätte, Keramik-Stil, Zeitenwende bis 600 nach Chr.

Reculver GB, nö von Canterbury. Reste des römischen Forts Regulbium.

Redhill GB, Somerset, sw von Bristol. Langhügelgrab.

Refadeh Syrien, 50 km nw von Haleb, sw von → Deir Seman. Ruinengebiet, Gebäude von 510 nach Chr.

Refat, Tell Syrien, ca. 35 km n von Haleb, sö von Azaz. Rifaat. Assyrisch Arpad. Ausgrabungen.

Reforma, La Mexiko, Yucatan, ca. 30 km s von Oxkutzcab. Maya-Ruinenstätte, Puuc-Stil.

Regae Italien, wnw von → Tarquinia. Heute Le Murelle. Ehemals antike Siedlung; römische Reste. Nekropolen.

Regensburg Deutschland. Keltisch Ratasbona, römisch Castra Regina. Reste der ö und nö Stadtmauer. Porta-Praetoria* (Reste der Porta decumana) am Bischofshof. Grabungsergebnisse unter der Niedermünsterkirche bis in karolingische Zeit. Reste unter Parkhaus am Dachauplatz. Spuren an Arnulfplatz, Bismarckplatz, Ernst-Reuter-Platz. Römerturm mit einigen Steinlagen. Kastell n von Großprüfening mit großem Vicus, Keller- und Badresten festgestellt. Kastell Kumpfmühl mit Badegebäude erforscht, ab 68/69, nach 166 zerstört; Legionsfestung ab 179. Spuren eines Merkurheiligtums auf dem Ziegetsdorfer Berg. In der Umgebung römische Gutshöfe. Museum der Stadt Regensburg. Archäologisches Museum BMW-Werk.

Réggio di Calábria Italien. Antik Regium. Reste von griechischer Stadtmauer ab 5. Jh. vor Chr. Reste von römischen Thermen, Mosaike. Nationalmuseum.

Reggio nell'Emilia Italien, 64 km nw von Bologna. Römisch Regium Lepidi. Römisches Grabdenkmal 1. Jh. Stadtmuseum.

Reghaïa Algerien, 30 km ö von Algier. Römische Brücke.

Reginea Frankreich. Römische Siedlung, ev. das heutige Erquy, nö von St.-Brieuc.

Regium Italien. → Reggio di Calabria.

Regium Lepidi Italien. → Reggio nell'Emilia.

Regnum GB. → Chichester.

Reguengos Portugal, SO. In der Nähe Erdhügel mit orthostatischen Ganggräbern und nachträglich eingebauten Gräbern. → Farisoa.

Reguerillo Spanien, Höhle nö von Patones, Neukastilien, n von Madrid. Felsbilder.

Regulbium GB. → Reculver.

Rehman Deri Pakistan, 14 km n von Dera Ismael Khan, mittleres Industal. Siedlung ab ca. 3300 vor Chr.

Rehov Israel, s von Bet Shean. Ausgrabungen einer Synagoge.

Rehovot Israel, sw von Beersheva. Rechovoth. Einst Rubabah, Rubeibah usw. Ruinen des biblisch-nabatäisch-byzantinischen Ortes. Kleine Kirche 5./6. Jh., Krypta. Christliche Nekropole.

Reia Apollinaris Frankreich. → Riez.

Reichenbach Deutschland, nö von Bensheim. Felsenmeer: Riesensäule und Altarstein.

Reichenbach Deutschland, nö von Idstein-Taunus. Sö frühmittelalterlicher Ringwall Burg.

Reichenburg Schweiz, Schwyz, sö des Zürichsees. Wallanlage Hinter Berg.

Reimlinger Berg Deutschland, sö von Herkheim, s von Nördlingen. Ehemals jungsteinzeitliche (Altheimer Gruppe) und hallstatt-laténezeitliche Höhensiedlung.

Reims Frankreich. Antik Durocortorum. Römischer Triumphbogen 2. Jh. Ausgrabungen auf der Place du Forum, 2. Jh.

Reinheim Deutschland, an der Blies, sö von Saar-brücken. Keltengrabhügel. Opferplatz der auf dem Gebiet von → Bliesbruck liegenden gallo-römischen Siedlung. Ausgrabungen w der Straße Reinheim-Grenze. Geplanter Kulturpark.

Reitwein Deutschland, n von Frankfurt/Oder. S slawische Abschnittsbefestigungen.

Rekkada Tunesien. → Rakkada.

Remada Tunesien, 130 km s von Medenine. Spuren von römischem Castrum.

Remagen Deutschland, s von Bonn. Antik Rigomagus, Ricomagus usw. Mauerreste des spätrömischen Kastells am → Niedergermanischen Limes. Heimatmuseum.

Remedello Italien, 35 km s von Brescia. Dorf der Kupferzeit; Kultur 2500-1800 vor Chr. Nekropole ca. 2000 vor Chr.

Remesiana Serbien. → Bela Palanka.

Remigia-Höhle Spanien. → Montalvana.

Remlin Deutschland, nnw von Malchin. Ca. 2 km sw Reste von Großsteingräbern.

Remolino Mexiko, Veracruz, nähe Lerdo de Tejada. Stätte der → (La-)Venta-Kultur.

Remolino Mexiko, Veracruz, am Rio San Juan, n von San Juan Evangelista. Stätte der → (La-)Venta-Kultur.

Remoulins Frankreich. Römischer Aquädukt Pont du Gard**, 19 vor Chr., 273 m lang, 49 m hoch. → Abb. 109.

Remuna Indien, Orissa, 8 km n von Balasore. Gopinath-Tempel.

Renaggiu F-Korsika. → Cauria.

Rennes Frankreich. Antik Condate. Palais des Musées mit antiken Sammlungen.

Renningen Deutschland, Kreis Böblingen. Hallstattzeitlicher Grabhügel Lehenbühl.

Rentina Griechenland, 72 km nw von Lamia. Spuren zweier kleiner antiker Akropolen.

Rentmauer Deutschland. → Mengerskirchen.

Rentrisch Deutschland, bei St. Ingbert, nö von Saarbrücken. Menhir Spillenstein.

Rephidim Ägypten. → Wadi Feiran.

Rerik Deutschland, Kreis Bad Doberan, w von Rostock. Rest von slawischem Wall. Großsteingräber in Neu Gaarz.

Resafa** Syrien, 60 km s von Raqqa. Rusafa usw. Biblisch Rezeph, Rosapha, im 4. Jh. Sergiopolis; im 5. Jh. Anastasiopolis. Stadtmauer* 6. Jh., Nordtor* (→ Abb. 112), St.Sergius-Basilika*, große Zisternen, weitere Basiliken, Herberge. Außerhalb Spuren von arabischer Siedlung mit Hischam-Palast 8. Jh.

Resafi Syrien, 58 km nö von Tartus. Mauerreste einer Ismaelitenburg.

Resaina Syrien. → Ras el Ain.

Resina** Italien, sö von Neapel. Das Gebiet von Herkulaneum, italienisch Ercolano, lateinisch Herculaneum, griechisch Herkleia. Herkulaneum wurde wie → Pompeji 79 nach Chr. durch den Vesuvausbruch zerstört. Während Pompeji hauptsäch-

lich unter Asche und Lapilli begraben liegt, wurde Herkulaneum nach Regenfällen durch vom Berg herabfließende Auswurfmasse überschwemmt. Dieser Schlammbrei verhärtete und erschwerte somit Plünderungen und Ausgrabungen. Einige der Gebäude: Haus des Aristides. Haus des Argus. Herberge. Haus des Genius. Haus mit dem Skelett. Forumsthermen. Haus der Tuskanischen Säulen. Haus mit dem schwarzen Saal. Haus des Bronzehermes. Haus mit dem mosaikgeschmückten Atrium. Samnitisches Haus. Haus des Webstuhls. Haus mit den verkohlten Möbeln. Haus des Neptuns und der Amphitrite. Haus des schönen Hofes. Haus der Zweihundertjahrfeier. Haus mit dem korinthischen Atrium. Haus mit dem großen Portal. Haus der Hirsche. Unterirdische Thermen. Haus mit der Gemme. Haus mit dem Telephosrelief. Palästra mit Schwimmbecken und Aula. Theater.
Respublica Felix Thuburbo Majus Tunesien. → Thuburbo Majus.
Ressafa Syrien. → Resafa.
Ressas Touiref Tunesien, 28 km sw von Souk El Arba. Ruinen.
Restituta Spanien. → Zafra.
Rethra Deutschland. Ehemaliges slawisches Heiligtum.
Rethymnon Gr-Kreta, 79 km w von Iraklion. Antik Rithymna, zwischendurch Arsinoë. Ehemals Standort von Akropolis. Venezianische Festung. Ausgrabung einer byzantinischen Basilika. Spätminoische Nekropole.
Reutlingen Deutschland. Altenstadt: Spuren vn römischem Gutshof. Betzingen: ehemals Standort von römischem Gutshof. Funde im Heimatmuseum.
Rey Iran, im Süden von Teheran. Schahr Rey, Rai, Ray. Tepe Tscheschmeh Ali, Siedlungsspuren 5.-3. Jtsd. vor Chr. Achämenidisch Raghes. Abbasidisch Mohammediyeh. Er Reyy der Bujiden. Erdwälle der Mauern der abbasidischen und seldschukischen Stadt; Festung im N. Grabbauten Burdj-i Tuqrul, Naqqareh Chandeh (Nagareh Khaneh), 1139. Zwei Felsreliefs 2. Hälfte 19. Jh.
Rey Cross GB, Yorkshire, ca. 40 km LL w von Darlington. Reste des römischen Legionslagers.
Reyershausen Deutschland, nö von Göttingen. Sw Wallanlage von späthallstatt-frühlatènezeitlicher Befestigung Wittenburg, 800 vor Chr. Sö Wall von frühlatènezeitlicher Befestigung Ratsburg.
Reyhanlı Türkei, 44 km ö von Antakya. Zahlreiche antike Felsgräber.
Reynoldston GB, Wales, 18 km sw von Swansea. Nö Dolmen Arthur's Stone, frühe Bronzezeit. W und nö Befestigungen. W und n Menhire.
Rezayeh Iran, w des Orumiyeh-Sees. Ehemals Urmieh, Urmi, Urmia. Heute Orumiyeh. Siedlung mindestens seit der Urartu-Zeit. In der Nähe Grabturm Seh Gunbad, 1184. Spuren von Befestigungsanlagen.
Rhädestos Türkei. → Bisanthe.

Rhages Iran. → Rey.
Rhail Umr Jemen-Süd, Hadramaut, Wadi Adim. Reste von antiken Bewässerungs- und Befestigungsanlagen.
Rhakotis Ägypten. → Alexandria.
Rhamnus Griechenland, Attika, 50 km nö von Athen. Stadtmauerreste. Akropolis 6./4. Jh. vor Chr. Ruinen zweier Tempel 6./5. Jh. vor Chr. Reste von Gymnasion, Wohnhäusern, Zisternen, Theater, Hafen. Nekropole.
Rhaukos Gr-Kreta. → Agios Mironas.
Rhegium Türkei. → Küçükçeşmece.
Rheinau Schweiz, Zürich, s von Schaffhausen. 3 km s Reste von römischem Wachtturm Höllwarte (Strickboden), Nr. 43. Mannhausen bei Dachsen: Reste von Wachtturm Nr. 44. Am Südrand Wall und Graben 1. Jh. vor Chr.; bildeten mit der Schanze von → Jestetten-Altenburg ein keltisches Oppidum.
Rheinbrohl Deutschland, nw von Neuwied. Nordende des Obergermanischen → Limes. Ehemals Standort von Kleinkastell. Wachtturm Nr. 1/1, mit Resten des Römerturms Nr. 8 rekonstruiert. Sö Spuren von Kleinkastell Forsthofweg und von Limeswachttürmen 1/14,16,17,18,20.
Rheinfelden Deutschland. Degerfelden: w von Nollingen auf dem Strengen Felsen Wehranlage (Fliehburg).
Rheinfelden Schweiz, Aargau. 3 km nö römische Warte Nr. 4 beim Pferrichgraben. Fricktaler Museum.
Rheingönheim Deutschland, s von Ludwigshafen. Ehemals Standort von römischem Kastell, 40 nach Chr.
Rheinheim Deutschland. → Küssaberg-Dangstetten.
Rheinklingen Schweiz, Thurgau, ö von Schaffhausen. Richligen: Spur von römischem Wachtturm Nr. 52 auf dem "Burstel".
Rheinzabern Deutschland, 20 km nw von Karlsruhe. Tabernae Rhenane, Tabernis. Ehemals bedeutende römische Keramikwerkstätte. Terra Sigillata Museum. Funde in Museum. → Waiblingen.
Rheneia Griechenland. → Rineia.
Rhinocolura Ägypten, Provinz Phoenicia. Heute El-Arish, sw von Gaza. Ehemaliger nabatäischer Hafen.
Rhion Griechenland. Antik; heute Rio, nö von Patra.
Rhisinum Montenegro. Römisch für → Risan und das Gebiet der Bucht von Kotor.
Rhizenia Gr-Kreta. → Prinias.
Rhizinium Montenegro. Römisch für → Risan und das Gebiet der Bucht von Kotor.
Rhizon Montenegro. Illyrisch-römische Siedlung, daraus das heutige → Risan.
Rhizus Türkei. Heute Rize, ö von Trabzon.
Rhodiapolis Türkei, bei Kumluca, nähe Südküste. Lykische Stadt, griechisch-rhodische Gründung.

Rhodopos Gr-Kreta, HI im NW. An der Nordspitze Ausgrabungen von Resten eines Heiligtums der Athena Diktynna aus dem 2. Jh. vor Chr. und anderer Bauten. An dieser Stelle ehemals hellenistisches Bauwerk 7. Jh. vor Chr.

Rhodos Griechenland, Insel. → Archangelos. → Arnitha. → Asklipio. → Ialysos. Kameiros → Kamiros. → Kamiros. → Lindos. → Rhodos (Stadt). → Rodini. → Trianta.

Rhodos Griechenland, Hauptort der Dodekanes-Insel R. Spuren der antiken Mole im Mandrakihafen; ev. der Standplatz des Kolosses von Rhodos. Reste von Aphrodite-Tempel 3. Jh. vor Chr., von Apollon-Tempel, auf dem Akropolishügel von Zeus- und Athenatempel. Stadion, Theater. Grabmäler. Mosaiken-Museum im Großmeisterpalast; Archäologisches Museum.

Rhosopolis Türkei. → Arsuz.

Rhosos Türkei. → Arsuz.

Rhos y Gelynen GB, Wales. Alignment.

Rhünder Berg Deutschland. → Felsberg.

Riasi Indien, Jammu und Kaschmir, ca. 50 km n von Jammu. Höhlentempel.

Riaz Schweiz, Fribourg, 3 km n von Bulle. Nw Rest von gallo-römischem Umgangstempel. Reste eines Gutshofes.

Ribadesella Spanien, Asturien, Küste. Cueva de Tito Bustillo mit Malereien von ca. 20000 vor Chr.

Riba-roja d'Ebre Spanien, s von Lérida. Poblat ibèric.

Riba de Saelices Spanien, Neukastilien, s von Medinaceli. N Cueva de los Casares. N Cueva de la Hoz, prähistorisch.

Ribchester GB, Lancashire, 12 km nö von Preston. Bremetennacum. Ausgrabungen am Römerkastell. Ehemalige Veteranensiedlung. Museum.

Ribić Bosnien-Herzegowina, bei Bihać. Nekropole ab 2. Hälfte 1. Jtsd. vor Chr.

Ribić Bosnien-Herzegowina, bei Konjic. Festung seit mindestens 5. Jh. nach Chr.

Ribla Syrien. → Rable.

Ribnica Montenegro. → Podgorica.

Riburg Schweiz. → Möhlin.

Ricciacus Luxemburg, Süden. Römisch; Dalheim.

Richborough GB, Kent, ö von Canterbury. Römisch Rutupie, Portus Rutupis. Reste von römischem Kastell, Teil des → Saxon Shore, von den Angelsachsen erweitert. Stelle von Amphitheater und Denkmal.

Ricomagus Deutschland. → Remagen.

Rider Kroatien. → Danilo Kraljice.

Riditarium Kroatien. → Danilo Kraljice.

Ried Deutschland, ca. 5 km nö von Mering. 1½ km nw keltische Viereckschanze.

Riegel Deutschland, nö des Kaiserstuhls. Römisches Kastell und Vicus erforscht. Ausgrabung eines Mithräums; Teilrekonstruktion*. Ausstellung im Rathaus. → Abb. 145.

Riego, El Mexiko, w von Tehuacan. Bewässe-

rungskanal ab 200 nach Chr.

Riegsee Deutschland, ö von Murnau. Kultur 2. Hälfte 2. Jtsd. vor Chr.

Riehen Schweiz, ö von Basel. Am Nordfuß des Grenzacher Horns Siedlung und Tempel ca. 2./3. Jh. festgestellt.

Rielves Spanien, nw von Toledo. Spuren von römischen Thermen.

Riesbürg-Goldburghausen Deutschland, w von Nördlingen. Auf dem Goldberg ehemals Siedlungen der Jungsteinzeit, späten Bronzezeit, Hallstattzeit, frühen Latènezeit. Spuren von Rössener Haus. Wälle.

Rieti Italien, nö von Rom. Reate, Zentrum der Sabiner. Spuren der römischen Stadtmauer.

Riewend Deutschland. → Päwesin.

Riez Frankreich, ssw von Digne. Julia Augusta Apollinaris Reiorum. Ehemalige gallo-römische Stadt. Tempelruine "Les Colonnes". Baptisterium 6./7. Jh., mit Resten von frühchristlicher Kirche. Kleines Museum. 1 km nö Kapelle Saint Maxim mit 6 römischen Säulen.

Rigodulum Deutschland, ö von Trier. Riol.

Rigomagus Deutschland. → Remagen.

Rihab Jordanien, 13 km w von Mafraq. Ev. das biblische Beth Rehob. Byzantinische Kirche bis 7. Jh.; Freilegungsarbeiten, Mosaike.

Rijeka Kroatien. Antik Tarsatica. Die japodische Wallburg Tarsatica ev. an der Stelle des heutigen Trsat. Reste des Liburnischen Limes auf dem Kalvarienberg. Römische Gräber. Römischer Ehrenbogen.

Rimah, Tell Irak, w von Mosul, 20 km s von Tell Afar. Irma. Antik Karana. Siedlungshügel mit Spuren einer antiken Stadt, Ziqqurat, 3./2. Jtsd. vor Chr. Residenz Anfang 2. Jtsd. vor Chr. Assyrische Provinzhauptstadt.

Rimberg Deutschland. → Lahntal.

Rimini Italien. Römisch Ariminum. Reste von römischen Türmen und Tor der Stadtmauer. Tiberiusbrücke 20 nach Chr. Augustusbogen 27 vor Chr. Spuren von Theater, Reste von Amphitheater. Museum mit archäologischer Abteilung.

Rimske Toplice Slowenien. Deutsch Römerbad. Römisches Badebecken.

Rina Griechenland, Dodekanes-Insel Kalymnos. Reste eines hellenistischen Wachtturms.

Rinaiu F-Korsika. Rinaggiu. → Cauria.

Rinaldone Italien, sö des Bolsena-Sees. Nekropole der Kupferzeit.

Rinconada Argentinien, Jujuy, sw des Lago Pozuelos. Ehemalige Befestigung der 1. Hälfte des 2. Jtsds. nach Chr.

Rincon de la Victoria Spanien, 7 km ö von Malaga. Cueva del Tesoro. Cueva del Higuerón.

Rineia Griechenland, Insel w von Mykonos. Rheneia, Rhinia. Die ursprüngliche Hauptsiedlung Delos. Im O Nekropole von Delos, 1. Viertel 1. Jtsd. vor Chr. - 5. Jhd. vor Chr. Im S Gräber. Reste von Häusern. Spuren eines Heiligtums in → Herakleion.

Ringkogel Österreich. → Hartberg.

Ringkopf Deutschland. → Allenbach.

Rinia Griechenland. → Rineia.

Riniassa Griechenland, w von Arta. Reste von byzantinischen Mauerringen. Festungsrest.

Rinschheim Deutschland, ö von Buchen (Odenwald). Nö ehemals Standort von römischem Kleinkastell.

Rio Bec Mexiko, Quintana Roo, ca. 40 km sö von Xpuhil (letzteres 122 km w von Chetumal). Rio Beque. Spätklassisches Mayazentrum. Pyramide* mit Tempeln. Rio Bec-Stil unabhängig hiervon.

Rio Hondo Guatemala, Provinz Zycapa. Ruinenstätte.

Riom-Parsonz Schweiz, Graubünden, ca. 40 km s von Chur. Spuren von römischer Straßenstation.

Rio San Jorge Kolumbien, Norden. Vorgeschichtliche Erdwülste im Überschwemmungsgebiet.

Rio Santa Peru. → Santa-Tal.

Rio Seco Peru, n von Lima. Bedeutende Siedlung Mitte 3. Jtsd. vor Chr. Reste von Gebäuden und großen Pyramiden.

Ripač Bosnien-Herzegowina, 9 km sö von Bihać. Reste von spätbronzezeitlicher Pfahlbausiedlung 1. Hälfte 1. Jtsd. vor Chr.

Ripdorf Deutschland, n von Uelzen. Urnenfriedhof der jüngeren → Jastorf-Zeit; "Ripdorf-Gruppe".

Ripoli Italien, südliche Marchen. Jungsteinzeitliche befestigte Siedlung.

Rirha Marokko, 8 km nw von Sidi Slimane, nw von Meknes. Ev. die antike Stätte Babba Campestris. Reste von Stadtmauer, Thermen, Wohnhäusern.

Risan Montenegro, an der Boka Kotorska. Illyrisch-römisch Rhizon, römisch Iulium Risinum, Rhizinum. Illyrische Residenz im 3. Jh. vor Chr. Ausgrabungen. Römisches Mosaik einer Villa 2. Jh. Ruinen im Meer.

Rischahr Iran, s von Buschhir (Mesambria), am Persischen Golf. Ehemals parthische und sassanidische Stadt. Reste von Damm, Mauer, portugiesischen und safawidischen Mauern. In der Umgebung mehrere Tells. → Liyan.

Risco de San Blas Spanien. → Albuquerque.

Rishpon Israel, n von Tel Aviv. S Tel Arshaf, antik Apollonia Sozusa, arabisch Arsuf. Ruinen von Stadtmauern, Hafendamm, Zitadelle.

Rîşnov Rumänien. Ruinen des Römerlagers Cumidava, 2.-3. Jh.

Rissen Deutschland. → Hamburg.

Risso Türkei. Rhizus. Heute Rize, ö von Trabzon.

Risstissen Deutschland, sw von Ulm, zu Ehingen. Antik Riussiava. Ehemals Standort von Kohortenkastell und Zivilsiedlung. Spuren des Kastells. Gräberfelder. Steindenkmäler an der Außenmauer der Kirche. Museum in der Kastellschule.

Rithymna Gr-Kreta. Antik; → Rethymnon.

Rito de los Frijoles Canyon, El USA, New Mexico. Reste von Cliff Dwellings.

Ritten I-Südtirol, nö von Bozen. Italienisch Renon. Unterinn, onö von Bozen: Reste der Wallburg Geigerbühel. Klobenstein: Reste der Wallburg Kienaster auf dem Aschnerkopf, ev. frühma. Mittelberg (n von Klobenstein): Reste* der Wallburg Hoferbühel.

Rittium Vojvodina, n von Belgrad. Römisches Kastell; heute Surduk.

Riusiava Deutschland. → Risstissen.

Riva Ligure Italien, ö von Sanremo. Frühchristliche Siedlung am Kap Don; in römischer Zeit ausgedehnte Siedlung und Wegstation. Spuren zweier kirchlicher Gebäude.

Riva San Vitale Schweiz, TI, 11 km s von Lugano. Baptisterium* um 500.

Rizqeh, Khirbet Jordanien, sw des Wadi Rum, letzteres 20 km sö von El Quweira; ö von Aqaba. Thamudisches Grabheiligtum.

Rjijila Tunesien, 70 km sw von Ben Gardane. Römische Ruinen.

Roanne Frankreich, Loire, nw von Lyon. Ausgrabungen, Museum.

Roba, Tell er- Ägypten, Delta, sö von el-Mansura. Tell Amdid. Altägyptisch Per-Banebdjedet, Antik Mendes. Mastabas aus dem Alten Reich. Reste der Umfriedung eines Tempels des Amasis; Widderfriedhof. In der Nähe → (Tell el) Timai, altägyptisch Anpet Djedet, antik Thmuis.

Robat Iran, 350 km sö von Kerman. Reste des Wüstenforts.

Robern Deutschland, n von Mosbach. 1 km n am Odenwaldlimes Reste* des römischen Kleinkastells Hönehaus.

Robur Schweiz. → Basel.

Rocamadour Frankreich, n von Cahors. 2 km ö Hospitalet: Grottes des Merveilles mit prähistorischen Zeichnungen.

Roca Partida Mexiko, Veracruz, Küste. Stätte der → (La-)Venta-Kultur.

Roccacasale Italien, n von Pratola Peligna, sw von Pescara. Mauern von vorrömischer Fluchtburg.

Roccagloriosa Italien, 145 km sö von Salerno. Nö Stelle einer antiken Siedlung 4.-2. Jh. vor Chr.; Stadtmauerreste.

Roccaltia Italien, sö von → Viterbo. Reste einer befestigten Ansiedlung. Nekropole und Katakomben in S. Eutizio.

Roccanova Italien, Basilicata, s von Stigliano. Italische Gräber.

Rocca Vecchia Italien, 27 km ö von Lecce. Antike Stadtmauer, 4./3. Jh. vor Chr.

Roccella Iónica Italien, Kalabrien, nö von Locri. Ruinen von Burg und Altstadt.

Roccelletta Italien, Kalabrien, 15 km s von Catanzaro. Antik Scolacium, gegründet 2. Jh. vor Chr. Spuren von Thermen, Theater, Amphitheater.

Rochechouart Frankreich, w von Limoges. Städtisches Museum im Schloß. N die Ausgrabungen von Cassino Magus in → Chassenon.

Roche aux Fées, La Frankreich, Bretagne, 25 km sö von Rennes. Megalithbau, ev. Heiligtum, 20 m lang.

Rochester GB, Kent. Römische Stadtmauerreste.

Rockbourne Down GB, Dorset. Hügelgräber, eisenzeitliche Siedlung, römischer Erdwall.

Rock Eagle USA, Georgia. Indian. Tempelhügel.

Rockenhausen Deutschland, n von Kaiserslautern. Römische Bade- und Brunnenanlagen.

Roc de Vic Frankreich, sö von Quatre Routes, ö von Brive-la-Gaillarde, Dep. de la Correze. Ehemaliges keltisches Oppidum; Stadtanlage und Befestigung.

Roda Ägypten, nö von Mallawi. Hügel von antiker Siedlung.

Roda Griechenland, Kerkira, Nordufer. Tempelfundamente von ca. 5. Jh. vor Chr. festgestellt.

Roda Indien, Gujarat, ca. 100 km nö von Ahmadabad. Hinduistische Tempel 8.-10. Jh. Skulpturen.

Rodenstatt Deutschland. → Schieder-Schwalenberg.

Rodez Frankreich, Aveyron. Römisch Ruthena. Musée Fenaille mit prähistorischen und antiken Funden.

Rodia Gr-Kreta, 16 km nw von Iraklion. Umfassungsmauer von minoischer Siedlung, 12. Jh. Felskammergrab.

Rodini Griechenland, Rhodos, 5 km s des Hauptortes. Reste von römischem Aquädukt. Antike Nekropole, Felskammergräber.

Rödelsee Deutschland, n von Iphofen. Auf dem Schwanberg Wälle von vorgeschichtlicher Siedlung und frühmittelalterliche Wälle.

Röderberg Deutschland. → Dhronecken.

Rödgen Deutschland, Wetterau. Standort von römischem Nachschublager Ende 1. Jh. vor Chr.

Römerkanal Deutschland. Besichtigenswerte Teile der römischen Wasserleitung Eifel-Köln (→ Köln) wurden mittels eines fast 100 km langen Wanderweges erschlossen.

Römhild Deutschland, Thüringen, Bezirk Suhl. Auf dem Kleinen Gleichberg latènezeitliche Befestigung "Steinsburg". Ö Wall Hartenberg, 13. Jh. Sö (ö von Milz) frühmittelalterlicher Wall Altenburg.

Rössen Deutschland, Leuna, s von Halle. Ehemals jungsteinzeitliche, nicht befestigte Siedlung. Gräberfeld Mitte 4. Jtsd. vor Chr. Kultur verbreitet hauptsächlich im mittleren und südlichen deutschsprachigen Raum und in Nordböhmen.

Rötelsee Deutschland. → Welzheim.

Rogač Kroatien, Insel Šolta. Mauerreste. Reste von römischem Becken.

Rogatica Bosnien-Herzegowina, 78 km ö von Sarajevo. Römisch Bisinum. Römische Gebäudereste.

Moslemgrabsteine*.

Rogoi Griechenland, Epirus, w von Arta. Antik ev. Buchetion, Vuchetion. Burg und Reste der byzantinischen Stadt.

Roha Äthiopien. → Lalibela.

Rohr Schweiz, Aargau, wenig nö von Aarau. Rest römischer Straße im "Suret".

Rohrsen Deutschland, n von Nienburg. Nw neuzeitliche Wallanlage "Schanze".

Rolfsen Deutschland, sw von Lüneburg. Ca. 2 km w Rest von Großsteingrab.

Rollenberg Deutschland. → Hoppingen.

Rollright Stones GB. → Chipping Norton.

Roluos Kamputschea, 18 km sö von Angkor, sö von Siemreap. Hauptstadt Hariharalaya Jayavarmans' II. Bakong-Tempel 881. Rolei 893. Preah Ko 879. Palast Prasat Prei Monti. Prasat Trapeang Phong 2. Hälfte 9. Jh. Prasat Prei Prasat. Baray Indratataka.

Rom** Italien/Vatikan. Italienisch Roma. Besiedlung durch indogermanische Einwanderer um ca. 1000 vor Chr. Stadtgründung 754 oder 753 vor Chr.; Septimontium. Im Laufe der Jahrhunderte Niederwerfung benachbarter italischer Stämme und der Etrusker. Ausbau der Vormachtstellung ab 4. Jh. vor Chr. Im 2. und 1. Jh. vor Chr. verstärkte Einflußnahme im östlichen und westlichen Mittelmeerraum und in den angrenzenden Ländern, begünstigt durch die Makedonischen Kriege und die Schwächung der Karthager durch die Punischen Kriege. Nach der Zeitenwende größere Probleme zeitweise nur noch an der Nord- (germanische Stämme) und an der Ostgrenze (Palästina, Parther) des Reiches. → Limes.

Während Kultur und zivilisatorische Errungenschaften anfangs noch stark etruskisch und später griechisch geprägt waren, gelangten die Römer auf wirtschaftlichem, technischem und militärischem Gebiet zu einem bis dahin nicht dagewesenen Entwicklungsstand.

Zunehmende Unregierbarkeit führte im 4. Jh. zur Teilung des Reiches. Das Oströmische Reich konnte sich dabei noch bis zum Vorrücken der Turkvölker in der ersten Hälfte des 2. Jtsds. behaupten; die Stürme der Völkerwanderungszeit aber brachten Rom den baldigen Niedergang mit einer Reduzierung der Bevölkerung auf einige Hundert Einwohner in der Hauptstadt. Zu einiger Bedeutung kam Rom erst wieder als Partner bzw. Kontrahent des Heiligen Römischen Reiches Deutscher Nation als Stadt der Renaissance.

Während sich bei Tempeln und profanen antiken Bauten die antike Bausubstanz meist mühelos erkennen läßt, sind bei Kirchen antike Mauerteile oft in das verputzte Mauerwerk einbezogen. Eine Aufzählung antiker Bauten und Reste kann hier nur unvollständig sein:

Aemilia-Basilika.

Äskulap-Tempel.

Agrippa-Thermen.
Amphitheatrum Castense, Reste.
Antonius- und Faustina-Tempel*, 2. Jh., jetzt
S.Lorenzo in Miranda, mit Nekropole 9.-7. Jh. →
Abb. 104.
Aqua Claudia, Aquädukt.
Aqua Marcia, Aquädukt.
Ara Pacis Augustae* (Friedensaltar des Augustus).
Augustusbogen, Fundamente.
Augustusforum.
Augustusmausoleum*.
Basilika di Porta Maggiore 1. Jh. nach Chr.
Battisterio di S. Giovanni in Fonte.
Caracalla-Thermen**, 217 nach Chr. → Abb. 100.
Casal Rotondo* an der Via Appia.
Castor- und Pollux-Tempel.
Circus Maximus.
Cloaca Maxima, 6. Jh. vor Chr.
Concordia-Tempel.
Curia.
Domus Aurea.
Diokletiansthermen** mit S.Maria degli Angeli
und Römischem Nationalmuseum (Thermenmu-
seum), S.Bernardo.
Dolabella- und Silanus-Bogen, 10 vor Chr.
Domitian-Stadion; Reste.
Domus Augustana.
Domus Livia.
Domus Tiberiana.
Drusus-Bogen.
Engelsbrücke, 136.
Engelsburg, 135 als Hadriansmausoleum begonnen.
Flavierpalast.
Fortuna Virilis-Tempel, 1. Jh. vor Chr.
Geldwechslerbogen, 204 nach Chr.
Grabmal der Caecilia Metella* an der Via Appia.
Grabmal des Caius Publicius Bibulus, Rest.
Grabmal der Scipionen.
Grabmal des Vergilius Eury Saces.
Haus der Vestalinnen.
Janus-Quadrifons-Bogen*, 4. Jh. nach Chr.
Julia-Basilika.
Julius Caesar-Forum, mit Resten vom Tempel der
Venus Genitria, eines Triumphbogens und der Ba-
silika Argentaria.
Julius Caesar-Tempel.
Katakomben, meist an den Ausfallstraßen der anti-
ken Stadt gelegen. Bisher ca. 70 bekannt:
Katakomben unter S. Agnese fuori le Mura, Kir-
che ab 324, erneuert 7. Jh.
Aurelier-Grabbezirk am Viale Manzoni.
Calepodius-Katakomben Via Aurelia.
Katakomben des Hl. Calixtus an der Via Appia
Antica.
Katakomben der Commodilla an der Via Ostiensis.
Katakomben des Hl. Cyriakus (unter S.Lorenzo
fuori le Mura, antike Säulen, Mosaik).
Katakomben der Hl. Domitilla an der Via Ardea-
tina.

Hermes-Katakomben.
Katakomben des Hippolytus.
Coemeterium Jordanorum ad S.Alexandrum.
Coemeterium Majus.
Katakomben des Marcellinus an der Via Casilina.
Katakomben der Hl. Nereus und Achilleus und
Basilika 4. Jh.
Nunziatella-Katakomben.
Katakomben des Pamphilius.
Katakomben bei S. Panerazio.
Katakomben des Petrus.
Polimanti-Grüfte.
Katakomben des Praetextatus.
Katakomben der Priscilla*.
Katakomben bei S.Sebastiano.
Katakomben der Thekla an der Via Ostiensis.
Katakomben S.Valentin, Marschall-Pilsudski-Str.
Katakomben an der Via Latina.
Katakomben der vier Oranten an der Via Appia.
Kolosseum** (Amphitheatrum Flavium), 72-80;
weitere Arena an der Via Labicana.
Konservatorenmuseum.
Konstantinsbogen** 312 nach Chr.
Kybele-Tempel.
Mamertinischer Kerker.
Marcellus-Theater 17-13 vor Chr.
Mariustrophäen (Brunnenreste).
Mark Aurel-Denkmal.
Mark Aurel-Säule.
Mauer des Aurelian.
Mauer des Servius Tullius.
Maxentius-Basilika*.
Maxentius-Zirkus an der Via Appia.
Minerva Medica-Tempel, Reste.
Musei Capitolini.
Museo Barracco.
Museo della Civiltà Romana.
Museo Nazionale di Villa Giulia (etruskisch).
Neptuns- oder Hadrianstempel, Säulen.
Nervaforum.
Obelisken auf der Piazza:
" " Esquilino (Maria Maggiore).
" " della Minerva.
" " di Montecitorio.
" " Navona.
" " del Popolo (von Ramses II.).
" " Quirinale.
" " della Rotonda.
" " S.Giovanni in Laterano.
" " Trinita dei Monti.
" in der Villa Celimontana.
" in der Viale dell'Obelisco.
Pantheon** 27 vor Chr. und 118 nach Chr.
Phokassäule 608 nach Chr.
Pompejus-Theater.
Pons Aemilius, 179 vor Chr., 1 Bogen.
Pons Fabricius.
Porta Latina.
Porta S.Lorenzo.

Porta S.Paolo (Porta Ostiensis).
Porta S.Sebastiano (Porta Appia), 5. Jh.
Porta Settimiana.
Portikus der Zwölf Götter.
Pyramide des Caius Cestius*, 1. Jh. vor Chr.
Romulus-Grab an der Via Appia Antica.
Romulus-Tempel 307 nach Chr.
Rostra.
Rundgrab an der Via Nementana.
Saturntempel.
Septimius-Severus-Bogen 203 nach Chr.
Septimius-Severus-Thermen.
S.Angelo in Pescheria mit Oktavia-Bogen, 23 nach Chr.
S.Bartolomeo mit antiken Säulen.
S.Cecilia in Trastevere mit Ruinen.
S.Cesareo mit Ausgrabungen.
S.Clemente mit römischen Resten; Mithrasheiligtum.
S.Constanza, 4. Jh., ehemaliges Mausoleum, Mosaike 4. Jh.
S.Crisogano mit Resten 5. Jh.
SS.Giovanni e Paolo mit römischen Resten und Fresken.
S.Gregorio Magno mit antiken Säulen.
S.Maria Maggiore, gegründet 352, Mosaike 5. Jh.
S.Maria in Trastevere mit antiken Säulen.
S.Martino ai Monti mit antiken Säulen.
S.Nicola in Carcere mit Tempelresten, gegenüber Reste eines Portikus.
S.Paolo fuori le Mura, 1854, mit Resten 5. Jh.; in der Nähe Kai von antikem Hafen.
S.Pietro in Vincoli, gegr. 442, Mosaike.
S.Prisca mit alten Resten und Mithrasheiligtum.
S.Pudenziana, 4. Jh.
S.Sabina 5. Jh. mit Mosaik.
S.Stefano Rotondo* 5. Jh., unterhalb Mithrasheiligtum einer Kaserne.
S.Urbano, ehemaliger Bacchus-Tempel.
Stele aus Aksum s des Zirkus. → Abb. 13.
Tabularium (Archiv) am Forum.
Titusbogen 81 nach Chr.
Titus- und Trajansthermen.
Trajansforum mit Trajanssäule und Basilikarest.
Venus- und Roma-Tempel.
Vespasian-Tempel.
Vesta-Tempel, 2. Jh. vor Chr., im Forum.
"Vesta"-Tempel, ein Rundtempel neben dem Fortuna Virilis-Tempel, 1. Jh.
Villa der Quintilier in der Nähe der Via Appia Antica, mit Resten von Kryptoportikus, Thermen, Amphitheater.
Vatikan:
Obelisk aus Heliopolis.
"Grotten des Vatikan": Ausgrabungen unter der Peterskirche; Reste der Konstantinsbasilika von 324.
Vatikanische Museen**: Ägyptisches Museum, Museo Pio-Clementino, Museo Chiaramonti,

Etruskisches Museum, Museo Cristiano.
Romaja Kosovo. → Prizren.
Roman Riggs GB, Yorkshire, bei Sheffield. Erdwall.
Rombalds Moor GB, Yorkshire, sw von → Ilkley. Felsritzungen.
Romeral-Höhle Spanien. → Antequera.
Rommelshausen Deutschland. → Kernen.
Romula Rumänien. Antike Stadt in der Provinz Dacien; heute Reşca in Oltenien.
Romuliana Serbien. → Gamzigrad.
Ronda la Vieja Spanien, nw von Ronda, n von Gibraltar. Antik Acinipo. Römische Reste von Amphitheater, Zirkus.
Rondossec Frankreich. → Carnac.
Roppen Österreich, ö von Imst. Am Bürschel Wallreste und Abschnittswall.
Roquebrune-Cap-Martin Frankreich, ö von Nizza. Reste der römischen Siedlung Lumone in der Nähe der neuen Kirche. Triumphbogen am Kap.
Roquepertuse Frankreich, ö von Velaux, w von Aix-en-Provence. Kelto-ligurische Ruinenstätte. Reste von Heiligtum.
Rorschacherberg Schweiz, St. Gallen. Befestigte Siedlung der Hallstattzeit auf dem Hohriet.
Rosarno Italien, am Golf von Gióia. Ruinen der locrischen Kolonie Medma.
Rosaspata Peru. → Vitcos.
Rosdoagh Irland, Mayo, am Broad Haven, nördliche Westküste. ND386. Zwei konzentrische Steinkreise. Rest von kleinem Megalithgrab.
Rosdorf Deutschland, 3 km sw von Göttingen. Auf dem Mühlengrund Hausgrundrisse eines Bandkeramikerdorfes erforscht.
Rosegador-Höhle Spanien. → (La) Cenia.
Roselle* Italien, 6 km n von Grosseto. 4 km n Ausgrabungsgelände Roselle Scavi; antik Rusellae. Stadtmauer* ab 6. Jh. vor Chr. Reste von Forum, Basilika, Wohngebäuden, Tempel, Thermen, Amphitheater. Nekropolen.
Rosenfeld Deutschland, 22 km nö von Rottweil. Reste von römischen Gebäuden.
Rosenheim Deutschland. Heimatmuseum.
Roses Spanien, Costa Brava. Reste von römischen Mauern.
Rosette Ägypten, an Nil-Mündungsarm. Arabisch Raschîd. Spuren von antiker Siedlung.
Rosignano Marittimo Italien, sö von Livorno. Kleines archäologisches Museum. Gräber in der Umgebung.
Rossano di Vaglio Italien, 15 km ö von Potenza. In Macchia di Rossano Heiligtum der Göttin Mephitis.
Rossatz Österreich, w von Krems. Bacharnsdorf: Rest von römischem Wachtturm.
Ross County USA, Ohio. Grabhügelgruppe; Adena-Kultur (ca. 1000 vor Chr.).
Rossemaison Schweiz, Bern, s von Delémont. Auf

dem Montchaibeux Wall und Graben von prähistorischer Befestigungsanlage.
Roßkopf Deutschland. → Wehrheim.
Roßtrappe Deutschland. → Thale.
Roßzähne I-Südtirol. → Pfatten.
Rotaba, Tell er- Ägypten, w von Ismailia, bei Qassasin. Retaba, Ratab. Biblisch ev. Sukkoth. Ausgrabungen.
Roter Kopf Deutschland. → Merenberg.
Rotes Kloster Ägypten. → Deir el-Ahmar.
Rothbury GB, Northumberland, im Coquet Valley. Menhire, Felsritzungen.
Rothekopf Deutschland. → Zell/Mosel.
Rothenburg Deutschland, nw von Halle. Mittelalterliche Wallburg.
Rotomagus Frankreich. → Rouen.
Rottenburg Deutschland, am Neckar, sw von Tübingen. Keltisch Sumelocenna. Reste der stark befestigten römischen Siedlung unter der Stadt. Grundmauern eines Bades. Römische Wasserleitung aus dem Rommeltal, sichtbar n und s von Obernau. Alte Burg, Befestigung seit der Merowingerzeit 7./8. Jh. Sülchgau-Museum. Römisches Stadtmuseum. Baisingen: Ö Grabhügel Bühl, jüngere Hallstattzeit.
Rottweil Deutschland, am Neckar. Ehemals Standort von fünf römischen Kastellen. I und II auf dem linken Neckarufer. Siedlung Arae Flaviae. Reste eines Bades in der Altstadt. Reste eines großen Bades auf dem Nikolausfeld auf dem Gelände von Kastell II. Kastelle III-V auf Flur Hochmauern auf dem rechten Neckarufer. Museum mit Orpheus-Mosaik. N von Neukirch zwei keltische Viereckschanzen.
Rouchouni Gr-Kreta. → Achladiai.
Rouen Frankreich. Römisch Rotomagus. Musée d'Antiquités mit Mosaiken.
Rouffignac Frankreich, sö von Périgueux. Höhle mit altsteinzeitlichen Zeichnungen.
Roughtinglinn GB, Northumberland, ca. 12 km s von Berwick-upon-Tweed. Eisenzeitliches Hügelfort. Ö des Forts bronzezeitliche Zeichnungen. S → Doddington.
Rough Tor GB, Cornwall, im Bodmin Moor. Befestigung, Rundhütten.
Rougiers Frankreich, am Rande der Bergkette von Sainte-Baume, ö von Marseille. Ruinen von mittelalterlichem Bergdorf.
Rousay GB, Orkney-Insel. Megalithbauten bei Taiverso Truick und Midhowe. Steinzeitsiedlung bei Faraclett Head. Ca. 13 Gräber.
Rovignum Kroatien, Istrien. Römisch; Rovinj.
Royat Frankreich. → Clermont-Ferrand.
Ruad Syrien, Insel bei Tartus. Phönizisch Arwad, griechisch Arados. Im W Reste der ehemals starken Befestigungsmauer. Säulenbruchstücke, Reste des antiken Hafens. Burg 13. Jh. Arabische Befestigungsanlage; zwei Forts.
Rubabah Israel. → Rehovot.

Rubenheim-Wolfersheim Deutschland, s von Blieskastel. Hallstattzeitliches Grabhügelfeld im Schornwald auf dem Kapellenberg.
Rubi Spanien, nw von Barcelona. Römische Nekropole.
Rubigen Schweiz, sö von Bern. Frühgeschichtliche Befestigungsanlage im Gross Hüenliwald; Gräben und Wallreste.
Rubkow Deutschland, sö von Greifswald. N Rest von Großsteingrab.
Rud el-Air Ägypten. → Serabit el-Chadim.
Rudayma Syrien, 74 km ssö von Damaskus. Römischer Turm. Überwölbte Zisterne. Tell Khaldiya. Nö Tell Asfar mit Ruinen von kleiner römischer Festung.
Rudbar Iran, 270 km nw von Teheran. Im Tal des Sefid Rud Ruine von kleiner Befestigung.
Rud-i Biyaban Tepe Iran, ca. 70 km s von Zabol; 1 km n von Tasuki. Spätbronzezeitliche Töpferei.
Rudiae Italien. → Lecce.
Rudston GB, w von Bridlington, Yorkshire. Fundort von römischem Mosaik. Das Mosaik jetzt in → Kingston-upon-Hull. Menhir.
Ruec Bulgarien, bei Targovište. Thrakische Grabanlagen.
Rüdesheim Deutschland. Rheingaumuseum.
Rueida Syrien, 50 km onö von Suran. Reste eines byzantinischen Turms. Spuren einer Basilika.
Rührberg Deutschland. → Grenzach-Wyhlen.
Rümikon Schweiz, Aargau. Reste von römischem Wachtturm am Sandgraben (Nr. 33), 4. Jh.
Rüßwihl Deutschland, nw von Waldshut. 300 m nö der Burg Tiefenstein vorgeschichtlicher Ringwall mit doppeltem Wall und Graben.
Ruffa Syrien, 21 km sö von Maarat en Noman, n von Hama. Spuren von byzantinischem Turm.
Ruffenhofen Deutschland, ö von Dinkelsbühl. 1 km sö auf der Höhe Burgfeld Spuren des römischen Kastells.
Ruheibah Israel. → Rehovot.
Rujm Beni Yasser Jordanien, nö von Kerak. Nabatäische Gründung. Reste von römischem Wachtturm.
Rulle Deutschland. → Wallenhorst.
Rumeilan, Tell Syrien, 67 km ö von Al Qamisliya (Kameschliye).
Rumele, Tell er Israel. → Bet Shemesh.
Rumicolca Peru. → Piquillacta.
Rumicucho Ecuador. Reste von Steinbauten, Inka- und Vor-Inkazeit.
Rumkale Türkei, bei Halfeti, 90 km nö von Gaziantep. Kasaba. Armenisch Hromgla. Mittelalterliche Festung.
Runder Berg Deutschland. → Bad Urach.
Rungléo Frankreich. → (L')Hôpital-Camfrout.
Runkuracay Peru, am → Inka-Trail. Ruine.
Runnymede GB, w von London. Ehemalige bronzezeitliche Siedlung.
Runović Kroatien, 20 km LL nö von Makarska.

Antike Stätte; Reste von römischem Aquädukt und von frühchristlicher Basilika. In der Nähe: → Imotski.

Rupac Peru, ca. 120 km LL ö von Puerto Supe. Ruinen.

Rupar Indien, Punjab, nw von Chandigarh. Ropar. Ehemaliger Ort der Indus-Kultur. Friedhof.

Ruprechtshofen Österreich, s von Melk. Hügelgräber, Felsinschriften.

Rus, Qalaat er Syrien, ca. 25 km s von Lattakia. Siedlungshügel; Ausgrabungen, Römerstraße, Brückenpfeiler.

Rusa Syrien. → Allaruz.

Rusaddir Marokko. Antik; Melilla.

Rusahina Türkei. Rusahinili. → Toprakkale nö von Van.

Rusas, Tell el Ägypten, Fayum, nw des Sees. Ausgrabungsstätte.

Ruscino Frankreich. → Castel-Roussillon.

Ruše Slowenien, w von Maribor (Marburg). Römische Gräber, türkische Mauer.

Rusellae Italien. → Roselle.

Rusibis Marokko. → (El) Jadida.

Rušovce Slowakei, s von Bratislava. Ehemals Standort des römischen Kastells Gerulata. Reste von spätrömischem Kleinkastell. Ausgrabungen.

Ruspae Tunesien, ö von Jebiniana, n von Sfax. Ehemalige antike Siedlung auf dem Rosfa-Hügel.

Ruspina Tunesien. → Monastir.

Russa Ekklisia Gr-Kreta, 9 km sö von Sitia. Rousa Eklisia. Reste von archaischem Heiligtum. Mauerreste von griechischer Stadt auf dem Hügel Kastri.

Russe Bulgarien, an der Donau. Antik Sexaginta Pristis, Prista. Museum. S: → Tscherven.

Russi Italien, 15 km sw von Ravenna. Römische Villa.

Russikon Schweiz, ö von Zürich. Im Nackwald Standort von prähistorischer Wehranlage.

Rustawi GUS, Georgien. Ehemalige Stadt der 1. Hälfte des 1. Jtsd. vor Chr.

Rustem, Qalaeh Iran, ca. 65 km s von Zabol, 5 km von → Schahr-i Sokhta. Reste einer großen Siedlung: Erdwall, Ziegelmauern, Ornamente. In der Umgebung mehrere Siedlungshügel.

Rusucmona Tunesien, 58 km n von Tunis. Punisch; heute Porto Farina.

Rusucurru Algerien. → Dellys.

Ruthena Frankreich. Römisch; heute Rodez, 230 km s von Clermont-Ferrand.

Rutigliano Italien, Apulien, sö von Bari. Griechische Nekropole.

Rutupiae GB. → Richborough.

Ruvo Italien, Apulien, w von Bari. Griechische Nekropole. Museo Jatta.

Ruweiha Syrien, bei Djerade, n von Maarat en Noman. Ruinengebiet der antiken Siedlung des 5. Jh.: Agora, Säulenhallen, Ostfassade von Basilika 4. Jh., Tempelgrab 384, Villen 4. Jh., Kirche 5. Jh.

Ruza-Urutur Iran. → Bastam.

Rymařov Tschechien, w von Ostrau. Ehemals römische Stadt.

Sa Thailand. Wat Bun Yeun, laotisch, 18. Jh.

Saad na-Saaid Kuwait. → Failaka.

Saal Deutschland, Kreis Kelheim. Untersaal: Ausgrabung eines römischen Burgus 2. Jh.

Saalburg** Deutschland, n von Bad Homburg. Reste von römischem Kastell und von Badeanlage. Errichtung ab 81 nach Chr., Ausführung in Stein 3. Jh. Um 260 verlassen. Wiederaufbau ab 1898. Reste von Gästehaus und Lagerdorf. W Reste von Limeswachttürmen 3/63 und 61. Ö Reste von Wachttürmen 68 und 69 und von Kleinkastell Lochmühle. Wenig n Verlauf des Limes gut erkennbar.

Saanen Schweiz, Bern, ö von Montreux. Steinwall einer befestigten Höhensiedlung auf dem Kohlisgrund.

Saarbrücken Deutschland. Reste eines römischen Kastells. Kellerräume. Reste einer städtischen Villa. Römischer Wasserleitungstunnel am Halberg. Heidenkapelle, ein Mithrasheiligtum. Reste von vorgeschichtlicher Burg auf dem Sonnenberg. Landesmuseum für Vor- und Frühgeschichte.

Saaringen Deutschland, ö von Brandenburg. Hügelgräberfeld 7.-9. Jh.

Saba, Tell es- Israel. → Beersheva.

Šabac Serbien, 87 km w von Belgrad. Festung an der Stelle eines römischen Kastells.

Sabacché Mexiko, Yucatan, s von Ticul. Maya-Ruinenstätte, Puuc-Stil.

Sabair Syrien, sö von Es Sanamein. Ruinengebiet.

Sabardera Spanien, nö von Figueras. Dolmen.

Sabast Israel. → Shomron.

Sabato Italien. → Trevignano.

Sabea Äthiopien, Eritrea, nö von Adigrat. Präaksumitische Mauerreste, Ausgrabungsstätte.

Sabha Jordanien, 31 km ö von Mafraq. Frühbyzantinische Gebäude.

Sabha Libyen. Festung der Kolonialzeit. Felsgravuren.

Sabinar, El Spanien, s von Alcaraz. Felsmalereien.

Sabiote Spanien, nö von Ubeda, nö von Jaén. Reste von römischer Mauer.

Sabkha Syrien, 101 km nw von Deir ez-Zor (Dayr az-Zawr). Sabhah. 1 km w arabische Lehmziegelburgreste.

Sablonetum Deutschland. Römisches Kastell bei → Ellingen.

Sabota Jemen-Süd. → Schabwa.

Sabr Jemen-Nord. → Taizz.

Sabra Jordanien, 8 km sw von → Petra. Ehemalige nabatäische Stadt. Theater, Tempelreste, Wasserleitungen.

Sabratha** Libyen, 80 km w von Tripolis. Numidische Stadt ab 161 vor Chr., phönizisch-römische

Stadt. Südliche Bäder. Byzantinische Stadtmauer und Tor. Südtempel. Tempel des Antoninus Pius. Justizbasilika. Osttempel. Forum, Kapitol. Serapistempel. Basilika des Justinian, Mosaik. Bäder am Meer. Christliche Basiliken. Herkulestempel. Wohngebäude. Theater**. Isistempel. Amphitheater. Zisternen. Mosaike*.

Sabrosa Portugal, sö von Braga. Keltiberische Siedlung Sabroso, ab ca. 800 vor Chr. Befestigungsmauer.

Sabu Indien, Ladakh, wenig sö von Leh. Taschi Gephel-Gonpa. Burgruinen.

Sabu Sudan, nähe 3. Katarakt. Felsbilder.

Sabucina I-Sizilien, ca. 6 km nö von Caltanisetta. Besiedelt seit der Bronzezeit. Ausgrabungen der sikanisch-griechischen Stadt 6.-4. Jh. Stadtmauerreste.

Sabul Afghanistan. → Ghazna.

Sabur-Graben Irak. → Khandak Sabur.

Sabz Tepe Iran, sw von Deh Luran, w von Dizful. Haft Tschoga. Besiedelt ab Mitte 6. Jtsd. vor Chr.

Sabz Tepe Iran, s von Marvdascht, n von Schiraz. Besiedelt ab 3./2. Jtsd. vor Chr.

Sa Canaba Spanien, Mallorca, 10 km w von Arta. Talayots 1. Hälfte 1. Jtsd. vor Chr.

Sacapulas Guatemala, 200 km nw von Ciudad de Guatemala, Provinz Quiché. In der Nähe die präkoloniale Maya-Siedlung Chutixtiox; Reste.

Sacer I-Sardinien. → Sassari.

Sachalites Oman. → Kor Rori.

Sachsenburg Deutschland. → Oldisleben.

Sachsenstein Deutschland, sö von Bad-Sachsa, Harz. Wälle und Burgreste 11. Jh.

Sachsenwall Deutschland. → Thale.

Sacnicté Mexiko, Yucatan, s von Tikul. Maya-Ruinen, Puuc-Stil. "Palast", einige Tempel.

Sa Coveccada I-Sardinien, sö von → Mores, sö von Sassari. Dolmen*.

Sacrofano Italien, n von Rom, ö des Bracciano-Sees. Auf dem Monte Musino Reste eines antiken Heiligtums.

Sacrow Deutschland. → Potsdam.

Sacsayhuaman** Peru. Die Festungsreste oberhalb der Stadt → Cuzco. Auf dem Plateau hinter S. thronartige Sessel oder Altäre. → Abb. 137.

Sada Jemen-Nord, w von Humeydan. N vorislamische Felszeichnungen. Ö Felsgravuren. Alte Zisterne. Sö Staudammreste im Wadi Akwahn.

Sádaba Spanien, 114 km nnw von Zaragoza. Römisches Gebäude "Synagoge", 4. Jh. N römisches Grabmal "Altar de los Moros", 2. Jh. Ö Reste der römischen Siedlung Clarina. Reste von Tempel, Thermen, Aquädukt.

Sadak Türkei, n von Erzincan, bei Kelkit. Ruinen von Festung und von Aquädukt.

Sádali I-Sardinien, n von Nurri. N Nuraghe De Padente.

Sadd-i Sikander Iran. → Alexander-Damm.

Sadeddin Han Türkei, 20 km nö von Konya.

Seldschukische Karawanserei, 1235-1237.

Sadhara Indien, Madhya Pradesh, n von Bhopal. Zwei Stupas.

Sad-i Iskander Iran. → Alexander-Damm.

Sad Kahjangan Indonesien, Bali. Tempel.

Sa Domu s'Orku I-Sardinien, nw von Siddi, auf der Prannu Siddi. Gigantengrab.

Säben I-Südtirol. → Klausen.

Saelices Spanien, 105 km sö von Madrid. S Reste der römischen Stadt Segobriga: Reste von Ummauerung, Tempel, Theater, Amphitheater. Basilika 6. Jh.

C.Saena Julia Italien. → Siena.

Sängersberg Deutschland. → Bad Salzschlirf.

Saepium Italien. → Sepino.

Saetabis Spanien. → Játiva.

Saeth Maen GB. → Cerrig Duon.

Safi Malta, Süden. Dolmen.

Safid-Bulend GUS. → Ispid Bulan.

Safira Syrien, 25 km sö von Haleb. Antik Sipri. Siedlungshügel. Befestigungen, Tor, Grabanlagen. Assyrisch-hethitische Reste 2. Jtsd. vor Chr.

Safita Syrien, n von Tripoli, 35 km ö von Tartus. Ruinen der Festung Chastel Blanc (Qalaat el Beida). Burgruine Qasr Bint el Malik.

Safiyet Melah Syrien, sö von Suweida, 5 km von Imtan. Pyramidenrest, vornabatäisch.

Saflieni Malta. → Paola.

Safrun, Tell Syrien, n von Tripoli, ö von Hamidiye, 1 km sw von Areime. Ruinen.

Saft el-Hinna Ägypten, ö von Zagazig. Henne. Altägyptisch Per-Sopdu. Ruinenhügel; Tempelbezirk des Sopdu.

Safut, Tell Jordanien, n von Suweilih, nw von Amman. Bronzezeitliche Befestigungsanlagen festgestellt.

Sagaing* Birma/Union Myanmar, sw von Mandalay. Shan-burmesische Hauptstadt ab 1315. 17.-19. Jh. vorwiegend burmanische Hauptstadt. Ehemals zahlreiche Tempel, Stupas, Höhlen. Aungmyelawa-Pagode 18. Jh. Datpaungzu-Pagode. Hsinmyashin-Pagode 1429. Htupayon-Pagode, 1444. Kaunghmundaw-Pagode, 1636, außerhalb. Min Kyaukse-Pagode. Myinpaukgyi-Pagode, Malereien. Kloster Pa Ba Kyaung. Sun U Ponya Shin-Pagode. Tilawkaguru-Höhle, Malereien. U Min Thonxe-Pagode. 10 km n: → Mingun.

Sagalassos Türkei. → Ağlasun.

Sagha, Qasr es- Ägypten, Fayum, n des Sees. Kleiner Tempel des Alten Reiches. Kloster Deir Abu Lifa. Wohnhöhle.

Saginara Italien, sw von Contursi, ö von Salerno. Ruinenort.

Sagly-Bazi GUS, ö des Altai. Skythische Kurgane.

Sagogn Schweiz, ca. 25 km wsw von Chur. Vitg Dadens: Grundmauern einer Kirche 5. Jh. Schiedberg (ö von Vitg Dado): ehemals Standort einer Befestigung ev. ab 4. Jh., Burgruinen.

Sagone F-Korsika. Bei den Ruinen der Kathedrale

Spuren einer Basilika 4./5. Jh. Menhirstatuen.
Sagunto* Spanien, n von Valencia. Iberisch Arse. Römisch Saguntum, Murus vetus. Reste von Akropolis. Megalithische Mauern; Zisternen, Zirkus, Nekropole. Theater mit Rekonstruktionen. Archäologisches Museum. Reste von römischem Tempel.
Saguntum Spanien. → Sagunto.
Ságvár Ungarn, 8 km sö von Sió Fok, Plattenseesüdufer. Reste der römischen Festung Tricciana.
Sahab Jordanien, 13 km sö von Amman. Besiedelt 5. Jtsd. vor Chr. - 6. Jh. vor Chr. Ausgrabungen: befestigte Siedlung und Gebäudereste. Wohnhöhle von ca. 4300 vor Chr., wiederverwendet als Begräbnisstätte. Gräber 13.-8. Jh. vor Chr.
Sa el-Hagar Ägypten, 30 km nw von Tanta. Altägyptisch Sais, antik Sau. Hauptstadt von Unterägypten 7.-6. Jh. vor Chr. (26. Dynastie, "Saïtenzeit"). Schutthügel; Spuren von alter Stadt und von Neith-Tempel.
Saheth-Maheth Indien, Uttar Pradesch, 30 km n von Gonda. → Set Maheth.
Şahinefendi Türkei, ca. 18 km s von → Ürgüp. Das alte Suveş, Bischofssitz 10.-14. Jh. Kirche der 40 Märtyrer, Malereien 1216/17.
Sahr Syrien, n von Suweida. Antik Trachonitis. Reste von Tempel und Theater.
Sahul Jordanien, s von Amman. Ausgrabungen; Felsgräber.
Sa-huynh Vietnam, Annam. Jungsteinzeitliche bis bronzezeitliche Fundstätte.
Sahyun, Qalaat* Syrien, ca. 30 km onö von Lattakia, bei Hafe. Saône der Kreuzfahrer. Größere Festungsruine mit Resten aus der Zeit der Byzantiner, Kreuzfahrer und Araber.
Sai Sudan, Nil-Insel bei Abri, nähe 3. Katarakt. Stadt und Festung mit Tempel, 18. Dynastie und meroïtische Zeit. Nekropolen, Tumuli-Gräber.
Saida Libanon, s von Beirut. Phönizische Gründung, von Assyrern zerstört; antik Sidon. Antiker Hafen. Große Moschee und Serail-Moschee mit antiken Säulen. Seekastell Qalaat el Bahr. Kastell Ludwigs des Heiligen. Phönizische Nekropole. S Grotten und phönizische Begräbnisstätten. Nö Eschmun-Tempel. Ö Hélaliyé, Grabhöhlen. 8 km ö Salhiyé: antike Gräber, Hügel mit Gräbern 2. Jtsd. vor Chr.
Saidabad Iran, 177 km sw von Kerman. Burgruine* Qalaeh-i Sang. Ca. 6 km ö bei Izzetabad die Reste des sassanidischen Sirdjan, arabisch Esch Schiradjan.
Saidaiji Japan, Honshu, sö von Okayama. Hügelgräber in der Umgebung.
Saidiyeh, Tell es Jordanien, 48 km nw von Es Salt, ö des Jordan. Ev. das biblische Zarthan oder das biblische Zaphon. Siedlungshügel ab früher Bronzezeit. Stadtmauerreste. Treppe zu Wasserstelle.
Said Kala Tepe Afghanistan, ö von Kandahar.

Ausgrabungen. Fundstelle der Deh-Morasi-Kultur, 4./3. Jtsd. vor Chr.
Saïd Naya Syrien, 30 km n von Damaskus. Rest von antikem Bauwerk. Höhlengräber.
Saidu Sharif Pakistan, Swat-Tal, n von Peschawar. Ausgrabung eines buddhistischen Heiligtums. Museum*.
Saihuite Peru. → Concacha.
Saijan, Qasr Ägypten, Oase → (el) Charga. Ain es Sajân, Zayan usw. Antik Tchonemyris. Ruine einer Lehmziegelfestung; Tempel aus ptolemäisch-römischer Zeit.
Saillant Frankreich, bei Saint-Nectaire, s von Clermont-Ferrand. Dolmen.
Saimali-Tasch GUS, Kirgistan, n von Uskent. Zahlreiche Felsritzungen von der Bronzezeit bis zum 1. Jtsd. nach Chr.
Saint-Affrique Frankreich, Aveyron. Dolmen de Tiergues.
Saint-Alban-Auriolles Frankreich, n der Ardèche. S und nw mehrere Dolmen.
Saint Albans GB, Hertfordshire. Römisches Lager Verulamium. Befestigungsreste, Theater, Mosaik. Reste von Forum, kleinem Tempel. Museum. Belgischer Wall (errichtet gegen übrige Kelten) von St. Albans nö bis Wheathampstead.
Saint-Bertrand-de-Comminges* Frankreich, sö von Tarbes. Ruinen des gallo-römischen Lugdunum Convenarum: Spuren von Ummauerung, Forum; Reste von Thermen, Markt 1. Jh. nach Chr., Heiligtum 20 vor Chr., christliche Basilika 4. Jh., Theater. Eglise Saint-Just mit antiken Säulen und Bauteilen. Prähistorische Grotte de Gargas.
Saint Blaise Frankreich, Bouches-du-Rhône, nw von Marseille. Antik Mastramella, spätantik Ugium. Besiedelt ab der Jungsteinzeit. Griechische Siedlung ab 8. Jh. vor Chr. Ausgrabungen 6.-3. Jh. vor Chr. Stadtmauerreste* 3. Jh. vor Chr. Siedlungsreste. Frühchristliche Nekropole, Felsgräber.
Saint Chamas Frankreich, am Etang de Berre. S römische Brücke Pont Flavien 1. Jh. nach Chr. mit zwei Bögen. Ö → Cornillon Confoux. Sö → Constantine. Sw → Istres. Sw → Saint-Blaise.
Saint-Cyr-sur-Mer Frankreich, w von Toulon. Ev. das griechische Tauroentum. Stadtmauerreste, Mosaike.
Saint David's Head GB. → Warrior's Dyke.
Saint Désir Frankreich. → Lisieux.
Sainte-Colombe Frankreich, bei Vienne. Reste von Thermen und Wohnhäusern.
Sainte-Croix Schweiz, Waadt, w von Yverdon. Sö Covatanne: Rest von römischer Straße.
Sainte Eulalie Frankreich, 18 km w von Figeac. Vorgeschichtliche Höhle mit Felszeichnungen.
Sainte-Gemmes-le-Robert Frankreich, n von Evron. Dolmen.
Sainte-Marguerite Frankreich, Îles de Lérins, s von Cannes. Im W römische Reste von Thermen,

Zisternen, Hafen.

Sainte-Maure-de-Touraine Frankreich, ca. 35 km s von Tours. S Dolmen von Bommiers. Weiter s Menhir de Pierre Percée.

Sainte Odile Frankreich, Elsaß. Römisch Altitona. Ehemals früheisenzeitliche Siedlung. "Heidenmauer", keltische Ringwallanlage aus Trockenmauerwerk, 2./1. Jh. vor Chr.

Saintes Frankreich. Römisch Mediolano Sancorum. Bogen* des Germanicus (→ Abb. 105). Römische Brücke. Amphitheater. Mauer von Thermen. Archäologisches Museum.

Sainte-Suzanne Frankreich, sö von Evron. Dolmen.

Sainte Trinité F-Korsika. → Torre.

Saint Florent F-Korsika, Nordküste, Golf von S.F. Auf dem Gelände einer ehemaligen römischen Stadt; hiervon geringe Spuren.

Saint-Gaudens Frankreich, sw von Toulouse. S Ruinen.

Saint-Germain-de-Confolens Frankreich, 4 km n von Confolens, nw von Limoges. Dolmen auf Vienne-Insel.

Saint-Germain-en-Laye Frankreich, westlicher Vorort von Paris. Archäologisches Museum* im Schloß.

Saint-Guénolé Frankreich, Bretagne, sw von Quimper. Musée Préhistorique finistérien zwischen Megalithen. Auf der Pointe de la Torche ein Ganggrab.

Saint James Gambia, 32 km ö von Baujul. Britische Fortruine, 17. Jh.

Saint John USA, Insel der Virgin Islands. Felszeichnungen.

Saint John's GB, Isle of Man, 4 km ö von Peel. Bronzezeitlicher Grabhügel Tynwald Hall.

Saint-Julien Frankreich, s von St.-Brieuc. Keltischer befestigter Lagerplatz Camp de Péran.

Saint-Just Frankreich, Bretagne, 40 km ssw von Rennes. Steinalignement. Zahlreiche Megalithdenkmäler.

Saint Kilda GB, 50 km w der Äußeren Hebriden. Großes Steingrab.

Saint-Lary Frankeich, 13 km nw von Auch. Römische Säule. Sw weitere Säulen.

Saint-Laurent-sur-Othain Frankreich, sw von Longwy. Ehemaliger römischer Ort. Antike Reste.

Saint Lawrence Island USA, Bering-See. Fundort der Punuk-Kultur. Mauerreste von Winterhaus.

Saint-Léomer Frankreich, ö von Montmorillon, osö von Poitiers. Antike Ruinen.

Saint-Léon-sur-Vézère Frankreich, Dordogne. Gallo-römische Reste.

Saint-Lizier Frankreich, sw von Toulouse, n von Saint-Girons. Gegründet 72 vor Chr. Römisch Lugdunum Consoranorum. Reste von gallo-römischer Stadtmauer mit Türmen.

Saint Lythan GB. → Saint Nicholas.

Saint Margaret's Hope GB, Orkney-Insel South

Ronaldsay. Frühgeschichtlicher Wehrturm "Howe of Hoxa".

Saint-Mathieu-de-Tréviers Frankreich. → Lébous.

Saint-Maurice Schweiz, Wallis, n von Martigny. Römisch Acaunum. Ehemaliger keltischer und römischer Grenzposten, Zivilsiedlung. Ausgrabungen. Zwei römische Torbögen. Römische Gräber, Fundamente von spätrömischer Grabkapelle.

Saint-Maximin-La-Sainte-Baume Frankreich, n von Toulon. Grabkammer und Sarkophage 4.-6. Jh.

Saint-Micaud Frankreich, ca. 15 km sö von Le Creusot. Menhir.

Saint-Moré Frankreich, nw von Avallon. Vorgeschichtliche Grotten und gallo-römische Ruinen. N → Arcy.

Saint-Nazaire Frankreich, Loire-Mündung. Trilith und Menhir.

Saint-Nic Frankreich, nw von Quimper. Ö Dolmen.

Saint Nicholas GB, Wales, 8 km sw von Cardiff. Megalithgrab Tinkinswood, 3. Jtsd. vor Chr. 3 km w Dolmen von St.Lythan.

Saint-Nicolas-de-la-Taille Frankreich, ö von Le Havre, 5 km n von Tancarville. Ehemals Standort von keltischem Oppidum.

Saint-Pére-sous-Vézelay Frankreich, sö von Vézelay. Fontaines-Salées: Ausgrabungen von Quellfassungen, keltischem Kultbau, gallo-römischen Thermen. 10 km s von V: → Fontenay-près-Vezelay.

Saint-Pierre-Quiberon Frankreich, Bretagne. Alignement (23 Menhire) und Cromlech (42 Menhire).

Saint-Prex Schweiz, Waadt, w von Lausanne. St. Protas auf römischen und frühchristlichen Resten 4./5. Jh.

Saint-Rémy-de-Provence** Frankreich. S die Ruinen von Glanum, 270 nach Chr. zerstört. "Les Antiqes*": Rest eines Triumphbogens (Arc municipal) 1. Jh. vor Chr.; Mausoleum (Juliermonument) Anfang 1. Jh. Daneben die Ruinen der gallisch-griechischen Stadt Glanon ab 6. Jh. vor Chr. Forum, Basilika, Thermen. Spuren eines Theaters. Depot Archéologique.

Saint Renan Frankreich, nw von Brest. Dolmen von Keravel. Menhir von → Kerloas.

Saint-Romain-en-Gal Frankreich, w von → Vienne. Ausgrabung* von gallo-römischer Siedlung. Mosaike.

Saint-Samson-de-la Roque Frankreich, osö von Le Havre, s der Seine-Mündung. Ehemals Standort von keltischem Oppidum.

Saint-Saphorim Schweiz, Waadt, 12 km ö von Lausanne. Kapellenreste 4./5. Jh.

Saint-Thibéry-den-Hérault Frankreich, onö von Béziers. Sö Reste von römischer Brücke.

Saint-Tropez Frankreich. Griechisch Athenopolis (Grimaud). Römisch Heraclea Cacabaria.

Saint Vincent Italien, 27 km ö von Aosta. Reste von römischer Straße. Spur von Thermen.

Saipins Italien. → Sepino.

Sais Ägypten, Delta. → Sa el-Hagar.

Sai-son Vietnam, Son-tay. Tien-phuc-Pagode, 1132.

Saitobaru Japan, Kyushu, 27 km n von Miyazaki. Hügelgräber, Kofun-Zeit. Museum.

Saj-Sajed GUS, s von Dušanbe (Tadschikistan). Neolithische Gräber und Siedlungsspuren.

Sakai Japan, bei → Osaka. Begräbnishügel des Kaisers Nintoku, +427.

Sakataly GUS, Aserbeidschan. Ruine der Schamil-Festung.

Sakavend Iran. → Sekavend.

Sakçagözü Türkei, 50 km wnw von Gaziantep. Coba Hüyük, Siedlungshügel ab 5./4. Jtsd. vor Chr. Ruinengelände, Palastanlage, Wehrmauer; kleiner Palast Anfang 1. Jtsd. vor Chr. Besiedelt bis 1. Jh. nach Chr. und ab dem Mittelalter.

Saket Ägypten, bei → Berenike. Kleiner Felsentempel.

Sakkaia Syrien. → Shaqqa.

Saklawiya-Kanal Irak, nw von Bagdad, zwischen Euphrat und Tigris, Isa-Kanal der Abbasiden.

Sakon Nakhon Thailand, ö von Udon Thani. That Dum, Reste, Khmer-Zeit. Chedi Phra That Cheung. 6 km nw Wat Phra That Narai Cheng Weng, 11. Jh. W → Prasat Phu Phek.

Saksanochur GUS, Tadschikistan, Süden, nö von Termes. Ausgrabung von gräko-baktrischer Siedlung und Palast.

Sakvice Tschechien. → Břeclav.

Sakya China, Xizang (Tibet). Kloster.

Sala Marokko. → Rabat.

Sălacea Rumänien. Reste eines Gebäude aus der Mitte des 2. Jtsds. vor Chr.

Salacia Portugal. → Alcácer do Sal.

Sala Consilina Italien, sw von Potenza. Nekropole.

Saladero Venezuela, bei Barrancas am Beginn des Orinoco-Deltas. Siedlung und Kultur 900-800 vor Chr.

Salah Türkei, 20 km nö von Midyat, Tur Abdin-Klostergebiet. Mar Yakub-Kirche, ca. 14. Jh.

Salah-Ed-Din, Qalaat Syrien. → (Qalaat) Sahyun.

Salaki Sudan, am Roten Meer, der Hafen von → Allaki.

Salakta Tunesien, 6 km sö von Ksour Es Saf, s von Mahdia. Antik Sullectum (Sullecti). Reste von Mole und Festung. Katakomben. → Arch Zara.

Salam, Khirbet es- Israel, ö des Nordendes des Sees Genezareth. Ausgrabungen einer alten Stadt: Befestigung, Synagoge. Mancherseits wird hier das antike → Gamla vermutet.

Salamanca Spanien. Keltiberisch Helmantica, römisch Salmantica. Sö römische Straße.

Salamanestha Syrien. → Sale.

Salambo Tunesien, nö von Tunis. Die antiken Hafenanlagen von Karthago. Reste eines Tanit- und Baal Hammon-Tempels mit punischer Nekropole. Fundamente eines römischen Bauwerks. N das Ruinengebiet von → Karthago.

Salamias Syrien. → Salamiya.

Salamis Griechenland, Hauptort der Insel S., sw von Athen. 1) Standort eines antiken Heiligtums beim Faneromeni-Kloster; → Phaneromeni. 2) Auf der HI Vudoro (Boudoron) Reste von athenischer Festungsanlage 430 vor Chr. 3) Antiker Hafen bei Ampelakia; Reste von Hafengebäuden. 4) Der antike Ort S. bei → Kamatero mit Resten der Akropolis. 5) Nekropole. 6) Archäologisches Museum. 7) → Eantio (Telamon).

Salamis Zypern, 8 km n von Famagusta. Byzantinisch Konstantia. Reste von: Gymnasium mit Palästra und Bad, Stadion und Amphitheater, Theater, römischen Bädern, Villa, Forum, Epiphanios-Kirche 7. Jh., Reservoir, Forum, Zeustempel, christlicher Basilika 5. Jh., Hafen. W Nekropole 8./7. Jh. vor Chr. Königsgrab. Aquädukt nw bei → Agios Sergios.

Salamiya Syrien, 30 km sö von Hama. Antik Salamias. Reste von byzantinischer Zitadelle, Gebäuden, Basilika. 3 km nw Maqam el Khader: Reste der arabischen Festung Qalaat esch Schemamis (El Shmenis).

Salamoni, El- Ägypten, n von → Achmim. Felsenkapelle ab 15. Jh. vor Chr. Felsgräber, hauptsächlich römische Zeit.

Salamsin Türkei. Eski Sumatar.

Salamun Türkei. → Selime.

Salango Ecuador, Insel. Während der Inkazeit zeitweise selbständiges Königreich, Manteño-Kultur (→ Manta).

Salapia Italien, Apulien. → Salpi.

Salapia Italien. Antiker Ort ö von Lecce, an der Küste.

Salapuncu Peru, in der Nähe des Urubamba. Gebäudereste der Inkazeit, Terrassenmauern, Treppen.

Salauris Spanien, sw von Tarragona. Phokäisch Salou. Der Hafen von Reus.

Salbyk GUS, nw von Minusinsk. Königskurgan.

Salcha Syrien. → Salkhad.

Saldae Algerien. → Bejaïa.

Saldaña Spanien, 21 km n von Carrión de los Condes. Römischer Mosaikfund.

Saldeana Spanien, w von Salamanca, vor der portugiesischen Grenze. Despoblado de las Merchanas; vorrömische und römische Reste; Wall, Brückenruine.

Salduba Spanien. → Zaragoza.

Sale Syrien, sö von Damaskus, am Osthang des Drusengebirges. Antik Salamanestha. Antike Reste, römischer Brunnen.

Salehabad Iran, bei Andemeschek, 183 km n von Ahvaz. Alte Siedlung.

Salemi I-Sizilien, ö von Marsala. Halyciae der

Elymer. Rest von frühchristlicher Basilika.

Salerno Italien, sö von Neapel. Antik Salernum. Crocifisso-Kirche und Dom mit antiken Säulen. Im Paradies des Domes Sarkophag-Sammlung. Archäologisches Provinzmuseum. Fratte di Salerno: Ausgrabungen von etruskischer Siedlung 6./5. Jh.; ev. das antike Marcina; Akropolis. Nekropole S.Nicola delle Fratte.

Salernum Italien. → Salerno.

Salet Schweiz. → Jona.

Saletio Frankreich, Elsaß. Römisch; heute Seltz, deutsch Selz, nw von Rastatt.

Salhab, Tell es Syrien, 24 km n von Masyaf, w von Hama.

Salhiyé Libanon, 8 km ö von Saida. Antike Gräber.

Sali Kroatien, auf Dugi Otok. S Brčastac: Reste von illyrischer Wallburg. W Kožinjak: Reste von illyrischer Wallburg. Omiš, oberhalb der Bucht Dumboka: Reste von illyrischer Wallburg. Ö Proversa: Reste von römischer Villa.

Saliagos Griechenland, zwischen den Kykladeninseln Paros und Antiparos. Reste von bedeutender spätneolithischer Siedlung.

Salihiye Syrien. → Dura Europos.

Salina Italien, Liparische Insel. Bronzezeitliche Siedlungen 15. Jh. vor Chr. Ausgrabungen von römischen Häusern in S. Marina Salina.

Salina USA, Kansas, 264 km w von Kansas City, Kans. 6 km ö altindianische Grabstätte.

Salinae Bosnien. → Tuzla.

Salinar Peru, nördliche Zentralküste, nähe Trujillo, Chicama- und Virú-Täler. Kultur-Periode 200 vor Chr. - 200 nach Chr.

Salins-les-Bains Frankreich, s von Besançon. Camp-du-Château, ev. ehemaliger keltischer Fürstensitz.

Salisbury GB, Wiltshire. 3 km n ehemalige eisenzeitliche Hügelfestung, römisch Sorviodunum, römerzeitliche und mittelalterliche Siedlung Sarum (Ringwall Old Sarum); Ausgrabungen, Ruinen.

Salkhad Syrien, 64 km ö von Deraa, nähe Südgrenze. Biblisch Salcha. Siedlungshügel mit verfallender Zitadelle, Ayyubidenzeit, 12.-13. Jh.

Salmantica Spanien. → Salamanca.

Salmas Iran. → Samas.

Salmena Griechenland. → Kalavryta.

Salodurum Schweiz. → Solothurn.

Salomos Teiche Israel, sw von Bethlehem, in der Nähe von Urtas (Artas). Die drei Teiche (in den Fels gehauene Becken) lieferten Wasser nach Jerusalem. Aquädukte. Ö die byzantinischen Reste von Etam.

Salona Griechenland. Mittelalterlich; → Amfissa.

Salona Kroatien. → Solin.

Salon-de-Provence Frankreich. Kelto-ligurisches Oppidum bei Salonet. Sö römische Straße. Ö → Pelissanne.

Saloniki Griechenland. → Thessaloniki.

Salouf Schweiz, Graubünden, s von Tiefencastel. Bronzezeitliche befestigte Siedlung Motta Vallac mit Spuren von römischer und vorrömischer Befestigung.

Saloum Senegal. → Sine-Saloum (= Flußgebiet und Region). → Koungheul. → Nioro-du-Rip.

Salpi Italien, Apulien, w von Barletta, am Südufer der ehemaligen Lagune. Antik Salapia. Straßen, Mauern, Erdwälle von römischer Stadt und mittelalterlichem Hafen.

Salsadella Spanien, s von San Mateo, sw von Tortosa. Keltische Urnengräber.

Salses Frankreich, n von Perpignan. Spuren des römischen Kastells Ad Salsulas.

Salsette Indien. → Kanheri.

Salt, Es Jordanien, 28 km n von Amman. Stadtteil Djadur: peräisch Gadara, antik Gadora, Gedor, byzantinisch Salos Hieraticon. Burgruine 13. Jh. Grabkapellen mit Reliefs. N Nabi Yusha: Hosea-Grab.

Saltadora de la Valltorta-Höhlen, La Spanien. → Albocácer.

Saltigi Spanien. Antik; Chinchilla de Monte-Aragón, sö von Albacete.

Salto, El Mexiko, Durango, bei Mezquital, 82 km s von Durango. Cliffdwelling.

Salumpuncu Peru. 3 km ö von → Cuzco.

Salviae Bosnien-Herzegowina. → Crkvina bei Glamoč.

Salzburg Österreich. Römisch Claudium Iuvavum. Grabungen unter dem Dom. Grabungsmuseum unter dem Domplatz. Grabungsergebnisse St. Peter. "Katakomben" am Mönchsberg, ev. frühchristliche Gebetsstätte seit 3. Jh. Museum Carolino Augusteum.

Sam, Qalaeh-i Iran, ca. 20 km s von Zabol. Stadtmauern*. Parthische und sassanidische Schichten.

Sama, Es Israel. → Eshtemoa.

Sama Jordanien, n von Mafraq. Reste von Georgskloster Anfang 7. Jh. mit Minarett ca. 8. Jh.

Samad al Shan Oman. Späteisenzeitliche Gräberfelder.

Samaipata Bolivien, sw von Santa Cruz de la Sierra. Aus dem Fels geschlagene Anlage; Nischen, Rinnen, Terrassen.

Samal Türkei. → Zinčirli.

Samalaji Indien, Gujarat, nö von Ahmedabad. Ruinenstätte, Funde ab 5. Jh. Harishcandrani Cori-Tempel, ca. 1000 nach Chr. Kashi-Vishveshvara-Tempel.

Saman Dağı Türkei, 27 km sw von Antakya. Auf dem Gipfel S.D. Basilika St. Simeon Stylitis des Jüngeren.

Samandıra Türkei, 30 km ö von Üsküdar. Ruine eines byzantinischen Kastells.

Samangan Afghanistan. → Takht-i Rustam.

Samannud Ägypten, Delta, linkes Ufer des Damiette-Nil-Armes. Altägyptisch Tjebnutjer. Antik

Sebennytos. Siedlungshügel w der Stadt mit Resten des Onuris-Schu-Tempels, Spätzeit (30. Dynastie) und griechisch-römische Epoche.

Samaria Israel. → Shomerom.

Samarkand** GUS, Usbekistan. N der Ruinenhügel Afrasiab, Zitadellenreste. Das ehemalige Marakanda (griechisch-persisch), Hauptort Sogdiens zur Zeit der Achämeniden. Zerstörung durch Alexander. Griechisch-baktrische Siedlung; Spuren der Kuschanzeit. Siedlung in der 2. Hälfte des 1. Jtsds. nach Chr.; Zerstörung durch die Mongolen; Ruinen, Palastmauern. Neue Blüte unter Timur. Registan** (Hauptplatz), mit Medrese Ulu Beg 1420, Medrese Tillja-Kari 1660, Basar 18. Jh., Museum. Mausoleum Rukhabad 1380. Mausoleum Gur-Emir, 1404, für Timur. Mausoleum Ak-Saray, 15. Jh. Mausoleen Ischrat Chane und Abd-i Darun, 15. Jh. Grabmal des Kussam-Ibn-Abbas, 14. Jh., im Laufe des 14. und 15. Jhs. zur Nekropole Schah-i Sinda** ausgebaut. Ruinenhügel und Stadtmuseum. Observatorium des Ulug Beg, 1429. Mausoleum Tschupan-Ata, 1430.

Samarobriva Frankreich. Ambiani. Römisch; Amiens.

Samarra* Irak, 138 km n von Bagdad. Besiedlungsspuren seit dem 5. Jtsd. vor Chr. Gegründet im 9. Jh., Abbasidenresidenz. Sich über viele Kilometer am linken Tigrisufer hinziehendes Gebiet von ehemaligen mittelalterlichen Städten und Festungen, Palästen, Moscheen, Wildgehegen, Prozessionsstraßen, Pferderennbahnen, künstlichen Seen, Bewässerungsanlagen, hauptsächlich 9. Jh. Meist nur in Spuren erhalten. Palastruinen. Große Moschee mit dem schneckenförmigen Minarett.

Samarum Oman. → Kor Rori.

Samas Iran, sö von Schahpur, NO-Ecke des Orumiyeh-Sees. Savus. In der Nähe urartäische Siedlung Qale Waseri. Burgruine.

Sambiran Indonesien, Bali, n des Gunung Batur. Tempeltürme.

Sambor Prei Kuk Kamputschea, 140 km osö von Angkor. Ehemalige Hauptstadt Isanapura der Tschen-la-Zeit (Chen-la), Beginn der Khmerkunst. Ausgrabungsstätte; Reste ab 7. Jh.

Sambuca di Sicilia I-Sizilien, n von Sciacca. Reste eines punisches Dorfes 4./3. Jh. vor Chr.

Same Griechenland. → Sami.

Samerina Israel. → Shomron.

Sametsikhara Indien, Bihar-Osten. Ummauerte Tempelstadt; Heiliger Berg.

Sami Griechenland, Kefallinia. Ruinen des antiken Same. Reste von Stadtmauern, von zwei Akropolen (darunter Kyneatis), von Tempel an der Stelle der Kirche Agios Georgios, von römischem Haus, von byzantinischer Kirche.

Samikon Griechenland, 25 km sö von Pyrgos. Festung Klidi an der Stelle des antiken Arenai. Mauerreste 6. Jh. vor Chr. Ehemals Standort eines Poseidon-Heiligtums.

Şamiram Suyu Türkei. Semiramis-Kanal. Kanal entlang des Hoşap Su (Güzelsu), sö des Vansees; von ca. 800 vor Chr.

Samiran Iran, nö von Zendjan. Ruinen von Burg, Mausoleen, 10. Jh.

Sa Mola Spanien, Mallorca, bei Felanitx. S'Ermita de Sa Mola. Neolithische Grabkammern.

Samos Griechenland, Insel. Iraon. Kolonna → Iraon. → Pitagorion, das antike Samos. Tigani → Pitagorion.

Samosata Türkei. → Samsat sö von Adıyaman.

Samosir Indonesien, Sumatra, HI im Toba-See. Megalithe.

Samothraki Griechenland, nordägäische Insel. Antiker Inselname Saonnesos. Kabirion und antiker Hauptort → Palaiopolis.

Sampanago Birma/Union Myanmar, Norden, nö von Bhamo. Ruinen von Old Bhamo.

Samra, Khirbet es- Jordanien, 16 km nö von Zarqq. Spuren von römischem Kastell, Kirchen und Mosaiken.

Samrat, Tel es- Israel. → Jericho.

Samrong Sen Kamputschea, n von Phnom Penh. Megalithische Kultur, neolithische Fundstelle.

Samsat Türkei, 52 km osö von Adıyaman. Assyrische Provinzhauptstadt Kummuch. Römisch Samosata, an der ehemaligen Limesstraße nach Zeugma (Belkis). Hauptstadt des Kommagene-Reiches. Akropolishügel; griechische und römische Reste. Aquäduktreste. Demnächst im Atatürk-Stausee.

Samsun Türkei, Schwarzmeerküste. 3 km nw die Stätte Kara Samsun, das antike Amisos, byzantinisch Amysos. Reste von Mauern, Säulen, Zisternen, Tumuli. Höhlengräber. In der Nähe der Dündar Tepe und das phrygische Akalan.

Samyas China, Xizang (Tibet), 50 km von Lhasa. Samye. Tempelanlage ab 7. Jh., Kloster ab 770; ältestes Kloster Tibets. In der Nähe → Sungkhar.

Sana Jemen-Nord. Gegründet 1. Jh. vor Chr. Stadtmauer. Moschee Djama al Kabir mit Hof mit 177 Säulen 7. Jh., ev. auf Resten christlicher Kirche erbaut. Archäologische Sammlung im Nationalmuseum. Nw im Wadi Dar Felsritzungen.

Sanahin* GUS, Armenien, nähe Alaverdi. Kloster 10.-13. Jh.

Sanam Sudan, bei → Meroë I. Ruinen von: Palast, Gebäuden, Friedhöfen 25. Dynastie, napatanischem Tempel.

Sanamein, Es Syrien, 53 km s von Damaskus. Römische Ruinen, Tempel 191 nach Chr. Reste von Säulengang.

San Andrés El Salvador, La Libertad, 33 km nw von San Salvador, bei Ciudad Arce. Campagna San Andrés. Teilweise ausgegrabenes Ruinengelände; Plattform, Pyramiden, Gebäude.

San Andrés Semetabaj Guatemala, 111 km w von Guatemala-City. Hügel von ehemaliger vorspanischer Siedlung.

San Andres de Ullastret Spanien. → Ullastret.

San Antonio USA, Texas. Museum of Art.
San Antonio Abad Spanien, Ibiza. Römisch Portus Magnus. Katakomben Santa Inés; Nekropolis de Purmany. N Höhle "Des Fontanelles" mit Felsmalereien.
Sanaos Türkei, Nordufer des Acıgol, nw von Burdur. Standort der ehemaligen Stadt.
San Augustin* Kolumbien, Departament Huila. Kulturzentrum 2. Hälfte 1. Jtsd. vor Chr. Tempelhügel. Begräbnisplätze in einem weiträumigen Gebiet; Steinsarkophage, Stelen und Steinfiguren 6. Jh. vor Chr. bis Mitte 2. Jtsd. nach Chr. Archäologischer Nationalpark mit Museum.
San Augustin Mexiko, Chiapas, bei Tuxtla Gutierrez. Ehemalige Siedlung der Maya.
San Augustin Acasaguastlán Guatemala, Provinz El Progreso, nö von Ciudad de G. Ruinenstätte.
Sanburi Thailand, bei Lopburi. Früher Phraek. Ruinen und Stadtmauerreste.
San Cataldo Italien, Apulien, ö von Lecce. Reste des Hafens Porto Adriano, gegründet im 2. Jh.
Sanchi** Indien, Madhya Pradesh, 45 km nö von Bhopal. Buddhistischer Klosterbereich 3. Jh. vor Chr. - 12./13. Jh. Großer Stupa ab 3. Jh. mit steinernen Zäunen und Toren**, Dekor 1. Jh. vor Chr. bis 1. Jh. nach Chr., (Satavahanazeit). Weitere Stupas. Tempel 5./6. Jh., (Guptazeit). Ruinen und Grundmauern von Klöstern, Gebetshallen, Stupas, Wohngebäuden. Rest von Ediktsäule Ashokas 3. Jh. vor Chr. In der Umgebung: → Besnagar. → Pipaliya. W → Sadhara. 10 km sw → Sonari. → Udaigiri.
San Clemente Guatemala, Provinz Petén, Nordosten. Ruinenstätte.
San Clemente Spanien, s von Cuenca. Römischer Bogen.
San Cosimo I-Sardinien, s von Arbus. Gigantengrab.
San Cristóbal Guatemala, Provinz Totonicapán. Ruinenstätte.
San Cristóbal de las Casas Mexiko, Chiapas. Museum.
Sancti Petri Spanien, s von Cadiz, sw von Chiclama de la Frontera. Auf der Insel Schloß auf den Resten eines phönizischen Tempels.
Sandahanna, Tel Israel. → (Tel) Maresha.
Sandbostel Deutschland, s von Bremervörde. Sw Ringwall Altenburg (w von Gosehus).
Sandia Pueblo USA, New Mexico, n von Albuquerque.
Sandıklı Türkei, 110 km n von Burdur. Burgruine. S → Kusura.
Sandkrug Deutschland, ö von Parchim. Ca. 4 km nö im Forst S. Rest von Großsteingrab.
San Donato Val di Comino Italien, n von Cassino, nö von Alvito. Zyklopische Stadtmauer, ev. von der Volskersiedlung → Cominium.
Sandouville Frankreich, ö von Le Havre. Ehemals Standort von keltischem Oppidum.

Sandoway Birma/Union Myanmar, Westküste. Die ehemals bedeutende Stadt Dvaravati. Andaw-Pagode, Nandaw-Pagode, Sandaw-Pagode; 6.-11. Jh.
Sandown GB, Isle of Whigt, Ostküste. 2 km n römische Villa.
Sane Griechenland, am Isthmos von Athos, bei Trypiti. Gegründet 7. Jh. vor Chr. → Athos-Kanal.
Sane, Khirbet es Syrien, 56 km sö von Salamiye (sö von Hama). Reste von römischen Tempeln.
San Felice al Circeo Italien, w von Terracina. Antik Circei. Akropolis ab 6. Jh. vor Chr.; zyklopische Mauerreste 4./3. Jh. N Ausgrabungen von römischer Villa mit Thermen.
San Felipe Guatemala, Izabel. Ehemalige Siedlung der Maya.
San Fernando Spanien, 18 km s von Cadiz. Brücke seit römischer Zeit.
San Francisco Mexiko, Quintana Roo, auf einer Insel in der Bucht von Ascension. Maya-Ruinen.
Sang, Qalaeh-i Iran. → Saidabad.
Sangacharama GUS, Usbekistan. → Airtam.
Sanganakallu Indien, Karnataka, Bellary-Distrikt. Megalithisches Gräberfeld. Felsmalereien.
Sanganer Indien, Rajasthan, 10 km s von Jaipur. Jaina-Tempel 10./11. Jh., Skulpturen.
Sangar Iran, n von Maku, nähe türk. Grenze. Urartäische Festung 8. Jh. vor Chr.
Sang-i Caxemakh Iran, 8 km n von Bastam, nö von Schahrud. Zwei Siedlungshügel erforscht; besiedelt ab 6. Jtsd. vor Chr.
Sang-i Dokhtar Iran. Sassanidische Stauanlage, n von Schiraz, in der Nähe des Dariusch-Kebir-Staudamms. In der Nähe Reste von Brücke und Fundamente eines Wohnhauses der Achämeniden.
Sangeh Indonesien, Bali, 25 km n von Denpasar. Zwei Tempel.
San Gemini* Italien, Umbrien, 110 km n von Rom, nw von Terni. Reste des antiken Carsulae: Reste von Stadttor, Damianusbogen, Thermen, Tempel, Basilika, Theater, Amphitheater, Zisterne, Grab. Ö → Monte Torre Maggiore.
Sanggariti Indonesien, Java-Ost. Anlage ab 11./13. Jh.
Sangha Thailand, sö von Surin. Reste von Tempelanlage Prasat Yai Ngao.
San Gimignano Italien. Ehemals etruskische Siedlung. Kleines archäologisches Museum. Nekropolen 4.-1. Jh. in der Umgebung.
San Giorgio Lucano Italien, ssw von Matera, nähe Provinzgrenze. Ausgrabungsgebiet.
San Giovanni in Galdo Italien, 14 km nö von Campobasso. 1½ km vom Ort Rest eines samnitischen Tempels, 2./1. Jh. vor Chr.
San Giovanni di Sinis I-Sardinien, bei → Tharros. Kirche 5. Jh.
San Giovanni al Timavo Italien, sö von → Monfalcone, nw von Triest. Reste von frühchristlicher Basilika. Gebäudereste 1. Jh. vor Chr; ev. von

Straßenstation.

San Giovanni Vecchio Italien, Kalabrien, in der Umgebung von Stilo. Ruinen 10. Jh.

San Giovenale Italien, 32 km ssw von Viterbo. Ausgrabungsgebiet 3 km w von Civitella Cesi. Spuren von spätbronzezeitlichen Wohnplätzen und voretruskischer Kultstätte; 12. Jh. vor Chr. bis Villanova-Zeit (8. Jh. vor Chr.). Reste von etruskischen Häusern 7. Jh. Befestigungsspuren 5. Jh. vor Chr. Reste insgesamt kaum sichtbar. Brückenrest. Etruskisch-römische Felsgräber.

San Giuliano Italien, nö von → Barbarano Romana.

San Giuliano Italien, nö von Barbarano Romana, s von Vetralla. Antike Stadtmauerreste. Tempelspuren auf dem Poggio Castello. Nekropolen* 8.- 3. Jh. vor Chr.

Sangsit Indonesien, Bali, N. Tempel Pura Beji*.

Sang Tepe GUS, Usbekistan, 30 km n von Termes. Ausgrabung einer sogdischen Festung, ab 1. Jh. vor Chr.

Sanguem Indien, Goa. Mahadeva-Tempel, 13. Jh. Außerhalb der Zambauli-Tempel.

San el-Hagar* Ägypten, Delta. Altägyptisch Djanet, biblisch Zoan, antik Tanis. Residenz der 21. Dynastie. Ummauerter Tempelbezirk des Amun mit Nebenbauten von Psusennis I. und anderen. Nekropole; Königsgräber der 21. und 22. Dynastie. Heiligtum der Mut (Antatempel), 6. und 3. Jh. vor Chr. Steine und Skulpturen teilweise aus Pi-Ramesse hierhergebracht.

Sani Indien, Zanskar. Ummauertes Kloster und Höhlenheiligtum 8. Jh. Tschörten.

Saniat ben Howedi Libyen, Oase Germa. Gräberfeld der Garamanten.

Sanicera Spanien, Menorca. → Sa Nitja.

San Ignacio Mexiko, 73 km w von Santa Rosalia, ca. Mitte der kalifornischen Halbinsel. Wandmalereien** in den Sierren de San Francisco und de Guadalupe.
1) Am Arroyo del Parral.
2) In einer Grotte am Fuße des Cerro de Santa Maria.
3) Am Arroyo El Batequi.
4) Am Arroyo de San Pablo.
5) Am Arroyo de San Gregorio.

San Ildefonso Pueblo USA, New Mexico. Kiwa, neue Zubauten.

Sanimagara Türkei. → Eski Sumatar.

Sanitium Frankreich. Römisch; Senez, sö von Digne.

Sa Nitja Spanien, Menorca. Reste der phönizischen Kolonie Sanicera.

San Jaume Mediterraneo Spanien, Menorca, sw von Alayor, Südküste. Vorchristliche Basilika.

San Jeronimo Guatemala, 137 km nö von Ciudad de G. Ausgrabungen einer Siedlung 1. Hälfte 1. Jtsd. vor Chr. Kleines Museum.

San Jorge Kolumbien. Erdwälle von Bewässerungsanlagen.

San Jorge la Laguna Guatemala. Dorf der Cakchiqueles.

San José Costa Rica. Museum für Archäologie und Naturwissenschaft.

San José USA, Kalifornien, 77 km sö von San Franzisco. Ägyptisches Museum.

San Juan de Aznalfarache Spanien, Westrand von Sevilla. Römische Mauern.

San Juan de los Cues Mexiko, 160 km nnw von Oaxaca. Prähistorische Siedlung.

San Juan Noj Guatemala, Provinz Retalhuleu. Maya-Ruinenstätte.

San Juan Pueblo USA, New Mexico. Bewohnt.

San Julián de Valmuza Spanien, bei Barbadillo, w von Salamanca. Ruinen einer Römersiedlung; Tempel, Häuser, Mosaike.

Sankaram Indien, Andhra Pradesh, 41 km von Vizag. In der Umgebung buddhistische Reste 300 vor Chr. - 700 nach Chr.; Stupa.

Sankasya Indien, Uttar Pradesh, ca. 250 km sö von Delhi. Grabhügel, Stuparuine.

Sankt Georgskloster Syrien, ca. 10 km nw von → (Qalaat el) Hosn. Kloster mit byzantinischer Unterkirche.

Sankt Ingbert Deutschland, ö von Saarbrücken. Sw Großer Stiefel: jungsteinzeitliche und spätbronzezeitliche Siedlungsreste, römerzeitliche Gebäudereste, frühmittelalterliche Reste. Lehrpfad.

Sankt Kanzian Österreich, s von Völkermarkt. Siedlungsreste auf den Hügeln s des Klopeiner Sees. Dreiseenblick: Wälle; Funde Bronzezeit bis Mittelalter. Gračarca: Terrassen und Wallspuren; Funde späte Bronzezeit bis römische Kaiserzeit. Georgiberg: Wall und Graben von mittelalterlicher Burg, Spuren von vorgeschichtlicher Befestigung; Funde Bronzezeit bis Mittelalter.

Sankt Lorenzen I-Südtirol, Pustertal, w von Bruneck. Italienisch San Lorenzo di Sebato. Reste*, meist Grundmauern der römischen Straßenstation Sebatum, Sebata (→ Abb. auf der Umschlagrückseite). N Wallburg Sonnenberger Kopf, ev. römerzeitlich. Nw auf dem Burgkofel, w von Lothen, Wallreste von spätantiker Siedlung.

Sankt Margarethen Österreich. → Mühlen.

Sankt Margarethen Österreich. → Sankt Paul.

Sankt Paul Österreich, im Lavanttal. St. Margarethen: ehemals gallo-römischer Umgangstempel am Burgstallkogel; Stiege. Trasse der Römerstraße des Septimius Severus.

Sankt Peter im Holz Österreich. → Lendorf.

Sankt Petersburg GUS, Rußland. Staatliche Eremitage**, umfangreichste Sammlungen darstellender und angewandter Kunst aller Zeiten und Völker. Russisches Museum.

Sankt Pölten Österreich, Niederösterreich. Aelium Cetium. Römische Reste im Bischofshof. Städtisches Historisches Museum. Diözesan-Museum. Spuren und Forschungsergebnisse an der Traisen bis Traismauer, Siedlungen und Gräberfelder: Pottenbrunn/Ratzersdorf: Siedlung der frühesten Bronzezeit, Gräberfelder bis Frühmittelalter.

Ossarn: spätneolithische Siedlung, Gräber Jungsteinzeit bis römische Zeit.

Oberndorf an der Ebene: Siedlung der frühen Bronzezeit, Gräberfelder.

Herzogenburg: spätlatènezeitliche und römische Siedlungsspuren, Friedhöfe Frühbronzezeit bis Frühlatènezeit.

Inzersdorf: Siedlung der Urnenfelder- und Früh- und Mittellatènezeit, Friedhöfe.

Reichersdorf: Siedlung und Friedhof der Hallstattzeit.

Franzhausen: Gehöfte der Frühbronzezeit und Siedlung der Hallstattzeit, Gräberfeld bis Latènezeit.

Şanlıurfa Türkei. Im 2. Jtsd. vor Chr. Hurri, Uršu. Im 4. Jhd. vor Chr. (aramäisch) Orhay, Urhay. Nach Alexander Osrhoë. Im 2. Jh. vor Chr. Antiochea epi Kallirhoe. Makedonisch Edessa. Bis zum 1. Weltkrieg Urfa.

Zitadellenhügel mit Resten der Kreuzfahrerzeit an der Stelle eines antiken Tempels. Nekropole. Höhlen mit Mosaikfunden. Städtisches Archäologisches Museum.

San Lorenzo Mexiko, Chiapas, Osten. Ruinenstätte.

San Lorenzo Pueblo USA, New Mexico. → Picuris Pueblo.

San Lorenzo di Sebato I-Südtirol. → Sankt Lorenzen.

San Lorenzo Tenochtitlán Mexiko, Veracruz, 45 km LL sw von Minatitlán. Olmekisches Zentrum ab Mitte 2. Jtsd. vor Chr. Blüte und Reste ab ca. 1250 vor Chr. bis ca. 9./8. Jh. vor Chr. Ausgrabungen; Reste von Zeremonialzentren, Wohnsiedlungen, Pyramiden, Terrassen, Hügel. Fundort von olmekischen Riesenhäuptern. In der Umgebung weitere olmekische Stätten.

Sanlucar la Mayor Spanien, 19 km w von Sevilla. Römische Mauerreste.

San Luis Potosi Mexiko, Hauptstadt von S. Regionalmuseum. Museum im Sagrario neben der Universität.

San Martin de Bolaños Mexiko, Jalisco, ö von Tepic. Pueblo der Huicholen.

San Martin Texmelucan Mexiko. → Tlalancaleca.

San Martin de Valdeiglesias Spanien, 65 km w von Madrid. Nw römische Brücke. W die → (Toros de) Guisando.

San Mauro Forte Italien, sw von Matera. Ausgrabungsgebiet; bronzezeitliche Spuren.

San Miguel Mexiko, Tabasco. Ehemalige Siedlung der Maya.

San Miguel de Allende Mexiko, Guanajuato, nw von Queretaro. Gräber und kleines Museum auf dem Gelände des Instituto Allende.

San Miguel Ixtahuacan Guatemala, Provinz San Marcos. Ruinenstätte.

San Miguel de Ruz Mexiko, Quintana Roo, auf einer Insel in der Bucht von Ascension. Maya-Ruinen.

Sannat Malta, Gozo. Sö Ta Cenc: mehrere Dolmen, Tempelrest Borg li-Mramma, Gleitkarrenspuren, alte Wege durch die Nordabbrüche.

San Pablo Ecuador, Küste Bahía de Santa Elena. Fundort und Sparte der → Valdivia-Kultur.

San Pablo Mexiko, Yucatan. ca. 150 km ssö von Mérida, 23 km s von Thul. Maya-Ruinen: Reste von Kultzentrum und von Wohngebäuden.

San Pantaleo I-Sizilien, Insel n von Marsala. Ruinen des antiken Motya, italienisch Mozia. Karthagische Kolonie ab 8. Jh. vor Chr. Reste von Mauern, Toren und Türmen, Tempel, Häusern, Damm. Alte Nekropole. Neue Nekropole bei Birgi. Museum.

San Pawl Milqi Malta. → Bur Marrad.

San Pedro Mexiko, Campeche, bei Dzibalchén, 130 km osö von Campeche. Ruinen eines Maya-Dorfes, Chenes-Stil.

San Pedro de Alcántara Spanien, w von Marbella. 1 km w bei Palero Ruinen der römischen Stadt Silmiana. Ruine der westgotischen Basilika Vega del Mar.

San Pedro de Atacama Chile. Kultur 500-1000 nach Chr. Archäologisches Museum.

San Pedro de los Pinos Mexiko, w von Mexico-City. Rekonstruierter toltekischer Komplex.

San Pietro Italien, bei → Sant'Agata de'Goti, ö von Caserta. Nekropole 19./18. Jh. vor Chr.

San Prisco Italien, zwischen Capua und Caserta. Capella S.Matrona mit Mosaik 5. Jh.

San Remo Italien. Städtisches Museum. Ö → Riva Ligure.

San Roman de Candamo Spanien. → Candamo.

San Salvador-Höhlen Spanien, bei Fresnedo, sw von Oviedo. Prähistorisch.

San Salvatore I-Sardinien, w von Oristano. → Cábras.

San Salvatore Telesino Italien, nö von Caserta. Ruinen des samnitisch-römischen Telesia. Reste von Stadtmauer, frühchristlicher Basilika, Thermen, Zisterne, Grabdenkmal, Amphitheater.

San Salvo Italien, s von Vasto, sö von Pescara. Antik Cluviae. Stadtmauerreste.

San Severino Marche Italien, wsw von Macerata, letztes s von → Ancona. Römisch Septempeda. Reste von Stadtmauer, Toren, Thermen. Städtisches Museum.

Sanski Most Bosnien-Herzegowina, w von Banja Luka. S neolithische Höhle Dabar, → Vučedol-Kultur. Neolithische Höhle Hrustovača.

Santa Ana Pueblo USA, New Mexico, sw von Santa Fé.

Santa Caterina di Pittinuri I-Sardinien, 25 km nnw von Oristano. N Nuraghe Oratiddo. S Nuraghe Cornus. Ca. 5 km sö (3 km ö der Straße) ehemalige punisch-römische Stadt Cornus. Akropolis, Ruinen, frühchristlicher Bezirk Columbaris (Basiliken 4.-6. Jh., Brunnen, Zisterne, Gräber). Nekropole Monte Ruja.

Santa Cecilia Acatitlán Mexiko, n von Mexico-City, 3 km n von San Bartolo Tenayuca. Kleine Pyramide der Azteken.

Santa Cesarea Terme Italien, Apulien-Ostküste, 16 km s von Otranto. Vorgeschichtliche Höhlen.

Santa Coloma de Gramanet Spanien, bei Badalona. Auf dem Puig Castellar ehemalige iberische Siedlung.

Santa Cristina I-Sardinien, nö von Oristano. Nuraghischer Brunnentempel*.

Santa Cruz de la Sierra Spanien, 15 km s von Trujillo. Keltische Nekropole.

Santadi I-Sardinien, SW. Nw Reste von Nuraghe is Pireddas. Nw → Montessu. Sw → Pani Loriga.

Santa Elena Spanien. → Irún.

Santa Elena Poco Uinic Mexiko, Chiapas, Lacandonengebiet, w des Usumacinta. Ruinen einer Mayastadt; Pyramiden.

Santa Eulalia del Rio Spanien, Ibiza. Römische Nekropole.

Santafé Spanien, 10 km w von Granada. Ehemals Standort eines römischen Militärlagers.

Sant'Agata de'Goti Italien, ö von Caserta. Antik Saticula. Krypta mit 12 antiken Säulen. → Presta. → San Pietro.

Santa Gertrudis Mexiko, Mitte der kalifornischen Hl. Sö in der Sierra San Juan Felsmalereien.

Santa Gilla I-Sardinien, bei Cagliari. Ehemals Standort von punisch-römischem Tempel.

Santa Giusta I-Sardinien, 3 km s von → Oristano. Reste der antiken Siedlung Othoca. Kleine römische Brücke. Phönizisch-punisch-römische Nekropole; Kammergrab 7. Jh.

Santa Liberata Italien, w von → Orbetello. Grundmauern von römischer Villa.

Santa Liestra Spanien, n von Lérida. S römische Brücke.

Santa Lucia Cotzumalguapa Guatemala, Departament Escuintla, 88 km sw von Ciudad de G. Santa Lucia Cozumalhuapa. Ruinenstätte. Tumuli und Steinskulpturen eigenen Stils, 2. und 3. Viertel 1. Jtsd. vor Chr. Monolithskulpturen auch auf den Plantagen → (El) Baúl, → Bilbao, El Castillo, Las Ilusiones, Pantaleon, → Santa Rita. Einige in Berlin-Dahlem.

Santa Luzia Portugal. → Viana do Castelo.

Sant Amanza F-Korsika, Bucht nö von Bonifacio. Fundamente einer Kirche 4./5. Jh.

Santa Maria Capua Vetere* Italien, sö von → Capua. Das antike Capua. Reste von Amphitheater 1. Jh., Hadriansbogen, Thermen, Tempel (S.Angelo), Kryptoportikus, Mithräum 2. Jh. nach Chr., christlichen Basiliken. Mosaike, Grabmal, Stelle des Theaters. W und n Nekropolen.

Santa Maria di Faleri Italien, 6 km w von → Cí-vita Castellana. Falerii Novi. C. Iuonina Faliscorum. Stadtmauerreste* 3. Jh. nach Chr. Reste von Jupitertor 3. Jh. vor Chr., Theater, Forum, Bad. Straßennetz. Spuren des Amphitheaters. Reste römischer Brücke.

Santa Maria di Leuca Italien, Apulien. Ehemalige Hauptstadt der Iapyger.

Santa Maria-Rezzónico Italien, am Comer See-Westufer, 6 km n von Menaggio. Reste von spätrömischem Kastell.

Santa Marinella Italien, 8 km sö von Civitavecchia. Ehemaliger antiker Hafen Punicum. Reste; 2 km n Reste von Heiligem Bezirk 6. Jh. vor Chr., römische Villa, römische Brücken. Nekropolen.

Santa Marta Spanien, sö von Badajoz. Römische Ruinen.

Sant'Andria Priu* I-Sardinien, ö von → Bonorva. Bronzezeitliche Felskammernekropole, 20 Gräber, mit Imitationen architektonischer Elemente.

Sant'Anna Arresi I-Sardinien, sw von Cagliari. S Nuraghe Burussa. Ö Nuraghe Maledetta.

Sant'Antioco I-Sardinien, SW, Ort auf gleichnamiger Insel. Phönizische Gründung Sulcis, 7.-4. Jh. vor Chr. Römisch ab 3. Jh. vor Chr. Ausgrabungen. Archäologische Zone Sulcis und Museum; Nekropole 5.-3. Jh. vor Chr., Tophet (→ Abb. 34). Rest von römischer Pyramide. Römische Brücken- und Hafenreste. Zwei Menhire. Kirche Sant Antioco Martire ab 4./5. Jh. mit phönizischen und christlichen Katakomben.

Santanyi Spanien, Mallorca, Süden. Material der Stadtmauer von bronzezeitlichen Bauten der Umgebung, z.B. Son Danús.

Santa Pola Spanien, sö von Elche. Auf den Ruinen des antiken Portus Ilicitanus, Hafen von Ilici; heute Elche.

Santarém Portugal, nö von Lissabon. Antik Scallabis, römisch Julianum Scalabitanum. Museum in der Kirche São João d'Alporão.

Santa Rita Guatemala, Farm in der Nähe von → Santa Lucia Cotzumalguapa. Fundort von Monolithskulpturen.

Santa Rita Mexiko, Quintana Roo, bei Chetumal. Ehemalige Siedlung der Maya.

Santa Rosa Xtampak Mexiko, ca. 150 km ö von Campeche, 25 km nw von Iturbide. Maya-Dorf, 8. Jh. Ruinen, Stelen.

Santa Rosita Guatemala, am Usumacinta. In der Nähe drei große Pyramiden und einige Tempel.

Santa Severa Italien, sö von Civitavécchia. Etruskisch Pyrgi, Pyrgoi, Hafen von Cervetveri (Caere). Römischer Hafen ab 3. Jh. vor Chr. Etruskische Fundamente. Befestigungsreste*, Reste von Tempeln 6. und 5. Jh. vor Chr., römischer Villa. Nekropolen.

Santa Severina Italien, nw von Crotone. Griechisch Siberene, Seberene. Baptisterium 7. Jh.

Santa-Tal Peru. Rio Santa. Entlang des Flusses Reste von »Großer Mauer von Peru«, flankiert von rechteckigen und runden Türmen aus Stein, meist aus Lehm. Endpunkt bei der Hacienda Suchimancillo, 65 km landeinwärts; Ruinen. Ev. Vor-Chimú-Zeit. Zwischen Lima und der Grenze zu Ecuador in verschiedenen Küstentälern ähnliche alte Mauerabschnitte.

Santa Teresa Gallura I-Sardinien. Mauerreste von spätlatinischer Siedlung.

Sant'Aurecci I-Sardinien, n von Guspini. Nuraghische Befestigung.

Santa Verne Malta, Gozo. → Xaghra.

Santa Vittoria di Serri I-Sardinien. → Gergei.

Sant'Elia Fiumerápido Italien, 5 km n von Cassino. Rest von römischer Brücke.

Santenay Frankreich, 20 km sw von Beaume. Ausgrabungen: Gräber, Dolmen; Tempel festgestellt.

Santes Creus Spanien, n von Tarragona. Santas Creus. Römischer Aquädukt.

Sant' Eutízio Italien, 22 km ö von Viterbo. Etruskische Nekropole; Katakomben 3. Jh. nach Chr.

Sant Feliu de Codines Spanien, n von Barcelona. Archäologisches Museum.

Sant Gabriel Spanien, Menorca, w von Mahón. Talayot.

Santiago Atitlán Guatemala, 135 km w von Ciudad de G., sw des A.-Sees. Ehemals Hauptstadt des Tzutuhul-Reiches. Reste.

Santiago de Compostela Spanien. Reste eines römischen Mausoleums 1./2. Jh. Museum der Kathedrale mit archäologischer Abteilung.

Santiagos, Los Spanien. Höhle; → Albuquerque.

Santiago Tuxtla Mexiko, 145 km sö von Veracruz. Tuxteco-Museum; Olmekenkopf.

Santimamiñe-Höhle Spanien. → Cortézubi.

Santicum Österreich. → Villach.

Santiponce* Spanien, n von Sevilla. Das römische Italica, gegründet 207 vor Chr. Ruinen der Römersiedlung; Mauerreste von Stadttor, Häusern, Thermen. Straßen, Mosaike. Aquädukte. Museum. Amphitheater. Theater mit Rekonstruktionen.

Sant Jaume dels Domenys Spanien, nö von Tarragona. Römischer Aquädukt.

Sant Joan de les Abadesses Spanien, w von Figueras. Römische Brücke.

Sant Jordi Spanien, Mallorca, ö von Palma. Neolithische Grabkammern mit megalithischem Überbau. → Son Oms Vell.

Santo Gabriel Spanien, Menorca, 10 km w von Mahon. Talayot.

Santos de Maimona, Los Spanien, s von Mérida, bei → Zafra. Römisch Segeda-Angurina. Römische Festungsreste.

Santo Tirso Portugal, nö von Porto. 4 km sö auf dem Monte Cordova ehemals luso-römische Siedlung. S → Castro do Padrão.

Sant Salvador de Toló Spanien, ö von Huesca. Römischer Tempelrest.

Santu Antine* I-Sardinien, ca. 40 km sö von Sassari, s von Torralba. → Abb. 59. Bedeutender Nuraghe mit gewaltigem Unterbau, Wehrgängen, Hauptturm mit noch zwei von ehemals drei Stockwerken, 12. und 9./8. Jh. vor Chr. 1 km sö Nuraghe Oes.

Santu Pedru I-Sardinien, ca. 10 km nö von Alghero. Felsnekropole. Kammergrab ab Ozierizeit. Weiteres Grabgewölbe.

San Vero Milis I-Sardinien, n von Oristano, nähe Westküste. Nuraghe Sant'Urachi. W Nuraghe Tradori. Nw Nuraghe Áccas.

San Vittorino Italien, 10 km nw von L'Aquila. Ruinen der Sabinerstadt Amiternum: Reste* von Theater, Amphitheater, Aquädukt. Katakomben San Michele.

Sanxay Frankreich, wsw von Poitiers. Ehemaliges keltisches Heiligtum. Römische Ruinen* von Tempel, Theater, Thermen.

Sao Lourenço Portugal. → Chaves.

Sao Martinho Portugal, sö von Castelo Branco, sö von Coimbra. Örtlichkeit einer prähistorischen Siedlung.

Saône Syrien. → Sahyun.

São Pedro do Sul Portugal, sö von Porto. Reste von römischen Thermen.

Sao Tiago do Escoural Portugal, w von Evora. Ö Höhle mit Malereien.

Sapalli-Tepe GUS, Usbekistan, bei Sherabad, im Norden des ehemaligen Baktrien. Ausgrabungen. Festungsreste 2. Jtsd. vor Chr.

Sapporo Japan, Hokkaido. Ainu-Museum im Botanischen Garten. Universitätsmuseum.

Sa Punta `e su Koloru I-Sardinien. → Nora.

Saqqara** Ägypten, s von Abusir. → Abb. 61. Hauptnekropole von → Memphis mit ehedem ca. 15 größeren und einigen kleineren Pyramiden 3.-6. Dynastie. Privatgräber ab 1. Dynastie, einige königliche Gräber 2. Dynastie (20)). Außer der Stufenpyramide des Djoser von ca. 59 m Höhe sind die anderen Pyramiden höchstens als Schutthaufen oder kaum erhalten.
1) Totentempel des Unas, 5. Dynastie.
2) Jeremiaskloster ab 5. Jh.
3) Grab des Nefer.
4) Grab des Irukaptah, 5. Dynastie.
5) Grab des Neferherenptah.
6) Barken des Unas.
7) Mastaba des Mechu*, 6. Dynastie.
8) Mastaba der Königinnen Nebet und Chenut, 5. Dynastie.
9) Mastaba der Prinzessin Idut**, 5./6. Dynastie.
10) Perserschächte, 26. Dynastie.
11) Pyramide des Unas*, 5. Dynastie, verfallen; Nebenpyramide.
12) Stufenpyramide des Djoser**, 3. Dynastie, mit nischengegliederter Umfassungsmauer*, Teilrekonstruktionen, Tempelresten, Haus des Südens und Haus des Nordens.

13) Pyramide des Userkaf, 5. Dynastie, Nebenpyramide, Totentempel; nur Trümmer.
14) Pyramide des Teti, 6. Dynastie; Spuren.
15) Mastaba des Mereruka*, 6. Dynastie.
16) Mastaba des Kagemni*, 5./6. Dynastie.
17) Grab des Anchmahor, 6. Dynastie.
18) Grab des Neferseschemptah.
19) Nicht ausgegrabene Pyramide ev. für Merikere, 9./10. Dynastie.
20) Nekropole 1. und 2. Dynastie.
21) Grab des Hesire, 3. Dynastie.
22) Tiernekropolen, Spätzeit.
23) Mastaba des Ti**, 5. Dynastie.
24) Serapäum, 19. und 21. Dynastie und ptolemäische Zeit.
25) Mastaba des Ptahhotep* und des Achethotep, 5. Dynastie.
26) Pyramide des Sechemhet, 3. Dynastie, unvollendet, mit Ummauerung. Wenig Reste.
27) Grab des Maya, 18. Dynastie.
28) Tia-Grab, 19. Dynastie.
29) Grab des Haremhab*, 18. Dynastie.
30) Umfriedetes, nicht ausgegrabenes Gebiet, ev. für eine Pyramide, ca. 3. Dynastie.
31) Pyramide des Königs Pepi I., 6. Dynastie, verfallen.
32) Pyramide des Königs Merenre I., 6. Dynastie.
33) Pyramide des Isesi, 5. Dynastie, mit Königinnenpyramide.
34) Faraun Mastaba, 4. Dynastie.
35) Pyramide des Königs Pepi II., 6. Dynastie, Königinnenpyramiden.
36) Pyramide des Ibi, 8. Dynastie, verfallen.
37) Pyramide oder Mastaba des Schepseskaf, 4. Dynastie.
38) Pyramide des Chendjer, 13. Dynastie.
39) Pyramide der 13. Dynastie, verfallen.
Saqqiya, El- Ägypten, nö von Qena. Reste von Straßenstation.
Sar Bahrein, sw von → (Qalaat al) Bahrein. Tell, islamische Zeit.
Sarab Bahram Iran, 50 km nw von Kazerun. Basrelief Naqschi Bahram: Bahram II. (ca. 3. Jh.).
Sarabit el-Khadim Ägypten. → Serabit el-Chadim.
Sarabodis Deutschland. → Gerolstein.
Sarab-i Qandil Iran, nw von Kazerun. Sassanidisches Basrelief.
Sarab Tepe Iran, ö von Kermanschah. Spuren von neolithischem Dorf, mindestens ab 6. Jtsd. vor Chr.
Sarafand Libanon, 16 km s von Saida. Antik Sarapta, Zarepta, Zarephat usw. Wenige Reste.
Saragossa Spanien. → Zaragoza.
Sarai GUS, an der Wolga. Serai. Ehemalige Hauptstadt der Goldenen Horde. 1395 von Timur und 1502 vom Krim-Chan zerstört.
Sarai Khola Pakistan, w von Islamabad, ö des Indus. Neolithischer Siedlungsplatz, 4. Jtsd. vor Chr.; Stätte der Indus-Kultur.

Sarajewo Bosnien-Herzegowina. Bosnisches Landesmuseum.
Sarandarion Israel, an einem Felsen 4 km w des antiken Jericho. Kloster des Vierzigtägigen Fastens 19./20. Jh. Grotten. Mauerreste, ev. von der Makkabäer-Festung Dok; Kirchen. Aquädukt. Synagogenreste von Noara; benützt bis 4. Jh.
Sarandë Albanien, Küste, Süden. In der Nähe das griechische Onchesmos. Reste von byzantinischem Kastell 4. Jh., Stadtmauer, römischem Gebäude, Basilika, Mosaik, Hafenmauern. Museum auf Fundamenten von Baptisterium.
Sărata-Monteoru Rumänien, Walachei, bei Suceava-Şipot. Großes Urnenfeld.
Sara Tara Afghanistan, sö des Seistan. Sar-o-Tar. Verfallende parthisch-sassanidische Ruinen.
Sarauk-Kamar GUS, w von Termes. Felsritzungen; paläolithische Siedlung.
Saraut-Sai GUS, nw von Termes. Felsritzungen am Baba-Tag-Gebirge. Paläolithische Siedlung.
Saravus Frankreich, Elsaß. Römisch; Lördingen.
Sarayçık Türkei, sw von Antalya. Lykische Siedlung. Grabtempel (Heroon).
Sarba Libanon, 19 km nö von Beirut. Kloster auf antiken Tempelfundamenten. Antikes Gewölbe.
Sarbazan Frankreich, 95 km osö von Bordeaux, bei Roquefort. Antike Mosaike.
Sardab, Qalaeh Iran, ca. 50 km nö von Teheran. Ruinen von Karawanserei und anderen Gebäuden.
Sardara I-Sardinien, 50 km nw von Cagliari. Römisch Aquae Neapolitanae. Neben der Kirche S.Anastasia nuraghische Brunnentempel, 10. Jh. vor Chr. Weiterer Brunnen. Archäologisches Museum. Ö Nuraghe Ortu Comidu. W Nuraghe Arigau.
Sardes* Türkei, 95 km ö von Izmir, beim Ort Sart (Sartmustafa). Ehemals Sardeis, Hauptstadt von Lydien. Chrysantius im 4. Jh. Akropolis mit Mauerspuren der Zitadelle; byzantinische Stadtmauerreste. Reste* des Artemis-Tempels, 334 vor Chr., an der Stelle eines ehemaligen lydischen Tempels. Reste von byzantinischer Kapelle. Spuren von Forum, Theater, Stadion, römische Basilika. Straße mit Säulengängen 4. und 7. Jh. Byzantinische Läden, byzantinisches Bad 5. Jh. Ausgrabung einer großen Synagoge von 230-250 nach Chr.; Mosaike. N jenseits des Gediz lydische Nekropole Bin Tepe über mehrere Kilometer; Alyattes-Hügel.
Sardone Syrien. Heute Serdan, 40 km sö von Haleb; ehemalige Kreuzfahrerburg.
Sardurihurda Türkei. → Atbaşı.
Sarepta Libanon. → Sarafand.
S'Argamasa Spanien, Ibiza, ca. 5 km ö von Santa Eulalia del Rio. Spuren von römischer Fischfabrik; Aquäduktreste.
Sargans Schweiz, St.Gallen, sw von Liechtenstein. Reste von römischem Gutshof.
Sarhüyük Türkei. → Eskişehir.
Sari Indonesien, Mittel-Java, 15 km nö von Yo-

gyokarta. Tempel, ev. ab 8. Jh. 1 km sw → Ka-
lasan.
Saricam Türkei, 12 km nw von Saruhanlı, nö von
Izmir. Ruinen einer antiken Stadt. Ehemals Stand-
ort von Anaitis-Tempel.
Sariči Bosnien-Herzegowina, 30 km sw von Jajce.
Römische Reste.
Sarı Hanı Türkei, ca. 24 km nö von → Nevşehir,
5 km ö von Avanos. Reste einer seldschukischen
Karawanserei.
Sarkel GUS, westliche Don-Seite. Ausgrabung ei-
ner Festung 9. Jh.
Sar Maschhad Iran, sw von Schiraz, s von Kaze-
run. In der Nähe Felsrelief Bahrams'III. (ca.
3./4. Jh.). Richtung Husseinabad Turm des
Schweigens seit der Antike.
Sar-i Masdjid Iran, bei Masdjid-i Suleiman, sö
von Schuschter. Parthische und hellenistische
Tempelreste 3. Jh. vor Chr. - 2. Jh. nach Chr.
Mauerreste.
Sarmata Syrien. → Sermada.
Sarmatos Serbien. Antike Siedlung an der heutigen
Stelle Paračin, 80 km nw von → Niš.
Sarmenstorf Schweiz, Aargau, sö von Lenzburg.
Reste von römischem Gutshof; Badreste. Vorge-
schichtliche Wallanlage "Heidenbühel".
Sarmizegetusa* Rumänien, ssw von Deva. Ulpia
Traiana Sarmizegetusa, Hauptstadt von Dakien.
Ruinen der antiken Stadt 2. Jh. nach Chr.: Reste
von Stadtmauer, Forum, Augustalenpalast, Am-
phitheater, Heiligtümern, Villen.
Sarmizegetusa Regia Rumänien, sö von Deva.
Dakisches Sarmizegetusa. Reste von Kultstätte
1. Jh. vor Chr., Umfassungsmauer.
Sarn GB, Wales, Westküste der HI Lleyn. Neolithischer Dolmen Mynydd-Cefnamlwch.
Sarnada Bosnien-Herzegowina. Römisch; heute
Pecka, w von Jaice.
Sarnath Indien, Uttar Pradesh, 6 km n von Varanasi. Wirkungsstätte Buddhas, Kultstätte seit Ashoka bis zum 13. Jh. Ausgrabungen von buddhistischen Klöstern und Stupas. Dharmarajika-Stupa
der Maurya-Zeit. Klosteranlagen der Kushanzeit.
Dhamekh-Stupa und Tempel ca. 5. Jh. Chauk-
handi-Stupa. Dharmacakrajin-Vihare, 12. Jh. Mu-
lagandhakuti-Vihare, 1931. Chinesische Tempel,
tibetanisches Kloster. Museum mit Kapitell* von
Ashoka-Säule.
Sarno Italien, ö von Neapel. Reste von Theater.
Sar-i Pol i Zohab Iran, 150 km w von Kermanschah. Antik ev. Kalman. Arabisch Hulvan. In der
näheren Umgebung sechs Felsreliefs*. 3 km ö
Felsgrab Dokan Daud, ca. 3. Jh. vor Chr.
Sarraba Israel. Sarjaba. → Qarn Sartabeh.
Sarroch I-Sardinien, s von Cagliari. Ö Domu
s'Orku, 2 Nuraghen bzw. nuraghische Befestigung,
Mitte 2. Jtsd. vor Chr. und Anfang 1. Jtsd. vor
Chr.
Sarsana Michael Äthiopien. Felsenkirche 6. Jh.

Sarsina Italien, w von San Marino. Reste von an-
tiker Stadtmauer, Forum, Grabmal, frühchristlicher
Kirche. Archäologisches Museum.
Sart Türkei. → Sardes.
Sarteano Italien, sw des Trasimenischen Sees. Ne-
kropolen.
Sartène F-Korsika. Prähistorisches Museum. 7 km
n am Fluß Rizzanese zwei Menhire.
Sar Tepe GUS, Usbekistan, 35 km nw von →
Termes. Ausgrabungen einer Siedlung 3. Jh. vor
Chr. - 5./6. Jh. nach Chr.; Zitadelle und Umwal-
lung.
Sarule I-Sardinien, 32 km sw von Nuoro. Nuraghe
Badu Orane. Nuraghe Ludurioe.
Sarum GB. → Salisbury.
Sarup Dänemark, Fünen, Süden. Neolithische
Grabanlage ehemals mit Palisadenzaun umgeben;
ehemalige Befestigung.
Sarvistan Iran, 98 km sö von Schiraz. Ehemals
Kharvistan. 11 km s sassanidische Palastruine
1. Hälfte 5. Jh. nach Chr. In der Umgebung zahl-
reiche Siedlungshügel; Gebäudereste.
Saryg GUS, ö von Frunse (Kirgistan). Ausgra-
bungsstätte.
Sasamon Spanien, 35 km w von Burgos. Römisch
Segismao. Römische Mauerreste.
Sasaram Indien, Bihar, 110 km sö von Varanasi.
Grabmal* 1540. Mausoleum. Ashoka-Inschrift in
Höhle unter Berggipfel.
Sasbach Deutschland, n von Breisach. Nw Lim-
berg; von Nord nach Süd: Spuren von hallstattzeit-
lichem Wall. Nördliche Mauer eines keltischen
Oppidums, Spätlatènezeit. Ehemaliger Standort eines römischen Kastrums. Wälle von frühmittelalterlicher Vorburg an der Stelle einer ehemaligen
jungsteinzeitlichen Befestigung. Wälle und Turmrest von frühmittelalterlicher Burg (Limburg?). Am
Westhang Burgruine Limburg.
Saspol Indien, Ladakh. Fünf lamaistische Höhlen,
Malereien 11. Jh. Kloster an der Stelle eines Stupas des 11. Jhs.
Sassari I-Sardinien, NW. Römisch Castrum fluminaria, byzantinisch Tattheri, ma Sacer. Archäologisches Museum Sanna. Sö Casa de Turricula, Mitte
2. Jtsd. vor Chr. S Nuraghe di Gioscari. W Nuraghe Li Luzzani.
Sassen Deutschland, sö von Grimmen. 1½ km ö
und 2 km sö Reste von Großsteingräbern.
Sassenburg Deutschland, sö von Hameln, sw von
Diedersen. Ringwall und Vorwälle im S und SO.
½ km sw → Obensburg.
Sassnitz Deutschland, Rügen. Nö Reste von Großsteingräbern (Waldhalle). Nw Rest von Großsteingrab (Krampas). Sw Rest von Großsteingrab
(Dwasieden).
Sassoferrato Italien, 72 km wsw von Ancona. Antik Sentinum. Rest von Stadtmauer, Thermen, Villa
2. Jh. nach Chr. Örtliches Museum.
Sasso Marconi Italien, ssw von Bologna. Etruski-

sche Nekropole 2. Hälfte 5. Jh. vor Chr.
Satala Türkei. → Adala.
Satala Türkei. Römisch; Gümüşhane, s von Trabzon.
Satalia Türkei. → Antalya.
Satara Indien, s von Pune. Festung Wasota, ab 12. Jh.
Sa Testa I-Sardinien, nö von Olbia. Nuraghischer Brunnentempel.
Sathing Phra Thailand, Süden, Ostküste, n von Songkhla. Ruinen der Srivijaya-Zeit 8.-13. Jh.: Wat Sathing Phra. Wat Chedi Ngam. Wat Khao Noi. Tham Khao Pi-Grotte. Wat Ko Mai. Vihara Phra Non. Nw Wat Khao Phra Koh.
Saticula Italien. → Sant'Agata de Goti.
Satow Deutschland, sw von Waren. Nw (ö von → Zislow) Reste von Großsteingräbern.
Satriano Italien, sw von Potenza, n von Satriano di Lucánia. Ausgrabung eines Tempelbezirks, Ruinen.
Satricum Italien. → (Le) Ferriere.
Satrunjaya Indien. → Palitana.
Satteins Österreich, Vorarlberg, ö von Feldkirch. Vatlära: ö des Schwarzen Sees Trockenmauerreste von vorgeschichtlicher Siedlung.
Saturn Italien. → Sutri.
Saturnia Italien, w des Bolsena-Sees. Vorrömisch Aurinia. Reste von etruskischer Stadtmauer, römischem Stadttor. Reste von Thermen. Nekropolen. Antiquarium.
Satzvey Deutschland, sw von Euskirchen. Aphrodisias. Firmenich: Teilstück der römischen Wasserleitung. Ehemals Standort von kleinem Dianatempel.
Sau Ägypten, Delta. → Sa el-Hagar.
Saudj Bulaq Iran. → Mehabad.
Saujon Frankreich, sw von → Saintes. Ehemals Standort von römischem Lager.
Saulgau-Bondorf Deutschland, Kreis Sigmaringen. Ö keltische Viereckschanze.
Saulges Frankreich, 45 km w von Le Mans. Grotten mit steinzeitichen Siedlungen; Grotte de Rochefort, Grotte à Margot.
Saulieu Frankreich, 75 km w von Dijon. Gallorömisch Siduolocum. Kirche Saint-Saturnin mit römischen Denkmalsteinen. Nekropole. Museum.
Sault Frankreich, ö von Carpentras. Ehemals Saltus. Museum.
Saumur Frankreich, w von Tours. Gallo-römische Sammlung im Schloß. 2 km sw Dolmen von → Bagneux. Weiter s bei Distré Dolmen.
Saura Syrien. → Sur.
Sauran Syrien, n von Haleb, ca. 10 km ö von Azaz. Siedlungshügel; ehemals Standort einer Burg.
Sauwan, Tell es Irak, bei Samarra. Sawwan. Siedlungsschichten ab 2. Hälfte 6. Jtsd. vor Chr. Wohnhäuser freigelegt.
Savanadurga Indien, bei Bangalore. Megalithische Steinplattengräber.
Savaria Ungarn. → Szombathely.
Saverne Frankreich, nw von Straßburg. Römisch Tres Tabernae. Gallo-römische Reste im Pfarrgarten. Museum im Schloß.
Saveux Frankreich, w von Besançon. Keltisches Fürstengrab.
Savo Italien. Römisch; heute Savona, italienische Riviera.
Savognin Schweiz, Graubünden, s von Tiefenkastel. ½ km s Reste von frühbronzezeitlicher befestigter Siedlung Padnal, gegen Mitte des 2. Jtsds. vor Chr.
Şavşat Türkei, 77 km onö von Artvin. Georgische Kirche, georgische Burgruine. Nö → Tbeti.
Savudrija Kroatien. → Sipar.
Savus Iran. → Samas.
Sawan Indonesien, Bali, Norden. Jagaraija-Tempel.
Sawankhalok Thailand, n von Sukothai. Wat Mahathat, Anfang 13. Jh., restauriert 16./17. Jh. Wat Chedi Chet Theo. Wat Lak Muong. Wat Chang Lom.
Sawaris Ägypten. → Kom el-Ahmar s von Kairo.
Sawentar Indonesien, Java-Ost. Tempelanlage 11./13. Jh.
Sawjet el-Amwat Ägypten, sö von Minia. Nekropole von Hebenu (→ Kom el-Ahmar 3). Reste von Stufenpyramide 3. Dynastie, Felsgräber spätes Altes Reich. Islamischer Friedhof.
Sawjet el-Aryan Ägypten, sö von Gizeh. Unvollendete Pyramide des Chaba (Schaba, Ka-ba), 3. Dynastie. Weitere unvollendete Pyramide, 3. oder 4. Dynastie.
Sawura Syrien, ca. 60 km s von Damaskus. Heute Suarat el Kebir.
Sawwâ Jemen-Nord, 210 km LL s von Sana, s von Taizz. Ruinen der antiken Hauptstadt des Gaues Ma'âfir.
Saxon Shore GB, zwischen Walsh und Solent. Verteidigungssystem gegen die Angelsachsen, begonnen 287-296, bestehend hauptsächlich aus Burgen: → Burgh Castle bei Great Yarmouth. → Richborough in Kent. → Portchester bei Portsmouth. Stutfall (römisch Lemanis) bei → Lympne.
Sayacmarca Peru, sö von Machu Picchu, am → Inka-Trail. Ruinen der Inka-Stadt. Badebecken, Kanal, Zisterne.
Sayad, Qasr es- Ägypten, 5 km nö von Nag Hammadi. Saijad. Antik Chenoboskion. Gräber 6. Dynastie bis 1. Zwischenzeit.
Sayaxché Guatemala, Péten, 61 km sw von Flores. Ehemaliges Kultzentrum in einem Naturpark; Stelensammlung*.
Sayhite Peru. → Concacha.
Sayhuite Peru. → Concacha.
Sayil* Mexiko, Yucatan, ca. 110 km s von Mérida. Ehemaliges Zeremonialzentrum der Maya. Palast; Tempel El Mirador.

Sayun Jemen-Süd, Hadramaut. Museum.

Sbeitla** Tunesien. Ruinen der römischen Stadt Sufetula. Bogen der Tetrarchie* (Zeit des Diokletian). Byzantinische Befestigungen. Theater. Große und kleine Thermen. Brunnen. Tor des Antoninus Pius von ca. 150 nach Chr. zum Forum mit Umfassungsmauer und Ruinen des Kapitols*. Bellatorkirche und Taufbecken, Vitaliskirche und Taufbecken, Servuskirche. Amphitheater. Aquädukt.

Sbiba Tunesien, 84 km sö von El Kef. Stelle des antiken Sufes. Unbedeutende Ruinen: Reste von Thermen, byzantinischer Burg, frühchristlicher Basilika, eines Nymphäums. Aquädukt.

Sbikha Tunesien, 39 km n von Kairouan. Römische Brücke.

Scalabis Portugal. Römisch; → Santarém.

Scampa Albanien. Heute Elbasani. Ehemalige illyrische Siedlung. Ehemals Standort eines Kastells.

Scamridge GB, Yorkshire, ca. 10 km ö von Pickering, 2-5 km n der Straße nach Scarborough. Erddämme, Langhügelgrab Howe Hill.

Scaptopara Bulgarien. Heute Blagoevgrad.

Scarabantia Ungarn. → Sopron.

Scaramella Italien, ö von Foggia. Spätjungsteinzeitliche Siedlung.

Scarborough GB, North Yorkshire. Scarborough Bezirksmuseum für Archäologie. Nö Castle Hill, ehemals eisenzeitliche Siedlung. Ruinen von römischer Signalstation, ca. 370 nach Chr.

Scardona Kroatien. → Skradin.

Scauri Italien, nw von Neapel, 10 km w von Minturno. Reste der römischen Villa des Aemilius Scaurus.

Šćedro Kroatien, Insel zwischen Hvar und Korčula. Vorgeschichtliche Grabhügel. In der Bucht Rake Mosaikreste einer Villa rustica im Meer.

Scepsis Türkei, ö von Ezine.

Schaan Liechtenstein. Mauerreste eines spätrömischen Kastells bei St. Peter. Ö Krüppel: Reste von spätrömischer Fluchtburg.

Schabbaz GUS, Usbekistan, s des Aralsees. Ehemalige Zitadelle Al-Fir, 4. Jh., choresmische Residenz. Reste der Stadt Kath (Kjat usw.) ab 10. Jh., Residenz des rechtsufrigen Choresmien.

Schabwa Jemen-Süd, ca. 100 km ö von Timna. Sabata, Sabota, Schobua usw. Hauptstadt des antiken Hadramaut (Staat 400 vor Chr. - ca. 3./4. Jh. nach Chr.). Antike Stadtruine; Reste von Königspalast.

Schachrinau GUS, bei Dušanbe (Tadschikistan). Ausgrabungsstätte einer gräko-baktrischen Siedlung 3.-1. Jh. vor Chr.

Schachrisabs GUS, Usbekistan, 85 km s von Samarkand, im Kaschka Darja-Tal. Kesch bis zur Zeit Timurs. Reste von Stadtmauer 14. Jh. Reste von Timurs Palast. Moscheen und Mausoleen 14./15. Jh.

Schachr-i Kumis Iran. → Schahr-i Qumis.

Schadikanni Syrien. → Hassake.

Schad-i Schahpur Iran. → Qazwin.

Schadupum Irak. Šaduppum. → (Tell) Harmal.

Schänis Schweiz, St. Gallen. Ausgrabung von Wachtturm Biberlikopf mit Einfriedung von ca. 16 nach Chr. Funde im Neuen Museum St. Gallen.

Schafberg Deutschland. → Löbau.

Schaffhausen Schweiz. Museum zu Allerheiligen.

Schagar Bazar Syrien, im NO, ca. 35 km s der türkischen Grenze. Shager Bazar, Chagar Bazar, Šaghir Bāzār usw. Ev. das assyrische Schubat Enlil. Besiedlung des Hügels 3. Jtsd. vor Chr. bis 1400 vor Chr. Ausgrabungen: akkadische Siedlung 2350-2200 vor Chr., Palast.

Schaha Iran, auf der Halbinsel Schahi im Orumiyeh-See. Zwischendurch Qalaeh-i Gur. Zisternen, Felskammern, Mauerreste.

Schahabad Iran, 13 km sö von Dizful, n von Ahvaz. Das antike Djond-i Schahpur. Ehemals Standort eines Palastes des Schahpur I. Grabungen an den Hügeln Tabl Kaneh und Kahk-i Bozi. Ruinen.

Schahabad-Gharb Iran, 70 km w von Kermanschah. Das alte Harunabad. Ev. das alte Schimasch. Siedlungshügel Tschoga Gavaneh ab ca. 3000 vor Chr. Gebäudereste.

Schahabbasi Schurhak Iran, ca. 50 km nö von Teheran. Karawansereiruine.

Schahazur Iran. → Schahpur Dej.

Schaheinab Sudan, ca. 45 km n von Omdurman. Niltal, 16. Breitengrad. Jungsteinzeitliche Siedlung und Kultur.

Schahi Tump Afghanistan, nähe iran. Grenze. Prähistorische Siedlung.

Schahpur* Iran, 136 km w von Schiraz, n von Kazerun. Auch Bischahpur. Besiedelt bis ca. 300 vor Chr. und vom 2. Jh. (Gründung Schahpurs I.) bis zum Mittelalter. Stadtruine: Reste von Stadtmauer, Palästen, Tempel, Feuertempel, Denkmal, Festung. Mosaike in Teheran und Paris. Sechs Basreliefs in der Schlucht: 3 mal Schahpur I., Bahram II., Bahram I.?, Schahpur II. Schahpur-Höhle mit Relief.

Schahpur Dej Iran, w von Sanandaj, n von Kermanschah. Früher Schahazur. Tepe Yazin mit Ruinen.

Schahpur Khast Iran. Gegründet von Schahpur I. Lage unbekannt.

Schahrabad Irak. → Eski Mosul.

Schahr-i Gholghola Afghanistan, 5 km von → Bamiyan. Festung; 1222 zerstört.

Schahr-i Idj Iran. → Iridj.

Schahr-i Iran Iran. → Nischapur.

Schahr-i Islam Iran. → Awdjan.

Schahristan Tepe Iran, ö von Zabol. Ehemalige sassanidische Siedlung; islamische Schichten.

Schahr-i Lut Iran. → Mansurabad.

Schahr-i Madj Iran, sö von Schiraz, n von Djelian. Mehrere Siedlungshügel, Ruinen, Stadtmauerreste.

Schahr-i Qumis Iran, 35 km sw von Damghan.

Ev. die ehemalige Partherhauptstadt Hekatompylos. Besiedelt von der Eisenzeit bis zur seldschukischen Zeit. Ausgedehntes Gelände der alten Stätte, parthische Siedlungshügel, Ausgrabungen von Gebäuden.

Schahr Rey Iran. → Rey (heute Teil von Teheran).

Schahr-i Sabs GUS, Usbekistan, 85 km s von Samarkand. Ev. das ehemalige Kesch. Geburtsort Timurs. Islamische Bauten 14./15. Jh.; Ruinen.

Schahr-i Sohak Afghanistan, bei Bamiyan. Shahr-i Zohak. Ruinen von Stadt und Zitadelle, zerstört 1221.

Schahr-i Sokhta Iran, ca. 60 km s von Zabol. Sochte. Mehrere Siedlungshügel einer bedeutenden prähistorischen Stätte. Schichten ab 3000 vor Chr., Besiedlung überwiegend 2800-1800 vor Chr. Mauerreste; große Nekropole 5. Jh. vor Chr. → (Qalaeh) Rustem.

Schahruchija GUS, nw von → Chudžand (Tadschikistan). Ruinen der von Timur als Ersatz für → Banakath erbauten Stadt.

Schah-Senem GUS, Turkmenistan, linksufriges Choresmien. Siedlung und Zentrum jeweils ab 2. Jh. vor Chr., 1. Hälfte 1. Jtsd. nach Chr., 12. Jh. Ehemals Standort einer Festung.

Schah-Tepe Iran, 10 km nw von → Gurgan. Prähistorische Siedlung, 2. Jtsd. vor Chr.

Schainos Griechenland. Antiker Ort am Ostufer des Iliki-Sees, n von Thiva.

Schaizar Syrien. → (Qalaat) Sheizar.

Schalfak Sudan, sw von Wadi Halfa. Schelfak. Festung des Mittleren Reiches.

Schalkenburg Deutschland. → Quenstedt.

Schamerein Israel. → Shomron.

Schami Iran, 258 km nö von Ahvaz, n von Izeh. Qalaeh Tschender. Ruinen von Mauern. Tempel 2. Jh. vor Chr. freigelegt. Gräber der Partherzeit.

Schamkala Afghanistan, in der Nähe von → Surkh Kotal. Kuschan-baktrische Ausgrabungen. Kapitelle.

Schams el-Dine Ägypten. → (Qasr) Dusch.

Schandorf Österreich, w von Szombathely. Hügelgräberfeld.

S-chanf Schweiz, Graubünden, Oberengadin. Wallanlagen Botta Stiera von bronzezeitlicher Siedlung.

Schanhur Ägypten, 25 km nö von Luxor. Reste eines kleinen Tempels aus römischer Zeit.

Schankavan, Qalaeh-i Iran. Festung bei → Istakhr.

Schankweiler Deutschland, n von Echternach, nw von Trier. Steinkiste. Sw Wikingerburg von → Ferschweiler.

Schanz Deutschland. → Jestetten-Altenburg.

Schanzboden Österreich. → Falkenstein.

Schanzenberg Deutschland. → Traitsching.

Schanzkopf Deutschland. → Schleidweiler.

Scharstorf Deutschland, nw von Plön. Am Ostufer des Schar-Sees Ringwall und Vorwälle von slawischer Burg, 10. Jh.

Scharuhen Israel. → (Tel) Fara.

Scharzfeld Deutschland, sö von Herzberg am Harz. N auf dem Ritterstein kleine Wallanlage; Burgrest, Klufthöhle Steinkirche mit Spuren seit der Späteiszeit (Magdalénien) bis ins MA, Felskammer, Schacht. 2 km ö hiervon Einhornhöhle. Sö Landwehr und Wüstungen Königshagen und Hochstedt. Terrassenäcker.

Schasch GUS, Usbekistan. → Taschkent.

Schatt er-Rigale Ägypten, 70 km wnw von Assuan. Felsinschriften und -gravierungen.

Schauenburgerflue Schweiz. → Frenkendorf.

Schaumberg Deutschland. → Theley.

Schaumburger Knick Deutschland. → Heisterburg.

Schaura, Tell Iran, nähe → Persepolis.

Schech Abade, el- Ägypten, nö von Mallawi. El-Scheich Ibada. Antik Antinoopolis, Antinoe. Ausgangspunkt der Via Hadriana zum Roten Meer. N Reste von Ramses-Tempel. Ehemals Standort von Theater, Thermen, Bogen. Nekropole. S Ed-Deir: koptische Kirche 4. Jh.

Schednu Ägypten, Delta, 3 km w von Abu Kebir. Altägyptisch; heute Horbet.

Scheha Iran, ca. 310 km nw von Schiraz. Kleine Festungsruine.

Schehab, Tell Syrien, 20 km nw von Deraa, s von Damaskus. Sö Burg Selims I. mit antiken Steinen. 3 km w Reste von antikem Bauwerk. Spuren von Bewässerungskanälen.

Schehs Deh Iran, 194 km sö von Schiraz. In der Umgebung mehrere Siedlungshügel.

Scheibenstuhl Österreich. → Nenzing.

Scheich Abd el-Kurna Ägypten. → Theben.

Scheich Abraq, Ziyaret Syrien, sö von Haleb. Auf byzantinischen Resten. Nahebei byzantinische Ruinen.

Scheich Ali, Khirbet Syrien, 27 km w von Haleb. Spuren von Turm und Gebäuden. Islamisches Grab.

Scheich Barakat Syrien. → Deir Tazze.

Scheich Fadl Ägypten, sw von Beni Mazar. Die Nekropole von → (El-)Kais.

Scheich Meskin Syrien, 81 km s von Damaskus. Römische Ruinen. Tell esch Scheikh.

Scheich Musa Ägypten, bei El-Mansha, 100 km s von Assiut. Griechisch-römische Felsgräber. Steinbrüche.

Scheich Said Ägypten, ö von Mallawi. Ruinen einer antiken Stadt. Felsgräber; Gaufürstengräber 6. Dynastie.

Scheich Sleman Syrien, n von Haleb. Marien-Basilika 5. Jh. Reste von Basilika von 602. Spur von weiterer Basilika.

Scheidental Deutschland, ö von Eberbach am Neckar. Oberscheidental: konservierte Mauerreste von Kohortenkastell. Kastellbad entdeckt. 2 km s Reste von Limeswachtturm 10/44.

Schekasteh, Qalaeh-i Iran. → Istakhr.

Scheki GUS, Aserbaidschan. Ehemals Hauptstadt von Aserbaidschan. Nucha. Stadt seit der Mitte des 1. Jtsds. vor Chr. Alte Karawansereien. Palast* 18./19. Jh. 119 km nw: → Sakataly.

Schellenberg Liechtenstein. Borscht: Vorgeschichtliche Höhensiedlung.

Schellenburg Deutschland, s von Kinding. Besiedlungsspuren Jungsteinzeit bis Hallstattzeit. Reste von vorgeschichtlichen Wällen.

Schemacha GUS, Aserbaidschan. Šemacha. Im 8. Jh. Hauptstadt der Liranschahs. 9.-10. Jh. Stadt des Albanerreiches. Ab 2. Hälfte 11. Jh. Residenz-ort des Chanats Schirwan.

Schemacha-Kala GUS, s des Aralsees, w von → Chodzejli. Ruinen von frühmittelalterlicher Stadt, ev. von Tersek.

Schengawit GUS, Armenien. → Jerewan.

Schergat, Qalaat* Irak, 112 km s von Mosul. Qal'at Šerqat. Das sumerische Assur und die erste assyrische Hauptstadt bis 614 vor Chr. Parthisch Libanae. Reste ab 3. Jtsd. vor Chr. bis zum Ende der Partherzeit: Befestigungsmauer 2. Hälfte 9. Jh. vor Chr. Ischtar-Tempel; Erneuerungen. Anu- und Adad-Tempel; Ziqqurats. Tempel für Sin und Schamasch ab 15. Jh. vor Chr. Alter und neuer Palast. Außerhalb Bit Akitu-Bezirk. Gräber, Grabkammern.

Scherifabad Iran, 633 km s von Teheran, 56 km n von Yezd. Spätsafavidischer Feuertempel.

Scheßlitz Deutschland, nö von Bamberg. Burgellern: auf dem Reißberg Siedlungs- und Befestigungsspuren von der Urnenfelder- bis zur römischen Kaiserzeit. Sö Giechburg: Siedlungsspuren seit vorgeschichtlicher Zeit und mittelalterliche Wälle.

Scheuernberger Kopf Deutschland. → Weilburg.

Schewaki Afghanistan, 25 km s von Kabul. Mehrere Stupas. Stupa 2.-3. Jh. bei Nau-Burja. Minar-i Schakri 2. Jh., Denkmal der Kuschanzeit, 19 m h, 20 m U.

Schiavi d'Abruzzo Italien, sw von Vasta. Restaurierter Tempelkomplex 2. Jh. vor Chr.

Schibam Jemen-Süd, Hadramaut. Ort ab ca. 4. Jh. Moschee ab 900. Lehmhochhäuser.

Schieder-Schwalenberg Deutschland, ö von Detmold. Frühe Wallburg Rodenstatt.

Schiefling Österreich, ö von Velden am Wörthersee. Auf dem Kathreinkogel Ringwallanlage von vorgeschichtlichem Oppidum und mittelalterliche Fliehburg.

Schieringen Deutschland. → Barskamp.

Schiers Schweiz, Graubünden, 25 km nö von Chur. Reste von drei Friedhofskirchen 5./6. Jh. entdeckt.

Schikaft-i Gulgul Iran, 180 km sw von Kermanschah, 30 km sw von Ilam. Felsrelief 7. Jhd. vor Chr.

Schimasch Iran. → Schahabad-Gharb.

Schimbar-Tal Iran, 60 km nö von Masdjid-i Suleiman, nö von Ahvaz, nw von Izeh. Ruinenstätten 1.-7. Jh., Qalaeh-i Dokhtar, Ateschgah, Pol-i Negin, Inschriften.

Schimmerwitz Polen, bei Lebork. Grabhügel. Ca. 3 km ö von Wutzkow Reste von Großsteingräbern.

Schimurru Irak, 47 km n von Kirkuk. Antik; heute Altun Kupri (Köprü).

Schiraz Iran. Gegründet 684. Pars Museum; im Park Skulpturen aus Persepolis und Basreliefs aus der Kadscharenzeit.

Schirin, Qasr-i Iran, 182 km w von Kermanschah, nähe Grenze zum Irak. Ev. das antike Danas. Zitadellenruine 19. Jh. In der Nähe: → Emaret-i Khosrow, → Tschehar Qapu.

Schirndorf Deutschland, sw von Burglengenfeld. Hallstattzeitliches Gräberfeld.

Schisch-Tjube GUS, s des Baikalsees. Ruine.

Schiz Iran. → Takht-i Suleiman.

Schkaft-i Gulgul Irak, nö von Badra. Assyrisches Felsrelief.

Schlaitdorf Deutschland, Kreis Esslingen, sw von Nürtingen. 1 km ö Fürstengrabhügel "Lehenbühl".

Schlatter Berg Deutschland. → Bad Krozingen.

Schleidweiler Deutschland, n von Trier. W auf dem Schanzkopf Abschnittswälle. Funde spätrömisch und mittelalterlich.

Schleitheim Schweiz, nw von Schaffhausen. Ehemalige römische Zivilsiedlung Iuliomagus. Reste; Thermen. Ortsmuseum.

Schleswig Deutschland. Schloß Gottorf: Archäologisches Landesmuseum, Zweigmuseum Haithabu. S → Haithabu. Sw → Danewerk.

Schlierstadt Deutschland, nw von Osterburken. Römische Siedlungsspuren.

Schlögen Österreich. → Haibach.

Schlossau Deutschland, s von Amorbach. Areal des Numeruskastells. Nw Kleinkastell Seitzenbuche und die Wachtturmreste bis → Hesselbach.

Schloßberg Deutschland. → Wolfersweiler.

Schloßberg Deutschland, bei Alerheim, ö von Nördlingen. Ehemals Standort einer Höhensiedlung.

Schlutow Deutschland, n von Malchin. 2 km s Reste von Großsteingräbern. 1½ km w Reste von Großsteingräbern.

Schmunu Ägypten. → (El) Aschmunein.

Schnepfenburg Deutschland, n von Friedrichsdorf-Dillingen, n von Bad Homburg. Wälle von Fluchtburg.

Schnippenburg Deutschland. → Ostercappeln.

Schöllkrippen Deutschland, nö von Aschaffenburg. 2 km ö Ringwall nähe Reuschberg.

Schönau Deutschland, Pfalz, w von Wissembourg. Ringwall auf dem deutschen Teil des Maimont.

Schöneichen Polen, von Stolp. Ö Reste von Großsteingräbern.

Schönfeld-Großrinderfeld Deutschland, sw von Würzburg. Nw von Kleinrinderfeld keltische

Viereckschanze.

Schöngeising Deutschland. Antik Ambre. Grabungen.

Schönholzerwilen Schweiz, Thurgau, 20 km s von Konstanz. Toos: auf dem Burgstock frühbronzezeitlicher Wall und römische Gebäudespuren.

Schogha Tepe Iran, in der Nähe von → Persepolis.

Schondorf Deutschland. S am Ufer ehemals römisches Badegebäude. Siedlung vermutet.

Schongau Schweiz, 30 km n von Luzern. Reste von römischem Gutshof unter der Kirche.

Schorapani GUS, Georgien. Stadt seit 1. Hälfte 1. Jtsd. vor Chr. Reste der antiken Stadt.

Schornakh Irak, ca. 50 km nw von Suleimaniya. Felsgrab Ischkut-i Kur u Kisch. N → Zarzi-Grotte. S → Djulindi.

Schortschuk China, Xinjiang (Sinkiang). → Korla.

Schortughai Afghanistan, am Amu Darja. Shortugai usw. Ausgrabung einer alten Siedlung; Kleinfunde der Indus-Kultur.

Schotorak Afghanistan, bei Bagram, 65 km n von Kabul. Shotorak. Griechisch-buddhistische Ausgrabungen ab 2. Jh. vor Chr. Ausgrabung eines buddhistischen Klosters 2.-3. Jh. Felsedikt.

Schraplau Deutschland, w von Halle. Burgwall seit slawischer Zeit.

Schriesheim Deutschland, n von Heidelberg. Keller eines römischen Gutshofes im Rathaus.

Schrozberg Deutschland, w von Rothenburg. Ö von Kreuzfeld Rest von keltischer Viereckschanze.

Schubat Enlil Syrien. Šubat Enlil. Stadt in altbabylonischer Zeit. Lage nicht gesichert; in → Schagar-Bazar, aber auch in → (Tell) Leilan vermutet.

Schuchuti GUS, Georgien. Rest eines Bades mit Mosaik 5.-6. Jh.

Schulaweris-gora GUS, Georgien. Siedlung 5./4. Jtsd. vor Chr. entdeckt.

Schunat Nimrin Jordanien, sw von Es Salt. 1½ km n Reste von antiken Brunnenanlagen.

Schuqba-Höhle Israel, im → Wadi en-Natuf. → Shuqba-Höhle.

Schura Syrien. → Suriya.

Schurabaschat GUS, s von Andižan (Usbekistan). Ehemalige achämenidische Siedlung. Ausgrabungen.

Schurachan GUS, Usbekistan, s des Aralsees, rechtes Ufer des Amu Darja. Frühmittelalterliche choresmische Siedlung.

Schurun Syrien, n von Hama. Heute Suran. In der Nähe → (Tell) Massin.

Schuruppak Irak. → (Tell el) Fara.

Schuschan Iran. → Susa.

Schuschter Iran, 114 km n von Ahvaz. Sassanidische Stauanlagen, 3. Jh. "Brückendamm des Valerian", ehemals 550 m lang, noch drei Dutzend Bögen vorhanden. Burgruine Selasil. Sassanidenburg Aqili. Moschee 9./12. Jh.

Schwabsberg Deutschland. → Rainau.

Schwabstetten Deutschland, nw von Neu-

stadt/Donau. Nö Rest von Keltenschanze.

Schwaderloch Schweiz, Aargau, sw von Waldshut. N Oberes Bürgli: Rest von spätrömischem Wachtturm Nr. 21. Sw Unteres Bürgli: Spuren von römischem Wachtturm Nr. 20.

Schwäbisch Gmünd Deutschland. Nö Wälle von römischem Kleinkastell Orthalde. Sw ehemaliges Kohortenkastell Schirenhof, Kastellbadreste. W Wälle von Kleinkastell Kleindeinbach. W ehemaliger Standort des Kastells Freimühle mit Bad. W Reste von mehreren Limeswachttürmen. Städtisches Museum.

Schwäbisch Hall Deutschland. Hallisch-Fränkisches Museum. 2 km w zwei Burgställe. Frühmittelalterlicher Abschnittswall auf dem Streiflerberg. Abschnittswall bei Oberlimpurg.

Schwagstorf Deutschland. → Ostercappeln.

Schwalefeld Deutschland, s von Brilon. N die Ringwallanlage Schwalenburg*, spätkarolingischottonisch; 8.-10. Jh. Trockenmauern, Zangentore.

Schwalheim Deutschland, zwischen Bad Nauheim und Friedberg. Prähistorischer Abschnittswall "Wolfsgraben", Zeitenwende. Spuren von Ringwall "Alte Schanze" auf dem Eichberg.

Schwanberg Deutschland. → Rödelsee.

Schwaneberg Deutschland, ö von Prenzlau. 2 km nö Rest von Großsteingrab.

Schwanewede Deutschland, nw von Bremen. Bronzezeitliches Hügelgräberfeld Neegenbargsheide.

Schwangau Deutschland. → Abb. 102. Fundamente mehrer römischer Häuser entdeckt. Grundmauern eines römischen Badehauses*; Gewölbe des Kaltbades in München.

Schwarzenacker Deutschland, nw von Zweibrücken, s von Homburg/Saar. Freilichtmuseum mit ausgegrabenen und rekonstruierten römischen Gebäuden*.

Schwarzerden Deutschland, nw von Kaiserslautern. Felsenhöhle mit ehemaligem Mithrasheiligtum; wiedererrichtete Kultnische.

Schwedenschanze Deutschland. → Arnstadt.

Schwedenschanze Deutschland. → Kützberg.

Schwedenschanze Deutschland, n von Hofheim, Haßberge. Frühmittelalterliche Wallanlage an der Stelle einer vorgeschichtlichen Befestigung der Urnenfelderzeit des 13. Jhs. vor Chr.

Schwedt Deutschland, an der Oder. 1 km s slawischer Burgwall.

Schweinskopf Deutschland, nw von Brochterbeck, w von Osnabrück. Eisenzeitliche Wallanlage.

Schwerin Deutschland. Museum für Ur- und Frühgeschichte.

Schwieberdingen Deutschland, w von Sttgt.-Kornwestheim. Neolithisches Pfostenhaus entdeckt. Namensgebend für eine jungsteinzeitliche Formengruppe.

Sciacca I-Sizilien, Südküste. Thermai Selinuntioi. Ehemalige Thermen Selinus. Vorgeschichtliche

Gräber.
Scidrus Italien. → Papasidero.
Scilly-Inseln GB, sw von Cornwall. Ganggräbergruppe Scilly-Tramore.
Scipio-Graben Tunesien. → Fossa regia.
Scirthäa I-Sizilien, ca. 3 km nö von Carlo, nö von Sciacca. Ruinen.
Ščitarjevo Kroatien, 8 km ö von Zagreb. Andautomium; illyrische Siedlung, römisch ab 1. Jh. vor Chr. Mauerreste.
Scodra Albanien. → Shkodër.
Scoglio del Tonno Italien, ö von Tarrent. Ehemalige bronzezeitliche Siedlung.
Scolacium Italien. → Roccelletta.
Scoles Wood GB, Yorkshire, bei Rotherham, nö von Sheffield. Eisenzeitliche Befestigung.
Scorana Italien, ö von Capena, 30 km n von Rom. Römisch Iulia Felix Lucus Feroniae (ehemaliges Heiligtum). Reste von Forum, Amphitheater 1. Jh., Theater, Thermen, Villa* 1. Jh. vor Chr., Mosaik, Antiquarium. Geplantes Museum.
Scotch Corner GB, Yorkshire, bei Catterick sw von Darlington. Römische Straße.
Scots Dyke GB, Yorkshire, w von Middlesbrough. Erddamm.
Scotts Lake USA, Georgia. Indian. Tempelhügel.
Scratchbury GB, Wiltshire, ca. 5 km osö von Warminster. Eisenzeitliche Befestigung Scratchbury Hill. Sö Hügelgräber, ö Langhügelgrab. Ca. 2 km nw → Battlesbury Camp.
Scuol Schweiz, Graubünden, Unterengadin. Deutsch Schuls. Ehemalige Siedlungen: n Russonch; n Crastuoglia, abgetragen; s Kirchhügel Munt baselgia, Funde 1. Jtsd. vor Chr.; sw Motta Sfondraz, Wallreste.
Scupi Makedonien. → Skopje.
Scutarium Deutschland. Ehemalige römische Garnison bei Nassenfels, n von Neuburg/Donau.
Seaford Head GB, Sussex, sö von Brighton. Ehemals Standort von befestigter keltischer Bergsiedlung, 1. Jh. vor Chr.
Seamer GB, North Yorkshire, 5 km sw von Scarborough. Ausgrabung einer mesolithischen Siedlung.
Sea Mills GB. → Lawrence Weston.
Seba, Tell es- Israel. → Beersheva.
Sebaste Israel. → Shomron.
Sebaste Türkei. → Ayas.
Sebaste Türkei. → Sivas.
Sebaste Türkei. → Sivaslı.
Sebaste Tectosagum Türkei. → Ankara.
Sebastiansberg Deutschland. → Aislingen.
Sebastiya Israel. → Shomron.
Sebastopolis GUS, Abchasien. → Suchumi.
Sebatum I-Südtirol. → Sankt Lorenzen.
Sebdou Algerien, 36 km s von Tlemcen. Römische Spuren.
Sebeda Türkei. → Bayindir Liman.
Sebennytos Ägypten, Delta. → Samanud.

Seby Schweden Öland-SO. Eisenzeitliche Reste und Gräber.
Sechín Peru, ca. 400 km n von Lima, sö von Casma, auf dem Cerro Sechín. Ehemaliger Hauptort der Täler Casma, Sechín und Nepaña. Reste von Lehmbauwerken ab Mitte 2. Jtsd. vor Chr. Tempelreste. Als Orthostaten fungierende reliefierte Monolithplatten. Wallanlagen.
Seckmauern Deutschland, ca. 20 km s von Aschaffenburg. Ehemals Standort von → Lützelbach. Keine sichtbaren Reste. W und n die römischen Siedlungsspuren von → Lützelbach.
Seddenga Sudan, 20°33'N. Sedênga, Sedeinga. Tempel Amenophis'III. Meroïtische Friedhöfe. Pyramidenreste.
Seddin Deutschland, Kreis Perleberg, w von Pritzwalk. Grabhügel.
Sede-Boker Israel, s von Beersheva. Felszeichnungen.
Sedes Auriensis Spanien. → Orense.
Sedilo I-Sardinien, sö von Macomér. Nuraghi Irghiddo, Iloi, Talasai.
Sedini I-Sardinien, 15 km sö von Castelsardo. Domus de Janas.
Sednaya Syrien. → Saïd Naya.
Sedot Jam Israel, s von Caesarea. Caesarea-Museum.
Sedrata Algerien. → Ouargla.
Sedunum Schweiz. → Sion.
Seeb Schweiz. → Winkel.
Seebruck Deutschland, am Chiemsee. Bidaio, Bedaium. Reste von kleiner römischer Festung auf dem Kirchenhügel und von römischen Villen. Römermuseum Bedaium-Seebruck.
Seedorf Deutschland, Kreis Uelzen. Eisenzeitlicher Urnenfriedhof; hiernach Seedorf-Stufe.
Seefin Irland, Wicklow, w des Kippure. ND317. Bronzezeitliches Ganggrab mit Tumulus auf dem Berg.
Seegräben Schweiz, ö von Zürich. Wall und Graben von prähistorischer Wehranlage Heidenburg.
Seehausen Deutschland, w von Magdeburg. Menhire »Göttersteine«, teilweise mit Zeichnungen.
Seeia Syrien. → Sia.
Seekirchen Österreich, n von Salzburg. Unter der Kirche St. Peter Reste eines antiken Grab- oder Tempelbaues.
Seelvitz Deutschland, Rügen, sö von Bergen. Reste von Großsteingräbern.
Sefar Algerien, im Tassili n'Ajjer, 30 km LL nö von Djanet. Felsmalereien.
Sefid, Qalaeh-i Iran, ö von Fehlian, nw von Schiraz. Ruinen und Mauerreste islamischer und früherer Bauten. Kleine sassanidische Festung.
Sefid Ab Iran, ca. 60 km n von Teheran, 1 km n von Qaleh Now. Ruinen.
Segada Spanien. → Zafra.
Segeda-Angurina Spanien. → (Los) Santos de Maimona.

Segedunum GB. Römisches Fort am → Hadrianswall; Wallsend ö von Newcastle-upon-Tyne.
Segesta** I-Sizilien, ö von Trápani. Ehemalige Hauptstadt der Elymer. Dorischer Tempel** erbaut um 425 vor Chr., → Abb. 83. Theater* 3. Jh. vor Chr., → Abb. 79. Reste eines Heiligtums der Elymer. Spuren von neolithischen Behausungen.
Segestica Kroatien. Illyrisch; → Sisak.
Seggauberg Österreich, w von Leibnitz. Mauerreste von Isis-Noreia-Tempel; "Tempelmuseum". Römische Steindenkmäler im Schloßhof. Wälle von vorgeschichtlicher Höhensiedlung am Frauenberg, ca. 500 vor Chr.
Segia Spanien, 93 km nw von Zaragoza. Iberischantik für Ejea de los Caballeros.
Segida Spanien. → Zafra.
Segisa Spanien, w von Cieza, nw von Murcia. Römische Ruinen.
Segisamo Spanien. → Sasamón.
Segni Italien, 55 km sö von Rom. Römisch Signum, Signia. Zyklopische Stadtmauerreste 6. Jh. vor Chr. mit Porta Saracena. Ehemalige Akropolis. Tempelreste 3. Jh. vor Chr. Zisterne 6. Jh. vor Chr. Gräber.
Segobrie Spanien. → Segorbe.
Segobriga Spanien. → Saelices.
Segontia Spanien. Keltiberisch; Sigüenza, nö von Madrid.
Segontium GB, Wales. → Caernarfon.
Segorbe Spanien, n von Valencia. Keltiberisch Segobrie. Reste von römischen Stadtmauern.
Segovia Spanien. Römischer Aquädukt**, 728 m lang. Später erneuerte römische Stadtmauern.
Seguia Algerien, am → Algerischen Limes.
Segusio Italien. → Susa.
Segustero Frankreich. → Sisteron.
Segzabad Iran, 60 km s von → Qazwin. 7 km n Siedlungshügel seit 1. Hälfte 4. Jtsd. vor Chr. Tepe Gebristan ab Mitte 6. Jtsd. vor Chr.
Seh Dascht Iran, 430 km nw von Schiraz, ca. 58 km von Behbehan Richtung NO. Ruinen einer Stadt der Safawiden: Moscheen, Medresse usw.
Seh Gabi Iran, sw von Hamadan, 6 km nö von Godin Tepe. Mehrere Siedlungshügel ab 6. Jtsd. vor Chr. Ausgrabungen, Mauerreste.
Seh Girdan Iran, sw des Orumiyeh-Sees. Mehrere Grabhügel Mitte 1. Jtsd. vor Chr.
Seh Gunbad Iran. → Rezayeh.
Seh Gunbadhan Iran. → Istakhr.
Şehir Adası Türkei, SW-Türkei, nw von Marmaris, im Gökova Körfezi, dem ehemaligen Karmenischen Golf, mit der antiken Stadt Cedrae (Kedraia). Hafenanlage, Ruine eines Theaters.
Sehneh Iran, 65 km ö von Kermanschah. Nw medische Felsgräber 4. Jh. vor Chr.
Seh Talu Iran, 100 km n von Kazerun. Elamitische Reliefs von Karangun, 3. oder 2. Jtsd. vor Chr.
Seia Syrien. → Sia.
Seibal* Guatemala, Petén, 75 km sw von Flores,

am Rio Pasión, 16 km ö von Sayaxché. Ceibal. Besiedelt ab 800 vor Chr. Neue Blüte 2. Hälfte 1. Jtsd. nach Chr. Mayastätte als Nationalpark. Pyramiden, Opferplätze, Stelen mit Flachreliefs.
Seila Ägypten, Fayum, wenig ö des Hauptortes. Kleine Stufenpyramide 3. Dynastie.
Seilun, Khirbet Israel. → Shilo.
Seine-Ursprung Frankreich. → Sources de la Seine.
Seip Mound State Memorial USA, Ohio, im Ross County, 27 km sw von Chillicothe. Großer Grabhügel.
Seistan Iran, Grenze zu Afghanistan. Hamum-i Seistan. Die antike Landschaft Drangiana. Vor- und frühgeschichtliche Siedlungsstätten in ausgetrockneten Seebecken, vor allem in altem Flußlauf des Helmand (Hilmend). Hügel mit schwarzen Kappen ("Mesas"), meist prähistorische Wohnstätten. In parthisch-sassanidischer Zeit wurde auf einigen eine Kette von Wachttürmen erbaut.
Seitenstetten Österreich, sw von Amstetten. Archäologische Sammlung im Stift.
Seitun Ägypten, Oase Siwa. Römischer Tempelrest.
Sejakpur Indien, Gujarat, 60 km nö von Rajkot. Reste von Navalakha-Tempel, 12. Jh.; Skulpturen.
Sekavend Iran, 80 km sö von Kermanschah. Sakavand. Sikahyauant der Mederzeit. Kammergräber; Fundort von Basrelief 3. Jh. vor Chr.
Sela, Khirbet es Jordanien, ca. 10 km s von Tafila. Ev. das biblische Sela der Nabatäer. Höhlen, Wasserleitungen, Altäre.
Selaema Syrien. → Slim.
Selagrija Indonesien, Mittel-Java. Kultanlage spätestens im 10. Jh.
Selamangleng Indonesien, Ost-Java, w von Kediri. Selamaleng. Tempelanlage ab 11./13. Jh.
Selargius I-Sardinien, nö von Cagliari. In der Nähe Spuren spätneolithischer Siedlung.
Selca Kroatien, Insel Brač. Auf dem Hügel Hum Reste einer vorgeschichtlichen Wallburg und eines Grabhügels.
Selca Kroatien, Insel Hvar, bei Jelsa. Römische Reste.
Selcë Albanien, Distrikt Pogradec, w des Ohrid-Sees. Selce se Poshtme, Gradishta-Selca. Grabfassaden*, Felsgräber, illyrische Zeit, hauptsächlich 3. Jh. vor Chr.
Selce am Vinodolski-Kanal. Auf dem Gelände der ehemaligen römischen Siedlung Ad Turres.
Selçikler Türkei. → Sivaslı.
Selçuk Türkei, 74 km s von Izmir. Mit den Ruinen von → Ephesos.
Seleucia ad Pieria Türkei. → Mağaraçık.
Seleukata Pieria Türkei, sw von Antakya. → Mağaraçık.
Seleukeia Irak. → Bagdad.
Seleukeia am Eulaios Iran. → Susa.
Seleukeia am Euphrat Türkei. → Belkıs.

Seleukeia am Kalykadnos Türkei. → Silifke.
Seleukeia am Mäander Türkei. → Aydın.
Seleukeia in Pamphylien* Türkei, nö von Side/Manavgat. Agora, Markthallen mit Torgebäude. Tempel.
Seleukeia in Pierien Türkei. → Mağaraçık.
Seleukia Irak, am westlichen Tigris-Ufer, gegenüber von → Ktesiphon. Ehemalige Hauptstadt der Seleukiden. Tell Omar.
Seleukia ad Bellum Syrien. → Djisr esch Schoghur.
Selge* Türkei, ca. 95 km nö von Antalya, bei Zerk. Römische Straßenreste und Brücke. Ruinen der antiken Stadt: Stadtmauer, Agora, Tempel, Theater, Stadion, Basiliken, Zisterne, Nekropolen.
Seligenstadt Deutschland, nw von Aschaffenburg. Die Stadt auf dem Gelände eines römischen Kastells. Reste eines Bades.
Selime Türkei, sö von Aksaray, am Eingang zum → Peristrematal. Antik Salamun. Klosteranlagen "Kale" im Fels. Seldschukisches Kuppelmausoleum. Unterirdische Siedlung.
Selinunte** I-Sizilien, Südküste. Ruinen des antiken Selinus. Gegründet im 7. Jh. vor Chr. Westbezirk mit Akropolis: Stadtmauerreste. Meist nur Grundmauern und Podien von Tempeln: Tempel O, 1. Hälfte 5. Jh. vor Chr. Tempel A, 1. Hälfte 5. Jh. vor Chr. Tempel B, 4. Jh. vor Chr. Tempel C*, 560 vor Chr. Tempel D, 6. Jh. vor Chr. Ostbezirk (Marinella-Hügel): Tempel E** (Heratempel), Mitte 5. Jh. vor Chr., → Abb. 84. Tempel F, Mitte 6. Jh. vor Chr. Tempel G*, ab 530 vor Chr. (größter wiederaufrichtbarer Tempel der Antike). W des Selinus: Malophoros-Heiligtum. Tempel M. Mehrere Nekropolen.
Selinus Griechenland. → Glossa.
Selinus I-Sizilien. → Selinunte.
Selinus Türkei. → Gazipaşa.
Sellasia Griechenland, Peloponnes, 15 km n von Sparta. Akropolis: Mauer- und Turmruinen.
Sellero Italien, 3 km nw von Capo di Ponte, n von Brescia. W oberhalb des Ortes Dos del Castel Grand, Mauerspuren von prähistorischer Siedlung. Felszeichnungen.
Selmas Iran. Heute Schahpur, nw des Orumiyeh-Sees. Ev. sassanidische Gründung.
Selsey GB, ö von Portsmouth. Ehemaliges keltisches Oppidum.
Selva di Malano Italien, Gelände ca. 12 km nö von → Viterbo. Siedlungsreste.
Seman, Qalaat** Syrien, 58 km nw von Haleb. → Abb. 113. Ummauerter Klosterbezirk mit vier um die Säule des Hl. Simon kreuzförmig angelegten Basiliken des 5. Jh. Taufkirche mit weiterer Basilika. Von der Säule unterster Rest vorhanden. Unterhalb des Bezirkes der Ort → Deir Seman.
Semar Indonesien. → Dieng.
Sembadra Indonesien. → Dieng.

Semibretnyj GUS, Rußland, am Kuban. Skythischer Kurgan.
Semistra Türkei. → Istanbul.
Semjenowka GUS, Ukraine, sö von Kachowka, n der Krim. Skythische Kurgane.
Semlow Deutschland, w von Franzburg. W Reste von Großsteingräbern.
Semna Sudan, sw von Wadi Halfa, westliches Nilufer. Festung des Mittleren Reiches. Tempel von Tuthmosis III. und Taharka; jetzt in → Khartum. Damm.
Semnan Iran, 219 km ö von Teheran. Sassanidische Gründung. Zitadelle.
Šempeter Slowenien, 61 km onö von Ljubljana. Spuren eines Römerlagers. Große römische Nekropole; Vindonius-Gruft, Ennius-Grabmal, Priscianus-Grabmal.
Sempidi Indonesien, Bali, n von Denpasar. Tempel.
Semur-en-Auxois Frankreich, 60 km nw von Dijon. Museum.
Sena Italien. → Siena.
Senabad Iran. → Meschhed.
Senafe Äthiopien, Eritrea. Ausgrabungen.
Sena Gallica Italien. Antik; Senigallia, nw von Ancona.
Senam, Kalaat es Tunesien, 67 km ssw von El Kef. Byzantinischer Rundbogen eines Tores am "Tisch des Jugurtha".
Sendamaram Indien, Tamil Nadu, sw von Madurai. Shivaitischer Höhlentempel 7./8. Jh.; Skulpturen.
Sendschirli Türkei. → Zinčirli.
Senet Ägypten. Tar Senet. → Esna.
Sengbast Iran, 38 km sö von Meschhed. Mausoleum des Arslan Djasib, 11. Jh.
Senhadagala Sri Lanka. → Kandy.
Senhor Ägypten. → Schanhur.
Senia Kroatien. → Senj.
Senj Kroatien, Küste. Römisch Senia. Römische Fundamente. Gräberfeld.
Senkere Irak, nw von Nasiriya. Sumerischer Stadtstaat Larsa 20. Jh. vor Chr. Ruinen der antiken Siedlung. Ziqqurat.
Senlis Frankreich, n von Paris. Residenz zu römischer Zeit und bis zur Zeit Heinrichs IV. Schloß an der Stelle eines römischen Kastrums. Reste von gallisch-römischer Stadtmauer. Römische Arenen 3. Jh. Archäologisches Museum im Haus Haubergier. Mehrere Kirchenruinen.
Sennâr Sudan, am Blauen Nil, s des 14. Breitengrades. Hauptstadt des Königreiches Fung (Funj) 16.-19. Jh.
Sennola F-Korsika. → Araguina.
Seno Türkei, sö von Trabzon, s von Küçükdere. Klosterruine.
Sens Frankreich, 110 km sö von Paris. Reste von römischer Stadtmauer. Museum für Archäologie

und Kunst.
Senta Vojvodina. Zenta. Museum.
Sentinum Italien. → Sassoferrato.
Šentjur Slowenien, 17 km ö von Celje. Auf dem Berg Rifnik prähistorische Siedlung 3. Jh. vor Chr. und antike Siedlung 5. Jh. nach Chr. freigelegt. Zwei Nekropolen.
Seon Schweiz, Aargau, s von Lenzburg. Im Fornholz und im Niederholz hallstattzeitliche Grabhügel.
Seoul Korea-Süd. Am Stadtrand shamanische Altäre. Hong-bop-Pagode, 1017, aus der Provinz Chung-chong. Kyongchonsa-Pagode, 1348, Yüan-Epoche, aus Kaesong.
Sepahan Iran. → Isfahan.
Sephoris Israel. → Zippori.
Sepino Italien, s von Campobasso. 3 km n bei Altilia die Ruinen des antiken Saepium, Saepinum. Reste von Stadtmauern, Straßen und Toren, Forum, Theater, Basilika, Thermen.
Sepphoris Israel. → Zippori.
Seprium Italien. → Castelseprio.
Septempeda Italien. → San Severino Marche.
Septempública Spanien. Römisch, heute Sepúlveda, nö von Segovia. Ruinen. Mosaike in Aranjuez.
Septimanca Spanien. Römisch; Simancas, sw von Valladolid.
Septimia Sisca Kroatien. Römisch; heute Sisak, 56 km sö von Zagreb.
Septimonitium Italien. → Rom.
Serab Iran, 129 km ö von Tabriz. Seldschukische Stadt, 1220 zerstört.
Serabit el-Chadim Ägypten, Sinai, nö von Abu Rodeis. Khadim, Hadim. Reste eines Hathortempels ab 12. Dynastie. Lagerreste. Stelen*. Felsinschriften; protosinaitische Felsinschriften. Antike Türkisminen.
Serai GUS. → Sarai.
Sarangan Indonesien, Insel bei Bali. Tempel Sakenan.
Serbaz Kalat Iran, s von Zahidan. Burgruinen; Funde Mitte 1. bis Mitte 2. Jtsd. nach Chr. In der Umgebung zahlreiche Siedlungshügel.
Serdica Bulgarien. → Sofia.
Serdj Faredj Syrien, sö von Haleb, n von Khanazir. Antike Brunnenreste.
Serdjilla* Syrien, w von Maarat en Noman. Ruinen einer Siedlung 5. Jh. Thermen mit Umfassungsmauer. Taverne. Villen. Kirche. Nekropole.
Serea Ungarn. Römisch; heute Siklós.
Seredj, Qasr Irak, 80 km wnw von Mosul. Reste von christlicher Basilika 6. Jh.
Sereiki, Tell el- Ägypten, Delta. → (El) Baqlija.
Serena, La Chile, Küste, 400 km n von Santiago. Archäologisches Museum.
Seressi Tunesien. → Oum El Abo<u>u</u>ad.
Serfşa Han Türkei, w von Alanya. Karawanserei 1236/46.

Serghaya Syrien, 53 km nw von Damaskus. Zisternen, Pressen, Säulenreste, Felsgräber.
Sergianum Italien. Römisch; heute Sarzana, ö von La Spezia.
Sergiopolis Syrien. → Resafa.
Seriane Syrien. → Esriye.
Serifnos Griechenland, Kykladeninsel. Reste von hellenistischen Wachttürmen.
Serit Spanien. → Jerez de la Frontera.
Sermada Syrien, 41 km w von Haleb. Ägyptisch Sarmata. Mittelalterlich Sarmit. Ehemals antike Stadt. Nekropole, Grabdenkmal 2. Jh.
Sermaniya Syrien, ca. 90 km nö von Lattakia. Sarmenia der Kreuzfahrerzeit. Burgruine.
Sermin Syrien, 56 km sw von Haleb, 6 km s von Bennisch. Stadtmauerreste. Zisternen. Felsgräber.
Serpa Portugal, 28 km sö von Beja. Antike Wasserleitungen.
Serra Sudan, n von Wadi Halfa. Serra-Ost. Festung des Mittleren Reiches. Ausgrabungen.
Serra d'Alto Italien. → Matera.
Serra do Gerez Portugal. → Albergaria.
Serrahn Deutschland, sö von Güstrow, an der AB. Sö Reste von Großsteingräbern.
Serramanna I-Sardinien, ca. 24 km nw von Cagliari. 3 km w skulptierter Granitblock, ca. 3. Jtsd. vor Chr.
Serra Orrios I-Sardinien, nw von Dorgali, nähe Ostküste. Nuraghendorf mit zwei kleinen Megarontempeln 13./11. Jh. Nw Gigantengrab. S Nuraghe Muristene. Sw Nuraghe Su Casteddu. Sw Nuraghe Arrennégula. W Nuraghe Luduruiu. Ö → Biristeddi. Ö → Purgatoriu.
Serravalle Scrivia Italien, n von Genua. 2 km s Ruinen der römischen Siedlung Libarna 1. Jh. vor Chr. bis 5. Jh. nach Chr.: Reste von Forum, Thermen, Theater, Amphitheater.
Serres Griechenland, Makedonien, 197 km nö von Thessaloniki. Séres, Serrai. Antik Sirris, Sirra. Byzantinische Burgreste 14. Jh. auf ehemaliger Akroplis. Kleines Museum.
Serreta, La Spanien. → Alcoy.
Serri I-Sardinien. Ö Nuraghe Taquara. Nw Santa Vitoria. → Gergei.
Serrig Deutschland, s von Trier. Römische Grabanlage Widderthäuschen. Unweit hiervon Wohnhausspuren.
Serrone Italien, ca. 25 km ö von Palestrina, ö von Rom. Reste von zyklopischer Stadtmauer. Römische Reste.
Serucci I-Sardinien, 12 km sw von Iglesias. Nuraghisches Dorf 13./12. Jh. vor Chr. Nuraghe.
Seruwawila Sri Lanka, bei Mudur. Buddhistische Reste.
Servia Griechenland, 113 km nnw von Larissa. Reste von byzantinischer Burg, 1257 erneuert. Kleines Museum.
Servitium Bosnien-Herzegowina. → Bosanska Gradiška.

Sesamos Türkei. → Amasra.

Sesebi Sudan, am Nil n des 20. Breitengrades. Sasebi. Stadt des Neuen Reiches. Ausgrabung von Tempel für Aton und die Thebanische Triade. Mauerreste, Häuser, Nekropole.

Sesi Italien. → Pantelleria.

Sesimbra Portugal, s von Lissabon. Kleines archäologisches Museum am Kastell.

Sesklo Griechenland, Thessalien, 17 km w von Volos. Auf dem Hügel Kastraki Siedlung seit präkeramischer Zeit. Blüte zur mittleren Jungsteinzeit (Sesklo-Kultur). Stadt und Burg Mitte 5. Jtsd. zerstört. Neugründung im jüngeren Neolithikum; Stadtmauer- und Tempelreste (→ Dimini-Zeit, 4. Jtsd. vor Chr.). Reste und Funde der Bronzezeit. Tholosgräber.

Seskulo Griechenland. → Sesklo.

Sesnik Bosnien-Herzegowina. → Bobovac.

Sesönk Türkei. → Dikili Taş.

Ses Païsses Spanien, Mallorca, bei Artá. Ses Pahisses. Ehemaliger Poblado. Ältester Talayot Mallorcas. Häuserreste. 10 km w Talayot Sa Canaba.

Sessa Aurunca Italien, nw von Capua. Antik Suessa. Ruinen von römischer Brücke, Stadtmauern, Theater, Thermen. Kryptoportikus. Antike Säulen in der Krypta.

Sesseruwa-Vihare Sri Lanka, 11 km w von Aukana. Kleines Höhlenkloster 3. Jh. vor Chr. bis 2. Jh. nach Chr.

Sess Kilgreen GB, Nordirland. → Clogher/Tyrone.

Šestanovac Kroatien, 50 km ö von Split. Ruinen von frühchristlicher Basilika. Bogomilengrabsteine.

Sestinus Italien, Toscana, 100 km LL w von Ancona. Römisch; heute Sestino. Antiquarium.

Sestos Türkei. Sestus. Der antike Ort beim heutigen Nara an den Dardanellen, europäische Seite, in der Nähe von Eceabat.

Sestrunj Kroatien, Ort auf gleichnamiger Insel w von Zadar. Oberhalb illyrische Wallburg auf dem Hügel Gračinica. Illyrische Wallburg auf dem Hügel Gračina im SO der Insel. Grabhügel.

Setanai Japan, Hokkaido, SW. Ehemalige befestigte Bergsiedlung der Ainu.

Sete Cidades Brasilien, Piaui, 16 km von Piripiri, nö von Teresina. Von Mauern umgebene Bezirke.

Setia Italien. → Sezze.

Sétif Algerien. Römisch Sitifis. Römisches Mausoleum. Byzantinische Festung.

Set-Maheth Indien, Uttar Pradesh, 30 km n von Gonda. Saheth-Mahet. Saheth: Ausgrabungen; Stupas, Tempel, Kloster. Jetavanakloster. Maheth: ehemals Śrāvastī, Hauptstadt von Kosala. Ausgrabungen von Stadtmauer, Stupas, Wohnhäusern, Hindutempel, Jainatempel.

Setovia Kroatien. → Sinj.

Setúbal Portugal, sö von Lissabon. Museum mit archäologischer Sammlung. S → Troia (Cetobriga).

Set Wechat Ägypten. → Deir el-Hagar.

Seuthopolis Bulgarien, nähe → Kasanlak, Stausee Georgi Dimitri. Hauptstadt und Königsresidenz Seuthes' III, 5. Jh. vor Chr. Ausgrabungen von Resten der thrakischen Stadt; Stadtmauer.

Sevan GUS, Armenien. N das Sevan-Kloster, gegründet 874. Karapet-Kirche 9. Jh. Arakeloz-Kirche 874 mit Ruinen der Vorhalle.

Ševanovo blato Bosnien-Herzegowina, nw von Livno, nö von Split. Reste von frühbronzezeitlicher Siedlung.

Sevelen Schweiz, Sankt Gallen. Spuren von jungsteinzeitlicher Siedlung der → Horgener Kultur.

Seven Barrows GB, Hampshire, s von Kingsclere. Hügelgräber.

Severn GB, Fluß- und Mündungsgebiet. Neolithische Galeriegräber Typ Severn-Cotswold, hauptsächlich beiderseits des Bristolkanals.

Sever-do-Vouga Portugal, ö von Aveiro. Felszeichnungen.

Sevilla Spanien. Iberisch Hispalis. Römisch Colonia Julia Romula. Spuren der römischen Stadtmauer im Norden. Reste von römischem Tempel. Römisches Museum in der Casa de Pilatos. Archäologisches Provinzialmuseum. In der Umgebung Tholosgräber mit iberischer Kuppel. Nw → Santiponce (Italica).

Sewu* Indonesien, Java, nö von Yogyakarta, ca. 2 km nö von Prambanan. Großer buddhistischer Tempelkomplex. 246 Haupt- und Nebentempel, ab 2. Hälfte 8. Jh.

Sexaginta Prista Bulgarien. → Russe.

Sexi Spanien. → Almuñécar.

Seyitgazi Türkei, 43 km sö von Eskişehir. Reste von byzantinischer Festung.

Seyret Türkei, w von Kaş. Ehemals lykische Siedlung.

Sezze Italien, 34 km nw von Terracina. Römisch Setia. Reste von: polygonaler Stadtmauer, Befestigung 3. Jh. vor Chr., ehemaliger Akropolis, Forum, Saturntempel. Antiquarium, Mosaik.

Sfaktiria Griechenland, Insel bei → Pylos, Peloponnes, Westküste. Am Iliasberg Spuren von antiker Befestigung. Antiker Wellenbrecher. Mykenisches Kuppelgrab.

Sfax Tunesien. 2 km n das antike Taparura: Taufbecken, Friedhöfe. Antike Säulen in der Großen Moschee. Museum im Rathaus.

Sfiré Libanon, bei Sir, 24 km ö von Tripoli. Römische Tempelruine. Reste kleinerer Tempel und weiterer Anlagen.

Sgarnia Tunesien, 5 km n von Enfidaville. In der Nähe die Ruinen des antiken Upenna. Festungsreste. In der Nähe → Sidi Abich.

Sghir, Tell es Syrien, bei → Mischrife.

Shaafat Israel, 6 km n von Jerusalem, bei Tell el-Ful. Shufat. Besiedelt 1. Jtsd. vor Chr. - 6. Jh. nach Chr. Festungsreste des biblischen Gibeah überbaut. Synagoge aus dem 1. Jh. vor Chr. entdeckt.

Shaalvim Israel, sö von Ramla. Reste von samaritanischer Synagoge.

Sha'ar Ha-Golan Israel, s des Tiberias-Sees. Museum für Vor- und Frühgeschichte.

Shabik'eshchee USA, New Mexico, Chaco Canyon. Dorf aus Erdgrubenhäusern der späten Basketmaker.

Shagang China, Liaoning, Bezirk Ganjingzi. S Grabanlage Yingchengzi, Östliche Han-Zeit; Malereien.

Shaghur Jordanien, ö der Abdallah Bridge. Biblisch Beth-Ramtha, Bet Haram. Livias des Herodes. Tell er-Rama mit ehemaliger hellenistisch-römischer Siedlung.

Shahba Syrien, 26 km nnö von Suweida. Antik Philippopolis. Reste hauptsächlich 3. Jh. von Stadtmauern, Toren, Tetrapylon, Theater, Thermen, Tempel, Palast, Aquädukt. Museum.

Shahhat* Libyen, 17 km n von Beida. Griechische Gründung 631 vor Chr. Griechisch Kyrene. Akropolis, Agora, Tempelbezirk**; Zeustempel, Apollotempel. Thermen. Theater, Odeon, Amphitheater. Großes Gräberfeld.

Shahi-Tump Pakistan, Makran, nähe Turbat. Siedlungshügel; Gräber.

Shah-ji-ki-dheri Pakistan, bei → Peschawar. Rest eines großen Stupas.

Shamalaji Indien, Gujarat. → Samalaji.

Shancunling China, Henan, bei Sanmenxia, w von Luoyang. In der Nähe Nekropole 8.-3. Jh. der Dynastie von Guo, Östliche Zhou-Zeit.

Shanghai China. Hudu der Song-Zeit (um die Jahrtausendwende). Museum für Kunst und Geschichte.

Shanhai Guan China, Provinz Hebei. Östliches Ende der → Großen Mauer.

Shanider Irak, ca. 20 km n von Ruwandis (Rawandoz). Schanidar. Name einer Grotte mit Besiedlungsspuren seit der Altsteinzeit.

Shaoguan China, Provinz Guangdong. Tempel Nanhua Si, ab 504, mit Pagode 8. Jh.

Shaolin Si China, Provinz Henan, 80 km sw von Zhengzhou, 15 km nw von Dengfeng. Shaolin-Tempelkloster ab 6. Jh. Fresken*.

Shaqqa Syrien, 35 km nö von Suweida, an den Hängen eines Siedlungshügels. Shakka. Römisch Sakkaia, byzantinisch Maximianopolis. Römischer Palast. Klosterkomplex Ed Deir mit Turm 176 nach Chr., Kirchenruine mit Wohnbauten.

Shaqra Syrien, 74 km s von Damaskus. Shagra. Antiker Turm; Gebäude aus dem 6. Jh.

Shatial Pakistan, am Indus, ca. 75 km w von Chilas. Ö Felsbilder 3.-7. Jh.

Shavej Zion Israel, 8 km n von Akko. Ausgrabung einer byzantinischen Kirche 5. Jh. Mosaike.

Shazaoyuan China. → Shouchang.

Shealvim Israel, s von Nablus, in der Nähe des Berges → Gerizim. Samaritanische Synagoge entdeckt.

Shechem Israel, 67 km n von Jerusalem. Römerzeitlich Flavia Neapolis. Apsis eines Nymphäums. Theater. → Shomron. → Balata (Sichem). → Gerizim. → Jakobsbrunnen. → Shealvim.

Shedit Ägypten, Fayum. → Medinet el-Fayum.

Sheikh Abreiq, Tel Israel. → Bet Shearim.

Sheizar, Qalaat Syrien, 35 km nö von Masyaf. Seidjar. Antik Cesara. Arabisch Schaizar. Spuren der antiken Stadt. Ruine einer Burg 12./13. Jh. mit antiken Spolien.

Shema, Khirbet Israel, nw von Zefat. Ruinen einer Synagoge 3. Jh., Bad, Gräber, Mausoleum. 1 km n das antike → Meron.

Shenlli Albanien. Befestigte Siedlung im 1. Jtsd. vor Chr.

Shergol Indien, Kaschmir, Ladakh. Kloster. In der Nähe → Urgyän Dzong.

Sheruhen Israel. → (Tel) Fara.

Shetland-Inseln GB. Hauptinsel: Ausgrabungen von bronze- und eisenzeitlichen Siedlungen. → Lerwick (Clickhimin). → Jarlshof. → Mousa Broch.

Shetrunjaya-Berg Indien. Satrunjaya. → Palitana.

Sheva, Tel Israel. → Beersheva.

Shey Indien, Ladakh, 15 km sö von Leh. Zitadellenreste (Königsburg) 1. Hälfte 15. Jh. Tempelgebäude aus verschiedenen Zeiten. Mehrere Tschörten. Felsreliefs. Buddhafigur.

Shibam Jemen-Nord. Moschee auf himyaritischen Resten.

Shibechari Japan, Hokkaido. Bergfestung der Ainu.

Shidmuh Ägypten, Fayum, sw von Medinet el-Fayum. Sedmouch (19. Jh.). N und s Reste eines Staudamms, der ehedem von Difunni bis Sheikh Abu el-Nur reichte und einen Stausee bildete; ptolemäisch-römische Zeit.

Shikmona Israel, sw von Haifa, bei En Hayam. Griechisch Sikaminos. Hügel, Mosaik, römische Gräber.

Shiku Si China, Provinz Henan, w von Zhengzhou, 8 km nö von Gongxian, am Dali Shan. Höhlentempel ab 6. Jh. mit Skulpturen.

Shiloh Israel, 40 km n von Jerusalem. Silo. Arabisch Khirbet Seilun. Erdhügel der alten Stadt; Ruinen. Reste von Kirche, Synagoge, Moschee. Mosaikfund. Römische Gräber.

Shimonoseki Japan. Kleines archäologisches Museum mit den Funden vom → Arayagi-Plateau, nw von S.

Shindergar Pakistan, zwischen Swat und Peschawar. Stupa.

Shinsharah Syrien. → (Khirbet) Hass.

Shiori Japan, Shikoku, sw von Takamatsu. Wasserreservoir Mannoike-Teich, frühes 8. Jh.

Shirakawa Japan, Honshu, nö von Utsonomiya. 10 km s Reste eines Walles gegen die Ainu, 5. Jh.

Shiroyama-jo Japan, Tsushima. Burgreste 7. Jh. an der Küste.

Shivta* Israel, ca. 40 km ssw von Beersheva. Nabatäisch Sobata, hebräisch Shivta, byzantinisch Subeita, arabisch Isbeita, Esbeita. Ehemals nabatäische Siedlung. Zerstört ca. 700 nach Chr., verlassen im 14. Jh. Byzantinische Ruinen 5.-6. Jh.: Wohnhäuser, Straßen, Gutshof, Südkirche* 4. Jh., Zentralkirche, Nordkirche, Wasserreservoir.

Shixia China, Guangdong. Spätneolithische Kultur.

Shizhaishan China, Yunnan, sw von Kunming. Gräber der Östlichen Zhou-Zeit (770-221 vor Chr.).

Shizuoka Japan, Honshu, ca. 150 km w von Tokio. Ausgrabungsstätte von Toro, Siedlung der späten Yayoi-Zeit (ca. 2./3. Jh.).

Shkodër Albanien, im Norden. Scodra. Illyrische Gründung. Festung Rozafat mit illyrischen Resten. Museum.

Shobeq Jordanien, 236 km s von Madaba. Dorf und Burgruine, Montreal oder Mons Regalis der Kreuzfahrer.

Shogur-Bakas Syrien, 6 km nw von Djisr esch Shogur, 79 km nw von Lattakia. Ehemals zwei Kreuzfahrerburgen.

Shomron* Israel, 11 km nw von → Shechem (Nablus). Hügel mit den Resten von Samaria, Hauptstadt Israels ab 887 vor Chr. Besiedelt seit Anfang 3. Jtsd. vor Chr. Hebräisch Schomera, aramäisch Schamerein, assyrisch Samerina, griechisch Samareia, Sebaste seit Herodes, römisch C. Lucia Septimia Sebaste, Sabast der Kreuzfahrer. Spuren der israelitischen Stadtmauer. Verlauf der römischen Stadtmauer, Stadttor. Zitadelle. Forum, Basilika des Severus. Säulenstraße. Griechischer Turm. Kolonnadenstraße. Augustustempel. Tempel der Kore. Römisches Theater. Stelle des Stadions. Römische Nekropole. Sebastiya (Sabastiya): Kirchenruine 12. Jh.

Shorchuk China. → Korla.

Shotor Tepe Afghanistan. → Hadda.

Shouchang China, Gansu, 62 km sw von Dunhuang. Ruinen der Han-Stadt.

Shou-chou China, Anhui. → Suzhou.

Show Low USA, Arizona-Osten, onö von Phoenix. Ruinen, Anasazi-Fundplatz.

Shrewsbury GB, Salop. Rowley's Mansion-Museum.

Shukbah-Höhle Israel. → Shuqba-Höhle.

Shule China, Xinjiang, 30 km sö von Kashgar. Hauptstadt des gleichnamigen Staates, gegründet ca. 2./1. Jh. vor Chr. Reste von Pagode und Tempel der Tangzeit.

Shumi Israel. Mamas. → Binyamina.

Shuna, Khirbet esch Jordanien, wnw von Irbid, am Rand des Jordantales. North Shuna. Ausgrabungen. Standort der Burg Qosseir Muin.

Shunem Israel, ö von Afula. Heute Solem.

Shuqba-Höhle Israel, osö von Tel Aviv. Fundort des Natoufien (→ Wadi en Natuf).

Shutur Tepe Afghanistan. → Hadda.

Shwebo Birma/Union Myanmar, n von Mandalay.

Im 18. Jh. Moksobo, Hauptstadt des Landes.

Sia Syrien, ö von Suweida, s von Damaskus. Si. Antik Seia, Seeia, Shia usw. Ehemaliges religiöses nabatäisches Zentrum. Reste von Tempel 1. Jh. vor Chr. - 2. Jh. nach Chr., Thermen. Sö nähe Straße Suweida-Sale mehrere Türme. Nekropole.

Sia Türkei. → Osıa.

Siagu Tunesien. → Ksar er Zit.

Siah, Tell-i Iran, 1½ km nw von Madavan, sö von Schiraz.

Siah Tepe Iran, 1 km n von Khorvin, nw von Teheran. Eisenzeitliche Nekropole von Khorvin, 1300-800 vor Chr.

Siakh Rigan Afghanistan, s des Amu Darja. Ehemalige neolithische Siedlung.

Sialk Tepe Iran, w von Kaschan, 260 km s von Teheran. Siyalk. Besiedelt 1. Hälfte 6. Jtsd. vor Chr. bis ca. 800 vor Chr. Spuren von assyrischer Stadt. Ruinen von Mauern und Terrassen. Nekropolen.

Sialkut Pakistan, östliches Pandschab. Im 6. Jh. Hauptstadt der Hephthaliten (Weiße Hunnen).

Sibari Italien, Kalabrien-Ostküste. Sö die griechische Siedlung Sybaris, gegründet 720 vor Chr., zerstört 510 vor Chr.; etwas s hiervon die Nachfolgerin Thurioi ab 444 vor Chr.; römisch Copia ab 194 vor Chr. Ausgrabungsgelände; Ruinen, Theater. Museo della Sibaritide; Archäologischer Park.

Šibe GUS, Altai-Gebiet, Terekta-Gebirge. Skythische Nekropole, Kurgane.

Šibenik Kroatien. Stadtmuseum mit Funden. Nw → Zaton.

Siberine Italien, Kalabrien. Siberene. → Santa Severina.

Siblingen Schweiz, nw von Schaffhausen. 2 km nö Hartenkirche: Ringgraben, Abschnittsgraben und Wälle von latènezeitlicher Siedlung, keltischer Fliehburg und ma Burg. 3 km n Langer Randen: ehemals Standort von latènezeitlicher Höhensiedlung.

Sibuinus Italien. → Angera.

Sica-Sica Bolivien, bei Lahuachaca, s von La Paz. Nekropole mit größerer Anzahl von Chullpas aus Lehmziegeln, 9. Jh.

Sicca Veneria Tunesien. → (Le) Kef.

Sichem Israel. → Balata.

Sichon Thailand, Süden, n von Nakhon Si Thammarat. Ruinen der Srivijaya-Epoche (8.-13. Jh.).

Sicula Jugoslawien, Kroatien. Bedeutende Hafenstadt der Mitte des 1. Jtsds. vor Chr. Die Reste ev. im Meer nw von → Split.

Sidbury GB, Wiltshire, ca. 17 km nw von Andover. Eisenzeitliche Befestigung Sidbury Camp. Zahlreiche Hügelgräber.

Sidbury Castle GB, Devon, n von Sidmouth. Eisenzeitliche Befestigung.

Siddi I-Sardinien, w von Barúmini, auf der Hochfläche Pranu Siddi. Ca. 16 Nuraghen und Gigan-

tengrab Sa Domu s'Orku.
Side** Türkei, 69 km ö von Antalya, beim heutigen Touristenort Selimiye. Aquädukt, Nymphäum 2. Jh. nach Chr., hellenistische Stadtmauer und Stadttor, Arkadenstraßen, byzantinische Basiliken, byzantinische Häuser, Zisterne, Stadttor und Vespasian-Monument, Agora, Theater, Thermen, mehrere Tempel. Museum. Westnekropole, Grabmäler 3.-4. Jh.
Siderospilia Gr-Kreta, s von Asites, ssw von Iraklion; in der Nähe von → Prinias. Nekropole.
Si Deva Thailand. → Si Thep.
Sidhpur Indien, Gujarat, 100 km n von Ahmedabad. Reste eines alten Tempels.
Sidi-Abdallah-des-Rhiata Marokko, 76 km ö von Fés. In der Nähe der Qued Bouhellou-Brücke Reste eines römischen Feldlagers.
Sidi Abd er Rahman Marokko, 10 km s von Casablanca. In den Steinbrüchen Spuren einer altsteinzeitlichen Siedlung.
Sidi Abich Tunesien, n von Enfidaville, bei Sgarnia. Basilika mit Taufkapelle.
Sidi Ahmed Zorroug Tunesien, 6 km nw von Gafsa. Ehemaliges kleines römisches Schwimmbad.
Sidi Ali Ibini Tunesien, 7 km ö von Souk El Khemis, sw von Béja. Marabut mit römischen Steinen. In der Umgebung antike Spuren; Zisterne.
Sidi Bou Argoub Tunesien, 1 km s von Gaâfour. Antik Thimisua. Spuren von Tempel, Triumphbogen, Brücke, Amphitheater, frühchristlicher Basilika, Zisternen, byzantinischer Burg.
Sidi Bou Yahia Tunesien, wenig w von Gafsa. Im Marabut antike Kapitele.
Sidi Harazem Marokko, ö von Fés. Cromlech an der Quelle.
Sidi Kacem Marokko, n von Meknès. S Reste eines römischen Landgutes entdeckt. → Aquae Dacicae.
Sidi Mahrez Tunesien, Djerba, 11 km ö von Houmt Souk. Katakomben.
Sidi Makhlouf Tunesien, Oase 15 km n von Medenine. Römische Ruinen.
Sidi Mechrig Tunesien, an der Küste nö von Tabarka. Reste eines römischen Bauwerkes. Ruinen von Thermen mit Mosaiken.
Sidi Medien Tunesien, 50 km sw von Tunis, ö von Medjez El Bab. Spuren der römischen C. Vallis.
Sidi Mohammed El Djebioui Tunesien, 50 km s von Kairouan. Ehemalige frühchristliche Kapelle. W Haouch Taacha: Mausoleen, Grabmäler, Becken.
Sidirokastron Griechenland, Makedonien, 95 km nö von Thessaloniki. Ehemals byzantinische Stadt. Festungsreste.
Sidi Saad Tunesien, sw von Kairouan. Römische Ruinen.
Sidon Libanon. → Saida.
Siduolocum Frankreich. → Saulieu.
Sidyma Türkei, s von Fethiye. Felskammergräber.

Sieben Brüder GUS, Rußland, Halbinsel Taman, Asowsches Meer. Name einer Gruppe von skythischen Kurganen.
Sieben Steinhäuser* Deutschland, Oberndorfmark, sö von Fallingbostel. → Abb. 24. Fünf guterhaltene Großsteingräber. Zeitlich beschränkte Zufahrt von Westenholz.
Siebnen Schweiz, Schwyz, nähe Ostende des Zürichsees. S Galgenen: Wälle.
Sieburg Deutschland. Ehemaliger Name der Stadt und Staatsforst ö von Bad Karlshafen. Wall und Graben von vor- und frühgeschichtlicher Siedlungs- und Befestigungsanlage.
Siedenlangenbeck Deutschland, s von Salzwedel. W Leetze: Großsteingräber.
Siegendorf Österreich, Burgenland, s von Eisenstadt. Im Schuschenwald spätbronzezeitliche Hügelgräber.
Siena Italien. Etruskisch Sena. Römisch Sena Julia, Saena. Etruskische Nekropolen und Gräber. Etruskisches Museum.
Sievern Deutschland, n von Bremerhaven. Ö Hügelgräber. In der Umgebung vor- und frühgeschichtliche Burg- und Ringwälle* und ehemalige Siedlungen:
1) 1½ km nö Wallanlage "Heidenschanze", ca. Mitte 1. Jh. vor Chr. bis 1. Jh. nach Chr. (Spätlatène- und ältere Kaiserzeit).
2) 2 km nö Wallanlage "Heidenstadt", Zeitenwende und 4./5. Jh., ϕ 500 m.
3) 1 km n frühmittelalterlicher Ringwall "Pipinsburg", 8.-11. Jh.
4) 1½ km nnö Hünenbett "Bülzenbett", ab 2. Jtsd. vor Chr.
5) Nö und sö Hügelgräberfelder.
6) Niedrige Wälle von eisenzeitlichen Ackerfluren, z.B. bei den Wällen 1) und 2).
In einer Entfernung von 3-12 km weitere Reste:
7) N frühmittelalterlicher Wall → "Hollburg" bei Kransburg.
8) Ö frühmittelalterlicher Wall → "Holzurburg" bei Bederkesa.
9) Sö frühmittelalterlicher Wall "Bullmersberg" bei → Debstedt.
10) Sw Hügel von vorgeschichtlichen Wurtensiedlungen → Barward, → Fallward, → Imsum, → Weddewarden.
11) W vorgeschichtliche Wurtensiedlungen → Feddersen-Wierde, → Mulsum.
Sievershagen Deutschland, nw von Grömitz. Hünengrab.
Siferling Deutschland, Gemeinde Söchtenau, Kreis Rosenheim. Burgstall, ca. 10. Jh.
Siffin Syrien → Abu Hareira.
Sifnos Griechenland, Kykladeninsel. Auf der Insel Türme von unterschiedlichem Erhaltungszustand. → Apollonia. Fidionas → Platis Gialos.
Sifsofa Israel, nw von Zefat. Synagogenreste.
Siga Algerien. → Rachgoun.

Siğacık Türkei, 50 km sw von Izmir. Genuesische Burg. In der Nähe die Ruinen von Teos.

Sigean Frankreich, s von Narbonne. In der Nähe die römische Straßenstation Ad Vicensum. 3 km nw römische Ruinen.

Sigeion Türkei, nw von Troja. Äolische Stadt 1. Hälfte 1. Jtsd. vor Chr.

Siggelkow Deutschland, sö von Parchim. 3 km LL nö Reste von Großsteingrab.

Siggiewi Malta. Frühchristliche Reste.

Sığır Asar Türkei, 60 km s von Aydın, 10 km ö von Eskiçine. Von Mauern umgebener hellenistischer Turm.

Sigiriya** Sri Lanka. Felsen in der Inselmitte. Ehemalige Bergfestung und Hauptstadt der Herrscher von Anuradhapura, 477-495 nach Chr. Reste von Löwenskulptur (= Eingangspforte). Höhlen, Gärten, Schwimmbassins, Wandmalereien* 5. Jh. nach Chr. Weitere Gartenanlagen am Fuße des Berges zu erkennen. Kleines Museum.

Sigmaringen Deutschland. Ehemals römische Straßenstation. 1½ km nö Hauptgebäude eines römischen Gutshofes ausgegraben. Römischer Gutshof 2 km sö erkennbar. Ringwall auf dem Kappenbühl. Fürstlich Hohenzollernsches Museum.

Signia Italien. Signum. → Segni.

Sihuatán El Salvador, Cuscatlán, 37 km n von San Salvador. Cihuatán. Ausgrabungsgebiet, Ballspielplatz; südlichster Nahuastil.

Siirt Türkei, 178 km ö von Diyarbakır. Besiedelt ab 2. Jtsd. vor Chr. Cumhuriyet Camii, ab 8. Jh. Kavvam Hamamı, 11. Jh. Ulu Camii, 1129. Asakir Carsı Camii, 13. Jh. Archäologisches Museum.

Sijilmassa Marokko, bei Rissani, s von Ksar-Es-Souk. Reste der im 8. Jhd. gegründeten Stadt: Stadtmauer, Hausgiebel, Lehmhügel, Lehmwälle. → Abb. 115.

Sikahyauant Iran. → Sekavend.

Sikandra Indien, Uttar Pradesh, 10 km nw von Agra. Ehemalige Stadt, gegründet ca. 1500. Mausoleen.

Sikhoraphum Thailand, ö von Nakhon Ratchasima, 32 km ö von Surin. Tempelruinen 11. Jh.

Sikinos Griechenland. → Chorio.

Sikyon Griechenland, Peloponnes, wnw von Korinth, bei Sikonia. Stadt ab 2. Jtsd. vor Chr. Ursprünglich Aigialeia, Mekone. Ab 3. Jh. vor Chr. Demetrias. Reste von Stadtmauer, Artemistempel, Buleuterion, Gymnasium, Theater, Brunnen, Stoa, Stadion, Basilika 5. Jh. Ehemalige Akropolis. Römische Thermen (Museum).

Silánus I-Sardinien, ö von Macomér. Ö Nuraghe Madrone. S Nuraghe bei der Kirche Santa Sarbana* 11. Jh. mit Brunnen und Gigantengrab. S Nuraghe Ponte, Nuraghe Corbos, Nuraghe S'Ulivera, Nuraghe Ruiu. W Nuraghe Berre. Baityloi bei der Kirche San Lorenzo.

Silbury Hill GB. → Avebury.

Silchester GB, Hampshire-Norden, ö von Newbury, w von London. Antik Calleva Atsebatum. Vorrömische Siedlungsstelle, römische Zivilsiedlung. Antiker Stadtgrundriß erforscht. Stadtmauer; Ausgrabungen von Kirche 4. Jh. und von Amphitheater. Calleva Museum.

Sile Ägypten, Delta. → (Tell) Abu Sefa.

Şile Türkei, 70 km nö von Istanbul. Ev. der Standort des antiken Calpe. Genuesische Festung.

C.Silia Augusta Parma Italien. → Parma.

Silifke Türkei, sw von Adana. Ca. 5 km s das antike Seleukeia am Kalykadnos. Mittelalterlich Seleucia. Ehemalige Akropolis mit byzantinischen Zitadellenresten. Reste von Theater, Stadion, Zisterne, römischer Brücke. Standort eines Apollon-Tempels. Nekropolen. Museum. → Meriamlık.

Síligo I-Sardinien, ca. 25 km sö von Sassari. Römische Thermen. N Nuraghe Ortolu.

Silikou Zypern. Ausgrabungen.

Silis Marokko. Antik; Asilah (Zili).

Silistra Bulgarien, an der Donau, km 376. Antik Durostorum, byzantinisch Dorostul, bulgarisch Drastar, türkisch Silistra. Reste von Stadtmauer, römischem Grabmal 4. Jh. mit Wandmalereien.

Sille Türkei, 8 km nw von Konya. Zwei Höhlenkirchen mit mittelalterlichen und neuzeitlichen Malereien.

Sillium Türkei. → Yanköy.

Sillustani Peru, Halbinsel im Umayo-See, w des Titicacasees, 30 km von Puno. Ruinen von Chullpas (Begräbnistürmen). "Sonnenkreis". Funde in Puno.

Sillyon Türkei. → Yanköy.

Silniana Spanien. → San Pedro de Alcántara.

Silo Israel. → Shiloh.

Silpa Thailand. → Yala.

Sils Schweiz, Graubünden, sw von Chur. S Carschenna: Felsgravuren.

Silvan Türkei, 63 km ö von Diyarbakır. An der Stelle des antiken Martyropolis. Ev. die ehemalige armenische Hauptstadt Tigranocerta. Gegründet 4./5. Jh. Reste von Stadtmauer, Moschee 13. Jh., Minarett 13. Jh., Malabadi-Brücke* 1147. Höhlenstadt von → Hasun.

Silvituk Mexiko, Campeche, 55 km ö von Escárcega, bzw. 220 km w von Chetumal. Ruinen einer Mayasiedlung.

Silvitz Deutschland, Rügen, sö von Bergen. 1 km nw Rest von Großsteingrab.

Simas Türkei, europäisches Bosporusufer. Antik: Sarıyer, heute Teil von Istanbul.

Simav Türkei, 263 km onö von Izmir. Antik Sinaus. Burg seit byzantinischer Zeit.

Simbabwe Simbabwe. Heutige (rhodesische) und ehemalige Schreibweise → Zimbabwe.

Simena Türkei. → Kale ö von Kaş.

Simferopol GUS, Krim. Ehemals taurische Siedlung 7.-5. Jh. Nekropole; "Goldener Kurgan".

Simhachalam Hill Indien, Andhra Pradesh, ca. 16 km n von Waltair-Visakhapatnam. Vishnu-Tempel 11. Jh.

Simiriyan, Tell Syrien, 4 km ö von Mantar, 44 km n von Tripoli.

Simittu Tunesien. → Chemtou.

Simkhar Syrien, nw von Haleb, ö von Qatura. Byzantinische Ruinen: Basilika 4. Jh., Kapelle, Villa mit Grabanlage, Wohnhäuser 2.-7. Jh.

Simla Indien, Himachal Pradesh. State Museum.

Simyra Syrien. Ehemalige phönizische Siedlung.

Sinaca Mecayo Guatemala, Provinz Jutiapa. Maya-Ruinenstätte.

Sinai Ägypten. → Abu Zanimah. → Ain Hudra. → Bir es Suweit. → Djesiret Pharaun. → (Qalaat) Ghiundi. → Katharinenkloster. → Marcha. → Nakhl. → Serabit el Chadim. → Wadi Charig. → Wadi Feiran. → Wadi Huwara. → Wadi Maghara. → Wadi Mokattih. → Wadi Nasb. → Wadi Sedri.

Sinassos Türkei. → Mustafapaşa.

Sinaus Türkei. → Simav.

Sinea Libanon, 14 km s von Sour. Heute Biyoud es Said.

Sinekkalesi Türkei, 7 km nw von Alanya. Antik Hamaxia. Mauerreste, Turmruine, Brunnen. Nekropole.

Sine Ngayene Senegal. → Nioro-du-Rip.

Sine-Saloum Senegal/Gambia, Flußsystem und Region. Im Gebiet n des Gambia und im Sénégal-Oriental bis gegen Dalafi mehrere Tausend Grabhügel. Megalithe. → Koungheul. → Nioro-du-Rip.

Singa Peru, Gebiet des Marañon. Ruinen von Bauten der Yaro.

Singara Irak. → Sinjar.

Singaraja Indonesien, Bali, Norden. Ehemalige Hauptstadt der Pajeng-Beduhu-Dynastie. Mehrere Tempel*, Skulpturen.

Singburi Thailand, ca. 150 km n von Bangkok. In der Umgebung: Wat Na Phra That, Prang und Reste. Wat Phra Non Chaksi. Wat Po Kao Ton.

Singen Deutschland. Unterhalb des Hohentwiel ehemals Standort von keltischer Siedlung. Mehrere Grabhügelfelder Hallstatt- und Latènezeit. Hegau-Museum für Ur- und Frühgeschichte.

Singhora Thailand. → Songkhla.

Singidunum Serbien. → Belgrad.

Singosari Indonesien, Java, 14 km von Malang. Grabtempel für König Kirtanagara, 13. Jh.

Sinhgarh Indien, Pune, 26 km sw von Poona (Pune). Burg, 1670 zerstört.

Sinichkopf I-Südtirol. → Meran.

Sinj Kroatien, 40 km nö von Split. Antik Setovia. Später Cetina. Ev. ehemalige illyrische Siedlung. Museum im Kloster.

Sinjar Irak, 142 km w von Mosul. Antik Singara. Später Sindjar. Ruinen der antiken Siedlung: Spuren der Stadtmauer. Gräber der Geziden. Grabmal 14./15. Jh.

Sinki Ägypten, 8 km s von Abydos. Spuren einer Stufenpyramide, ca. 3. Dynastie.

Sinnabra Israel. → Bet Yerah.

Sinneh Iran. Heute Senededj, 160 km n von Kermanschah. Ehemalige abbasidische Festung.

Sinop Türkei, Schwarzmeerküste. Antik Sinope. Römisch C. Julia Felix. Akropolishügel mit Zitadellenruine. Stadtmauer aus antiken Steinen. Unterbau eines Serapis-Tempels 2. Jh. vor Chr. Byzantinische Kirche 14. Jh.

Sinuessa Italien, 5 km nw von Mondragone, 180 km nw von Neapel, an der Küste. Ruinen des antiken Ortes: römisches Mausoleum, Turm. Tempelreste bei Panetelle.

Sinus Casalus F-Korsika. → Calvi.

Sion Schweiz, Wallis. Sitten. Ehemaliger Hauptort der keltischen Seduner. Antik Sedunum. St. Théodul auf römischem Unterbau. Archäologisches Kantonsmuseum. Römische Grab- und Inschriftensteine im Rathaus.

Sipán Peru, bei Chiclayo. Reste (35 m Höhe) von zwei Lehmziegelpyramiden, darunter die Huaca Rajada. "Kriegergrab": Gräber eines Fürsten und seiner Angehörigen mit Schatzfund der → Moche-Kultur (ca. 200 vor Chr. bis 800 nach Chr.), jetzt in → Lambayeque. → Abb. 141.

Šipanska Luka Kroatien, Insel Šipan. Reste einer römischen Villa.

Sipar Kroatien, s von Savudrija, NW-Istrien. Ehemalige römische und frühmittelalterliche Siedlung Sipara, zerstört im 9. Jh. Reste im Meer.

Siph Israel. → (Tell es) Zif.

Siponto Italien, 2 km s von Manfredonia. Antik Sipontum. Zerstört 1227. Reste von Straßen, Häusern, Amphitheater. Reste von frühchristlicher Basilika bei der Kirche S.Maria**. Katakomben. Italische Stelenfunde, jetzt in Manfredonia.

Sipontum Italien. → Siponto.

Sipovo Bosnien-Herzegowina, 24 km sw von Jajce. Römische Reste von Häusern, Mausoleum 4. Jh.

Sippar Irak. → Abu Habba.

Sipri Syrien. → Safira.

Siraf Iran. → Taheri.

Sirai I-Sardinien. → Monte Sirai.

Sirajan, Es Iran. → Saidabad.

Siraq, Es- Ägypten, 16 km sö von Edfu. Gebel Serag. Ruinen der spätbyzantinischen Stadt Thmuis. Reste von kleiner Festung.

Sirdjan Iran. → Saidabad.

Sireriye Ägypten, n von Minia. Felskapelle Ende 13. Jh. vor Chr. Steinbruch El-Babein.

Siriate Österreich. Römische Poststation bei Liezen.

Siris Italien, sw von Tarent, n der Sinni-Mündung. Ionische Gründung 7. Jh. vor Chr. Nach der Zerstörung Gründung von Herakleia. → Policoro.

Sirkap Pakistan. → Taxila.

Sirkeli Türkei, ca. 40 km ö von Adana. Hethitisches Felsrelief, 13. Jh. vor Chr.

Sirmione* Italien, Gardasee-Südufer. Grotte di

Catullo: Reste einer großen römischen Villa 1. Jh. nach Chr. Lapidarium in der Burg.

Sirmium Vojvodina. → Sremska Mitrovica.

Sirolo Italien, Marken, sö von Ancona. Nekropole 7.-4. Jh. vor Chr.

Sironabad Deutschland. → Nierstein.

Sirpur Indien, Madhya Pradesh, 60 km ö von Raipur. Lakshmana-Tempel, 7. Jh. Ausgrabungen von buddhistischen Tempeln und Klöstern.

Sirqu Syrien, 70 km sö von Deir ez Zor. In der Nähe von Ashara Ausgrabung der assyrischen Siedlung Terqa.

Sirsukh Pakistan. → Taxila.

Sirwâh Jemen-Nord, 120 km ö von Sana. Hauptstadt des Sabäerreiches vor Marib. Ruinenfeld; Reste von Befestigungsanlage, Tempelruinen.

Sis Türkei. → Kozan.

Sisak Kroatien, 55 km sö von Zagreb. Illyrisch Segestica. Keltisch Siscia. Römisch Septimia Sisca, C. Flavia Siscia. Römische Spuren.

Si Satchanalai ** Thailand, ca. 420 km LL n von Bangkok. Sisachanalai. 11 km von der neuen Stadt die Ruinen der alten ummauerten Stadt, ab 13. Jh. Mauer, Tore. Wat Chang Lom. Wat Chao Chan. Wat Chedi Chet Teo. Wat Khao Phanom Pleung. Wat Khao Suwan Kiri. Wat Nang Praya. Wat Udayana Suan Geo Noi. Brennöfen. Gräber.

Siscia Kroatien. → Sisak.

Sisian GUS, Armenien-SO. Sissian. Megalithische Befestigungsmauer. Menhire. Armenische Kirche* 7. Jh.

Sisium Türkei. → Kozan.

Sisteron Frankreich, 130 km nnö von Marseille. Römisch Segustero. Nekropole. Ca. 10 km nö römische Felsinschrift 5. Jh. (Défilé de la Pierre-Écrite). Nö Oppidum auf dem Dromont-Felsen.

Sisupalgarh Indien. → Bhuvaneshwar.

Sitawaka Sri Lanka, ö von Colombo, bei Avissawela. Singhalesische Ruinen, 16. Jh.

Si Thep Thailand, 125 km s von Phetchabun. Si Deva. Gegründet 5. Jh., später Stadt der Khmer. Ruinen der alten Stadt.

Sithulpahuwa Sri Lanka, ö von Kataragama. Buddhistische Reste.

Sitia Gr-Kreta, 142 km ö von Iraklion. Antik Eteia, Etis, Setaia. Reste ab frühem 2. Jtsd. vor Chr. Römische Mauerreste. Byzantinisch-venezianisches Kastell. Archäologisches Museum. Nekropole bei → Agia Fotia.

Sitifis Algerien. → Sétif.

Sitio, El Guatemala, Provinz San Marcos. Ruinenstätte.

Sitra Ägypten, ö der Oase Siwa. Reste.

Sit er-Rum Syrien, nw von Haleb, 1½ km n von → Qatura. Kloster mit Kirche, 4. Jh.

Sittwe Birma/Union Myanmar, W-Küste. Mahamuni-Tempel bei Akyab, Vor-Paganzeit.

Sitzenkirch Deutschland, s von Badenweiler. N Reste von Ringwall Brenntenbuck.

Sivas Türkei. Megapolis bis 1. Jh. vor Chr., danach Sebaste. Hauptstadt eines armenischen Königreiches Mitte 11. Jh. Toprak Tepesi; ehemals Standort muselmanischer Zitadelle; hethitische Reste. Seldschukische Koranschulen*. Museum. 3 km nw bei Tavro Höhlengräber. 10 km ö Reste von Brücke seit römischer Zeit. Hethische Felszeichnungen.

Sivasa Türkei, w von Nevşehir. Göktsche Toprak. Grab am Kaya Ören, mit hethitischer Inschrift. Felsrelief. Drei Tumuli. Unterirdische Siedlung.

Sivaslı Türkei, 35 km sö von Uşak. In der Nähe die Stätte Selçikler (Selçik); ev. des antiken Sebaste. Ruinen eines Theaters.

Siverek Türkei, 92 km w von Diyarbakir. Mittelalterliche Burg; Anfänge zu byzantinischer Zeit.

Sivrihisar Türkei, 40 km sö von Aksaray. Höhlenwohnungen. Reste von byzantinischer Festung. 2 km sö byzantinische Kirche* Kızıl Kilise, ca. 5. Jh.

Sivrihisar Türkei, 138 km sw von Ankara. Justiniapolis. Byzantinische Festungsruine.

Siwa Ägypten, Oase im Westen. Mit den archäologischen Stätten: → Abu'l-Auaf. 3 km ö → Aghurmi. 55 km ö → Areg. 5 km sw → Gebel al-Dakrur. 1 km ö → Gebel el-Mauta. Mussabarin → Gebel el-Mauta. 2 km ö → Seitun. 3 km ö → Umm Ubaidah. In anderen Orten Friedhöfe und kleine Tempel.

Siwini Türkei. → Musasir.

Six Hills GB, Hertfordshire, bei Stevenage. Römische Hügelgräber.

Sixos Spanien. → Almuñécar.

Siyagha, Khirbet Jordanien, nw von Madaba. Ehemals Standort eines Klosters mit Kirche auf römerzeitlichen Vorgängern. Dolmen. Kromlech. Mosesquelle.

Siyalk Iran. → Sialk.

Siyamangalam Indien, Tamil Nadu, sw von Madras. Shiva-Höhlentempel.

Siyar el Djanem, Khirbet es Israel. → Bet Sahur.

Skadowka GUS, Ukraine, s der Dnjepr-Mündung. Skythische Gräber 4.-3. Jh. vor Chr.

Skala Griechenland, Insel Kefallinia. Reste von römischer Villa 2. Jh. nach Chr. mit Mosaiken. In der Nähe Reste eines dorischen Tempels 6. Jh. vor Chr.

Skala Griechenland, Insel Patmos; Die ehemalige Inselhauptstadt Patmos. An der Stelle Kastelli Mauerreste der Akropolis 4./3. Jh. vor Chr. Reste eines hellenistischen Turmes.

Skala Eresu Griechenland, Lesbos. Antik Eresos. Reste der Akropolis 5.-4. Jh. vor Chr. Spuren der hellenistischen Stadtmauer. Hafenreste. Ruine von Kirche von ca. 500 nach Chr. Reste von Kirche 5. Jh. Byzantinisch-genuesische Burg. Archäologisches Museum in Eresos.

Skala Oropu Griechenland, n von Athen an der Küste. Die antike böotisch-attische Stadt Oropos. Geringe Reste; Akropolis. Sö → Amphiareion.

Skamnelion Griechenland, Epirus, n von Ioannina. Zyklopische Mauern.

Skanda GUS, Georgien, Kolchis. Reste der ehemaligen antiken Stadt.

Skara Brae GB, Schottland, Orkney-Insel Mainland. Neolithisches Dorf ca. 3. Jtsd. vor Chr.

Skarphe Griechenland, Ftiotis, sö von Lamia. Skarphaia. Geringe Spuren der antiken Lokrerstadt bei Skarfia.

Skavala Griechenland, Makedonien. → Kavala.

Skedia Ägypten. → Neschu.

Skellig Inseln* Irland, Kerry. ND61. → Abb. 120. Great Skellig Island: Ummauerung. Sechs Clochans (Bienenkorbhütten) und zwei Oratorien des Klosters Skellig Michael, ab 5. Jh. Kleine, umgesetzte Grabkreuze.

Skiathos Griechenland, Sporadeninsel. Der Ort Skiathos an der Stelle des antiken Hafens. Reste pelasgischer Mauern. Ma Festung Kastro im Norden.

Skillus Griechenland, Peloponnes. → Makrissia.

Skione Griechenland. → Nea Skioni.

Skiros Griechenland, Hauptort der gleichnamigen Sporaden-Insel. Venezianisches Kastell mit Spuren des Mauerwalls der antiken Akropolis, 4. Jh. vor Chr. Museum für Archäologie und Volkskunde. Am Kap Kartsino Reste von Tempel, Mauern und Türmen. W auf der Insel Valáxa Rest von römischer Brücke.

Skithis Ägypten, im → Wadi Natrun. Koptisch Shiêt. Besiedelt seit der Antike.

Skiti Griechenland, ö von Larissa. Reste des antiken Meliboia oder des byzantinischen Kentauropolis.

Skjeberg Norwegen, ö von Frederikstadt. Vorgeschichtliche Felszeichnungen (Bjørnstadschiff).

Sklavokampos Gr-Kreta, 19 km w von Iraklion, w von → Tylissos. Ausgrabung von Resten einer minoischen Villa von ca. 1500 vor Chr.

Skoaquik USA. → Snaketown.

Skopelos Griechenland, Sporadeninsel. → Glossa. Peparetos → Skopelos (Ort). Selinus → Glossa. → Skopelos (Ort). → Stafylos.

Skopelos Griechenland, Hauptort der gleichnamigen Sporadeninsel. An der Stelle des antiken Peparetos. Tempelfundamente. Bei Ampeliki Reste eines Asklepiostempels 4. Jh. vor Chr. Zyklopische Mauerreste. Kirchenreste von 672.

Skopje Makedonien. Illyrisch Skupi, römisch Scupi. Ehemals römische Legionsfestung. Mauerreste 6./7. Jh. der Festung Skopsko Kale. Reste von Theater, römischen Thermen, frühchristlicher Kirche, Aquädukt. Archäologisches Museum. Ethnologisches Museum.

Skorba-Tempel Malta. → Zebbieh.

Skotoussa Griechenland, n von Paläokastro, s von Larissa. Antik Skotussa. Reste von Stadtmauer, Akropolis, Standorte von Theater und Stadion. S → Thetidi.

Skradin Kroatien, n von Šibenik. Illyrisch-römisch Scardona. Gebäudereste. Reste einer Wasserleitung.

Škrip Kroatien, Brač, s von Postira. Reste von illyrischer zyklopischer Mauer. Griechische und römische Spuren, antiker Turm.

Skutari Türkei. → Istanbul.

Skylletion Italien, Kalabrien, bei Soverato. Griechisch-römische Reste; Theater, noch nicht ausgegraben.

Skythopolis Israel. → Bet-Shean.

Slack GB, Yorkshire, bei Huddersfield. Spuren von römischem Kastell.

Slankamen Vojvodina, 57 km nw von Belgrad. Stari Slankamen. An der Stelle des römischen Castrums Acumincum, Acunum, Acuminicum. Ma Castrum Zalankamen. Reste von Wohngebäuden, Oberer und Unterer Festung ab 5. Jh. An der Stelle Gradina Reste von vorgeschichtlicher befestigter Siedlung.

Slano Kroatien, 53 km nw von Dubrovnik. Reste von illyrischen Wallburgen. Grabhügel. Hügel Gradina ehemals Standort von römischem Castrum.

Slava Rusa Rumänien. In der Nähe Spuren von antiker Siedlung.

Slettnes Norwegen. Felszeichnungen ca. 3. Jtsd. vor Chr.

Śleza Polen, sw von Breslau. Ehemalige illyrische Fluchtburg.

Slievenaglasha Irland, Clare, ö von Kilfenora. ND270A. Großes Megalithgrab "Dermot and Grainne's Bed".

Slim Syrien, 11 km n von Suweida. Antik Selaema. Ruine von römischem Tempel.

Slivnica Kroatien, 30 km nö von Zadar. Reste von illyrischen Wallburgen auf den Hügeln Gradina od Bokulje, Miolovića gradina und Lergova gradina.

Slonta Libyen, 91 km ö von El Merj (→ Barqa), ca. 40 km s von Kyrene. Felsgravuren. Felskammern. W römische Limeskastelle an der Straße nach El-Merj.

Sloopsteine Deutschland. → Belm.

Sloopsteine, Große Deutschland. → Westerkappeln.

Sloopsteine, Kleine Deutschland. → Lotte-Halen.

Smacam Down GB, Dorset, ö von Sidling St. Nicholas. Langhügelgrab.

Smant el-Charab, El- Ägypten, Oase → Dachle. Reste einer Lehmziegelstadt und eines römischen Tempels.

Smari Gr-Kreta, 38 km sö von Iraklion. Ehemals Standort von minoischen und hellenistischen Siedlungen. Gräber.

Smar Jbail Libanon, ca. 55 km n von Beirut, ö von Fadous. Burgruine und St.-Nohra-Kirche.

Smay Down GB, Hampshire, s von Tidcombe. Langhügelgrab.

Smederevo Serbien, 45 km osö von Belgrad. An der Stelle des römischen Vincea.

Ma Festungsruine.

Smedstadstetta Norwegen, n von Gjövik. Steinkreis. S von Moelv Ringanlage.

Smihel Slowenien, 11 km nw von Postojna. Ausgrabung von Siedlung und Nekropole aus dem 1. Jtsd. vor Chr.

Smilčić Kroatien, 22 km ö von Zadar. Bei der Örtlichkeit Barica ehemalige Siedlung der Jungsteinzeit. Illyrische Grabhügel. Reste von römischen Gebäuden, Gräber, Inschriften.

Smindja Tunesien, 45 km s von Tunis. Sminji. Antik Smindji. Ruinen einer Festung mit byzantinischem Mauerwall.

Smirat Tunesien, s von → Sousse. Mosaikfund* in Sousse.

Smuszewo Polen, bei Wagrowiec (Wongrowitz). Ehemals befestigte und unbefestigte Siedlung der hallstattzeitlichen Lausitzer Kultur. Holzreste.

Smyrna Türkei. → Izmir.

Snaketown USA, Arizona. Skoaquik. Ausgrabung einer Siedlung von ca. Zeitenwende bis 12. Jh., hauptsächlich von ca. 1100. Tempelhügel. Kanäle der Hohokam.

Soacus Deutschland. Römisch; Schweich nö von → Trier.

Soada Syrien. → Suweida.

Soba Sudan, sö von Khartum. Ehemalige Hauptstadt des Reiches Aloa (Alwa; bis Mitte 2. Jtsd. nach Chr.). Ruinengebiet der christlichen Stadt; zahlreiche Trümmerhügel, Säulen einer Kirche.

Sobata Israel. → Shivta.

Sobiejuchy Polen, bei Znin, nö von Posen. Wehrsiedlung im 8./7. Jh. vor Chr. Gräberfeld.

Sobradelo Spanien, 124 kn ö von Orense. Römische Brücke.

Socerb Slowenien, nö von Koper. Mittelalterliche Burg an der Stelle einer vorgeschichtlichen Wallburg.

Sodbury GB, Gloucestershire, bei Chipping Sodbury, nö von Bristol. Eisenzeitliche Befestigung.

Sodenburg Deutschland, Gemeinde Eberbach, sö von Aschaffenburg. Auch Altenburg. Ringwall.

Sodersdorf Deutschland, sw von Lüneburg. Ö Ganggrab.

Sögel Deutschland, n von Meppen. Sw mehrere Großsteingräber. Hügelgräber.

Sofades Griechenland, Karditsa. Sophades. Ausgrabung eines Athena-Tempels. In der Nähe → Tsani.

Sofia Bulgarien. Römisch Serdica, Hauptstadt der Provinz Dacia Mediterranea. C.Ulpia Serdica. Stadtmauerreste. Im Hofe des Hotels Balkan Straßenreste, St.Georgskirche 6. Jh. an der Stelle eines antiken Kult- oder Thermenbaues; Gebäudereste. Archäologisches Nationalmuseum.

Softa Kalesi Türkei, 18 km ö von Anamur. Umfassungsmauer mit Türmen einer byzantinisch-mittelalterlichen Burg. Ev. die Akropolis des antiken Arsinoe.

Sogamoso Kolumbien, nö von Bogota. Sugamuxi. Religiöses Zentrum des Chibcha-Reiches. Archäologischer Park, Museum.

Soğanlı-Tal Türkei, ca. 40 km s von → Ürgüp. Höhlenkirchen, unterirdische Siedlung. Karabaş Kilise 11. Jh. mit Fresken.

Soghanak Syrien, ca. 50 km nw von Haleb, 6 km s von Djubbul. Ruinen eines byzantinischen Dorfes.

Sogn Luregn Schweiz. → Paspels.

Sohag Ägypten. Ö → Achmim. 8 km s → (El-) Hagarsa. 7 km sw → Wannina. 20 km nw → Deir el-Abyad*. 15 km nw → Deir el-Ahmar*.

Sohagpur Indien, Madhya Pradesh, bei Shahdol, ö von Jabalpur. Virateshvara-Shiva-Tempel, 11. Jh. Skulpturen.

Sohar Oman, nw von Maskat. Ruinen.

Sohr Damb, Tell Pakistan. → Nal.

Sohz Tepe Iran, 7 km nö von Behbehan, 200 km sö von Ahvaz. Besiedelt bis Mitte 4. Jtsd. vor Chr. Lehmziegelterrasse von ca. 4000 vor Chr.

Soissons Frankreich, Aisne. Ca. 4 km onö Bucy-de-Long, ehemalige eisenzeitliche Siedlung. Ehemaliger Hauptort der keltischen Suessionen. Ehemalige römische Garnison.

Sojiwan Indonesien, Java, ö von Yogyakarta, 2 km sö vom → Prambanan. Tempel 9. Jh.

Sokchon-Berg Korea, Süd-Pyongan. Mehrere Dolmen.

Sokkuram Korea-Süd, in der Nähe von Kyongju. Felsentempel 8. Jh.

Soknopaiu Nesos Ägypten, Fayum. → Dime.

Soldier's Ring GB, Dorset, bei → Rockbourne. Römischer Erdwall.

Soleb* Sudan, ca. 20°27'N, am Nil. Reste von Tempel Amenophis'III. Friedhof des Neuen Reiches.

Solenta Kroatien. Solentia, Solentum. Römisch; Insel → Šolta.

Soli Zypern, Nordküste, westliches Ende des türkischen Teils. Soloi. Ehemaliges Stadtkönigreich. Ausgrabungen; römisches Theater 2. Jh., Reste von Aphrodite-Tempel, Grundmauern von frühchristlicher Basilika.

Solin* Kroatien, nö von → Split. Antik Salonae, römisch C.Martia Iulia Salona. Ehemalige Siedlung der illyrischen Delmaten. Römisch ab 78 vor Chr. Teilweise ausgegraben. Reste von Stadtmauern, Toren, Forum, Theater, Amphitheater 2. Jh., Basilika mit Baptisterium, mehreren Basiliken, Thermen, Tempel 1. Jh. Gräberfeld Hortus Metrodori. Drei altchristliche Friedhöfe. Aquädukt bis Split, im 19. Jh. restauriert.

Solkan Slowenien, n von Nova Gorica. Ehemals römische Siedlung.

Soller Spanien, Mallorca. Talayotisches Dorf Puig d'en Canals, Mitte 1. Jtsd. vor Chr.

Sollum Ägypten, 500 km w von Alexandria. Antik Banaros. Ruinen.

Solocha GUS, Ukraine, nw von Melitopol. Skythischer Kurgan.

Solochograd Iran, bei Ardebil. Mausoleum des Scheichs Dschebrail.

Soloeis I-Sizilien. → Solunt.

Soloi Türkei. → Viranşehir sw von Mersin.

Solothurn Schweiz. Römisch Salodurum. Kastellmauerreste. Lapidarium in der Jesuitenkirche. In der Kapelle St. Peter Reste von Grabkapellen. Historisches Museum der Stadt.

Šolta Kroatien, Insel. Illyrisch Olyntha, griechisch Olinton, römisch Solentum. Illyrische Wallburgen: Gradac, Laze bei Grohote, Vela Straža, Zadoci. Römische Reste in Bunje bei Donji Selo, → Grohote, Ježa, Mirine, → Nečujam, → Rogač, Starine bei Gornje Selo, Studenac. Grabhügel und bronzezeitliche Funde auf Brda nähe Grohote.

Solunt I-Sizilien, Nordküste nö von Bagheria, ö von Palermo. Antik Soloeis oder Solus, gegründet 8. Jh. vor Chr. Ruinen der Stadt 4. Jh. vor Chr. bis 2. Jh. nach Chr. von Häusern, Gymnasion, Basilika, Theater. Kleines Museum.

Solus I-Sizilien. → Solunt.

Solutré-Pouilly Frankreich, 9 km w von Mâcon, n von Lyon. Am Roche de Solutré altsteinzeitliche Siedlungsplätze. Museum.

Solva GB, Wales, ö von St. David's. Großsteingräber.

Solva Ungarn. → Esztergom.

Solygaia Griechenland. → Galataki.

Solyma Türkei, Lykien, w von Kemer. Antiker Ort.

Soma Türkei, 37 km ö von → Bergama. An der Stelle des antiken Germe. Ruine von byzantinischer Festung.

Sommières Frankreich, 27 km nö von Montpellier. Römische Brücke.

Somnath Indien, Gujarat. → Patan-Somnath.

Somnathpur* Indien, Karnataka, 40 km ö von Mysore. Keshava-Tempel**, 1270, Hoysala-Zeit.

Sonari Indien, Madhya Pradesh, nö von Bhopal. Buddhistische Ruinen; Klosterreste, 8 Stupas. Nö → Sanchi.

Son Carlá Spanien, Menorca, sö von Ciudadela. Megalithische Mauern, Reste von Talayots, Taula.

Son Danús Spanien, Mallorca. Talayot.

Songkhla Thailand, Süden, Ostküste. Ehemals Singhora. Reste der alten Stadt: Ruinen von Festungsanlagen von Khao Hua Daeng. Ruinen des Palastes der Na Songkhla. Mehrere Tempel, teils 19. Jh.

Songo Mali, ö von Mopti. Felsmalereien.

Son Mercer de Baix Spanien, Menorca. → Ferreries.

Sonnac Frankreich, Aveyron. Menhir de Peyroficado.

Sonnenberg Schweiz. → Maisprach.

Sonnenbühl-Wilmandingen Deutschland, s von Reutlingen. 2 km w Schanze Eichhalde. 2 km nw Schanze Bollberg.

Sonnentempel USA. → Sun Temple.

Son Oms Vell Spanien, Mallorca, bei Palma. Neolithische Grabkammer mit megalithischem Überbau. → Sant Jordi.

Sonqi Sudan, n des Dal-Katarakts. Kirchenruinen.

Son Real Spanien, Mallorca, an der Bucht von Alcudia, sö von C'an Picafort. Prähistorische Siedlung; Nekropole 2./1. Jtsd. vor Chr. Spuren auch auf der Illa d'en Porros.

Sonsbeck Deutschland, sw von Xanten. Römerturm.

Sontra Deutschland, s von Eschwege, sö von Kassel. Wichmannshausen: ca. 3 km ö ehemals große befestigte späthallstatt-frühlatènezeitliche Höhensiedlung, Reste der hoch- und spätmittelalterlichen Boyneburg.

Sopara Indien, Maharashtra. → Suppara.

Sophianae Türkei, asiatisches Bosporusufer. Heute Çengelköy, Teil von Istanbul. Ehemals Standort von byzantnischem Kloster und Palast.

Sopianae Ungarn. → Pécs.

Sopron Ungarn. Ödenburg. Antik Scarabantia. Römische Spuren; Spuren von Stadtmauern und Toren. Reste des Forums.

Sora Italien, osö von Rom, nw von Cassino. Reste von Zyklopenmauer der Volskerstadt. Tempelrest unter der Kathedrale.

Soradir Türkei, 20 km n von Albayrak, sö von Van. Kirche 6. Jh.

Sorano Italien, nw des Bolsena-Sees. Ehemals römische Siedlung. Etruskische und römische Grabstätten.

Sorde-L'Abbaye Frankreich, ö von Bayonne. Im Kloster Reste und Mosaik von gallo-römischer Villa.

Sorgida Spanien, n von Manresa. Antik; Sallent.

Soria Spanien. Soria Numantia Museum mit Funden aus → Uxama und Tiermes. N → Numancia. 20 km sw → (Las) Cuevas de Soria.

Sorkh Dum Iran. → Surk-i Dum.

Soros Griechenland, Berg bei Alikes, s von Volos. Stadtreste, Stadtmauer, archaischer Bau. Ev. das alte Pagasai.

Sorrent Italien, am Golf von Neapel. Italienisch Sorrento. Antik Surrentum. Rest eines römischen Bogens. Römische Säulen im Dom und in S.Antonio. Museo Correale di Terranova. W Capo di Sorrento: Ruinen von römischen Villen und von antikem Tempel.

Sorviodunum GB. → Salisbury.

Sorviodurum Deutschland. → Straubing.

Sos Frankreich, an der Gélise, sw von Agen. Ehemaliges keltisches Oppidum.

Sosan Korea-Süd, Süd-Chungchong. In der Nähe buddhistische Felsskulptur, spätes 6. Jh., Paekche-Reich.

Sos Furrighesos* I-Sardinien, sw von Ozieri.

Felskammernekropole (Domus de Janas), 4. Jtsd. vor Chr. bis Anfang 2. Jtsd. vor Chr. Reliefs, Felszeichnungen.

Sosopol Bulgarien, Schwarzmeerküste. Sozopol. Antik Apollonia. Griechische Stadtmauer.

Sosthenion Türkei, europäisches Bosporusufer. Nach einem antiken Tempel. Heute Istinye, Teil von Istanbul.

Sotarizza-Höhle Spanien. → Ramales de la Victoria.

Sothi Pakistan. Siedlung der älteren Indus-Zeit, ab ca. 3000 vor Chr.

Sothira Zypern, nw von Limassol. Spuren einer jungsteinzeitlichen Siedlung.

Sotka Koh Pakistan, Küste, 300 km LL w von Karatschi. Stadt der Indus-Kultur.

Soto Peru, Insel im Titicacasee. Inka-Ruinen.

Sotolitos Mexiko, ca. 185 km nw von Durango, ca. 10 km s von Santiago Papasquiaro. Ausgrabungsstätte; Hohokamkultur.

Sotuta Mexiko, Yucatan, 99 km osö von Mérida. Maya-Dorf.

Sotzweiler Deutschland, w von Sankt Wendel. Ausgrabung an römischer Villa Meierhof. In der Umgebung mehrere römische Villen festgestellt.

Sougia Gr-Kreta, sw von Chania, Südküste. Das antike Syia, Hafen von Elyros. Reste: Thermen, Basilika (mit Mosaik) 6. Jh., Aquädukt.

Souja Gr-Kreta. → Sougia.

Souk, Es- Mali, 40 km von Kidal. Ruinen der mittelalterlichen Stadt. Felsbilder in der Umgebung.

Soumont-Saint-Quentin Frankreich, bei Potigny, s von Caen. Steinalignement.

Souna, Es- Algerien, ö von El Kroubs. Unterbau eines numidischen Mausoleums, ca. 120 vor Chr.

Souq el Arba du Gharb Marokko, 160 km s von Tanger. An der Stelle einer antiken Siedlung mit Befestigung, 1.-3. Jh.

Souq el Jemaa el Gour* Marokko, sö von Sebaa Aioun, 20 km ö von Meknès. Ruinen eines vorislamischen Berbermausoleums.

Sour* Libanon. Sur. Antik Tyrus. Spuren der antiken Hafenanlagen. Ausgrabungsgelände im S der Halbinsel: antike Straße, Theater, Zisternen, Basilika, Tempel.
Ö: Tell Maachouq, mit ehemals zwei Tempeln. Aquädukt.
Ö: El Awatin, phönizische Nekropole.
Ö: Borj esch Chimali, Burgruine. In der Umgebung und s hiervon Gräber.
Sö: Borj el Qiblé, Reste und Gräber.

Soura Syrien. → Suriya.

Sources de la Seine Frankreich, nw von Dijon. Spuren eines gallo-römischen Tempels.

Sour Milk Hills GB. → Whorlton Moor.

Sourre-Kabanawa Äthiopien, ö von Addis Ababa. Megalithische Anlagen und Grabhügel.

Souskiou Zypern, ö von Paphos. Vorgeschichtliche

Nekropole.

Sousse Tunesien. Phönizisch-antik Hadrumet. Römisch Colonia Ulpia Traiana Augusta Frugifera Hadrumetina. Iustinianopolis. Wiederverwendete Architekturbruchstücke und Säulen. Byzantinische Reste an der Stadtmauer. Ehemals Standort eines Amphitheaters. Kasbah mit Museum; Mosaiksammlung* (Abb. 149). Umfangreiche christliche Katakomben 2.-4. Jh. mit ca. 15000 Grabstätten: Guter Hirte-Katakomben, Hermes-Katakomben, Severus-Katakomben, Agrippa-Katakomben.

Souterraine, La Frankreich, n von Limoges. Spuren von gallisch-römischem Tempel in der Krypta der Kirche.

South Cadbury Castle GB, bei Wincanton. Bewohnt bis mindestens 5. Jh. nach Chr.

South Shields GB, 12 km ö von Newcastle. Reste des Römerkastells Arbeia, 3. Jh. Museum.

Souzel Portugal, w von Badajoz. Römische Brücke.

Sovana Italien, w des Bolsena-Sees. Römisch Suana. Mittelalterliche Stadtmauer mit etruskischen Resten. Bis → Pitigliano reichende etruskische Nekropole*; Kammergräber, hauptsächlich 4.-3. Jh. vor Chr. Aus dem Fels gehauene Tempelanlage.

Sovguksutepe Türkei. → Mersin.

Sozousa Israel. → Rishpon.

Spaichingen Deutschland, ö von Schwenningen. Auf dem Dreifaltigkeitsberg Wälle von keltischer Befestigungsanlage.

Spalato Kroatien. → Split.

Sparow Deutschland, w von Waren (nö des Plauer Sees). 2 km n Rest von Großsteingrab.

Sparta Griechenland, Peloponnes. Griechisch Sparti. Byzantinisch Lakedämonia. Stadtstaat. Hauptmacht im Peloponnes, Hauptkontrahent Athens um die Vorherrschaft in Griechenland 9.-4. Jh. vor Chr.
Mauerreste 5. Jh. vor Chr. Akropolis-Hügel, im Mittelalter Standort einer Festung, 2 byzantinische Kirchen. Kleiner Tempel "Leonidas-Grabmal". Theaterreste 2./1. Jh. Agora. Spuren von Athena-Tempel. Stelle des antiken Limnaion mit Artemis-Tempel, archaischem Tempel, Amphitheater. Friedhof 1./2. Jh. Museum. 2 km LL sö: → Menelaion. 6 km w → Mistra**.

Spasinou Charax Irak, nw von Basrah. Ehemals parthische Stadt; mesenische Metropole.

Spata Griechenland, ö von Athen. Ca. 3 km ö Ruinen von byzantinischer Basilika.

Spectacles Irland. → Lough Gur.

Speicher Deutschland, n von Trier. Ö im Speicherer Wald zahlreiche römerzeitliche Töpferöfen festgestellt. N (s von Philippsheim) Wall auf dem Layköppchen, Gebäudetrümmer.

Speleion Israel. → Qattar.

Spello Italien, 31 km sö von Perugia. Antik Hispellum. Stadtmauer*, Porta Consolare, Porta Venere, Porta Urbica. Forum. Reste eines Amphithaters.

Speos Artemidos Ägypten. → Istabl Antar.

Sper Türkei. → Ispir.

Spercheias Griechenland. → Vitoli.

Sperlonga Italien, ö von Terracina, sö von Rom, an der Küste. Antik Amynklai, römisch ad Speluncas. Reste der Römerstraße Via Flacca. Reste der Tiberiusvilla mit Grotte. Ruinen römischer Häuser. Museum.

Spetsai Griechenland, auf der gleichnamigen argosaronischen Insel. Spetses. Reste der antiken Siedlung Pityussa. Fundamente von zwei frühchristlichen Kirchen 5. Jh. Ehemals Standort von Theater und Stadion.

Speyer Deutschland. Keltisch Noviomagus, römisch Augusta Noviomagus, Civitas Nemetum (Hauptort des Bezirkes der Nemeter). Fränkisch Spira. Historisches Museum* der Pfalz.

Spezia, La Italien. Archäologisches Museum.

Spezzano Albanese Italien, Kalabrien. In der Umgebung ehemalige hellenistische Stadt und mehrere Nekropolen (San Lorenzo, Torre Mordillo, bei Cicapesce) 8. Jh. vor Chr.

Sphairia Griechenland, Peloponnes. Antiker Name der befestigten Insel s von Póros.

Spielfeld Österreich, s von Leibnitz. 2½ km sö Hoarachkogel: Ringwallanlage, Hallstattzeit bis römische Kaiserzeit; weitere Verwendung im Mittelalter. Die Anlage liegt teilweise jenseits der Grenze!

Spigal Türkei, Marmarameer-Südküste.

Spilaion Griechenland, Makedonien, sw von Grevena. Heute Spileo. Reste von alter Siedlung; Stadtmauer, Nekropole.

Spina Italien, w von Comácchio, n von Ravenna. Große Nekropole 6.-3. Jh. vor Chr.

Spinalonga Gr-Kreta, Halbinsel n von Agios Nikolaos. Venezianische Festungsreste. → Olonta (Oloús).

Spinsters' Rock GB, Devon, w von Drewsteignton, in der Nähe der Straße Okehampton-Moretonhampstead. Großsteingrab.

Spiro USA, Oklahoma-Osten, am Arkansas. Tempelhügel der Mississippi-Caddo-Kultur, 1450-1650 nach Chr.

Spituk Indien, Kaschmir, Ladakh, 10 km w von Leh. Tibetanisches Kloster seit 11. Jh.

Spitzkuhn Deutschland, s von Waren, s von Röbel. 1 km s Rest von Großsteingrab.

Spliska Kroatien, Brač, bei Postira. Antike Reste von Bauten, Skulpturen, Steinbruch.

Split* Kroatien. Illyrisch-griechisch Aspalathos, antik Spalato. Palast** des Diokletian, erbaut 295-305; Vermischung einer römischen Landvilla mit einem befestigten Militärlager. Bildete den Kern der heutigen Stadt, im Mittelalter nach Westen auf die doppelte Größe erweitert. Palast: Kellergewölbe*. Reste der Ummauerung, Porta Aenea, Porta Argentea, Porta Aurea, Porta Ferrea. Vestibül, Peristyl*. Dom, entstanden aus dem Mausoleum* des Diokletian. Taufkapelle (ehemaliger Jupitertempel 4. Jh.). Archäologisches Museum. Dreifaltigkeitskirche 9. Jh. Museum kroatisch-archäologischer Denkmäler. Nö → Solin.

Spoletium Italien. → Spoleto.

Spoleto Italien, sö von Perugia, 125 km n von Rom. Antik Spoletium. Reste von Stadtmauern ab 6. Jh. vor Chr., Drususbogen, römischem Tempel, Forum, römische Villa unter dem Rathaus, Theater 2. Hälfte 1. Jh. vor Chr., Amphitheater, Ponte Sanguinario. S.Salvatore 4. Jh. Römische Säulen in S.Gregorio Maggiore. Stadtmuseum.

Spruce-Tree-House USA, Colorado, im → Mesa Verde National Park.

Sqorba-Tempel Malta. → Zebbieh.

Square Tower House* USA, Colorado. Cliff Dwelling im → Mesa Verde National Park.

Sras Srang Kamputschea. → Angkor.

Sravanabelgola Indien, Karnataka, n von Mysore. Heiliger Berg; Pilgerort der Jainas. Tempel ab 8. Jh., zahlreiche Tempel 10.-12. Jh. Riesenstandbild 10. Jh.

Sravasti Indien. → Set Maheth.

Srebrenica Bosnien-Herzegowina, 75 km LL onö von Sarajewo. Reste der römischen Stadt Damavia. Reste von Curia, Forum, Thermen. Fresken und Mosaike.

Sreiche, Es Syrien, 66 km sö von Deir ez Zor. 6 km w Moscheeruine. Imam Ali-Moschee, Rest von Minarett.

Srei Santhor Kamputschea, nö von Phnom Penh. Ehemalige Hauptstadt 15. Jh. bis 1505.

Sremska Mitrovica Vojvodina, ssw von Novi Sad. Römisch Sirmium. Ausgrabungen: Stadtmauer, Palast, Haus, Bad, Kornspeicher, Ladenstraße, Aquädukt. Mosaike. Srem Museum. Limesanlagen in der Umgebung.

Srifa Libanon, 24 km ö von Sour. Römerstraße.

Srikandi Indonesien. → Dieng.

Sri Ksetra** Birma/Union Myanmar, n des Irrawaddydeltas, 8 km von Prome. Hinduistisch; birmanisch Thayekhittaya, Hauptstadt der Pyu ab 5. Jh., im 9. Jh. abgetragen. Spuren der Stadtmauer von ehemals 12 km Länge. Ausgrabungen. Bebepaya-Tempel, Bobogyi-Pagode, Lemyethna-Tempel, Payapyi-Pagode und Payama-Pagode 5.-7. Jh., Zegu-Tempel. Museum.

Sri Ksetra Indien, am Golf von Bengalen. → Puri.

Srinagar Indien, Kaschmir. Islamische Bauten ab 15. Jh., teilweise auf bzw. mit Hindu-Resten. Zitadelle ab 6. Jh. Museum. Shiva-Tempel auf dem Shankracharya-Berg, 8. Jh.

Sringeri Indien, Karnataka, nö von Mangalore. Vidyashankar-Tempel. Sharada-Tempel.

Srirangam Indien. → Tiruchchirappalli.

Srirangapatana Indien, Karnataka, 16 km nö von Mysore. Shirangapattana, Seringapatam. Moslemische Hauptstadt 1610-1799. Fort. Vishnu-Sri-Rangam-Tempel. Sommerpalast.

Srisailam Indien, Andhra Pradesh, nö von Kurnool. Ummauerte hinduistische Tempelanlage ab mindestens 13. Jh., Reliefs.

Sri Thep Thailand, sw von Phetchabun. Indischbuddhistische Kolonie ab 6. Jh. Ehemalige Fürstenresidenz. Skulpturen ab Anfang 2. Hälfte 1. Jtsd. nach Chr.

Sri Yayewardenepura Sri Lanka, sö von Colombo. Ehemals Kotte. Singhalesische Königsstadt nach → Polonnaruwa.

Stabiae Italien. → Castellammare di Stabia.

Stabl Antar Syrien, 10 km nö von → (Qasr) Ibn Wardan. Festungsruine 6. Jh.

Stade Deutschland, w von Hamburg. Urgeschichtsmuseum. Sw Groß-Thun: nw Wallanlage "Schwedenschanze" 10. Jh.

Stadl Paura Österreich, sw von Wels. W Paurahügel: vorgeschichtliche Höhensiedlung und mittelalterlicher Burgstall.

Stätteberg Deutschland. → Neuburg an der Donau.

Staffelberg Deutschland. → Staffelstein.

Staffelstein Deutschland, nö von Bamberg. Stadtmuseum.
1) Romansthal: Auf dem Staffelberg Ringwallanlagen von Siedlungen von Bandkeramikerzeit bis Spätlatènezeit und römischer Kaiserzeit. Ev. das keltische Menosgada.
2) Schwabtal: W und ö Abschnittswälle.
3) Stublang: S auf dem Dornig ma Abschnittsbefestigung.
4) Uetzing: N auf dem Alten Staffelberg vorgeschichtlicher Ringwall.
5) Banzer Wald: Nw auf dem Banzer Berg ma Ringwall.
6) Banzer Wald: Auf dem Kulch bei → Zilgendorf ma Ringwall.
7) Banzer Wald: Burgstall Steglich.
8) Oberlangheim: Sö Schwedenschanze.

Stafylos Griechenland, Insel Skopelos-Süden. Mykenisches Grab.

Stagira Griechenland, ca. 100 km ö von Thessaloniki, sö von Olimbiada. Ruinen.

Stagnum Kroatien. Römisch; → Ston.

Stahlberg Deutschland, sö von Meisenheim, sw von Bad Kreuznach. Menhir Langenstein.

Staigue Fort Irland, Kerry. ND143. Prähistorische Steinfestung* mit zwei Kammern und Treppe.

Stalai Gr-Kreta. → Guduras.

Stallberg Deutschland. → Hünfeld.

Stallikon Schweiz, sw von Zürich. Wälle von urnenfelderzeitlicher Wehranlage auf dem Uetliberg mit römischen Graben- und Gebäudespuren. Hauptwall, Vorwälle, Reste 13. Jh. beim Gipfel Kulm.

Stamata Griechenland, 25 km nö von Athen. Ruinen eines antiken Demos.

Stambul Türkei. → Istanbul.

Stammheim Deutschland, sw von Sttgt.-Kornwestheim. Grundriß eines römischen Gutshofes bekannt.

Stampa Schweiz, Graubünden, ö von Chiavenna. Coltura: Römische Straßenreste. Ehemals befestigte eisenzeitliche Siedlung.

Stanaco Österreich. → Engelhartszell-Oberanna.

Standing Stones Rigg GB. → Cloughton.

Stanica Mechosewskaja GUS, Rußland, Kubangebiet. Skythischer Kurgan.

Stanton GB, Somerset, s von Bristol. Steinkreise Stanton Drew.

Stanton Moor GB, 17 km sw von Chesterfield. Kultanlage seit der Bronzezeit; Steinkreise, Grabhügel.

Stanwick GB, Durham, 8 km sw von Darlington. Großes Hügelfort* 1. Jh. vor Chr. bis 1. Jh. nach Chr. des eisenzeitlichen Stammes der Brigantes.

Stara Novalja Kroatien, auf der Insel Pag, 5 km n von Novalja. Antike Ruinen, auch im Meer. Auf Trinćelo antike Mauerreste und antikes Gräberfeld.

Stara Sagora Bulgarien, s des Balkangebirges. Römisch Augusta Traiana, byzantinisch Beroë. Frühgeschichtliches Kupferabbaugebiet. Antike Ruinen. Grabhügel. Bezirksmuseum.

Star Carr GB, Yorkshire, bei Scarborough, am Lake Pickering. Siedlung und Fundstätte der mesolithischen → Maglemose-Kultur, Mitte 8. Jtsd. vor Chr.

Starčevo Vojvodina, 26 km ö von Belgrad. Nw jungsteinzeitliche Siedlung 5. Jtsd. vor Chr. Spuren von Häusern.

Staré Hradisko Tschechien, n von Brno. Ehemals keltisches Oppidum.

Stari Bar Montenegro, 5 km ö von Bar, n von Ulcinj. Ruinen von Alt-Bar, gegründet 6./7. Jh.

Starigrad Kroatien, Hvar. Griechisch Pharos. Reste von zyklopischen Mauern. Römische und altchristliche Reste, Mosaike. Reste einer römischen Villa bei Pod Dolom.

Starigrad Kroatien, 3 km sö von Pag (Ort). Antik Pagus. Römische Reste. Mittelalterliche Reste von Stadtmauer; Kirche, Kloster.

Starigrad-Paklenica Kroatien, am Velebit-Kanal. Römisch Argyruntum. Vorromanische Kirche und spätere Ruinen. Nekropole.

Stari Slankamen Vojvodina. → Slankamen.

Stari Trg Slowenien, bei Slovenjgradec, 40 km LL w von Maribor. Römisch Colatium. Römische Säule im Glockenturm.

Staroselje GUS, Ukraine, Kreis Weliko-Aleksandrowsk, Gebiet Dnjepr-Mündung. Skythischer Kurgan.

Starosiedle Polen, sö von Guben. Starzeddel. Illyrische Ringwallanlge Baalshebbel ab 8. Jh. vor Chr.

Starrvitz Deutschland, Rügen-N, Wittow. 1½ km n (½ km w von Gramwitz) Rest von Großsteingrab.

Starzeddel Polen. → Starosiedle.
Staufenberg Deutschland, n von Gießen. Treis an der Lumda: 1 km nnö auf dem Totenberg Ringwall, ev. frühmittelalterlich. Funde auch prähistorisch.
Stavropolis Türkei. → Geyre.
Stavros Griechenland, auf Ithaka. Ausgrabungen aus mykenischer Zeit.
Stavrupolis Griechenland, 27 km nw von Xanthi. Grabstätte 2. Jh. vor Chr.
St. Catherine's Hill GB, Hampshire, s von Winchester. Keltisches Oppidum im 1. Jh. vor Chr.
St. David's Head GB. → Warrior's Dyke.
Steckborn Schweiz, Thurgau, w von Konstanz. Heimatmuseum am Untersee.
Steger Burgwart Deutschland. → Damm.
Stehende Kuh USA, Arizona, im → Chelly Canyon. Cliffdwelling.
Steigra Deutschland, sö von Querfurt, sw von Halle. Trojaburg. Grabhügel. → Abb. 47.
Stein am Rhein Schweiz, Schaffhausen. Gegenüber im Ortsteil Burg römisches Kastell Tasgaetium; Mauer- und Turmreste. Die Zivilsiedlung auf dem Gebiet von Eschenz. Funde in → Steckborn.
Steinberg Deutschland, nö von Appetshofen, sö von Nördlingen. Ehemals Standort von urnenfelderzeitlicher Höhensiedlung.
Steinberg Österreich, Tirol. Etruskisch-rätische Felsinschrift bei einer Quelle.
Steinborn Deutschland. Hofanlage mit Ummauerung der Älteren Hunsrück-Eifel-Kultur entdeckt.
Steinbrink Deutschland. → Moers.
Steineberg Deutschland, ca. 15 km sö von Daun. Ö Wallanlage auf der Steineberger Ley. Besiedelt spätestens ab Mitte 1. Jtsd. vor Chr. und zu Späthallstatt- und spätrömischer Zeit.
Steinheim an der Murr Deutschland, ö von Bietigheim. Römischer Ziegelofen. Römischer Steinbruch.
Steinhöfel Deutschland, s von Prenzlau. 2 km nw im Forst Sückow Rest von Großsteingrab.
Steinhögl Deutschland, w von Salzburg. Spuren eines römischen Bades.
Steinkirche Deutschland. → Scharzfeld.
Steinkirchen Deutschland, w von Deggendorf, Donau-Südufer. Ehemals Standort von kleinem römischen Kastell 2.-3. Jh. und späterer Befestigung (Ungarnzeit).
Steinloge Deutschland. → Visbek.
Steinsburg Deutschland. → Römhild.
Steiria Griechenland. → Porto Rafti.
Stellfeder Österreich. → Nenzing.
Stelli Schweiz, Aargau. → Wallbach.
Stenae Makedonien. → Demir Kapija.
Stenje Makedonien, Westufer des Prespa-Sees (Prespansko Jezero). Reste einer prähistorischen Nekropole.
Stennes GB, Orkney Inseln. Dolmen und Menhire.

Stenos Griechenland, sö von Itea. Mykenische Siedlungsreste.
Stenos Türkei, europäisches Bosporusufer. Byzantinisch; heute Istinye, Teil von Istanbul.
Stentinello I-Sizilien, bei Syrakus. Neolithisches Dorf 4000-3500 vor Chr. Graben der Befestigung.
Stenyklaros Griechenland, bei Meligalos, n von Kalamata. Ruinen des antiken Ortes.
Step House USA, Colorado. Ehemalige indianische Siedlungsstätte im → Mesa Verde National Park, Teil Wetherill Mesa.
Sterzhausen Deutschland. → Lahntal.
Stesser Burg Deutschland, w von Meschede, südliches Westfalen, Hochsauerlandkreis. Eisenzeitlicher Wall.
Stetten ob Lontal Deutschland, n von Günzburg. Nw → Vogelherdhöhle. Nö Keltenschanze von → Niederstotzingen. Römische Spuren n von Lindenau. Hügelgräber sw von Binsingen.
St. George's Hill GB, Surrey, bei Weybridge, sw von London. Eisenzeitliche Befestigung.
Stična Slowenien, 35 km osö von Ljubljana. Vir: Befestigte Siedlung der frühen Eisenzeit. Vrhpolje: Funde 800-400 vor Chr. Grize: Grabhügel.
Stigliano Italien, w des Bracciano-Sees. Reste von römischen Thermen. Aquädukt. Etruskisch-römische Felsgräber.
Stillfried an der March Österreich, nö von Wien. Höhensiedlung von der Steinzeit bis zur römischen Zeit, Wälle ab ca. 1000 vor Chr. Forschungen über alle Epochen. Urgeschichtlicher Wanderweg. Museum für Ur- und Frühgeschichte.
Stîncești Rumänien. Ehemalige Befestigung Mitte 1. Jtsd. vor Chr.
Stipanska Kroatien, kleine Insel w von Šolta. Ruinen von Basilika 6./7. Jh.
Stipion Makedonien, 94 km sö von Skopje. Antik; heute Štip.
Stiri Griechenland, bei Ossios Loukas. Antiker Ort.
Stivan Kroatien. → Ugljan.
St. Lythans GB. → Saint Nicholas.
Stobi** Makedonien, 80 km sö von Skopje, direkt neben der Autobahnraststätte beim ehemaligen Kilometer 1072 der Autobahn, in der Nähe von zwei eisernen Brücken. In römischer Zeit die Hauptstadt Nordmazedoniens. Ruinen der römisch-byzantinischen Stadt: Museum, Stadtmauerreste, Basiliken, Bäder, Paläste** mit Mosaiken, Theater 2. Jh., Baptisterium, Porta Heraclea, Friedhof. → Abb. 152.
Stockberg Deutschland, n von Marzell. Gut erkennbarer kleiner Ringwall.
Stockland Great Camp GB, Dorset-Westen. Eisenzeitliche Befestigung.
Stockstadt Deutschland, w von Aschaffenburg. Ehemals Standort eines Kastells und eines Heiligtums des Jupiter Dolichenus. Grundmauern des Kastellbades nach Aschaffenburg verlegt. Funde in der → Saalburg.

Stöckenburg Deutschland, bei Vellberg, ö von Schwäbisch Hall. Befestigung seit 7./8. Jh.
Stöckse Deutschland, ö von Nienburg. W Großsteingrab beim Giebichenstein. Ö hiervon Hügelgräberfeld. Kleiner archäologischer Wanderweg.
Stöfs Deutschland, n von Lütjenburg. Sö (s des Großen Binnensees) slawische Wälle "Alte Burg". 700 m nö Abschnittswall.
Stöttinghausen Deutschland, Kreis Diepholz, sö von Twistringen. Frühgeschichtliche Wallanlage Hünenburg.
Stolac Bosnien-Herzegowina, 90 km nw von Dubrovnik. Ev. das römische Dilluntum. Reste der römischen Siedlung; Fundamente, Wasserleitungen, Mosaike. Bogomilen-Nekropolen.
Støle Norwegen, n von Stavanger. Am Helgaberg Felszeichnungen. Holzkirche von Grindheim (1728) mit Runenstein.
Stolpe Deutschland, sö von Angermünde. Slawischer Ringwall. Turmruine.
Ston Kroatien, HI Pelješac. Römisch Turris Stagni, Stagnum. Fundamente eines römischen Kastells.
Stonehenge** GB, n von Salisbury. → Abb. 46. Frühbronzezeitliches Hengemonument der Wessexleute. Anfänge 3. Jtsd. vor Chr. (späte Jungsteinzeit), Spuren von Wällen und Gräben. Innerer Ring aus kleineren unbehauenen Steinen Ende 3. Jtsd. vor Chr. Äußerer Ring aus behauenen Steinen, jeweils mit Sturz zum nächsten Stein, so daß sich ein geschlossener Steinring als Abdeckung ergab; erste Jahrhundert 2. Jtsd. vor Chr. Danach Errichtung der 5 großen hufeisenförmig angeordneten Trilithen mit weiteren Monolithen. Altarstein. Die Anlage dürfte astronomischen Zwecken oder einem Sonnenkult gedient haben. In der sichtbaren und weiteren Umgebung zahlreiche Grabhügel.
Stony Littleton GB, Somerset. Megalithisches Galeriegrab.
Stoppelberg Deutschland. → Wetzlar.
Stora Hästnäs Schweden, Gotland, n von Visby. N bronzezeitliche Steinsetzungen, 2 Menhire.
Storgosia Bulgarien. → Pleven.
Stormsdorf Deutschland, ö von Rostock, n von Tessin. 1 km n Reste von Großsteingräbern.
Stoughton Down GB, Sussex. Langhügelgräber.
Stowes Hill GB, Cornwall, bei Linkinhorne. Befestigung.
Strassen Österreich, Osttirol, ö von Sillian. Wallrest. Fundamente von römischen Häusern.
Straßburg Frankreich. Antik Argentoratum. Alte Uferbefestigungen. Reste des 5. Jh. unter Saint-Etienne; Gegend des römischen Kastells. Königshoffen: Mithrasheiligtum 2. Jh. entdeckt. Archäologisches Museum im Rohan-Schloß.
Stratonike Griechenland. → Stratonion.
Stratonikeia Türkei. → Eskihisar.
Stratonikeia am Kaikos Türkei. Antik; heute Siledik, nw von Akhisar, s von Balıkesir.

Stratonion Griechenland, 105 km ö von Thessaloniki, am Meer. Stratoni. Antik Stratonike. Ruinen.
Stratos Griechenland, Ätolien, nw von Agrinion. Stadtmauern* 5. Jh. vor Chr., Tor. Reste: Agora, Theater, Zeustempel 4. Jh. vor Chr., Akropolis mit byzantinischen Resten.
Straubing Deutschland. Ehemalige keltische Siedlung und Römerkastell Sorviodurum mit Zivilsiedlung. Lage des Kastells ö des Allachbaches. Beendigung der Besiedlung 233 nach Chr., danach spätrömische Befestigung. Badreste. Gäuboden- und Stadtmuseum mit Schatzfund.
Straža Kroatien. → Ilovik.
Strehlow Deutschland, sö von Demmin. Nw Reste von Großsteingräbern.
Streitmoserkopf I-Südtirol. → Karneid.
Strenglin Deutschland, onö von Bad Segeberg. Mittelslawischer Ringwall.
Streutlingskopf Deutschland, bei Allmuthshausen, sö von Homberg an der Efze. Latènezeitliche Höhensiedlung.
Striegau Polen. → Strzegom.
Strigonium Ungarn. Mittelalterlich; → Esztergom.
Stripple Stones GB, Cornwall, im Bodmin Moor. Steinkreis (Henge-Monument).
Strömstad Schweden. Gut Bloshom: vorgeschichtliche Gräber.
Strone Kroatien, Hvar, bei Pelinje, nähe Jelsa. Römische Reste.
Strongilon Türkei. Heute Zeytin Burnu, Istanbul, nähe Südende der Landmauer.
Strongoli Italien, Kalabrien, nähe Ostküste. Ruinen des antiken Petelia.
Strotzbüsch Deutschland, nö von Wittlich. Ca. 2 km s römischer Grabhügel Strotzbüscher Tumm.
Strowiki Griechenland, 5 km w von → Kastro/Böotien. Nisi-Hügel: besiedelt von der Jungsteinzeit bis in die mykenische Zeit. Tempelfundamente. Nekropole. 1 km ö Berg Turlojannis: zyklopische Mauerreste von mykenischer Burg, Straßenrest. Antiker Wachtturmrest.
Strumica Makedonien-SO. Reste der Kirche der 15 Märtyrer von Tiberiopolis, ab 4./5. Jh. Festung Carska Kula ev. an der Stelle des antiken Astraeum.
Strymai Griechenland, w von Alexandroupolis. Gegründet 7. Jh. vor Chr. Reste von Stadtmauern und Häusern.
Strzegom Polen, wsw von Breslau. Striegau. Von Skythen zerstörte illyrische Fluchtburg auf dem "Breiten Berg".
Studen Schweiz, Bern, 5 km sö von Biel. Antik Petinesca. Römische Straßenstation Petinesca, 1. Jh. Toranlage. Tempelbezirk im Studener Wald. Keltenwall auf dem Jensberg.
Studenčić Kroatien, Lošinj, bei Čunski. Reste einer römischen Villa.
Studenčiste Makedonien, 2 km s von → Ohrid. Reste einer frühchristlichen Basilika mit Mosaiken

des 5. Jhs. nach Chr.
Studenica** Serbien, ssw von Kraljevo. Klosterbezirk ab 12. Jh.
Studenica Hvostanska Kosovo, 10 km ö von Istok, sw von Kosovska Mitrovica. Mala Studenica, Bogorodica Hvostanska. Klosterruinen auf byzantinischen Grundmauern.
Studford Ring GB, Yorkshire, s von Ampleforth. Erdwall.
Stuer Deutschland, sw von Waren. W und sö Reste von Großsteingräbern.
Stürmenkopf Schweiz. → Wahlen.
Stupava Slowakei, nw von Bratislava. Stampfen. Römische und altslawische Ausgrabungen.
Stutfall GB. → Lympne Castle. → Saxon Shore.
Stutheien Schweiz. → Hüttwilen.
Stuttgart Deutschland. Lindenmuseum (Staatliches Museum für Völkerkunde), Hegelplatz 1. Württembergisches Landesmuseum Altes Schloß. Römischer Tempelrest im Rotwildpark, onö vom Bärenschlößle. Bad Cannstatt: ehemals Alenkastell auf dem Gelände der Dragonerkaserne, keine Reste. Feuerbach: auf dem Lemberg Wälle einer keltischen Befestigungsanlage. Uhlbach: 1 km ö von Rotenburg Grabhügel "Tannenschopf".
Stylari Griechenland, ca. 20 km nö von Kyparissia. Spuren einer hellenischen Festung.
Stylida Griechenland. → Stylis.
Stylis Griechenland, Ftiotis, ö von Lamia. Antik Phalara, byzantinisch Stylida. Der antike Hafen von → Lamia. Ehemalige Akropolis. Spuren von Befestigung 4. Jh. vor Chr. Mosaikfunde.
Stymfalia Griechenland, Peloponnes, 60 km w von Korinth. Antik Stymphalion, Stymphalos. Reste der Stadtmauer. Akropolis mit Tempelspuren. Spuren von weiteren Tempeln, Palästra, Brunnen. Aquäduktreste. Klosterruine 13. Jh.
Stymphalion Griechenland. → Stymfalia.
Styra Griechenland, Euböa, 100 km sö von Chalkis. Turm der Akropolis. Cipollino-Steinbrüche; 3 Drachenhäuser. Burg Larmena, 13. Jh.
Sua Tunesien. → Chaouach.
Suar Syrien, 54 km ö von Deir ez Zor. Antik Suri. Siedlungshügel mit assyrischen, mitannischen und griechisch-römischen Siedlungsresten.
Suasa Italien. → Castelleone di Suasa.
Subeiba Israel. → Banyas.
Subeita Israel. → Shivta.
Subheya Jordanien, 29 km ö von Mafraq. Antike Gebäudereste. Zisternen.
Subiaco Italien, ö von Rom. Römisch Sublaqueum. Römische Reste von: Stadtmauer, kaiserlicher Villa. Aquädukt.
Sublaqueum Italien. → Subiaco.
Subotica Vojvodina, sw von Szeged. Stadtmuseum.
Substantio Frankreich. Castelnau-de-Lez bei Montpellier.
Subur Spanien. Iberisch-römisch; Sitges bei Bar-

celona.
Suchumi GUS, Georgien, Abchasien. Ehemalige griechische Kolonie. Griechisch Dioskura; Sebastopolis. Reste im Meer. Burgruine 10./11. Jh. Reste der Abchasischen Mauer 14. Jh. Bagrat-Kirche. Staatliches Museum.
Suchuna Peru, gegenüber von Sacsayhuaman. Altarähnliche Einmeißelung an diesem Felsen.
Suchy Schweiz, Waadt, s von Yverdon. Ravenal: prähistorische Befestigung, zwei Gräben und Wall.
Sucidava Rumänien, an der Donau. Römische Stadt; Ausgrabungen.
Sucindram Indien, Tamil Nadu, 12 km vom Kap Comorin. Späthinduistische Tempel 17./18. Jh.: Kalabhairava-Tempel, Tekkedam-Tempel, Vadakkedam-Tempel.
Suckow Deutschland, Forstgebiet s von Prenzlau. → Steinhöfel.
Suckow Polen, bei Pyritz. 3 km ö Reste von Großsteingräbern.
Sudagylan GUS, Aserbaidschan, bei Mingetschaur (Mingeçaur). Ruinenstadt. Tempelreste 5./6. Jh.
Sudbrook GB, Monmouthshire, s von Chepstow. Eisenzeitliche Befestigung.
Süderbrarup Deutschland, nö von Schleswig. N Grabhügel Kummerhy mit Runenstein und Wächterstein.
Suellacabras Spanien, 27 km nö von Soria. 1 km n Los Castillares: zyklopischer Mauerring, 5 m hoch; Häuserreste, späte Eisenzeit. Ehemalige westgotische Nekropole. → Abb. 49.
Sülm Deutschland, s von Bitburg. Wallanlage auf dem Burgberg, ev. vorgeschichtlich.
Sümeg Ungarn, n des Plattensee-Westendes. In der Nähe vorgeschichtliches Bergwerk. Römische Siedlung, Reste von frühgeschichtlicher Basilika.
Süpürgüç Türkei, 68 km ö von Gaziantep, am Euphrat, Mündung des Karasu. 3 km w späthethitische Siedlung. Basrelief 9./8. Jh. vor Chr. 5 km w römische Brücke.
Süsel Deutschland, sö von Eutin. Schanze (Burgwall) am Nordufer des Süseler Sees und Spuren eines Abschnittswalls; 9.-12. Jh. N slawisches Hügelgräberfeld.
Suessa Italien. → Sessa Aurunca.
Suessula Italien. → Cancello.
Suèvres Frankreich, 13 km nö von Blois. Reste eines römischen Tempels.
Suez Ägypten, Schutthügel Kom el-Kulsum, das ptolemäische Klysma. Archäologisches Museum.
Sufes Tunesien. → Sbiba.
Sufetula Tunesien. → Sbeïtla**.
Sufi Iran, 48 km sö von Maku. Urartäische Siedlung.
Sugamuxi Kolumbien. → Sogamoso.
Suhania Indien, Madhya Pradesh, 50 km n von Gwalior. Kakanmadh-Tempel, 1. Hälfte 11. Jh.
Suhmata Israel, ö von Nahariya, in der Nähe von Hossen. Mosaikfund 5./6. Jh.

Suisacio Spanien. → Trespuentes.

Suk, Khirbet es- Jordanien, s von Amman. Reste von Tempel, Kirche, Moschee.

Sukhothai** Thailand, ca. 400 km n von Bangkok. 13 km w die Ruinen des alten Sukhothai, ehemals befestigte Stadt. Spuren von Stadttoren. Tempel 13.-15. Jh., anfangs unter Khmer-Einfluß, später rein thailändischer Stil. Wat Phra Phai Luang 12. Jh., Wat Sisawai 15. Jh., Wat Mahathat* 13. Jh., Wat Sra Si, Wat Si Chum Sukhothai 14. Jh., Ta Pha Daeng 12. Jh., Wat Saphan Hin, Wat Pa Mamuang, Wat Jetubon, Wat Traphang Thong Lang. Ramkamheng-Nationalmuseum.

Sukošan Kroatien, 11 km sö von Zadar. Reste römischer Bauten und Gräber. Wasserleitung.

Sukuh Indonesien, Java-Mitte, ca. 40 km ö von Surakarta. Vorhinduistisches und hinduistisches Heiligtum. In der Nähe → Ceta.

Suku-Ta China, Xinjiang (Sinkiang), nähe Turpan. Islamisch ab 751. Moschee.

Sulcis I-Sardinien. → Sant'Antioco.

Suleimaniya Irak, iranische Grenze, ö von Kirkuk. Sw Basreliefs an der Stelle Darbend-i Gawr, ev. Ende 3. Jtsd. vor Chr.

Sulia Gr-Kreta, bei Agia Galini, 62 km sö von Rethymna. Sulena. Heute Soulia. Römischer Tempelrest.

Sulki I-Sardinien. → Sant'Antioco.

Sullectum Tunesien. → Salakta.

Sulmo Italien. → Sulmona.

Sulmona Italien, sw von Pescara. Antik Sulmo. Ehemals Standort von Tempel, Hippodrom. Tor, Aquädukt. Städtisches Museum. N → Badia Morronese.

Sulmtalnekropole Österreich. → Großklein.

Sultan, Tell es Israel. → Jericho.

Sultana Rumänien. Ausgrabungen.

Sultanabad Iran. Alte Bezeichnung für Arak, 297 km sw von Teheran.

Sultanabad Iran. → Djemajemal.

Sultan Baba Afghanistan, w von Kandahar. Buddhistische Reste.

Sultan Hanı Türkei, 46 km nö von Kayseri. Karawanserei 1236. In der Nähe ehemals die hethitische Stadt Dattasa, römisch Dadasa.

Sultan Hanı Türkei, 40 km sw von Aksaray. Karawanserei 1229 und 14. Jh.

Sultaniya Iran, 360 km sö von Tabriz. Sultanieh, Sültaniyeh usw. Mongolisch Kungurlan. Mausoleum* des Sultan Öldjeitu Chodabandeh 14. Jh. Mongolenzeitliche Grabdenkmäler. Tepe Qadim.

Sultan-Kala GUS, Turkmenistan. → Merw.

Sultan Kale Türkei, 10 km w von Bektaşlı, letzteres 61 km n von Antakya. Çilvan. Byzantinische Burg. Kapellenruine, Zisterne.

Sultan Saadat GUS, Turkmenistan, bei → Termes. Islamische Nekropole.

Sultantepe Türkei, 16 km sö von Şanlıurfa. Assy-

rische Reste: Zitadelle, Tempel.

Sulu-Köschk GUS, Turkmenistan, Oase → Merw. Burgruine.

Su Lumarzu I-Sardinien, bei Rebeccu, ö von Bonorva. Nuraghischer Brunnentempel.

Sulz Schweiz, Aargau, sö von Laufenburg. N Rheinsulz: Reste von spätrömischem Wachtturm 16a.

Sulz am Neckar Deutschland, Kreis Rottweil. Ehemals Standort von Kohortenkastell und Zivilsiedlung. Ausgrabungen. Steinkeller erhalten. Ca. 5 km wsw keltische Viereckschanze. Grabhügel.

Sumatar Türkei. → Eski Sumatar.

Sumbay Peru, n von Arequipa. Felsmalereien.

Sumberdjati Indonesien, Java-Ost. Tempelanlage ca. 12. Jh.

Sumbernanus Indonesien, Java-Ost. Tempelanlage ca. 12. Jh.

Sumda Indien, Kaschmir, Ladakh, w von Leh. Lamaistisches Kloster 11. Jh., Skulpturen, Malereien, teilweise erneuert.

Sumela-Kloster Türkei. Meryemana. → Meryem Ana Manastırı.

Sumelocenna Deutschland. → Rottenburg/Neckar.

Sumenu Ägypten. → Dahamscha.

Sumhurham Oman. → Kor Rori.

Sumitan GUS, Usbekistan, 5 km w von → Buchara. Kloster und Grabanlage Tschor Bakr* Mitte 16. Jh.

Summata Italien, bei Accúmoli, sw von Ascoli Piceno. Antike Siedlung.

Summuntorium Deutschland. → Burghöfe.

Sumtsek-Kloster Indien. → Alchi.

Sunak Indien, Gujarat-Nord, nähe Patan. Nilakantha-Mahadeva-Tempel, 11. Jh.

Sungei Batu Pahat Malaysia, Perak-Nord. Kleiner Tempel, ca. 8. Jh., rekonstruiert.

Sungkhar China, Xizang (Tibet), bei Samye. Tschörten, 8.-9. Jh.

Suni I-Sardinien, sö von Bosa. Korridor-Nuraghe Seneghe.

Sunion* Griechenland, Attika, 67 km sö von Athen. Mauer der Akropolis. Reste des Poseidon-Tempels*, ca. 440 vor Chr. Reste von Propyläen 5. Jh. vor Chr., Portikus, Athene-Tempel, Hafenanlagen.

Sun Point Pueblo USA, Colorado, im → Mesa Verde Nationalpark.

Sun Temple* USA, Colorado. Festung im → Mesa Verde National Park.

Su Nuraxi I-Sardinien. → Barúmini*.

Supai USA, im Grand Canyon National Park. Havasupai Indian Reservation.

Superaequum Italien, sw von Popoli, sw von Pescara. Antike Siedlung; in der Gegend Castelvecchio Subéquo - Naveli vermutet.

Supetar Kroatien, Brač. Reste von römischer Piscina. Jungsteinzeitliche Spuren in der Grotte Kopačna.

Suphan Buri Thailand, nw von Bangkok. Sub-arnapuri. Spuren der alten Stadt. Ruine des Chedi Wat Chum Num Song, ca. 15. Jh.

Suphli Griechenland, 5 km nö von Larissa. Jungsteinzeitlicher Siedlungshügel. Nekropolen; Gräber bis in mykenische Zeit.

Supinigune Italien. Heute Stupinigi, südwestlicher Stadtrand von Turin.

Supino Italien, 11 km wsw von Frosinone. Reste von Thermen 1. Jh., Mosaike.

Suppara Indien, Maharashtra, 5 km nw von Bassein, n von Bombay. Supparaka, Sopāra, Opara. Hafenstadt 2. Jh. vor Chr. bis 2. Jh. nach Chr.

Su Putzu I-Sardinien. → Orroli.

Suq el Ahvaz Iran. → Ahvaz.

Suq Wadi Barada Syrien, 35 km nw von Damaskus. Antik Abila. Felsnekropole. Nebi Abil ("Abels Grab"); Tempelruine, Grabgewölbe. Aquädukt.

Sur Syrien, 81 km sö von Damaskus, 13 km ö von Mahadje. Sur el-Ledja. Antik Saura. Ruinenstadt. Nabatäische Tempelreste 1. Jh.

Sura Syrien. → Suriya.

Sura Türkei, bei Kale, sw von Finike. Antike Stadt. Akropolis ab hellenistischer Zeit, Reste. Grabstätten, Tempelgrab 2. Jh.

Suravan Tepe Iran, bei Fehrian, nw von Kazerun. Trümmer.

Surawana Indonesien, Java, bei Parl. Tempelruine 14. Jh.

Sur Bahir Israel, 8 km s von Jerusalem. Ruinen von zwei byzantinischen Klöstern.

Surb Karapet Türkei. → Gesi.

Surb Salah Türkei, n von Muş. Kirchenruinen 4. Jh.

Surčin Serbien, 15 km w von Belgrad. Illyrische Ausgrabungen.

Surendranagar Indien. → Wadhwan.

Suri Syrien. → Suar.

Surin Thailand, ö von Nakhon Ratchasima. Ehemalige Anlage der Mon- und Khmerzeit.

Suriya Syrien, 165 km ö von Haleb, an der Straße nach Deir ez Zor. Antik Sura. Ruinengebiet, Burg mit Mauerring (Limesfestung) 6. Jh. Ausgangspunkt des Limes.

Sur Jangal Pakistan, s des Loralai. Fundstelle; Kechi-Beg-Amri-Stil.

Surkanya Syrien, bei Fafertin, nw von Haleb. Byzantinischer Kirchenrest.

Surkh-i Dum Iran, 87 km sw von Khorremabad. Sorkh Dum. Tempelreste 9. Jh. vor Chr.

Surkh Kotal Afghanistan, n des Shibar Passes. Surch Kotal. Antik Bagolango. Befestigtes Bergheiligtum im Kuschanreich; Hügel mit Akropolis- und Tempelresten, 1./2. Jh.

Surkotada Indien, Gujarat, nw von Ahmedabad, ca. 150 km nö von Bhuj. Stadt der Induskultur. Wälle von Zitadelle und Unterstadt.

Surmegh Iran, 237 km s von Isfahan. Reste von islamischen Grabdenkmälern.

Surrentum Italien. → Sorrent.

Surrina vetus Italien. Das vorrömische Surrina ev. an der Stelle von Soriano nel Cimio, auch schon an der Stelle von Viterbo angenommen.

Susa* Iran, 90 km n von Ahvaz. Biblisch Schuschan. Hauptstadt von Elam 2. Jtsd. vor Chr. Achämenidische Hauptstadt 1. Jtsd. vor Chr. Seleukeia am Eulaios. Später Standort mehrerer islamischer Siedlungen. Mehrere Siedlungshügel ab 4. Jtsd. vor Chr.: Tell der Apadana mit achämenidischem Palast*. Tell der Zitadelle (Mitte 1. Jtsd. vor Chr.), elamitische Oberstadt, Nekropole. Tell der Königsstadt, elamitische Unterstadt. Parthische Gräber. Grabhügel. Kanäle. Museum. → Abb.146.

Susa Italien, 54 km w von Turin. Antik Segusio. Reste von Stadtmauer und Porta Savoia. Augustusbogen* 9/8 vor Chr. Aquäduktreste "Terme Graziane". Amphitheater 2. Jh. Stadtmuseum.

Susan Iran, ca. 260 km nö von Ahvaz. Arudj, Aruh. Ruinen.

Susanoğlu Türkei, 15 km nö von Silifke. Nahebei das antike Korasion, byzantinische Stadt 4.-7. Jh. Reste von Kirchen, Gebäuden; Gräber.

Susarmia Türkei. Heute Sürmene, ö von Trabzon.

Susch Schweiz, Graubünden, Unterengadin. Süs. Bronzezeitliche Höhensiedlung Caschinas, Trockenmauerreste. Eisenzeitliche Höhensiedlung Motta Padnal, mittelalterliche Mauerreste. Festung von 1625.

Susek Vojvodina, w von Novi Sad. S römische Ruinen.

Suseya Khirbet Israel, ca. 15 km s von Hebron. Susia. Siedlung 5.-9. Jh. Ruinen einer Synagoge 5./6. Jh. Mosaik.

Sussita Israel, ö von En Gev am Ostufer des Sees Genezareth. Römisch Hippos. Reste der 67 nach Chr. zerstörten Stadt auf dem Berg Susita. Byzantinische Ruinen 5.-6. Jh.

Susupillo Peru, im Gebiet des Marañon. Ruinen von Bauten der Yaro.

Su Tempiesu I-Sardinien, ö von → Orune. Brunnentempel*, spätes 2. Jtsd. vor Chr.

Sutivan Kroatien, Nordküste der Insel Brač. Fundamente einer altchristlichen Kirche 6. Jh.

Sutkagen Dor Pakistan, Küste, 600 km w der Indusmündung. Stadt der Induskultur. Befestigungsreste.

Sutra Algerien. Felsmalerei im Tassili n'Ajjer, 100 km LL nw von Djanet.

Sutri Italien, 52 km nw von Rom. Etruskisch Suturina, römisch Sutrium. Mittelalterliche Stadtmauer mit Resten ab 4. Jh. vor Chr.; zwei etruskische Stadttore. Amphitheater* 2. Hälfte 1. Jh. vor Chr. Mithräum. Lapidarium. Etruskische Nekropole 6.-4. Jh. vor Chr. Katakomben.

Sutton Hoo GB, Suffolk. → Woodbridge.

Sutton Poyntz GB, Dorset. N Hügelgräber.

Sutton Walls GB, Herefordshire, bei Sutton St.

Nicholas, nö von Hereford. Eisenzeitliche Befestigung.

Suttu Tunesien. → Henchir Chett.

Suturina Italien. → Sutri.

Suvanabhumi Birma/Union Myanmar. → Bilin.

Suvermez Türkei, w von → Derinkuyu. Unterirdische Siedlung, darüber ehemalige Burg. Römische Siedlung.

Suveş Türkei. → Şahinefendi.

Suwannaphum Thailand, nw von Ubon Ratchasima. Ruinen der alten Stadt.

Suweida Syrien, 125 km sö von Damaskus. Antik Soada, Dionysias im 3. Jh. Tempelruine. Ehemals Standort von Theater und Nymphäum. Reste von Kirchen 5. Jh. Kleines Museum.

Suyab GUS, ö von Frunse (Kirgistan). Buddhistische Ausgrabungsstätte.

Suyan Syrien, sö von Haleb, n von Khanazir. Antike Ruinen.

Suzhou China, Anhui. Shouchou, Su Xian. Stadt ab 5. Jh. vor Chr., letzte Hauptstadt der Chiu.

Suzhou China, Gansu. → Jiuquan.

Suzhou China, Jiangsu. Letzte Hauptstadt der Wu. Beisi Ta-Pagode, 450.

Suzuz Türkei, 55 km sö von Burdur. Ruine von Karawanserei 1. Hälfte 13. Jh.

Sveštari Bulgarien, NO, bei Razgrad. Thrakisches Grab*, Skulpturen.

Sveti Jakov Kroatien, Lošinj. Reste von römischer Villa, Sarkophage.

Sveti Marko Kroatien, Insel bei Kraljevica, sö von Rijeka. Ruinen von griechischer Festung.

Sveti Martin Kroatien, Hügel am inneren Ende des Limski Kanals. Reste von illyrischer Wallburg.

Sveti Petar Kroatien, Insel bei Ilovik, s von Lošinj. Reste einer alten Siedlung, Villa, Mosaike, Gräber. Ummauertes Kloster 11. Jh. Venezianischer Turm.

Svištov Bulgarien, an der Donau. 4 km sö ehemaliges Legionslager. Reste der antiken und byzantinischen Stadt Novae. Grabungen am Lager, Spuren von byzantinischen Kirchen. 2 km sw römische Villen; Spuren eines Dionysosheiligtums.

Swafiyeh Jordanien, westlicher Vorort von Amman. Spätantike Siedlung. Mosaik.

Swallowcliffe Down GB, Wiltshire, w von Salisbury. Eisenzeitliche Siedlung.

Swanscombe GB, Kent, untere Themse. Altsteinzeitliche Lagerstätte, mittleres Acheuléen.

Swell GB, Gloucestershire, östliche Cotswold Hills. Upper S., Lower S. Langhügelgräber.

Sweynes Howes, The GB, Wales, Gower-HI. Hügelgräber, Steinkisten.

Swifterbant Niederlande, nö von Lelystad. Großsteingrab.

Swinburn GB, Northumberland, n von Chesters. Menhir beim Swinburn Castle.

Swineside GB, Cumbria, w von Broughton-in-Furness. Steinkreis.

Syangela Türkei. → Kaplan Dağı.

Sybaris Italien. → Sibari.

Sybritos Gr-Kreta. → Apostoli.

Sycae Türkei. → Istanbul.

Syedra Türkei. → Demirtaş.

Syene Ägypten. → Assuan.

Syia Gr-Kreta. → Sougia.

Syke Deutschland, ca. 20 km s von Bremen. Ringwall, ev. vorgeschichtlich.

Sykurio Griechenland. → Elateia.

Symaethus I-Sizilien, s von Catania.

Syme Griechenland. → Symi.

Symi Griechenland, Hauptort der Dodekanes-Insel Symi, n von Rhodos. Antik Syme. Burg 15./16. Jh. auf Resten der hellenistischen Akropolis. Denkmal. Museum. 3 km nw Emporió: Reste von byzantinischer Basilika. W Kloster Rukuniotis über antiken Resten.

Synnada Türkei, 33 km s von Afyon. Antike Siedlung; heute Şuhut.

Syrakus* I-Sizilien. Italienisch Siracusa. Gegründet 733 vor Chr. Die antike Stadtmauer von ca. 400 vor Chr. umfaßte ehemals ein riesiges Gebiet, welches teilweise nicht besiedelt war. Im Westen reichte sie bis zur Festung Euryalos* (→ Castello Eurialo). Ehemals fünf Stadtteile, teilweise zu unterschiedlichen Zeiten besiedelt: Achradina, Epipolai, Neapolis, Ortygia, Tyche. Dom mit Tempelresten des 5. Jh. Tempelruinen 6. Jh. Reste von Gymnasium, Nymphäum, Forum, Thermen, Altar, Amphitheater. Griechisches Theater*. Steinbrüche: Latomia del Paradiso, Latomia di S. Venera, Grotta die Cordari, Ohr des Dionysos. Katakomben von S. Giovanni. Katakomben von Vigna Cassia. Katakomben von S. Lucia. Nekropolen. Archäologisches Museum.

Syriam Birma/Union Myanmar, sö von Rangun. Kyaik Khauk-Pagode. Portugiesische Ruinen 16./17. Jh.

Syrischer Limes Ab 2. Jh. nach Chr. Später Weiterführung am Euphrat bis → Dura Europos. Im 3. Jh. Verlauf neu Halebiya. Nordsyrischer Limes in vespasianischer Zeit von der Provinzgrenze im Taurusgebirge bis nach Sura (→ Suriya).

Syrmium Vojvodina. → Sremska Mitrovica.

Syros Griechenland, Kykladeninsel. → Chalandriani. → Hermupolis. Xalandriani → Chalandriani.

Szentendre Ungarn, 20 km n von Budapest. Römisch Ulcisia Castra, Castra Constantia. Reste von römischen Auxiliarkastell. Ausgangspunkt der → Erdwälle der Großen Tiefebene. Museum, Gräberfeld. Ca. 3 km s auf dem Hunkahügel Reste von Kleinkastell. Ö in Felsögöd ehemaliges Kastell Contra Constantiam.

Szöny Ungarn, bei Komárom. Ehemaliges römisches Legionslager Brigetium, mit Zivilstadt und Amphitheater. Lapidarium in der Igmándi-Festung in Komárom.

Szombathely Ungarn, nähe burgenländ. Grenze.

Römisch Claudia Savaria. Ehemalige Legionsfestung. Freilichtmuseum mit den Resten der römischen Siedlung, von Kapitolstempel, altchristlicher Basilika mit Mosaik, Isistempel. Savaria-Museum.
Taanak Israel, 44 km n von Nablus. Siedlung seit 2. Jtsd. vor Chr. Ummauerungsreste.
Tabai Türkei, 49 km s von Denizli. Heute Tavas. Ehemalige antike Siedlung mit karischer Festung.
Tabanan Indonesien, Bali. Tempel Watu Kaooh.
Tabaqat Fahl* Jordanien, 64 km n von Es Salt. Ägyptisch Pihilum, akkadisch Peheli, antik Pella. Bedeutende Siedlung des 2. Jtsds. vor Chr. Im Tell und seiner Umgebung Spuren von römischem Tempel und von Amphitheater. Reste von byzantinischen Kirchen, Kloster, Befestigung, Wohnhäusern. Gräber.
Tabarka Tunesien, NW-Küste. Phönizisch Thabraca. Fundamente römischer Hafenanlagen. Antike Zisterne.
Tabas Mesina Iran, s von Avez, ö von Birdjend. Assassinenburg.
Tabasqueño Mexiko, 123 km osö von Campeche, 6 km nw von Dzibalchén. Ausgrabungen einer Maya-Stadt, Chenes-Stil. Tempelpalast.
Tabbat el Hammam Syrien, 43 km n von Tripoli. Bedeutender Tell. Spuren einer Mole.
Tabernae Deutschland. Römisch; Heidenpütz ö von Trier.
Tabernae Rhenane Deutschland. → Rheinzabern.
Tabernis Deutschland. → Rheinzabern.
Tabgha Israel, NW-Ufer des Tiberias-Sees. Griechisch Heptapegon, römisch Septemfontes. Kirchenreste 8. Jh. mit Mosaiken* 5. Jh. zum Andenken an die wunderbare Brotvermehrung. Hiob-Grabkammer. Gebäude- oder Hafenreste im Wasser.
Table Men GB, Cornwall, bei Land's End. Großsteingrab.
Tabo Sudan. → Argo.
Tabor Israel, Berg ö von Nazareth. Befestigungsreste von 66 nach Chr. Reste von byzantinischer Kirche 6. Jh. unter den Franziskanerkirche. Grabkammer des Melchisedech. In der Nähe → Dobrath.
Tabriz Iran. Täbris. War Hauptstadt um 1300 und im 14. Jh. Zitadellenreste 14. Jh. Blaue Moschee* 15. Jh.
Tabula Trajana Serbien, an der Donau bei km 964,5 am rechten Ufer, 204 km ö von Belgrad. Inschrift von 102 nach Chr. zum Gedenken an den Bau der Römerstraße (zur Vorbereitung des Feldzuges gegen die Daker 103). Wegen Stauseeanlage höherverlegt.
Tabun-Höhle Israel. → Mugharet et-Tabun.
Tabus Syrien, 291 km ö von Haleb. Burgruine.
Tacapae Tunesien. → Gabès.
Tác-Fövenypuszta Ungarn, s von Székesfehévar. Freilichtmuseum Gorsium-Herculla. Reste von römischem Lager mit Siedlung. Villen, Basilika. Kleines Museum.

Tacht-i Dschemdschid Iran. → Persepolis.
Taddington GB, Derbyshire. Prähistorischer Five Wells Tumulus (Hügelgrab mit Steinkiste).
Tadinum Italien. → Gualdo Tadino.
Tadjelamin Algerien, w von Iherir. Felsmalereien im Tassili n'Ajjer.
Tadmur* Syrien. Biblisch Tadmor, griechisch-römisch Palmyra. Bedeutende Handelsstadt 1.-3. Jh. Römisch-byzantinischer kultureller Einfluß 2.-6. Jh. Zerstörung nach Aufstand gegen die Römer 271 nach Chr. Schönes Beispiel einer aus Wüste und Oase aufragenden Ruinenstadt. Stadtmauer des Justinian. Bezirk des Baal-Tempels**, Ummauerung mit Befestigungsspuren, Säulenhallen, Tempel*. Triumphbogen* 2. Jh. Säulen von Kolonnadenstraßen. Agora (→ Abb. 91). Theater (→ Abb. 92). Wiedererrichteter Tetrapylon*. Baal Schamin-Tempel. Grabtempel. Reste von Synagoge. Feldlager des Diokletian, Treppenbereich des Schildertempels. Nekropolen*, zahlreiche Turmgräber*, später teilweise mittels Verbindungsmauer zu Befestigung ausgebaut. Museum. Burg Qalaat Ibn Maan*, 16./17. Jh.
Tadpatri Indien, Andhra Pradesh, ca. 400 km s von Hyderabad. Reste von Rameshwaraswami-Tempel 1485. Reste von Chintalarayaswami-Tempel 1485.
Tadsch Saudi-Arabien. → Thaj.
Täbris Iran. → Tabriz.
Taenum Italien. → Teano.
Tafa Ägypten, Nubien. Taffeh. Antik Taphis. Zwei Tempel aus römischer Zeit; einer in → Leiden, einer im See.
Tafelalet-Paß Algerien, 20 km ö von Djanet. Felsmalereien im Tassili n'Ajjer.
Taffuh Israel, 5 km nw von Hebron. Antik Bet Taffuah. Reste von Kirche und Baptisterium.
Tafha Syrien, 30 km nö von Suweida. Römische Reste von Stadtmauer, Gebäuden, Basilika.
Tafila Jordanien. Reste der Kreuzfahrerburg Tafile.
Taga Japan, Honshu, ö des Biwa-Sees, ö von Kioto, 8 km sö von Hikone. Alter Schrein.
Tagae Iran. Antike Festung in der Nähe von Damghan (300 km ö von Teheran); ev. an der Stelle der Festung Gerd Kuh oder bei der heutigen Siedlung Taq.
Tagajo Japan, Honshu, 15 km nö von Sendai. Monument von 760 an Stelle einer ehemaligen Festung Anfang 8. Jh. Tempelreste.
Tagar GUS, Insel im Gebiet des Jenisej, nö des Altai, in der Nähe von Minusinsk. Zahlreiche Kurgane; Kultur.
Tagar Türkei, ca. 15 km sö von → Ürgüp. Kirche 11. Jh.
Tagara Indien, Maharaschthra. Heute Thair bei Junnar. Handelsstadt zur Zeit der Antike. Reste.
Tagaung Birma/Union Myanmar. Ehemalige Stadt

der Pyu, ab 10./11. Jh. Ausgrabungsstätte Alt-Pagan; Reste. Reste der Schwezigon-Pagode. Befestigungsanlagen.

Ta' Gawhar Malta. → Tal Galuhar.

Taghboyne Irland, Co-Westmeath. Frühe christliche Wallanlage.

Tagliata Etrusca Italien. → Ansedonia.

Taguelmit Tunesien, 21 km sö von Ben Gardane. Römische Ruinen. Südlich zwei Pyramiden. S am Djebel Sidi Toui antike Ruinen.

Ta' Hagrat Malta. → Mgarr.

Ta Hammut Malta. → Maghtab.

Taheri* Iran, s von → Firuzabad am Persischen Golf. Der Hafen Siraf der Stadt Gur der Sassanidenzeit. Ausgrabungen; Reste von Befestigungen, Gebäuden, Basilika, Moscheen, Palast. Felsgräber und Mausoleen.

Tahiche Spanien, Lanzarote, n von Arrecife. Taro de Tahiche: altkanarische Mauerreste "Palacio de Zonzamas".

Tahiti Französisch-Polynesien. Maraes (steinerne Kultbauten der Polynesier) und Tikis (Skulpturen). → Arahurahu. → Mahaiatea. → Paea.

Tahta, Tell Libanon. → Nabi Safa.

Tahtı Melik Türkei. → Tirsin.

Taiabad Iran, 265 km sö von Meschhed. Mausoleum des Zein Eddin, Timuridenzeit.

Taihe China, Yunnan, 7 km s von Dali. 741 Hauptstadt des Nanzhao-Reiches.

Tainaron Griechenland, 125 km sö von Kalamata, am Kap Matapan. Reste, ev. eines Poseidontempels.

Tainat, Tell Türkei, 25 km ö von Antakya. Besiedelt im 3. Jtsd. vor Chr. Reste von Zitadelle, Palast, Tempel.

Taipeh Taiwan. National Taiwan University, Abteilung für Anthropologie und Archäologie. Nationales Palastmuseum** in Waishuangchi.

Taiping Malaysia, nw von Ipoh. Ehemalige Hauptstadt des malaiischen Staates Perak. Museum.

Taira Chile, Norden. Felszeichnungen, Vor-Inkazeit.

Tairona Kolumbien, Mündungsgebiet des Rio Magdalena. Ehemaliges Kulturzentrum bzw. Fundort.

Taiyiba Israel, 30 km nö von Jerusalem, Straße Beitin-Jericho. Et Tayibe. Ehemals Ephrem. Reste von Eliasburg, byzantinischer Basilika, Taufkirche, Kreuzfahrerkirche. Römische Grabstätten.

Taiyuan China, Shanxi. Ehemals Jinyang. Shanxi Provinz-Museum. S Jin-Tempel ab 11. Jh. 40 km sw Grotten → Tianlongshan Shiku. 20 km sw Höhlen Longshan Shiku.

Taizz Jemen-Nord, 200 km LL s von Sana. Burg am Hang des Sabr mit zur Stadt herabziehenden Mauern.

Tajín, El**** Mexiko, Veracruz, s von Tuxpan. Hauptstadt 7.-9. Jh., zerstört ca. 1200. Kultur der Huaxteken, Totonaken, Tolteken. Pyramiden, Ni-

schenpyramide*, Stufenpyramide, Ballspielplätze, Säulengebäude, Reliefs*, Museum, zahlreiche Grabhügel. Komplex Tajín Chico.

Tajo, El Spanien. → Benalup.

Tak Thailand, ca. 400 km LL nw von Bangkok. Wat Phrae, Wat Sibunruang.

Takab Iran, sö von Mianduab. Prähistorischer Siedlungshügel.

Ta' Kaccatura Malta. → Birzebugga.

Takamatsu Japan, Shikoku. 5 km s Ichinomiya-Tempel ab 701-703. W Museum zur Geschichte und Kultur zur Inlandsee.

Ta Keo Kamputschea. → Angkor.

Takht-i Bahi* Pakistan, 15 km nw von Mardan, Gebiet des Swat-Flusses. Bhai. Buddhistische Kultstätte ab 1. Jh. nach Chr. Ausgrabungen; Ruinen, Kloster, Stupa, Skulpturen.

Takht-i Djamschid Iran. → Persepolis.

Takht-i Gohar Iran. → Istakhr.

Takht-i Kaikaus Iran, ca. 80 km sw von Teheran. Sassanidische Reste von Terrasse, Feueraltar.

Takht-i Rustam* Afghanistan, bei Samangan. Buddhistisches Felsenkloster 4.-5. Jh. Grotten, Stupa.

Takht-i Rustem Iran. → Istakhr (bei Persepolis).

Takht-i Rustem Iran, ca. 70 km sw von Teheran. Sassanidische Reste von Terrasse, Denkmal, von zwei Terrassen auf dem Gipfel.

Takht-i Suleiman* Iran, 253 km sö von Tabriz, 68 km sw von Mianek. Parthische Gründung. Sassanidisch Shiz, iranisch Djiz, mongolisch Saturiq, arabisch Esch Schiz. Ruinengebiet: Befestigungsanlage, Feuertempel mit Umfassungsmauer, Palast. 3 km Felskegel → Zendan-i Suleiman.

Takht-i Taus Iran. → Istakhr.

Takistan Iran, 40 km sw von Qazwin. Mehrere Siedlungshügel. Pir-Mausoleum 1. Hälfte 12. Jh.

Taklamakan China, Xinjiang, ca. 150 km nö von Hotan. Ruinenstätte; Pfosten, Lehmwälle. Ehemals auch Wandmalereien.

Takschaschila Pakistan. → Taxila.

Talabriga Portugal. Römerzeitlich; Aveiro, s von Porto.

Talabriga Spanien. → Talavera de la Reina.

Talalati Tunesien. → Ras el Ain.

Talamanca Spanien, bei Ibiza. Nekropole.

Talamone Italien, s von Grosseto. Auf dem Hügel von Talamonaccio Spuren eines hellenistischen Tempels. Reste von römischer Brücke. Reste von römischer Villa. Thermen. Nekropolen.

Talas GUS, Kasachstan. → Djambul.

Talas Türkei, 8 km sö von Kayseri. Ehemals Zincidere, römisch Flaviana. Zwei Felskapellen. Kirche 18. Jh.

Talati de Dalt Spanien, Menorca. → Mahón.

Talavera de la Reina Spanien, 116 km sw von Madrid. Römisch Caesarobriga. Reste von römischer Stadtmauer.

Talavera la Vieja Spanien, 180 km wsw von Madrid, sö von Navalmoral de la Mata, ö von Bohonal. Antik Augustobriga. Die Reste jetzt versunken: Stadtmauern, Aquädukt, Forum, Tempel, Säulen.

Tal-Bistra-Katakombe Malta. → Naxxar.

Tal der Könige Ägypten. → Theben.

Tal der Königinnen Ägypten. → Theben.

Tal Galuhar Malta. Ta 'Gawhar. Römischer Turm 3. Jh.

Taliata Serbien. → Donji Milanovac.

Tali-Barzu GUS, Usbekistan, 6 km s von → Samarkand. Ausgrabung einer befestigten sogdischen Stadt 1.-4. Jh. Ausgrabung eines befestigten Hofes. Zahlreiche ähnliche Höfe in der Umgebung.

Talin GUS, Armenien. Kleine Kirche 7. Jh.

Taline Bosnien-Herzegowina. → Glasinac.

Talkad Indien, Karnataka, Süden. Ehemalige Hauptstadt der Westlichen Gangas, ca. 1000 nach Chr.

Tal al Karamah Syrien, 2 km ö von Dana, w von Haleb. Römerstraße*.

Tal Lunzjata Malta, Nordküste. → Buggiba.

Tal Mintna Malta. → Mqabba.

Talmis Ägypten, s von Assuan, bei Kalabscha, im See.

Talmont Frankreich, sw von Saintes. Ö antike Reste.

Talouahouat Algerien, 40 km LL n von Djanet. Felsmalereien im Tassili n'Ajjer.

Tal Qadi-Tempel Malta. → Buggiba.

Tal Qighan Malta, Gozo. Ehemaliger kleiner Tempel.

Talus Village USA, Colorado-SW. Hüttengruben der Basketmaker.

Talybont GB, Wales, 11 km n von Aberystwyth, ö von Tre-Taliesin. Reste eines Steingrabes.

Tamarindo Guatemala, Petén, Westufer des Petexbatún-Sees, sw von Seibal. Ruinenstätte.

Tamarindo Mexiko, 50 km nw von Veracruz. Am Rio de la Antigua Reste eines kleinen Tempels der Totonaken.

Ta Marziena Malta, Gozo, s von → Victoria. Tempelrest.

Tamassos Zypern. → Politiko.

Tamazulapan Mexiko, 155 km nw von Oaxaca. Ruinenstätte: Gebäudereste und Terrassen.

Tambocolorado Peru, 48 km ö von Pisco. Ehemaliges Verwaltungszentrum der Inka. Ruinen*.

Tambomachay Peru, ca. 10 km n von Cuzco. Tampumachay. Inkaruinen, Terrassen, Quelle, Kanäle.

Tamesmida Tunesien, 20 km ö von Feriana. Umwallung* und Türme eines Kastells mit Ölmühle, Reservoir, Bauwerk. In der Nähe weitere Ruinen.

Tamiathis Ägypten, östliches Delta, 10 km vom Meer. Heute Dumyat (Damiette). Reste alter Ufersiedlungen.

Tamis Iran. → Tammischa.

Tamisos Türkei. → Damsa.

Tamluk Indien, West-Bengalen, sw von Calcutta. Ehemals Tamralipti. Handelsplatz zur Zeit der indischen Expansion ca. 1. Jh. nach Chr. und buddhistisches Zentrum des 1. Jtsds. nach Chr.

Tammine al Faouqa Libanon, bei Zahlé. Ruinen Hosn Bounbouch. Grabkammern.

Tammischa Iran, ö von Behschahr, nähe SO-Zipfel des Kaspischen Meeres. Tamis. Befestigungsreste ab 6. Jh. Anfangspunkt der sassanidischen "Alexandermauer" (→ Alexanderdamm).

Tampak Mexiko, Quintana Roo, 145 km nnw von Chetumal. In der Nähe nicht ausgegrabene Mayasiedlung.

Tampaksiring Indonesien, Bali. S Felsentempel Gunung Kawi, 11. Jh., Königsgräber. Brunnentempel Tirta Empul 962.

Tampawadi Birma/Union Myanmar. Heute Pwasaw, sö von → Pagan. Hauptstadt Birmas ab 6. Jh.

Tampico Mexiko, Tamaulipas nähe Grenze Veracruz. Ciudad Matero: Huaxtekisches Museum.

Tampu Machay Peru. → Tambomachay.

Tamralipti Indien. → Tamluk.

Tamrit Algerien, n von Djanet. Felszeichnungen im Tassili n'Ajjer.

Tamsweg Österreich. Bei Schloß Moosham s von Mauterndorf Reste eines Dorfes 1. Hälfte 1. Jh. nach Chr.; ehemalige römische Straßenstation. Mosaikreste. Spuren eines Mithräums.

Tam Tepe Iran. → Haftavan Tepe.

Tamuda Marokko. → Tetuan.

Tamugadi Algerien. → Timgad.

Tamuín Mexiko, San Luis Potosi, 110 km w von Tampico. 8 km sö ehemaliges Zeremonialzentrum der Huaxteken, ausgedehnte Ausgrabungsstätte. Reste. In der Nähe → Tantok.

Tamynai Griechenland, Euböa, 50 km ö von Chalkis. Spuren von der frühhelladischen Zeit bis zur römischen Kaiserzeit. Tempelrest. Der zugehörige Hafen → Porthmos.

Tanagra Griechenland, Böotien, 65 km nw von Athen. Spuren der antiken Siedlung. Fundamente von frühchristlicher Kirche. Mosaike. Kleines Museum. Mykenische Gräber.

Tanahlot Indonesien, Bali, w von Denpasar. Tempel. Weitere Tempel: Ulu Watu, Rambutsiwi, Petitenget.

Tanais GUS, Rußland, Don-Mündung. Antike Stadt.

Tana-See Äthiopien. Ruine von Renaissance-Kirche auf Insel.

Tancah Mexiko, Quintana Roo, Ostküste, 4 km n von → Tulum. Maya-Ruinen; kleine Tempelpyramide, Baureste, Reste von Malereien.

Tancanhuitz Mexiko. → Ciudad Santos.

Tanger Marokko. Antik Tingi, Tingis. Von der römischen Siedlung die Lage von Tempel, Forum, Basilika, Märkten, Theater festgestellt. Arena. Altertümermuseum im Palast Dar el Makhzen.

S → Er Rorba.

Tangiru Rumänien, s von Bukarest. Siedlungshügel.

Tanimachi Japan. → Osaka.

Tanis Ägypten, Delta. → San el-Hagar.

Tanjore Indien. → Thanjavur.

Tann Deutschland, nö von Fulda. Ca. 3 km w auf dem Habelberg Wall von ev. spätlatènezeitlicher Befestigung.

Tannheim Deutschland, w von Memmingen, bei Buxheim. N keltische Viereckschanze. Vier Grabhügelgruppen.

Tånnö Schweden, bei Värnamo, Straße Nr. 1. Neben der Kirche vorgeschichtliches Grab.

Tannur, Khirbet et- Jordanien, ca. 20 km nö von Tafila, w der Straße Kerak-Tafila. Reste von nabatäischem Tempel mit Ummauerung.

Tanqasi Sudan, s von Napata. Gräber.

Tantah Mexiko, Campeche. Maya-Ruinenstätte; Puuc-Region.

Tantamayo Peru, oberhalb des Rio Marañón, in der Nähe von Huanuco. In der Umgebung ca. 60 Siedlungen und Festungsanlagen der präinkaischen Yaros des oberen Marañón.

Tantere Ägypten. → Dendera.

Tantirimalai Sri Lanka, ca. 50 km nw von Anuradhapura. Kloster, zwei Buddhafiguren, 9./10 Jh.

Tantok Mexiko, San Luis Potosi, 110 km w von Tampico. Tantoque. Ehemaliges Kultzentrum der Huaxteken. Ruinenzone*; Plattformen, Pyramiden.

Tantoque Mexiko. → Tantok.

Tanum Schweden, Westküste, ca. 150 km n von Göteborg. Runenstein 5. Jh. 2 km s bronzezeitliche Felszeichnungen, ca. 1000 vor Chr. Nö Felszeichnungen.

Tan y Murriau GB, Wales, bei Rhiw. Langhügelgrab.

Tanzoumaitak Algerien, 20 km nö von Djanet. Felsmalereien im Tassili n'Ajjer.

Taormina I-Sizilien. Antik Tauromenion. Griechisches Theater* 3. Jh. vor Chr./2. Jh. nach Chr. S.Pancrazio auf Resten eines kleinen griechischen Tempels. Reste von Naumachie, Thermen, Odeon, Nymphäum, Aquädukt. Kastell an der Stelle der Akropolis.

Taos Pueblo USA, New Mexico, 113 km n von Santa Fé, am Taos River. Bewohnt seit ca. 1200.

Tapa-i Shotor Afghanistan. → Hadda.

Tapapulum Mexiko, bei Misantla, 65 km n von Jalapa. Ruinenkomplex.

Taparura Tunesien. → Sfax.

Tapa Sardar Afghanistan. Tep-i Sadar. → Ghazna.

Taphanhes Ägypten. → (Tell) Defenne.

Taphis Ägypten, Nubien. → Tafa.

Tapigga Türkei. → Maşat Hüyük.

Taposiris Magna Ägypten. → Abusir (Küste).

Tappa F-Korsika, s von Porto Vecchio, bei → Ceccia. Tempelreste 2. Jtsd. vor Chr. mit späterer Ummauerung.

Taputapuatea Französisch-Polynesien. → Opoa.

Taq-i Bustan* Iran, 13 km ö von Kermanschah. Bostan. Reste hauptsächlich der Sassanidenzeit: Basrelief. Felskapellen mit Reliefs* 4.-6. Jh. Lehmziegelwälle. Parthische Siedlung mit Friedhof.

Taq-i Girreh Iran, 133 km w von Kermanschah. Sassanidisches Bauwerk.

Taq-i Kisra Irak. → Ktesiphon.

Taqle Syrien, nw von Haleb, bei → Deir Seman. Reste von byzantinischen Häusern und Kirchen 5. Jh.

Taquili Peru, Insel im Titicacasee. Ruinen der Präinka- und Inkazeit.

Tar Kroatien, 9 km n von Poreč. Reste von illyrischer Wallburg. Bei Blehi Reste von römischer Villa.

Tara Irland, Meath, 25 km nw von Dublin. ND148 und ND261. Ehemalige keltische Kult- und Wohnsiedlung Teamhair na Riogh: Ringwall Rath Laoghaire, Königshof. Hügel Rath na Riogh, Krönungsplatz der irischen Hochkönige von ca. 400 vor Chr. bis 400 nach Chr. mit Wallgräben und Wall von Cormac's House. Ganggrab Hügel der Geiseln, frühe Bronzezeit (ca. 1800 vor Chr.). Ringwälle Rath of the Synods. Parallelwälle Banquet Hall. Ringwall Rath Grainne. 1 km s Ringfort Rath Maeve.

Tarac Kroatien. → Kornat.

Taradeau Frankreich, w von Fréjus. Ehemaliges Oppidum.

Tarahuasi Peru, bei Limatambo, 75 km w von Cuzco. Tarawas. Inkaruinen*.

Tarakun Afghanistan, sö des Seistan, sw von Zaranj. Ruinenstätte.

Taras Italien. → Tarent.

Tarascon-sur-Ariège Frankreich, n von Andorra. Grotte de Niaux: prähistorische Felsmalereien.

Tarbek Deutschland, n von Bad Segeberg. Nö Reste von Großsteingräbern.

Tarchuna Italien. → Tarquinia.

Tardenois Frankreich. → Fère-en-Tardenois.

Tarent Italien. Italienisch Taranto, griechisch Taras, Neptunia 122 vor Chr., römisch Tarentum. Zwei Säulen eines dorischen Tempels 6. Jh. vor Chr. Dom mit antiken Säulen. Aquädukt. Archäologisches Nationalmuseum. Nekropolen. Unter der Kirche S.Domenico Spuren älterer Besiedlung.

Tarentum Italien. → Tarent.

Targmantschaz Wank GUS, Armenien. Kirche 6./7. Jh.

Tarhjijt Marokko, ö von Goulimime. Vorgeschichtliche Reste. Burg seit 12. Jh.

Taricheai Israel. → Magdala.

Tarium Türkei, n von Bergama.

Tarkh Iran, sw von Natenz. Ruinen einer Befestigung aus spätsassanidischer oder frühislamischer Zeit.

Tarland GB, Grampion Region, 50 km w von Aberdeen. S Steinkreis.

Tarmanazi Syrien. Assyrisch; heute Armenaz, s von Harim. Eminas der Kreuzfahrer.

Tarnaiae Schweiz. → Massongex.

Tarnatambo Peru, bei La Oroye. Ruinen.

Tarodunum Deutschland. → Kirchzarten.

Tarouscôn Frankreich. Antik; heute Tarascon, ö von Nîmes. Ehemals kelto-ligurische Siedlung und römisches Castrum.

Tarphe Griechenland. → Mendenitsa.

Tarquinia Italien. Antik Tarchuna, in späterer Zeit Cornietum. Vom 7. Jh. bis 1922 Corneto. Reste von Stadtmauer 5.-4. Jh. vor Chr. Tempelrest Ara della Regina 1. Hälfte 4. Jh. vor Chr. Nationalmuseum*. Etruskische Nekropolen** (→ Abb. 37), Gräber ab Villanovazeit, Grabmalereien* ab 6. Jh. vor Chr: Monterozzi-Nekropole ab 6. Jh. vor Chr., Calvari, Cimitero, Mercareccia, Primi Archi, Secondi Archi, Villa Tarantola.

Tarquinia Lido Italien. Porto Clementino, der antike Hafen von Tarquinia 6.-3. Jh. vor Chr., etruskische Gründung 6. Jh. vor Chr. Römisch Gravisca ab 181 vor Chr. Wenig sichtbare Reste der antiken Stadt und eines Heiligen Bezirkes.

Tarra Gr-Kreta, Südküste, w von Chora-Sfakion, sw der türkischen Festung Agia Rumeli. Antike Stätte, besiedelt 5. Jh. vor Chr. bis 4. Jh. nach Chr. Reste von römischer Befestigung und von Mosaik.

Tarraco Spanien. → Tarragona.

Tarragona* Spanien. Römisch C.Julia Urbis Triumphalis Tarraco. Reste der alten Stadtmauer aus teilweise zyklopischem Mauerwerk**, Archäologische Promenade. Ruine des Amphitheaters 1. Jh. vor Chr. mit Kirchenspuren 4. Jh. und Kirchenruine 12./14. Jh. Archäologisches Museum. Daneben das Prätorium, später Königsschloß. Daneben Reste und Gewölbegänge des Zirkus, in Restauration. Diözesanmuseum mit Bauresten. Neues Forum. Reste von römischer Brücke. Frühchristliche Nekropole mit Resten und Krypten. 7 km n Grabdenkmal der Scipionen. 4 km n römischer Aquädukt** (→ Abb. 110); auch von Parkplätzen beider Autobahnrichtungen aus erreichbar. N → Centcelles (Constanti). Nö → Bara*.

Tarrame, Tel Israel, sw von Hebron. Ev. das biblische Debir.

Tarrasa Spanien, bei Barcelona. Terrassa. Römisch Egara. San Pedro: Mosaikreste. San Miguel: ehemaliges Baptisterium, Fresken. Santa Maria: auf antiken Resten, Mosaikrest.

Tarrha Gr-Kreta. → Tarra.

Tarsatica Kroatien. → Rijeka.

Tarschisch Spanien. → Tartessos.

Tarsos Türkei. → Tarsus.

Tarsus Türkei, 40 km w von Adana. Seleukidisch Antiocheia, antik Tarsos. Zwei römische Tore. Gözlükule Hüyük mit Spuren der Besiedlung seit 4. Jtsd. vor Chr. und der hethitischen Zeit; Reste von antikem Theater. Ehemalige frühchristliche Kirche. Reste von römischen Bädern. Reste von Brücke 6. Jh. Museum.

Tărtăria Rumänien. Neolithischer Siedlungshügel.

Tartessos Spanien. Ev. das biblische Tarschisch. Die Lage zur Zeit bei Doña Blanca (Reste) ö von Puerto de Santa Maria oder auch bei der phönizischen Turmruine Torre des Zalabar n von Sanlúcar vermutet.

Tartus Syrien, 59 km n von Tripoli. Antik Antarados, Constantia, danach Tortosa. Stadtmauerreste. Kreuzfahrerfestung 12./13. Jh. Ehemalige Kathedrale* 13. Jh., auf antiken Resten, jetzt Museum bzw. Lapidarium. Sw → Ruad.

Tarun Türkei. → Muş.

Tarut Saudi-Arabien, Insel nähe Dammam am Perischen Golf. Siedlungshügel; besiedelt seit mindestens 4000 vor Chr. Ausgrabungen, Reste; Ruine eines Forts.

Tarvisium Italien. Römisch; Treviso.

Tarxien* Malta. → Abb. 54. Vier örtlich zusammenhängende megalithische Tempel Hal Tarxien, 3. Jtsd. vor Chr. Verzierungen* (meist Kopien, Originale in → Valletta). Zwei originale Tierreliefs. Museum. Friedhof 1. Hälfte 2. Jtsd. vor Chr. 350 m w Hal Saflieni (→ Paola).

Tasa Ägypten. → Deir Tasa.

Taschan Iran, 400 km nw von Schiraz, 33 km n von Behbehan. 6 km n die Ruinen des alten Taschan; safawidische Reste.

Tasch-Dżargan GUS, Krim, bei Simferopol. Taurische Siedlung 7.-5. Jh. vor Chr. Ausgrabungen. Gräberfeld.

Taschgusar Afghanistan, s des Amu Darja. Ehemalige neolithische Siedlung.

Tasch-Kala GUS, Usbekistan. → Kunja-Urgenč.

Taschkent GUS, Hauptstadt von Usbekistan. Mausoleen und Medressen ab 15. Jh. Museum* für Geschichte der Völker und für angewandte Kunst.

Taschkogan China. → Taxkorgan.

Tasch Tepe Iran, 15 km nw von Mianduab, Südufer des Orumiyeh-Sees. Siedlungshügel des alten Missi.

Tasçı Türkei. → Bakırdağı.

Tasciata Frankreich. → Thezée.

Tasgaetium Schweiz. → Stein am Rhein.

Tasghimout Marokko, 50 km ö von Marokko, n von Tafferiat. Ruinen einer Festung von ca. 1125.

Tasgueldt Marokko, 38 km nw von Quarzazate. Reste von islamischen Mauern und Türmen.

Taşköprü Türkei, nö von Kastamonou. Antik Pompeiopolis. Römische Höhlengräber.

Taskule Türkei, bei Foça, nw von Izmir.

Tasovčići Bosnien-Herzegowina. → Čapijina.

Tas Silg Malta, Ostküste, 1 km nö von → Marsa -

xlokk. Reste in einem ummauerten Bezirk: Tempel-Epoche 2000 vor Chr., punische, römische, christliche Epoche; Fundamente und Mauerreste.

Tata Ungarn. Altsteinzeitliche Stelle und ehemals bedeutende frühgeschichtliche Siedlung.

Tataion Türkei. → Geyve.

Tatar Griechenland. → Falana.

Tateyama Japan, Hokkaido-SW. Ehemals befestigte Bergsiedlung der Ainu.

Tatlarin Türkei, w von Nevşehir. Zwei Tumuli. Unterirdische Siedlung.

Tatmarasch Syrien, 40 km nw von Haleb, bei Kfer Altun. Griechisch-römische Ruinen.

Tatoi Griechenland, 20 km n von Athen, bei → Dekeleia. 3 km n Spuren von athenischer Festung von ca. 400 vor Chr.

Ta'Trapna Malta. → Zebbug.

Tatthari I-Sardinien. → Sassari.

Tattulban Iran, bei Tschinan, sw von Schahabad Gharb, sw von Kermanschah. Fundstätte der Luristankultur. Nekropole.

Ta-tu China. Dadu. Stadtteil von → Beijing spätestens seit der Mongolenzeit.

Tauberbischofsheim Deutschland. Prähistorische Sammlung im Schloß.

Taucha Deutschland, ö von → Leipzig. 1 km ö slawischer Wall Gewinneberg.

Tauchira Libyen. → Tokra.

Taungoo Birma/Union Myanmar. → Toungoo.

Taunton GB, Somerset. Somerset County Museum.

Taurasia Italien. → Turin.

Taurianum Italien. → Palmi.

Tauroentum Frankreich. → Saint-Cyr-sur-Mer.

Tauromenion I-Sizilien. → Taormina.

Taurunum Serbien. → Zemun.

Tavannes Schweiz, Bern, n von Biel. Felsentor Pierre Pertuis von römischer Straße.

Tavera F-Korsika, ca. 30 km nö von Ajaccio. Menhirstatue.

Tavira Portugal, SO, Küste. Lapidarium. Brücke, ev. aus römischer Zeit.

Tavole Palatine* Italien. → Metaponto.

Tavro Türkei. → Sivas.

Tavşan Türkei, Insel im Marmarameer (Prinzeninsel). Ehemals Terebinthos. Reste eines Klosters 9. Jh.

Tavşanlı Türkei, s von Bursa. Römische Felsgräber. Nö → Dilikitaş.

Tawern Deutschland, sw von Trier. Gallo-römischer Tempelbezirk auf dem Metzenberg; Rekonstruktionen*.

Tawilan Jordanien, bei Petra, nw von Ain Musa. Biblisch Teman. Grundmauern von eisenzeitlicher (edomitischer) Siedlung, 2. Viertel 1. Jtsd. vor Chr.

Taxila* Pakistan, nw von Islamabad. Weitläufiges Ausgrabungsgebiet mit insgesamt drei Städten und zahlreichen buddhistischen Klöstern an verschiedenen Standorten.

1) Bhir Mound, indisch-persische Siedlung 7.-3. Jh. vor Chr. mit Lehmmauer. Ziegelmauergrundrisse.

2) Sirkap, graeco-baktrische Siedlung ab ca. 2. Jh. vor Chr. mit Steinmauer. Stadtmauer von ehemals 5½ km Länge. Reste von Palast, Pagode, Tempel, Kloster 4./3. Jh. vor Chr.

3) Sirsukh, indo-skythische Siedlung ab Mitte 1. Jh. nach Chr. Festungsstadt der Kuschanas. Befestigungswall.

4) Jandial-Tempel griechischer Art, ev. zarathustrisch.

5) Dhamarajika-Komplex, buddhistisch, Mitte 3. Jh. vor Chr. bis ca. 3. Jh. nach Chr. Stupa.

6) Mohra Moradu-Kloster, buddhistisch, Mitte 3. Jh. vor Chr. bis Mitte 1. Jh. nach Chr. und 5./6. Jh.

7) Museum*.

Taxkorgan China, Xinjiang (Sinkiang). Taschkogan. Festung seit der Hanzeit. Ruinen.

Tayac Frankreich, Tal der Verzère. Höhle → Carpe Diem.

Tayanat, Tell Türkei. → (Tell) Tainat.

Tayasal Guatemala, Petén, bei Flores. Ruinen.

Tayyâb Jemen-Nord, 190 km LL sö von Sana. Ptolemäisch Thabba, französisch Taijab.

Tazar Iran. → Khosrowabad.

Tazoult* Algerien, bei Batna, s von Constantine. Das antike Lambaesis, frz. Lambèse. Nordtor, Westtor, Osttor, Prätorium*, Commodusbogen, Bogen des Septimius Severus*, Kapitol, Tempel, Thermen, Ruine des Amphitheaters*, byzantinisches Fort, Mausoleum, Gräber, Aquädukt, Museum. 3 km ö des Legionslagers das antike Verecunda.

Tazumal El Salvador, Santa Ana, 77 km nw von San Salvador. Mit benachbarten Ruinengruppen zur archäologischen Zone → Chalchuapa zusammengeschlossen. Maya-Stätte; Pyramide mit Tempel. Kleines Museum.

Tbeti Türkei, ca. 90 km nö von Artvin. Kirchenruine.

Tbilisi GUS, Hauptstadt von Georgien. Tiflis. Ehemals Hauptstadt des ostgeorgischen Königreiches Iberia. Zitadelle Narikala 4. Jh., Reste 8.-17. Jh. Antschishatikirche ab 6. Jh. Staatliches Museum Georgiens Simon Dshanaschia mit Schatzkammer**.

Tchonemyris Ägypten. → (Qasr) Saijan.

Teano Italien, nw von Capua. Römisch Taenum. Akropolisreste. Tempelspuren. Ruine von Amphitheater.

Teanum Apulum Italien, 15 km nw von S.Severo, Apulien. Ruinen der apulischen und römischen Siedlung.

Teate Italien. → Chieti.

Teayo Mexiko. → Castillo de Teayo.

Tébessa*, Algerien, in der Nähe der tunesischen

Grenze. Ehemals karthagisch; das römische Theveste. Caracallabogen 211/212. Byzantinisches
Tor, Stadtmauern. Jeweils Reste: Forum, Tempel
von ca. 200, Amphitheater, kleiner Bogen, römisches Theater, Basilika* 4. Jh., Katakomben, Ölmühlen, Aquädukt, Mausoleen, Rundtempel Tebessa Khalia.

Tebnine Libanon, 34 km osö von Sour. Tibnin.
Kreuzfahrerburg Toron.

Tebourba Tunesien, 34 km w von Tunis. Antik
Thuburbo Minus. Zisternen.

Teboursouk Tunesien, s von Béja. Byzantinische
Festung, römisches Tor, römischer Friedhof.

Tebtynis Ägypten, Fayum. → (Tell) Umm el-Brigat.

Tecapa Peru, in der nördlichen Wüste von Paiján.
Ruinen einer Stadt der Chimuzeit. Auf dem
Schlangenhügel Lehmziegelreste. Lehmsäulenreste.
Töpferhügel. → Jatanca.

Tecaxic Mexiko. → Calixtlahuaca.

Techekalaouen Algerien, 38 km LL n von Djanet.
Felsmalereien im Tassili n'Ajjer.

Techna Ägypten, nö von Minia. Tihna el-Gebel.
Altägyptisch Tadehenet, griechisch Akoris, antik
Tehni. Reste der antiken Stadt. Felsgräber Altes
Reich, 3. Zwischenzeit und ptolemäische Zeit.
Felsrelief.

Tecoaque Mexiko, bei Calpulalpan, 80 km ö von
Mexico-City. Aztekische Reste Ende 15. Jh.

Tecpán Guatemala. → Iximché.

Tedsi GUS, Georgien, sw von Tbilisi. Ehemals befestigte Siedlung seit mindestens 1. Hälfte 1. Jtsd.
vor Chr. Reste von befestigtem Wohnhaus.

Tefeli Gr-Kreta, 39 km s von Iraklion. Burgruine
10. Jh.

Tefenni Türkei, 70 km sw von Burdur. Sw die
Stätte Kaya-Kabatmaları: zwei Gruppen von pisi-
disch-lykischen Basreliefs* des Gottes Kakasbos.

Tegea Griechenland, Peloponnes-Tripoli. → Palaia
Episkopi.

Teggiano Italien, bei Sala-Consilina, sw von Potenza. Reste aus der Römerzeit. S.Andrea an der
Stelle eines Juno-Tempels. S.Angelo an der Stelle
eines römischen Theaters. S.Pietro im Äskulap-
tempel. Rest von römischer Brücke. 3 km w
S.Marco mit römischem Mosaik.

Tegiskan GUS, Kasachstan, ö des Aralsees, am
Syrdarja. Tegeskan. Sakische Nekropole 9./8. Jh.
vor Chr., Gräber, Kurgane.

Teglio Italien, 40 km w von Edolo, nö von Bergama. Antiquarium.

Tegna Schweiz, Tessin, nw von Locarno. N auf
einem Felsriegel bronzezeitliche Spuren, Gräber,
latènezeitliche Befestigungsreste, spätrömische
Hausreste, Zisterne.

Tegyra Griechenland, 5 km nw von Orchomenos.
Helladische Fundamente.

Teheran Iran. Archäologisches Museum. → Rey.

Tehuacán Mexiko, Provinz Puebla. Museum des

Tehuacán-Tales.

Tei Rumänien. Ausgrabungen.

Teichiussa Türkei, nw von Milas.

Teichos Dymaion Griechenland. → Kastro tis Kalurias.

Teimiussa Türkei, Südküste, ca. 30 km ssö von
Kaş, bei Kaleüçagız. Antike Reste von Tor, Befestigung, Gebäude, Hafenanlage, Gräbern. Sarkophage, Nekropole.

Teira Türkei, ca. 90 km sö von Izmir, n von Tire.
Auf dem Gipfel eines Hügels die Ruinen der antiken Stadt.

Tekellioğlu Türkei, nw von Salihli, ö von Izmir.
In Seenähe ehemals Standort eines Artemistempels
von Alexander dem Großen.

Teke Tasch GUS, Usbekistan, bei Dshizak, in der
Umgebung von Samarkand. Felsbilder 2. Jtsd. vor
Chr.

Tekle Syrien, 30 km ö von Tartus. Ruinen.

Tekmon Griechenland. Bei den Resten von Kastritsa, sö von Ioannina vermutet.

Tekoa Israel. → Teqoa.

Tel. Hebräisch; Siedlungshügel. Siehe auch unter
dem Hauptnamen! Ausnahme: → Tel Aviv.

Telada Syrien. → Deir Tell Ade.

Telamon Griechenland, Salamis. → Eantio.

Telanissos Syrien. Griechisch; → Deir Seman.

Telati de Dalt Spanien, Menorca. → Mahón.

Tel Aviv Israel. Altertumsmuseum von Tel Aviv-
Jaffa. An der Yarkon-Mündung Ausgrabung von
kleiner Festung. Im Norden Tell Qasile, besiedelt
von ca. 12. Jh. vor Chr. bis ins Mittelalter; Ausgrabung von alter Siedlung und eines Tempels der
Philister 11./10. Jh. vor Chr. Haaretz Museum
mit Glasmuseum. → Jaffa.

Teleilat el Ghassul Jordanien, wenige km ö der
Abdallah-Brücke. Mehrere Siedlungshügel spätestens ab dem 4. Jtsd. vor Chr. bzw. seit dem Chalkolithikum; Schichtung Beersheva-Ghassul und
Ghassulium. Ausgrabungen; Fresken, Tempelanlage. Dolmenfelder. Namensgebend für das Ghassulium, spätes 4. Jtsd. vor Chr.

Telendos Griechenland, Dodekanes-Insel. Hellenistische, römische und frühchristliche Reste. Spuren
von Theater. Burgruine 14. Jh.

Telesia Italien. → San Salvatore Telesino.

Telespid Iran, n von Fehlian, n von Kazerun.
Siedlungshügel; elamitische Stadtmauerreste 1500-
1000 vor Chr.

Telgte Deutschland, Kreis Warendorf. Zwei bronzezeitliche Kreisgrabenfriedhöfe.

Tell. Arabisch; Siedlungshügel. Siehe auch unter
dem Hauptnamen!

Tell, Khirbet et Israel, 21 km n von Jerusalem, an
der Straße Beitin-Jericho. Kanaanäisch Aj. Stadt
der frühen Bronzezeit. Ausgrabungen von drei
Stadtmauern und drei Heiligtümern ab ca. 3000 vor
Chr., Akropolis mit Zitadelle. Spur von israeliti-
schem Dorf. Ackerbauterrassen. Nekropole.

Tellenae Italien, s von Rom, 3 km s des Autobahn-
rings, 2 km w der Via Appia.
Tello Irak, n von Nasiriya. Das alte Girsu. Weit-
läufiges Ruinengebiet mit Siedlungshügeln und Re-
sten ab ca. 3000 vor Chr. Reste von Ningirzu-
Tempel; aramäischer Palast.
Telmessos Türkei. → Fethiye.
Telo Martius Frankreich. → Toulon.
Teman Jordanien. → Tawilan.
Temesa Italien. Antike Stadt, in der Nähe von →
Nocera Terinese (ssw von → Cosenza) vermutet.
Temir-Gora GUS, Krim, bei Kertsch. Skythischer
Kurgan.
Tempa dell'Altare Italien. → Tricarico.
Tempio Pausania I-Sardinien, Norden. N Nuraghe
Maiori bei Conca. Nw Nuraghe Izzana*.
Templecombe GB, Buckinghamshire, Henley.
Großsteingrab.
Templepatrick GB, Nordirland, 7 km sö von An-
trim. 3 km nw prähistorische Grabstätte von
Browndod.
Temple Wood GB, Schottland, w des Loch Fyne.
Steinsetzungen.
Templum Jovis Bulgarien. → Obsor.
Tenám Mexiko, Chiapas, sö von Comitán, 87 km
sö von S.Christóbal de las Casas. Ehemaliges Ma-
yagebiet. Reste von Pyramiden.
Tenango Mexiko, 100 km sw von Mexico-City.
Ehemals Teotenango, 10.-12. Jh. Zentrum der
Teotenanca. Ausgrabung von bedeutender Stadt
und Kultzentrum. Reste von Umfassungsmauer,
Pyramiden, Plattformen, Ballspielplatz. Rekon-
struktionen. Museum.
Tenayuca Mexiko. → Mexico.
Tène, La Schweiz, Neuenburger See, östliches
Ende. Eisenzeitlicher Fundort; Kultur ab Mitte
5. Jh. vor Chr.
Tenedo Schweiz, Aargau. → Zurzach.
Ténéré Wüstengebiet in Niger. Felszeichnungen,
neolithische Funde. Namensgebend für das Téné-
rien, ca. 7200-3000 vor Chr.
Ténès Algerien, w von Algier. Römische Mauerre-
ste.
Tengen Deutschland, w von Singen. Büßlingen: sö
römischer Gutshof* 1.-3. Jh.; Grundmauern, Re-
konstruktionen. Freilichtmuseum.
Tengku Lembu Malaysia, Provinz Perlis. Höhle;
jungsteinzeitliche und Dong-son-Funde.
Teng-i Mordan Iran, ö von Hadjiabad, s von Ker-
man. Zahlreiche Steingräber. Felsritzungen.
Teng-i Naurozi Iran, 14 km n von Izeh, nö von
Ahvaz. Reliefs 2. Jtsd. vor Chr. und 2. Jh. vor
Chr.
Teng-i Sarvak Iran, ca. 420 km nw von Schiraz,
53 km nw von Behbehan. Basreliefs* der Parther-
zeit, 2. Jh. nach Chr.
Tenida Ägypten, Oase → Dachle. Felszeichnungen.
Tennis, Tell Ägypten, sw von Port Said. Antike
Spuren.

Tenochtitlán Mexiko. → Mexico.
Tenochtitlán Mexiko, Veracruz. → San Lorenzo-
Tenochtitlán.
Tenos Griechenland. Insel. → Tinos.
Tenri Japan, s von Nara. Museum.
Tenta Zypern. → Kalavassos.
Tentyris Ägypten. → Dendera.
Teopanzolco Mexiko. → Cuernavaca.
Teos Türkei, bei Siğacik, 50 km sw von Izmir.
Antike Siedlung mit ehemals zwei Häfen. Reste:
Akropolis, Mauer 3.-2. Jh. vor Chr., Dionysos-
tempel 2. Jh. vor Chr., Gymnasium, Theater 2. Jh.
vor Chr., Odeon, Hafen.
Teotenango Mexiko. → Tenango.
Teotihuacán** Mexiko, ca. 40 km n von → Me-
xico. Ehemals größte Stätte Altamerikas mit Blüte-
zeit ab 1. Jh. vor Chr. bis 7. Jh. nach Chr.; Verfall
ab ca. 800. Ausgegraben ist bis jetzt die Umge-
bung der Straße der Toten mit den darangelegenen
wichtigsten Gebäuden der Stadt, was ca. einem
Zehntel der Flächenausdehnung der ehemaligen
Stadt entspricht.
Museum*. Großer Marktbezirk. Zitadelle mit Plattformen und Quetzalcóatl-Tempel, Verzierungen*.
Übereinanderliegende Gebäude. Viking-Gruppe.
Platz der Sonnenpyramide mit Plattformen. Sonnenpyramide**, Höhe ca. 65 m. Tempel der my-
thologischen Tiere. Tempel der Landwirtschaft.
Platz** der Mondpyramide mit kleineren Pyrami-
den. Mondpyramide*, Höhe ca. 46 m. Quetzalpa-
palotl-Palast. Palast der Jaguare, Wandgemälde.
Tempel der gefiederten Schnecken. Yayahuala-Pa-
last und Zacuala-Palast bei Tetitla.
Teotitlán del Camino Mexiko, Oaxaca, 67 km sö
von Tehuacan. Spuren eines aztekischen Observa-
toriums.
Tepalcayo Mexiko, ca. 10 km s von Puebla, bei
Totimehuacán. Ausgrabungen.
Tepeapulco Mexiko, Hidalgo, ca. 80 km nö von
Mexico-City. Ehemals Tepepolco. Reste einer Py-
ramide 8. Jh.
Tepecik Türkei, ca. 31 km sö von Elâzığ, Keban-
Stausee. Siedlungshügel; Grabungen.
Tepe Gaura Irak. → Gaura.
Tepekule Türkei. → Izmir.
Tepepolco Mexiko. → Tepeapulco.
Tepexi El Viejo Mexiko, Puebla, 95 km s von
Tepeaca, 6 km von Tepeji Rodriguez. Ehemals
mächtige aztekische Grenzfeste. Reste, Sakralbau-
ten.
Tephrike Türkei. → Divriği.
Tepozteco Mexiko. → Tepoztlán.
Tepoztlán Mexiko, sw von Mexico-City, 30 km nö
von Cuernavaca. Pyramidenrest auf dem Cerro de
Tepozteco; Reliefs. Museum im Kloster.
Tep-i Sadar Afghanistan. → Ghazna.
Teqoa Israel, 15 km sö von Betlehem. Thekoe.
Hügel der kanaanäischen Stätte. Reste einer Kirche
und von Zisternen. Nw Aquäduktreste, Zeit des

Herodes.

Tequixtepec Mexiko, Oaxaca, 84 km ssw von Tehuacán. San Pedro y San Pablo Tequixtepec. Reliefsteine aus der weiteren Umgebung zusammengetragen.

Teramo Italien, nw von Pescara. Antik Interamnia. Reste von römischem Theater, Amphitheater, römischem Haus.

Terarart Algerien, 15 km s von Djanet. Felsgravierungen im Tassili n'Ajjer.

Terbezek Türkei, n von Kırıkhan, sö von Iskenderum. Reste von Kreuzfahrerburg.

Tercan Türkei, 92 km wsw von Erzurum. Mausoleum der Mama Hâtun, 12. Jh. Karawanserei 1. Jh.

Terebinthe Israel. → Hebron.

Terebinthos Türkei. → Tavşan.

Terenuthis Ägypten. → Kôm Abu Billu.

Tergentum Italien. → Triest.

Tergeste Italien. → Triest.

Terib Syrien, 31 km w von Haleb. Ägyptisch Tirabu, römisch Litarba, ma Cerep. Römische Reste.

Terina Italien, in der Nähe der nördlichen Küste des Golfo di Sant' Eufèmia. Gründung der Krotoner.

Teriolis Österreich, Tirol. → Zirl.

Termancia Spanien. → Montejo de Tiermes.

Térmens Spanien, n von Lérida. Zyklopische Reste.

Termes GUS, Usbekistan, am Amu Darja. Termez. Die ehemalige gräko-baktrische Stadt Tirmidh. Ruinen der alten Siedlung; Zitadelle, Palast ca. 11. Jh., Karawanserei ca. 9. Jh., Moschee, Minarett 12. Jh., Mausoleum 12. Jh. Nw Kara Tepe; buddhistisches Kloster, 2. Jh. nach Chr. (Kuschanzeit), Stupa. Nw Fajas Tepe, buddhistisches Kloster spätes 2. Jh. nach Chr. (Kuschanzeit), Wandmalereien.

Termessos** Türkei, 34 km nw von Antalya. Termessos von Pamphylien. Reste von Stadtmauern, Tor, Tempeln, Theater*, Odeon, Stoen, Agora, Zisternen, Nekropolen mit überwucherten Sarkophagen, teils mit Reliefs.

Terme Taurine Italien, 4 km nö von → Civitavecchia. Reste* von antiken Thermen; ev. einer Hadriansvilla. Nekropolen.

Termini Italien, sw von Sorrent, an der äußersten Spitze der Hl. Ruine einer Römervilla.

Termini Imerese I-Sizilien, ö von Palermo. Antik Thermae Himerenses. Ruinen von Basilika, Amphitheater, Aquädukt. Stadtmuseum. Ö → Imera.

Térmoli Italien, sö von Pescara. Nekropole Mitte 1. Jtsd. vor Chr.

Ternant Frankreich, 20 km sw von Dijon. Dolmen.

Terni Italien, 100 km n von Rom. Römisch Interamna Nahars. Reste von römischer Mauer, Amphitheater. Etruskische Gräber. Archäologische Sammlung im Palazzo Carrara.

Terqa Syrien. → Sirqu.

Terracina Italien, an der Küste zwischen Rom und Neapel. Antik Anxur, Stadt der Volsker. Reste von Wall, von römischem Triumphbogen, von Akropolis mit Jupitertempel (Kryptoportiken*), von Thermen, von Amphitheater, von Hafen. Dom mit Tempelresten. Archäologisches Museum.

Terroso Portugal, s von Porto. Ehemalige Siedlung der Iberer 1. Jtsd. vor Chr.

Tersane Türkei, auf der Insel Kekova, ö von Kaş. Antike Reste; Ruine von byzantinischer Kirche, von Burg 15. Jh. Lykische Gräber.

Tersatica Kroatien. → Rijeka.

Tertenia I-Sardinien, nähe Ostküste. Ca. 12 km n Nuraghe S'Omu bei Ierzu. Ca. 12 km ö Nuraghe Aleri. Ca. 12 km sö Nuraghe Anastas. Ca. 10 km s Nuraghe De is Baresus. Ca. 12 km s Nuraghe Perdu Loi.

Teruel Spanien, s von Zaragoza. Iberisch Turba. Archäologisches Provinzialmuseum.

Teru-Tal Pakistan, Nebental des Gupis (Oberlauf des Gilgit). Felsbilder.

Teschebani GUS, Armenien. → Jerevan.

Teschik-Kala GUS, s des Aralsees, ö des Amu Darja, im ehemaligen Choresmien. Siedlung bzw. Befestigung ca. 7. Jh.

Teschik-Tash GUS, Tadschikistan, sw von Duschanbe, Gebiet von Beisur. Tešík Táš. Name einer Höhlengruppe. Paläolithische Funde.

Tesnet Ägypten. → Esna.

Tesoro, El Spanien. Höhle bei → Benalup.

Tesoro-Höhle Spanien. → Rincon de la Victoria.

Testona Italien, bei Moncalieri, sö von Turin. Nekropole.

Testour Tunesien, sw von Tunis. Antik Tichilla. Antike Säulen in der Großen Moschee. Sw Brückenreste. Reste von römischer Mühle.

Teterow Deutschland. Sö von Sukow frühslawischer Burgwall.

Tetitla Mexiko. → Teotihuacán.

Tetrapolis Türkei. → Antakya.

Tetrapyrgium Syrien. → Qusseir.

Tetuan Marokko, an der Stelle der antiken Siedlung Tamuda. Ruinen. Archäologisches Museum.

Tetzelstein Deutschland. → Kneitlingen.

Teuchira Libyen. → Tokra.

Teuchitlán Mexiko, Jalisco, 45 km w von Guadalajara. Ehemaliges Zeremonialzentrum von ca. 200 vor Chr. bis ca. 4. Jh. nach Chr. Zahlreiche Hügel. Terrassen, Plattformen, zwei Ballspielplätze.

Teuchrania Türkei, sw von → Bergama.

Teudjoi Ägypten. → (El) Hibe.

Teufelsburg Schweiz, ö von Büren, n von Bern. Rest von ma Burgstall: Ringwall mit Außenwällen.

Teufelsküche Deutschland, sw von → Haldensleben. Name eines Großsteingrabes bei der Alten Ziegelei, (→ Abb. 25).

Teul de Ortega Mexiko, ca. 160 km nnw von Guadalajara. Ehemaliges Zeremonialzentrum.

Reste, Ballspielplatz.

Teurnia Österreich. → Lendorf.

Teuthis Griechenland. Antiker Ort; heute Dimitsana, wnw von Tripolis. Mauerreste, Museum.

Teuthronai Griechenland. → Kotronas.

Teutoburgium Kroatien. Antike Siedlung am Limes; heute Dalj.

Tevfikıye Türkei. → Troja.

Texcotzingo Mexiko, 4 km ö von Texcoco, 50 km ö von Mexico-City, im Nationalpark Molino de Flores. Aztekische Reste: Terrassen, Sommerpalast, Kanäle, Wasserbecken.

Texmelucan Mexiko. → Tlalancaleca.

Thabeiktaung Birma/Union Myanmar. Alte Stadt des Arakan.

Thabraca Tunesien. → Tabarka.

Thacia Tunesien, 10 km sw von El Krib.

Thadeusvank Iran. → Karakilise.

Thaenae Tunesien, 12 km sw von Sfax. Ruinen der antiken Siedlung in der Nähe des Leuchtturms von Thyna. Endpunkt des karthagischen Limes (Fossa regia, Graben des Scipio). Mauerreste, Türme. Thermen, Mosaike. Häuser, Zisternen. Nekropole, Mausoleum.

Thainata Jordanien. Ev. → Umm el Djemal.

Thaj Saudi-Arabien, ca. 150 km w von Jubail. Tadsch. Ev. die alte Stadt Phigea. Auch → Gerrha wurde hiermit schon in Verbindung gebracht. Ruinenfeld der Stadt, die im 1. Jtsd. vor Chr. ca. 300 bis 400 Jahre existierte. Stadtmauer 1500 x 800 m. Grabhügel in der Umgebung.

Thala Tunesien, 77 km s von El Kef. Name der antiken und der heutigen Siedlung. Spuren von römischen Bauten. Mausoleum.

Thalamai Griechenland, ca. 60 km sö von Kalamata. Heute Thalames, zwischendurch Koutiphari. In der Umgebung ein Heiligtum mit Brunnen.

Thale Deutschland, sw von Quedlinburg. Wallanlage Heidenwall oberhalb der ehemaligen Kultstätte Roßtrappe. Sachsenwall bei der ehemaligen Kultstätte Hexentanzplatz.

Thalmässing Deutschland, nw von Greding. Sö Gällersreuther Platte: ehemals Standort einer hallstattzeitlichen Höhensiedlung. Rekonstruierte Grabhügel. Kleines Vor- und Frühgeschichtliches Museum. Archäologischer Wanderweg.

Thalpan Pakistan, ö von Chilas. Felsbilder ab 3. Jtsd. vor Chr. bis 7. Jh. nach Chr. Auch bei Ziyarat.

Thamara Israel, Negev-Osten. Bei → Metzad-Tamar w des Südendes des Toten Meeres, in letzter Zeit eher bei → Hatzewa (Ain Hisb) s des Toten Meeres angenommen.

Tham Erawan Thailand, 90 km w von Udon Thani, n der Straße. Elefantenhöhle, Kloster.

Thammata Israel. → (Khirbet) Tibne.

Tham Pha Thai Thailand, nö von Lampang. Buddhistische Kulthöhle.

Tham Prakayang Thailand, ca. 500 km sw von Bangkok, sw von Chumphon. Buddhistischer Höhlentempel.

Tham-Rup-Grotte Thailand, w von Kanchanaburi. Felsmalereien, ca. Altsteinzeit.

Tham Talod Noi Thailand, nw von Kanchanaburi. Prähistorische Höhle.

Thamugas Algerien. → Timgad.

Thamusida Marokko, nö von Kenitra. Ausgrabungen: Prätorium, Gebäude, Thermen. Tempel.

Thanjavur* Indien, Tamil Nadu, ö von Tiruchchirappalli. Tanjore. Zahlreiche Tempel ab mindestens 11. Jh. Brihadishvara-Tempel mit Ummauerung, kurz nach 1000. Devi-Tempel ab 13. Jh. Subrahmanya-Tempel 16./17. Jh. Festung mit Nayaka-Palast, Mitte 16. Jh.; Museum.

Thannurin Syrien, Norden, am Khabur. Vollständiger Plan der byzantinischen Stadt festgestellt.

Thantia Jordanien. → Umm el-Djemal.

Thao Kham Laos, Tran Ninh. Bronzezeitliche Urnenfelder.

Thapsaka Syrien, s von Meskene. Thapsacus, Amphipolis. Das heutige Dibsah (Dibse).

Thapsos I-Sizilien, n von Syrakus, HI Magnisi. Bronzezeitliche Siedlung 15./14. Jh. vor Chr. und Nekropole freigelegt.

Thapsus Tunesien, am Ras Dimasse, 57 km sö von Sousse. Spuren einer Mole.

Tharabatha Jordanien. → Rabba.

Tharros* I-Sardinien, Westküste. Ruinen von phönizisch-karthagisch-römischer Siedlung. Jeweils Reste: Hütten, Befestigungen, Tophet, mehrere Tempel 3. Jh. vor Chr., Baptisterium 5. Jh. nach Chr., Thermen, Wohnviertel, römische Straßen, Akropolis mit Nuraghe, römische und phönizisch-punische Nekropolen ab 8. Jh. vor Chr. Mehrere Anlagen im Meer. 1 km n Kirche San Giovanni in Sinis 10. Jh. mit Resten 5./6. Jh. Ca. 5 km n Wallfahrtskirche San Salvatore mit Hypogäum (→ Cábras).

Tharsatica Kroatien. → Rijeka.

Tharsila Syrien, 36 km nw von Deraa. Antik; heute Tesil.

Thasos Griechenland, Insel, ö von Chalkidike. → Aliki. → Thasos.

Thasos* Griechenland, auf der nordägäischen Insel gleichen Namens. Thrakisch Odonis. Spuren des antiken Kriegshafens, heute Fischerhafen. Reste unter Wasser. Stadtmauer seit 5. Jh. mit antiken Toren. Reste von Poseidon-, Zeus- und Dionysos-Tempel. Agora mit Resten von Propyläon. Portiken. Altar. Rest von Glaukos-Denkmal. Antike und frühchristliche Basiliken. Herakleion: Spuren von Propyläon, Tempelfundamenten, Altar. Thermen, Theater 3. Jh. vor Chr. Akropolis. Reste eines Athena-Tempels. Reste von archaischem Tempel. Museum. 6 km w römische Sarkophage.

Thatari I-Sardinien. → Sassari.

Thaton Birma/Union Myanmar, ö des Golfs von

Martaban. Ehemals indisch-buddhistische Kolonie ab 6. Jh., Hauptstadt der Mon 2. Hälfte 1. Jtsd. nach Chr., 1057 zerstört. Danach Ausbau von → Pagan. Reste von Befestigungsanlagen. Shwe-ziyan-Pagode, Thagyapaya-Pagode.

That Phanom Thailand, Ostgrenze zu Laos. Wat Phra That Phanom, ab 900.

Thatta** Pakistan, Indus-Delta. 3 km n auf den Makli-Hügeln sich über viele Kilometer hinzie-hende Nekropole, ab 14. Jh., hauptsächlich der Mogul-Zeit. Lehmziegelbauweise; islamische Ge-staltung und Verzierung.

Thaumakoi Griechenland. → Domokos.

Thayekhittaya Birma/Union Myanmar. → Sri Ksetra.

Theadelphia Ägypten, Fayum. → Batn Ihrit.

Theatinum Italien. → Chieti.

Theben** Ägypten. Altägyptisch Waset, Weset. Biblisch No. Griechisch Thebai. Antik Diospolis magna. Ägyptisch Ta-ipet. Ipet-resit war der Name des Luxor-Tempels. Residenzstadt 11.-20. Dynastie, religiöses Zentrum, ägyptische Hauptstadt ab 18. Dynastie.

Auf dem Ostufer: Die Ortschaft → Luxor mit ihrem Tempel**; Lage der ehemaligen Stadt, wobei von Wohn- und profanen Bauwerken kaum wesentliche Reste erhalten sind. Ca. 3 km n hiervon - ehemals durch eine heute teilweise noch nicht ausgegrabene Sphinxallee verbunden - der Tempel von → Kar-nak**.

Auf dem Westufer: Seit jeher nur die Totenstadt von Theben. Einzelne Nekropolen bestehen zum Teil aus einer Vielzahl von Gräbern, die überwie-gend mit Malereien** und Reliefs** ausgestattet sind; wobei diese Arbeiten bei älteren Gräbern im allgemeinen von künstlerisch höherer Qualität sind.

1) Qurna-Tempel*, Totentempel Sethos' I.

2) Antef-Nekropole von El-Tarif.

3) Tal der Könige** mit 62 Gräbern von Königen und hohen Beamten.

4) Dra Abu'l Naga, Nekropole 17.-19. Dynastie; Malereien.

5) Deir el-Bahari**, Tempel der Hatschepsut mit drei Terrassen 15. Jh., mit Rekonstruktionen. Anubiskapelle, Hathorkapelle. Tempel Mentuhoteps I., ca. 2050 vor Chr.

6) Nekropole von Asasif, Gräber hauptsächlich aus der 25. und 26. Dynastie; Malereien.

7) Nekropole von El Chocha, Malereien*.

8) Nekropole von Scheich Abd el Qurna*, mit kleiner und großer Umfassungsmauer; Gräber mit Malereien.

9) Ramesseum**, Totentempel Ramses' II.

10) Qurnet Murai, Nekropole.

11) Deir el-Medina. Reste eines Arbeiterdorfes ab 18. Dynastie. Nekropole, hauptsächlich 19. und 20. Dynastie, Malereien. Umfassungsmauer; klei-ner ptolemäischer Tempel.

12) Memnonskolosse*, zwei Skulpturen von ca. 15 Metern Höhe, Amenophis III. darstellend; einige der wenigen Reste seines Tempels.

13) Tal der Königinnen* mit 80 Gräbern, Male-reien.

14) Medinet Habu**, koptisch Djeme. Ummauerter Bezirk mit königlichem Pavillon, Tempel der Gottesgemahlinnen, Tempel Thutmosis' III., Tempel Ramses' III., Palast.

15) Kleiner ptolemäischer Thot-Tempel Qasr al-Agus.

16) Palast Amenophis' III. bei Malqata.

17) 3½ km sw von Medinet Habu kleiner Isistem-pel Deir es-Schelwit.

18) 3 km n vom Tal der Könige Reste eines kleinen Tempels auf dem Thotberg.

Theben Griechenland, Böotien. → Thiva.

Theben Griechenland, phthiotisches. → Mikrothi-ves.

Theilenhofen Deutschland, bei Gunzenhausen. Nw ehemals Standort des Kohortenkastells Iciniacum. Reste des Kastellbades.

Theisoa Griechenland, Peloponnes, Arkadien. An-tike Stadt; ev. die Stadtruine → Lavdha.

The Kettles GB, Northumberland, ca. 24 km s von Berwick-upon-Tweed. Steinwälle eines eisenzeitli-chen Hügelforts.

Thelepte Tunesien, bei Feriana. Ruinengelände. Byzantinische Zitadelle. Theater, Thermen, Reste von christlicher Basilika, Spuren einer Basilika.

Theley Deutschland, w von St.Wendel/Saarland. Fürstengrabhügel Fuchsbühel bei Theley. Auf dem Mommerich bei Groning Abschnittswall und ehe-mals frühlatènezeitliche Siedlung. Auf dem Schaumberg bei Tholey spätmittelalterliche Befe-stigungen und römerzeitliche Besiedlungsspuren. Im Wareswald ehemals römische Siedlung 1.-4. Jh.

Theline Frankreich. → Arles.

Thelkow Deutschland, osö von Rostock, ö von Tessin. 2 km n Rest von Großsteingrab.

Thelphusa Griechenland, Peloponnes, ö von Pir-gos, am linken Ladonufer. Zwischenzeitlich Va-naina. Reste von antiker Stadtmauer. Spuren von Agora, Säulenhalle und Tempel.

Thelsae Syrien. → Dumayr.

Themenothyrae Türkei. → Uşak.

Themiskyra Türkei. Antiker Hafen; heute Terme, 59 km ö von Samsun.

Thenai Gr-Kreta. → Amnissos.

Theodosia GUS, Krim, SO-Küste. Antike Stadt.

Theodosiopolis Syrien. → Ras el Ain.

Theodosiopolis Türkei. → Erzurum.

Theoupolis Türkei. → Antakya.

Thera Griechenland. → Archaia Thira.

Thera Türkei, sö von Mugla.

Theranda Kosovo. → Prizren.

Therapia Türkei, europäisches Bosporusufer. Zwi-schendurch (bis 5. Jh.) Pharmakia. Heute Tarabya.

Therapnai Griechenland. → Menelaion.

Therfield Heath GB, Hertfordshire, s von Royston. Grabhügel, Langhügelgrab.

Therma Türkei. → Haymana.

Thermae Herculi Rumänien, n von Orşova. Herculesbad, rumänisch Bâile Herculane.

Thermae Himerenses Italien. → Termini Imerese.

Thermai Griechenland. Heute Therma auf der Insel Ikaria. Gräberfelder.

Thermai Selinuntioi I-Sizilien. → Sciacca.

Thermi Griechenland, auf der Insel Lesbos, ö von Lutropolis Thermis, nw von Mitilini. Siedlung von spätestens Mitte 3. Jtsd. vor Chr. bis ca. 2000 vor Chr. in mehreren Epochen. Spuren von Befestigungsanlagen der letzten Phase. Weitere Besiedlung 14.-12. Jh. vor Chr.

Thermon Griechenland, 35 km ö von Agrinion. Kephalo Vrysos. Antik Thermos. Ausgrabungen: Reste von Apollon-Heiligtum 6. Jh. vor Chr. an der Stelle Palaio Bazari (Läden und weitere Tempelspuren), Stoa, Befestigungen, Türme 3. Jh. vor Chr. Kleines Museum. S → Petrochorion.

Thermopylen Griechenland, Ftiotis, Landenge und heiße Quellen sö von Lamia. Verteidigung der Spartaner gegen die Perser 480 vor Chr. Westenge; sw oberhalb der Standort der ehemaligen Festung Anthele, heute Antili, mit ehemaligem Demeterheiligtum; Spuren von Stoa und Stadion. Thermalquellen. Mittelenge; Spuren der Mauer der Phoker ab 6. Jh. vor Chr. Modernes Leonidasdenkmal. Kolonoshügel. Denkmalssockel. Spuren von antiker Mauer (Antiochos-Mauer) ca. 2. Jh. vor Chr. Ostenge; Spuren der antiken Festung → Alpenoi, heute Alpini.

Thespies Griechenland, Böotien, 18 km w von Theben. Im S Reste des antiken Thespiai. Grundmauern von Musentempel. Stelle eines Apollontempels. Antike Straßenreste. Nekropole.

Thesprotia Griechenland. → Paramythia.

Thesprotiko Griechenland, n von Preveza, ö der Acheron-Mündung. Prähistorische Rundgräber. 4 km sö → Kastri.

Thessaloniki* Griechenland, Makedonien. Gegründet 316 vor Chr. Bis 1937 Saloniki. Reste von älterer Stadtmauer. Stadtmauern* 4. Jh., Akropolis. Galeriusbogen* um 300 nach Chr. Reste von antikem Palast. Agora, Forum, Odeon 3./4. Jh., Stadion. Spuren des Serapistempels. Agios-Georgius-Kirche* ab 306 nach Chr., Mosaike, Wandmalereien; ev. ein ehemaliges römisches Mausoleum. Agio Sofia, 690-730. Agios Dimitrios auf Thermenresten und Krypta 4. Jh. Hosios David 5./6. Jh., Mosaik. Archäologisches Museum*. Mehrere frühchristliche Nekropolen 3.-5. Jh. Ca. 15 km s der Stadtmitte beim Flughafen neolithische Siedlung entdeckt.

Thestia Griechenland, ca. 15 km ö von Agrinio. Dorf und Kloster Vlochos. Reste von Stadt und Akropolis.

Thetford GB, Norfolk. Eisenzeitliche Erdschanze "Castle Hill" mit normannischem Burghügel. Mu-

seum im Ancient House.

Thetidi Griechenland, nö von Farsala. S Tempelrest. Sw in Dasolophos Kirche mit antiken Resten.

Theveste Algerien. → Tébessa.

Thézée Frankreich, 50 km ö von Tours. Antik Tasciata. Reste eines gallo-römischen Bauwerks 2. Jh.

Thibar Tunesien, 24 km s von Béja. Antik Thibari. Ruinen von Aquädukt, frühchristlicher Basilika, byzantinischer Kapelle.

Thibari Tunesien. → Thibar.

Thibica Tunesien, sw von Pont-du-Fahs. 4 km s bei Bir Magra Reste von kleinem Tempel.

Thigae Tunesien. Antik; heute Kriz, 15 km nö von Tozeur.

Thigibba Bure Tunesien. Antik; Djebba w von Téboursouk.

Thignica Tunesien. → Ain Tounga.

Thimisua Tunesien. → Sidi Bou Argoub.

Thinis Ägypten. → Nag ed-Deir.

Thiora Italien. Ehemalige Stadt der Sabiner; heute Castel di Tora, ssö von Rieti.

Thiout Algerien, ö von → Ain Sefra. Zahlreiche Felsgravuren.

Thira Griechenland, Insel. Santorin. Siedlungsspuren in Phtellos, s von → Thira. → Akrotiri*. → Archaia Thira*. → Eleusis. → Emporio. → Finikia. → Kamari. Kap Kolumbus → Finikia. → Perissa. Thera → Archaia Thira. → Thira (Ort).

Thira Griechenland, auf der Insel Thira. Archäologisches Museum.

Thirasia Griechenland, Insel w von Thira. Ehemals minoische Siedlungen. Antike Reste.

Thirio Griechenland, Akarnanien, s des Golfs von Ambrakia. Antik Thyrreion. Ruinenfeld. Stadtmauern 2. Jh. vor Chr.

Thiripyitsaya Birma/Union Myanmar. Aus dem Zusammenschluß zahlreicher Dörfer entstanden. Hauptstadt Birmas im 4. Jh. Ehemals Standort eines Palastes 4. Jh. S → Pagan.

Thirukandiyur Indien, Tamil Nadu, 10 km von Thanjavur. Mehrere Tempel.

Thiruvaiyaru Indien, Tamil Nadu, 13 km von Thanjavur. Shiva-Tempel.

Thirza Israel. → (Tell el-)Fara.

This Ägypten. Altägyptisch Tjeny, antik Thinis. Antike Gauhauptstadt von nicht gesichertem Standort. Nekropolenreste bei → Nag ed-Deir.

Thisbe Griechenland, Böotien, 30 km w von Thiva. Reste von frühhellenistischen Stadtmauern, Turmreste. Staumauer 4. Jh. vor Chr. und Dammreste. S großer mykenischer Staudamm, Reparaturen in Stein 4. Jh. vor Chr. Ö kleiner mykenischer Damm. Spätantike Gräber.

Thisoa Griechenland. → Theisoa.

Thiva Griechenland, Böotien, 73 km nw von Athen. Thebai, böotisches Theben. Antike Akropolis von Kadmeia mit Spuren des Palastes des Kadmos, helladische Epoche. Spuren mehrerer Tore. Spuren bzw. Standorte von Herakles-, Dionysos- und Apollon-Tempel 4. Jh. vor Chr. Frankenturm, Museum. Mykenische Gräber, christliche Katakomben. Wasserleitung.

Thmuis Ägypten. → (Es-)Siraq.

Thmuis Ägypten, Delta. → (Tell el-)Timai.

Tholing China, Xizang (Tibet), Westen. Kloster ab 11. Jh.

Thomna Jemen-Süd. → Hajar Kuhlān.

Thompson's Rigg GB, Yorkshire, ca. 17 km wnw von Scarborough. Hügelgräberfeld.

Thonac Frankreich, 7 km sw von → Montignac. Prähistorisches Kunstzentrum Le Thot.

Thonburi Thailand, unmittelbar w von Bangkok. Residenz vor Bangkok; zerstört durch Birmanen. Wat Arun**.

Thor Pakistan, w von Chilas. Felsbilder; auch bei Minar-Gah und n des Indus.

Thorikos Griechenland, Attika, 50 km sö von Athen. Helladische Gebäudereste. Mykenische Reste und Gräber. Antike Stadtmauer. Reste von Demeter- und Kore-Tempel. Reste von Dionysos-Tempel. Theater 4. Jh. vor Chr. Reste von Hafenkastell.

Thormasia Israel. Heute Turmus Aya, s von Nablus.

Thornborough Moor GB, Yorkshire, bei West Tanfield nw von Ripon. Einfriedungen als ehemalige bronzezeitliche heilige Stätten.

Thoroni Griechenland, Chalkidike, s von Sithonia. Reste der Akropolis des antiken Thorone.

Thor's Cave GB, Staffordshire, bei Wetton, osö von Leek. Eisenzeitliche Höhle.

Three Brothers of Grogith GB, Cornwall, bei St. Keverne. Steinkiste.

Three Howes GB, Yorkshire, bei Falcon Inn, ca. 40 km LL sö von Middlesbrough. Grabhügel.

Three Rivers USA, New Mexico, 55 km n von Alamogordo. Indianische Felszeichnungen 10.-14. Jh.

Three Turkey Ruin USA, Arizona. Cliff Dwelling.

Thronion Griechenland, sö von Lamia, ö von Molos, in der Nähe von Skarfia. Ehemalige Hauptstadt der Lokrer. Spuren einer Befestigung.

Thryoessa Griechenland. → Epitalion.

Thuburbo Majus* Tunesien, bei Pont-du-Fahs (El Fahs). Ab 188 nach Chr. C.Julia Auremlia Commoda. Ab 4. Jh. Respublica Felix Thuburbo Majus. Forum. Marktplatz. Kapitol* und Kurie 168 nach Chr. Merkurtempel. Haus des Labyrints. Palästra. Äskulaptempel. Thermen. Baal-Heiligtum. Kirchenruine. Byzantinische Festung an der Stelle eines Tempels. Zisterne. Amphitheater.

Thuburbo Minus Tunesien. → Tebourba.

Thuburnica Tunesien, w von Souk El Arba. Arabisch Henchir Sidi Ali Bel Gacem. Antike Ruinen: Triumphbögen, Junotempel, Merkurtempel, Thermen, Zisternen, byzantinische Festung, Brücke.

Mausoleum.

Thuccabor Tunesien. → Toukabeur.

Thugga Tunesien. → Dougga.

Thula Jemen-Nord, nw von Sana. Burg und himyaritische Zisternen.

Thulnang China, Xizang (Tibet). Tempel ab 7. Jh.

Thun Schweiz, Bern. Keltisch Dunum. Historisches Museum. Allmendingen: gallo-römischer Tempelbezirk.

Thunau Österreich. → Gars am Kamp.

Thuraya, Qasr et- Jordanien, ca. 30 km osö von Dhiban. Ehemalige römische Festung.

Thuria Griechenland, Peloponnes, nw von Kalamata, beim heutigen Dorf Thouria. Reste der antiken Stadt.

Thuriae Italien. Ev. am → Monte Sannace.

Thurioi Italien. → Sibari.

Thuris Spanien. Griechisch; → Valencia.

Thusuros Tunesien. → Tozeur.

Thyatira Türkei. → Akhisar nö von Izmir.

Thyna Tunesien. → Thaenae.

Thyrreion Griechenland. → Thirio.

Thysdrus Tunesien. → (El) Djem.

Tiahuanaco* Bolivien, w von La Paz. Tihuanaco, Tiwanacu. Besiedelt ab Mitte 2. Jtsd. vor Chr. Zentrum des Tahuantinsuyo-Reiches; Teilung der Macht in Südamerika mit Huari; später Teil des Inkareiches. Die Mehrzahl der Bauten ca. 8.-10. Jh. Kultur und Stil 2. Hälfte 1. Jtsd. nach Chr.

1) Akapana, Hügel als Rest einer Stufenpyramide. Mauern.

2) Puma Punku, ca. 1 km s der Eisenbahn, Komplex mit zerstörten Toren, Resten von Hafenanlagen; Kanäle.

3) Kalasasaya. Monolithische Steinfiguren 800 nach Chr. Monolithisches Sonnentor*. Vertiefter Tempel. Palast.

4) Vorkolumbianische Straße zur Küste.

Tianjin China, 130 km sö von Beijing. Stadtmauer 15. Jh. Tempel 10. Jh. In der Nähe Grabanlage der Östlichen Han-Dynastie.

Tianlongshan Shiku China, Shanxi, 40 km sw von Taiyuan. 21 Grotten ab 535, Tang-Dynastie. Skulpturen.

Tianxingguan China, Hubei. Gräber 5.-3. Jh. vor Chr.

Tibbaniye, Et- Ägypten, Oase Bahriya. Bei T. Reste der Kapelle Qasr el-Magysba, ca. 4. Jh. vor Chr.

Tiberiacum Deutschland. Das ehemalige Kastell in Thorr, s von Bergheim, w von Köln.

Tiberias Israel, am Westufer des Sees Genezareth (Tiberias-See). Gegründet 1. Jh. Burg in Kiryat-Shemuel auf römischen Kastellresten 2. Jh. Gräber: Yohanan Ben Zakkai, 1. Jh. Rabbi Eliezer, 2. Jh. Rav Ammi und Rav Assi 3. Jh. Stadtmuseum. N Jethros Grab. S Stätte der alten Stadt Hammath (Ammathus); Reste von Stadttor,

Synagoge 2.-3. Jh., Mosaik 4./5. Jh., Bädern, Basilika.

Tibes Puerto Rico. Ehemaliges Zeremonialzentrum, gegen Ende 1. Hälfte 2. Jtsd. nach Chr. Vier Ballspielplätze.

Tibiscum Rumänien. Römisches Municipium in der Provinz Dakien; heute Jupa bei Caransebeş.

Tibne, Khirbet Israel, 40 km nw von Jerusalem, nw von Bir Zeit. Antik Thammata, Timnat. Sö Grabstätten mit skulptierten Giebeln.

Tibradden Irland, Berg s von Dublin. ND464. Steinhügel mit bronzezeitlichem Kistengrab.

Tibula I-Sardinien. → Capo Testa.

Tibur Italien. → Tivoli.

Tichilla Tunesien. → Testour.

Tichit Mauretanien, 200 km ö von Tijiqjah. Tishit. Verfallende Stadt.

Ticinum Italien. → Pavia.

Tidcombe GB, Hampshire, nw von Winchester. Langhügelgrab, römische Straße.

Tiddis* Algerien, nw von Constantine. Castellum Tidditanorum. Ruinen: zwei Bögen, Mithräum, Forum, rundes Becken, Altarfundament, Thermen. Zisternen.

Tidditanorum Algerien. → Tiddis.

Tiebenburg Deutschland. → Winzenburg.

Tiefer Limes → Algerischer Limes.

Tiemblo, El Spanien. → Guisando.

Tieplitz Deutschland, sw von Güstrow. Ca. 1 km nw im Forst Tarnow Rest von Großsteingrab.

Tieschen Österreich, ca. 15 km n von Bad Radkersburg. Ö auf dem Königsberg Wälle von vorgeschichtlicher Befestigung.

Tifernum Tiberium Italien. Römisch; heute Città di Castello, ö von Arezzo.

Tigani Griechenland, Samos. → Pitagorion.

Tigani Gr-Kreta. → Chersonisos.

Tigawa Indien, Madhya Pradesh, bei Jabalpur. Hinduistischer Kankali-Devi-Tempel, 5. Jh. (Guptazeit).

Tigawangi Indonesien, Java-Osten. Kultanlage 11./13. Jh.

Tigimma Tunesien. → Hammam Zouakra.

Tigranocerta Türkei. Tigranokert. Ehemalige armenische Hauptstadt. Ev. das heutige Silvan, sw des Vansees.

Tigzirt-s-Mer* Algerien, ca. 100 km ö von Algier. Römisch Iomnium. Ruinen; Thermen, kleiner Tempel, Basilika* 5./6. Jh.

Tihany Ungarn, auf einer Halbinsel am Nordufer des Plattensees. Eisenzeitliche Erdburg Ovár. Mönchshöhlen 11. Jh.

Tihna Ägypten. → Techna.

Tihó Mexiko. → Mérida.

Tikál** Guatemala, Petén-Norden, in einem Natur- bzw. Nationalpark. Maya-Ruinenstätte; besiedelt seit mindestens Mitte 1. Jtsd. vor Chr. Blütezeit 6. bis 9. Jh.
Museum*. Tempel**, Pyramiden** und Paläste:

Komplex Q, Komplex R, Komplex O, Relief, Gruppe H, Komplex P, Komplex M, Tempel IV mit 65 m Höhe, Komplex N, Fledermauspalast, Tempel III, Ballspielplatz, Platz der sieben Tempel, Südakropolis, Tempel V, Westplatz, Tempel II, Großer Platz**, Stelen** und Altäre, Nordakropolis, Tempel I mit Krypta, Zentral-Akropolis, Ostplatz, Gruppe G, Tempel der Inschriften, Gruppe F. Wasserreservoire, Staumauern. Zahlreiche weitere kleinere Gebäude.
Schutzwall gegen das 23 km n gelegene → Uaxactún. 2½ km w Chikin Tikál. 10 km nö El Encanto. 20 km sö → Uolantún.

Tikni Iran. → Haft Tepe.

Tikrit Irak, 190 km n von Bagdad. Ruinen antiker Bauten.

Tikze Indien, Kaschmir, Ladakh, 20 km sö von Leh. Tiksey. Kloster ab 15. Jh., Malereien 16. Jh.

Tila Mexiko, 180 km nnö von San Cristóbal de las Casas, 80 km nw von Ocosingo. In der Nähe Ruinen eines Mayadorfes.

Tilantongo Mexiko, 130 km nw von Oaxaca. Auf dem Monte Negro Ruinen einer vorkolumbianischen Stadt; Tempelreste.

Til Barsip Syrien. → (Tell) Ahmar.

Tilcara Argentinien, Jujuy, am Rio Grande. Ehemalige Befestigung. Ausgrabungen; Wohngebäude 1. Hälfte 2. Jtsd. nach Chr.; Rekonstruktionen.

Tilhabeş Türkei, bei Gaziantep. Festung.

Til Hamdun Türkei. → Toprakkale ö von Adana.

Tilki Tepe Türkei, s von Van.

Tilköy Türkei, 29 km s von → Nevşehir. Ruine von Seldschukenkarawanserei Dolay Han. Ruine von Andreaskirche. Unterirdische Siedlung.

Tilla Peru, Apurinac-Tal, nähe Mollepata. Ruinen.

Tille Hüyük Türkei, am Euphrat/Atatürk-Stausee, ö von Kahta. Ausgrabungen; Wachttürme festgestellt.

Tillja Tepe Afghanistan, Norden, nähe Shibarghan. Siedlung 2. Jtsd. vor Chr. bis 1. Hälfte 1. Jtsd. vor Chr. Tempelplattform ca. 1000 vor Chr. Spätere Grabmäler der Herrscher der nahen Stadt → Emschi-Tepe.

Tilmen Türkei, 58 km ö von Gaziantep. In den Fels geschlagene Zisterne.

Tilmen Hüyük Türkei, 117 km n von Antakya, 10 km ö von Islahiye. Siedlungshügel mindestens seit der frühen Bronzezeit. Reste eines altsyrischen Palastes 18. Jh. vor Chr., 16. Jh. vor Chr., 14. Jh. vor Chr. mit jeweiliger anschließender Zerstörung.

Tilmun Bahrein. → Bahrein (Staat).

Tilos Griechenland, auf der Dodekanes-Insel Tilos. Das antike Tilos an der Stelle des Hauptortes → Megalo Chorio. → Livadia.

Tilurium Kroatien. → Trilj.

Tilwun Bahrein. → Bahrein (Staat).

Tim GUS, Usbekistan, ca. 100 km w von Samarkand. Mausoleum Arab Ata von ca. 978.

Timacum Minus Serbien. → Ravna.

Timai, Tell el- Ägypten, Delta, ö von El-Mansura. Altägyptisch Anpet-Djedet, antik Thmuis. Griechisch-römische Reste. Nahebei → (Tell er-)Roba.
Timaksiouin Algerien, bei Dider, 120 km LL nw von Djanet. Felsmalereien im Tassili n'Ajjer.
Timgad** Algerien, s von Constantine. C.Ulpia Traiana Tamugadi, C.Marciana Traiana Thamugadensium usw. Gegründet gegen 100 nach Chr. Bestes Lehrbeispiel einer planmäßig angelegten römischen Veteranenstadt. Museum mit Mosaiken* und Kleinfunden. Nordthermen, Neue Thermen. Donatistenbasilika. Decumanus* mit Trajansbogen*. Markt des Sertorius. Straßen und Insulae. Forum, Ostmarkt, Theater, Südthermen, Kapitol*, Kapitols- und West-Thermen. Im Sw byzantinische Festung* aus Steinen der antiken Stadt (→ Abb. 114).
Timmari Italien, w von → Matera. Ausgrabungen.
Timna Israel, 35 km n von Elat. 3 km: Amudei Shelomo, Kupferminen König Salomos, Chalkolithikum bis Römerzeit. Reste von Hathor-Tempel Sethos' I., von Wachtturm. Griechische Inschrift der Römerzeit. Amalekitische und ägyptische Felszeichnungen, 1400-1200 vor Chr.
Timna* Jemen-Süd. → Hajar Kuhlān.
Timnat Israel. → (Khirbet) Tibne.
Timoney Hills Irland. → Borris in Ossory.
Tinaarlo Niederlande, s von Groningen. Hunnebed. → Emmen.
Tin-Abou-Teka Algerien, 30 km nö von Djanet. Tin Aboteka. Felsmalereien im Tassili n'Ajjer.
Tin-Aguish Libyen, im Djebel → Acacus. Felsbilder.
Tin Akatafa Algerien, 28 km LL n von Djanet. Felsmalereien im Tassili n'Ajjer.
Tin Beda Algerien, 48 km LL nnw von Djanet. Felszeichnungen im Tassili n'Ajjer.
Tin Bedjedj Algerien, 25 km LL nö von Djanet. Felsmalereien im Tassili n'Ajjer.
Tindari* I-Sizilien, Nordküste sw von Milazzo. Antik Tyndaris. Gegründet 396 vor Chr. Reste von Stadtmauer 3. Jh. vor Chr., Akropolis, Gymnasion, Thermen, Theater, Forumsbasilika. Museum.
Tinducarrada Mexiko. → Nochixtlán.
Tingambato Mexiko, Michoacán, nähe Urupan, 55 km w von Patzcuaro. Tinganio Antiguo. Ehemaliges Zeremonialzentrum der Tarasken. Ruinen; Stufenpyramide, Tempelplattform. Ballspielplatz.
Tinganio Mexiko. → Tingambato.
Tingis Marokko. Tingi. → Tanger.
Tinglestone GB, Gloucestershire. → Gatcombe Park.
Tingmogang Indien, Ladakh. Königsburg 15. Jh., Wallanlagen. Mehrere Tempel.
Tinib Syrien, nw von Haleb, 4 km von Kfer Altun. Antike Spuren; Säulen, Kapitelle.
Tin Kededoumatine Algerien, 32 km LL n von Djanet. Felsmalereien im Tassili n'Ajjer.

Tinkinswood GB. → Saint Nicholas.
Tin Krelifat Algerien, 35 km LL osö von Djanet. Felsmalereien im Tassili n'Ajjer.
Tin-Lalan Libyen, im Djebel → Acacus. Felsbilder.
Tinmel Marokko, 105 km s von Marrakesch, w von Ijoukak. Ruinen einer Stadt 12. Jh. Stadtmauern, Moschee.
Tinnum Deutschland, Sylt. Sw Ringwallanlage Tinnumburg. Funde 9./10. Jh.
Tinos Griechenland, Kykladeninsel. Burgo → Exoburgo. → Exoburgo (Stelle der älteren antiken Polis). → Kardiani. → Kionia. Tenes → Tinos. → Tinos (Stelle der Polis ab 5. Jh. vor Chr.). → Vryokastro.
Tinos Griechenland, auf der Kykladeninsel Tinos. Hauptstadt (Polis) der Insel ab 5. Jh. vor Chr. zeitlich nach → Exoburgo. Stadtmauerreste 3. Jh. vor Chr. Standplätze von Tempel und Theater angenommen. Archäologisches Museum.
Tinosul Rumänien. Dakisches Oppidum; Ausgrabungen.
Tin Tazarift Algerien, 26 km LL nö von Djanet. Vorgeschichtliche Siedlung und neolithische Felsmalereien im Tassili n'Ajjer.
Tin Teferiest Algerien, 27 km LL nö von Djanet. Felsmalereien im Tassili n'Ajjer.
Tin Tekelt Algerien, 25 km LL n von Djanet. Felsmalereien und -gravuren im Tassili n'Ajjer.
Tintignac Frankreich, 9 km n von Tulle. Römische Ruinen.
Tion Türkei. → Filyos.
Tipasa** Algerien, w von Algier. Ruinen der römischen Stadt, außer von Theater und Amphitheater wenig hochragend. Stadtmauern. Westliche Nekropolen, Mausoleum. Kapelle des Bischofs Alexander, Krypta. Basilika 4. Jh. Villen. Thermen. Nymphäum. Theater. Westtor. Südtor. Osttor. Amphitheater. Mehrere Tempel. Kapitol. Forum. Punische Gräber. Osttor. Basilika Peter und Paul. Ostnekropole. Basilika der Hl. Salsa. Museum.
Tipasa Tunesien. Antike Siedlung auf Djerba (→ Meninx).
Tipón Peru, ca. 27 km ö von Cuzco. Ruinen der Inkazeit; Terrassen.
Tipsah Syrien. → Thapsaka.
Tiquisate Guatemala, Escuintla. Ehemalige Mayasiedlung.
Tira GUS, Ukraine. Griechische Gründung. Heute Belgorod-Dnestrowski.
Tirabu Syrien. → Terib.
Tirancourt Frankreich. → Chaussée-Tirancourt.
Tiranë Albanien. National-Historisches Museum.
Tirar Algerien, ö von Djanet. Felsmalereien im Tassili n'Ajjer.
Tire Türkei, 78 km sö von Izmir. Antik Torrebia. N alte Brücke. Nw auf einem Hügel das antike Larissa.
Tirebolu Türkei, 97 km w von Trabzon. Antik

Tripolis. Reste einer byzantinischen Burg mit Kapelle. Blei- und Silberminen von Argyria.

Tiredigan Irland, sw von Monaghan. ND367. Megalithgrab "Cairnbarne" mit Vorhof; Jungsteinzeit oder frühe Bronzezeit.

Tiriyai Sri Lanka, 45 km n von Trinco. Rundtempel* 8. Jh.

Tirman Dağ Türkei, 7 km nö von → Bodrum. Rest von Fluchtburg der Leleger.

Tirmidh GUS, Usbekistan. → Termes.

Tirnavos Griechenland, 16 km nw von Larissa. Ev. das antike Phalanna. 3 km ö der Hügel Kastri: Spuren seit der Bronzezeit, Reste; ev. das antike Phalanna.

Tirol I-Südtirol. Italienisch Tirolo. Reste von Wallburg Kronsbühel.

Tirpeşti Rumänien, Botoşani. Siedlung der → Cucuteni-Tripolje-Kultur (Ende 4. Jtsd. vor Chr.).

Tirsin Türkei, Plateau sö des Vansees, sö von Çatak. Felsgravuren bei Tahtı Melik und Kahnı Melikan.

Tirta Empul Indonesien. → Tampaksiring.

Tiruchchirappalli Indien, Tamil Nadu. Trichy, Tirucirapalli. Früher Trichinopolis. Zwei Höhlentempel. Auf dem Felsen im Norden der Stadt shivaitischer Tempelbezirk, Höhlentempel 7. Jh., Ucipillayar-Tempel. 5 km nw Srirangam: Vishnu-Ranganatha-Tempel ab 10. Jh., Wiedererrichtung 13.-16. Jh. Tausendpfeilerhalle. 2 km nö von Sriramgam der shivaitische Jambukeshvara-Tempel, 14.-17. Jh.

Tiruchendur Indien, Tamil Nadu, an der Küste nö der Südspitze. Subramanya-Tempel.

Tirukkalikkunram Indien, Tamil Nadu, ca. 10 km w von Mahabalipuram. Bhaktavatsala-Tempel, Gopuras. Höhlentempel 7. Jh. Auf dem Vedagiri Tempel 7. Jh.

Tirumalai Indien. → Tirupati.

Tirumalaipuram Indien, Tamil Nadu, bei Kadayanallur, nw von Palayankottai. Höhlentempel 2. Hälfte 1. Jtsd. nach Chr.

Tirupati Indien, Andhra Pradesh, 150 km nw von Madras. Bergheiligtum Tirumalai.

Tirupparankunram Indien, Tamil Nadu, 8 km sw von Madurai. Tempel 16./17. Jh. mit Höhlentempel 2. Hälfte 1. Jtsd. nach Chr. 2 km mehrere Höhlentempel.

Tiruttani Indien, Tamil Nadu, ca. 90 km w von Madras. Virattaneshvara-Tempel, 9. Jh.

Tiruvalanjuli Indien, Tamil Nadu, bei Kumbakonam. Kapardeshvara-Tempel 10./11. Jh. Bhairava-Tempel 11. Jh. Ganapati-Tempel 11. Jh.

Tiruvalisvaram Indien, Tamil Nadu, ca. 60 km w von Palayankottai. Valishvara-Tempel 10. Jh., Devi-Tempel 13. Jh.

Tiruvallur Indien, Tamil Nadu, 47 km w von Madras. Tempel.

Tiruvannamalai Indien, Tamil Nadu, 190 km sw von Madras. Ausgedehnter Arunacaleshvara-Tempel. Tausendsäulenhalle, Hundertsäulenhalle. Gopuras 11.-19. Jh.

Tiruvarur Indien, Tamil Nadu, 120 km ö von Tiruchchirappalli. Große shivaitische Tempelanlage. Tausendsäulenhalle.

Tiryns* Griechenland, Peloponnes, sö von Argos, bei Nea Tirintha. → (Abb. 74). Akropolis, besiedelt seit 3. Jtsd. vor Chr., in der Hauptsache bereits vor dem mykenischen Einfluß errichtet, zerstört spätes 13. Jh. vor Chr. Gebäudespuren aus der mittelhelladischen Epoche (ca. 2000-1600 vor Chr.). Reste hauptsächlich aus der Zeit von 1400 bis 1200 vor Chr.: Befestigungsmauer** mit Ost- und Westkasematten; gedeckte Galerie. Große und kleine Propyläen. Zisternen, ehemalige Unterstadt, zwei Kuppelgräber. N → Mykene.

Tirza Israel. → (Tell el-)Farah.

Tisens I-Südtirol, s von Meran. Italienisch Tesimo. Kirche St.Hippolyt auf dem Gelände einer vorgeschichtlichen Wallburg.

Tišina Bosnien-Herzegowina, bei → Zenica, ca. 85 km nw von Sarajevo. Reste von drei römischen Villen.

Tiskali I-Sardinien, sö von Oliena, sö von Nuoro. Auf dem Monte T. Reste von vorgeschichtlicher Siedlung.

Tissamaharama Sri Lanka, SO. Königssitz und Handelsplatz zur Zeitenwende. Siedlungshügel, Dagoba, Stausee 3. Jh., Ausgrabungen.

Tisseru Indien, Kaschmir, Ladakh, n von Leh. Rest von Stupa, ca. 8./9. Jh.

Tissinnt Marokko, s von Quarzazate. Vorgeschichtliche Reste.

Tissoukai Algerien, 40 km LL n von Djanet. Neolithische Felsmalereien im Tassili n'Ajjer.

Tiszapolgár-Basatanya Ungarn, NO, an der Theis (Tisza), sö von Miskolc. Kupfersteinzeitlicher Friedhof 3300-3100 vor Chr., mit Funden der zeitlich anschließenden Bodrogkeresztur-Zeit.

Tit Marokko, bei Moulay Abdallah, 13 km sw von El Jadida. Dorfruinen 12. Jh. Umfassungsmauer mit Toren.

Titane Griechenland, Peloponnes, w von Korinthos, n von Nemea. Heute Titani. Akropolisreste.

Titel Vojvodina, ö von Novi Sad. Reste des römischen Kastells.

Titelberg Luxemburg, bei Differdingen. Ringwall von spätlatènezeitlichem Oppidum der Treverer.

Titera-N'-Elias Algerien, 25 km LL nö von Djanet. Felsmalereien im Tassili n'Ajjer.

Tithorea Griechenland, bei Amfiklia, nw von Livadia. Ano Tithorea. Antik Neon. Reste von Stadtmauern* und Türmen 4./3. Jh. vor Chr. Ehemals Standort eines Theaters.

Titicaca Bolivien. Heiliger Felsen Titicala auf der Isla del Sol im Titicacasee. Reste von Inka-Palast, Sonnentempel, Kloster.

Titicaca Peru, wenig ö von Cuzco. In Kapelle umgewandeltes ehemaliges Heiligtum.

Titicala Bolivien. → Titicaca.

Tito-Bustillo-Höhle Spanien. → Ribadesella.

Titograd Montenegro. → Podgorica.

Titov Veles Makedonien, 55 km sö von Skopje. Antik Bylazora. Slawisch Veles. Reste von Kastell und Wachthaus.

Titsey GB, Kent, ö von Reigate. Reste von römischer Villa.

Titterstone Clee GB, Shropshire, 10 km ö von Ludlow. Eisenzeitliche Befestigung.

Tittmoning Deutschland. Funde von römischem Mosaik und von Wandmalereien. Heimathaus mit Sammlungen.

Tivat Montenegro, in der Boka Kotorska. Reste antiker Siedlungen im Meer.

Tivissa Spanien, w von Tarragona. In der Nähe ehemalige iberische Siedlung Castellet de Banyoles. Ö Höhlen mit Malereien, darunter die Coves de l'Escoda.

Tivolaggiu F-Korsika, s von Porto Vecchio. Nekropole. Megalithisches Kistengrab 3. Jtsd. vor Chr.

Tivoli* Italien, ö von Rom. Antik Tibur. Reste von Stadtmauer, mehreren Tempeln, Theater, Forum, Aquädukt, Akropolis, Amphitheater, Villen. 3 km n Villa des Quintilius Varus. 6 km w Ponte Luano. Grabmal der Plautier. Sw die Hadriansvilla**. Erste Bauten im 1. Jh. vor Chr. Erster Ausbau ab ca. 118 nach Chr. Nymphäen, Portikus, Prätorium, Canopus, Kryptoportikus, Quadroportikus, Thermen, Odeon, Inselnymphäum (Teatro Marittimo), Schauspieltheater. Gebäudereste.

Tiwanacu Bolivien. → Tiahuanaco.

Tizatlán Mexiko, 4 km n von Tlaxcala, 120 km ö von Mexico-City. Reste von Pyramiden, Xicoténcatl-Palast, Tempel mit Malereien. Altäre mit Fresken.

Tizin, Khirbet Syrien. → Tizin el Atiqa.

Tizin el Atiqa Syrien, bei Bordj Mudakhkar, 46 km w von Haleb. Khirbet Tizin. Reste einer Kirche von 585.

Tjärby Schweden, Süden, bei Laholm. Ö der Kirche Grabstätte mit vorgeschichtlichen Steinsäulen ("Bautasteinen").

Tjebnutjer Ägypten, Delta. → Samannud.

Tjebu Ägypten. → Qau el-Qebir.

Tjeku Ägypten, Delta. → (Tell el-)Maschuta.

Tjelvar Schweden, Gotland, bei Tjälde. Bronzezeitliche Schiffssetzung.

Tjeny Ägypten. → This.

Tjeta Indonesien. → Ceta.

Tlalancaleca Mexiko, Puebla, w von San Martin Texmelucan. Weitläufiges ehemaliges Zeremonialzentrum. Pyramidenreste, zahlreiche Gebäudereste.

Tlalcozotitlán Mexiko, Guerrero, ca. 100 km sö von Iguala. Tempelreste, Plattformen, Kanäle. Monolithe.

Tlapacoya Mexiko, 28 km sö von Mexico-City.

Reste einer frühen Siedlung. Kleine Pyramide, Plattformen, Gräber, Rekonstruktionen.

Tlatelolco Mexiko. → Mexico-City.

Tlatilco Mexiko, bei Atzcapotzcalco, Stadtrand von → Mexico. Zahlreiche Gräber, Funde 1500-1000 vor Chr.und 2. Hälfte 1. Jtsd. vor Chr.

Tlaxcala Mexiko. → Tizatlán.

Tlos Türkei, bei Zeyre, 36 km osö von Fethiye. Akropolishügel mit Kastell (türkische Festung auf lykischer Burg). Stadtmauer, Stadion, Thermen, Theater, byzantinische Kirche. Lykische Felsnekropole*. Römische Nekropole.

Toban Tepe Iran. → Haftavan Tepe.

Tochimilco Mexiko, 50 km sw von Puebla. Tempelfundamente.

Tocolosida Marokko, bei Ain Kerma, n von Meknès. Römisches Kastell in Limesnähe. Reste von Umfassungsmauer, Spuren von Thermen.

Tod Ägypten, sw von Luxor. Ägyptisch Djerti, antik Tuphium. Rest eines Month-Tempels. Reste von der 5. Dynastie bis in die griechisch-römische Zeit.

Toddu Malediven, Insel n des Alif-Atolls. Vorislamische Ruinen. Havita.

Todi Italien, 45 km s von Perugia. Römisch Tuder. Reste von etruskischer und römischer Stadtmauer mit Porta Perugina. Reste von Forum, Theater, Zisternen. Museum im Palazzo del Capitano. Nekropolen.

Todos Santos Cuchumatán Guatemala, 42 km nw von Huehuetenango. Mehrere Ruinenstätten.

Toenia Tunesien. Antik; heute La Goulette, ö von Tunis. Antik auch Ligula.

Tönsberg Deutschland. → Oerlinghausen.

Tofting Deutschland, Schleswig-Holstein, bei Tönning. Vorgeschichtliche Wurt, ca. Zeitenwende.

Togau Pakistan, Belutschistan. Nichtharappischer Siedlungshügel.

Togba Mauretanien, ö von Tamsnikit, 10 km s von Aoudaghost. Ruinen der Stadt. S Friedhof mit Steinsetzungen.

Tohcok Mexiko, Campeche, 3 km nw von Hopelchen, 83 km ö von Campeche. Maya-Ruinen, Chenes-Puuc-Stil; Tempel und weitere Gebäude.

Tokanda Äthiopien, n von Senafe. Aksumitische Stätte; Ausgrabungen.

Tokat Türkei, s von Samsun. Antik Dazimon. Reste der Zitadelle, hauptsächlich osmanische Zeit. Antike Säulen vor der Moschee. Nö → Gümenek. S → Horos Tepe.

Tokio Japan. Edo ab 1457. Tokyo (japanisch) ab 1868. Nationalmuseum Ueno-Park.

Tok-Kala GUS, Usbekistan, s des Aralsees, 14 km nw von Nukus. Ausgrabungen einer Siedlung. Reste von Grabgewölben.

Tokmar Kalesi Türkei, ca. 15 km w von Silifke. Festung*.

Tokod Ungarn, sw von Esztergom. Grundmauern

eines römischen Kastells.

Tokoro Japan, Hokkaido, Osten. Ehemals steinzeitliche Siedlung und Bergbefestigung der Ainu.

Tokra Libyen. Antik Cleopatris, im 3. Jh. Arsinoë, ab 5. Jh. Tauchira, Teuchira. Heute Tukrah. Reste von byzantinischer Stadtmauer, zwei Kirchen; griechische Reste.

Tolbiacum Deutschland. → Zülpich.

Toledo Spanien. Römisch Toletum, maurisch Tolaitola. Im 7. Jh. Hauptstadt der Westgoten. Alcántara-Brücke auf römischen Fundamenten. Reste von Amphitheater. Aquäduktreste.

Toletum Spanien. → Toledo.

Tolfa Italien, nö von Civitavécchia. Ausgrabungen, Stadtmuseum. In der Umgebung etruskische Nekropolen.

Tol-i Gar Iran, 3 km ö von Fehlian, 200 km nw von Schiraz. Reste einer Brücke.

Tolita, La- Ecuador, Insel im Norden, in der Nähe der Mündung des Rio Santiago. Kultur 500 vor Chr. bis 500 nach Chr. Auch Esmeraldas- oder Caras-Maya-Kultur genannt. Nekropole.

Tollán-Xicocotitlán Mexiko. → Tula.

Tolmeitha Libyen. Tolmeta. Ägyptisch Ptolemaiis. Reste von: Tempel, Forum, Amphitheater, Zisterne, Triumphbogen, christlicher Basilika, byzantinischer Kaiservilla.

Tolmin Slowenien, w von Ljubljana. Römische Ausgrabungen.

Tolobi Spanien. Römisch; Martorell bei Barcelona.

Tolophon Griechenland. → Eratini.

Tolosa Frankreich. → Toulouse.

To Loutokla Montenegro. → Podgorica.

Tolstaja Mogila GUS, Ukraine. Tolstiya Mogily usw. → Ordzonikidze.

Toluquilla Mexiko, 140 km nö von Queretaro, 105 km nnö von San Juan del Rio. Reste eines ehemals befestigten Ortes, von Pyramiden, Ballspielplätzen, 10./11. Jh.

Tolve Italien, 23 km onö von Potenza. N auf dem Monte Moltone Reste von hellenistischer Villa, ca. 4./3. Jh. vor Chr.

Tomarza Türkei, 55 km sö von Kayseri. Reste von Klöstern und Kapellen ab frühchristlicher Zeit.

Tomebamba Ecuador. Heute Cuenca.

Tomen-y-mur GB, Wales, s von Ffestiniog. Reste von römischen (1./2. Jh.), keltischen und normannischen Befestigungen.

Tomerdingen Deutschland. → Dornstadt.

Tomis Rumänien. Die ehemalige Festung in Konstanza. Ausgrabungen in der Stadt.

Tomok Indonesien, Sumatra, Insel Samosir. Megalithische Königsgräber, teils ev. 18. Jh. nach Chr.

Tona Spanien, n von Barcelona. Iberische Nekropole.

Tonala Mexiko, Chiapas-Westen, Küstenstraße. Kleines Museum. 13 km nw → Tonala Viejo. 16 km s → Puerto Arista.

Tonala Viejo Mexiko, Chiapas, 13 km nw von → Tonala. Zahlreiche Plattformen und Tempelreste, olmekisch und später. Stelen, Altäre.

Tongmul Korea, Süden, Berg zwischen Seoul und Kaesong. Shamanistisches Heiligtum.

Toniná* Mexiko, Chiapas, 14 km ö von Ocosingo, nö von San Cristóbal de las Casas. Besiedelt bis 10. Jh. und 11.-13. Jh. nach Chr. Ausgedehnte Ruinenstätte. Reste von Tempel, zwei Ballspielplätzen, Akropolis mit Terrassen und Tempeln. Skulpturen. Museum. Ö → Quexhil.

Toots, The GB, Gloucestershire, 4 km s von Stroud. Langhügelgrab.

Toots, The GB, Gloucestershire, bei Oldbury. Eisenzeitliche Befestigung.

Tooya Japan, Hokkaido, Osten. Ehemalige Bergbefestigung der Ainu.

Topada Türkei. → Acıgöl.

Topará-Tal Peru, Süden. Ruinenplätze und Gräberfelder. Ausgrabungen. → Paracas.

Tope Darra Afghanistan, ca. 60 km n von Kabul. Großer Stupa.

Topock USA, Arizona, ca. 160 km LL s von Las Vegas. Fundort unweit des Mohave-Labyrinths, Topock-Stufe.

Topolia Griechenland. → Kastro (Böotien).

Topoxté Guatemala, Petén, ca. 78 km (45 km LL) nö von Flores, Insel im Yaxhá-See. Besiedelt 300 vor Chr. bis 1450 nach Chr. Mayaruinen: Tempelbezirk, Plattformen. Stelen.

Toprak-Kala GUS, Usbekistan, 32 km n des Amu Darja gegenüber von Urgenč. Ehemalige Hauptstadt Choresmiens. Ruinen* der Kuschanzeit 1.-4. Jh.; Lehmziegelummauerung, Palastbezirk, Türme, Wandmalereien.

Toprakkale Türkei, 81 km ö von Adana. Byzantinisch-armenische Burg; Mauerwälle und Türme.

Toprakkale Türkei, 25 km nw von Ağri. Burgruine.

Toprakkale Türkei, 5 km nö von Van. Hügel mit Resten einer urartäischen Stadt, ev. der Hauptstadt Rusahina (Rusahinili), 8. Jh. vor Chr. Tempelruine 6. Jh. vor Chr. In den Fels gehauene Treppe, Befestigungs- und Vorratsanlagen. Kanalbauten. Staudämme.

Tops Irland. → Raphoe.

Topusko Kroatien, 55 km LL s von Zagreb. Reste aus der Römerzeit. Gotische Ruine.

Toqquz China. → Tumshuk.

Toquepala Peru, 100 km n in der Südspitze. Ruinen, Höhlenmalereien.

Tor Kroatien. → Jelsa.

Tordos Rumänien. → Turdaş.

Torello Spanien, Menorca, w von Mahón. Talayot.

Torhouse Stone Circle GB, Dumfries and Galloway Region, w von Wigtown.

Toriaion Türkei, n von Elmalı, bei Kozağacı. Ehemalige lykische Siedlung.

Tornareccio Italien, sw von Vasto. Reste megalithischer Mauern.

Toro Japan. → Shizuoka.

Toro Spanien. Römisch Arbucala. Stierskulptur.

Toro Muerto Peru, w von Arequipa am Unterlauf des Rio Majes, bei der Hazienda Toro Grande. Felsritzungen 800-1500.

Toron de Boldo Syrien. → Arab el Mulk.

Torontoy Peru, im Urubambatal sö von Machu Picchu. Ruinen.

Torquay GB, Devon. Ausgrabungen alter Siedlung.

Torralba I-Sardinien, 36 km sö von Sassari. Kleines Backofengrab. → Santu Antine.

Torralba de Salort Spanien, Menorca. → Torrauba.

Torrauba Spanien, Menorca, sö von Alayor. Torralba de Salort. Trümmerfeld, zyklopische Mauern, Taula, Talayots, Brunnen, künstliche Höhlen.

Torre F-Korsika, n von Porto Vecchio, n von Sainte Trinité. Megalithische Turmreste 2. Jtsd. vor Chr.

Torre, La Spanien, Fuerteventura, Ostküste. Ruinen der Guanchen-Zeit.

Torre Annunziata Italien, 20 km sö von Neapel. Antik Oplontis. Reste von römischer Villa ab 1. Jh. vor Chr.; Wohngebäude, Bad, Wandmalereien, Kryptoportikus.

Torre de Arcas Spanien, Provinz Teruel, w von Tortosa. W römische Nekropole.

Torre Astura Italien, s von Rom, 15 km ö von Anzio. Antik Astura. Reste von römischer Villa des 1. Jhs. Hafenreste.

Torrebia Türkei. → Tire.

Torre Cuevas Spanien. Der Aquädukt* für → Almuñécar.

Torre d'en Gaumés Spanien, Menorca. → Gaumés.

Torre Gaveta Italien, s des Fusaro-Sees, w von Neapel. Ruinen der Villa des Servilius Vatia. Römischer Kanal vom See zum Meer.

Torre Llafuda Spanien, Menorca, ca. 10 km ö von Ciudadela. Reste von Taulas und Talayots.

Torre del Mar Spanien, s von Velez-Malaga. Ev. das phönizische Toscanos. Ehemalige phönizische Niederlassung und Faktorei 8.-6. Jh. vor Chr. Ausgrabungen; Siedlungsreste, Nekropole, nö Grabkammer 7. Jh. vor Chr. Ö → Trayamar.

Torreon Mexiko, Coahuila. Anthropologisches Museum.

Torre del Ram Spanien, Menorca, nw von Ciudadela. Kammergrab 1. Hälfte 2. Jtsd. vor Chr.

Torre de Salabar Spanien, n von Sanlúcar. Zalabar. Phönizischer Turmrest.

Torres Vedras Portugal, n von Lissabon. Stadtmuseum. 3 km w Castro de → Zambujal. Reste der → Linhas de Torres.

Torre Trencada Spanien, Menorca, ö von Ciudadela. Talayot, Taula, 2. Hälfte 2. Jtsd. vor Chr.

Torrox Spanien, ö von Malaga. Reste von römi-scher Villa, Thermen. Nekropole.

Torrylin Cairn GB. → Arran.

Torsburg Schweden, Gotland, 5 km s von Kräklingbo. Torsburgen. Ringwall seit ca. Zeitenwende. Ausbau zur Völkerwanderungszeit (5. Jh.), Verwendung noch zur Wikingerzeit. Ca. 2 km Umfang.

Tortora Italien, ö des Golfes von Policastro. Blanda: Mauerreste. Nekropolen.

Tortosa Spanien. Iberisch Hibera, antik Julia Augusta Dertosa.

Tortosa Syrien. → Tartus.

Tortum Türkei, 59 km nnö von Erzurum. Georgische Burg.

Torul Türkei, 94 km sw von Trabzon. Ehemals Ardasa. Burgruine.

Toryne Griechenland. → Parga.

Toscanos Spanien. → Torre del Mar.

Toschka Ägypten, im Gebiet des Nasser Sees, nö von Abu Simbel. Grab des Hekanefer, 14. Jh. vor Chr.

Toscolano-Maderno Italien, Gardasee-Westufer. Römisch Becanum. Ausgrabung einer römischer Villa; Mosaike.

Tosp Türkei. → Van.

Tossa de Mar Spanien, Costa Brava. Ehemals iberische Siedlung. Römisch Turissa. Ausgrabungen von Häusern mit Mosaiken.

Tostón Spanien, Fuerteventura, N-Küste. Alter Verteidigungswall.

Tószeg Ungarn, s von Szolnok an der Theiß (Tisza). Siedlungshügel von der Jungsteinzeit bis Mitte 1. Jtsd. vor Chr.

Totenberg Deutschland. → Staufenberg.

Totimehuacán Mexiko, 10 km s von Puebla, nähe Valsequillo-Stausee. Zeremonialzentrum mit drei Pyramiden. Pyramide mit Kirchenbau. Quellenheiligtum.

Toudja Algerien, w von Bejaïa (Bougie). Reste; 20 km w römischer Aquädukt.

Toukabeur Tunesien, 13 km nw von Medjez El Bab, sw von Tunis. Antik Thuccabor. Reste von Tor, Triumphbogen, Zisternen. Punische Gräber.

Toukrimin Algerien, 140 km LL nnw von Djanet. Felsgravierungen im Tassili n'Ajjer, Wadi Djerat.

Toul Frankreich, w von Nancy. Spuren von gallo-römischen Befestigungen unter der Kirche.

Toulon Frankreich. Römisch Telo Martius. Ehemals römischer Hafen. Museum für Kunst und Archäologie. Nw am Stadtrand beim Château Vallon (nö von Ollioules) kelto-ligurisches Oppidum de la Courtine.

Toulouse Frankreich. Römisch Tolosa. Reste des römischen Amphitheaters. Musée Georges-Labit. Ca. 10 km s die ehemalige kelto-ligurische Oppidum Vieille Toulouse.

Toungoo Birma/Union Myanmar, ca. 300 km n von Rangun. Birmanische Hauptstadt Ende 13. Jh. bis Mitte 18. Jh.

Tourane Vietnam. Museum.
Tourem Portugal, im Peneda-Gerês-Nationalpark, nö von Braga. Reste von keltiberischen Lagern und von Dolmen.
Tourine* Syrien, ö des Orontes im Djebel Wastani. Ehemalige byzantinische Stadt. Reste von vier Basiliken 5./6. Jh., von Kapelle, Zisterne. Spuren von weiteren Kirchen. Gräber, zwei Hypogäen, Sarkophage.
Tournus Frankreich, ca. 100 km n von Lyon. Museum.
Tours Frankreich. Römisch Caesarodunum. Ab 4. Jh. Urbs Turonum. Reste von gallo-römischer Stadtmauer. W Aquädukt von → Luynes. N Dolmen → Grotte aux Fées.
Touta Italien. → Rapino.
Tovarnele Kroatien, Nordende der Insel Pag. Antike Mauerreste.
Tow Barrow GB, Hampshire. Langhügelgrab.
Town Creek USA, Georgia. Indian. Tempelhügel.
Towosahagy USA, Missouri. Indian. Tempelhügel.
Toya Spanien, sw von → Peal de Becerro, onö von Jaén. Iberische Nekropole Tugia 7./6. Jh. vor Chr. Kammergrab 4. Jh. vor Chr.
Toyuk China, Xinjang, Oase Turpan. Höhlentempel.
Tozeur Tunesien. Römisch Thusuros. Minarett mit antiken Resten. Spuren von römischem Staudamm.
Tozkoporan-Höhlen Türkei, bei Üniye, Schwarzmeerküste. Felsgräber.
Trablous Libanon. Trabolos, Tarabulus ash-Sham. Ehemals Tripoli. Triple der Kreuzfahrer. Zitadelle Qalaat Sanjud. 2 km s Aquädukt.
Trabzon Türkei, Schwarzmeerküste. Ehemals Trapezunt. Antik Trapezos. Stadtmauern mit Zitadelle. Boz Tepe, Hügel mit byzantinischen Spuren und Panaghia-Theophastos-Kloster. Die Kirchen zumeist in Moscheen umgewandelt: Panaghia Chrysokephalos, Sophienkirche 5./13. Jh. mit Fresken**, Philippuskirche 14. Jh., Annen-Kirche 9. Jh. mit Krypta, Andreaskirche 11. Jh., Eugeniuskirche 14. Jh., St.-Basilius-Kirche mit römischen und frühbyzantinischen Säulen. Kirchenruinen.
Trachis Griechenland, Ftiotis. → Iraklia.
Trach-lam Vietnam, Thanh-hoa. Ton-duc-Stupa 1631.
Trachonos Griechenland, s von Athen. Griechisch Euonymais. Gräber der mykenischen und geometrischen Zeit. Reste von frühchristlicher Basilika.
Tragurion Kroatien. → Trogir.
Traismauer Österreich, sö von Krems. Römisch Augustianis, Trigisamum. Befestigungsmauern; Wiener Tor mit römischen Resten. Grabungen unter der Kirche. Museum in einem Turm des ehemaligen Kastells. Landesmuseum für Frühgeschichte. → Norischer Limes.
Trais Deutschland. → Münzenberg-Trais.
Traitsching Deutschland, s von Cham. Sö auf dem

Schanzenberg frühmittelalterlicher Ringwall "Alte Schanze".
Trajan Albanien. Ehemalige befestigte eisenzeitliche Siedlung.
Trajana Spanien. Römisch; Triana, Vorort von Sevilla.
Trajanstafel Serbien. → Tabula Traiana.
Trajanswall Rumänien und GUS. Namen verschiedener Wallanlagen, hauptsächlich Rumäniens:
1) von Constanţa westlich bis zur Donau.
  a) Kleiner Erdwall, vorrömisch.
  b) Großer Erdwall, ehemals mit 35 Kastellen, Ende 1. Jh.
  c) Steinwall, 4. Jh.
2) Unterer Trajanswall, nördlich der Donau vom Schwarzen Meer Richtung Westen bis Vadul Lui Isac mit nordwestlich anschließendem → Athanarich-Wall. Weiterer Abschnitt südwestlich, nordwestlich von Galati.
3) → Oberer Trajanswall, Greutungen-Wall, vom Dnjestr bis nördlich vom Prut.
4) Trajanslimes entlang des Olt (→ Oltlimes).
Trajanupolis Griechenland. → Dorisko.
Trajectum ad Mosam Niederlande. Maastricht.
Tra-kieu Vietnam, Quang-nam. Auf dem Gebiet von T. die ehemalige Hauptstadt des Champa-Herrschers Bhadravarman, um 400, → Mi-son-Kultur. Reste.
Trakthok Indien, Kaschmir, Ladakh, bei Sakti. Nyingmapa-Kloster 8. Jh., kleines Höhlenheiligtum 8. Jh.
Tralleis Türkei. → Aydın.
Tralles Türkei. → Aydın.
Trancas, Las Peru, südlichstes Tal der Nazca-Region. Ausgrabungen, Gräberfelder.
Transdernia Serbien. Römisch; heute Tekija, 213 km ö von Belgrad, rechtes Donauufer.
Tránsito, El Guatemala, Departament Escuintla. → (La) Democracia.
Traostalos Gr-Kreta. N von Kato Zakros.
Trapani I-Sizilien, NW. Der antike Hafen Drepanon von Eryx (→ Erice). Museo Nazionale Pepoli.
Trapesac Türkei. → Terbezek.
Trapezos Türkei. → Trabzon.
Trapezunt Türkei. → Trabzon.
Traprain Law GB, Schottland, 7 km ö von Haddington, ö von Edinburgh. Eisenzeitliche Befestigung.
Trayamar Spanien, Provinz Malaga, Westufer des Rio Algarrobo, ö von Vélez-Málaga. Phönizische Niederlassung.
Treba Italien. → Trevi nel Lazio.
Trebeništa Makedonien, 15 km n von Ohrid. Illyrische Nekropole 6. Jh. vor Chr.
Trebenow Deutschland, n von Prenzlau. 1 km sö Rest von Großsteingrab.
Trebinje Bosnien-Herzegowina, ö von Dubrovnik. Regionalmuseum.

Trebisacce Italien, Kalabrien-Ostküste. Ruinen von Trebisacce Vecchia.

Trebula Italien. → Quadri.

Trebula Mutuesca Italien, 25 km s von Rieti. Ehemalige Stadt der Sabiner; heute Monteleone Sabino. Spuren von Amphitheater.

Trecastell GB, Wales, w von Brecon. Ehemalige römische Kastelle (z.b. Y Pigwm), Steinkreise (z.b. auf Mynydd Myddfai).

Trefignath GB, Wales. → Holyhead.

Tregear Rounds GB, Cornwall, bei St. Kew an der Nordküste, n von Wadebridge. Eisenzeitliche Befestigung.

Tren Albanien, ö von Korça. Ehemalige befestigte eisenzeitliche Siedlung.

Trenčin Slowakei. Trentschin. Römisch Laugaricio. Römische Felsinschrift von 179/180 auf den Sieg der 2. Legion Adiutrix über Markomannen und Quaden.

Trens-Birg I-Südtirol. → Leifers.

Trepucó* Spanien, Menorca, s von Mahón. Siedlungsstelle 1. Hälfte 1. Jtsd. vor Chr. Talayot, Taula*, Dolmen, Mauerreste, Ummauerung.

Tre'r Ceiri GB. → Llanaelhaearn.

Treryn Dinas GB, Cornwall, s von Treen, sw von Penzance. Prähistorische Klippenfestung.

Trescares Spanien, s von Llanes. Römische Brücke.

Trespuentes Spanien, w von Vitoria. Sw Ausgrabungsstätte Iruña, das antike Suisacio. Stadtmauern, Brücke von Villodas. Grundrisse, Straßen. Museum.

Tressé Frankreich, Bretagne, onö von Dinan. Dolmen.

Tres Tabernae Frankreich. → Saverne.

Tres Tabernas Albanien, bei Qukës, w des Ohridsees. Ehemaliges römisches Kastell.

Tres Zapotes Mexiko, 140 km sö von Veracruz, 23 km sw von Angel Cabada. Reste einer Kultstätte; Erdpyramiden, Olmekenköpfe. Stelen. Museum.

Trethevy GB, Cornwall, bei Tavistock. Großsteingrab (Dolmen).

Trevelgue Head GB, Cornwall, bei Newquay. Eisenzeitliche Befestigung, Hügelgräber, Eisenminen.

Trevi Italien, sö von Perugia, s von Foligno. Stadtmauerreste.

Trevignano Italien, Nordufer des Bracciano-Sees. Antik Sabato, Sabatia. Römischer Gebäuderest. Antiquarium. Gräber ab 8. Jh. vor Chr.

Trevi nel Lazio Italien, ca. 80 km ö von Rom, n von Fuggi. Antik Trevi. Reste der Akropolis.

Treviri Deutschland. Treviris. → Trier.

Trgovište Serbien. → Ras.

Trialeti GUS, Georgien. Bronzezeitliche Nekropole, gegen Mitte 2. Jtsd. vor Chr. Kultur 2. Hälfte 2. Jtsd. vor Chr.

Trianta Griechenland, Rhodos. Reste von spätminoischer Siedlung, Mitte 16. Jh. vor Chr.

Tribberatz Deutschland, Rügen, ö von Bergen. Rest von Großsteingrab.

Tricarico Italien, ö von Potenza. Tempa dell'Altare: Umfassungsmauern, antike Grabstätten. Piano della Cività: Reste von Befestigungsanlagen. Sw → Campomaggiore vecchio.

Tricciana Ungarn. → Ságvár.

Tricensimae Deutschland. → Xanten.

Trichonion Griechenland, Aitolo, s des Trichonis-Sees, nähe Gavalu. Spuren der antiken Stadt.

Trichur Indien, Kerala, 70 km n von Cochin. Vadakkunnatha-Tempel 16. Jh. Gopuras. Nalambalam-Tempel, ab 11. Jh. Theater.

Tricio Spanien, bei Najera, Altkastilien. Römisch Tritium. Römische Reste.

Tricomia Türkei. → Kaymaz.

Tridentum Italien. → Trient.

Trient Italien. Römisch Tridentum, italienisch Trento. Ehemaliges Römerkastell Verruca auf dem Dos Trento, W-Ufer. Reste von Stadtmauer, Tor und Turm. Spuren von Wohnhaus mit Mosaiken. Unter der Kathedrale Reste von frühchristlicher Basilika. Santa Maria Maggiore auf römischen Resten. Nationalmuseum.

Trier* Deutschland. Ehemals Stadt der Treverer, danach Hauptstadt der römischen Provinz Belgica. Römisch Colonia Augusta Treverorum. Im späten 4. Jh. Kaiserresidenz Treviri. Die bedeutendsten römischen Reste nördlich der Alpen. Rheinisches Landesmuseum mit Mosaiken. Bischöfliches Museum mit Fresko. Stadtmauerreste. Nördliches Stadttor Porta Nigra** von 180 nach Chr. Simeonskloster mit Resten. Ehemalige kaiserliche Privatpaläste und konstantinische Doppelbasilika, Mauerreste hiervon im Dom. Palastbasilika** (Aula), mehrmals wiederaufgebaut. Kaiserthermen*. Barbarathermen*. Thermen unter der Sparkasse. Getreidespeicher beim Hospital St. Irminen. Standorte von ehemaligem Forum und Victorinus-Palast. Tempelbezirk am Alpbachtal, mit darunter befindlichen Spuren einer Siedlung von 1000 vor Chr. Tempel am Herrenbrünnchen. Amphitheater*, als östliches Stadttor ausgebaut. Zirkus überbaut. Außerhalb: Römische Brückenpfeiler von 140 nach Chr. Klosteranlage St. Matthias, ehemaliges Villengelände; zahlreiche christliche Grabstätten, Grabkammern. W am Markusberg Spuren von Quellheiligtum »Heideborn«; Mars-Tempel und Theater festgestellt. Pfalzel: römisch Palatiolum. Palastreste von Sommerresidenz auf dem Gelände der Kirche; Mosaik.

Trieris Libanon, 67 km n von Beirut. Antik; heute Héri.

Triest Italien. Römisch Tergeste, Tergentum. Ruine des Theaters 2. Jh. Tempelrest. Reste von Basilika. Arco di Riccardo. Aquädukt. Stadtmuseum.

Trigisanum Österreich. → Traismauer.

Trikala Griechenland, Thessalien. Trikkala. Antik Trikka. Hellenistische Mauerreste. Byzantinisches Kastro an der Stelle der antiken Akropolis. Spuren eines Asklepios-Heiligtums. Einzelne eingezäunte ausgegrabene Objekte. Archäologisches Museum.

Trikardo Kastro Griechenland. → Oiniadai.

Trikka Griechenland. → Trikala.

Trikorythos Griechenland, ö von Marathon, ca. 50 km nö von Athen. Reste von Stadtmauern und Akropolis, ca. 3. Jh. nach Chr.

Trilj Kroatien, 45 km nö von Split. In der Nähe das antike Tilurium. Spuren eines Triumphbogens.

Trillo Spanien, ö von Guadalajara, s von Cifuentes. Reste von keltiberisch-römischer Siedlung.

Trimbach Schweiz, Solothurn, nw von Olten. Spuren von urnenfelderzeitlicher Siedlung und spätrömischer Wehranlage.

Trimontium Bulgarien. → Plovdiv.

Trimontium GB, Schottland, Southern Uplands, ca. 50 km sö von Edinburgh. Römisches Lager in Newstead.

Trin Schweiz, Graubünden, ca. 15 km w von Chur. Crap Sogn Parcazi: Kirchenreste 6./7. Jh.

Trincheras Mexiko, ca. 100 km sö von Caborca. Ruinen auf dem Cerro de Las Trincheras.

Tripodiskos Griechenland, Attika, 7 km nw von Megara. Ruinen des antiken Ortes.

Tripoli Griechenland, Peloponnes. Archäologisches Museum.

Tripoli Libanon. → Trablous.

Tripolis Libyen. Phönizische Gründung ca. 900 vor Chr.; Oea. Bogen des Marc Aurel. Reste von römischen Bädern. Museum.

Tripolis Türkei. → Tirebolu.

Tripolis am Mäander Türkei, 35 km n von Denizli, bei Yenicekent. Akropolishügel, Reste von Gebäuden und Theater. Nekropole.

Tripolitanischer Limes zwischen Ghadames und Tauorga. Bestehend aus Grenzlandbefestigungen (Limitanei-Siedlungen) 3.-4. Jh., z.B.: Ghadames, Gheriat el-Gharbia, → Ghirza, Bu Ngem, → Douirat.

Tripolje GUS, Ukraine, s von Kiew. Namensgebende Fundstätte für eine jungsteinzeitlich-kupfersteinzeitliche Kultur, 4. Jtsd. vor Chr.

Tripotamos Griechenland, ca. 100 km s von Patras. Antik Psophis. Stadtmauern, Reste von Akropolis mit Burgruine, von Tempeln, Stadion.

Trippett Stones GB, Cornwall, Bodmin Moor. Steinkreis.

Třisov Tschechien, bei České Budějovice (Budweis). Ehemaliges keltisches Oppidum.

Tritium Spanien. → Tricio.

Trittau Deutschland, ö von Hamburg, nö im Staatsforst Hahnheide. Kultplätze, Steinsetzungen, Wallspuren.

Trittia Frankreich. Römisch; Trets, sö von → Aix-en-Provence.

Trivandrum Indien, H von Kerala. Fort mit Palä-sten, Tempeln, Padmanabhashvami-Tempel, 10. Jh. Gopura.

Trivikramamangalam Indien, Kerala, 5 km von Trivandrum. Shiva-Tempel, 11. Jh.

Troësmis Rumänien. Ehemalige römische Stadt bzw. Legionsfestung; heute Iglita, ö von Brăila.

Trogir Kroatien. Griechisch Tragurion, römisch Tragurium.

Tróia Portugal, s von Setúbal. Reste des römischen Cetobriga.

Troina I-Sizilien, nö von Enna. Ev. das antike Enghion. Reste antiker Mauern.

Trois Frères Frankreich, Dept. Ariège, nähe Saint-Girons. Höhle mit altsteinzeitlichen Malereien.

Trois Pavillons Haiti. Festung Anfang 19. Jh. erbaut.

Trois-Pierres Frankreich. → Hennebont.

Troizen Griechenland, Peloponnes, Argolis-Ostspitze. Trizina. Zwischendurch Damala. Ruinengebiet, Ausgrabungen. Reste von Stadtmauern, Akropolis, Athenatempel, Agora, Thermen, Tempel, Hippolyt-Tempel, Episkopi-Kirche. Stelle des Stadions.

Troja* Türkei, beim Ort Tevfikıye, s der Dardanellen. Griechisch Ilion, römisch Novum Ilion, türkisch Hissarlik. Die aus der Ilias bekannte Stadt wurde von Heinrich Schliemann hier vermutet und ausgegraben, wobei Trümmer jüngerer Siedlungen abseits gelagert wurden. Die einzelnen Schichten und die ihnen zugedachten Zeiträume:

I 1. Hälfte 3. Jtsd. vor Chr.: Kleine befestigte Siedlung.

II 2. Hälfte 3. Jtsd. vor Chr.: Megaron-Paläste. Goldschatzfund.

III-V 2100-1800 vor Chr.: Geringe Reste, Osttor.

VI 1700-1300 vor Chr.: Befestigte Siedlung. Mauerreste; Zerstörung durch Erdbeben. Ausgedehnte Unterstadt festgestellt.

VII a 1300-1260 vor Chr.: Zerstörung durch Feuer.

VII b 1260-1100 vor Chr.; Gebäudereste.

VIII 700-334 vor Chr.: Persisch, griechisch; Ilion.

IX ab 334 vor Chr. hellenistisch. Ab 85 vor Chr. Neuaufbau durch die Römer; Reste von Athena-Tempel, Gymnasion, Buleuterion, Theater. Zisternen.

Troldebjerg Dänemark, Langeland. Ehemals jungsteinzeitliche Siedlung der Trichterbecherleute. Ganggräber.

Troo Frankreich, ca. 50 km n von Tours. Höhlenwohnungen, unterirdische Gänge, Grabhügel.

Tropäum Trajani Rumänien. → Adamclisi.

Tropea Italien, Kalabrien. Frühchristliche Nekropole.

Trophäum alpium Frankreich. Trophée des Alpes. → (La) Turbie.

Trossingen Deutschland, Kreis Tuttlingen, ö von Schwenningen. 2½ km n keltische Viereckschanze.

Troulli Zypern, bei Agios Epiktitos, ö von Kyrenia. Trulli. Ehemalige neolithische Siedlung.

Trowlesworthy GB, Devon, Dartmoor. Alignments, Steinkreise, Spuren von Hüttenkreisen.

Trowulan Indonesien, Java-Osten, 60 km sw von Surabaya. An der Stelle der Hauptstadt des Reiches der Majapahit. Ruinen von Tor und Tempeln. Grab. Museum.

Trpanj Kroatien, HI Pelješac. Reste von römischer Villa und von römischem Wasserbecken.

Trsat Kroatien. → Rijeka.

Trtuša Kroatien. → Kornat.

Trüllikon Schweiz, Zürich, sö von Schaffhausen. Ö von Rudolfingen Wall und Gräben von hallstattzeitlicher Höhensiedlung.

Trujillo Peru. Archäologisches Museum. Nw → Chanchan*.

Trujillo Spanien, 250 km sw von Madrid. Römisch Turgalium, Turris Julia.

Trullhalsar Schweden, Gotland, n von Anga. Eisenzeitliches Gräberfeld, ca. Zeitenwende.

Trun Schweiz, Graubünden, Vorderrhein. 2 km ö prähistorische Höhensiedlung Grep Aul.

Trundle GB, n von Chichester. Prähistorische Bergfestung an der Stelle einer jungsteinzeitlichen Siedlung.

Truşeşti Rumänien, ö von Botoşani. Siedlung der spätneolithischen → Cucuteni-Tripolje-Kultur, 2. Hälfte 4. Jtsd. vor Chr. Ausgrabungen.

Truva Türkei. → Troja.

Trypiti Griechenland. Antiker Hauptort der Insel Melos. → Milos.

Trysa Türkei, zwischen Kaş und Kale. Heroon, 4. Jh. vor Chr.

Tsangli Griechenland, 4 km n von → Eretria, w von Volos. Siedlungshügel seit der mittleren Jungsteinzeit.

Tsani Griechenland, Karditsa, bei Sofades. Tzani. Kleiner Siedlungshügel, mittelneolithische (Sesklo-) bis mykenische Zeit.

Tsaparang China, Xizang (Tibet), Westen. Ruinenstadt, Schloß- und Tempelruinen. Wohnhöhle.

Tschah Tarkhan Iran, 27 km s von Teheran. Reste von sassanidischer Zitadelle.

Tschakilli Türkei. → Çakilli.

Tschang China, Xizang (Tibet), Westen. Vorgeschichtliche Höhlen.

Tschawar Iran, 125 km sw von Schahabad-Gharb, sw von Kermanschah. Zahlreiche Ausgrabungsstätten und Gräber. 1 km Tepe War Kabud, Stätte der Luristan-Kultur, ca. 700 vor Chr. Nekropole. Nahebei die Nekropole Bani Surmah, Mitte 3. Jtsd. vor Chr.

Tschehar Qapu Iran, bei Qasr-i Schirin, 181 km w von Kermanschah. Großer quadratischer Bau der Sassanidenzeit, ev. ein ehemaliger Feuertempel. Ausgrabungsgelände.

Tschemtschemal Iran. → Djemajemal.

Tschender, Qalaeh Iran. → Schami.

Tscheragh[1] Ali Tepe Iran. → Marlik Tepe.

Tschern Schweiz. → Ramosch.

Tscherven Bulgarien, 28 km s von Russe. Ruinen von mittelalterlicher Stadt. Reste von Festungsmauern, Wohnturm, Kirchen.

Tscheschme Ali, Tepe Iran. → Rey.

Tschilburdsch GUS, Turkmenistan, in der Nähe von Mary. Ehemals parthische Festung.

Tschingpataktse China, Xizang (Tibet), bei Tschongghie. Hauptstadt der Könige von Yarlung. Reste*, Türme.

Tschirik-Rabat GUS, Kasachstan, ö des Aralsees, am Žanadarja (Schany Darja), 300 km sw von Kysyl-Orda. Ausgrabung einer befestigten Stadt 7.-2. Jh. vor Chr. Zitadelle, Fürstengrab 5./4. Jh. vor Chr.

Tschitschanlyk Tepe GUS, Turkmenistan, w von Mary. Ehemals parthische Festung.

Tschlin Schweiz, Graubünden, Unterengadin. Bronzezeitliche Höhensiedlung Mot da Chaschlins.

Tschoga Gavaneh Iran. → Schahabad-Gharb.

Tschoga Mami Irak, bei Mandeli, nö von Bagdad, in der Nähe der iranischen Grenze. Ausgrabungen eines Dorfes der Samarra-Zeit.

Tschoga Misch Iran, 25 km sö von Dizful. Ausgrabungen einer ausgedehnten Siedlung ab 5. Jtsd. vor Chr.: Wälle, Gebäude, Gräber. Parthische und achämenidische Spuren.

Tschoga Sefid Iran, bei Deh Luran, w von Dizful. Kalata. Siedlung des 5. Jtsds. vor Chr. Mauerreste, Plattformen.

Tschoga Zanbil* Iran, ca. 103 km n von Ahvaz. Tschofa Tsanbil usw. Gegründet im 13. Jh. vor Chr. Hauptstadt von Elam. Assyrisch Dur Untasch (Dūr Untaš). Böschung der ehemaligen Stadtmauer. Ruine der ehemals größten Ziqqurat Mesopotamiens. Reste mehrer Tempelbezirke, zahlreicher Tempel, von Palästen.

Tschokuruga-Höhle GUS, Krim. Spätaltsteinzeitliche Höhlenmalereien, Mikrolithe.

Tschongghie China, Xizang (Tibet), s des Tsangpo. Gräber 7. Jh., teils mit Pfeilern.

Tschor Bakr GUS, Usbekistan. → Sumitan.

Tschuktschen-Halbinsel GUS. Cukotskij Poluostrov. N des Polarkreises entlang des felsigen Ufers des Pegtymel über 100 Gruppen von insgesamt fast 1000 Felszeichnungen (Rentiere, Jagdszenen). Späte Altsteinzeit und Jungsteinzeit.

Tschurpu Indien, Kaschmir. Kloster 12. Jh.

Tschust GUS, Usbekistan. → Čust.

Tsefat Israel. → Zefat.

Tsipori Israel. → Zippori.

Tsora Israel. → Zorah.

Tsoying Taiwan. Stadtmauerreste.

Tsurashi Japan, Hokkaido, Süden. Ehemalige Bergbefestigung der Ainu.

Ttiopunco Peru, bei → Ollantaytambo.

Tuba, Qasr et- Jordanien, 120 km sö von Amman. Reste* eines Omayyaden-Palastes, 1. Hälfte 8. Jh.

Tubernuc Tunesien. → Ain Tebournok.

Tubursicum Numidarum Algerien. → Kehmissa.

Tuc d'Audoubert Frankreich, Dep. Ariège, bei Montesquieu-Avantès. Höhle mit altsteinzeitlichen Spuren.

Tucci Spanien. → Martos.

Tuch Ägypten, s von Dendera. Ägyptisch Nubt, antik Ombos. Tempelspuren 18. und 19. Dynastie. Friedhöfe. Mastaba 1. Dynastie.

Tuc-mac Vietnam, Nam-dinh. Pho-minh-Pagode 1130.

Tucumé Peru, n von Chiclayo. Ca. 26 Lehmhügel ehemaliger Adobe-Pyramiden. In der Nähe → Sipán.

Tude Spanien. Antik; heute Tui, s von Vigo.

Tudela Spanien, n von Zaragoza. Römisch-gotische Brücke. Römische Villa im Soto del Ramalete entdeckt.

Tuder Italien. → Todi.

Tudons, d'Es Spanien, Menorca, bei Ciudadela. Naveta mit Vorraum und Hauptraum, 2. Viertel 2. Jtsd. vor Chr.

Tübingen Deutschland. Sammlung des Ägyptischen Instituts der Universität. Kilchberg: restaurierter Grabhügel mit Steinkranz, Stelen.

Tückelhausen Deutschland, sw von Ochsenfurt. S ehemals zwei kaiserzeitliche Siedlungen.

Tuekta GUS, Altai-Gebiet, n des Terekta-Gebirges. Skythische Nekropole, Kurgane, teils 6. Jh. vor Chr.

Tülintepe Türkei, Keban-Stausee, ö von Elâzığ. Mittel- und spätchalkolithische und frühbronzezeitliche Schichten der alten Siedlung.

Türbessel Türkei. → (Tell) Beşir.

Tüse Türkei, ö von Kaş. Antik Tyse, Toussa. Ehemalige lykische Siedlung. Reste von Akropolis. Tumulusgrab.

Tughlugabad Indien. → Delhi (8)).

Tugia Spanien. → Toya.

Tuiflslammer I-Südtirol. → Kaltern.

Tul, Qalaeh Iran, 169 km nö von Ahvaz. Erdhügel mit den Ruinen einer Burg der Il-Khane.

Tula* Mexiko, ca. 95 km nnw von Mexico-City. Ehemals Tollán. Gegründet im 10. Jh., zerstört ca. 1165. Hauptstadt des Toltekenreiches. Reste des Zeremonialzentrums: Tlahuizcalpantecutli-Tempel mit Pyramide, Quemado-Palast, zwei Ballspielplätze, Atlanten. Museum. 1½ km Tempel »El Corral«. 6 km sö Palastruinen »El Cielito«.

Tulcea Rumänien. Ehemalige spätrömische Festung.

Tullagh Irland, 3 km sö von Kilfenora. Steinfort.

Tullaghoge Fort GB, Nordirland. → Cookstown.

Tulln Österreich, nw von Wien. Das ehemalige römische Kastell Commagena am → Norischen Limes. Römischer Turm und Mauerreste. Heimatmuseum.

Tullonius Spanien. Römisch; heute Alegría, ö von Vitoria.

Tullycommon Irland, Clare, ö von Kilfenora. ND270B. Steinwall Cahercommain. Steinwall Cashlaun Gar.

Tulqum Jemen-Nord. → Raida.

Tulul Abu el Alaiq Israel, bei Beit Djabr el Tahtani, sw von → Jericho. Besiedelt spätestens ab 4. Jtsd. vor Chr. Ruinen eines im 3. Jh. wiedererrichteten Herodespalastes mit griechischem Turm. Standort einer Burg 7.-9. Jh.

Tulúm* Mexiko, Quintana Roo, 135 km s von Cancún. Das ehemalige Zama. Ummauerte Stadt der Maya, gegründet im 6. Jh. Großer Palast, Freskentempel, »Schloß«* mit Tempeln. Weitere Tempelreste und Plattformen.

Tulumajillo Guatemala, Provinz El Progreso, nö von Ciudad de Guatemala. Ruinenstätte.

Tulung Agung Indonesien, Java, Osten. Buddhistische Höhle mit figürlichen Darstellungen.

Tumal Saudi-Arabien. Heute Bischa, zwischen → Nadjeran und Mekka.

Tuma Seman Syrien. → (Tell) Blokhman.

Tumbaya Peru, Tacna, Locumba-Tal. Felsbilder.

Tumbos Sudan, s des 20. Breitengrades. Stelen von Tuthmosis I., von Vizekönig Setaur und von weiteren Erbauern.

Tumiac Frankreich. → Port Navalo-Arzon.

Tumshuk China, Xinjiang, 300 km ö von Kaschghar. Ausgedehntes Ruinenfeld einer buddhistischen Siedlung. Tempel, Reliefs. Ruinenstätte Toqquz-Sarai.

Tun Iran. Heute Firdus.

Tuna el-Gebel Ägypten, nw von Mallawi. 14 Stelen, davon Grenzstele Echnatons. Katakomben mit Ibis- und Affenbestattungen. Ptolemäische Nekropole; Grab des Petosiris, ca. 300 vor Chr.

T'ungkou China, Jilin, Ebene am Berg T'u Koutzu. »Grab des Generals«, 5. Jh. Grab der Tänzer. Tausende weiterer Gräber, Malereien.

Tuningen Deutschland, Schwarzwald-Baar-Kreis, sö von Schwenningen. 2 km ö keltische Viereckschanze »Schänzle«.

Tunipe Syrien, 38 km nö von Homs. Antik; Dunibe, Dnaïbe. Mehrere Siedlungshügel.

Tunis Tunesien. Antik Tunes. Ab 698 arabisch. Antike Säulen in der Großen Moschee*. Bardo-Museum mit Mosaiken**. Ehemals römische Wasserleitung → Zaghouan-Tunis. Aquädukt ab 13. Jh.

Tupak Mexiko, Quintana Roo, ö von Felipe Carrillo Puerto. Maya-Ruinen.

Tup-Chona GUS, w von Dušanbe (Tadschikistan). Gräko-baktrische Nekropole.

Tuphium Ägypten. → Tod.

Tuqan, Tell Syrien, 40 km ssw von Haleb. Ausgrabungen einer altsyrischen Stadt 2300-1600 vor Chr. Unterstadt, Zitadelle. Reste starker Mauern.

Turan GUS, nö des Altai, ehemalige Tuwinische SSR. Skythische Nekropole.

Turan Türkei. → Izmir.

Turang Tepe Iran, ca. 20 km nö von Gurgan, nö

von Teheran. Besiedelt vom 6. Jtsd. vor Chr. bis 1. Jtsd. nach Chr. Reste einer Festung auf einer Terrasse des frühen 1. Jtsds. vor Chr.

Turanj Kroatien, 24 km sö von Zadar. Römische Gräber.

Turba Spanien. → Teruel.

Turbat-i Haidari Iran, 147 km s von Meschhed. Ehemals Bischek, auch Zaveh. Standort einer Festung im 14. Jh. Mausoleum. 6 km s → (Tepe) Khar Gerd.

Turbat-i Scheikh Djan Iran, 187 km sö von Meschhed. Mausoleum aus der Timuridenzeit.

Turbie, La* Frankreich, ö von Nizza. Reste der Trophée des Alpes, 5 vor Chr.

Turda Rumänien. Thorenburg. Dakisch Patrouissa. Römisches Legionslager Potaissa; Reste von Mauern, Toren, Principia, Heiligtum, Basilika.

Turdaş Rumänien, sö von Deva, an der Mureş. Siedlungshügel, Kultur der mittleren Jungsteinzeit und der Kupfersteinzeit.

Turdula Spanien, n von → Sagunto, am Pico del Corpo. Antike Siedlung.

Tureng-Tepe Iran. Siedlung im 2. Jtsd. vor Chr.

Tureta Kroatien. → Kornat.

Turfan China. → Turpan.

Turfanda Türkei, 30 km s von Antakya. Dreistöckige, durch Treppen miteinander verbundene Felsgräber.

Turgalium Spanien. → Trujillo.

Turgut Türkei, sw von Marmaris. Karische Grabanlage.

Turhal Türkei, 46 km w von Tokat. Byzantinisch Gaziura. Zitadellenruine. Zwei Treppentunnel.

Turiasso Spanien. Iberisch; Tarazona.

Turicum Schweiz. → Zürich.

Turin Italien. Italienisch Torino. Römisch Taurasia, C.Julia Augusta Taurinorum. Reste von Porta Praetoria und Porta Palatina. Römisches Theater 1. Jh. Museo di Antichità. Ägyptisches Museum; Felsenkapelle Tuthmosis' III. aus → Ellesiya. Sw Stupinigi, antik Supinicum. Sö → Testona.

Turissa Spanien. → Tossa de Mar.

Turkestan GUS, Kasachstan, Stadt am Syr Darja. Früher Jassi, Yassy. Grabmoschee des Scheichs Ahmed Jassevi, Ende 14. Jh.

Turlojannis Griechenland. → Strowiki.

Turmanin Syrien, w von Haleb, ö von Dana. Byzantinische Häuser mit Verzierungen. W Höhlengräber. 2 km nö → Deir Turmanin.

Turnu Măgurele Rumänien, an der Donau bei km 597. Ehemals dakisch-römisches Castrum.

Turnu Severin Rumänien. Antik Drobeta. Reste des römischen Kastells. Ruinen von Burg 13. Jh. und Kirche 14. Jh. Reste von Donaubrücke Anfang 2. Jh., von Thermen. Museum "Eisernes Tor" mit archäologischer Abteilung.

Turoe Irland, Galway, n von Loughrea. ND327. Ringwall. Stein mit Ornamenten 3. Jh. vor Chr.

Turpan China, Stadt und Oase in Xinjiang. Blüte-

zeit 1. Jh. vor Chr. bis 14. Jh. nach Chr. In der Oase bedeutende kulturelle Stätten: → Gaochang, Idikut-Schahri → Jiaoche, → Jiaoche, → Murtuk, → Qianfodong, → Toyuk.

Turres Serbien. Römisch; Pirot, 68 km ö von Niş. → Quimedava.

Turricium Italien. Antik; heute Terlizzi, w von Bari.

Turris Coeprionis Spanien. Römisch; heute Chipione, n von Cadiz.

Turris Julia Spanien. → Trujillo.

Turris Libisonis I-Sardinien. Turris Libysonis. → Porto Torres.

Turris Stagni Kroatien. → Ston.

Turski Šanac Vojvodina. → Bačka Palanka.

Turtkul GUS, Usbekistan, am Amu Darja, rechtes Ufer. Stadt Choresmiens (ca. Mitte 1. Jtsd. nach Chr.).

Tus Iran, 27 km n von Meschhed. Reste der Zitadelle. Haruniyeh-Mausoleum, frühestens 12. Jh.

Tusayan USA, Arizona, im Gran Canyon Nationalpark. Gebäudereste der Anasazi von ca. 1185 (→ Abb. 133).

Tuscania Italien, w von Viterbo. Etruskisch ev. Tusena, römisch Tuscana. Gegründet im 7. Jh. vor Chr. Teile der alten Stadt auf dem Hügel S.Pietro. Reste von Thermen. Ehemalige Akropolis. Städtisches Museum. In der Umgebung etruskische Gräber ab 8. Jh. vor Chr., z.B. unmittelbar n bei Peschiera, unmittelbar ö bei Pian di Mola, s bei Madonna dell'Olivo, sö bei Capanna di Sasso.

Tuschpa Türkei. → Van.

Tusci Italien. → Tusculum.

Tusculum Italien, 6 km ö von Frascati. Etruskisch Tusci. Reste von Akropolis, Forum, Theater, Amphitheater, Villa, Zisterne. Wasserleitungen.

Tusena Italien. → Tuscania.

Tustrup Dänemark, Ostjütland, Djursland. Hügel mit Dolmen. Kleiner Dolmen. Ganggrab. Spuren eines neolithischen Hauses.

Tutishcainyo Peru, bei Pucallpa, oberer Amazonas. Siedlung ab 2500 vor Chr.

Tutkaul GUS, s von Duschanbe (Tadschikistan). Neolithische Siedlungsspuren und Gräber, 7000 vor Chr.

Tuto Fala Äthiopien, Hügel ca. 350 km LL ssw von Addis Ababa. Vorgeschichtliche Begräbnisstätten mit Stelen.

Tuttlingen Deutschland. Ehemals Standort von Kohortenkastell. Heimatmuseum.

Tuttul Syrien. → Raqqa.

Tutub Irak. → Khafadje.

Tútugi Spanien. → Galera.

Tututepec Mexiko, Oaxaca, ca. 80 km w von Puerto Escondido. Tututepec Viejo, ehemalige Hauptstadt der von aztekischem Einfluß weitgehend freigebliebenen Küsten- oder Tiefland-Mixteken. Ausgrabungsgebiet.

Tutzis Ägypten, Nubien. → Dendur.

Tuvanuva Türkei. → Kemerhisar.

Tuvixeddu I-Sardinien. → Cagliari.

Tuxpan Mexiko, Nayarit, 80 km nw von Tepic. Reste in der Umgebung.

Tuxtla Gutierrez Mexiko, Chiapas. Museum* von Chiapas.

Tuzigoot National Monument USA, Arizona, 80 km s von Flagstaff. Puebloruinen; bewohnt 1100-1450. Ausgrabungen, Museum.

Tuzla Bosnien-Herzegowina. Römisch Salinae. Ostbosnisches Landesmuseum. 10 km onö → Gornja Tuzla.

Tuzluka Türkei, nw des Ararat. Die frühmittelalterlich-armenische Siedlung Bagaran. Fürstenresidenz im 9. Jh. Ruinengebiet; Kirchenruinen.

Twelve Apostles GB, Yorkshire, nw von Leeds, zwischen Bingley und → Ilkley. Steinkreis.

Tweng Österreich, s der Tauernpaßhöhe. Römisch Inalpis. Spuren von römischen Mauern.

Twietfort Deutschland, ö von Parchim, s von Plau. Sw Rest von Großsteingrab.

Twthill GB, Wales, Caernarfon, an der Mündung des Cadnant-Valley. Eisenzeitliche Befestigung.

Twyfelfontein Namibia, w von Wehritschia. In den Bergen Felsgravuren.

Tyana Türkei. → Kemerhisar.

Tyberissos Türkei, ö von Kaş. Ehemalige lykische Siedlung.

Tyche I-Sizilien. → Syrakus.

Tyddyn Bleiddyn GB, Wales, Denbigh, bei Cefn. Großsteingrab.

Ty Illtyd GB, Wales, ö von Brecon. Langhügelgrab.

Ty Isaf GB, Wales, onö von Brecon. Megalithgrab.

Tylis Bulgarien, in der Nähe von Tulovo, bei Kasanlak. Hauptstadt eines keltischen Reiches unter den Thrakern.

Tylissos Gr-Kreta, 14 km sw von Iraklion. Reste* von drei minoischen Villen, ca. 18. Jh. vor Chr. - 1490 vor Chr. In der Nähe → Sklavokampos.

Tylos Bahrein. → Bahrein (Staat).

Ty Mawr GB, Wales. → Holyhead.

Tymnos Türkei, 80 km s von Muğla. Antik; heute → Bozburun.

Tyndaris I-Sizilien. → Tindari.

Tynwald Hall GB. → Saint John's.

Tyras GUS, Ukraine, Dnjestr-(Tyrus-)Mündung. Antik; auch Tira, griechische Gründung, heute Belgorod-Dnestrovskij.

Tyrus Jordanien. Tyros. → Wadi es-Sir.

Tyrus Libanon. → Sour.

Tyse Türkei. → Tüse.

Tyuony USA, New Mexico, im → Bandelier National Monument. Ruinen der Anasazi; restaurierte Grundmauern des einst umfangreichen Pueblos.

Tzendales Mexiko, Chiapas, am Rio T., Nebenfluß des Rio Lacantún. Ruinen einer Mayasiedlung.

Tzermiadon Gr-Kreta, w von Agios Nikolaos, am Nordrand der Lasithi-Ebene. Kastellos-Hügel mit Spuren von Besiedlung ab minoischer Zeit. Reste von Kuppelgräbern. Trapeza-Grotte mit Funden von der Jungsteinzeit bis zur minoischen Zeit.

Tzibiskos Griechenland. → Grizano.

Tzintzuntzán Mexiko, Michoacán, sw von Morelia, n von Pátzcuaro. Ehemaliger Hauptort und Kultplatz der Tarasken. Plattformen, Reste* von fünf Tempelpyramiden. 14 km s → Ihuatzio.

Tzitzis Ägypten, Nubien. Antik; Qertassi.

Tzum Mexiko, Campeche. Maya-Stätte, Puuc-Region.

Tzunn-ché Guatemala. → Momostenango.

Uan Amil Libyen, im Djebel Acacus. Felsbilder.

Uaxactún Guatemala, Petén, n von → Tikal. Ehemalige Tempelstadt der Maya. Blütezeit 3.-10. Jh. Pyramide, Stele, Ausgrabungen.

Ubar Oman, SW. Stadt vom 3. Jtsd. vor Chr. bis zum 1. Jtsd. nach Chr. Ehemaliger arabischer Königssitz. Bei der heutigen Örtlichkeit Shisr (Ausgrabungen) angenommen. Museum in Salalah geplant.

Ubeid Irak. → Obeid.

Uber, El- Syrien, sö von Es Sanamein. Klosterreste.

Ubli Kroatien, auf der Insel Lastovo (griechisch Ladesta, antik Lagosta). Spuren aus dem 1. Jh., Fundamente von christlicher Basilika 6. Jh. und weiterer Gebäude.

Ucanal Guatemala, Petén, osö von Flores, nähe Belize. Ruinenstätte.

Uc-Baš GUS, Krim. Ehemalige taurische Siedlung 9.-7. Jh. vor Chr. Gräberfeld.

Ucellodunum GB. Römisches Fort Castlesteads am → Hadrianswall, ö von Carlisle.

Uci Majus Tunesien. → Henchir Douemis.

Ucubi Tunesien. → (El) Goussat.

Udaigiri Indien, Madhya Pradesh, nö von Bhopal. Ca. 18 buddhistische Höhlen 4.-6. Jh. 2 Jaina-Höhlen.

Udaipur Indien, Himachal Pradesh, nw von Keylong (Kyelang). Tempel für Mrikula Devi, 10./11. Jh.

Udaipur* Indien, Rajasthan. Gegründet nach Mitte 16. Jh., Nachfolgerin von Chitor. Reste der ehemals 5 km langen Stadtmauer. Palast und Tempel 17./18. Jh.
3 km ö die ehemalige Stadt Ahar, älteste Hauptstadt des Mewar-Reiches. Tempelreste 9./10. Jh.; Reste von Bauten der Jainas. Grabdenkmäler 17./18. Jh. Fundstätte der Banas-Kultur, ca. 2. und 3. Viertel des 2. Jtsds. vor Chr.

Udayagiri-Hills Indien, Orissa, 9 km nw von → Bhuvaneshwar. In den Udayagiri- und → Khandagiri-Hills insgesamt 63 buddhistisch-jainistische Höhlenklöster, ab ca. 3. Jh. vor Chr., hauptsächlich 2.-1. Jh. vor Chr., Zutaten bis 11./12. Jh. Reliefs, Inschriften.

Udayapur Indien, Madhya Pradesh, 100 km LL nö

von Bhopal. Shivaitischer Tempel* 11. Jh. Ruinen weiterer Tempel.

Udegram Pakistan, Swat-Tal. Ausgrabungen.

Udine Italien. Museo Civico mit archäologischer Abteilung.

Udipi Indien, Karnataka, n von Mangalore. Shri-Krishna-Tempel 13. Jh.

Udjan Iran. → Awdjan.

Udo Japan. → Kioto.

Udruh Jordanien. → Odruh.

Udyana-Dzong Indien. → Urgyän-Dzong.

Udyanathan Indien, Tamil Nadu, Distrikt Tiruvannamalai. Stele.

Üçhisar Türkei, ca. 12 km ö von Nevşehir. Reste einer in den Fels gehauenen Burg. Tunnel zum Fluß.

Ueffeln Deutschland, nw von Bramsche. 1 km w Rest von Großsteingrab. Osö Wallburg Wittekindsburg. → Neuenkirchen.

Üniye Kalesi Türkei, bei Üniye, Schwarzmeerküste. Antik Oenoe, Onoe. Byzantinische Festung.

Ürgüp Türkei, ca. 65 km w von Kayseri, 23 km ö von → Nevşehir. Byzantinisch Osiana. Höhlenwohnungen. Kirchenbauten 10./11. Jh. des ehemaligen Bischofssitzes.

Üskübü Türkei, ca. 70 km nw von Bolu. Antik Prusias ad Hypium. Reste von Stadttor, Theater, Häusern, Aquädukt. Nekropole.

Uetzenburg Deutschland, ö von Wehrbergen, n von Hameln. Frühmittelalterliche Fluchtburg. W → Heinesburg.

Üxheim Deutschland, sw von Adenau, 2 km ssw und 2 km wsw (s von Leudersdorf) ehemals römische Siedlungen.

Ufenau Schweiz, Insel im Zürichsee, Gemeinde Freienbach. Gallo-römischer Umgangstempel erforscht und Lage markiert.

Uffington GB, Wiltshire, ca. 10 km ö von Swindon. Bodengravur White Horse, etwas über 100 m lang, Mitte oder Ende 1. Jtsd. vor Chr. Uffington Castle, Befestigung der Eisenzeit, 2. Jh. vor Chr. Neolithischer Dolmen Wayland's Smithy.

Uffoburg Deutschland, ö von Bremke, w von Hameln. Ringwall Bremker Burg mit Vorwall, spätestens 9. Jh.

Ugarit Syrien. → Ras Schamra.

Uggårderåjr Schweden, Gotland, südliche Ostküste. Bronzezeitliche Hügelgräber.

Ugium Frankreich. → Saint-Blaise.

Ugljan Kroatien, Ort auf gleichnamiger Insel. Reste von römischer Villa. Auf der Anhöhe Kuran Reste von vorgeschichtlicher Wallburg. 2 km w Muline: bei der Örtlichkeit Stivan frühchristliche Reste 4.-6. Jh., Basilika und Mausoleum.

Uhldingen-Mühlhofen Deutschland. Unteruhldingen: Rekonstruktionen von Pfahlbauten. Ehemals Pfahlbauten am gesamten Bodenseeufer.

Ujgarak GUS, Kasachstan, ö des Aralsees, am Syrdarja. Grabstätte.

Uji Japan, bei → Kioto. Byodoin-Tempel; Phönixhalle, 1052.

Ujjain Indien, Madhya Pradesh, w von Bhopal. Avantika der Maurya-Zeit, griechisch Ozene. Gegründet Mitte 1. Jtsd. vor Chr. Verfall im 4. Jh. N die Stelle der antiken Stadt mit ehemaliger Lehmmauer von 1½ km ⌀. Die neue Stadt ab ca. 14. Jh. Tempeltor. Tempel 18. Jh. Reste von Observatorium 18. Jh. Nö Stupa, nach Zeitenwende.

Ukaier Saudi-Arabien, am Persischen Golf, sw von Bahrein. Spuren einer ev. islamischen Stadt.

Ukhaidir Irak. → Ukhaizer.

Ukhaizer, El Irak, 96 km w von Hilla, s von Bagdad. Ukhaidir. Palast 8. Jh., Außenmauer*.

Ukhdud Saudi-Arabien. Heutiger Name von → Nadjeran.

Ukleiwall Deutschland. → Eutin.

Ulaan Baatar Mongolei. Ulan Bator. Bis 1924 Urga. Staatliches Museum.

Ulaca Spanien, bei Solosancho, sw von Avila. Eisenzeitliche Ummauerungsreste, → Cogotas-Kultur, 4.-3. Jh. vor Chr.

Ulcaeilacus Kroatien. → Vukovar.

Ulcinium Montenegro. → Ulcinj.

Ulcinj Montenegro, Küste. Griechisch Uskinion, antik Colchinium, römisch Olcinium, Ulcinium. Römische Befestigungsreste 1. Jh. vor Chr.

Ulcisia Castra Ungarn. → Szentendre.

Uley Bury GB, Gloucestershire, in der Nähe von Nailsworth. Eisenzeitliche Befestigung.

Ulixbona Portugal. → Lissabon.

Ullastret* Spanien, von La Bisbal, ö von Girona. → Abb. 96. 2 km nö Ruinen einer iberischen Stadt an der Stelle einer prähistorischen Siedlung. Blütezeit 3. Viertel 1. Jtsd. vor Chr. Stadtmauerreste*, zwei Tordurchlässe, Grundmauern, Zisternen. Museum.

Ulldecona Spanien, s von Tortosa. Ehemalige iberische Siedlung el Caluati, zwei Burghügel. N Felsmalereien → (La) Pieta.

Ullyul Korea-Nord, Provinz Hwanghae. Dolmen mit gewaltiger Deckplatte.

Ulm Deutschland. Prähistorische Sammlungen. Blaustein-Klingenstein: 1½ km s Rest von keltischer Viereckschanze. 1 km s Grabhügelgruppe.

Ulpiana Kosovo, 10 km sö von Priština. Reste der römischen Stadt des 2. Jhs. von Stadtmauern, Tor, Thermen, Basilika. Grabanlagen.

Ulpia Noviomagus Niederlande. Zivillager im Osten von Nijmegen.

Ulpia Sueborum Nicretum, Civitas Deutschland. → Ladenburg.

C. Ulpia Traiana Deutschland. → Xanten.

Ulpia Trajana Rumänien. → Sarmizegetusa.

C. Ulpia Traiana Augusta fragifera Hadrumetina Tunesien. → Sousse.

C. Ulpia Traiani Tamugadi Algerien. → Timgad.

Ulrichsberg Deutschland. → Maihingen.

Ulrichsberg Österreich. → Klagenfurt.

Umayo Peru, Insel im U.-See. Begräbnistürme (Chullpas, »Türme des Schweigens«). → Sillustani.
Umbulhakkar China, Xizang (Tibet), s des Tsangpo. Palast ab 4. Jh.; Ruinen.
Umma Irak, s von Kut, beim heutigen Gokha (Jokha), w von Refai. Akkadisch-neusumerische Stadt, 2. Hälfte 3. Jtsd. vor Chr. Von Lagasch zerstört.
Umm el-Amad Israel, w von Tiberias. Synagogenrest 3. Jh.
Umm el-Amad, Tell Jordanien, 15 km n von Irbid. Auf dem Gelände der antiken Stadt Abila (Tell → Abil). Spuren von Tempel, Theater, Basilika.
Umm el-Amad Jordanien, 20 km s von Amman. Antike Grotte, Zisterne.
Umm Balad Ägypten, nö von Qena. Reste einer Straßenstation.
Umm el-Brigat, Tell Ägypten, Fayum. Antik Tebtynis. Grundmauern von ptolemäischem Tempel, Siedlungsreste.
Umm Dabaghiyah Irak, w von → Hatra. Siedlung des 6. Jtsds. vor Chr., frühe Hassuna-Samarra-Zeit mit Keramikherstellung. Ausgrabungen von Wohnhäusern, Spuren von Malereien.
Umm Debeb Syrien, ca. 40 km nö von Suweida. Alter Siedlungshügel mit neuer Siedlung und antiken Ruinen.
Umm Digal Ägypten. → Mons Claudianus.
Umm el-Djemal** Jordanien, 18 km ö von Mafraq. Ev. das spätantike Thantia. Ruinen der spätantiken Stadt, ähnlich wie in → Bosra aus Basaltgestein errichtet. Reste von Stadtmauer und Toren ab 2. Jh., hauptsächlich 4. Jh., Ruinen von insgesamt fünfzehn Kirchen. Byzantinische Befestigung. Gebäude der Stadt. Nekropole. 27 km ö → Umm el-Quttein.
Umm Hammad Sharqi, Tell Jordanien, im Jordantal. Siedlung der frühen Bronzezeit.
Umm el-Katl Ägypten, Fayum. → Kom el-Atl.
Umm el-Khalakhil Syrien, 32 km sö von Maarat en Noman, n von Hama. Spuren von Zitadelle und drei Kirchen. Moschee mit antiken Säulen.
Umm Layla Jemen-Nord, NW-Ecke. Stadtmauern, Befestigungsruine.
Umm an-Nar Vereinigte Arabische Emirate, Insel nähe Abu Dabi Town. Ehemals Stätte einer kleinen Siedlung. Grabhügel 4.-2. Jtsd. vor Chr., hauptsächlich Mitte 3. Jtsd. Ausgrabungen; Schutthügel ehemaliger Begräbnisbauten.
Umm Qeis* Jordanien, 28 km nw von Irbid. Antik Gadara Seleukia, Gadara Antiochia, Colonia Valentina Gadara, arabisch Gadar. Reste hauptsächlich 1. Jh. vor Chr. bis 2. Jh. nach Chr. Ruinen von Akropolis, Säulenstraße, Bädern, zwei Theatern, byzantinischen Kirchen, Hippodrom, römischem Lager, Mausoleen, Aquädukt, Wasserbecken. Felsgräber.
Umm el-Quttein Jordanien, 45 km ö von Mafraq. Qotein. Ruinen des byzantinischen Ortes 4. Jh.

Reste von Kirchen, Kapellen, Klosterturm.
Umm er-Rasas Jordanien, ca. 15 km ö von Dhiban. Ehemalige befestigte spätantike Siedlung. Reste von Stadtmauern und Kirchen. Spuren von weiteren Kirchen. Nw Turm mit Kirchenrest und Zisterne.
Umm er-Redjim Syrien, 35 km ö von Maarat en Noman, n von Hama. 3 km nw großer Tell.
Umm es-Surab Jordanien, nö von Mafraq. Ruine von ehemaliger Sergius- und Bacchus-Kirche von 489; mit Rest eines Minaretts.
Umm Ubaida Ägypten, Oase Siwa. Ebeida usw. Reste von Tempel Nektanebos' II., 30. Dynastie (4. Jh. vor Chr.).
Umm el Walid Syrien, 15 km sw von → Suweida. Antike Zisternen.
Umm es-Zeitun Syrien, 90 km ssö von Damaskus. Römische Reste. Grabmal 7. Jh.
Umram Tepe GUS. Ehemalige sogdische Stadt mit Ummauerung.
Uncastillo Spanien, n von → Zaragoza. In der Nähe iberische Reste. Sw → Sádaba.
Undavalli Indien, Andhra Pradesh, sw von Vijayawada, Krishna-Südufer. Hinduistische Höhlentempel ab 5./6. Jh., ehemals teilweise buddhistisch.
Unĕtice Tschechien, bei Prag. Aunjetitz. Gräberfeld und Kultur der frühen Bronzezeit, ca. 1900-1500 vor Chr. Frühe Phasen südlich und westlich, klassische auch nördlich hiervon zu finden.
Ungarischer Limes Ungarn. Der über Ungarn laufende Teil des → Pannonischen Limes.
Unholderbuch Deutschland. → Hohenaltheim.
Unije Kroatien, auf gleichnamiger Insel w von Lošinj. Reste von römischer Villa.
Unterböbingen Deutschland. → Böbingen.
Unterbösch Deutschland. → Kürten.
Unterer Trajanswall Rumänien und GUS. → Trajanswall.
Unterkirchberg Deutschland. → Illerkirchberg.
Unterlunkhofen Schweiz, Aargau. Ö im Bärhau hallstattzeitliche Grabhügelgruppe.
Unterschneidheim Deutschland, nw von Nördlingen. Geislingen: 1 km ö keltische Viereckschanze. N → Nordhausen.
Unterschwaningen Deutschland, n von Wassertrüdingen. 1 km s ehemals Standort eines römischen Numeruskastells. Spuren eines Kastellbades.
Unteruhldingen Deutschland. → Uhldingen.
Untervaz Schweiz, Graubünden, n von Chur. Lisibühl: Wehranlage mit Wall.
Untrasried Deutschland, n von Kempten. Mulde und Wall von römischem Burgus.
Uolantún Guatemala, Petén, sö von → Tikál. Maya-Ruinenstätte.
Upenna Tunesien. → Sgarnia.
Uperniviarssuq Dänemark, Grönland. In der Nähe die Ruine der Valsveskirche, größte und besterhaltenste Ruine Grönlands.
Uplisziche GUS, Georgien, wnw von Tbilisi. Stadt

ab mindestens 1. Hälfte 1. Jtsd. nach Chr. Wohnhäuser und öffentliche Gebäude ab 2./3. Jh., zumeist aus dem Fels geschlagen.

Upost Deutschland, Kreis Malchin, sw von Demmin. 1½ km nö Rest von Großsteingrab.

Uqair, Tell Irak, ca. 75 km ssö von Bagdad, am Nordufer des Euphrat und Tigris verbindenden Kanals Nahr Kutha. Uqer. Reste eines Tempels an der Stelle eines Vorgängers der 2. Hälfte des 4. Jtsds. vor Chr. Weitere Tempelreste. Zwei weitere Hügel, einschließlich → (Tell) Ibrahim.

Ur Irak. → (Tell) Muqajjar.

Ura Türkei, 34 km n von Silifke, 4 km ö von → Uzuncaburç, beim antiken Olba. Ruinen der Wohnsiedlung. Reste von Häusern, Kirchen, Nymphäum, Aquädukt.

Urania Zypern, HI Karpasia, nö von Rizokapaso. Reste der antiken Stadt.

Uranopolis Griechenland, am Isthmus von Athos. Gegründet 315 vor Chr.

Urba Schweiz. → Orbe-Boscéaz.

Urbibentum Italien. → Orvieto.

Urbillum Irak. → Erbil.

Urbino Italien, s von → Rimini. Reste von Stadtmauern, Theater, Thermen, Zisterne.

Urbisaglia Italien, 15 km sw von Macerata, s von → Ancona. Römisch Urbs Salvia. Reste von Stadtmauer, Tor, Türmen, Theater, Amphitheater, weiteren Gebäuden.

Urbs Salvia Italien. → Urbisaglia.

Urbs Turonum Frankreich. → Tours.

Urbs Vetus Italien. → Orvieto.

Urbs Vietrix Osca Spanien. → Huesca.

Urcesa Spanien. Keltiberisch; Alcaraz, sw von Albacete.

Urci Spanien. → Aguilas.

Urd Oriza Syrien. → Ain Tayibe.

Ureime Israel. → (Tell el-)Oreme.

Ureki GUS, Georgien. Nekropole.

Urfa Türkei. → Şanlıurfa.

Urft Deutschland, sw von Mechernich. Römische Brunnenstube für die Kölner Wasserleitung entdeckt.

Urga Mongolei. → Ulaan Baatar.

Urgavo Spanien. Römisch; Arjona, ö von Córdoba.

Urgyän Dzong Indien, Kaschmir, Ladakh, bei Shergol. Höhlenkloster 8. Jh.

Urima Türkei, ö von Gaziantep, nähe Euphrat. Spätantike Bischofsstadt; heute Horum Hüyük.

Urla Türkei, 35 km w von Izmir. Ursprünglich Klazomenai, gegründet 9. Jh. vor Chr. Antik Chytrion. Hafenreste.

Urmieh Iran. Orumiyeh. → Rezayeh.

Urmitz Deutschland, nw von Koblenz. Wälle einer befestigten Siedlung der Michelsberger Gruppe

3. Jtsd. vor Chr. Funde auch aus der Eisenzeit.

Uromagus Schweiz. Oron, n von Vevey.

Uronarti Sudan, Insel sw von Wadi Halfa. Festung des Mittleren Reiches; Tempel Tuthmosis'III. für Dedun und Month.

Urpisch Peru, Gebiet des Marañon. Ruinen von Bauten der Yaro.

Ursao Spanien. → Osuna.

Ursaria Kroatien. → Vrsar.

Ursinus Schweiz, Waadt, s von Yverdon. Reste von gallo-römischem Umgangstempel an der Kirche.

Urspring Deutschland. → Lonsee.

Ursu Äthiopien, bei Diridaua. Ursur, Urso. Höhle mit Felszeichnungen.

Urswick GB, Lancashire. Eisenzeitliche Befestigung, bronzezeitliche Hügelgräber, Steinreihe.

Urta Türkei, s von Çıldır. Gölebelen. Georgische Kirche als Moschee.

Urtennen Schweiz, nnö von Bern. S im Sand Reste von Römerstraße.

Urueña Spanien, ca. 7 km s von Fuenteguinaldo, sw von Ciudad Rodrigo. Einheimisch Yrueña. Ummauerungsreste der keltiberischen Siedlung.

Uruk Irak. → Warka.

Uruku Irak. Lagasch. → (El) Hibba.

Urum el Djoz Syrien, 114 km nö von Lattakia, an der Straße nach Haleb. Zisterne, Gräber.

Urum el Kubra Syrien, 20 km wsw von Haleb. Ö Rest von antikem Grabturm. In den Fels gehauene Zisternen.

Usa Japan, Kyushu, NO. Usa-Schrein ab 725. Buddhistische Tempel ab 719. Rekonstruktionen.

Uşak Türkei, ca. 200 km ö von Izmir. Reste des antiken Temenothyrae.

Usatovo GUS, Ukraine, bei Odessa. Siedlung von der Jungsteinzeit bis 1. Jtsd. vor Chr. Kurgane.

Uschangdo China, Xizang (Tibet). Kloster. Heiligtum 9. Jh.

Uschnu Iran, 50 km w von Heidarabad an der SW-Ecke des Orumiyeh-Sees. Ev das ehemalige Uschini. In der Umgebung mehrere Siedlungshügel. Befestigungsreste. Sw der → Gardaneh-i Kelischin.

Useikhin, Qasr el- Jordanien, ca. 130 km ö von Amman, ca. 16 km nö von → (Qasr el-)Azraq. Ehemals römisches Kastell.

Usentum Italien. → Marina San Giovanni.

Usgen GUS, Kirgistan. → Uskent.

Ushnagh Irland, Westmeath, 8 km ö von Ballymore. ND155b. Uisneach. Auf dem Hügel ehemals vorchristlicher Königssitz. Reste von Erdwällen, Steinforts, Gräben, Häusern. Besiedlungsspuren 2. Jh.

Uskent GUS, Kirgistan. Ehemals Usgen, Sitz der Karachaniden-Dynastie 11. Jh. Reste von drei Mausoleen und von Minarett, 11./12. Jh.

Uskinion Montenegro. → Ulcinj.

Uskudana Türkei. → Edirne.

Usnu Syrien. → Arab el Mulk.

Ustica I-Sizilien, Insel n von Sizilien. Bronzezeitliche Siedlungsreste.

Ust-Labinska GUS, Rußland, am Kuban. Flachgräberfriedhof der Siraken; Fürstengräber.

Ustrine Kroatien, auf Cres. Eisenzeitliche Wallburg.

Usuki Japan, Kyushu, Ostküste. 8 km w zahlreiche Buddhastatuen 9.-13. Jh.

Usunschechir Bulgarien, w von Karlovo. Altbulgarische Festung Kopsis an der Stelle einer ehemaligen römischen Siedlung.

Utatlán Guatemala, Quiché, 3 km w von Santa Cruz del Quiché, ca. 150 km nw von Ciudad de G. Ehemals befestigte Kultstätte des Hochland-Mayastammes der Quiché, 1524 zerstört. Reste.

Uthina Tunesien. → Oudna.

U Thong Thailand, ca. 150 km nw von Bangkok. Besiedelt seit der Jungsteinzeit. Bedeutende Stadt der Dvaravati-Zeit. Im 14. Jh. Hauptstadt des Siamesischen Reiches (Thai-Dynastie). Ausgrabungen, Museum.

Uthumphon Phisai Thailand, w von Sisaket. Prasat Kamphaeng Yai.

Utica* Tunesien, 30 km n von Tunis. Utique. Ruinen der antiken Stadt: Thermen, mehrere Villen, Straßen, Mosaike. Punische Nekropole. Antiquarium. → Abb. 151.

Uto-Kulm Schweiz. → Zürich.

Utricola Spanien. Römisch; Utrera, sö von Sevilla.

Utsh-Depe Afghanistan, s des Amu Darja. Ehemalige neolithische Siedlung.

Uttaradit Thailand, ca. 100 km n von Phitsanulok. Spuren von alter Stadtmauer. In der Umgebung: Wat Phra Borom That. Wat Phra Tan Sila Aat.

Uttaramerur Indien, Tamil Nadu, 80 km s von Madras. Sundaravarada-Tempel ab 9. Jh.

Utting Deutschland. 2 km w und 5 km sw Spuren von Keltenschanzen.

Utuado Puerto Rico. In der Nähe ehemaliges Kultzentrum der Taino-Indianer; Felszeichnungen.

Uwaynat, Al Libyen, ca. 22. Breitengrad, in der Nähe der ägyptisch-sudanesischen Grenze. Aweinat. Neolithischer Fundplatz.

Uweinid, Qasr el- Jordanien, ca. 100 km ö von Amman, 14 km sw von → (Qasr el-)Azraq. Ehemaliges römisches Kastell.

Uxama Argelae Spanien. → (El) Burgo de Osma.

Uxellodunum Frankreich. Ehemaliges keltisches Oppidum, Hauptort der Cadurcer. Der Standort in der Nähe von Figeac: sowohl nw auf dem Puy d'Issolud n der Dordogne als auch s bei Najac angenommen.

Uxellodunum GB. Ehemaliges Fort (Castlesteads) am → Hadrianswall.

Uxmal** Mexiko, Yucatan, 79 km s von Mérida. Maya-Ruinenstätte, Puuc-Stil. Blütezeit 7.-9. Jh. Teilweise prächtige Verzierungen der Gebäude. Nordgruppe. Nordwestgruppe. Terrasse. Friedhofsgruppe. "Nonnenkloster". Pyramide. Ballspielplatz. Haus der Schildkröten. "Gouverneurspalast". Große Pyramide. "Taubenschlag". Südtempel. Pyramide der Alten.

Uzali Tunesien, 19 km sö von Biserta. Antik; heute El Alia.

Uzappa Tunesien. → Ksour Abd El Melek.

Uzunburç Türkei, onö von Halfeti/Euphrat. Römischer Wachtturm.

Uzuncaburç* Türkei, 30 km n von Silifke. Ruinen des antiken Diocaesarea. Grabturm ca. 200 vor Chr. Reste von Stadttor, von Zeus-Tempel* 3. Jh., von Theater 160 nach Chr., Tychaion 1. Jh., Säulenhalle, Arkadenstraße. 4 km ö → Ura.

Uzza, Horvat Israel, sw von Arad. Uzu, Uza. Ehemalige israelische Festung.

Vaccanae Italien. Heute Baccano, ö des Bracciano-Sees.

Vače Slowenien, ö von Ljubljana. Deutsch Watsch. Auf den umgebenden Höhen ehemals Siedlungen der Bronze-, Eisen- und Völkerwanderungszeit. Nekropolen. Vače-Kultur 9.-4. Jh. vor Chr.

Vacil Vecchiu F-Korsika, sw von Sartène. Menhir.

Vada Italien, 29 km s von Livorno. Der antike Hafen von Volterra. Reste von römischen Thermen. Nekropole Borgo Querceta.

Vădastra Rumänien. Ausgrabungen.

Vadnagar Indien, Gujarat, ca. 100 km n von Ahmadabad. Zwei Tempeltore 11. Jh.

Vaduz Liechtenstein. Landesmuseum.

Vätterydshed Schweden. → Gunnarp.

Vaga Tunesien. → Béja.

Vaglio Italien, Basilicata, 14 km ö von Potenza. In der Umgebung Reste von prähistorischen Siedlungen 1. Hälfte 1. Jtsd. vor Chr.; z.B.: Serra di Vaglio, ca. 3 km nw, mit Stadtmauer- und Häuserresten. Nö bei Macchia di Rossano Reste eines prähistorischen Heiligtums.

Vahka Türkei, 116 km nnö von Adana. Ma; heute Feke. Byzantinische Burgruine.

Vahrn I-Südtirol, von Brixen. Italienisch Varna. Ausgrabungen von römischer Siedlung auf dem Nössing Bichl.

Vaisali Indien, Bihar, 55 km n von Patna. Ehemals Basarh. Buddhistisches Zentrum; besiedelt Mitte 1. Jtsd. vor Chr. bis Mitte 1. Jtsd. nach Chr. Ausgrabungen; Reste von Stadtmauer, Zitadelle, Tempel, Stupas, Wohngebäuden.

Vaishno Devi Indien, Jammu und Kaschmir, ca. 50 km n von Jammu. Hinduistischer Höhlentempel.

Vaison-la-Romaine** Frankreich. Antik Vasio, Vasio Vocontorum. Nordthermen. Quartier de Puymin: Maison des Messii, Säulenhalle des Pompejus, Reste von Wohnhäusern, Nymphäum, Museum mit Mosaiken, Theater mit Rekonstruktionen und Tunnel durch den Hügel. Quartier de la Villasse: Straßen und Gebäudereste. Nebenan Klosterkirche Notre Dame* mit Ausgrabung und

Kreuzgang*. Römische Brücke. Aquäduktspuren bei → Malaucène.

Valabhipur Indien, Gujarat, w von Bhavnagar. Ruinen der alten Stadt.

Val Camonica Italien. → Capo di Ponte.

Valcum Ungarn. → Fenekpuszta.

Valdasus Kroatien. → Vukovar.

Valdealgorfa Spanien, sö von Alcañiz, w von Tarragona. Cueva del Charco mit Höhlenmalereien.

Valdevezán-Höhle Spanien, s von Sobrecastillo, n von Léon.

Valdivia Ecuador. Fundort w von Guayaquil. Kulturgebiet im Bereich der Küste w bis nw von Guayaquil, 3200-1700 vor Chr.

Valence Frankreich, 100 km s von Lyon. Antik Valentia. Museum mit römischem Mosaik aus Lucen-Diois.

Valencia Spanien. Griechisch Thuris, römisch Valentia. Museum für Vorgeschichte und Völkerkunde.

Valencia de Alcántara Spanien, w von Cáceres. Römisch Julia Contrasta. Römische Ruine.

Valenia Syrien. → Baniyas.

Valentia Frankreich. → Valence.

Valentia Spanien. → Valencia.

Valera de Abajo Spanien, s von Cuenca. Römische Ruinen. N bei Valeria römische Thermen.

Valeria Spanien. → Valera de Abajo.

Valesio Italien, 15 km sö von Brindisi. Ruinen.

Valeyres-sous-Ursins Schweiz, Waadt, s von Yverdon. Zwei Gräben und Reste einer Befestigung.

Val Fontanalba Frankreich, ca. 40 km LL n von Monaco, s der italienischen Grenze. Felsritzungen am → Mont Bego.

Valkenburg Niederlande. Römisch Praetorium Agrippina. Reste von römischen Bauten 1.-3. Jh. Katakombenmuseum* mit Rekonstruktionen. → Niedergermanischer Limes.

Valladolid Mexiko, Yucatan, 164 km ö von Mérida. 22 km s Reste einer Mayastraße.

Valladolid Spanien. Archäologisches Provinzmuseum.

Vallam Indien, Tamil Nadu, 3 km von Chingleput, s von Madras. Drei shivaitische Höhlentempel 1. Hälfte 7. Jh.

Vallatum Deutschland. → Manching.

Valle Coniglio I-Sizilien. → Calascibetta.

Vallecorsa Italien, 26 km s von Frosinone. Reste von vorrömischer Stadtmauer.

Vallée des Merveilles Frankreich, w von Tende, ca. 40 km LL n von Monaco. Zahlreiche Felsritzungen ab 1. Hälfte 2. Jtsd. vor Chr. → Mont Bego. → Val Fontanalba.

Vallerano Italien, 16 km ö von → Viterbo. Gräber 7.-5. Jh. vor Chr. 1 km ö → Vignanello.

Valletta* Malta. Archäologisches Nationalmuseum. Die nächstgelegenen Tempel: Kordin III (→ Kordin), Saflieni* (→ Paola), → Tarxien**.

Valleverde Italien, 35 km sw von Foggia. Italische Gräber.

Valle Vergara Italien. → Poggio Buco.

Valley of the Rocks GB, Devon, Nordküste, bei Lynton. Rundhütten, Menhire.

Vallhagar Schweden, Gotland, Westküste. Eisenzeitliche Häuserspuren 5./6. Jh., Grabhügel. Ausgrabungen.

C. Vallis Tunesien. → Sidi Medien.

Vallis-Orcera Spanien. Antik; Barruera w von Andorra.

Vallon-Carignan Schweiz, 6 km w von → Avenches. Ausgrabung einer großen römischen Villa mit Mosaiken. Geplanter Museumsbau.

Vallum GB. → Hadrianswall.

Vallum Rumänien. → Trajanswall.

Vallvanera Spanien, sw von Palamos. Menhir.

Valognes Frankreich, sö von Cherbourg. Gallorömische Reste.

Valtura Kroatien, 10 km nö von Pula. N im Ortsteil Vizače die Stelle des römisch-illyrischen Nesactium, italienisch Nesazio. Römische Reste, Fundamente von christlichen Basiliken 5. Jh. Illyrische Reste und Nekropole.

Valul lui Trajan Rumänien. → Trajanswall.

Van Türkei, Ostufer des Vansees. Die ehemalige Hauptstadt Tuschpa der Urartäer, 9. Jh. vor Chr. Armenisch Tosp. Die Zitadelle von Timur zerstört, von Seldschuken und Osmanen ausgebaut. Reste von urartäischem Mauerwerk. Lehmziegelwälle, Gänge, Treppen, Kammern. Nekropole. Felsgräber der Urartu-Könige. Dreisprachige Felsinschrift 5. Jh. vor Chr.
Am Fuß des Zitadellenhügels das Gelände von Alt-Van (Eski Van), zerstört 1917. Spuren und flache Hügel der ehemaligen Gebäude, Ruinen von Kirchen 10. Jh. und Moschee 11./12. Jh. Museum im neuen Ort.
S Reste eines Kanals (Shamiram-su, Şamiram Suyu) vom Hoşap-Fluß nach Van, erbaut von Menua, ca. 800 vor Chr.; Aquädukt. 4 km nö → Toprakkale.

Vancouver Kanada. Völkerkundemuseum.

Vani GUS, Georgien. → Wani.

Vannes Frankreich, Bretagne. Archäologisches Museum im Château-Gaillard.

Vantosp Türkei. → Van.

Vaphio Griechenland, Peloponnes, Lakonien, s von Sparta. S das Gelände der mykenischen Siedlung Pharis. Kuppelgräber.

Varak Türkei. Varak Vank, Warak. → Yedikilise.

Varakhscha GUS, Usbekistan. Varachscha. → Warachscha.

Varanasi** Indien, Uttar Pradesh. Englisch Benares. Bedeutender Ort ab 6. Jh. vor Chr., heilige Stadt des Hindus. Ca. 200 Tempel, für Andersgläubige oft nicht zu betreten. Treppen (Ghāts), Anlege-, Reinigungs- und Leichenverbrennungs-Stellen am Ganges, meist zu darüberliegenden

Tempeln führend, über eine Strecke von ca. 6 km.
Ramanagar-Palast. 8 km n → Sarnath.
Varaždinske Toplice Kroatien, 68 km nö von
Zagreb. Römisch Aquae Isae. Reste von römischen
Bädern.
Vareia Lucrosus Spanien. Römisch; Logroño.
Varennes Frankreich, an der Saône, s von Chalon-
sur-Saône. Ausgrabung eines gallo-römischen Dor-
fes.
Varese Italien, w von Como. Archäologisches Mu-
seum. 10 km s → Castelseprio.
Vari Griechenland, Attika, s von Athen. Die Stelle
der ehemaligen befestigten Siedlung Anagyrus.
Ehemals Standort von Heiligtümern für Hepha-
stos, Athene und die Dioskuren. Ausgrabungen.
3 km n Spuren von Bauernhaus 4./3. Jh. vor Chr.
Ö Reste von Siedlung mit Ringmauer, 8. Jh. vor
Chr. Nö Grabhügel 7. Jh. vor Chr. W Gräber
4. Jh. vor Chr.
Varia Italien. → Vicovaro.
Varia Lucrosus Spanien. Römisch; Logroño.
Varna Bulgarien, Schwarzmeerküste. Antik Odes-
sos. Reste* von Thermen. Gräberfeld 2. Hälfte
4. Jtsd. vor Chr. Archäologisches Museum. W
prähistorische Pfahlbauten im Gebedshe-See (Ge-
bedžensko ezero).
Varna I-Südtirol. → Vahrn.
Varošluk Bosnien-Herzegowina, 40 km sö von
Jajce. Grundmauern von frühchristlicher Kirche
5./6. Jh. Grabkammer.
Varto Türkei, s von Erzurum. Hirsizkale. Ehema-
lige urartäische Festung 1. Hälfte 1. Jtsd. vor Chr.
Varvari Bosnien-Herzegowina. → Prozor.
Varvaria Kroatien. → Bribir.
Vasanello Italien, 30 km ö von → Viterbo. Reste
von römischem Tempel. Nekropole.
Vascolacciu F-Korsika, sw von Sotta, sw von
Porto Vecchio. Megalithgräber ca. 2000 vor Chr.,
Steinkistengräber.
Vascos Spanien, 45 km s von Talavera de la Reina,
sw von Madrid. Stadt seit der Römerzeit, Ende der
Besiedlung im 12. Jh. Ruinen. Stadtmauern* ca.
9./10. Jh.
Vasilia Zypern, w von Kyrenia. Türkisch Kar-
şıyaka. Ehemalige bronzezeitliche Siedlung; bron-
zezeitliche Nekropole.
Vasiliki Gr-Kreta, 4 km s von → Gurnia. Reste von
frühminoischem Herrenhaus, Befestigungsreste.
Aquädukt.
Vasio Frankreich. → Vaison-la-Romaine.
Vassallaggi I-Sizilien, w von San Cataldo. Reste
einer Stadt ab 6. Jh. vor Chr.: von Stadtmauern,
Tempel, Wohngebäuden 5.-4. Jh. vor Chr. Ne-
kropole 5. Jh. vor Chr.
Vasses Griechenland. → Bassai.
Vassiliko Bulgarien, südliche Schwarzmeerküste.
Byzantinisch; heute Mitschurin (Micurin).
Vassilikon Griechenland, Euböa, 10 km sö von
Chalkis. Akropolishügel, mittelalterliche Befesti-

gungen. Ö → Levkandi.
Vassilikos Griechenland, Insel Zakynthos. Spuren
einer Siedlung 8.-7. Jh. vor Chr. Mykenische
Gräber.
Vastan Türkei. → Gevaş.
Vasto Italien, sö von Pescara. Antik Histonium.
Ausgrabungen; Nekropole. Städtisches Museum.
Vastogirardi Italien, 35 km n von Isernia. Reste
eines Samnitertempels 2./1. Jh. vor Chr.
Vatapi Indien. → Badami.
Vat Baset Kamputschea, Westen. Tempelreste
11. Jh.
Vat Ek Kamputschea, Battambang. Reste eines
Heiligtums 11. Jh.
Vathypetro Gr-Kreta. → Archanes.
Vatikanstadt → Rom.
Vat Ko Kamputschea, Ta Keo. Heiligtum 6. Jh.
Vatlära Österreich. → Satteins.
Vattina Vojvodina, nö von Belgrad. Siedlung 2.
und 3. Viertel 2. Jtsd. vor Chr. Frühbronzezeitli-
che Kultur ö von Belgrad beiderseits der Donau.
Vayède Frankreich. → (Les) Baux-de-Provence.
Vazelon Türkei. → Kiremitli.
Vegium Kroatien. → Karlobag.
Veh Ardaschir Irak. Seleukia (→ Ktesiphon).
Veh Ardaschir Iran. → Kerman.
Vehrte Deutschland. → Belm.
Veianus Italien, nw von Bracciano. Ehemalige
etruskisch-römische Siedlung; heute Veiano. Mau-
erreste, Gräber.
Veii Italien. → Veji.
Veio Italien. → Veji.
Veipo Italien. → Vibo Valentia.
Veira Spanien. → Antequera.
Veji Italien, bei Isola Farnese, nordwestliches
Stadtgebiet von Rom. Italienisch Veio. Etruskische
Stadt 8.-6. Jh. vor Chr. Ehemals mit Akropolis
und Theater. Reste von Stadtmauern, zweier Tem-
pel, von Bad, Häusern, Zisterne; Felsstollen. Mu-
seo Nazionale im Castello della Badia. Nekropolen
ab Villanovazeit.
Vekil Bazaar GUS, Turkmenistan, in der Oase →
Merw. Grabstelen 2. Jh. nach Chr.
Vela Luka Kroatien, Insel Korčula. An der Stelle
Beneficij römische Siedlungsspuren.
Velapura Indien. → Belur.
Velar, Es Spanien, Mallorca, sö von Santa Maria.
Reste einer prähistorischen Siedlung.
Velas Griechenland, ca. 54 km nw von Ioannina, s
von Kalpaki. Vela. Ruinen des mittelalterlichen
Ortes; Befestigungen.
Velathri Italien. → Volterra.
Velcha Italien. → Vulci.
Veldidena Österreich, Tirol. → Innsbruck.
Velester Italien. → Velletri.
Velestinon Griechenland, Thessalien, 20 km nw
von Volos. Antik Pherai, Pharis. Großer Sied-
lungshügel. Stelle der Akropolis. Spuren von
Stadtmauern und Tempeln 4. Jh. vor Chr.

Velez Blanco Spanien, 180 km nö von Granada, w von Lorca. Cueva de los Letreros mit prähistorischen Malereien.

Velha Goa Indien. → Old Goa.

Vélia Italien. → Castellammare di Vélia.

Veli Brijuni Kroatien. → Brijuni.

Veli Iž Kroatien, auf der Insel Iž sw von Zadar. Ehemals römische Siedlung. Ö auf dem Hügel Veli Opaćac Reste von illyrischer befestigter Siedlung. N auf dem Hügel Košljun illyrische Reste.

Velike Malence Slowenien, 3 km s von Brežice, nw von Zagreb. Ausgrabung von römischer Festung; Reste von frühchristlicher Kirche. Grabhügel.

Veliki Gradac Serbien. → Donji Milanovac.

Veliko Gradište Serbien, 113 km ö von Belgrad, rechtes Donauufer. Žuto Brdo: Reste einer Siedlung der Urnenfelder- und der frühen Eisenzeit.

Veliko Tarnovo Bulgarien. Auf den Hügeln Trapesiza und Zarevez mittelalterliche Ruinen. N → Nicopolis ad Istrum.

Velitrae Italien. → Velletri.

Velleia Italien, 38 km s von Piacenza, wsw von Lugagnano Val d'Arda. Veleia. Ruinen der römischen Siedlung. Reste von Forum, Basilika, Tempel, Thermen. Amphitheater rekonstruiert. Antiquarium.

Velletri Italien, 38 km sö von Rom. Volskisch Velester, römisch Velitrae. Spuren des Forums. Kathedrale auf Tempelresten 2. Jh. vor Chr. Städtisches Museum.

Vellica Spanien. Römisch; Aguilar de Campéo, 100 km ssw von Santander.

Vellore Indien, Tamil Nadu, 140 km w von Madras. Vellur. Festung* und Tempel ab ca. 1500.

Velobis Spanien. → Martorell.

Velo Gradišće Kroatien, Insel Brač. Ehemalige Wallburg.

Velsna Italien, n von → Bolsena. Antiker Ort.

Velvina Griechenland, Ätolien, 9 km nw von Naupaktos. Antik Belbina. Helleniko Velvina: Reste von Akropolis, Ummauerung, hellenistischem Tempel, Gebäuden.

Vemania Deutschland. → Isny.

Venac Kroatien. → Ljubač.

Venafro Italien, n von Neapel, ö von Cassino. Römisch Venafrum. Reste von Theater und von römischer Villa.

Venafrum Italien. → Venafro.

Venasca Frankreich. → Venasque.

Venasque Frankreich, 11 km sö von Carpentras. Antik Venasca. Reste der römischen Stadtmauer.

Venaxamodurum Deutschland. Das ehemalige römische Kastell Neuburg/Donau.

Vendres Frankreich, s von Béziers. Ca. 1 km sö Unterbau und Mauerreste eines Venustempels.

Venedig Italien. Italienisch Venezia. Archäologisches Museum am Markusplatz. Zwei Säulen aus Alexandria.

Vengupattu Indien, w von Madras. Dolmengräber.

Vének Ungarn, nö von Györ. Ruine eines römischen Wachtturmes.

C. Veneri Cornelia Pompeii Italien. → Pompeji.

Venosa* Italien, 66 km n von Potenza. Antik Venusium, Venusia. Römisch ab 291 vor Chr. Abtei della Trinità mit frühchristlichen Resten 4./5. Jh. Ausgrabungen; Gebäude- und Straßenreste. Reste des Amphitheaters. Römisches Grabmal ca. 200 vor Chr. Basilika ab 5. Jh. Jüdische und christliche Katakomben 5./6. Jh. Museo Briscese.

Venta, La Mexiko, Tabasco, 130 km w von Villahermosa, bei Campo la Venta. Olmekisches Zeremonialzentrum 1. Hälfte 1. Jtsd. vor Chr. Pyramidenrest, Altäre, Ballspielplatz. Monolithische Basaltskulpturen und Stelen jetzt im Freilichtmuseum von → Villahermosa.

Venta de Baños Spanien, 35 km n von Valladolid. Westgotische Kirche mit römischen Steinen. Daneben Reste eines römischen Tempels.

Venta Belgarum GB. → Winchester.

Venta Icenorum GB. → Caistor St. Edmund.

Venta de la Perra-Höhle Spanien. → Ramales de la Victoria.

Venta Silurum GB, Wales. → Caerwent.

Ventia Frankreich. → Valence.

Ventimiglia Italien, am Meer nahe der französischen Grenze. Römisch Albium Intemellium. Reste der römischen Stadt am Nervia-Fluß. Reste von Stadtmauer, -tor, römischem Theater 2. Jh., von Thermen, Mosaik. St. Michele an der Stelle eines Tempels. Archäologisches Museum. W → Balzi Rossi.

Ventry Irland, Kerry, 8 km w von Dingle. Zahlreiche frühgeschichtliche Bienenkorbhütten (Clochans), z.B. auch sw in Coumeenoole (ND221).

Ventula Romana Spanien, Provinz Lérida, Pyrenäen, wnw von Andorra. Heute Viella.

Venusium Italien. → Venosa.

Veracruz Mexiko, Ostküste. Regionalmuseum.

Vercellae Italien. Römisch; heute Vercelli, nö von Turin.

Verchnij Koban GUS, Kaukasus, Nord-Ossetien. Nekropole frühes 1. Jtsd. vor Chr.

Vercovicium GB. → Housesteads.

Verden Deutschland. Heimatmuseum.

Verecunda Algerien. → Tazoult.

Vergina* Griechenland, Makedonien, 94 km w von Thessaloniki. Veryina, Werjina. Antik Aegae, Aigai. Reste von Mauern, Portikus, Gebäuden, Theater. Tempel. Palastreste 3. Jh. vor Chr. Grabbau Mitte 3. Jh. vor Chr., Grab Philipps II. mit benachbarten Gräbern. Ö Nekropole frühes 1. Jtsd. vor Chr.

Vergunda Griechenland, Karpathos. → Vrychonta.

Veria Griechenland, Makedonien, 75 km w von Thessaloniki. Griechisch Beroia, Berrhöa, Veroia usw. Reste von antiker Stadtmauer; Tor, Türme.

Archäologisches Museum.
Vernegues Frankreich, nö von Salon-de-Provence. Ruinen des alten Ortes. Vorgeschichtliche Wallanlagen. Sö → Cazan.
Vernonnet Frankreich, bei Vernon/Seine. Ehemaliges keltisches Oppidum.
Veröcemaros Ungarn, 30 km n von Budapest. Ö Ruinen eines römischen Kastells.
Veroia Griechenland. → Veria.
Veroli Italien, ca. 100 km ö von Rom, nö von Frosinone. Ehemalige Siedlung der Herniker. Akropolis: Reste von Zyklopenmauer.
Verona* Italien. Reste von römischer Stadtmauer. Arco dei Gavi*, ab 1. Jh., wiedererrichtet. Porta dei Borsari* 1. Jh., Porta dei Leoni 1. Jh. Römische Brücke Ponte Pietra, wiederaufgebaut. Amphitheater**. Römisches Theater 1. Jh. und Archäologisches Museum. Tosca- und Teuteria-Kirche auf dem Corso Cavour ab 5. Jh. Stephanus-Basilika ab 5. Jh. Museum Maffeianum. Ca. 10 km nö S.Maria in Stelle mit Hypogäum.
Verruca Italien. → Trient.
Verrugo Italien. → Vallecorsa.
Vertault Frankreich, ca. 100 km nw von Dijon, nw von Châtillon-sur-Seine. Auf einem Bergsporn Reste der antiken Stadt Vertillum; an der Stelle eines keltischen Oppidums gelegen. Ausgrabungen, Wallreste, Rekonstruktion von Murus gallicus.
Vertillum Frankreich. → Vertault.
Verucchio Italien, sw von → Rimini. Fundamente von Häusern Anfang 1. Jtsd. vor Chr.
Verulamium GB. → Saint Albans.
Vesali Birma/Union Myanmar, nö von Akyab, n von Myohaung. Stadt ab spätestens 4. Jh., Hauptstadt von Arakan. Pagoden; Ausgrabungen.
Vescara Algerien. Heute Biskra; ehemals Standort von römischem Kastell am → Algerischen Limes.
Veselinovo Bulgarien, sw von Sumen. Siedlungshügel der mittleren Jungsteinzeit.
Vesone Frankreich. → Périgueux.
Vesontio Frankreich. → Besançon.
Vestitsa Griechenland. → Aigion.
Vestre Slidre Norwegen, Valdres. Grabhügelfeld. Runenstein.
Vesunna Frankreich. → Périgueux.
Veszprém Ungarn, n des Balaton. In der Umgebung römische Villa. Mosaike im Bakony-Museum. .
Vetera Castra Deutschland. → Xanten.
Veterani-Höhle Rumänien, an der Donau, bei km 973/972. Römisch Piscabare. Heiligtum des dakischen Gottes Zamolxis. Gegenüber römische Straßenreste. Bei km 968 am linken Ufer römische Sonnenuhr. Bei km 964 → Tabula Trajana.
Větěrov Tschechien, sö von Brno. Ehemalige befestigte Siedlung der Bronzezeit.
Vetluna Italien. → Vetulonia.
Vetoniana Deutschland. → Pfünz.
Vetralla Italien, s von → Viterbo. In der Umgebung etruskische Nekropolen. 1½ km ö → Forum Cassii.
Vettweiß Deutschland, nw von Zülpich. Froitzheim: Römische Villa erforscht. In der Nähe ehemals Standort von drei kleinen Festungen.
Vetulonia Italien, nw von Grosseto. Etruskisch Vetluna. Ehemalige etruskische Akropolis. Etruskische Stadtmauer 6./5. Jh. vor Chr. Nekropolen, Tumuli. Museum.
Vetus Hydreuma Ägypten, ca. 30 km nw von → Berenike. Cennonydroma. Wälle der ehemaligen Straßenstation.
Vetus Salina Ungarn. → Adony.
Vezirköprü Türkei, 80 km nw von Amasya. Nö Kapukaya: paphlagonisches Grabmal. Felsgräber.
Via Corta Mexiko, Hidalgo. Die ehemalige Straße Mexico-Tampico. Streckenabschnitt n von Pachuca. Zahlreiche Höhlen mit Felsmalereien.
Via Diocletiana Syrien. Von Damaskus nach Palmyra.
Viana do Castelo Portugal, NW, Küste. Nö Monte Santa Luzia: Reste von befestigter keltiberischer Siedlung.
Vibiani Kroatien. → Bibinje.
Vibiscum Schweiz, Waadt. Viviscus. Römisch; Vevey.
Vibo Valentia Italien, Kalabrien, 65 km sw von Catanzaro. Vorgriechisch Veipo, antik Hipponium, römisch Vibo. Gegründet 2. Hälfte 7. Jh. vor Chr. Ehemalige Akropolis mit Kastell. Reste von griechischen Stadtmauern 5./4. Jh. vor Chr., von dorischem Tempel 6./5. Jh. vor Chr., ionischem Tempel. Thermen. Archäologisches Nationalmuseum. Nekropole.
Vic Spanien, n von Barcelona. Römisch Ausa. Ehemals iberische Siedlung. Kleiner römischer Tempel 3. Jh., restauriert. Museum.
Vicalvi Italien, Latium, sö von Sora. Antik Vicus Albae. Reste von megalithischer Stadtmauer. Reste von Herkulestempel.
Vicarello Italien, Nordufer des Bracciano-Sees. Reste von römischen Thermen.
Vic-en-Bigorre Frankreich, n von Tarbes. Sw bei St. Lézér gallo-römisches Oppidum.
Vicchio Italien, im Mugello, nö von Florenz. Sö auf dem Poggio di Colla etruskische Siedlungsreste 7.-2. Jh. vor Chr. Ehemalige Akropolis, Mauerreste. W hiervon Nekropole.
Vicenza Italien, 68 km w von Venedig. Römisch Vicetia. SS Felice e Fortunato mit Resten 4. und 5. Jh., mit Martyrion und Resten eines Baptisteriums, Mosaikreste. Reste von Theater. Städtisches Museum mit archäologischer Abteilung.
Vicetia Italien. → Vicenza.
Vico Equense Italien, nö von Sorrent. Kleines Antiquarium. Nekropole.
Vicosoprano Schweiz, Graubünden, ca. 30 km sw von St. Moritz. Crep da Caslac: spätrömische Mauerreste.

Vicovaro Italien, onö von Rom, nö von Tivoli. Antik Varia. Reste von zyklopischer Stadtmauer. 4 km sw römisches Grabmal. 6 km n → Villa di Orázio.

Vicques Schweiz, JU, sö von Delémont. Neben der Kirche Reste von gallo-römischem Gutshof 2. Jh. nach Chr.

Victoria Malta, Gozo. Rabat. Die Festung an der Stelle der römischen Akropolis. Kleines archäologisches Museum.

Victoria Cave GB, Yorkshire, bei Settle. Mittelstein- und römerzeitliche Höhle.

Victoria Lines Malta. Befestigungslinie aus Mauern und Forts von der Westküste schräg durch die Insel zur Nordküste, von ca. 1880, mit Teil Dwejra Lines.

C. Victricensis GB. → Colchester.

Vicuña Spanien, bei Salvatierra, ö von Vitoria. Dolmen.

Vicús Peru, am Piura-Fluß, ca. 450 km nnö von Trujillo. Ruinen.

Vicus Spanien. Römisch; Vigo.

Vid Kroatien, 5 km nw von Metković. Römisch Narona. Stadtmauerreste, Siedlungsspuren, Malereien, Mosaike, Gräber.

Vidin Bulgarien. Ehemals Bdin. An der Stelle des römischen Kastells Bononia. Burg auf römischen Grundmauern.

Vidiša Indien, Madhya Pradesh. → Besnagar.

Vidoška gradina Bosnien-Herzegowina. Befestigte Höhensiedlung der Illyrer.

Vidra Rumänien, bei Bukarest. Siedlungshügel.

Vidy Schweiz. → Lausanne.

Vieje-Höhle Spanien. → Alpera.

Viéna Gr-Kreta, Südküste, w von Paleochora.

Vienenburg Deutschland. → Henglarn.

Vienna Frankreich. → Vienne.

Vienne Frankreich, 30 km s von Lyon. Reste von römischen Befestigungen. Tempel* des Augustus und der Livia 25 vor Chr. Reste von Cybele-Tempel, Thermen. Römisches Theater. Stelle des Odeons. Bogen am Forum. Pyramide des ehemaligen Zirkus, 4. Jh. Museum der Schönen Künste und der Archäologie. W der Loire Ausgrabungen in → Saint-Romain-en-Gal und in → Sainte-Colombe.

Vientiane Laos. Tempel That Luang 16. Jh., restauriert 18. und 19. Jh. Phya Vat. Vat Sisiket, Anfang 19. Jh.

Viera Spanien. → Antequera.

Vierherrenborn Deutschland, ö von Saarburg. Sw ehemals Standort von römischem Gutshof 3. Jh., keine Reste. 4 km s ehemals Standort eines Heiligtums.

Vieux-Moulin Frankreich. → Carnac.

Vieux-Poitiers, Le Frankreich. → Naintré.

Viganj Kroatien, Hl Pelješac, w von Orebić. Illyrische Grabhügel. Bililo: Reste.

Vignanello Italien, 17 km ö von → Viterbo. Ehemalige etruskisch-faliskische Siedlung. Nekropole 6.-3. Jh. vor Chr. 1 km w → Vallerano.

Vijayanagara Indien, Karnataka. → Hampi.

Vijayapuri Indien. → Nagarjunakonda.

Vijithapura Sri Lanka. Hauptstadt Sri Lankas 6. Jh. vor Chr.

Vila Formosa Portugal, wsw von Portalegre. Römische Brücke in der Nähe von Seda.

Vila Nova de Milfontes Portugal, Westküste, nähe Mündung des Rio Mira, s von Santiago do Cacém. In der Umgebung römische Grabstätten.

Vila Nova de São Pedro Portugal, wsw von Santarém. Siedlung ab 2. Hälfte 3. Jtsd. vor Chr. mit dreifacher Ummauerung; in letzter Zeit als chalkolithisch angesehen.

Vila Praia de Ancora Portugal, nördliche Küste, sw von Caminha. Jungsteinzeitlicher Dolmen da Barra.

Vila Viçosa Portugal, nö von Evora. Archäologisches Museum im Kastell.

Vilcabamba* Peru, Sihúas-Tal, bei Espiritu Pampa. Einer der letzten Hauptorte der Inka, errichtet nach 1492. Weitläufiges Ruinen- und Ausgrabungsgebiet.

Vilcashuaman Peru, 110 km s von Ayacucho. Festungsmauern, Ruine von Sonnentempel. Inkastraßen-Knotenpunkt.

Vilinjam Indien, Kerala, ca. 20 km sö von Trivandrum. Felsentempel 8./9. Jh.; Skulpturen.

Villa Deutschland. Großweil.

Villa Adriana Italien. → Tivoli.

Villaccia Italien, s von Arezzo. Ehemalige spätetruskische Siedlung.

Villach Österreich, Kärnten. Römisch Santicum. Frühmittelalterliche Wallanlage Kirchhügel St. Martin. Römerstraße und Hügelgräber mittlere Eisenzeit. Tscheltschnigkogel: spätantike Fluchtburg, Höhlen mit Besiedlungsspuren, n ehemalige römische Villa mit frühchristlicher Kapelle. Genottehöhe: vorgeschichtliche Wallanlage. Stadtmuseum.

Villagreca I-Sardinien, 25 km nnw von Cagliari. Nö Nuraghe Sa Korona.

Villahermosa* Mexiko, Hauptstadt von Tabasco. Museum*. 3 km w Freilichtmuseum mit Ausgrabungen und Skulpturen aus → (La) Venta; Altäre, Kolossalköpfe, Stelen.

Villajoyosa Spanien, 30 km nö von Alicante. Römische Reste.

Villalcampo Spanien, w von Zamora. Despoblado de Santiago; Reste einer iberischen Stadt (Mauern, Türme, Grabsteine).

Villanova Italien, im O von → Bologna. Dorf der Eisenzeit, 9.-6. Jh. vor Chr. Besonderes Merkmal der Kultur sind Urnenfeldernekropolen.

Villanovaforru I-Sardinien, nö von Sárdara, nw von Cagliari. Archäologisches Museum. 1 km w Nuraghe Genna Maria, 2. Jtsd. vor Chr. bis Anfang 1. Jtsd. vor Chr., Nuraghendorf. Ö von Lunamatrona Nuraghe Bruncu sa Cruxi.

Villanovafranca I-Sardinien, s von Barumini. 1 km sw Nuraghe Su Mulinu. Geplanter archäologischer Park.

Villanueva de Córdoba Spanien, n von Córdoba. Römische und arabische Ruinen.

Villanueva del Rio y minas Spanien, Andalusien, n von Carmona. Römische Ausgrabungen.

Villa di Orázio Italien, bei Licenza, 54 km nö von Rom. Mauerreste.

Villaperuccio I-Sardinien, SW. 3 km n Domus de Janas.

Villa Pliniana Italien, Bellagio, 10 km nö von Como. Villa 16. Jh. an der Stelle einer römischen Villa.

Villa Potenza Italien, 5 km nw von Macerata, s von Ancona. Römisch. Helvia Recina. Zerstört 5./6. Jh. Reste von Theater und Gebäuden. Museum.

Villar, El Spanien. → Ariza.

Villar del Arzobispo Spanien, 48 km nw von Valencia. Römische Ruinen.

Villards-d'Héria Frankreich, 90 km nw von Genf. Antike Ruinen.

Villaricos Spanien, nö von → Almería. Antik Baria. Punische, römische, westgotische und arabische Spuren. Große Nekropole ab 1. Hälfte 1. Jtsd. vor Chr.

Villa del Rio Spanien, ö von Córdoba. 2 km ö römische Brücke über den Arrayo Salado.

Villa Santo Stéfano Italien, 17 km s von Frosinone. Antiker Turm.

Villasbuenas Spanien, n von Ciudad Rodrigo. Reste von iberischer Siedlung.

Villa Speciosa I-Sardinien, nw von Cagliari. Bei S. Cromazio antike Gebäudereste, Mosaike.

Villejoubert Frankreich, ö von Limoges. Ehemaliges keltisches Oppidum.

Villena Spanien, nw von Alicante. Archäologisches Museum.

Villingen-Schwenningen Deutschland. Magdalenenbergmuseum. Grabhügel Magdalenenberg, ca. 577 vor Chr. S Damm, Schanzen, Grabhügel. Nw auf dem Kapf ehemalige befestigte keltische Höhensiedlung.

Villodas Spanien, w von Vitoria. → Trespuentes.

Vilnius Litauen. Wilna. Historisch-archäologisches Museum.

Vilters Schweiz, St.Gallen, sw von Liechtenstein. Höhensiedlung Severgal, Jungsteinzeit bis frühes Mittelalter. Ausgrabungen.

Vilusa Türkei. → Ayas.

Vilz Deutschland, bei Tessin, osö von Rostock. Rest von Großsteingrab.

Viminacium Serbien. → Kostolac.

Vinča Serbien, wenig ö von Belgrad. Siedlungshügel ab 5. Jtsd. vor Chr.; anfangs → Starčevo-, alsbald Vinča-Kultur.

Vincea Serbien. → Smederevo.

Vindobala GB. Römisches Fort am → Hadrians-wall; heute Rudchester w von Newcastle-upon-Tyne.

Vindobona Österreich. → Wien.

Vindolanda GB. → Chesterholm.

Vindomora GB. Heute Ebchester, 18 km sw von → Newcastle-upon-Tyne.

Vindonissa Schweiz. → Windisch.

Vindriacum Deutschland. Wintrich.

Vinjani Kroatien, 50 km LL wnw von Mostar. Reste von frühchristlicher Basilika 4./5. Jh. Baptisterium.

Vinjerac Kroatien, s von Starigrad-Paclenica. Befestigte illyrische Siedlungsstelle.

Vinkovci Kroatien, s von Osijek. Römisch C.Aurelia Cibalae. Besiedelt seit der Jungsteinzeit.

Vinomna Österreich. → Rankweil.

Vinovia GB, Durham. Römisch; Binchester bei Bishop Auckland.

Vinromá-Höhlen Spanien. → Albocácer.

Vintium Frankreich. Antik; heute Vence, w von Nizza.

Vintl I-Südtirol, nö von Franzensfeste. Italienisch Vandoies. N von Niedervintl Wallreste aus Bronze- und Eisenzeit und frühem Mittelalter. Mauer- und Turmreste.

Vipitenum I-Südtirol. Sterzing.

Vir Kroatien, Insel 30 km n von Zadar. Illyrische Wallburgen und Grabhügel.

Vir Slowenien. → Stična.

Virampatnam Indien. → Arikamedu-Virampatnam.

Viran Episkopi Gr-Kreta, 65 km w von Iraklion. Reste von byzantinischer Basilika 10./11. Jh. mit Spuren eines hellenistischen Tempels.

Viranşehir Türkei. → Helvadere.

Viranşehir Türkei, 93 km ö von Şanlıurfa. Antik Constantina. Reste von römischer Stadtmauer.

Viranşehir Türkei, 13 km sw von → Mersin. Besiedelt ab spätem 3. Jtsd. vor Chr. Ehemalige griechische Siedlung Soloi. Römisch Pompeiopolis. Ehemalige Akropolis. Ruinen, Reste von Kolonnadenstraße, Hafenmolen.

Virgen Österreich, w von Matrei in Osttirol. Obermauern: w auf dem Hügel Burg Spuren und Häuserfundamente einer bronze- und eisenzeitlichen Siedlung. Welzelach: späthallstattzeitliches Gräberfeld.

Virgitanus Spanien. → Almería.

Virincipuram Indien, Tamil Nadu, ca. 150 km w von Madras, 12 km w von Vellure. Shivatempel.

Viroconium GB, England. → Wroxeter.

Virodunum Frankreich. Römisch; Verdun.

Virpazar Montenegro, am Skutarisee. Bei Mijela illyrisches Gräberfeld.

Virunum Österreich, Kärnten, Zollfeld, zwischen St. Veit und Klagenfurt, Gemeinde Maria Saal. Römisch Claudium Virunum. Ehemalige Hauptstadt von Noricum, im 6. Jh. zerstört. Spuren von Forum, Kapitol, Theater, Bäderbezirk, Amphitheater oder Hippodrom. Mosaik und Funde in

Klagenfurt. Grazerkogel: ehemalige spätantike Fluchtburg. S von V. der Herzogstuhl 8./9. Jh. aus antiken Steinen.

Virú-Tal Peru, s von Trujillo. Reste mehrerer zeitlich nebeneinander, aber auch aufeinanderfolgender, sonst voneinander fast unabhängiger Kulturen, mit jeweiligen Kultzentren (Reste von Pyramiden oder Pyramidenplattformen); ab dem Ende des 1. Jtsds. vor Chr. Ausgrabungen. Fundorte: → Gallinazo; → Huaca de la Cruz.

Vis Bosnien-Herzegowina, sö von Derventa. Spuren von Siedlungen der Lansinja- und der neolithischen → Vinča-Kultur. Wälle von spätbronzezeitlicher Siedlung.

Vis Kroatien, Ort auf der Insel Vis. Griechisch Issa ab 4. Jh. vor Chr., italienisch Lissa. Nw an der Stelle von Gradina die Reste der griechischen Stadt. Spuren von Thermen und Mosaik. Spuren des Theaters beim Franziskanerkloster. Zwei Gräberfelder. Reste von englischen Forts von ca. 1800.

Visbek Deutschland, 50 km s von Oldenburg. 1) N Grabrest "Heidenopfertisch" bei den Großsteingräbern "Visbeker Bräutigam*" (→ Großenkneten). 2) Ca. 3 km nw Rest von Großsteingrab. 3) Ca. 1 km n von Varnhorn Rest von Großsteingrab. 4) Ca. 2 km n von Varnhorn Großsteingrab "Schmeersteine". 5) Nö (s von Steinloge) Steinsetzung "Visbeker Braut*" (→ Wildeshausen).

Visby Schweden, Gotland. Bronzezeitliche Steinsetzung Trojaburg.

Visegrád Ungarn, ö von Esztergom, n von Budapest. Spätrömisch Pone Navata. W Reste eines römischen Wachtturms. Auf dem Sibrik-Hügel Reste von spätrömischer Befestigung.

Visentium Italien. → Bisenzio.

Višići Bosnien-Herzegowina. → Čapljina.

Viso Makedonien, 13 km n von Bitola. Vorgeschichtliche Stätte.

Visoko brdo Bosnien-Herzegowina, bei Derventa. Prähistorische Siedlung; Funde der neolithischen → Vinča-Kultur.

Viso del Marqués Spanien, n von Linares. Reste.

Visontium Spanien. Antik; Vinuesa, 35 km nw von Soria. Römische Brücke.

Vitcos Peru, am Vilcabamba, rechtes (östliches) Ufer. Rosaspata. Ruinen.

Viterbo Italien, Latium. Römisch Vicus Elbii. Spuren der etruskischen Akropolis. Römischer Aquädukt. Stadtmuseum. Die Reste sw und n der Stadt lagen zumeist an der römischen Via Cassia: 6 km n Bagnaccio mit römischen Gebäuden. 7 km n Terme del Bacucco. W Bulicame; Reste von Thermen und römische Brücke Camillario. Ca. 7 km sw Paliano: Masso, römische Thermen. Wsw Papala: Tumulus, etruskische und römische Gräber, Ruota del Ciciliano. Sw S.Nicolao: römische Brücke. Pian delle Bussete: Reste von Thermen und Villen. Sw → Castel d'Asso.

Vitiano Italien, s von Arezzo. Ehemalige spätetruskische Siedlung.

Vitina Bosnien-Herzegowina, wsw von Mostar. Borasi: Rest von Basilika 6. Jh. Dolac: Rest von Basilika 5. Jh.

Vitoli Griechenland, 41 km w von Lamia. Reste der antiken Stadt Spercheia, Spercheiai. Ehemalige Akropolis. Reste von Stadtmauer und Türmen 4./3. Jh. vor Chr.

Vitorchiano Italien, 9 km nö von → Viterbo. Nekropolen.

Vitoria Spanien. Gasteiz. Waffen- und Archäologie-Museum.

Vitricum Italien, 87 km n von Turin. Römisch; heute Verrès.

Vitudurum Schweiz. → Winterthur.

Vivatia Spanien. Römisch; Baeza, ca. 180 km n von Granada. Westgotisch Beatia, arabisch Biesa.

Viverone Italien, nö von Turin. Im V.-See große Pfahlbausiedlung festgestellt.

Viviers Frankreich, s von Montélimar. Römische Brücke.

Viviscus Schweiz, Waadt. Vevey.

Vix Frankreich, n von Châtillon-sur-Seine. Keltisches Fürstengrab am Fuße des Mont Lassois ausgegraben. Funde und kleines Museum in Châtillon-sur-Seine. Auf dem Mont Lassois ehemals Standort von hallstattzeitlicher Siedlung.

Vizače Kroatien. → Valtura.

Vizari Gr-Kreta, 6 km sö von Amari, sö von Rethymnon. Reste von griechischer Siedlung, römische Ruinen, Mosaik, Kirchenspuren.

Vlachorafti Griechenland, Peloponnes. → Gortys.

Vladikars Türkei, 12 km sw von Kars. Reste einer armenischen Kirche.

Vlochos Griechenland, Thessalien, 40 km wsw von Larissa. Akropolis und Nekropole ev. des antiken Peirasiai.

Voconii Frankreich. Römisch; heute Le-Cannet-des-Maures, 2 km sö von Le Luc.

Vodamayuta Indien. → Budaun.

Vöhl Deutschland, n des Edersees. W → Heckelsburg. Sw → Ehrenburg. Sö → Hünselburg (zu Waldeck-Niederwerbe).

Völkermarkt Österreich, Kärnten. Lamprechtskogel: Reste von spätantiker Fluchtsiedlung.

Völs am Schlern I-Südtirol. Italienisch Fiè a Sciliar. W auf dem Peterbühel antike Mauerreste. Burgstall mit Brandopferplatz auf dem nördlichsten Punkt des Schlernplateaus.

Vogelbeck Deutschland, sö von Einbeck. Ringwälle von früheisenzeitlicher Befestigung Vogelsburg.

Vogelherdhöhle Deutschland, nw von → Stetten, n von Günzburg. Funde jungpaläolithisches Hoch-Aurignacien; Kleinplastiken.

Vogelsburg Deutschland. → Vogelbeck.

Vogelsburg Deutschland, 2 km w von Volkach. Befestigung zur späten Bronzezeit und der

2. Hälfte 1. Jtsd. vor Chr. Wälle.

Vogeltenne I-Südtirol. → Brixen.

Voghenza Italien, bei Voghiera, sö von Ferrara. Römische Nekropole.

Vogia Spanien. Römisch; Bujalance, 45 km ö von Córdoba.

Voies Griechenland. → Boiai.

Volari Bosnien-Herzegowina, ca. 17 km sw von Jajce. Römische Reste.

Volaterra Italien. → Volterra.

Volcera Kroatien. → Bakar.

Volders Österreich, Tirol, ö von Hall. Am Himmelreich Siedlung der Latènezeit 4.-1. Jh. vor Chr. erforscht. Freilichtmuseum. Gräber Urnenfelderzeit und Hallstattzeit. Funde in → Wattens.

Voljevica Bosnien-Herzegowina, 5 km sö von → Srebrenica. Gradovi: Reste eines römischen Lagers 1. Jh. nach Chr.

Vollburg Deutschland, 1½ km ö von Michelau, ö von Gerolzhofen. Frühmittelalterliche Wallanlage.

Volmidia Griechenland, Peloponnes. → Chora.

Volos Griechenland. Siedlungshügel von Iolkos, Hauptstadt des mykenischen Thessalien. Spuren von zwei mykenischen Palästen 2. Hälfte 2. Jtsd. vor Chr. Archäologisches Museum. S → Demetrias. S → Pagasai.

Volsinii Italien. Älteres: → Orvieto.

Volsinii Italien. Jüngeres: → Bolsena.

Volterra* Italien, Toskana. Etruskisch Velathri, römisch Volaterrae. Besiedelt seit der → Villanova-Zeit. Reste von zyklopischer Stadtmauer; etruskisches Tor 4./3. Jh. vor Chr. Ehemalige Akropolis: Archäologischer Park mit Gebäuderesten. Römisches Theater* 1. Jh. vor Chr. - 1. Jh. nach Chr. mit angrenzenden Thermen 3. Jh.; Mosaike. Museo Etrusco Guarnacci. Nekropolen.

Volterraio Italien. → Elba.

Volubilis* Marokko, n von Meknès, in der Nähe des → Marokkanischen Limes. Römische Stadt ab 1. Jh. nach Chr. Teile der Stadtmauer, Südost-Tor, Tanger-Tor. Triumphbogen* für Caracalla von 217 nach Chr. Forum, Kapitol, Basilika, Tempel, mehrere Thermen. Decumanus Maximus. Zahlreiche Privathäuser; Säulen, Mosaike*, darunter "Die Taten des Herkules". Nekropole, Grabhügel.

Vonmuth Deutschland, bei Benzenzimmern, nw von Nördlingen. Ehemalige Höhensiedlung.

Vorderer Limes Deutschland. Der Abschnitt des Obergermanischen → Limes zwischen Lorch und Miltenberg; errichtet ab Mitte 2. Jh., einzelne Kastelle bereits ab 2. Viertel 2. Jh.

Voudia Griechenland, Melos. → Filakopi.

Vouni Zypern, Westende des türkischen Teils. Türkisch Vuni Sarayı. Grundmauern eines Palastes 5. Jh. vor Chr., Bad 5. Jh. vor Chr.

Vounous Zypern, ö von Kyrenia. Vunus. Frühbronzezeitliche Nekropole.

Vouvala Griechenland, Larissa, 16 km nw von

Elassona. Stadtmauern und Akropolis des antiken Azoros.

Vraca Bulgarien, n von Sofia. Wraza. Mogilanska-Hügel. Archäologisches Museum.

Vrachasi Gr-Kreta, Osten, 7 km nw von Neapoli. Ehemalige dorische Siedlung 8.-6. Jh. vor Chr. Reste von Mauern, Zisterne (Wegweiser "Antiker Brunnen"). Kuppelgräber.

Vrana Kroatien, 11 km ö von Biograd. Reste von römischer Wasserleitung.

Vranje Slowenien, 5 km s von Sevnica, ö von Ljubljana. Auf Ajdovski Gradec ehemalige Siedlung ab 7. Jh. vor Chr. Ausgrabungen einer Siedlung 4.-5. Jh.; Reste von Ummauerung, Kirche, Wohngebäuden.

Vravrona* Griechenland, Attika, ca. 30 km ö von Athen. Vraona. Antik Brauron. Ehemaliges Heiligtum der Artemis. Neolithische und helladische Wohnspuren. Reste von mykenischer Befestigung (Akropolis). Spuren der antiken Umfassungsmauer. Reste eines Portikus 5. Jh. vor Chr. Tempelrest 5. Jh. vor Chr. an der Stelle eines Tempels des 7./6. Jh. vor Chr. mit anschließendem Hof und Stoa*. Antike Brücke. Spätbyzantinische Kapelle. Reste von Basilika 6. Jh. Museum.

Vrba Bosnien-Herzegowina, bei Glamoč, nö von Split. Illyrisch-römische Ruinen.

Vrbanj Kroatien, auf Hvar. Reste antiker Befestigungen.

Vrdolje Bosnien-Herzegowina, 14 km ö von Konjic. Spätantikes Grab 5/6. Jh.

Vrgada Kroatien, Insel 10 km sö von Biograd. Mittelalterliche Loumbrikaton. Reste des antiken und mittelalterlichen Kastells.

Vrhnika Slowenien, 20 km sw von Ljubljana. Römisch Nauportus. Reste von Forum, Buleuterium, Tempel, römischem Lager 3. Jh.

Vrhpolje Slowenien. → Stična.

Vrindaban Indien, Uttar Pradesh, 10 km n von Mathura. Zahlreiche Tempel und Tempelruinen, häufig 16. Jh., darunter: Govinda-Deva-Tempel, Gopi-Nath-Tempel, Jugal-Kishor-Tempel, Radha-Ballabh-Tempel, Madan-Mohan-Tempel.

Vrisa Griechenland, Lesbos. Antik Brisa. Reste von dorischem Dionysos-Tempel 3. Jh. vor Chr. Fundamente von altchristlicher Basilika.

Vrises Gr-Kreta, 33 km sö von Chania. Vryses Apokoronu. Ruinen, ev. des antiken Pergamos.

Vrokastro Gr-Kreta. → Kalo Chorio.

Vrosina Griechenland, 45 km w von Ioannina. In der Umgebung Ruinen von antiker Siedlung; Akropolis.

Vršac Vojvodina, 80 km nö von Belgrad. Nationalmuseum.

Vrsar Kroatien, westliches Istrien. Römisch Ursaria. Reste von römischem Kastell, römischer Villa und von Wasserleitung. Reste illyrischer Wallburgen auf den Hügeln Martuzol und Jugovac.

Vrsi Kroatien, nö von Nin bei Zadar. Nw bei Jesenovo Ruinen von römischer Villa. Nö Reste von illyrischer Wallburg.

Vrućica Bosnien-Herzegowina, 3 km sö von Teslić, 90 km osö von Banja Luka. Reste von römischen Gebäuden.

Vrychonta Griechenland, Dodekanes-Insel Karpathos. Ehemals antiker Hafen. Spuren von antikem Tempel.

Vryokastro Griechenland, auf Kykladeninsel Tinos, ö von Tenos. Mittelkykladische Höhensiedlung aus der Zeit von 2000 vor Chr. -1600 vor Chr. entdeckt.

Vučedol Kroatien, n von Vukovar, sö von Osijek (Esseg). Illyrische Ausgrabungsstätte. Kultur der späten Jungsteinzeit. Funde in → Vukovar.

Vuchetion Griechenland. → Rogoi.

Vukovar Kroatien, sö von Osijek (Esseg). Reste des römischen Kastells. Stadtmuseum.

Vulci Italien, w von Tuscania. Etruskisch Velcha. Römisch Volcientium. Ehemalige Akropolis. Stadtmauerreste 5.-4. Jh. vor Chr. Tempelpodium, Nymphäum, Mithräum, römische Villa mit Kryptoportikus. Ponte della Badia ca. 1. Hälfte 1. Jh. vor Chr. Castello 12. Jh. mit archäologischem Museum. In der Umgebung Reste von römischen Villen. Nekropolen** → Villanova-Zeit bis 4./3. Jh. vor Chr. Grabhügel La Cuccumella.

Vuliagmeni Griechenland, Attika, s von Athen. Tempelfundamente 6. Jh. vor Chr. und Spuren weiterer Gebäude.

Vully-le-Bas Schweiz, Fribourg, n des Murten-Sees. Auf dem Mont Vully keltische und prähistorische Befestigungen ca. 4. Jh. vor Chr., verlassen 58 vor Chr.

Vulturnum Italien. Antik; heute Castel Volturno, an der Küste nw von Neapel.

Vurkari Griechenland, auf der Kykladeninsel Kea. N Agia Irini: Reste einer Siedlung ab 3. vor Chr. Reste von Befestigungen, Häusern, Palast, Tempel, Nekropole. Nö Kap Kéfala: Reste einer spätneolithischen Siedlung ab 3200 vor Chr.

Vussem Deutschland, s von Mechernich/Eifel. Teil eines Aquädukts der römischen Wasserleitung Eifel-Köln wiederaufgebaut.

Wabelsdorf Österreich. → Poggersdorf.

Wabkent GUS, Usbekistan, 30 km n von Buchara. Minarett von ca. 1198.

Wachenheim Deutschland, Pfalz. W im Poppental keltischer Opferplatz. Wsw auf dem Röthel Reste von Schanzen. N ehemals Standort von römischer Villa.

Waddum du-Masmacim Jemen-Nord. → Marib.

Wade's Causeway GB, Yorkshire, Wheeldale Moor, n von Pickering. Römerstraße (York - Goldsborough). Daran gelegen: → Cawthorne Camps.

Wad-Höhle Israel. → Mugharet al-Wad.

Wadhwan Indien, Gujarat, sw von Ahmedabad. Surendranagar. Ranik-Devi-Tempel.

Wadi Akwahn Jemen-Nord. → Sada.

Wadi el-Banat Sudan, ö des 6. Katarakts. Meroïtischer Tempel, zerstört. Siedlungsspuren.

Wadi Belih Ägypten, nö von Qena. Reste von Straßenstation.

Wadi Ben Naqa Sudan, ö des 6. Katarakts, ca. 35 km von → Naqa. Palast aus meroïtischer Zeit. Zerstörte Tempel. Siedlungsreste auch im Wadi Hawad, Wadi Awateb, → Wadi el-Banat.

Wadi Charig Ägypten, Sinai, ca. 200 km sö von Suez. Felsinschrift 5. Dynastie, 25. Jh. vor Chr. Zerbrochene Stele Sesostris'I. Spuren einer Arbeitersiedlung des Alten Reiches.

Wadi Dar Jemen-Nord, nw von Sana. Felsgravuren.

Wadi Dhobai Jordanien, sö von Amman. Megalithische Rundhütten freigelegt.

Wadi Djerat Algerien, Tassili n'Ajjer, 30 km lange Schlucht bei Illizi. Oued Djerat. Zahlreiche Felsgravierungen, z.B. in → Aban Tenouar, → Abeïor, → Assahor, → In Tifinar, → Nafeg, → Toukrimin.

Wadi Djeriya Jordanien, ö von Shunat Nimrin. Byzantinisches Felsenkloster.

Wadi Feiran Ägypten, südlicher Sinai, nw des Katharinenklosters. Antik Pharan, Faran; biblisch Rephidim. Im 4. Jh. Bischofssitz. Tell Mechred mit antiken Siedlungsresten, Kirchenrest. Nabatäische Gräber.

Wadi Garawi Ägypten, 11 km sö von Heluan. Geraui usw. Talsperre Sadd el-Kafara, ca. 2800 vor Chr.

Wadi Gawasis Ägypten, am Roten Meer, 20 km s von Safaga, 480 km s von Suez. Altägyptisch Zauu. Ptolemäisch Philoteras. Hafen des Mittleren Reiches und der Römerzeit. Ehemals Standort eines Tempels.

Wadi Hammamat Ägypten, ö von Quft. Zahlreiche Felszeichnungen. Ehemals römische Straßenstation. Reste von kleinem ägyptischen Tempel. Römische Reste, Bergwerksanlagen mit Siedlung. → (Qasr el-)Banat. → Bir Hammamat. → Bir Umm el-Fawahir.

Wadi Huwara Ägypten, Sinai, ca. 40 km w von Eilath. Felsgravuren. Grabhügel aus dem Chalkolithikum.

Wadi Maghara Ägypten, Sinai, nähe Abu Rodeis. Felsreliefs und -inschriften, ab 3. Dynastie. Standort einer Arbeitersiedlung (Türkisminen).

Wadi al-Maghara Israel, Karmel-Gebirge. Mit alt- und jungsteinzeitlichen Höhlen → Mugharet al-Wad, → Mugharet et-Tabun, → Mugharet es-Skhul.

Wadi Merdum Libyen, bei Mselleten. Zwei Turmgrabmäler.

Wadi Miah Ägypten, ca. 50 km ö von Edfu. Tempel von Qanais, 13. Jh. vor Chr.

Wadi Mokattih Ägypten, Sinai-Westküste, nähe Abu Rodeis. Zahlreiche Felsinschriften 2.-4. Jh.

Wadi Murabbaat Israel, Westufer des Toten Meeres, 18 km s von Khirbet → Qumran. Zwei Grotten mit Handschriftfunden.

Wadi Nasb Ägypten, Sinai, ca. 200 km sö von Suez. Inschriften des Mittleren und des Neuen Reiches. Stele des Amenemhet III.

Wadi Natrun Ägypten, an der Wüstenstraße Kairo-Alexandria. Altägyptisch Sechet Hemat. Klöster ab 4. Jh.: → Deir Abu Makar ab 4. Jh. → Deir Amba Bschoi ab 4. Jh. → Deir el-Baramus ab 4. Jh. → Deir es-Surjan ab 8. Jh. → Esbet Beni Salame. → Skithis.

Wadi en-Natuf Israel, sö von Tel-Aviv. Steinzeitliche Kultur Natoufien, Natufium, mit mesolithischen und neolithischen Merkmalen. Ein Hauptfundort die → Shuqba-Höhle halbwegs zwischen Tel Aviv und Ramallah. Weitere Fundorte:. → Eynan, → Mugharet al-Wad, → Nahal Oren.

Wadi Qumran Israel. → Qumran.

Wadi Ram Jordanien, ö von Aqaba. Wadi Rum. Nabatäisch Iram. Reste von nabatäischem Tempel und Brunnen. Inschriften und Felsritzungen.

Wadi Ramilije Israel, Negev, nähe Wadi Avdat. Felsritzungen.

Wadi es-Sebua* Ägypten, im Nassersee. Neuer Standort Neu-Sebua. Kleiner Horustempel von Amenophis III. versunken. Tempel Ramses' II. versetzt. Griechisch-römischer Tempel aus → Dakka. Spätrömischer Tempel aus → (el) Maharraqa. Reliefs von Felsschreinen aus → (Qasr) Ibrim.

Wadi Sedri Ägypten, nähe Abu Rodeis, Sinai-Westküste. Antike Ruinen.

Wadi Sha'ab Oman, ö des Hadjar-Gebirges. Oberhalb konische Türme, 3. Jtsd. vor Chr; ev. Begräbnistürme.

Wadi es-Sir Jordanien, w von Amman. Im Wadi abwärts Richtung Araq el-Emir: Aquäduktreste; Fassade ed-Deir; Höhlenkirche el-Bassa; Höhlen, teilweise durch Gänge miteinander verbunden; Terrassen; Ruinen; Palastreste Qasr el-Abd von ca. 190 vor Chr.

Wadi et Tahune Israel, 3 km sö von Betlehem, bei → (Khirbet) Faluh. Vorgeschichtliche Stätte (neolithische Stufe Tahounien).

Wadi Tumilat Ägypten, w von Ismailia. → (Tell el-)Maschuta. → (Tell er-)Rotaba. → (Tell el-) Yahudiya.

Wadu Malediven, Gaaf-Dhaal-Atoll (Huvadu-Süd). Vadu. Vorislamische Ruinen; große Havita.

Wagharschapat GUS, Armenien. Name mehrerer ehemaliger Siedlungen. → Ečmiadzin.

Wagna Österreich, bei Leibnitz, s von Graz. Römisch Flavia Solva. 2 km s Grundriß der antiken Stadt und Lage des Amphitheaters festgestellt. Spuren eines römischen Tempels ca. 1./2. Jh. bei der Wallfahrtskirche Frauenberg. Friedhöfe. Sw → Großklein.

Wahlen Schweiz, Bern, ö von Delémont. Auf dem Stürmenkopf Reste von spätrömischem Wachtturm.

Waiblingen Deutschland, nö von Stuttgart. Reste* von römischer Villa; Kellerräume. 1½ km ö des Ortes Töpferwerkstatt festgestellt. Ehemals Grabhügel und mehrere Friedhöfe, späte Hallstattzeit.

Waischenfeld-Rabeneck Deutschland, nö von Forchheim. 1½ km s auf dem Kreuzberg Ringwall "Guttenbürg" seit der Frühlatènezeit.

Walberberg Deutschland, sö von Brühl. Ringwall Aldeburg.

Walbury GB, Berkshire, Walbury Hill sw von Newbury. Eisenzeitliche Befestigung. Nö → Combe Gibbet.

Waldalgesheim Deutschland, sw von Bingen. Latènezeitlicher Grabfund, Wagenbestattung. Funde in Bonn.

Waldemarsmauer Deutschland. → Danewerk.

Waldenbuch Deutschland, Kreis Böblingen. 2 km s keltische Viereckschanze. Ö davon zwei Grabhügel.

Waldfischbach Deutschland, n von Pirmasens. Sö spätrömische Bergbefestigung Heidelsburg, 1. Jh., 4. Jh. Mauerreste.

Waldhag Deutschland. → Bergalinger Landhag.

Waldmössingen Deutschland, Schramberg, nw von Rottweil. 1 km ö Lage von römischem Kastell und Zivilsiedlung an der Kreuzung zweier Römerstraßen erkennbar.

Waldsieversdorf Deutschland, nw von Frankfurt/Oder. ½ km sö zwischen Großem und Kleinem Däber-See slawische Höhenburg.

Waledena GB, Essex. Römisch; heute Saffron Walden.

Walenstadt Schweiz, St. Gallen, Walensee. St.Georgenberg: ehemals prähistorische Höhensiedlung, römisches Kastell, mittelalterliche Kirchenburg. Wall- und Mauerreste.

Walheim Deutschland, sö von Heilbronn. Mauerteile eines Kohortenkastells unter Kirchhofmauer und Stadtmauer. Kellerreste festgestellt.

Walk Belgien, nö von Melmedy. 1 km nö keltische Fliehburg.

Wallbach Schweiz, AG, w von Bad Säckingen. N Reste von römischem Wachtturm (Nr. 9) in der Stelli, 4. Jh.

Wallbury GB, Essex, bei Bishops Stortford. Eisenzeitliche Befestigung.

Walldürn Deutschland, sö von Miltenberg. Sö ehemals Standort von Numeruskastell; keine sichtbaren Reste. Kastellbadreste 2.+3. Jh. N Limeslehrpfad mit konservierten Fundamenten der Türme Lindig-Süd, Lindig-Nord und Steinhaus im Großen Wald. N mehrere Grabhügel, späte Hallstatt- und Latènezeit. → Hönehaus. → Rinschheim.

Wallendorf Deutschland, sw von Bitburg. Ö auf dem Kasslel ehemals Standort von römischer Siedlung.

Wallenhorst Deutschland, n von Osnabrück. Rulle: 1 km sö Reste von Megalithgräbern ("Helmichsteine"). Wallburg Wittekindsburg*, fränkisch

8.-10. Jh.; Ausgrabungen und Rekonstruktionen.
Wallingford GB, Oxfordshire, 20 km sö von Oxford. Eisenzeitliche Befestigung Wittenham Clumps.
Wallmauer Deutschland, ö von Wehr, n von Bad Säckingen.
Walls USA, Tennessee. Indian. Tempelhügel.
Walnut Canyon National Monument USA, Arizona, ö von Flagstaff. Reste von indianischen Felshöhlenwohnungen, ca. 1100 nach Chr. Besucherzentrum, zwei Rundwege.
Walpertskirchen Deutschland, ca. 7 km sö von Erding. 1 km nö Keltenschanze.
Walternienburg Deutschland, w von Zerbst, sö von Magdeburg. Mittelneolithisches Gräberfeld.
Waltersdorf Österreich, Ost-Steiermark, s von Hartberg. Lapidarium bei der Kirche.
Walzbachtal-Wössingen Deutschland, ö von Karlsruhe. Römischer Gutshof. Kellerraum im Badischen Landesmuseum in Karlsruhe.
Wandleburg GB, Cambridgeshire, bei Stapleford, 8 km sö von Cambridge. Eisenzeitliche Festung auf den Gog Magog Hills. Reste von römischer Straße (Via Devana).
Wangcheng China. → Luoyang.
Wani GUS, Georgien, bei → Kutaisi. Im 6.-4. Jh. vor Chr. Stadt des westgeorgischen Königreiches Kolchis, zerstört 1. Jh. vor Chr. Ausgrabungen; Reste von Stadtmauer, Stadttor, Tempel, Altar. Nekropole.
Wanla Indien, Ladakh. Tempel, Kloster ab 1100, mit verfallener Umwallung. Felsbilder.
Wanna Deutschland, sö von Cuxhaven. W und s Reste von Großsteingräbern. Nw um den Gravenberg ehemals umfangreicher Urnenfriedhof 4./5. Jh. Griftteile: Urnengräber, Hügelgräber.
Wannenberg Deutschland. → Miltenberg.
Wannina Ägypten, 100 km s von Assiut, w von Sohag. Medinet Atrib. Altägyptisch Hut-Repit, antik Athribis. Zwei Tempel 1. Jh. vor Chr. Gräber.
Wansdyke GB, Nord-Wiltshire, Gebiet sö von Bath - Marlborough Downs. Erdwall gegen die Angelsachsen, Länge ca. 80 km.
Wantu China. → Chian.
Wapley Hill GB, Herefordshire, bei Presteigne, wnw von Leominster. Eisenzeitliche Befestigung.
Waqen Äthiopien, Provinz Tigre. Monolithische Gabrielskirche.
Waqqas, Tell Israel. → (Tell al-)Qedah.
Warachscha GUS, Usbekistan, 32 km nw von Buchara. Varaksch usw. Ehemals: Hauptort der Buchara-Oase, Stadt zur Kuschanzeit, Festung der hephtalitischen Könige 5.-6. Jh. und 8. Jh. Reste dieser Festung, Ausgrabungen, Palast, Malereien. In der Umgebung zahlreiche Tepes.
Warangal Indien, Andhra Pradesh, 140 km nö von Hyderabad. Im 12.-13. Jh. Hauptstadt des Kakatiya-Reiches. Ruinen der ehemals großen Befestigung. Tempel der Tausend Säulen. Tempelreste.

Warden GB, 3 km nw von Hexham. Römischer Bogen in der Kirche.
Warder Deutschland, nö von Bad Segeberg. Wallspuren auf einer Insel im W.-See. Slawische Siedlung 9.-12. Jh. erforscht.
Wardija ta'San Gorg Malta, 4 km sö von Dingli. Ehemals Standort einer bronzezeitlichen Siedlung.
Wardsia GUS, Georgien. Georgisches Kloster ab ca. 1200. Höhlenwohnungen.
Wareham GB, Dorset, w von Bournemouth. Angelsächsischer Erdwall. In der Umgebung Erdwälle aus vorrömischer Zeit.
Waren Deutschland. 5 km nö (ö der Straße nach Groß Gievitz) Reste von Großsteingräbern.
Wari Peru. → Huari.
Warin Pennewitt Deutschland, sw von Wismar, nö von Warin. 1 km w Großsteingrab.
Warka Irak, ca. 330 km s von Bagdad, ö von Samawa. Der sumerische Stadtstaat Uruk. Erech der Bibel. Uruk-Periode 3500-3100 vor Chr. Verlauf der ehemaligen Stadtmauer schwach erkennbar. Anu-Bezirk mit weißem Tempel, ab Ende 4. Jtsd. vor Chr., später darübergesetzte Ziqqurat. Bit Resh 4. Jh. vor Chr. Reste eines Mithräums. Eanna-Bezirk ab Ende 4. Jtsd. vor Chr., mehrere Tempelgrundrisse. Ziqqurat Ende 3. Jtsd. Irigal-Komplex 4. Jh. vor Chr. Weitere Spuren: Höhlen, sumerische und parthische Paläste, Gareustempel. Außerhalb der Stadt der Bit-Akitu-Komplex. → Abb.147.
War Kabud Tepe Iran. → Tschawar.
Warnow Deutschland, w von Güstrow. Ca. 2 km osö im Forst Tarnow Reste von Großsteingräbern.
Warrior's Dyke GB, Wales, am St.David's Head, westlichster Punkt Wales'. Reste von prähistorischem Wall. Reste von Steinkreisen.
Warschau Polen. Galerie der antiken Kunst. Historisches Museum der Stadt.
Wartberg Deutschland. → Niedenstein.
Wartin Deutschland, Kreis Randow, osö von Prenzlau. 3 km wnw Rest von Großsteingrab.
Waschschukanni Syrien. → Ras el Ain.
Waseri, Qalaeh Iran, 15 km w von Schahpur, NO-Ecke des Orumiyeh-Sees. Urartäische Terrassen, Treppe.
Wasir GUS. → Dev-Kesken-Kala.
Wasit Irak, ca. 80 km s von Kut al Imareh. Gegründet 703. Stadt der Abbasiden. Reste; Palast, Moschee, Wohnhäuser.
Wassel Deutschland, Gemeinde Sehnde, sö von Hannover. Im SW Rest von ma Ringwall.
Wasserbillig Deutschland, sw von Trier. Fundamente von römischen Brückenpfeilern.
Wat Boromathat Thailand, bei Lopburi. → Castor.
Water Newton GB, Northamptonshire. → Castor.
Waterstone GB, Somerset, bei → Redhill. Rest eines Großsteingrabes.
Waterville Irland, am Ring of Kerry. S Steinring. S Eighter Cua-Alignment.
Wat Lai Thailand, bei Ban Tha Klong, bei

Lopburi. Tempelanlage im Ayuthia-Stil.

Wat Mongkol Kiriate Thailand, sw von Khon Kaen.

Wat Phanom Wan Thailand, ca. 20 km nö von Nakhon Ratchasima. Tempelruinen der Khmer Anfang 11. Jh. Klosterreste 9./10. Jh.

Wat Phra Fang Thailand, 15 km von Uttaradit. Tempelruinen.

Wat Phra Phutthabat Bua Bok Thailand, nw von Udon Thani. Tempel. Prähistorische Felsmalereien.

Wat Phra That Thailand, nö von Kanchanaburi. In der Nähe Ruinen eines Prang, Ayuthia-Periode.

Wat Phu Thailand, am Mekong, ö von Ubon Ratchathani. Auf einem Berg die Heilige Stätte des Tschen-la-Reiches. Ruinenstadt, 17. Jh.; Khmer-Tempel, Kloster.

Wat Samok Kao Thailand, ö von Phitsanulok.

Wat's Dyke GB, ca. 65 km parallel zum → Offa's Dyke, später als letzterer errichtet.

Wattendorf Deutschland, nö von Bamberg. Sw nähe Wolfsgrube vorgeschichtliche Abschnittsbefestigung.

Wattens Österreich, Tirol, ö von Innsbruck. Heimatmuseum. → Volders.

Wat Tham Pong Chang Thailand, bei Phangnga, 1000 km sw von Bangkok.

Wat Tham Wararam Thailand, SW, ca. 55 km ö von Takuapa.

Wat Tong Tua Thailand, SO, bei Chantaburi. Ruinen eines Khmerbaues.

Wat Wiset Chai Chan Thailand, n von Bangkok. → Wiset Chai Chan.

Wayland's Smithy GB, Berkshire. → Uffington.

Weddewarden Deutschland, nw von Bremerhaven. Weddewardener Büttel, Hügel von vorgeschichtlicher Wurtensiedlung.

Weeze Deutschland, Kreis Geldern, w von Xanten. Baal: eisenzeitliche Siedlung ergraben.

Wehrheim Deutschland, n von Bad Homburg. Sw von Obernhain auf dem Roßkopf ev. eisenzeitlicher Ringwall. 3 km onö → Saalburg. Sw → Feldberg. S → Oberursel.

Wehrland Deutschland, sö von Greifswald, am Peenestrom. 2 km sw Reste von Großsteingräbern.

Weiach Schweiz, Kanton Zürich, linkes Rheinufer. Reste von spätrömischem Wachtturm im Hard, Nr. 36. Reste von spätrömischem Wachtturm Leebern, Nr. 35.

Weiden Deutschland. → Köln.

Weidscher Kopf Deutschland, sö von Bad Sooden-Allendorf. Frühgeschichtliche Befestigungsanlage "Römerschanze".

Weiersbach Deutschland, sw von Idar-Oberstein. Zu Hoppstädtchen. Ö Wallanlage Altburg, ev. Ende 1. Jtsd. vor Chr.

Weiherberg Deutschland. → Hürnheim.

Weijin Bihua Mu China, Provinz Gansu, 20 km nö von Jiayu Guan. Acht Gräber aus Wei- und Jin-

Zeit. Wandmalereien.

Weil am Rhein Deutschland, n von Basel. Römische Siedlung 1./3. Jh. mit Friedhof festgestellt.

Weilburg Deutschland, nö von Limburg. 1 km s von Odersbach auf dem Scheuernberger Kopf Wälle von befestigter Siedlung. Funde Jungsteinzeit bis Eisenzeit.

Weilenscheid Deutschland, bei Elspe, n von Lennestadt, Kreis Olpe. Eisenzeitlicher Wall.

Weiler Deutschland, w von Cochem. Sö Wälle auf dem Burglei.

Weilerbach Deutschland. → Bollendorf.

Weilickenberg Deutschland. → Gühlen-Glienicke.

Weiltingen Deutschland, sö von Dinkelsbühl. Kleine keltische Viereckschanze.

Weimar Deutschland. Museum für Ur- und Frühgeschichte.

Weinfelden Schweiz, Thurgau. Auf dem Thurberg ehemals jungsteinzeitliche Siedlung und römischer Wachtturm.

Weingarten Deutschland. Alamannen-Museum.

Weinsberg Deutschland, bei Heilbronn. Reste von römischem Gutshof und römische Badreste zu besichtigen.

Weismain Deutschland, sw von Kulmbach. Neudorf: am Kahlberg Abschnittsbefestigung ev. Späthallstatt-Frühlatènezeit, mittelalterlich überbaut. Schammendorf: Auf der Schammendorfer Leithe Abschnittsbefestigung "Geiskirche", ev. vorgeschichtlich.

Weißenburg* Deutschland. Römisches Kastell Biriciana. Grundmauern von Innenbauten: Principia, Speicher, Kommandantenvilla. Kastelltor-Rekonstruktion. Badeanlage* unter Schutzgebäude. Weitere Badeanlage. Römermuseum. 1½ km nw des Kastells großes Erdkastell entdeckt. Ringwall ca. 1 km sö der Wülzburg.

Weißes Haus USA, Arizona, Cliffdwelling im Canyon de → Chelly, Teil Monument Canyon, ab 11. Jh. nach Chr.

Weißes Kloster Ägypten. → Deir el-Abyad.

Weitersbach Deutschland, osö von Bernkastel. Römische Villa 3./4. Jh. erforscht.

Wekelat el-Liteima Ägypten, ö von Quft. Reste einer Straßenstation.

Welamotesaha Deutschland. → Wolnzach.

Weligama Sri Lanka. Felsskulptur Kusta Raja.

Well GB, North Yorkshire, ca. 15 km nw von Ripon. Römisches Bad.

Wels Österreich. Römisch C.Aurelia Antoniniana Olivava. Spuren von Türmen der römischen Stadtmauer. Römische Gebäudespuren, z.B. hinter dem Rathaus. Stadtmuseum.

Welshbury Hill GB, Gloucestershire, im Dean Forest. Eisenzeitliche Erdwälle.

Weltenburg Deutschland. Frührömisches Kleinkastell Galget erforscht. Oberhalb der Klosterkirche die Frauenbergkapelle auf dem Fundament eines römischen Tempels, ab 700, 10./11. Jh. erneuert.

Auf dem Frauenberg Mauerreste eines spätrömischen Kleinkastells, 370 nach Chr. - 5. Jh. Wolfgangswall* 10. Jh. (→ Abb. 125). Grabungen zwischen dem spätrömischen Kastell und dem Wolfgangswall. Spuren von zwei inneren keltischen Wällen. Äußerer Keltenwall auf dem Arzberg. Die Keltenwälle umschlossen ein Oppidum, welches spätestens ca. 200 vor Chr. zugunsten von Alkimoennis (→ Kelheim) aufgegeben wurde. Sö gegen Thaldorf Keltenschanze und Hügelgräber.

Welzelach Österreich. → Virgen.

Welzheim Deutschland, nw von Schwäbisch Gmünd. Westkastell. Badegebäude. Reste von Ostkastell* mit Rekonstruktionen. N Reste von Kleinkastell Rötelsee*. S Reste von Limeswachttürmen 9/134 und 136. Städtisches Museum.

Wemding Deutschland. Nö auf dem Ziegelberg Burgstall "Bauernschanze".

Wendhof Deutschland, sw von Waren. 2 km sö Rest von Großsteingrab.

Wengker Indonesien, Java-Ost. Tempelanlage 11./13. Jh.

Wennenberg Deutschland, nö von Alerheim, ö von Nördlingen. Ehemals urnenfelderzeitliche Höhensiedlung.

Wenningstedt Deutschland, Sylt. Großsteingrab Denghoog, Trichterbecherzeit, ca. 3000 vor Chr. W.-Braderup: Hügelgräber. Häusergrundrisse späte Eisenzeit (ca. Zeitenwende).

Wenu Ägypten. Ehemalige Gauhauptstadt, in der Nähe von → Scheich Said vermutet.

Wenzhou China, Provinz Zhejiang. Auf der Insel Jiangxin Yu zwei Pagoden ab 9./10. Jh.

Werbach Deutschland, n von Tauberbischofsheim. Hallstattzeitliche Gräber.

Werdani GUS, Usbekistan, bei Wabkent, w von Buchara. Zugewehter alter Ort.

Werjina Griechenland. → Vergina.

Werlte Deutschland, w von Cloppenburg. Hünengräber.

Werria Griechenland. → Veria.

Werthausen Deutschland. → Moers.

Wesselin Deutschland, Rügen, nw von Sassnitz. ½ km n Rest von Großsteingrab.

Wessenstedt Deutschland, nw von Uelzen. Früheisenzeitliche Gräber, Jastorf-Stufe.

Westbury GB, Wiltshire, ca. 25 km sö von Bath. White Horse.

Westerkappeln Deutschland, nw von → Osnabrück. 3 km onö Reste von Großsteingrab "Große Sloopsteene".

Westerloh Deutschland, onö von Meppen. 2½ km n und 1 km ö Reste von Großsteingräbern.

Westernbach Deutschland, n von Öhringen. Grabungen am Kleinkastell.

Westgreußen Deutschland, s von Sondershausen, nw von Erfurt. W latènezeitliche Wälle.

West Kennet GB. → Avebury.

West Tump GB, Gloucestershire, bei Birdlip. Langhügelgrab.

Wetherill Mesa USA, Colorado. Teil des → Mesa Verde National Parks.

Wettenburg Deutschland, ö von Kreuzwertheim. Erdbefestigung der Latènezeit auf dem Himmelreich in der Mainschleife gegenüber von Urphar.

Wetter Deutschland, n von Cölbe. Auf dem Eubenhardt (Eibenhardt) s von Niederosphe zwischen Lahn- und Ohmtal Reste von Ringwall. Besiedelt mindestens ab der Spätlatènezeit.

Wetzen Deutschland, sw von Lüneburg. Rekonstruiertes Ganggrab auf dem Strietberg, unweit des Ganggrabes in → Raven (II, 40 m).

Wetzlar Deutschland. Sö auf dem Stoppelberg Spuren von Wällen, besiedelt im Neolithikum und in der späten Hallstattzeit. S von Nauborn auf dem Bilstein (Bielstein) Ringwall; Funde neolithisch, hallstattzeitlich und frühgeschichtlich. Stadtmuseum mit vor- und frühgeschichtlichen Sammlungen.

Weyregg Österreich, am Attersee. Reste von römischer Villa und von römischem Hafen.

Wheathampstead GB, nö von → Saint Albans. Römisch ab 54 vor Chr. Ehemalige belgische Siedlung bis 40 nach Chr. Eisenzeitliche Erdwälle.

Whinstone Ridge GB, Yorkshire, sw von → Whitby. Hügelgräber.

Whitby GB, North Yorkshire, ö von Middlesbrough. 8 km sw: bronzezeitliche Menhire High Bridestones, bronzezeitliches Hügelgrab Flat Howe. Hügelgrab Pen Howe.

Whitefield's Tump GB, Gloucestershire, bei Amberley. Langhügelgrab.

Whitehawk Camp GB, Sussex, ö von Brighton. Befestigtes Lager.

White Hill GB, Surry, bei Caterham, s von London. Spuren einer eisenzeitlichen Befestigung.

White Horse GB, Berkshire. → Uffington.

White Horse GB, Wiltshire. → Westbury.

White House USA, Arizona. → Weißes Haus.

Whiteleaf GB, Buckinghamshire, bei Princes Risborough. Hügelfigur (Erdritzung). Langhügelgrab.

Whitesheet Castle GB, Wiltshire, sö von Maiden Bradley. Eisenzeitliche Befestigung.

Whitsbury GB, Whiltshire, s von Salisbury. Ehemalige keltische Bergbefestigung Whitsbury Castle Ditches 1. Jh. vor Chr.

Whorlton Moor GB, Yorkshire, ca. 20 km LL s von Middlesbrough. Am Ostrand zahlreiche Hügelgräber: Benkey Hill, Green Howe, Miley Howe, Flat Howe, Sour Milk Hills. S → Kepwick Moor.

Wiang Sa Thailand, Süden, 70 km s von Surat Thani. Reste der alten Stadt. Stadtmauer.

Wien Österreich. Römisch Vindobona. Der Grundriß des Legionslagers konnte weitgehend festgestellt werden; Ausführung in Stein ab ca. 100 nach Chr. Lage von Porta Principalis Dextra, Porta Principalis Sinistra und Porta Decumana bekannt. Römische Reste sind zu sehen bzw. befinden sich:

Am Hof 9, Hoher Markt 3, St.Jakobskirche, St.Johanneskirche. Kanalreste. Spuren der Zivilstadt z.b. am Bahnhof Aspang. Kunsthistorisches Museum**-Antikensammlung. Naturhistorisches Museum*-Prähistorische Abteilung. Historisches Museum der Stadt Wien mit römischer Sammlung. Bezirksmuseum Simmering.

Wiesbaden Deutschland. Römisch Aquae Mattiacae, Aquae Mattiacorum. Städtisches Museum. N auf dem Kellerskopf Ringwall, ev. eisenzeitlich. Mainz-Kastell: ehemals Castellum Mattiacorum.

Wiesenbach Deutschland, s von Neckargemünd. 2 km nnö Reste von römischem Gutshof. Mauerreste im Ort.

Wiesental Deutschland, n von Bruchsal. 2 km sö Straßenkastell (Wagbachkastell) festgestellt.

Wiesenthau-Schlaifhausen und **Kirchehrenbach** Deutschland, ö von Forchheim. Wälle von Befestigungen auf der Ehrenbürg (Walberlaberg und Rodenstein) von Siedlungen seit der Jungsteinzeit bis zur Frühlatènezeit; ev. noch von später Kaiserzeit.

Wietenberg Rumänien, bei Sighişoara (Schässburg). Ehemals prähistorische Ansiedlung.

Wiggensbach Deutschland, w von Kempten. 3 km s ehemals Standort von römischem Burgus.

Wikingerburg Deutschland. → Ferschweiler.

Wilchingen Schweiz, Schaffhausen. Wall und Graben von Wehranlage "In der Dicki".

Wildberg Deutschland, sw von Neuruppin. Slawischer Burgwall.

Wildenburg Deutschland, sö von Kempfeld, nw von Idar-Oberstein. Wälle von Befestigung seit der frühen Latènezeit.

Wilder-Mann-Bühel I-Südtirol. → Eppan.

Wildeshausen Deutschland, sw von Bremen. 1) 1 km sw Reste von Großsteingräbern "Glaner Braut". 2) Ca. 7 km w (s der Autobahn) Großsteingrab "Visbeker Braut*". 3) 1½ km sö von 2) Reste von Großsteingrab. 4) 2 km nw von Holzhausen Reste von Großsteingräbern "Kellersteine". 5) 3 km sö Holzhausen Rest von Großsteingrab "Hohe Steine". 6) 3 km s von W. Reste von Großsteingräbern "Große Steine". 7) Gräberfelder; darunter 3 km sö das Pestruper Gräberfeld* (Bronze- und Eisenzeit 9.-2. Jh.). Ö → Harptstedt. W → Visbek. Nw → Großenkneten.

Wildon Österreich, ca. 25 km s von Graz. 1 km s Siedlungsspuren auf dem Schloßberg. 2 km s Buchkogel mit Siedlungsspuren seit dem Neolithikum.

Wildsberg Deutschland. → Malsfeld.

Wilhering Österreich, wnw von Linz. Sö auf dem Kürnberg Wälle von vorgeschichtlicher Befestigung. Bronzezeitliche Hügelgräber.

Willanzheim Deutschland, sö von Kitzingen. 2 km w keltische Viereckschanze.

Willbury GB, Hertfordshire, bei Letchworth. Eisenzeitliche Befestigung.

Willy Howe GB, Yorkshire, Great Wold Valley, nw von Bridlington. Eisenzeitliche Hügelgräber.

Wilmington GB, nw von Eastbourne. Long Men of Wilmington, eine in den Kreideboden geschnittene männliche Figur, ca. 70 m lang. Ev. frühmittelalterlich.

Wilsen Deutschland, sö von Güstrow, an der AB. 1½ km ö Reste von Großsteingräbern.

Wilsen bei Lübz Deutschland, osö von Parchim. 2 km ö Rest von Großsteingrab.

Wilson Mound USA, Illinois, ö von St. Louis. Indianische Tempelhügel. Ö → Cahokia.

Wimm Österreich, Niederösterreich, ö von Maria Taferl. Slawisches Hügelgräberfeld 9. Jh.

Winchester GB, Hampshire. Römisch Venta Belgarum. Auf dem Katharinenhügel eisenzeitliche Befestigung 3. Jh. vor Chr. Stadtmuseum.

Wincobank GB, Yorkshire, im N von Sheffield. Eisenzeitliche Befestigung.

Winden Deutschland, s von Düren. Auf dem Hochkopf (Hochkoppe) Abschnittswall, ev. spätlatènezeitlich.

Windisch Schweiz, Aargau. Römisch Vindonissa. Römische Stadt 1.-4. Jh. nach Chr. Ausgrabungen, zum Teil wieder zugeschüttet. Amphitheater*, 1. Jh. Wasserleitung. West- und Nordtor des Legionslagers. Bad. W des Lagers die ehemalige Zivilsiedlung.

Windmill Hill GB, Wiltshire, bei → Avebury. Windmill Hill-Kultur, frühe bis mittlere Jungsteinzeit, ab später 2. Hälfte des 4. Jtsds. vor Chr.

Windmill Hill Cave GB, Devon, bei Brixham, s von Torquay. Alsteinzeitliche Höhle.

Windmill Tump GB, Gloucestershire, bei Rodmarton, sw von Cirencester. Langhügelgrab.

Windover Hill GB, Sussex, über dem Cuckmeretal. Hügelfigur (Erdritzung), Langhügelgräber, Feuersteinminen.

Windrush GB, Gloucestershire. Eisenzeitliche Befestigung.

Winkel Schweiz, ca. 15 km n von Zürich. Seeb: Reste von römischem Gutshof Anfang 1. Jh. nach Chr.

Winkelbury GB, Dorset, Cranborne Chase, wsw von Salisbury. Eisenzeitliche Befestigung.

Winklebury GB, Hampshire, bei Basingstoke. Zerstörte eisenzeitliche Befestigung.

Winningen Deutschland, sw von Koblenz. Fundamente von römischer Villa 2. Jh.

Winterbourne Stoke GB, Wiltshire, w von → Stonehenge. Frühbronzezeitliche Hügelgräber (Rundgräber mit Graben, Langhügelgrab).

Winterdorf Deutschland, nw von Trier, an der Sauer. Reste von römischem Grabdenkmal. Ehemals Standort von römischer Villa.

Winterthur Schweiz, Kanton Zürich. Römisch Vitudurum. Oberwinterthur: Ausgrabungen an Kastellmauer. Grundriß von gallo-römischem Tempel erfaßt. Heimatmuseum. 4 km w → Neftenbach.

Winterville USA, Mississippi. Indian. Tempel -

hügel.
Winzenburg Deutschland, nw von Bad Gandersheim, s von Hildesheim. 1) N Tiebenburg: Wallanlage 10./11. Jh. 2) Nö Winzenburg: Wälle und Burgruine, ca. Ende 11. Jh. 3) Nö (hinter 2)) Rundwall über dem Gartenkamp. 4) Nö (hinter 1)) Dörhai: Abschnittswall, ev. 1. Hälfte 12. Jh. 5) Nö (s von Hornsen) Ohlenburg: Wallanlage. 6) Ö Hohe Schanze (Alte Winzenburg): Wälle und Gräben, ev. ab später Eisenzeit und 9. Jh. 7) Ö (ö der Straße nach Lamspringe) Läseckenburg: ca. Beginn des Hohen Mittelalters.
Wirkesburg Deutschland, nö von Feggendorf, Flecken Lauenau, Kreis Schaumburg, 19 km LL n von Hameln. Wälle von frühmittelalterlicher Fluchtburg. 600 m n → Heisterburg.
Wischlburg Deutschland, Gemeinde Stefansposching, w von Deggendorf, Donau-Südufer. Reste* von das Dorf umfassender frühmittelalterlicher Wehranlage.
Wiset Chai Chan Thailand, nw von → Ayuthia. Wat Wiset Chai Chan.
Wistenlacherberg Schweiz. → Vully-le-Bas.
Witchy Neuk GB, Northumberland. Befestigung, Hügelgräber.
Wittekindsburg Deutschland. → Ankum.
Wittekindsburg Deutschland. → Bramsche.
Wittekindsburg Deutschland. → Ueffeln.
Wittekindsburg Deutschland. → Wallenhorst.
Wittekindsburg Deutschland, s von Minden. Wälle mindestens ab 10. Jh., ev. bereits ab vorrömischer Eisenzeit.
Wittelsberg Deutschland. → Ebsdorfer Grund.
Wittenburg Deutschland. → Reyershausen.
Wittenham Clumps GB, Oxfordshire, n von → Wallingford.
Wittlich Deutschland. 3 km nw Burgberg (Tempelkopf): vorgeschichtliche Fliehburg. 3 km sö unter der Autobahn ehemals Standort von großer römischer Villa.
Wittnau Schweiz, Aargau, ca. 10 km s von Bad Säckingen. W auf dem Wittnauer Horn bronze- und hallstattzeitliche Befestigungsspuren; Wälle. Römische Befestigungsreste 3. Jh.; Mauerreste.
Wogoro Äthiopien, bei Lalibela. Felsenkirche Bjet Cherkos.
Wolfershausen Deutschland, s von Kassel. Nö Menhir Riesenstein. → Abb. 18.
Wolfersweiler Deutschland, sw von Idar-Oberstein. N kleiner Wall auf dem Homerskopf. N Wall auf dem Schloßberg.
Wolfgangswall Deutschland. → Weltenburg.
Wolfhagen Deutschland, w von Kassel. Regionalmuseum. N (sw von Niederelsungen) Wälle von eisenzeitlicher Befestigung auf dem Burgberg.
Wolfschlugen Deutschland, s von Esslingen. Reste von Umfassungsmauer und Schutthügel von römischem Gutshof.
Wollersheim Deutschland, s von Düren. Wallan-

lage Badewald. Römerzeitliche Funde.
Wollschow Deutschland, nö von Prenzlau. 2½ km ö Ringwall. 3 km sö Reste zahlreicher Großsteingräber.
Wolmirstedt Deutschland, n von Magdeburg. S Elbeu: sö die Hildagsburg mit slawischen Wällen; besiedelt seit der Zeitenwende.
Wolnaja Ukraina GUS, Ukraine, ö von Chersón. Skythische Kurgane.
Wolnzach Deutschland. Ehemals Welamotesaha. S Geroldshausen: 2 km n frühmittelalterlicher Wallanlage. 2 km s keltische Viereckschanze.
Woodbridge GB, Suffolk, am Deben-Fluß, ö von Ipswich. Sutton Hoo (gegenüber von Woodbridge): Grabhügelgruppe 7. Jh. Schatzfund in London.
Woodchester GB, Oxfordshire, s von Gloucester. Ausgrabung von ehemals großer römischer Villa.
Woodhenge GB, 3 km n von Stonehenge, n von → Salisbury. Hengeartige Anlage: Graben, Wall, ehemals Holzkonstruktion. 1 M n → Durrington.
Woodstock GB, nw von Oxford. W römische Villa.
Woodyates GB, Dorset, Cranborne Chase. Ehemalige römische Stadt.
Wookey Hole GB, Somerset, Mendip Hills, nw von Wells. Altstein- und eisenzeitliche Höhle.
Woolbury GB, ca. 28 km onö von Salisbury, ö von Stockbridge. Hügelfestung.
Workington GB, Cumbria, 12 km w von Cockermouth. Reste des römischen Forts Gabrosentium.
Worlebury GB, Somerset, n von Weston-super-Mare. Eisenzeitliche Befestigung.
Worms Deutschland. Keltisch Borbetomagus, römisch Civitas Vangionum. Stadtmauerreste w des Doms. Unter dem Dom** die Reste des römischen Forums, nicht zu besichtigen. Römische Spuren: Friedrichstraße, Klosterstraße, Paulusstraße, Petersstraße, Schönauerstraße, Sterngasse, Südanlage, Zwerchgasse. Museum der Stadt Worms mit römischer Grabsteinsammlung im Andreasstift.
Worpswede Deutschland, nö von Bremen. Ludwig-Roselius-Museum für Frühgeschichte.
Worthing GB, West Sussex, 10 km w von Brighton. Museum. 4 km nw → Chanctonbury. 2 km n → Cissbury Ring. 4 km w → Highdown Hill.
Wounesi Griechenland. → Mitropolis-Karditsa.
Wrekin, The GB, Shropshire, Hügelgebiet sö von Shrewsbury. Eisenzeitliche Befestigung spätestens ab 200 vor Chr.
Wroxeter GB, 8 km s von Shrewsbury, nw von Birmingham. Die ehemalige römische Festung Viroconium. Gegründet 1. Jh. nach Chr., zerstört 4. Jh. nach Chr. Ausgrabungen; Forum. Museum Rowley's Mansion.
Wueira Jordanien, 2 km n von → Petra (Rest House). Kreuzfahrerburg Li Vaux Moyse.
Wülfingen Deutschland, 1 km n von Forchtenberg am Kocher. Wüstung 8.-16. Jh. erforscht.

Würzberg Deutschland, ö von Michelstadt-Erbach. Spuren des Kastells Hainhaus: Erdwälle, darunter Steinreste. Reste der Badeanlage. S Reste von mehreren Limeswachttürmen (10/26-30). N → Eulbach.

Würzburg Deutschland. Spätma Herbipolum. Marienberg: Besiedelt seit der jüngeren Bronzezeit; ehemals Standort von späthallstattzeitlicher Befestigung. Spuren von Trockenmauer am Nordhang. Mainfränkisches Museum. Martin-von-Wagner-Museum der Universität.

Wüstegarten Deutschland. Heidelburg. → Haina-Dodenhausen.

Wunomeia Griechenland. Wunomos. → Pella.

Wupatki National Monument USA, Arizona, 29 km n vom Sunset Crater, 34 km s vom Walnut-Canyon. Zahlreiche Ruinenstätten. Wupatki, Ruinenstadt der Sinagua, die größte dieser Stätten, erbaut ca. 1100 nach Chr.

Wuqro Äthiopien, s von Adigrat. In der weiteren Umgebung zahlreiche Felskirchen.

Wurmberg Deutschland, n von Braunlage. Hexentreppe (ehemals Heidentreppe). Reste von Terrassen. Spuren eines kleinen Ringwalls (Zentralanlage) mit Resten von Steinpflasterweg. Funde neolithisch-frühbronzezeitlich, spätlatènezeitlich. ½ km w Spuren eines Ringwalles.

Wutaishan China, Provinz Shanxi. Buddhistischer Heiliger Berg mit zahlreichen Klöstern ab 5. Jh.

Wutöschingen Deutschland, w von Schaffhausen. Degernau: osö Rest von jungsteinzeitlichem Großsteingrab, Menhir.

Wuwei China, Gansu. Grab 1./2. Jh. nach Chr.

Wuxi China, Jiangsu. Ehemalige Hauptstadt des Staates Gouwu (1. Jtsd. vor Chr).

Wychbury GB, Warwickshire, sw von Birmingham. Eisenzeitliche Befestigung.

Wyhlen Deutschland, ö von Basel. Reste von drei Türmen eines spätrömischen Brückenkopfes gegenüber von → Kaiseraugst.

Xaaga Mexiko, Oaxaca, 8 km ö von → Mitla. Mixtekisches Grab mit Verzierungen.

Xacaná Guatemala, Provinz Quezaltenango. Ruinenstätte.

Xaghra** Malta, Gozo, nö von Victoria. Neolithischer Tempelbezirk Ggantija**, ab ca. 3200 vor Chr.: zwei nebeneinander liegende Tempel mit einer zum Teil aus gewaltigen Blöcken errichteten gemeinsamen Ummauerung. → Abb. 55. Tempelspur Ghar ta'Ghejzu mit Höhlen. Tempelrest Brocktorff's Circle. Tempelrest Santa Verne. Gräber und Ausgrabungen. Dolmen Ta Sansuna.

Xanten** Deutschland. 1) Die Zivilstadt Colonia Ulpia Traiana auf dem Gebiet der Siedlung der Cugerner, ab 359 das verkleinerte Tricensimae oder Tricesima. 2) Vetera I auf dem Fürstenberg bei Birten. 3) Vetera II 1½ km ö davon auf der Bislicher HI, heute unter Kies; Mauerreste. Die oberirdischen römischen Reste sind fast vollständig abgetragen. Da das antike Gelände als einziges dieser Größe nördlich der Alpen noch nicht überbaut ist, sind eingehendste archäologische Forschungen möglich. Ausgrabungen: Grundmauern von Wohnvierteln, Thermen, Tempeln u.a. Reste von römischen Hafenkais. Einbeziehung des Ausgrabungsgeländes mit rekonstruierten Amphitheater- und Stadtmauerteilen in einen archäologischen Park*. Theater Birten*. Märtyrergräber in der Domkrypta, ca. 360 nach Chr. Regionalmuseum Xanten. Durch Luftbildaufklärung wurden mehrere Militärlager und s bei → Alpen zahlreiche Übungslager festgestellt. → Niedergermanischer Limes.

Xanthos** Türkei, 64 km sö von Fethiye, bei Kinik. Akropolis ab 7. Jh. vor Chr. Reste von: hellenistischem Stadttor, mittelalterlicher Stadtmauer, Triumphbogen, lykischer und römischer Agora, Basilika, zwei Tempeln. Grabdenkmäler Harpyiendenkmal und Inschriftenpfeiler. Nekropole.

Xcalumkin Mexiko, 65 km nö von Campeche. Holactun. Mayastätte; Gebäudereste.

Xcaret Mexiko, Quintana Roo, Ostküste, 8 km s von Playa del Carmen, 50 km n von Tulum. Acht kleine Mayatempel.

Xcavil de Yaxché Mexiko, Campeche, 44 km s von Uxmal. Maya-Ruinenstätte, Puuc-Stil.

Xcochac Mexiko, Campeche, 50 km nö von Campeche. Kultzentrum der Puuc-Region.

Xelha Mexiko, Quintana Roo, Ostküste, 14 km n von → Tulum. Maya-Ruinengelände: Zeremonialzentrum, Pyramide, kleiner Tempel. Kleines Museum im Touristenzentrum.

Xemxija Malta, an der St.Paul's Bay, bei → Buggiba, Nordküste. Verbaute phönizische und punische Mauerreste. 2 km s die ehemalige bronzezeitliche Siedlung auf Qala Hill. W kleine Nekropole: in den Felsboden getriebene Gräber, 2. Hälfte 4. Jtsd. vor Chr. → Abb. 30.

Xerokampos Gr-Kreta, Ostküste, s von Zakros. Antik Ampelos, Ambelos. Siedlungsspuren minoisch bis römisch. Reste von kleinem mittelminoischem Tempel.

Xerxes-Kanal Griechenland. → Athos-Kanal.

Xewkija Malta, Gozo, sö von → Victoria. Tempelrest am Dom.

Xhoffraix Belgien, nö von Malmedy. Deutsch Hoffrai. 1 km nö keltische Fliehburg.

Xian China, Shaanxi. Ehemalige Hauptstadt der Qin ab 3. Jh. vor Chr. in Xianyang. Die Hauptstadt Changan der Han-Dynastie. Hauptstadt der Sui und der Tang. Xian ab Ming-Zeit. Stadtmauerreste. Spuren der Palastanlagen Taiji Gong, Daming Gong, Xinqing Gong. Kleine Wildganspagode nach 700. Große Wildganspagode ab 7. Jh., neu nach 700. Provinzmuseum. 6 km ö in Banpo Ausgrabungen an einer neolithischen Siedlung ab 4000 vor Chr., Yangshao-Kultur; Museum. Ö → Lintong. Nw → Zhaoling.

Xiangtang Shiku China, Provinz Hebei, sw von

Handan auf dem Berg Shigu Shan. Echo-Steingrotten ab 6. Jh. Skulpturen.
Xianwang China, Guangdong. → Guangzhou.
Xianyang China, Shaanxi. → Xian.
Xicalango Mexiko, Campeche, w von Ciudad del Carmen. Ehemalige Siedlung der Maya und aztekisches Handelszentrum.
Xinping China, Shaanxi, bei Xian. Grab 1. Jh. vor Chr.
Xiphonia I-Sizilien. → Augusta.
Xirokampos Griechenland, Dodekanes-Insel Leros. N Reste von antiker Befestigung (Turm) 4. Jh. vor Chr.
Xkichmook Mexiko, Yucatan, ca. 70 km s von Ticul. Kleines Maya-Kultzentrum, Chenes-Puuc-Stil. Zeremonialplatz mit Tempelpalast; Fassaden.
Xlabpak Mexiko, Yucatan, s von Ticul, 4 km ö von Sayil. Maya-Ruinenstätte, Puuc-Stil. Palastreste.
Xlapak Mexiko, Quintana Roo, ca. 220 km nö von Chetumal, Küstennähe. Maya-Ruinenstätte.
Xmakabatún Guatemala, Provinz Petén, nördliche Grenze zu Belize. Ruinenstätte.
Xochicalco** Mexiko, Morelos, ca. 37 km sw von Cuernavaca. Ehemaliges befestigtes Zeremonialzentrum ab 4./5. Jh. Festung Cerro de la Bodega. Tempel- und Pyramidenreste, Ballspielplatz, Stelen, Reliefs.
Xochimilco Mexiko, wenig s von → Mexico. Ehemalige aztekische Siedlung.
Xois Ägypten, n von Tanta. Antik; heute Sacha, Saha.
Xpuhil Mexiko, Campeche, 122 km w von Chetumal. W ehemaliges Zeremonialzentrum der Maya; weitläufiges Ruinengelände, Rekonstruktionen. Ausgangspunkt der Anreise nach → Becan, → Calakmul, → Chicanna, → Culucbalom, → Hormiguero, → Manos Rojas, → Payan, → Puerto Rico, → Rio Bec.
Xrobb il-Ghagin Malta, 2½ km ö von → Marsaxlokk. Tempelspuren, Tarxien-Phase.
Xuan-loc Vietnam, Cochinchina. Megalithische Gruft, 1. Jtsd. vor Chr.
Xubalbal Guatemala, Provinz Baja Verapaz, sw von Salanna, bei San Jeronimo. Ruinenstätte.
Xultún Guatemala, Provinz Petén, Nordostecke. Ruinenstätte.
Xumishan Shiku China, Provinz Ningxia, 30 km nw von Guyuan. Xumi-Grotten 5.-10. Jh., Skulpturen.
Xunantunich Belize, bei Benque Viejo del Carmen, Grenze zu Petén. Maya-Ruinenstätte. Blütezeit 7.-9. Jh. Teilweise ausgegraben. Gebäude "El Castillo".
Xuzhou China, Provinz Jiangsu. Mehrere hanzeitliche Gräber. Grab Huaxiang Shimu am westlichen Fuß des Fenghuan Shan, östliche Han-Zeit; Skulpturen. S Tempelanlage Xinghua Si am Yunlong Shan, mit Skulpturen und Malereien, 5. Jh.

Stadtmuseum.
Xyniai Griechenland, Phthiotis, w von Xiniada, n von Lamia. Reste von Akropolis und Stadtmauer der antiken Stadt; ma Burgreste.
Ya'an China, Provinz Sichuan. Grab des Gao Yi, ca. 3. Jh., mit Turm.
Yabrud Syrien, 90 km n von Damaskus. Nekropolen (Felsgräber).
Yafia Israel, von Nazareth. Biblisch Japhia, arabisch Yafa. Synagogenreste 3.-4. Jh. Mosaike, z.T. in Jerusalem.
Yagila Mexiko, n von Ixtlán del Rio (in Nayarit), nw von Guadalajara. In der Nähe Reste eines Zeremonialzentrums. Pyramidenrest.
Yagul Mexiko, 33 km osö von → Oaxaca. Gegründet im 9. Jh. Plattformen, Innenhöfe, Plattform mit Gebäuderest, Wohnhausreste, Ballspielplatz, Spuren von Festungsmauern. Gräber.
Yahmur, Qalaat Syrien, sö von Tartus. Chastel Rouge der Kreuzfahrer; Burgruine. In der Nähe römische Nekropole.
Yahudiya, Tell el- Ägypten, im → Wadi Tumilat, w von Ismailia. Funde aus der Hyksoszeit, der 19. und 20. Dynastie.
Yahya Tepe Iran, bei Soghun, ö von Hadjiabad, n von Bender Abbas. Siedlungshügel ab 5. Jtsd. vor Chr. Ev. das achämenidische Carmania. Spuren einer Festung.
Yala Thailand, Süden. Silpa-Grotten; buddhistische Wandmalereien 8.-13. Jh., Wat Kuhaphimuk. Nw → Khok Pho.
Yalalag Mexiko, 60 km ö von Oaxaca. Ehemalige zapotekische Stadt.
Yalku Mexiko. → Akumal.
Yalova Türkei, am Marmarameer, n von Bursa. Ruine der Karakilise, 6. Jh. S → Çiftlikköy. Sw → Yalova Kaplıça.
Yalova Kaplıça Türkei, sw von → Yalova, sö von Istanbul, Südküste der Bucht von Izmit. Reste von zwei Thermen von Justinianos und Justinos II. Palastreste. Hellenistische und römische Stelen. Ö → Çiftlikköy.
Yalvac Türkei, sö von Afyon. Museum. Sw → Antiochia in Pisidien.
Yamagata Japan, Honschu, Norden. Yakushido-Tempel ab 8. Jh.
Yamhad Syrien. → Haleb.
Yammouné Libanon, 27 km nw von → Baalbek. Am s Seeufer Tempelruinen.
Yan China. → Beijing.
Yandokthso China, Xizang (Tibet). Prähistorische Höhlen; Grab.
Yandu China, Hebei, bei Yi Xian, sö von Shijiazhuang. Ehemalige Hauptstadt des Staates Yan, ca. 5.-3. Jh. vor Chr. (Zeit der Streitenden Reiche). 15 km Gräber der Qing-Kaiser.
Yang-i Imani Iran, ö von Qazwin. Ausgrabungsstätte.
Yangjiawan China, Shaanxi, nö von Xianyang (→

Xian). Han-zeitliche Gräber 2. Jh. vor Chr.

Yangon Birma/Union Myanmar. → Rangun.

Yangshao Cun China, Provinz Henan. Neolithischer Fundort und Type Site der Yangshao-Kultur, Ende 6. Jtsd. bis Anfang 2. Jtsd. vor Chr. Weitere Fundorte: → Pan-p'o-tsun/Shaanxi und → Miao-ti-kou.

Yangzhou China, Jiangsu. Ehemals südliche Hauptstadt der Sui, um 600 nach Chr. Hafen der Tang-Zeit (618-907).

Yanik Tepe Iran, 5 km w von Khosrowschah, sw von → Tabriz. Siedlungshügel ab ca. 6000 vor Chr. Mauerreste 3. Jtsd. vor Chr. und Sassanidenzeit.

Yanköy* Türkei, 35 km nö von Antalya. Antik Sillyon, Sillium. Byzantinische Metropole und Bischofssitz. Reste von: Stadtmauern, Türmen, Toren, Akropolis mit Theater, Tempeln, Gymnasion, Basilika. Gräber.

Yannitsa Griechenland, 30 km w von Sparta. Ehemalige Akropolis mit zyklopischen Mauerresten.

Yanouh Libanon, ca. 5 km ö von Qartaba. Tempelrest.

Yapahuwa Sri Lanka. Singhalesische Hauptstadt Ceylons 1272-1284. Palastreste.

Yapılıkaya Türkei, nw von Korigos/Kizkalesi. In den Felswänden wenig oberhalb der Talsohle Felsgräber, Reliefs, Wasserbecken.

Yaprakhisar Türkei, sö von Aksaray, NW-Ende des → Peristrematales. Ehemalige Kirchen und Fels-Klöster, heute als Wohnungen dienend.

Yarim Tepe Irak, sw von Tellafar, w von Mosul. Jarim Tepe. Ausgrabungen 4. und 3. Jtsd. vor Chr. Gebäudereste.

Yarim Tepe Iran, 10 km n von Schahpasand, ö von Gurgan. Besiedelt in der Kupfersteinzeit und ab ca. 1100 vor Chr. bis 200 nach Chr.

Yarkhoto China. → Jiaoche.

Yarlung China, Xizang (Tibet), Süden, in der Nähe von → Tschongghie. Prähistorische Grotten. Kloster Retschungphuk. Königsgräber.

Yarnbury Castle GB, Wiltshire, ca. 12 km w von Amesbury. Eisenzeitliche Befestigung.

Yaroun Libanon, s von Bent Jbaïl, sö von Sour. Antik Jireon. Spuren eines Bauwerkes, nacheinander als Tempel, Kirche, Moschee verwendet.

Yarumela Honduras, n von Tegucigalpa. Ehemalige Siedlung der Maya.

Yasin-Tal Pakistan, Ghizar; Quellfluß des Gilgit. Zahlreiche Felsbilder von der Bronzezeit bis in die heutige Zeit.

Yasin Tepe Iran. → Schahpur Dej.

Yasodharapura Kamputschea. → Angkor (Anfang 10. Jh.).

Yasothon Thailand, nw von Ubon Ratchathani. Wat Mahathat. Wat Sri Thai Phum. Wat Thung Sawang.

Yassıhüyük* Türkei, ca. 95 km sw von Ankara. Die ehemalige Hauptstadt Gordion der Phryger. Besiedelt seit Mitte 3. Jtsd. vor Chr. Akropolishügel: Ausgrabungen von Schichten ab der Bronzezeit. Persische und phrygische Reste; Reste von Stadttoren 8. Jh. vor Chr., von Palästen und Häusern. Phrygische Nekropole, Grabhügel; großer Tumulus "Königsgrab".

Yassy GUS, Kasachstan. → Turkestan.

Yathrib Saudi-Arabien. → Medina.

Yathul Jemen-Nord. → Baraqish.

Yauhtepec Mexiko, Morelos, bei Yautepec, 25 km ö von Cuernavaca. Ruinen.

Yavne-Yam Israel, s von Tel Aviv. Griechisch Iamnia. Ruinen.

Yaxché-Xlabpak Mexiko, Yucatan, ca. 45 km sw von Ticul bzw. 32 km LL ssö von Uxmal. Maya-Ruinenstätte, Puuc-Stil.

Yaxchilán* Mexiko, Chiapas, am Rio Usumacinta, 175 km LL ö von San Cristóbal de las Casas. Ehemalige Stadt der Maya, Blütezeit 6./8. Jh. Reste von "Palast", Gebäuden, Ballspielplatz. Reliefs, Stelen.

Yaxhá Guatemala, Petén, n der Laguna Yaxhá, nö von Flores. Yaxjá. Maya-Stätte; besiedelt 1.-9. Jh. Zahlreiche überwachsene Gebäude, Pyramiden und Stelen.

Yaxun Mexiko, Chiapas-Osten, ca. 30 km oberhalb der Mündung des Rio Lancantun. Ruinenstätte.

Yaxuná Mexiko, Yucatan, 26 km ö von Yaxcabá, bzw. s von Chichén Itzá. Ehemalige Stadt der Maya. Meist noch nicht freigelegte Ruinen, Pyramiden. Ehemalige Straßenverbindung nach → Cobá.

Yayahuala Mexiko. Teil von → Teotihuacan.

Yayladağı Türkei, n von Lattakia. Kirchenrest.

Yazd Iran, 690 km sö von Teheran. Ursprünglich Kathah. Moscheen und Mausoleum 14. Jh. In der Umgebung "Türme des Schweigens" (Totenstätten der Gebern).

Yazdagard, Qala-i Iran, ca. 80 km nw von Schahabad-Gharb. Ehemaliger parthischer Palast; Lehmwälle.

Yazılıkaya* Türkei, 3 km von → Boğazkale. → Abb. 66.

Yazılıkaya Türkei, 89 km s von → Eskişehir. Dorf in der Nähe der Ruinen von → Midas Şehri.

Yazim Kul Iran, ö von Rasht, nahe dem Kaspischen Meer, in der Nähe von → Marlik Tepe. Ausgrabungen.

Yazisi Kilise Türkei, Keban Stausee, nähe Ağın. Ehemaliges römisches Kastell.

Ychpa Mexiko. → Mayapán.

Yeavering GB. → Akeld.

Yecla Spanien, nw von Elche. Höhlen Los Cantos de la Visera mit Malereien.

Yecla la Vieja Spanien. → Yecla de Yeltes.

Yecla de Yeltes Spanien, sw von Vitigudino, w von Salamanca. Ruinen der iberisch-römischen Festungsstadt Yecla la Vieja.

Yedikilise Türkei, 25 km osö von Van. Ehemaliges Kloster Varak Vank (Warak Wank) ab 8. Jh. Reste von Kirchen ab 11. Jh.

Yeha Äthiopien, w von Adigrat. Prä- und protoaksumitische Tempel- und Palastreste.

Yeh Pulu Indonesien, Bali, s von Bedulu. Felsrelief 14. Jh.

Yellowmead GB, Devon, ö von Yelverton, im Dartmoor. Steinkreise.

Yeni Kale Türkei. → Eski Kâhta.

Yeni Rabat Türkei, 40 km sö von Artvin. Kloster 9. Jh.

Yenişehir Türkei, 55 km ö von Bursa. W Tumulus mit Klosterruine und Besiedlungsspuren seit dem 3. Jtsd. vor Chr.

Yenişehir Türkei, 41 km ö von Antakya. Römisch Imma, Emma. Zerstört im 12. Jh. Stadtmauerreste.

Yenur Indien, Karnataka, ca. 40 km nö von Mangalore. Acht Jaina-Tempel. Ruinen von Mahadeva-Tempel. Kolossalstatue.

Yerba Buena Mexiko, Chiapas, bei Comitan. Ruinenstätte.

Yeroham, Har Israel, 30 km ssö von Beersheva. Ausgrabungen einer Siedlung der mittleren Bronzezeit (ca. 2200-2000 vor Chr.).

Yeroskipou Zypern. → Geroskipos.

Yerpa China, Xizang (Tibet), ö von Lhasa. Höhlenkloster.

Yesana Israel. Antik; heute Ain Sinia, 25 km n von Jerusalem.

Yesemek Türkei, 22 km ssö von Islâhiye, w von Gaziantep. Hethitischer Steinbruch, Skulpturen; ca. 1000 vor Chr.

Yeşilbayır Türkei, ca. 20 km n von Antalya. In der Nähe Ruinen einer antiken Siedlung. Karawanserei Evdir Han.

Yeşil Hüyük Türkei. → Dörtyol.

Yeşilkent Türkei, 40 km n von Iskenderum. Erzin. In der Nähe das antike Epiphania. Römische Ruinen, Aquädukt.

Yextla Mexiko, 130 km sw von Chilpancingo. Grotten mit Felsinschriften und -bildern.

Yiğma Tepe Türkei. → Bergama.

Yilan Kalesi Türkei. → Yılanlıkale.

Yılanlıkale Türkei, 40 km ö von Adana. Burg ab 12. Jh.

Yinchuan China, Provinz Ningxia. In der Nähe das Yinhan, Hauptstadt des Staates Xia im 5. Jh. Im 10. Jh. Hauptstadt der Westlichen Xia. 30 km w Gräber und Königsgräber der Westlichen Xia, 11.-13. Jh.

Yingchengzi China. → Shagang.

Ying-hsien China, Provinz Shanxi, auf dem Wutai-Shan. Pagode, ca. 11. Jh.

Yinhan China. → Yinchuan.

Yirlantaş Türkei. → Arslantaş bei Afyon.

Yniswitrin GB. → Glastonbury.

Yodefat Israel. → Jotapata.

Yogeshvari-Höhle Indien, ca. 20 km n von Bombay, n des Flughafens. Buddhistisch.

Yoğun Hisar Türkei, 13 km n von Boğazlıyan, n von Kayseri. Reste von antiker Stadtmauer.

Yoğun Oluk Türkei, 26 km w von Antakya. Ruine von Kreuzfahrerkirche 13. Jh.

Yohualichán Mexiko, Puebla, nw von Jalapa, 8 km nw von Cuetzalán. Ehemaliges totonakisches Kultzentrum. Ruinengelände; Nischenpyramiden, Ballspielplatz.

Yokohama Japan, Honshu, bei → Tokio. Archäologisches Museum Santondai.

Yongtai Gongzhu Mu China. Grab der Prinzessin Yongtai. → Qianling.

Yorghan Tepe Irak. → Jorgan Tepe.

York GB, North Yorkshire. Römisch Eburacum, Eboracum. Spuren der römischen Stadtmauer und römischer Teil des Multangular-Turms. Ausgrabungen, z.B. das Undercroft-Museum unter dem Münster. Römisches Bad. Yorkshire Museum. 20 km n → Hovingham Spa. 25 km onö Ringwall.

Youzhou China. → Beijing.

Y Pigwin GB. → Trecastell.

Yrueña Spanien. → Urueña.

Ysbyty Cynfin GB, Wales, 15 km ö von Aberystwyth. Fünf bronzezeitliche Menhire.

Yu China, Provinz Sichuan. → Chongqing.

Yucay Peru, s von Urubamba. Palastreste Sayri Tupacs, spätinkaisch.

Yucunoo Mexiko, bei Chachoapan, 115 km nw von Oaxaca. Tempelreste; Hügel mit Grab.

Yümüktepe Türkei. Bei → Mersin.

Yü-ni China. → Miran.

Yukuepira Japan, Hokkaido. Ehemalige Bergbefestigung der Ainu.

Yungang-Grotten* China, Provinz Shanxi, 16 km w von Datong. Wolkenfelsengrotten; 53 numerierte und weitere buddhistische Höhlentempel, 5. Jh. nach Chr. (Nördliche Wei-Dynastie, 4./5. Jh.). Buddha-Skulpturen, Malereien.

Yunmeng China, Hubei, nw von Wuhan. Siedlung ab mindestens 3. Jtsd. vor Chr. Grab der Qin-Zeit (221-206 vor Chr.).

Yurtkalesi Türkei, s von Muradiye, nw von Manisa, 52 km nö von Izmir. Byzantinisches Kastell.

Yuwang Shan China, Provinz Zheijiang, Berg ca. 35 km sö von Ningbo. Ayuwang-Tempel 5. Jh.

Yverdon-les-Bains Schweiz, Waadt. Ehemaliges helvetisches Oppidum. Römisch Eburodunum. Ausgrabungen am Kastell. Die ehemalige Lage von Mauern, Tor, Thermen und Speicher markiert. Museum.

Ywama Birma/Union Myanmar, am Inle-See. Phaung Daw U Pagode, ab mindestens 12. Jh.

Zaachila Mexiko, 18 km s von → Oaxaca. Letzte zapotekische Hauptstadt. Plattformen, Erdhügel, Gräber mit Stuckreliefs.

Zabbar Malta. Nö Spur eines Tempels.

Zacapoaxtla Mexiko, nw von Jalapa. Pueblo.

Zaci Mexiko, Yucatan, 164 km ö von Mérida. Heute Valladolid, ehemaliges religiöses Zentrum der Cupules.

Zacuala Mexiko. Teil von → Teotihuacán.

Zacualpa Guatemala, Provinz Quiché. Ruinenstätte.

Zaculeu* Guatemala, 4 km von Huehuetenango, 260 km nw von Ciudad de Guatemala. Ehemaliges befestigtes Kultzentrum der Mam. Reste hauptsächlich 1. Hälfte 2. Jtsd. nach Chr. Rekonstruierte Tempelpyramide. Weitere Pyramidentempel. Ballspielplatz. Museum.

Zadar Kroatien. Ehemals Hauptstadt der Liburner. Griechisch Idissa, Idassa; römisch Jader, Jadera; mittelalterlich Diadora. Reste von römischem Bogen. Spuren von Tempel mit Säulenhalle, Amphitheater, Aquädukt, Forum. Archäologisches Museum. Gräberfelder. Römische Villen nw in Borik und auf der HI Vitrenjak.

Zafar Jemen-Nord, nö von Raydah, bei Dhi Bin, ca. 100 km n von Sana. Thafar. Ruinengelände, Befestigung.

Zafar Jemen-Nord, ca. 135 km s von Sana, 5 km sö von Jerim (Yarim). Gegründet spätestens 1. Jh. vor Chr. Stadt des Himyaritenreiches. Im 6. Jh. zerstört. Das heutige Dorf auf dem Hügel mit den antiken Resten; Burg.

Zafra Spanien, s von Mérida. Iberisch Segada, Segida; römisch Julia Restituta; arabisch Zafar. Nö → (Los) Santos de Maimona.

Zagheh Tepe Iran, ca. 60 km s von Qazwin. Siedlungshügel.

Zaghouan Tunesien. Antik Ziqua. Triumphpforte. Nymphäum*, Quellheiligtum der Wasserleitung nach → Karthago.

Zagora Griechenland, Kykladeninsel Andros. Nahebei Reste einer Siedlung 10.-6. Jh. vor Chr. Tempelfundamente.

Zagreb Kroatien. Deutsch Agram. Archäologisches Museum. 8 km ö → Šćitarjevo, das römische Andautonium.

Zahedabad Iran, 235 km sö von Kerman. In der Nähe die Ruinen des frühislamischen Narmaschir.

Zahidan Iran, 543 km nö von Kerman. Duzdab. Zitadellenruine; sassanidische Reste.

Zaidan, Tell Syrien, 5 km von Tukul bei → Raqqa.

Zakros Gr-Kreta. → Ano Zakros. → Kato Zakros.

Zakrzów Polen. Deutsch Sackrau. Gräber der → Przeworsk-Kultur (1. Jh. vor Chr. - 5. Jh. nach Chr.).

Zakynthos Griechenland, Hauptort der gleichnamigen Ionischen Insel. Ehemalige Akropolis. Mykenische Gräber bei Kambi, Westküste. → Keri. → Vassilikos.

Zalebiya Syrien, ca. 290 km ö von Haleb, gegenüber von → Halabiya (Zenobia). Ummauerung, Türme, Tor.

Zama Mexiko. → Tulúm.

Zamachschar GUS, s des Aralsees, w des Amu Darja. Ausgrabungen; choresmisch, frühmittelalterlich.

Zama Minor Tunesien. → Jama (Jemna).

Zaman-Baba GUS, Usbekistan, w von Buchara. Besiedelt seit 2800 vor Chr.

Zamárdi Ungarn, Plattensee-Südufer. Am Ortsrand ehemals römisches Kastell.

Zama Regia Tunesien, ca. 25 km n von Maktar.

Zamaslina Kroatien, HI Pelješac, ö von Ston. Mauerreste des römischen Kastells Pardua.

Zambujal Portugal, 3 km w von → Torres Vedras, n von Lissabon. Reste von Umfassungsmauern und von Rundhäusern einer befestigten Siedlung der Kupferzeit, ca. 2000 vor Chr.

Zaña Peru, Norden. In der Pampa von Z. Inka-Straßen mit Lehmziegelmauerresten von Rasthäusern.

Zanfour Tunesien, 50 km sö von Le Kef. Antik Assuras. Reste von Triumphbogen, Tempel, Theater, Mausoleum, byzantinischer Festung.

Zangir Qalaeh Iran, s von Schahpur, NW-Ecke des Orumiyeh-Sees. Ehemals vorurartäische und urartäische Siedlung.

Zangla Indien, Kaschmir, Zanskar. Residenz ab 1470. Felsskulptur 8.-11. Jh. Kloster Chomo Ling, Maitrayatempel; Burgruine.

Zankle I-Sizilien. → Messina.

Zaousi Griechenland. → Amyklai.

Zapotal, El Mexiko, bei Tlalixcoyán, ssö von Veracruz. Nekropole, ca. Jahrtausendwende.

Zapotlán Mexiko. → Ciudad Guzmán.

Zaragoza Spanien, Aragonien. Iberisch Salduba, römisch Caesaraugusta, westgotisch Cesaragosta, arabisch Sarakusta, katalanisch Saragossa. Stadtmauerreste. Archäologisches Museum.

Zarakes Griechenland, Euböa, 75 km sö von Chalkis. Reste von antiker Siedlung, ev. des antiken Zarethra.

Zarautz Spanien, Nordküste. Cueva de Altxerri mit Felsmalereien.

Zarax Griechenland, Peloponnes, → Limenas Gerakas.

Zarepta Libanon. Zarephat. → Sarafand.

Zaretan Jordanien. → (Tell es) Saidiyeh.

Zarethra Griechenland. → Zarakes.

Zargen Deutschland. → Aschhausen.

Zarin Iran. → Dehan-i Ghulaman.

Zarkan Iran. Heute → Dogan.

Zarkos Griechenland, w von Larissa. Spuren des antiken Phayttos.

Zarnata-Festung Griechenland. → Kambos.

Zaros Gr-Kreta, nö von Phaistos. Saros. Aquäduktreste.

Zar Tepe GUS, Usbekistan. → Sar Tepe.

Zarzi-Grotte Irak, 55 km nw von Suleimaniya. Felsgrab Ischkut-i Qyzqapan, spätestens aus dem 4. Jh. vor Chr.

Zaton Kroatien, 8 km nw von → Šibenik. Grotte Tradanj mit Spuren von der Jungsteinzeit bis zur römischen Zeit.

Zaton Kroatien, 12 km nw von → Zadar. N römische und mittelalterliche Reste. Illyrische Gräber.

Zauu Ägypten. → Wadi Gawasis.

Zaveh Iran. → Turbat-i Haidari.

Zavidovići Bosnien-Herzegowina, an der Bosna, n von Sarajevo. Funde der neolithischen → Kakanj-Kultur.

Závist Tschechien, n von Prag. Ehemaliges keltisches Oppidum. Beendigung der Besiedlung im 5. Jh. nach Chr. Reste von steinernen Podien.

Zawiyeh Iran. → Ziwije.

Zawty Ägypten. → Assiut.

Zayil Mexiko. → Sayil.

Zchinwali GUS, Georgien, Ossetien, nw von → Tbilisi. Siedlung der späten Bronzezeit, Stadt spätestens ab 1. Hälfte 1. Jtsd. vor Chr.

Zebbid Syrien, nö von → (El) Anderine. Antike Reste.

Zebbieh Malta. Reste* des Skorba-Tempels, ev. 4. Jtsd. vor Chr. Ehemals neolithische Siedlung. Funde ab 5. Jtsd. vor Chr. (Ausschilderung "Sqolba-Tempel"). 1½ km w → Mgarr*.

Zebbug Malta. Gräber von ca. 4000 vor Chr.

Zebedd Syrien, 75 km sö von Haleb, am Nordhang des Djebel Schbeit. Ruinen mehrerer Kirchen.

Zébeidé Libanon, ca. 9 km ö von Beirut. "Zébeidé-Brücke", Rest von römischer Wasserleitung.

Zefat Israel, nw des Sees Genezareth. Tsefat. Hügelgrab 3. Jh.

Zefyria Griechenland. → Chora (Melos).

Zehren Deutschland, nw von Meißen. N Abschnittsbefestigung. 1 km sö Reste von slawischem Burgwall; Besiedlung ab der Bronzezeit.

Zeiselmauer Österreich, nw von Wien. Ev. das ehemalige Kastell Astura, Astoris, Asturis. Mauerreste, römischer Turm.

Zela Türkei. → Zile.

Zelena Pećina Bosnien-Herzegowina, bei → Kakanj, 40 km nw von Sarajevo. Vorgeschichtliche Wohnhöhle.

Železnik Serbien, 12 km sw von Belgrad. Reste von römischem Kleinkastell 3./4. Jh. an der Stelle Kalemi.

Zell Deutschland, an der Mosel. Alte Schanze am Rothekopf.

Zell Schweiz, Zürich, ca. 10 km sö von Winterthur. Reste von römischem Gutshof unter der Kirche.

Zelve Türkei, nö von → Nevşehir. Reste von Einsiedelei und zwei Kirchen. Unterirdische Siedlung.

Zemedu-Mariam Äthiopien, nö von Lalibela. Felsenkirche; Malereien.

Zempoala Mexiko, 44 km nw von Veracruz. Ehemals Cempouallan. Ehemals totonakisches Kult- und Verwaltungszentrum, ab 15. Jh. unter aztekischer Vorherrschaft. Haupttempel, Pyramiden,

weitere Tempel, meist mit Ummauerungen. Museum.

Zemun Serbien, 6 km nw von Belgrad. Das ehemalige römische Castrum mit Hafen Taurunum; zerstört im 5. Jh. Spuren der Festung.

Zendan-i Suleiman Iran, sö des Orumiyeh-Sees, 3 km vom → Takht-i Suleiman. Felskegel mit Resten aus rechteckigen Räumen bestehender Mauer um den Berg, ab ca. 9./8. Jh. vor Chr.

Zendschirli Türkei. → Zinčirli.

Zengpi Yan China, Provinz Guangxi. Höhle 10 km s von Guilin, mit steinzeitlicher Besiedlung. Ausstellungsraum.

Zenica Bosnien-Herzegowina, ca. 85 km nw von Sarajevo. In der Umgebung römische und frühchristliche Reste. Stadtmuseum.

Zennor Quoit GB, Cornwall, an der Küste n von Penzance. Großsteingrab.

Zenobia Syrien. → Halabiya, → Zalebiya.

Zephirion Ägypten. Antik; heute El-Daba, 160 km w von Alexandria.

Zephyria Griechenland. → Chora (Melos).

Zerelia Griechenland, Magnissia, 5 km w von Almiros. Siedlungshügel (Magula); mittlere Jungsteinzeit bis mittlere Bronzezeit.

Zernez Schweiz, Graubünden. Ehemalige befestigte Höhensiedlung Muotta Chasté, jüngere Eisenzeit; Terrassen. 3 km nw befestigte Höhensiedlung Muotta da Clüs, ältere Eisenzeit; Trockenmauerreste.

Zernich Ägypten, ca. 12 km sö von Esna. Zwei Stelen 14. Jh. vor Chr.

Zeugma Türkei. → Belkis.

Zevgolation Griechenland, 12 km w von Korinth. Zefgolatio. In der Nähe Reste eines römischen Bades.

Zeynab Bedjar Iran, ö von Dasht, nähe Kasp. Meer. Ausgrabungsstätte.

Zhanggong Dong China, Jiangsu, Süden, 22 km sö von Yixing. Daoistische Höhlen.

Zhangye China, Gansu. Ehemaliger Stützpunkt der Westlichen Han (2./1. Jh. vor Chr). In der Umgebung buddhistische Höhlentempel 6.-9. Jh.

Zhaoling China, Shaanxi, ca. 60 km nw von Xian. Auf dem Jiuzun Grabanlage Taizong, 7. Jh. Zahlreiche Reste.

Zhaowangcheng Yizhi China. → Handan.

Zhaoxian China, Hebei, sö von Shijiazhuang. Chao-hsien. Anji Qiao-Brücke (An-chi-Br.), Anfang 7. Jh.

Zhengding China, Hebei, n von Shijiazhuang. Buddhistischer Tempel ab 5. Jh.

Zhengzhou China, Henan. Die ehemalige Hauptstadt Ao der Shang-Dynastie im 15.-13 Jh. vor Chr. Reste der Stadtmauer. Gräberfelder. Ausgrabungen. Provinzmuseum.

Zhenjiang China, Jiangsu, ö von Nanjing. Nö auf dem Beigu-Shan Eisenpagode Ganlusi Tieta, ab 825-825.

Zhouyang China, Jiangsu. Gräber 6. Jh. nach Chr.

Ziane Tunesien, 6 km w von Zarzis. Antik Zitha. Ruinen; Forum, Tempelspuren.

Ziar Iran, 50 km sö von Isfahan. Minarett 12./13. Jh.

Ziata Türkei. → Harput.

Ziban Jordanien. → Dhiban.

Zibbieh Iran. → Ziwije.

Zibel Syrien. → Jable.

Zichisdziri GUS, Georgien, Ostküste des Schwarzen Meeres. Römisch Petra. Ehemalige byzantinische Stadtfestung.

Zichypuszta Ungarn. → Rajka.

Ziegeninsel Frankreich. → Gavr'inis.

Zierenberg Deutschland, nw von Kassel. 1) 4 km sö auf dem Dörnberg ehemals spätlatènezeitliche Höhensiedlung; vorgeschichtliche und mittelalterliche Wälle. Funde ab jüngerer Bronzezeit. 2) 3 km sö Helfenstein: kleine Wallanlage. 3) 5 km sö auf dem Hohlestein (zu Ahantal-Weimar) Wallanlage seit jüngerer Bronze- bzw. älterer Eisenzeit.

Zierzow Deutschland, sw von Waren. 1½ km s Rest von Großsteingrab.

Ziesendorf Deutschland, sö von Rostock. 2 km sw Rest von Großsteingrab.

Zif, Tell es- Israel, 6 km sö von Hebron. Die ehemalige Festung Siph im Lande Kanaan.

Zile Türkei, 60 km w von Tokat. Ev. das hethitische Anziliya. Antik Zela. Besiedelt ab 3. Jtsd. vor Chr. Zitadellenruine.

Zilgendorf Deutschland, nw von Staffelstein. Ringwall sö auf dem Kulch (→ Staffelstein 6)); Ausgrabung einer Bandkeramikersiedlung.

Zili Marokko. Silis. Antik; heute Asilah, sw von Tanger.

Zimbabwe* Simbabwe (ehemals Rhodesien), s von Masvingo. Alte Schreibweise und neuer Staatsname Simbabwe. Neben und auf einem Hügel Mauern, Ringbauten und Türme, an dieser Stätte hauptsächlich aus Granit. Palastkomplex der örtlichen Herrscher, "Akropolis", "Tempel"; Blütezeit 9.-15. Jh. Unterteilung einzelner Bereiche mittels niedrigerer Mauern. Malereien der örtlichen späteren Steinzeit. Stelen. Im Süden des Landes ähnliche Steinbauten an ca. 300 Orten, meistens kleineren Außmaßes.

Zimmern Deutschland, ca. 10 km n von Offenburg, Gemarkung Stebbach. Wüstung.

Zimnicea Rumänien, linkes Donauufer, km 554. Stätte der ehemaligen Schiffersiedlung Dzimnikes; ehemalige Siedlung der Getodaker. Nekropole 4. Jh. vor Chr.

Zincidere Türkei. → Talas.

Zinčirli Türkei, 116 km n von Antakya, 9 km nö von Islahiye. Ehemals Zendschirli, Sendschirli. Gegründet ca. 14. Jh. vor Chr. Hauptort des Fürstentums Scham'al (Sam'al) um 1200 vor Chr. Ab Ende 8. Jh. vor Chr. assyrisch. Ausgrabungen der hethitischen Stätte. Stadtmauerreste, Zitadelle mit Palastresten, Treppe. Fundort von Reliefs und Skulpturen. → Abb. 148.

Zingsheim Deutschland, s von Mechernich. Fundamente eines gallo-römischen Umgangstempels (Weihestätte der Matronae Fachineae) ergraben. In der Nähe → Nettersheim, → Pesch.

Zinta-Khoh Indien, Madhya Pradesh, bei → Bhanpura. Felsmalereien.

Zippori Israel, nw von Nazareth. Tsipori usw. Griechisch Sepphoris, römisch Diocaesarea, arabisch ehemals Saffuriya. Ausgrabungen: römisches Theater, Aquädukt, jüdisches Mosaik in der Kreuzfahrerkirche. Spuren von Basilika 2. Jh. Ma Burgruinen.

Ziqua Tunesien. → Zaghouan.

Zirab Iran, 204 km nö von Teheran. Ö Grabturm*, ca. 1010 nach Chr. Sö in Ladjim Grabturm 1022/1023 nach Chr.

Zirchow Deutschland, ö von Usedom. Sö Kamminke: Wallanlage, frühe Eisenzeit.

Zirl Österreich, Tirol. Ehemaliges römisches Kastell Teriolis. Frühchristliche Reste unter St. Martin.

Zislow Deutschland, wsw von Waren, am Plauer See. 1 km sö Rest von Großsteingrab. 3 km osö und 3 km ö die Reste der Großsteingräber von → Satow.

Zitha Tunesien. → Ziane.

Živogošće Kroatien, 18 km sö von Makarska. Grabhügel. Spätantike Felsinschrift ö des Klosters.

Ziwije Iran, 40 km sö von Saqiz, 265 km s von Tabriz. Antik Zibieh. Siedlungshügel; Palast und Festung festgestellt. Schatzfund ca. 7. Jh. vor Chr.

Ziza Jordanien. → (Al) Qastal.

Zliten Libyen, nähe Leptis Magna. Fundort eines Mosaiks, jetzt in Tripolis.

Zlota Polen, bei Sandomierz an der Weichsel. Jungstein-kupferzeitliche Nekropole.

Zofingen Schweiz, Aargau. Römisches Bad, Mosaike. Museum.

Zohak, Qalaeh-i Iran, nö von Khorassanak, w von Mianeh. Burgruine, parthische Palastreste, Pavillon, ev. 1. Jh.

Zohak, Tell-i Iran. → Fesa.

Zohar Israel, s des Toten Meeres. Ehemaliges römisches Kastell 2.-3. Jh.

Zokhetok Birma/Union Myanmar, Distrikt Thaton. Pagodenrest ca. 10. Jh.

Zorah Israel. Tsora. Ehemalige Stadt sw von Eshtaol. Ruinen.

Zor Barin Syrien, 3 km s von Masyaf, w von Hama. Ruinen, Felsgräber.

Zorava Syrien. → Ezraa.

Zou Gr-Kreta, s von Sitia. Zu. Ehemalige minoische Siedlung. Reste von Landhäusern, ca. 1600 vor Chr.

Zowinar GUS, Armenien. Ehemalige urartäische Festung; Ausgrabungen.

Zubara Katar, NW. Zabara. Reste einer islamischen Stadt; Ruinen.

Zucchara Tunesien, 18 km s von Pont-du-Fahs. Ruinen.

Zülow Deutschland, sw von Schwerin. 1 km ö Rest von Großsteingrab.

Zülpich Deutschland, w von Bonn. Römisch Tolbiacum. Ehemalige römische Zivilsiedlung. Badeanlage, Museum. Nw → Vettweiß-Froitzheim.

Zürich Schweiz. Ehemalige Straßenstation und Zivilsiedlung Turicum, ab 15 vor Chr. Spätrömisches Kastell Anfang 4. Jh. auf dem Lindenhof. Reste bzw. Spuren von Mauern, Turm, Keller, Thermen 2. Jh. Schweizerisches Landesmuseum. Sw der Üetliberg: bronzezeitliche Wallanlage, ehemalige Siedlung ca. Mitte 1. Jtsd. vor Chr., Burgreste 10./13. Jh. (Uto-Kulm). Frühlatènezeitlicher Fürstengrabhügel Sonnenbühl.

Züschen Deutschland, nw von → Fritzlar. Spuren vorgeschichtlicher Siedlung. 1 km nö 20 m langes Steinkammergrab*. → Abb. 28.

Zuglio Italien, 8 km n von Tolmezzo. Römisch Julium Carnicum. Römische Reste von: Forum, Basilika, zwei Tempeln, frühchristlicher Basilika, vorrömischer Straße und Häusern.

Zugmantel Deutschland, n von Wiesbaden, sw von Idstein. Erdwälle anstelle von Umfassungsmauern des römischen Kastells. Zwei kleine Randschanzen. Archäologischer Wanderweg. Rekonstruierter Limeswachtturm 3/15. Funde in der → Saalburg.

Zuila Libyen. Zawilah, Zouila usw. Zweite Hauptstadt des Fezzan 10.-13. Jh. Burg, Grabtürme, vorgeschichtliche Gräber.

Zuljana Kroatien, Pelješac-SW-Küste. Römische Gräber.

Zunil Guatemala, Provinz Escuintla. Ruinenstätte.

Zuni Pueblo USA, New Mexico, 68 km s von Gallup. Reservation; Stein- und Lehmbauten.

Zuoz Schweiz. Chastlatsch: ehemals bronze- und eisenzeitliche Höhensiedlung; nicht sichtbare Wall- und Trockenmauerreste. Römische Brückenpfähle.

Zuq el Kebir Syrien, 19 km w von Haleb. Byzantinische Ruinen.

Zurite Peru, 40 km nw von Cuzco. Ruinen.

Zurovka GUS, Ukraine, Bezirk Kirovograd. Nekropole, Kurgane.

Zurrieq Malta, nähe Südküste. Reste von punischem Turm.

Zurzach Schweiz, Aargau. Römisch Tenedo, ehemalige Siedlung der Veneter. Ausgrabungen: Kastell Kirchlibuck*, frühchristliche Kirche. Sö auf der anderen Seite der Straße das ehemalige Kastell Sidelen; Bad. Bezirksmuseum.

Zuto Brdo Serbien. → Veliko Gradište.

Žužemberk Slowenien, 53 km sö von Ljubljana. An der Stelle der alten Kirche ehemals keltische Siedlung und römische Befestigung.

Zverinac Kroatien, Insel 25 km w von Zadar. In der Bucht Poripišče römische Mauerreste und Mosaike.

Zwammerdam Niederlande. Ehemals römischer Hafen.

Zwentendorf Österreich, 13 km w von Tulln. 1 km w ehemaliges römisches Kastell: Erdkastell um 60 nach Chr. Steinkastell 110-117 nach Chr. Spätrömisches Kastell 370 nach Chr. Gräberfeld 10./11. Jh. Museum.

Zwesten Deutschland, ssö von Bad Wildungen. Sö auf der Altenburg n von Römersberg Ringwallanlage, ev. eisenzeitlich. Funde neolithisch, eisenzeitlich, frühgeschichtlich.

Zwieselberg Schweiz, Bern, s von Thun. Bürgli: Reste von spätrömischem Wachtturm.

Zyguriai Griechenland, bei Agios Vassilios, sw von Korinth. Ehemalige frühhelladische Siedlung. Ausgrabungen; Reste von Häusern. Nekropole.

Erklärung architektonisch-archäologischer Begriffe.

Nach dem Hinweispfeil (→) aufgeführte Stichwörter sind entweder im Lexikonteil oder in dieser Begriffserklärung zu finden.

Abri Gelände bzw. Raum unter einem Felsüberhang als altsteinzeitliche Wohnstätte.

Adobe Geformte, ungebrannte Ziegel im amerikanischen Bereich.

Agora Von Gebäuden umgebener Marktplatz in griechischen Städten, öffentlicher Platz. → Abb. 91.

Ahu Kultplattform der → Osterinsel, diente auch zur Aufnahme der Steinskulpturen (→ Moai).

Akropolis Meist stark befestigte Oberstadt. Die bekannteste A. ist die der Stadt → Athen. In Korinth (→ Archaia Korinthos) lag die A. mehrere Hundert Höhenmeter über der Stadt.

Alcázar Alcazaba. Burg oder Schloß der Mauren; (→ Córdoba, → Granada).

Alenkastell Römisches → Kastell von der Aufnahmefähigkeit einer Ala (500 oder 1000 Reiter).

Alignment Ausgerichtete Reihen von Steinen oder Menhiren, hauptsächlich in Westeuropa (Bretagne, Britische Inseln) anzutreffen. Ende der Jungsteinzeit bis Anfang Bronzezeit. Für den französischen Sprachbereich wurde in diesem Buch die Schreibweise Alignement gebraucht. → Abb. 8.

Amphitheater Meist ringsum geschlossenes Theater mit meist ellipsenförmiger Arena, in welcher Sport-, Tier-, Gladiatorenkämpfe und Seeschlachten stattfanden. → Abb. 107.

Apadana Großer Audienzsaal in achämenidischen Palästen.

Apsis Halbkreisförmiger oder vieleckiger nischenartiger Anbau an (römischen) Gebäuden und an Kirchen. → Abb. 54 und 113.

Aquädukt Wasserleitung in Form von Überlandleitungen, Tunnels, Brücken usw. Große Aquäduktbrücken in → Remoulins (→ Abb. 109), → Segovia, → Tarragona (→ Abb. 110), → Caesarea Maritima.

Ark Zitadelle.

Ashoka-Säule Ediktsäule des indischen Mauryakönigs Ashoka (272-231 vor Chr.), in großer Anzahl zur Verbreitung der buddhistischen Lehre aufgestellt.

Asklepieion Verbindung von (Asklepios-) Heiligtum und Heilanstalt (z.B. in → Bergama).

Ateschgah, Ateschgadeh Zarathustrischer Feuertempel.

Bab arabisch; Tor.

Baetyl Bätyle, Baitylos. Stelenartiger Stein, oft in Form einer Granate. Auch in Schreinen oder Tabernakeln aufgestellt. Megalithkulturen, Nuraghenzeit.

Balm Schweizerisch. Raum unter einem Felsüberhang.

Baptisterium Taufstätte.

Baray Wasserreservoir.

Barrow Alt für Grabhügel, Mound.

Basilika Meist mehrschiffiger Bau mit überhöhtem Mittelschiff und mit Apsis. Diente als Kaufhalle, Amtssitz, Sakralbau. → Abb. 113.

Bautastein Altnordische Bezeichnung für aufgestellten Gedenk- oder Grabstein, in jüngerer Zeit mit Bildern und Inschriften (Runen) geschmückt.

Biburg Befestigte Plätze mit → Ringwall und vorgelagertem Graben.

Bienenkorbhütte Runder Häusertyp mit Kragkuppel. Gälisch Clochán.

Bordj Bastion, Festung, Bauernhof.

Bories Steinerne Hütten steinzeitlicher Bauart, oft mit einem Dachgechoß, in sauberer Arbeit aus Bruchsteinen errichtet, benützt teilweise noch bis in die Neuzeit. In ähnlicher Bauart die → Clochans. → Gordes (→ Abb. 113).

Broch Steinernes Rundhaus der Pikten mit mehreren Innengalerien.

Bucheum Stiernekropole.

Buleuterion Sitz des Senates, Rathaus.

Burgstall Befestigte Zufluchtstätte des Mittelalters und der Neuzeit. In Deutschland noch zahlreich vorhanden.

Burgus (Pl. Burgi). Wohngebäude der Wachmannschaften am Limes oder von anderen Befestigungsanlagen, auch in N-Afrika. Zwischenkastelle am Limes.

Cairn Bronzezeitliche Grabhügel, Steinhaufen mit Totenkammern.

Caitya Indisch; Stupa, auch Tempelanlage mit Stupa.

Canabae Niederlassung für Handwerker und Händler neben einem festen römischen Militärlager; manchenorts sich zur Zivilstadt entwickelnd.

Capitelle Steinerne Hütte mit einem einzigen Eingang, ohne Fenster, in der Größe einer Kapelle. Ältere oft aus sauberer Steinsetzung, kürzerem Sturz, mit Patina. Neuere von gröberer Arbeit, Sturz so breit wie der Eingang. Verbreitet in Südfrankreich und Spanien (dort "Casita"). Ähnliche Bauten auf Malta.

Cardo Sich mit dem → Decumanus kreuzende Hauptstraße (Nord-Süd-Achse) in etruskischer und römischer Stadt.

Casita → Capitelle.

Castrum Befestigtes Lager, Kastell.

Cella Geschlossener Innenraum eines Tempels, sowohl der Antike als auch älterer Kulturen.

Chatschkar Armenischer Kreuzstein, ab 10. Jh. Vorläufer waren Grab- oder Gedächtnisstelen 5.-9. Jh., die auf vorchristliche Grenz- und Gedenkstelen zurückgingen.

Chora Griechisch; Dorf.

Chullpas Begräbnistürme der Collas, vornehmlich um den Umayo-See. Vorkommen w von La → Paz und um → Lima (Peru). Entwickelt ev. von den Aymares. Ehemals rechteckig, Höchstform rund. Höhe bis 6-7 m. Lehmziegel, Sica-Sica. → Sillustani.

Cliff Dwelling Indianische Behausung in südseitigen natürlichen Felsüberdachungen, die bei hochstehender Sonne Schatten boten. → Abb. 132.

Clochàn "Bienenkorbhütte". Rundes oder eckiges Wirtschaftsgebäude in Irland aus dickem Trockenmauerwerk. 1960 noch von Bauern der Dingle-Halbinsel errichtet. → Bories.

Coffre Steinkistengrab.

Columbarium Taubenhaus, Urnenraum.

Court Cairn Mittelsteinzeitliches Kammergrab. Auch Clyde-Carlingford tomb.

Curia Versammlungsort des Stadtrates.

Dagoba → Stupa, Reliquienbehälter.

Decumanus Sich mit dem → Cardo kreuzende Hauptstraße (Ost-West-Achse) in etruskischer und römischer Stadt.

Diwan Offizieller Palast mit Thronsaal.

Dolmen Keltisch; "Steintisch". Grabbau, bestehend aus mindestens zwei tragenden Steinen und einem Deckstein. → Abb. 22 und 23.

Domus de Janas "Feenhäuser". Begräbnisstätten in Grotten und Felskammern Sardiniens, teilweise mit aus dem Fels gearbeiteten Reliefs. → Abb. 33.

Dromos In der Architektur Kuppelgraballee, meist gemauerter Eingang bzw. Gang in Hügel- oder (hauptsächlich mykenischen) Kuppelgräbern.

Dun Runde Befestigungsanlage Irlands und Schottlands, Eisenzeit bis Mittelalter.

Dwelling Oberirdischer Wohnbau.

Dzong Klosterburg des Himalaya, vornehmlich des Bhutan.

Effigy Mounds Bilderhügel. In Tierform errichtete Aufschüttungen von unterschiedlicher Länge. Vorwiegend am oberen Mississippi, vom Ende der mittleren Waldland-Periode bis zur späten Waldlandperiode (bis 8. Jh. nach Chr.).

Emporion Emporium. Handelshafen, z.B. → Piräus, → Ampurias (→ Abb. 95), → Haithabu.

Foggara (Pl. Feggaguir). Unterirdischer Kanal.

Forum Von öffentlichen oder zumindest von prunkvollen Gebäuden umgebener Marktplatz in römischen Städten.

Fossatum Grabensystem.

Geburtshaus Nebentempel Altägyptens zur Feier der Geburtsmysterien des Kindgottes.

Ghat Treppenanlage zwischen Tempel und Fluß als Bade- und Anlegestelle in Indien (→ Varanasi); auch ansteigendes Gebirge.

Ghorfa Gebäude oder Raum mit Tonnengewölbe in Tunesien.

Gigantengrab Großsteingrab in Form gedeckter langer Kammer, mit einer Front aus einer Reihe

von leicht konkav angeordneten → Stelen. Sardinien, ab 3. Jtsd. vor Chr., hauptsächlich späte Nuraghenzeit. → Abb. 27.

Gisement Vorgeschichtliche Lagerstätte, Vorkommen.

Gopura Südindischer Torturm, Eingangsgebäude. → Abb. 128.

Gorodisce Russische Wallburg.

Gradina Bergfestung; vornehmlich im illyrischen Raum.

Gradiste Primitive illyrische Festung.

Großsteingrab (Megalithgrab). Grab aus großen behauenen oder unbehauenen Steinen; die Wände aus orthostatischen (senkrechtstehenden), die Decken oft aus riesigen Steinplatten bestehend. Oftmals zusätzlich mit Stein- oder Erdhaufen bedeckt. Nach der Art des Aufbaues unterscheidet man z.B. zwischen Portal-Dolmen, Galeriegräbern, Megalithgräbern mit Vorhof, Ganggräbern, Steinkammergräbern, Steinkistengräbern u.a. G. wurden hauptsächlich in Westeuropa zwischen der Jungsteinzeit und der frühen Bronzezeit errichtet. → Abb. 24-28.

Hamam Hammam. Maurisches Bad.

Hamma Warme Quellen.

Hani Türkisch; Karawanserei.

Harem Harim. Private Räume.

Hauli Befestigte Landhäuser (Kleinfestungen) in Choresmien.

Haveli Paläste der Kaufleute, vornehmlich des 18. Jhs. (→ Jaisalmer).

Havita Hawitta. Reste ehemaliger Tempelpyramiden im Gebiet der Malediven.

Heidenkirchen → Chullpas.

Henchir Tunesisch; Gut, Bauernhof, Ruine.

Henge-Monument Meist kreisförmig angelegter sakraler Bau von unterschiedlichem Durchmesser, umgeben von Wall und Graben. → Avebury, → Quenstedt, → Stonehenge, → Woodhenge. Jungsteinzeit bis frühe Bronzezeit. → Abb. 46.

Heroon Heroentempel.

Hippodrom Stadionähnliche Pferderennbahn.

Hisar Türkisch; Burg.

Horreum Getreidemagazin.

Huaca Sakrale Stätte, Gegenstand religiöser Verehrung, Grabstätte.

Hügelfigur In England an einen Abhang in den Rasen geritzte Figur, so daß der hervortretende weiße Kreidefelsen den Umriß der Figur bildet. Teilweise aus alter Zeit stammend, aber auch in neuerer Zeit (besonders im 18. Jh.) ausgeführt.

Hügelgrab Aus Steinen, Kies oder Erdmaterial errichteter Hügel zur Bestattung von Einzel- oder mehreren Personen, mit oder ohne inliegenden Kammern aus Trockenmauern, Steinplatten oder Bohlen. Solche Hügel waren oftmals mit Steinen eingefaßt oder manchmal auch mit Gräben umgeben. Hauptsächlich von der Jungsteinzeit bis zur frühen Bronzezeit, aber auch noch in der Eisenzeit und während der Römerzeit vorkommend; in Südskandinavien bis zur letzten Jahrtausendwende ("Haugen"). Hierzu gehörend die Kurgane im Gebiet zwischen Balkan und den russischen Steppen.

Hünenbett → Hünengrab; besonders solche, von denen nur noch reine Steinsetzungen sichtbar sind.

Hünengrab Volkstümliche Bezeichnung für→Großsteingrab.

Hüyük Siedlungshügel, Kulturschutthügel.

Hydreuma (Pl. Hydreumata). Wasserstellen, in der Wüste gleichbedeutend mit Wegestation an römischen Straßen.

Hypogäum Unterirdischer Raum als Kult- oder Begräbnisstätte. → Abb. 56.

Imam Zadeh Moslemisches Heiligtum, meist Grabmal eines Abkömmlings eines der zwölf von den Schiiten verehrten Imame.

Insula Blockweise Zusammenfassung von Räumen gleicher Bestimmung, z.B. auch in einem Palast. In einer römischen Stadt ein von Straßen umgebener rechteckiger Häuserblock; besonders gut zu erkennen in → Ostia Antica, → Pompeji, → Timgad.

Kapitell Oftmals verzierter Kopf einer Säule, auf dem ein Bogen oder Sturz liegt.

Kapitol Hügel in Rom mit den Haupttempeln der Stadt, danach oftmals Bezeichnung von Hauptgebäuden und Haupttempeln in Städten.

Karawanserei Herberge für Mensch und Tier.

Karner Beinhaus. Friedhofskapelle mit Untergeschoß zur Aufnahme von Gebeinen Verstorbener.

Kastell Von den Römern zur Aufnahme der Streitkräfte errichtete Wohn- bzw. Befestigungsanlage. Legionsfestung (1 Legion = 6000-10000 Mann), Kohortenkastell (1 Kohorte = ca. 600 Mann), Alenkastell (1 Ala = 500 oder 1000 Reiter), Numeruskastell (1 Numerus = ca. 150 Mann Hilfstruppe), Auxiliarlager (Auxilia = Hilfstruppe aus Provinzen oder Nachbarstaaten).

Katakomben Unterirdische Begräbnisstätten ursprünglich nur der frühen Christen; in den meist weichen Felsboden geschlagen. Im Laufe der Zeit oft zu weitläufigen Anlagen ausgebaut, Gräber oft mit Malereien versehen. Dienten teilweise auch als Zufluchtsstätte. Verbreitet hauptsächlich im Mittelmeerraum. Bekannt sind die Katakomben z.B. von → Neapel, → Rom, → Syrakus, → Sant'Antioco, → Sousse, → Alexandria, Rabat (Malta, → Abb. 43). Museum in → Valkenburg.

Khan Karawanserei, Herberge.

Kilise Kilisesi. Kirche.

Kiwa Zeremonien- und Versammlungsraum für Männer in → Cliff-Dwellings.

Kolumbarium Taubenhaus, Urnenraum.

Koubba Mausoleum.

Kromlech Kult- oder Begräbnisstätte der Jungsteinzeit, meist Bezeichnung für kreisförmige Steinsetzung.

Krypta "Überdeckter Gang". Gruft oder Halle unter Kirchenboden.

Kryptoportikus Eingang zu einer unterirdischen

oder gedeckten Anlage; aber auch für komplette unterirdische Gewölbe verwendet.

Ksar Kastell.

Kuschk Alte vorislamische (z.B. sogdische) Burg.

Labyrinth → Knossos.

Langhügelgrab → Hügelgrab von länglicher Form. Vorkommen in der Bretagne und hauptsächlich in England. Unter britischen Ortsnamen aufgeführte L. entsprechen den longbarrows englischer Meinung.

Lapidarium Sammlung von Architekturbruchstücken.

Magula Siedlungshügel.

Marae Freie Plätze, Kultplätze der Polynesier, ev. von Häusern und Vorratsräumen umgeben. 15.-18. Jh.

Masdjid Moschee.

Mastaba Bankgrab. Ursprünglich einfacher Grabhügel; allmählich für aufwendiger werdende Beerdigungsbau; Vorläufer der ägyptischen Pyramiden.

Mauer Aus unterschiedlichsten natürlichen oder künstlichen Materialien errichtet. Siehe auch → Mauern im Lexikonteil!

Mausoleum Ursprünglich das Grabdenkmal des Mausolos von Karien in Halikarnassos (→ Bodrum). Erst später allgemeine Bezeichnung für prunkvolles Grabdenkmal.

Medina Araberstadt.

Medrese, Medresse Moschee als Lehrstätte für islamische Theologie.

Megalithgrab → Großsteingrab.

Megaron Empfangsraum im mykenischen Palast; allgemein Tempel oder Gebäude mit Vorhalle.

Meidan Großer öffentlicher Platz.

Menhir Keltisch; "Langstein". Hochragender, bearbeiteter oder unbearbeiteter Felsmonolith der Jungsteinzeit. Hauptsächlich in Westeuropa, in Deutschland im Saarland, in der Pfalz, in Hessen und in Sachsen vorkommend. Oft (z.B. in Südfrankreich) von anthropomorpher Gestalt. → Abb. 8, 14-21, 45.

Metope Zwischenfeld. Meist reliefierte Platte über dem Architrav griechischer Tempel.

Minarett "Turm" an einer Moschee, von dem aus die Gläubigen zum Gebet gerufen werden.

Mithräum Tempel bzw. Kultstätte zur Verehrung des persischen Lichtgottes Mithra(s). Ausbreitung nach Westen ab 3. Jh. vor Chr.; besonders durch das römische Militär in fast alle Gebiete des Römischen Reiches. → Abb. 145.

Moai Steinskulpturen der Osterinsel. → Abb. 139.

Mogila Grabhügel.

Monolith Einzelner Großstein jeder Verwendungsart, auch bei Einbau z.B. in ein Gebäude oder Großsteingrab.

Mosaik In der bildenden Kunst die flächenhafte Darstellung mittels einzelner, kleiner, verschiedenfarbener Steinchen. Aus Griechenland kommend wanderte die M.-Kunst nach Rom und Byzanz und erlebte im 11.-14. und im 19. Jh. in Italien nochmals eine große Blüte. M. sind besonders im ehemaligen Gebiet des Römischen Reiches noch zahlreich zu finden. Bedeutende Fundorte sind u.a.: → Aquileia (Dom* und altchristliche Kirche*, 4. Jh.). → Fishbourne 1.-3. Jh. → Istanbul (Sofienkirche). → Madaba ("Landkartenmosaik", → Abb. 150). Monreale** 12. Jh. → Neapel (Nationalmuseum*, Alexanderschlacht**). → Nennig (Gladiatoren-Mosaik* 3. Jh.). → Orbe-Boscéaz (ehemaliges Landhaus). → Ostia Antica (Schwarz-Weiß-Mosaike*). → Paphos. → Palermo** 12. Jh. → Pella (Kieselsteinmosaike*). → Piazza Armerina (Villa del Casale** 4. Jh.). → Ravenna** 5./6. Jh. → Rom (großflächige Mosaike*, z.B. Caracalla-Thermen). → Sousse (→ Abb. 149). → Tunis (Bardo**). → Venedig (Markuskirche** -14. Jh.). → Abb. 149-152.

Moschee Betraum im islamischen Bereich. Vom einfachen Bau bis zur prunkvollen Anlage möglich. Oftmals mit Hof und Brunnen, manchmal mit angegliedertem Spital. → Medrese. Prunkvolle Moscheen z.B. in → Córdoba, → Kairouan, → Kairo, → Jerusalem, → Damaskus, → Istanbul, → Isfahan, → Samarkand, → Edirne.

Motte Turmhügel, Hügelfestung, manchmal auch von Wasser umgeben.

Murus Gallicus Aus Steinlagen und liegenden Holzrahmen errichteter Verteidigungswall hauptsächlich des 1. Jtsds. vor Chr., gegen Ende des Jtsds. hauptsächlich von Kelten verwendet.

Museum Stätte der Kunst; überwiegend als Ausstellungsstätte für Kunstsammlungen und Ausgrabungsfunde verwendet.

Naueta Naveta. Auf den Balearen zu findende, einem umgedrehten Schiff ähnelnde Steinsetzung; ev. Wohnung oder Grabstätte bedeutender Personen der Vorzeit.

Nekropolis Nekropole. "Gräberstadt", Friedhof mit hauptsächlich errichteten oder aus dem Fels geschlagenen Grabbauten. → Abb. 30-43,86.

Nuraghe Kegelstumpfförmiger Bau Sardiniens aus viereckigen großen Steinblöcken in gleichmäßig hohen Lagen. Die Anlagen besaßen oft zusätzliche Ummauerungen mit überdeckten Gängen und Treppen in Überkragungsbauweise. Oftmals war ein Nuraghendorf mit bis zu 100 (kleineren) Rundtürmen angeschlossen. Die Anlagen dienten sicher der Verteidigung. Einige Tempel sind bekannt. Ca. Anfang 2. bis Mitte 1. Jtsd. vor Chr. Es existieren noch tausend Nuraghen. → Abb. 59.

Nymphäum Meist an Quellen oder Mündungen von Flüssen oder Wasserleitungen errichtete Prunk- oder Sakralbauten.

Obelisk Von quadratischem Grundriß aufragender → Monolith von bis zu 30 m Höhe von den Ägyptern (hauptsächlich Neues Reich) aus Granit gebrochen und aufgerichtet. Von Römern und Byzanti-

nern auch aus Mauerwerk errichtet. An ursprünglicher Stelle heute noch in → Luxor und in → Karnak zu finden.

Odeon Kleines Theater, Konzertbau.

Ören Türkisch; verdeckte Ruine.

Oppidum 1) Römisch für stadtartige Befestigung. 2) Ab dem 1. Jh. vor Chr. für nichtrömische Städte der näheren Provinzen; nach heutigem Verständnis für die oft auf Hügeln liegenden Befestigungen der Kelten (→ Abb. 97 und 98). 3) Im Hochmittelalter für Stadt als Verwaltungs- und Handelszentrum (im Gegensatz zur - damals von der Bevölkerung besiedelten - Burg, die überwiegend der Wehrhaftigkeit diente). 4) Teile des offiziellen bzw. Startgeländes in Stadion oder Zirkus.

Orthostat Größerer, aufrecht stehender Stein der untersten Lage eines Mauerwerks, z.B. in griechischen oder maltesischen Tempeln.

Pagode Aus dem → Stupa hervorgegangener Bau buddhistischer Tempelanlagen, bei welchem oft mehrere Dächer geschoßartig übereinander angeordnet sind.

Palästra Gebäude mit Anlagen zur körperlichen Ertüchtigung oder zur Vorbereitung auf den Gladiatorenkampf.

Pantheon Die Gesamtheit aller Götter bzw. der allen Göttern geweihte Tempel.

Peribolos Von Mauer oder Kolonnade umschlossener heiliger Bezirk eines Tempels.

Peristyl Die einen Hof oder ein Gebäude umgebende Säulenhalle.

Pinnèdda Fensterlose Rundhütte Sardiniens aus Trockenmauerwerk, mit spitzem Reisigdach oder flacher Bienenkorbkuppel.

Piscina Kaltwasserbecken.

Pisé Ungeformte luftgetrocknete Lehmziegel im amerikanischen Bereich.

Poblado Befestigte vorgeschichtliche Siedlung.

Pol Brücke.

Polygonalmauer Mauerwerk aus vieleckigen Steinen errichtet.

Portikus Von Säulen oder Pfeilern getragene offene Vorhalle.

Poterne Maueröffnung, Ausfalltor.

Prätorium Feldherrnzelt, Wohnhaus des Lagerkommandanten am römischen Kastell; auch Rasthaus der Militärverwaltung.

Prang Tempel Hinterindiens mit auf einem Stufenberg stehender → Cella.

Prasat → Prang.

Propyläen Torhallen, Monumentalzugang, meist zu Stadt oder Tempelbezirk.

Protonuraghe Dem Nuraghen Sardiniens ähnelnder Wohnturm, ohne Kuppel, 2. Jtsd. vor Chr.

Pucara Ringwallfestung der Inkas.

Pueblo n. Indianische Wohnsiedlung.

Pylon 1) Torbau ägyptischer Tempel. 2) Pfeilerturm.

Pyramide Bauwerk mit meist quadratischem oder ähnlichem Grundriß, von dessen Ecken sich die Kanten zur Spitze vereinigen. In der alten Welt (Ägypten, vereinzelt im Römischen Reich und in Griechenland) fast ausschließlich für Bestattungszwecke errichtet. Große Pyramiden auch in Mexiko (aus Stein) und in Peru (aus ungebranntem Lehm). → Abb. 61,62,134,135.

Pyrgos Turm, Bastion.

Qalaat Festung, Burg, Pilgerfort.

Qalaeh Burg.

Qasr Burg, Schloß, befestigter Palast.

Qanat Unterirdischer Kanal.

Qusair Kleine Festung, Schlößchen.

Rabat Vorstadt.

Ratha Indisch; Prozessionswagen und steinerne Nachbildung, Wagentempel.

Ringwall Ringförmig angelegter Damm von ehemaliger Befestigung aus steinernen Mauern, gallischen Mauern (→ murus gallicus), Erddämmen u.dgl. Einschließlich der Burgställe sind in Deutschland noch gegen 10000 Ringwälle zu finden; im britisch-irischen Raum ev. bedeutend mehr, dort wird zwischen Ring- (→ Abb. 121) und Erdwällen unterschieden. → Wall.

Risalit Vorbau; in seiner ganzen Höhe aus der Gebäudeflucht hervortretender Gebäudeteil.

Ruine Sichtbarer Rest eines zerstörten oder verfallenden Bauwerkes.

Scharistan Von Mauer umgebener Stadtkern, Wohnstadt; im Gegensatz zur → Zitadelle.

Schatzhaus Kleines, meist tempelartiges Gebäude zur Aufbewahrung von Weihegaben oder Schätzen der griechischen Städte oder Stadtstaaten. Reste hiervon bzw. wiedererrichtet in → Delfi (→ Abb. 78) und in → Olympia.

Schrein Aufbewahrungstruhe von Reliquien. Im Schintoismus der Tempel selbst.

Sesi Prähistorische niedrige runde Türme; z.B. auf → Pantelleria.

Siedlungshügel Magula, Tal, Tel, Tell, Tepe. Künstlicher Hügel, entstanden durch die Anhäufung von Siedlungsschutt, meist von Grundmauern und eingestürzten Mauern schon auf ehemaligen Resten errichteter Lehmziegelbauten.

Sphinx Gestalt aus Tierkörper und Menschenhaupt. S. vorhanden z.B. in → Gizeh, → Mitrahina (→ Abb. 143), → Karnak.

Spina Abgrenzungsmauer längs der Mitte eines Hippodroms, oft mit Denkmälern und Obelisken verziert.

Spolien Eingefügte Reste bzw. Steine anderer Bauwerke.

Stadion Laufbahn bzw. Sportstätte mit Zuschauerrängen. Das bekannteste ist jenes von → Athen (wiedererrichtet), ein guterhaltenes ist in → Delfi (→ Abb. 80) zu finden.

Stecak (Pl. Stecci). Mittelalterliche Grabsteine im ehemaligen Jugoslawien; vor allem der Bogomilen.

Stele Aufrechtstehende Steinplatte- oder -säule; mit oder ohne Verzierungen oder Inschriften. → Abb. 9,12,13.

Stoa In der Architektur Säulengang oder langgestreckte Säulenhalle mit Rückwand. Reste z.B. in → Vravrona; Rekonstruktion in → Athen.

Stupa Buddhistischer Reliquienhügel, im Laufe der Zeit zu mächtigen glockenförmigen Gebäuden entwickelt.

Synagoge Versammlungsort, Gotteshaus der Juden. → Abb. 87.

Talayot Vorgeschichtliche kegelstumpfähnliche Bauwerke der Balearen; auch als Grabstätten angesehen.

Taltempel Tempel an der damaligen Grenze zwischen Ackerland und Wüste in Ägypten, welcher mittels Weg mit dem eigentlichen Grabtempel oder der Pyramide verbunden war; z.B. der Taltempel des Chefren in → Gizeh.

Taula Aus zwei Steinplatten oder mehreren Stützund einem Deckstein errichtete tisch- oder altarähnliche Konstruktion Menorcas.

Tel Hebräisch; → Siedlungshügel.

Tell Tal. Arabisch; → Siedlungshügel.

Tempel Heiligtum.

Tepe Persisch (auch im türkischen Bereich); → Siedlungshügel.

Terp Aufgeschütteter Wohnhügel der Germanen in Küstennähe, 3. Jh. vor Chr. bis Mittelalter.

Terrasse Nicht überdachte, künstlich geebnete Fläche, oftmals mit darauf errichtetem Gebäude.

Teso Siedlungshügel Südamerikas.

Tetrapylon Vierseitiger Tor- bzw. Triumphbogen mit oder ohne Überdachung. → Abb. 91,92.

Theater In der Architektur das Theatergebäude. Das griechische Theater oft an einem Berghang mit halbkreisförmig angeordneten Zuschauerrängen errichtet. Das römische Theater meist mit Bühnenhaus und Sitztribünen auf ebenem Gelände errichtet. → Abb. 79,81,92,108.

Thermen Warme Bäder. Öffentliche oder private Badeanstalten; unerläßlich in jeder römischen Stadt oder Kastellanlage und jeder vermögenden römischen Villa. → Abb. 100,102.

Tholos Rundbau oder Kuppel.

Tjandi Candi. Kleiner Hindu-Tempel.

Tophet (Pl. Téphatim). Opferstätte. → Abb. 34.

Trilith Steinsetzung aus zwei senkrechten und einem waagrecht darüber stehenden Stein. → Abb. 46.

Triumphbogen 1) Meist freistehender Bogen mit einer oder mehreren Durchfahrtsöffnungen; errichtet meist aus Anlaß eines Sieges oder Kaiserbesuches. → Abb. 105,106. 2) In einer Kirche der dem Besucher am nächsten liegende Bogen quer über dem Chor.

Trockenmauerwerk Mauer ohne Mörtel (hauptsächlich aus Bruchsteinen) errichtet.

Trojaburg Kleine, labyrinthartig angelegte Wandelanlage bzw. Steinsetzung. Als Steinritzung häufiger bekannt. → Abb. 47.

Tschehar Taq "Vier Bögen", offener Pavillon mit kuppelförmigem Dach; heute allgemein für zoroastrischen Feueraltar.

Tschorte Tschörten. → Stupa im lamaistischen Bereich.

Türbe Islamisches Grabmonument, auf einfachem Grundriß, mancherorts prachtvoll aufgezogen (vor allem im seldschukischen Bereich).

Tumulus Grabhügel.

Type-Site Der auf die betreffende Kultur übergehende Name des Ausgrabungsortes.

Unterirdische Stadt → Derinkuyu, → Nevsehir.

Vesara Indisch-pakistanischer Tempelstil.

Vicus Straßendorf.

Vihara Buddhistischer Tempeltyp, 2. Hälfte 1. Jtsd. nach Chr.

Villa rustica Römisches Landhaus.

Vimana Palast, südindischer Tempeltyp.

Wall Befestigung; Erddamm, ehemalige Mauer usw. → Abb. 50,51,124,125,126. → Ringwall.

Wat Vat. Gesamtheit einer buddhistischen Tempelanlage.

Wurt Warft. Künstlich aufgeschütteter Wohnhügel im deutschen Nordseeküstengebiet (→ Sievern).

Yacata Auf riesigen Plattformen errichteter Tempel Lateinamerikas.

Ziqqurat Stufentempel in Mesopotamien. Der bekannteste war der Turm von Babylon. An anderer Stelle besser erhalten, z.B. in → Tschoga Zanbil.

Zisterne Regenwassersammelbecken.

Zitadelle Festung im Inneren einer Stadt oder Festung.

Zyklopenmauer Aus großen, unregelmäßig geformten Steinen errichtete Mauer.

Führer zu vor- und frühgeschichtlichen Denkmälern; Führer 1-50. Verlag Philipp von Zabern.

Führer zu archäologischen Denkmälern in Deutschland; zahlreiche Hefte. Konrad Theiss Verlag.

Archäologie-Führer Baden-Württemberg. Konrad Theiss Verlag, 1986.

Die Kelten in Baden-Württemberg.

Archäologie in der Deutschen Demokratischen Republik. Konrad Theiss Verlag, 1989.

Die Vorgeschichte Hessens. Konrad Theiss Verlag GmbH & Co., Stuttgart 1990. Der Limes in Bayern, Der Limes in Südwestdeutschland, Der Odenwaldlimes, Der Limes zwischen Rhein und Main, jeweils mit Karte 1:50000. Der pannonische Limes in Ungarn, mit Karte 1:200000. Konrad Theiss Verlag Stuttgart.

Der Römerkanalwanderweg mit Karten 1:50000. Eifelverein 1988.

Griechenland, Lexikon der historischen Stätten. Verlag C.H.Beck München, 1989.

Das Heilige Land - Ein archäologischer Führer. R.Piper & Co. Verlag München 1981.

Die Nationaldenkmäler Irlands. Conradi + Co. in Fellbach bei Stuttgart, 1975.

Italien, Archäologischer Führer. Herder, 1991.

Reclams Archäologieführer Österreich und Südtirol, 1985.

Burgenkarte der Schweiz und des angrenzenden Auslandes 1:200000 in 4 Blättern. Eidgenössische Landestopographie 3084 Wabern, ab 1976.

Die Schweiz zur Römerzeit. Artemis und Winkler, 1990.

Führer durch die römische Schweiz. Artemis Verlag Zürich und München, 1973.

Übersicht zum Bildteil

Felsmalereien, Felsritzungen 414

Stelen, Menhire 416

Dolmen, Großsteingräber 420

Nekropolen 424

Vorgeschichtliche Heiligtümer 430

Vorgeschichtliche Siedlungen 432

Malta 434

Sardinien 437

Ägypter 438

Hethiter und Kleinasien 440

Minoer 442

Mykener 444

Griechen 446

Hellenismus 450

Kelten; Iberer 453

Römer 456

Byzantiner 460

Araber 462

Mittelalter 464

Hinduismus, Buddhismus 468

Amerika 470

China, Ozeanien 473

Darstellungen, Sammlungen 474

Abb. 1 Steinzeitliche Felsmalerei, Südafrika.

Abb. 2 Steinzeitliche Felsmalerei, Südafrika.

Abb. 3 Felsgravur Steinbock im Kleinen
Schulerloch (→ Essing).

Abb. 4 Kamel- oder Tuareg-Phase;
Hoggar.

Abb. 5 Kamel- oder Tuareg-Phase, Hoggar n von Tamanrasset.

Abb. 6 → Filitosa: Anthropomorpher
Menhir. Höhe über 2 Meter.

Abb. 7 → Penvern: In christlicher Zeit
überarbeiteter Menhir.

Abb. 8 → Carnac: Alignements du Menec.

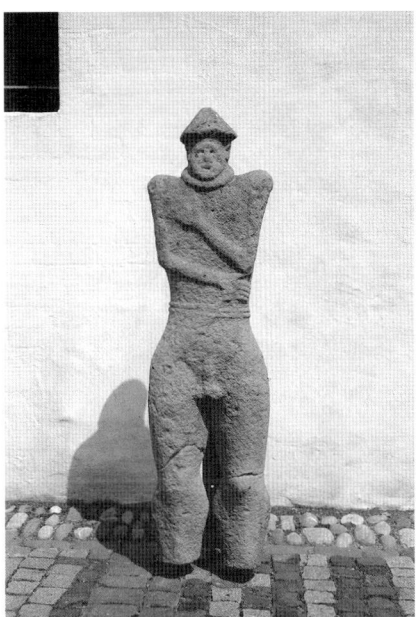

Abb. 9 Grabhügelfigur „Mann von Hirschlanden" (Kopie).

Abb. 10 Menhir von Obermörlen.

Abb. 11 Menhir von Percha.

Abb. 12 Stele aus dem Land der Gebeo, Äthiopien, in → Frankfurt/Main.

Abb. 13 Stele aus → Aksum.

Abb. 14 Bürstadt,
Menhir Sackstein 125.

Abb. 15 Alsbach,
Menhir Hinkelstein 165.

Abb. 16 Freinsheim,
Menhir Langer Stein 130.

Abb. 17 Bensheim,
Menhir Hinkelstein 140.

Abb. 18 → Wolfershausen,
Menhir Riesenstein 400.

Abb. 19 → Benzingerode,
400.

Abb. 20 Münzenberg-Trais,
Menhir Kreppelstein 200.

Abb. 21 Maden,
Wotanstein 200.

Abb. 22 → Poulnabrone.

Abb. 23 Dolmen de la Pierre Martine (→ Livernon).

Abb. 24 → Sieben Steinhäuser.

Abb. 25 Teufelsküche bei der alten Ziegelei bei → Haldensleben.

Abb. 26 New Grange bei → Brugh na Boinne; Bronzezeit.

Abb. 27 Gigantengrab Coddu Vecchiu bei → Arzachena; 2. Jtsd. vor Chr.

Abb. 28 Steinkammergrab → Züschen (bei → Fritzlar), ca. 2000 vor Chr.

Abb. 29 Steinkistengräber Li Muri (→ Arzachena), Arzachena-Zweig der → Ozieri-Kultur, ca. 3000 vor Chr.

Abb. 30 → Xemxija. Jungsteinzeitliche Felsbodenhöhlen.

Abb. 31 → Millares: kupferzeitliches Kuppelgrab; Blick durch den Seiteneingang in
die oben offene Kuppel.

Abb. 32 → Monte Sirai: phönizisch-punische Felsgräber ab ca. 500 vor Chr.

Abb. 33 → Anghelu Ruju, Felskammern der → Ozierizeit, ca. 3000 vor Chr.

Abb. 34 → Sant' Antioco: Brandbegräb-nisplatz „Tophet" des karthagischen Sulki, ab 8. Jh. vor Chr.

Abb. 35 → Manduria: Felsbodengräber ab 5. Jh. vor Chr.

Abb. 36 → Marzabotto: etruskische Gräber.

Abb. 37 → Tarquinia: Treppenabgänge zu den unterirdischen etruskischen Gräbern
(ab 6. Jh. vor Chr.).

Abb. 38 → Ostia, ab 2. Jh. vor Chr., unmittelbar an der Stadtmauer gelegen; Gräber aus etwas späterer Zeit.

Abb. 39 Römischer Friedhof in → Aquileia.

Abb. 40 Palmyra (→ Tadmur): Grabtürme im Tal der Gräber, ab 1. Jh. Mehrere Stockwerke enthielten jeweils 12 und mehr Schiebegräber.

Abb. 41 Hierapolis (→ Pamukkale): Große Nekropole mit Gräbern hauptsächlich aus lykischer, lydischer und byzantinischer Zeit.

Abb. 42 → Mátala: vorgeschichtliche Wohnungen als frühchristliche Gräber.

Abb. 43 → Rabat/Malta: St. Pauls-Katakomben.

Abb. 44 → Monte d'Accoddi: Heiligtum seit 6./5. Jtsd. vor Chr. Altar seit 5. Jtsd. vor Chr.

Abb. 45 → Filitosa: Zentralheiligtum 2. Hälfte 2. Jtsd. vor Chr. mit nachträglich hierher versetzten Menhiren.

Abb. 46 → Stonehenge: Hengemonument seit 3. Jtsd. vor Chr. Die abgebildeten Trilithen aus der 1. Hälfte des 2. Jtsds. vor Chr.

Abb. 47 → Steigra: Trojaburg.

Abb. 48 Los → Millares: Befestigungsreste der Siedlung aus Jungsteinzeit und Kupferzeit.

Abb. 49 Los Castillares bei → Suellacabras.

Abb. 50 Wälle der spätbronzezeitlichen Siedlung auf dem → Altjoch.

Abb. 51 Wallreste des bronzezeitlichen Burgstalles Möders bei Stilfes (→ Freienfeld).

Abb. 52 Tempelanlage → Hagar Qim, ab Anfang 3. Jtsd. vor Chr. Eingangsseite des
Haupttempels.

Abb. 53 Tempelanlage → Mnajdra, spätestens ab 3000 vor Chr. Erste linke Apsis des
Nordtempels.

Abb. 54 Tempelanlage Hal Tarxien (→ Tarxien), ab 1. Viertel 3. Jtsd. vor Chr. Erste linke
Apsis des Westtempels.

Abb. 55 Tempelanlage Ggantija (→ Xaghra), ab Ende 4. Jtsd. vor Chr. Fassade des Südtempels.

Abb. 56 Unterirdische Totenkultstätte Hypogäum Hal Saflieni (→ Paola), ab ca. 3000 vor Chr.

Abb. 57 Gleitkarrenspuren in der Nähe der Höhle → Ghar il-Kbir.

Abb. 58 Mari (→ Hariri), Stadtstaat am Rande Sumers an einer Handelsstraße. Gelände eines Heiligtums.

Abb. 59 Nuraghe → Santu Antine, 2. Hälfte 2. Jtsd. vor Chr.

Abb. 60 Nuraghenzeitlicher Tempel Malchittu (→ Arzachena).

Abb. 61 → Saqqara: Umfassungsmauer und Stufenpyramide des Djoser.

Abb. 62 → Gizeh: Die Pyramiden für Mykerinos, Chefren und Cheops (von links nach rechts).

Abb. 63 → Luxor, Tempel für Amun, Mut und Chons von Amenophis III. (1390-1353). Hof und Vorhalle. Papyrusbündelsäulen mit geschlossenem Kapitell.

Abb. 64 → Esna, Tempel für Chnum. Vorhalle von Claudius und Vespasian. Kompositsäulen.

Abb. 65 Hattusa (→ Boğazkale): Königstor, ca. Mitte 13. Jh. vor Chr.

Abb. 66 Yazılıkaya (→ Boğazkale), Felsheiligtum ca. Mitte 13. Jh. vor Chr. Prozession der „Kriegsgötter".

Abb. 67 Tempeleingangsfiguren aus Tell Halaf (→ Ras el Ain/Syrien), nachhethitischer Stadt-staat, in → Haleb.

Abb. 68 Grabdenkmal Antiochos I. von Kommagene (69-34 vor Chr.) auf dem → Nemrut Dağı (Ostterrasse).

Abb. 69 → Knossos: minoischer Palast 15. Jh. vor Chr.

Abb. 70 → Phaistos: minoischer Palast, Reste 16./15. Jh. vor Chr.

Abb. 71 → Gurnia: minoische Stadt 17.-15. Jh. vor Chr.

Abb. 72 → Kato Zakros: Palastreste 1. Hälfte 16. Jh. vor Chr. in der minoischen Siedlung
Zakros.

Abb. 73 Löwenskulpturen über dem Stadttor von → Mykene.

Abb. 74 → Tiryns: westliche Festungsmauer 14./13. Jh. vor Chr.

Abb. 75 → Mykene: Kuppelgrab „Schatzhaus des Atreus", Mitte 13. Jh. vor Chr.

Abb. 76 → Mykene: inneres Gräberrund; Gräber 16. Jh. vor Chr.

Abb. 77 → Athen: Erechtheion, aus Grab- und Kultstätten hervorgegangene Tempelanlage des späten 5. Jahrhunderts vor Chr. Blick auf die Ostseite.

Abb. 78 → Delfi, Schatzhaus der Athener, 490-485 vor Chr.; wiedererrichtet.

Abb. 79 → Segesta: griechisches Theater, evtl. aus dem 3. Jh. vor Chr.

Abb. 80 → Delfi: Stadion aus dem 5. Jahrhundert vor Chr., in römischer Zeit verändert. Fassungsvermögen 7000 Zuschauer.

Abb. 81 → Epidauros: griechisches Theater aus dem 4. oder 3. Jahrhundert vor Chr.

Abb. 82 → Paestum: Poseidon- oder Neptun-Tempel, ca. 460 vor Chr.

Abb. 83 → Segesta: ,,Artemis"-Tempel, spätes 5. Jahrhundert vor Chr.

Abb. 84 → Selinunt: Tempel E ab Mitte 5. Jh. vor Chr.

Abb. 85 → Agrigent: Herakles-Tempel, Ende 6. Jh. vor Chr.

Abb. 86 → Jerusalem: Kidrontal. Links „Grab Absaloms", 1. Jh. nach Chr. Rechts „Grab des Zacharias", 2. Hälfte 2. Jh. vor Chr.

Abb. 87 → Kapernaum: Synagoge 4. Jh.

Abb. 88 → Petra: Tempel Qasr el-Bint Firaun, 1. Jh.

Abb. 89 → Petra: Eingangshalle des
Khazne Firaun.

Abb. 90 → Petra: Scheintür in der
Klausenschlucht (Qattar ed Deir).

Abb. 91 Palmyra (→ Tadmur): Agora, Tetrapylon und Kolonnadenstraße.

Abb. 92 Palmyra (→ Tadmur): Theater (2. Jh.), Qalaat → Ibn Maan (ca. 1600) und Tetrapylon.

Abb. 93 → Kbor Er Roumia, Grabmal König Juba's II., 1. Hälfte 1. Jh. Höhe derzeit 34 m, ⌀ 64 m.

Abb. 94 → Oberhaching-Deisenhofen: Keltische Viereckschanze (Nr. 24) in einem größeren eingefaßten Heiligen Bezirk.

Abb. 95 → Ampurias: phokisch-iberisch-römische Stadt. Stadtmauer des griechischen Neapolis
6. Jh. vor Chr.

Abb. 96 → Ullastret: iberische Siedlung 6.-3. Jh. vor Chr. unter griechischem Einfluß.
Stadtmauer.

Abb. 97 → Nages-et-Solorgues.

Abb. 98 → Gasel.

Abb. 99 → Ostia: Blick von der Via di Diana. Gebäudeerrichtung ca. 2. Jh.

Abb. 100 → Rom: Caracalla-Thermen, Errichtung ab 212 nach Chr.

Abb. 101 → Hirschberg-Großsachsen: römischer Gutshof 1.-3. Jahrhundert.

Abb. 102 → Schwangau: Badehaus.

Abb. 103 → Baalbek: Jupitertempel, südliche Längsfront, 2./3. Jh.

Abb. 104 → Rom: Antonius- und Faustina-
Tempel, 141 nach Chr. S. Lorenzo in
Miranda ab 11. Jh.

Abb. 105 → Saintes: Bogen des Germanicus, 19 nach Chr.

Abb. 106 → Djemila: Caracallabogen mit
Sicht auf den Tempel der Gens Septima
(229 nach Chr.).

Abb. 107 → Arles: Amphitheater 2. Jh.

Abb. 108 → Aspendos: römisches Theater 2. Jh.

Abb. 109 Pont du Gard (→ Remoulins): Aquädukt der Wasserleitung nach → Nîmes, erbaut 19 vor Chr.

Abb. 110 → Tarragona: Aquädukt, erbaut unter Trajan.

Abb. 111 Hierapolis (→ Pamukkale): römisches Stadttor, spätes 1. Jh. nach Chr.

Abb. 112 → Resafa: nördliches Stadttor, ca. 6. Jh.

Abb. 113 → Seman: Apsis der Ostbasilika, 2. Hälfte 5. Jh.

Abb. 114 → Timgad: byzantinische Festung aus Steinen der römischen Stadt.

Abb. 115 → Sijilmassa: arabische Stadt ab 8. Jh.

Abb. 116 → Raqqa: Bagdad-Tor.

Abb. 117 Omayyadenschloß → Amra:
Gewölbemalerei, 8. Jh.

Abb. 118 Omayyadenschloß → Kharana, 7. Jh.

Abb. 119 → Hair al Gharbi: Palastfassade 8. Jh. (in → Damaskus).

Abb. 120 Great → Skellig Island: irisch-keltisches Kloster Skellig Michael ab 5. Jh.

Abb. 121 → Cahersiveen: Befestigung 2. Hälfte 1. Jtsd. nach Chr.

Abb. 122 → Ismanstorps Borg: befestigte Siedlung der Völkerwanderungszeit.

Abb. 123 → Gordes: Village de Bories, Hütten steinzeitlicher Bauart, benützt bis in die Neuzeit.

Abb. 124 → Landsberg: slawischer Wall.

Abb. 125 → Weltenburg: Wolfgangswall, ein sogenannter Ungarnwall. Wälle dieser Art
(8.-10. Jh.) sind in Süddeutschland und Österreich zu finden (→ Baierbrunn, → Gauting,
→ Kleinhöhenkirchen, → Purbach).

Abb. 126 → Kastelruth: Wallburg Katzenlocherbühel.

Abb. 127 → Hosn, Syrien: Kreuzfahrerburg Krak des Chevaliers, 1100-1250.

Abb. 128 → Chidambaram: Shiva-Nataraya-Tempel ab 10. Jh. Tortürme ab 13. Jh. und Anfang 16. Jh.

Abb. 129 → Mengwi: Tempelanlage ab 14. Jh.

Abb. 130 → Angkor: Haupttempel Bayon von Angkor Tom, 12. Jh. Nur diese Teile von Angkor buddhistisch; übrige hinduistisch.

Abb. 131 → Mogao-Grotten: Höhlen und Tempel 4.-14. Jh.

Abb. 132 Cliff Dwelling → Betatakin House, ca. 1300 nach Chr.

Abb. 133 → Tusayan: Gebäudereste der Anasazi von ca. 1185 nach Chr.

Abb. 134 → Teotihuacan: Blick von der Mondpyramide auf
die Straße der Toten und die Sonnenpyramide.

Abb. 135 → Monte Alban: Blick über den Hauptplatz der
Kultstätte.

Abb. 136 → Cuzco: Inkamauern.

Abb. 137 → Sacsayhuaman: Reste der Inkafestung.

Abb. 138 → Große Mauer bei Badaling.

Abb. 139 → Osterinsel: Moai am Vulkan Rano Raraku.

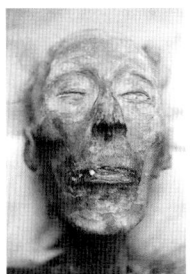

Abb. 140 Ramses II.
(in → Kairo).

Abb. 141 Der Schmuck
des Kriegers aus der
Pyramide von → Sipan
(→ Moche-Kultur)

Abb. 142 Krokodilsmumien (in
→ Kom Ombo).

Abb. 143 Sphinx in Memphis (→ Mitrahina), 18. Dynastie.

Abb. 144 Venus von Milo (in → Paris),
3./2. Jh. vor Chr.

Abb. 145 Mithrasdarstellung, Kopie in
→ Riegel.

Abb. 146 → Susa, Palast des Artaxerxes
II., 404-358, (in → Berlin).

Abb. 147 Uruk (→ Warka), Tempel der
Göttin Innin, ca. 1415 vor Chr.
(in → Berlin).

Abb. 148 Sam'al (→ Zincirli), inneres
Burgtor 10.-8. Jh. vor Chr. (in → Berlin).

Abb. 149 → Sousse, 2./3. Jh.

Abb. 151 → Uttica, 2./3. Jh.

Abb. 150 → Madaba: „Landkartenmosaik"
mit Jordanmündung und Jericho, 6. Jh.

Abb. 152 → Stobi, Bischofspaläste,
5./6. Jh.

Nachweis der Abbildungen

1 + 2 Government of the Republic of South Africa
56 Mj Publications
128-130, 134-135, 139 Bildarchiv Huber
131, 136-138 Gschlössl, München
alle übrigen vom Verfasser
Delphi, Palenque, Kairo: Klaus Neumann
Angkor: Christoph Kraus

Als Sonderausgaben sind in der Reihe FORUM*plus* ferner erschienen:

Gerhard Löwe/ Heinrich A. Stoll:

Lexikon der Antike

Griechenland und das römische Weltreich

Umfassendes, wissenschaftlich fundiertes Nachschlagewerk zu allen Bereichen des Klassischen Altertums: zu Göttern, Helden, Literatur, Kunst, Religion, Mythologie, wichtigen Personen und Ereignissen sowie dem Alltagsleben. Zeittafeln, Karten und ca. 70 Zeichnungen ergänzen die einzelnen Artikel.

ISBN 3-928127-39-X

Helmut Freydank/ Walter F. Reineke u.a.:

Lexikon Alter Orient

Ägypten - Indien - China - Vorderasien

Dieses Nachschlagewerk informiert über die wichtigsten Namen, Ereignisse und Entwicklungen der großen Kulturen des Alten Orient: über das historische Geschehen, Rechtssysteme und Dynastien, über Religion, Philosophie, Mythologie sowie Kunst, Kultur, Sprache und Literatur, Riten und Alltagsleben. Über 100 Zeichnungen und Karten runden das Werk ab.

ISBN 3-928127-40-3

Gerhart B. Ladner:

Handbuch der frühchristlichen Symbolik

Gott, Kosmos, Mensch

Mit diesem Standardwerk liegt eine allgemeinverständliche Einführung in die vielgestaltige Symbolwelt der ersten christlichen Jahrhunderte vor. Diese wird anhand von Beispielabbildungen aus der spätantiken und frühchristlichen Malerei, Plastik und Architektur dokumentiert. Gegenstand der ganzheitlichen Betrachtung sind die frühchristliche Kunst, Theologie, Kosmologie, Anthropologie sowie das gesamte kirchliche Leben.

ISBN 3-928127-36-5

Ulrich van der Heyden:

Indianerlexikon

Zur Geschichte und Gegenwart der Ureinwohner Nordamerikas

Mit über 1500 Stichwörtern bietet dieses reichhaltig illustrierte Lexikon Informationen zu Geschichte, Kultur, Religion und Lebensweise der prä- und nachkolumbianischen Indianer der USA und Kanadas. Darüber hinaus finden sich Stichworte zu Ereignissen und Personen der amerikanischen Geschichte, die großen Einfluß auf die indianische Bevölkerung ausübten oder ihr Leben und Werk den Indianern widmeten.

ISBN 3-928127-34-9